U0944414

上海市志

公安司法分志
公安卷

1978—2010

上海市地方志编纂委员会　编

上海人民出版社

一、领导活动

❶ 1997年12月27日，市公安局原党组书记、局长王鉴参加《上海公安志》首发仪式

❷ 1983年，市公安局党组书记、局长杨堤在上海公安专科学校讲话

❶ 1986年1月4日，市公安局党组书记、局长张汉滋（左三）为汽车检测线剪彩

❷ 1987年6月，市公安局党组书记、局长李晓航在公安档案展览上签名留念

❶ 1993年5月1日，市公安局党委书记、局长朱达人出席110报警服务台开通仪式

❷ 1998年11月20日，市公安局党委书记、局长刘云耕为上海市公安局道口检查站揭牌

❶ 2006 年 5 月 12 日，市公安局党委书记、局长吴志明在“三基”工程建设调研会上讲话

❷ 2010 年 12 月 27 日，市公安局党委书记、局长张学兵在“中国 2010 年上海世博会总结表彰大会”上发言

❶ 20世纪80年代初，市公安局党组副书记、副局长陆政（右五）赴德国考察访问

❷ 1991年7月1日，市公安局原党组副书记、副局长林道生被授予人民警察荣誉章

❸ 1982年，市公安局党组副书记、副局长赵文卿参加全市公安机关整顿纪律作风会议

❹ 1984年，市公安局党组副书记、副局长石祝三在上海市公安局成立35周年纪念大会上讲话

❶ 1997年12月18日，市公安局党委副书记、副局长易庆瑶在上海公安外事工作会议上讲话

❷ 1992年1月31日，市公安局党委副书记、政治部主任胡瑞邦在1991年度市公安局先进表彰大会上讲话

❸ 1999年4月22日，市公安局党委副书记周国雄在上海公安书刊社成立大会上讲话

❹ 2009年3月31日，市公安局党委副书记、副局长程九龙做客东方网与网民互动交流

二、打击防范

❶ 1983年，上海公安机关出动民警开展“严打”行动

❷ 1987年11月，市公安局破获于双戈盗枪抢劫杀人案

❶ 1996年10月9日，市公安局召开“'96严打斗争总结表彰暨秋冬战役动员大会”

❷ 2003年6月25日，上海公安机关抓获抢劫杀人犯罪嫌疑人

❸ 2004年4—7月，上海公安机关与美国警方合作开展打击侵犯知识产权的“春天行动”

❶ 2004年5月，上海公安刑侦部门起获“5·13”系列案被盗珠宝

❷ 2005年8月26日，上海公安机关开展“110信箱”宣传活动

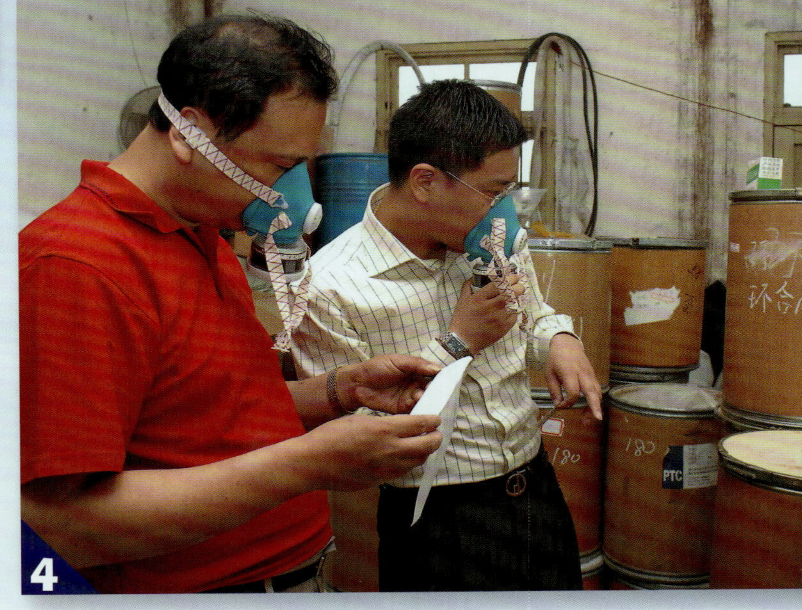

❸ 2006年1月10日，市民向市公安局公交分局四大队赠送锦旗

❹ 2006年5月24日，沪、苏、黑、辽、粤五地警方开展打击销售假冒治疗禽流感药品的“海浪行动”

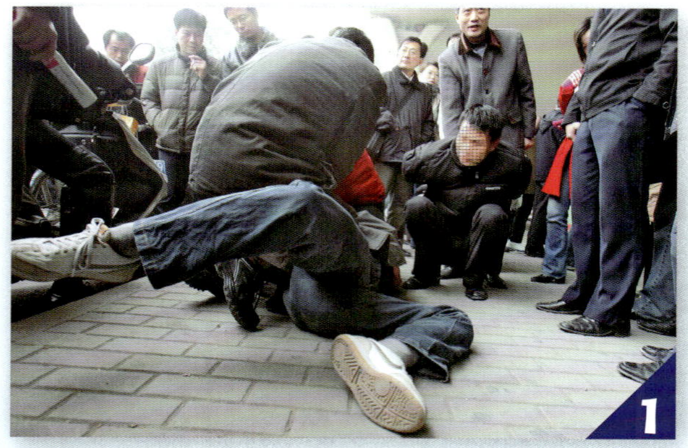

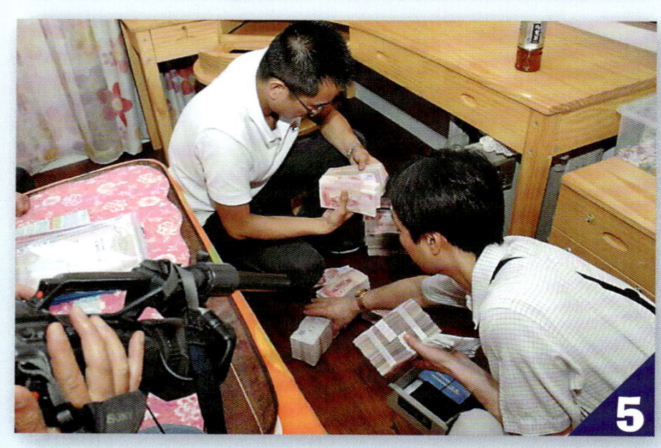

❶ 2007年1月19日，民警在锦江乐园附近抓获2名扒窃犯罪嫌疑人

❷ 2008年7月23日，上海公安机关抓获一涉黑专案团伙犯罪嫌疑人

❸ 2009年3月25日，上海公安机关向市民发还被盗非机动车

❹ 2009年6月1日，上海市2009年“六一”儿童节反拐宣传活动

❺ 2010年7月8日，上海公安治安部门破获“6·11”特大网络赌球案

三、公共安全管理

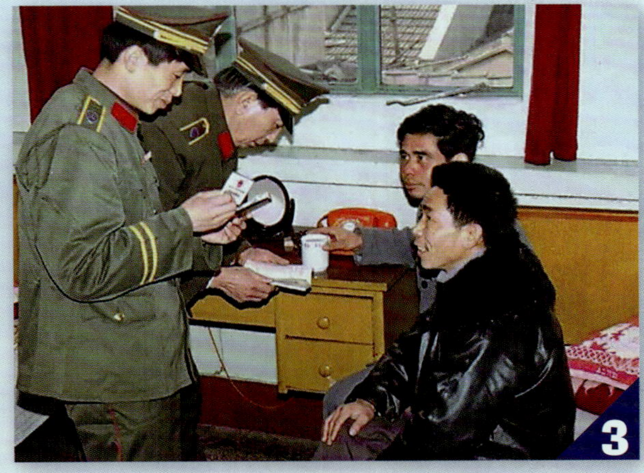

❶ 1979年,民警在南京东路上的交通岗亭内执勤

❷ 1984年,民警对辖区内门牌号码进行核对

❸ 1986年,民警对宾馆住宿人员进行检查登记

❶ 1991年，市公安局集中销毁非法出版物

❷ 1995年，民警对管制刀具进行收缴

❶ 2002年9月1日，上海实施按需申领护照第一天

❷ 2003年9月，上海公安机关对“三无”（无船名船号、无船舶证书、无船籍港）船舶开展综合整治工作

❸ 2005年3月1日，公安文职人员在市公安局110报警服务台接听报警电话

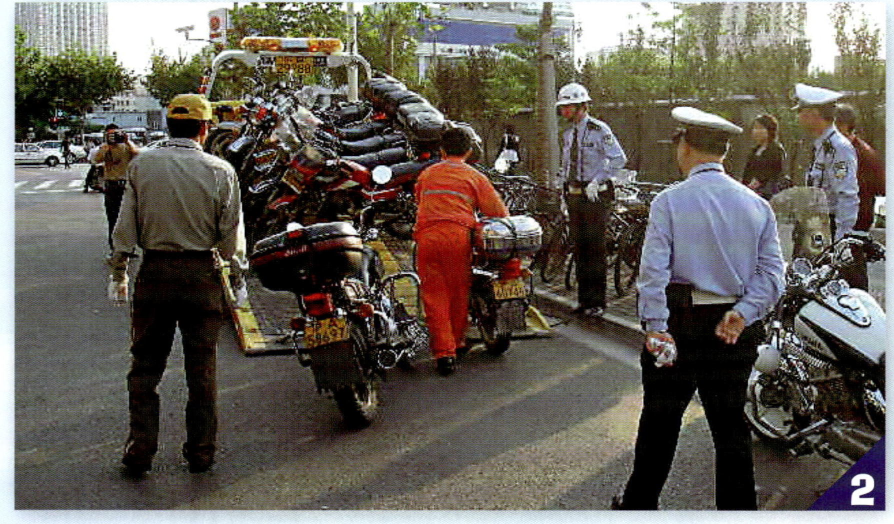

❶ 2007年5月25日，上海公安机关开展交通安全宣传教育

❷ 2008年5月20日，上海公安机关开展摩托车违法行为集中整治活动

❸ 2008年11月，民警查询户籍资料

❶ 2009年5月31日,上海公安机关夜间设卡检查

❷ 2009年11月9日,上海市举行第十九届“119消防日”活动

❶ 2010年1月16日，民警在轨道交通站内携犬嗅爆巡检

❷ 2010年6月22日，民警在大学校园内检查危险品

❸ 2010年6月29日，民警在轨交站点内进行客流疏导

四、重大活动安全保卫

❶ 2001年10月21日，APEC会议期间警用摩托车开展交通安保

❷ 2001年10月，APEC会议期间民警在市境陆路道口对车上人员进行检查

❸ 2006年6月14日，上海“六国峰会”专机警卫

四、重大活动安全保卫

❶ 2007年5月15日，非洲开发银行集团理事会外围保卫

❷ 2007年9月28日，世界特殊奥林匹克运动会驻地安保现场

❸ 2008年5月23日，北京奥运会火炬传递活动安全保卫

❶ 2008年8月,北京奥运会上海赛区场馆危险化学品检查

❷ 2009年1月,上海公安高等专科学校第二专科学员增援上海世博园区安全保卫、基层治安巡逻出征仪式

❸ 2009年6月21日,上海世博会海上安保演练

四、重大活动安全保卫

❶ 2009年10月2日，国庆60周年市公安局警航队直升机悬挂国旗巡逻

❷ 2010年4月13日，上海世博会开园前搜爆安检

❸ 2010年10月，民警在上海世博会园区内指挥交通

五、应急处突

❶ 1986年10月24日，上海公安机关处置3373次火车（货车）脱轨事件

❷ 1996年11月27日，上海公安消防部门扑救四川中路上1幢老式居民住宅楼发生的火灾

❶ 1998年9月10日，上海公安机关处置东方航空公司MU586号班机起落架事故迫降事件

❷ 2002年7月23日，上海公安消防部门处置上海石化厂区特大火灾事故

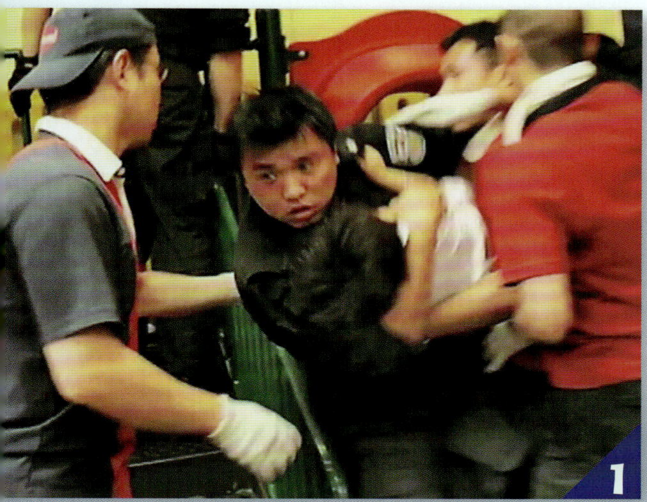

❶ 2007年6月6日,上海公安机关处置杨柳青路快餐店劫持人质事件

❷ 2008年,上海公安消防抢险队伍在汶川特大地震汶川县灾区抢险救援

❸ 2009年6月1日,上海公安机关在化工区进行多警种联动应急处置突发事故演练

❹ 2009年9月8日,上海公安机关进行公交车应急处突实战演练

❶ 2010年2月8日，上海市举行“浦江5号”反恐怖综合演习

❷ 2010年9月29日，警用直升机将1名颅脑伤孕妇转送至华山医院抢救治疗

❸ 2010年11月16—20日，上海公安机关开展“警鹰-10”营救人员演练

六、警务科技

❶ 20世纪80年代，市公安局使用的交换机

❷ 20世纪90年代，市公安局建成的指挥中心及110报警服务台

❸ 20世纪90年代，市公安局开始使用的数字程控交换机

❶ 2003年，市公安局启用机动无线通信车和图像转播车

❷ 2003年1月投入使用的城市消防通信指挥系统

❸ 2004年10月投入使用的上海市应急联动中心

❹ 2008年9月，上海公安机关监所安防系统集成平台在运行

❺ 2010年，上海市主要道口和重点场所设置的监控摄像点

七、警务交流

❶ 1986年3月21日，澳大利亚专家参加交通自适应控制系统建成典礼

❷ 1999年11月18—20日，华东地区及部分城市经侦协作区第一次工作会议在沪召开

❸ 2003年9月24日，沪港警方首次移交犯罪嫌疑人

❶ 2005年4月20日，上海公安机关赴海地维和警察防暴队员回沪欢迎仪式

❷ 2005年10月25—27日，澳大利亚移民部长访问市公安局

❸ 2005年11月，上海市公安局教官培训团赴英国培训

❶ 2008年7月11日，德国慕尼黑市警察局代表团到市公安局参观交流

❷ 2008年9月17日，法国“黑豹”突击队到市公安局交流考察

❸ 2010年3月，在香港召开第七届沪港经济犯罪侦查实务研讨会

❶ 2010年9月1日，苏浙皖沪三省一市公安经侦区域警务合作框架协议签约仪式

❷ 2010年12月3日，市公安局与中欧陆家嘴国际金融研究院联合开办金融法律高级培训班

八、基础建设

❶ 1978年，市公安局大楼(位于黄浦区福州路185号)

❷ 1989年，上海公安第一艘指挥艇(201艇)正式服役

❶ 1991年10月启用的市公安局通讯指挥大楼（位于卢湾区建国中路30号）

❷ 2004年7月启用的市公安局办公指挥大楼（位于静安区武宁南路128号）

❶ 2005年10月启用的市公安局出入境管理局大楼(位于浦东新区民生路1500号)

❷ 2007年，首批完成上海市公安派出所基础设施集中建设的虹口分局凉城新村派出所

❸ 2007年4月29日，上海公安机关举行公安特警武装巡逻车发车仪式

❶ 2008年5月，市公安局装备的EC135型警用直升机

❷ 2008年12月启用的市公安局刑事侦查技术大楼（位于虹口区中山北一路803号）

❸ 2009年，上海弘展自行车有限公司向市公安局赠送1700辆警用自行车

❹ 2010年，使用中的上海市公安局刑事科学技术研究管理中心生物物证实验室

九、队伍建设

❶ 1983年，上海市第一人民警察学校学员在进行搏击训练

❷ 1984年，上海市颁发居民身份证技术培训班开班

❸ 1996年7月，上海公安高等专科学校夜大学首届学员毕业典礼

❶ 1997年9月8日，市公安局警务督察队成立暨揭牌仪式

❷ 2002年1月11—12日，公安部慰问革命烈士因公牺牲民警家属座谈会

❸ 2002年9月4日，上海公安机关文艺汇演

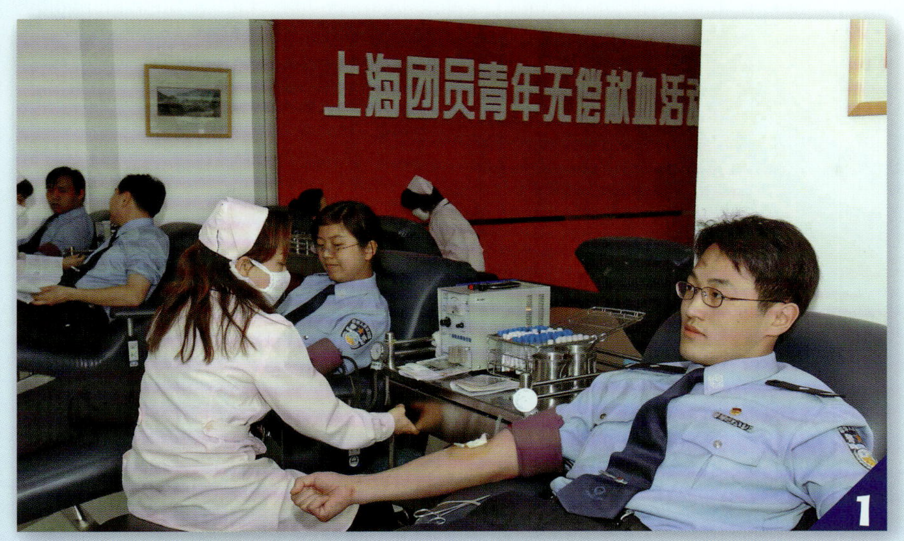

❶ 2003年5月16日，抗“非典”期间上海团员青年民警无偿献血

❷ 2006年1月，上海警官合唱团参加演出

❸ 2006年5月31日，上海公安机关人民警察证首发仪式

❶ 2006年7月24日，上海市警察学会更名为上海市警察协会

❷ 2007年1月9日，上海公安机关举行110接警翻译志愿者人才库建立仪式

❸ 2007年11月，市公安局“轮训轮值”警力出警

❶ 2008年7月16日，上海公安机关召开“与奥运火炬手面对面”主题教育活动

❷ 2010年，上海公安机关为上海世博会期间参加安保任务的民警开展送医送药活动

上海市地方志编纂委员会

上海市地方志编纂委员会

（2007.8—2020.6）

《上海市志·公安司法分志·公安卷(1978—2010)》编纂委员会

《上海市志·公安司法分志·公安卷(1978—2010)》评议专家名单

组　长　何品伟

成　员　(以姓名笔画为序)

王永鉴　吕会霖　朱少华　汤啸天　李　劼　李培龙　沈锦生
赵增辉　施伟东　徐志林

《上海市志·公安司法分志·公安卷(1978—2010)》审定专家名单

组　长　何品伟

成　员　(以姓名笔画为序)

吕会霖　朱少华　汤啸天　孙　瑜　李培龙　杨仁雷　沈锦生
赵增辉　施伟东　徐志林

《上海市志·公安司法分志·公安卷(1978—2010)》验收单位和人员

验收单位　上海市地方志办公室

验收人员　洪民荣　王依群　王继杰　黄晓明　过文瀚

业务编辑　杨军益

《上海市志(1978—2010)》凡例

(2020 年修订)

一、本志坚持以马克思主义为指导,遵循辩证唯物主义和历史唯物主义原理,实事求是记述上海市自然、政治、经济、文化和社会的历史与现状。

二、本志为上海市首轮社会主义新方志中《上海通志》《上海市级专志丛刊》之续,续义不续例,体例方面创新调整,并对首轮志书补缺正误。采用小篇平列体,分别编纂,陆续出版,汇为全志。

三、本志记述地域范围,以 2010 年底上海市行政区划为准。由上海市辐射至全国其他地区及国外事物,兼及记述。

四、本志记述内容的时限,上起 1978 年,下讫 2010 年,反映这一时期上海改革开放全貌。首轮《上海市级专志丛刊》所缺或记述内容不够丰富的分志、分卷,上溯至事物发端。中国共产党分志、人民代表大会分志、人民政府分志、人民政协分志、民主党派分志,为保持同一届次内容记述的完整性,下延至 2010 年后的首个换届年份。

五、本志按自然、政治、经济、文化和社会为序设置分志、分卷,事以类从,类为一志,并兼顾当代社会分工的原则。全志除总述外,中国共产党分志、农业分志、工业分志、商业分志、服务业分志、城乡建设分志、金融分志、口岸分志设置综述卷,并设经济综述分志,加强全志整体性。各分志、分卷采用篇章节体,卷首设概述、大事记,以专记、附录、索引殿后。

六、本志体裁以述、记、志、传、图、表、录为主,力求内容与形式统一。

七、本志人物传遵循"生不立传"原则。入传人物排列先后以卒年为序,在世人物以人物简介(排列以生年为序)、人物表(人物录)记载。

八、本志采用规范的语体文、记述体,行文按《〈上海市志(1978—2010)〉行文规范》,力求严谨、朴实、简洁、流畅,以第三人称记述。

九、本志纪年,凡1949年5月27日上海市解放以前的用历史纪年,一般标示朝代、年号、年份,括注公元纪年;1949年5月27日上海市解放后,一律采用公元纪年。

十、本志所记述的地名、机构名称、职称及币种、计量单位,一般按当时称谓。

十一、本志所用统计资料,原则上根据统计部门公布的材料;未列入统计部门统计的,根据部门统计的材料。

十二、本志资料来源于国家档案馆、上海市及有关省市档案馆、部门档案馆(室),以及历史文献、口碑资料、社会调查、部门提供的材料等,均经考证核实,一般不注明出处。

编纂说明

一、《上海市志·公安司法分志·公安卷(1978—2010)》主要记述上海市公安局重大决策、重要工作、重大活动和主要成绩以及机构沿革、人事更迭等内容。

二、本志记述时限上限为1978年,下限为2010年。根据《〈上海市志(1978—2010)〉编纂实施方案》的断限要求,为了保持记述的完整性,个别章节的内容适当上溯下延。

三、本志总体框架分为卷首、主体(志)与卷尾三大部分。卷首部分设图照(领导活动按党内职务任职先后排序)、凡例、编纂说明、目录、概述、大事记;主体(志)部分设组织机构、刑事案件侦查、经济犯罪案件侦查、治安管理、人口管理、道路交通管理、消防管理、出入境管理与边防检查、网络安全监督管理、防暴处突与反恐怖、监所管理、专门领域保卫、辅助决策指挥、警务科技、法制、宣传与教育、后勤保障、队伍建设、人物;卷尾部分设专记、附录、索引、编后记等。

四、本志设人物篇,包括人物传略、人物简介、烈士表以及先进集体和个人表。人物传略、人物简介收录本轮修志断限内曾经获得过全国先进工作者、公安部一级英模等荣誉称号,为上海公安工作作出杰出贡献以及担任过市公安局主要领导的同志。前志已收录过的人物,本志人物传略不再收录。

五、根据1983年中共中央关于将劳改、劳教工作移交司法行政部门管理的决定,市公安局将相关工作移交给市司法局,本志不再详述。

六、本志对断限内上海公安机关跨部门、跨警种的重大改革和重要工作,除在正文中适当记载外,另以专记方式予以全面系统详述。

七、本志遵循上海市地方志编纂委员会2010年印发的《上海市志(1978—2010)编纂行文规范》。所记币种,凡未注明的均为人民币;事物演变,凡未交代到下限的,均为至下限时间无变化。历史上对公安民警、未经法院判决的人员有多种称谓,本志统一使用“民警”“犯罪嫌疑人”。

八、本志对上海公安机关的不同范围划分有多种称谓。“上海公安机关”是指上海市公安局市局机关、业务总队、区县公安机关,公安警卫、消防、边防等现役部队,以及接受上海市公安局领导和指导的有关公安处(局)。“市公安局”是指上海市公安局市局机关以及业务单位。“各分(县)局”是指区县公安机关。“公安**部门”是指市局业务总队和区县公安机关相关业务支队组成的业务条线,如“公安经侦部门”是指市局经侦总队和区县公安机关经侦支队。

目　录

CONTENTS

概 述

1949年5月27日上海解放，5月28日，中国人民解放军上海市军事管制委员会公安部接管上海市警察局，并于6月2日组建上海市人民政府公安局（1955年5月更名为上海市公安局）。新成立的人民公安机关按照"边作战、边建设"的方针，大力开展教育整顿，加强人民公安工作和人民警察队伍建设。同时，紧密依靠群众，会同人民解放军，开展收容散兵游勇、肃清特务、缉捕盗匪的斗争，着手整顿治安、交通、消防秩序。

1950—1953年，根据上海市委、市政府的部署，全市公安机关全力投入反封锁、反轰炸和侦破特务案工作；开展镇压反革命运动，彻底肃清上海的土匪、恶霸、特务、反动党团骨干、反动会道门头子五类反革命分子；有步骤地对烟、娼、赌采取"三禁"行动，稳定社会秩序，治安面貌焕然一新。1953年后，国家进入计划经济建设时期，上海公安机关以保障社会主义建设和社会主义改造为中心，全面加强公安业务工作建设，突出加强经济、文化保卫工作；通过人口普查，健全户口登记管理；加强治安、交通、消防管理；依靠群众侦查敌特破坏案件等，社会治安出现空前的稳定局面。

1966—1976年"文化大革命"中，上海公安机关遭到极其严重的破坏，各项公安工作几近瘫痪，凶杀、流氓、强奸、盗窃等严重刑事案件大幅度上升，社会秩序混乱。1976年10月，粉碎江青反革命集团后，上海公安机关的各项公安工作得以渐次恢复。

1978—2010年，上海公安机关在市委、市政府和公安部的领导下，认真贯彻落实党的一系列路线方针政策，紧紧围绕党和国家的中心工作，牢记宗旨、服务大局、忠实履职，改革创新公安工作，加强队伍、业务建设，切实维护国家安全、社会稳定和城市公共安全。

一

1978—1989年，上海公安机关深入贯彻落实中共十一届三中全会、全国政法工作会议、上海市委整顿社会治安大会等会议精神，清理"文化大革命"遗留下的各类问题，整顿领导班子，迅速恢复公安工作；开展严厉打击各类刑事犯罪活动的斗争，整顿社会治安秩序，保障社会大局稳定；开展治安综合治理，加强安全防范基础建设；加强民警队伍教育，不断夯实公安基层基础。

拨乱反正，恢复公安工作。1976年10月后，上海公安机关全面复查"文化大革命"期间制造的冤假错案和处理的有关刑事案件，按照"有错必纠"的方针和有关政策、法律作出妥善处理。以揭批"四人帮"为重点，整顿、调整各级公安机关领导班子，公安工作正常秩序得到恢复。1979年9月，全市街道、镇以及企事业单位的治安联防组织相继恢复重建。11月，在市公安局和市总工会支持、领导下，卢湾区成立全市第一支工人纠察队，配合公安民警开展夜间巡逻。经推广，全市建成8 000余人的工人纠察队伍。1980年，根据公安部《关于加强农村户口管理工作》精神，市公安局决定在农村增设公安派出所，农村户口不再由公社文书代管，改为公安部门统一管理，恢复公安业务工作，加强乡村社会治安建设。12月，市政府召开整顿城市交通秩序动员会，全市开展整治活动。

严厉打击各类刑事犯罪活动。中共十一届三中全会后，上海公安机关根据"服从和服务于经济建设为中心"的指导思想，严厉打击各类刑事犯罪，保障社会主义建设安全。针对各类刑事案件大幅上升态势,1980年,组织全市统一开展“打现行、挖团伙、破大案”战役,同时针对经济领域出现的新情况,集中开展取缔非法市场、打击投机倒把和走私活动。1981年6月,市委召开整顿社会治安大会,传达贯彻中央政法委召开的京、津、沪、穗、汉五大城市治安工作座谈会精神,部署依法从重从快严厉打击刑事犯罪、整顿社会治安工作,上海公安机关迅速落实,组织开展破案战役。1982年,针对现行犯罪活动及赌博、卖淫等情况,上海公安机关相继组织开展专项打击行动,并与江苏省、浙江省公安机关密切配合集中打击投机倒把、盗窃收赃的犯罪团伙。1983年8月,为贯彻落实中央关于“必须从重从快严厉打击严重刑事犯罪分子”(简称“严打”)的重大决策和部署,市公安局召开全市公安机关负责人会议,传达全国政法工作会议精神,根据中央“从重从快、一网打尽”的方针和“三年为期、三个战役”的要求,具体部署上海公安机关的“严打”工作。8月19日起,在市委的领导下,上海公安机关在全市范围内开始“严打”斗争,不间断地组织集中、统一专项行动。至1986年底,组织进行3场战役、13次行动,摧毁犯罪团伙一大批,依法逮捕杀人、放火、抢劫、强奸、贩毒、制造贩卖黄色淫秽物品等犯罪分子2.7万余人,为期三年的“严打”斗争告一段落。通过“严打”斗争,遏制了犯罪高发的态势,为上海的改革开放和经济建设提供了有力保障。同时,加强治安、户口管理等基础工作,坚持打防并举,形成“严打”工作新格局。1987年,上海公安机关按照打击、预防、管理、建设相结合的原则,确立“严打”斗争结束后的公安工作任务是:从扭转社会治安非正常状况转向保证社会安定、促进经济发展,从以集中打击为主转向加强基层基础工作建设、打击现行犯罪等经常性工作。1988年,上半年以打击多发性盗窃犯罪为重点,下半年以治理经济环境、整顿经济秩序为中心,着重打击盗窃、诈骗、投机倒把等犯罪活动,全年侦破刑事案件12 852起,其中重大刑事案件3 710起。1989年,在继续严厉打击刑事犯罪活动的同时,重视预防和处置各类突发事件,把警力摆到街面上,加强治安巡逻,强化社会治安的动态管理。

全力保障社会大局稳定。1978年12月—1979年3月,一些人组织集会,煽动不明真相的人堵塞交通、拦阻列车。上海公安机关全力维护交通和治安秩序,对为首破坏社会治安秩序的13名违法犯罪人员依法逮捕。1986年12月—1987年初,部分高校发生学潮,极少数别有用心的人冲击机关,严重破坏社会治安和交通秩序。上海公安机关采取措施,控制事态发展,维护社会稳定。1989年春夏之交的政治风波中,每天出动1万多名民警、武警官兵上街执勤,清除路障,恢复交通,坚决打击破坏社会秩序的违法犯罪分子,查处制造骚乱的“打砸抢”分子680人。

开展治安综合治理工作。上海公安机关依靠各方力量支持,多方施策,开展综合治理。1981年6月,市委召开上海市治安工作会议,提出保卫“四化”建设、整顿社会治安、重视社会主义法制建设、狠抓综合治理的要求。会后,市公安局、市人民检察院、市高级人民法院建立联席会议制度,协同开展综合治理工作。根据市政府相关规定,上海公安机关指导工厂、商店、机关、学校、医院和科研所等企业事业单位开展加强内部安全防范工作。1982年,推动安全保卫责任制实施,全市有42%的企事业单位建立安全保卫责任制。1984年,全市公安机关开始落实居民身份证制度并发放居民身份证。市公安局发布《上海市外来寄住户口管理试行办法》。同时,加强废旧行业管理、公共场所治安管理、企业内部安全管理、道路交通管理、消防管理、暂住人口管理等公安行政管理工作。1985年4月,针对外来暂(寄)住人口增多的态势,全市公安机关推动各街道里弄、乡镇和基层企事业单位,建立一支以治安积极分子为主体的户口协管员队伍,配合开展人口管理工作。1988年,市公安局会同市建设委员会制定《关于住宅建设设计中安全防范设施的若干规定》,全市新建住宅按防范要求设计,把社会治安防范工作列入城乡建设整体规划。1989年4月,市公安局发布《上海市私房租赁治安管理规定》,建立私房出租、居住登记制度。

加强基层基础和队伍建设。1981 年 6 月，市公安局召开基层民警大会，强调基层基础工作是预防、打击、改造、管理，将结合户口查对掌握危害治安人员情况、对违法人员开展法制教育列为派出所的日常工作。1982 年，市公安局调整充实基层户籍、治安警力，严格外来暂住人口来报去销登记制度，从中发现和打击流窜犯及其他犯罪分子。同时，针对民警队伍中存在"脸难看、事难办"的现象，开展纪律作风教育和讲文明、树警德活动，改进警民关系。1985 年，开展人民公安机关性质、宗旨和理想信念教育，结合执法检查，清理整顿机动车临时停放点、船舶治安管理站以及治安联防等在经费管理方面存在的突出问题。1986 年，针对民警队伍中存在的特权思想和对待群众"冷、硬、横"的问题，开展克服"门难进、脸难看、话难听、事难办"的"四难"问题教育活动，进一步改善、密切警民关系。1989 年，市公安局制定《关于深化市区公安派出所工作改革的若干意见》，把派出所作为上海公安工作改革重点，着力将派出所建设成为一个多功能的作战实体，同时推进郊县派出所的改革。

二

1990—1999 年，上海公安机关以维护社会稳定、保障经济建设为中心，加强公安业务建设、基层基础建设和队伍建设，为经济建设和改革开放保驾护航。与此同时，上海公安机关根据《中共中央关于加强公安工作的决定》及全国第十八次公安会议精神，全面推进公安改革，构建更加符合公安工作性质、特点和现实需要的公安体制机制和工作方式。

坚持"严打""严防"并举。上海公安机关始终保持严打高压态势，1990 年，针对"黄赌毒"现象，持续开展"扫黄""除六害"斗争，抑制"黄赌毒"蔓延。1992 年，为遏制流动人口违法犯罪的高发势头，对旅店业、公共娱乐场所开展专项治理，加强全市私房出租户验证清理，实行治安合格证制度。1993 年，连续组织"打团伙、扫'六害'、治交通、迎东亚运"专项治理和以"打流窜、破大案、抓基础"为重点的破案战役。1994 年，针对重大刑事案件大幅上升的情况，大力整治外来人员聚居地 212 处，拆除违章搭建的棚、舍、窝、点 1 825 间。1996 年，结合全国统一组织的"严打"战役，先后开展春季、秋冬战役，清查整治治安问题复杂、外来人员聚居的地区（场所）15 万余处（次）。1997 年，组织春季、夏季两个"严打"战役和冬季破案行动，遏制"黄赌毒"丑恶现象的蔓延势头，惩处违法犯罪人员 17 828 人。1998 年，上海公安机关提出"抓大不放小""抓小防大""积小胜为大胜"的严打新思路，针对梅陇、大场、彭浦等市郊结合部治安复杂地区，组织开展集中整治行动，并会同有关部门在全市建立社区保安队，加强社区治安防范。

强化社会治安综合治理。1991 年 2 月 19 日，根据全国人大常委会通过《关于加强社会治安综合治理的决定》，上海公安机关贯彻落实，至年底，会同相关部门机关、团体、企事业单位，在全市组织各类群防群治力量 44 万多人，在 22 个街道 468 个居委会开展"安全小区"创建试点工作，推动企事业单位开展"安全合格单位"创建活动，在大中型企业中建立安全保卫责任制。1992 年 5 月，会同市房管局、工商局、卫生局、土地管理局和计生委联合下发《关于加强本市私有房屋出租综合管理的联合通知》，加强私房出租和流动人口管理。1996 年，重点加强社区、金融系统、大学和大型企业周围的治安防范工作，督促落实银行、金融、珠宝店等重点单位的技防措施；增加各种防范力量 10 593 人，在居民小区设置护楼、护宅治安岗点 2 068 个；建立 396 支外来人员治安管理服务队，开展来沪人员的登记、领证、发证工作。1999 年 1 月，开通方便群众举报突出治安问题的"110 信箱"，并围绕盗窃机动车内财物、教唆流浪少儿违法犯罪、街头诈骗等突出治安问题，实行挂牌专项整治。

推进公安体制机制改革。1992年,根据市九届人大常委会第三十四次会议通过的《关于在本市部分地区试行人民警察综合执法的决定》,市公安局制定《上海市人民警察巡察暂行规定》,组建巡警队伍。11月,黄浦、静安、徐汇三区共500名巡警上街试行综合执法。1993年,按照"统一、精简、高效"原则,制定《上海市公安体制改革方案》《上海市公安派出所建设纲要(1993—1997)》,构建治安管理新模式,探索基层公安机构改革路子;在部分派出所试行联勤制和警长制,在刑侦系统试行探长制;在经济发达、治安情况复杂、地理位置重要的铁路上海站地区和浦东新区、闵行开发区建立3个警察署,使基层的警力配置、警务布局、勤务时间更加适应动态管理需要。1993—1995年,市公安局对机构进行较大改革,将办公室、行政处和有关业务处分别组建为指挥部、后勤保障部,刑侦、治安、交警、巡警等总队。1994年,各分(县)局建立区域性技术防范报警系统,推行派出所勤务制度改革,基本完成市区公安机关巡警组建工作,全市初步形成以110报警服务台为核心,以巡警为主体,点、线、面结合,车巡、步巡互补的治安巡逻网络。1997年,市公安局提出探索具有"三特"(中国特色、时代特征、上海特点)的公安工作发展思路,通过体制机制调整,建立警务运行新机制,推出在内环线以内中心城区3—5分钟、环线以外郊区城区和郊县8—10分钟到达指定现场的110接处警规定。实行刑侦工作体制改革,推行"侦审合一",在普陀、徐汇、青浦先行试点,到年底共组建153个责任区刑侦队。1998年,整合街面警力,推行交警、巡警合二为一的警务试点。从市公安局机关抽调710名民警充实到14个分局和2个县局,加强基层公安机关警力。加大街面治安防控力度,形成以巡警为主的夜间巡逻盘查网络。建立健全46个出入上海市境道口的公安检查站,理顺相关管理体制。1999年,全市正式推出交警巡警合署办公、道路警力统一执法的改革举措。

规范公安行政管理与服务。1991年1月,市公安局公布《关于公安派出所24小时受理户口的若干规定(试行)》,精简机关,下放警力,充实派出所户籍警力,推动派出所户籍民警深入辖区开展群众工作。1992年,市公安局出台《加快公安改革,充分履行职责,更好地为改革开放和经济建设服务》的23条意见,推出"清理法规、简化手续、下放权力、放宽政策、转变作风、积极参与、加强管理"7个方面的措施。1996年,交警、巡警、派出所等"窗口"单位推出语音信箱、办事回执制度、社区民警弹性工作制度、警民联系卡等措施,接受群众监督,便民利民,提高办事效率。1999年,完成治安、户政、消防、外管等警务信息上网工作,进一步提高公安"窗口"服务质量。1999年8—12月,在市政府的领导、指挥下,上海公安机关每天出动5 000余人次警力,开展整治机动三轮车非法载客营运的专项行动,查扣无牌无证机动三轮车1.2万余辆,清除流弊多年的社会治安、交通"顽症"。

加强公安队伍规范化建设。1990年,市公安局狠抓队伍教育,纠正不正之风,开展"廉洁为民"活动,在派出所开展"串百家门、知百家情、为百家民",创建"文明户籍室"活动。全市派出所、交警队和市公安局外管、户政等部门实行"两公开、一监督"制度。1991年,确定以"维护社会稳定、保障经济发展"为中心,加强公安业务、基层基础和民警队伍"三项建设",推动公安队伍规范化建设向深度和广度发展。1992年,全市公安系统机关集中开展纠正不正之风和制止刑讯逼供的专项治理。结合贯彻《中华人民共和国人民警察警衔条例》,以科所队长、指导员和新民警为重点,大力开展岗位培训,组织2 700人培训,1.2万名民警参加岗位练兵活动。1993年,开展"正警容、严警纪、树警风"活动,清理整顿乱收费等问题。1995年,推动巡警综合执法工作的规范化建设。加大公安教育培训力度,在全市建立116个教育培训中心。1996年,按照中共中央提出的"讲学习、讲政治、讲正气"的要求,以"外树形象,内强素质"为目标,总结"陈九弟工作法"等社区警务工作成功经验,树立陈瑜等一批"90年代马天民"式的先进典型,开展"学徐虎,争当90年代马天民"等主题活动及行风评议工作。在全市400多个派出所开展规范化建设,并推动机关的规范化建设。1997年,围绕贯彻公安部“苏州会议”“石家庄会议”精神，在全市各级公安机关开展“为人民服务，树公安新风”活动，确定35个“树新风”活动示范单位。按照“治长为先”的思路，组织132名局、处级干部参加培训，举办3期派出所(警察署)所(署)长培训班。1998年，市公安局开展“人民乃父母，稳定是天职”的从警教育，开展“学东莱、赶南东，创建人民满意派出所(警察署)”的开门评警活动，并推向各警种各部门。1999年，总结推广“李建中工作法”，下发《上海公安机关“窗口”服务规范》。

三

2000—2010年，上海公安机关围绕上海建设国际化大都市和“四个中心”的城市功能定位，在继承传统公安工作方法的同时，坚持创新发展，从全面构建上海现代警务机制，到探索以社区警务、虚拟社会、实有人口3项管理为重点的社会管理创新，深入推进固本强体、科技强警的警务发展战略，全面提高公安机关应急反应、治安防范和打击犯罪的能力，不断促进公安执法管理的规范化、制度化、法治化建设。

确保重大活动安全。2000—2001年，围绕第五届全国残疾人运动会、亚洲企业家年会、亚太经合组织第九次领导人非正式会议(简称APEC会议)等重大安保工作，根据公安部统一部署，市公安局针对重点时段、重点地区、重点问题，组织多种形式的“严打”整治行动，开展打击拐卖妇女儿童、制贩毒品、制贩假币等犯罪的专项行动，加强娱乐服务场所管理。2006年，围绕上海合作组织峰会暨成立5周年庆典活动安保任务，以“点上安全、线上畅通、面上稳定”为目标，组织开展“打黑除恶”“命案侦破”等战役，开展“治顽扫丑”治安整治行动。2007—2008年，围绕第十二届世界夏季特殊奥林匹克运动会、第二十九届夏季奥林匹克运动会上海赛区足球比赛等安保任务，持续开展“打黑除恶”“打盗抢、抓逃犯”“打击网络淫秽色情”等专项行动，加大对扰乱社会公共秩序等违法犯罪活动的打击整治力度。2008年9月，根据中国2010年上海世界博览会(简称上海世博会)安全保卫工作部署，上海启动“迎世博600天行动计划”，公安机关同步开启上海世博会安保工作。2009年，为“迎世博、保平安”，上海公安机关组织开展对刑侦、经侦、治安、交通、消防五大类22个专项行动的打击整治攻坚战。2010年，结合“平安建设”实事项目，深入开展“平安世博”打击整治攻坚战和“捉漏治顽”治安专项行动，强力整治影响上海世博会安全和上海城市形象的各类违法犯罪和突出治安问题。会同相关部门组织全市85万平安志愿者参与群防群治工作，形成“平安世博”“人人有责、人人参与”的共管共治、联动互赢的局面。在184天的上海世博会期间，面对接待游客7 308.4万、日均接待39.7万人次的安保形势，上海公安机关有效应对24个超50万人次的高峰日和单日103.3万人次的超大客流，完成678批次的各类等级警卫任务，确保开(闭)幕式、开园仪式、中国国家馆日、高峰论坛等2.4万余场次重大活动的安全举行。

持续打击整治各类违法犯罪活动。上海公安机关坚持“露头就打、什么问题突出就整治什么问题”的原则，对各类违法犯罪活动保持高压态势。2000年，市公安局相继组织开展“打现行、强管理、压刑案、保平安”的严打整治斗争，打击飞车抢劫(夺)专项斗争，“打击街面犯罪、加强场所治安管理、加强道路交通管理”专项行动，打击涉税犯罪专项行动等。2001年，根据市政府部署，开展严厉打击传销和变相传销违法犯罪专项行动。2002年，组织开展“严打整治、打黑除恶、治爆缉枪”专项斗争、“破大案、打团伙、追逃犯”专项行动，开展社会治安复杂地区以及集贸市场、医院治安专项整治。2003年，开展全市高校及周边地区治安专项整治，组织“打团伙、挖窝点、追逃犯、破大案”“打击盗窃机动车内财物、电动自行车和自行车销赃”等专项行动。2004年，连续开展“打击虚开货物运输发票和制售假发票等涉税违法犯罪”“打击毒品犯罪”“打击地下钱庄、整治金融票证违法犯罪”“打击‘两抢’(抢劫、抢夺)犯罪”,打击盗窃破坏电力设备,打击网络赌球等专项整治行动。按照公安部部署,组织创建安全文明校园活动,开展加强中小学校、幼儿园安全管理专项行动。2005—2009年,组织全市公安机关开展“打击防范入室盗窃犯罪”“打击扒窃、拎包违法犯罪”“打黑除恶”,查缉非法携带枪支弹药、管制刀具临检等专项行动。2010年,全市公安机关开展娱乐休闲服务场所治安隐患集中整治行动。

建立健全现代警务机制。2000年,立足特大城市公共安全保障,为完善特大城市社会治安防控体系,市公安局启动黄浦、虹口两区的“网格化”24小时街面治安动态管理巡逻勤务运作机制试点;健全外环线、出入市境公路道口的查堵工作机制。精简市公安局机构和人员,充实一线342人,编制人员比精简前减少14.39%。2001年,在城区14个分局推行“网格化”街面治安巡逻工作。针对美国“9·11”恐怖袭击事件后的反恐怖新形势,市公安局提出按照“最大范围、最高要求、最严措施、最充分考虑”的原则,构筑APEC会议的全方位、立体化安全防线。2002年,市公安局提出《关于构建上海现代警务机制的总体方案》,用3年左右的时间基本建成现代警务机制框架,从指挥中心建设、科学用警、信息工作、考核评估、教育训练及思想政治工作6个方面,深化街面“网格化”巡逻机制建设;全面启动治安管理信息系统派出所(警察署)应用平台信息采集工作。2003年,在市、区(县)两级公安指挥中心,全面推行指挥长制度;增加10%的街面警力,拓展“网格化”巡逻的覆盖面。在普陀、浦东等分局探索试行管段民警、治安民警和巡逻民警“三警合一”的社区警务运作模式。针对国内外暴力恐怖活动增多,把确保城市公共安全摆到更加突出的位置,全面提升打防管控能力。2004年,根据《中共中央关于进一步加强和改进公安工作的决定》和第二十次全国公安会议精神,上海公安机关制定《关于进一步加强上海现代警务机制基本框架建设推进工作的意见》。8月15日,实现110、119与122“三台合一”的接处警模式,形成信息灵敏、指挥有力的应急处置指挥体系。9月30日,全市一级的处置应急突发事件的指挥平台——上海市应急联动中心成立,依托市公安局指挥中心运行,9个市委办局、8个重点企业和相关管理部门,共17家单位成为第一批联动成员。牵头召开苏、浙、沪十六市(区、县)第四十三次警务合作会议,20个成员单位的指挥中心签署《苏、浙、沪相邻城市公安指挥中心应急指挥协作网络合作协议》。年底,建立起现代警务机制基本框架体系内的12项机制。2005年,上海公安机关制定《上海现代警务机制(2005—2007年)建设规划》,启动“第二步”实施战略。2月28日,根据市人大常委会第十八次会议审议通过的“废止《关于本市试行交通警察和巡逻警察在道路上统一执法的决定》的决定”,交警巡警停止合署办公和统一执法,明晰交警、巡警2个警种各自职责,分别管理和使用。12月,重新组建特警总队,提升公安机关反恐、防暴和处置突发事件的能力,完善反恐工作措施。2006年,启动上海社会治安分级(分色)预警机制建设。市建设和交通委员会、市气象局、市地震局、市食品药品监督局等10家成为第二批应急联动单位加入市应急联动中心运行。2007年,上海全面启动特警武装巡逻。经过3年改革,各分(县)局基层一线警力已占总警力的94.3%,其中派出所占50.2%;建立警务室、社区民警工作点3 964个,配备社区民警4 302人。2008年,市公安局下发《关于进一步深化刑侦改革工作的意见》,明确在责任区刑侦队设置、刑侦办案模式和打防目标考核等方面实行改革,实现公安基层单位“打、防、管、控”一体化运作。2009年,分(县)局及业务条线组建本警种的“网上”工作专门力量,“网上”社区警务室覆盖率达到全市派出所的76%,初步形成虚拟社会管理的“全警化”运作格局。2010年,反恐处突、信息通信、刑事侦查等重大装备配备到位。建立苏浙沪警务联勤指挥机制,通过口岸查控措施以及客流、车流控制等情况实时分析、研判、通报,苏、浙、沪两省一市公安机关可同步采取措施。

深入推进科技强警工作。2000年，市公安局外来人口信息系统、派出所综合信息系统运行，实现15个分(县)局与派出所(警察署)的计算机联网。2001年，市公安局和分(县)局及派出所(警察署)的二、三级光缆网敷设完成，全市90.2%的派出所(警察署)、18个出入市境道口公安检查站与分(县)局实现光缆联网。建成800兆无线数字集群通信系统一期工程和新一代350兆GPS车辆卫星定位系统。2003年，建成由SDH传输网和IP通信网组成的上海公安信息通信网络体系。2006年，完善信息系统整合，实现案(事)件信息比对等系统的关联。2007年，推进城市图像监控系统建设，初步形成全时空、广覆盖的监控网络。2008年，完成新版派出所综合信息管理系统、公安道口机动车和监视查控系统等项目建设。2009年，以社区警务、虚拟社会以及实有人口3项管理为重点，明确“一个基础、八个平台、五个系统”的“一八五”信息化建设总体思路：全面优化网络信息化基础设施建设；统筹推进网上办案、网上办事、网上办公、派出所综合信息应用、跨部门关联共享应用、实有人口信息应用、警用地理信息、大情报信息应用的“八大应用平台”建设；完善扩充应急联动指挥、交通指挥调度和事故应急处理、重点目标图像监控、信息移动接入平台与应用、公安350兆数字集群等“五大系统”功能；在已有公安信息网络基础上进行整合建设，以科技带动公安机关社会管理工作的创新。2010年，“一个基础、八个平台、五个系统”投入上海世博会安保实战，为警务实战的扁平化、智能化、可视化、数字化奠定基础。

强化公安行政服务管理。2000年，在市政府领导下，市公安局会同相关职能部门实施全市道路交通“畅通工程”。市公安局印发《上海市公安局关于上海市户口管理暂行规定》，进一步规范市内户口登记、迁移和有关证件的签发等日常管理工作。市公安局决定110报警服务台受理人民群众来电投诉。上海公安机关根据国家部署执行对外国人(部分国家)停留48小时免办过境签证政策。2001年，上海公安机关开通全国第一条“公安热线”，24小时接受群众咨询、投诉，强化人民群众对公安行政管理工作的监督。对全市房屋租赁实行治安管理登记和治安许可证制度。2002年，上海公安机关与全市58家医院协商开辟交通事故伤害抢救“绿色通道”。开展全市网吧消防安全大检查。2003年，110报警服务台开始受理英、日、俄、德、法、西班牙、阿拉伯、朝鲜8个语种报警服务。推出25项涉及户口、交通、消防、出入境管理等方面的便民利民措施及公安窗口的15项便民利民措施，为9万户老式居民住宅楼住户安装消防设施，实施公民因私出国按需申领护照并开放居民个人赴港澳地区旅游，实施机动车驾驶员违章者直接到银行缴纳罚款制度。2004年，市政府发布《上海市居住房屋租赁管理实施办法》。上海公安机关执行来沪人员居住证制度和在沪外国人永久居留证制度。2005年，市公安局组织开展全市道路交通排堵保畅专项行动。2006年，推出便民利民措施，完成门弄号牌整顿工作。2007年，开展以“二乱、四车”(“行人乱穿马路、非机动车乱骑行”和“人力板车、燃油助动车、残疾车、人力或电动三轮车突出交通违法行为”)为重点的交通秩序整治宣传活动，提升城市交通文明形象。2008年，围绕“让群众少跑一趟路、少排一次队、少等一分钟”为主题的爱民实践活动，推出10项便民利民措施。推进居住证制度和居住房屋租赁管理制度实施，加强实有人口服务和管理工作。2009年，《上海市实有人口服务和管理若干规定(暂行)》施行，初步形成“党委领导、政府主导、公安指导、部门司职、社区实施”的实有人口管理新格局。推出8项便民利民措施，涉及警民关系、110接处警、治安管理、交通管理、出入境管理等内容。组织开展“迎世博、强管理、保畅通”交通执法管理行动。2010年，把“整治居民小区消防安全问题”列为政府实事工程。在闵行分局召开城市综合管理和应急联动工作现场会，把城市管理和应急处置工作放在突出位置。

推进执法规范化建设。2004年,市公安局从规范执法用语入手,开展“坚持执法为民,规范执法行为”主题教育,推进公安规范化建设。贯彻执行《中华人民共和国行政许可法》,清理相关公安行政执法规章,取消和停止执行行政许可事项11项,废止执法规范性文件18件,制定办理公安行政许可的工作流程,制定《上海市公安局重大行政管理事项决策听证试行办法》。5月,公安机关正式公开发布政府信息。2005年,按照市委部署,开展“坚持执法为民,促进执法公正”专项整改活动,制定《上海公安民警首句警务用语》《上海公安民警规范用语》,进一步推动公安窗口的规范化建设。2006年,按照公安部、市委政法委的统一部署,全面开展社会主义法治理念教育,围绕“执法公正、一心为民”的主题,组织开展“五规范”(规范警务用语、规范警容风纪、规范执勤举止、规范警务驾驶、规范内务管理)活动。2009年,制定《关于开展执法规范化建设工作的指导意见》《上海公安机关执法规范化建设总体安排》,明确3年执法规范化建设的16项重点工作,推进执法规范化建设。全面梳理执法依据,将1 800个公安执法依据编成《公安政策法规汇编》,确定一线民警执勤过程中必须掌握的勤务内容、处置原则、程序规范。2010年,为一线执勤交警、巡警、110接处警民警配备36 024支警用录音笔、14 825套取证仪。

全面推动队伍正规化建设水平。2000年,市公安局结合“三讲”教育和“三项教育”活动,贯彻《公安机关人民警察内务条令》,制定《上海人民警察礼仪》,在全局开展“学习贯彻《内务条令》 深入开展礼仪教育”活动。制定《上海市公安局关于加强内部执法监督工作的决定》,邀请的警风警纪监督员增加到6 000余人,强化内外监督。2001年,以警务实战技能、体能以及纪律作风等方面训练为重点,全面实行新的警衔晋升培训制度。2002年,针对队伍中存在警令不够畅通、警务效能不足的突出问题,以作风建设为主基调,结合学习肖玉泉先进事迹和“局规100条”,开展警德、警风、警纪的“三警”教育。启动局内人才市场,在刑侦总队、出入境管理处、信安处3个单位34个岗位,试行人才自主交流、民警合理流动的新机制。推动公安教育由职前教育为主向职后教育为主转变,在上海公安高等专科学校试行治安管理专业第二专科教育。2003年,以贯彻落实公安部“五条禁令”为抓手,派出323名机关干部组成67个工作组到重点单位蹲点,大力推进公安机关规范化建设。4—12月,开展上海公安历史上规模最大、范围最广、时间最长、内容最多的岗位业务技能大练兵、大比武活动,共有12.2万余人次参加练兵比武活动。试行等级侦查员制度、专业技术岗位职务聘任与岗位聘用制度、行政辅助岗位文职制度。2006年,按照公安部“抓基层、打基础、苦练基本功”工程建设的统一部署,推进全面提升队伍正规化建设。2007年,制定单位岗位设置规范、民警岗位规范和工作规范等规章,进一步完善民警分类管理体系。2008年,制定《上海公安机关内务管理规范》,安装统一制式的派出所门牌、吊牌、台牌、制度栏等。2010年12月27日,中共中央、国务院隆重举行“中国2010年上海世博会总结表彰大会”,上海公安机关有36个集体、57名个人荣获中共中央、国务院表彰,市公安局荣获“上海世博会先进集体”称号,被公安部记集体一等功。

四

从“文化大革命”结束后恢复公安工作,到改革开放为社会主义现代化建设保驾护航,上海公安工作走过了艰辛而执着的探索之路、实践之路。33年间,上海公安机关围绕上海城市功能定位和战略发展目标,把握超大规模城市的治安形势、特点和任务,结合历史使命来确立公安工作发展方略,充分履行宪法和法律赋予的职责,确保上海的政治稳定和治安安全,为上海经济社会发展提供公平、正义的法治环境。

33 年间，面对错综复杂的社会形势，在警务工作无论是内涵外延还是方式手段都发生深刻变化的情况下，上海公安机关始终按照市委、市政府和公安部的要求部署，求是务实、锐身自任、忠诚履职、用心以行，全力以赴完成各项任务，适应了这样一个深刻而广泛的变革，公安工作不断进步发展，并留下值得继承和发扬的基本经验：第一，始终坚持以人民为中心的发展思想。这是公安工作的立足点和出发点，牢记全心全意为人民服务的宗旨，紧紧围绕人民群众最关心最直接最现实的利益问题，从解决具体细小问题入手，不断推出便民利民措施，疏解人民群众身边难事；从维护人民群众切身利益着眼，持续着力维护良好治安秩序，让人民群众感受到安全、法治、公平、正义，并以此成为推动公安工作不断进步的源动力。第二，始终坚持围绕中心、服务大局的工作方针。把构建社会主义和谐社会、树立社会主义法治理念，与上海公安实践紧密结合，围绕中心工作，紧扣维护社会大局稳定、保障经济发展这一主线，对危害社会安全、破坏经济秩序等犯罪活动，坚持露头就打、重拳出击的策略，不间断地开展专项斗争，实施精准打击，为上海经济社会建设发展提供良好的法治环境和秩序保障。第三，始终坚持改革创新、科技强警的发展之路。把构建和深化现代警务机制与体制改革相协调，精简机关，做实做强基层工作，整合资源，集合要素，建立起指挥灵便、处警高效、警力集约的警务体制机制。把握现代信息科技发展的新动向、新趋势，以信息科技变革作为警务发展的强大动力，运用科技装备和手段解决警务工作中的难点、困点，不断提升公安工作信息化、科技化、现代化水平。第四，始终坚持严格、规范、文明执法。狠抓一线民警执法规范、公正，树立执法权威性；加强民警法治教育，规范民警文明用语、文明执法，注重执法形式与效果的有机统一；强化运用法治思维、法治方式解决难题，切实维护执法公信力。第五，始终坚持从严治警与从优待警相结合。坚持政治建警，强化树魂立警，开展理想信念教育，把建设一支高素质的公安队伍作为公安工作的重中之重，按照“政治建警”“治警先治长”的要求，从严治警，针对不同时期队伍中出现的不正之风和不良倾向，集中开展专项教育整治，坚持反腐倡廉，严肃查处少数民警违法违纪案件，清除队伍中的腐败分子，全面加强民警作风、纪律、业务能力建设，提高队伍素质和战斗力。积极落实各项从优待警举措，实施人民警察荣誉制度，提升民警的归属感、荣誉感和成就感，为上海公安工作的健康、持续发展，提供强有力的组织保障和人员素质保障。

面对新形势、新任务、新要求，上海公安机关将在全面总结、提升公安工作经验的基础上，以推进国家治理体系和治理能力现代化为总目标，瞄准“打造世界一流警务工作”的发展定位，以全面深化智慧公安建设为引擎，纵深推进警务变革、推动基层社会治理创新、锻造高素质公安铁军，进一步推进新时代上海公安工作全面发展，为服务国家战略和城市发展、维护社会大局安全稳定作出新的更大贡献。

大 事 记

1978年

2月17日—3月7日　市公安局召开上海公安工作会议，传达贯彻第十七次全国公安会议精神。

3月　市公安局决定，撤销市公安局“五七”干校，恢复上海市公安学校建制，并列入地方统一招生(学制2年)，学生毕业后由公安机关分配工作。

4月　市公安局成立落实政策办公室，负责社会申诉案件复查工作。

5月　市公安局消防处创办《消防宣传资料》。1980年7月更名《上海消防》，向社会发行，宣传“预防为主、防消结合”的消防工作方针。

6月11日、15日　市公安局依法逮捕江青反革命集团上海骨干分子王秀珍、陈阿大等5人。

6月12—20日　公安部长赵苍璧在沪考察工作。

8月　市革命委员会副主任王鉴兼任市公安局长。

9月14日　市公安局原领导黄赤波、王鉴、屈成仁、林德明、胡志毅等人平反，恢复名誉。

10月　市公安局办公室外保科升格为市公安局外宾保卫处，负责访沪外宾安全保卫工作。

11月　市公安局设立广场办公室，负责人民广场治安管理工作。上海市人民警察学校成立。

1979年

1月11日　市公安局部署对地主、富农、反革命分子、坏分子“摘帽”工作。

3月13日　市、区、县公安机关部署对“文化大革命”期间处理的“恶毒攻击无产阶级司令部”案件进行复查平反工作。

5月27日　市公安局依法逮捕江青反革命集团上海骨干分子徐景贤等8人。

5月30日　市公安局消防处在江苏吴县销毁废旧弹药时发生爆炸，副处长卫淑海等13人牺牲，3人受伤。市革委会批准授予13人“革命烈士”称号。

9月9日　杨浦区控江路发生流氓寻衅肇事，致交通严重阻塞。杨浦公安分局出动民警劝导疏散围观群众，并当场拘留5名肇事疑犯。

9月　市公安局治保处更名为治安处，并恢复市公安局户政处建制。

10月26日　市公安局部署“打现行、挖团伙、破大案”战役，整顿城市治安秩序。

10月　市公安局成立宝钢地区分局。

11月9日　全市第一支工人纠察队在卢湾区成立。

12月　市革委会改为市政府，王鉴任副市长兼任市公安局长。

1980 年

1 月 《上海交通安全》报创刊。1987 年起向社会发行，该报是一份宣传交通法规、交通安全知识的专业性报纸。

3 月 市公安局吴淞分局并入宝钢地区分局。

4 月 10 日 最高人民法院撤销 1955 年对上海市公安局原局长扬帆的判决，宣告其无罪。市公安局对受株连的 700 多人进行复查平反。

4 月 25 日 公安部授予普陀公安分局刑侦队长叶志三“一级英模”称号。

7 月 7 日 根据公安部《关于加强农村户口管理工作》通知精神，市公安局决定在农村增设公安派出所，农村户口改由公安部门统一管理。

7 月 14 日 市公安局劳改局改称上海市劳改局(副局级)，隶属市公安局。

8 月 30 日 上海市劳动教养管理委员会恢复，下设劳动教养工作办公室，列入市公安局建制。

12 月 23 日 市政府召开整顿城市交通动员大会，全市开展整治交通秩序。

1981 年

1 月 上海市劳动教养工作办公室更名为上海市劳动教养审批办公室。

5 月 市公安局撤销宝钢地区分局，恢复吴淞分局名称。

6 月 9—12 日 市委召开整顿社会治安大会，部署依法从重从快严厉打击刑事犯罪、整顿社会治安工作。

7 月 10 日 市公安局发布《关于收缴犯罪凶器的通告》。

7 月 27 日 市委警卫处划归市公安局领导，与市公安局外保处合并，组建市公安局警卫处。

8 月 18 日 上海市第七届人民代表大会常务委员会第十四次会议审议通过《关于打击现行犯罪、维护社会治安的决议》。

9 月 27 日 民航上海管理局公安处成立，其公安保卫业务受民航总局公安局和上海市公安局双重领导。

9 月 副市长杨堤兼任市公安局长。

10 月 29 日 1960 年停刊的市公安局机关刊物《人民警察》复刊。

11 月 4 日 市公安局召开平反大会，宣布对林彪、江青反革命集团在“文化大革命”中制造的“侦控无产阶级司令部”“潘汉年、扬帆黑班底”“伪警察局地下党”“苏修特务集团”“反革命黑调查”五大冤案彻底平反。

11 月 市公安局撤销经济文化保卫处，恢复经济保卫处、文教保卫处。

1982 年

2 月 12 日 市公安局发布《禁赌通告》。

2 月 24 日 市公安局决定成立打击经济犯罪办公室，部署全市打击经济犯罪斗争。

4月5日　市公安局部署“打击流窜犯、追捕逃犯”集中行动。

5月8日　市公安局会同有关部门对在劳改单位服刑和留场就业的1 633名原国民党政权团以下党政军特人员予以释放安置。

8月1日　中国人民武装警察部队上海市总队成立(由上海警备区警备师改编),杨堤兼任第一政委。

10月　市公安局设立边防局,又称上海市边防局。

12月17日　全市公安机关开展纪律作风整顿。

1983年

1月　上海市消防总队列入中国人民武装警察部队序列。

同月　设立上海市第一人民警察学校。

4月　上海边防检查站纳入中国人民武装警察部队序列。

5月　上海市公安学校更名为上海市人民警官学校。11月,更名为上海公安专科学校。

7月1日　市劳改局由市公安局划归市司法局管辖。

7月　市公安局成立外国人管理出入境管理处。

8月7日　市公安局部署开展“严打”斗争。决定在三年内组织三个战役,争取社会治安两年见效、三年好转。

9月18日—10月1日　市公安局完成第五届全国运动会安全保卫任务。

10月　市公安局边防局划归中国人民武装警察部队上海市总队建制。

11月9日　上海市人民代表大会常务委员会通过《关于继续严惩严重危害社会治安的犯罪分子的决议》。

12月25日　公安部在沪召开全国城市交通管理工作会议。1984年2月24日,市政府召开上海交通管理工作会议作了传达贯彻。

1984年

1月25—28日　公安部长刘复之在沪考察公安工作。

1月　张汉滋任市公安局长。

3月8日　市公安局警卫处列入中国人民武装警察部队上海市总队序列。

4月6日　市公安局部署向年满16周岁以上居民颁发居民身份证工作。

4月24日　市公安局反间谍情报工作划归上海市国家安全局。

4月　市公安局撤销档案处,改设档案科,隶属市公安局办公室;决定刑事侦察业务从治安处划出,成立刑事侦察处;增设技术处。

7月　上海市人民警察学校更名为上海市第二人民警察学校。

8月　市公安局完成上海解放后缴获的旧政权档案移交中国第二历史档案馆(南京)和上海市档案馆工作。

11月28日　市公安局颁布《上海市外来寄住户口管理试行办法》,自1985年1月1日起试行。

11月　市公安局成立法制宣传处。

12月　市公安局决定将基建业务从行政处划出，成立市公安局基建办公室，负责全局业务用房和民警住房建设。航运公安局更名为上海航运公安局。

1985年

1月21—29日　全国政法工作会议和全国公安厅局长会议先后在上海召开。

1月　上海铁路公安处改为上海铁路公安局；上海铁路公安处上海公安分处改为上海铁路公安局上海公安分局。

2月1日、9日　上海市公安局石化分局、宝钢分局(由上海宝山钢铁总厂工程指挥部公安处改建，为企业公安建制)成立。

3月　《东方剑》创刊，原名《剑与盾》。1990年7月，与《人民警察》合并。1992年7月，与《人民警察》分开，易名《东方剑》。

4月12日　市政府公布《上海市严禁赌博条例》。

5月21日　市公安局设立市精神病人管治医院，依法收容、监护治疗肇祸精神病人。

5月　市公安局党组成立纪律检查组，负责上海公安系统纪律检查工作。

7月　市公安局技术处更名为计算机通信处。1987年1月更名为科技处。

8月6日　市公安局设立上海市保安服务公司。

8月26—31日　公安部长阮崇武在沪考察工作。

9月　中国人民武装警察部队上海市总队序列的上海边防检查站、消防总队移交市公安局领导。市公安局恢复边防局、消防总队建制。

11月25日　市公安局颁布《关于加强暂住人口管理通告》。

1986年

1月　李晓航任市公安局长。4月兼任中国人民武装警察部队上海市总队第一政委。

2月26日　市公安局发布《行动起来，严厉打击盗窃犯罪活动》的通告。

4月7—11日　市公安局召开公安工作会议，传达贯彻全国政法工作会议和全国公安厅局长会议精神。

7月11日　超强龙卷风袭击南汇、奉贤、川沙等县，造成23人死亡，119人重伤，516人轻伤，倒塌、损坏房屋2 954间，损失约1 000万元。上海公安机关组织3 000多名民警投入抢险救灾。

8月29日　上海市第八届人民代表大会常务委员会第二十三次会议通过《上海市监护治疗管理肇事肇祸精神病人条例》。

9月1日　市公安局举办上海市打击经济犯罪展览会，至11月底，观众100万人次。

10月24日　长宁区武夷路铁路道口附近发生3373次货车5节车厢脱轨、颠覆事故，撞倒路旁1幢3层民房，造成11人死亡，10人受伤。上海公安机关开展救援处置。

11月17日　根据公安部部署，山东、安徽、江苏、浙江、福建和上海五省一市公安机关，为征集、编写原华东局社会部历史资料，在上海召开第一次协作会议。华东局社会部史料于1988年10月定稿，1989年由公安部作为《公安史资料专辑》出版。

12月23日 市公安局颁布《关于游行、集会管理暂行规定》。

1987年

1月10日 市公安局召开全市公安分(县)局长、业务处长会议,总结三年“严厉打击严重刑事犯罪活动”经验,部署1987年上海公安工作。

4月24日 市公安局部署开展“打现行、掏窝子、压大案”专项斗争。

7月22日 市公安局部署开展“查禁淫秽物品、卖淫宿娼,打击现行犯罪”斗争。

7月23日 市公安局发布《关于严禁淫秽物品的通告》。

9月22日 市政府公布《上海市水上消防工作暂行办法》。

9月23日 上海市第八届人民代表大会常务委员会第三十一次会议通过《上海市公民游行示威暂行条例》。

11月16日 于双戈盗枪抢劫西体育会路工商银行储蓄所,开枪打死1名营业员后逃逸。23日,于在浙江宁波被抓获。

11月19日 市公安局部署开展以反盗窃为重点的“打现行、破大案、抓防范”专项斗争。

11月 市公安局设立上海站地区分局,负责上海站广场及周边地区社会治安和交通管理工作。

12月10日 浦东陆家嘴轮渡码头因大雾停航,复航后发生拥挤踩踏事故,造成16人死亡。航运公安局曹宝根为维持秩序,不幸牺牲。

1988年

2月2日 市公安局召开各分(县)局长、业务处长会议,部署1988年公安工作和春节安全保卫工作。

3月9日 市公安局与美国和中国香港地区警方联手侦破利用锦鲤鱼藏匿海洛因空运至美国的国际贩毒案,拘捕贩毒疑犯15人,查获毒品4.68千克。

3月11日 市公安局部署开展以打击入室盗窃、扒窃、窃车为重点的“抓防范、反三窃”专项斗争。

3月24日 沪杭铁路外环线匡巷站附近发生311次客车与208次客车迎面相撞事故,造成28人死亡(其中日本旅游者27人)、111人受伤。市公安局调度1 700余名民警和武警赴现场抢救伤员,维持秩序,会同有关部门处理善后事宜。

7月18日 市公安局部署开展“打击流氓犯罪活动,取缔社会丑恶现象”专项斗争。

8月11—13日 市公安局召开上海公安工作会议,传达贯彻全国公安厅局长会议精神。

8月22日 市公安局决定设立警风警纪监督电话,接受群众监督举报。

10月11日 市公安局部署开展“打现行、破积案、抓流窜、强化防范”专项斗争。

10月20日 上海炼油厂因操作工违章操作发生火灾,造成25人死亡、16人受伤。上海公安机关开展救援处置。

10月24日 市公安局监察室成立。

10月 市公安局决定撤销吴淞分局和宝山县局,成立上海市公安局宝山分局。

11月　撤销市公安局政治部纪律检查室,组建市公安局监察室,与市公安局党组纪律检查组合署办公。

12月21日　市政府发布《上海市烟花爆竹安全管理规定》。

1989年

2月3日　市公安局召开会议,传达贯彻全国政法工作座谈会精神,部署1989年工作。

3月6日　市公安局部署"加强外来人口管理,打击流窜犯罪"专项斗争。

3月14日　市公安局部署廉政建设工作,讨论通过《关于加强公安队伍廉政建设的意见》。

5月4日、16—28日　上海部分高校学生上街游行,市公安局组织民警和武警官兵维持秩序。

6月6日　普陀区光新路铁路道口发生骚乱,161次列车1节邮政车和6辆公安摩托车被烧毁,40余名民警受伤。上海公安机关抓获"打、砸、抢、烧"犯罪嫌疑人11人。

6月26日　杭州至上海的364次客车行至松江境内铁路道口时发生爆炸,造成24人死亡、50余人受伤。经调查,案犯周某志当场被炸死。

7月13—15日　全市开展"打击流窜犯统一行动"。

8月2日　市公安局召开制止动乱表彰大会。

8月20—21日　公安、工商、税务部门联合在全市开展取缔无证经营、打击非法交易活动。

9月25日　市公安局给参加公安工作30年以上的民警颁发荣誉证书、证章。

10月　设立市公安局计算机管理监察处,与科技处合署办公。在科技处内增设计算机管理监察科。

11月13日　市委部署开展"扫六害"(卖淫嫖娼、制作贩卖传播淫秽物品、拐卖妇女儿童、私种吸食贩运毒品、聚众赌博、利用封建迷信骗财害人)斗争。

1990年

1月9日　上海市第九届人民代表大会常务委员会第十四次会议通过《上海市实施〈中华人民共和国集会游行示威法〉办法》。

2月10日　市公安局召开会议,局长李晓航作题为《以维护社会稳定为中心,全面加强公安保卫工作》报告,部署1990年公安工作。

5月28—30日　全市开展"打击现行、深挖团伙"专项斗争。

7月20日　市公安局浦东开发区办公室(筹)成立。

8月1日　上海铁路公安机关列入市公安局序列。上海铁路公安局改为上海市公安局铁路公安局,上海铁路公安分局改为上海市公安局铁路公安处。

同日　上海消防119报警台计算机通讯指挥系统开通启用。

8月10日　市公安局与上广文艺台一起创作的系列广播剧《刑警803》开播,各省、市广播电台纷纷转播。

10月3日　市公安局成立党委、纪委。朱达人任市公安局党委书记、代局长。

10月23日　市公安局党委部署市局机关党员重新登记工作。

10月　经中共上海市委批准,撤销中共上海市公安局党组纪律检查组,组建中共上海市公安局纪律检查委员会。

12月10—14日　市公安局在青浦召开上海公安工作会议,部署1991年工作。

1991年

1月5日　市公安局公布《关于公安派出所24小时受理户口的若干规定(试行)》。市区公安派出所实行24小时受理户口制度。

1月11日　市公安局消防处改建为市公安局消防局。

2月　朱达人任市公安局长。3月,兼任武警上海市总队第一政委。

5—6月　全市开展"打击水上盗窃、收赃销赃"专项斗争。

6月10日　全市12个区公安分局、9个县公安局党组改为党委,实行局长负责制。

6月22日　市公安局决定巡警大队从治安处划出,成立特警总队。各区、县公安局和铁路上海站地区分局、上海航运公安局的巡警队改为特警队。

7月1日　市公安局举行颁发"人民警察荣誉章"大会,向离退休老同志颁发荣誉章。

7月12日　市公安局部署"取缔卖淫嫖娼、深挖流氓犯罪、加强治安管理"专项斗争。

8月7日　上海大部分地区遭受暴雨及龙卷风袭击,6 000余名民警和工纠联防队员投入抢险救灾。

9月2日　市公安局部署开展"反盗窃"专项斗争。

9月18—22日　全市开展"打流窜、追逃犯、破大案清查行动"。

9月30日　由市公安局交通处与上海人民广播电台合作组建的上海交通信息台开播。

10月31日　上海航运公安局更名为上海水上公安局。

10月　市公安局通讯指挥大楼正式竣工启用。通讯指挥大楼坐落于卢湾区建国中路30号,大楼主楼15层,塔楼4层,总高度110米,建筑面积15 685.95平方米,其中,办公用房面积5 518.94平方米。

同月　市公安局撤销基建办公室,业务工作划归行政处。增设计划装备处。

12月9—13日　市公安局召开上海公安工作会议,传达贯彻《中共中央关于加强公安工作的决定》和第十八次全国公安会议精神;部署1992年工作。

12月19日　上海市第九届人民代表大会常务委员会第三十次会议通过《上海市收容遣送管理条例》。

1992年

1月14日　市公安局召开廉政纠风工作会议,部署1992年廉政工作。

1月18日　中共中央总书记、中央军委主席江泽民在沪考察,接见政法系统局、处级干部和武警总队团以上干部,并为市公安局题词:加强公安工作,为上海的振兴作出新贡献。

1月　市公安局设立政策法律研究处。恢复档案处建制。

4月4日　市公安局将虹桥国际机场安全检查、消防工作移交民航部门管理。

4月11日　上海市第九届人民代表大会常务委员会第三十三次会议通过《上海市社会治安防范责任条例》。

4月　经市编委批准,市公安局交通处对外称交通警察总队。

5月　上海公安专科学校更名升格为上海公安高等专科学校。

6月19日　上海市人民代表大会常务委员会通过《关于在本市部分地区试行人民警察综合执法的决定》,决定在黄浦、静安、徐汇3个区道路、广场上实行人民警察综合执法。

8月20日　市公安局成立外高桥保税区公安处。

10月18日　市政府颁布《上海市人民警察巡察暂行规定》,增加治安管理以外城市管理、环境保护的部分职责。

11月1日　黄浦、静安、徐汇三区首批500名巡警上街执法。

11月20日　江泽民考察市公安局指挥中心。

11月　市公安局地铁分局成立。法制宣传处与政治部宣教处合并,组建政治部宣传处。

12月26日　市政府在展览中心友谊会堂举行首次授予人民警察警衔仪式。

1993年

1月3日　上海公安消防部门与东方广播电台联合主办的《119——祝您平安》消防教育栏目开播。

1月4—6日　市公安局召开上海公安工作会议,局长朱达人作题为《适应社会主义市场经济体制,努力使上海公安工作再上新台阶》报告,部署1993年工作。

1月21日　市公安局与东方电视台合办的《东方110》栏目开播,每周播出1次,每次20分钟。

2月　市公安局决定撤销局生产管理办公室,成立市公安局事业办公室。

4月15日　上海县与闵行区合并成立闵行区,上海县公安局与市公安局闵行分局合并成立市公安局闵行分局。

4月28日　上海市浦东新区公安局揭牌。

4月　外高桥保税区公安处转隶于浦东新区公安局领导。

5月1日　市公安局110报警服务台正式向社会开通。

5月2日　中共中央政治局常委、中央军委副主席刘华清考察市公安局指挥中心。

5月3日　市公安局上海站地区分局划归市公安局闸北分局建制,更名为上海市公安局闸北分局上海站地区警察署。

5月9—18日　市公安局完成在沪举行的首届东亚运动会安全保卫任务。

6—8月　全市开展“打击现行犯罪,加强公共复杂场所与外来流动人口管理,禁娼、禁毒、禁黄”夏季治安专项整治。

7月7日　上海市第十届人民代表大会常务委员会第三次会议通过《上海市人民警察巡察条例》。

7月　嘉定县改为上海市嘉定区建制,嘉定县公安局改建为上海市公安局嘉定分局,

8月26日　市公安局巡警总队成立。

8月　市公安局刑事侦察处更名为刑事侦察总队;治安处与户政处合并,组建治安总队。

9月　上海市保安服务公司更名为上海市保安服务总公司。

9—12月　全市开展“打流窜、破大案、抓基础”专项行动。

12月16日　上海市警察学会成立。扬帆、王鉴、杨堤、朱达人任名誉会长,市公安局党委副书记、副局长易庆瑶任会长。

1994 年

1 月 3 日　市公安局部署反窃车专项治理工作。

1 月 20—22 日　市公安局召开上海公安工作会议，局长朱达人作《努力适应社会主义市场经济的新形势，力争公安工作再上一个新台阶》报告。

1 月　市公安局特警总队改名特警支队，转隶于巡警总队。广场办公室划归治安总队。

2 月　上海实行外来常住人口申办蓝印户口政策。2002 年 4 月 1 日起，根据《上海市人民政府关于本市停止受理申办蓝印户口的通知》，停止受理申办蓝印户口。

3 月 30 日　市公安局成立指挥部、后勤保障部、政治保卫局，撤销市公安局办公室、行政处、计划装备处。

3—5 月　全市开展“打流窜、打抢劫、抓管理”专项斗争。

6 月 13 日　市公安局部署开展“打击流窜犯罪、扫除丑恶现象、整顿夏季治安”专项治理工作。

6 月　市公安局审计室从监察室划出，单列为市公安局直属机构。

7 月 1 日　市公安局部署反黑社会势力工作。

7 月 20 日　市公安局决定在全市刑事侦查工作中实行探长破案责任制。

7—9 月　市委决定各县公安局长任县委常委，各公安分局长任区委常委。

8 月　市公安局办公室组建为指挥部。行政处、计划装备处合并组建为后勤保障部。政策法律研究处更名为法制处，转隶于指挥部。事业办公室更名为“两化”（社会化、职业化）办公室。

9 月—1995 年 1 月　市公安局部署开展“严打”整治斗争。

10 月 20 日　上海市第十届人民代表大会常务委员会第十三次会议通过《上海市烟花爆竹安全管理条例》。

10 月 27 日　市公安局部署开展“严厉打击严重刑事犯罪、大力整治社会治安斗争”。

1995 年

1 月 4 日　国务委员、国务院秘书长罗干，公安部长陶驷驹考察市公安局指挥中心。

1 月 5—10 日　全国公安厅局长会议在沪举行。

1 月 16 日　由市公安局、广播电影电视局、旅游局联合举办的第一届“东方卫士”评选揭晓并颁奖。王永利等 50 名民警获得“东方卫士奖”。

1 月 19—21 日　市公安局在青浦县召开上海公安工作会议。局长朱达人作《紧紧把握大局，不断开拓进取，为维护社会稳定，保障改革和发展再立新功》报告。部署 1995 年工作。

2 月 20 日—5 月 31 日　全市开展“打现行、治顽症、抓防范”春季战役。

2 月 21 日　市公安局召开反腐败工作会议，传达中纪委五次全会精神，总结 1994 年反腐败工作，部署 1995 年工作。

3 月　根据国务院、中央军委《关于调整中国人民武装警察部队领导体制的决定》，中国人民武装警察部队上海市总队改由武警总部领导。

同月　市公安局部署 1995—2000 年上海公安教育培训工作，全市建立 116 个教育培训中心。

5 月 3 日　国际刑警组织中国国家中心局上海联络处成立。

5月11日　市公安局党委下发《关于开展向王伟同志学习活动的决定》(3月15日,长宁公安分局巡警大队民警王伟在依法执行巡察任务时,被犯罪嫌疑人故意伤害不幸牺牲)。

5月20日　中共中央总书记、国家主席、中央军委主席江泽民考察市公安局刑侦总队。

6月20日　市公安局制定下发《上海市公安派出所建设规划(1995—1997)》,明确以维护社会稳定为中心、以确保一方平安为目标、以人口管理为基础、以治安管理为重点,充分发挥公安派出所综合性基础功能,力争在三年内把全市公安派出所建设成为基本适应社会主义市场经济需要的、能有效维护一方平安的战斗实体。

6—9月　全市开展"打流氓、扫'六害'、收凶器"夏季战役。

10月11日　闵行公安分局侦破毛相兴杀人、强奸、抢劫案。自1994年起,毛在沪深夜窜至松江、闵行近郊工厂女工宿舍、发廊,实施杀人、强奸、抢劫等,作案15起,杀死妇女6人、伤害妇女19人。

10月26日　市公安局开展学习济南交警活动。

10月27日　上海市第十届人民代表大会常务委员会第二十二次会议通过《上海市消防条例》。

12月25日　中共中央政治局委员、上海市委书记黄菊到市公安局听取公安工作汇报、慰问民警。

1996年

2月12—14日　市公安局在青浦区召开上海公安工作会议。局长朱达人作题为《奋发进取,求真务实,为维护社会稳定,创建一流公安工作努力奋斗》报告,回顾总结"八五"期间(1991—1995年)上海公安工作,提出"九五"期间(1996—2000年)上海公安工作基本思路,部署1996年上海公安工作。

3月5日　市公安局部署"严打"春季战役。

3月18日　市公安局召开1996年上海公安系统反腐败和党风廉政建设工作会议,回顾1995年公安系统反腐败工作情况,部署反腐败和党风廉政建设工作。

4月21日　市公安局部署第二季度"严打"斗争。

4月26日　市公安局完成中、俄、哈、吉、克五国元首在沪签署《关于在边境地区加强军事领域信任协定》安全保卫任务。

4月　市公安局经济保卫处更名为经济保卫总队。文教保卫处更名为文化保卫总队。上海市第一、第二人民警察学校并入上海公安高等专科学校。

5月1日　中共中央总书记、国家主席、中央军委主席江泽民为上海市防火安全委员会题词:隐患险于明火,防范胜于救灾,责任重于泰山。

7月1日　浦东新区公安局12辆安装GPS卫星定位系统的执勤警车上街巡逻。

7月11日　上海"168—公安声讯服务专线"开通。

7月20日—8月25日　"上海公安'严打'成果展览"在上海展览中心展出。

8月1日　上海虹桥国际机场公安分局列入市公安局建制,更名为上海市公安局虹桥国际机场分局。

9月15日　市公安局侦破杀害著名女作家戴厚英和其侄女案,抓获犯罪嫌疑人陶锋。

10月9日　市公安局召开"'96'严打'斗争总结表彰暨秋冬战役动员大会"。

10月31日　市公安局召开上海公安机关学习济南交警总结表彰大会暨加强精神文明建设动

员大会。

10月 市公安局成立治安防范局。12月更名为社会治安防范局。

11月11日 公安部八三二所划归市公安局建制，更名为上海市公安局八三二所。

11月13日 闵行区华星路星站路发生大客车与货车相撞事故，造成20人死亡、24人受伤。上海公安机关开展救援处置。

11月25—29日 联合国禁毒署“上海国际兴奋剂会议”在沪举行。

11月27日 四川中路一居民楼房发生火灾，造成36人死亡、14人受伤。上海公安机关开展救援处置。

1997年

1月6—8日 市公安局召开上海公安工作会议。局长朱达人作题为《戒骄戒躁，扎实进取，为争创‘四个一流’，更加有力地保障公共安全，维护社会稳定而努力奋斗》报告。

1月16日 中共中央政治局委员、上海市委书记黄菊等领导考察市公安局指挥中心。

1月18—22日 荷兰鹿特丹市高级警官代表团在沪访问，双方举行业务会谈并签署两城市警察活动友好协议。

1月20日 市委副书记、市长徐匡迪考察市公安局指挥中心。

2月17日 上海宝山钢铁公司公安分局、梅山冶金公司公安处划归市公安局建制，并分别更名为上海市公安局宝江分局、上海市公安局梅山分局。

2月28日 市公安局成立驻浦东国际机场建设指挥部公安处(筹)。

3月5日 市公安局部署“严打”春季战役。

3月 刘云耕任上海市公安局长。

4月12日 上海市毒品检验中心成立。

4月16日 上海公安机关抓获拦路伤害、抢劫妇女财物的犯罪嫌疑人魏广秀。3月8日—4月14日，魏在宝山、杨浦区连续持械拦路伤害、抢劫妇女财物，作案13起，造成2人死亡、12人受伤。

4月27—28日 公安部长陶驷驹考察上海市看守所，并到上海工业锅炉厂听取“三个一体化”改革情况汇报。

6月9日 市公安局部署“严打”夏季战役和迎“七一”香港回归庆祝活动保卫工作。

6月10日 市公安局印发《上海市公安机关内部执法监督规定》。

6月26日 上海水上治安管理委员会成立。

6月30日—7月1日 市公安局完成上海各界庆祝香港回归祖国活动安全保卫工作。

7月10日 上海市第十届人民代表大会常务委员会第三十七次会议通过《上海市道路交通管理条例》。

7月24日 市公安局印发《关于开展“改革刑侦预审分设的工作体制实行侦审一体化”试点工作的意见》。

7月30日 市公安局部署侦审一体化试点工作，并选定普陀、徐汇和青浦两区一县公安机关进行侦审一体化改革试点。11月，侦审一体化改革全面铺开。

7月 撤销金山县公安局和石化公安分局，成立上海市公安局金山分局。

9月8日　市公安局警务督察队成立揭牌。

10月7日　中共中央政治局委员、上海市委书记黄菊等领导到市公安局听取第八届全国运动会安全保卫工作落实情况汇报，并考察市公安局指挥中心和消防指挥中心。

10月12—24日　市公安局完成在沪举行的第八届全国运动会安全保卫任务。

10月18日　中国最大消防船“沪消001”号建成。

12月11日　上海市第十届人民代表大会常务委员会第四十次会议通过《上海市特种行业和公共场所治安管理条例》。

12月16日　中共中央书记处书记、中央政法委员会书记任建新考察市公安局普陀分局真如警署。

12月19日　市公安局开展交巡警街面警力“二合一”试点。

12月27日　市公安局举行《上海公安志》首发式。

1998年

1月7日　市委宣传部、市公安局和黄浦区委联合召开“南京路上好警署”先进事迹报告会。

1月20—22日　市公安局召开公安工作会议，传达全国公安厅局长会议精神，局长刘云耕作题为《深化改革、开拓创新，为建设有中国特色、时代特征、上海特点的公安工作而努力奋斗》报告。

2月25日　市公安局决定3月1日—4月30日在全市范围内开展以打击流窜犯罪为重点的“严打”春季战役。

3月2日　市公安局部署加强队伍建设和反腐败工作。

3月25日　市公安局部署上海公安机关人民警察基本素质考试考核和实行岗位聘任聘用制工作。

3月　市公安局预审处更名为监所工作管理处。

5月20日　虹口公安分局侦破贩毒案，抓获贩毒嫌疑人23人，缴获毒品海洛因83.59千克、毒资132万元。

6月　市公安局撤销公安史志研究室。

7月10日　市公安局部署“严打”夏季战役。

7月23日　市公安局党委决定抽调市局机关710名民警充实到16个分(县)局。

8月3日　市公安局传达中央、公安部和市委关于公安机关不再从事经商活动精神，决定成立清理经商活动领导小组办公室。

9月10日　东方航空公司上海飞往北京的586次航班因起落架故障迫降虹桥机场，市公安局调集警力赶赴现场处置。

9月22日　上海市第十一届人民代表大会常务委员会第五次会议通过《上海市地名管理条例》。

9月　松江撤县建区，松江县公安局改称为上海市公安局松江分局。

10月6日　市公安局研究室成立。

10月14日　市公安局部署“严打”秋冬战役。

10月29日　市公安局公交分局成立。

11月2日　东方航空公司上海飞往日本福冈的515航班起落架左前轮脱落，市公安局调集警力前往虹桥机场处置。

11月25日　全市开展“打击走私、盗窃、抢劫机动车犯罪”专项斗争。

12月　市公安局地铁分局更名为城市轨道交通分局。市公安局八三二所移交市政府。市公安局警卫处更名为警卫局。

1999年

1月9日　“刑警之魂”纪念墙在上海福寿园陵园落成。

1月17—19日　市公安局召开上海公安工作会议。市公安局党委副书记、副局长吴志明作题为《振奋精神，开拓前进，以开创公安工作和队伍建设的新局面跨入新世纪》报告。

1月28日　市公安局设立“110信箱”，受理群众举报信件。

同日　市公安局、公用事业局、抗灾办、民政局等18家单位启动社会服务联合行动。各有关职能部门的应急电话和公安机关的110报警电话同时受理群众求助。

1月　指挥部法制处改为市公安局直属机构(对外称上海市公安局法制办公室)。文化保卫总队更名为文化保卫处。

2月4日　市公安局制定颁布《人民警察违反公安纪律处理规定》。4月1日起施行。

2月16日　中共中央政治局委员、上海市委书记黄菊等领导到市公安局慰问公安民警和武警官兵。

2月　科技处加挂市公安局公共信息网络安全监察处牌子。

3月1日—4月30日　全市公安机关开展“打抢劫、反盗窃、治顽症”严打整治斗争。

3月5日　金山区320国道亭枫公路发生大货车与小客车相撞事故，造成13人死亡、28人受伤。上海公安机关开展救援处置。

4月15日　韩国大韩航空公司1架MD－11货运机从虹桥机场起飞后在空中解体，坠毁在闵行区莘西南路沁园春一村西侧一工地内，造成3名韩籍机组人员、5名居民死亡，37人受伤。

4月　市公安局交通警察总队和巡警总队合署办公。撤销市公安局“两化”办公室，其职能划归后勤保障部计划财务处。

5月8—18日　北约5月8日轰炸中国驻南联盟大使馆，全市10多所高校数万名学生持续数日上街游行示威。市公安局组织民警维持秩序。

5月31日　市公安局纪念上海解放暨公安局成立50周年。

6月25日　公判毒品犯罪分子暨集中销毁毒品大会召开，对13名毒贩进行公判，销毁缴获毒品200余千克。

7月1日—9月15日　全市开展“打抢劫、反盗窃、扫六害、追逃犯、促防范”严打整治斗争。

7月1日—9月30日　全市开展“追逃”专项斗争。

7月22日　全市取缔邪教“法轮功”组织。

7月　经济保卫总队更名为经济犯罪侦查总队。

9月11日　上海公安博物馆正式开馆。

9月27—29日　市公安局完成’99《财富》全球论坛·上海年会安全保卫任务。

9月30日　市公安局印发《关于实施行政处罚罚缴分离制度的通知》。11月10日，行政处罚罚缴分离制度在全市全面实施。

9月30日—10月2日　市公安局完成中华人民共和国成立50周年庆祝活动安全保卫工作。

9月　青浦撤县建区,青浦县公安局改称为上海市公安局青浦分局。

10月　虹桥国际机场分局和上海市公安局驻浦东国际机场建设指挥部公安处(筹)合并,组建上海市公安局国际机场分局。

11月2日　市公安局完成首届中国上海国际艺术节开幕式安全保卫任务。

11月9日　国务院、中央军委授予上海车站中队"模范消防中队"荣誉称号命名大会在沪举行。

11月9—11日　全国公安教育工作会议在沪召开。

11月10日　市公安局部署领导班子和领导干部"三讲"教育。

11月10—13日　公安部长贾春旺考察市公安局指挥中心、上海公安博物馆、刑侦总队、长宁分局、车站消防中队,并在南京东路警察署与部分派出所(警察署)长座谈。

11月　市公安局撤销社会治安防范局。

12月19—20日　市公安局完成全市庆祝澳门回归庆典活动安全保卫工作。

12月28日　中共中央政治局委员、中央书记处书记、国务委员、中央政法委书记罗干到上海公安博物馆考察。

12月30日　市公安局印发《关于公安民警出庭作证的暂行规定》。

2000年

1月1日　上海实行对外国人(部分国家)停留48小时免办过境签证政策。

1月13—15日　市公安局召开上海公安工作会议,市公安局党委副书记、副局长吴志明作题为《固本强体,扎实奋进,以探索新路、再攀新高的新业绩向新世纪献礼》报告。

1月30日　市出租汽车行业成立治安信息员队伍。

同日　市公安局印发《上海市公安局关于上海市户口管理暂行规定》。

1月31日　市公安局总结"打流窜、防反弹、迎新春、保平安"专项工作,部署春季"严打整治防范工作"。

2月15日—3月31日　全市开展"打现行、强管理、压刑案、保平安"严打整治专项斗争。

2月26日　市公安局等单位联合部署实施道路交通"畅通工程"。

2月28日　市公安局侦破特大非法集资诈骗案,抓获犯罪嫌疑人张某、段某。张、段于1998年8月成立上海先利经贸有限公司,以支付高额利息为诱饵,先后诈骗北京、江苏、上海等15个省、自治区、直辖市18万余人,骗得集资款7.7亿元。

同日　市公安局成立人民警察正当执法权益保护委员会。

3月1日　市公安局决定110报警服务台受理人民群众来电投诉。

3月28日　市公安局部署开展"三讲"教育、"三项教育"活动。

3月29日　市公安局部署"打击飞车抢劫(夺)"专项斗争。

4月6日　市公安局部署APEC会议安全保卫筹备工作。

4月28日　全市开展"打击街面犯罪、加强场所治安管理、加强道路交通管理"专项行动。

4月　市公安局文化保卫处更名为文化保卫分局。

同月　吴志明任市公安局长。

4—9月　全市开展打击制贩假币犯罪联合行动。

5月6—14日　市公安局完成第五届全国残疾人运动会安全保卫任务。

5月24—25日　全国人大执法检查组检查上海公安工作。

6月　撤销黄浦区和南市区，设立新的黄浦区，市公安局黄浦、南市分局合并组建为新的黄浦分局。

8月15日　市公安局制定下发《关于对有近亲属经营或参与经营公共娱乐服务业的民警实行回避任职的通知》。

8月24日　市公安局部署党风廉政建设工作。

同月　上海市公安局浦东新区公安局更名为上海市公安局浦东分局。

9月25日　市公安局召开上海公安机关“三讲”教育、“三项教育”总结大会，吴志明总结上海公安系统“三讲”教育、“三项教育”工作情况。

10月1日　市公安局在上海人民英雄纪念塔广场举行换装九九式警服宣誓仪式。

10月9日　市公安局在黄浦、虹口两区实行街面动态管理巡逻勤务机制。

10月15日—12月31日　全市开展打击涉税犯罪行动。

10—12月　全市开展清理整顿出入境中介活动。

11月1—10日　全市开展“打击制贩假证件”专项整治行动。

11月1日—12月31日　全市开展“打假”联合行动。

11月　市公安局刑事侦察总队更名为刑事侦查总队；外国人管理出入境管理处更名为出入境管理处；档案处转隶为指挥部所属部门。

12月8日　市公安局北艾路、莘庄实战训练基地建成启用。

12月　市公安局进行机构改革、精简人员，提前退休442人，待退休211人，离岗休息153人，辞职15人，市局机关精简充实一线342人，市局人员编制比精简前减少14.39%。

2001年

1月4—5日　市公安局召开上海公安工作会议，局长吴志明作题为《抓住机遇，迎接挑战，乘势而上，为全面推进新世纪上海公安工作开好局》报告，回顾总结2000年上海公安工作，部署2001年工作。

1月10日　上海开通全国第一条“公安热线”，24小时接受群众咨询、投诉。

1月21日　市公安局部署党风廉政建设工作。

2月5日　市公安局部署开展“打击江盗水匪”专项斗争。

3月29日　市公安局部署扩大实施“网格化”街面巡逻机制。

3月　组建市公安局机关服务中心。

6月1日　修订后的《上海市道路交通管理条例》正式实施。

6月13—16日　市公安局完成上海合作组织成员国元首会议安全保卫任务。

6月　撤销科技处增挂的公共信息网络安全监察处牌子，组建市公安局公共信息网络安全监察处。

7月12日　市公安局部署“反偷渡”专项斗争。

7月17日　中国船舶工业集团所属的沪东中华造船（集团）有限公司船坞工地1座正在吊装的龙门起重机突然倒塌，造成36人死亡、3人受伤。市公安局组织警力到场处置。

7月26日　《警方传真》在东方广播电台正式开播。

8月1日　全市房屋租赁实行治安管理登记和治安许可证制度。

8月9—15日　市公安局召开探索建立上海公安现代警务机制研讨会。

9—10月　全市开展"整顿和规范歌舞娱乐服务场所治安秩序"专项斗争。

10月8日　中共中央政治局委员、上海市委书记黄菊考察上海APEC会议安全保卫工作。

10月8—9日　公安部长贾春旺在沪考察APEC会议安全保卫工作。

10月11—22日　中共中央政治局委员、中央书记处书记、国务委员、中央政法委书记罗干在沪考察APEC会议安全保卫工作。

10月15—22日　市公安局完成亚太经合组织(APEC)第九次领导人非正式会议安全保卫任务。

10月23日　中共中央总书记、国家主席、中央军委主席江泽民接见参加APEC会议安全保卫工作的上海公安机关、中国人民武装警察部队上海市总队所属各单位主要负责人。

10月30日　杨浦公安分局侦破全国首例利用国际通讯卫星盗窃电信资费案,抓获盗窃国际长途电话费234万元的犯罪嫌疑人肖某。

10月　奉贤、南汇撤县建区,两县公安局分别改称为上海市公安局奉贤分局、上海市公安局南汇分局。

11月1日　市公安局举行APEC会议安全保卫工作总结表彰大会。

12月13日　市政府部署"严厉打击传销和变相传销违法犯罪"专项行动。

2002年

1月8—9日　上海公安工作会议召开,局长吴志明作题为《与时俱进,创新机制,改进作风,进一步开创上海公安工作新局面》报告。

1月12日　公安部在沪举行慰问革命烈士、因公牺牲民警家属座谈会。

1—10月　全市开展"严打整治、打黑除恶、治爆缉枪"专项斗争。

3月1日—5月10日　全市开展整治娱乐场所吸贩毒品"摇头丸"统一行动。

3月14日　市公安局印发《关于构建上海现代警务机制的总体方案》,至2004年,在全市公安系统逐步推进现代警务机制建设。上海现代警务机制是上海公安机关为适应社会主义市场经济发展需要,增强驾驭社会治安局势的能力而建立的一系列科学规范的警务制度和集约高效的运作模式,主要包括决策、实战和保障三大机制。

3月26日　吴志明与来访的美国旧金山市警察局长刘百安签订《中华人民共和国上海市公安局与美利坚合众国旧金山市警察局社区警务交流培训项目合作意向书》。

3月29日　市公安局印发《关于进一步加强社区警务建设的若干意见(试行)》《关于在全市20个示范派出所(警察署)开展社区警务建设试点工作的实施方案》,全面推进社区警务工作。

4月1日—6月30日　全市开展反偷渡"南方行动"专项斗争。

4月18—23日　公安部长贾春旺在沪考察公安工作。

4月30日　市政府发布《引进人才实行上海市居住证制度暂行规定》。

4—10月　全市开展"破大案、打团伙、追逃犯专项行动"及社会治安复杂地区整治行动。

5月6—12日　市公安局完成第三十五届亚洲开发银行年会安全保卫任务。

5月11日　全市开展互联网有害信息专项清理整治工作。

5月21日　上海市第十一届人民代表大会常务委员会第三十九次会议通过《上海市轨道交通管理条例》。

5月　市公安局警务督察队更名为警务督察处。

5—11月　全市开展“扫黄”“打非”专项行动。

6月1日　《上海市公安局人民警察违反公安纪律的处理规定》重新颁布施行。

6月10日—7月10日　全市开展“禁赌”专项整治。

6月12日　中共中央宣传部、公安部、中共上海市委在北京召开学习肖玉泉事迹座谈会。中共中央政治局委员、中央书记处书记、国务委员、中央政法委书记罗干会见肖玉泉家属。6月5日，公安部追授肖玉泉“全国公安系统一级英雄模范”荣誉称号。肖玉泉是杨浦公安分局交巡警支队民警，因患癌症医治无效逝世。

6月17日　全市开展网吧消防安全大检查。

6月24日　全市对吸毒人员采取收容戒毒统一行动。

6—8月　全市开展集贸市场专项整治。

7月1日—12月31日　全市开展打击涉税犯罪专项治理。

8—10月　全市开展医院治安秩序专项治理。

9月1日　上海实行公民因私出国按需申领护照。

9月8日　全国第一家少儿交通安全教育活动中心在浦东新区少年宫揭牌。

10月31日—11月2日　市公安局完成上海合作组织成员国总检察长会议安全保卫任务。

11月15日　市公安局印发《关于进一步加强社区警务建设的若干意见》。

11月20日　吴志明与来访的荷兰鹿特丹—莱茵河口地区警察局长梅杰·伯姆签订《中华人民共和国上海市公安局和荷兰王国鹿特丹—莱茵河口地区警察局合作谅解备忘录》《中华人民共和国上海市公安局和荷兰王国鹿特丹—莱茵河口地区警察局合作意向书》。

2003年

1月9日　上海公安工作会议召开，市公安局党委副书记、副局长程九龙代表市公安局党委作题为《全面贯彻“三个代表”重要思想，积极适应经济社会发展要求，努力开创新世纪新阶段上海公安工作新局面》报告。

1月15日—3月7日　全市开展高校及周边地区治安专项整治。

1月17日　上海市公安局走私犯罪侦查局揭牌。

1月23日　1架从法国巴黎机场飞往上海浦东国际机场的航班途经南汇区老港镇上空时，2名土耳其偷渡人员从飞机后右起落架舱中坠落，当场死亡。市公安局组织警力到场处置。

1月26日—2月9日　市公安局完成台湾地区6家航空公司首次台商包机直航上海安全保卫任务。

2月13—22日　全市开展“打团伙、挖窝点、追逃犯、破大案集中统一行动”。

3月　市公安局设立上海化学工业区公安分局。

4月8日　市公安局启动“非典”防治和维护社会稳定工作。

4月9日　公安部、中宣部在北京人民大会堂举行陈卫国先进事迹报告会。公安部追授陈卫国

"全国公安系统一级英雄模范"称号。陈卫国是浦东公安分局金杨新村派出所民警。2月8日,在执行110处警任务中,遭3名歹徒袭击,经抢救无效牺牲。

4月11日—5月10日　全市开展扫黄、打非、禁赌专项工作。

4月19日　市委组织部、宣传部、政法委和市公安局联合举办"陈卫国、肖玉泉先进事迹展"。

4月　市公安局出入境管理处更名为出入境管理局。

4—12月　市公安局开展大练兵大比武活动。

5月1日　市公安局110报警服务台开始受理英、日、俄、德、法、西班牙、阿拉伯、朝鲜8个语种报警服务。

6月5日　上海公安博物馆被科技部、中宣部、教育部、中国科技协会命名为"全国青少年科技教育基地"。

6月11日　全市公安基层派出机构统一使用派出所名称,不再使用警察署名称。

6月24日—11月20日　全市开展集中收治吸毒人员专项行动。

6月25日　闵行公安分局侦破抢劫杀人案,抓获犯罪嫌疑人黄某刚、程某。23日深夜,黄、程潜入虹桥镇台商宋某家户,杀害宋某夫妇和女儿一家3口,并将住在同一别墅内的2人打伤,劫走白金手表、电脑、首饰、手机等财物和2 000余元。

7月1日　轨道交通4号线浦东南路至南浦大桥区间隧道浦西联络通道发生渗水、流沙事故,引起地面沉降,致附近地面3幢高层大楼和一些民房开裂、倾斜,1幢大楼裙房坍塌。市公安局组织警力到场处置相关事宜。

7月　市公安局决定在全市推广黄浦公安分局"网上迁移户口""网上制作身份证"做法。

8月11日　市公安局召开"践行三个代表,坚持执法为民"学习动员大会。

8月15日—9月15日　全市开展"打击盗窃机动车内财物、电动自行车和自行车销赃"专项行动。

8月　市公安局破获8月5日"长阳"轮被撞导致85吨燃油泄漏的交通肇事案,该案致使黄浦江上游水厂取水口严重污染,直接经济损失1 600万元。

9月1日　上海居民赴港澳地区旅游实施按需申领证件。

10月29—31日　市公安局完成第五届国际刑警组织亚洲及南太平洋地区信息技术犯罪工作组会议安全保卫任务。

11月10日　市编委批复同意成立上海市应急联动中心。机构设于市公安局办公指挥大楼内。

11月13日　上海公安实弹射击训练中心建成启用。

12月1日　全市实行机动车驾驶员违章者直接到银行缴纳罚款制度。

12月16日　市公安局侦破特大国画系列盗窃案,抓获犯罪嫌疑人陈某、邓某,缴获被盗名画16幅。12月7日,陈、邓用伪造的居民身份证住进上海西郊宾馆,盗走会议室内刘旦宅创作的《群马图》。

2004年

1月1—31日　全市开展打击扒窃违法犯罪专项行动。

1月8日　上海公安工作会议召开,市公安局党委副书记、副局长程九龙代表市公安局党委作题为《用"三个代表"重要思想统领公安工作,深入贯彻落实第二十次全国公安会议精神,努力为确保上海社会持续稳定作出新的贡献》报告。

2—12 月　全市开展网吧等互联网上网服务营业场所和垃圾邮件专项整治。

3 月 15 日　市公安局第一批 159 名文职雇员正式在浦东公安分局上岗。

3—9 月　全市开展"'捕蛇''秋风'反偷渡和整治外国人'三非'"专项行动及"打击虚开货物运输发票和制售假发票等涉税违法犯罪"专项整治行动。

4 月 1 日—12 月 31 日　全市开展"打击毒品犯罪"专项行动。

4 月 2 日　全市区公安分局、县公安局的机构、编制、人事工作由市公安局直接管理。

4 月 20—28 日　市公安局完成联合国亚太经社会第六十届会议安全保卫任务。

4—12 月　全市开展"打击地下钱庄、整治金融票证违法犯罪联合行动"。

5 月 12—14 日　苏、浙、沪十六市(区、县)第四十三次警务合作会议在沪召开，签署《苏、浙、沪相邻城市公安指挥中心应急指挥协作网络合作协议》。

5 月 13 日　在世贸商城举办的第四届国际珠宝展一展台价值 69 万美元的钻石被盗。17 日，刑侦总队、出入境管理局、长宁公安分局联手侦破该起特大钻石盗窃案，抓获犯罪嫌疑人塞巴斯蒂安・艾尔南德斯・哥麦斯(墨西哥籍)等 25 人，缴获被盗钻石。

6 月 1 日—7 月 31 日　全市开展"打击两抢(抢劫、抢夺)犯罪"专项行动。

6 月 6 日　市公安局侦破特大跨国贩毒案，抓获缅甸籍犯罪嫌疑人李某等 13 人，缴获毒品海洛因 12 千克，毒资人民币 105 万元、港币 5 000 元、日币 10 万元，54 式手枪 1 支、子弹 20 余发，轿车 2 辆，查获毒品加工点 1 个。

6 月 17 日　沪、浙、苏水上联防协作会议在沪召开。

7 月 31 日—8 月 1 日　市公安局完成首次 F1 摩托艇世界锦标赛上海站比赛安全保卫任务。

7 月　市公安局办公指挥大楼竣工并投入使用。办公指挥大楼位于静安区武宁南路 128 号，占地面积 34 890 平方米，总建筑面积 78 395 平方米。

8 月 2 日—9 月 30 日　全市开展整治交通乱点行动。

8 月 12 日　市公安局侦破盗窃"打电话少女"铜像案，抓获犯罪嫌疑人许某、张某。2000 年 3 月 8 日，许等人在淮海中路、茂名南路地铁 1 号线出口处，将一尊重 350 千克、高 1.7 米的"打电话少女"铜像雕塑盗走。

8 月 23 日　上海对在沪外国人实行永久居留证制度。

8 月 28 日—9 月 6 日　市公安局完成第七届全国大学生运动会安全保卫任务。

8 月 30 日　市政府发布《上海市居住证暂行规定》。凡境内来沪居住 3 日以上人员，应当办理居住登记，领取《上海市临时居住证》，有效期分为 1 年、3 年和 5 年。10 月 1 日起，上海市静安、闸北、宝山 3 个区的 4 个街道、镇开展居住证证件发放试点工作。

同日　市政府发布《上海市居住房屋租赁管理实施办法》。

9 月 18 日　上海 21 名公安特警抵达海地参加联合国维和行动。

9 月 24—26 日　市公安局完成 2004 年 F1 首次中国(上海)大奖赛安全保卫任务。

9 月 30 日　上海市应急联动中心建成启用。

11 月 6—7 日　市公安局首次举行领导干部任职资格考试。

11 月 8 日　奉贤区境内 A30 高速公路一大货车与一小货车相撞，造成 10 人死亡、15 人受伤。上海公安机关开展救援处置。

2005 年

1月6日—2月6日　全市开展“打击、防范盗窃车内财物犯罪”专项工作。

1月11日　上海公安工作会议召开，市公安局党委副书记、副局长程九龙代表市公安局党委作题为《以邓小平理论和“三个代表”重要思想为指导，切实提高“四个能力”，全面推进公安工作》报告。

1月29日　市公安局部署保持共产党员先进性教育活动。

2月28日　根据上海市第十二届人民代表大会常务委员会第十八次会议审议通过的“废止《关于本市试行交通警察和巡察警察在道路上统一执法的决定》的决定”，市公安局交巡警停止合署办公和统一执法，巡警由派出所管理和使用，业务指导职能划归治安总队。

同日　市公安局部署扩大文职制度试点工作。

3月31日　市公安局部署2005年交通排堵保畅工作。

4月12日　市公安局向10名外籍人士颁发外国人永久居留证。

4月29日—5月1日　市公安局完成2005年国际摩联世界摩托车锦标赛中国大奖赛安全保卫任务。

5月19日　市公安局部署“打击‘两抢一盗’犯罪”专项斗争。

5月26日　上海公安民警心理健康驿站开通。

5月30日　市公安局实行“防消合一”体制。

6月10—12日　市公安局完成2005年V8国际超级房车赛中国大奖赛安全保卫任务。

6月24日　市公安局召开保持共产党员先进性教育活动总结大会。

6月30日　市公安局部署加强娱乐、休闲等服务场所治安管理，严厉查处卖淫嫖娼等违法犯罪专项行动。

7月5日　中共中央政治局常委、中央纪律检查委员会书记吴官正到市公安局考察，听取上海公安机关政风建设情况汇报，参观市应急联动中心。

7月21日　市公安局举行严德海先进事迹报告会。严德海是杨浦公安分局治安支队巡特警大队长。6月21日，在处置1起放火案件中，严德海全身大面积烧伤，经抢救无效牺牲。

12月24日　市公安局特警总队揭牌。

12月30日　市公安局召开新闻发布会，通报2005年便民措施落实情况，公布2006年便民利民措施。

2006 年

1月6日　上海公安工作会议召开，市公安局党委副书记、副局长程九龙代表市公安局党委作题为《以科学发展观统领公安工作和队伍建设，为维护上海社会的和谐稳定而努力奋斗》报告。

3月7日　市公安局部署“打黑除恶”专项斗争。

3月9日　市公安局侦破“3·5”嘉定区丰庄路老庙黄金真新店抢劫价值90万余元黄金首饰案，抓获犯罪嫌疑人李某等4人，缴获全部涉案赃物。

4月26日　市公安局组织举行“浦东2号”反恐怖综合演练。

4月28日　市公安局侦破案值29亿元地下钱庄案，抓获犯罪嫌疑人罗某韬等人。

4月　市公安局公共信息网络安全监察处增挂上海市网络与信息安全信息通报中心牌子。

4—9月　市公安局开展“打击整治假币犯罪行动”。

5月10—15日　市公安局完成2006上海国际珠宝首饰展览会、2006年国际摩联世界摩托车锦标赛中国大奖赛安全保卫任务。

5月12日　市公安局召开“三基”工程建设调研会。

5月31日　上海公安机关举行《人民警察证》首发仪式。

6月14—15日　市公安局完成上海合作组织峰会暨成立5周年庆典安全保卫任务。16日，公安部对上海公安机关和全体参战民警予以通令嘉奖。

6月18日　苏、浙、沪十六市(区、县)第四十七次警务合作会议在沪召开。

7月24日　市警察学会第三届第四次会员代表大会暨市警察协会第一届第一次会员代表大会召开。

8月1日　公安部《公安机关督察条例》修改工作调研座谈会在沪召开。

8月7—8日　首届海峡两岸暨香港、澳门警学研讨会在沪举行。

10月12—20日　市公安局完成2006年特殊奥运会上海国际邀请赛和2007年特殊奥运会团长会议安全保卫任务。

12月　全市公安机关完成门弄号牌整顿工作。

2007年

1月8日　市公安局召开中国2010年上海世界博览会安全保卫工作领导小组第一次全体会议。

1月9日　110接警翻译志愿者人才库建立。

1月15日　全国公安民警心理训练上海实验中心、上海公安民警心理健康服务中心、上海公安高等专科学校心理训练中心揭牌。

1月16日　上海公安工作会议召开，局长吴志明代表市公安局党委作题为《以和谐社会建设者姿态，全面发挥职能作用，全力维护上海社会政治社会治安持续稳定》报告。

2月17日　市委代理书记、市长韩正等考察公安工作。

2月　市公安局设立警务航空队。

3月13日　市公安局举行《上海现代警务机制探索·实践》一书首发式。

4月5日　市政府公布《上海市建筑消防设施管理规定》。

4月27日　市委书记习近平考察市应急联动中心。

4月29日　上海公安特警开始武装巡逻。

5月11—18日　市公安局完成非洲开发银行集团理事会安全保卫任务。

5月18日　市委宣传部、市公安局联合启动“东方讲坛——以案说防范，共建平安城”系列讲座。

5月30日　习近平会见出席全国公安系统英雄模范立功集体表彰大会的全体上海公安英雄模范、立功集体代表。

6月6日　市公安局成功处置杨柳青路768号肯德基店劫持人质案，犯罪嫌疑人童某生被当场击毙，人质获得解救。

6月23日　习近平考察市公安局强制戒毒所。

9月10—30日　市公安局完成国际足联2007年中国女足世界杯(上海赛区)安全保卫任务。

10月2—11日　市公安局完成在上海举行的2007年世界夏季特殊奥林匹克运动会安全保卫任务。

11月24日　浦东新区浦三路909号中石油上海销售分公司一汽油加注站发生爆炸,造成4人死亡、30人受伤。市公安局组织警力到场处置。

12月29日　中共中央政治局委员、上海市委书记俞正声到市公安局考察工作。

12月　中国海运集团总公司上海海运(集团)公司所属上海海运公安局、中国交通建设集团有限公司第三航务工程局有限公司所属上海航务公安处、中国铁路工程总公司中铁建工集团上海分公司所属第五公安分处、中国铁路工程总公司中铁三局集团上海华海工程有限公司所属第十一公安分处等机构整建制划转市公安局。

2008年

1月15日　上海公安工作会议召开,总结2007年上海公安工作,部署2008年公安工作。

1月28日　中共中央政治局委员、上海市委书记俞正声到市公安局指挥中心听取上海公安机关应对雨雪恶劣气候工作汇报。

2月　张学兵任市公安局长。

3月30日　市公安局侦破特大敲诈勒索案,抓获犯罪嫌疑人邢某艳等2人。邢等人在黑龙江省富余县经营奶站期间,私自向光明乳业运奶车内添加碱性物质并进行摄录像后制成光盘,以投毒为由向光明乳业有限公司勒索500万元。

4月3日　市公安局下发《关于进一步深化刑侦改革工作的意见》,明确在责任区刑侦队设置、刑侦办案模式和打防目标考核等方面实行改革,实现公安基层单位"打、防、管、控"一体化运作。

4月　市公安局警务督察处更名为警务督察总队。

5月5日　杨浦区黄兴路国权路口1辆842路公交车发生爆燃事件,造成3人死亡、12人受伤。市公安局组织警力现场处置。

5月12日　四川发生汶川特大地震,市公安局调集200名公安特警和400名消防官兵赶赴四川地震灾区参与救援工作。5月30日,市委宣传部、市委政法委、市公安局联合举办上海公安应急救援队抗震救灾报告会,俞正声会见上海公安赴川抗震救灾全体队员。6月19日,中共中央组织部授予上海公安赴川抗震救灾应急救援队临时党委为"抗震救灾先进基层组织"。6月23日,"永不放弃——上海公安抗震救灾纪实展"开展。

同日　市委政法委、市综治办、市房地局、市公安局研究部署推进居住证制度和居住房屋租赁管理制度,加强实有人口服务和管理工作。

5月23—24日　市公安局完成北京奥运会火炬接力上海传递活动安全保卫任务。

6月25日　俞正声考察市公安局强制戒毒所。

同日　上海公安机关将239套4 780平方米的公安临时办公用房和部分指挥设施交付上海对口支援灾后重建的四川都江堰市公安局。7月19日,上海市公安局对口支援都江堰警队出征。

7月1日　犯罪嫌疑人杨佳持刀至闸北公安分局,杀害6名公安民警,致3名民警和1名保安人员受伤。杨佳后被特警制服。2008年11月26日上午,经过最高法院核准,杨佳在上海被执行死刑。

7月17日　奉贤区雷盛塑料包装(上海)有限公司半成品仓库发生火灾,灭火中,3名消防官兵牺牲、1名战士受伤。

同日　市公安局赴海地维和警队出征。

7月22日　俞正声,市委副书记、市长韩正等考察北京奥运会上海安全保卫措施落实情况。

7月23日　全国政协调研组在沪调研在华“三非”外国人管理工作。

7月25日　市委宣传部、市公安局联合举行“平安奥运,平安上海”公众应急安全教育系列推广活动。

7月31日　市公安局推出10项加强北京奥运会期间上海社会治安管理措施。

7月　市公安局梅山公安分局的公安事权移交南京市公安局。

8月8日、24日　市公安局完成北京奥运会开幕式、闭幕式上海赛区安全保卫任务。

8月19日　俞正声考察北京奥运会上海赛区赛事现场安全保卫联席指挥部、军队指挥所、武警指挥所。

8月　市公安局撤销治安总队户政管理处,成立人口管理办公室。

9月1日　市公安局完成北京残奥会火炬接力上海传递活动安全保卫任务。

9月6日、17日　市公安局完成北京残奥会开幕式、闭幕式期间上海安全保卫任务。

9月26日　市公安局召开上海公安系统奥运安全保卫工作总结表彰大会暨迎世博600天动员大会。

10月18日　市公安局动员部署深入学习实践科学发展观活动。

10月23日　全国公安系统奥运安全保卫工作表彰大会在京举行,上海市公安局荣记集体一等功。

10月30日　市公安局、市住房保障和房屋管理局、虹口区政府联合启动实有人口管理试点工作。

10月31日　中央政法委调研督查组到市公安局调研督查上海公安机关开展学习实践科学发展观活动和大学习、大讨论活动情况。

11月13日　市公安局侦破冒充公安民警实施诈骗案,抓获犯罪嫌疑人林某、何某。林等人多次冒充公安人员,以为被害人提供“银行安全账户”服务实施诈骗,涉案总值400万余元。

12月　市公安局举办“东方讲坛·公安局长讲防范”专题宣讲活动。

2009年

1月9日　市公安局召开2009年上海公安工作会议暨上海公安机关“三基”工程建设总结表彰电视电话会议,局长张学兵作题为《振奋精神、激励斗志,为促进经济社会又好又快发展作出特殊努力》工作报告。

1月13日　市公安局部署打击防范盗窃“三车”专项行动。

2月3日　市公安局在上海公安高等专科学校开展公安派出所长培训。

2月16日　市委副书记、市长韩正到消防局调研消防安全和防灾救援工作。

2月17日　市公安局部署“打黑除恶”专项斗争。

2月23日、26—27日　国务委员、公安部长孟建柱在沪考察上海公安工作、世博会安全保卫工作和上海公安高等专科学校。

2月26—27日　“万国禁烟会”百年纪念活动在沪举行，会上通过《上海宣言》。

3月6日　市公安局召开上海公安机关深入学习实践科学发展观活动总结大会。

3月18日　市公安局部署执法规范化建设工作。

4月1日　上海市公安局“七条戒令”施行。

4月9日　市委宣传部、市公安局、市妇联联合举行“陈峥同志先进事迹报告会”。陈峥是市公安局公交分局民警。1月10日，陈峥当选由公安部和中央电视台联合举办的第三届“我最喜爱的十大人民警察”，并被人力资源和社会保障部、公安部联合授予“全国公安系统二级英雄模范”荣誉称号。2月17日，市公安局党委下发《关于向陈峥同志学习的决定》。

4月11—12日　上海世博会安全保卫工作协调小组在沪召开第一次工作会议。

4月19日　上海世博会安保指挥部在沪成立。

4月　市公安局撤销市海运公安局、航务公安处；宝江公安分局并入宝山分局。

5月6日　人力资源和社会保障部、公安部追授蔡立群“全国公安系统一级英雄模范”称号。蔡立群是浦东公安分局刑侦支队长，3月1日因患肺癌医治无效病逝。

5月15日　上海公安消防应急救援队首次代表中国政府应急救援队出征参加“上合组织—博戈罗茨克”联合救灾演练。

5月22日　市公安局与市网宣办、《新闻晨报》联合推出“社区警务网上行——公安领导与网友面对面”系列访谈活动。

5月23日　市公安局侦破“5·22”普陀区长寿路枪击案，抓获犯罪嫌疑人刘某等12人，缴获自制土枪7支、子弹数十发、涉案车辆3辆。刘等人因债务纠纷聚众斗殴，造成2人死亡、2人受伤。

5月　撤销南汇区并入浦东新区，上海市公安局南汇分局并入浦东分局。

同月　市公安局侦破公安部督办“彩蛙网”特大WAP网站传播淫秽物品案，抓获犯罪嫌疑人盛某等7人。

7月1日　“上海公安党建网”开通。

8月9日　市公安局侦破“7·18”私车额度拍卖系统遭网络攻击案，抓获犯罪嫌疑人周某峰。周为低价拍到车牌，于7月18日使用5 000余台“肉机”(指被黑客非法侵入并控制的他人计算机)对上海国际商品拍卖有限公司拍牌系统服务器实施攻击，导致系统阻塞，致使主办方被迫取消当日拍卖。

9月29日　中共中央政治局委员、上海市委书记俞正声和上海市委副书记、市长韩正出席市公安局在上海大舞台举行的“世博，我们准备好了”大型歌会。

9月30日—10月4日　市公安局完成庆祝新中国成立60周年彩灯开放和焰火燃放活动安全保卫任务。

9月　市公安局增设农场分局。

11月1日　《上海市实有人口服务和管理若干规定(暂行)》施行。

11月　市公安局增设反恐怖工作总队。

2010年

1月11日　中组部、上海市委联合在上海市应急联动中心举办“上海世博会应急处变能力高级研修班”现场教学活动。

1 月 21—23 日　国务委员、公安部长孟建柱率领国务院工作组到沪检查指导上海世博会安全保卫工作。

1 月　市公安局公共信息网络安全监察处更名为上海市公安局网络安全保卫总队。

2 月 17—19 日　中共中央政治局委员、上海市委书记俞正声到世博安保公安检查站考察安保工作。3 月 14 日，俞正声考察世博园区运行指挥中心。4 月 4 日、9 日，俞正声考察世博会园区安保指挥中心、制证中心、文化中心。

2 月 24 日　华东六省一市公安机关在沪签署《华东地区公安机关信息资源共享应用章程》。

3 月 2 日　上海警察公共关系专刊《尚警》在轨道交通人民广场站首发。

3 月 20 日　“上海公民警校”揭牌。

3 月 25 日　市公安局召开上海公安世博安保临战动员大会。

3 月 30 日　市公安局聘任首批特邀法律事务顾问。

4 月 4—5 日　孟建柱在上海世博会安保一线检查指导安保工作。4 月 19—20 日，孟建柱为世博安保作动员，并先后到世博会园区中国馆、意大利馆、非洲联合馆、文化中心考察安保工作。

4 月 12 日　市政府召开世博安保工作专题新闻发布会。

4 月 30 日、5 月 1 日　市公安局完成上海世博会欢迎晚宴和开幕式、上海世博会园区开园仪式安全保卫任务。

5 月 12 日　市委宣传部、市总工会、市公安局联合召开争创“平安世博 · 平安卫士”主题实践活动部署会。

8 月 3 日　市公安局在闵行公安分局召开城市综合管理和应急联动工作现场会。

8 月 5 日　上海公安金盾基金会成立。

8 月　市公安局撤销城市轨道交通分局、公交分局，成立城市轨道和公交总队。

9 月 1 日　《苏浙皖沪三省一市公安经侦区域警务合作框架协议》在沪签署。9 月 26 日，苏、浙、皖、沪公安在沪签署刑侦、禁毒区域警务合作协议。10 月 13—18 日，苏、浙、皖、沪公安在沪签署网安、反恐、出入境管理、治安等部门区域警务合作协议。11 月 1 日，苏、浙、皖、沪公安机关在沪签署《苏浙皖沪三省一市公安机关区域警务合作章程》。

9 月 19 日　市公安局侦破“9 · 8”闵行抢劫金饰品案，抓获犯罪嫌疑人张某等 3 人。9 月 8 日晚，张等人持械至闵行区莲花南路易买得超市一珠宝柜台，抢劫价值近百万元金饰品和珠宝首饰后逃逸。

10 月 1 日　孟建柱在世博会园区中国国家馆日活动现场组织指挥安全保卫工作。

10 月 30 日　孟建柱慰问世博安保先进代表，看望为世博安保献出生命的市公安局民警杨鹤云、吴毅强、陈纲、乔明德以及铁道警官高等专科学校教师于晓秋的家属。

10 月 31 日　市公安局完成世博会高峰论坛、闭幕式安全保卫任务。

11 月 3 日　俞正声、韩正到世博安保指挥部慰问安保工作人员。

11 月 15 日　静安区胶州路 728 号公寓大楼发生特大火灾事故，造成 58 人死亡、71 人受伤。事故中涉嫌重大责任事故罪的 13 名犯罪嫌疑人被依法逮捕。

11 月 16 日　公安部授予刑侦总队五支队见习副支队长张浩“全国公安系统一级英雄模范”荣誉称号。

12 月 30 日　市公安局举行“光荣使命——上海公安 2010 平安世博表彰典礼”。

第一篇
组织机构

“文化大革命”期间，上海公安机关遭到严重破坏，体制被打乱。1978年8月，中共上海市委决定恢复市公安局行政领导职称，任命正副局长，并把遭破坏、被撤销的机构逐一恢复重建。

20世纪80—90年代，为适应改革开放的发展和社会治安管理的需要，上海公安机关调整机构，完善机构职能，在职能配置、机构设置、工作方式等方面基本建成与公安机关性质、任务相适应的体制。为加强公安机关指挥协调作用，设立指挥综合管理机构，构建公安机关指挥管理与警务实战运作相协调的体制机制；为强化公安机关的专业职能，将市公安局的部分业务处升格为总队建制，提升市级公安机关职能部门对区县公安机关职能部门的指导协调作用；为加强城市社会治安管理，新组建公安专门机构。

进入21世纪，上海公安机关按照“优化配置、整合职责、精简机构”的要求，强化警务指挥职能和实战职能，推动公安体制机制朝更为合理、更为高效的方向发展，以适应社会主义经济体制和上海大都市管理转型的需要。根据市政府《上海市公安局职能配置、内设机构和人员编制规定》，市公安局进一步清晰指挥协调、应急处置、行政管理等职责权限，厘清指挥机关、条线部门、基层单位职责任务，并新组建一批专门机构，初步形成职能、机构、序列和称谓规范统一，职责权限一致的公安机关组织机构。

上海公安机关包括市公安局、区县公安机关以及公安边防、消防、警卫等现役部队，其主要职责是：预防、制止和侦查违法犯罪活动；维护社会治安秩序，制止危害社会治安秩序的行为；维护交通安全和秩序，处理交通事故；组织、实施消防工作，实行消防监督；管理枪支弹药、管制刀具和易燃易爆、剧毒、放射性等危险物品；依法对特种行业进行管理；守卫重要的场所和设施；管理集会、游行、示威等活动；管理户政、国籍、入境出境事务和外国人在中国境内居留、旅行等有关事务；维护国(边)境地区的治安秩序；对罪犯执行刑罚；监督管理计算机信息系统的安全保卫工作；指导和监督国家机关、社会团体、企业事业组织和重点建设工程的治安保卫工作，指导治安保卫委员会等群众性组织的治安防范工作；法律法规规定的其他职责。

上海公安系统还包括专门公安机关。上海市公安局铁路公安局、上海港公安局、长江航运公安局上海分局、上海海事公安局、上海出入境边防检查总站，分别列入上海市公安局序列。

第一章 市公安局

1968年1月，中国人民解放军上海市公检法军事管制委员会成立，对上海市公安局实行军事管制。1973年1月，市委批准市公安局下设部、室、处等17个部门，并实行党政“一元化”领导。1974年1月，撤销上海市公检法军事管制委员会名称，恢复市公安局建制，挂牌地址为福州路185号。

1978年后，为适应经济社会发展和治安管理的需要，市公安局对内设机构进行调整，恢复一些部门，新设一些业务处，将劳改局和有关部门移交市司法局、市国安局。1988—1998年，市公安局对机构体制进行较大调整，形成指挥、政治、后勤保障三大机关，强化市公安局对各级公安机关的统一领导和指挥；部分业务处升格为总队，强化公安机关专业部门的实战职能；新设一些涉及城市公共安全保卫的专门机构，强化公安机关在公共安全方面的职能作用。2000年，市政府批准《上海市公安局职能配置、内设机构和人员编制规定》，市公安局进一步明晰指挥协调、应急处置、行政管理等职责权限，明确指挥机关、条线部门、基层单位职责任务，初步解决职能交叉、机构重叠、机关化严重等问题。2003—2010年，市公安局按照国家政府机构改革部署，进一步规范机构设置，整合机构职责，完善机构体制。

第一节 沿 革

1973年1月，市公安局各部门机构逐步恢复，至1977年，市公安局内设机构有：政治部、办公室、预审处、治保处、交通处、消防处、经济文化保卫处、航运公安局、档案处、行政处、审批办公室、劳改局、上海边防检查站，及市公安局“五七”干校。

随着公安工作的恢复和发展，市公安局机构有所调整变化。1978年1月，组建上海消防科学研究所。2月，组建上海公安科学技术研究所(又名上海876研究所)。3月，撤销市公安局“五七”干校，恢复上海市公安学校。4月，设立落实政策办公室，负责社会上申诉案件的复查工作。8月，市委决定恢复市公安局行政职务名称，并任命局长、副局长。10月，市公安局办公室外保科升格为市公安局外宾保卫处。11月，设立广场办公室(非常设机构)。组建上海市人民警察学校。12月，建立上海消防器材工业公司。1979年1月，上海消防科学研究所划归公安部。2月，上海公安科学技术研究所划归公安部。9月，治保处更名为治安处；恢复户政处建制。1981年1月，市公安局审批办公室更名为劳动教养审批办公室。7月，根据中央决定，市委将市委警卫处划归市公安局领导，市公安局决定撤销外宾保卫处，其业务并入警卫处。11月，撤销经济文化保卫处，恢复经济保卫处、文教保卫处。1982年1月，设立中共上海市公安局党组纪律检查筹备组。10月，设立市公安局边防局(对外称上海市边防局)。11月，设立市公安局公安史资料征集研究领导小组办公室(非常设机构)。1983年1月，根据中共中央决定精神，全国公安消防部门纳入中国人民武装警察部队序列，市公安局消防处(市消防总队)并入中国人民武装警察部队上海市总队。同月，设立上海市第一人民警察学校。4月，上海边防检查站纳入武警序列，并入中国人民武装警察部队上海市总队。5月，上海市公安学校更名为上海市人民警官学校。7月，劳改局整建制划归市司法局。增设外国人管理出入境管理处(简称外管处)。8月,上海消防器材工业公司更名为生产管理办公室(对外仍称上海消防器材工业公司)。10月,市公安局边防局划归中国人民武装警察部队上海市总队建制。11月,上海市人民警官学校更名为上海公安专科学校。1984年3月,经中共中央书记处批准,全国公安警卫部门转武警现役,市公安局警卫处列入中国人民武装警察部队上海市总队序列,在编人员转为武警现役。4月,撤销档案处,改设档案科,转隶于市公安局办公室。将治安处的刑事侦察业务划出,设立刑事侦察处。增设技术处。7月,广场办公室不作为处级建制,编制单列。上海市人民警察学校更名为上海市第二人民警察学校。8月,建立上海市申茂实业公司。9月,落实政策办公室不作为处级建制,编制单列。11月,增设法制宣传处。12月,将行政处的基建(除房管组)业务划出,单独设置基建办公室,为市公安局直属的处级单位。航运公安局更名为上海航运公安局。1985年1月,公安史料征集研究领导小组办公室不作为处级建制,编制单列。2月,上海石油化工总厂公安处和上海宝山钢铁总厂工程指挥部公安处分别改建为企业建制的上海市公安局石化分局、上海市公安局宝钢分局。5月,增设技术侦察处。中共上海市公安局党组纪律检查组正式建立。7月,技术侦察处更名为技术处;原技术处更名为计算机通信处。8月,设立上海市保安服务公司,为服务性事业机构,相当于处级。9月,根据公安部通知,中国人民武装警察部队上海市总队序列的上海边防检查站、消防总队移交市公安局领导。市公安局恢复边防局、消防总队建制。1987年1月,上海公安专科学校确定为相当于副局级单位。计算机通信处更名为科技处。11月,增设市公安局上海站地区分局,负责铁路上海站地区及周围地区的社会治安和交通管理工作。1988年11月,撤销市公安局政治部纪律检查室,组建市公安局监察室,与市公安局党组纪律检查组合署办公。

随着上海经济社会和城市发展,为强化公安机关履职功能,市公安局在机构设置、名称、级别上有所调整变动。1990年10月,经市委批准,撤销中共上海市公安局党组纪律检查组,组建中共上海市公安局纪律检查委员会。12月,将行政处的审计室划归监察室。1991年1月,市公安局消防处更名为市公安局消防局(对外称上海市消防局),领导体制、隶属关系、机构级别不变。公安史资料征集研究领导小组办公室更名为公安史志研究室。6月,巡警大队从治安处划出,单独组建市公安局特警总队,正处级建制。10月,撤销基建办公室,与行政处有关业务合并,组建计划装备处。上海航运公安局更名为上海水上公安局。1992年1月,撤销劳动教养审批办公室,由市公安局劳教审批办、落实政策办公室和市公安局办公室的政策法律研究室组建政策法律研究处。恢复档案处建制。4月,市公安局交通处对外称交通警察总队。5月,上海公安专科学校更名升格为上海公安高等专科学校。8月,增设外高桥保税区公安处。11月,增设地铁分局。市公安局法制宣传处与政治部宣教处业务合并,组建政治部宣传处(对外仍称市公安局法制宣传处)。1993年2月,撤销生产管理办公室,建立事业办公室(对外称上海景鸿实业有限公司),为正处级机构。4月,外高桥保税区公安处转隶于浦东新区公安局领导。5月,上海站地区分局更名为闸北分局上海站地区警察署,转隶于闸北分局领导。6月,交通警察总队、消防总队、刑事侦察总队、治安总队升格为副局级建制。市公安局撤销交通处名称。8月,增设巡警总队,为副局级建制。刑事侦察处更名为刑事侦察总队。治安处、户政处组建为治安总队。9月,上海市保安服务公司改称上海市保安服务总公司,机构性质不变。1994年1月,特警总队改名特警支队,转隶于巡警总队。广场办公室划归治安总队。6月,审计室从监察室划出,单列为市公安局直属机构。8月,办公室组建为指挥部,为副局级建制。行政处、计划装备处合并组建为后勤保障部,为副局级建制。政策法律研究处更名为法制处,转隶于指挥部。事业办公室更名为“两化”(社会化、职业化)办公室,机构级别、管理职能不变。1995年2月,上海市申茂实业公司改称上海市申茂实业总公司。4月,技术处更名为技术侦查总队,机构级别不变(对外仍称技术处)。1996年4月,经济保卫处、文教保卫处分别更名为经济保卫总队、文化保卫总队,均为副局级建制。上海市第一、第二人民警察学校并入上海公安高等专科学校。6月,上海市申茂实业总公司更名为上海申茂实业(集团)有限公司,相当于正处级。上海景鸿实业有限公司更名为上海景鸿(集团)有限公司。8月,因上海虹桥国际机场由国家民航总局移交上海市人民政府管理,上海虹桥国际机场公安分局列入市公安局序列,更名为上海市公安局虹桥国际机场分局。10月,增设治安防范局,承担治安防范的政策调研、业务指导、技术防范管理、管理全市保安公司业务等职责;为副局级建制。11月,公安部八三二所划归市公安局序列,更名为上海市公安局八三二所(对外称上海光学机械厂),为事业性质机构,相当于正处级。12月,治安防范局更名为社会治安防范局。1997年2月,建立市公安局驻浦东国际机场建设指挥部公安处(筹)。根据国务院企事业公安机构体制改革意见,上海宝山钢铁公司公安分局、梅山冶金公司公安处划归市公安局建制序列,分别更名为市公安局宝江分局、梅山分局。9月,警务督察队成立揭牌,暂挂市公安局纪委。1998年3月,预审处更名为监所工作管理处(简称监管处)。6月,撤销公安史志研究室,职责并入档案处。10月,增设公交分局。增设研究室,为正处级建制,挂靠指挥部。11月,市编委正式批复市公安局警务督察队建制。12月,地铁分局更名为城市轨道交通分局。上海申茂实业(集团)有限公司、市公安局八三二所、上海景鸿(集团)有限公司整建制移交市政府。市公安局警卫处更名为警卫局。1999年1月,指挥部法制处改为市公安局直属机构(对外称上海市公安局法制办公室)。文化保卫总队更名为文化保卫处。2月,科技处增挂市公安局公共信息网络安全监察处牌子。4月,市公安局交通警察总队、巡警总队合署办公。撤销市公安局"两化"办公室,"两化"工作职能划归后勤保障部计划财务处。7月,经济保卫总队更名为经济犯罪侦查总队,机构级别仍为副局级。10月,虹桥国际机场分局和上海市公安局驻浦东国际机场建设指挥部公安处(筹)合并组建为上海市公安局国际机场分局,为副局级建制。11月,撤销社会治安防范局,职能划归治安总队。至1999年,市公安局部门设有:指挥部、政治部、后勤保障部、刑事侦察总队、治安总队、交通警察总队(巡警总队)、消防总队、经济犯罪侦查总队、行动技术总队、边防总队、警卫局、国际机场分局、水上公安局、城市轨道交通分局、公交分局、宝江分局、梅山分局、外管处、监管处、科技处、文化保卫处、档案处、警务督察队、研究室、法制办公室、审计室、上海公安高等专科学校及上海市保安服务总公司。

2000年,市政府批准《上海市公安局职能配置、内设机构和人员编制规定》,市公安局开始对职能部门实施"三定"。4月,文化保卫处更名为文化保卫分局。11月,刑事侦察总队更名为刑事侦查总队,外国人管理出入境管理处更名为出入境管理处;档案处转隶为指挥部所属部门。2001年3月,组建市公安局机关服务中心,为局属事业单位,相当于处级。6月,撤销科技处增挂的公共信息网络安全监察处牌子,组建市公安局公共信息网络安全监察处。2002年5月,警务督察队更名为警务督察处。2003年1月,根据公安部、海关总署决定,上海海关走私犯罪侦查局更名上海海关缉私局;在体制不变的情况下,上海海关缉私局列入市公安局序列,称上海市公安局走私犯罪侦查局。3月,增设上海化学工业区分局(简称化工区分局)。4月,出入境管理处更名为出入境管理局(对外称上海市出入境管理局),为副局级建制。2004年2月,成立市公安局新闻发言人办公室(非常设机构),设在政治部宣传处。科技处增挂市公安局信息中心牌子。2005年2月,交通警察总队、巡警总队停止合署办公。12月,治安总队特警支队更名为市公安局特警总队,为副局级建制。2006年4月,公共信息网络安全监察处增挂上海市网络与信息安全信息通报中心牌子。2007年2月,增设警务航空队。12月,根据国务院中央企业分离办社会职能的通知精神,经市编委批复,同意将上海海运(集团)公司所属上海海运公安局、第三航务工程局有限公司所属上海航务公安处、中铁建工集团上海分公司所属第五公安分处、中铁三局集团上海华海工程有限公司所属第十一公安分处等机构整建制划转市公安局。2008年4月,警务督察处更名为警务督察总队,机构级别不变。7月,梅山公安分局的公安事权移交南京市公安局。8月,增设人口管理办公室,机构级别为正处级。2009年4月,撤销市公安局海运公安局、航务公安处;宝江公安分局并入宝山分局。9月,增设农场分局。11月,增设反恐怖工作总队,机构级别为正处级。2010年1月,公共信息网络安全监察处更名为网络安全保卫总队,机构级别为正处级,保留上海市网络与信息安全信息通报中心牌子。8月,城市轨道交通分局、公交分局合并,组建为城市轨道和公交总队,机构级别为正处级。至2010年,市公安局部门有:指挥部、政治部、后勤保障部、经济犯罪侦查总队、治安总队、刑事侦查总队、出入境管理局、交通警察总队、特警总队、反恐怖工作总队、国际机场分局、法制办公室、监所工作管理处、科技处、网络安全保卫总队、文化保卫分局、水上公安局、城市轨道和公交总队、上海化学工业区分局、警务航空队、人口管理办公室、农场分局、警务督察总队、审计室。监察室为市监察委员会派出机构,与局纪委合署办公。市公安局直属事业单位有上海公安高等专科学校、上海市保安服务总公司、市公安局机关服务中心。

表1-1-1　1977—2010年中共上海市公安局党委(党组)书记任职

姓　名	任职时间	姓　名	任职时间
王　鉴	1977年4月—1981年9月	朱达人	1990年10月—1997年3月
杨　堤	1981年9月—1984年1月	刘云耕	1997年3月—2000年4月
张汉滋	1984年1月—1986年1月	吴志明	2000年4月—2008年11月
李晓航	1986年1月—1990年10月	张学兵	2008年11月—

表1-1-2　1977—2010年中共上海市公安局党委(党组)副书记任职

姓　名	任职时间	姓　名	任职时间
陆　政	1977年4月—1981年9月	胡瑞邦	1990年10月—1992年11月
林道生	1977年4月—1981年9月	周国雄	1998年4月—2001年3月
赵文卿	1981年9月—1984年1月	吴志明	1998年8月—2000年4月
石祝三	1984年1月—1985年5月	程九龙	2001年4月—
易庆瑶	1990年10月—1998年4月	张学兵	2008年2月—2008年11月

表1-1-3　1977—2010年中共上海市公安局党委(党组)成员任职

姓　名	任职时间	姓　名	任职时间	姓　名	任职时间
林德明	1977年4月—1984年1月	刘　凯	1978年8月—1984年1月	张汉滋	1978年8月—1984年1月
娄　斌	1977年4月—1978年8月	盛　辉	1978年8月—1984年1月	唐连勋	1978年8月—1982年7月
陈庭槐	1977年4月—1978年8月	王凌青	1978年8月—1982年12月	丛昌余	1978年12月—1981年9月
屈成仁	1978年8月—1981年9月	顾林昉	1978年8月—1981年9月	马学政	1981年9月—1984年1月

（续表）

姓　名	任 职 时 间	姓　名	任 职 时 间	姓　名	任 职 时 间
崔　路	1981年9月—1989年8月	毛瑞康	1990年10月—1996年7月	孔宪明	2002年3月—2004年11月
周志全	1981年9月—1989年8月	周　赤	1990年10月—1995年11月	黄菊良	2002年3月—2008年8月
李西夫	1982年3月—1984年1月	仲永根	1991年7月—1999年12月	陈辐宽	2003年1月—2008年5月
汪泽澍	1982年4月—1984年1月	卢林元	1991年9月—1996年12月	何品伟	2003年1月—2006年3月
王以伟	1982年5月—1984年1月	邹传纪	1992年10月—1996年2月	倪建玉	2004年4月—
赵文卿	1984年1月—1986年1月	胡辉宏	1992年10月—2002年3月	朱伟明	2004年11月—
蒋光明	1984年5月—1986年1月	王则君	1993年4月—2001年4月	朱　影	2005年4月—2009年8月
潘其槐	1984年5月—1987年4月	顾永和	1993年12月—2006年3月	江宪法	2006年3月—
韩锡清	1984年10月—1989年8月	杨　军	1994年10月—2003年7月	胡顺康	2006年4月—
武仕田	1984年10月—1990年10月	王午鼎	1996年3月—2000年7月	郭永华	2007年3月—
贾兴元	1985年12月—1990年10月	张声华	1996年7月—2005年11月	陈　臻	2008年11月—
易庆瑶	1986年3月—1990年10月	许培星	1996年12月—1999年9月	陆卫东	2008年8月—
隋心惠	1987年4月—1991年9月	程九龙	1997年12月—2001年3月	刘　凯	2008年8月—
张熹堃	1988年8月—1992年3月	朱英磊	1998年11月—2004年5月	张淮民	2008年8月—2010年4月
王明诚	1988年8月—1990年10月	吴延安	2000年7月—	姚志荣	2010年3月—
俞惠平	1988年8月—1990年10月	郑善和	2001年4月—2008年5月	俞　烈	2010年4月—

表1-1-4　1978—2010年上海市公安局长任职

姓　名	任 职 时 间	姓　名	任 职 时 间
王　鉴	1978年8月—1981年9月	朱达人	1991年2月—1997年3月
杨　堤(兼)	1981年9月—1984年1月	刘云耕	1997年3月—2000年4月
张汉滋	1984年1月—1986年3月	吴志明	2000年4月—2008年2月
李晓航	1986年3月—1991年2月	张学兵	2008年2月—

表1-1-5　1978—2010年上海市公安局副局长任职

姓　名	任 职 时 间	姓　名	任 职 时 间	姓　名	任 职 时 间
陆　政	1978年8月—1981年9月	王凌青	1978年8月—1982年12月	马学政	1981年9月—1984年1月
林道生	1978年8月—1981年9月	顾林昉	1978年8月—1981年9月	崔　路	1981年9月—1989年8月
林德明	1978年8月—1984年1月	张汉滋	1978年8月—1984年1月	周志全	1981年9月—1989年8月
屈成仁	1978年8月—1981年9月	唐连勋	1978年8月—1982年7月	王以伟	1982年5月—1984年1月
刘　凯	1978年8月—1984年1月	丛昌余	1978年12月—1981年9月	石祝三	1984年1月—1985年5月
盛　辉	1978年8月—1984年1月	赵文卿	1981年9月—1984年1月	易庆瑶	1984年10月—1998年4月

(续表)

姓　名	任职时间	姓　名	任职时间	姓　名	任职时间
贾兴元	1985年12月—1990年10月	王午鼎	1996年2月—2000年7月	倪建玉	2004年4月—
张熹堃	1988年8月—1992年3月	张声华	1996年7月—2005年9月	朱伟明	2004年11月—
俞惠平	1988年8月—1991年5月	许培星	1996年12月—1999年9月	朱　影	2005年3月—2009年3月
王明诚	1988年8月—1990年12月	吴志明	1998年8月—2000年4月	江宪法	2006年3月—
毛瑞康	1990年10月—1996年7月	程九龙	1998年8月—	郭永华	2007年3月—
周　赤	1991年11月—1995年11月	吴延安	2000年7月—	陆卫东	2008年7月—
邹传纪	1992年10月—1996年2月	周国雄	2001年3月—2003年1月	刘　凯	2008年7月—
胡辉宏	1992年10月—2002年1月	朱英磊	2001年4月—2004年3月	陈　臻	2008年10月—
顾永和	1993年11月—2006年3月	孔宪明	2002年2月—2004年9月	张准民	2009年11月—
杨　军	1994年8月—2003年7月	郑善和	2003年2月—2008年2月	姚志荣	2010年3月—

第二节　部门设置及职能

一、指挥部

1974年1月,恢复市公安局办公室建制。1984年,办公室下设协办室、秘书科、调研科、政策法律研究室、人民警察社、信访科、农保科、档案科、统计资料室。1994年8月,市公安局办公室与政策法律研究处合并,组建指挥部,为副局级建制,下设政治处、指挥中心、秘书处、调研处、法制处、信访处、外事处、南方办事处8个机构。1998年10月,增设市公安局研究室,挂靠指挥部。1999年1月,撤销政治处、南方办事处;法制处改为市局直属机构(对外称市公安局法制办公室)。调研处更名为综合处。调整后,下设指挥中心、秘书处、综合处、信访处、外事处。研究室挂靠指挥部。2002年,指挥部增设情报处(对外称市公安局情报处),增挂上海市反恐怖工作协调小组办公室牌子。2003年,增设上海市应急联动中心,挂靠指挥部指挥中心。2008年5月,外事处更名为国际合作处。2010年,指挥部下设指挥中心、秘书处、综合处、信访处、国际合作处、档案处、情报处。其主要职责:组织、指挥、协调全市公安机关警务工作;负责处理市公安局日常办公事务、信访、外事、情报和档案工作。

二、政治部

1973年1月,上海市公检法领导小组政工组更名为上海市公检法政治部。1974年1月,恢复市公安局政治部建制。1978年1月,市公安局政治部下设办公室、组织处、政宣处,以及共青团上海市公安局委员会。10月,增设干部处。1984年4月,政宣处更名为宣传教育处。6月,增设纪律检查室,与中共上海市公安局党组纪律检查筹备组合署办公。10月,增设老干部处。1985年2月,办公室更名为秘书处,组织处更名为组织宣传处,宣传教育处更名为教育处。5月,市公安局机关妇女工作委员会选举产生。1986 年 6 月，组织宣传处更名为组织处，教育处更名为宣传教育处。1988 年 10 月，撤销纪律检查室。1990 年 6 月，设立现役干部管理机构。1992 年 11 月，市公安局的宣传业务与政治部宣教处的宣传业务合并，组建政治部宣传处（对外称法制宣传处）；政治部宣教处的教育业务独立，组建教育训练处。1994 年 8 月，增设现役干部处。秘书处改称办公室。调整后，设办公室、干部处、组织处、宣传处（对外称市公安局法制宣传处）、教育训练处、老干部处、现役干部处。1999 年 1 月，撤销现役干部处；撤销干部处、组织处，组建为组织干部处、人事处；上海警察活动中心更名为上海公安博物馆，为副处级事业单位。调整后，下设办公室、组织干部处、人事处、宣传处、教育训练处、老干部处。12 月，建立上海公安书刊社，事业性质单位，机构级别相当于正处级，挂靠政治部。2000 年 12 月，市公安局机关党委办公室与政治部组织干部处合署办公。2009 年 3 月，市公安局工会第一届委员会选举产生。5 月，增设文职工作管理办公室。2010 年，政治部下设办公室、组织干部处、人事处、宣传处、教育训练处、老干部处、文职工作管理办公室、现役工作办公室等机构，上海公安书刊社、上海公安博物馆等事业单位，以及市公安局工会、团委、妇委会等群团组织。其主要职责：规划、指导全市公安机关政治思想工作、党建工作、干部工作、队伍建设工作；负责、组织、管理、实施干部、人事、宣传、教育培训、老干部等工作。

三、后勤保障部

1974 年 1 月，恢复市公安局行政处名称。1976 年 10 月，行政处下设办公室、政治处、审计科、财务科、装备科、总务科、车管科、房管科、卫生科。1984 年 12 月，将基建业务从行政处划出，组建市公安局基建办公室。1987 年，市公安局消防处所辖奉贤七五一火炮试验基地划归行政处，改为七五一副食品生产基地。1991 年 10 月，撤销基建办公室，业务工作重新划归行政处。增设计划装备处，下设政治处、办公室、计财科、装备科、事业管理科、住宅建设科、业务用房科、设计科、人防办 9 个机构。1994 年 8 月，行政处、计划装备处合并，组建后勤保障部，为副局级建制，下设政治处、办公室、计财处、装备处、机关事务管理一处、机关事务管理二处、基建处。1997 年 2 月，增设卫生处。1999 年 1 月，撤销政治处、机关事务管理二处、基建处；将机关事务管理一处改称机关事务管理处。组建沪安服务中心，事业性质单位，相当于处级级别。调整后，下设办公室、计财处、装备处、机关事务管理处、沪安服务中心等，卫生处挂靠机关事务管理处。2001 年，后勤保障部下设办公室、计财处、装备处、综合管理处（增挂卫生处、“两化”办、基建办牌子）。2004 年 10 月，综合管理处更名为楼宇管理处。2010 年，后勤保障部下设办公室、计财处、装备处、楼宇管理处。其主要职责：负责统筹规划全局的后勤服务保障工作；管理、指导、监督市公安局国有资产、财务、基建、装备等工作。

四、经济犯罪侦查总队

“文化大革命”中，市公安局经济保卫处被撤销，其业务归市公检法军管会治保处。1974 年 1 月，恢复设立市公安局经济文化保卫处，下设协办室、办公室和 5 个科。1981 年 11 月，撤销经济文化保卫处，重新恢复经济保卫处、文教保卫处建制。1996 年 4 月，经济保卫处更名为经济保卫总队，为副局级建制，下设指挥室、政治处、后勤保障处、监察室（纪委）和 5 个支队。1997 年 8 月，市编委同意建立市公安局税务案件侦察办公室，机构级别为处级，隶属市公安局经保总队领导。1999 年 7 月，经济保卫总队更名为经济犯罪侦查总队，内设机构为指挥处、政治处（与监察室合署办公）、综合业务处和7个支队。打击严重经济犯罪业务由刑事侦查总队划归经济犯罪侦查总队。2000年,撤销综合业务处,组建后勤保障处。2001年,其内设机构为指挥处、政治处(监察室)和7个支队。2010年,总队下设指挥处、政治处(与监察室合署办公)和8个支队。其主要职责:负责打击、防范经济领域犯罪活动;侦办各类重大经济犯罪案件;组织、指挥、指导和协调全市公安机关的经济犯罪活动侦查工作。

五、治安总队

1972年12月,市公检法军管会治保组改称治保处,统管治安、户政、刑侦业务。1973年10月,改称市公安局治保处。1979年9月,治保处重新恢复为治安处名称,并恢复市公安局户政处建制。1982年2月,治安处设立查处经济犯罪组。8月,将查处经济犯罪组改为经济队(刑侦四队)。1984年4月,将刑侦业务划归恢复建制的刑事侦察处。1984年,治安处下设办公室、政治处、治安大队、妇女教养所、精神病监护院及6个业务科。1989年2月,治安大队更名为巡警大队。1991年6月,巡警大队划出,组建市公安局特警总队。1992年,治安处下辖办公室、政治处、安康医院、第一收容教育所及10个业务科。1993年8月,治安处与户政处合并,组建治安总队,为副局级建制,下设指挥室、政治处、后勤保障处、监察室(纪委)、基层工作指导处、治安管理处、查禁处、户政管理处、法制办公室、户籍资料处、技术室、外来人口管理处、广场办公室、市公安局制证中心、第一和第二收容教育所、安康医院。1995年9月,增设戒毒康复中心。1996年3月,查禁处更名为查禁支队。1998年3月,基层工作指导处、外来人口管理处划归市公安局社会治安防范局。1998年12月,第一和第二收容教育所,安康医院、戒毒康复中心、治安拘留所划归市公安局监所工作管理处。1999年3月,巡警总队所属的特警支队划归治安总队。7月,社会治安防范局增设内保处。11月,社会治安防范局撤销,其职能划归治安总队。2000年3月,治安总队重设基层指导处、外来人口管理处,增设防范调研处、内保处、技术防范处(对外增挂市公安局技术防范办公室)。4月,组建防暴突击大队、防暴大队。2001年,内设机构为指挥处、政治处(与监察室合署办公)、法制处、基层指导处、治安管理处、内保处、治安防范对策调研处、户政管理处、治安信息管理处、广场办公室、查禁支队、特警支队,市公安局制证中心。2003年1月,查禁支队更名为治安行动队。2005年2月,增设治安巡逻指导处。2008年8月,市公安局制证中心、户政管理处划归市公安局人口管理办公室。2010年1月,增设保安管理处。2010年,总队下设指挥处、政治处(与监察室合署办公)、法制处、基层指导处、治安管理处、内保处、治安信息管理处、广场办公室、情报处、治安巡逻指导处、保安管理处、治安行动队。其主要职责:协调、指导、管理社会稳定、公共秩序、大型活动安保、特种行业、内部安全防范等管理工作;查处治安案件,参与处置突发事件,指导派出所工作,指导群防群治工作。

六、刑事侦查总队

"文化大革命"中,刑事侦察职责归属市公检法军管会治保处。1974年1月,刑事侦察职责由市公安局治保处承担。1984年4月,恢复市公安局刑事侦察处建制,下设政治处、办公室、技术室及9个业务队。1993年8月,刑事侦察处更名为刑事侦察总队,为副局级建制,下设指挥室、政治处、后勤保障处、监察室(纪委)和9个支队及上海市刑事科学技术研究所。1997年4月,设立上海市毒品检验中心,与上海市刑事科学技术研究所为两块牌子一个机构。6月,增设缉毒侦察支队。2000年

11 月，刑事侦察总队更名为刑事侦查总队，缉毒侦察支队改建为缉毒处。总队内设机构为指挥处、政治处(与监察室合署办公)、后勤保障处、缉毒处和 8 个支队及上海市刑事科学技术研究所。2001 年，其内设机构为指挥室、政治处(监察室)、缉毒处和 7 个支队及上海市刑事科学技术研究所。2010 年，总队下设指挥处、政治处(与监察室合署办公)、刑事侦查科学技术研究所和 8 个支队。主要职责：侦查各类刑事犯罪案件；组织侦查影响大、跨地域的刑事犯罪案件；指导区县公安机关的刑侦工作。

七、出入境管理局

"文化大革命"期间，外事保卫职责归属市公检法军管会外保组。1983 年 7 月，市公安局政保一处外事科与户政处通行证科合并，组建外国人管理出入境管理处(简称外管处)，下设 2 室 5 科。1985 年 1 月，在虹桥机场设立口岸签证室。上海居民因私出国申请，由分(县)局受理改由市公安局统一受理。1988 年 10 月，将签证科分设为出国审批科和港澳审批科。1990 年 1 月，增设法制科。1992 年 8 月，增设出入境案件侦察科。1999 年 3 月，出入境管理体制改革，划分为中国人办证、外国人办证和执法办案三大职能。2000 年 11 月，更名为上海市公安局出入境管理处。2001 年，内设机构为办公室、政治处(与监察室合署办公)和 12 个业务科。2003 年 4 月，更名为上海市公安局出入境管理局(对外称上海市出入境管理局)，副局级建制。2010 年，出入境管理局下设办公室、政治处(与监察室合署办公)、法制处、中国公民出国(境)证件管理处、外国人证件管理处、案件调查处、外国人管理处、证照处。其主要职责：负责全市常住和临时来沪外国人、华侨、港澳台同胞的居住登记、签证；处理外国人各类民事、非刑事的案件；办理中国人因私出境和赴港澳台地区的证件；受理加入或退出中国国籍的申请；指导分(县)局出入境管理等工作。

八、交通警察总队

1974 年 1 月，恢复市公安局交通处名称。1992 年 4 月，经市编委批准，交通处对外称交通警察总队。1993 年 6 月，交通警察总队升格为副局级建制，下设办公室、政治处、后勤保障处、监察室(纪委)、交通监控调度处(对外称道路交通指挥控制中心)、路政设施处、交通宣传处、事故防范处、特种勤务处、教育训练处、市公安局车辆管理所、市交通工程科学技术研究所、徐汇交警支队、静安交警支队。8 月，增设高架道路交警支队。1996 年 8 月，增设高速公路支队，为副处级建制。1997 年 12 月，徐汇交警支队、静安交警支队分别划归徐汇分局、静安分局建制。高速公路支队增挂公路巡逻民警支队牌子。1999 年 4 月，交通警察总队和巡警总队合署办公，内设机构为指挥处、政治处、监察室(与纪委合署办公)、后勤保障处、教育训练处、法制处、勤务处(对外称市公安局道路交通调度控制中心)、路政设施处、道路安全宣传处、事故防范处、道路交通工程科学技术研究所、高架支队、高速公路支队、机动支队和车辆管理所。2000 年 12 月，撤销高速公路支队，其管理职能分别划入嘉定分局、松江分局。2001 年，交通警察总队、巡警总队内设机构为指挥处、政治处(与监察室合署办公)、勤务处、路政设施处、事故防范处、道路安全宣传处、教训支队、高架支队、机动支队、车辆管理所，道路交通工程科学技术研究所。2005 年 2 月，交通警察总队和巡警总队停止合署办公。之后，交通警察总队内部机构多次调整，至 2010 年，总队下设指挥处、政治处(与监察室合署办公)、勤务处、路政设施处、事故防范处、科技处、法制办、车辆管理所、高架支队、机动支队，器材服务中心。其主要职责：负责组织、协调、指导、规范全市交警部门道路交通执勤执法、交通事故处理、交通安全宣传教育、车辆登记及驾驶人考试管理、公安交通管理信息化等工作;牵头协调有关职能部门开展道路交通安全隐患综合治理与交通事故预防等有关工作;负责道路交通组织工作,设置和管控交通信号灯,实施临时性和应急性交通组织调整措施。

九、特警总队

1989年2月,市公安局治安处治安大队更名为巡警大队。1990年1月,巡警大队改建为防暴队(对外仍称巡警大队)。10月,巡警大队从治安处划出,组建市公安局特警总队。1992年6月,经市编委同意,特警总队对内又称防暴总队。1993年8月,市委批复同意市公安局组建巡警总队,机构级别为副局级。1994年1月,市公安局巡警筹建办公室与特警总队合并建立巡警总队,并将原特警总队改为特警支队,转隶巡警总队。巡警总队内设机构为指挥室、政治处、后勤保障处、监察室(纪委)、勤务处、战训处、特警支队。1996年5月,增设机动车巡逻支队,为正处级建制。1999年4月,巡警总队与交通警察总队合署办公后,特警支队整建制划归治安总队。2005年2月,交警总队、巡警总队停止合署办公后,原交警总队、巡警总队巡逻指导科整建制划入治安总队,与特警支队合并,更名为巡特警支队。12月,治安总队特警支队更名为市公安局特警总队,为副局级建制;治安总队所属巡特警支队划归特警总队。2010年,总队下设综合办公室和3个支队。其主要职责:担负处置暴乱、骚乱事件的攻坚、突击任务;参与打击暴力恐怖活动、黑社会性质等严重暴力性犯罪活动;参与处置非法集会、游行等群体性突发治安事件。

十、反恐怖工作总队

2001年11月,建立上海市反恐怖工作协调小组,下设办公室,设在市公安局。2002年5月,上海市反恐怖工作协调小组办公室设于市公安局指挥部情报处。2007年12月,上海市公安局反恐怖工作处设于市公安局指挥部情报处。2009年11月,组建市公安局反恐怖工作总队,为正处级建制。总队下设指挥处、政治处和3个支队。其主要职责:组织协调开展反恐怖安全防范和宣传工作;组织协调恐怖事件的应急处置工作;联系、协调上海公安系统的反恐怖工作。

十一、国际机场分局

1980年3月,中国航空运输体制由军队建制划转民用体制,民航总局转隶为国务院直属局。上海民航机场由空军移交民航上海管理局管辖,民航上海管理局下设保卫处,负责上海民航机场安全保卫工作。1981年9月,民航上海管理局在原保卫处基础上组建民航上海管理局公安处。1987年,中国民航管理体制改革,民航上海管理局公安处划分为上海虹桥国际机场公安处、民航华东管理局公安处、东方航空公司保卫处3个公安保卫机构。虹桥国际机场公安处设办公室、治安科、预审科、警保科、消防科、刑侦队、交通队、机场派出所。1992年1月,上海虹桥国际机场公安处更名为上海虹桥国际机场公安分局,下设政治处、办公室和16个科所队。1996年8月,上海虹桥国际机场公安分局列入上海市公安局序列,更名为上海市公安局虹桥国际机场分局。1999年10月,撤销上海市公安局虹桥国际机场分局和上海市公安局驻浦东国际机场建设指挥部公安处(筹),组建市公安局国际机场分局,为副局级建制,下设指挥处、政治处(监察室)、后勤保障处、治安支队、刑事侦查支队、交巡警支队、警保处、空防处、防火监督处、虹桥公安处和2个治安派出所。2010年，分局下设虹桥公安处、指挥处、政治处(监察室)、后勤保障处、空防处、警保处、防火监督处、交警支队、刑侦支队、治安支队、特警支队、法制办、反恐大队和7个派出所及保安公司。其主要职责：负责浦东、虹桥国际机场区域内的治安、交通、消防、空防、刑侦和外国航空公司驻机场办事处及其他外国人在机场内安全保卫等公安业务工作。

十二、法制办公室

1979年7月，市公安局在办公室下设法制科。1984年11月，法制科更名为政策法律研究室，仍隶属办公室。1992年1月，市公安局劳教审批办公室、市公安局落实政策办公室、市公安局办公室政策法律研究室合并，组建市公安局政策法律研究处，为市公安局直属部门，下设政治处、办公室、研究科、执法检查科、复议应诉科、劳教审批一科、劳教审批二科。1994年8月，政策法律研究处更名为法制处，转隶于市公安局指挥部。1999年1月，法制处划出指挥部，改为市公安局直属机构(对外称上海市公安局法制办公室)。2001年，其内设机构为综合科、研究科、执法检查科、审批科、复议应诉科。2002年8月，撤销审批科，组建市公安局劳动教养审批委员会及其办公室(非常设机构)。2009年2月，增设案件协调科。2010年，法制办下设综合科、研究科、执法检查科、复议应诉科、劳教审批办。其主要职责：组织起草、制定、审核地方公安法规、规章和规范性文件；协调有关法律适用和案件处理；负责执法检查、执法监督、执法评估考核；审核劳动教养、留所执行、所外就医、按期解教报批等工作；办理、指导、协调行政复议、申诉复查和赔偿案件等。

十三、监所工作管理处

1974年1月，恢复市公安局预审处建制。1979年，市公安局预审处下设政治协理员办公室、办公室、行政科、第一看守所、第二看守所和3个业务科。1988年2月，增设技术科。1997年2月，增设经济案件审理科。年底，预审处下设办公室、政治处、监察室、行政科、市看守所、市看守所分所和6个业务科。1998年3月，预审处更名为监所工作管理处(简称监管处)，下设办公室、政治处(与监察室合署办公)、后勤保障科、监所管理科、教育改造科和上海市看守所。12月，市公安局党委决定将看守所、拘留所、收容教育所、戒毒所和安康医院等场所实行统一归口管理，即撤销治安总队、刑侦总队、地铁分局、水上公安局4个部门所属的看守所、拘留所，其职能划归监管处；治安总队所属的第一和第二收容教育所、戒毒康复中心、安康医院划归监管处领导。增设上海市第二看守所、市公安局拘留所。2000年6月增设监察室、法制科。2001年，其内设机构为办公室、政治处(与监察室合署办公)、后勤管理科、法制科、监所建设科、监所工作指导科，市看守所、市公安局第一收容教育所、市公安局强制戒毒所、市公安局拘留所、市第二看守所、市公安局安康医院。2002年，根据市公安局局长令(第4号)上海市戒毒康复中心由事业单位转为行政机构，正式更名为上海市公安局强制戒毒所。2003年，市公安局第一和第二收容教育所更名为市公安局收容教育所。2005年，市公安局拘留所更名为上海市拘留所。2010年1月，增设市第三看守所。2010年，监管处下设办公室、政治处(与监察室合署办公)、后勤管理科、法制科、监所建设科、监所工作指导科、市拘留所、市看守所、市第二看守所、市第三看守所、市公安局收容教育所、市公安局强制戒毒所、市公安局安康医院。其主要职责：负责对市公安局的监所管理和指导工作；负责制定全市公安监管场所工作规范,指导全市公安监所管理工作;组织全市公安监管场所的执法检查、安全检查;负责公安监管系统内部、监管场所与其他司法机关之间的业务协调等。

十四、科技处

1984 年 4 月,经市编委批准,市公安局设立技术处。1985 年 1 月,行政处电讯科划归技术处,组建市公安局技术处,下设政治协理员办公室、办公室、技术管理科、计算机应用科、有线通信科、无线通信科、图像监控科和机要通信科。1985 年 7 月,技术处更名为计算机通信处。1987 年 1 月,更名为科技处,增设科技管理科、技术总体室。1989 年 10 月,设立市公安局计算机管理监察处,与科技处合署办公。在科技处内,增设计算机管理监察科。2000 年 3 月,计算机管理监察处更名为公共信息网络安全监察处,于 2001 年划出科技处。2001 年,科技处内设机构为办公室、政治处(与监察室合署办公)、科技管理科、图像通信科、计算机应用科、无线通信科、有线通信科、网络管理科。2004 年,科技处增挂上海市公安局信息中心牌子。2009 年,撤销计算机应用科,增设信息系统应用管理科、信息系统软件研发科、信息系统运行监测科。2010 年,科技处下设办公室、政治处(与监察室合署办公)、科技管理科、图像通信科、无线通信科、有线通信科、网络管理科、信息通信安全管理科、信息系统应用管理科、信息系统软件研发科、信息通信运行监测科。其主要职责:负责实施上海公安科技管理工作;指导、协调、监督市公安局业务部门和分(县)局科技业务工作;负责公安系统通信、数据、图像等传输保障、建设、维护等工作。

十五、网络安全保卫总队

2001 年 6 月,市公安局公共信息网络安全监察处从科技处划出,列编为市公安局直属机构,简称信安处;其内设机构为办公室、管理监察科、网络监控科、案件侦察科。2002 年,组建网络侦察技术行动队,案件侦察科更名为网络侦察队。2005 年 1 月,信安处内设机构为指挥室、政治处(与监察室合署办公)、管理监察科、网络技术科和 4 个队。2006 年 4 月,增挂上海市网络与信息安全信息通报中心牌子;撤销管理监察科,组建调研指导科。2010 年 1 月,信安处更名为网络安全保卫总队(简称网安总队),下设指挥室、政治处(与监察室合署办公)、网络维稳队、网络技术科、调研指导科等部门。其主要职责:负责网络安全监控工作;依法查处非法侵入计算机信息系统、破坏计算机信息系统等犯罪行为;指导、协调、检查、监督全市计算机信息网络安全保护工作;指导公安机关开展公共信息网络安全监察业务工作;对有关法律、法规的执法情况实施监督。

十六、文化保卫分局

1974 年 1 月,恢复市公安局经济文化保卫处建制,下设协办室、办公室和 5 个业务科。1981 年 11 月,撤销经济文化保卫处,恢复重设经济保卫处、文教保卫处。1994 年,文教保卫处下设政治处、办公室、1 个队、5 个科。1996 年 4 月,文教保卫处更名为文化保卫总队,为副局级建制,下设指挥室、政治处、后勤保障处、监察室(纪委)和 5 个支队。1997 年 4 月,增设刑事侦察支队。1999 年 1 月,撤销文保总队,更名为文化保卫处,下设指挥室、政治处(监察室)、后保科和 5 个业务科。2000 年 4 月,文化保卫处更名为文化保卫分局,下设指挥室、政治处(与监察室合署办公)、法制科和 7 个业务部门。5 月，上海 17 所高校公安处（派出所）改制后，统一改称为派出所，列入市公安局文保处序列，隶属文保分局领导。2001 年，文保分局内设机构为指挥室、政治处（与监察室合署办公）、法制科和其他 5 个科、16 个高校派出所。2009 年 9 月，高校公安机构改编，将 15 所高校派出所撤并成沪东、沪西、闵行 3 个直属分局领导的高校派出所；组建张江、临港、嘉定、奉贤 4 个属地高校派出所。2010 年，分局下设指挥室、政治处（与监察室合署办公）、后勤保障处和 4 个科、2 个大队、6 个高校派出所。其主要职责：维护市属文化单位（高校、社科、新闻、出版、文化、科研）的政治和治安；负责查处所辖单位内部刑事、治安案件；负责对所辖范围内的特种行业、公共场所以及外来人口、外国人进行治安管理；指导、监督所辖单位的安全保卫工作。

十七、水上公安局

1973 年 1 月，恢复航运公安局建制，更名为市公安局航运公安局。1984 年 12 月，更名为上海航运公安局。1991 年 10 月，更名为上海水上公安局，下设政治处、办公室和 7 个科、2 个队、10 个水上派出所及收审所。2001 年 11 月，更名为上海市公安局水上公安局，下设指挥室、政治处（与监察室合署办公）、法制科、刑侦大队（与经侦大队合署办公）、治安大队、巡警大队和 6 个水上派出所。2009 年 4 月，水上公安局纳编由中央企业公安机构转制的上海海运公安局。2010 年，水上公安局下设指挥室、政治处（与监察室合署办公）、3 个科、3 个大队、5 个水上派出所、1 个事业单位。其主要职责：侦查和承办水上刑事案件、治安案件；对辖区水域、码头、各类船舶及其人员实施治安、道路交通和防火管理；组织、实施辖区水域内突发事件的应急处置；指导分（县）局水上派出所等工作。

十八、城市轨道和公交总队

1989 年 3 月，市公安局地铁分局筹建领导小组成立。1992 年 11 月，设立地铁分局，下设政治处、办公室、治安办公室、内保科、消防科和 4 个派出所。1993 年 5 月，增设行政科、刑侦队、预审科和看守所。1994 年 6 月，治安办公室更名为治安科。增设巡警大队、监察科。1998 年 12 月，地铁分局更名为城市轨道交通分局（简称轨道分局），下设指挥室、政治处（监察室）、后勤保障科、法制科、刑侦支队、治安支队、巡警支队、内保支队和 6 个派出所。2001 年，内设机构为指挥室、政治处（与监察室合署办公）、法制科、刑侦大队（与经侦大队合署办公）、治安大队、交巡警大队和 6 个治安派出所。

1998 年 10 月，设立公交分局，下设办公室、政治处、案件侦查科、防范指导科和 4 个支队。2000 年，增设五支队。2001 年，分局内设机构为指挥室、政治处（与监察室合署办公）、案件侦查大队、防范指导科和 5 个大队。2010 年，分局下设指挥室、政治处（与监察室合署办公）、法制科、公交治安派出所和 7 个大队。

2010 年 8 月，市编委批复同意市公安局城市轨道分局和公交分局合并，组建为城市轨道和公交总队，下设指挥处、政治处、后勤保障处、警务督察支队、治安支队、刑侦支队、反扒支队、防范指导支队、巡特警支队、警犬支队、法制办公室等 11 个部门和 11 个治安派出所。其主要职责：负责侦查市区范围内的公交车辆和全市范围内长途汽车上的扒窃等刑事案件和治安案件，协助侦查公交、长途客运车辆上的爆炸、杀人等重特大案件；负责预防、制止和侦查轨道交通系统内各类刑事犯罪活动；负责组织、实施、指导、监督轨道交通系统内治安、消防管理等工作；维护市轨道交通区域的公共安全、治安秩序；处置上海市轨道交通区域重特大治安灾害事故和突发事件；指导、检查市运营状态的公交、长途客运和出租车辆的治安防范工作;参与轨道交通系统社会治安综合治理;指导、协调分(县)局对公共交通车辆上违法犯罪的整治工作。

十九、上海化学工业区分局

2003年3月,经市编委批准,设立市公安局上海化学工业区分局(简称化工区分局),下设综合办公室、一科(增挂刑侦大队、经侦大队、治安大队3块牌子)、二科(增挂交巡警大队牌子)3个机构。2005年6月,增设消防支队。2010年3月,增设边防派出所。2010年,分局下设综合办公室、一科、二科、消防支队、边防派出所和保安公司。其主要职责:负责维护化工区内的社会政治安定和治安稳定,维护辖区内的公共秩序,检查督促治安防范措施的落实;预防、制止和惩治违法犯罪活动;对特种行业、危险物品进行管理;处置各类重特大治安灾害事故和突发事件;负责化工区内部单位治安保卫工作的指导、监督;负责对化工区内车辆、道路交通、路政、驾驶员的管理和辖区内防火安全宣传、检查及监督工作;协助开展化工区内出入境管理有关业务工作;负责化工区内的安全警卫工作和各类大型活动的安全保卫工作。

二十、警务航空队

2007年2月,设立警务航空队,下设综合室、航务大队、飞行大队、机务大队。9月,航务大队更名为飞行指挥室。2008年5月,增设飞行保障大队、飞行安全质量监控室。2010年9月,撤销飞行大队空勤中队,组建空警大队。2010年,警务航空队下设综合室、指挥室、安全监控室和4个大队。其主要职责:承担空中巡察与指挥调度,空中侦察和协助地面行动,反恐支援和实施空降突袭,快速运送人员和各种装备,城市高层消防救援,危重病人快速运送和医疗急救,自然灾害和沉船事件的空中巡察与抢险救灾,对非法排放污染物行为进行监视、取证和协助清除等任务。

二十一、人口管理办公室

"文化大革命"期间,市公安局户政处被撤销,其业务归入市公检法军管会治保组。1979年9月,恢复市公安局户政处建制,下设办公室、户籍科等6个科室。1987年9月,增设居民身份证制证中心(对外称上海市公安局制证中心),为事业单位。1992年,户政处下设办公室、政治协理员办公室、户口管理科、户口审批科、暂(寄)住人口管理科、基础业务指导科、人口信息管理科、人口信息计算机管理科、户籍法制研究室、居民身份证制证中心等。1993年8月,治安处与户政处合并,组建治安总队。2001年11月,撤销户籍资料处。2008年,撤销治安总队户政管理处,增设市公安局人口管理办公室,下设综合处、实有人口管理处、信息管理处(对外称上海市人口信息管理中心)、上海市公安局制证中心。2010年,市公安局人口管理办公室与市人口综合服务和管理领导小组办公室实行"两块牌子、一套班子",下设综合处、实有人口管理处、户口准入处、社会保障和市民服务信息管理处、制证中心、市社会保障卡服务中心(归市人口办管理)。其主要职责:为市政府制定人口政策提供人口数据和决策依据;研究、制定人口综合管理的规范性文件;负责上海市常住人口的户籍和居住证日常管理;查处违反户口、身份证、居住证管理及房屋租赁治安管理的行为;制作、管理与人口身份相关的证件。

二十二、农场分局

1975—1995 年，上海域外的海丰、黄山、练江 3 个农场设立保卫科，后转制为企业派出所，接受市公安局经保处的业务领导。1995 年起，3 个域外农场的治安管理工作由市公安局经保总队负责，1999 年 5 月，划归市公安局静安分局负责。2009 年 9 月，市公安局增设农场分局，负责海丰、黄山、练江 3 个农场治安管理工作，统管域外农场公安派出所，并纳编原属市司法局公安处领导的上海农场公安局和川东农场公安局。2010 年，分局下设一科（综合指导科）、二科（侦查办案科）和上海农场派出所、川东农场派出所、海丰农场派出所、黄山农场派出所、练江农场派出所。其主要职责：负责 5 个上海域外农场的公安工作，维护辖区内的社会稳定、治安秩序；预防、制止和惩治辖区内的违法犯罪活动，处置各类治安灾害事故和突发事件；负责辖区内实有人口管理；检查、督促辖区内特种行业、危险物品和治安防范措施落实；指导、监督辖区内部单位治安保卫、消防工作。

二十三、纪检监察、督察、审计机构

【中共上海市公安局纪律检查委员会】

“文化大革命”期间，中共党组织内的纪律检查工作被取消。1982 年 1 月，成立中共上海市公安局党组纪律检查筹备组。1985 年 2 月，正式成立为中共上海市公安局党组纪检组。3 月，在市公安局第四次党代会上，选举产生市公安局机关纪委。1988 年 11 月，市公安局党组纪检组与市公安局监察室合署办公。1990 年 10 月，经市委批准，撤销中共上海市公安局党组纪检组，升格为中共上海市公安局纪律检查委员会，下设调研秘书室、纪律检查室、案件审理室、信访室、党风警风检查室（纠风办公室）5 个机构。1999 年 1 月，市公安局纪委（监察室）机构调整，下设办公室、纪律检查室、党风警风检查室（对外称纠正行业不正之风办公室）。市公安局审计室、督察队挂靠纪委（监察室）。2001 年，党风警风检查室更名为案件审理室，保留“纠正行业不正之风办公室”牌子。2010 年 7 月，市公安局纪委设立公安现役部队纪检监察室。市公安局纪委（监察室）下设办公室、纪律检查室、案件审理室。其主要职责：协助市公安局党委开展党风建设，检查党的路线、方针、政策和决议执行情况；对市公安局和分（县）局领导干部、党员开展遵纪教育；检查和处理市公安局党的组织和党员违反党纪的案件；负责领导干部廉洁自律和落实党风廉政建设责任制执行情况的监督检查；负责全市公安机关行风建设，组织纠正不正之风的专项治理；指导分（县）局纪律检查工作。

【上海市公安局监察室】

1949 年 6 月，市公安局建立后，公安民警中行政纪律检查、监察工作由市公安局政工部门负责。1984 年 6 月，设立政治部纪律检查室，与中共上海市公安局党组纪律检查筹备组合署办公。1988 年 11 月，撤销政治部纪律检查室，组建市公安局监察室，并与市公安局党组纪检组合署办公。1990 年 10 月，与市公安局纪委合署办公。

【警务督察总队】

1997 年 9 月，市公安局警务督察队揭牌成立，暂由市公安局纪委领导。1998 年，市编委正式批复警务督察队建制，为市公安局直属机构，级别为正处级。2000 年 7 月，在督察队四队增挂协调指导科牌子。2001 年,督察队内设 5 个正科级机构。2002 年 4 月,设置市公安局督察长职务,由市公安局纪委书记兼任。2002 年 5 月,警务督察队更名为警务督察处。2008 年 4 月,警务督察处更名为警务督察总队。2010 年,总队下设 5 个支队。其主要职责:对警务工作,民警执勤,公安机关内部管理,重大警务活动中的履职、遵纪、规范执法等情况开展督察。

【审计室】

1985 年 7 月,市公安局行政处设立审计室。1990 年 12 月,划归市公安局监察室。1994 年 6 月,审计室从监察室划出,列为市公安局直属机构。1995 年 6 月,审计室下设一科、二科。2001 年 11 月,审计室挂靠市公安局纪委,内设 2 个科级机构。2010 年,审计室下设一科、二科。其主要职责:负责对市公安局各业务部门,各公安分(县)局的财务收支及其经济效益进行内部审计监督;对领导干部离任或任期经济责任审计。

二十四、上海公安高等专科学校

1974 年 5 月,上海市公安学校改建为上海市公安局“五七”干校。1978 年 3 月,撤销市公安局“五七”干校,恢复上海市公安学校,下设办公室、政治处、教务处、学生科、行政科、理论教研室、业务教研室、图书室等。1983 年 5 月,更名为上海市人民警官学校。11 月,更名为上海公安专科学校。1984 年,学校实行党委领导下的校长负责制,校部设政治处、办公室、教务处、总务处 4 个副处级部门及学生科、图书馆等 2 个科级机构;设第一、第二业务教研室,政治理论教研室,法律教研室,外语教研室,语文教研室,军体教研室,数理化教研室,电化教研室等 9 个教学部门及若干学生队。1986 年,学校将原 9 个教学部门调整为侦察系、治安系、公安管理系和基础部 4 个教学部门。1987 年 9 月,增设警训部。1989 年 1 月,增设高教研究室。1992 年 5 月,更名升格为上海公安高等专科学校。1996 年 4 月,上海市第一、第二人民警察学校并入。新校成立后,内设机构为办公室、政治处、总务处、监察室(纪委)、教务处、学生处、财务处、校产管理办公室、基建设备处等 9 个处室(级别均为相当于副处级)和本科部、成人教育部、侦察系、治安系、管理系、基础部、警训部、中专部、实验教育处、科研处、教材编审处、图书馆等 12 个教学行政部门。1999 年 4 月,调整内设行政机构为办公室、政治处(与监察室合署办公)、教务处、后勤保障处、学生处;调整教学机构为侦查系、治安系、基础部、警训部、成教部、政治理论教学部、现代教育技术中心、图书情报信息中心、公安理论研究所(科研处)。2005 年,隶属治安总队的北艾路培训基地和隶属交通警察总队的莘庄教育培训基地并入。2010 年,学校下设办公室、政治处(与监察室合署办公)、后保处、教务处、学员管理处、科研中心、教辅中心、岗位业务教研部、基础教研部、警训部、培训一至五部。其主要职责:制定学校教育发展规划、设置专业;承担在职民警初任、警衔晋升、专业技能、职务晋升等培训任务;负责全日制高等教育招生、教学管理;组织开展教学、科研工作。

二十五、机关服务中心

2001 年 3 月,撤销后勤保障部的机关事务管理处、卫生处,在沪安服务中心基础上,整合组建市公安局机关服务中心,为局属事业单位,下设行政部、人力资源部、资产经营部、财务部、综合服务部及 8 个实体单位,承担公安后勤服务职能。2010 年,中心下设行政部、政工部、财务部、经营部,以及第一至六保障服务部，管辖上海大沪饭店、上海锦苑生活服务公司、上海沪安服务中心。其主要职责：负责市公安局各单位餐饮、物业管理和公共设施、设备维修保养等后勤服务工作。

二十六、上海市保安服务总公司

1985年8月，上海市保安服务公司正式成立。1993年9月，更名为上海市保安服务总公司，下设保安服务部、外资企业服务部、器材设备服务部、人事工作部、办公室。1991年6月，调整内设部门，改为保安一、二、三部，器材设备部，联络部，人事部，办公室，浦东新区办事处（筹），综合服务部。2010年，总公司下设总经理办公室、党群工作部、财务部、人力资源部、行政事业部、技术研发部、审计与法律事务所，辖人防分公司、工程分公司、联网报警分公司、浦东分公司、押运公司、宝航公司、保安学校，区县专业保安服务公司28家。其主要职责：为客户单位提供保安服务；为货币、贵重物资、危化品提供押运、守护等保管业务；为展览、展销、文体等活动现场及停车场提供保安服务；开展安全防范咨询服务及其研发、经营、安装、维护等业务。

第二章　区县公安机构与派出所

1978年，上海全市区县公安机关共有12个分局、10个县公安局。1987年后，随着上海行政区划变更、区县建制改变，区县公安机关设置也相应调整。至2010年，全市共设17个区公安分局、1个县公安局。各分（县）局的内设机构名称、职责与市公安局职能部门在名称、职责上基本对应。

派出所是公安机关的一级基层组织，为分（县）局的派出机构，负责管辖区域内打击犯罪、维护治安、服务群众、保一方平安，其业务工作涉及治安管理、户籍管理、人口管理、消防管理、内保管理等方面。

1977年，全市设有公安派出所252个。1987年，随着各分（县）局设置的调整，派出所设置也相应变动。1993年，市公安局在市区开始试行建立警察署机构，至1996年撤销131个派出所，新建67个警察署。2003年，恢复派出所建制，撤销84个警察署机构。至2010年，全市共设派出所389个。

第一节　区县公安机构

1968年1月，上海市区县公安机关实行军事管制，由市公检法军管会派驻军管组。1973年5月至1975年9月，杨浦、长宁、普陀、闸北、虹口、南市、卢湾、静安、闵行、徐汇、黄浦等区，上海、嘉定、宝山、川沙、南汇、奉贤、松江、金山、青浦、崇明等县，先后恢复公安机关名称。1978年，上海公安机关设黄浦、徐汇、长宁、普陀、闸北、虹口、杨浦、南市、卢湾、静安、闵行、吴淞12个分局和上海、嘉定、宝山、川沙、南汇、奉贤、松江、金山、青浦、崇明10个县公安局。

改革开放后，上海市的区县公安机关名称随行政区划变更、区县建制改变。1979年，因上海宝山钢铁总厂兴建，成立宝钢地区公安分局。1980年3月，吴淞分局与宝钢地区公安分局合并，定名为宝钢地区公安分局。1981年5月，撤销宝钢地区分局，恢复吴淞分局名称。1988年10月，因吴淞区和宝山县行政区划变更，撤吴淞分局、宝山县公安局，组建宝山分局。1993年4月，因闵行区、上海县区划调整，设立新的闵行区，撤闵行分局、上海县公安局，组建闵行分局。建立浦东新区公安局，为副局级建制，撤川沙县公安局。7月，因嘉定撤县建区，嘉定县公安局改称为嘉定分局。1997年7月，因撤销金山县公安局和石化公安分局，组建金山分局。1998年9月，因松江撤县建区，县公安局改称松江分局。1999年9月，因青浦撤县建区，县公安局改称青浦分局。2000年6月，因撤销黄浦区和南市区，设立新的黄浦区，黄浦、南市分局合并组建为新的黄浦分局。8月，浦东新区公安局更名为市公安局浦东分局，机构级别不变。2001年10月，因奉贤、南汇撤县建区，两县公安局分别改称奉贤分局、南汇分局。2009年5月，因撤销南汇区并入浦东新区，南汇分局并入浦东分局。2010年，全市公安系统有浦东、黄浦、徐汇、长宁、普陀、闸北、虹口、杨浦、卢湾、静安、闵行、嘉定、宝山、奉贤、松江、金山、青浦17个区分局和崇明县公安局。

各区县公安机关所属部门随市公安局职能部门的设立、调整而变动。各分（县）局的所属部门，只是成立时间上略有差异，在名称、级别上基本相同，故概括叙述。1978年，各分局设办公室、政治处、后勤科、政保科、经济文化保卫科、刑侦队、治安科、交警队、户政科、消防科、看守所以及若干派出所。县公安局设办公室、政治教导员办公室、后勤科、政保科、经济文化保卫科、刑侦队、治安科、交警队、户政科、消防科、看守所以及若干派出所。2004 年 4 月，全市区分局和县公安局的机构、编制、人事工作由市公安局直接管理。2010 年，分局设指挥处、政治处、后勤保障处、经济侦查支队、刑事侦查支队、治安支队、交警支队、反恐怖支队、人口办、特警支队、消防支队、出入境管理办公室、法制办、督察支队、看守所、科技科、网安支队、监察科、保安公司以及若干派出所。县公安局设指挥处、政治处、后勤保障处、经济侦查大队、刑事侦查大队、治安大队、交警大队、反恐怖大队、人口办、特警大队、消防大队、出入境管理办公室、法制办、督察支队、看守所、科技科、网安大队、监察科、保安公司以及若干派出所。

第二节　派出所

1977 年，上海市公安局设派出所 252 个，其中市区 118 个，郊县 134 个。1987 年，根据治安工作管理需要，在市区街道及县属乡镇，分别设派出所 371 个；在车站、码头、商业闹市等治安情况复杂地段，设治安派出所 11 个；在黄浦江、苏州河沿线设水上派出所 20 个。1993 年开始，在市区试行建立警察署机构，至 1996 年撤销 131 个派出所，新建 67 个警察署。2003 年，撤销 84 个警察署机构，恢复派出所建制，并将 366 个派出机构调整为 375 个。派出所内部不设机构，按照规定配置领导职数，确定机构级别。2010 年，市公安局及各分(县)局共设派出所 389 个，其中，户籍派出所 315 个，治安派出所 74 个。

表 1－2－1　1987 年上海市公安机关派出所设置情况　　单位：个

市　区	派出所	治安派出所	水上派出所	郊　县	派出所	治安派出所	水上派出所
黄浦分局	13	2	—	上海县公安局	19	1	1
南市分局	14	1	—	嘉定县公安局	22	—	1
卢湾分局	9	—	—	宝山县公安局	16	—	1
徐汇分局	13	—	—	川沙县公安局	30	1	1
长宁分局	11	2	—	南汇县公安局	31	—	1
静安分局	10	—	—	奉贤县公安局	21	—	1
普陀分局	14	1	—	松江县公安局	22	—	1
闸北分局	14	1	—	金山县公安局	19	—	1
虹口分局	17	—	—	青浦县公安局	24	1	1
杨浦分局	17	1	—	崇明县公安局	26	—	2
吴淞分局	5	—	—				
闵行分局	4	—	1				
航运公安局	—	—	8				
合　计	141	8	9	合　计	230	3	11

表 1-2-2　2010 年上海市公安机关派出所设置情况

单位：个

单　位	派出所总数	其　中		单　位	派出所总数	其　中	
		户籍所	治安所			户籍所	治安所
文保分局	3	—	3	浦东分局	45	37	8
水上公安局	6	—	6	黄浦分局	9	6	3
轨道分局	7	—	7	卢湾分局	6	4	2
公交分局	1	—	1	徐汇分局	15	13	2
机场分局	7	—	7	长宁分局	11	10	1
农场分局	5	—	5	静安分局	5	5	—
普陀分局	15	15	—	松江分局	23	19	4
闸北分局	12	11	1	金山分局	20	18	2
虹口分局	8	8	—	青浦分局	23	19	4
杨浦分局	14	13	1	奉贤分局	29	27	2
闵行分局	29	24	5	南汇分局	27	24	3
宝山分局	25	22	3	崇明县局	21	20	1
嘉定分局	23	20	3	合　计	389	315	74

第三章 公安现役部队与专门公安机关

1982年6月，根据中共中央批准公安部党组有关人民武装警察管理体制的精神，中国人民解放军内卫勤务部队移交公安部门，与实行兵役制的武装、边防、消防警察统一组成中国人民武装警察部队。8月1日，中国人民解放军上海警备区警备师改编为中国人民武装警察部队上海市总队，隶属武警部队总部和上海市公安局双重领导。1983年1月，市公安局消防处及其部队划归武警上海总队建制序列。4月，上海边防检查站由市公安局划归武警上海总队建制领导。1985年1月，武警上海市总队边防局成立。9月，根据公安部通知，武警上海市总队边防局、消防处及其部队移交市公安局领导。1992年3月，国务院、中央军委决定，武警上海总队隶属武警总部直接领导，在执行公安任务方面，接受上海市委、市政府指挥。2010年，上海公安现役部队有边防总队、消防总队、警卫局。上海公安边防部队、消防部队和警卫局是公安机关的一个重要职能部门。

2010年，上海市域范围内有上海铁路公安局及其上海铁路公安处、长江航运公安局上海分局、上海海事公安局、上海出入境边防检查总站，受铁道部、交通部公安机关或公安部有关业务局的领导，同时列入市公安局序列。

第一节 公安现役部队

一、边防总队

1973年8月，上海边防检查站由中国人民解放军上海警备区建制划归上海市公安局领导。1974年12月，国务院、中央军委决定边防检查站实行人民武装警察义务兵役制。1982年10月，设立市公安局边防局（对外称上海市边防局），统一领导边防检查工作。1983年4月，上海边防检查站划归中国人民武装警察部队上海市总队建制。10月，市公安局边防局划归武警上海市总队建制，改为武警上海市总队司令部边防安全检查处。1985年1月，武警上海市总队边防局成立。9月，根据公安部通知，武警上海市总队边防局移交上海市公安局领导，市公安局边防局建制恢复（对外称上海市边防局），又称中国人民武装警察部队上海市边防总队。1994年8月，经公安部批复同意上海市公安局组建边防局海警分局，亦称武警上海市边防总队海警支队；边防局边境管理分局，亦称武警上海市边防总队边境管理支队；均为正团级建制，隶属市公安局边防局领导。2010年，边防总队下设司令部、政治部、后勤部、边防支队、海警支队、教导大队和海警1001舰。其职责为：负责海岸区域的边防巡逻监管、海上重要目标安全保卫和海上救援；负责海岸区域的边防管理、治安管理、渔民管理；负责对海岸区域的出入境人员与交通运输工具实施边检；负责防范打击海岸区域的各种违法犯罪；负责侦破海岸区域的刑事案件；负责查获海岸区域的偷越国境、走私、贩运毒品。

二、消防总队

1974年1月，恢复市公安局消防处（消防总队）建制。1983年1月，市公安局消防处列入武警部队序列，转为武警上海市总队建制，设政治处、办公室及11个科和6个消防大队、48个消防中队。1985年9月，根据公安部通知，武警上海市总队消防处及其部队移交上海市公安局领导，仍属武警部队序列。1987年，消防大队升格为消防支队，消防中队增至53个。1989年11月，市公安局同意消防处下属的教导队(团级建制)改称教导大队，建制级别不变，下设训练处、政治处、队务处3个副团级建制机构。1991年1月，市公安局消防处更名为市公安局消防局(对外称市消防局)，又称中国人民武装警察部队上海市消防总队，其领导体制、隶属关系、正处级机构级别不变，内设机构调整为办公室(司令部)、政治部、后勤部、防火监督部4个正团级建制机构，下辖消防支队、教导大队。1993年，消防总队升格为副局级，部队为正师级建制，下设司令部、政治部、后勤部、防火监督部和30个处、室，管辖6个支队、1个大队、53个中队和1个教导大队。1995年5月，根据公安部命令，省、自治区、直辖市公安厅、局设立消防局，又称公安消防总队。上海市消防局又称上海公安消防总队。2005年6月，市消防局特勤大队升格为特勤支队。上海市城区实行“防消合一”体制，撤销各分局消防监督处。设置上海化学工业区公安分局、水上公安局、轨道分局的公安消防支队。2010年底，消防总队下设司令部、政治部、后勤部、防火部和26个处、室，管辖25个消防支队、117个消防中队。市消防总队对铁路、海运、港务、民航、宝钢等企业公安消防队进行业务指导。其职责为：承担消防安全宣传教育培训，普及消防知识；定期防火检查，督促有关单位和个人落实防火责任，及时消除火灾隐患；建立防火检查档案，按照国家规定设置防火标志；掌握道路、消防水源、消防安全重点单位、重点部位等情况，建立相应的消防业务资料档案；制定消防重点单位、重点部位的事故处置和灭火作战预案，定期组织演练；指导培训义务消防队；扑救火灾，保护火灾现场，协助有关部门调查火灾原因、处理火灾事故等。

三、警卫局

1968年1月，市公检法军管会外保组派驻市公安局警卫处。1973年1月，市公安局增设办公室外保科，市军管会外保组业务划入。1978年10月，办公室外保科升格为市公安局外保处。1981年7月，市委警卫处与市公安局外保处合并，组建市公安局警卫处。1984年3月，市公安局警卫处人员转为武警现役，列入中国人民武装警察部队序列，名称不变。1994年，市公安局警卫处设9个科室(处)。1998年12月，市委同意市委办公厅警卫处更名为市委警卫局，并挂市公安局警卫局牌子。市公安局警卫处也同时更名为市公安局警卫局。2002年8月，警卫局设3个处、室，6个勤务处和1个警卫队。2010年，警卫局下设办公室、政治处、后勤处，6个勤务处和1个警卫队。其职责是保卫警卫对象、警卫目标和重大活动安全。

第二节　专门公安机关

一、上海铁路公安局

1985年1月，铁道部、公安部决定改革铁路公安机关体制机构，上海铁路局公安处更名为上海铁路公安局，原下辖的上海、杭州、南昌3个公安分处也同时更名，如上海铁路局公安处上海公安分处更名为上海铁路公安局上海公安分局。1990年8月，经铁道部、公安部批准，上海铁路公安局列入上海市公安局序列，称上海市公安局铁路公安局；上海铁路公安局上海公安分局改为上海铁路公安局上海公安处，又称上海市公安局铁路公安处，其领导关系、领导干部配备级别、管理体制不变。

2010 年，上海铁路公安局下设徐州、合肥、蚌埠、南京、杭州、上海 6 个铁路公安处，新长、金温 2 个公安分处，1 个公安学校，15 个基层所队。其中，上海铁路公安处的主要职责为：承担铁路上海站、虹桥站、上海南站等 68 个车站、高铁动车组、普通旅客列车的安全保卫任务；负责铁路辖区、车站、列车上的治安秩序以及刑事、治安案件处理。

二、上海港公安局

1973 年 12 月，上海港革命委员会撤销保卫组，重建上海港务局公安处。1977 年 7 月，上海港务局公安处更名为上海港公安局，接受交通部公安局和上海市公安局双重管理。2003 年 9 月，因洋山港工程建设，设上海港公安局洋山分局。2010 年，上海港公安局下设 5 个处室、7 个大队和 16 个派出所。其职责为：保护国家水运交通基础设施安全、维护水运交通治安秩序、保障港航运输安全畅通；承担上海行政区域内海域、黄浦江、苏州河、长江沿岸部分水域及码头港口的治安、刑侦、交通、巡逻、消防、警卫、实有人口管理以及小洋山岛进出岛人员、车辆查控等工作。

三、长江航运公安局上海分局

1972 年 12 月，恢复长江航运公安局上海分局建制。2002 年 1 月，根据国务院《关于长江港航公安管理体制改革有关问题的批复》精神，长江航运公安局上海分局实行管理体制改革，由长江航运公安局统一垂直管理，业务实行长江航运公安局和上海市公安局双重领导，为行政机构，公安民警纳入国家行政编制；所需经费由中央财政负担。2004 年 5 月，政企体制改革后，长江航运公安局上海分局重新挂牌。2010 年，长江航运公安局上海分局设办公室、政治处、3 个科、4 个支队、3 个派出所。其职责为：长江上海段水域治安行政管理，查处治安案件，维护治安程序，保障客货运输安全，以及水上设施、船闸和客运、货运船舶的治安保卫；防范、打击并侦破发生在长江上海段水域的各类刑事犯罪活动和案件；长江上海段水域航行、停泊、作业的中外民用船舶、水上设施、趸船、码头的消防监督管理工作；长江上海段水域外籍船舶、船员、旅客等出入境管理及涉外案件查处。

四、上海海事公安局

1988 年 3 月，经公安部、交通部批准成立，原上海港务监督保卫科和原上海航道局航标测量处保卫科组建为上海海上安全监督局公安处。1999 年，更名为上海海事公安处。2005 年 7 月，更名为上海海事公安局，下设政治处、办公室、2 个科、2 个支队、3 个派出所。2010 年，上海海事公安局设政治处（监察室）、办公室（指挥中心）、2 个科、2 个支队、10 个派出所。其职责为：对规定水（区）域内的水上肇事逃逸案件、盗窃破坏通航安全保障设施案件、扰乱水上航行秩序案件、伪造海事公文印章证书案件，以及涉海事刑事案件进行侦破、查处。

五、上海出入境边防检查总站

1973 年 8 月，根据国务院、中央军委决定，上海边防检查站由中国人民解放军上海警备区划归上海市公检法领导小组领导，对外称中华人民共和国上海边防检查站，对内为上海市公安局边防处。1974 年 12 月,国务院、中央军委决定全国边防检查站实行人民武装警察义务兵役制。1980 年,公安部成立边防保卫总局,各省、自治区、直辖市公安厅、局成立边防保卫局,上海边防检查站由公安部边防保卫总局和上海市公安局双重领导。1982 年 10 月,设立市公安局边防局。1983 年 10 月,市公安局边防局划归武警上海市总队建制(对外保留边防局名称)。1984 年 12 月,金山边防检查分站成立。1985 年 9 月,武警上海市总队边防局划归市公安局领导;恢复市公安局边防局建制,仍属武警序列。1990 年,上海边防检查站分编,组建闵行边防检查站、吴淞边防检查站。1992 年 4 月,上海虹桥机场安全检查站移交地方管理。8 月,金山边防检查分站更名为金山边防检查站。1994 年 6 月,组建外高桥边防检查站。

1998 年 7 月,根据国务院《关于北京等九城市边防检查职业化改革试点方案的批复》精神,上海边防检查机关实行职业制改革,成立中华人民共和国上海出入境边防检查总站(简称"上海边检总站"),直属公安部领导。总站下属的 5 个边防检查站整体转制为公安建制,边防检查站更名为出入境边防检查站。1999 年,设立浦东出入境边防检查站。2003 年,设立上海铁路出入境边防检查站。2006 年,设立洋山出入境边防检查站。2010 年,浦东出入境边防检查站更名升格为上海机场出入境边防检查站。上海边检总站为副局级建制,下设办公室、政治处、督察处、后勤处、边检处、技术处 6 个处室以及 2 个直属单位,下辖上海机场、浦江、金山、吴淞、外高桥、上海铁路、虹桥、洋山等 8 个出入境边防检查站。其职责为:担负上海国际机场口岸、上海港口岸以及上海铁路口岸的出入境边防检查任务;维护国家主权、安全和社会秩序,对出入境的人员及其行李物品、交通运输工具及其载运的货物实施边防检查;对出入境的交通运输工具进行监护;对口岸的限定区域进行警戒,维护出境、入境秩序;执行主管机关赋予的和其他法律、行政法规规定的任务。

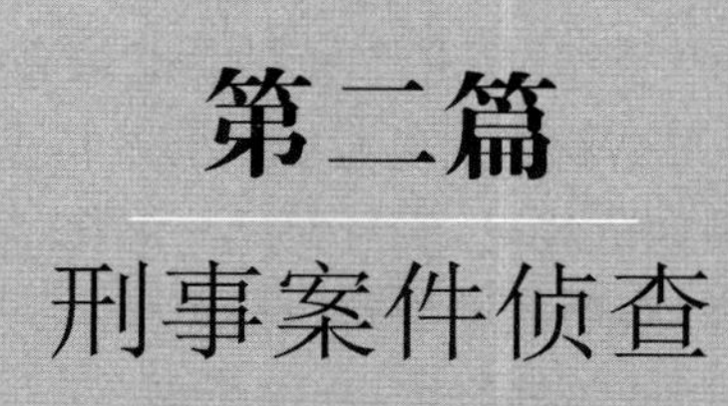

第二篇

刑事案件侦查

“文化大革命”期间，上海公安机关遭到破坏，社会秩序混乱，凶杀、流氓、强奸、盗窃等严重刑事案件大幅度上升。1983—1986 年，上海公安机关按照中共中央在全国开展严厉打击严重刑事犯罪的决定，开展“三年为期、三个战役”的“严厉打击严重刑事犯罪活动”，有效遏制了刑事犯罪上升势头。20 世纪 90 年代，上海公安机关根据新的刑事犯罪形势及特点，在刑侦工作体制、机制和方法上不断进行改革和创新，推进责任区刑侦队建设，实行侦审一体化，加大刑事科学技术建设，不断丰富侦查破案手段，破案打击能力持续增强，刑侦基础建设日趋完善。1996 年 4 月开始，上海公安机关按照中共中央在全国范围开展“严打”斗争的决定，组织开展“春季战役”和 3 次“严打”战役，有力打击和震慑各类违法犯罪分子。

进入 21 世纪，上海公安机关始终保持对刑事犯罪的高压态势。2001 年 4 月—2002 年 10 月，上海公安机关根据中央政法委统一部署，开展为期一年半的“严打”整治斗争。通过“严打”整治斗争，全市刑事案件多发的势头得到有效遏制。此后，上海公安刑侦部门继续坚持“严打”精神，按照“什么问题突出就整治什么问题”的原则，连续不断地严厉打击各种严重刑事犯罪活动，逐步形成每年组织春、夏、秋冬 3 次严打战役的工作格局，并先后开展“打黑除恶”“命案侦破”“网上追逃”等一系列专项行动。上海公安机关不断改革刑侦工作体制，提升刑侦技术能力。2008 年，上海公安机关强化刑侦改革工作，将原有责任区刑侦队与派出所执法办案力量整合，成立执法办案队，使刑侦专业化程度明显增强，队伍正规化水平明显提升，攻坚克难能力显著提高。与此同时，不断加强刑侦科学技术及刑侦信息系统建设及应用。至 2010 年，上海公安刑侦部门已建成以现场勘查、物证鉴定、物证应用、技术管理等工作链为核心的刑事科学技术信息系统。全市共有刑侦民警 4 700 余人，其中刑侦总队 530 余人。

第一章　公安刑侦体制改革

第一节　侦查预审一体化改革

“文化大革命”前，全市各级公安机关设有专门的预审机构。“文化大革命”期间上海公安预审部门取消，公安与检察、审判工作合并。1972 年 12 月，市公安局恢复预审处，此后，各分（县）局、专业公安机构相继恢复或建立预审机构。全市公安预审部门严格按照第三次全国预审工作会议和上海市预审工作会议精神，加强预审工作，坚持“重证据、重调查研究，不轻信口供”的原则，及时打击刑事犯罪嫌疑人的现行破坏活动。

1980 年 1 月，《中华人民共和国刑法》《中华人民共和国刑事诉讼法》实施后，按照刑事诉讼管辖权限，市公安局预审处负责审理全市“反革命案件”、涉外案件和重大刑事案件，并指导全市预审、看守工作。区、县公安机关预审部门负责审理本区、县刑侦部门移送的属于区、县人民法院管辖的第一审普通刑事案件。工作范围从犯罪嫌疑人被拘留、逮捕后开始，至预审结束，移送人民检察院起诉或作其他处理。

1978—1997 年，上海公安预审部门审结移诉大量案件，逐渐建立正规、合法的工作程序，培养一批预审干部。1983 年 8 月，上海公安机关贯彻中共中央和全国人大常委会通过的《关于严厉打击严重刑事犯罪活动的决定》，开展为期三年的“严打”斗争。三年间，审理各类刑事犯罪嫌疑人 3.65 万人，其中重大刑事案犯罪嫌疑人 7 089 人；经检察机关起诉、法院判决 3.22 万人。“严打”斗争后，公安预审工作继续贯彻依法“从重从快”的“严打”方针，围绕各个时期公安工作中心任务，配合打击严重刑事罪犯、严重经济罪犯和惩办“反革命分子”。1982—1994 年，全市公安预审部门共审理犯罪嫌疑人 15.36 万人，审结 14.56 万人，移送检察机关起诉 11.17 万人，检察院决定起诉 10.55 万人，起诉率为 94.4%。1995—1997 年，上海公安预审部门受理各类刑事案件 38 272 起，犯罪嫌疑人 65 027 人，审结 36 798 起，犯罪嫌疑人 61 205 人，案件审结率为 96.15%；移送检察机关各类犯罪嫌疑人 37 528 人，其中检察机关决定起诉 37 427 人，起诉率为 99.7%。上海公安预审部门还发挥深挖犯罪、扩大战果的作用。1980—1994 年，挖出线索 8.5 万条，查破积案 3.23 万件，追捕犯罪嫌疑人 7 854 人，摧毁犯罪团伙 1 022 个，处理团伙成员 3 784 人，追缴赃款赃物价值 6 320.5 万余元。1995—1997 年，上海公安预审部门深挖线索 33 405 条，查破各类积案、隐案 21 207 起，追捕犯罪嫌疑人 1 662 人，追缴赃款赃物价值 1.9 亿余元。

1997 年，按照全国刑事侦查工作会议精神，改革公安刑侦和预审分设的体制，实行侦审一体化改革。1997 年 7 月 24 日，市公安局印发《关于开展“改革刑侦预审分设的工作体制实行侦审一体化”试点工作的意见》，选择普陀、徐汇、青浦两区一县公安机关进行侦审一体化改革试点，侦查、预审融为一体，在内部实现立案、侦查、审讯、提请逮捕、移送检察院起诉一体化。8 月，市公安局将预审部门承担的预审工作任务移交到刑侦等相关业务部门，全市侦审一体化改革于 11 月全面推开。1998 年 3 月，市公安局预审处更名为监所工作管理处，全市原预审部门中的民警有 770 人加入刑侦队伍，占全市刑警总数的 17.7%。侦审合一后，工作效能进一步增强。1998 年，刑侦部门通过强化讯问犯罪嫌疑人，扩审破获刑事案件 2 793 起，占破案总数的 11.4%。至 2010 年，上海公安刑侦、经侦等部门承担包括预审工作在内的侦查、审理等工作职能。

第二节 责任区刑侦队和执法办案队建设

1993年市公安局刑事侦察处改建为刑事侦察总队,全市各区、县公安分(县)局刑侦队改为刑侦支(大)队。全市公安刑侦力量主要由市公安局刑侦总队、公安分(县)局刑侦支(大)队、派出所破案组(治安组)构成。

1997年6月,市公安局按照公安部全面改革和加强刑事侦查工作要求,将建立责任区刑侦队作为刑侦改革的重要突破口,要求各分(县)局按区域、人口和治安状况,以警务与任务相适应的最佳均衡点组建责任区刑侦队。责任区刑侦队主要承担案情相对简单、无须投入较多警力的多发性、常规性案件破案任务。同时,对辖区内发生的团伙性、系列性案件,责任区刑侦队应向刑侦支(大)队报备,以便上级刑侦部门牵头组织开展案件侦查工作。此后,市公安局将1 000多名刑警充实到责任区刑侦队,形成以市公安局刑侦总队、公安分(县)局刑侦支(大)队、责任区刑侦队为主体的专业刑侦体制。当年,全市组建责任区刑侦队153个,达到公安部提出的"成立覆盖社会面的刑侦队"的组建要求。1998年,全市共组建责任区刑侦队157支,队员1 892人,占全市刑侦民警总数的42.7%。责任区刑侦队充分发挥地区情况熟、紧贴实战第一线的优势,积极开展属地侦查一般刑事案件和部分大案的工作。

2000年,全市责任区刑侦队警力达到2 890人,占刑侦总警力的60%。2001年,全市19个公安分(县)局共建立责任区刑侦队111个,刑侦民警2 190人,占分(县)局刑警总数的60%;打击破案数占各单位破案总数的82%。2002—2004年,市公安局用3年的时间基本解决责任区刑侦队的用房、车辆和警用装备的改善问题,规范责任区刑侦队的队伍、业务、内务管理。

2006年,市公安局推出责任区刑侦队规范化建设新三年纲要,建立新型队所关系、强化基层基础建设、提高责任区刑侦队破案能力。在公安部开展的2004—2005年度等级评定中,全市共有56家责任区刑侦队被评为一、二级队。在2010年开展的2008—2009年度责任区刑警队等级评定工作中,经过对全市申报等级评定的128个责任区刑侦队开展检查验收和综合评定,向公安部申报45个责任区刑侦队参加全国一级责任区刑警队评定并获批准,同时评出53个二级责任区刑警队、30个三级责任区刑警队。

2008年4月3日,市公安局为贯彻落实公安部"合肥会议"精神,下发《关于进一步深化刑侦改革工作的意见》,部署深化刑侦改革工作,要求在"刑侦改革发展方向不变、专业化规范化要求不变、责任区刑侦队基本建设标准不变"的前提和原则下,通过变革责任区刑侦队设置、刑侦办案工作模式、打防目标考核机制,实现刑侦专业优势和派出所基础优势的结合,实现公安基层"打、防、管、控"的一体化运作。市公安局明确,地域面积较小、警力相对充裕的黄浦、卢湾、徐汇、长宁、静安、普陀、闸北、虹口、杨浦9个中心和次中心城区公安分局,实行"一所一队"模式,原有的责任区刑侦队机构撤销,人员编制划归各派出所,与派出所原有治安力量整合。"一所一队"模式的责任区刑侦队实行"一套班子、两块牌子",对内为派出所执法办案队,对外称某分局责任区刑侦队。地域面积较大、警力相对紧缺的浦东、闵行、宝山、嘉定、松江、金山、青浦、奉贤、南汇、崇明10个市郊结合部和郊区分(县)局,仍实行"多所一队"模式,但也积极探索实行"探组驻所"工作模式。为加强派出所执法办案队的规范化建设,市公安局还下发《关于开展内设执法办案队派出所相关基础设施规范建设达标工作的实施方案》,要求涉及体制改革的9个公安分局在2008年底完成人员调整工作,并按照各自制定的所、队职责任务分工和案件审理工作规范以及调整后的目标考核进行运作。改革后执法办案队人数为2 128人,比原责任区刑侦队人数增加1 212人。至2010年,派出所执法办案队在侦查一般刑事案件中发挥主要作用。

第二章　刑事案件发案与“严打”斗争

第一节　刑事案件发案

1978 年以前，上海刑事犯罪案件每年发案数一般在 1 万起左右，发案类型多集中在盗窃、伤害等犯罪，其中盗窃案占全部案件 80%左右。1978—1989 年，刑事犯罪案件数量迅速增加，犯罪性质趋于恶化，犯罪类型开始呈现传统型与新类型交织，犯罪主体中外来流动人口比例明显上升。1979 年刑事案件发案数比 1978 年猛增 42%，此后几年保持惯性连续上升。1983 年，经过全国性的“严打”斗争，刑事案件发案数得到控制并有所下降。1987 年，刑事案件发案数有所反弹，并一路上升。1990 年，刑事案件发案数突破 3 万大关。伴随着刑事案件发案数的剧增，重大刑事案件亦快速增加：1979 年重大刑事案件 1 600 余起，1987 年达到 2 400 起；1989 年全市各类刑事案件升幅明显，全年共立案 23 673 起，比上年上升 51.1%，其中重大、特大案件 7 213 起，比上年上升 74.7%。

进入 20 世纪 90 年代，上海刑事犯罪的发案总量处于起伏中的逐级攀高，大案要案发案比例逐年上升。1991 年，重大刑事案件发案数突破 1 万起，其中抢劫、诈骗发案量增幅很大，犯罪主体中流动人口占全部刑事犯罪主体的 38.1%。1997 年，全市刑事案件发案数突破 4 万起，新的犯罪类型不断出现，出现带有黑社会性质的团伙犯罪，涉及毒品、股票、保险类的犯罪也较突出；传统类型犯罪发生新的变化，恶性程度加剧；刑事犯罪主体出现外来流窜人员犯罪多、刑满释放人员重新犯罪多、境外人员在沪犯罪比例增多；刑事犯罪的侵犯目标逐步向高档场所、外籍人员、外来机构延伸。1998—1999 年，全市刑事案件立案数增长较快，基本保持在每年 10 万起左右，凶杀案、贩毒案增长最快。

进入 21 世纪后，上海刑事犯罪受到经济发展、人员流动、科技发展等因素的影响，进一步呈现出专业化、动态化、智能化的特征。全市刑事案件发案量呈逐年上升态势，每年均在 10 万—14 万起之间高位运行。其中，外来流动人员犯罪呈现出总量及所占比重均大幅上升的趋势。2007 年，外来流动人员犯罪所占比重已上升至 76%；暴力性案件恶性程度加大，杀人碎尸案件和一次杀死 2 人以上的案件时有发生，绑架撕票案件、自制枪支伤害案件也有发生；侵财类犯罪案件不断增多；涉及民生的“两抢一盗”（抢劫、抢夺、盗窃）案件占刑事案件总量的四分之三，特别是盗窃车内财物、盗窃电动自行车、扒窃案件上升幅度较大；新类型案件层出不穷，犯罪手段的科技化、智能化程度不断提高，利用网络、短信等现代通讯方式实施盗窃、诈骗的新型案件逐渐增多。此后，杀人案件数呈逐年增多趋势。2003 年发案数和破案数最多，全年杀人案立案 269 起、破案 232 起，随后杀人案件逐年递减。2010 年杀人案件立案 175 起、破案 164 起。

第二节　“严打”斗争

20 世纪 70 年代末至 80 年代初，上海的刑事犯罪案件急剧回升。特别是 1979 年，流氓行凶捅刀子、聚众斗殴案件高发，先后发生控江路上流氓聚众骚扰和淮海路白天结伙持刀抢劫等恶性案件。市公安局报请市委、市政府批准，从当年 10 月起在全市范围内开展以整顿城市治安为中心的破案战役。经过连续4个月的打击现行犯罪、整顿社会治安的斗争，取得显著成效，遏制了犯罪分子的嚣张气焰，刑事犯罪案件逐月下降，公共场所治安秩序良好。

1983年8月，中共中央决定开展严厉打击严重刑事犯罪活动(简称“严打”)，以三年为期，对刑事犯罪予以坚决打击。1983年9月，全国人大常委会通过并公布《关于严惩严重危害社会治安的犯罪分子的决定》。根据中共中央和全国人大常委会的决定，上海市从1983年8月起至1986年底，组织了3个“严打”战役。

第一战役。1983年8月，全市开展“严打”战役第一仗，共组织出动公安民警、武装警察等5.8万余人，抓获各类犯罪嫌疑人8 096人。1983年12月，上海市开展第二次全市统一行动，抓获各类犯罪嫌疑人7 136人，摧毁犯罪团伙593个。1984年5月，全市进行“严打”第一战役第三仗，抓获各类犯罪嫌疑人3 729人，摧毁犯罪团伙274个。经过第一战役，刑事犯罪大幅下降，社会治安逐步趋好。

第二战役。第二战役是第一战役的继续和深入，着重从深挖上下功夫，要求分几仗打，每隔一段时间打一仗，集中力量解决1—2个方面的突出问题。1984年9月，实施“严打”第二战役第一仗，以打击“流窜犯”(跨市、县管辖范围作案的犯罪嫌疑人)为重点，一批重大“流窜犯”被追捕归案。1984年10月—1985年春节前，开展“严打”第二战役第二仗，以“打击现行、深挖罪犯、追捕流窜、侦破积案”为中心。1985年2月，开展“严打”第二战役第三仗，以打击现行犯罪为主，有重点地深挖犯罪团伙和隐藏较深的犯罪嫌疑人。1985年7月，开展“严打”第二战役第四仗，侧重打击“流窜犯罪”和“流氓犯罪分子”。1985年8月，开展“严打”第二战役第五仗，加大重大刑事案件的打击力度。

第三战役。1985年12月—1986年1月，全市开展“严打”第三战役第一仗，以查禁赌博专项斗争为重点。1986年2—5月，开展“严打”第三战役第二仗，重点是集中进行反盗窃斗争。1986年7月，全市开展“严打”第三战役第三仗，主要结合整顿夏季治安秩序，集中打击流氓犯罪，取缔卖淫嫖娼。1986年8—9月，开展“严打”第三战役第四仗，抓获各类犯罪嫌疑人1 638人。1986年10月，开展“抓现行、打流窜、破积案”会战，作为“严打”第三战役第五仗。为期三年的“严打”斗争至此告一段落。

此后，上海公安机关坚持“严打”精神，针对各个时期社会治安方面出现的突出问题，采取专项治理，先后开展“打现行、挖团伙、破大案、抓防范”和“反三窃”“打击流氓犯罪”等专项行动，逐步形成每年组织春、夏、秋冬3次严打战役的工作格局，保持对刑事犯罪的高压态势。

按照中共中央从1996年4月开始在全国范围开展“严打”斗争的决定，全市公安机关从3月1日—9月15日连续组织开展以“破大案、追逃犯、打团伙”为重点的春季战役和“严打”3次战役，共破获各类刑事案件14 197起，其中重特大刑事案件9 522起，打击处理各类违法犯罪嫌疑人14 334人，摧毁各类犯罪嫌疑团伙2 167个，抓获团伙成员8 206人，抓获各类在逃犯罪嫌疑人1 543人。1996年10月1日—1997年2月底，开展以“打现行、破大案、抓基础、促防范”为主要内容的“严打”秋冬战役。1996年，抓获各类犯罪嫌疑人22 565人，比上年增加986人；抓获在逃犯罪嫌疑人1 981人，其中100人在逃犯罪嫌疑人慑于“严打”声威投案自首。

1997年，上海公安机关先后开展“严打”春季、夏季、冬季3次会战。3—5月，全市公安机关开展以严厉打击抢劫、盗窃、毒品犯罪，狠抓安全防范工作为重点的“严打”春季战役，共破获各类刑事案件7 157起，其中大案5 071起；抢劫、盗窃和毒品三类犯罪案件5 240起，其中大案3 505起，抓获各类违法犯罪嫌疑人17 584人。6—8月，全市范围内开展以“打‘两抢’、扫‘六害’、治‘顽症’、严防范”(“两抢”指拦路抢劫、拦路强奸；“六害”指聚众赌博、卖淫嫖娼、吸毒贩毒、拐卖人口、传播污秽品、利用封建迷信骗财害人)为主要内容的“严打”夏季战役，全市共破获各类刑事案件 5 378 起，其中大案 3 703 起，抓获和处理违法人员和犯罪嫌疑人 5 290 人。11 月 10 日—12 月 31 日，全市范围内开展以“反盗窃、打抢劫、扫毒品、抓逃犯”为主要内容的冬季破案会战，共破获各类刑事案件 4 083 起，其中重大刑事案件 2 963 起，查获处理各类犯罪嫌疑人 10 474 人。1997 年，全年侦破各类刑事案件 20 990 起，其中大案 14 851 起，分别比上年增加 1 350 起和 1 701 起。

1998 年，上海公安机关在全市范围内开展 3 次“严打”战役，3 次战役共破获各类案件 15 007 起，其中大案 11 186 起。3 月 1 日—4 月 30 日，全市公安机关开展以打击“流窜犯罪”为重点的“严打”春季战役。7 月 1 日—8 月 31 日，开展以“整治治安顽症”为重点的“严打”夏季战役。10—11 月，在全市范围组织开展“反窃车、打团伙、治顽症”为重点的“严打”秋冬战役。

1999 年，上海公安机关在全市范围内组织开展 3 次“严打”战役，共破获各类刑事案件 18 381 起，其中大案 11 598 起。3 月 1 日—4 月 30 日，开展以“打抢劫、反盗窃、治顽症”为重点的春季战役。7 月 1 日—9 月 15 日，根据公安部关于国庆 50 周年安全保卫工作会议精神和在全国范围内组织“追逃”以及严打涉爆犯罪专项斗争的部署，上海公安机关在全市范围内组织开展以“打抢劫、反盗窃、扫六害、追逃犯、促防范”为主要内容的“严打”整治斗争。

根据中央政法委的统一部署，自 2001 年 4 月—2002 年 10 月，全市公安机关组织开展为期一年半的“严打”整治斗争。通过“严打”整治斗争，全市刑事案件多发的势头得到有效遏制，“八类案件”(杀人、伤害、抢劫、强奸、放火、爆炸、绑架、劫持案件)及盗窃案件的降幅较为明显。2001 年 4—12 月，全市共立各类刑事案件 81 167 起，其中“八类案件”3 635 起、盗窃案件 60 496 起，分别比上年同期减少 1.9%、13.4%和 0.9%。2002 年 1—10 月，全市共立各类刑事案件 83 331 起，其中“八类案件”3 748 起、盗窃案件 62 431 起，分别比上年同期减少 6.7%、6.0%和 4.8%。治安复杂地区刑事、治安案件下降，突出治安问题基本得到解决，治安面貌明显好转。“严打”整治斗争为上海的改革开放和经济建设以及党的十六大、上海申办世博会等一系列重大活动的安全、顺利进行创造良好的社会治安环境，基本实现中共上海市委提出的 2002 年 10 月底前率先取得社会治安工作新的明显进步的目标。

2003—2010 年，全市各级公安机关贯彻打防并举的工作方针，在研究和把握社会治安特点和发案规律的基础上，全面加强社会治安防控体系建设，建立完善、常态性的工作机制，努力遏制刑事案件的多发势头，保持对刑事犯罪活动的严打高压态势，深入推进命案侦破、打击“两抢一盗”(抢劫、抢夺、盗窃)犯罪、打黑除恶、禁毒人民战争“四大战役”，杀人案等各类严重刑事犯罪活动逐年下降，为经济建设和人民安居乐业创造良好的社会环境。

第三章　重大刑事案件侦破

第一节　命案侦破

20世纪80—90年代，上海市的命案破案率保持在70%左右。1997年，公安部部署刑侦体制改革后，上海命案侦破率逐渐上升，至2006年命案破案率达到96.8%。

1978—1987年，全市杀人案件数每年在90—124起之间。1987年，全市发生杀人案件115起，占全部刑事案件的0.89%，多数由恋爱、婚姻和其他民间纠纷激化引起犯罪；谋财害命案相对突出，发生33起，占杀人案件的28.7%。犯罪嫌疑人侵害目标主要是居民和个体户，其中25%由不法交易引起，且作案手段凶残，杀人分尸、杀人焚尸12起，为历年所罕见。

1988年7月29日，无业人员朱某在锦江饭店内的古玩商店搭识一日本人，当晚朱某闯入其住处并将其杀害，劫得兑换券、香烟等财物。8月2日，朱某被抓获。此案是中华人民共和国成立后上海市发生在宾馆内的第一起外国人被害案件。

1989年、1990年，全市杀人案件分别为160起、162起。1991—1993年，全市杀人案件总数在136—145起之间。1994年，全市杀人案件上升至191起，持枪杀人、纵火杀人、系列杀人、杀人碎尸和一次杀死杀伤多人的案件接连发生。

从1995年起，全市杀人案件立案数逐年增加，1995年为182起，至1996年增加至247起，至2003年达到最高值立案269起。2003年，市公安局为进一步加大对全市严重犯罪案件的侦破工作力度，建立未破严重暴力犯罪案件定期分析、研讨工作制度和市公安局、分（县）局两级分析研讨制度，并进一步健全串并案侦查工作、刑事案件破案讲评、跨省市侦查协作、初查犯罪嫌疑人操作程序等制度，在侦破闵行“6·23”抢劫杀害台胞案、浦东“2·8”袭警案、黄浦“10·18”抢劫杀人案、闸北“11·25”特大抢劫杀人案等重大、疑难、有影响的案件中发挥明显作用。

2004年，公安部部署开展为期1年的“全国侦破命案专项行动”，全市公安刑侦部门运用现代侦查手段，逐级落实破案责任，提高侦破严重暴力犯罪案件的攻坚能力，全市共侦破命案282起，破案率为89.5%。2004年，上海公安机关成功侦破“四案”，受到市委、市政府和公安部领导的充分肯定与高度评价。1985年5月4日—6月6日，上海市普陀、闸北、虹口、卢湾等区的居民小区内连续发生4起抢劫杀人案（简称“四案”），4名老年妇女被杀害，劫走首饰、手表、现金及银行存折等物。2004年，市公安局刑侦总队对“四案”涉案指纹重新进行复核，发现该指纹与1980年5月1日因窝藏赃物被处理的顾某的指纹同一。4月27日，犯罪嫌疑人顾某被抓获。经审讯，顾某交代1985年因疯狂敛财连续杀人的犯罪事实，还交代1998年4月17日在杨浦区市光三村杀死1人，劫走现金500元及存折的犯罪事实。2004年8月6日，根据公安部“南京会议”精神，市公安局制定下发《命案侦破工作暂行规定》。2005年3月25日，为进一步规范命案侦破的具体环节，实现命案发案数及命案在逃犯罪嫌疑人数下降、命案破案率上升的目标，市公安局刑侦总队制定《命案侦破工作暂行规定附件》，完善和补充全市侦办命案工作机制，通过制定菜单式的工作流程表，明确侦破命案各个环节的工作职责，保证侦查措施落实到位。

2005年5月10日，为更好地发挥刑侦老专家的作用，市公安局成立由原分管刑侦副局长任组长的上海市公安局刑侦专家组，继续开展侦破命案专项行动。在历时1年的侦破命案专项行动中，全市公安刑侦部门共侦破命案381起，破案率为87.1%；特别是成功侦破一次杀死5人的浦东“2·16”凶杀案、徐汇“1·9”纵火案等一批有较大影响的案件。

2006年，上海公安机关继续深入推进“全国侦破命案专项行动”，执行杀人案件串并会商机制、无名尸体和疑似被侵害人员调查工作机制、伤害案件和非正常死亡案（事）件的规范处置机制，使命案侦破水平上了一个新台阶。全年侦破命案337起，破案率达90.5%。市公安局对发生的重大命案，主动邀请检察机关介入，对疑难、复杂、有分歧的命案，则积极与检察院、法院共商对策，或提请检察机关引导取证，以确保办案工作的有效开展和办案质量的稳步提高。

2007年，上海公安机关对历年未破杀人案件的现场指纹等痕迹物证开展清理，系统查询与人工修复查询相结合，及时比对与复查甄别相结合，对历年全市未破的命案指纹、DNA数据等痕迹物证逐一查档、比对。2月28日，通过指纹查档比对，仅用20小时侦破一次杀死2人的徐汇“2·27”凶杀案件。全年共侦破命案321起，破案率92.0%。特别是侦破宝山“2·28”杀人碎尸案、静安“3·22”抢劫杀人案、长宁“5·11”杀害台湾商人案、徐汇“6·18”拦路杀人案、青浦“10·17”杀人碎尸案及闵行“11·1”杀人碎尸案等社会危害严重的重特大杀人案件。

2008年，全市公安刑侦部门继续保持对杀人等严重暴力犯罪的高压态势，围绕“破案率高、办案质量高、发案数低”的目标，创新工作机制，全年共侦破命案313起，破案率93.4%。特别是侦破奉贤“1·1”入室抢劫杀人案、浦东“4·10”系列拦路抢劫强奸杀人案、长宁“7·7”涉外抢劫杀人案等社会危害严重的重特大杀人案件。

2009年，全市公安刑侦部门坚持以命案侦破为龙头，全年共侦破命案260起，破案率97.4%，破案率创历史新高。侦破7起一次致2人死亡的重大命案、普陀“5·22”枪击案，参与处置青浦“9·22”劫持人质案、南汇“10·8”劫持人质案等一批重大暴力案件，其中普陀“5·22”枪击案专案组被公安部记集体一等功。

2010年，全市公安刑侦部门整合各种资源，现代科技和传统侦查手段并用，严格“全程质量控制”和“精细化操作”，不断提高命案等暴力恶性案件的侦办能力和办案水平。全年共侦破命案239起，破案率达96.8%。侦破致2人死亡的松江“8·8”重大命案、虹口“11·29”故意杀人案、奉贤“3·28”系列杀人抢劫强奸案等一批社会危害严重的重大暴力性案件。

2004年5月31日、2005年10月19日和2010年4月18日，市公安局为加强各级公安机关查找失踪人员工作，预防系列杀人案件的发生，先后制定下发《关于对疑似被侵害失踪人员开展调研工作的暂行规定》《本市公安机关查找疑似被侵害失踪人员工作的规定(暂行)》《本市公安机关调查未知名尸体身份工作的规定(试行)》和《关于进一步加强和规范未知名尸体调查、检验工作的通知》。“疑似被侵害失踪人员调查工作机制”作为“侦办命案工作机制”的重要补充，得到公安部的充分肯定并予以全国推广，公安部在此基础上建立“全国失踪人员信息系统”和“全国未知名尸体信息系统”。2004年6月—2010年12月，上海公安刑侦部门通过主动开展疑似命案线索的调查工作，累计侦破公安机关事先未掌握的杀人隐案46起，其中43起系运用疑似被侵害失踪人员调查工作机制主动开展工作而侦破。

通过上海公安机关的努力，2009—2010年全市杀人案立案数明显下降，2年立案数均为175起，且破案率均在93%以上。

第二节　侵犯财产类案件侦破

20 世纪 70 年代开始，抢劫、抢夺、盗窃、诈骗等侵犯财产类犯罪一直是上海市发案量最大的犯罪类型，且直接影响广大人民群众的正常生活。上海公安机关始终对侵财类犯罪保持高压态势。

1980 年，全市发盗窃案 25 325 起、抢劫案 703 起、抢夺案 286 起、诈骗案 511 起。1983 年“严打”开始后，侵犯财产类案件大幅减少。1987 年开始出现明显反弹，其中盗窃案 10 886 起，占全部刑案的 84.21%，比上年增加 36.3%，诈骗案全年发 451 起，比上年增加 28.9%。1987 年 11 月 1 日—1988 年 1 月 31 日，上海公安机关在全市范围内开展“以反盗窃为重点，打现行、破大案、抓防范”的专项斗争，共破获各类刑案 3 191 起，其中重大盗窃案 423 起，抓获涉案金额超万元的犯罪嫌疑人 70 名。

1988 年 3—6 月，在全市范围内开展以增强社会防范机制，打击“三窃”为重点的专项斗争。其间，全市共破获重大刑案 844 起，其中重大盗窃案 550 起，挖出盗窃财物万元以上的犯罪嫌疑人 140 名，摧毁盗窃团伙 370 个，打击团伙成员 1 590 名。

1989 年，重大盗窃、诈骗等财产型案件大幅上升，全年发生重大、特大盗窃案件 5 355 起，比上年上升 86.8%；重大、特大诈骗案件 792 起，比上年上升 103.4%。1989 年 2 月 21 日—7 月 29 日，刑满释放人员朱某化先后 10 次将出租轿车司机骗至偏僻路段，然后持刀抢劫。11 月 6 日晚，市公安局将朱某化抓获。

20 世纪 90 年代，上海市侵财类案件发案面广量大，盗窃案件的立案数占刑事案件立案总数的四分之三左右，流动人口作案情况突出，占总量的 65%以上。

1990 年第四季度，上海公安机关开展以“破大案、抓逃犯、反内盗”为重点的“严打”斗争。其间，重点打击盗窃国家、集体财物的重大盗窃犯罪分子；内外勾结、结伙作案的盗窃团伙的为首、骨干分子；屡教不改、重新盗窃犯罪的刑释解教人员；盗窃工业原料、生产设备，给生产造成严重破坏后果的犯罪分子和犯罪团伙。其间，通过发动群众、认真排查和开展政治攻势，共查破“内盗”案件 2 148 起，其中大案 609 起，挖出盗窃对象 1 869 名。

1991 年 9 月，上海公安机关开展反盗窃斗争，重点打击入室盗窃和扒窃。1992 年 3—6 月，上海公安机关开展以“打流窜、抓管理、促防范”为重点的反盗“春季攻势”，9—11 月，开展“以反盗公为重点，以打现行、破大案为突破口”的反盗斗争“秋季攻势”。

1993—1994 年，全市盗窃机动车案和撬盗保险箱案快速增加。1993 年 5—10 月，浦东新区连续发生保险箱被盗案。经侦查，上海公安机关先后在福建将犯罪嫌疑人韩某立、黄某建抓获，后又抓获其他 25 名嫌疑人，一举破获撬盗保险箱案 28 起，其他盗窃案 20 起，总案值达 50 万余元。1994 年 5 月—1995 年 1 月，上海市普陀、闸北等区先后发生桑塔纳轿车被盗案 19 起，总值 300 万余元。4 月 8 日，上海公安机关抓获潘某为首的 6 名犯罪嫌疑人。该团伙在上海市窃得桑塔纳轿车后运往山东省，在当地将车翻新，然后伪造发票、假合格证，卖给企业牟取暴利。

1995 年 10 月—1996 年 2 月，上海公安机关开展以反盗窃为重点，全面推进“打现行、破积案、严管理、抓防范”的秋冬战役。1995 年 2 月 26 日、3 月 3 日、3 月 6 日，连续发生 3 起犯罪分子持刀抢劫出租车的特大案件。经侦查，市公安局抓获犯罪嫌疑人佘某杰和王某晖。

1998 年 10 月 23 日，上海公安机关根据公安部在全国开展打击走私、盗窃、抢劫机动车犯罪专项斗争的要求，在全市开展专项斗争。1998 年 10 月 23 日—1999 年 3 月 31 日，共破获走私、盗窃、抢劫机动车案件53起，抓获犯罪嫌疑人947人，其中走私33人、盗窃858人、抢劫56人；查获违法犯罪团伙135个，其中走私团伙1个、盗窃团伙109个、抢劫团伙25个；共追缴汽车252辆、摩托车84辆。1998年2—7月，闸北区连续发生数十起利用摩托车飞车抢夺行人金项链案件，造成恶劣的影响。经侦查，市公安局于8月5日将犯罪嫌疑人张某销、田某明抓捕归案，破获飞车抢夺案件50多起，追回黄金首饰1.5千克，价值18万元。

1999年3月1日—4月30日，上海公安机关开展以“打抢劫、反盗窃、治顽症”为主要内容的“严打”整治斗争。7月1日—9月15日，上海公安机关开展以“打抢劫、反盗窃、扫六害、追逃犯、促防范”为主要内容的“严打”整治斗争。1999年，市公安局公交分局狠狠打击车扒等犯罪活动，先后组织“迅雷”“铁鹰”等集中统一行动，抓获一批车扒违法犯罪嫌疑人员，全年共破获各类刑事案件634起，抓获车扒等违法犯罪嫌疑人4 210名，摧毁犯罪团伙375个。

2000年3月29日—4月9日，上海公安机关针对市郊结合部地区连续发生犯罪嫌疑人驾驶摩托车、助动车抢劫、抢夺过路行人财物案件的情况，在全市范围内集中开展打击“飞车”犯罪专项行动，共查扣可疑摩托车4 205辆、助动车1 483辆，抓获“飞车”抢劫、抢夺嫌疑人24人，查破“飞车”案件56起。

2002年6月20日—7月31日，上海公安机关在全市范围内组织开展区域性打击“两抢”(抢劫、抢夺)犯罪专项行动，并采取与外省市公安机关密切配合的区域联动机制，提高防范和打击“两抢”犯罪的针对性和有效性。其间，共破获“两抢”案件155起，其中抢劫案件93起；抓获“两抢”犯罪嫌疑人206人。同年7月17日，公安部召开“全国公安机关打击抢劫、抢夺等多发性犯罪专项斗争暨推进深化刑侦改革电视电话会议”，上海公安机关以屯兵街面、重点盘查、快速缉捕方式，打击“两抢”犯罪。2002年8—11月，全市共立“两抢”案件1 088起，盗窃案件26 222起，分别比上年同期减少16.4%和3.3%。

2003年，按照市委、市政府领导的指示，针对市内部分地区犯罪嫌疑人教唆、胁迫未成年人从事扒窃、“两抢”等违法犯罪活动较为突出的问题，市公安局在民政、教育等部门的协助下，自8月15日起，组织开展为期1个月的专项工作，共抓获各类违法犯罪嫌疑人188人，破获各类案件135起。其中，扒窃案件46起、“两抢”案件7起，摧毁教唆胁迫未成年人从事违法犯罪活动的犯罪团伙7个，抓获团伙犯罪嫌疑人51人，收容抚养未成年人116人。

2004年，上海公安机关先后开展打击扒窃犯罪区域性专项行动、打击“两抢”犯罪专项行动、打击入民宅盗窃犯罪专项行动、打击涉电犯罪专项行动、打击聋哑人犯罪突击行动，对侵犯财产类案件保持高压态势。同年，市公安局制定《关于进一步加强打击和防范尾随银行取款人“飞车”抢夺犯罪活动工作的紧急通知》和《关于进一步加强入室盗窃案件侦防工作的意见》，进一步规范“飞车”抢夺与

2004年“5·13”系列案新闻发布会暨发还被盗物品会

入室盗窃案件的侦查和防范工作。

2005年,上海公安机关先后开展打击"两抢一入"(抢劫、抢夺、入室盗窃)犯罪活动行动、打击外来未成年人犯罪专项行动、打击"两抢"犯罪专项行动、打击入民宅犯罪专项行动,组织3次"反扒"专项行动。

2006年,市公安局刑侦总队牵头制定《盗抢汽车案件侦查办案工作要点》等多项工作制度,为串并案件、办案查证、处理打击提供保障。2007年3月,市公安局建立打击盗窃汽车犯罪临检专项工作机制,形成对盗窃汽车犯罪的高压打防态势。至4月底,上海公安机关共开展全市性一级检查2次、二级检查16次,共出动警力8 000余人,盘查可疑车辆9 700余部,查获嫌疑车辆56部(其中被盗抢汽车5部),抓获各类违法犯罪嫌疑人124人。

2006年4月,市公安局决定在刑侦部门内新设街面犯罪侦查队,主要承担"两抢"、扒窃拎包、盗窃车内物、盗窃自行车、盗窃电动车、诈骗等街面犯罪案件的侦查工作。同时,决定由市公安局刑侦总队六支队承担街面犯罪侦查条线的指导、服务职能。截至2010年,全市共有街面犯罪侦查队民警465人,辅警327人。

2007年,市公安局刑侦总队按照"建设规范化、打击专业化"的工作思路,对多发性侵财案件始终保持主动进攻的高压态势,重点对"两抢"、盗窃汽车、撬盗保险箱、扒窃、盗窃破坏"三电"(电力、电信、广播电视设施)等重点案件进行攻坚。全年共侦破"两抢"案件2 804起,破案率为65.8%;侦破盗窃案件31 178起,破案率为32.1%。共破获各类街面犯罪案件8 658起,抓获犯罪嫌疑人9 659人,打击犯罪团伙580个,抓获团伙犯罪嫌疑人2 484人。同年9月中旬至10月底,全市各级公安机关有针对性地开展集中打击街面犯罪专项行动,侦破"10·19"黄浦区老庙黄金店抢夺案等一批街面违法犯罪案件。

2008年6月中旬至9月,全市公安机关开展集中打击扒窃犯罪专项行动,有效遏制扒窃案件的高发势头。同年7月27日,上海公安机关抓获4个盗窃团伙的犯罪嫌疑人40余人,缴获涉案手机33部、数码相机4部等赃物,破获自2004年以来发生在静安、卢湾、长宁、徐汇等区的扒窃案件100余起。同年11月,据群众反映失窃的助动车"经人介绍"可在闸北区交通路大洋桥、普陀区交暨路摩配城等地下市场由被害人"赎回",市公安局刑侦总队成立"11·1"专案组开展侦查,先后查获3个实施盗窃、收赃、改装、销赃的犯罪团伙,追缴被盗车辆107辆。

2009年起,市公安局会同综治、金融、通信、宣传等部门建立预防电信诈骗联席会议制度,连续四年组织开展专项防范打击行动。2010—2011年连续将防范打击电信诈骗列为"平安建设"实事项目。

2009年9月,市公安局决定组建由刑侦总队、特警总队和相关分局街面犯罪侦查队警力组成的市公安局便衣行动突击队,依照"什么犯罪突出就重点打击什么犯罪,什么区域案件多发就重点整治什么区域"和"打击现行和经营侦查相结合"的原则,结合街面犯罪警情分析、预警信息和重大活动安保方案,有针对性地选择重点区域和部位投放警力,灵活机动的开展集中打击工作。同年4月中旬至12月底,上海公安机关开展"迎世博、保平安"打击整治攻坚战,全市各级公安机关共侦破街面"两抢"、入室盗窃、扒窃拎包、盗窃车内物、街面诈骗、寻衅滋事和聚众斗殴、盗窃"三车"案件33 325起,抓获各类违法犯罪嫌疑人22 697人。

2010年8月1日—12月31日,全市公安刑侦部门开展为期5个月的打击电信诈骗犯罪专项破案会战。全年共侦破电信诈骗案件1 807起,追缴、冻结赃款177万元,抓获犯罪嫌疑人765人,查封涉嫌利用虚假信息诈骗犯罪网站644个,防范阻止诈骗案件2 997起,避免群众经济损失4 482

万余元。同年9月8日,3名身穿迷彩、戴黑色头套的男子在莲花南路易买得超市“九佳珠宝”柜台,抢走价值近百万元的金饰品。9月14日、15日,在重庆、贵州警方的协助下,先后抓获犯罪嫌疑人张某、王某等人。同年,由市公安局刑侦总队、特警总队及相关分局街面犯罪侦查队抽调警力组成的市公安局便衣行动突击队进驻上海世博园区,作为世博局安保部下设的一支专业力量,开展打击整治行动。上海世博会期间,在园区内共抓获各类犯罪嫌疑人25人,破获案件70余起,有效处置黎巴嫩国家电视台女记者拎包被侵占案等多起敏感事件。其间,上海公安机关开展“利剑”系列打击整治行动,组织全市街面犯罪侦查队不间断地打击扒窃拎包、街面诈骗、盗窃“三车”等案件,抓获犯罪嫌疑人3 000余人,破获案件4 300余起,为上海世博会期间上海社会治安的平稳有序可控作出贡献。

第三节 “黑恶势力”案件侦破

20世纪90年代,带有黑社会性质的团伙犯罪开始在上海地区出现,既有境外黑社会势力打入国内进行犯罪或国内犯罪嫌疑人与境外黑社会势力相勾结的犯罪,也有国内犯罪嫌疑人受境外影视作品影响模仿黑社会组织的犯罪,有些国内土生土长的恶势力犯罪团伙也逐步演变为带有黑社会性质的犯罪团伙。至1994年,发现潜入上海的黑社会组织有50多个,涉及成员300多人,多数来自我国港、澳、台地区以及日、美等国家。他们以经商、投资等合法身份入境,在沪开设卡拉OK、夜总会等娱乐性行业,一面网罗上海刑满释放、解除劳教人员作为他们的爪牙、打手,一面拉拢、腐蚀政府工作人员和各界知名人士充当他们的后台和靠山,一旦立足,就肆无忌惮地进行聚赌、炒汇、贩毒、造假、贩卖枪支、组织偷渡、容留胁迫妇女卖淫等违法犯罪活动。有的还妄图在沪建立基地,发展组织,长期经营。至1994年,查获有违法犯罪活动的黑社会分子16人,分别依法处理。

1997年,市公安局根据市委、市政府领导提出的“上海绝不能让境外黑社会分子和境内恶势力成员立足生根”的指示精神,在市公安局刑侦总队成立有组织犯罪侦查支队。1999年建立由市公安局刑侦总队、治安总队、出入境管理局、边检总站等单位参加的反黑联席会议制度。

2000年12月—2003年4月,市公安局根据公安部的统一部署,开展为期3年的“打黑除恶”专项斗争,共摧毁黑恶势力犯罪组织210个,抓获涉案犯罪嫌疑成员1 526人,侦破各类案件1 286起,先后侦破公安部挂牌督办的“2001·1”马某丰为首的黑社会性质组织犯罪案件、“2002·7”徐某洲为首的黑社会性质组织犯罪案件、“2002·11”卫某为首的黑社会性质组织犯罪案件、“2002·6”张某静为首的黑社会性质组织犯罪案件。2001年3月29日和5月1日,市公安局先后制定下发《关于进一步落实“打黑除恶”专项斗争排摸工作责任制的通知》和《关于加强和规范上报黑恶势力案件情况的通知》,明确排摸工作责任和全面掌握专项斗争进展情况。2003年,为进一步巩固“打黑除恶”专项斗争成果,市公安局制定下发《关于进一步加强打黑除恶工作的意见》。同年,侦破上海市首例台湾地区黑社会组织“竹联帮”成员叶勋隆入境发展组织成员案。

2004—2007年,全市各级公安机关先后摧毁黑恶势力犯罪组织147个,抓获涉案成员1 244人,侦破各类案件696起。2004年侦破以林某成为首的黑社会性质组织案件、2005年侦破以石某山为首的黑社会性质组织案件等公安部挂牌督办案件。2005年,上海公安机关发现宝山地区发生的数起寻衅滋事案件和2004年发生的1起报复见义勇为群众的行凶案件,均与位于永乐路的“宝鼎皇宫”夜总会有关。经过10个多月的侦查,上海公安机关彻底摧毁以李某为首的黑社会性质组织,抓获组织头目及成员48人,破案各类刑事案件20起,缴获各类枪支4支、子弹100余发、砍刀32把等作案工具,追缴涉案资金120万余元。该团伙涉及运输、贩卖毒品,赌博,故意伤害,寻衅滋事等12项罪名,致1人重伤、4人轻伤,非法获利700万余元。2005年8月4日开始,上海公安机关在全市范围内对涉嫌黑恶势力违法犯罪情况开展为期3个月的专项排摸工作,对3人以上结伙实施寻衅滋事、敲诈勒索、聚众斗殴、强迫交易等九类违法犯罪活动的人员进行滚动排摸,并落实责任倒查制度,建立长效工作机制。2006年,上海公安机关对全市12个重点蔬菜批发市场开展集中整治,破获寻衅滋事、敲诈勒索等案件56起,抓获犯罪嫌疑人25人,缴获砍刀、钢管等一批作案工具。2006年3月4日—2007年3月底,上海公安机关在全市范围内组织开展“打黑除恶”专项斗争。其间,共打掉恶势力犯罪团伙84个,抓获团伙成员572人,缴获各类枪支17支、子弹81发、赃款180万余元。2007年,为贯彻落实全国深化“打黑除恶”专项斗争电视电话会议精神和市委、市政府对“打黑除恶”工作提出的“打早打小,露头就打,擒贼擒王,除恶务尽”的总体要求,全市各级公安机关继续深化“打黑除恶”专项斗争。上海公安机关决定自6月起对人身侵害、敲诈勒索等涉黑涉恶违法犯罪警情实施预警,准确分析和把握社会治安突出动向,严厉打击各类涉黑涉恶违法犯罪活动。同年8月,市公安局制定下发《关于进一步落实“打黑除恶”责任制的工作细则》和《上海市公安局涉黑涉恶专案挂牌督办工作细则》,进一步明确“打黑除恶”工作职责,开展滚动排摸、预警工作和及时查处群众反映强烈、社会影响恶劣的重特大案件,凡被列为市公安局挂牌督办的涉黑涉恶案件,由市公安局“打黑办”统一编号,逐案建档,并落实专人对案件侦查进行指导,确保办案质量。

2009年2月15日至当年年底,上海公安机关在全市范围内深入推进“打黑除恶”专项斗争,严厉打击各类涉黑涉恶违法犯罪活动,为国庆60周年创造良好的社会治安环境。2010年4月,市公安局制定下发《上海市公安局“打黑除恶”工作责任制实施细则(试行)》《上海市公安局涉黑涉恶专案挂牌督办工作规定》《上海市公安局群众举报涉黑涉恶线索核查工作规定》,提出“打黑除恶”工作责任制坚持“事前明责,事中履责,事后问责”原则,以“四个绝不放过”为任务目标,即绝不放过任何涉黑涉恶线索,绝不放过任何涉黑涉恶团伙成员,绝不放过任何为涉黑涉恶团伙充当保护伞的人员,绝不放过支撑涉黑涉恶团伙的经济基础。同年4月18日,市公安局印发《上海公安机关“平安世博”打击整治攻坚战严厉打击涉黑涉恶违法犯罪活动实施方案》,切实贯彻“打早打小、露头就打,擒贼擒王、除恶务尽”的方针,围绕“四个绝不放过”的工作目标,不断提升打黑除恶工作的灵敏度、精确度、深广度以及规范化、常态化、精细化运作水平,坚决不使黑社会组织在上海生根立足。2010年,上海公安机关共侦破恶势力专案90起,抓获恶势力成员580人;摧毁涉恶类违法犯罪团伙1 015个,抓获违法犯罪嫌疑人4 414人,破获暴力讨债、聚众斗殴、寻衅滋事、暴力护赌等案件1 089起,实现破案数同比上升4.8%、打击数同比上升1.1%、涉黑涉恶警情类案件接报数同比下降1.8%的“两升一降”工作目标,为确保“平安世博”作出贡献。

第四节　毒品刑事案件侦破与易制毒化学品管控

上海自中华人民共和国成立初期开展肃毒运动后毒品犯罪曾一度绝迹,改革开放后,境内外市场渠道打开,20世纪80年代初毒品犯罪又死灰复燃。进入20世纪90年代以后,毒品犯罪活动趋于严重,并呈现出迅速发展蔓延的态势,成为一个严重的社会问题。1997年6月28日,市公安局刑事侦察总队增设缉毒侦察支队，机构级别为副处级，人员编制数为 50 人。2000 年 2 月 12 日，市公安局刑侦总队内设的缉毒支队改建为缉毒处（对外称上海市公安局缉毒处），机构级别为正处级。

一、毒品刑事案件侦破

20 世纪 80 年代，国际上制毒贩运毒品活动空前猖獗，国外境外贩毒集团与国内不法分子相勾结，以贸易、旅游为掩护，从边缘国家和地区走私鸦片、海洛因、大麻等毒品入境，把上海作为跨国贩毒新渠道和中转站，转道运往其他国家。1988 年 3 月 9 日，上海公安机关破获境外贩毒集团与国内犯罪嫌疑人相勾结利用运输锦鲤鱼贩毒案。1991 年，公安机关破获 4 起国际贩毒案，6 名外籍犯罪嫌疑人从国外走私毒品入境，再经上海偷运出境。

20 世纪 90 年代，上海的贩毒案件由最初的每年十几起发展至上百起，有迅速蔓延的趋势。1990—1994 年，上海公安机关共侦破贩毒案件 845 起，缴获海洛因 24 337.98 克、大麻 22 563.6 克、鸦片 24 240.6 克、度冷丁 4 396 支。上海公安机关 1991 年 3 月侦破英国籍嫌疑人马克·倍伯身藏 7.2 千克大麻企图从上海乘船去日本的贩毒案件；1992 年 2 月侦破香港贩毒集团利用上海中转的跨国冰毒走私案。1992 年 7 月，上海公安机关破获 1 起特大贩运、走私毒品案，捕获犯罪嫌疑人 10 人，缴获冰毒 29.7 千克、毒资人民币 20 万余元、日币 160 万元、日币存款 300 万元、汽车 1 辆以及黄金饰品等。此案涉及上海市、广东省、福建省、香港地区以及日本、泰国等地毒品犯罪团伙。该团伙从 1991 年 8 月至案发，先后 6 次从广州、厦门取得冰毒 160 千克，分别从上海、大连、连云港通过远洋货船走私至日本横滨、神户。1997 年，上海公安机关破获国内首例苯丙胺类兴奋剂毒品案。1997 年初，上海市部分娱乐场所内发现不法分子销售、服用苯丙胺类毒品（俗称“摇头丸”）。2 月中旬，上海公安机关在“上海皇宫”夜总会等处采取公开缉捕行动，抓获正在吸食、贩卖“摇头丸”的人员 20 余人，当场缴获“摇头丸”144 粒。之后，又成功破获 2 起贩卖“摇头丸”案件。1998 年 5 月中旬，上海公安机关在工作中发现有一贩毒团伙在虹口区进行毒品交易。经侦查，成功破获中华人民共和国成立以来上海市最大一起团伙贩毒案，抓获涉案嫌疑人 29 人，缴获毒品海洛因 83.88 千克、毒资 131 万余元。

2001 年，上海出现雇佣幼童和女性体内藏毒进行长途贩运的毒品犯罪；毒品犯罪团伙具有明显的“宗族化”特点，团伙成员多为夫妻、兄弟姐妹及其他家庭成员。2001 年，上海公安机关破获 1 个从老板到马仔全部是女性的贩毒团伙。同年，上海公安机关开展以“2 年为期，使上海社会治安取得明显进步”为目标的“严打”整治专项斗争。其间，破获千克以上贩毒大案 26 起，抓获各类毒品违法犯罪嫌疑人 1 574 人，缴获毒品海洛因 114 千克、“摇头丸”10.68 千克、大麻和罂粟等其他毒品 28 千克。

2003 年 7 月 30 日，公安部在云南召开“打击‘金三角’毒品入境和跨区域贩毒活动专项行动部署会”，决定由公安部禁毒局牵头，联合云南及 12 个省市共同成立“驻滇禁毒联络员办公室”，以构筑禁毒情报信息共享平台，加强禁毒工作的情报交流和办案协作。为坚决遏制毒品从云南流入上海的势头，共同打击跨区域毒品犯罪，市公安局缉毒处向公安部禁毒局“驻滇联络办”派出情报联络员，参与禁毒信息平台的构建。

2004 年，上海公安机关以“绝不能使上海形成毒品交易集散地，绝不能让毒品问题成为影响上海社会治安的突出问题”为工作目标，按照“摧团伙、打网络、抓毒枭、缴毒资”的工作思路，组织开展从4月1日—9月30日、8月1日—12月31日的遏制毒源、扫毒专项行动。其间,通过专案侦查、地区整治、口岸查堵、专项行动等措施,严厉打击毒品违法犯罪活动。全年共侦破包括"5·9""5·18"等一批有影响专案在内的毒品案件1 155起,缴获海洛因等毒品172.1千克、毒资约530万元。同年,上海公安机关将藏匿在缅甸遥控指挥贩毒活动的大毒枭赵某引渡回国,成功破获"2003·12·4"特大跨国贩毒案,抓获犯罪嫌疑人5人,缴获毒品海洛因6千克、毒资25万元人民币、运毒车辆2辆,切断一条跨国贩毒通道,开创与缅甸警方合作的先例。

2005年,全市公安刑侦部门严格按照国家禁毒委、公安部和市禁毒委关于开展"禁毒人民战争"的部署,严厉打击制贩毒犯罪活动。全年共侦破制贩毒案件1 513起,缴获各类毒品185.3千克,其中千克级以上大案要案54起,比上年增加58.8%。开展代号"猎鹰"的查缉毒品专项行动,共查处毒品案件64起,抓获涉毒犯罪嫌疑人70人,缴获毒品27.2千克。同年,上海公安机关从上海市毒品犯罪实际情况出发,针对犯罪嫌疑人利用航空器贩运毒品的特点,组织开展为期1年的"猎鹰1号"机场查缉毒品专项行动,抽调相关分局警力,在上海虹桥国际机场对云南来沪的8个重点航班开展查堵工作,成功破获一批以搭乘航空器方式夹带运输毒品的案件。随着"猎鹰1号"行动的深入开展,犯罪嫌疑人开始改变运毒路线,由直飞上海转为飞往杭州、无锡、南京等地,再通过公路运毒进沪。为此,上海公安机关向道口检查站民警传授缉毒经验,开展公路道口查堵毒品工作。全年,"猎鹰1号"专项行动共查处毒品案件80起,抓获犯罪嫌疑人89人,缴获各类毒品31千克。

2006年4月1日—2007年1月30日,根据市委关于深入开展上海平安建设的总体部署和市禁毒委的工作要求,上海公安机关开展打击整治零包贩毒活动专项行动。在调查摸排的基础上,确定22个零包贩毒重点地区,其中市级重点地区3个,区、县级重点地区19个。市公安局组织成立联合行动工作组,于5月10日、15日、16日组织3次打击整治零包贩毒集中行动,重点对闸北区中兴路沿线及周边地区、杨浦区五角场长海医院周边地区、浦东新区塘桥蓝村路周边地区进行打击整治,成效明显。至11月底,全市共破获各类零包贩毒案件634起,抓获犯罪嫌疑人772人,缴获各类毒品4 000余克。全年,共侦破制毒、贩毒案件1 612起,抓获涉毒犯罪嫌疑人1 890人,分别比上年增加6.5%和24.8%,缴获毒品147.52千克,其中千克级以上大案要案35起。同年7月,上海公安机关为进一步提高上海口岸缉毒工作的整体效率,加强堵源截流力度,市公安局刑侦总队、交警总队、机场分局、铁路公安处、上海港公安局、海关缉私局、市邮政局相关职能部门召开口岸缉毒工作联席会议,决定建立上海口岸公安机关打击毒品犯罪协作机制,联手进行口岸查缉毒品工作。同年,开展"猎鹰2号"查缉毒品专项行动,共查获毒品案件90起,抓获涉毒违法犯罪嫌疑人108人,缴获各类毒品7.26千克。

2007年,上海公安机关贯彻落实国家禁毒委深入推进禁毒人民战争电视电话会议和全国缉毒侦查工作会议精神,全力推进禁毒人民战争,全年破获毒品案件1 715起,抓获毒品犯罪嫌疑人1 868人;缴获各类毒品276.81千克,比上年增加87.6%。

2008年,全市刑侦缉毒部门以贯彻实施《禁毒法》为契机,坚决遏制毒品来源、毒品危害、新吸毒人员滋生,全年侦破毒品案件1 808起,抓获涉毒犯罪嫌疑人1 972人,缴获各类毒品330.11千克,其中海洛因72.48千克,冰毒、摇头丸、氯胺酮等新型毒品243.53千克,侦破"1·31"和"2·27"特大贩卖毒品案。

2009年,全市缉毒部门按照"打团伙、摧网络、破大案、抓毒枭、缴毒资"的工作目标,共侦破毒品案件1 843起,抓获涉毒犯罪嫌疑人2 215人,缴获各类毒品合计412.9千克,缴获毒资704万元,侦破公安部目标案件“3·10”特大跨国走私、运输、贩毒毒品专案。

2010年，全市刑侦缉毒部门紧抓“加大打击力度、遏制毒品流入、减少吸毒人员、萎缩毒品市场、管控重点人员、监管重点部位”6个关键环节，不断提升缉毒工作成效，全年共侦破毒品案件2 177起，抓获涉毒犯罪嫌疑人2 292人，侦破千克以上毒品大案54起，特别是侦破“2010—093”运输贩卖毒品案件等公安部目标案件11起。

二、易制毒化学品管控

2001年1月1日起，上海市为加强易制毒化学品的生产经营管理，防止易制毒化学品流入非法渠道，根据国家经济贸易委员会、公安部、国家工商行政管理局下发的《关于加强易制毒化学品生产经营管理的通知》，要求生产、经营和使用易制毒化学品的企业单位必须向公安机关申办易制毒化学品生产、经营备案证明或购用证明，并对麻黄素类产品的运输实行许可证制度。

2003年，上海市对麻黄素、3,4-亚甲基二氧苯基-2-丙酮、1-苯基-2-丙酮、苯乙酸、胡椒醛、黄樟脑、异黄樟脑、醋酸酐8种易制毒化学品实行办证管理。对在市工商行政管理局登记注册的企业单位，其办证窗口设在市公安局缉毒处(刑侦总队四支队)；对于在区(县)工商行政管理局登记注册的企业单位，其办证窗口设在所在地公安分(县)局刑侦部门。各办证窗口统一使用上海市公安局(××分局、××县局)易制毒化学品办证专用章。

2005年11月，国务院颁布实施《易制毒化学品管理条例》。为贯彻落实上海市提出“绝不能让上海成为易制毒化学品主要流出地”的工作目标和公安部对易制毒化学品管控工作要求，市公安局对《易制毒化学品管理条例》列管的第一、二、三类易制毒化学品的运输许可申请、审批、备案证明和第二、三类易制毒化学品的购买备案证明以及易制毒化学品销售备案登记等，实施日常管理和监督检查，并调动各分(县)局刑侦缉毒力量，加强情报收集和线索查证，加大对易制毒化学品违法违规案件的打击力度，进一步规范全市易制毒化学品的管控工作。2006年上半年，全市各级刑侦部门通过协查通报、道口查缉、日常办证排摸等方式，积极获取易制毒化学品违法违规案件的线索，先后查获非法买卖、运输易制毒化学品案件共27起，其中非法买卖13起、非法运输14起，查扣一类易制毒化学品1吨，二、三类易制毒化学品160余吨。

2007年，全市建成易制毒化学品市、区(县)两级办证网络，至11月底，共计办理各类许可证7万余份，全市9 500余家易制毒化学品企业被纳入管理。年内，查处易制毒化学品行政案件258起，处罚金额100万元。市公安局在规范管理的同时，继续做好企业法制教育培训工作，全年对1 894家化工、医药企业负责人进行51期培训，参训人员4 490人次。

2008年，为有效防范高锰酸钾等4种重点化学品从易制毒化学品管理渠道流入非法渠道，及时消除社会治安隐患，确保“平安奥运”，公安部下发《关于进一步加强高锰酸钾等4种重点化学品管理工作的紧急通知》，在全国范围内部署开展对4种重点化学品的集中排查整治工作。2009年，全市共查处易制毒化学品行政案件101起，查处违规企业97家，罚款34.72万元。

第五节　拐卖妇女儿童案件侦破

上海市拐卖妇女儿童犯罪发案数总体较低。20世纪80年代每年发案都在6起以下，90年代每年都不超过15起。2000年4月1—10日，公安部决定在全国范围内组织开展集中打击、解救行动。市公安局下发《关于在全市范围内开展“打拐”集中统一行动的紧急通知》,在全市范围内开展“打拐”集中统一行动。2000年,根据公安部“全国打击人贩子,解救被拐卖妇女儿童专项斗争”部署,全市各级公安机关积极行动,相继成立“打拐”小组,发挥诸警种整体作战优势,树立全国公安一盘棋的意识。其间,破获“6·5”拐骗聋哑少年从事犯罪活动案,抓获犯罪嫌疑人11人,解救4名被拐儿童。

2004—2007年,上海拐卖妇女儿童犯罪案件总体保持“微量低发”状态。4年间,全市共立拐卖妇女儿童案件17起,破获7起。2008年4月7日,市政府制定下发《上海反对拐卖妇女儿童行动计划(2008—2012年)》。市公安局为履行反拐工作牵头单位职责,印发《关于上海公安机关贯彻实施〈上海反对拐卖妇女儿童行动计划(2008—2012年)〉的意见》。

2009年,市公安局成立上海市公安局打击拐卖妇女儿童犯罪工作领导小组,领导小组下设办公室(设在市公安局刑侦总队,简称“打拐办”),要求全市公安机关有效预防、依法打击拐卖妇女儿童犯罪,及时解救、妥善安置被拐卖妇女儿童,有效维护妇女儿童合法权益。3月8日,“关爱妇女、反对拐卖、严厉打击拐卖妇女儿童犯罪”主题宣传活动在铁路上海火车南站举行。市公安局按照公安部4月9日部署的“打拐”专项行动要求,制定《关于全国“打拐”专项行动期间办理儿童失踪、妇女被拐案件有关工作的通知》,要求对已经确认被拐卖儿童的亲生父母、自己要求采血的失踪儿童亲生父母、解救的被拐卖儿童、排查中发现的来历不明儿童、来历不明的流浪或乞讨儿童5种人员必须采血、检验比对。5月1日,市公安局印发《关于本市公安机关组织开展打击拐卖儿童、妇女犯罪专项行动的实施意见》,在全市范围内组织开展打击拐卖儿童、妇女犯罪专项行动。6月1日,“关爱儿童,反对拐卖”“呵护儿童健康成长,严厉打击拐卖犯罪”主题宣传活动在浦东新区滨江大道亲水平台举行,中新社、新华社以及上海电视台、《解放日报》《新民晚报》《青年报》、新浪网等媒体进行现场宣传报道。6月1日,上海市建立反对拐卖妇女儿童行动工作联席会议,由市公安局牵头,市委宣传部、市综治办、市民政局等单位为成员单位。7月6日,根据公安部《关于刑侦部门积极参与打击组织强迫妇女卖淫犯罪活动专项行动的通知》要求,市公安局在全市刑侦部门部署落实相关工作。7月16日,民政部、公安部、财政部、住房城乡建设部、卫生部联合下发《关于进一步加强城市街头流浪乞讨人员救助管理和流浪未成年人解救保护工作的通知》,上海公安机关结合前期已经开展的打击拐卖儿童、妇女犯罪专项行动,在全市部署落实相关工作。8月,市公安局为有力推进全市“打拐”专项行动深入开展,下发《关于本市开展“打拐”专项行动期间做好督办案件、督查线索和督捕逃犯有关工作的通知》,就专项行动期间的涉拐重大案件、涉拐犯罪线索、涉拐在逃人员的督办、督查、督捕工作进行部署。9月30日,市公安局按照公安部《关于开展街头组织儿童乞讨和强迫未成年人违法犯罪专项整治行动的通知》要求,在全市范围组织开展相关专项整治工作。同年8—9月,上海公安机关多次与“反拐志愿者”进行座谈,并将部分人员聘为“上海市反对拐卖妇女儿童工作志愿者”,推进反拐工作深入开展。

2010年,上海公安机关受理拐卖妇女儿童案12起,破获6起。

第六节 流窜犯罪案件侦破与“追逃”

改革开放后,随着人、财、物大流动新态势,上海地区流窜犯罪活动增多。1981年,根据公安部《关于集中打击流窜犯几点意见的报告的通知》,华东地区六省一市第一次刑侦协作会议于12月24—25日在上海召开。会议决定于1982年1月5—15日开展打击流窜犯的第一次集中行动,会议还明确集中行动中材料线索的传递、交换和查复，协助拘捕及押送、接受人犯，铁路、公路、水路与地区相互配合等工作。1983年，全市抓获流窜犯罪嫌疑人798人、在逃犯罪嫌疑人2 290人。1987年3—5月，上海公安机关协助新疆维吾尔自治区公安厅工作组，在全市开展打击新疆来沪犯罪嫌疑人的专项斗争，共抓获新疆流窜来沪犯罪嫌疑人47人，缴获毒品20.4千克和一批赃款赃物。1988年9—10月，根据公安部《关于在国庆节前后集中打击流窜犯罪活动的通知》，全市各级公安机关有组织地对中小旅馆和出租私房、货栈进行重点清查，在车站、码头和公路、水路要道口查控堵截，组织专门力量追捕和架网守候，集中打击流窜犯罪，共抓获在逃犯罪嫌疑人27人、流窜犯罪嫌疑人186人，缴获现金7.5万余元以及雷管、导火索、匕首等违禁物品。1989年3—7月，全市开展“加强外来人口管理，打击流窜犯罪”专项斗争，对全市外来人口进行调查、登记和清理，侦察破案、把关堵卡和突击清查相结合，并参加全国打击流窜犯的统一行动。同年4月，上海公安机关发现经常借宿于长春旅社的一伙人大肆赌博，挥霍无度，每人身上都带有匕首和列车专用钥匙，具有重大流窜作案嫌疑。4月10日，上海公安机关突击检查长春旅社，抓获犯罪嫌疑人22人。经审讯，22人均是自称为“南下支队铁道游击队”的犯罪团伙成员。5月10日，公安部成立“5·10”专案组，经过长达8个多月的侦查，成功摧毁这个严重危害列车旅客安全的流窜犯罪团伙，抓获犯罪团伙嫌疑成员63人，破获涉及全国9个铁路局135个铁路分局的盗窃、抢劫案件145起，其中重特大案件120起，缴获赃款4.5万元、各类凶器30余件。

1990年，共抓获流窜犯和外来犯罪嫌疑人6 690人，占查获总数的3.3%。1991年9月，在全市范围开展反盗窃斗争，重点打击入室盗窃和扒窃。经过宣传发动群众、敦促投案自首、公开缉捕在逃犯罪嫌疑人、集中打击等阶段，基本达到“全面发动，突出重点，打出声威，取得实效”。1992年3—6月，上海公安机关在全市开展以“打流窜、抓管理、促防范”为重点的“春季攻势”。1993年9—12月，上海公安机关开展以“打流窜、破大案、抓基础”为重点的破案战役，遏制刑事案件上升势头，侦破刑事案件7 409起，抓获在逃嫌疑人447人。1994年3—5月，上海公安机关开展“打流窜、打抢劫、抓管理”专项斗争，侦破刑事案件6 786起，抓获在逃犯罪嫌疑人481人。

1996年10月10—12日，江浙沪十五城市第十二次刑侦协作会议在上海召开，制定《江浙沪十五城市刑侦协作章程》，共同打击流窜犯罪活动，协调行动措施，缉捕堵截重要犯罪嫌疑人；交流情报信息，串联并案，联手侦破跨区域大案；协助追捕在逃犯罪嫌疑人；开展刑侦业务基础工作的协作和交流，研究会诊重大疑难案件；分析跨地区犯罪动向和趋势，加强预测和决策研究。1996年12月14日，市公安局刑侦总队、上海市刑侦学会和上海公安高等专科学校联合召开“上海流窜犯罪对策研讨会”。此后，上海公安机关针对地域性犯罪团伙的规律特点，相继捣毁撬盗保险箱犯罪团伙、盗窃案犯罪团伙、盗抢车内物犯罪团伙、抛物诈骗犯罪团伙、“技术开锁”入室盗窃犯罪团伙、扒窃犯罪团伙等具有明显地域特征的流窜犯罪团伙。

1999年7月1日—9月30日，按照中央政法委和公安部的统一部署，全市各级公安机关组织开展“追逃”专项斗争，共抓获各类在逃犯罪嫌疑人1 838人，其中上海市在逃犯罪嫌疑人1 123人，外省市在逃犯罪嫌疑人715人，部级督捕嫌疑人7人，市级督捕嫌疑人28人，登报公开通缉嫌疑人39人，抓获在逃犯罪嫌疑人数是上年同期的4倍。公安部开展“追逃”专项斗争后，市公安局成立“追逃”专项斗争领导小组，并运用计算机技术和现代通信手段，对暂住人口、在押人员全面开展网上查询比对，共上网查询13 431人次，光盘查询比对100万余人次，查获在逃人员1 277人。其间，市公安局先后组织3次全市统一行动。7月17日，市公安局在《新民晚报》公开通缉80名在逃人员，并承诺对举报有功人员予以重奖，在社会上引起很大反响。通过发放《致在逃人员家属公开信》、召开家属座谈会、设置举报电话、商请检察院和法院制定《关于对“追逃”专项斗争中投案自首的违法犯罪人员的处理意见》等多种形式敦促在逃人员自首，全市共有155名在逃人员主动投案自首。12月7日，市公安局按照公安部制定下发的《关于实行“破案追逃”新机制的通知》精神，严格执行“犯罪嫌疑人或主要犯罪嫌疑人已经抓获”的破案标准，实行“犯罪嫌疑人到案率”指标考核，严格落实“破案追逃责任制”，运用“网上查询”和“光盘比对”及时查获在逃人员，对重大在逃人员实行“A、B级通缉”，并实行“追逃奖励”制度。

2001年，上海公安机关在历时3个月的“追逃”专项斗争中，抓住审查可疑人员和清查重点地区、重点场所、重点部位等环节，把“网上追逃”“光盘比对”与重点追捕、公开缉捕、督促自首、集中清查等传统办法结合起来，先后抓获在逃犯罪嫌疑人1 609人，其中公安部督捕嫌疑人2人、公安部通缉嫌疑人2人、媒体公开通缉嫌疑人54人。2002年，上海公安机关率先在全国完成省级公安机关三级网络建设，淘汰“单机版光盘”比对操作方法，完成“宾旅馆实名制登记”系统网络建设，推动基层派出所开展网上追逃工作。市公安局制定《关于进一步规范网上查询比对在逃人员工作暂行规定》《关于规范在逃人员三级督捕制度和奖励兑现办法的通知》等工作规范，全年共抓获网上在逃犯罪嫌疑人员4 566人，其中部级督捕在逃犯罪嫌疑人员7人，市级督捕在逃犯罪嫌疑人员102人。

2004年，根据公安部部署，上海公安机关决定7月16日—8月16日在全市范围内集中开展追逃信息的查询比对行动。2005年，公安部为进一步规范在逃犯罪嫌疑人信息质量，建立立案地与户籍地公安机关双向责任工作机制，启用“全国在逃人员信息系统”“全国在逃人员网上信息户籍地公安机关签收查控平台”“全国公安机关跨省抓获非网上在逃人员移交信息报送平台”。2005年12月20日，市公安局印发《上海市公安局信安部门追逃工作规范》，加强“互联网上网营业场所实名身份信息登记公安平台”信息系统在追逃工作中的应用。

2006年4月16日，市公安局印发《关于本市公安机关“破案追逃”工作的规定》，明确“在逃人员”是指已被批准刑事拘留或逮捕，由于潜逃尚未被执行的犯罪嫌疑人。“追逃”工作是指全市公安机关运用各种追捕措施将在逃犯罪嫌疑人抓获归案的工作。“上网”工作是指全市公安机关对需要追捕的在逃人员进行信息采集、办理上网追逃工作手续和录入“全国在逃人员信息系统”等工作。全市公安机关要结合日常工作，利用“全国在逃人员信息系统”等各种公安、社会资源，综合运用多种侦查手段缉捕在逃人员。市公安局设立追逃工作领导小组，下设办公室(设在市公安局刑侦总队)，配备9—11名专职民警，并设有专门的网上追逃信息监督员。

2008年，全市公安机关根据公安部的统一部署，在开展“打盗抢、抓逃犯”专项行动中，利用在逃犯罪嫌疑人家属、银行等各种信息开展的追逃工作，取得突破性进展，抓获网上在逃犯罪嫌疑人6 961人，其中外省、市网上在逃犯罪嫌疑人3 507人，分别比上年增加19.7%和14.7%。10月8日，根据公安部《关于在全国公安机关刑侦部门实行“跨区域办案协作机制”的通知》精神和《全国公安机关刑侦部门“跨区域办案协作机制”工作暂行规定》具体要求，市公安局制定《上海市公安局刑侦部门“跨区域办案协作机制”暂行规定》，应对跨区域流窜犯罪日益突出的状况，用网上协作办案替代民警出门办案，大幅度提升公安机关打击犯罪的整体战斗力。

2009年，市公安局为进一步完善破案追逃工作机制，有效防止和避免追逃工作中的失误和差错，下发《关于进一步规范本市公安机关“破案追逃”工作的通知》，对上网追逃办理程序、上网追逃审批责任、及时甄别确认犯罪嫌疑人和妥善做好善后处置工作进行规范。在组织开展的“迎世博、保平安”追逃工作百日竞赛活动中，共抓获各类网上在逃犯罪嫌疑人2 098人，其中外省、市在逃犯罪嫌疑人 1 014 人。2010 年，上海公安机关共抓获网上追逃犯罪嫌疑人 6 953 人，其中外省、市在逃犯罪嫌疑人 3 662 人。

表 2-3-1　1995—1999 年上海市部分刑事案件立案破案统计　　单位：起

案件类型			1995 年		1996 年		1997 年		1998 年		1999 年	
			立	破	立	破	立	破	立	破	立	破
危害公共安全	爆炸		4	3	2	1	4	2	3	3	8	8
	投毒		1	0	2	1	6	5	20	1	11	5
	放火		39	27	47	34	62	45	83	54	88	56
	制贩枪支弹药		5	3	2	1	2	2	2	2	1	1
	其他		4	2	4	4	20	17	64	60	121	105
侵犯公民人身权利	杀人		182	173	188	181	196	147	247	174	226	164
	伤害		567	156	530	131	624	552	954	738	1 285	1 068
	强奸		455	379	474	394	567	518	469	379	447	363
	强迫妇女卖淫		—	—	13	10	14	14	—	—	—	—
	拐卖人口		14	14	13	12	9	9	10	8	11	8
	其他		26	15	21	9	100	95	243	215	307	266
侵犯财产	抢劫		1 581	1 352	1 784	1 565	2 463	1 416	3 325	1 562	3 185	1 853
	抢夺		251	142	296	125	452	196	1 255	218	1 407	295
	盗窃	入室	10 370	6 928	11 944	8 162	17 080	5 701	35 153	5 982	30 765	7 256
		扒窃	2 042	359	2 256	493	2 750	1 859	6 242	1 405	5 150	1 470
		机动车	2 056	1 732	1 855	1 629	4 710	2 373	15 659	2 210	11 839	2 232
		自行车	—	—	—	—	—	—	7 396	1 258	7 998	1 972
		保险箱	474	397	523	387	471	133	637	104	571	124
		其他	2 652	1 575	3 005	1 965	3 928	2 262	14 018	2 477	14 615	3 690
	诈骗		2 198	1 910	2 342	2 188	4 031	2 596	8 279	1 984	8 347	3 017
	其他		365	249	489	312	675	614	1 461	1 080	2 191	1 803
妨害社会管理秩序	扰乱社会秩序		3	1	2	—	21	20	178	154	688	655
	流氓		77	20	102	20	128	99	—	—	—	—
	制贩毒品		598	314	1 027	631	1 299	1 297	1 999	1 998	2 806	2 798
	引诱、容留妇女卖淫		29	20	54	36	50	50	144	144	451	448
	制造、贩卖、传播淫秽物品		25	13	201	189	304	304	472	468	867	868
	赌博		24	15	12	2	20	20	18	18	91	89
	其他		17	6	22	9	37	33	219	216	598	590

表 2-3-2　2000—2002 年上海市部分刑事案件立案破案统计

单位：起

案件类型			2000 年		2001 年		2002 年	
			立	破	立	破	立	破
危害公共安全	放火		72	55	71	51	53	38
	决水		—	—	—	—	—	—
	爆炸		12	9	6	5	2	2
	投毒		11	5	11	5	8	5
	破坏		99	49	151	64	177	45
	劫持		—	—	—	—	—	—
	非法制造、买卖、运输枪弹		6	6	20	20	4	4
	非法制造、买卖、运输、爆炸物品		—	—	—	—	6	5
	交通肇事		150	145	248	231	321	283
	重大责任事故		6	6	22	22	11	8
	重大劳动安全事故		—	—	3	3	—	—
	重大工程安全事故		—	—	—	—	2	2
	其他		57	56	81	78	77	65
侵犯公民人身权利	杀人		252	193	261	217	258	218
	伤害		1 553	1 221	1 667	1 377	1 606	1 287
	强奸		396	311	391	301	332	262
	奸淫幼女		71	65	157	146	—	—
	强制猥亵、侮辱妇女		62	51	83	66	82	66
	非法拘禁		150	127	126	109	89	76
	绑架		48	41	19	16	15	14
	拐卖妇女		6	4	2	2	3	3
	拐卖儿童		3	2	1	1	—	—
	其他		84	64	114	89	106	86
侵犯财产	盗窃	入室	36 381	8 237	36 945	10 406	33 134	11 644
		机动车	9 205	1 369	7 334	1 422	7 201	1 547
		保险箱	445	77	346	69	289	70
		扒窃	6 697	1 579	9 005	2 242	8 991	2 266
		其他	25 187	5 925	26 042	6 888	26 739	7 392
	抢劫		3 033	1 459	2 383	1 250	2 151	1 247
	抢夺		1 996	408	1 989	514	1 368	477
	诈骗		8 426	2 803	9 104	3 300	8 136	2 789
	聚众哄抢		1	—	3	1	1	—

(续表)

案件类型			2000年		2001年		2002年	
			立	破	立	破	立	破
侵犯财产	敲诈勒索		1 844	1 476	1 921	1 571	1 256	936
	其他		266	158	244	130	222	110
妨害社会管理	扰乱公共秩序	阻碍公务	124	119	158	153	221	215
		伪造、变造、买卖公文证章	261	248	299	292	185	164
		聚众斗殴	34	29	47	45	57	51
		寻衅滋事	461	384	865	739	793	631
		赌博	80	79	72	72	143	139
		其他	138	70	156	146	118	111
	妨害司法		266	265	398	392	411	397
	妨害国(边)境管理		34	33	141	138	82	76
	危害文物管理		—	—	16	2	—	—
	危害公共卫生		24	22	18	29	24	21
	破坏环境资源保护		5	4	4	3	2	2
	毒品犯罪		3 371	3 363	2 107	2 093	1 726	1 698
	组织、强迫、引诱、容留、介绍卖淫		495	488	572	570	547	537
	制作、贩卖、传播淫秽物品		478	478	185	180	242	236
	其他		—	—	—	—	—	—
危害国防利益			6	6	13	13	3	3

表2-3-3 2003—2006年上海市部分刑事案件立案破案统计 单位:起

案件类型		2003年		2004年		2005年		2006年	
		立	破	立	破	立	破	立	破
危害公共安全	放火	47	35	55	37	50	34	48	36
	爆炸	2	2	1	1	2	2	2	1
	投放危险物质	3	2	3	1	3	—	7	4
	破坏	116	45	298	90	585	144	1 554	486
	劫持	—	—	—	—	—	—	—	—
	非法制贩枪弹	5	5	6	6	3	2	7	5
	交通肇事	347	289	613	421	723	510	733	553
	重大责任事故	32	25	45	34	34	30	27	22
	重大安全事故	—	—	3	3	2	1	—	—
	其他	67	59	49	42	91	66	98	77

(续表)

案件类型			2003年		2004年		2005年		2006年	
			立	破	立	破	立	破	立	破
侵犯公民人身权利	杀人		269	232	229	198	246	207	229	196
	伤害		1 589	1 192	1 844	1 272	2 041	1 343	2 166	1 522
	强奸		332	244	285	192	376	263	391	265
	强制猥亵、侮辱妇女		63	53	56	31	58	39	56	44
	非法拘禁		116	97	245	197	255	183	362	253
	绑架		23	20	30	25	46	37	48	37
	拐卖妇女儿童		5	3	4	1	3	1	3	2
	其他		100	59	63	44	112	82	171	124
侵犯财产	盗窃	入室	28 959	10 441	34 963	9 593	35 074	11 483	36 261	10 443
		机动车	7 060	1 513	9 623	1 779	10 584	2 557	8 299	2 273
		保险箱	306	58	247	48	379	40	465	91
		扒窃	10 007	2 711	17 821	4 294	15 207	4 169	18 558	4 983
		其他	34 310	8 926	37 188	11 199	35 061	11 730	38 234	13 613
	抢劫		1 949	1 102	2 182	1 348	2 539	1 687	2 698	1 954
	抢夺		1 502	546	1 632	720	1 650	916	1 855	1 175
	诈骗		7 906	2 595	8 941	2 552	9 999	2 441	11 975	2 700
	敲诈勒索		1 006	664	1 051	559	1 399	741	1 950	1 129
	其他		164	87	180	68	187	74	227	96
妨害社会管理秩序	扰乱公共秩序	阻碍公务	293	276	349	306	537	474	745	666
		伪造、变造、买卖公文证章	150	119	207	160	179	143	206	166
		聚众斗殴	39	33	74	53	78	69	124	100
		寻衅滋事	1 001	743	1 515	1 001	2 029	1 406	2 761	2 079
		赌博	145	140	292	248	318	288	325	292
		其他	—	—	—	—	—	—	—	—
	妨害司法		407	391	389	361	471	424	491	431
	妨害国(边)境管理		68	56	59	43	54	42	108	88
	危害公共卫生		37	25	48	37	58	42	44	25
	破坏环境资源保护		7	7	4	3	3	2	21	15
	毒品犯罪		1 346	1 312	1 234	1 155	1 564	1 513	1 657	1 612

（续表）

案件类型		2003年		2004年		2005年		2006年	
		立	破	立	破	立	破	立	破
妨害社会管理秩序	组织、强迫、引诱、容留、介绍卖淫	450	425	395	360	509	461	437	399
	制作、贩卖、传播淫秽物品	369	354	333	303	221	202	232	220
	其他	—	—	—	—	—	—	—	—
危害国防利益		3	2	2	2	4	2	6	5

表 2-3-4　2007—2010年上海市部分刑事案件立案破案统计　　单位：起

案件类型			2007年		2008年		2009年		2010年	
			立	破	立	破	立	破	立	破
危害公共安全	放火		50	43	61	49	40	36	50	43
	爆炸		3	3	5	4	3	3	3	3
	投放危险物质		2	—	5	1	5	1	2	2
	破坏		1 901	816	1 406	680	668	334	531	159
	劫持		—	—	—	—	—	—	—	—
	非法制贩枪弹		18	16	23	20	24	21	9	6
	交通肇事		877	656	905	649	792	522	787	506
	重大责任事故		39	28	32	20	36	25	31	17
	重大安全事故		6	5	4	2	8	4	0	0
	其他		141	120	210	184	164	137	99	69
侵犯公民人身权利	杀人		214	190	233	211	175	167	175	164
	伤害		2 232	1 494	2 332	1 582	2 621	1 682	2 544	1 589
	强奸		398	262	419	313	413	288	448	316
	强制猥亵、侮辱妇女		60	36	77	51	73	57	76	53
	非法拘禁		525	406	411	316	337	248	245	152
	绑架		45	33	51	39	28	19	23	18
	拐卖妇女儿童		7	3	7	3	15	8	12	6
	其他		198	167	219	183	212	166	186	132
侵犯财产	盗窃	入室	34 535	10 545	32 825	10 816	30 997	11 918	27 521	10 621
		机动车	7 165	1 817	7 375	1 821	7 382	1 780	5 197	967
		保险箱	346	103	284	62	201	47	123	26
		扒窃	18 350	5 577	16 151	5 351	16 117	5 531	13 961	3 337
		其他	36 681	13 136	36 143	14 434	35 339	13 898	31 520	9 234

（续表）

案件类型			2007 年		2008 年		2009 年		2010 年	
			立	破	立	破	立	破	立	破
侵犯财产	抢劫		2 591	1 870	2 680	2 033	2 298	1 858	1 558	1 186
	抢夺		1 673	934	1 520	1 029	1 422	1 013	1 067	763
	诈骗		13 626	2 914	14 704	3 142	16 063	3 935	16 598	3 612
	敲诈勒索		1 815	1 069	1 502	987	1 335	942	985	655
	其他		256	127	224	142	248	156	228	106
妨害社会管理秩序	扰乱公共秩序	阻碍公务	700	622	699	608	672	556	649	536
		伪造、变造、买卖公文证章	185	149	184	157	242	202	303	248
		聚众斗殴	133	112	172	136	161	133	153	120
		寻衅滋事	2 917	2 215	3 091	2 361	3 085	2 346	2 751	1 960
		赌博	358	311	405	335	587	505	465	337
		其他	285	214	390	322	414	360	201	152
	妨害司法		686	628	73	64	817	727	656	552
	妨害国(边)境管理		44	30	39	18	41	26	28	17
	危害公共卫生		43	26	12	7	83	66	112	73
	破坏环境资源保护		7	3	1 925	1 808	9	6	14	7
	毒品犯罪		1 777	1 715	485	444	1 631	1 474	1 838	1 762
	组织、强迫、引诱、容留、介绍卖淫		629	563	—	—	564	511	316	242
	制作、贩卖、传播淫秽物品		296	280	276	256	432	403	196	163
	其他		1	1	—	—	—	—	—	—
危害国防利益			8	7	5	2	3	3	7	4
危害国家安全			—	—	1	1	7	3	0	0

资料来源:《上海公安年鉴》。

第四章　刑事科学技术和刑侦信息化应用

第一节　刑事科学技术

1984年,市公安局设立刑事侦察处时,原市公安局治安处技术科成为市公安局刑事侦察处的技术室。1989年,上海市科学技术委员会批复同意市公安局成立非独立建制的上海市刑事科学技术研究所(即市公安局刑事侦察处技术室)。2006年,市公安局刑侦总队刑事科学技术研究所更名为上海市公安局刑事科学技术研究管理中心,增挂"上海市公安局物证鉴定中心"牌子,下设科室包括法医室、毒化室、照录相室、痕检室(包括文检专业)、指纹室、理化室(含心理测试专业)、生物物证室、综合管理办公室和警犬队共9个科级建制。2008年,根据公安部《关于公安机关鉴定机构加挂"司法鉴定中心"称谓的通知》,上海市公安局刑事科学技术研究管理中心加挂"上海市公安司法鉴定中心"牌子。2009年,上海市公安局刑事科学技术研究管理中心新大楼建成,总建筑面积20 851平方米,其中实验室面积14 389.2平方米,占总面积的69.01%,建成时为国内领先、国际先进的法庭科学实验大楼。

1984年成立刑事侦查处技术科时有技术人员50余人,至2010年市公安局刑事科学技术研究管理中心拥有刑事技术和管理人员176人;各公安分(县)局刑事技术人员442人。2006年,市公安局制定《上海公安机关刑事技术、技术侦查队伍专业技术职位竞争上岗实施方案》及《刑事科学技术队伍专业技术职位任职标准(试行)》,140名技术人员取得鉴定人资格。上海市刑事科学技术研究管理中心累计有15名技术人员获国务院特殊津贴;十余人被授予"全国公安科技英才""上海市劳模""上海市岗位能手""上海市三八红旗标兵"等荣誉称号;38名技术人员成为"青年人才库""重大案件研究人员库""技术水平评估专家库"和"协作专家库"的成员。

20世纪90年代中期,上海市刑事科学技术研究所年均检案数2 000余起,2005年后,年均检案数超过2万起,出具鉴定报告接近2万份。2005年被评为"全国公安刑事科学技术工作先进集体",2006年被评为"全国公安科技工作先进集体"。2008年8月,上海市刑事科学技术研究管理中心"法医物证学现场应用技术公安部重点实验室"被公安部确定为第一批公安部重点实验室。2009年5月,经市科委批准建立"上海市现场物证重点实验室"。2010年2月,经科技部批准建设"上海市现场物证重点实验室——省部共建国家重点实验室培育基地",系全国政法系统内首个国家重点实验室培育基地。同年3月,上海市刑事科学技术研究管理中心被批准为"全国公安机关重点司法鉴定机构",其中法医、痕迹、文检、理化、声像资料、生物物证6个专业获批成为"全国公安机关重点司法鉴定专业实验室"。同年10月,上海市刑事科学技术研究管理中心入选"国家级司法鉴定机构",成为全国首批10个国家级司法鉴定机构之一。

上海的刑事技术工作实行市公安局和分(县)局两级管理构架。上海市公安局刑事科学技术研究管理中心主要职责为:全市凶杀命案及部分重大案(事)件的现场勘查、尸体检验和痕迹物证的提取;对现场勘查中提取的犯罪痕迹物证及全市公安、司法部门送检的痕迹物证等进行检验鉴定;为治安案件、重特大事故、民事纠纷等案件诉讼提供刑技服务;针对刑事技术专业学科的难点,开展实用性课题研究;对全市各公安分(县)局刑事技术部门进行业务管理、指导和培训;全市法医损伤、伤残鉴定工作。各分(县)局刑技室主要职责是：对辖区内各类案件的现场进行勘验，协同对凶杀命案等现场进行勘验；利用现场痕迹、物证为破案提供技术支撑；对刑技相关的信息档案、资料进行收集、管理和利用。

一、指纹检验和指纹管理

20 世纪 80 年代，市公安局刑侦部门指纹采集方式主要为油墨捺印，指纹管理为手工管理。20 世纪 90 年代，上海市刑事科学技术研究所指纹组先后配备投影仪、双人双目比对显微镜、立体显微镜和计算机专业仪器等 31 台。主要从事十指指纹的分析、核对；查对、储存、管理指纹档案；案件现场指纹查对十指指纹档案；利用现场指纹与档案内嫌疑人指纹比对；身份不明对象的指纹查询；案件的现场指纹与案犯捺印指纹比对鉴定。指纹组按照纹型纹线的出现规律，采用组合排列方法建档管理和查对。至 1994 年，上海市刑事科学研究所指纹组搜集十指指纹档案 60 万余份。

1988 年，指纹管理向计算机半自动管理发展。1989 年 9 月，为实现指纹档案现代化管理，市科委批准建立“指纹识别中文信息子系统”，在全国公安行业首次使用 VAX－4300 通用计算机建立指纹档案罪犯前科查询数据库系统；同时引入条形码技术，提高输入的可靠性。1992 年 4 月 1 日，此项科研成果通过市科委技术鉴定。1999 年，从 VAX－4300 通用计算机移植到 PC 服务器，增加 6 台终端，改善界面和方便操作。

1992 年初，公安部牵头组成北京大学和市公安局共同承担国家“八五”科技重点攻关指纹自动识别系统专题，分批引进美国 SGI 计算机工作站 4 台，大同计算机工作站 1 台，20 GB 光盘组 1 台，RS60 理光扫描仪 1 台。1993 年底投入建库，输入 1961 年后出生的上海市常住户口的前科案犯十指指纹图像。1994 年，指纹管理向自动管理方式发展。1995 年 2 月引进美国 Alpha 计算机工作站 5 台，各配 8G 硬盘扩充箱 1 个，能存储 30 万人的指纹图像和特征数据。1995 年，指纹自动识别系统正式投入查询比对，顺利通过国家科委和公安部组织的国家“八五”攻关项目的测试、验收鉴定，在确定纹型，抽取中心、三角和特征方面的准确率较高，在指纹图像的预处理算法、指纹图像压缩技术、人机交互功能、比对准确率等方面都达到国际先进水平。全自动管理指纹自动识别系统具有存储量大、比对速度快、效率高、质量好、便于网络应用等优越性，使指纹管理发生质的飞跃。此后 5 年，共查出犯罪嫌疑人 490 余人，直接破案 600 余起。

1999 年 11 月，市公安局引进日本 NEC 指纹自动识别系统，设计库容量为 100 万人十指指纹和 5 万枚现场指纹，比对速度为每秒 3 万枚。2000 年 9 月，NECAFIS 系统指纹图像和中文系统集中输入建库，完成 51 万十指纹卡和 5 400 枚现场指纹的输入建库。NEC 指纹系统运行后 5 年间，直接查破各类刑事案件 7 000 余起，侦破一批久侦未破的大要案件，快速认定多起杀人案件的犯罪嫌疑人。2004 年 4 月，刑事科学技术研究所指纹室对历年未破杀人案件进行现场指纹比对，成功查破杨浦区 1998 年 9 月 30 日上门抢劫杀死 3 人案件和 1985 年 4 起系列杀人案。2004 年 4 月 27 日，犯罪嫌疑人顾某被抓获，案件告破。

2004 年 11 月，指纹自动识别系统升级扩容建设，各公安分(县)局配置活体指纹采集系统 335 套，并建设市公安局各业务单位远程指纹传输系统和活体指纹采集系统。2005 年 8 月 5 日，市公安局采购北京东方金指科技有限公司“指纹自动识别系统”，系统设计数据库容量为 300 万人捺印指纹(含平面)，100 万枚现场指纹，500 万单指指纹，比对速度为 100 万枚/秒。市指纹信息工作模式是“一级建库、一级查询、多级采集”，即市公安局刑侦总队建设指纹中心系统 1 套，全市所有基层派出所、责任区刑侦队建立活体指纹采集系统730余套，公安分(县)局刑侦支(大)队建立远程指纹传输终端47套，实现各基层办案单位与刑侦总队中心指纹系统的实时联网建库和比对，构筑网络覆盖全市的指纹自动识别系统。

2005年10月17日，指纹自动识别系统对近120万张十指指纹档案集中扫描进行扫描建库，将指纹图像、特征、文字、人像等信息建立指纹数据库。至12月30日，共建十指指纹137.5万人(含平面指纹)，掌纹27万人，同时对现场指纹进行清理和建库约4.5万枚，导入全国未破案件现场指纹库后，现场指纹库容共计12万余枚。2006年3月30日，指纹自动识别系统通过“上海公安‘金盾工程’指纹自动识别系统”项目验收。指纹自动识别系统获2009年度“上海市公安局科技项目奖”。

2009年7月，为确保上海世博会期间上海城市安全，市公安局对原有的指纹自动识别系统进行扩容提速，将原有的300万人十指指纹、100万枚现场指纹数据库容量扩容至600万人十指指纹、200万枚现场指纹、120万捺印掌纹、10万现场掌纹，将比对速度提速到160万枚/秒。

至2010年，指纹采集工作实现应用光学原理的指纹自动采集。2010年，市公安局刑侦总队刑技中心指纹室实行数据实时质量监控、实时查询和反馈的工作机制，民警和文职人员实行“五班三运转”工作时间，24小时质量监控并为公安机关基层实战单位快速核查确定身份、缉捕在逃犯罪嫌疑人、查破案件等方面提供支持。2006—2010年，每年基层活体指纹采集入库22万人以上，每年指纹系统查中犯罪嫌疑人2 000余人。2011年4月，上海指纹系统通过远程联网沈阳指纹系统，比中2000年11月22日上海市杨浦区1起故意杀人案现场指纹与犯罪嫌疑人杨某指纹同一，沉积10年的凶杀案成功告破。2012年4月18日，指纹系统通过远程查询江西省公安厅指纹系统，比中犯罪嫌疑人艾某指纹与1981年8月10日上海市静安区延平路481弄5号地下室建华旅社42号房间内发生的抢劫杀人案件指纹相同。被抓获后，犯罪嫌疑人艾某还交代1981年8—9月在江西实施的2起电击杀人案和1981年1月在浙江实施的1起电击杀人未遂案件。31年前沪、赣、浙三地发生的连环电击杀人抢劫案成功告破。

二、痕迹检验

中华人民共和国成立初期，痕迹业务只能提取和鉴定犯罪现场指纹、脚印，20世纪50年代，发展到对工具痕迹、牙痕和整体同一认定等多项痕迹检验，并开始对鞋底样本进行收集。留存的枪弹痕迹档案有2万余份，但这些档案在“文化大革命”中遭到破坏。

1985年，市公安局重新建立枪弹痕迹档案，研究成功枪弹痕迹计算自动鉴别系统，发展枪弹痕迹检验。痕迹组拥有M、HELD、AUGSBURG桥式比较显微镜和LEITS投影显微镜。

1988年开始，全市各级刑侦技术部门在现场勘查后，将现场勘查卡、现场手印卡、现场足迹卡进行登记上报，分类归档，以便比对检验查用。1988—2010年，利用现场痕迹“倒查档”破获案件近500件，其中大案200件。1990—2010年，全市共串并案件1万余件，其中大案3 000件，抓获案件犯罪嫌疑人2 000人。

2002年，痕迹检验实验室开发上海市现场勘查信息系统，在国内率先开展现场勘查信息的数据化、规范化的管理和应用。现场勘查信息系统实现对现场各类图片(现场图、现场照片和手、足、工、枪、特五类现场痕迹照片)的统一管理，能自动生成鉴定书、检验报告等文书格式。现场勘查信息系统于2006年被列入公安部“金盾工程”建设项目，公安部在此基础上研发“全国公安机关现场勘验信息系统”。11月21日，公安部发文要求全国公安机关统一建设“全国公安机关现场勘验信息

2010 年 10 月 6 日,刑侦技术人员进行痕迹检验

系统”。2009 年 1 月 1 日起,该系统在全国正式启用,成为公安刑技现场勘查工作信息化建设重要的里程碑。

2005 年,痕迹检验实验室引进 MVC 系列 502 熏显设备,将手印的 502 熏显工作推到新高度。2009 年引进超景深显微镜,在放大 20 倍前提下,景深可达 30 MM,并可对物体进行有效观察,解决对弹壳底部,锁具弹子等大景深痕迹的观察、检验难题。2010 年 9 月,引进睿鹰真空金属镀膜手印显现仪,解决疑难痕迹物证诸如油手印、热敏纸手印、水浸客体手印及陈旧性手印等显现难题,较传统方法具有稳定、安全、便捷及高效等特点。

2010 年 11 月,痕迹检验室开发上海市足迹自动识别系统。该系统的建设结束足迹检索、鉴定工作人工化的历史,将足迹检验工作纳入信息化工作的范畴,使足迹串并案工作绩效大幅提高。年均查询现场足迹 3 万枚,涉及案件 2.5 万起,串并案件 1 200 串,涉及案件 5 000 起,直接查中犯罪嫌疑人 100 余人,涉案 500 起左右。

至 2010 年,痕检实验室共收鞋底样本 1.2 万件,在痕迹检验方面可开展疑难手印显现及检验、疑难足迹显现及检验、工具痕迹制样及检验、公务用枪建档及管理、枪弹痕迹检验、弹道分析、整体分离痕迹检验、玻璃破碎痕迹检验、锁具痕迹检验等痕迹全项目检验鉴定工作,发展为检验项目齐全、设备精良、特色突出、在上海市及周边省市有着较高知名度的专业痕迹检验鉴定机构。

三、刑事照录像

20 世纪 50 年代,刑事照相主要是拍摄反动标语、反动挂钩信、匿名信。1950—1960 年,拍摄 7 020 件案件照片。20 世纪 60 年代后,刑事照相工作范围不断扩大,各种火灾、交通事故、治安案件、刑事案件都需要现场物证照相。20 世纪 80 年代,刑事照相逐步从黑白照相发展到彩色照相,1985 年装备彩色自动扩印机,并把现代科技用于物证照相,先后开展红外、紫外、低温红外、偏振、一次成像等特种摄影。刑事照相业务主要是刑事案件现场照相和物证拍摄,同时也结合专业进行有关科研。1990 年研发的“交互式计算机人像组合系统”通过目击者对案犯的大致描述,不断进行画面组合,模拟出嫌疑人画像,为侦察部门调查摸底、辨认、伏击守候提供依据。

1979 年,照相组开展录像业务。1982 年,成立录像组,并设有配音棚,能够完整制作案例片、公安教学片。至 1992 年已拍摄 1 000 多个现场、20 多个案例片和 11 部公安业务教学片,为侦察员分析研究案情、判断案件性质提供直接依据,也为检察院、法院定罪量刑提供可靠证据。

1995 年,照相和录像合并为照录像室。照录像室紧跟技术发展潮流,从 1996 年开始逐步将照录像技术从模拟式转变成数字化。1998 年,引进柯达 420 型数码照相机。2001 年,引进索尼

HDW－790 彩色高清数码摄像机，E2000 全自动数码录像编辑系统。2002 年，引进尼康 D1 型数码照相机、富士 S2Pro 型数码照相机及富士 Frontier350 数字激光彩色扩印机。至 2002 年，已经基本实现拍摄、编辑、打印全过程的照相、摄像数字化。照录像室装备数字化建设使工作效率大幅提高，平均每年案件照片拍摄数 10 万张，打印各类案件照片 10 万余张，拍摄编辑各类案件现场、专题教学录像 220 余小时。

1995 年起，照录像室建立领先全国同行的特种光源摄影实验室。先后引进开发多种特种光源照相器材。1999 年，从美国 SPEX 光学仪器公司引进 SCENESCOPE 紫外观察照相系统，是国内第一台短波紫外线实时成像的系统，使人眼看不见的短波紫外线可视化，大大提高紫外照相的工作效率和检测的成功率。2001 年，引进全波段 CCD 成像系统。2008 年，引进光谱成像系统。特种光源照相器材的引进和开发，是刑事照相从普通可见光源发展到特种非可见光的一次技术飞跃，大大丰富疑难痕迹、微弱痕迹的照相提取、固定的技术手段。2000 年 3 月，杨浦区江浦路发生 1 起入室抢劫案，现场勘查时仅发现 1 枚模糊指印，不具备检验鉴定的条件，勘查人员决定利用特种照相技术对该指印进行显现，但由于短波紫外线是不可见的，配光和成像非常困难，显现效果始终达不到检验鉴定的需要，后利用紫外观察照相系统实时成像技术，找到最佳配光角度，在案发现场显现、提取一枚特征清晰的指印，据此认定犯罪嫌疑人。

2002 年，照录像室将建设的重点从数码化向信息化转变，开始建设“刑事案件录像、图像信息系统”，2005 年建设完成。该系统的建成使照录像专业逐步从数字化向信息化进行转变，使图像、视频的存储、检索、管理能够网络化、系统化，为刑事技术信息化有效融合打下基础。

2003 年，照录像室开展视频模糊图像处理的新业务。2004 年引进美国“识慧”图像处理系统，2008 年引进荷兰“影博士”图像处理系统等专业图像处理软件，利用这些设备，照录像室每年处理上海市及全国其他省市的案件图像近百起，包括 2006 年老庙黄金店抢劫案、2008 年加拿大女模特被杀案等重特大案件。在这些案件中，技术人员将从现场监控中截取的涉案人员视频进行视频模糊图像处理，使之面部、衣着等特征更加清晰，对最终确定犯罪嫌疑人起到重要作用。至 2010 年，照录像室的模糊图像处理技术在全国处于领先水平。

2005 年，照录像室开展语音检验项目的研究，引进 STC 语音降噪仪，对语音降噪与增强进行研究并在案件检验中投入使用，在 2006 年浙江湖州重大盗窃案的语音处理中，技术人员利用 SOUND CLEAR 降噪处理软件，对涉案微弱语音进行降噪与语音增强处理，获得清晰的语音，在整个案件侦破和诉讼中发挥重要作用。

2008 年，照录像室完成公安部应用创新项目“多功能潜在印痕显现提取系统”，解决红紫外成像检验的可视化操作，提高现场潜在指印的提取率和成像质量。相关研究成果列入公安部推广引导计划，技术指标达到国际先进水平，获 2010 年度公安部科学技术奖二等奖。

2010 年，为进一步开展特种照相的研究，照录像室与中科院技术物理研究所等部门合作，建立特种照相联合实验室和展示平台。在全国开创实战、科研、研制一体的发展模式。同年，完成国家“十一五”科技支撑项目子课题“紫外发光成像系统”，相关研究成果获得“紫外激光成像装置”和“现场三维重现装置”2 项国家专利，技术指标达到国际先进水平。2007—2010 年，照录像室申请的“全自动兼备手动的全光谱照相取证仪”“物证照相机紫外光源照射器”“双波长激光物证显现仪”“灯管(法庭科学短波紫外灯)”“物证检验平台定位仪”等专利获得国家专利授权。2010 年 3 月，市公安局物证鉴定中心照录像室被定为“全国公安机关重点影像检验鉴定实验室”。

四、文件检验

20世纪50—60年代,受检的案件,大多为反动标语、反动信件。此后,受检的案件种类增多,有凶杀、盗窃、诈骗、扬言投毒爆炸、经济犯罪、民事案件等,服务对象从公安机关扩大到包括法院、检察院及外省市复核案件等社会各个行业。

“文化大革命”中,文检工作受到干扰。进入20世纪80年代,根据刑事案件上升、文检类案件增多的情况,1984年1月又开始重新受理文检案件。当时,设备十分简陋,后添置静电压痕仪、红外分析仪、紫外分析仪、票证检查仪、立体显微镜、多功能比对投影仪、紫外红外文字翻拍架等仪器设备。

1990—2010年,文件检验专业迎来快速发展期,在人员的引进、装备的配备、新技术、新方法的使用上都有显著进步。检验鉴定人员始终保持在5—6人,学历从大专逐步提高到本科、研究生学历,有3人毕业于中国刑事警察学院文件检验专业,鉴定人职称从助理工程师逐步提升到高级工程师。至2010年,有高级工程师5人、工程师1人,1人获国务院特殊津贴。

20世纪90年代开始,文件检验专业先后装备多台先进仪器设备。1998年3月,文件检验专业购入英国法司特公司生产的VSC2000文件检验仪,该设备的配备改变文件检验专业无先进大型设备的局面,在污损文件检验、印章印文检验和笔迹检验中发挥很大作用。2005年8月,购入德国蔡司公司生产的STEMI2000C体视显微镜,该显微镜视场大、倍数高、景深大,在笔迹检验、印章印文检验、朱墨时序鉴别方面发挥其他仪器不可替代的作用。2007年4月,购入美国CRAIC公司生产的QDI2010型全光谱显微分光光度计,该设备可以从物质成分角度对物证进行检验,在添加字迹的检验中发挥重要作用。2008年5月,购入德国蔡司公司生产的Axiotech Vario立体显微镜,该显微镜景深大、立体感强,在朱墨时序鉴别方面有其独特优势。2009年11月,购入瑞士宝捷拿公司生产的最新型Docucenter Expert文件检验仪,该设备的性能更加优越,全面替代早期的文件检验仪。

1999年12月,文件检验专业立项研究的“复杂背景彩色印文鉴别系统”项目被评为市公安局科技进步二等奖。2000年1月,文件检验专业立项研究的“印鉴真伪自动鉴别系统”项目被教育部评为科学进步二等奖,该研究成果后来被广泛应用于各银行的验印系统。此后,文件检验专业立项研究的科研项目有“汉语书面语的计算机鉴别系统”“同源性印章印文鉴定方法的实验研究”“双溶剂萃取法判定印泥印文形成时间的研究”“朱墨时序鉴别依据关键技术研究”“基于高光谱成像技术的刑侦疑难物证检验新装备的研究”“高仿真印章印文计算机辅助检验鉴定的研究”等。

2006年10月,市有关部门发现由北京市寄往上海市党政机关的敲诈信件,写信人自称是中纪委驻上海工作组工作人员,要求上海各党政机关某些工作人员向某银行账号付款。此案引起中央领导高度重视,要求公安机关尽快破案。文件检验专业应用笔迹检验、打印文件检验、印刷品来源检验和言语分析等技术,排查近7 000人的笔迹材料,成功锁定犯罪嫌疑人。

2007年6月,文件检验实验室笔迹检验、印章印文检验、变造文件检验、朱墨时序鉴别、模糊字迹检验等10个项目获得CNAS(国家认可委员会)实验室认可资质,走在全国文件检验专业的前列。2009年1月,文检实验室废弃手工描绘和贴制检验记录表的传统做法,改用电脑编排、彩色打印的方法,提升检验鉴定的规范化程度。2010年3月,文件检验实验室被公安部评为首批全国公安机关重点文件检验鉴定实验室。

至2010年,文件检验实验室可开展笔迹、印章印文、污损文件、印刷文件、书写时间检验及犯罪言语分析等业务，发展为检验项目齐全、设备精良、特色突出的专业文检鉴定机构。

五、法医和生物物证

中华人民共和国成立初期，法医检验、法医物证和法医化验互不分工，统称“法医物证专业”，设备只有1台旧冰箱和1只恒温箱。20世纪80年代后，配置高速离子机、激光密度计、电子计算机等仪器设备，业务范围发展到对人体血液、组织及其他分泌物等检材的检验，对血痕检验从血球水平提高到分子水平，除ABO系列血型检验外，PGM、ESD酶型检验，以及HP血清型、血液、唾液的性别鉴定，都为侦破杀人分尸案、强奸案提供破案线索、证据，为认定犯罪嫌疑人起到重要作用。

20世纪90年代，法医病理学检验范畴扩大并常规化，除对尸体常规进行尸表检验及尸体解剖外，还对死因不明尸体的重要脏器进行组织学检验。法医物证从仅限于对血清学、各种酶型的检验，向开展分子水平的检验(DNA测序)发展。法医病理设备引进莱卡系列的切片机、包埋系统、双筒显微镜、多头诊断显微镜等。1991年12月，法医室研制成功DNA(脱氧核糖核酸)个体识别技术，建立一套适用于法医学个体识别和亲子鉴定的DNA指纹图技术，得出结论准确可靠。1994年，市刑事科学技术研究所新增法医物证专业，主要进行血痕、精斑、唾液等检材的检验和进行抗人血清及抗人血红蛋白血清的免疫制备。1997年，法医物证室在全国第一批引进美国PROMEGA(普洛麦格)公司的DNA复合扩增银染检测技术，在市科委立项“上海地区三个STR位点的基因频率调查”课题，建立灵敏度高、重复性好的STR－CTT位点检测方法。该项目研究的检测方法主要涉及碎尸案、强奸案、凶杀案、抢劫案等，结果准确可靠，为认定犯罪嫌疑人和法庭最终定案提供有力证据。

2000年，法医物证专业在全国公安系统率先创建“法庭科学DNA数据库”，包含犯罪嫌疑人数据库、现场物证DNA数据库等。2001年4月22日，青浦区朱家角静雅歌舞厅发生凶杀案。法医从被害人大腿根部取到极少量精斑，DNA检验人员成功地从检材中分离出犯罪嫌疑人的DNA基因型。2002年4月12日，在建库过程中直接比对出1名犯罪前科人员徐某江，成为全国首例利用DNA数据库查中命案凶手案例，受到公安部刑侦局通报表扬。2002年，市公安局协助公安部物证鉴定中心研究开发出拥有自主知识产权的DNATyper15荧光标记STR复合扩增检验系统，并与进口试剂盒同步进行实际检案，证明DNATyper15荧光标记STR复合扩增检验系统的各项技术指标均达到或超过同类产品的国际先进水平，完成攻关和技术转化任务。该项成果是国家“十五”攻关项目，获得2009年度国家科技进步奖二等奖。2002年11月11日，长宁区新泾地区河道内发现6块胸腹部皮肤带有少许肋软骨和乳房组织的尸块，由于检材较少，推断被害人年龄、身高等特征十分困难。经现场对部分肋软骨的切面观察，判断死者系30岁(±2岁)的女性，法医的准确年龄推断对查找尸源、侦破案件起到决定性作用。

2005年，刑事科学技术研究所将法医室中的法医物证专业单列，成立生物物证室。2005年2月16日，浦东新区发生1起一家5口被害的恶性灭门惨案。经过对5具尸体的细致检验，法医提出杀人有先后顺序，工具是锤类和尖刀，作案人数为1人。该案侦破后，法医所有推断均与犯罪事实相吻合。2006年，法医病理设备为全套的珊顿系列切片机、包埋中心、全自动脱水机、全自动染色机、自动玻片和包埋盒打号机等；以电动开颅代替手工开颅；引进便携式X线检测设备，可进行无损式的体内异物检验；激光胶片扫描可以把各类CT、MIR、X片等转化为清晰的电子化存阅。2007年，市公安局完成公安部科技创新课题“极微量DNA分析的研究”，其痕量样本检出率达到国际先进水平,获2008年度公安部科学技术奖三等奖。2009年,完成公安部重点科研课题“法医DNA快速检测试剂盒的研制”,将法医DNA检验时间从8个小时缩短至2小时以内,为国内外首个快速法医个体识别检测试剂盒,获2012年度公安部科学技术奖三等奖。

2008年,按照修订的《刑事诉讼法》要求,公安法医工作的重心逐步向“以证据为中心”转变,对现场证据的保护、固定证据的程序以及后续证据的包装、送检等都有新规定。12月,市公安局向浦东、闵行、嘉定、奉贤、金山5个分局,崇明县局及水上公安局下放部分法医鉴定权。2011年5月,市公安局向黄浦、卢湾、徐汇、普陀、宝山和松江分局下放部分法医鉴定权。

2008—2011年,市公安局刑事科学技术研究管理中心完成市科委课题“上海地区水样中硅藻的分类调查及研究应用”,获市公安局2012年科技项目奖三等奖,研究成果解决一大批水中尸体判断生前溺水还是死后溺水以及溺水地点的法医学定性难题;2008—2012年完成公安部创新课题“影响尸体温度下降因素的分级与系数研究”,获市公安局2013年科技项目奖三等奖,提供在法医实践中推断死亡时间分类分析的新思路;法医阎建军通过20多年积累总结的“阎式肋软骨推断年龄法”在实践中不断发挥积极作用。

2000—2010年,法医室连续获嘉奖、三等功、二等功,上海市“平安卫士”,上海市“五一劳动奖状”;法医室现场组获“世博安保青年突击队”称号、市公安局青年文明号、上海市青年文明号;法医室损伤组获“世博服务卓越奖”等。2010年3月,市公安局物证鉴定中心法医室获得“全国公安机关重点法医学检验鉴定实验室”称号。

至2010年,法医室检案技术能力包括法医病理学鉴定、法医临床学鉴定、法医硅藻检验、法医人类学检验;承担凶杀案件(包括存疑案件)的现场勘查分析和尸体检验鉴定工作以及法律相关案事件中有关伤者的损伤程度鉴定等工作。生物物证室系公安部一级实验室、法医物证学现场应用技术公安部重点实验室、全国公安机关重点DNA检验鉴定实验室,主要开展全市刑事案件现场法医物证和相关人员的个体识别与同一认定及亲缘鉴定工作;承担全市刑事案件及重特大事件的现场勘验、物证提取和DNA检验,以及全国公安机关疑难案件及公安部交办案件的DNA委托鉴定任务;承担全市前科人员DNA的建库留档工作;承担国家和省部级科研任务;承担全国政法机关及全市分局DNA检验人员的技术指导培训工作。

六、刑事化验

中华人民共和国成立初期,化验部门仅能做些简单的化学分析、毒品分析和法医物证分析工作。20世纪50年代末,由公安部调拨无机发射光谱仪和相应的显微镜,开始对纸张、假钞、油墨等进行分析鉴定。1970年11月,成立化验组,业务范围主要是毒物化验、司法物证化验和法医物证化验。1979年,化验组主要承担毒物化验和纸张、纤维、油漆、胶水等物证化验,爆炸现场勘查及检验等任务。逐步引进配置紫外分光光度计、红外分光光度计、气相色谱仪、高效液相色谱仪和光栅型红外光谱仪等现代化科学仪器,能对毒物、毒品等进行定性与定量分析。1984年引进扫描电镜,化验组分出部分人员成立电镜组,承担部分司法物证化验任务。1986年,化验组引进的光栅型红外光谱仪为1988年上海虹桥机场查获的第一起利用锦鲤鱼走私毒品大案的海洛因定性发挥关键作用。1989年初,由原电镜组和化验组中的司法物证化验部分合并成立仪器分析组,承担司法物证化验任务,化验组承担毒物、毒品化验任务。仪器分析组在原有的双波长薄层扫描仪、30万倍扫描电子显微镜、能谱仪等设备基础上,相继引进气质联用仪、红外光谱仪等,能对金属元素、塑料、助燃剂、纤维、毛发、油漆涂料等微量物证进行分析鉴定。

1993年10月，化验组和仪器分析组合并为化验室，承担全市毒物、毒品、微量物证检验等。1997年4月12日，经市机构编制委员会同意，建立市毒品检验中心，与上海市刑事技术研究所为两块牌子、一个机构。化验室分成化验室和理化室，化验室承担毒物、毒品检验任务和市毒品检验中心的任务，理化室承担微量物证检验任务。此后，理化室先后引进多台大型仪器装备。扫描电子显微镜/X射线能谱仪、场发射扫描电子显微镜/X射线能谱仪，使得微量物证放大倍率提高4个数量级、元素分析更加准确可靠；气相色谱/质谱联用仪、离子色谱仪、飞行时间质谱仪的引进提高无机炸药、有机炸药、助燃剂、强酸强碱等物证的分析准确性和效率；红外光谱仪、X射线荧光光谱仪、拉曼光谱仪、显微分光光度计的引进，从多维角度对物证进行分析，使得物证分析结果更加准确可靠；炸药探测仪、玻璃折射率仪、差示扫描量热仪、二维面探测器衍射仪、微型行星式高能球磨机、离子束截面抛光仪、钢印显现仪、多道心理测试仪等仪器设备的引进，拓宽物证检验范围，为各类案事件提供侦查方向，为案件侦破和法庭审判提供可靠的证据。

1995年，为创建一种能够快捷、简便、准确筛查疑似毒品，且能针对吸食毒品嫌疑人尿液快速筛查的检测新技术，市刑事科学技术研究所专门成立分子免疫学研究团队，与社会科研团队合作，先后研发出度冷丁(DLD)、苯丙胺(AMP)、甲基苯丙胺(MA)、氯胺酮(KET)、吗啡(MOR)、大麻(THC)和巴比妥类(BAR)、苯二氮杂䓬类(BZO)等一系列品种的单克隆抗体免疫杂交瘤细胞株和相应的胶体金标记单克隆抗体免疫快速检测板(试剂盒)，解决国内单克隆抗体及检测板原料长期依赖进口的局面，填补国内在该领域的空白。其中，度冷丁(DLD)、氯胺酮(KET)等检测板达到国际首创的先进水平。“胶体金标记度冷丁单克隆抗体免疫快速检测板的研究”和“甲基苯丙胺克隆抗体酶免疫检验方法”2项科研项目被公安部确定为推广项目，在全国多地推广应用。1996—2005年，在全国范围内共使用毒品毒物快速检测板100万余份。

1997年建立市毒品检验中心，引进2台气质联用仪，在涉毒案件的物证检验鉴定和科研项目研究工作中取得显著成绩。

1998年、2005年和2010年，毒化验室先后引进气相色谱-质谱联用仪(GC/MS)、液相色谱-串联质谱联用仪(LC/MS/MS)和液相色谱-高分辨质谱联用仪(LC/LTQ-Orbitrap)，利用这些设备，在多起疑难案件的物证中检测出新型毒品、新型安眠药、乌头碱、马钱子碱、百草枯、氯化琥珀胆碱、赛拉嗪以及溴西泮代谢物等成分，为案件侦破和法庭审判提供可靠的证据。2000年12月14日，上海浦东国际机场发生1起麻醉抢劫的案件，90万余元人民币被抢劫。化验室应用气质联用仪和“体内苯并二氮杂䓬类药物的检验研究”课题研究成果，在被害人的尿样中检测出阿普唑仑安眠药物的代谢物α-羟基阿普唑仑成分，为案件性质的确定和侦破提供关键证据。

2002年，化验室建设“刑事化验实验室信息管理系统”项目。该系统包含案件物证信息、检验过程记录、检验报告等大量的实验数据和科研记录、科技文献、人员以及仪器设备、消耗品等资料信息，实现各种数据信息的信息化管理，做到资源共享，规范实验室业务工作。2007年获得市公安局科技项目奖一等奖。

至2010年，化验室主要检验项目为：常见毒品、易制毒化学品、挥发性溶剂、安眠镇静药物、农药及毒鼠强、尿中毒品、氰化物、氟乙酸的定性检验；血液中乙醇、一氧化碳的定性定量检验；毒品海洛因、苯丙胺类、氯胺酮、可卡因的定量检验；血液中吗啡、甲基苯丙胺、巴比妥类药物、苯并二氮杂䓬类药物的定量检验。理化室主要检验项目为：爆炸物检验、射击残留物检验、助燃剂检验、涂料及塑料的检验、金属颗粒的检验、汽车钢印检验。对爆炸物、助燃剂、射击残留物、纤维、塑料、橡胶、金属等各类微量物证的检验鉴定水平在全国同行业中具有较高声誉,并屡次在爆炸、纵火等重大案件的侦查中发挥重要作用。理化室还开展泥土检验、玻璃检验、纸张检验、植物花粉、叶片检验等小众检验项目,在实战应用中获得成功。

七、警犬

1973年,市公安局治保处重建警犬班,有训练员9人、警犬5头。随着刑事侦查工作发展的需要,1985年根据公安部加强警犬工作的要求,市公安局在刑侦总队组建警犬队(刑侦十队)。1992年,有训练员17人、警犬25头,警犬在抓捕刑事犯罪分子时发挥特殊作用。

2000年10月,在第一届全国警犬技术比赛中,市公安局刑侦总队警犬队获得第一届全国警犬技术比赛"警犬搜毒"项目第1名、"警犬服从"项目第8名,总分位列第14名。

2003年,为提高警犬的实战能力,市公安局探索建立全市警犬技术工作两级管理模式,刑侦总队刑科所下设警犬队;浦东、宝山、闵行、奉贤分局,崇明县局,轨道分局建立警犬工作组。市公安局刑侦总队会同公安部南京警犬研究所联合举办"首届警犬技术培训班"。2003年2月,招收5名女子警犬训导员,建立警犬口岸查缉工作制度,由女训犬员带领警犬对机场、车站、码头进行旅检。

2004年10月,在第二届全国警犬技术比赛中,市公安局刑侦总队警犬队获得第二届全国警犬技术比赛"追踪"项目第10名。2007年11月,警犬队赴德国采购工作犬、种犬共15头,主要为德国牧羊犬、马里努阿犬、血缇犬。2010年1月,在第三届全国警犬技术比赛中,市公安局刑侦总队警犬队获得"掩体搜捕比赛"第2名及"搜爆比赛"第11名。

2008—2010年,警犬队配合开展"2008年北京奥运会"上海赛区和"第四届两岸经贸文化论坛"安检工作,参与上海世博会期间的搜爆安检和中外要人的警卫安保工作。

至2010年,警犬队在编警犬训导员18人,现役警犬100头,其中工作犬50头,根据公安部警犬技术分类教学大纲,开展追踪、气味鉴别、搜爆搜毒、搜捕、物证搜索等科目的训练,在出勤刑事案件现场、各类重大会议以及中外要人警卫任务的搜爆安检工作中发挥特殊作用。

第二节　刑侦信息化

20世纪80年代初,公安刑侦工作遇到新的挑战,犯罪嫌疑人跨地区、大幅度、跳跃式、高频率、系列化作案增多,现场能够获得的痕迹物证减少,因果关系不明显的案件增加,侦查破案难度大大提高。上海公安机关为摆脱这种被动局面,加强采集、管理、利用犯罪现场痕迹物证技术资料工作,并建立案件资料库和作案人员资料库,为侦查破案服务。1981年上海公安机关着手建立犯罪人员、刑事犯罪嫌疑人员资料档卡库和以未破案件现场损失物品为主要内容的案件资料库。

1986年5月,市公安局召开刑事犯罪情报资料工作会议,建立市公安局、分(县)局、派出所三级刑事犯罪情报资料网络,配备专职民警102人、兼职民警千余人。1991年,全市三级情报网络共搜集情报资料2.1万余条,市公安局情报中心接待查询1.9万余次。1994年,全市三级情报网络共收集各类刑事犯罪情报资料1.9万余份,协破各类刑事案件5 758起,其中大案3 772起。1995年,上海市刑事情报工作以"抓基础、严规范、促应用、求实效"为重点,进一步加强各类情报信息的搜集、受理和应用,全年利用情报信息,串并系列性案件244串。1994年底,根据公安部建设全国犯罪信息中心(CCIC)的工作要求,市公安局建立上海犯罪信息中心。1995年2月被盗、抢机动车车辆信息库建成，纳入 CCIC 快速查询查证系统，24 小时为基层实战部门提供查询查证服务。1996 年，根据公安部加强全国犯罪信息中心（CCIC）建设的指示精神，市公安局制定下发《CCIC 信息查询网络和采集查询奖励规定》，强化 CCIC 运行管理机制。在 1996 年"严打"追逃战役中，刑事犯罪信息网络为新闻媒介公开缉捕在逃犯罪嫌疑人提供信息材料 66 份，为赴外省市追逃提供信息材料 700 份，为看守所、拘留所、收容所等场所开展检举揭发工作提供在逃信息 200 份。在 1998 年 9 月—1999 年 2 月打击盗抢机动车犯罪中，CCIC 系统发挥巨大作用，全市累计上网查询 5 500 次，查中被盗抢机动车辆 766 辆。

1994 年，全市刑侦部门统一配置微机，开始建立标准统一、渠道畅通、信息齐全、覆盖面广、传递迅速的刑事犯罪信息网络系统。1995 年 12 月 6 日，市公安局刑事案件计算机市、区（县）两级网络管理和应用项目通过技术鉴定，该项目集检索、传递、统计 3 项功能于一体，实现全市范围内的犯罪案件信息资源共享，系统解决公共电话线路噪声大、数据传输速度和质量要求高等技术难点，可提供多用户联网查询。1998 年，市公安局为实现刑侦内部最大程度的信息共享，加快刑侦网络化、信息化建设，开始规划构建全市的刑侦综合信息系统。1999 年，市公安局开始推进覆盖全市的刑侦三级计算机网络。全市一线刑警学习掌握操作技能，刑侦总队全年共接待查询犯罪情报信息 5 639 人次，协破各类刑事案件和大案分别比 1998 年增加 89.2%和 82.5%，运用情报破案数约占破案总数的 29.6%。1999 年起，先后建成"刑事案件信息系统 2000 版""违法犯罪人员信息系统""涉黑情报系统""刑侦指挥调度系统""刑侦办公系统""被盗、抢机动车信息系统 2000""在逃人员信息系统 2000"等一批应用系统。刑侦综合信息系统建成后，刑侦各项工作信息和各类犯罪信息均纳入计算机网络管理，全市公安刑侦部门形成"网上办公""网上查询"及"网上作战"的侦查办案格局。2000 年 7 月，市公安局刑侦总队局域网系统一期工程的网络交换主机投入运行，主干网达到千兆，到达每个用户终端的速率为 100 兆，满足音、声、像、图、文数据的传输要求，市公安局刑侦总队办公自动化系统建成并投入试运行，实现各类公文、简报通过网络上报下达，无纸化操作。同年，全市有 8 个分局 81 个基层单位实现三级网络联网。

2000 年，市公安局结合公安部刑事案件统计改革，全市刑侦部门实行立案、破案上网制度，市公安局刑侦总队通过计算机综合信息网络对各级刑侦部门刑事案件受理、立案、破案信息进行统一审核、编号及上网，全市实现立、破案件信息网络化，进一步规范立案、破案工作，实现刑事情报信息网络化。全年，市公安局各情报中心共接待查询 15.78 万人次，全市利用刑事犯罪信息协破各类案件 6 078 起，占全市破案总数的 18.1%。2001 年，市公安局刑侦总队制定《刑侦情报工作体系建设试点实施方案》，以刑事情报动态分析机制为突破口，探索情报主导侦查破案新模式。同年，利用刑事犯罪信息协助破案 5 855 起，CCIC 系统查获被盗车辆 1 430 辆，查询在逃犯罪嫌疑人 183 346 人次，查获在逃犯罪嫌疑人 2 038 人，2000 版刑事案件信息系统共汇总刑事案件信息 116 154 条。2002 年，市公安局加强刑事犯罪情报信息分析，建立"信息导侦"工作模式，市公安局刑侦总队重新调整情报支队的职能，并要求各公安分（县）局刑侦支（大）队设立专门情报分析队伍，初步确立全市刑事情报两级工作体制。2003 年，市公安局进一步规范案件、抓获人员、在逃人员、涉案物品等情报信息的采集和录入工作，落实专人对各类情报信息进行分析。2003 年 1 月 29 日，为规范全市各级刑侦部门对抓获犯罪嫌疑人的初查工作，及时查明案情，发现、揭露、证实和打击犯罪，市公安局刑侦总队制定《关于本市刑侦部门对抓获犯罪嫌疑人初查工作的暂行意见》，要求各上网核查比对环节必须逐项载入犯罪嫌疑人初查工作流程表。2004 年，市公安局刑侦总队制定下发《刑侦部门多发性侵财案件信息导侦工作规定》，不断创新犯罪情报信息分析应用技术、信息查询和检索方法。

全年,全市刑侦部门利用各类情报主动分析串并案件 905 串 6 755 起,破 197 串 965 起。

2004—2005 年,为配合工作对象综合信息管理系统的全面推广,规范工作对象综合信息管理系统及相关业务系统的信息采集、录入工作,市公安局制定下发《纳入数据质量管理的公安业务信息系统相关数据项目质量标准》。2007 年,市公安局逐步扩大纳入数据质量管理的业务信息系统范围,规范数据项目质量管理标准,对下发的信息系统数据质量管理标准进行调整和修订。

2009 年,市公安局按照"信息共享、整体联动、高效率、低成本"的理念,推进"网上办案"平台刑事办案分系统的建设,组织开展刑事办案分系统应用的专门培训。市公安局构建刑事犯罪前科人员动态管控工作机制,通过实时比对、自动报警,加强对刑事犯罪前科人员的管控、经营和核实工作。同年,市公安局对违法犯罪嫌疑人员信息采集规范再次作出调整,印发《关于进一步加强违法犯罪嫌疑人员信息采集工作的规定》,要求做好违法犯罪嫌疑人员的尿样采集检验和信息录入工作,及时掌握全市毒情变化情况。

2010 年,市公安局刑侦总队进一步发挥视频监控对"刑侦、经侦实战分析研判工作平台"的支撑作用,提升主动进攻、精确打击的效能,进一步加强视频侦查工作,配齐配强专职人员,建立视频侦查专业队伍。同年,全市公安机关开始推广使用"网上办案刑事分系统"。

第三篇

经济犯罪案件侦查

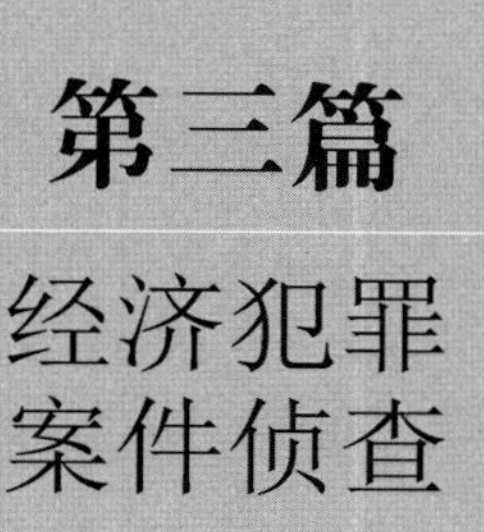

1982年2月，市公安局根据中共中央关于打击严重经济犯罪的紧急通知，成立市公安局打击经济犯罪办公室，负责调查研究、掌握情况，协调各区（县）公安机关和市公安局业务处打击经济犯罪的工作，并在治安处成立查处经济犯罪组。1987年3月，鉴于打击严重经济犯罪是一项长期任务，市公安局决定撤销打击经济犯罪办公室，把打击严重经济犯罪的业务交给刑侦部门。

20世纪90年代，随着经济犯罪数量的日益增多和案件复杂性的增强，公安机关迫切需要一支承担打击经济犯罪职责的专业警种。1999年7月，市公安局将经济保卫总队更名为经济犯罪侦查总队，并将刑侦总队的打击经济犯罪业务并入该总队，此后，各分（县）局设立经侦支（大）队。由此，上海公安经侦部门逐步走上专业化道路。

进入21世纪，上海公安机关为维护社会主义市场经济秩序，震慑经济犯罪活动，始终对经济犯罪保持高压态势，精心组织开展各种专项打击和联合行动，着力建设“预警、防范、协作”三大机制，深入推进现代警务机制和“三基”工程建设，切实履行“打击、参谋、服务”三大职能。至2010年，上海公安经侦部门先后侦破一大批在全国乃至国际上具有较大影响的大案要案，其中亿元以上的170起左右、千万元以上的1 100起左右、涉众型案件650余起，全力为上海经济社会发展保驾护航。

第一章　经济犯罪侦查体制机制

第一节　经侦体制机制建设

1978年，改革开放之后，随着社会经济的活跃，经济犯罪活动也日渐猖獗。1982年，中共中央、全国人大常委会、国务院先后发出打击严重经济犯罪的紧急通知和决定后，市公安局成立打击经济犯罪办公室，治安处成立经济组。1984年，上海市公安局重新设立的刑事侦察处主管包括经济犯罪在内的各类刑事犯罪的侦查工作。1999年7月，市公安局决定成立经济犯罪侦查总队和各区、县公安分(县)局，浦东新区公安局经侦支(大)队，上海经侦工作走上专业化道路。

2002—2007年，全市公安经侦部门贯彻落实国务院、公安部关于加强经侦工作的决定，以及第二次全国经侦工作会议、全国经侦队伍建设会议等精神，建设现代警务机制的2个“三年规划”。2003年8月，市公安局经侦总队制定《上海经侦现代警务机制总体方案》，并于2005年修订。《上海经侦现代警务机制总体方案》包含决策机制、实战机制和保障机制三大部分共22项基础工作制度。2004年，市公安局经侦总队专门对机制建设情况进行梳理、分析，开展“经侦支(大)队目标管理考核制度”和“经济犯罪案件计算机实时跟踪系统”等专题现场演示和调研活动，并对一些工作措施进行调整。2005年起，上海公安经侦部门加强与人民银行、税务、审计、工商、银监、证监、保监、监察等行政执法和经济管理部门的沟通协作，着力建立打击经济犯罪协调会商机制。

2006—2008年，上海公安经侦部门开展经侦工作“三基(抓基层、打基础、苦练基本功)”工程建设，强化市公安局经侦总队指挥、情报和侦查部门的建设，建立经侦总队指挥中心实战指挥平台，实现对全市在侦经济犯罪案件的实时管理、及时跟进和有效监督。市公安局经侦总队组建专门开展经侦情报工作的八支队，全市各经侦支(大)队陆续组建专门开展经侦情报工作的探组，逐步完善由市公安局经侦总队职能支队、分(县)局经侦支(大)队情报探组构成的两级经侦情报机构体系；全市公安分(县)局经侦支(大)队普遍建立经侦工作向派出所延伸工作机制，形成“打防互动、资源共享、责任共担”的格局。在全国经侦系统“三基”工程建设省际互检工作中，市公安局经侦总队类案指导和侦破工作、强化执法监督、创新培训模式、深化信息化建设以及硬件基础设施等方面均被评为第一档次。

2008年10月，市政府召开上海市打击经济犯罪协调会商机制领导小组第一次全体会议，明确上海市打击经济犯罪协调会商机制领导小组的组成名单和办公室设置，要求各区、县政府部门要按照市政府办公厅相关工作机制要求，推进区、县级层面打击经济犯罪协调会商机制。

2010年，上海市公安局经侦总队设指挥处、政治处(与监察室合署办公)和8个业务支队，全市18个分(县)局共有22个经侦支(大)队[浦东公安分局设经侦一支队、经侦二支队，其中的经侦二支队设3个科级大队(室)]，市公安局经侦总队和各公安分(县)局经侦支(大)队共内设专业探组120余个，在编民警950人，其中经侦总队271人、分(县)局经侦部门679人；文职61人，其中经侦总队16人，分(县)局经侦部门45人。上海公安经侦部门主要管辖《中华人民共和国刑法》中涉及破坏社会主义市场经济秩序罪的86种罪名。市公安局经侦总队主要负责对全市经济领域犯罪活动的情况收集、分析和研究，制定打击经济犯罪的对策和措施，提出防范工作建议；对全市经侦工作的组

2008年10月17日,上海市打击经济犯罪协调会商机制领导小组第一次全体会议

织、指挥、指导和协调;对经侦队伍进行业务培训;侦办上级交督办、社会反响强烈、情节或后果特别严重的经济犯罪案件;侦办涉案金额1 000万元以上或损失特别巨大的经济犯罪案件;侦办证券、期货类犯罪案件;侦办犯罪主体为外国人的涉外经济犯罪案件。各公安分(县)局经侦支(大)队主要管辖除市公安局经侦总队管辖之外、发生在本区域内的经济犯罪案件,以及市公安局经侦总队指定管辖的案件。

第二节 经侦情报和信息化应用

一、经侦情报工作

1999年7月市公安局经侦总队组建成立时,专门设立经济犯罪情报信息机构,由七支队承担相关工作职责,主要开展经济犯罪情报收集、信息化建设工作,指导全市公安经侦部门情报收集和信息化建设工作。

2002年10月,根据上海公安情报工作会议精神,以市公安局经侦总队七支队为基础,设立经侦总队经济犯罪情报中心,承担统筹谋划全市经侦部门情报工作、综合研析全市经侦部门的情报信息和情报资料、汇总编报全市经侦部门重要情报等职能。2003年,上海公安经侦部门拓宽情报信息收集渠道,挖掘高质量情报信息,汇编《经济犯罪信息情报摘报》《经侦参考资料汇编》,通过研析案件信息发现经济活动中隐患和漏洞,为领导决策、侦查破案、管理防范服务。

2004—2006年,上海公安经侦部门对经济犯罪形势进行实时动态重点分析研判,完成的分析型情报数量从2004年的126份增长到2006年的321份,年均增长59.6%。

2006年1月,市公安局经侦总队建立八支队,承担七支队原经侦情报工作职责,负责经济犯罪情报信息工作,指导、协调、管理全市公安经侦部门情报信息工作。随后各公安分(县)局经侦支(大)队也相应组建专业情报探组,初步形成市区两级经侦情报机构。2006年起,上海公安经侦部门连续三年开展“经侦情报工作年”“经侦情报工作深化推进年”和“情报工作持续深化推进年”专项工作,先后制定《上海经侦情报工作持续深入推进意见》《上海经侦支(大)队情报质量指数评估办法》《案均上报情报信息工作实施细则》等多项意见和制度,强力推进情报建设工作。上海公安经侦部门强化情报信息支撑经侦实战,运用各种信息化查询系统,形成网上查询比对作战“6个必查”(6个资源库必查)技战法,在串并案件、拓展信息、核实身份、经营主体、核查前科及人员去向中发挥积极作用。

2007年起,上海公安经侦部门建立经侦分析型情报三级研判平台,由市公安局情报处、经侦总队八支队和经侦支(大)队情报探组构成,实现经侦情报工作与市公安局“大情报”体系的有机结合。同年,全市公安经侦部门推进经侦类情报信息采集工作,探索“案件搜集法”“人力情报搜集法”“综合搜集法”3 项搜集法,完善经侦情报搜集、研判、应用和指导培训 4 项工作机制。2007 年,全市公安经侦部门共上报经侦情报 3 273 份、分析型情报 460 份,比上年增长 43.3%。

2008 年起,上海公安经侦部门围绕北京奥运会、上海世博会安保工作,强化“情报主导经侦警务”“全警搜集情报”和“大公安情报”理念,加强经侦情报分析研判工作,2008—2009 年,4 份情报获得国务院总理温家宝,副总理李克强、王岐山的批示。市公安局经侦总队编报的《警惕不法分子利用国家对软件行业税收优惠政策骗取出口退税》风险预警,引起温家宝总理高度关注,责成国家税务局、海关总署研究防范措施,最终出台《国家对高科技产业的认定办法》堵塞漏洞。2010 年,分析研判涉及上海世博会类经侦情报 400 余份。

2010 年,全市公安经侦部门强化“获情信息化、析情专业化、用情实战化”理念。市公安局经侦总队将经侦类高危人群管控纳入市公安局实有人口信息管理系统和市公安局警综平台情报采集模块,达到“人人建库、人人用库”的目的,制定经济犯罪地域性高危人群作案手法资料汇编和经侦类情报信息采集标准,将经侦基础工作延伸至派出所,实现经侦基础工作与“两个实有”“社区警务”的互促互进。2006—2010 年,搜集情报 1 万余条、协破案件 3 600 余起,提炼总结并上报分析型情报 1 800 余条,获中央、公安部、市委、市政府、市公安局领导批示 140 余条。

2010 年上海世博会期间,通过应用系统比对银行卡黑名单、假币和假发票黑名单、涉众型案件受害人、涉赌涉毒工作对象等 13 批次 40 046 条信息。同年,上海公安经侦部门在全国经侦信息化应用大比武中获得团体冠军和 2 项个人第 1 名。

二、经侦信息化应用

1999 年,市公安局经侦总队组建后即开展各项信息化建设,同年安装微型计算机 50 多台(套),并完成经侦总队局域网系统硬件建设。2000 年 7 月,开发并开通“上海经侦综合信息网页”。2003 年,完成经侦总队局域网改造扩容以及中心机房接地工程,配备 100 台公安网计算机,完成总队网页全新改版。随着上海经侦信息化建设和应用的发展,电脑等基础设施投入力度不断加大。至 2010 年,全市公安经侦部门基本实现电脑设备和网络资源全覆盖。

1999 年 7 月,市公安局经侦总队组建后即启动筹建上海经济犯罪案件信息管理系统。该系统于 2000 年 1 月 1 日起运行,2001 年对该系统进行完善,增加自动串并案件的功能。2001—2005 年,上海公安经侦部门通过该系统串并案件 51 串 383 起,侦破 34 串 241 起案件,抓获犯罪嫌疑人 89 人,提供线索带破案件 10 起,抓获犯罪嫌疑人 9 人,涉案总值达 4 200 万余元。2006 年起,市公安局经侦总队将该系统纳入市公安局案(事)件、工作对象综合信息平台,并汇聚至下游的上海经济犯罪案件信息管理系统(新),纵向对接全国经侦信息系统,形成上海市经济犯罪案件信息在市公安局、经侦总队信息平台上横向集散,与全国经侦信息系统纵向贯通的共享格局。

2004 年,市公安局经侦总队自行研发涉税案件协查系统,以加强对全市公安经侦部门税侦业务工作的指导监督力度,如实掌握和反映全市税案协查工作量,共享协查信息资源。该系统记录市公安局经侦总队接受外省市来沪税协、总队税协工作要求转发至各辖管经侦部门协办、全市各经侦部门具体协查情况。系统具有综合查询、协查结果统计、协查质量统计功能。

2005 年,市公安局经侦总队研发全市经济犯罪案件执法监督考核系统并投入应用,该系统依据《中华人民共和国刑法》《中华人民共和国刑事诉讼法》《公安机关办理经济犯罪案件的若干规定》等相关法律、规定，共设置自动监督提示警示节点近70个，可以自动生成各类执法质量、执法绩效分析表10余种。系统运行后，在加强执法规范，提高大要案件督办管理能力，辅助评估工作绩效等方面发挥积极作用。

2010年9月，根据《苏浙皖沪三省一市公安经侦区域警务合作框架协议》，为使警务合作实务化，市公安局经侦总队在已有平台上建成“苏浙皖沪经侦警务信息合作平台”(网站)，该网站是市公安局开发的“苏浙皖沪公安机关警务信息合作平台”下第一个警种条线子网站，并最早投入运作。同年，市公安局经侦总队按照市公安局“大整合、高共享、全联通”的思路，将上海经济犯罪案件信息管理系统(新)、上海经济犯罪案件执法监督考核系统、经侦涉税案件协查系统等整合改造成“上海经侦信息综合应用系统(基础应用部分)”，整合改造后的系统成为上海经侦条线的主干业务系统，进一步强化上海信息资源的综合应用功能和与市公安局大情报平台、警用地理信息平台的关联应用功能。

第二章 经济犯罪案件发案与侦破

第一节 经济犯罪案件发案

1979 年通过的《中华人民共和国刑法》明确破坏社会主义经济秩序罪的犯罪类型。此后，上海公安机关在打击破坏社会主义经济秩序犯罪的过程中，重点打击投机倒把、走私、制贩假币、破坏生产等犯罪行为。1982 年 1—4 月，中共中央、全国人大常委会、国务院先后发出关于打击严重经济犯罪的紧急通知、决定，市公安局先后印发、张贴 10 万份《决定》，运用各种形式开展宣传，直接受教育群众达 1 000 多万人次。3 月 8 日至 5 月底，群众提供检举揭发材料 6 707 份，有经济违法犯罪行为向公安机关和本单位保卫部门坦白交代的 1 707 人，经调查共排出重大经济犯罪嫌疑人 4 500 多人。1982—1984 年，侦破各类经济犯罪案件 335 件，打击、惩处经济犯罪嫌疑人 650 人，查获赃款赃物总值 3 亿多元。1985—1989 年，上海公安机关把严厉打击严重经济犯罪作为“惩治腐败，取信于民”的实事来抓，对大案要案一查到底。市公安局会同银行对黄金流通领域和金饰行业开展调查研究，发现线索，顺线侦查，打击黄金走私犯罪；加强同海关、工商、税务、监察、审计等部门及外省市的横向联系，广开经济犯罪情报信息来源，及时侦查破案；从群众举报中审查侦查，获取证据，挖案破案。1989 年破获投机倒把、诈骗、走私等严重经济犯罪案件 2 033 起，其中重大、特大案件 1 042 起，抓获各类经济犯罪嫌疑人 1 937 人，缴获黄金 6.28 万余克，文物、字画 100 余件。

20 世纪 90 年代初，一些不法分子以合法公司掩盖非法行为，出现宣称可提供钢材等紧俏商品，然后采取多收款、少发货等办法，连续骗取巨款的犯罪形式；还有人利用部分企业急于销售产品的心理，预付少额货款，骗走大量产品。1991 年，上海公安机关侦破严重经济犯罪案件 1 693 起。1992 年，上海公安机关集中力量侦破重大诈骗犯罪案件 1 071 起；与银行密切合作，查破假币案件 48 起，缴获各种票面的假美钞、港币、日币、人民币 5 027 张，查破贩卖假股票认购证案件 4 起；与海关密切配合，查破重大走私案 54 起，其中贸易性走私案占 80%。1993—1995 年，上海公安机关侦破严重经济犯罪案件 1 154 起、1 314 起、2 131 起。1996—1997 年，上海公安机关重点打击信用证犯罪、信用卡犯罪、信贷犯罪、证券犯罪、期货犯罪、跨国诈骗等新领域的各种经济犯罪活动，分别侦破各类重特大案件 2 157 起、2 944 起。1997 年修订的《中华人民共和国刑法》取消投机倒把罪，扰乱市场秩序、危害税收征管、金融诈骗等犯罪逐渐成为经济犯罪的主要形式。1998 年，上海公安机关在原有的打击金融诈骗、走私、危害税收征管犯罪的基础上，增加打击生产、销售伪劣商品，妨害公司、企业管理秩序，破坏金融管理秩序，侵犯知识产权和扰乱秩序犯罪的职能，共办理各类经济案件 2 039 起。1999 年上海市公安局各级经济侦查部门相继成立，经济犯罪侦查工作走上专业化道路，全年侦破各类经济犯罪案件 2 905 起。

2000—2005 年，随着商品和服务贸易、资本流动规模显著扩大，经济犯罪形势日益严峻，全市经济犯罪案件立案数从 2000 年的 2 648 起跃升至 2005 年的 4 878 起，破获案件数从 2 544 起增长到 3 802 起，抓获犯罪嫌疑人从 2 296 人增加到 3 012 人，直接挽回经济损失数从 8.97 亿元增加到 23.44 亿元。其间，金融证券领域经济犯罪案件危害程度显著加重，操纵股票交易价格、非法吸收公众存款案件立案数仅占金融证券领域经济犯罪案件立案总数的 1%，但涉案总值占金融证券领域经济犯罪涉案总值的78%;商贸流通领域经济犯罪案件居高不下,合同诈骗等经济犯罪持续保持在全部经济犯罪立案案件数的30%左右;职务犯罪案件危害显著,国有企业内部人员职务侵占、挪用资金、商业贿赂等案件造成国有资产严重流失;案值较大经济犯罪案件频繁发生,案值在千万元以上大案立案案件数从2000年的34起增长到2005年的101起,涉案总值从2000年的10.54亿元增长到2005年的194.46亿元;新类型、团伙型和跨国跨境经济犯罪案件呈多发趋势,全市经济犯罪涉及罪名由2000年的45种增加至2005年的58种,有组织的团伙型经济犯罪案件从105起增至153起,跨国跨境经济犯罪案件从53起增至78起,共涉及23个国家和地区。

2006—2010年,全市经济犯罪案件破案数从2006年的4 343起增加至2010年的6 079起。在经济全球化、社会信息化的大背景下,全市经济犯罪案件立案数快速增长,经济犯罪手法呈现隐蔽性、网络化的特征,经济犯罪往往被隐藏于"合法"商业行为表象下,具有极强的欺骗性。特别是在信息化背景下,犯罪嫌疑人利用虚拟空间实施侵犯知识产权、合同诈骗、传销等经济犯罪的现象逐渐增多,且涉案资金流向境外。经济犯罪嫌疑人组织化、职业化程度增强,犯罪嫌疑人往往以血缘、地缘关系为纽带结成职业化的犯罪团伙,组织严密、分工明确,具有很强的反侦查能力。经济犯罪受害人呈现出规模化、涉众性倾向,非法集资、传销等涉众型经济犯罪案件明显增多,涉及人数多、涉案金额大、常引发群体性事件。2006年3月,市公安局制定《关于贯彻落实〈公安部关于加强打击经济犯罪工作的决定〉的意见》,全年,共侦破案值巨大、损害群众切身利益、新类型新手法或涉外、涉众型大要案件110余起。2007年7月,市公安局会同北京、广东警方,与美国警方合作,共同实施"夏至"集中行动,成功破获1起特大跨国侵犯知识产权案件。2008年,为维护北京奥运会期间经济、金融安全,全市公安经侦部门督办大要案件850余起,侦破公安部督办案件6起。2009年,全市公安经侦部门破获亿元以上大案12起、千万元以上大案55起、涉众型案件150余起、涉上海世博会案件8起、新类型案件30余起;破获公安部督办案件12起。2010年,全市公安经侦部门围绕"平安世博"和"经侦工作创新发展",侦破攸关上海经济金融安全、社会民生和谐、上海世博会工程建设的各类大要案件280余起。

第二节 打击经济犯罪专项行动

1994年6月6日,中央政法委员会召开全国打击经济犯罪电话会议,狠抓查处经济犯罪大案要案,推动反腐败斗争深入开展,要求各地大力加强查处贪污贿赂、金融诈骗、走私等经济犯罪大案要案工作,依法从重从严惩处严重经济犯罪嫌疑人。此后,上海公安机关先后开展反走私联合行动、打击骗汇专项斗争和打击涉税犯罪专项斗争等。

2000—2005年,全市公安经侦部门根据国务院、公安部要求,结合上海市社会、经济发展情况,在打击金融犯罪、侵犯知识产权犯罪、扰乱市场秩序犯罪、危害税收征收管理秩序等方面,开展各项专项行动。

2000年4—9月,全市公安经侦部门组织开展打击制贩假币犯罪联合行动,破获各类假币犯罪案件138起,抓获假币犯罪嫌疑人204人,缴获各种版本的假人民币面值达286万余元。在10月15日—12月31日打击涉税犯罪专项行动中,全市共侦破各类涉税犯罪案件157起,其中增值税专用发票案件113起、偷逃税案件17起;抓获涉税犯罪嫌疑人145人,追缴税款5 462万元。11月1日—12月31日,在全国性"打假"联合行动中,全市各级经侦部门开展突击行动73次,严打各类制假售假犯罪活动,共破获涉假犯罪案件18起,捣毁制假售假窝点27个,查获各类假冒注册商标产品等价值达4 410万余元,打击处理涉假犯罪嫌疑人73人。

2001年4月，根据国务院关于整顿和规范市场经济秩序的决定和公安部关于开展“严打”整治斗争的部署，市公安局组织开展打击金融票证犯罪、制售假冒注册商标犯罪、制贩假币犯罪、涉税犯罪和缉捕经济犯罪逃犯五大专项行动。全年，全市各级经侦部门侦破金融票证犯罪案件343起，侦破生产销售假冒伪劣商品案件84起，侦破涉税犯罪案件579起，侦破制贩假币犯罪案件66起；抓获在逃经济犯罪嫌疑人394人。

2002年，上海公安机关贯彻落实“全国深入开展严打整治斗争电视电话会议”和市政府《关于今年本市进一步整顿和规范市场经济秩序工作的意见》精神，先后组织开展打击传销和变相传销犯罪的“秋风战役”专项行动、整顿规范公司出资行为专项行动、集贸市场和加油站专项整治工作、涉税违法犯罪专项治理行动、打击非法经营国际电信业务“猎狐”行动等各项专项行动。

2003年，全国整顿和规范市场经济秩序工作会议召开后，全市各级经侦部门重点打击金融犯罪、涉假犯罪、涉税犯罪、扰乱市场秩序犯罪等11项犯罪，全力攻坚侦破一批严重破坏市场经济秩序的大案要案。全年，全市公安经侦部门共侦破涉税犯罪案件759起，追缴税款2.7亿元；侦破扰乱市场秩序案件897起，追回损失3.4亿元；侦破金融犯罪案件396起，追回损失15.2亿元；侦破侵犯知识产权案件109起，追回损失7 586万元。

2004年，全市公安机关先后开展打击虚开货物运输发票及制售假发票等涉税违法犯罪、打击地下钱庄、整治金融票证违法、打击侵权行为保护知识产权等一系列打击整治专项行动。专项行动中，侦破各类涉税犯罪案件458起，追缴税款损失9 434万元，侦破各类非法买卖外汇案件10起，缴获美元15万元、港币78万元、韩币56万元、台币77万元、人民币170万元等，侦破各类金融票证案件392起，追缴赃款赃物5 059万元。

2005年，全市公安经侦部门先后组织或配合开展打击侵犯商标专用权犯罪“山鹰行动”、打击涉税犯罪、打击对外经济合作领域商业欺诈等10余项专项整治行动。在“山鹰行动”中，全市公安经侦部门共立侵权犯罪案件183起，破案154起，涉案总值达1.06亿余元，追缴赃款赃物价值1.89亿余元，抓获犯罪嫌疑人257人。在打击涉税犯罪专项行动中，全市公安经侦部门立涉税犯罪案件459起，涉案金额3.1亿余元，破案439起，追缴税款9 058万余元，缴获非法制售发票70万余份，打掉非法制售发票窝点7个，抓获犯罪嫌疑人364人，移送起诉324人。

2006—2007年，全市公安经侦部门按照公安部部署，开展打击商业贿赂犯罪专项工作，工作中加强与纪检、行政执法、行业主管和监管部门的沟通联系，2006年侦破公安部督办案件“5·31”王某系列商业贿赂案，共抓获犯罪嫌疑人22人，追缴赃款94万余元。2007年，全市公安经侦部门针对部分中介咨询机构非法发行股票和非法经营证券业务违法犯罪活动的突出情况，组织开展严厉打击非法证券犯罪活动专项工作，全年共立非法证券犯罪活动案件190起，涉案金额达6 300万余元，破案132起，追缴赃款赃物2 100万元，抓获犯罪嫌疑人75人。

2008—2010年，全市公安经侦部门围绕北京奥运会、上海世博会安保工作，开展各类打击整治专项行动。2008年，全市公安经侦部门依托协调会商机制平台，组织开展整治银行卡违法犯罪、打击跨境资金违规流动、打击整治制售假发票和非法代开发票等九方面13个专项行动。2009年，全市公安机关先后开展打击侵犯知识产权犯罪专项行动、打击传销百日联合执法活动、打击整治发票犯罪等专项行动。全年，打击侵犯知识产权犯罪专项行动破案265起，抓获犯罪嫌疑人381人，收缴赃款赃物总值4.9亿余元。2009—2010年，上海公安机关按照公安部部署开展打击假币犯罪“09行动”。2010年，全市公安经侦部门围绕“平安世博”和“经侦工作创新发展”，推进打击假币、利用银行卡、假发票、侵犯知识产权犯罪4个专项行动。

第三章　重大经济犯罪案件侦破

第一节　金融类案件侦破

上海公安机关始终保持对利用银行卡和金融票证犯罪，保险诈骗犯罪，非法集资犯罪，证券领域犯罪，洗钱、非法经营外汇业务犯罪，假币犯罪等各类金融领域经济犯罪高压严打态势，与多家行政监管部门、行业协会、金融机构签订协作机制，与深圳、香港、澳门等地开展研讨交流，形成一个集“打击、防范、参谋”功能为一体的金融犯罪打防控体系。

一、利用银行卡和金融票证犯罪案件侦破

1979年，中国银行与香港东亚银行等发卡行建立信用卡业务关系，并在各大宾馆、饭店设立代办机构。国外的不法分子利用国内缺乏电脑设施和通讯联系滞后，持信用卡入境恶性透支和进行诈骗活动。1983—1984年，上海公安机关查获此类案件5起，涉及成员3人，涉及利用过期废卡入境骗款、一人用多种化名恶性透支、窃取或伪造他人信用卡骗领巨款。

1989年8月16日，中国银行、公安部发出《关于严密防范和打击利用信用卡犯罪活动的通知》，要求金融机关和公安机关密切配合，严密防范和打击不法分子利用信用卡进行犯罪的活动。1991年9月14日，市公安局破获吴某使用上海市北供电公司账号的空白转账支票转走170.2万元的特大金融诈骗案，抓获吴某及同案的工商银行职工顾某。1993年2月破获梁某、何某等人伪造信用卡进行购物诈骗案件，梁等人先后在上海市骗得价值外汇兑换券2.6万余元的商品，还曾在北京市骗得价值外汇兑换券6万余元的电器、金饰品、药材等物。

1996年10月23—24日，在上海举办首次沪港银行卡风险管理研讨会，此后在上海、香港两地轮流举办，推进沪港打击和预防银行犯罪的协作配合，共同维护两地金融秩序和安全。

1997年，市公安局破获特大金融票据诈骗案。1996年5月—1997年1月，赵某同陈某、王某、何某等人以“协定存款”“封资款”为名，用24%—29%的高额利息为诱饵，吸引存款单位到指定银行存款，然后勾结银行工作人员骗取存款单位印鉴卡，获取账号，再采用私刻存款单位印签章、伪造贷记凭证及本票的手法到银行骗划存款，先后诈骗18家单位的存款共计9 900万余元。经全力追赃，共追回赃款赃物6 000万余元。

1998年，市公安局破获全国首例伪造银行电脑密钥案。6月10日，抓获以中国工商银行青岛分行职员曾某为首的4名犯罪嫌疑人，破获大量伪造信用卡在全国12个城市提款1 102次、提取现金74万余元的高科技犯罪案件。

2000—2003年，上海公安经侦部门重点打击团伙、系列银行卡犯罪。2000年8月，市公安局侦破“6·28”银行卡团伙诈骗案，抓获犯罪团伙嫌疑人9人，缴获伪造的“Master”“VISA”（“Master”“VISA”均为信用卡国际组织）信用卡36张及用于制卡的笔记本电脑、磁条读写机等犯罪工具。2001年4—12月，上海公安经侦部门开展打击金融票证犯罪集中行动，重点打击信用卡诈骗等犯罪，先后侦破骗领农业银行金穗借记卡内巨额存款的信用卡诈骗案、马来西亚籍犯罪嫌疑人甘某利

用伪造信用卡入境实施的信用卡诈骗案等一批大案。

2003—2004年，上海市陆续发生在自助银行加装电子盗码装置案件。2003年5月起，黄浦、卢湾、虹口、徐汇、普陀等区发生多起在自助银行磁控门锁上加装无线电子盗码装置，窃取客户银行卡密码和磁条信息，继而伪造银行卡实施犯罪的案件。市公安局抓获在上海、武汉、南京等7个城市流窜作案的犯罪嫌疑人罗某、陈某等人。2004年6—8月，由市公安局"5·30"专案组通过开展案件串并侦查，侦破33起在自动取款机插卡口内安装吞卡装置，截取被害人银行卡并骗取密码后提取资金的案件，抓获犯罪嫌疑人7人，摧毁犯罪团伙3个。

2004年，银行卡犯罪出现从传统商业银行向网上银行发展延伸的趋势。7月，市公安局侦破一起利用网上银行交易支付系统实施国际信用卡诈骗的涉网案件，抓获盗取境外信用卡客户资料，虚构境外客户网上购物信息，骗取中国银行预垫交易款的4名犯罪嫌疑人。12月，市公安局侦破2起利用网上银行交易支付系统盗划客户银行卡资金的涉网案件，分别抓获通过侵入有关网站窃取客户银行卡信息，利用网上银行交易支付系统，将客户卡内资金划入异地银行卡提现的韩某等3名犯罪嫌疑人。2004年，全市公安经侦部门立案侦查银行卡犯罪案件352起，破获案件256起，打击处理银行卡犯罪嫌疑人178人。其中，侦破涉网银行卡犯罪案件9起，总金额252.39万元，遏制此类犯罪的滋生蔓延势头。

2006年，上海市信用卡犯罪出现境内外勾结的趋势。2006年6月，市公安局侦破犯罪团伙从境外购买伪造的境外信用卡，与高档娱乐场所不法负责人串通勾结，在十几个场所的POS机上虚假消费套取现金1 100万余元的案件，抓获犯罪嫌疑人19人。2007年10月，市公安局快速侦破1起跨境信用卡诈骗案件，捣毁1个斯里兰卡籍犯罪团伙，抓获团伙成员7人，查获伪卡460张。该团伙先后在上海市多个建设银行网点ATM机上使用伪卡提现180余笔，涉案金额达到20万余元。

2008—2010年，上海公安经侦部门连续三年开展打击银行卡犯罪专项行动，重点打击利用ATM机盗取银行卡信息、涉外跨境、无卡无密交易、利用POS机非法套现、冒用他人身份骗领信用卡等严重银行卡犯罪活动，侦破银行卡犯罪案件5 555起，抓获犯罪嫌疑人2 196人。2008年，市公安局经侦总队侦破全国首例犯罪嫌疑人采取离线交易方式骗购机票的案件。同年12月，市公安局与银监会上海监管局针对银行卡犯罪转移赃款快、追缴难的特点，在上海公安机关和各中资银行设立专门联络员、专用电话、专用传真机，实现对全市涉案银行账户的快速查冻。此后，市公安局经侦、刑侦部门与中国银联上海分公司签订涉案银行卡跨行交易信息快速查询协作机制，上海公安经侦部门建立"银联JASS司法协助系统"查询机制，实现对涉案银行卡跨行交易的快速查询。机制建立后不久，上海公安经侦部门通过启动快速查询、冻结机制，快速侦破2起经济犯罪案件，及时冻结涉案赃款57.9万元，占该2起案件涉案总值九成。2009年9月，上海公安经侦部门与中国银联风险管理部建立打击银行卡犯罪交流会商机制，提升对重大、突发犯罪活动的处置效能。2010年4月，市公安局侦破1起利用POS机进行非法套现大案，捣毁非法套现窝点24处，抓获涉嫌非法经营的犯罪嫌疑人60人，缴获POS机70台、涉案套现信用卡共48 384张，涉案人员累计套现10万余笔，套现总额达11.9亿元，其中单个POS机最大套现金额1.36亿余元，单卡单笔最高套现金额达50.2万元。2010年5月，市公安局经侦总队截获由国内寄往国外的1 014张伪造境外空白信用卡，该案被公安部二局列为部督案件，在闽、湘、赣、浙四地警方配合下，查获以美籍华人张某为首的团伙跨境制造、销售伪卡网络。

二、保险诈骗案件侦破

改革开放后,保险业飞速发展,保险领域违法犯罪活动也随之发生,其中保险诈骗犯罪尤其突出。

保险诈骗犯罪中涉及车辆保险诈骗案件比较突出。2000年起,一犯罪团伙采用故意造成交通事故、伪造事故车辆受损,夸大物损金额,或谎称车辆被盗、冲入河塘需报废等方式,先后恶意伪造车辆事故近80起,骗取保险公司保险理赔款200万余元。2005年7月,上海公安经侦部门抓获潘某等6名团伙犯罪嫌疑人。

在保险业务发展壮大的同时,保险公司管理相对滞后,给少数员工以可乘之机。2004年7月—2005年11月,原泰康人寿保险股份公司上海分公司青浦营销服务部经理姚某以虚假"团体定额型养老年金保险"保险单,骗取170余名个人客户购买该团体险种,骗得保险费累计2 000万余元,所得款项用于还债及挥霍。

随着车辆保险业务迅速发展,很多保险公司通过代理公司来销售车辆保险,不法分子趁机实施诈骗犯罪活动。2008年8月,上海公安经侦部门侦破1起以签订虚假汽车保险代理销售合同,骗取保险公司出具有效保单,将投保人的保费非法占为己有的团伙犯罪案件,涉案金额2 000万余元。

出现个别企业由于经营不善、产品滞销造成亏损,企图通过制造事故骗取保险理赔款的案件。2008年6月,1家台资企业受金融危机影响部分产品滞销,为弥补亏损,该企业乘厂区遭受水灾之机,将仓库二楼积压物料用水冲淋,冒充受损物品,夸大损失程度,获取保险公司理赔款1 500万元。上海公安经侦部门破获该案并全额追回保险公司经济损失。

诈骗医保基金案件时有发生。2008年1月—2010年2月,一家族式医保基金诈骗团伙通过按次或按月付费的租借方式,从上海市医保参保人员处获取大量医保卡及门急诊就医记录册,至医院挂号就医,以仅支付药品全额10%—30%的价款骗得大量医保药品,非法倒卖从中牟利,累计骗取医保基金123万余元。市公安局2010年侦破该案。

2009年4月,市公安局经侦总队与上海市保险同业公会建立打击保险诈骗犯罪情报交流会商机制,加强公安、保险部门协作配合,提升打击防范保险诈骗犯罪工作水平。同年4—8月,上海公安经侦部门根据保险同业公会提供的线索,侦破3起保险诈骗案件。同年9月18日,市公安局会同上海保监局联合召开工作会议,部署加强协作配合、共同打击保险领域违法犯罪行为专项工作。2010年2月,市公安局会同上海保监局、保险同业公会联合举办保险业务专业知识培训会,拓展双方合作平台,提升合力打击防范保险诈骗犯罪能力。

三、非法集资案件侦破

20世纪90年代,部分单位违反国家规定,擅自利用发行债券等各种方式进行集资,利率高、涉及面广、发行量大。1993年4月,国务院印发《关于坚决制止乱集资和加强债券发行管理的通知》,要求各级人民政府和各有关部门必须立即采取有力措施,坚决制止各种违反国家规定的集资。同年9月,国务院再次印发《关于清理有偿集资活动坚决制止乱集资问题的通知》。1996年8月,国务院办公厅印发《关于立即停止利用发行会员证进行非法集资等活动的通知》,要求各地在国务院有关部门公布会员证管理办法之前，一律暂停各种形式会员证的发行和交易活动。1998 年 7 月 13 日，国务院发布《非法金融机构和非法金融业务活动取缔办法》。

进入 21 世纪，上海公安经侦部门针对非法集资活动常伴随涉案金额大、受害人数众多、追缴赃款困难和维稳压力大等特点，坚持做到“打早打小，露头就打”，防止发展蔓延。2000 年 1 月，市公安局查获以张某为首的集资犯罪嫌疑人，其采用虚假验资手法注册成立先利公司，以返还高额回报为诱饵，大肆招募加盟宣传促销员，用收取加盟费方式进行集资诈骗 7.7 亿余元，涉及上海、北京、江苏等 15 个省、市、自治区的 40 个地区，加盟者达 18 万余人次。

2002 年 1 月—2004 年 9 月，上海公安经侦部门对以传销方法进行集资诈骗犯罪连出重拳，查处以传销方法实施进行集资诈骗犯罪案件 6 起。2004—2007 年，上海公安经侦部门立案侦查非法集资案 190 起，涉案总值 172 亿余元，移送审查起诉 107 人，侦破涉案值达 37 亿余元的爱建证券公司刘某等人非法吸收公众存款案、台湾籍人潘某集资诈骗案、徐杨进非法吸收公众存款案。

2005 年 6 月 30 日，市公安局立案侦查某证券股份有限公司下属营业部总经理徐某、财务副经理袁某等人非法吸收公众存款、挪用资金一案。自 2001 年 11 月起，犯罪嫌疑人徐某、袁某以支付 8%—10%高额利息的方式，先后非法吸收 48 家单位、106 名个人 42.7 亿余元资金。为填补存款单位到期本息，采用伪造印鉴等手法，先后盗卖客户持有的证券及盗划客户保证金 6.5 亿元，合计造成损失 12 亿元。2002 年 3 月—2005 年 6 月，徐某、袁某还利用职务便利，单独或合谋侵占、挪用公司资金共 4 184 万余元。

2006 年，公安部将非法集资等四类犯罪确定为情报信息搜集和研判工作重点，下发《关于采取有效措施防范和打击非法集资类违法犯罪活动的通知》。2007 年 2 月，国务院下发《国务院关于同意建立处置非法集资部际联席会议制度的批复》。国务院处置非法集资部际联席会议制度建立后，上海市也建立相关工作机制。同年 7 月，国务院办公厅下发《关于依法惩处非法集资有关问题的通知》，从法律政策界限、各部门协调配合、舆论引导和法制宣传等方面进一步明确各级人民政府、各相关部门职责任务。

2008—2010 年，上海公安经侦部门连续重拳打击非法集资犯罪，侦破吸引 800 余名客户投资 24K 国际连锁酒店客房使用权，非法吸收公众存款达 2.3 亿余元，集资诈骗数额达 1 000 万余元的朱某集资诈骗案；利用国家出台的创业投资政策，以假借创业投资为名，涉及全国被害人近 1 000 人，涉案资金高达 1.8 亿余元的黄某集资诈骗案；侦破冒用国家公职人员身份的宋某集资诈骗案；四川天意农业产业投资有限公司张某等人非法吸收公众存款案等一批非法集资犯罪案件。

四、证券、非法保证金案件侦破

1984 年 11 月，中华人民共和国第一支股票公开发行。1990 年 12 月，上海证券交易所成立。随着证券市场的发展，证券领域犯罪也日趋复杂多样。为保护投资者的合法权益，维护证券市场健康有序发展，上海公安机关侦破一批侦查难度高、社会影响巨大的案件。

1999 年 2 月 14 日，中国证监会、公安部发出《关于在查处证券期货违法犯罪案件中加强协调配合的通知》，要求各级证券监管部门、公安机关要建立案件移送、信息通报交流制度。1999 年 4 月 16 日，上海股市中的“兴业房产”和“莲花味精”股票在下午开盘后即出现被巨量买盘拉至涨停价的异常波动。上海公安经侦部门经侦查，抓获某证券公司上海营业部电脑清算员犯罪嫌疑人赵某。

赵某通过非法侵入计算机系统,修改委托数据记录,达到操纵股票价格卖出持有股票牟取暴利的目的。此案是《中华人民共和国刑法》设立“操纵股票价格罪”后首例被判刑案件。

进入21世纪,操纵股票价格、内幕交易、泄露内幕信息等犯罪活动日趋增多。2003年,上海公安经侦部门立案侦查上海宝源投资管理有限公司涉嫌操纵证券交易价格案,抓获犯罪嫌疑人宁某等3人,冻结涉案资金及股票市值共计11.02亿元。

2003年开始,上海市陆续出现以从事未上市股份公司股权转让或销售境外股票等形式的非法证券活动。由于打着“原始股”“可以到境外上市”“投资少获利快”等幌子招揽客户,此类活动很快在全市发展蔓延,涉及中介机构(含分支机构)近300家,股票种类近百种。上海公安经侦部门主动与工商、证监等职能部门沟通协调,共同打击整治非法证券活动。2005—2006年,全市公安经侦部门破获各类非法证券活动案件72起。2007年,全市公安经侦部门组织开展严厉打击非法证券犯罪活动专项工作,全年受理非法证券犯罪活动案件705起,立案190起,涉案金额达6 300万余元,破案132起,追缴赃款赃物2 100万元,抓获犯罪嫌疑人75人,有效遏制此类犯罪活动的蔓延发展。

2006年1月,市公安局经侦部门根据证监会提供线索,对中油龙昌(集团)股份公司、中国飞天实业(集团)有限公司邱某等人涉嫌经济犯罪问题立案侦查。邱等人在2001—2003年间,采用伪造审计报告、编造财务报表等欺诈手段,控制中油龙昌、浙大海纳、福建三农等多家所谓的“飞天系”上市公司,并掌握3家公司的数十亿资产,利用所谓资产重组等手段,数次合同诈骗中油龙昌公司、中国银行河北廊坊支行等单位累计6亿余元。该案的侦破突破上市公司大股东挪用、侵占公司资产,侵犯公司中、小股东利益的案件不作为刑事案件的限制,对中国证券市场产生深远影响。

2006年11月,市公安局侦破国内首起通过将木马程序植入上海证券交易所内部计算机系统,窃取交易所数据库内幕信息,并利用内幕信息进行股票买卖非法牟利的案件,犯罪嫌疑人梁某和蔡某分别被判处有期徒刑1年、6个月,并处罚金5万元。

非法保证金交易活动是未经金融主管部门审批而从事的非法保证金交易活动。2006年8月—2008年4月,上海公安经侦部门受理涉及非法经营黄金、外汇保证金业务的案件33起,其中22起立案侦查,抓获犯罪嫌疑人35人,侦破上海联泰黄金制品有限公司、上海联兴黄金饰品有限公司、上海皇翔投资有限公司等黄金期货交易案,上海启越投资咨询有限公司非法经营外汇保证金案,娄依杰非法组织参与境外外汇保证金交易案等非法保证金交易案件。

2010年3月,上海公安经侦部门与上海证监部门以文件会签形式,建立打击和防范证券领域违法犯罪协作机制,发挥各自职能优势和资源优势,共商对策办法,推进协作机制高效运作,不断提高主动发现、主动控制和主动打击能力,维护经济金融安全和市场经济秩序。

五、洗钱、非法经营外汇业务案件侦破

1988年8月25日,市公安局抓获倒卖外汇的犯罪嫌疑人王某,当场缴获倒卖外汇所得人民币7.27万元,后又抓获在澳门伟茵企业公司任职的王某女婿犯罪嫌疑人顾某。顾某交代自1988年7月起带进美元4万元和港币200多万元,交由王某高价倒卖,非法牟利23万元人民币。

1989年1月,国家外汇管理局、公安部、国家工商行政管理局发出《关于严厉打击倒汇套汇不法活动的通知》。1997年修订的《中华人民共和国刑法》第191条首次对洗钱行为作出明确规定。随

着金融活动日益全球化、电子化、网络化，上海市屡屡发现犯罪嫌疑人利用地下钱庄、空壳公司等，借助国际贸易活动，或利用保险业以及离岸金融中心的离岸公司进行洗钱。1998 年 12 月，全国人大常委会通过《关于惩治骗购外汇、逃汇和非法买卖外汇犯罪的决定》。

2001 年，针对证券市场 B 股开放后，上海市非法买卖外汇活动增多的新动向，市公安局与国家外汇管理局上海分局共同成立“上海市打击非法买卖外汇违法犯罪活动联合办公室”，指导、协调、督办全市打击非法买卖外汇工作。市公安局会同外汇管理部门，于 6 月初和 9 月底，在全市 13 个区开展 2 次打击非法买卖外汇的专项整治行动，抓获非法买卖外汇的违法犯罪嫌疑人员 50 人，缴获非法交易资金 300 万余元。

2004 年 4—12 月，上海公安经侦部门根据公安部、人民银行、银监会、国家外汇管理局的联合部署，会同市有关部门，组织开展打击地下钱庄、整治金融票证违法犯罪联合行动。行动期间，全市各级公安经侦部门立案侦查伪造金融票证案件、票据诈骗案件、金融凭证诈骗案件、信用卡诈骗案件和信用证诈骗案件 674 起，破案 392 起，抓获犯罪嫌疑人 275 人，挽回经济损失 5 059 万元。受理非法买卖外汇案件 28 起，立案侦查 18 起，破获 10 起，端掉非法买卖外汇窝点 8 个，缴获、查封涉案人民币 170 万余元、港币 78 万余元、美元 15 万余元、韩币 56 万余元、台币 77 万余元，抓获涉案犯罪嫌疑人 24 人。协助海南省公安厅抓获地下钱庄涉案犯罪嫌疑人 2 人，缴获涉案赃款 170 万元。

2005 年 9 月，上海市公安局、中国人民银行上海分行共同研究制定《关于可疑交易线索核查工作的具体实施细则》，规范可疑交易线索核查的工作流程，明确核查工作的一般步骤和核查结果处置原则。至 2010 年，上海公安部门与银行部门举行可疑交易线索专题会商 11 次，通过可疑交易线索核查侦破一批重特大经济犯罪案件。2005 年 3 月 16 日，上海公安经侦部门会同人民银行上海分行、国家外汇管理局上海分局，以及浙江、江苏、河南等地警方开展联合集中行动，侦破邹某等犯罪嫌疑人地下钱庄案，抓获涉案人员 25 人，缴获银行存折(卡)600 余张，查封涉嫌非法交易的银行账户 400 余个，冻结资金 4 700 万余元。

2006 年 4 月，市公安局经侦总队根据中国人民银行上海总部移送线索，侦破新加坡籍犯罪嫌疑人罗某开设地下钱庄从事跨境汇兑业务。此案是中华人民共和国成立后至案发时上海市最大的一起“地下钱庄”案件，涉案金额高达 53 亿余元人民币，非法经营范围遍及全国 31 个省、市、自治区，累计冻结非法经营资金 3 000 万余元。

2006 年 8 月，上海公安经侦部门侦破潘某等犯罪嫌疑人洗钱案。2006 年 5 月起，潘等人收购 200 余张他人身份证在银行办理银行卡，为他人网上盗划客户资金提供账户及按照指令将赃款转账、取现。该案是《反洗钱法》《刑法修正案(六)》实施后，全国首例以洗钱罪判罚的案件。

2007 年 9 月，市公安局摧毁采取跨境汇兑和现钞买卖 2 种非法外汇业务，利用境外银行账户为境内客户提供外汇，非法从事外汇买卖活动，交易金额达 24 亿元的靳某昌地下钱庄犯罪嫌疑团伙。

2008 年，市公安局建立全市公安机关内部收集、分析、研判、上报跨境资金违规流动、洗钱等金融类情报线索工作机制，与深圳公安经侦部门建立打击地下钱庄侦查协作工作机制，侦破亚财同星投资管理(上海)有限公司非法经营存贷款、外汇买卖金融业务案；朴英杰等人非法经营韩币交易业务地下钱庄案等 10 多起跨境资金违规流动犯罪重点案件，涉案金额总计 15 亿元，查处犯罪嫌疑人 136 人。

2010 年 3 月，上海公安经侦部门与上海外汇管理部门建立打击和防范外汇领域违法犯罪协作

2008 年 8 月 11 日,沪深公安经侦部门打击地下钱庄备忘录会签仪式

机制。同年 5 月 28 日,市公安局经侦总队会同国家外汇管理局上海市分局,召集市内 30 家外汇交易指定银行,共同举行"世博链接:警银外汇服务推介会——暨个人外汇交易风险提示启动仪式"。自 6 月 1 日起,上海市各外汇指定银行须在窗口向办理个人外汇交易的客户进行外汇交易风险提示,并发放"个人外汇交易风险提示单",提示单从"拒绝非法外汇交易"和"远离非法金融业务"2 个方面,对客户进行"存取汇、结购汇、投资理财、非法外汇买卖"等 9 项风险提示,将堵截非法外汇交易的宣传关口和布防阵地前移至银行柜台。

六、假币案件侦破

改革开放后,上海公安机关始终保持对各类假币犯罪的高压态势,严查严堵假币流通渠道,侦破一批假币犯罪大要案件。

1986 年 5 月 7 日,上海公安机关查获从香港贩运伪造的 18 万元人民币兑换券,捕获黄某等犯罪嫌疑人 4 人,同案犯罪嫌疑人 6 人,缴获伪造的兑换券 9.3 万余元。1988 年 4 月 19 日,上海公安机关查获大量伪造人民币、市粮票、船票的犯罪嫌疑人徐某、陈某。

20 世纪 90 年代,上海公安机关破获多起假币案件。1991 年 1 月,上海公安机关破获 1 起拓印假人民币案,楼某等 6 名犯罪嫌疑人全部落网,缴获拓印假币的纸张、模板等作案工具和已印好的假人民币 1 010 元。1992 年 4 月 24 日,上海公安机关抓获携带假美钞 9 200 元、假日币 51 万元入境的巴基斯坦籍犯罪嫌疑人阿杜尔·格哈福,后于 5 月 17 日在北京抓获同案犯巴基斯坦籍犯罪嫌疑人那斯兰·汗。1993 年 8 月 6 日,女青年周某在淮海中路摩迪精品店购物时使用假币被发现,经审讯,上海公安机关将出售假币的主犯台湾籍人王某及同案犯罪嫌疑人抓获,共缴获假百元人民币 16 万余元及假美钞 5 000 元。1995 年,全市公安机关收缴各类假币 63 万元。

进入 21 世纪,假币案件的涉案金额明显上升。2000 年 4—9 月,上海公安机关开展以"打团伙、破大案、追源头、捣窝点"为主要内容的打击制贩假币犯罪联合行动,开展集中统一行动 43 次,出动警力 3 800 余人次,会同银行等部门进行 50 余次反假币宣传。全市破获各类假币犯罪案件 138 起,抓获假币犯罪嫌疑人 204 人,缴获各种版本的成品、半成品假人民币面值达 286 万余元。同年,侦破 1 起特大贩卖、使用假币团伙案,缴获成品、半成品假币 156.5 万元,抓获团伙成员 12 人。2001 年在整顿和规范市场经济秩序、严厉打击经济犯罪专项行动中,上海公安机关继续加大力度打击制贩假币犯罪。4—10 月,全市侦破假币犯罪案件 60 起,缴获成品、半成品假人民币 23.5 万元,抓获犯罪嫌疑人 84 人。2002 年,上海公安机关通过深挖出租车乘客使用假币案,打掉以李某润、李某灵为首的 2 个伪造、出售、购买、运输假币犯罪团伙，缴获成品、半成品假币 82 万余元。2003 年快速侦破犯罪嫌疑人利用真假人民币剪切拼接变造的人民币，存入自助银行存款机再从取款机上取出真币的变造币案件。2004 年破获宋某假币团伙案，缴获成品、半成品假币 20 万余元，并协助侦破案值 800 万余元的假币大案。

2006 年 4—9 月，上海公安机关按照公安部的统一部署开展打击整治假币犯罪行动，查处各类假币犯罪案件 97 起，立案侦查 91 起，破案 192 起，抓获犯罪嫌疑人 44 人，查获成品、半成品假人民币 750 万余元、假加拿大元 3 万元、假欧元 2.7 万元。同年，连续侦破 2 起团伙假币大案，共缴获成品、半成品假币 800 万余元。2007 年破获 1 起贩卖假币犯罪团伙案，缴获成品、半成品假币 104 万余元。

2009—2010 年，根据公安部统一部署，市公安局开展代号为“09 行动”的严厉打击假币犯罪专项行动。2009 年 1 月 20 日—11 月 20 日专项行动期间，全市公安机关破获假币犯罪案件 229 起，比上年增加 146%；抓获犯罪嫌疑人 336 人，比上年增加 257%；收缴成品、半成品假人民币 1 329.59 万元，比上年增加 357%。2009 年 3 月 18 日，市公安局破获公安部“09 行动”第一批督办案件王某等人伪造货币案，捣毁上海地区首个假币制造窝点，当场缴获成品、半成品假人民币共计 54.82 万余元。2009 年 6 月—2010 年 4 月，市公安局经侦部门先后将 2 名运输假币的犯罪嫌疑人李某、王某抓获，通过审讯，又于 2010 年 4 月，在广东深汕将 2 名犯罪嫌疑人刘某、黄某抓获，共缴获成品、半成品假人民币 480 万余元。

2010 年，全市公安经侦部门巩固“09 行动”成效，受理假币类刑事案件 232 起，立案 192 起，破案 102 起，抓获刑事犯罪嫌疑人 122 人，收缴成品、半成品假币 1 570 万元，整体战果绩效位列全国第 5 名，先后获得公安部贺电 2 次。同年 4 月，侦破 1 起系列运输假币案，缴获成品、半成品假币 480 万余元。7 月，侦破 1 起出售假币团伙案，缴获成品、半成品假币 216 万元，抓获团伙成员 4 人。

表 3-3-1　1999—2010 年上海市公安机关收缴成品、半成品假人民币数额统计

年　份	假人民币张数(万张)	假人民币金额(万元)
1999	10.1	475
2000	13.8	708
2001	3.2	178
2002	2.1	142
2003	4.2	273
2004	2.2	140
2005	1.7	155
2006	10.3	845
2007	3.2	246
2008	4.2	304
2009	17.6	1 280
2010	12.7	1 235
合　计	85.3	5 981

资料来源：上海市人民政府反假货币联席会议办公室 1999—2010 年度《上海市假人民币(假外币)情况分析》。

第二节 侵犯知识产权案件侦破

1985年7月12日,最高人民法院、最高人民检察院、公安部、司法部发出《关于抓紧从严打击制造、贩卖假药、毒品和有毒食品等严重危害人民健康的犯罪活动的通知》。1986年9月24日,市公安局会同市烟糖专卖局在市境3个交通检查站突击检查出境汽车,查获非法贩烟案件106起,缴获香烟1 088条,价值8万余元。1988年1月,上海市发现假烟票流入市场,致使计划烟票供烟量急增,市场供应秩序受到破坏。市公安局于2月7日,抓获贩卖伪造的上海市第一季度计划烟票的犯罪嫌疑人戴某、曹某和周某3人,缴获假烟票2 700整张和2 520枚,赃款15 270元,后抓获提供假烟票的嫌疑人戴某进等人,查获假烟票2 900整张。1990年3月12日,上海公安机关抓获用"沪南渔4901"号和"沪南渔4902"号渔船走私外烟入境的犯罪团伙,当场截获"良友""希尔顿"等外烟1 000箱,价值160万余元,抓获团伙成员29名。

20世纪90年代,随着高科技人才频繁流动和自主创业增多,侵犯商业秘密犯罪案件时有发生。1992年,江西省抚州磷肥厂职工徐某被借调到上海市卢湾商品外观技术研究所工作期间,潜入该所实验工厂窃得该所"炼钢用石墨电极高温抗氧化涂料"配方原料8种粉末及液体样品。

1998年9月25日,市公安局侦破以犯罪嫌疑人孙某、张某为首的特大非法制造销售烟草注册商标标识案,收缴假冒"红双喜""牡丹"等香烟盒商标166万余张,涉案值达120万元。10月22日,市公安局会同市烟草专卖局,对猖狂制售假烟的长安路卷烟非法交易市场进行集中整治,抓获犯罪嫌疑人29人,捣毁江杨西路仓库等22个制假、储存窝点,收缴各类假烟960箱、散装假烟丝400千克、制造假烟的机器2台、包装材料75万余张、运输用的面包车6辆及赃款4.98万余元。

2000—2001年,上海公安机关开展多次打击制售假冒伪劣商品违法犯罪行动。2000年10月26日—2001年2月28日,根据公安部《关于积极开展严厉打击制售假冒伪劣商品违法犯罪行动的通知》要求,全市各级公安机关会同技监、工商、卫生等部门组织开展"打假"联合行动,捣毁制假窝点273处;查处各类生产、销售假冒伪劣商品案件290起;查处犯罪嫌疑人362人;查缴假冒名酒、名烟和汽车配件等伪劣商品标值总额9 336万余元。2001年4月1日—12月31日,全市公安机关开展严厉打击制售假冒伪劣商品犯罪活动,以食品、药品、医疗器械、拼装汽车为重点,各级公安机关会同有关行政执法部门开展集中统一行动520次,出动警力2 716人次,清理整顿假冒伪劣商品交易市场141个,捣毁制假售假窝点472处,侦破生产销售假冒伪劣商品案件150起,查获赃款赃物价值人民币1.3亿元,抓获涉案人员358人。

2000年以后,市公安局破获多起侵犯知识产权类高科技犯罪案。2001年1月,破获凌码信息技术(上海)有限公司员工犯罪嫌疑人项某、孙某侵犯商业秘密案。项、孙私自将公司开发的计算机软件源代码披露给公司客户马来西亚某公司,致使该公司中止与凌码公司履行的折合约人民币120万元的合同。2002年11月,破获上海裕生智能节能设备有限公司原工作人员袁某利用工作便利掌握公司"ZZJ型智能化节电装置"专有技术,辞职后与他人合伙成立上海攀德职能化节能设备制造有限公司,生产与裕生公司同类产品,造成原公司严重经济损失的侵犯商业秘密案。

2004年,根据公安部要求,全市各级公安经侦部门积极配合有关行政执法部门开展开展打击制假售假、保护知识产权专项行动。4月1—20日,全市各级经侦部门立案侦查假冒注册商标案、销售假冒注册商标商品案31起,破案15起,抓获犯罪嫌疑人75人,移送工商等行政部门处理13人,缴获假冒商品价值2 000万余元。

2004年4月，市公安局在公安部指挥下，根据美国国土安全部移民海关执法局驻北京办事处提供的线索，开展代号为“春天行动”的专案侦查。7月，抓获以美国籍涉案人员格思里为首的7名犯罪嫌疑团伙成员，缴获21.64万余张盗版DVD影碟片。该案是中美两国刑事执法部门侦破此类案件的成功范例，也是中国公安机关与美国国土安全部移民和移民海关执法处首次在打击侵犯知识产权方面的成功合作。

2004—2005年，公安部在全国范围内部署开展保护商标专用权“山鹰行动”，上海公安经侦部门按照“破大案、端窝点、打团伙、查网络”的方针，破获一批影响面广、社会危害严重、涉案金额较大的侵犯知识产权类大要案件。至2005年11月底，立侵犯知识产权类案件183起，破案154起，涉案总值1.06亿余元，追缴赃款赃物价值1.897亿余元，抓获涉案人员257人。2005年3月，市公安局破获张某群、张某辉等犯罪嫌疑人非法经营、销售伪劣产品、销售假冒注册商标的商品系列案，抓获涉案人员8人，缴获价值328万余元的待售假冒伪劣“中华”“熊猫”等品牌卷烟和非法经营真品卷烟28 098条，用于作案的轿车8辆、尖刀19把，追缴、冻结赃款128万余元，冻结涉案股票14万余股、房产18处，涉案总额共计7 160万余元。

2005年5月，上海公安经侦部门破获1起利用电脑网络实施侵犯著作权犯罪的新类型案件。2004年8月—2005年5月，犯罪嫌疑人游某伙同他人，在上海、浙江等地私自设立网络服务器及开设专门网站，以会员制形式提供《传奇3》网络游戏服务，并通过网上银行转账等方式收取会员费，非法获取赃款50万余元人民币。2005年11月1日—2006年1月31日，根据公安部等6部门联合下发的《严厉打击侵权盗版违法犯罪活动区域性整治行动工作方案》，上海公安经侦部门积极协同开展集中整治专项行动，其间，捣毁盗版音像制品窝点1个，清缴盗版光盘2万余张和淫秽光盘1 000余张。

2006年4—12月，上海公安经侦部门根据公安部部署开展打击侵犯知识产权犯罪的“山鹰二号”专项行动，受理侵犯知识产权类案件357起，立案272起，涉案总值2.15亿余元；破案206起，抓获犯罪嫌疑人307人，追缴赃款赃物价值2.05亿余元。同年3月，市公安局对销售假冒治疗禽流感的“达菲”及其他药品的犯罪活动开展专案侦查。5月24日，公安部经侦局领导在上海指挥沪、苏、黑、辽、粤五地警方统一开展代号为“海浪行动”的集中行动，抓获汪某等犯罪嫌疑人11人，查获大量“达菲”假药半成品及其他原料。

2007年，上海公安经侦部门开展保护知识产权“春秋行动”工作，其间，查处各类侵犯知识产权违法犯罪案件281起，涉案金额共计4 800万余元，打击处理违法涉案人员305人，检查音像复制、印刷单位5 000余家，查获各类侵权出版物32万余件，取缔盗版经营摊点130余处，收缴赃款赃物价值合计5 373万余元。

2008年8月，上海公安经侦部门在烟草专卖局等部门的配合下，成功破获1起特大跨国运输、销售假冒国外品牌卷烟团伙案，抓获涉案人员6人，缴获假冒“万宝路”“乐富门”等国外品牌卷烟5 021箱，案值约4 365万余元。全年，上海公安经侦部门开展卷烟打假工作，立案侦查121起，涉案总值1.8亿余元，破案100起，追缴总值1.3亿余元，抓获犯罪嫌疑人161人。

2009年，全市公安经侦部门在打击侵犯知识产权犯罪专项工作中，以组织实施“迎世博、保平安”打击整治攻坚战为契机，破获侵犯知识产权犯罪案件265起，抓获涉案人员381人，收缴赃款、赃物总值4.9亿余元。同年2月，上海公安经侦部门与烟草部门协作，侦破公安部督办“2·22”特大系列运销假烟案，抓获以沈某等人为首的假烟犯罪嫌疑人29人，缴获案值2 300万余元的假冒“中华”“利群”“黄鹤楼”等品牌卷烟19万余条及11部作案用车辆，摧毁涉及上海、浙江、福建、江苏三省一市的特大运销假烟网络,成为首例上海主办破获的公安部督办假烟案件。

2010 年 5 月,上海公安经侦部门与沪浙闽三地警方通力合作,破获公安部、国家烟草专卖局督办的沪浙“12·11”系列运销假烟网络案,抓获犯罪嫌疑人 27 人,刑事拘留 11 人,提请批准逮捕 13 人,取保候审 3 人,查获假烟储存仓库 8 处、涉案车辆 16 辆、各类假冒知名品牌伪劣卷烟共计 2 550 余箱,案值 1 725 万余元。

2010 年,全市公安机关开展打击侵犯知识产权专项行动并启动开展打击侵犯知识产权和制售伪劣产品犯罪“亮剑”专项行动。全市公安经侦部门在开展打击侵犯知识产权犯罪专项行动中,以上海世博会园区及周边区域,各区(县)主要街区、地段,中心城区主要商业街、商务圈、涉外宾馆较集中的区域,及全市各大型商贸市场为重点,侦破各类侵犯知识产权刑事案件 277 起,其中涉博案件 50 起,抓获涉案人员 465 人,提请批准逮捕 177 人,移送起诉 333 人,追缴各类侵权商品 190 万余件。2010 年 6 月 26 日—10 月 31 日,市公安局会同相关单位组织开展“打击整治倒卖、伪造世博会票证、预约券和销售假冒上海世博会特许商品等违法犯罪活动”专项行动,查处此类案件 1 384 起,查处各类违法涉案人员 9 674 人,摧毁团伙 83 个,捣毁窝点 84 个,查获非法物品 154 万余件。5 月,上海世博会开园不久,世博园票务部门清点时发现 2 张仿制上海世博会平日普通票,市公安局经侦总队立即会同有关部门组成专案组,并在京、冀、浙等地警方协助下快速侦破此案,抓获涉案人员张某等 7 人,查处制售假窝点 2 处。

第三节　违反公司法案件侦破

在社会主义市场经济建设中,违反公司法犯罪形式多样,包括侵占挪用资金、受贿行贿、失职渎职、虚报注册资本、虚假出资、抽逃出资、妨害清算、隐匿或故意销毁会计账簿、虚假破产等。

一、职务侵占、挪用资金案件侦破

20 世纪 80 年代开始,上海市公安局通过加强与政府相关管理部门协作配合、细致核查群众来信来访举报等,打击处理一批职务侵占、挪用资金犯罪案件。1986 年 3 月 2 日,市公安局依法逮捕市委办公厅原副主任余某。余利用职务便利,假借领导名义干预外贸、公安、房管等部门正常工作,帮助他人牟取私利,从中收受贿赂折合 3 万余元,被市高级人民法院判处无期徒刑。1994 年 6 月 9 日,中共中央办公厅、国务院办公厅发出《关于在反腐败斗争中注意抓好经济犯罪大案要案查处工作的通知》。2000 年,市公安局根据举报信,侦破上海电气集团下属印刷包装机械公司部分领导被腐蚀拉拢,为犯罪嫌疑人唐某控制的宝强实业有限公司非法牟利的职务侵占案。2001 年,市公安局侦破上海福海(木业)企业有限公司总经理犯罪嫌疑人刘某、副总经理犯罪嫌疑人潘某等利用职务便利职务侵占、挪用资金案。同年,侦破宝丰联集团公司原领导干部系列职务侵占案,追回经济损失 800 万元。2004 年,侦破宝山区杨行镇北宗村领导利用企业转制挪用资金,致使集体资产流失案。2005 年,市公安局侦破外高桥股份公司高管人员利用职务之便,将公司巨额资金擅自挪用造成公司巨大损失案。2007 年,侦破上海大康集团有限公司集团总经理犯罪嫌疑人刘某、原董事长犯罪嫌疑人朱某等人的职务犯罪案,并深挖、侦破公司下属大康度假村收银员集体职务侵占案;侦破周氏(集团)有限公司法定代表人犯罪嫌疑人周某通过非法转让土地获取转让款 20 亿余元案;侦破原上海县房地产总公司秦某等犯罪嫌疑人利用公司改制侵吞国有资产 1.9 亿余元案。2010 年,侦破以闸北区彭浦镇龙潭村主任兼村属龙潭实业公司董事长犯罪嫌疑人陈某为首的“群蛀案”。

在中国证券、债券、保险等资本市场处于起步发展阶段，监督制约机制有待完善的情况下，通过违规融资、非法吸存、私设账外账、篡改数据库等方式的各种职务侵占、挪用资金犯罪时有发生。1998 年 4 月 26 日，市公安局破获国泰证券公司国际业务部清算处经理王某利用职务之便挪用公司港币 2 000 万余元买卖香港股票，造成公司损失港币 320 万余元案件。上海公安经侦部门于 1999 年侦破上海申银万国证券股份有限公司闵行营业部原经理犯罪嫌疑人周某挪用国有资金 9.5 亿元，造成直接损失 1.5 亿元案；同年，侦破华夏证券公司陆家浜路营业部副经理兼电脑主管犯罪嫌疑人胡某在客户账号上空加资金，挪用客户保证金 1 300 万元案。2002 年侦破大鹏证券公司金陵东路营业部副总经理犯罪嫌疑人丁某等人挪用资金 6.3 亿余元、造成实际损失 1.5 亿余元案。2004 年侦破东方证券股份有限公司万航渡路营业部营销主管犯罪嫌疑人应某伙同他人采用伪造客户签名、假冒客户委托取款提现等手法，挪用营业部客户保证金 1 000 万余元案。2006 年侦破德邦证券岳州路营业部员工犯罪嫌疑人王某冒用营业部名义，以代购国债并贴补高额利息为诱饵，与客户签订虚假的《国债贴息协议书》，吸收投资款并非法占为己有 1 470 万余元案。2008 年侦破浙商证券上海营业部总经理犯罪嫌疑人徐某以承诺保本高息吸收资金 2.37 亿余元，并挪用 1 300 万余元案。

上海公安经侦部门对涉及合资、外资企业的职务侵占、挪用资金犯罪活动予以严厉打击。2005 年，上海公安经侦部门侦破设计添加收银系统非法程序、篡改交易记录、收银员截取营业款的团伙案件。同年，侦破原上海永乐家用电器有限公司员工犯罪嫌疑人彭某与供货厂商串通将公司进货价格蓄意抬高，侵占货款差价 900 万余元案。2006 年，侦破惠普有限公司上海分公司销售代表采取抬高产品基价，虚增销售环节，虚构补差费、服务费等手法，非法侵占公司资金 210 万美元案。2008 年，侦破中外运—敦豪国际航空快件有限公司下属康桥服务中心部分人员内外勾结团伙职务侵占案。2010 年，侦破荷兰道克怀斯重大件海运有限公司上海代表处驻华代表经理利用职务侵占公司巨额资金案。

2000—2010 年共立案侦查职务侵占、挪用资金犯罪案件 7 185 起，破案 4 970 起。

二、商业贿赂案侦破

改革开放后，随着市场竞争日趋激烈，一些经营者为追逐更大利益，在商业活动中不惜铤而走险，采取贿赂的手段以达到目的。1987 年 2 月，上海公安机关在审理一起赌博案中发现线索，组织专案深追细查，破获“图书大王”印制大量非法出版物，受贿、行贿数额巨大的犯罪案件，依法将犯罪嫌疑人印某逮捕。案件涉及 13 个省、市、自治区的 34 家出版印刷单位，严重扰乱书刊市场。

2000—2005 年，上海公安经侦部门立案侦查商业贿赂案件 221 起，涉案金额 7 091 万余元，破案 195 起，抓获犯罪嫌疑人 175 人，挽回经济损失 2 844 万余元。

2006 年 5 月 10 日，市委办公厅、市政府办公厅印发《上海市治理商业贿赂专项工作实施方案》，上海治理商业贿赂专项行动正式启动。市公安局作为打击商业贿赂犯罪的职能部门，始终对商业贿赂保持严打高压态势。2006 年受理商业贿赂案件 196 起，立案 148 起，涉案总值 3 200 万余元，破案 116 起，抓获犯罪嫌疑人 89 人，收缴总值 340 万余元。同年，针对医药购销领域商业贿赂犯罪比较突出的情况，组织开展打击医药购销领域商业贿赂犯罪专项工作，侦破重庆希尔安药业有限公司上海销售代表给予业务对象公司、工作人员回扣返利的贿赂犯罪等一批大要案件。

2006年5月,市公安局侦破上海世迅网络工程有限公司员工在工程项目中收受巨额贿赂案件。王某等22人在电脑网络线路等工程项目中,向建设单位部门负责人行贿,或利用负责电脑网络线路等工程项目建设,收受承接人的贿赂,涉案金额650万余元。

2007年,上海公安经侦部门深入开展商业贿赂专项治理工作,通过落实侦查破案责任制、重大案件督办制等措施,全年受理商业贿赂案件142起,立案92起,涉案总值3 700万余元,破案67起,抓获犯罪嫌疑人65人,追缴总值348万余元。

2008—2010年,上海公安经侦部门结合"奥运""世博"安保专项行动,持续推进"治理商业贿赂"专项工作,破获上海电信有限公司、上海申美饮料食品有限公司内部工作人员巨额商业贿赂等一批重大案件,共受理商业贿赂案件516起,立案203起,涉案金额5 037.77万余元;破案146起,追缴总值977.86万余元,抓获犯罪嫌疑人115人。

三、违反公司管理秩序案件侦破

2000年,上海公安机关侦破静安区副食品公司下属亚细亚大酒店股份有限公司提供虚假财务报告案,此案是《中华人民共和国会计法》实施后上海第一起此类案件。

2001年12月31日,国家工商总局、公安部发出《关于整顿规范公司出资行为的通知》,决定在全国范围内联合开展整顿公司出资行为的专项行动。2002年2—6月,根据国家工商行政管理总局和公安部的统一部署,上海公安机关会同工商行政管理部门组织开展整顿和规范公司出资行为专项行动。其间,立公司非法出资案件90起,涉案金额19.09亿元,其中虚报注册资本案件37起、虚假出资案件34起、抽逃出资案件18起、中介组织人员提供虚假证明案件1起,破获公司非法出资案件77起,追缴3 814.8万元,抓获违法犯罪嫌疑人44人。行动期间,各级公安机关争取政府的支持,组织社区民警深入社区开展宣传,公布举报电话,发动群众举报公司非法出资行为。市公安局与市工商行政管理局建立专项行动信息通报制度,不定期召开联席会议,互通犯罪线索,共同研究打击公司非法出资犯罪行为的工作措施。

2003年,侦破上海信迪贸易有限公司隐匿、故意销毁会计凭证案;2006年,侦破上海中盛石油有限公司虚报注册资本案;2007年,侦破上海星河电器有限公司法定代表人犯罪嫌疑人庄某通过虚假验资注册成立公司,并以高额利息为诱饵非法吸收200余人存款的抽逃注册资本、非法吸收公众存款案等一批违反公司管理秩序犯罪案件。

随着区县、乡镇经济小区和街道招商中心较快发展,在增强区域经济实力的同时也出现一些问题,尤其是企业设立中虚假验资、虚设注册场所和虚报投资者身份的"三虚"违法行为严重,危害上海金融秩序、市场秩序和投资环境。上海公安机关根据市政府要求,组织开展打击"虚假验资、虚设注册场所、虚报投资者身分"犯罪专项行动。2007年立案侦查此类案件98起,涉案金额4.08亿元,破案63起,追缴赃款赃物8 700万余元,抓获犯罪嫌疑人66人。

至2010年,上海公安机关立案侦查违反公司管理秩序犯罪案件1 538起,破案1 082起。

第四节　扰乱市场秩序案件侦破

1980年1月1日生效实施的《中华人民共和国刑法》第117、118、119条明确规定违反金融、外汇、金银、工商管理法规实施投机倒把犯罪行为的认定和惩处。1980年1月,工商总局、公安部下发

《关于查处投机倒把案件的几个问题的联合通知》，指出“投机倒把案件，主要由工商行政管理部门审查处理，但情节严重和重大投机倒把案件需要侦查的，交由公安机关办理”。1981 年 1 月 7 日，国务院发出《关于加强市场管理打击投机倒把和走私活动的指示》，要求各地严厉打击投机倒卖、居间牟利、降质抬价以及支持投机倒卖从中分成等牟取非法收入的十几项投机倒把行为。

1985 年 5 月，上海公安机关破获黄某等犯罪嫌疑人假冒泰国国籍，以引进外资、签订贸易意向书为诱饵，与全国 14 个企业签订 140 份合同金额达 15 亿美元和 16 亿人民币，骗得人民币 130 万元的特大案件。1986 年 6 月 9 日，中共中央办公厅发出《关于提高严防诈骗活动的通报》，要求提高警惕，有效防范和打击诈骗犯罪活动，还附发黄某等案件有关情况。1990 年 4 月 16 日，上海公安机关破获伪造“上海市副食品购买券”(即猪肉票)案，抓获顾某根等 8 名犯罪嫌疑人，查封没收 2 家非法印刷厂，挽回国家经济损失 30 万余元。

1986 年 10 月—1987 年 12 月，最高人民法院、最高人民检察院、公安部、司法部等部门先后发出通知，要求严厉打击倒卖走私黄金犯罪活动。1989 年 11 月，上海公安机关在审理 1 起引诱、容留妇女卖淫团伙案时，发现非法倒卖黄金线索；经过 21 个月的侦查，于 1991 年 9 月，先后查获以高某、徐某等为首的 5 个黄金走私集团，涉及上海、北京、天津、广东、广西、江苏、浙江等 12 个省市的 5 家银行、30 多家金店，以及香港、澳门地区的 9 个金铺，走私黄金饰品 2.5 吨，案值总额 2.5 亿元，共捕获犯罪嫌疑人 63 人。

1989 年 3 月，上海公安机关在河南省新乡县民政局下属综合福利公司上海经营部查获假“五粮液”酒。审查中，发现该经营部另有非法倒卖羊毛原料的重大嫌疑，经深入侦查，查明无业人员俞某于 1987 年 10 月以个人名义承包该经营部，后大肆从事投机倒把活动，非法经营额达 1 808 万元，牟取暴利 110 万余元。

1995 年 9 月 22 日，国务院办公厅发布《关于停止发展多层次传销企业的通知》。2000 年 6 月 23 日，公安部发出《关于严厉打击以传销和变相传销形式进行犯罪活动的通知》。

1997 年 3 月，第八届全国人大第五次会议修订的《中华人民共和国刑法》去除投机倒把罪，分解出合同诈骗罪，非法经营罪，强迫交易罪，倒卖车票、船票罪，非法转让、倒卖土地使用权罪等。

1999 年 7 月，上海公安机关抓获特大合同诈骗案嫌疑人陈某。1995 年 1 月，江苏省太仓市华南物资有限公司总经理陈某，以先支付 310 万元贷款的方式，骗取宝钢集团红达综合公司价值 780 万元的全部冷轧板后逃匿。1999 年上海公安经侦部门侦破上海雄恒贸易有限公司法定代表人吴某合同诈骗案，吴某从 1996—1998 年以支付高额价差利润为诱饵，与数十家客户订立虚假铝锭贸易合同，从上海市农业投资总公司等 54 家单位骗取货款达 5.67 亿元。

2001 年 4 月，上海公安经侦部门组织开展整顿和规范市场经济秩序专项行动。至 2003 年 3 月 15 日，全市公安经侦部门侦破扰乱市场秩序犯罪案件 2 063 起，追回经济损失 5.66 亿元，抓获犯罪嫌疑人 1 157 人。其间，侦破公安部 2001 年督办上海依利丹实业有限责任公司董事长刘某等人，利用装修工程项目诈骗约 2 000 万元，并具有恶势力性质的团伙合同诈骗案等大案要案件。

2001 年 11 月至 2002 年 1 月，根据公安部部署，上海公安机关集中开展打击传销违法犯罪活动“秋风战役”行动，排摸涉嫌非法传销线索 11 条，出动警力 1 383 人次，捣毁传销窝点 10 处，侦破上海金翰电子商贸有限公司以网上销售“金箔画”形式在全国发展 110 多家加盟店，涉案金额达 5 410 万元的传销案。2003 年 6 月 20 日，公安部、国家工商行政管理总局联合印发《关于坚决打击传销和变相传销活动维护经济秩序和社会稳定的通知》。2002 年 1 月—2004 年 9 月，受理查处传销类案件 18 起，其中立案 12 起，对犯罪嫌疑人采取刑事强制措施 10 人。

2002年,上海公安机关开展整顿集贸市场和加油站秩序的专项行动,共出动警力2 100余人次,清理整顿集贸市场110多个,规范全市集贸市场经济、治安秩序。

2002年5月,上海公安机关侦破全国首例损害商品声誉案。2001年4月中旬,江苏省连云港市黄海度假村客房部陈某买入84台"双菱"空调,由于经营不善,陈为达到拒付10.6万元空调货款的目的,捏造"双菱"空调机存在严重质量问题的事实,先后3次在南京、上海的公共场所当众砸毁"双菱"空调,并通过报刊、电视等媒体传播,使"双菱"空调机品牌声誉受到严重诋毁和损害。

2002年9月25日,信息产业部、公安部、国家税务总局、国家工商行政管理总局联合发出《关于联合严厉打击非法经营国际电信业务违法犯罪活动的通知》。9—12月,上海公安机关在全市范围集中开展打击非法经营国际电信业务的"猎狐"行动,共排查非法经营国际电信业务嫌疑单位83家。其间,侦破非法经营国际电信业务,非法所得达300多万元,造成国家电信资费重大损失的张某等人非法经营国际电信案。

2002—2004年,上海市出现假冒部队军官,以低价销售和高价收购"高分子经纬布""多功能纳米膜"等新型材料为诱饵实施合同诈骗犯罪,仅闸北区就先后发生20余起。2003年4月17日,上海公安经侦部门在浙江省杭州市将犯罪嫌疑人张某、黄某抓获。张、黄两人分别假冒武汉红金龙特种织造厂和七三二〇九部队后勤处单位名称,以低价销售和高价收购"高分子经纬布"的方法,先后诈骗上海市和浙江省4家企业,骗得货款50万元。

2003年,上海公安机关侦破上海市首例损害商业信誉案,抓获犯罪嫌疑人马某。马曾任经济报社记者,因与报社发生劳动争议产生报复泄愤心理,2002年4—7月,发出100余封信件,散布《上海经济报》发行量仅有1万余份、报社内部管理混乱等虚假消息,致使与报社签有广告代理合同的广告公司和客户相继与报社终止合同,报社实际经济损失达177.6万元。

2003年防治"非典"期间,市公安局下发《关于严厉查处借防治"非典"之机扰乱市场经济秩序犯罪活动的通知》,要求全市公安机关加强与行政执法部门配合,严厉打击借防治"非典"之际扰乱市场经济秩序犯罪活动。其间,上海公安经侦部门会同药监、卫生、工商等部门开展"清沙风暴"专项行动,对有出售伪劣医药用品嫌疑的单位、地区开展集中清查行动,对生产、销售防护服、口罩、消毒剂等产品的单位进行检查,查获一批伪劣消毒液和药品、保健品。

2005年9月14日,商务部、公安部、国家税务总局联合印发通知,决定2005年9月—2006年5月在全国范围内开展打击、整治商业零售企业恶意占压、骗取供应商货款欺诈行为专项行动。全市各级公安经侦部门深入地区研究分析、排摸线索,破获商业欺诈行为中涉嫌经济犯罪案件14起,涉案金额7 400万余元,抓获犯罪嫌疑人24人。

2005—2007年共侦破扰乱市场秩序犯罪案件4 292起,追缴损失172 730.36万元,抓获犯罪嫌疑人2 498人。2005年,侦破犯罪嫌疑人吴某利用房产中介代理业务实施合同、贷款诈骗的系列案件;侦破1起汽车租赁合同诈骗案,抓获涉案人员14人,追回涉案车辆41辆。2006年,破获1起涉案金额1 900万余元的非法经营成品油案;破获以销售商铺为幌子骗取1.87亿余元案件,并抓获逃往境外的上海希盟企业发展有限公司总经理犯罪嫌疑人方某。2007年,侦破以外商投资为诱饵的系列合同诈骗案,串并破案50余起,追回赃款180万元,查封涉案房产3套。

2006年,上海地区涉众合同诈骗犯罪快速增加。涉众合同诈骗犯罪受骗人员多、范围广、金额大,社会影响恶劣,极易发生群体性事件。2006年,上海公安经侦部门立案侦查涉众型合同诈骗案件172起。其中,侦破家美好百货有限公司合同诈骗案。该公司虚假出资注册后长期负债经营,后由于公司负责人预售提货券骗取被害人资金后潜逃境外导致案发,使得短期内先后有超过1 000余家供货商报案，一度出现集访、哄抢商品迹象，社会影响十分恶劣。2009 年，上海公安经侦部门破获陈某诈骗案。2008 年 7 月—2009 年 2 月，陈等人先后以凌元公司和上海胜盛投资管理有限公司的名义，雇用业务员采取随机拨打电话方式以每股 5—5.6 元不等的价格对外销售虚构的瑞丰铝业和福建中跃能源发展股份有限公司等公司股权，骗取全国 30 余个地区近百名被害人投资款共计 300 万余元。2009 年 1—8 月，上海公安经侦部门立合同诈骗类涉众型经济犯罪案件 7 起，涉案金额 3 660 万余元，涉及人数 1.8 万余人，涉及销售储值会员卡、虚构保险种类、销售境外组合基金、销售虚假股权、申购新股、帮助炒卖外汇等多种诈骗手法。

2006 年开始，上海公安机关按照市整治虚假违法广告专项行动联席会议办公室的要求，配合开展防范和打击虚假广告犯罪与利用虚假广告宣传实施的其他犯罪行为。2006 年，查处涉嫌利用虚假广告宣传实施经济犯罪案件 35 起，其中立案 9 起，移送其他行政执法机关 12 起，涉案金额 60 万余元，破案 5 起，抓获犯罪嫌疑人 35 人。2009 年，上海市公安机关结合“迎世博、保平安”打击整治攻坚战专项工作，保持打击虚假广告违法犯罪的高压态势。2009 年 8 月 31 日，上海公安机关获悉上海松鸣商贸有限公司和上海添川商贸有限公司在明知其数码相机、摄像机存在严重质量问题的情况下，仍在新疆、陕西等地电视台购物节目中做虚假宣传，从中获利达数十万元。上海公安机关及时对犯罪嫌疑人采取强制措施，消除影响，有效防止受骗群众损失进一步扩大。

2008 年 1—5 月，上海公安机关根据公安部部署组织开展打击网络传销犯罪专项行动。其间，立案侦查网络传销犯罪案件 4 起，涉案金额 640 万元，破案 3 起，抓获犯罪嫌疑人 10 人；侦破其他传销犯罪案件 6 起，涉案金额 1 484 万元，抓获犯罪嫌疑人 32 人。2009 年 2 月 28 日《刑法修正案(七)》增设“组织领导传销罪”。2009 年 7 月 10 日—10 月 20 日，市公安局会同市工商局举办“打击传销百日联合执法行动”大型宣传活动，开展现场咨询，发放宣传单、倡议书，联合执法活动破获传销犯罪案件 11 起，追缴赃款 1.04 亿元。

2008—2010 年，上海公安经侦部门全力保障北京奥运会、上海世博会成功举行，维护上海经济、金融安全、市场经济秩序良好和社会和谐稳定，共侦破合同诈骗案件 2 538 起。2000—2010 年，上海公安机关侦破扰乱市场秩序犯罪案件 12 045 起，追缴经济损失 62.88 亿元。

第五节　危害税收征管秩序案件侦破

1988 年 10 月 16 日，国家税务局、国家工商行政管理局、公安部发出《关于进一步加强部门间配合协作，搞好工商行政、税务管理和社会治安的联合通知》，要求各级税务、工商行政管理、公安机关加强联系，密切配合，保证国家税收，维护社会主义商品经济秩序。1989 年 10 月 17 日，上海公安机关抓获专门在北京西路云峰外汇免税商场门口非法倒卖海关申报单免税额度的犯罪嫌疑人时某等 4 人。时某等人私刻海关放行单，伪造免税单，在商场门口卖给“黄牛”。1 个月内使国家损失税款 20 万余元，从中非法牟利 6 万余元。

1996 年，市公安局经保总队“12·9”专案组侦破 1 起中华人民共和国成立后上海市最大骗税、套汇团伙犯罪案件，抓获犯罪嫌疑人 16 人，缴获赃款人民币 1 000 万余元、美元 7 万元、珍珠 1 000 余千克以及汽车等大量财物。1997 年 2 月 23 日，公安部给“12·9”专案组记集体一等功。1998 年，全市公安机关积极开展打击危害税收征管犯罪案件的工作，全年破获涉税案件 315 起，为国家挽回经济损失 1.03 亿元。

1999 年 3 月 16 日，国家税务总局、公安部发出《关于开展打击伪造倒卖发票犯罪活动的通知》，决定从4—6月在全国范围内开展清理检查发票活动和打击伪造、倒卖发票的专项行动。同年3月,上海公安机关会同税务部门深入调查,破获浙江籍犯罪嫌疑人陈某非法出售、虚开增值税专用发票案,抓获参与犯罪嫌疑人78人,追缴税款2 523万元。陈于1998年3—8月在开发区内虚设注册公司33家,骗购增值税专用发票908本22 700份,非法出售,获取暴利。

2000年10月15日—12月31日,按照国务院部署和公安部开展打击涉税犯罪行动的通知,上海公安机关开展打击涉税犯罪专项行动,通过全力开展查证线索,与税务机关沟通落实协查、取证,主动出击深挖线索等措施,侦破各类涉税犯罪案件157起,其中增值税专用发票案件113起、偷逃税案件17起,抓获涉税犯罪嫌疑人145人,追缴税款5 462万元。

2001年4—12月,根据国务院关于整顿和规范市场经济秩序的决定和公安部关于开展“严打”整治斗争的部署,上海公安经侦部门开展打击涉税犯罪集中行动,重点打击伪造、虚开、倒卖增值税专用发票犯罪活动。市公安局与税务部门联合制定《关于办理涉税案件有关协作事项的暂行规定》,进一步加强涉税犯罪线索的传递、案件的移送和涉税犯罪案件侦查中的协作配合。集中行动中,侦破涉税犯罪案件579起,其中增值税专用发票案件490起、偷逃税案件72起,抓获涉税犯罪嫌疑人员523人,为国家追缴税款3.68亿元。其间,破获郑某大、周某叶等人虚开增值税专用发票案,虚开增值税专用发票金额1.2亿元;侦破周某森等犯罪嫌疑人虚开增值税专用发票案,虚开增值税专用发票金额3.47亿元。

2002年7—12月,上海公安经侦部门开展涉税违法犯罪专项治理行动,共侦破涉税犯罪案件417起,其中虚开增值税专用发票案件326起、偷逃税款案件58起,抓获涉税犯罪嫌疑人386人,为国家追缴税款1.5亿元。其间,各级公安经侦部门采取信息分析、实地暗访等多种手段,深入涉税犯罪比较严重的重点区域、重点行业中,发现一批涉税犯罪案件,侦破胡某虚开增值税专用发票案等多起涉案税款1 000万元以上的案件。2003年8月,市公安局经侦总队经过10个月查证,破获庞某等犯罪嫌疑人虚开增值税专用发票价税合计1.09亿元、偷逃国家税款1 582万元的大案。

2003年1月20日—2月20日,针对非法出售、购买发票违法犯罪活动有所抬头的情况,上海公安机关集中开展为期1个月的打击非法出售、购买发票违法犯罪专项行动。其间,市公安局与税务等行政执法部门紧密协作,收缴各类假发票12 654份,查获违法犯罪嫌疑人137人,立案查处案件8起。

2003年7月15日,公安部、国家税务总局发出通知,决定2003年8月—2004年1月在全国范围内开展打击制售假发票和建筑安装企业偷税等涉税违法犯罪专项行动。上海公安经侦部门按要求加强对重点区域、重点行业的整治和高危人群涉案的侦查,8月1日—10月10日,全市破获各类涉税违法犯罪案件200起,追缴税款损失总值5 684.9万元,抓获犯罪嫌疑人112人,开展联合清查行动5次,缴获各类假发票63 353份。

2004年3—9月,上海公安机关会同税务部门联合开展打击虚开货物运输发票和制售假发票等涉税违法犯罪的专项整治行动,加大对外省市公安部门立案侦查的涉税案件协查工作力度,对贩卖假发票比较猖獗的公共场所、车站等重点区域进行集中整治。其间,全市公安经侦部门受理各类涉税犯罪案件628起,立案549起,破案458起,结案377起,抓获涉案犯罪嫌疑人495人,追缴税款9 434万余元。

2005年4—10月,根据公安部、国税总局部署,全市公安经侦部门开展打击虚开用于抵扣税款发票和骗取出口退税等涉税违法犯罪专项斗争。其间,全市公安经侦部门积极应对上海市财税征管体制改革的形势，加强和完善与税务部门的协作机制，立涉税犯罪案件 459 起，破案 439 起，追缴税款 9 058 万余元，缴获非法制售的发票 70 万余份，打掉非法制售发票窝点 7 个，抓获犯罪嫌疑人 364 人，移送起诉 324 人，侦破陈某财虚开增值税专用发票等一批涉税犯罪案件。

2006 年，上海公安经侦部门以公安部“雷霆一号”和“利剑二号”专案侦查为主线，协查全市 19 个区、县 156 家企业，涉税额约 2 260 万元，立案 13 起，抓获犯罪嫌疑人 14 人，追缴税款约 340 万元。同年 2 月，侦破涉案价税合计 1.26 亿元的李某根等人系列虚开增值税专用发票案件，抓获犯罪嫌疑人 109 人，查获开票公司 10 家，追缴税款 1 600 万余元；6 月，侦破涉案价税合计 2.41 亿元的周某绒等人系列虚开增值税专用发票案 10 起，税额 3 350 万余元，查获开票公司 28 家，抓获犯罪嫌疑人 13 人，追缴赃款 100 万余元。

2007 年 7 月，市公安局破获上海市首例伪造印花税税票销售凭证、印花税收讫专用证诈骗企业税款的特大诈骗案，抓获李某、张某及税务机关工作人员在内的参与倒卖印花税收讫专用证的 14 名犯罪嫌疑人，缴获伪造的 3 枚税务机关业务章及 200 余份空白的印花税销售凭证、电脑、打印机等一批作案工具，追缴赃款 100 万余元。全年，立各类制售假发票犯罪案件 103 起，破案 85 起，抓获涉案犯罪嫌疑人 105 人，缴获各类假发票 50 万余份。

2008 年 1 月，市公安局破获上海竹川信息技术有限公司虚开增值税专用发票、骗取出口退税案。2006 年 3 月—2008 年 1 月，犯罪嫌疑人李某、章某等人利用国家对软件生产企业享受增值税即征即退的优惠政策，采取虚假交易、抬高交易金额等手法，虚开增值税专用发票 2.35 亿元，骗取国家出口退税 3 400 万元。该案侦破工作获得国务院总理温家宝的批示，国家税务总局由此启动专项稽查。

2008 年 2—9 月，上海公安机关会同税务部门开展打击整治制售假发票和非法代开发票罪专项行动，以打击有组织、网络化、团伙性和职业化制售假发票与非法代开发票犯罪活动为重点，深挖制售假发票源头、窝点，摸清犯罪活动规律和销售网络。4 月，会同浙江、安徽警方侦破“11·16”制售假发票系列案，摧毁在浙江温州、安徽阜阳非法制造发票并在上海出售的非法制造发票庞大网络，抓获犯罪嫌疑人 50 人，查获假发票 260 万余份，缴获印制设备 14 台及用于印制假发票的电脑软件菲林、模版等。专项行动期间，全市立案侦查非法制造、出售非法制造发票案 120 起，抓获涉案犯罪嫌疑人 144 人，捣毁制假售假窝点 22 个，打掉制假售假犯罪团伙 5 个，缴获最大可开金额达 604 亿元的各类发票 258.8 万余份。

在 2009 年“迎世博、保平安”打击整治攻坚战经侦专项行动中，1—10 月，全市公安经侦部门开展打击整治发票犯罪专项行动，以“打团伙、端窝点、摧网络”为目标，以“切断销售链、斩断运假通道”为策略，封堵通过互联网、手机短信传播的各类倒卖、代开发票违法信息，协调工商、税务等部门重点整治倒卖兜售发票活动较为集中地区域和场所，以建筑安装、餐饮服务、商业零售等行业为重点，深入整治假发票的“买方市场”，从源头上遏制发票犯罪。其间，破获假发票案 260 起，抓获犯罪嫌疑人 459 人，查获犯罪窝点 78 处，查处犯罪团伙 35 个，缴获各类假发票 637 万余份，先后获得公安部领导批示表扬 8 次，贺电表扬 3 次。6—9 月，市公安局组织开展打击发票犯罪“端点”集中行动，立案侦查发票犯罪案件 151 起，抓获 166 人，捣毁窝点 54 处，打掉犯罪团伙 21 个，缴获假发票 192 万余份，办结公安部督办案件 3 起。

2010 年 1—10 月，根据公安部部署，上海公安经侦部门深入开展打击整治发票犯罪专项行动，立案 678 起，破案 639 起，抓获 957 人，捣毁制囤假窝点 823 处、犯罪团伙 194 个，缴获假发票 4 968 万余份，整体战果绩效位列全国第 5 名，先后获得公安部贺电 5 次，公安部领导批示表扬 28 次。其中,4—6月,组织开展打击发票犯罪"端点二号"破案战役,立案171起,破案165起,抓获245人,捣毁制囤假窝点95处、犯罪团伙23个,缴获假发票1 297万余份。同年8月12日,市公安局联合多地警方,侦破"7·30"特大制售假发票案,摧毁特大假电子客票销售网络,缴获伪造的航空运输电子客票行程单840万余份,捣毁制囤假窝点29处,查获制假机器设备11台,抓获以韩某略为首的团伙成员26人。该案成为上海警方当时缴获假发票量最多的案件,有效打击全国假电子客票制售网络,遏制电子客票发案势头。

第六节　缉捕在逃经济犯罪嫌疑人

1993年8月9日,最高人民检察院、公安部、中国人民银行、海关总署发出《关于查处携款潜逃的经济犯罪分子的通知》,要求各有关部门加强协作,密切配合,切实做好查处工作,使经济犯罪分子得到应有的法律制裁。1994年9月—1995年1月,市公安局部署在全市开展严厉打击严重刑事犯罪、大力整治社会治安的斗争,并分别于11月11日、22日发出一号、二号通缉令,在《新民晚报》上公布在逃通缉人员名单。

一、境内追逃

1999年7—9月,在公安部组织的全国性追逃专项斗争中,上海公安经侦部门通过对在逃犯罪嫌疑人的认真分析和搜集资料,积极开展追逃,并组织追逃组赴外省市进行追捕,共抓获在逃经济犯罪嫌疑人员159人。

2002年,上海公安经侦部门推行追逃督捕制度,全年抓获在逃经济犯罪嫌疑人543人,其中抓获督捕在逃犯罪嫌疑人16人。其间,经过3个多月时间追踪,抓获咸某等3名督捕在逃犯罪嫌疑人,侦破价税合计达1亿多元的虚开增值税专用发票大案。

2003—2007年,上海公安经侦部门树立"追逃就是破案"的工作理念,狠抓追逃基础工作,不断探索新形势下追逃工作的新方法,抓获在逃人员数逐年递增,5年间抓获在逃犯罪嫌疑人4 009人,年均增长率17.3%。2004年抓获潜逃4年并被列为公安部督办的在逃犯罪嫌疑人孙某、潜逃6年并改名换姓的金融凭证诈骗犯罪在逃嫌疑人许某。2007年通过召开推进会、专题研讨会、制定加强追逃工作意见和工作菜单等措施,提升追逃实效,全年经侦部门抓获在逃犯罪嫌疑人1 054人。

2009年1月20日—11月20日,在全国公安机关开展打击假币犯罪"09行动"中,上海公安经侦部门强化假币犯罪在逃人员的督办督捕,25名网上在逃嫌疑人全部被缉捕归案,其中部督案件在逃犯罪嫌疑人4人,历年在逃犯罪嫌疑人5人。

2010年2月8日,公安部召开全国公安机关深入打击整治发票犯罪专项行动视频调度会,并于2月10日—3月11日在全国范围内开展为期30天的深入打击整治发票犯罪专项行动"春雷"追逃会战。上海公安经侦部门精心组织,持续出击,追逃会战1个月内抓获在逃犯罪嫌疑人7人,协助外省市抓获在逃犯罪嫌疑人2人。

2000—2010年,上海公安经侦部门始终树立"全国一盘棋"的工作理念,加大与全国各地公安机关的协作配合力度,共协助外省市公安机关抓获犯罪嫌疑人1 247人,其中在逃犯罪嫌疑人390人。

二、境外缉捕

上海公安经侦部门坚持“积极主动、借助外力、开展合作、依法缉捕”的工作原则和“外事内办、化繁为简”的工作思路，采用规劝投案自首、边境布控、驻外机构协助、国际司法合作等多种手段开展境外缉捕工作，2000—2010 年抓获境外在逃犯罪嫌疑人 40 人。

1992 年 5 月—1993 年 7 月，钱某伙同陈某等犯罪嫌疑人在上海假冒身份、伪造简历，诈骗 48 家单位总计近 5 亿元。1993 年 7 月 30 日钱某从广州白云机场出境经香港逃往泰国，市公安局成立专案组立案侦查，并报请公安部通过国际刑警组织发布对钱等 5 人的红色通缉令。钱逃往境外后，化名整容辗转逃亡泰国、巴西、美国、巴拿马等国，专案组持续开展追捕工作。2001 年 6 月 8 日，经中国驻外机构斡旋，钱从巴拿马押解回上海。

2001 年 9 月—2002 年 6 月，周某、于某等犯罪嫌疑人勾结中信实业银行上海分行南京西路支行信贷科副科长犯罪嫌疑人陈某，以支付高额息差等手法，诱使上海东方网股份有限公司、上海长途电信科技发展有限公司等单位到南京西路支行存款，然后伪造上述存款单位印鉴，制作假担保承诺书，从该行骗取银行承兑汇票后到外地银行贴现，造成中信实业银行直接损失达 3.16 亿元。周、于案发后出逃境外。2002 年 7 月，市公安局专案组通过努力，分别于 7 月 18 日、25 日，在泰国曼谷将周、于抓获归案。

2004 年 5 月，市公安局将潜逃柬埔寨 7 年之久的原上海市核电办公室主任杨某从境外缉捕归案。

2005—2006 年，针对境外逃犯日益增多的情况，上海经侦部门贯彻落实公安部关于追逃工作新机制的要求，精心组织开展追逃专项行动，强化各项追逃工作措施，通过家属规劝回国投案自首、对潜回国内的境外在逃人员进行网上比对等工作措施，2 年共抓获境外在逃人员 14 人。

2009 年，上海公安经侦部门先后 2 次召开境外追逃工作专题会议，提出“外事内办、化繁为简”的工作思路，至同年 5 月底，上海经侦部门成功缉捕境外在逃人员 4 人。同年 12 月，在中国驻泰国大使馆的大力支持下，市公安局将挪用海南赛格信托投资有限公司上海证券营业部 1 180 万元人民币后逃往境外 11 年的原业务经理犯罪嫌疑人陈某押解回国。

表 3-3-2 2000—2010 年上海公安经侦部门抓获在逃犯罪嫌疑人统计 单位：人

年 份	2000	2001	2002	2003	2004	2005	2006	2007	2008	2009	2010
抓获在逃犯罪嫌疑人	277	394	543	556	641	852	906	1 054	1 075	1 173	960

资料来源：上海市公安局经侦总队 2000—2010 年《追逃工作统计表》。

第四章　经济犯罪预警防范

第一节　经济犯罪防范宣传

1999年，市公安局经济犯罪侦查总队成立后，高度重视经济犯罪防范宣传工作。上海公安机关针对阶段性高发、侵害群众利益的经济犯罪活动，通过举办新闻采访会、大型集中宣传等，揭露经济犯罪手法和特点规律，提高群众防范经济犯罪侵害的能力，营造全社会共同防范经济犯罪的氛围。

2000年11月，《新民晚报》以《十日谈——经济卫士风采录》为专题，连续刊载10篇经侦民警的办案经历和工作感悟。2001年3月，《新民晚报》社会新闻版连载《经侦破案精品选》，原景再现经侦民警与犯罪嫌疑人斗智斗勇的过程，深度解析犯罪嫌疑人的作案手法，提高全民防范意识。同年6月11日，《新民晚报》第5版"社会新闻"以《法网难逃——缉捕特大经济诈骗案犯罪嫌疑人钱某纪实》，报道诈骗5亿余元、潜逃境外8年的钱某的作案经过、潜逃经历。

2004年9月1日，《检察风云》第17期，以《代号："春天行动"——中美警方联手破获美国人在华销售盗版光盘大案目击》，报道中国公安机关与美国移民海关执法部门展开首次实质性跨国执法合作，成功破获美国人在中国境内涉嫌销售侵权复制品犯罪案。2006年8月30日，《文汇报》以《"海浪"摧毁假"达菲"——上海警方破特大制售假药案》，报道上海公安经侦部门从一条警情通报着手，引出1起特大制售假冒"达菲"案，其中1道工序极易发生爆炸。2007年7月26日，《人民日报》以《"夏至"行动痛击跨国盗版》为题，报道中美警方联手破获2起跨国生产、销售盗版软件的案件。

2007年6月，公安部下发《关于切实做好防范和打击非法集资等涉众型经济犯罪宣传工作的通知》，要求各地公安机关切实做好防范和打击涉众型经济犯罪的宣传工作。2007年，上海各级公安机关广泛利用报刊、电视、广播、互联网等媒体，多方位、多角度、经常性地开展宣传教育工作，引导广大社会公众增强法律意识，远离和抵制非法集资活动。同年8月10日，上海公安经侦部门会同市工商局在南京路步行街等地联合举办题为"打击传销、规范直销"的大型宣传咨询活动，接受市民现场投诉举报，并就传销违法行为的法律问题举行现场咨询；同时，通过播放"揭秘传销"宣传片、张贴"禁止传销"宣传画、发放"打击传销，规范直销"宣传册等多种形式，全面宣传《直销管理条例》《禁止传销条例》等法律法规。新华社、上海电视台等主流媒体对此次宣传活动进行新闻报道。

2009年2月8日，上海公安经侦部门会同全市银行、工商等部门，在全市19个区、县范围内联合集中开展"防范和打击非法集资、传销、假人民币犯罪宣传咨询日"活动。5月23日，上海公安经侦部门为推进全市打击假币犯罪"09行动"，提高社会公众识别、防范假币犯罪的意识和能力，会同全市银行、工商等部门，在市内19个公安分(县)局设立宣传摊点，联合集中开展"服务世博、构建和谐、反假货币"知识宣传活动。全市近100名经侦民警参加宣传咨询活动。人民银行上海总部、中国银行上海市分行、市工商局等各级银行、工商部门负责人也参加此次宣传咨询活动。全市共设立宣传网点50个，发放反假币宣传资料2 000余册。同年4月20—26日，在全市范围内开展保护知识产权宣传周活动，其间，召开保护知识产权新闻发布会，并会同知识产权、工商、文化执法等部门在南京路世纪广场、五角场下沉式广场等地举行宣传活动,发放宣传资料近万份。同年7月7日,《解放日报》第13版以《一个个高智商罪犯败在他们手下——上海公安经侦部门10年破案3.6万起,追缴损失200余亿元》为题,报道上海公安经侦部门成立10年来破获各类经济犯罪案件3.6万余起,抓获犯罪嫌疑人2.8万余人,追缴直接经济损失200余亿元,为上海经济社会健康发展铸就了1道无形的"防火墙"。7月31日,市公安局、市税务局在新客站白玉兰广场开展"迎世博、保平安"打击整治攻坚战打击假发票专项行动宣传活动,向市民群众宣传相关法律知识和识别假发票的方法,并当场销毁10万余份专项打击中缴获的假发票。

2010年4月2日,上海市公安局联合人民银行上海总部、中国银联上海分公司,在全市范围内举办主题为"警银联手出击,净化用卡环境,保障世博支付"的上海市"严厉打击银行卡犯罪集中行动"启动仪式。市公安局联合工商银行等19家驻沪商业银行,在全市18个区(县)设置会场,通过发放安全手册、现场解答等方式,就如何安全用卡、规范用卡以及信用卡遭受不法侵害时的举报途径、举报方法等向百姓进行防范宣传。同年,公安部将每年的5月15日定为打击和防范经济犯罪宣传日。经济犯罪侦查部门在全市18个分(县)局所辖区域的19个宣传点,同时开展宣传日活动。公安部二局、上海市公安局领导和经侦民警以及工商、税务、银行等相关部门人员共计400余人共同参加宣传活动。宣传日活动共发放各类防范宣传资料3万余份,接受群众法律咨询4 000余人次,现场受理举报案件6起,取得良好社会效果。

1999—2010年,上海公安经侦部门每年平均在报刊、电视、广播、网络等新闻媒体上刊发新闻报道150余篇。

第二节 警社合作防范经济犯罪

1999年11月8—9日、2004年6月29—30日,市委、市政府分别召开第一次、第二次上海经济犯罪侦查工作会议,讨论利用社会力量防范经济犯罪等问题。市委、市政府领导讲话,全市纪检、政法系统领导以及经委、外经委、商委、财政局、国税局、地税局、工商局、审计局、质监局、烟草专卖局、海关、国资办、金融办、人民银行上海分行、证监办、保监局、银监局、外汇管理局等经济管理部门的领导参会。

2005年3月、10月,国务院总理温家宝就加强打击经济犯罪工作2次作出指示,要求"审计、监察及有关经济部门要加强与公安机关的沟通,建立会商制度,健全协作机制,形成工作合力"。同年12月,公安部制定《关于加强打击经济犯罪工作的决定》,将加强与人民银行、税务、审计、工商、银监、证监、保监、监察等行政执法和经济管理部门的沟通协作列为重要内容。2006年初,中共上海市委先后两次听取上海公安经侦工作汇报,并就建立"上海市打击经济犯罪协调会商机制"提出明确要求。同年,上海公安经侦部门与知识产权部门联合开展打击侵犯知识产权违法犯罪"山鹰行动",破案150余起,追缴赃款赃物价值近2亿余元,侦破全部部督、市督案件。

2006年,上海公安经侦部门会同证券监督、工商管理等部门联合开展打击"两非"(非法发行股票、非法从事证券经营活动)违法犯罪专项行动,在全国率先开创"两非"专项打击经验。

2007年,上海公安经侦部门会同税务管理部门开展打击制售假发票专项行动,破案近90起,抓获犯罪嫌疑人100余人,缴获各类假发票50万余份;同年,会同工商管理等部门联合开展打击"三虚"(虚假验资、虚设注册场地、虚报投资身份)专项行动,侦破案件60余起,抓获犯罪嫌疑人近70人,追缴赃款赃物近9 000万元,有力地净化全市招商引资、工商注册领域的环境和秩序。

2008年,围绕北京奥运会安保工作,上海公安经侦部门会同相关行政执法、经济管理部门联合开展9个方面13个专项行动,切实维护奥运会期间全市经济、金融安全和市场秩序稳定;会同银行部门联合开展整治银行卡犯罪专项行动,共破案500余起,抓获犯罪嫌疑人240余人,追缴总值550万余元;会同食品药品监管管理部门联合开展兴奋剂专项治理,有效控制全市兴奋剂违法犯罪活动。

2008年10月17日,市政府召开"上海市打击经济犯罪协调会商机制领导小组第一次全体会议",明确"上海市打击经济犯罪协调会商机制领导小组"成员单位为市公安局、市金融办、人民银行上海总部、国家外汇管理局上海市分局、上海证监局、上海银监局、上海保监局、审计署驻上海特派办、上海海关、市国资委、市国税局、市工商局、市食药监局、市质监局、市烟草专卖局、市知识产权局、市文化执法总队、市医保局,领导小组下设办公室(设在市公安局经侦总队)作为领导小组日常办事机构,办公室成员为各成员单位相关职能部门领导。同年,市政府制定下发《上海市打击经济犯罪协调会商机制工作方案》,市公安局经侦总队在协调会商机制的总体框架下,启动实施与行政执法、经济管理部门间相关双边、多边协作机制建设工作,全市公安分(县)局经侦支(大)队利用派出所公安基层战斗实体的优势资源,建立经侦工作向派出所延伸工作机制,形成"打防互动、资源共享、责任共担"的局面。

1999—2010年,上海公安经侦部门发布风险预警通报600余份,从中破获各类经济犯罪案件5 300余起、抓获犯罪嫌疑人5 600余人、追缴赃款40余亿元,成功防控潜在金融资金风险近110亿元。通过与银监、税务等部门的合作机制,从1 400余家涉嫌虚假验资企业信息中,确定18家企业存在零纳税、极少纳税、公司经营停滞、民事纠纷不断、法定代表人经常进出澳门等地可能参与赌博活动等情况,提前回收6.4亿元风险贷款,成功预防重大金融诈骗犯罪的发生。市政府先后就"自动存款机存在重大技术隐患""信用卡犯罪防范建议""自助银行门禁系统安全防范"等问题召开专题会议,研究对策和解决方案,促进有关银行部门改进、升级银行硬软件系统。

2010年1月,市公安局经侦总队制定《上海经侦部门加强警社合作机制建设方案》。至年底,与相关行政执法、经济管理、行业监管、社会组织等部门建立60余项双多边警社合作机制。2010年上海世博会期间,上海公安经侦部门围绕服务"世博安保"大局,主动与上海世博会运营管理、授权服务部门合作。与上海世博会指定银行交通银行建立"世博园区银行卡用卡安全联动机制",对园区内5个营业点、109台ATM机、近3 000台POS机的交易数据实时动态监控,严密监控上海世博会园区银行卡犯罪,保障园区支付环境;与上海世博会特许经营办、工商、城管、旅游局、世博局票务中心等部门协作,获取《涉博特许商品目录》,围绕侵犯知识产权犯罪,采取"重点突出、点面结合、外堵内清"的立体化打防网络,查处相关违法犯罪嫌疑人近万人,查获假冒上海世博会特许商品220万余件;依托"上海世博会党风廉政建设和监督保障工作机制",与参展、驻园企业单位交流沟通,严防涉及上海世博会职务犯罪;与中国外商投资企业协会优秀品牌保护委员会强化情况沟通、线索移送和办案协作,加强对优秀外商投资企业的品牌保护。

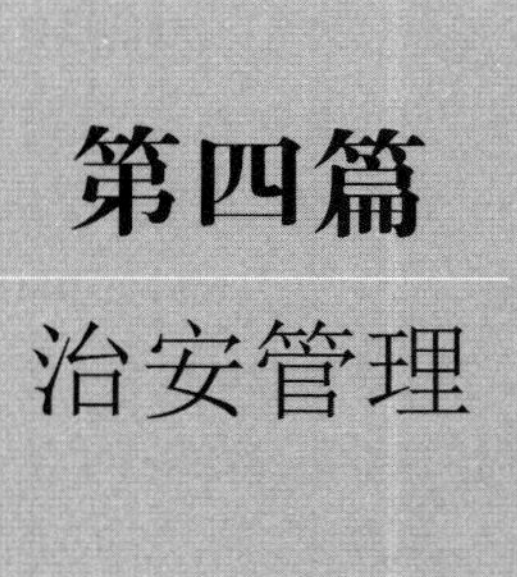

第四篇

治安管理

1978年后，上海公安治安部门依据有关治安管理的法律法规对各类治安案件进行查处，全力维护社会治安秩序。

20世纪80—90年代，上海公安治安部门根据社会治安情况和城市建设管理需要，加强管理、强化防范、取缔违法、保护合法、打击犯罪。对扰乱公共秩序、偷窃财物和“黄赌毒”等违法行为，保持高压态势，坚持露头就打。按照“服务在先，管在其中，积极引导，依法管理”的方针，对公共场所、特种行业实施治安审批、治安检查。按照“谁主管、谁负责”的原则，加强对枪支弹药、剧毒危险化学品、放射性同位素、管制刀具等责任单位的监督、指导；对非法持有刀具、枪支弹药及违章犬开展专项整治。加强企事业单位内部治安保卫，预防犯罪，维护单位内部安全稳定。会同民政、卫生等相关部门做好社会特殊人员管理，维护城市市容和治安秩序。加强街面治安昼夜巡逻，实施动态管理，严密控制社会面。加强派出所建设，开展社区警务工作，强化技防物防人防建设，依靠群防群治力量，创建“平安小区”。

进入21世纪，上海公安治安部门坚持严打、严治、严管、严防，加大防范打击力度，提高管理服务水平，充分发挥公安治安管理职能作用。在加强治安日常管理的同时，不断打击、整治突出治安问题。对部分公共场所、特种行业取消行政审批，加强行业场所治安监管，同时推出便民利民措施。加强社会面治安防控，建立完善图像监控值守与街面巡逻的协作联动机制，实施视频巡逻和实兵巡逻，提高现场处置能力。坚持“固本强体”“科教强警”战略，以市公安局《加强派出所(警察署)三年建设纲要(2000—2002)》《关于上海公安机关实施社区和农村警务战略的工作方案》为目标，加强派出所基础工作，着力提高民警业务素质，重点突出社区警务建设和治安管理信息系统建设，强化治安防控机制，夯实派出所工作基础。

第一章　治安管理处罚

"文化大革命"中,上海治安管理工作遭受严重破坏。1980 年 2 月 23 日,全国人大常委会重新公布 1957 年的《中华人民共和国治安管理处罚条例》,上海公安机关查处治安案件工作得以恢复。依据公安部 1984 年发出的《关于查破和处理治安案件的通知》、1987 年施行的《中华人民共和国治安管理处罚条例》、2006 年施行的《中华人民共和国治安管理处罚法》,上海公安治安管理部门开展治安管理处罚工作,全力维护社会治安秩序。

第一节　治安案件查处

20 世纪 70—80 年代,一些影响较大的恶性案件时有发生,扰乱公共秩序、偷窃、扒窃现象较为突出。1980—1982 年,上海治安案件查处数在 8 万—9 万起间,其中扰乱公共秩序、偷窃、扒窃等案件,占 70%以上。1983 年,按照中央统一部署,上海公安机关组织开展"严厉打击严重刑事犯罪活动"(简称"严打"),社会治安秩序得以好转,治安案件查处数有所下降,1984—1987 年在 4.6 万—5.8 万起间。1988 年,全市治安案件查处数 5 万多起。1992 年后,因实行新的刑事案件立案标准,原属刑事案件中的一部分盗窃案件划为治安案件,全市治安案件查处数升幅明显,达 8.2 万多起,其中骗取、抢夺、敲诈勒索财物,制版传播淫秽物品,卖淫嫖娼等治安案件数有较大增加。1993 年,执行新的刑事案件立案标准后,对于未立为刑事案件的盗窃、诈骗案件都作为治安案件统计,查处治安案件 12.29 万余起。1999 年,治安案件查处统计中增加"违反户口、居民身份证管理规定"查处数,案件数明显增加,查处 24 万余起。2004—2005 年,治安案件查处统计中增加"非法持有、私藏爆炸物品""丢失爆炸物品""非法制造、销售烟花爆竹""毒品违法案件"查处数。2006—2010 年,根据《中华人民共和国治安管理处罚法》,治安案件查处统计类种增至 65 项,每年查处治安案件数大幅度增加,查处数在 42 万—57 万起间。

表 4-1-1　1995—1999 年上海市公安局查处治安案件统计　　单位:件

分类		1995 年	1996 年	1997 年	1998 年	1999 年
扰乱社会秩序	扰乱工作、公共秩序	32 764	30 277	32 855	35 536	31 365
	结伙斗殴、寻衅滋事	2 449	2 128	2 189	2 608	2 721
	侮辱妇女及其他流氓活动	3 051	2 818	3 232	3 855	3 969
	阻碍国家工作人员执行公务	722	717	815	612	969
	其他	2 109	3 084	2 435	2 294	2 162
妨害公共安全	违反枪支管理规定	81	93	90	64	77
	违反爆炸物品管理规定	310	379	133	109	223
	违反经营旅馆管理规定	397	278	352	329	269
	其他	1 742	2 141	1 718	1 825	1 365

(续表)

分类		1995 年	1996 年	1997 年	1998 年	1999 年
侵犯人身权利	殴打他人	11 620	12 642	13 727	1 395	17 058
	其他	2 094	2 789	2 102	2 666	2 313
侵犯公私财物	偷窃财物	25 582	21 873	19 446	20 815	67 181
	骗取、抢夺、敲诈勒索财物	2 710	2 835	2 349	2 631	3 823
	哄抢公私财物	88	84	37	8	3
	故意损坏公私财物	437	500	517	611	653
妨害社会管理秩序	伪造倒卖票券证件	7 609	7 264	7 073	5 190	7 344
	私种毒品原植物	136	117	531	163	293
	吸食注射毒品	643	1 651	2 993	4 501	5 177
	利用迷信扰乱秩序或骗财	137	76	99	111	99
	违反严禁淫秽物品规定	422	622	1 714	2 357	2 763
	卖淫嫖娼	2 751	2 896	2 644	3 918	4 596
	介绍或者容留卖淫、嫖宿暗娼	350	328	298	698	794
	赌博	14 415	12 214	10 499	11 246	15 753
	其他	10 181	14 970	8 253	6 718	6 217
违反户口、居民身份证管理规定		18 816	26 292	30 211	39 517	49 609
其他		8 966	10 934	11 052	11 198	14 138
合计		150 582	160 002	157 364	160 975	240 934

表 4-1-2 2000—2003 年上海市公安局查处治安案件统计 单位:件

分类		2000 年	2001 年	2002 年	2003 年
扰乱社会秩序	扰乱工作、公共秩序	23 568	25 256	13 810	11 357
	结伙斗殴、寻衅滋事	3 373	3 228	2 491	1 812
	侮辱妇女及其他流氓活动	3 744	3 859	3 829	3 108
	阻碍国家工作人员执行公务	1 029	1 037	793	680
	其他	1 851	1 944	1 772	3 257
妨害公共安全	违反枪支管理规定	97	143	72	52
	违反爆炸物品管理规定	483	705	584	363
	违反剧毒、放射性物品管理规定	19	21	34	12
	违反经营旅馆、饭店安全规定	351	675	371	119
	其他	—	2 212	2 922	2 503

（续表）

分　　类		2000年	2001年	2002年	2003年
侵犯人身权利	殴打他人	16 973	20 376	17 139	15 742
	其他	3 042	2 658	2 861	2 652
侵犯公私财物	偷窃少量财物	17 488	16 258	15 187	15 449
	骗取、抢夺、敲诈勒索财物	2 936	2 616	2 285	1 558
	哄抢公私财物	29	143	46	51
	故意损坏公私财物	681	712	655	634
妨害社会管理秩序	伪造倒卖票券证件	5 551	4 622	998	292
	毒品违法案件	6 290	6 627	6 648	7 093
	利用迷信扰乱秩序或骗财	201	128	75	292
	违反严禁淫秽物品规定	1 890	1 397	1 304	4 062
	卖淫、嫖宿暗娼	4 631	4 581	4 337	4 249
	介绍或者容留卖淫、嫖宿暗娼	749	622	548	740
	赌博	17 464	18 886	14 113	26 403
	其他	6 162	8 328	5 370	3 888
违反户口管理		51 241	58 012	40 410	13 539
违反居民身份证管理		4 784	2 420	2 009	1 440
其他		18 449	18 688	21 952	24 675
合计		193 076	206 154	162 615	146 022

表 4－1－3　2004—2005 年上海市公安局查处治安案件统计　　单位：件

分　　类		2004年	2005年
扰乱社会秩序	扰乱工作、公共秩序	12 127	20 825
	结伙斗殴、寻衅滋事	1 877	3 049
	侮辱妇女及其他流氓活动	1 869	2 078
	阻碍国家工作人员执行公务	737	929
	其他	752	1 338
妨害公共安全	违反枪支管理规定	51	50
	违反经营旅馆、饭店安全规定	152	357
	违反剧毒、放射性物品管理规定	60	19
	违反爆炸物品管理规定	871	183
	其他	2 216	6 727
侵犯人身权利	殴打他人	13 179	24 551
	其他	1 790	6 808

(续表)

分类		2004 年	2005 年
侵犯公私财物	偷窃少量财物	20 420	84 154
	骗取、抢夺、敲诈勒索财物	1 499	6 963
	哄抢公私财物	30	79
	故意损坏公私财物	752	2 201
妨害社会管理秩序	伪造倒卖票券、证件	291	368
	毒品违法案件	4 828	8 951
	利月迷信扰乱秩序或骗财	300	185
	违反严禁淫秽物品规定	5 368	7 394
	卖淫、嫖宿暗娼	5 381	8 771
	介绍或者容留卖淫、嫖宿暗娼	600	664
	赌博	19 675	46 709
	其他	2 753	4 867
违反户口管理		17 193	26 514
违反居民身份证管理		2 139	2 637
其他		21 696	55 022
合计		138 606	322 393

表 4-1-4 2006—2010 年上海市公安局查处治安案件统计 单位：件

分类		2006 年	2007 年	2008 年	2009 年	2010 年
扰乱公共秩序	小计	46 003	39 118	34 319	25 907	25 787
	扰乱单位秩序	2 122	1 528	535	319	501
	扰乱公共场所秩序	19 447	19 073	19 469	15 639	13 352
	扰乱公共交通工具秩序	7 872	5 715	1 552	855	868
	妨碍交通工具正常行驶	1 191	657	690	127	224
	扰乱大型群众性活动秩序	63	20	26	11	188
	虚构事实扰乱公共秩序	35	24	49	20	45
	投放虚假危险物质	1	2	14	3	10
	寻衅滋事	6 098	5 237	6 759	5 973	3 315
	组织、教唆、胁迫、诱骗、煽动从事邪教、会道门活动	85	143	96	56	46
	利用邪教、会道门、迷信活动或冒用宗教、气功名义危害社会	310	548	410	211	154
	非法侵入、破坏计算机信息系统	19	246	32	7	8
	其他	8 760	5 925	4 687	2 686	7 076

（续表）

分　　类		2006 年	2007 年	2008 年	2009 年	2010 年
妨害公共安全	小计	4 892	3 353	3 113	1 943	2 770
	违反危险物质管理规定	619	75	94	206	457
	非法携带枪支、弹药、管制刀具	800	663	823	690	614
	盗窃、损毁公共设施	2 519	1 868	1 269	424	661
	危害铁路安全	0	0	0	0	4
	违法举办大型群众性活动	2	3	2	0	2
	其他	952	744	925	623	1 032
侵犯人身权利、财产权利	小计	397 693	432 743	397 087	325 488	440 004
	强迫他人劳动	0	2	0	0	0
	非法限制人身自由	132	117	114	91	275
	非法搜查他人身体	7	1	11	0	11
	胁迫、诱骗、利用他人乞讨或以滋扰他人方式乞讨	89	26	42	48	6
	侮辱、诽谤、诬告、陷害他人	6 665	6 731	4 655	2 945	2 222
	发送信息干扰他人正常生活	797	320	219	214	211
	偷窥、偷拍、窃听、散布他人隐私	212	409	584	58	221
	殴打他人	86 768	81 828	63 982	53 855	59 876
	故意伤害他人	2 614	1 840	1 993	1 983	2 507
	虐待	47	95	8	4	8
	遗弃	33	14	10	15	6
	强迫交易	23	85	21	34	43
	盗窃	200 714	218 384	202 355	159 240	210 107
	诈骗	15 353	14 312	14 613	15 174	20 822
	哄抢	36	64	14	29	23
	抢夺	1 042	775	660	557	503
	敲诈勒索	5 559	6 564	5 253	4 038	3 162
	故意损毁财物	—	—	1 931	2 886	6 869
	其他	77 602	101 176	100 622	84 317	133 132
妨害社会管理秩序	小计	123 692	92 063	89 082	75 407	98 046
	阻碍执行职务	1 400	1 138	869	670	658
	招摇撞骗	172	88	40	29	135
	违反公文、证章管理	105	118	81	73	152
	伪造、变造、倒卖有价票证、凭证	604	706	549	444	524

(续表)

分　类		2006 年	2007 年	2008 年	2009 年	2010 年
妨害社会管理秩序	违反社团管理	4	0	17	2	3
	擅自经营需公安机关许可的行业	190	720	1 011	341	550
	煽动、策划非法集会、游行、示威	66	86	49	32	21
	违反旅馆业管理	512	332	345	463	485
	违反房屋出租管理	1 949	636	626	1 444	2 998
	收购赃物、有赃物嫌疑的物品	1 767	1 861	1 448	1 004	365
	伪造、隐匿、毁灭证据或提供虚假证言	14	16	6	10	7
	谎报案情	422	424	219	145	1 852
	窝藏、转移、代销赃物	270	192	150	108	41
	违反监管规定	5	7	16	5	8
	违反国(边)境管理	9	26	30	42	21
	故意损坏文物、名胜古迹	7	10	11	1	65
	卖淫、嫖娼	9 929	6 592	5 336	7 222	7 281
	拉客招嫖	3 470	1 960	1 458	2 637	2 369
	引诱、容留、介绍他人卖淫	586	482	414	394	327
	制作、运输、复制、出售、出租淫秽物品	4 843	1 706	1 149	1 467	596
	传播淫秽信息	153	50	14	53	125
	组织播放淫秽音像或组织、进行淫秽表演	140	36	55	34	42
	参与聚众淫乱	6	8	2	2	1
	为淫秽活动提供条件	201	81	94	59	133
	赌博或为赌博提供条件	51 861	30 211	24 705	19 521	21 760
	毒品违法活动	13 357	11 038	11 728	9 644	8 566
	为吸毒、赌博、卖淫、嫖娼人员通风报信	105	49	50	26	43
	其他	31 545	33 490	38 610	29 535	48 918
合　计		572 280	567 277	523 601	428 745	566 607

资料来源:1996—2011 年《上海公安年鉴》。

第二节　查禁“黄赌毒”

一、查禁赌博

20 世纪 70 年代后期,上海赌博之风又起,并呈蔓延之势,出现街头赌博、麻将牌以及扑克牌的“梭哈”和季节性的“斗蟋蟀”等赌博活动。上海公安机关保持严打高压态势,露头就打。

1979 年，上海公安机关开展全市范围内的禁赌宣传活动，受教育群众 380 万人次，挖出赌博团伙 105 个。1982 年，对 3.3 万名经常参赌人员进行教育，挖出赌博团伙 346 个，缴获赌资 12 万元，没收赌具 5 600 多件。在禁赌工作中，破获刑事案件 320 件。1984 年，查获赌博案件 2 338 件，查处 9 103 人，没收赌资 8.7 万余元。

1985 年 4 月 12 日，市政府公布《上海市严禁赌博条例》。至年底，公安机关查获赌博案件 4 595 件，挖出赌博团伙 367 个，取缔聚赌点 805 处，缴获赌资 117 万元，查处参赌人员 4 800 人。1986—1988 年，全市共查处赌博案件 4.41 万余件，处罚 14.44 万余人。

1988 年 12 月 20 日—1989 年 2 月 28 日，根据重新修订的《上海市严禁赌博条例》，市公安局统一部署，在全市开展禁赌专项斗争，查处赌博案件 6 493 起，其中万元以上案件 47 起，挖出赌博团伙 409 个，取缔公共场所赌点 262 个，捣毁赌窝 7 117 个，收缴各类赌具 5 563 付(件)，收缴赌资 93.35 万元，查获赌博人员 3.25 万余人，其中处罚 1.49 万余人。

20 世纪 80 年代末，随着动漫产业进入上海，赌博机逐步在杂货店、小超市、桌球房等处蔓延，后又进入游戏机房。1993 年，市文化局、市公安局联合印发《关于进一步加强游戏机经营活动管理的通知》，明确对利用游戏机进行赌博的依法予以处罚。1996 年，麻将牌的“二八杠”、扑克牌的“牌九”等赌博形式开始流行，赌博活动多发生在民宅、仓库、酒店、饭店等处。1996—1998 年，全市公安机关查处赌博案件 3.39 万余起。

进入 21 世纪，赌博活动呈现团伙化特点，并以民房、废弃厂房、大型绿化带、宾馆等处为赌博场所。同时出现利用通信网络技术和金融支付手段来进行赌博的新形式，赌博集团在境外建立赌博中文网站，并与境内不法人员勾结，通过网络、短信等方式招揽参赌人员，组织网络赌博活动。

2000 年，根据国务院《关于加强娱乐服务场所管理，严厉打击卖淫嫖娼、赌博、吸毒等社会丑恶现象专项行动的意见》，上海公安机关在全市开展娱乐服务场所专项治理，查处违法经营场所 9 992 家。针对聚众赌博活动多发，在 2002 年 6—7 月间开展禁赌专项整治行动，查处聚赌案件 1 437 起，查获赌博团伙 207 个，查处 6 462 人。

2003 年，上海地区出现纸牌类的“炸金花”“斗牛”“百家乐”等赌博形式。公安治安部门采取针对性的整治措施，有效遏制上述赌博行为的蔓延。

2004 年 10 月—2005 年 1 月，全市公安治安部门开展打击网络赌球专项行动，查获网络赌博案件 8 起，抓获违法犯罪嫌疑人 93 人，缴获赌资 246 万元、电脑 83 台、银行卡 101 张，冻结涉案现金及银行账户资金 1 056.7 万余元。2005 年 1—5 月，开展集中打击赌博违法犯罪活动专项行动，查处赌博案件 1.38 万余起，抓获涉赌人员 4.72 万余人，查获赌博团伙 976 个、8 476 人。

2006 年，开展夏季治安整治、“治顽扫丑”集中整治专项行动，查处涉赌案件 51 861 起、110 081 人，查处赌博团伙 1 979 个、1.28 万余人。10 月，加大对游戏机赌博活动的查处力度，仅 1 个月，全市查获游戏(艺)机房赌博案 45 起，抓获违法犯罪嫌疑人 112 人，行政处罚 94 人。

2007—2008 年，开展集中打击网络赌博等专项行动。2007 年，开展查禁利用网络游戏赌博、电子游戏(艺)经营场所整治等专项行动，查处涉赌案件 3 万余起、44 025 人，查处赌博团伙 676 个、6 651 人。2008 年，侦破“9·23”特大网络赌博案件，抓获邹某、钱某等 73 人，查获涉案银行账户 242 个，冻结银行账户金额 32 万余元，涉案金额达 100 余亿元。同时，捣毁贩售、维修、储存赌博机窝点 11 个，销毁各类赌博机 1.72 万余台。

2009 年查处涉赌案件 1.95 万余起、3 万余人，赌博团伙 442 个、3 548 人。2010 年，侦破网络赌博案件 140 起，抓获违法犯罪嫌疑人 700 人，缴获赌资 970 万余元，查扣涉案电脑 330 台。

二、查禁卖淫嫖娼

20世纪80年代,几乎绝迹的卖淫嫖娼活动再度出现,并以路边拉客招嫖为主,集中在火车汽车站、公园、绿化地带、废弃民宅等区域。随着外来人口的大量涌入,车站附近小旅馆卖淫嫖娼活动开始增多。

1984年8月,市公安局印发《关于收容教养卖淫妇女工作的若干规定》;1986年8月印发《关于对卖淫嫖宿人员的处理意见》。1984—1986年,上海公安机关查处卖淫嫖娼案件801起。

1987年8月,市公安局发布《关于坚决取缔卖淫嫖宿活动的通告》;1988年2月印发《关于对卖淫嫖宿人员处理意见的通知》。1987—1989年,上海公安机关集中开展以打击流氓犯罪,取缔赌博、卖淫嫖宿、贩卖淫秽物品为内容的专项治理,共查处卖淫嫖宿案件1 330起。

20世纪90年代,发廊、沐浴场所、旅馆、舞厅、饭店、卡拉OK、KTV包房、足浴店、按摩店等成为卖淫嫖娼活动的主要场所。卖淫人员以"合法"职业身份作掩护,通过"三陪"(陪吃、陪喝、陪唱)、"按摩"等形式提供卖淫服务。利用散发"小广告""小卡片"及拨打电话等方式进行拉客招嫖。

1990年,在"扫黄""严打"斗争中,上海公安机关共查处卖淫嫖娼案件1 008起、2 225人。

1991年,全国人大常委会作出《关于严禁卖淫嫖娼的决定》。1991—1994年,全市公安机关查获卖淫嫖娼案件1.38万起,查处违法犯罪人员2.92万人,收容教育卖淫妇女4 872人。1995—1998年,查处卖淫嫖娼和介绍容留卖淫嫖娼案件1.38余起,处罚1.57余人。

21世纪初,在娱乐服务场所卖淫嫖娼活动受到严厉打击后,违法犯罪分子通过QQ、聊天室、网络论坛等发布招嫖信息,还出现以"伴游""陪游"为名的卖淫嫖娼活动。

2000年,为贯彻落实国务院《关于加强娱乐服务场所管理,严厉打击卖淫嫖娼、赌博、吸毒等社会丑恶现象专项行动的意见》,全市公安治安部门开展娱乐服务场所专项治理,至2001年,共检查娱乐服务场所2.13万余家,查处违法经营场所9 992家,其中取缔无证经营3 882家,查处涉黄案件972起、2 391人。

2002年,上海公安机关会同市旅游管理委员会等有关职能部门,开展专项整治,查处以"伴游""陪游"为名的卖淫嫖娼案件319起、723人。2004年,市公安局治安总队组织黄浦、卢湾、徐汇、长宁、闸北、虹口6个分局治安支队开展打击网上招嫖专项行动,查处网上招嫖案件31起、68人。8月,市公安局治安总队根据群众举报,查获长寿路1148号"金色大帝"夜总会俄罗斯小姐卖淫案,将涉嫌卖淫、介绍卖淫的7名俄罗斯籍团伙成员抓获。2005年,组织浦东、长宁、虹口、闸北、闵行、宝山6个分局治安支队对6个路边招嫖重点区域开展整治,抓获路边招嫖嫌疑人员199人。

2006—2008年,全市公安治安部门先后开展夏季治安整治、"治顽扫丑"集中整治、打击网络淫秽色情等专项行动,查处涉黄案件3.87万余起、4.59万余人,查处违法经营场所1.23万余家。

2009年,查处涉黄案件1.18万余起、1.92万余人,查处违法经营场所3 036家。2010年,开展整治涉黄"三小"(小发廊、小足浴店、小按摩店)场所集中行动、打击娱乐休闲场所"黄赌毒"专项行动,共查处"黄赌毒"案件9 240起、违法犯罪嫌疑人员2万余人、场所3 067家。

三、查禁毒品

20世纪80年代初,曾经绝迹的毒品违法活动又死灰复燃,进入90年代趋于严重并呈快速蔓延态势。1994 年 6 月，成立上海市禁毒工作领导小组，2000 年 6 月更名为市禁毒委员会，由市公、检、法，及市委宣传部、市卫生局等 22 个单位组成。2006 年 7 月，由市公安局刑侦总队、交警总队、机场分局，以及上海铁路公安处、上海港公安局、上海海关缉私局、市邮政局等部门组成上海口岸缉毒工作联席会议，联手开展口岸查缉毒品工作。上海公安机关利用集中宣传活动、专项行动及集中收戒等形式，对毒品违法犯罪进行防范和打击，管控吸毒人员。

【查处非法种植毒品及吸贩毒活动】

根据全国禁毒领导小组部署，1991 年 5—6 月，全市公安机关会同卫生部门对非法种植罂粟开展集中查禁行动，查处非法种植罂粟案 64 起、64 人，铲除、销毁罂粟 17 112 株，收缴罂粟种子 1 千克、罂粟果实 263 只。1993 年，在扫“六害”治安整治行动中，查处制贩、吸食毒品案件 166 起、141 人。

1997 年通过禁毒宣传，群众向公安机关举报毒品违法犯罪线索 2 500 多条，扭送涉毒嫌疑人 1 000 余人。1999 年，全市公安机关查破各类毒品案件 2 798 起，其中千克以上大案 13 起，缴获海洛因 84 千克、“摇头丸”9 672 粒、易制毒化学品 2.5 吨、毒资人民币 350 万元。

2002 年 2—7 月，市公安局在全市开展禁毒“严打”整治斗争，出动警力 2 249 人次，对娱乐场所吸贩“摇头丸”毒品违法行为开展统一整治行动，检查娱乐场所及酒吧 5 800 余家，查获涉嫌吸贩“摇头丸”人员 299 人，缴获“摇头丸”1 万余粒。其间，开展查禁毒品原植物集中统一行动，铲除非法种植毒品原植物 24 948 株，查处违法犯罪嫌疑人 9 人。对易制毒化学品生产、经营、储存、运输和使用等开展专项检查，破获涉嫌非法买卖易制毒化学品案件 2 起并查获醋酸酐 4 527 吨。

2003 年 6—11 月，全市公安机关集中行动，破获贩毒案件 8 起，查处吸贩“摇头丸”案件 28 起，抓获涉案人员 450 余人，其中刑事拘留 22 人、治安拘留 192 人。2006 年 4—11 月，组织 3 次打击整治零包贩毒专项行动，摸排确定 22 个零包贩毒重点地区，破获各类零包贩毒案件 634 起，抓获犯罪嫌疑人 772 人，缴获各类毒品约 4 千克。

2010 年 3 月，市公安局开展为期 3 个月的查禁非法种植毒品原植物专项行动，以浦东、闵行、宝山、嘉定、松江、青浦、奉贤、金山、崇明等 9 个区县为重点，堵住毒品源头。全年，侦破毒品案件 2 177 起，其中侦破千克以上毒品大案 54 起，抓获涉毒犯罪嫌疑人 2 292 人。

【管控吸毒人员】

1992 年 6 月，市公安局召开“上海禁毒情况”新闻发布会。在“6・26”世界禁毒日，开展宣传禁毒工作，发行宣传片《白色祸患》录像带 1 000 余盘，发放宣传画 1 万余套。7 月，市公安局印发《关于严禁吸食、注射毒品和对成瘾者强制戒除的暂行规定》。1993 年 12 月，市卫生局、市公安局、市工商行政管理局印发《关于查处食品中使用罂粟壳等违法行为的通知》。

1999 年 6—7 月，全市开展吸(注)毒人员普查登记工作，派出所(警察署)对吸(注)毒人员调查摸底，逐一登记、建立档案，登记在册吸毒人数逾 7 000 人。

2002 年，上海公安机关开展集中排摸、收戒吸毒人员，排摸出吸毒人员 12 648 人，集中收戒吸毒人员 1 622 人。2003 年，开展 5 次集中收治吸毒人员专项行动，出动警力 5 万余人次，尿检吸毒人员 9 778 人，摸清全市吸毒人员底数为 1.64 万余人，并建立吸毒人员信息查询库。

2006 年 6—11 月，根据公安部部署，上海公安机关在全市范围内对吸毒人员开展集中排查和信息录入专项工作，核实吸毒人员身份，查清其现状，并逐人录入“全国禁毒信息系统”。至 2007 年底,有 3.31 万余名吸毒人员信息录入系统(其中新录入吸毒人员 10 444 人),社会面吸毒人员在控率达 62.4%。

2008 年,市公安局依托信息平台不断推进吸毒人员管控及其扩展应用工作,全年登记入库吸毒人数 4.22 万余人,查获吸毒人员 1 695 人。2009 年、2010 年,根据市禁毒委员会的统一部署,集中收戒吸毒人员 8 179 人。

第二章　公共场所和特种行业治安管理

上海公安机关通过日常检查、专项行动、行政监管等方式，加强对公共场所和特种行业的治安管理，整治突出治安问题，查处各种违法犯罪行为，加强场所和行业治安监控，维护公共治安秩序。同时，推出便民利民措施，为行业合法经营、群众方便提供服务。

第一节　公共场所治安管理

上海公安机关对人员聚集、治安问题突出、事故易发和多发的场所进行重点管理。“文化大革命”前，有公园、茶楼、浴室、影剧院、溜冰场、游泳池、咖啡馆、游乐场、文化宫、俱乐部以及车站、码头等公共场所716处。1978年后，公共场所数量增加、类型增多。

1986年10月，市政府颁布的《上海市公共场所治安管理办法》规定：凡开办从事文娱、体育、贸易等活动形成的人员集散场所，均须经文化、工商等有关部门批准后，向所在地公安机关申领《治安管理合格证》。1987年，公共场所开业审批权下放到分（县）局；外商独资开办的公共场所仍由市公安局审批。

1994年12月，市政府修改公布新的《上海市公共场所治安管理办法》，具体规定上海市范围内公众活动、集散的公共场所，其中开设特定公共场所的，应当向公安部门申请《治安管理许可证》（简称《治安许可证》），并接受公安部门年度审核。

2010年，全市有公共场所26 836家，其中舞厅240家、卡拉OK厅336家、游戏（艺）机房（厅）724家、游乐场68家、咖啡室762家、酒吧595家、茶室1 307家、KTV 916家、棋牌室1 741家、网吧1 413家、浴室（场）1 699家、美容美发13 614家、足浴3 421家。

一、娱乐场所治安管理

20世纪80年代初，随着娱乐场所逐渐增多，上海公安治安部门加强对娱乐场所的治安防范和管理，对违法犯罪活动予以打击。1986—1987年，在全市音乐茶座、舞厅内，查处违反治安管理的案件1 021起，处罚1 853人。1988年，按照《上海市公共场所治安管理办法》，对音乐茶座、舞厅等场所进行治安管理合格证审证，经审查，要求限期整改110家、停业整顿46家，消除安全隐患2 850处。

1991年，全市开展“严厉打击取缔卖淫嫖娼、流氓犯罪，加强旅馆业、公共娱乐场所管理专项斗争”，上海公安机关与工商、旅游、商业、卫生、文化等部门配合，吊销营业执照13家，扣缴经营许可证8家，责令停业整顿20家，限期整改74家，对负有直接责任的负责人及业主给予治安处罚102人。

1992年5月，市政府发布的《上海市营业性文化娱乐业管理办法》中明确，公安治安部门与公共娱乐场所法人代表签订《治安防范责任书》，实行治安责任联席会议制度和监督投诉制度。全市公共场所列入治安管理的单位11 275家，公安治安部门开展整治，吊销《治安管理合格证》19家，停业整顿71家，限期整改211家，处罚有直接责任的业主110人。

1993 年 12 月,市政府发布的《上海市营业性游戏机娱乐业管理办法》,规定营业性游戏机娱乐项目所必须具备的条件、申请程序等。年底,全市有营业性游戏机娱乐场所 1 423 家、游戏机 10 776 台,其中带有博彩性质的游戏机 3 793 台。公安治安部门对游戏机场所进行清理整顿,取缔无证经营的单位 123 家,查封有奖游戏机 802 台,没收非法经营老虎机、苹果机、牌机和跑马机等游戏机 234 台,收缴游戏机电脑集成块 355 枚,对不符合规定的游戏机场所勒令停业。全市大力整治公共场所的治安秩序,狠刹拉客、陪客、斩客和流氓色情活动,重点检查卡拉 OK、KTV 包房、舞厅,查处违法娱乐场所 370 家,其中吊销治安管理合格证 5 家、停业整顿 101 家、限期整改 264 家,对提供色情服务的"三陪女"257 人予以治安拘留等处罚。

1994 年 7 月,市公安局、市工商行政管理局印发《关于严格本市娱乐、服务性的公共场所、特种行业行政管理的通知》。全年,全市公安治安部门组织大检查 5 次,出动警力 56 437 人次,检查公共场所 54 823 家(次),查处违法经营场所 4 030 家。1997 年,市公安局治安总队检查游戏(艺)机房 4 392 家(次),吊销《治安许可证》2 家,停业整改 13 家;检查舞厅 9 844 家(次),吊销《治安许可证》6 家,停业整顿 17 家,限期整改 191 家;检查卡拉 OK 13 711 家(次),吊销《治安许可证》8 家,停业整顿 70 家,限期整改 271 家。

1997 年 12 月,市人大颁布《上海市特种行业和公共场所治安管理条例》,对全市公共场所(包括娱乐场所)治安管理工作作出明确规定,为治安管理提供法律依据。

1999 年,贯彻国务院《娱乐场所管理条例》,上海公安治安部门以规范经营活动为管理重点,整治娱乐场所突出治安问题。检查娱乐场所 7.3 万余家(次),查处违法经营娱乐场所 4 244 家(次),取缔无证经营 449 家,查处违法犯罪嫌疑人员 3 902 人。

2002 年 7—9 月,全市公安治安部门严厉打击娱乐场所违法犯罪活动,处罚违法违规经营场所 2 755 家,其中吊证 66 家、取缔 554 家、停业整顿 179 家、限期整改 1 956 家。11 月,根据国务院《关于取消第一批行政审批项目的决定》,上海公安机关迅速贯彻落实,取消娱乐服务场所等行政审批,并制定衔接配套的措施和办法。

2005 年,全市公安治安部门强化娱乐场所治安管理基础工作,将 3.4 万余条基础信息录入派出所综合信息管理系统,向 375 家 KTV 场所派驻保安人员 1 489 人。2006 年,会同保安服务公司,在全市 1 037 家娱乐场所内派驻保安人员 2 422 人,派驻率 89.2%;对 1 403 家娱乐场所的 10 万余名从业人员进行实名制登记并办理 IC 卡。

2008 年 10 月,公安部下发《娱乐场所治安管理办法》。12 月,上海公安机关开展专项整治行动,出动警力 5 000 余人次,检查游戏(艺)机经营场所 2 254 家,查处存在赌博活动的场所 243 家,其中,取缔无证经营 135 家,停业整顿 54 家,警告罚款 54 家;收缴赌博游戏机 542 台、赌博机电脑板 1 151 块、赌资 5.2 万余元;查获违法犯罪嫌疑人 544 人,其中刑事拘留 5 人、行政拘留 184 人、治安罚款 355 人。

2010 年,全市公安治安部门开展严厉打击娱乐场所"黄、赌、毒"专项行动,查处案件 9 240 起,查处违法犯罪嫌疑人员 2 万余人,处罚场所 3 067 家。

二、按摩、美容场所治安管理

20 世纪 90 年代初期,上海一些沐浴、理发、美容、宾馆等服务性行业中设置按摩项目,借机从事卖淫嫖娼活动。1994 年 7 月,市公安局下发的《关于对本市服务行业设置按摩项目实施治安管理的通知》规定，凡沐浴、理发、美容、宾馆等服务行业设置按摩（含推拿）项目，均纳入公安机关治安管理范围。12 月，市公安局、市卫生局下发的《关于严禁借治疗名义在服务行业娱乐场所设置异性按摩项目的通知》规定，未经公安和卫生部门批准，或假借保健、康复、理疗、推拿、指压等名义，开办按摩项目的，公安、卫生部门将依法严肃处理。年底，全市有沐浴按摩单位 8 家、美容按摩单位 4 家。公安治安部门查处异性按摩、卖淫嫖娼案件 18 起，责令停业整顿 3 家，限期整改 3 家。

1996 年，全市对外经营按摩项目的单位(除涉外宾馆)57 家，其中，沐浴按摩 45 家、美容按摩 12 家。公安治安部门查处违法单位 15 家，其中吊证 8 家、整改 7 家。取缔非法经营单位 619 家(次)。1997 年，对涉及按摩项目的单位责任人、领班、按摩师 300 余人进行治安岗位业务培训。查处违法经营按摩项目 7 241 家(次)，其中吊销《治安许可证》3 家，限期整改 96 家(次)，取缔无证经营按摩、发廊 7 142 家(次)，查处违法人员 1 348 人。1998 年，全市经营按摩项目的单位 162 家，其中沐浴按摩单位 77 家、美容按摩 57 家。查处违法经营单位 1 445 家(次)，其中吊销《治安许可证》3 家，停业整顿、限期整改 96 家，取缔无证经营 947 家，查处违法人员 980 人。

1999 年，按照公安部"清理整顿按摩服务场所，严厉打击非法经营活动"的部署，结合专项斗争，上海公安治安部门将按摩业中卖淫嫖娼、流氓活动等列为整治重点，开展专项整治 487 次，检查按摩服务场所 19 950 家(次)，取缔无证经营按摩场所 3 997 家。全市经营按摩项目单位 275 家，其中沐浴按摩单位 142 家、美容按摩 133 家。

2005 年，开展"加强娱乐、休闲等服务场所治安管理，严厉查处卖淫嫖娼等违法犯罪活动专项行动"，慑于整治声势，有 2 963 家发廊、429 家沐浴(足浴)店关、停、转。全市有沐浴按摩场所 3 828 家、美容按摩场所 16 473 家、盲人按摩场所 177 家。

2007 年 11 月，开展集中整治沐浴场所专项行动，出动警力及辅助力量 805 人次，检查沐浴场所 194 家，查处容留、介绍卖淫以及卖淫嫖娼人员 32 人，取缔沐浴场所 1 家，责令停业整顿 4 家，开具治安整改记录单 7 份。

2010 年，开展打击小发廊、小足浴店、小按摩店等"涉黄"突出治安问题专项行动 10 余次，查处违法违规经营单位 400 余家，处罚违法违规经营业主 200 余人。其间，市公安局治安总队对全市 10 个区、55 条重点路段、313 家"三小"场所开展集中暗访，发现 97 家存在组织、介绍、容留卖淫问题。

2010 年 9 月 6 日，民警在休闲娱乐场所开展治安检查

三、餐饮场所治安管理

餐饮场所主要是指咖啡馆、酒吧、茶室、酒菜馆，被纳入治安管理范围。1983 年，全市酒菜馆

3 857 家。2010 年,咖啡馆、酒吧、茶室为 2 664 家(不包括酒菜馆)。

1983 年 7 月,因餐饮场所治安问题凸显,市政府办公厅转发黄浦区《维护饮食店治安秩序的通知》,规定夜市营业不得超过 21 时,顾客不得在店堂猜拳、酗酒,严禁赌博、贩卖及流氓活动。1986 年 10 月,夜市营业时间限制放宽,供应啤酒时间延长至 23 时 30 分。1988 年 8 月,市公安局和市工商行政管理局联合发布《上海市咖啡馆、酒菜馆治安管理规定》,凡开办咖啡、中西式酒菜馆(含酒菜夜宵店、酒吧),须向所在地分(县)局申领治安管理合格证,并向工商行政管理部门申领营业执照。1990 年 5 月,上述规定修订增加"严禁指使、引诱、强迫妇女以陪酒、陪坐色情方式招徕生意"等内容。

1992 年,上海公安治安部门建立餐饮场所监督投诉制度。1993 年,通过审证验证,签订治安责任书。查处违法餐饮场所 360 家,吊销治安管理合格证 4 家,停业整顿 35 家,限期整改 321 家,查处治安案件 338 起、571 人。1995 年,全市换发餐饮场所《治安许可证》7 880 家。通过治安检查,处罚违法经营、违反安全规定 1 034 家,其中,吊销《治安许可证》47 家、停业整改 234 家、非停业限期整改 753 家,查处酒吧、咖啡室中的卖淫、嫖娼、色情服务等违法犯罪活动 121 起。11 月,市公安局印发《上海市酒菜馆、咖啡馆、酒吧治安管理规定》。2000 年,检查餐饮场所 16.27 万余家(次),查处违法经营单位 5 131 家,其中吊销《治安许可证》43 家、停业整顿 155 家、责令改正 3 483 家、警告 162 家、取缔无证经营 424 家、罚款 864 家、查处违法犯罪嫌疑人员 3 415 人。

21 世纪初,上海地区酒吧主要分布在卢湾区新天地地区、铜仁路、茂名路、衡山路酒吧一条街、卢湾区淮海中路东段及周边地区、复兴公园内及周边地区、杨浦区五角场周边地区、长宁区新华地区、静安寺高星级宾馆群周边地区。一段时间内,酒吧治安问题较为突出,市公安局治安总队会同辖区公安机关采取措施,加强管理,建立业主治安责任制;在自愿的基础上,分局与各酒吧业主签订《治安承诺书》;由业主出资,保安公司安排保安人员,维护酒吧治安秩序。经整治和管理,开设酒吧的地区治安状况得到明显改观。

第二节　特种行业治安管理

一、宾旅馆治安管理

1979 年,全市登记旅馆 709 家。上海旅馆业恢复"循环簿"制度,公安机关要求各旅馆把好旅客住宿登记关、行李保管关和值班巡逻关。2010 年底,全市有宾(旅)馆 6 337 家(星级宾馆 333 家,中小旅馆 6 004 家)、留宿浴场 543 家、酒店式公寓 80 家。

1984 年,出现不少非法开设的旅馆,全市公安治安部门开展整治,共取缔 2 500 余家。

1985 年,市政府颁布《上海市旅馆业治安管理暂行规定》,对开办旅馆、旅客住宿登记、协助公安机关协查、携带物品等作出明确规定,严禁在旅馆内赌博、吸毒、嫖宿等,同时明确宾馆治安由公安部门管理。1987 年,公安部制定《旅馆业治安管理办法》。上海公安治安部门开展行业审证、整顿工作,依靠治保组织和治安联防队加强安全防范。1989 年 3 月,市公安局制定涉外宾馆客房治安管理 10 项制度,即旅馆住宿验证登记、客房钥匙管理、值台安全防范、财物保管、防火安全、旅客遗留物品上缴、访客、情况报告、通缉协查核对和交接班等制度。5 月,在全市涉外宾馆中,开展总台、行李房、商场、仓库、财务室、更衣室和要害部门"七合格"安全检查活动。1990 年 7 月,市政府发布《上海市旅馆业治安管理实施细则》,明确各级公安机关治安管理职能,负有审核、指导监督、培训等方面的职责。11月，市公安局制定住宿登记验证、财物保管、值班巡查、通缉协查核对等8项制度。1999年，全市公安治安部门组织旅馆行业职工、治安联防队员加强内部治安管理，遏制“黄毒赌”等在旅馆行业中蔓延，查处各类案件847起，抓获违法犯罪嫌疑人2 089人。

2002年7月，市公安局制定《上海市星级宾馆治安管理和内部安全防范工作规范》，建成治安管理信息系统旅馆业信息子系统，全市所有星级宾馆和市区50张床位以上的旅馆接入，达1 500余家，实现宾（旅）馆、分（县）局和市公安局三级联网，每天实时自动更新和维护住宿人员信息。通过信息比对，公安机关抓获网上在逃人员20人。

2005年6月，市公安局下发《关于将本市接待浴客住宿的洗浴场所、公寓式酒店列入旅馆业范畴进行治安管理的通知》。年底，全市581家通宵浴场（室）、92家酒店式公寓申办《特种行业许可证》，并接入旅馆业治安管理信息系统。2006年，市公安局治安总队检查持有《特种行业许可证》的通宵浴场（室）167家、无《特种行业许可证》的浴场（室）81家，查处4家违规接待浴客留宿。

2007年，市公安局治安总队根据“特奥会”安全保卫工作要求，检查住地宾馆2 189家（次），发现并整改安全隐患298处；开展整治辖区沐浴场所专项行动，集中检查沐浴场所194家。

2009年，市公安局治安总队和市相关职能部门，结合旅馆业年度审验证工作，组织分（县）局对全市旅馆业单位治安情况进行排摸，检查6 478家，发现治安隐患并作出整改要求的538家、562处；处罚276家单位，其中罚款221家、停业整顿33家、吊销《特种行业许可证》4家、取缔18家。

2010年3月，市公安局制定《旅馆业单位住宿登记规定》。4月，市政府颁发《关于加强留宿场所安全管理的通告》。全市6 495家旅馆业单位接入旅馆业治安管理信息系统。6—12月，全市公安治安部门开展打击沐浴场所“涉黄”等突出治安问题的专项行动，查处违法违规经营单位、经营业主。

二、印铸刻字业治安管理

1979年，上海从事印铸刻字业112家，其中铸字厂1家、刻字社70家、誊写社21家、晒图社18家、拍摄文件店2家。2010年，全市刻字业636家（印章刻制365家、公章刻制210家、其他61家）、印刷业3 865家。

1981年8月，经市政府批准，市公安局、市出版局、市工商行政管理局公布《上海市印铸刻字业管理规定》，对经营印刷刻字等业务作出管理规定。1987年9月，市公安局发出《关于加强本市印刷行业治安管理的通知》。公安治安部门会同工商等有关部门，对全市印刷厂、誊写社进行清理，验收合格889家、暂缓发证85家、尚待验收98家、不具备开办条件和责令关闭93家。1990年，对全市1 985家印刷厂和194家刻字社（摊）进行清理整顿、年度审证和法规宣传。1992年，把对外经营彩色复印业务的单位纳入特种行业管理。1994年，出动警力300多人次、工纠联防队员50余人次，对无证刻字摊较为集中的大洋桥、曹杨路桥、西藏路桥、乍浦路等34处路段开展专项整治，取缔无证刻字摊点211个、刑事拘留80人、治安拘留25人。

1998年，依据市政府颁布的《上海市印章刻制业治安管理办法》，至1999年底，全市公安治安部门检查印刷印章刻制单位9 929家（次），查处违法经营单位1 191家、取缔无证经营617家、查处违法人员75人、吊销《特种行业许可证》9家。2000年，针对“地下黑店”和“印章游击队”等情况，开展专项整治，查处违法单位78家，其中停业整顿1家、限期整改42家、取缔无证经营35家，收缴各类印章7 800余件。2001—2002年，对全市4 848家印刷企业开展检查、验证工作，吊销《特种行业许可证》19 家、限期整改 67 家、取缔 146 家,收缴非法印刷物品 53.17 万余件,查处治安案件 887 起、违法犯罪嫌疑人 1 089 人。

2003 年 12 月,为落实公安部的便民利民相关措施,市公安局将部分公章刻制审批权限,从治安总队下放到分(县)局,由其接待窗口统一受理审批。2004 年 11 月—2005 年 4 月,对 5 000 余家印刷复制企业和文化市场进行检查和整顿,责令整改 167 家,取缔无证复印点和摊位 522 个,收缴非法印刷、出版物品 80 万余件,查处违法犯罪案件 1 266 起、违法犯罪嫌疑人 2 846 人。

2009 年 8 月,市公安局治安总队、市新闻出版局、市文化市场行政执法总队向全市印刷复制企业发出告知书,要求在"迎世博"和"办世博"期间,严格遵守《出版管理条例》《印刷业管理条例》等法规,强化保护知识产权意识。2010 年 8 月,全市公安治安部门对印刷企业开展清查工作,取缔各类非法印刷企业,打击各类印刷、传播非法出版物的违法犯罪活动。

三、典当拍卖业治安管理

【典当业管理】

改革开放后,私营工商业迅速发展,典当业得到恢复。1988 年,虹口区首先出现恒源典当行。此后,其他区、县陆续有典当行开业。2010 年底,全市有典当行 187 家。

1992 年 10 月,市公安局印发《关于加强本市典当行业治安管理的意见》,规定开办典当行的条件、程序以及治安管理制度等。1997 年,市公安局治安总队配合中国人民银行上海分行收回对典当行业所发的《特种行业许可证》,对已取得资格认定的 8 家典当行重新进行审核,颁发《特种行业许可证》。2002 年 6 月,全市公安治安部门根据"严打"整治斗争总体部署,结合辖区治安实际,开展为期 3 个月的典当、旧货流通、废旧物品收购和二手手机市场专项整治行动。其间,检查典当、废旧物品收购和二手手机市场 4 655 家(次),查处违法违规经营单位 47 家,取缔无证经营单位 388 家,限期整改 556 家。2006 年,根据商务部、公安部联合发布的《典当管理办法》,上海实施典当信息报送制度。各典当公司及典当分支机构指定专人上传质押当物和当户信息数据,并通过网络下载有关通缉协查通告,配合公安机关查控。2007 年,在全市范围内对违法经营典当业务开展清理整顿工作,遏制违法活动的蔓延势头。1—8 月,97 家典当行安装典当信息系统,上传信息 9 537 次,上报典当物品信息 134 683 条。经比对,发现网上在逃人员 35 名,抓获 7 名。2010 年 6 月,市公安局治安总队下发通知,要求典当业等单位严格执行凭证登记、查验核对、物品保管、通缉协查核对、情况报告 5 项制度。

【拍卖公司管理】

1990 年,上海拍卖行业恢复,至 1995 年有拍卖公司 24 家。2010 年,拍卖公司增至 75 家。

1996 年 7 月 5 日,《中华人民共和国拍卖法》颁布,明确规定公安机关要将拍卖业按特种行业纳入治安管理,并实施许可制度,颁发《特种行业许可证》。1997 年,市公安局治安总队对已取得资格认定的 32 家拍卖行重新进行审核,颁发《特种行业许可证》。2005 年,针对上海拍卖行业中出现的竞买人之间恶意串通、阻拦和威胁其他竞买人正常竞拍、恶意抗拒履行拍卖合同等垄断竞买市场、扰乱拍卖秩序,以及结伙寻衅滋事、导致拍卖会被迫中止等情况,市公安局制定《关于加强本市拍卖行业后续监管工作的意见》,明确拍卖行要落实凭证登记、查验核对、物品保管、情况报告、拍卖现场保卫等 5 项制度。2010 年,市公安局治安总队加大治安管控力度,防止旧货流通等行业成为犯罪分子的销赃渠道，加强旧货业等治安管理；对寄卖业等单位严格执行凭证登记、查验核对、物品保管、通缉协查核对、情况报告等 5 项制度。开展对拍卖业的检查和培训，组建治保组织。

四、废品旧货业治安管理

【废品回收管理】

1964 年，废品回收业列入公安特种行业管理。1979 年，全市废旧金属收购站 589 家；2010 年，增至 934 家。

1980 年 6 月，市供销合作社、市工商行政管理局、市公安局联合发布《上海市工业废金属回收管理规定》，对废旧金属收购、收购所须证明、发现可疑物资处置等作出明确规定。1985 年 7 月，又联合发布《上海市个体商业经营废旧物资暂行规定》，规定经营废品的个体商店只许收购非金属生活用品，不得收购生产性废旧金属。

1987 年 5 月，市公安局会同市经委、市工商局、市供销合作社、市物资局联合发出《关于加强上海市生产性废旧金属收购管理工作的通知》。对废品收购站进行清理、整顿；批准可以收购生产性废旧金属的收购站 369 家。1989 年，取缔生产性废旧金属非法收购点 500 余处，缴获非法回收的各类废旧金属 400 余吨，破获盗窃、销赃案件 229 起。

1990 年 1 月，市政府发布《上海市废旧金属管理办法》，对收购单位的审批、废旧金属交售、来路不明的废旧金属处置等作出规定。1994 年，公安部颁布《废旧金属收购业治安管理办法》。市公安局治安总队实施执行，取缔无证收购生产性废旧金属摊点 1 604 处、收缴废旧金属 1 633 吨、吊销《特种行业许可证》43 家。1996 年，市公安局治安总队对工业系统所属收购生产性废旧金属的单位核发《特种行业许可证》261 家。1998—1999 年，取缔无证收购废旧金属摊点 651 处。2000 年，开展废旧金属（冶炼）行业专项整治，共取缔无证经营废旧金属摊点 120 个、收缴非法收购的废旧金属 386.8 吨。2001—2002 年，收缴非法收购的废旧金属 1 564.6 吨。

2005 年 10 月，市政府发布《上海市废旧金属收购管理规定》，明确废旧金属收购行业须申领公安部门颁发的《生产性废旧金属收购许可证》（简称《收购许可证》）。市公安局在全市开展废旧金属收购行业专项整治，规范废旧金属收购活动，维护废旧金属收购行业经营秩序，有效遏制收销赃违法犯罪活动的蔓延势头。2006 年，全市公安治安部门会同有关部门开展对废旧金属收购行业专项整治，查破盗窃、销赃市政公用设施案件 697 起、涉案物品价值 352.7 万余元，查处违法犯罪嫌疑人员 979 人，取缔无证经营生产性废旧金属单位 830 家、责令停业整顿 102 家、限期整改 1 375 家。核发《收购许可证》792 家。市公安局治安总队会同市城市交通运输局、市港口管理局、上海海事局建立市政公用废旧金属物资和生产性废旧金属物资凭证查验外运制度。

2007 年，根据全国及上海开展打击盗窃破坏电力电信广播电视设施违法犯罪专项斗争的工作部署，市公安局在全市范围内组织开展专项斗争，检查和整治废旧收购点。在 2009 年 4 月、8 月专项行动中，清查废旧金属收购站点 5 353 家、取缔无证站点 222 个，破获案件 105 起、抓获违法犯罪嫌疑人 112 人，收缴非法收购的电力电信广播电视设施、器材 2.6 吨，缴获赃款赃物价值 19.98 万余元。

【旧货业管理】

改革开放后，上海旧货业恢复较快。1979 年，全市有旧货寄售店 62 家、古玩店 4 家、珠宝店 1

家。2010 年,全市旧货业经营单位增至 2 121 家。

1979 年,全市公安治安部门对旧货业开展登记。1987 年,通过对旧货行业发现的可疑线索进行追查,破获各类违法犯罪案件 465 起,处罚 497 人。年底,全市调剂商店 40 家,旧货市场 9 家,古玩、文物商店、外贸收购站各 1 家。

1989 年 9 月,市政府公布《上海市旧货业治安管理办法》,对经营旧货物品以及收购、寄售、典当、拍卖等作出规定。市公安局全面清理整顿旧货业,对符合要求的单位和个体工商户发给或换发许可证;对未经工商、公安部门批准而擅自经营的,予以取缔。1993 年,开展旧货业清理整顿,严厉打击行业中收赃和收购违禁物品的违法活动,落实凭证登记收购和可疑情况报告等制度,严肃查处违章经营行为,开展行业自查自纠、分类登记、重新填表、考评验收等工作。通过清理整顿,换发许可证 2 035 家。1999 年,全市旧货业经营单位 1 586 家。

2000 年,将旧手机回收业、机动车修理业等纳入治安管理范围。7—8 月,市公安局治安总队组织开展行业专项整治,取缔无证经营摊点、收缴非法收购的报废汽车,没收赃物折款 13 万余元。

2010 年 6 月,市公安局治安总队下发通知,要求公安治安部门加大治安管控力度,防止旧货流通等行业成为犯罪分子的销赃渠道;对旧手机回收业、机动车修理业等单位,严格执行凭证登记、查验核对、物品保管、通缉协查核对、情况报告 5 项制度。10 月,《上海市旧货业治安管理办法》废止。

第三章　危险物品及犬类管理

“文化大革命”结束后，上海公安机关加强枪支弹药、剧毒危险化学品、放射性同位素、管制刀具及犬类管理，采取清理、登记、验证、检查、收缴等措施，将危险物品及犬类管理作为一项经常性工作来抓，维护群众生命财产安全。

第一节　枪支弹药管理

1981 年 7 月，根据《中华人民共和国枪支管理办法》规定，市公安局制定《〈中华人民共和国枪支管理办法〉的实施意见》，规定全市非军事系统持有的枪支、弹药由公安机关管理，对持有、配置及批准使用枪支、弹药等作出规定，各单位确因工作需要配佩枪支的，应经市级主管单位和公安局批准。1981 年底，全市非军事系统登记在册的各类枪支共 4.82 万余支、子弹 156.82 万余发。上海公安机关对非军事系统持有的枪支、弹药实施分类管理。2003 年，全市公安治安部门对各类持有枪支弹药的单位开展安全检查，督促落实内部安全管理制度和工作责任。2008 年，市公安局治安总队与全市民用枪支单位、营业性射击场(馆)签订《安全管理责任书》，推行《安全管理责任书》公示制度。

一、公务用枪管理

1982 年，市公安局发出《加强枪支、弹药管理的意见》，要求公务用枪单位加强枪支、弹药管理，经常开展检查，落实保管安全措施。1986—1988 年，市公安局 7 次组织人员对各配枪单位进行安全检查。检查中，对个别单位保养不善、将公用枪作为个人专用等问题，督促改正。1994—1995 年，对 480 家配枪单位进行安全检查，发现少数单位的枪库存在防盗报警仪器失灵等隐患，督促整改。同时结合枪支审证，对配枪单位开展安全检查。1997—1999 年，对全市 154 家用枪配枪单位进行安全检查。根据公安部通知精神，全市厂矿企业单位的枪支、弹药全部上缴市公安局保管。核发新版《公务用枪持枪证》《公务用枪枪证》。2000 年，公务用枪单位 820 家。2001 年，全市公安消防、治安管理部门对辖区内的涉枪单位进行排摸检查。2003 年，市公安局治安总队完成全市公务用枪持枪证年度审验工作。2005 年，检查公务用枪单位 634 家，同时修订《上海市公务用枪管理规定》，制定《公务用枪管理手册》，进一步细化有关公务用枪的管理制度和管理标准。2008—2010 年，市公安局治安总队与全市公务用枪单位签订《安全管理责任书》，推行《安全管理责任》公示制度。2010 年，公务用枪单位 652 家。

二、猎枪、气枪管理

1981 年 7 月，根据《中华人民共和国枪支管理办法》，将气枪列入枪支管理范围。各专业狩猎单位可持有狩猎散弹枪、火药枪、气步枪，并由公安机关发给枪证。购买狩猎用枪，须凭公安机关发给的购买证。1985 年 12 月，市公安局颁布《上海市气、猎枪管理办法》，规定气、猎枪持有者到公安机关登记申领持枪证,并两年1次审证验枪。1986年底,全市登记发放气、猎枪持枪证21 657张。1995年,全市私人持有气、猎枪37 359支。1996年7月,《中华人民共和国枪支管理法》颁布,规定猎枪仅限在猎区的猎民、牧区的牧民因生产、生活必需配置持有。据此,上海公安机关对非法持有的猎枪,一律予以收缴。2002年后,上海公安机关对私人持有气枪不再验枪发证,并动员上交和收缴不符合安全管理条件的枪支。2010年,全市私人持有气枪5 528支。

三、运动枪支管理

1978年,各区、县恢复射击运动。市体育委员会和市公安局颁发《上海市射击运动枪支、弹药及射击场管理细则》,对运动枪支、弹药的买卖、持有、使用、保管、携带和射击场设置作出规定。1981年,市公安局又将射击运动枪支列入管理范围,凡经市体育委员会(简称市体委)批准配置、使用的运动枪支,须向所在地公安机关申领持枪证。1983年,市公安局、市体委组织力量对全市射击运动枪、弹保管使用情况开展检查。1984年,对全市射击运动枪支、弹药进行登记,有射击运动枪1.27万余支、子弹743.94万余发。1986年,市公安局、市体委规定,开设射击场须凭市公安局、市体委发给的许可证。全市12个射击场获得许可证。1990年,全市有射击运动枪2.29万支、子弹180万余发。1993年11月,市公安局治安总队根据公安部《禁止使用军用枪支进行营业性射击活动的通知》,对2家使用军用枪支进行营业性射击的射击场开展整顿,停业1家,查封军用枪118支、子弹40.20万余发。1994年,根据市公安局《进一步加强营业性射击场治安管理通知》,公安治安部门对全市营业性运动枪支、营业性射击场进行登记检查、清理整顿、审批发证。营业性射击场(馆)增至4家。1995年,结合枪支审证,对配枪单位进行安全检查,开展营业性射击场整顿工作。全市有射击运动枪1.76万余支,持枪单位1 993家。1997年,全市345家单位的1.26万余支射击运动枪支集中到各区、县体委有关部门保管。2002年,全市有营业性射击场(馆)15家、枪支788支。2003年,全市有射击场25家,其中,营业性射击场(馆)18家。2010年全市有射击场64家,其中,营业性射击场(馆)减至13家。

四、收缴社会枪支

1981年,全市公安治安部门收缴非法枪支(手枪、步枪、土枪、火药枪、气枪等)1 235支、子弹2.6万发。1983年6月,根据公安部《进一步加强枪支、弹药和爆炸物品管理的指示》,全市公安治安部门开展专项行动,收缴非法枪支1 269支。1984年,通过严厉打击刑事犯罪活动,查破私造、私藏枪支案6件,缴获非法枪支9支、子弹468发。1986年,依法收缴各种非法枪支106支、子弹3 000余发。

1990年,市政府印发《收缴非法私藏爆炸物品、枪支弹药的通告》,上海公安机关收缴各类非法枪213支、子弹7 280发。1992年,根据公安部通知,上海公安机关收缴非法枪支809支、子弹484发。1994年,收缴非法枪支938支、子弹1 390发、炸药66公斤、雷管98枚。1995年,收缴非法枪支5 246支、子弹6 808发。1996年,市公安局治安总队检查营业性射击场7家。1998年,收缴非法枪支1 890支。2000年,查破各类涉枪案件50起,收缴非法枪支3 008支(其中仿真枪2 055支)。2001—2002年,市公安局组织开展"治爆缉枪"专项行动,破获非法制造、买卖、运输枪支弹药和爆炸物品案件22起,查处违反枪支、爆炸物品管理规定案件1 244起,收缴非法仿真枪、土枪等1.24

万余支，子弹(含铅弹)12.66万余发。2006年，开展集中整治爆炸物品等专项行动，收缴各类非法枪支4 258支(其中涉案枪33支、仿真枪3 483支)、子弹2.94万余发。2007—2008年，市公安局开展治爆缉枪缴刀专项行动，查缴各类非法枪支2 597支、仿真枪8 190支、管制刀具6 254把、子弹15万余发。2009年，开展防范打击涉枪涉刀犯罪活动专项行动，缴获各类非法枪支1 976支、管制刀具1.3万余把。据统计，1994—2010年，全市公安治安部门收缴各类非法枪支10.2万余支、子弹58万余发。

第二节 剧毒、危险化学品管理

1982年2月，市公安局会同市物资局、市医药管理局制定《上海市化学危险物品安全管理办法》，其中规定三氧化二砷、氯化汞、氰化钠、磷化铝等157种为剧毒物品，统一由公安消防部门监督管理，实行凭证采购。1987年10月，剧毒物品由公安治安部门负责监管。市公安局明确治安处、分(县)局治安科(股)、经文保科(股)和派出所各自的监管分工和职责。

1992年，市公安局治安总队将全市1 049家生产、使用、经销、储存、运输剧毒物品的单位，编为84个剧毒物品治安联管组，采取单位自查、组内互查、公安治安部门抽查和区(县)对口检查的方法，开展安全检查，对发现的隐患提出整改意见。

1993年，市公安局治安总队对全市1 047家剧毒物品应用单位审验换证，为846家换发上海市剧毒物品购买、使用许可证，与厂方负责人签订《剧毒物品治安管理责任书》，开展有关人员的业务培训。通过检查，消除各类隐患52处。

1994年，市公安局将液氯(剧毒气体)列入治安管理范围，对年产销液氯达10万吨的2家化工厂和139家液氯应用单位登记发证，督促其建立安全制度。市公安局治安总队检查市区剧毒品使用单位982家，消除隐患38起；对未办危险物品经营许可证、购买证、运输证的，给予治安处罚。1995—1997年，检查生产、销售、使用剧毒物品单位3 354家(次)，发现和消除隐患118起，销毁处理各类废弃剧毒物品909.6千克。

1998年，全市公安治安部门建立剧毒物品储存仓库管理档案。1999年，对全市生产、销售、使用剧毒物品的单位进行审验，合格率达98.3%，整顿单位15家。2000年，销毁处理各类废弃剧毒物品1 190千克。

2002年1月，国务院公布《危险化学品安全管理条例》。2003年2月，市政府修改发布《上海市营业性危险货物道路运输管理办法》。2004年，市公安局制定《剧毒化学品、放射性同位素从业单位安全管理工作规范》。2005年，公安部发布《剧毒化学品购买和公路运输许可证件管理办法》。

2008年，市公安局治安总队与生产、销售、使用剧毒化学品、放射性同位素等单位签订《安全管理责任书》，检查、消除安全隐患309处。2009年，开展专项整治，消除剧毒化学品单位隐患107处。

2010年，市公安局对剧毒化学品实行实名登记购买制度，采取指定线路运输、保安押运等措施，推行安全管理责任公示制度，与1 700余家危险物品单位签订《安全管理责任书》。检查危险物品单位47 986家次，责令整改1 528家、停业整顿7家、吊销执照2家。会同市安监局等部门，建立联席会议、管控流转、联合检查、安全押运、应急处置5项机制，严密生产、经营、运输、储存、使用、处置6个环节管控措施。

第三节　放射性同位素管理

1977年,放射性同位素管理工作恢复,由市公安局消防处主管。1979年,实行使用放射性同位素许可证制度。公安消防部门会同卫生、环保等部门,负责对全市使用放射性同位素单位安全检查。统一全市医用同位素的专车运输,避免运输中错拿、漏拿等不安全因素。1984年,放射性同位素管理工作划归市公安局治安处主管。

1988年,全市公安治安部门对使用放射性同位素单位进行审核换发许可证,注销安全设施不合格的单位8家。1992年,会同有关部门对100余家生产、贮存、运输、使用放射性同位素的重点单位(场所),开展"防盗窃、防丢失、防破坏、防泄漏"检查,对280名从事放射性同位素工作人员进行安全防护培训。1994年,开展安全检查4次,组织新从事放射性同位素工作的215名人员进行安全防护培训。1995年,对208家使用、贮存、运输放射性同位素单位开展清理核查。1996年1月,市公安局下发《关于进一步加强本市放射性同位素治安管理的意见》,明确分(县)局治安管理部门的日常监管职责。

1997年6月,卫生部、公安部印发《关于核发放射性同位素工作许可证和放射性同位素工作登记证的通知》,明确《许可证》和《登记证》分别由省级卫生行政部门和公安部门核发。年底,上海换发新证218家。1998年,根据卫生部、公安部《关于开展放射源安全检查的紧急通知》要求,市公安局治安总队开展审核、换证工作并建立基础档案,同时会同市卫生部门对80家使用放射性同位素单位进行抽查。1999年,全市公安治安部门开展安全大检查,检查使用放射性同位素单位80家(次),发现事故隐患2起。2000年,全市有生产、销售、运输、储存、使用放射性同位素工作单位(场所)226家,从业人员2 800人。2000—2002年,市公安局治安总队查处违反剧毒物品、放射性同位素管理74起。2004年,市公安局治安总队组织检查生产、销售、运输、储存、使用单位779家(次),督促整改安全隐患102处;制定下发《剧毒化学品、放射性同位素从业单位安全管理工作规范》。2005年,对第二军医大学辐照中心、上海核新辐射厂等单位进行安全检查,在检查31家中发现有问题的7家。2009年,开展专项整治,督促放射性同位素单位整改安全隐患24处。

1987年,全市使用放射性同位素单位235家,2010年增至334家。

第四节　管制刀具管理

1983年,根据公安部《对部分刀具实行管制的暂行规定》,市公安局于9月发布《上海市对部分刀具实行管制的暂行办法》,将匕首、三棱刀、带自锁装置的弹簧刀,以及类似的其他单刃、三棱尖刀列入管制范围;严禁任何单位和个人非法制造、销售、持有管制刀具。核准全市15家工厂可生产管制刀具、121家商店可经营管制刀具;对各使用单位进行登记编号,督促使用单位建立领用、保管等安全责任制度。开展专项行动,依法收缴私藏管制刀具4 602件。1988年,市公安局对刀具管制范围进行调整,列入管制刀具的,仅匕首、三棱刀、带自锁装置的弹簧刀3种。

1994年8月,市公安局公布《强化管制刀具,收缴非法持有管制刀具通告》,全市开展查禁收缴非法持有的管制刀具专项行动,至1998年,收缴管制刀具13.46万余把。

1999年,全市开展以"打抢劫、反盗窃、治顽症"为主要内容的"严打"整治斗争,收缴管制刀具1 931把。2001年,在"打击盗窃犯罪、强化'治乱'、加强安全检查"和"重'治乱'、强'管理'、保'两会’”的2次专项行动中，缴获管制刀具420件。2006—2009年，全市公安治安部门在开展治爆缉枪缴刀专项行动和“迎世博、保平安”打击整治攻坚战中，收缴管制刀具4.16万余把。

2010年4月，根据公安部批复，陶瓷类刀具纳入管制刀具。全市陶瓷刀具销售单位(点)20家、生产单位2家被停售、停产，1 832把陶瓷刀具被清点封存。4月15日，市政府发布加强刀具安全管理的通告。5月5日，市公安局治安总队下发《关于切实推进加强世博会期间刀具销售管理工作的通知》，对危险性刀具实行定点销售、实名登记购买等制度。172家刀具定点销售单位安装技防设备。12月，《上海市对部分刀具实行管制的暂行办法》废止。

第五节　犬类管理

1973年5月，市公检法军管会发出通知，禁止市区私人养犬。1978年，上海公安机关承担审批、发证、取缔非法贩犬、捕杀违章养犬等工作。1979年3月，市公安局、市卫生局、市农业局联合发布《上海市犬类管理规定》，规定市区、郊县城镇及新兴工业区禁止私人养犬，对郊县农村私人养犬以及工厂、企业、仓库等因警卫需要养犬，科研单位饲养实验用犬等作出规定；核准市区私人养犬245条、科研单位饲养实验用犬1 557条。

1981年5月，市政府批准市公安局、市卫生局、市农业局《关于进一步加强犬类管理，防止发生狂犬病的报告》。1984年，据调查，上海城乡有大约10万多条犬，被犬咬伤1 191人，宝山县、嘉定县、上海县、金山县先后发现狂犬病案例。1985年2月，市卫生局、市农业局、市公安局重新公布《上海市犬类管理办法》，并于1987年1月修改补充。1987年，市卫生局、市农业局、市公安局联合召开全市犬类管理工作会议。会后，上海公安机关会同卫生、畜牧兽医部门开展养犬审证发证、免疫和捕杀违章犬的工作。据统计，全市养犬7.12万余条，获批养犬证的3.54万余条(市区452条)，其余责令自宰和组织捕杀。1988年增至8.91万余条，其中有养犬证的4.94万余条(郊区4.87万余条，市区680条)。

随着养犬数量的增加，狗咬伤人事件时有发生。1989年，被狗咬伤者7 904人，比上年增加2.4倍。针对上述情况，上海公安机关会同卫生、农业等有关部门，于7—8月在全市开展“加强犬类管理、取缔违章养犬”集中整治行动，捕杀违章犬。1990—1992年，被犬咬伤者4.36万余人，被狂犬咬伤致死4人。

1993年10月5日，市政府发布《上海市犬类管理办法》，明确公安局、卫生畜牧部门、乡镇人民政府的管理职责，成立由市公安局、市卫生局、市畜牧局参加的上海市犬类管理领导小组。12月，市公安局下发实施意见，对犬类饲养的审批、管理及违章犬处理、养犬总数确定、养犬者条件、经营犬类养殖业等作出具体规定；并规定居民一律不得饲养狼犬。同时，重新核发新的《养犬许可证》。对违法养犬者、妨碍捕犬工作的人给予治安处罚，1993—1995年，共处罚226人。

1994年，准养犬免疫率达到100%，准养犬“表、卡、证、牌”齐全。对全市24家犬类养殖单位进行整顿，换发《犬类养殖许可证》15家，限期整改8家，注销许可证1家。

1995—2001年，全市捕捉无证犬17.75万余条，16.18万余人被犬咬伤，死于狂犬病10人。为解决市区无证违章犬处理难的问题，1999年成立市公安局犬类留验所(与治安总队治安管理处犬管科合署办公)，并建上海市犬类收容留验场，占地面积3 600余平方米、总建筑面积2 000余平方米，可收容留验犬960条。同时，各分(县)局设置1名兼职犬管民警，并配若干名捕犬队员辅助。

2002年，《上海市犬类管理办法》修正并重新发布，明确公安机关负责犬类养殖、饲养的审批，违章犬的处理,狂犬、野犬的捕杀;同时提出限制犬类总量,严格犬类办证、检疫免疫、繁殖、销售等环节的管理;严厉查处涉犬违法违规行为,并依此划定内环线以内为限养区域,内环线以外城镇为控养区域。2005 年,发放《养犬许可证》11 万余张,2007 年增至 15 万余张。其中,限养区域占 3.7%,控养区域占 32.1%,农村地区占 64.2%。

2007 年 4 月,全市公安治安部门会同爱委会、畜牧兽医站、疾控中心等单位,在各区主要街道、广场等处开展"依法、文明养犬"宣传活动。针对养犬管理中存在的突出问题并结合上海世博会的特殊需要,市政府于 2010 年 3 月 21 日发布《关于加强养犬管理的通告》,对犬的免疫、禁止携犬进入的区域和公共场所的范围等提出新的要求。2010 年,全市准养数 7.8 万余条,限养区 3 011 条、控养区 1.42 万条、农村地区 6 万余条。对违反《上海市犬类管理办法》的人员进行处理,处罚 136 起,其中,治安拘留 3 人,罚款 2.64 万余元。

第四章　社会特殊人员管理

上海公安机关协同民政、卫生等部门，加强对流浪乞讨人员、肇事肇祸精神障碍患者的收容、治理，并查获违法犯罪嫌疑人，维护市容和治安秩序。

第一节　协助收容流浪乞讨人员

1977年，市公安局、市民政局联合组成临时收容办公室，先后组织3次全市性集中收容，收容流浪乞讨人员6 421人。随着外来流浪乞讨人员增多，1978—1980年，市公安局协同市民政局组织各区(县)公安、民政部门，对车站、码头、菜场、闹市等流浪乞讨人员集结点开展集中突击行动，收容2.58万余人，查获违法犯罪嫌疑人员546人。

1982年，按照国务院《关于城市流浪乞讨人员收容遣送办法》，上海公安机关对家居农村流入城市乞讨的、城市居民中流浪街头乞讨的和其他露宿街头生活无着的人员进行收容，共收容1.35万余人，查获违法犯罪嫌疑人员697人。

1985年6月，依据公安部、民政部《关于加强收容遣送工作的通知》，经市委政法委员会批准，市公安局在市遣送站设治安民警队，负责收容人员的审查工作。公安治安部门协同民政部门组织8次全市集中收容，收容9 228人，查获违法犯罪嫌疑人员646人、在逃人员3人。在1986—1988年，收容流浪乞讨人员3.23万余人，查获违法犯罪嫌疑人员4 830人。1989年3月，市遣送站治安民警队扩建为市公安局收容遣送治安办公室，行使派出所治安管理有关权限，负责清理、审查收容人员中的违法犯罪嫌疑人，处理收容人员中的治安案件，对收容人员进行法制教育，做好收容管教、遣送途中的安全保卫工作。全年，收容3.25万余人，查获违法犯罪嫌疑人4 665人。

1990年，根据中央政法委员会关于整顿城市治安秩序的统一部署和市委政法委员会的意见，市公安局、市民政局在全市开展集中清查、收容行动，收容遣送外来盲流人员1万余人，查获违法犯罪嫌疑人857人。

1991年12月19日，市人大常委会第三十次会议通过《上海市收容遣送管理条例》，明确对流浪街头乞讨、露宿街头生活无着等5种人员予以收容遣送。市公安局协同民政部门收容流浪乞讨人员3.02万余人，查获犯罪嫌疑人员58人。

1993年11月，为加强对流浪人员的教育和审查，市公安局协同民政、司法部门在青浦建立上海市遣送站青东分站。1994年，上海公安机关协同民政部门在一些区、县增设临时收容站，集中整治流浪人员集居点，收容流浪人员6.1万余人，铲除集居地212处，拆除流浪人员违章搭建棚屋1.43万间。1995年，浦东新区、杨浦区、徐汇区先后建立遣送站，民政、公安、武警密切配合，主动与外省市联系取得支持，减少盲流人员的返回率，推广地区性滚动式日常收容和设立流动收容车的经验。1996年，结合日常治安管理和节日保卫、专项治理，开展集中收容行动，收容遣送“三无”(无职业、无家属、无经济来源)盲流人员8.25万余人次，审查发现犯罪嫌疑人员126人。收容待遣场所增至14个。

1999年，为加强对中心城区涉外宾馆、旅游景点及周边地区、商业繁华地段、重点寺庙和主要集镇等重点地区的“三无”流浪乞讨、街头卖艺、露宿人员的收容遣送,市公安局向派出所(警察署)配发巡察收容车100辆。

2000年,全市公安治安部门结合节点和安全保卫工作,组织开展9次集中收容遣送行动,共收容遣送“三无”盲流人员18.07万余人次,其中,待遣4.98万余人,从待遣场所深挖违法犯罪嫌疑人员4 397人。

2003年6月,国务院颁布的《城市生活无着的流浪乞讨人员救助管理办法》于8月1日起施行,收容遣送制度废止。9月13日,市公安局撤销治安总队基层指导处巡察收容管理科(市公安局收容遣送治安办公室)以及浦东、黄浦、徐汇、长宁、普陀、杨浦、宝山、闵行、南汇9个分局收容遣送站治安办公室(收容待遣分站)。全市公安治安部门开展救助工作,通过110进行社会救助4.11万余起,告知、引导、护送生活无着的流浪乞讨人员800余人。2006年,上海公安机关救助流浪乞讨人员2 411人,其中,会同民政、城管等部门救助流浪乞讨人员1 738人,收容抚养有轻微违法犯罪行为未成年人103人。2009年,上海公安机关对330个(处)街面治安问题突出的重点区域(部位)进行清查整治,其间,救助流浪乞讨人员2 527人。

2010年,全市公安治安部门按照《上海世博会救助管理工作方案》,与民政、城管部门密切配合,全力维护上海世博会期间街面治安秩序,告知、引导、护送救助流浪乞讨人员3.94万余人;抽调警力,会同民政、城管部门24小时不间断开展联动救助管理工作。

第二节　肇事肇祸精神障碍患者管理

1978年,根据市政府指示,上海公安机关协同卫生、民政部门,恢复市、区(县)、街道(乡、镇)三级精神病防治管理领导小组,加强对精神障碍患者的协调管理。

1980年,卫生部、民政部、公安部在上海联合召开全国精神病防治管理工作经验交流会,静安分局余姚路派出所、南市分局豫园派出所在会上分别介绍创办精神病人工疗站、建立精神病人看(监)护网的群防群治经验。

1985年4月,市公安局建立上海市精神病人管治医院(1989年8月更名为上海市公安局安康医院),病床254张,收治肇祸精神障碍患者。9月,经市政府批准,市公安局、市卫生局、市民政局制定《上海市对肇事精神病患者实行强制住院的暂行规定》。1986年8月,市八届人大常委会第二十三次会议通过《监护治疗管理肇事肇祸精神病人条例》。10月,全国第二次精神卫生工作会议在上海召开,市公安局治安处介绍上海公安机关管理肇事肇祸精神障碍患者的做法。1987年3月,市公安局治安处召开会议,确定将精神障碍患者的管理工作纳入地区治安综合治理范畴,实行齐抓共管。

1990年9月,市公安局协同市劳改局清理“文化大革命”期间由劳改局收管的精神障碍患者,其中15名肇祸精神障碍患考分批移送市公安局安康医院。1993年,全市派出所协同街道有关部门在4 445个居民委员会中建立社区精神病人监护网。发动里弄积极分子和家属8.11万余人,监护5.92万余名精神病人和有肇事迹象的精神障碍患者。结合东亚运动会和重大节日保卫工作,收治危害社会治安的精神障碍患者1 674人,其中外省来沪者980人。

1995年,市公安局会同市卫生、民政、残联等部门制定《关于进一步加强本市精神病防治管理工作的若干意见》《关于社区精神病防治经费使用意见》和《上海市特困精神病人专项医疗经费的试行办法》,进一步明确各职能部门的职责及“精防”经费的使用范围、管理办法,使“三无”肇事肇祸精神障碍患者得到及时收治并受到监护。

2000年，全市排摸出重点精神障碍患者4 179人，收治384人，落实监护措施3 795人。2001年12月28日，市十一届人大常委会第三十五次会议通过《上海市精神卫生条例》。2005年，全市共排摸肇事肇祸精神障碍患者3 600余人，对27名具有明显肇事肇祸倾向的精神障碍患者收治住院。2009年，上海公安机关"迎世博、保平安"，在全市范围开展加强易肇事肇祸精神障碍患者管控专项行动，落实监护措施1 064人，收治精神障碍患者622人。2010年，上海公安机关会同相关职能部门开展肇事肇祸精神障碍患者排查，时有肇事、肇祸精神障碍患者1 316人。

第五章　街面、社区治安管理

上海公安机关加强街面警力，依靠群防群治力量，强化街面、社区巡逻，防控违法犯罪活动，维护社会治安秩序；加强派出所建设，做实社区警务工作，夯实公安工作基础；加强技防物防人防，注重安全防范，创建“平安小区”。

第一节　街 面 巡 逻

1978—1979 年间，上海公安机关依靠治安联防队、工人纠察队等群防群治力量，加强街面、社区巡逻，维护社会治安秩序。1979 年，市区 10 个分局发动群众加强夜间巡逻、守候，每晚参加巡逻、守候的民警、职工群众和地区治安积极分子达 9 500 余人。11 月，通过巡逻、守候抓获各类现行犯罪嫌疑人员 1 468 人。1981 年，各区县公安机关调查分析刑事犯罪活动的特点规律，组织警民联防巡逻队伍，有针对性地进行夜间巡逻、守候伏击，共抓获各类现行犯罪嫌疑人员 7 084 人。

1984 年，市公安局治安处建立治安大队后，公安机关拥有一支专门力量负责街面社会治安事件的处置。1989 年，治安总队治安大队更名巡警大队，各分(县)局成立巡警队。

1992 年 6 月 19 日，市人大常委会通过《关于在本市部分地区试行人民警察综合执法的决定》，决定在黄浦、静安、徐汇 3 个区道路、广场上试行人民警察综合执法。10 月 18 日，市政府颁布《上海市人民警察巡察暂行规定》，确定人民警察综合执法职责：城市社会秩序、公共安全和市容环境卫生的维护，强化市政秩序管理，即增加城市管理、环境保护的部分职责。

1993 年，市人大常委会通过《上海市人民警察巡察条例》。上海公安巡警部门全年处理各类案件 121.93 万余起，抓获各类违法犯罪嫌疑人 3 141 人，接处警 2 022 起，查处治安案件 1.12 万余起、交通违章案件 93.93 万余起、各类影响市容环境整洁和卫生的案件 15.74 万余起、破坏社会经济管理秩序案件 11.13 万余起，为民办好事 25.62 万余件。

1994 年，市公安局巡警部门制定《上海市人民警察巡察处罚程序规定》《巡警警务制度》等规章制度，强化查勤考核，形成巡警点、线、面的巡逻模式，提高巡逻覆盖面。全市巡警处理各类案件 121.93 万余起，110 接处警 3 808 起，其中治安案件 2 247 起，水、电、煤、火险 144 起，交通事故 95 起，救助群众 633 起，抓获违法犯罪嫌疑人员 258 人。1995 年，处理各类违法违章案件 499 万余起，其中处理结伙斗殴、侮辱妇女、偷窃、抢夺等治安案件 3.26 万多起，抓获现行违法犯罪分子 3 558 人；纠正车辆违章案件 344.8 万余起；制止跨门营业、占路设摊、损坏公物等影响市容卫生行为 116.6 万余起；处理无证载客营业、销售非法出版物等工商案 33.96 万余起。1996—1998 年，受理各类违法违章案件 2 561 万余起，包括交通违章，违反治安、市容、工商法规等案件。

1999 年 4 月，市公安局巡警总队与交通警察总队合署办公。1999—2000 年，全市交巡警开展综合执法整治工作，组织开展“打盗抢、卡道口、治交通、整市容”和严厉打击街面违法犯罪活动等数十次全市性的专项斗争，破获和查处各类刑事、治安案件 7.9 万余起，抓获违法犯罪嫌疑人 8 017 人，其中刑事拘留 1 926 人、治安拘留 5 765 人，缴获毒品 2.5 千克，暂扣嫌疑车辆 4 595 辆。

2001 年，上海公安机关推行“网格化”街面治安巡逻机制。将一个行政区划分为若干个巡区，根据巡区情况配置警力，以徒步巡逻为主、机动车巡逻辅助策应，实行"四班三运转"24小时昼夜巡逻，承担110接处警、打击现行违法犯罪活动、处置突发事件等职责。4月，交巡警部门制定《巡逻民警处置道路交通事故、处理交通、市容违章的规定》，14个分局成立"网格化"巡逻队，强化社会面控制。巡逻队110接处警10.6万余起，占110接处警总数的40%，其中治安类接处警占67.3%。街面执勤民警抓获各类违法犯罪嫌疑人3.1万余人，其中刑事拘留3 000余人、治安拘留1.3万余人。2002年，上海公安机关推行以指挥中心为龙头，以"网格化"巡逻民警为主体，以屯兵街面、重点盘查嫌疑、快速缉捕现行为主要工作的打击现行"两抢"犯罪的作战模式。

2003年，上海公安机关推出"五个必查"措施（对2个成年人合乘1辆二轮摩托车/助动车必查；对外地牌照的二轮摩托车必查；对金融网点、商场门口、24小时便利店、加油站、路边外来人口经营的小店铺前停车未熄火的二轮摩托车必查；对二轮摩托车牌照倒置、模糊不清或被遮掩必查；对在禁行道路上行驶的二轮摩托车必查）。全年，街面发生"两抢"案件1 609起；抓获街面违法犯罪嫌疑人14.83万余人。

2005年2月，全市交警巡警合署办公停止，巡警指导业务划归公安治安部门。市公安局治安总队制定《巡警勤务管理实施细则（试行）》，启用巡警勤务信息系统，提出勤前训示等工作要求，浦东、黄浦、卢湾等10个分局建成"网格化"巡逻体系。2006年，市公安局治安总队推进巡逻工作规范化制度建设，制定《巡逻民警岗位履职考核指导意见》，总结浦东、黄浦、徐汇3个分局开展便衣巡逻试点工作的经验，制定《关于试行巡警便衣巡逻工作的意见》。2005—2006年，巡警通过巡逻盘查、便衣出击，共抓获违法犯罪嫌疑28 924人。

2007—2008年，市公安局治安总队相继制定《关于进一步改进和加强治安巡逻工作的意见》《巡警执法执勤工作手册》《巡警勤务通例（试行）》《关于进一步加强街面巡防工作的实施方案》《公安派出所图像监控室勤务运作规范（试行）》等规范性文件，完善图像监控值守人员与街面巡逻力量的协作联动机制和巡警与辅助力量的联动机制，提高巡警现场处置能力，共接处110警情159万余次，抓获街面违法犯罪嫌疑人5.57万余人，其中刑事拘留7 566人、行政拘留1.25万余人、行政罚款1 120人。

2009年，市公安局建立街面警情动态分析机制，科学投放街面治安巡逻力量，建立街面治安监控与巡警之间的人机互动机制，实现人机有效互补，提高巡逻民警管事率、街面违法犯罪发现率和捕捉现行率，共接处各类警情77万余次，抓获街面违法犯罪嫌疑人2.63万余人。

2009年12月4日，公安民警与社保队员出发开展治安巡逻

2010年，全市派出所推进图像监控室规范化建设，建立"视频巡逻"警务工作模式。年底，建成图像监控室的派出所325个，投入使用监控探头4.2万余个，监控值守人员近6 000人。通过图像监控室视频巡逻和实兵巡逻组合，全年侦破刑事、治安案件 3 625 起,抓获违法犯罪嫌疑人 7 317 人,收缴各类违禁物品 2 106 件、毒品 2 039.57 克,查扣各类可疑车辆 822 辆。

第二节 社区警务

社区警务工作 20 世纪 80 年代末引入中国,并渐成派出所的主要工作之一。作为社区警务主要载体的公安派出所,1977 年,上海全市有公安派出所 252 个,其中市区 118 个、郊县 134 个。2010 年,全市派出所 389 个,其中户籍派出所 315 个、治安派出所 74 个。

人口管理工作是派出所社区警务基础工作的重点。1984 年 12 月,公安部召开全国公安基层基础工作会议。会议提出,派出所户籍民警对成年人口情况要做到"四知"(知身份情况、知经济状况、知现实表现、知经常交往人员)。1986 年 5 月,市公安局在静安分局张家宅派出所、南市分局半淞园路派出所进行分层次管理人口工作试点,即将辖区人口按照其对社会治安的影响程度进行划分,并分层次管理。11 月,在全市派出所全面实施这一工作,至 1987 年 3 月,分层次管理人口工作体系建立形成,提高防范控制能力和破案率,减少发案率。1988 年,公安部明确城市派出所"以治安管理为中心,以户口管理为基础",突出打击职能,把人口分层次管理列为派出所改革工作的一项重要内容。9 月,市公安局印发《公安派出所分层次管理人口工作暂行规定》,使人口分层次管理工作朝着经常化、制度化、规范化方向发展,并把这项工作纳入派出所目标管理,作为民警岗位责任的重要内容。全年通过分层次管理人口,发现和提供各类案件线索 5 173 条,经查证,破获刑事案件 1 848 起,其中大案 367 起。

1990 年,市公安局在长宁分局召开现场经验交流会,推广长宁分局虹桥派出所开展"串百家门,知百家情"活动,密切警民关系、维护辖区治安的经验。1991 年 3 月,市公安局召开全市派出所基础工作会议,下发《关于加强派出所基础工作的意见》,明确派出所基础工作的任务和要求。7 月,召开建立"24 小时查询违法犯罪记录制度"工作会议,推广黄浦分局实行派出所 24 小时向公安保卫部门提供违法犯罪记录制度的做法。

1992 年,市公安局制定《上海市公安派出所建设纲要(1993—1997)》,提出派出所队伍建设、业务建设和装备建设的具体标准,开展派出所基础建设达标创优活动。1994 年,派出所进行勤务制度改革,推行联勤制和警长负责制。在一些经济发达、治安情况复杂、地理位置重要的地区组建警察署,并根据需要,在警察署下设若干警务站,承担治安巡逻、宣传防范、联系群众、受理报案等任务,实行 24 小时昼夜执勤,确保地区安宁。1995 年 5 月,市公安局召开上海公安派出所规范化工作现场会,推广黄浦分局派出所规范化建设达标创优活动的经验。1996 年,全市 400 多个派出所开展规范化建设,有 70%—80%的派出所基本达标,有的达到创优标准。

1996 年,根据市委"以加强社区管理为抓手,提高城市管理水平"的工作思路,上海公安机关推行社区警务战略,推动派出所警务重心、警务模式的转变,将重心转移到社区治安管理和防范上;坚持办理户口、查询前科资料"两个 24 小时"制度,同时推出语音信箱、办事回执制度、社区民警弹性工作制度、发放警民联系卡、"陈九弟工作法"("五勤":勤走、勤看、勤问、勤听、勤记;"二常":常摸居民"兴奋点""敏感点",常找地区"疏漏点""薄弱点";"二抓":抓治保队伍和工作对象"二头",抓深挖打击和安全防范;"二从":从细小事、常规工作入手,从反常现象、重点工作突破)等社区警务工作经验和做法。

1997 年,全市派出所(警察署)一级的工作对象人口信息计算机管理系统建库工作完成,在 307 个派出所(警察署)投入运行。

1998 年，市公安局制定《关于本市公安派出所（警察署）社区民警责任段设置及规范管理的暂行规定》，各分（县）局贯彻落实，全市派出所（警察署）共设置社区民警责任段 5 453 个，配齐 810 个户口段的社区民警，强化社区治安管理和防范。1999 年，市公安局治安总队推广“田林新村派出所信息计算机管理系统”（该系统由人口管理、治安管理和安全防范等模块组成），为派出所开展各项基础工作提供帮助，促进派出所建设。

2000 年，市公安局制定《加强派出所（警察署）工作三年建设纲要（2000—2002 年）》，提出全面夯实派出所（警察署）基础工作，以“发案少、秩序好、社会稳定、人民满意”为目标，以创建“人民满意派出所（警察署）”活动为载体，加强维护稳定、人口管理、治安管理和社区防范工作，把工作重心转移到管理和防范上来。2001 年，推出 20 个规范化建设示范派出所（警察署），引领全市派出所（警察署）开展规范化建设，并作为加强基层基础工作的一项重要内容来抓。市公安局治安总队与 20 个示范派出所（警察署）“结对”，层层签约落实责任，加大扶持培育力度，配强所（署）领导，配齐民警力量，在财力、物力上给予支持，开展规范化建设工作，使示范派出所（警察署）成为同类型派出所（警察署）的典型代表。2002 年，根据公安部《关于改革和加强公安派出所工作的决定》中对社区警务战略的部署，市公安局成立“社区警务建设专题调研组”，在全市 20 个规范化建设示范派出所（警察署）开展社区警务建设试点工作，明确社区警务的定位、责任主体、运作方式和相关保障。并下发《关于进一步加强社区警务建设的若干意见（试行）》，全面推进社区警务建设。开展治安管理信息系统派出所（警察署）应用平台信息采集工作；推广黄浦金陵、闵行田园租赁房屋治安管理模式；强化帮教工作力度，参与社区矫治试点；加强对刑释解教人员、吸毒人员和社区闲散青少年的管理，以及缓刑、管制等罪犯的管控和改造工作。

2004 年，市公安局进一步改革和完善派出所勤务机制，形成了“四大板块”（做强巡逻、做专治安、做实社区、做好窗口）、“五方面内容”（夯实鲜活的人口信息基础、培育密切的警民感情基础、建立良好的工作伙伴基础、构筑牢固的社区防范基础、掌握准确的静态资料基础）的派出所勤务制度，派出所的警力配置、布局更趋科学、合理；警务工作职责分工、任务更加明晰，社区民警有更多的时间和精力沉入社区履行职责，基层基础工作成效得到提升。

2006 年，上海公安机关按照公安部提出的“三基”（抓基层、打基础、苦练基本功）工程建设的要求，全面加强派出所基础建设，提高民警业务素质，以提升派出所民警信息收集能力为重点，大力推动派出所民警深入社区，深挖线索、协查破案。

2007 年 4 月，市公安局制定《关于上海公安机关实施社区和农村警务战略的工作方案》，全市建立社区警务室 1 580 个，配备社区民警 1 759 人，基本实现社区警务工作全覆盖。2008 年 11 月，市公安局召开“推进上海现代警务机制建设、进一步加强社区和农村警务工作大会”，会议明确社区警务管理的主要任务是建立健全“四个机制”（责任区警种联动机制、警社合作机制、警民沟通机制、社会警务考核机制），推进“两个做实”（把实有人口服务和管理工作做实、把社区警务工作信息做实）。全市警务区、警务室（工作点）和社区民警配比达到了 100∶105∶114。

2009—2010 年，全市 307 个派出所建立责任区警种联勤联动机制，设置 841 个警务责任区，以责任区为平台，通过深化和完善派出所社区、巡逻、治安、执法办案民警等警种间的“信息共享、行为互补、联勤合作、责任共担”机制，形成“所领导统筹、警长负责、各警种合成作战”的责任区一体化运作模式，打破警种壁垒，消除管理盲区，实现多警种联勤、叠加运作。2010 年 9 月，市公安局召开“坚持社会管理创新，深化社区警务建设”展示推进会，总结上海世博会安保期间社区警务工作经验，建立常态长效机制，深化与完善社区警务工作。

第三节　安 全 防 范

上海公安机关组织群防群治队伍开展安全防范工作，运用人防、物防、技防，提高安全防范工作的有效性，维护辖区治安秩序。

1978—1990年，上海公安机关结合专项斗争，开展人防、物防活动。1987年11月—1988年1月，全市开展“打现行、破大案、抓防范”专项斗争，查破一大批刑事案件，促进各项安全防范工作发展，治保会、工纠队、联防队等群防群治组织建设得到加强，治保人员、治安联防队员得到充实。同时，全市增设报警器3 200只，添置保险箱2 400只，新建自行车棚500多个。1989年，针对居民新村工房撬窃案件突出的情况，在新村工房地区推广安装防撬铁门、加固门窗，建立群众看家网等防范措施。

1991—2000年，上海公安机关会同各有关部门开展安全防范活动，推动辖区安全防范工作。1991年，市公安局和市建委、市综合治理办公室联合召开新村地区安全防范经验交流会，确定在22个街道、468个居委会、595个户口段范围内，开展创建“安全小区”试点活动，推动社会治安综合治理各项具体措施落实。市级“安全小区”每两年评选1次，各区、县也相应开展创建“安全小区”活动。1992—1997年，全市评选出2 566个市级“安全小区”。1997年，市公安局会同市房屋土地管理局、市电力局联合下发《关于加强房屋楼层路灯管理的通知》。各区县公安机关协调区县房管、供电部门，在街道、居委会、物业管理部门的支持下，分片实施，推进“灯光工程”“铁门工程”“车棚工程”“保险箱工程”建设，年底，全市新建“灯光工程”楼房13 526幢，覆盖率达36.9%；新装分户防盗门242 182户、电子防盗门5 265扇，覆盖率49%；新建车棚5 006个，累计达到22 369个；保险箱新落实防范措施11 556只，累计达到81.5%。1998年，开展以“六小工程”(灯光、车棚、铁门、围墙、岗亭、简易技防)为主要内容的基础性防范设施建设，年底，全市新装楼道灯光2.84万余幢，新装分户防盗门32.01万余扇、电控防盗门6 884扇，新建自行车停车棚6 972个，落实保险箱防范措施1.22万余只，实行封闭式管理小区981个。

2001—2010年，上海公安机关大力推动技防工程建设，提高辖区安全防范的有效性。至2004年6月底，全市安装技防设施的全封闭居民住宅小区2 192个，其中安装电视监控系统1 045个，占总数47.7%；安装周界报警系统1 002个，占45.7%；安装楼寓对讲系统1 486个，占67.8%；安装住户报警系统728个，占33.2%；安装电子巡更系统625个，占28.5%。2005年9月，全市公安治安部门对安装技防设施的住宅小区开展安全防范检查，检查中督促整改安全隐患1 105处。对62个住宅小区抽查，发现安全隐患82处，督促当场整改16处，对9个小区开具《安全检查告知书》。2006年2月，市委办公厅、市政府办公厅转发《市委政法委、市综治委关于本市深入开展平安建设的意见》中指出：上海深入开展平安建设的主要形式是创建“平安小区”“平安单位”“平安社区”“平安区县”。“平安小区”主要内容是加强居民住宅安全防范、及时化解各种纠纷、减少案件发生。2007年2月，市公安局治安总队组成6个小组对全市35家封闭型小区开展技防、物防和人防设施检查，对检查中发现的问题提出整改意见。检查中，市公安局邀请上海电视台、东方电视台、《新民晚报》《新闻晚报》《新闻晨报》《东方早报》《青年报》《法制报》《时代报》等9家媒体对检查工作进行现场采访，通过主流媒体向社会和群众宣传防范入室盗窃的方法和技防设施的重要性。2010年，市公安局治安总队对市内所有居民住宅小区技防设施建设维护情况开展检查，以视频安防监控系统、楼寓对讲系统为重点，检查居民住宅小区技防设施是否符合相关技防规定，以及维护保养等情况。

第六章　企事业单位与重点建设工程内部治安保卫

企事业单位内部治安保卫(以下简称“内保”)是社会治安工作的重要组成部分,是维护单位内部安全稳定和对敌斗争、打击犯罪、预防犯罪的重要保障。1977 年,企事业单位内保业务工作受市公安局经济文化保卫处领导,实行市公安局、分(县)局和派出所三级管理。全市企事业单位保卫组织 550 个、保卫干部 2 400 人。1980 年 1 月,公安部召开全国经济文化保卫工作会议,会议重申保卫处(科)是各单位的组成部分,又是公安部门派出的代表机关,执行国家公安机关的一定权力,受本单位党委和公安机关的双重领导;明确单位内部保卫处(科)的性质和任务,确定内保工作“预防为主,确保重点,打击敌人,保障安全”的方针。1985 年 3 月,公安部发布《机关、团体、企业、事业单位保卫组织工作细则(试行)》,规定机关、团体、企业、事业单位保卫组织是各单位的职能部门,在本单位和公安机关的领导下进行工作。1987 年,市公安局管理的内保单位 710 个,分(县)局管理的内保单位 3 817 个,派出所管理辖区的小厂、小店、小学内保工作。1997 年 10 月,公安部、国家经贸委印发《国有企业治安保卫工作暂行规定》,确定单位治安保卫工作“因地制宜,自主管理,积极防范,保障安全”的方针。1999 年,企事业内保业务工作管理职责从公安机关经侦部门划归社会治安防范部门,于 2000 年 3 月再划归市公安局治安总队。2004 年 12 月 1 日,国务院《企事业单位内部治安保卫条例》开始施行,这是中国第一部系统规范单位内部治安保卫工作制度的行政法规。2005 年,内保业务的具体工作由保安服务公司承担,公安治安部门负责指导、监督、检查。2010 年,全市 2 453 家重点单位全部建立治安保卫机构,配备保卫干部 7 250 人、保安人员 6.1 万余人。

第一节　重点单位内部治安保卫

1985 年,公安部印发《机关、团体、企业、事业单位保卫组织工作细则(试行)》。1988 年,上海市公安局制定《关于机关、企业、事业单位内部要害保卫工作的若干规定》,并于 1990 年重新确定重点要害单位 442 个,其中国防军工 22 个、水电煤气等能源单位 56 个、科研尖端项目 17 个、危险物品单位 111 个、重要仓库 42 个、通讯枢纽 15 个、金融财政 58 个、产值亿元以上的单位 37 个、其他要害单位 84 个。2001 年,确定市重点要害单位 131 家、区县重点要害单位 266 家。

2004 年,根据国务院《企事业单位内部治安保卫条例》,上海公安机关将大型交通枢纽、重要新闻单位、国防科技单位、教育科研医疗单位、国家重点建设工程单位、大型能源动力设施等十一大类涉及国计民生、国家安全和公共安全的单位列为治安保卫重点单位,至 2010 年,全市达 2 453 家。

一、重点要害单位

1980 年,市公安局召开分(县)局经文保部门和市属水、电、煤、粮、棉、油、报社、电台、军工、科研、大专院校等要害单位保卫部门负责人会议,部署要害保卫工作,明确建立管理制度,建立健全要害档案、基础业务工作和防范措施;推行治安保卫责任制,签订治安承包协议书。1984 年 9 月,上海公安机关对广播电台、电视台、光机所、原子核研究所、复旦大学、上海博物馆、东海分局等12个要害单位开展多次治安保卫工作检查。1989年国庆节前夕,组织检查重点单位191家,督促整改安全隐患141处。1992年1—9月,开展"以反'盗公'为重点,以打现行、破大案为突破口"的反盗斗争,破获刑事案件4 722起,其中"盗公"案件1 234起,查获"盗公"团伙295个。1993年,2 812个单位安装报警器5 967台,控制要害和易盗部位7 500余处。1994年,组织14个检查组,对245家重点单位及其要害部门进行检查,发现隐患29处并督促整改。1998年2月,市公安局召开市重点单位安全防范工作会议,部署重点单位安全防范工作,对380家重点单位开展安全检查。

2001年,市公安局治安总队根据APEC峰会安保工作部署,组织力量检查市级重点要害单位43家,发现安全隐患28处,对其作出书面抄告并督促整改。2004年1月,组织力量对分布在虹口、闸北、浦东、南汇、杨浦、宝山等10个区的涉及国计民生的95家重点单位开展安全防范检查。

2004年,市公安局宝江分局强化宝钢安全管理,实行要害部位凭证出入管理,全年办理要害部位出入检修证2.7万余张。市公安局金山分局对上海石油化工股份公司厂区内70余家(处)放射源存放库以及重点要害部位安装110区域报警装置,招聘保安队员驻守各警卫室,对出入车辆实施24小时发牌验证登记制度。

2009年,结合上海世博会安保工作,市公安局治安总队组织出动警力2.71万余人次,检查重点单位1 968家(次)、重要部位6 537家(次),督促整改治安隐患907处。2010年,市公安局会同市政府机关事务管理局、公安分(县)局治安管理部门,检查党政机关主要办公所在地86处,涉及单位139家。全市公安治安部门检查重点单位8 795家(次),发现并督促整改安全隐患1 693处,处罚50余家。

二、重要部位

上海公安机关根据全市社会治安状况,将学校、医院、银行、金银珠宝饰品店(柜)、加油(气)站、24小时便利店列为重点单位(重要部位)实施治安安全管理。

【中小学、幼儿园】

1997年,根据公安部、国家教委《关于做好维护中小学校治安秩序工作的通知》,市公安局在全市开展整治中小学校周边治安秩序的专项行动,取缔无证摊点场所1 840家,侦破刑事案件79起,查处治安案件235起、违法犯罪嫌疑人605人。

1998年,市公安局对中小学周边治安环境进行全面整治,组织警力和群众治安力量4 000余人次,清理整治437次,取缔无证场所、摊点1 400余个,查破刑案24起,查处治安案件128起、违法犯罪嫌疑人381名;推动落实学校内部治安防范责任制,地区公安部门与1 547家中小学校签订治安防范责任书,占全市中小学校85.1%;建立学校法制辅导员队伍。2002年,全市公安治安部门开展中小学校周边地区治安秩序专项治理行动,出动警力5 980余人次,取缔无证摊贩3 775处。2004年,根据教育部、公安部等五部委《通知》精神,3月29日被定为全国中小学生以"预防校园侵害,提高青少年儿童自我保护能力"为主题的"安全教育日"。全市公安治安部门出动警力3 870余人次、派出治安校外辅导员1 162人次,取缔无证设摊1 197处。

2005年6月,公安部印发《公安机关维护校园及周边治安秩序八条措施的实施意见》(简称"八条措施")。上海公安机关贯彻落实,至年底开展学校治安安全检查4 250次,选派法制副校长或校外治安辅导员 3 696 人，派驻保安员 5 712 人，在学校周边设立治安岗亭 847 个，设置交通标志和交通安全设施 2 263 处，新划人行横道线 1 845 处，设置信号灯 351 处、临时泊位 1 812 个；在全市 3 288 所学校安装报警按钮，安装率达 99.6%。2006 年，根据上海平安建设实事项目要求，上海公安机关对中小学校周边地区治安环境开展整治，并实现地区 110 报警服务中心联网的学校紧急报警系统安装率达 100%。

2008 年 6 月，由市公安局组成联合检查组，分 4 组对全市 19 个区县的 55 所中小学校及幼儿园落实奥运安保工作措施、加强内部安全防范，以及属地公安机关落实“八条措施”情况开展检查。

2010 年 5 月，上海公安机关为加强学校上学放学、幼儿园进园离园时段的安全保卫工作，对小学、幼儿园实行“一校一警”驻点守护；中学列为巡逻民警签到“必到点”，安排社保队员或交通协管员驻点护校，做到“一校一辅警”，并发动学校周边单位、商户、街道乡镇治安积极分子、学生家长担任义工、志愿者参与护校，派出所开展“视频巡逻”，形成由民警、辅警、保安、学校教师、义工组成的驻点守护和周边巡逻、视频巡逻相结合的立体防护网络。

【医院】

1981 年 6 月，市公安局会同市卫生局召开加强和维护医院医疗工作秩序会议，开展对医院治安秩序的整顿行动。1989 年 2 月，市公安局下发《关于医院治安保卫工作实行属地管理的通知》，将市公安局文教保卫处负责的 36 家市、区两级医院的治安保卫工作移交所在地区分(县)局。

1998 年 5—6 月，上海公安机关会同市、区卫生部门和各医院，开展医院医疗治安秩序专项治理，解决医患纠纷 170 起，查处一批扰乱医院医疗治安秩序、侵犯医务人员人身安全的违法嫌疑人员，其中刑事拘留 7 人、治安拘留 23 人、罚款 18 人，并对 171 名有轻微违法嫌疑行为的人员进行教育；整治医院周边治安秩序，取缔无证摊位 2 169 个。

1999 年，市公安局、市卫生局联合下发《关于开展本市医院内部和周边治安专项整治的通知》。全市各级公安机关出动警力 3 901 人次，对医院医疗、医院周边治安秩序开展集中整治 350 次，取缔地下诊所 39 处，处理无证行医 203 人，查处药贩 69 人。

2002 年，市公安局下发《关于开展本市医院治安秩序专项治理的通知》，全市公安治安部门出动警力 4 598 人次，开展安全检查 495 次，处置因医患纠纷引发的不安定事件 111 起，取缔无证摊贩 863 处，督促整改安全隐患 208 处。2005 年，开展医院内部治安防范及周边治安整治工作，安全检查 851 次，发现并督促整改治安隐患 440 处，处置不安定事件 177 起，查处治安案件 110 起、各类违法犯罪嫌疑人员 176 人，并会同有关职能部门取缔无证摊位 1 106 处。2007 年，上海公安机关出动警力 3 416 人次，对医院及周边地区“医托”违法活动开展专项整治行动，整治行动 411 次，查处“医托”违法人员 87 人。

2008 年，打击“医托”行动列入上海平安建设实事项目，全市公安机关开展医院周边整治 191 次，查处“医托”82 人、无证行医 29 人。2009 年，市公安局要求各级公安机关全面排查辖区医患纠纷、“医闹”事件情况，强化取证意识，及时发现、查处各类“医闹”违法行为。对于涉及刑事、黑恶案件，协调刑侦部门坚决打击查处；将辖区三级医院列为治安巡逻“必到点”，加大巡查力度，提高见警率和管事率，及时处置、制止各类“医闹”违法犯罪活动。2010 年 11 月，市公安局召开动员部署大会，要求全市公安机关迅速行动、周密部署、贯彻落实《关于本市公安机关加强医院及周边地区治安问题专项整治的工作方案》。

【银行】

改革开放后,上海公安机关将银行作为重点单位加强管理,实行打防并举,全面加强防控体系建设,遏制抢劫、诈骗、盗窃等涉银类恶性刑事案件多发。

1996年,市公安局经保总队成立金融保卫支队,负责金融系统的安全检查。1997—1998年,经保总队从运钞、网点、金库3个重点部位和环节入手,完善金融单位防范体制和措施。全市银行系统2 496个营业网点技防设施安装率、与公安110联网率均达到100%。1999年,市公安局和市人民银行联合下发《关于加强上海市银行系统营业网点紧急报警装置整改和管理的通知》,市公安局组织对全市2 311个金融系统营业网点报警设施开展检查测试,对新建的125个银行营业网点选址把关,严格验收技防、物防安全设施。

2000年,针对湖南省常德地区、江西省南昌地区、河南省郑州地区相继发生持枪杀人、抢劫金融运钞车恶性案件,根据公安部紧急通知精神,市委召开银行、证券、邮政、公安、武警等部门负责人会议,对加强上海金融系统安全保卫工作、确保上海不发生此类案件进行部署。市公安局召开贯彻落实大会,对金融系统单位开展安全大检查,检查4 400多个营业网点,发现并督促整改安全隐患589处。

2008年9月—2009年4月,全市银行业金融单位成功防范各类利用虚假信息实施诈骗案件58起,挽回损失997.06万余元。2009年,市公安局、市银监局联合下发《关于防范利用虚假信息实施诈骗的通知》。

2010年元旦、春节期间,全市出动警力4 878人次、保卫干部5 927人次,检查金融营业网点4 174个、金库58家、运钞车1 943辆次,发现并督促整改安全隐患128处。

【金银珠宝饰品店(柜)】

1982年8月,中国人民银行发布《中国人民银行关于在国内恢复销售黄金制品的通知》,上海金银珠宝饰品店(柜)数量逐年增加。2010年,全市金银珠宝饰品店(柜)达1 248家。

1990年,市公安局会同中国人民银行上海市分行制定《上海市金银饰品经营单位治安防范工作规定》。1993年,全市有金银珠宝饰品经营店(含兼营)150家。1998年,上海公安机关建立金银珠宝饰品店(柜)开业安全防范审批制度,检查金银珠宝饰品店(柜)295家。加强技术防范设施推广,推动金银珠宝饰品店(柜)安装紧急报警系统、防盗报警系统,至2000年,紧急报警系统安装率、与110联网率达99.1%;防盗报警系统安装率达98.7%;电视监控系统安装率达46.6%。

2006年,全市公安治安部门检查金银珠宝店(柜)599家,发现各类安全隐患266处,当即督促整改64处,发出限期整改通知书、安全防范检查抄告单134份。2009—2010年,金银等贵重商品店(柜)视频监控系统和紧急报警系统安装率达100%。2010年,检查金银珠宝店(柜)1 062家。

【加油(气)站】

加油(气)站是从事车辆汽油、柴油、压缩液化气零售的单位。1978年,上海仅有加油站几十家。2010年,全市加油(气)站发展到865家,其中通宵营业的600余家。

1989年8月,山东黄岛油库发生特大火灾后,上海公安机关对85家油库、加油(气)站突击检查,对发现隐患的,现场监督整改。1997年,市公安局社会治安防范局对加油(气)站进行安全防范管理检查。

2000年,市公安局在全市加油(气)站安装110报警灯。2001年4月,市公安局和市发展计划委员会联合制定《上海市车辆加油(气)站安全防范管理暂行规定》,加油(气)站被设置为"网格化"巡逻民警必到点。年底,加油(气)站安装紧急报警系统672家,占总数94.5%。

2003年12月—2004年1月,公安治安部门对全市812家加油站(其中24小时营业的597家,非24小时营业的有215家)开展安全防范工作普查,按规定安装紧急报警系统并与110联网的803家,占总数98.9%;使用保险箱(柜)或投币箱795家,占97.9%;收银柜全封闭的761家,占93.7%;按规定值班的810家,占99.7%。2009年,全市652家加油(气)站安装视频监控系统。

2010年4月,市安全监管局、经济信息化委、公安局联合制定《关于严格控制加油站成品油罐装零售的通知》,加强成品油罐装零售的安全管控。

【24小时便利店】

20世纪90年代中期,上海出现第一家24小时便利店,至2010年,全市达2 973家(除崇明县外,各区均有开设)。

2000年,全市公安治安部门加强便利店的技术防范建设,857家便利店中,457家安装紧急报警系统、33家安装电视监控系统。2002年5月,市公安局和市商业委员会联合制定《本市便利店安全防范管理暂行规定》,规范24小时便利店的人防、物防、技防要求。2003—2004年,各分局治安管理部门对辖区24小时便利店安全防范工作开展摸底普查,按规定安装紧急报警系统并与110联网的,占总数97.7%。

2009年,全市发生抢劫24小时便利店案件6起,破获4起。全市公安治安部门细化处置预案、强化多警联合演练、加强宣传培训,提高便利店员工的防范意识和处置技能,并推广安装视频安防监控系统。2010年底,全市24小时便利店门店视频安防监控系统安装率达62.2%。

第二节　重点建设工程内部治安保卫

1970—2010年,市公安治安总队将全市重大基础设施、工业工程、能源工程作为重点建设工程实施要害保卫。根据国家和上海经济建设计划,虹桥国际机场、上海石油化工总厂、黄浦江打浦路隧道、宝山钢铁总厂、南浦大桥、杨浦大桥、内环高架路和南北高架道路、黄浦江延安东路隧道、浦东煤气厂、MD-82飞机总装配、上海地铁、合流污水处理、永新彩色显像管、30万吨乙烯、宝钢二期、益昌冷轧薄板、卢浦大桥、徐浦大桥、洋山深水港、上海世博园等重大、特大型国家和上海重点建设项目陆续开工建设,市公安局将其列入安全保卫的重点目标,会同上述单位安全保卫部门,建立健全施工现场保卫机构,统一管理工地及周边治安安全保卫工作;制定治安保卫制度;在施工队伍中建立治保会和工纠队,组织夜间巡逻,开展"四防"(防火、防盗、防爆炸、防破坏)活动;并根据土建施工、设备安装、试车投产等阶段特点,加强关键工序、要害部位的保卫,确保重大工程治安安全。

1972年,经国务院批准,上海石油化工总厂动工兴建,工地聚积大量物资,保卫组安排1个警卫班昼夜巡逻执勤,防止物资被盗、确保施工安全。1974年6月,出动公安民警、治保员、民兵2 500人次,完成一期工程中47批、49万吨引进设备的接运任务。

1978年3月,宝钢工程指挥部建立政治部保卫处。12月,宝山钢铁总厂工程开工建设。在1980—1981年缓建期,大量引进设备和建材运入厂区,存放在59个仓库和46个堆场。市公安局与宝钢保卫处采取防范措施,做好工地、设备、物资安全保卫工作。1982年3月,建立由120人组成的经济民警中队,负责厂区要害目标的守卫。1987—1990年,市公安局宝钢分局(1985年改称)加强厂区的巡查、防范,厂区盗窃案件连年下降,确保施工和生产安全。

1988 年,南浦大桥开工建设,施工队伍来自全国 24 个建筑单位,有近万名工程技术人员和工人。为确保大桥建设治安安全,市公安局与南市分局设立“南浦大桥工程治安保卫办公室”,对工程区域内治安保卫工作实行统一指挥、统一管理,制定《治安规则》《治安管理办法》《工地若干规定》《料场、仓库、宿舍四合格标准》等安全防范制度。施工安保期间,查破各类案件 57 起,查处违法犯罪嫌疑人员 94 人。

2003 年 11 月,经公安部、交通部批准,上海港公安局洋山分局挂牌执法,负责洋山深水港的治安、交通和消防管理。加强在建港区治安工作,重点整治炸药库等重点部位、场所;强化工地治安联防队伍建设和消防管理工作;查处各类违法犯罪活动;建立义务消防队 22 支、在册义务消防员 220 人,11 家单位建立治保组织。

2007 年 4 月,根据上海世博会工作需要,市公安局、市国家安全局选调力量组建上海世博局安保部,负责上海世博园区筹建、运行期间的安全保卫工作。5 月,市公安局建立 1 个派出所、4 个警务站,负责上海世博园区筹建期间的公安执法管理。9 月,市消防局成立消防现场工作组,负责园区场馆建设消防行政许可审批、施工现场消防监督等工作。

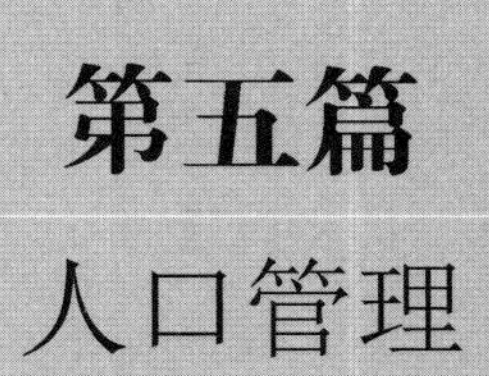

第五篇

人口管理

1951年7月16日，公安部颁布实施《城市户口管理暂行条例》，规定户口管理一律由公安机关执行。这是全国城市统一户口管理制度开始形成的标志。20世纪50年代初，大批农民涌入城市谋生。1953年4月，政务院发布《关于劝止农民盲目流入城市的指示》，对农民进入城镇作出约束性限制，从此，形成城市和农村的“二元结构”户籍模式。“文化大革命”时期，市公安局户籍管理部门主要办理插队知青与调往三线工厂技术人员的户口迁出，迁入极少。公安户籍管理主要是服务于计划经济环境下的城乡“二元结构”户籍模式。

20世纪80年代后，上海公安机关户籍管理工作从户籍人口管理向全人口、精细化管理转变，从手工统计管理向人口信息化系统管理转变，从计划经济时期强调“登记、控制”向市场经济时期突出“服务、管理”转变。随着改革开放的不断深入，劳动力市场的开放，外来流动人口越来越多，上海公安机关增加对暂(寄)住证、居住证的管理和出租房屋的治安管理。

进入21世纪，上海公安机关人口管理具体包括常住人口管理、身份证件制发、外来流动人口管理、人口信息化管理、门弄牌编订、边防出入境证管理等。常住人口管理具体有市内户口迁移、外省市迁沪落户以及市内“农转非”户口、蓝印户口的管理等等。

第一章　常住人口管理

第一节　市内户口迁移

改革开放后，“二元结构”的户籍制度逐渐松动。上海市市区的部分工厂企业、科研单位迁至郊县，一些城镇建为“卫星镇”，市区部分人口向郊县疏散。1979 年起，市公安局决定农村户口管理统一由公安部门负责，公社不再代管户口。同年 11 月 28 日，市革委会发布《关于市属工厂单位搬迁郊县后职工户口、供应等问题处理办法》，规定凡设在郊县或在郊县新建、扩建的市属、中央部属工厂企业、科技文教单位的职工，从市区迁往郊县的市属、中央部属工厂企业、科技文教单位的职工，其户口在所在地登记为市区户口；他们随迁的家属子女，原是市区户口的，也可在职工所在地登记为市区户口，享受和市区居民同样的计划供应待遇，以利市区人口向郊县疏散。其间，公安部门做了大量的户口登记工作。

1982 年起，郊区各县公安机关向农民发放户口簿，对农村常住户口采取与市区常住户口同样的方法进行管理。7 月，结合当年的第三次全国人口普查，上海公安机关户籍管理部门对户口登记项目进行全面核对，重新填写户口登记表，换发全部市区、城镇的户口簿，并给郊县 50 万户颁发户口簿，实现全市城乡 1 户 1 本户口簿。通过这次户口核对，发现户口在上海市而人长期在外地的有 5 739 人。

1986 年 8 月起，随着上海市颁发居民身份证，《常住人口登记表》开始替代《户口登记表》，《居民身份证底卡》替代《人口卡片》。《常住人口登记表》按照《中华人民共和国居民身份证条例》的规定设计，共有 19 个项目。1988 年 4 月起，市公安局将下列五类户口的审批权限下放到公安分(县)局，减少户口审批环节，提高工作效率：(1) 双职工的未成年子女农转非和因征地、撤销生产队建制而农转非的户口；(2) 领养子女的户口；(3) 外省市劳改、劳教单位清理回沪的刑满释放、解除劳教留场就业人员的户口；(4) 老人身边无子女，需要从外地和上海市郊县来一孙辈照顾的户口；(5) 郊县职工子女寄养到市区的户口。此外，将原由公安分(县)局审批的农婚户口下放给公安派出所审批。1989 年 8 月，市公安局明确市区公安派出所陆续实行公开户籍办事制度，对市区之

历年来上海市户口簿

间户口迁移、居民分户、外地退休职工回沪、领养小孩、投亲靠友等群众经常遇到的户口政策和审批期限、申报户口的手续、程序以及注意事项，均在派出所张榜公布，接受群众监督。

1990年3月，全国第四次人口普查前夕，市公安局对全市户口又进行一次全面核对，发现重复登记的1 291人，漏登记的2 208人，人已迁出、死亡、逮捕、劳教而未注销户口的1 279人，由外地迁来并持有户口迁移证因不符上海市户口政策尚未落户的14 977人，出生小孩未报户口的24 090人。同年7月27日，市高教局、市公安局、市人事局发出《关于大中专毕业生、高校自费毕业生户口申报的补充规定》，大中专毕业生(包括毕业的研究生)分配到市、区、县属单位工作，家庭基础在市区的，可准予在市区家庭(已婚在配偶处，未婚在父母处)中落户。家庭基础在郊县而家庭在市郊结合部地区的，也准予在家庭中落户；家庭基础在郊县而家庭在非市郊结合部地区的(含在外省市的)，可在其单位集体户口中落户。同年8月，市公安局发出《关于严格户口登记项目更改等若干规定的通知》，对更改姓名、籍贯、出生日期、民族等项目的手续、审批权限作了规定，并对户籍证明的使用范围、派出所印章、户口专用钢印、征收城建费专用章及户籍簿册的保管也作了明确规定。1992年7月23日，市公安局决定，上海、嘉定、川沙三县境内的部、市、县属单位职工(非农业人口)，凡家住市区每天往返上下班的，住房分配(或购买商品房)在市区的，符合条件的，经所在公安分局审批，可准予在市区落户。1993年11月，市公安局决定宝山区长兴、横沙两岛上的非农业人口(不含前卫农场)，按市内户口迁移的规定办理户口迁移手续。

1994年9月，市公安局颁布《上海市市内户口迁移暂行办法》，对市区区与区之间和郊县本县范围内的非农业户口的迁移范围、方法及要求作了规定。对属于父母与子女之间、夫妇之间、(外)祖父母与(外)孙子女之间、公婆与儿媳或岳父母与女婿之间的户口迁移，由户口所在地派出所受理审核；符合规定，手续完备的，应予当场办理迁移手续。10月，市公安局转发公安部通知，正式启用新的户口迁移证、户口准迁证。11月30日，市高级人民法院颁布《关于办理民事案件中涉及市内户口分立、迁移问题的通知》和市公安局颁布的《上海市市内户口迁移暂行办法》一并执行。

1995年11月6日，卫生部、公安部印发《关于统一规范〈出生医学证明〉的通知》，规定自1996年1月1日(边远地区3月1日)起，凡中华人民共和国境内出生的人口，统一使用依法制发的《出生医学证明》，其他有关出生人口的医学证明一律废止，新生儿父母或监护人凭《出生医学证明》到新生儿常住户口登记机关申报出生登记。市公安局就《出生医学证明》的使用范围、新生婴儿户口的审批以及有关管理事项作出规定。

1996年，根据公安部《关于启用新的常住人口登记表和居民户口簿有关事项的通知》的有关规定，市公安局开展启用新的《常住人口登记表》和《居民户口簿》试点工作，并选择静安分局江宁警察署、黄浦分局外滩警察署进行试点。1997年，市公安局在全市45个派出所(警察署)换发启用新《居民户口簿》和《常住人口登记表》。1998年7月24日，公安部印发《办理户口、居民身份证工作规范》。10月，市公安局印发《上海市公安局办理户口、居民身份证工作规范》，制定公开办事制度和接待制度，明确公安派出所(警察署)应当设立专门的户籍接待室，逐步采用"低台敞开式"的办公方式。1999年6月底，全市公安派出所完成新版《常住人口登记表》和《居民户口簿》换发工作。9月，市公安局印发《关于进一步规范上海市公安派出所(警察署)24小时受理户口工作的通知》，规定24小时受理户口，如无特殊情况市区及县政府所在地派出所(警察署)户籍"窗口"每天当场办理户口时段为8—22时；农村派出所户籍"窗口"每天当场办理户口时段为8—18时。

2000年2月1日起，市公安局制定的《上海市户口管理暂行规定》正式施行，进一步规范市内户口登记、迁移和有关证件的签发工作，完成《上海市公安局窗口服务告知单》的制定工作，规范日常户口管理工作。上海公安机关全面开展第五次人口普查前的户口整顿工作。通过核查，截至 9 月 30 日，全市共有户籍人口 4 745 302 户、13 149 989 人；核对发现人户分离 253.5 万人，其中有户口无人 133.2 万人，有人无户 120.3 万人；全市外来流动人口 1 683 427 人。2001 年 5 月，市公安局下发《上海市公安局关于执行〈上海市户口管理暂行规定〉的实施意见》，进一步对"户口登记、迁移、注销""恢复户口""登记项目的变更""立户、分户、并户""户口证件签发"及"户口管理的强制措施"等九方面内容作了明确规定。同年，市公安局在全市范围内开展"空挂户口"专题调研，排摸"空挂户口"157 787 户、423 139 人，年内共清理上海市拆迁地块空挂户口 61 605 户、181 492 人，分别占全市空挂户口的 42％和 46％。2003 年，市公安局在浦东、黄浦、徐汇三区试点的基础上，实行全市范围户口"网上迁移"。

2005 年，市公安局制定《上海市常住户口管理规定》，对具有上海市常住户口人员办理户口登记、户口迁移手续，以及申请、签发《居民户口簿》《户口迁移证》《户籍证明》等户口证件作出具体规定。2007 年，市公安局制定《关于户口受理审批程序及档案管理的工作规范》《关于〈上海市常住户口管理规定〉有关条款执行意见》，加强常住户口规范管理。2008 年，市公安局制定《公安派出所户籍窗口工作制度（试行）》，修订《上海市常住户口管理规定（修正本）》等规章制度，启用外省、市人员户口迁入信息比对软件，做好户口审批系统监督。2009 年，市公安局人口办加强高校学生集体户口、水上派出所管辖的集体户口管理体制，实现属地化管理。

2010 年，根据第六次全国人口普查户口整顿工作要求，市公安局制定全市户口整顿工作方案和《"六普"户口整顿工作质量验收标准》，组织开展户口清理整顿工作。2010 年 11 月 1 日，第六次全国人口普查开展，取得反映上海人口总量、素质、结构、分布、迁移流动等大量的基础数据。市公安局结合执行情况，对《上海市常住户口管理规定》作了修订并重新发布。

表 5-1-1　1978—2010 年上海户籍人口总户数与人口数统计

年　份	总户数(万户)	人口数(万人)	年　份	总户数(万户)	人口数(万人)
1978	291.69	1 098.28	1992	431.67	1 289.37
1979	296.71	1 132.14	1993	438.69	1 294.74
1980	303.87	1 146.52	1994	444.38	1 298.81
1981	314.56	1 162.84	1995	450.76	1 301.37
1982	321.71	1 180.51	1996	457.49	1 304.43
1983	330.60	1 194.01	1997	461.40	1 305.46
1984	340.78	1 204.78	1998	465.72	1 306.58
1985	351.72	1 216.69	1999	470.11	1 313.12
1986	364.92	1 232.33	2000	475.73	1 321.63
1987	380.19	1 249.51	2001	478.92	1 327.13
1988	394.95	1 262.42	2002	481.76	1 334.22
1989	406.82	1 276.45	2003	486.06	1 341.76
1990	415.28	1 283.35	2004	490.58	1 352.38
1991	425.84	1 287.20	2005	496.68	1 360.25

(续表)

年　份	总户数(万户)	人口数(万人)	年　份	总户数(万户)	人口数(万人)
2006	499.54	1 368.08	2009	509.79	1 400.69
2007	503.28	1 378.86	2010	519.26	1 412.32
2008	506.63	1 391.04			

资料来源：上海公安户籍统计年报。
注：该数据截至每年12月31日。

表5-1-2　1989—2010年上海市常住人口出生死亡统计　　单位：人

年　份	出　生			死　亡		
	合　计	男	女	合　计	男	女
1989	159 116	81 453	77 663	84 271	44 083	40 188
1990	131 153	66 759	64 394	86 267	45 130	41 137
1991	100 781	51 498	49 283	85 624	45 045	40 579
1992	93 708	47 479	46 229	90 981	47 473	43 508
1993	83 973	42 591	41 382	93 988	49 064	44 924
1994	76 330	38 804	37 526	94 215	49 367	44 848
1995	71 119	36 248	34 871	97 882	51 054	46 828
1996	67 943	34 462	33 481	97 724	51 476	46 248
1997	64 183	32 692	31 491	95 673	50 399	45 274
1998	61 746	31 202	30 544	101 260	52 603	48 657
1999	65 580	33 038	32 542	95 364	50 127	45 237
2000	79 297	40 045	39 252	94 478	49 438	45 040
2001	57 630	28 877	28 753	93 389	49 289	44 100
2002	62 005	31 618	30 387	96 691	50 936	45 755
2003	57 327	28 800	28 527	100 653	52 653	48 000
2004	80 852	41 276	39 576	96 502	51 133	45 369
2005	82 460	42 175	40 285	102 307	53 968	48 339
2006	81 186	41 668	39 518	98 032	52 223	45 809
2007	100 762	51 873	48 889	102 210	53 971	48 239
2008	96 714	49 431	47 283	107 001	56 261	50 740
2009	92 339	46 906	45 433	106 691	56 655	50 036
2010	100 238	51 525	48 713	108 679	57 587	51 092

资料来源：上海公安户籍统计年报。
注：该数据为每年1月1日至12月31日人口变动数。

第二节　外省市迁沪落户

“文化大革命”结束后，大批下放干部和上山下乡知识青年陆续回沪，同时为适应改革开放社会经济发展需要，上海逐步调整人口迁移政策，外省市迁入人口逐年有所增长。

1979年3月，市委决定，凡此前由上海调往江苏省梅山、大屯，山东省莱芜张家洼等后方基地工作的女职工，身体有病，其子女在后方基地抚养有实际困难，而在上海有直系亲属可以寄养的，均准予在上海入户。

1980年5月，市公安局规定，凡上海城镇居民夫妇双方结婚多年，女方年龄在35周岁以上，医院证明确实不育，或男方已行手术不能生育的，可允许从农村领养1名学龄前幼儿在上海市入户。1982年1月，市公安局发出通知，凡外省市和上海高等院校分配在上海工作的毕业生，可凭市人事局出具的《申报户口证明信》，或上海高等院校出具的分配报到证明，到所在地公安派出所直接办理入户手续。3月，市公安局通知，凡从外地或郊县离休回上海市区的干部，可凭人事局出具的《申报户口证明书》到所在地公安派出所办理入户手续。1983年9月，市公安局与市人事局、市劳动局商定，凡去西藏工作退休回沪定居的干部、职工，可凭市人事局或市劳动局出具的《申报户口证明》，到所在地公安派出所直接办理落户手续。1984年1月，市公安局执行司法部、公安部、最高人民检察院、最高人民法院的联合通知，规定凡户口原在上海市区的刑满释放和解除劳教人员，一律凭劳改部门出具的释放证明或解除劳教证明，向所在地公安派出所办理落户手续。同年11月，市公安局发出通知，凡从外地退职回沪的知识青年，如夫妇双方原来户口均在上海的，可予分散解决，逐步报进户口。

1985年3月，市公安局制定《上海市公安局关于调整户口迁移政策的几点意见》，进一步调整并放宽户口迁移政策，规定：由外省、市来沪投亲的职工配偶及其未成年子女；原由上海迁出，倒流回沪已10年以上，如当地确无生活条件难以返回，而在沪有居住条件的；外省、市农民与上海郊县农民成婚，乡政府同意接收安排的等8种情况，可准予在上海落户。1986年3月，市政府决定改变各部、各省驻沪办事处工作人员进沪户口必须夫妇有一方在沪是常住户口的规定，在已核定的中央各部沪办进沪名额以及各省沪办编制额内，由各沪办提出进沪人员申报户口的申请，经市政府协作办审核后转市公安局办理有关手续。

1987年1月，市政府制定《控制上海市人口机械增长若干问题的试行规定》，对上海紧缺的各类中、高级专门人才的迁入应该从宽，一般人员的迁入应该从严；对迁入郊县城镇的从宽，迁入中心城区的从严。5月27日，市公安局决定对1980年以前退(离)职回沪的上海知青中，确难以退回原单位的，可酌情予以照顾解决在沪落户问题。7月1日，市公安局发出《关于进一步做好刑满释放、解除劳教人员落户工作的通知》，刑满释放、解除劳动教养要求恢复城市户口的，必须经过一年以上的考察期，在考察期间没有违法犯罪活动的，可准予办理落户手续。1988年3月，上海进一步放宽乡镇企业聘用外省、市能工巧匠来沪落户的政策，范围扩大到为乡镇企业发展作出较大贡献的经营管理人员。1989年，市公安局会同劳动、教育、粮食等部门共同做好35 955名知(支)青子女回沪就读入户的工作。1990年7月9日，经市政府批准，原从上海市市区去市属国营农场，现仍在农场工作的(含原从上海市去外省、区插队插场，现已调入农场的)知青职工，每户(含配偶中有一方是从市区去农场工作的知青)可迁一名未婚、未就业且已登记为市区户口的子女，到市区直系亲属处入户。全年，位于江苏省的上海市川东农场、上海农场2个劳改农场的全部干部、职工户口20 209人划入上海市。

1991年6月19日,经市公安局党委讨论,原则上同意对外省市职工退休回沪,上海市郊县职工迁入市区,由外地除名、辞退、辞职的职工回沪,由上海市郊县除名、辞退、辞职的职工迁入市区,以及农业人口之间通婚的户口迁移政策,进行适当调整放宽。1992年3月26日,经市政府同意,核工业总公司第五安装公司的职工、家属户口按石化总厂职工、家属的户口进行登记管理(当时不属于市内户口迁移,需要审批)。10月19日,市公安局决定,对在皖南、苏北的上海市4个劳改、劳教农场的退休干部、职工,如夫妇双方原是从上海去农场的,现上海有直系亲属愿意接受并有居住条件的,其户口可迁回上海落户,并随带未成年子女。对4个农场设在上海办事处的编制内的正式职工,户口可迁入市区办事处的集体户口内。1993年5月16日,市公安局决定,凡上海市郊县企事业单位(市属国营农场和上海市在皖南、苏北的劳改农场除外)非农业户口的职工,具备条件的,可准予在市区落户。

1999年,市政府下发《关于解决上海市当前户口管理工作中几个突出问题的实施意见》,明确规定,原由上海经动员、分配去外省市工作的人员退休后(男性超过60周岁、女性超过55周岁,下同)要求回沪落户,且在沪居住满3年,并符合以下条件之一的,可准予其在上海市落户:一是退休人员的子女均在沪居住的,准予在子女户口所在地落户;二是退休人员要求回沪投靠配偶的,准予在配偶户口所在地落户,其16周岁以下或在普通中学就读的子女可以随迁;三是退休人员在沪无子女,但其在沪的父母身边无子女和孙辈照顾的,准予在其父母户口所在地落户;四是退休人员在沪和外地均无子女,外地又无亲可投,在沪亲属(指兄弟姐妹)愿意接收且有居住条件的,准予在沪亲属户口所在地落户;五是退休人员在沪或外地均有子女,原则上应投靠外地子女。但退休人员本人或子女在高原、边远、少数民族地区或从事流动性职业的,以及退休人员本人身患严重疾病需回沪治疗的,准予在沪子女户口所在地落户。如一方先退休,准予先回沪落户,其16周岁以下或在普通中学就读的子女可以随迁。同时,对夫妻双方均系原由上海市经动员、分配去外省市工作的人员退休后,具有下列情况之一的,可准予回沪落户,其16周岁以下或在普通中学就读的子女可以随迁:申请落户地为市区以外及浦东新区沿江街道以外的地区;已在沪购买新建住宅(人均居住面积不低于市政府规定的住房解困标准);在上海市有祖传私房。2002年4月24日,为贯彻市政府《关于进一步服务全国扩大对内开放若干政策意见》,市公安局制定下发《上海市公安局关于来沪投资企业申报上海市常住户口实施细则》,就来沪投资企业申报上海市常住户口事项制定明确细则。

2009年,市公安局组织对《关于解决本市当前户口管理工作中几个突出问题的实施意见》实施中出现的突出问题和情况进行深入调研,提请市政府出台《关于本市投靠类户口迁移的若干实施意见》。对有关子女投靠、老人投靠的相关规定将原政策作了进一步延续和完善,具体为:"原由本市经动员、分配去外省市工作现已被批准回沪落户的人员,其生育子女从未就业、未婚未育、实际生活基础长期在本市、年龄不超过25周岁的,可准予在父(母)户口所在地落户";"经动员分配去外省市工作的原本市常住户口人员,现已按国家法定年龄退休,并已享受社会保险待遇,要求回沪投靠子女的,可准予在其子女户口所在地落户。如系未生育或未领养过子女,本市亲属(父母、兄弟姐妹)愿意接受的,可准予其在本市亲属户口所在地落户"。

2010年上海世博会前期,为维护上海世博会期间社会稳定,市公安局对支内知青大龄未婚子女入沪问题作了专题研究,将年龄限制条件放宽为"对未婚、未育、未就业,长期随父母倒流本市,年龄超过25周岁的支内知青子女,凡提出申报的均照顾批准其户口",并将原政策中"从未就业"放宽至"未就业",从源头切实解决一大批知青子女落户的迫切需求。

第三节　市内“农转非”户口管理

1979年6月，上海开始实行不由国家定量供应商品粮的农业人口，转为由国家定量供应商品粮的非农业人口政策。

1985年5月，市公安局规定，凡市郊农民到集镇务工、经商、办服务业，确有经营能力，领有工商业执照，或在乡镇企事业单位长期务工，在集镇有固定住所，已办妥责任田和口粮田转让手续的，经审查批准，准予在集镇登记为自理口粮常住户口，按非农业人口统计。1986年12月6日，经市政府批准，对市属国营农场的在职职工及进市属国营农场前系非农业人口的职工家属、子女及其女职工进场后出生的子女，可安排在国营农场登记为市区非农业户口。1987年6月8日，经市政府批准，对上海市技工学校招收的郊县农业人口中的应届中学毕业生，可改为农村非农业户口。1989年起，每年“农转非”户口的指标数，由市计委报国家计委批准执行。

20世纪90年代起，为推动上海市建立城乡统一的户口登记制度，上海根据郊区农村劳动力的剩余、乡镇企业的发展以及城镇第三产业的兴起，就农村户籍制度改革作了不断的探索和尝试，农业人口转非农户口的工作力度不断加大。1992年12月18日，市公安局和市人事局研究决定，凡在上海市市区落户的出国留学人员的随迁配偶、子女系农村人口的，可凭市人事局出具的“农转非”通知单，在办理出国留学人员本人户口的同时予以“农转非”。1993年5月21日，市公安局发出通知，凡在新建的闵行区、嘉定区和浦东新区内，登记为非农业户口的人员，实施市区户籍管理办法。1994年1月8日，市公安局发出通知，凡获得市、部级及市、部级以上劳动模范或优秀企业家称号的人员或连续两次获得区、县、局劳动模范、优秀企业家、先进工作者称号的人员，家庭确有困难，可照顾其本人、配偶及未成年子女（15周岁以下，含普通中学在校学生）办理就地“农转非”。3月8日，市公安局发出通知，凡1989年2月前按土劳比例征地的养老人员，现居住地已被撤销生产队建制的，可逐级报市公安局审批，申请“农转非”。

1995年，根据《中共中央关于建立社会主义市场经济体制若干问题的决定》，上海制定《上海市小城镇户籍管理制度改革试点方案》，在宝山、闵行、金山、青浦、崇明、南汇等5区4县28个乡镇实行农村城市化的小城镇改革，规定：从上海市农村到城镇务工或者兴办第二、三产业的人员，在小城镇购买商品房或者有合法自建房的居民，以及与其共同居住的直系亲属，可以办理小城镇户口。当时有7 934家农户、16 969个农民转为城镇户口。1998年，上海市公安局制定《关于上海市小城镇户籍管理制度改革试点工作的实施意见》，经市政府批准实施，继续在上述范围内进行小城镇户籍制度改革试点。

2002年，根据“农民居住向城镇集中、工业向园区集中、农业向规模经营集中”和“农业现代化、农村城市化、农民市民化、城乡一体化”的总体目标，市政府批转市公安局《关于将本市农业人口转为非农业人口若干意见的通知》，逐步打破城乡农业、非农业“二元结构”户口管理模式，建立城乡统一的户口登记制度。在上海市郊区的农村人口在镇区规划区范围内购买商品房者，或有其他正当理由的，经审核后，均可办理城镇居民户口；2001年1月1日以后出生的农民子女，允许登记为城镇居民户口或办理“农转非”手续；1993年1月1日—2000年12月31日出生的农民子女逐年解决“农转非”等5种举措推出，加快“城乡一体化”的进程。据统计，2002—2004年，上海市农业人口减少60.6万。

2005年7月1日，市公安局制定下发《上海市常住户口管理规定》，上海市农民与城镇居民结婚，不受年龄、婚龄限制，可以将户口迁入配偶所在地并办理“农转非”手续。同时，上海市农业户口居民以购买、继承等合法方式取得住宅商品房、售后公房等住房所有权的，本人及其配偶、未成年子女可以在房屋所在地公安派出所办理户口迁移，并登记为非农业户口。上述举措进一步有力调动农业人口自愿“农转非”的积极性。2006—2008年，上海市农业人口又减少20.3万。

2009年8月，市政府《关于本市投靠类户口迁移的若干实施意见》规定被批准落户的农业户口人员，一律登记为非农业户口。2010年11月，市公安局对《上海市常住户口管理规定》进行修订，规定上海市农业户口居民，经迁(移)入区、县公安机关批准，可以迁(移)入本市非农业户口配偶、父母、子女处，并登记为非农业户口。据统计，2000—2010年，上海市户籍人口中农业户籍人口总数从335.5万人减至157.4万人，上海市基本实现统一的城乡户口登记制度。

表5-1-3　1989—2010年上海市非农业人口统计　　单位：人

年　份	非农业户口	年　份	非农业户口
1989	8 558 352	2000	9 861 631
1990	8 644 649	2001	9 990 727
1991	8 698 813	2002	10 188 051
1992	8 755 491	2003	10 413 899
1993	8 934 565	2004	10 975 964
1994	9 104 899	2005	11 489 413
1995	9 217 030	2006	11 732 999
1996	9 321 362	2007	11 969 438
1997	9 430 280	2008	12 165 550
1998	9 536 519	2009	12 361 586
1999	9 696 282	2010	12 549 457

资料来源：上海公安户籍统计年报。

第四节　蓝印户口管理

1993年12月23日，市政府批准《上海市蓝印户口管理暂行规定》，明确外商和港、澳、台人士在上海市投资、外省市单位或个人在上海市投资、竣工投产、开业或营业符合一定要求的，境外人士在上海市购买的外销商品住宅，外省市来沪人员被上海市的国家机关、企业、事业单位、社会团体和个体工商户聘用并符合一定条件的，可以按规定申请蓝印户口。明确蓝印户口是经公安机关批准登记，在户口凭证上加盖蓝色印章表示的户籍关系，持蓝印户口者，在入托、入园和义务教育阶段的入学、申领营业执照、安装煤气和电话以及购买公共交通月票等方面享受上海市常住户口者的同等待遇。取得蓝印户口后可按有关规定向公安机关申请上海市常住户口。

1994年11月21日，市政府协作办、市公安局决定，准予外省市地、县级人民政府驻沪办事机构核定编制数内的人员在沪申领蓝印户口。1996年9月22日，市公安局、市房屋土地管理局印发《上海市购买新建内销商品住宅申报蓝印户口的暂行规定》，规定外省、市单位和人员购买上海市新建内销商品住宅达到一定标准的，购房单位可为其职工，购房个人可为其本人或配偶或其他直系亲属申报蓝印户口。同时，市公安局下发《关于贯彻〈上海市购买新建内销商品住宅申报蓝印户口的暂行规定〉的实施意见》。自1994年实行蓝印户口制度起，截至1997年底，累计批准蓝印户口4 027人，其中投资类1 949人、聘用类349人、购房类1 364人、工作类365人。

1998年，市政府修改《上海市蓝印户口管理暂行规定》，据此，市公安局重新修订相应的实施细则，对在上海市投资、购买商品住宅申请蓝印户口作了重新明确，主要是对投资金额、购房面积、区域等作了进一步规定。此外，明确因投资或者购房取得蓝印户口3年以上、或者因被上海市单位聘用取得蓝印户口5年以上，且在上海市有固定合法住所的，可以按有关规定向公安机关申请上海市常住户口。1998年6月15日，市公安局制定下发《关于本市持蓝印户口者申请转报本市常住户口的有关审批、转登记手续规定的通知》，明确持蓝印户口者申请转报上海市常住户口的有关审批、转登记手续规定。11月，上海市公安局制定《关于贯彻〈上海市蓝印户口管理暂行规定〉的实施意见》，在认真执行市政府规定的同时，明确采取"政策加指标"的审批办法，对蓝印户口年度指标实行总量控制，并就正确执行有关政策规定的口径问题进行统一。1998—2000年，全市共分别批准蓝印户口投资类3 396人、聘用类7 957人、购房类12 645人。

2002年3月25日，市政府印发《上海市人民政府关于本市停止受理申办蓝印户口的通知》，决定自同年4月1日起，停止受理申办上海市蓝印户口，并妥善处理有关遗留问题，并请公安分(县)局办理相应手续。2002年4月1日起，按照市政府通知要求，上海公安机关停止受理申办蓝印户口。为保护人民群众切身利益，保持政策的连续性，上海市公安机关拟定具体事项处理办法及相关问题说明，针对已批准登记蓝印户口、投资类和聘用类申办蓝印户口、购房类申办蓝印户口、在奉贤洪庙购房已取得蓝印户口、公安部门受理认定符合条件但因受指标限制未能登记的五类不同情况，提出相应的解决办法，确保平稳过渡。

2007年，上海公安机关下放购房类蓝印户口转常住户口审批权限至公安分(县)局，加快户口审批工作。2009年，市公安局印发《关于本市集中处理蓝印户口遗留问题的通知》，决定从6—10月底，在全市范围内集中处理蓝印户口遗留问题。通过阶段性集中清理整顿，蓝印户口遗留问题得到解决，也标志着蓝印户口正式退出历史舞台。

第二章　居民身份证管理

第一节　居民身份证制度

1983年5月，公安部正式提请国家立法实行“公民证”制度。1984年4月，国务院颁布《中华人民共和国居民身份证试行条例》，中国开始建立和实行居民身份证制度。6月，公安部确定上海等9个城市为首批发证城市。8月，上海发放居民身份证工作全面推开，成立市颁发居民身份证办公室，对上海市年满16周岁的市民颁发居民身份证。其中，16—25周岁的，发给有效期10年的居民身份证；26—45周岁的，发给有效期20年的居民身份证；46周岁以上的，发给长期有效的居民身份证。11月起，市公安局在南市区唐家湾街道、静安区延安中路街道、上海县莘庄镇和莘庄乡进行发证试点。

1985年9月，第六届全国人大常委会第十二次会议通过并公布施行《中华人民共和国居民身份证条例》。至10月底，全市已完成市区居民身份证发证工作。至1986年3月底，上海市完成郊县发证工作。11月，经国务院批准，公安部公布实行《中华人民共和国居民身份证条例实施细则》，建立居民身份证使用、管理制度。年底，上海市全面完成居民身份证发证任务。

1987年，市公安局制定《关于启用〈中华人民共和国居民身份证通告〉的通告》，明确上海市于1987年5月1日起启用居民身份证，并对使用和查验居民身份证作出规定。1989年，市公安局根据公安部《关于公安机关开展查验和核查居民身份证工作的通知》要求，会同市公安局静安分局、黄浦分局和上海县公安局户政科，先后在康定路、广东路、颛桥派出所，对居民身份证的发证和使用情况进行调查，并选择广东路派出所作为上海市开展对居民身份证核查、查验工作人员进行教育培训的试点单位。9月，经国务院批准，公安部制定《临时身份证管理暂行规定》，决定对应当申领居民身份证而尚未领到的或者因居民身份证丢失，损毁尚未补领到的公民以及16周岁以上常住户口待定的公民，制发临时居民身份证。10月，市公安局规定，凡已经办理申领居民身份证手续而尚未领到证件，外出活动需要证明的，可以申领为期1年的临时身份证；居民身份证丢失、损毁正在办理补领、换领居民身份证期间，居民需外出活动需要证明身份的，也可以申领有效期为1年的临时身份证；持有户口迁移证但由于政策原因不能在上海市落户，未领过居民身份证，短期内又不能离沪的年满16周岁公民，可申领有效期2年的临时身份证。

1992年5月1日起，市公安局决定各派出所在受理居民报失和申领、换领、补领居民身份证申请时，统一使用《居民身份证报失登记单》和《申领、换领居民身份证或临时身份证收照回单》，进一步完善申领、换领、补领居民身份证制度。1993年2月，公安部印发《关于严格执行居民身份证、临时身份证发放范围规定的通知》《关于加强和改进临时身份证管理工作的通知》，要求进一步严格制发居民身份证、临时身份证的审批手续，决定对新制发的《临时身份证》一律使用加密塑封套，并在证件背面右上角加贴全息胶片标志。2月，市公安局户政处组织对1992年起制发的居民身份证和临时身份证进行集中清理，并制定《关于制发启用新临时身份证有关事项的通知》，对新临时身份证的证件式样、有效期限、编号、使用范围以及证卡的印刷和分配作了规定。3月31日，具体承担上海市居民身份证印刷、制作任务的上海市公安局制证中心大楼(地址江宁路685弄106号)正式启用。

7月1日起，市公安局决定启用新制发的临时身份证，并推出2项居民身份证管理便民利民措施，解决群众“领身份证难”的问题：(1) 启用新的临时身份证。凡发给尚待领取居民身份证或证件丢失、损坏尚未补领人员的临时身份证，其有效期限改为3个月。常住户口待定人员的临时身份证，其有效期限改为1年。(2) 缩短制发证周期，从原来3个月缩短为2个月，先在市区实行，后在各郊县推开。1994年7月1日起，市公安局治安总队制定《关于加强居民身份证制、发证工作确保制证质量的若干规定(试行)》，决定自7月1日起，按公安部要求启用新居民身份证标准照片，并同时规定居民身份证底卡一律采用4连张大卡。

1995年，全国各地进入10年有效期满居民身份证换证高峰。市公安局制定下发《关于做好换发居民身份证工作的通知》，保障全市换发证工作顺利进行，为居民身份证有效期为10年的公民换证1 640 978张，上海市集中换发居民身份证工作全面完成。7月1日起，为缩短居民身份证的制发周期，增强防伪性能，方便有关部门查验、核查，公安部决定在全国启用新的防伪居民身份证。8月，市公安局治安总队印发《关于启用新的防伪居民身份证的通知》，并根据工作需要在制证中心开展对居民身份证真伪鉴别工作。1996年1月1日起，上海市签发的居民身份证一律采用公安部规定工艺制发新的防伪居民身份证，并按经市物价部门重新核定的收费标准收取证件工本费。

1998年2月1日起，市公安局制证中心开展加快制作居民身份证业务。7月，根据公安部关于印发《办理户口、居民身份证工作规范》的通知，市公安局制定《上海市公安局办理户口、居民身份证工作规范》，要求公安派出所(警察署)建立健全公开办事制度和接待制度，明确办理居民身份证的基本要求。11月12日，市公安局制证中心申报的《身份证制证扩印定位装置》获国家“实用新型专利”，为加快制作居民身份证提供技术支撑。1999年，市公安局印发《关于违反办理户口、居民身份证工作规范的处理办法》，对违反《办理户口、居民身份证工作规范》行为，由各级公安机关按照职责分工、审批权限、处理程序，逐级追究责任并作出相应处理。2003年9月，市公安局推出15条便民利民措施，其中，自9月1日起，在上海市全面推行居民身份证“网上制证”，制作居民身份证业务缩短至7个工作日内办结。

2005年10月1日，《中华人民共和国临时居民身份证管理办法》正式实施。12月，市公安局制定《关于本市申领、制发和管理新版临时居民身份证的实施意见》，决定自2006年1月1日起，上海市停止制发旧版临时居民身份证，开始全面制发新版临时身份证，并对临时身份证的申领范围、制发程序、证件式样、登记项目和有效期限作了规定。2008年4月1日，市公安局制定《上海市居民身份证办证工作规定(试行)》，对上海市常住户口的公民办证、报失、错号重号纠正、委托代理及临时居民身份证的申领、制发和管理工作等作了规定，进一步健全完善上海市居民身份证制度。

2010年3月24日，市公安局制定《上海市居民身份证真伪鉴别工作管理办法(暂行)》。4月7日，市公安局发布“上海世博会期间上海公安机关十项便民利民措施”。其中，对首次申领第二代居民身份证的人员，由法定制发证时间的60个工作日，再缩短至20个工作日内领取到证件。

第二节　公民身份号码管理

1984年制发的第一代居民身份证实行全国统一编号，由15位阿拉伯数字组成，数码排列为：行政区划代码、出生日期码、分配顺序码。

1996年，随着上海市公安派出所及部分分(县)局常住人口信息计算机管理系统的建成，各区

(县)发现少数居民身份证重号的情况,为尽快解决这一问题,维护公民合法权益,市公安局治安总队制定区(县)范围内居民身份证重号修改意见,明确修改居民身份证重号的原则、方法。1997年3月,国务院第143次总理办公会议决定,中国公民个人的社会保障号采用居民身份证编号,完善和推广公民社会保障号工作由公安部门组织实施。5月,公安部印发《关于认真做好居民身份证编号清理纠错工作的通知》,明确要求各地在1998年6月底前对居民身份证编号中存在的问题进行清理、纠正,在1999年10月1日之前基本完成公民社会保障号码的完善和推广工作。经市公安局报请市政府同意,启用《上海市公安局居民身份证编号更改证明》,为公民因重号纠正而办理相关权益事务登记提供便利条件。10月,市公安局治安总队再次部署跨区(县)居民身份证编号清理纠错工作,至1998年6月,全市完成7 600余重号纠错工作。

1999年7月29日,国务院批准修订《中华人民共和国居民身份证条例实施细则》第二条规定,居民身份证的编号使用公民身份号码。8月26日,国务院下发《关于实行公民身份号码制度的决定》,决定自10月1日起,在中国建立和实行公民身份号码制度。公民身份号码按照GB11643-1999《公民身份号码》国家标准编制,由18位数字组成:前6位为行政区域代码,第7—14位为出生日期码,第15—17位为顺序码,第18位为校验码。公民身份号码是国家为每个公民从出生之日起编定的唯一的、终生不变的身份代码。1999年10月,市政府印发《关于做好本市公民身份号码编制工作的通知》,决定在当年进行编号赋码工作试点,至1999年底,居民身份证编号赋码工作在黄浦、卢湾、虹口3个区开展试点。2000年1月1日起,市公安局在全市范围内全面开展编号赋码工作。6月底,全市顺利完成公民身份号码编号赋码工作,赋号记载率100%。

2001年,根据公安部与中国人民解放军总参谋部、总政治部、总后勤部、总装备部联合下发的《关于认真做好军队和武警部队人员公民身份号码编制工作的通知》,市公安局组织开展为军队和武警部队人员编号赋码工作。

2006年12月,根据公安部关于集中开展纠正公民身份号码跨省重号工作的通知要求,上海公安机关建立重号纠正工作"一事一报"制度,采取逐人上门发放告知单、缩短制证周期、送证上门等便民措施,坚持人性化服务,扎实推进公民身份号码重号纠正和换发二代证工作。截至2010年底,全市共纠正跨省重号3 082人,纠正重号率87.61%。

第三节　第二代居民身份证换发

第一代居民身份证自1984年开始制发,受制于当时的经济和技术条件,在制发和使用的近20年间,科技含量低、防伪性能差,极易被违法犯罪分子伪造和冒用,且第一代居民身份证仅具有视读功能,难以与计算机管理信息系统进行交换,已不适应国家信息化建设的需要。2001年6月,国务院印发《关于换发第二代居民身份证有关问题的批复》,同意从2001年开始逐步换发第二代居民身份证,采用非接触式IC卡和指纹自动识别技术制作第二代居民身份证。10月,公安部印发《全国换发第二代居民身份证工作方案》,要求从2001年底至2005年,力争用4年时间完成中国绝大部分地区的换发证件工作。2003年6月,第十届全国人大常委会第三次会议通过《中华人民共和国居民身份证法》,自2004年1月1日起施行,为在全国范围内开展换发第二代居民身份证工作提供法制保障。

2004年上半年,全国换发第二代居民身份证工作正式启动。上海市是全国换发第二代居民身份证试点城市之一。市政府成立上海市换发第二代居民身份证工作领导小组(下设办公室,由市公安局牵头负责），并在嘉定区、崇明县的11个镇开展换发第二代居民身份证试点工作。3月29日，上海市换发第二代居民身份证首发式在嘉定公安分局和崇明县公安局同时举行。2004年下半年起，市公安局在全市范围内全面启动集中换发第二代居民身份证工作，同时停止制发第一代居民身份证。其间，市政府共下拨换发第二代居民身份证工作经费6 200万元，用于第二代居民身份证信息系统升级改造、制证厂房改建、业务培训、宣传资料印刷、各类制证设备等经费，为全市换发第二代居民身份证工作提供物质保障。

2005年，市公安局制定《上海市换发第二代居民身份证工作规范（试行）》，利用报刊、电视、广播、网络等新闻媒体开展宣传发动，落实对25万困难人群免费换证政策，减免换证经费490万元。至2005年底，累计受理1 020万人，制证1 000万张，换证率达82.9%，提前1年完成集中换发第二代居民身份证的工作任务。

2009年7月，民警接待居民办理身份证

2008年，根据公安部《现役军人和人民武装警察居民身份证申领发放工作方案》，市公安局与上海警备区司令部、政治部，对上海市军人开展居民身份证集中申领发放工作。市公安局人口管理办公室选择在静安、虹口、宝山3个公安分局辖区的驻地部队作为首批发证试点单位，为团级以上部队分配单位代码，完成从部队采集信息到公安机关信息受理、审核签发和证件制作、发放等各项工作测试。12月30日，市公安局、上海警备区举行驻沪部队现役军人和人民武装警察居民身份证首发仪式。全市共为部队提供人像信息采集点19个，采集人像信息14 351人，共受理审核军人身份证制作信息35 313人，除7 527人户口未注销和重名重号退回外，共制作军人身份证27 786张。至2009年5月，全市军人身份证集中申领发放工作顺利完成。

至2010年底，上海市尚有持一代居民身份证未换领第二代居民身份证人员12.2万余人。

表5-2-1　2004—2010年上海市第二代居民身份证制发数量统计

年　份	制发数量(张)	年　份	制发数量(张)
2004	982 417	2008	557 431
2005	9 093 791	2009	500 156
2006	189 710	2010	534 981
2007	579 078		

资料来源：上海公安机关统计年报。

第三章　外来流动人口管理

第一节　外来流动人口调查

1984年8月10日，上海市进行第一次流动人口抽样调查，由市公安局和复旦大学人口研究所组织，调查对象是来自各地暂住上海市区从事社会经济活动而不具有上海常住户口的人。以典型调查所获数据推算，市区流动人口为59万人。

1985年9月12日，上海市进行第二次流动人口抽样调查，由市公安局和复旦大学人口研究所组织，调查对象与第一次相同。调查结果，市区流动人口为111万人。

1986年8月27日，上海市进行第三次流动人口抽样调查，由市公安局和复旦大学人口研究所组织，调查对象扩大到包括外省市进入上海郊县的流动人口。调查结果，全市流动人口为139.2万人，其中市区87.6万人，郊县51.6万人。另有当天通过上海市境的过往人口44.2万人。

1988年10月20日，上海市进行第四次流动人口抽样调查，由市统计局、市公安局组织，复旦大学人口研究所、上海社会科学院人口研究所、华东师范大学人口研究所、市计划生育委员会、市规划局等单位参加，调查对象包括流入人口和流出人口。流入人口中，10月20日0点在上海市暂住逗留而户籍不在上海的人数为124.6万人，其中市区81.7万人，郊县42.9万人；全市流出人口为34.4万人，其中市区17万人，郊县17.4万人。另外，通过陆路、水路、航空出入上海市境的人口流量为68.3万人次。剔除上海范围内市区与郊县之间的流动数，从各地和港澳台地区、国外流入的总量为105.8万人，其中流入市区71.3万人，流入郊县34.5万人；流出总量为16.2万人，其中从市区流出13万人，从郊县流出3.2万人。

1989年，全市对外来人口进行一次普查，4月10日这一天，在上海居留的外来人口有1 264 945人。其中：市区908 123人，郊县324 958人，海、港、航等系统31 864人；务工、经商853 514人，旅游、探亲、治病142 117人，学习、培训69 712人，其他199 602人。上海市外来暂(寄)住人口申报登记率达到97.2%。通过普查，促进外来人口管理的业务建设，对60万余名外来人口核发《暂(寄)住证》；对52 615户私房出租户核发《安全许可证》。

1993年12月10日，由市公安局、市统计局牵头进行第五次流动人口抽样调查，上海社会科学院人口研究所参加，调查内容包括上海流动人口的总量、结构、成因、素质和流向。调查对象是外省市、港澳台地区、国外与上海市之间、市中心区、新市区(宝山、闵行、嘉定区和浦东新区)及郊县之间、郊县与郊县之间的流动人口。不包括市中心区内、新市区内以及县内跨乡镇的流动人口，也不包括现役军人。调查结果，1993年12月10日，全市流入人口为281万人，流出人口为47万人。在流入人口中，市中心10个区流入人口为125万人，新市区流入人口为109万人，郊区6个县流入人口为47万人。在流出人口中，市中心区流出人口为18.5万人，新市区流出人口为7.8万人，郊县流出人口为20.7万人。通过陆路、水路、航空等出入上海市境的人口流量为50万人次。按过去的统计上报口径计算，即把调查的流入人口加上人口流量作为流动人口量，上海的流动人口为331万人。

1997年，市公安局进行第六次流动人口抽样调查。以1997年9月16日0点为标准时间，全市流入人口为 276 万人,流出人口为 48 万人;当天经陆路、水路、航空等出入上海市境的人口流量为 65 万人次。按行政区域分,全市流入人口中,市中心 10 个区为 110 万人,新市区(宝山、闵行、嘉定和浦东新区)为 122 万人,郊县为 44 万人。全市流出人口中,市中心 10 个区为 19 万人,宝山等 4 个新区为 7 万人,郊县为 22 万人。2000 年,上海市公安机关全面开展第五次人口普查前的户口整顿工作。通过核查,截至 9 月 30 日,全市共有户籍人口 4 745 302 户、13 149 989 人;核对发现人户分离 253.5 万人,其中有户口无人 133.2 万人,有人无户 120.3 万人;全市外来流动人口 1 683 427 人,其中社区内外来流动人口 1 441 054 人、宾(旅)馆内 54 127 人、外省市进沪施工企业内 188 246 人。2000 年 11 月 1 日进行第五次全国人口普查。2003 年 8 月 15 日,上海公安机关配合市政府开展外来流动人口抽样调查,组织各派出所普遍开展外来人员清理核查工作,督促执行外来流动人口登记制度,严密核实、发证、信息录入程序。全市共有出租房屋 61 万余户,登记在册外来人员 393 万余人,基本做到"底数清"。

第二节　暂(寄)住证和居住证管理

1978 年后,随着上海社会经济的迅速发展,来沪人员迅猛增长。20 世纪 80 年代,随着来沪务工、经商流动人口比例不断上升,来沪人员的构成发生变化,对城乡经济社会影响越来越大。

1984 年 11 月,市政府批复同意施行《上海市外来寄住户口管理试行办法》,明确对来沪务工、经商的外来人员试行登记、发证管理。1985 年起,为加强对外来暂(寄)住人口的管理,全市各街道里弄、乡镇和基层企事业单位,逐步建立一支以治安积极分子为主体的群众性户口协管员队伍,配合公安派出所加强对外来暂(寄)住人口管理,做到来报去销。1986 年 5 月起,上海市在暂(寄)住人口相对集中地区聘请一批专职户口协管员,在暂(寄)住人口不多的地区设立一些兼职户口协管员,协助公安派出所办理暂(寄)住人口登记,并宣传户口法令、法规,发现混杂在暂(寄)住人口中的违法犯罪分子,向派出所报告,以维护社会治安。到 1987 年,全市户口协管员有 6.6 万余人,通过经常宣传和查对暂(寄)住人口工作,发现漏登的及时补登。

1988 年 6 月,市政府发布《上海市暂住人口管理规定》。凡外省市居民来沪暂住 3 日以上的,上海居民在市区与郊县或郊县与郊县之间来往暂住 3 日以上的,均须向暂住地公安派出所申报暂住人口登记。暂住人口中,年龄在 16 周岁以上从事商业、饮食业、修理业和其他各项经营活动的人员,须登记为寄住人口,向寄住地公安派出所申领《寄住证》,家属须申领寄住户口簿。暂(寄)住人口在上海变更住址时,须向原登记机关注销暂(寄)住登记,然后到新暂(寄)住地公安派出所申报暂(寄)住登记,原领的暂(寄)住证仍可继续使用。暂(寄)住人员离开上海时,须缴销暂(寄)住证。暂(寄)住证须随身携带,以备检验。如果遗失,须及时报告申请补发。暂(寄)住人员如果临时租赁私房居住,须凭居民身份证和原工作单位或常住户口所在地基层政府的证明,随房主到公安派出所申报暂住登记。《上海市暂住人口管理办法》颁布实施,使来沪人员管理机制进一步完善,失控状况有了改善。

1989 年,市公安局颁发《上海市私房租赁治安管理规定》,并制定《私房出租安全许可证》《私房出租登记簿》以及《暂(寄)住证》《暂(寄)住人口登记表》,在全市形成一整套统一的外来人口管理制度,加强依法管理。全年,全市对 60 万余名来沪人员核发了《暂(寄)住证》;对 52 615 户私房出租户核发《安全许可证》;进一步健全户口协管员队伍,全市有户口协管员 43 497 人。各派出所为加强来沪人员管理,在街道(乡、镇)党委领导下,建立外来人口管理办公室 401 个,管理小组 3 884 个。

1992年,市公安局选择长江农场和真如、梅陇派出所,开展对外来流动人口分类管理的试点工作。全年,为了加强对外来流动人口的管理,全市在1 876个外来流动人口相对集中的居(村)委设立外来流动人口登记站。1993年3月,市公安局规定,对经市人事局核准聘用的外省市专业技术人员和管理人员,由暂住地公安派出所凭市人事局核发的《寄住证》办理暂住户口登记手续。1994年1月21日,市公安局决定换发新版《上海市寄住证》,强化证件化管理。2月,颁布实行《上海市单位使用和聘用外地劳动力管理暂行规定》,要求使用、聘用外地劳动力的单位,必须在上海公安机关领取《寄住证》后再向劳动局申领《务工证》。7月6日,市外来流动人口管理协调小组办公室发出《关于建立和加强外来人口治安管理服务队的意见(试行)》的通知,规定300名外来人口配备1名专职管理人员,专职管理人员一律实行合同制,公安机关统一登记造册,发给统一印制的《上海市外来人口治安管理服务证》,实行凭证上岗工作制度。

1996年9月,市十届人大常委会第三十次会议通过《上海市外来流动人员管理条例》,根据流动人口的新特点,将外来流动人口的暂住管理、租赁房屋管理、卫生防疫和计划生育管理、务工经商管理、地区管理、外来人员权益保障等工作纳入法制化轨道,明确公安、劳动以及其他有关行政管理部门是外来人员管理工作的职能部门,各级政府以及街道办事处设立外来人员管理的协调机构,负责协调、指导督促外来人员管理工作。根据条例规定,原《上海市寄住证》改为《上海市外来人员暂住证》。

2000年,市人事局制定《上海市引进人才工作证实施办法》,规定"外来人才凭《引进人才工作证》可到暂住地公安派出所机构办理暂住户口手续",并享受医疗福利、技术职务评定及子女教育,逐渐将吸引来沪人员人才纳入政策范畴,管理模式上从原有的"一刀切"转为分类别的精细化管理。

2001年,上海全面实施居住证制度。2002年4月,市政府下发《关于引进人才实行〈上海市居住证〉制度暂行规定》,规定"具有本科以上学历或者特殊才能的国内外人员,以不改变户籍或者国籍的形式来上海市工作或者创业的,可以申领《上海市居住证》"。同时明确"上海市人事局主管本市的引进人才工作,负责本规定的组织实施。上海市公安局负责《居住证》的发放及其相关管理"。2003年,市政府提出将居住证由原来的引进人才手段转变为人口调控手段,并逐步从引进人才扩大到在外来常住人口中试行。

2004年8月,市政府下发《上海市居住证暂行规定》,规定"境内来沪人员应当根据国家有关规定办理居住登记,符合本规定要求的可以申领《居住证》";《上海市居住证暂行规定》中申领居住证的人员除引进人才外,增加来沪务工人员和投靠亲友、就读、进修人员。同时,明确公安部门负责居住证件的发放和相关管理。《居住证》有效期分1年、3年、5年3种,主要功能体现在:作为持有人在上海市居住的证明;用于办理或查询就业和社会保险、卫生防疫、人口和计划生育等方面的个人相关事务;记录持有人基本情况、居住地变动情况等人口管理需要的信息。9月,市发改委、市公安局、市人事局、市劳动和社会保障局、市房地局和市信息委联合下发《〈上海市居住证暂行规定〉实施细则》,明确上海市居住证件包括《上海市临时居住证》和《上海市居住证》。其中,《上海市居住证》包括引进人才类、从业类、投靠就读类3种。其间,市公安局还会同市人口办、市信息委联合下发关于《社区事务受理中心居住证受理点建设要求》的通知,对街道、镇(乡)社区事务受理中心居住证受理点建设进一步予以规范。随着上海市居住证制度的实施,2004年,《上海市外来人员暂住证》退出历史舞台。

2005年4月6日,市政府召开居住证制度扩大试点工作会议,组成联合工作班子,要求当年居住证制度覆盖全市所有街道、乡镇。市公安局负责做好证件管理、窗口规范、收费立项及规范收支管理等工作。2005 年 6 月底，开展居住证证件发放扩大试点，除静安、闸北、宝山三区所属街道(镇)全面试点外，又在其他区(县)各确定 1—2 个街道(镇)，共 49 个街道(镇)进行试点。2006 年，市政府组建 1.6 万人的社区综合协管队伍，承担人口基础信息采集工作职责，日常管理和工作指导由派出所负责。2007 年 2 月 6 日，市政府办公厅转发市公安局等八部门《关于本市全面推进实施居住证工作意见》，规定“在街道(镇)社区事务受理服务中心设立居住证受理点。原则上，一个街道(乡镇)设立一个受理点，具体承办来沪人员居住登记和申领证件受理”，全市 224 个居住证受理点全部开通。2 月 14 日，市公安局、市信息委、市人事局、市劳动和社会保障局联合制定《上海市居住证办理细则(试行)》，规定非上海市户籍的境内人员在上海市居住 3 日以上的，应当按照国家和上海市有关规定办理居住登记，领取《上海市临时居住证》。住宿旅馆的，住宿登记视为办理居住登记。《上海市临时居住证》是持证人在上海市临时居住的证明和办理就业等其他事项的凭证。同年，市公安局又印发《上海市居住证办理流程规范》《上海市居住证受理点人口信息管理暂行办法》《上海市社区综合协管队伍管理规定(试行)》，为居住证全面推开制定完善相关配套措施。

2009 年 8 月，市政府出台《持有〈上海市居住证〉人员申办本市常住户口试行办法》，在户籍管理和居住证制度之间形成相互衔接的“居转常”制度，对吸引人才、留住人才呈激励导向作用，拓展各类人才进沪的渠道。截至 2010 年底，全市共办理 500 万余人申领上海市居住证件(办理《上海市临时居住证》400 万余人，申领《上海市居住证》100 万余人)。居住证制度已成为来沪人员服务管理工作的有效载体和基础平台。

第三节　出租房屋治安管理

20 世纪 80 年代，上海市各类房屋用于出租情况日益增多，对出租房屋管理成为公安部门加强外来流动人口管理的一项重要抓手。1989 年 4 月，市公安局颁发《上海市私房租赁治安管理规定》，并制定《私房出租安全许可证》《私房出租登记簿》。

1992 年 5 月 26 日，市公安局等 6 个部门联合发出《关于加强本市私有房屋出租综合管理的通知》，强化对私房出租的管理。同年底，全市 7 万户私房出租户中已有 97%挂牌出租。

1998 年 9 月，市政府颁布《上海市外来流动人员租赁房屋治安管理办法》，规定上海市对外来流动人员租赁房屋治安管理实行许可证制度，未取得《房屋租赁治安许可证》的房屋，不得出租给外来流动人员。1999 年，为贯彻《上海市外来流动人口租赁房屋治安管理办法》，在全市建立 1 467 个以居(村)委为单位的房屋租赁治安管理站，总结推广普陀分局桃浦、真如地区实行的外来流动人口“大堂式”、园区式、适度集中居住管理，嘉定分局封泾派出所“三制两法”，以及闵行区莘庄镇、闸北区彭浦镇、杨浦区五角场殷行地区等不同管理模式的经验和做法。年底，全市共有出租房屋户 192 112 户、租出房屋 393 419 间，租赁房屋的外来人口 760 477 人。通过管理，对违反《上海市外来流动人口租赁房屋治安管理办法》的 24 974 家出租户收缴《房屋租赁治安许可证》。

2000 年，全市各级公安机关结合《上海市房屋租赁条例》的实施，积极开展对房屋租赁的全面调查，力争做到底数清、情况明。据统计，上海市有各类房屋租赁 308 565 户、654 406 间、外来承租人员 1 166 243 人，分别比调查前增加 36.9%、42.7%和 47.1%。同时，各派出所(警察署)还在房屋租赁相对集中的地区，以居(村)委或警务站为单位建立房屋租赁治安管理站，全市建立房屋租赁治安管理站 1 497 个，并在管理站内建立房屋租赁一户一档基础资料，即《房屋租赁治安许可证》申请表、房屋租赁治安责任协议书、房屋出租人(出租单位)奖惩情况记录、房屋承租人员登记表以及委托他人管理房屋双方签订的治安责任委托协议等。2001 年,各级公安治安部门以房屋租赁清理整顿为契机,积极探索房屋租赁治安管理新模式。截至年底,上海市持有公安机关核发的《房屋租赁治安许可证》和《房屋租赁治安登记意见书》的出租房屋 39.8 万户,其中,公房 11.3 万户,私房 28.5 万户;承租的外来人员 156 万人;建成以居(村)委为单位的房屋租赁治安管理站 3 577 个,其中,独立建站的 2 884 个,联合建站的 693 个,覆盖全市 5 985 个居(村)委,占全市居(村)委总数的 100%;在 66 个市郊结合部地区,建立适度规模的外来人口集中居住小区 150 个。2002 年,为进一步加强外来流动人口管理,市公安局在试点基础上,在全市范围内总结推广黄浦区金陵东路街道房屋租赁"一门式"管理模式和闵行区田园新村街道房屋租赁委托管理模式。通过政府支持和市场运作,逐步解决管理经费和管理力量问题。2003 年,随着《上海市收容遣送管理条例》废止,《上海市外来流动人员管理条例》中涉及外来劳动力审批及《房屋租赁治安许可证》核发等内容也被取消。

2004 年 8 月 30 日,市政府发布《上海市居住房屋租赁管理办法》,规定:市房屋行政管理部门是上海市居住房屋租赁的行政主管部门,公安部门负责居住房屋租赁的治安管理、消防管理和居住房屋租赁当事人的居住登记。居住房屋租赁的当事人应当依法订立书面租赁合同,并向区(县)房地产管理部门登记备案。

2010 年上海世博会前,市政府印发《关于加强留宿场所安全管理的通告》《关于加强地下空间安全管理的通告》《关于加强房屋拆迁基地空置房屋、建筑工地临时宿舍和临时改建宿舍安全管理的通告》等临时性规章。市公安局人口办组织开展"落脚点"夏季专项整治行动,对用于出租的违章建筑、危棚简屋、田间窝棚;用于"群租"和以日、小时为单位计费、以网络为营销手段的出租房屋;建筑工地工棚和规模租赁房;世博园区周边出租房屋;医院、交通枢纽、大型停车场周边用于出租的房屋等落脚点开展整治,为上海世博会顺利运行创造良好治安环境。

第四章 人口管理信息化建设应用

第一节 户籍人口卡片信息系统

1960 年，市公安局结合普选建立一套人口登记卡片，在证明公民身份、维护社会秩序及为群众服务等方面起到积极作用。

1984 年 4 月，公安部决定全国实行居民身份证制度，以身份证底卡取代人口卡片。底卡项目为：姓名（包括现用名、曾用名）、性别、出生日期、民族、籍贯、出生地、现住址、文化程度、婚姻状况、职业、服务处所、户主姓名、本人与户主的关系。市区和上海县的人口卡片，集中由市公安局户政处管理；其他郊县的人口卡片分别由该县公安局户政股管理。1988 年 5 月起，将 1960—1985 年间保存的 660 万余张老卡及注销卡拍摄成缩微胶片 665 卷，采用缩微技术进行管理，并从 1990 年起使用阅读机对外开展查询服务。

1992 年起，市公安局开始研发人口管理信息系统。1994 年起，已建成人口信息系统的派出所利用计算机在为上海市公安政法部门查找线索，为政府及有关部门提供服务，为居民群众寻找亲友，协助破案，挽回经济损失，显示出良好的社会效益。1995 年，市公安局印发《上海市人口信息计算机管理系统维护管理规定（试行）》的通知，就“人口信息服务制度”规定，要求提供人口信息查询，统计服务的单位，需出示有效的单位介绍信和个人身份证明；个人凭居民身份证，理由正当的，可提供寻亲访友查询服务；人口信息查询要有详细登记等。

1999 年，上海市人口信息计算机管理系统三级[市公安局、公安分（县）局、派出所]数据库建成，市公安局计算机管理人口信息完全能替代原人口卡片手工查询工作。因此，原先由各公安派出所（警署）手工填制并上报市局的《人口变动卡》《注销卡》《副卡》工作以及人口卡片从 1999 年 1 月 1 日起，停止填制、上报；同时，各派出所（警察署）送交市公安局制证中心制证后的居民身份证底卡，由市公安局制证中心统一作保密件销毁，原已编排入库的人口卡片予以保存。1999 年 4 月，市公安局治安总队在福州路 185 号设立“人口信息查询窗口”，全年查询人口信息资料 52 691 份，查中率 88%，比人工查询高 6 个百分点。1999 年 11 月，市公安局、市司法局印发《关于律师查阅户籍资料和治安案件材料的若干规定（试行）》，规定依法取得律师执业证书的执业人员从事诉讼或者非诉讼活动，可以向各级公安机关及其派出所（警察署）查阅、摘抄和复印与其承办案件有关的户籍资料。

据不完全统计，2002—2006 年，“人口信息查询窗口”共为社会提供信息查询服务 241 万余次，为国家挽回经济损失 1 亿多元；为公安内部各部门提供信息查询 2 432 万余次，协助破案 3 599 起。

2011 年 4 月 8 日，市公安局人口管理办公室将从中华人民共和国成立初期至 1985 年的历史户籍档案移交市档案馆保管。2012 年 5 月 15 日，市公安局关闭“人口信息查询窗口”，不再对外受理户籍人口信息查询业务。

第二节 常住人口信息管理系统

1986 年 6 月，公安部抓住全国开展居民身份证发放工作的时机，提出建立融户籍、居民身份证、人口卡片管理和人口统计为一体的人口基本信息计算机管理系统的工作思路,并于8月在吉林省吉林市召开“全国推广使用微机管理人口信息会议”,拉开户籍管理工作现代化的序幕。1986年11月5日和1988年2月8日,公安部先后下发《关于使用微计算机管理人口基本信息的通知》和《关于进一步推广使用计算机管理人口基本信息的通知》,部署各地开展人口信息管理系统建设工作。

1992年8月,上海市贯彻公安部《第五次全国公安计算机信息工作会议纪要》《人口信息系统建设任务和技术规定》,制定《上海市人口信息计算机管理系统建设总体方案》《上海市人口信息计算机管理建设和技术要求》。市公安局成立上海市公安局人口信息领导小组,下设办公室,设在户政处,会同市公安局黄浦、卢湾、虹口和嘉定4个分局在金陵东路、瑞金二路、欧阳路和安亭镇派出所开展人口信息计算机管理系统建设试点工作,并相继对148名公安分(县)局计算机管理工程技术人员、户政业务骨干及试点派出所前台操作员分3期进行培训。至1993年8月30日,全市已开展此项工作并使用计算机前台试办公的有38个派出所。市公安局黄浦分局所辖8个派出所成为全市率先进入前台正式办公的单位。至1994年底,又完成220个派出所的人口信息计算机管理工作,其中市区派出所的人口信息系统已全部完成。1994年底,全市派出所共录入1 102万人口信息,310个派出所建成人口信息系统(“长城版”单机系统),占全市派出所总数77.9%。

1995年底,全市386个派出所、2个水上派出所建成人口信息系统,实现前台办公。市公安局黄浦分局区级库基本建成,并实现分局与派出所联网。市公安局南市、卢湾、徐汇、长宁、静安、闸北、虹口、嘉定8个分局和奉贤、松江、青浦3个县公安局基本完成图像扫描及冷僻字修改工作,初步建成分(县)局级库;人口信息系统管理工作日趋规范化。至1995年底,全市已有1 277.7万人的人口信息输入计算机,占常住人口总数的98.4%。全市232个派出所完成居民身份证照片扫描、录入工作,占全市派出所总数的58.6%。1996年底,全市所有常住人口的信息已基本进入计算机管理系统,上海市19个公安分(县)局全部建成分(县)局数据库。

1998年,在建成全市派出所(警察署)级及分(县)局级人口信息计算机管理系统的基础上,筹建市局级常住人口信息管理系统。到年底,已基本建成市局级人口信息库。1999年4月,市公安局人口信息管理系统正式投入运行,标志着上海市人口信息管理系统进入一个崭新的阶段。2000年,市局、分(县)局和派出所(警察署)人口信息三级库动态更新维护功能试验取得成功。

2003年,新版常住人口信息管理系统软件(二级库模式)正式使用,其业务应用包括户籍八项变动、身份证管理、第二代居民身份证管理、临时身份证管理、户口审批网上登记及户口待定人员管理等。新版常住人口信息管理系统覆盖全市,具有市局、分(县)局二级数据库和市局、分(县)局、派出所三级应用平台。2003年开始,市公安局在全市范围内实现市内户口“网上迁移”。2004年起,市公安局率先完成向公安部报送上海市常住人口基本数据和变动数据。2004年10月28日,市公安局下发《关于切实做好“1203工程”下阶段工作的通知》,明确要求将常住人口信息系统补充加入公安身份认证与访问控制管理系统(简称PKI/PMI系统,即“信任体系”建设)。11月,制定《上海市常住人口信息系统PKI/PMI系统改造方案》,组织实施软件改造。2005年1月1日,常住人口信息系统PKI/PMI系统正式投入使用。

2006年起,开展户口网上登记(审批),进一步严密和规范户口审批流程,加强户口审批过程的实时控制和监督。2009年起,市公安局人口办针对常住人口信息管理系统存在的问题,启动新版常住人口信息管理系统升级改造工作。市局、分(县)局二级数据库升级为市局一级数据库;将字符集升级为GB13000标准;增加门弄牌管理功能等。

2010年3月,新版常住人口信息管理系统应用软件开发工作基本完成,常住人口信息管理系统为政府有关职能部门查询信息提供帮助。2003 年正式运行至 2010 年 11 月底，上海市常住人口信息管理系统已存储 1 410 万在住户籍人口信息、518 万户信息、4 760 万户口变动信息、1 308 万项目变更信息。

第三节　外来流动人口信息管理系统和居住证信息系统

20 世纪 90 年代之前，公安机关对外来流动人员管理采用手工登记，未采用计算机信息化手段。随着信息技术发展，流动人口管理工作逐步纳入公安数据库管理。

1996 年，全市有 69 个派出所(警察署)完成“暂(寄)住人口信息计算机管理系统”。1999 年，为加大对外来人口管理工作的力度，市公安局在浦东新区和徐汇、闸北、宝山、嘉定、金山等 6 个区选择 10 个派出所(警察署)进行外来流动人口管理计算机信息系统试点工作，并制定《上海市外来人员管理信息计算机管理系统总体规划》。

2000 年，上海外来流动人口信息计算机管理系统(SPS 系统)在全市 339 个派出所(警察署)全面推广并已完成建库工作，采集、录入 170 万余名外来流动人口信息，完成系统分局库的建库试点工作。通过全市 SPS 系统联网查询，获取各类违法犯罪线索 1 800 余条，查处各类违法犯罪嫌疑人员 550 余人。2001 年，市公安局充分利用 SPS 系统信息资源，实现与全国在逃人员信息系统(CCIC 数据库)自动比对、自动预警、及时反馈的目标。全年共录入外来流动人口信息 313 万余条，提供各类违法犯罪线索 968 条，经查证，查处 705 人；通过与 CCIC 数据库自动批量比对，抓获网上在逃人员 289 人，破获刑事案件 211 起。2003 年，外来流动人口信息管理系统归并至派出所应用平台，完成新版外来人口信息子系统软件升级和测试工作。

2004 年 10 月起，为配合实施居住证制度，由市信息委负责牵头建设的居住证信息管理系统公安审批临时系统(以下简称居住证系统)，在静安、闸北、宝山 3 个分局 10 个派出所开展试点。2005 年 6 月，进一步扩展到全市 19 个分(县)局 60 个派出所进行试点。

2009 年 12 月 10 日，市公安局人口管理办公室开展新版上海市居住证管理信息系统公安子系统各分(县)局管理员层面的操作培训工作。12 月 22 日起，正式启用新版上海市居住证管理信息系统公安子系统，同时停止使用旧版居住证公安审批系统。2010 年 4 月 2 日，市公安局人口管理办下发通知，对高校校区内居住的来沪人员，由对应的街道社区事务受理服务中心居住证受理点负责办理《上海市临时居住证》《上海市居住证》。

第四节　实有人口信息管理系统

根据国家人口基础信息库建设的总体要求，解决人口信息的开发利用和管理分散及重复建设、信息完整性和准确性不高、更新维护机制不完备、跨部门交换和共享无法完成、应用服务匮乏等问题，市公安局从 2006 年开始推动建设上海市实有人口信息管理系统。

2006 年 6 月，市公安局对“上海市实有人口信息管理系统可行性研究报告”组织评审。2006 年底，市公安局成立实有人口信息管理系统建设领导小组及项目工作组，市公安局指挥部、后保部、治安总队、出入境管理局、法制办、科技处等部门作为领导小组成员单位参加项目建设。2007 年 3 月，市重大工程建设办公室发布《关于下达 2007 年上海市重大工程建设项目主要形象进度及市政配套计划的通知》,市实有人口信息管理系统被列为54项市重大工程之一。6月22日,市发改委明确上海市实有人口信息管理系统分为一期、二期2个项目建设。

2007年9月—2009年11月,以上海公安系统专用城域网为依托,市公安局在公安常住人口系统、居住证系统、出入境模块系统及其他信息系统基础上,建设上海市实有人口信息管理系统(一期),实现公安内部相关系统的升级、改造和整合,构建成为上海市公安综合信息交换和数据汇集中心。2009年10月,上海市实有人口信息管理系统(一期)正式建成并启用,具备查询、分析和撒点等5项应用功能。上海公安机关各业务部门、各公安派出所民警可以利用公安数字证书24小时登录上海市实有人口信息管理系统(一期),进行相应的查询和统计分析,以满足公安民警日常警务工作需要。

2009年7月,市发改委批复同意上海市实有人口信息管理系统(二期)项目建设正式启动。上海市实有人口信息管理系统(二期)以政务网为依托,以公安人口信息为基础,逐步融合人口和计划生育、劳动和社会保障、民政、教育、税务、统计等部门与人口相关的信息资源,建立包含人口基础信息(包括人口基本信息和应用信息)和变动信息的1个综合应用系统(用于数据展现和应用)、1个数据交换平台(用于与市级职能部门和区、县数据交换、共享)和1个实有人口基础信息数据库(用于存放数据)。通过数据交换中心,实现人口信息的交换、共享,并形成人口信息的采集、维护、交换、共享机制,支撑上海市人口管理的各类业务需求。

2010年7月,上海市实有人口信息管理系统(二期)投入运行,主要提供"信息系统服务""综合查询平台"和"统计分析系统"应用服务功能。当年,市政府印发《上海市实有人口业务数据信息共享管理办法》,市房管局、市卫计委、市教委、市建交委、市民政局、市人保局、市工商局、市残联、法院、市地税、公安等上海各有关部门开展上海市实有人口信息管理系统(二期)实有人口业务数据共享工作。政府各部门基于上海市政务外网实有人口业务数据联建共享的大格局基本形成。上海市实有人口管理系统建立市级顶层数据交换、共享平台,为政府决策和提供人口信息综合应用提供支撑。

第五章　门弄牌管理与边境通行证管理

第一节　门弄牌管理

1950年7月21日，市公安局颁布《办理市民申请编钉门(弄)牌暂行办法》。1952年11月，全部更换带有外文字样的5 000余块弄牌。1964年5—9月，对市区的门弄牌进行重点调整和修改。

1988年3月30日，市政府发布《上海市门牌管理办法》，统一门弄牌式样，使门弄牌管理日趋规范化。门弄牌统一由公安机关编制，指定工厂制作。门牌式样为18厘米×18厘米，上加路名和方向标志(或弄号)，蓝底白字；后门牌为11厘米×5厘米，蓝底白字。弄牌式样为60厘米×22厘米，支弄牌为38厘米×16厘米，均为蓝底白字。另在新村住宅小区增钉便于寻找的指示牌和楼牌，指示牌为3米×2米，楼牌为80厘米×50厘米。安装门弄牌的费用，分别由建房单位、房管部门和私房所有者支付。因市政建设更改路名和道路延伸而调换的门弄牌，由地方财政支付。4月27日，市公安局和市房产管理局联合发出《关于贯彻执行〈上海市门牌管理办法〉的实施意见》，组织对上海市市区和郊县主要城镇的门弄牌进行整顿、补缺工作。到年底为止，全市共更换、新增反光门弄牌12万块；南京路、淮海路、四川北路、金陵东路、西藏中路和中山东一路等繁华商业街道，换装铸铁仿金字号门牌18 884块；市区12个新村和2个县属城镇安装1 176块楼牌，初步改变部分地区门弄牌严重残缺、混乱，号难找、人难寻的状况。

1989年，市公安局根据《上海市门牌管理办法》，制定《申请编订门(弄)、楼牌的程序和方法》，明确申请单位和个人凭建筑工程执照或居民建房许可证、规划平面图纸向派出所申领和填报《编订门(弄)、楼牌申请表》。公安派出所根据申请，按建房规划平面图纸进行实地勘察，提出具体的编订意见，并对生产厂家制作的门弄楼牌质量进行验收后，交付房管部门安装。门弄楼牌的制作统一由市公安局户政处承办，由公安派出所定期检查门弄楼牌的损坏、遗失情况，及时做好门弄楼牌的补缺、更换工作。

1990年8月，市公安局、市房产管理局联合部署全市门弄牌整顿工作，对主要交通干道和新命名、更名道路门弄楼牌更新补缺，重点对新村住宅小区门弄楼牌的编订安装进行整顿，至年底，全市完成60%左右门弄楼牌的更新补缺。1991年7月，市公安局组织对12个市区派出所的主要道路门弄楼牌进行检查，遗漏补缺和安装质量都有提高。至11月底，上海市门弄楼牌的整顿工作全部合格。1990—1994年，全市共安装、更新和补缺门弄牌198 858块、楼牌9 676块，设置新村指示牌1 462块、铜字3 328个、铜字底牌500块，并完成浦东新区杨高路、上川路等主要干道的门弄牌号的编订和划分。

1995年，市区门弄牌整理补缺工作列为市政府实事之一，通过市有关部门验收，全年共补缺换新门弄牌72 516块。1996年共制作门弄牌30 389块、铜牌3 957块、铜字798个、楼牌4 048块，门弄牌安装完好率达到95%。1997年，在加强市区门弄牌日常管理的同时，市公安局推行农村地区门弄牌编号工作。全市共制作门弄牌55 019块，其中铜牌3 832块、门牌48 951块、楼牌2 236块。市区换发新村指示牌650块。

1998年9月，市人大常委会审议通过《上海市地名管理条例》，对门弄牌工作进行进一步规范，再次明确公安部门负责全市的门弄号管理工作，业务上受市地名办指导。12月，市政府发布《上海市门弄号管理办法》,对行政区域内门弄号的编制、使用、标志设置及其管理作了进一步规范。该办法替代1988年《上海市门牌管理办法》。

1999年,市公安局制定《上海市门弄号管理办法》的实施意见,对上海市门弄楼牌的申请、受理,审批权限及期限,弄楼号的变更及门弄楼号牌的编订方法作了相应调整。对门弄楼号牌的规格、式样和颜色进行规定:其中,门牌分为铝质门牌和铜质门牌2种。铝质门牌分为正式门牌和临时门牌两种,均采用防伪全反光膜材料,为长方形,绿底白字,规格是250毫米×180毫米×1毫米。铜质门牌为长方形,黄铜质黑字,按大小分为3种规格。弄牌为铝质牌,采用防伪全反光膜材料,为长方形,绿底白字,规格是100毫米×200毫米×1毫米。楼牌为铝质牌,采用防伪全反光膜的工艺制作,为长方形,上半部分绿底白字,下半部分为白底红字,规格是800毫米×500毫米×12毫米。在设置位置和安装要求上,要求门牌应设置在各类建筑物上,安装高度不低于1.8米。

2001年,上海各级公安机关以《上海市地名条例》和《上海市门弄号管理办法》为依据,全面深入开展门弄楼牌管理和新村指示牌整顿更新,积极推进规范管理,使之不断趋向制度化、规范化。全年共整顿更新门弄楼牌53 036块,更新、设置新村指示牌847块。

2008年7月,根据《上海市迎世博加强市容环境建设和管理600天行动计划纲要》《上海公安系统“迎世博600天行动计划”总体实施方案》要求,市公安局人口办组织开展全市门弄楼牌集中清理整顿工作。截至2008年底,全市门弄楼牌清理整顿调查摸底工作全面完成,共排摸混乱门牌447 231块、弄牌990块、楼牌723块,登记不规范门牌1 118 677块、弄牌13 794块、楼牌68 156块,基本实现全市房屋门弄号编订工作全覆盖,为全市统一门弄楼牌设置打下基础。

2009年2月,市政府召开迎上海世博会门弄牌整顿专题工作会议,要求于11月底前全面完成门弄楼牌整顿工作。3月,市公安局人口办制定下发《关于统一规范本市门弄楼牌设置工作的通知》,在全市门弄楼牌调查摸底的基础上,对上海市所有房屋(含临时房屋、违章建筑)统一安装标准样式门弄楼牌,务必做到上海世博会场馆周边道路、景观道路房屋门弄楼牌完好率达到100%;其他道路、住宅小区房屋门弄楼牌完好率达到95%以上。4月20日,市公安局人口办制定下发《本市门弄牌整顿工作质量验收办法》,明确门弄楼牌编订、制作信息填报、安装工作质量标准,确定考核验收的时间和方法。2009年5月1日起,市政府新修订的《上海市门弄号管理办法》正式施行,明确门牌管理纳入城市网格化管理,公安部门负责门弄号的编制管理工作,区(县)人民政府组织乡镇人民政府和街道办事处负责辖区道路、住宅小区门牌的日常管理和维护工作,房地资源管理部门协助做好公有住宅小区门牌的日常维护工作。7月,市公安局人口办制定下发《关于完善门弄牌基础信息工作的通知》,要求建立全市门弄牌基础信息数据库,包括每块门弄牌基础信息(门弄号、门牌性质、建筑物性质、申请单位或申请人、联系人、联系电话),并全面开展门弄牌基础信息的采集和核对工作,切实做到门弄牌基础信息采集全覆盖。

2009年2月至11月底,上海市门弄楼牌集中整顿工作期间,全市共制作、安装门弄楼牌1 485 626块(其中门牌1 418 747块、弄牌10 943块、楼牌55 936块),超额完成13.63%(根据调查摸底,全市需整顿门弄楼牌1 307 369块),实现房屋门弄号全覆盖。

2010年,上海市基本实现门弄号基础信息准确,门弄牌设置统一、规范。

第二节　边境通行证管理

1975年4月,根据国务院、中央军委发布的《关于边境管理区安全保卫工作若干问题的规定(试行)》,上海市公安局制定《边境管理区通行审批发证工作意见》,对市民前往边境地区,实行申领《边境通行证》制度,规定凡在上海具有常住户口的居民,因公出差、探亲、访友或有其他正当理由,需去边境管理区的,可以申领《边境通行证》。《边境通行证》制度施行对加强边境管理、维护国家安全和边境地区的治安秩序起到积极作用。

1981 年 12 月,市公安局决定对去深圳经济特区沙头角镇人员进行严格控制,规定凡确因工作需要到该地区去的人,需由所在单位提出申请,写明前往人员的政治历史、现实表现和家庭主要成员,经公司或公司以上领导机关签署意见后,送所在地区、县公安机关审查批准,发给《边防管理区通行证》和致广东省公安厅公函,交申请人到广东省公安厅办理《前往边防禁区特许通行证》。

1984 年 7 月,市公安局制定前往深圳经济特区人员《边境通行证》发放办法。11 月,市公安局根据公安部指示,对边境通行证工作作了改进,凡经批准持有与前往的单位签订合同、委托、协议书或申请前往边境管理区从事地质勘探、承包工程、经商贸易、手工作业等活动的,均可凭《申请表》签发边境通行证。凡有组织的集体入、出边境管理区的人员,可采取"一证多人"的签证办法,边境通行证的有效期为 1 年,可以多次往返使用。

1987 年 5 月 7 日,市公安局修订《边境通行证》审批办法,简化上海市民前往深圳、珠海等经济特区的审批手续,并对申请《边境通行证》的条件也作了相应调整。规定凡市级机关、人民团体,市属各局或其他相当于市局级部门的各类人员,去深圳经济特区所持的《边境通行证》由市公安局户政处签发。区、县级机关、人民团体,市属各局下属的各公司、工厂基层单位,大专院校等部门的各类人员以及社会上的无业人员、个体户等,去深圳经济特区所持的《边境通行证》,由各单位所在地的公安分局或县公安局签发。民航、铁路、海运、石化、宝钢总厂分别由该单位公安处(分局)负责签发。1987 年,全市共签发前往深圳、珠海等经济特区的各类人员的《边境通行证》1 万多人次。

1990 年 5 月 23 日,公安部、铁道部印发《关于前往边境地区旅客购票乘车问题的通知》,规定前往边境地区铁路线站范围内的内地人员,凭县、市或县、市以上(铁路公安局、处)公安机关签发的《中华人民共和国边境管理区通行证》,才能购票乘车。7 月 6 日,公安部印发《关于启用新边境管理区通行证的通知》,决定启用 1989 年版《中华人民共和国边境管理区通行证》,在签发的证件上加盖"边境通行证专用章"钢印,提高《边境通行证》的防伪性能。全年,市公安局签发边境通行证 10 万余张。1991 年 5 月 22 日,根据公安部《关于办理〈边境通行证〉有关问题的批复》的意见,市公安局印发《关于办理〈边境通行证〉的补充通知》,规定在上海市有常住户口,且有工作单位的人员,申领《边境通行证》,原则上应由其工作单位所在地公安机关办理,有特殊情况的,也可由常住户口所在地公安机关办理。在上海市无常住户口的人员,符合条件的,可给予办理《边境通行证》。1991 年,上海公安机关签发《边境通行证》12 万余张,比上年增加 19.4%。

1992 年 6 月 17 日,公安部印发《关于启用新版〈中华人民共和国边境管理区通行证〉的通知》,自 7 月 15 日起,正式启用新版《边境通行证》。12 月 21 日,市公安局印发《关于加强〈边境通行证〉签发管理工作的意见》,建立市公安局、分(县)局及各有关签证单位的两级管理网络,并采取一系列便民利民措施:凡证件材料完备的,可当场填表签发《边境通行证》;凡本市常住户口和暂(寄)住人口在本市居住 1 年以上的,可持有效证件和介绍信,向所在地公安机关申请《边境通行证》;开放本市旅游部门组织旅游人员赴边境地区旅游的签证工作。全年,上海公安机关共签发《边境通行证》16.26 万张。

1993 年,市公安局户政处在深圳设立临时签证站,派员赴深圳为在深圳、珠海工作的上海籍人员办理《边境通行证》延期手续和办理新证。5 月 12 日,市公安局户政处印发《关于本市旅游边境证手续费和赴边境地区持证人员人身意外伤害保险代办费的管理使用规定》,加强旅游《边境通行证》手续费和上海市赴边境地区持证人员人身意外伤害保险代办费的管理。5月17日,市公安局、市旅游事业管理局印发《关于本市国内旅行社代办〈中华人民共和国边境管理区通行证〉暂行办法》,规定上海市各国内旅行社,可向上海市公安局或指定的公安机关代办《边境通行证》。9月23日,市公安局户政处通知,暂停在办理签发《边境通行证》时代收人身意外伤害保险费。1996年,市公安局治安总队印发《关于加强〈边境通行证〉签发管理工作的补充意见》。

1999年9月4日,公安部颁布实施《中华人民共和国边境管理区通行证管理办法》,规定国家在陆地边境地区划定边境管理区(含深圳、珠海经济特区),实行《中华人民共和国边境管理区通行证》验查管理制度。2000年,市公安局转发公安部《关于启用2000版〈中华人民共和国边境通行证〉等有关问题的通知》,决定自2000年7月1日起正式启用2000版《边境通行证》。2002年4月4日,市公安局印发《关于进一步加强和规范〈边境通行证〉签发管理工作的通知》,进一步规范上海市《中华人民共和国边境管理区通行证》的申领范围、申办程序、签发、管理等工作,并明确各公安分(县)局和专业公安部门是《边境通行证》的签发单位,市公安局不再签发《边境通行证》。全年,签发《边境通行证》7.15万余张。

2003年5月,公安部印发《关于简化办理深圳、珠海特区〈边境通行证〉手续等问题的通知》,规定从2003年5月20日起,取消凭介绍信办理《边境通行证》等审批手续,内地居民前往深圳、珠海特区凭居民身份证申办《边境通行证》,证件有效期最长可为1年。2007年,国务院印发《关于第四批取消和调整行政审批项目的决定》,取消办理前往深圳、珠海经济特区《边境管理区通行证》的审批和签发,前往深圳、珠海经济特区不需要办理《边境通行证》。

2010年,市公安局人口办根据公安部规定,下发《关于2000版〈边境管理区通行证〉使用问题的通知》,规范上海市《边境通行证》签发管理,解决2000版《边境管理区通行证》有效期跨越2010年的问题。

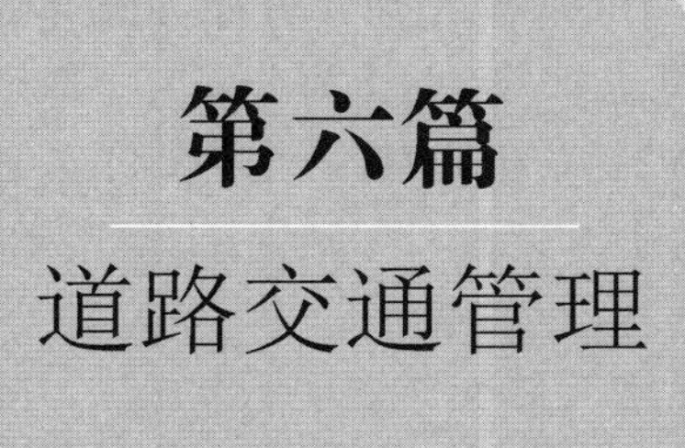

第六篇

道路交通管理

改革开放后，上海交通流量大幅增加与道路建设滞后的矛盾日益突出，交通压力日趋增大，排堵保畅和事故预防难度不断加大。1978年，上海市开始实施部分路段时间性禁止非机动车通行、限制货运机动车行驶等措施。20世纪80年代，上海公安交警部门在全国率先引入单向通行交通管理模式，投入交通信号自适应协调控制系统，为配合全国首条高速公路沪嘉高速通车制定《上海市高速公路交通管理暂行办法》，结合上海交通实际制定《上海市处理交通违章》《上海市处理交通事故实行规定》等法规。

20世纪90年代，上海市逐步完善道路交通管理地方立法，并制定一系列交通管理制度，推出道路交通管理巡察制度、违章抄告制度和处罚记分制度，建立电子警察执法制度，交通违法罚缴分离，完善事故处理程序，开启事故快处机制，颁布《上海市高架道路交通管理暂行办法》。1999年，上海公安机关实行全市交警、巡警合署办公、统一执法，交巡警成为集治安、交通、市容管理职责于一身的街面防控力量。

2000年后，上海公安交通管理部门会同有关部门探索推广可变车道、非机动车和行人二次过街、部分路段左转车道中置或右置等措施；推出机动车互碰物损交通事故自撤现场的赔偿处理办法等措施；建立完善交通拥堵滚动排摸机制；依托国家和地方不断健全的交通法律、法规、规章，逐步完善道路交通管理体制。2005年，上海公安交警、巡警停止合署办公，交警、巡警分为2个独立警种。

至2010年，全市各级公安交警部门采取一系列行之有效的行政管理措施，依法严格处理道路交通违法、持续推进道路交通安全宣传、深化排查整改道路交通安全隐患、加强城市道路排堵疏导、精细化实施交通组织，先后完成内环线、南北高架、延安路高架等重大工程施工配套交通组织工作，维护上海城市道路交通安全、平稳、有序，为经济发展提供有力保障。

第一章　道路交通设施和道路通行管理

第一节　道路交通设施

一、交通指挥信号系统管理

1979 年 10 月 1 日，上海市在延安路、西藏路路口试用点控信号机，相关信号机单独控制单个路口。点控信号机不仅能根据路口车辆流量和道路特点，按照预先的设定，定时变换路口红绿灯信号，而且能用传感器检测驶向路口的机动车和特种车，给予优先放行。1985 年 10 月，上海市试行交通信号灯改革，在市区各主要路口除设置车辆交通信号灯外，同时设置行人交通信号灯和车道控制信号灯。1986 年 3 月，上海道路交通信号自适应协调控制系统（SCATS 系统）第一地区控制室 28 只路口信号机正式投入使用；此后，上海市逐步推广 SCATS 系统建设，中心城区覆盖率稳步提高。2006 年 3 月，针对 SCATS 信号系统自动根据交通流情况动态选择配时方案难以实现倒计时显示的特点情况，上海公安交警部门经多年技术攻关，打破原厂技术封锁，在重庆中路/金陵西路路口、淮海中路/淡水路路口、长寿路/昌化路路口和江宁路/昌平路路口 SCATS 系统车行灯试点设置倒计时装置，并逐步在全市推广应用。2007 年 6 月，针对环岛、高架上匝道等道路交通变化情况，首次采用高架立交信号灯控制措施。据统计，相关立交环岛交通高峰时段交通量提高约 8%、碰擦事故下降约 80%，部分高架道路上匝道汇入车辆对主线交通影响突出路段交通秩序也得到明显好转。2010 年 9 月，在市中心城区 86 个人流繁多的路口设置机动车右转控制信号灯，避免路口右转车辆与行人或非机动车发生冲突。截至 2010 年底，全市共建设有交通信号灯控制路口 7 519 个，其中，SCATS 系统控制路口 2 849 个，内环内覆盖率达到 99.8%；共有车行灯（组）59 001 个、行人灯（组）30 207 个。

二、交通标志标线与隔离栏设置

【交通标志标线设置】

1979 年开始，上海市大力整顿道路交通，在全市道路上普遍漆画斑马横纹的人形横道线、道路中心线、分道线。1980 年，全市漆画交通标线共 18 种。

1986 年，中华人民共和国国家标准《道路交通标志和标线》（GB5768—1986）印发。1988 年，国务院规定，道路交通标志共有警告、禁令、指示、指向、辅助五类。

1994 年，上海市区有车行道中心线 686.6 千米，车行道分界线 1 662.2 千米，车行道边缘线 248.9 千米，横道线 14.48 万平方米。

1999 年，中华人民共和国国家标准《道路交通标志和标线》（GB5768—1999）下发，将交通标志分为主标志和辅助标志两类。其中，主标志分为警告、禁令、指示、指路、旅游区、作业区、告示标志，辅助标志附设在主标识下，起辅助说明作用。按照相应建设标准，随着道路的新建、改建，各类交通标志逐年进行调整。

2009 年 6 月,按照《上海市城市交通白皮书》对道路交通标志、标线的总体要求以及《道路交通标志和标线》(GB5768—1999)的原则规定,上海市编制、完善《上海市城市道路交通标志、标线设置补充规定》,对交通标志、标线技术要求及设置方法作进一步细化和明确。

至 2010 年底,上海市设置警告标志 19 423 块,禁令标志 42 451 块,指示标志 39 273 块,指路标志 17 407 块,辅助标志 27 949 块。上海市设置车行道中心线 4 545.7 千米,车行道分界线 9 606.8 千米,车行道边缘线 6 438.8 千米,横道线 106.56 万平方米。

【交通隔离栏设置】

1978 年,市公安局交通处首先在延安路、漕溪路安装车行道护栏。1980 年,开始在市区安装人行道护栏。到 1994 年,上海市区有车行道护栏 8.24 万米,郊县 1 500 米;市区有人行道护栏 13.98 万米,郊县 2 569 米。20 世纪 90 年代,根据市政府职责划分,隔离护栏的设置、养护工作逐步移交上海市市政工程管理局具体管辖。公安交警部门结合道路交通安全管理的实际,根据事故多发、拥堵不畅、秩序混乱等情况,提出新增、调整建议,由市政部门组织实施。

第二节 道路通行管理

一、一般道路车辆通行管理

20 世纪 70 年代,上海市中心区道路机动车和非机动车的通行处于同一个平面,2 种车辆在交叉口互相干扰、车速下降,影响交通通行效率,且非机动车的数量庞大,机非混行,常常诱发机动车与非机动车、非机动车与行人的交通事故。非机动车大量停放在人行道,也严重干扰行人通行。如,上海最著名商业区南京东路,经常发生交通拥堵,1978 年 5 月,上海市规定南京东路(中山东一路至西藏中路)每日上午 8 时 30 分至下午 6 时 30 分实施时间性禁止非机动车通行,将自行车道改为机动车道,增加道路通行能力,缓解交通拥堵,并整顿道路集市,将自行车改到平行于南京路的宁波路上通行。1979 年 3 月,规定上午 8 时 30 分至下午 6 时 30 分,商业街淮海中路(西藏南路至襄阳路)禁止非机动车行驶。

1978 年 8 月,上海市规定市区上午 7 时至下午 7 时限制货运机动车行驶,持有市公安局颁发的《白天市区通行证》的货运机动车方可在市区道路上行驶。1984 年 8 月规定中山东一路、淮海路、新华路、漕溪北路全天禁止机动车鸣喇叭。

上海市自 20 世纪 80 年代开始引进单向交通管理模式,是国内引入单向交通管理较早的城市。1996 年,市区共有 128 条道路实施单向交通,并在徐汇区试行区域单向交通网络。至 2003 年 6 月,上海中心城区实施的单行道 388 条,总长度约 204 千米,约占全市城市道路的 12%。2004 年,市政府提出大力发展单向交通的要求,上海公安交警部门会同相关单位编制《上海市内环(浦西)以内单向交通实施方案》,提出分 3 个阶段实施单向交通。2005—2006 年,共实施单行道约 100 条。上海世博会配套工程建设时期,在部分路段实施单向交通以配合施工。2010 年,为配合上海世博会管控区道路交通组织,集中实施 58 条单行道。上海世博会后,世博园区管控区周边形成的微循环单行道予以取消,保留其中 49 条单行道。至 2010 年,上海共设置单行道 494 条,道路通行能力大幅提高。

1990 年后,在人车激增、道路改造施工、交通严重堵塞的情况下,上海市采取多种措施缓解行车难问题。根据市政府有关货运机动车夜运的政策，市内范围内货运机动车改为夜间行驶；非经营性小型车发单双日通行证，即持有“单日通行证”的小型客车，星期一、三、五、日准许在市区道路上行驶；持“双日通行证”的小型客车，星期二、四、六、日准许在市区道路上行驶；对市区道路实行多种交通管理措施，其中辟出机动车专用道44条，机动车单行道235条，非机动车专用道36条，非机动车单行道17条，一切车辆单向道58条。

1994年，为有效降低市区范围内的噪声污染，上海市规定7月1日起中山环路范围内全日禁止机动车鸣喇叭。

随着上海市中心区部分道路交通“潮汐式”流向日渐突出，上海公安交警部门探索应用推广路段可变车道、路口可变车道及路口、路段可变车道组合等可变导向系统，使相关路口、路段通行能力均有不同程度提高。2000年5月，上海市通过设置可变车道专用信号灯和相应车道线，在“三横三纵”主干道之一的四平路—溧阳路—吴淞路路段上应用可变车道，取得较好的效果。之后，上海市不断推进可变车道的应用，2005年初，在河南南路/人民路、天钥桥路/中山南二路、漕溪北路/中山南二路等8个路口实施路口可变车道，2008年3月，将沪闵高架路漕溪北路匝道增辟为双向五车道，将中间一车道设置为可变车道。

2000年开始，上海市在部分道路和路段试点非机动车和行人二次过街。在实施机动车禁止左转或未设左转专用信号的道路，引导非机动车通过两次直行完成左转，提高非机动车左转通过路口的安全性。针对路幅较宽的道路行人一次通过路口所需时间偏长的情况，在道路中设置安全岛，提供行人驻足等待，看二次绿灯完成过街。

2000年开始，为减少特定路口车辆交织干扰，上海市试行左转车道中置、右置。比如高架下匝道左转车辆，无须变换多个车道进入传统设置在左侧的左转车道。上海市坚持根据道路和交通流量的实际情况灵活设置车道，2008年，利用高架地面道路等中心隔离比较宽的特点，简化路口的信号相位，设置“路口禁左＋路段掉头”的交通组织方式，左转车辆通过在路口设置的掉头点掉头，完成左转。

2005年起，市公安局交警部门深入推进公安部、交通部开展的“畅通、平安”工程，采取各种综合性措施，提高路口路段的通行能力。在莲花路/沪闵路南进口进行国内首次直行待行区试点，利用路口待行空间，通过应用LED信息屏提示相关信息并结合直行待行区标线，引导车辆提前进入路口待行。此后又在河南南路/复兴东路、西藏中路/福州路等10余个路口进行试验。直行待行区在增加交叉口的通行能力和缓解道路通行压力上具有一定优势。在不断总结左转待行、直行待行等措施应用情况基础上，上海公安交警部门进一步试点推广“综合待行区”“路口禁左转＋路段掉头”等创新举措，充分利用道路空间设置提高蓄车能力和路口通过效率，缓解交通拥堵结点。上海公安交警部门打破车道布置一般规律，按照交通流向特点布置车道，如采取左转车道右置、右转车道左置并设置醒目标志加以提示的方法，有效减少和避免部分高架下匝道连接地面道路车辆变道、冲突问题；采取非机动车停车线前移、后退，解决非机动车遇红灯时超越停车线阻碍右转机动车通行问题；设置非机动车左转待转区，将左转非机动车提前放行至路口作集中短暂停留，让出机动车直行、右转空间。至2010年，全市设置直行待行区路口76个。

二、高架高速道路车辆通行管理

1988年，上海首条高速公路沪嘉高速建成通车；此后，上海相继建成莘松、外环等一系列高速公路。至2010年底,上海市的高速公路总里程约829.7千米。市公安局针对高速公路的特定环境和要求,在1984年颁布《上海市高速公路交通管理暂行办法》,规定机动车在高速公路行驶,最低时速不得低于50千米,最高不得高于110千米。严禁非机动车和行人在高速公路上通行,确保高速公路的安全畅通。高速公路道路交通管理由市公安局交警总队高速支队承担。2002年,高速公路管理划归属地交警部门管理,撤销高速支队建制。2004年5月1日,《中华人民共和国道路交通安全法》正式施行,其中对高速公路特别规定:行人、非机动车、拖拉机、轮式专用机械车、铰接式客车、全挂拖斗车以及其他设计最高时速低于每小时90千米的机动车,不得进入高速公路。高速公路限速标志标明的最高时速不得超过每小时120千米。

1994年,上海内环高架建成通车,此后,全市建设南北高架、延安高架、沪闵高架、中环高架等多条高架道路。1994年11月,市公安局为加强高架道路行车管理,颁布《上海市高架道路交通管理暂行办法》,规定高架道路是专供机动车通行的道路,在道路上行驶的车辆不准掉头、倒车;禁止二轮摩托车、拖拉机、带挂车的汽车、载重量在8吨以上的机动车和行人、非机动车在高架道路上通行。同年,成立市公安局交警总队高架支队,开展浦西段外环以内高架道路的交通管理工作。上海市高架道路建成后车流量日趋增长,导致部分路段出现常发性的交通拥堵,为保障市区高架道路作为快速通道功能的发挥,2003年上海市实施7:30—9:30和16:30—18:30禁止外省市号牌小型客车等车种在内环、中环、沪闵等高架道路通行的措施。2004年11月起,为加强高架道路事故快处工作,市公安局交巡警总队在高架道路实行道路交通事故车辆快速处置模式,对不自行撤离现场的驾驶人一律按一般程序从严处理。2005年10月,市公安局交警总队制定《快速处理交通事故现场的工作方法》。截至2010年底,全市高架道路里程199千米。

三、陆路道口通行管理

1974年11月,市公安局在通往江苏、浙江的主要公路上,设置6个交通检查站,主要任务是对进出市境的车辆和驾驶员进行安全检查和安全教育,疏导指挥交通,纠正交通违章,堵截刑事犯罪分子。1987年,根据国务院《关于改革道路交通管理体制的通知》,市公安局交通管理部门接收原属市交通运输局在市境设立的公路交通管理机构和业务,制定《上海市公安检查站管理章程》,强化出入全市道口的交通治安管理。1992年6月,为适应改革开放和经济发展需要,提高交通运输效率,根据公安部《关于撤销公安交通检查站的通知》,交通检查站担负的缉捕逃犯、查缉毒品、走私等任务由公安交通部门移交属地公安机关担负,全市所有公安交通检查站于同年7月全部撤销。1998年11月,市公安局下发《关于确定上海市出入市境道口机构级别的通知》,决定上海市共设出入境道口46个,其中一级道口10个、二级道口9个、三级道口27个。后经多次调整,全市共在日均车流量达到1 000辆次以上的出入市境道路(含车客渡)设置32个道口公安检查站,并按照实际流量划分3个等级,其中,一级站共11个,日均进出沪总量1万辆次以上;二级站共5个,日均进出沪总量5 000—10 000辆次;三级站共16个,日均进出沪总量1 000—5 000辆次。其间,各公安道口顺利完成APEC会议道口查控、上海世博会道口查控等一系列重大任务,为上海市陆路道口构建“滤网”和“屏障”。

四、道路车辆停放管理

20世纪70—80年代,上海市先后建成宜山路停车场、曹杨路停车场、共和新路停车场、内江路停车场、国和路停车场、天山路停车场等营业性大型停车场及东大名路停车楼、吴中路停车楼、九江路停车楼，9 个停车场、楼共可停放机动车 3 254 辆。1991 年 2 月，市政府结合制定颁布《上海市停车场(库)建设管理规定》，规定城市新建、改建、扩建的公共建筑和住宅楼，必须配建或增建停车场(库)。1996 年 9 月，上海市制定颁布《关于制订上海市道路机动车停(放)车管理规划的工作原则》，减少路内停车对正常交通秩序的干扰。

2005 年 9 月，为全面规范上海的机动车道路停放设置、管理，试点对市中心城区 20 平方千米范围实施停车规范化管理，拆除“禁止停车”标志，并按实施方案设置道路停车场、配置“停车场”标志，同年，实施《关于全面规范和加强机动车停车管理的实施意见》，推进加强道路停车管理工作。2009 年 7 月 23 日，为加强中心城区(外环线以内)道路停车场交通设施管理，制定实施《市交通港口局、市公安局交警总队关于加强道路停车场交通设施管理的通知》。同年 9 月，为方便家长接送学校、幼儿园学生以及满足节日活动的临时停车需求，上海市实施移动式临时道路停放点标志设置标准，以进一步完善路内停车管理措施。至 2010 年底，在学校和幼儿园周边设置机动车、非机动车临时停车位 324 个和 636 个。2010 年，为配合上海世博会交通保障，上海公安交警部门会同相关单位，不断提高全市路外停车资源的利用率，按照“路内为主，路外为辅”的原则，简化临时场地开辟为道路停车场备案机制，完成编制区域停车专业规划，进一步加快路外公共停车场(库)建设和公交枢纽站配套停车设施建设。市公安局交警部门细化机动车道路停车场的日常养护机制，进一步明确城市交通、公安交警、停放协管等部门在道路停放点设施设置、养护上的工作职责。

第二章　道路交通秩序管理

第一节　交警指挥体系与勤务制度

一、交警指挥体系

1982年1月，上海市建立交通指挥室，由市道路交通指挥控制中心、区(县)分指挥室、执勤民警岗组成交通指挥系统。指挥室内配有覆盖全市中心区的交通信号自适应控制系统和交通闭路电视监控系统的操作指挥终端等设备，以及无线对讲系统，可对全市交通岗位和摩托车巡逻的交通民警进行指挥调度。

1994年12月成立的市公安局交警总队高架道路支队与各公安分(县)局指挥中心同属二级指挥平台，通过接收市公安局110接警中心下发的接警单开展交通事故及交通管理类案(事)件的应急处置工作。

20世纪90年代，市公安局交警部门开始逐步制定完善突发案(事)件处置规范和专门工作预案。1999年6月，市公安局交警总队为积极稳妥地开展上海市整治残疾人机动三轮车工作，制定《关于处置残疾车车主群体性治安事件的行动方案》；2001年2月，制定《交巡警总队处置堵塞铁路交通事件的工作预案》；2001年为确保在上海召开的APEC会议期间交通安全保卫工作"零失误"，制定《关于2001年APEC峰会期间沿线道路突发事件处置应急预案》；2001年9月，制定《交巡警支(大)队处置突发事件工作规范》《发布突发事件处置警令的有关规定》；2002年2月，为确保迷雾天、积雪结冰天气条件下道路交通正常秩序，制定《关于迷雾天黄浦江隧、桥及高速公路处置工作方案》《关于道路积雪结冰处置工作预案》；2002年4月，制定《关于预防和处置因亏损上市公司终止上市可能引发群体性治安事件的工作预案》；2002年8月，制定《关于处置摩托车车主群体性滋事等治安事件的工作预案》；2003年1月，重新修订《关于道路积雪结冰处置工作预案》。

2004年8月，市公安局指挥系统实施"三台合一"模式，交警总队指挥中心改名为市公安局指挥中心交通指挥台，各级交警部门的分指挥室并入同级公安指挥中心。市公安局交警指挥体系逐步建立由市公安局指挥中心交通指挥台、分(县)局指挥中心交通指挥台组成的机构健全、反应灵敏、功能完备的二级指挥体系。市公安局指挥中心交通指挥台在市公安局指挥中心当值总指挥长的领导下，具体负责处置各类道路交通事故及交通管理类案(事)件，发生重特大突发案(事)件时即由市公安局指挥中心当值总指挥长统一协调指挥处置。

2006年，市公安局交警总队高架支队指挥中心并入市公安局指挥中心办公，市公安局指挥中心交通指挥台既承担全市一级指挥职责，同时承担高架道路二级交通指挥职责。之后，市公安局交通指挥台相继启用"交通路况信息传播系统""排堵保畅指挥数据系统""GIS电子地图基础信息平台""信息调度管理系统"等系统，进一步完善分级共享、综合应用的交通指挥信息平台。通过"扁平化指挥"和"条块分级负责"相结合的方式，对道路交通运行常态和突发事件进行实时监控、实时指挥调度。公安分(县)局交通指挥台值守民警根据市公安局110接处警系统所接报的交通类110警情，通过电台指令就近执勤民警到场处置，并做好处警民警警号、事故类型、处置流程、处置结果等系统登记工作。

至 2010 年，市公安局交警部门在指挥处置突发案（事）件的响应程序上，按照突发案（事）件的性质、影响范围等具体情况，分三级、二级、一级响应级别进行处置。市公安局交警部门指挥处置重特大突发案（事）件的工作重点为：成立处置突发事件指挥组；划定中心现场警戒区，确定周边交通管制区、制定外围交通疏导区；开辟抢险通道；确定临时停车场；设立现场指挥点；恢复交通。

二、交警勤务制度

1950 年，交通队警力分为 2 个分队，第一分队负责交通指挥，第二分队负责巡逻、守望。第一分队分成早、晚、夜三班，每班执勤 8 小时，即工作 4 小时、休息 4 小时、再工作 4 小时。第二分队也分成早、晚、夜三班，每班均有巡逻、守望勤务。20 世纪 80 年代，随着交通流量的增长和交通自动控制信号的逐步实行，指挥交通警力逐渐从固定岗位上解放出来，交通民警除高峰时间在路口指挥疏导交通外，平时深入路段管理，控制事故多发地段，把路口指挥与线、面管理有机地结合起来，扩大管理范围，提高工作效率。1986 年，上海市建立 39 个交警执勤亭，执勤亭民警负责管理区域执勤民警的派勤、考勤、检查、督促、违章处理、群众来访接待，并协助事故组处理轻微的交通事故。1997 年，市公安局交警总队确立市中心区、郊县、4 个市郊结合部区和高架、高速不同的动态勤务管理模式，并在徐汇、静安交警支队试点的基础上，于 6 月份在市中心区 10 个交警支队全面实施动静结合的勤务管理方式，管理覆盖面由原来的单一路口管理向路段管理扩展。市中心区固定岗位由原来的 379 个调整为 138 个，巡逻岗由 86 个增加到 301 个，道路交通管理覆盖面显著提高。市区确立以巡逻车为机动力量的 24 小时勤务管理，填补夜间勤务空白点。

1999 年，合署办公的交巡警成为集治安、交通、市容管理职责于一身的街面防控力量。全市交巡警在 24 小时内分 6 个时间段，根据街面治安、交通、市容管理特点，共设置各类岗位 5 455 个，加大对社会治安面的防控及城市道路交通的管理力度。合署办公期间，开展“打飞”“一打两管”“百日会战”“打黑除恶”等“严打”整治活动，有效遏制街面刑事、治安案件的高发势头。2001 年，交巡警不断深化和完善“网格化”巡逻的各项制度，14 个公安分局成立“网格化”巡逻队，将街面划分成若干巡区，压实具体民警责任。同年 8 月起，交巡警总队在选择部分单位开展为期 1 年试点的基础上，创新实施以“责任区”管理为主的勤务模式，即各区、县交巡警部门根据辖区实际划分若干“责任区”，由数名民警承包管理，承担“责任区”内交通疏导、治安巡控、违法查处、突发事件、事故处置等工作职责，新的勤务管理模式取得较好的社会反响。2002 年，“责任区”勤务模式试点工作在全市全面推开。2003 年，市公安局下发《关于在全市推进交通管理“责任区”勤务模式的意见》，在交巡警总队设立推进交通管理“责任区”勤务模式工作办公室，并对“责任区”设置、勤务方式、民警工作职责、交通协管员勤务布局和具体考核要求等作重新调整，科学设定三级岗制。2004 年，“责任区”勤务模式在全市全面推开实行。

2005 年交巡警合署办公结束后，交警部门在保持原有“责任区”管理模式的框架上，对“责任区”进行重新划分，对“责任区”勤务模式的内涵和点、线、面的责任形式及工作要求进行细化、完善，从总队到各支队建立快速反应机动执法小分队，加强实时纠违处罚和排堵工作。2007 年，结合交通管理的实际需求，对“责任区”勤务模式进行优化、调整，创建“等级岗”制度，根据全市交通情况选出重要路口分别设立为一级岗、二级岗、三级岗，以不同标准予以区别管理。

2010 年 3 月,民警在道口检查站进行安全检查

2010 年,根据上海世博会安保工作总体要求,上海公安交警部门在以交通管理“责任区”为基本架构的基础上,对勤务运作机制进行再次调整,形成以“一个责任片区、二级巡逻、三级定岗”为主的“责任区”勤务模式。上海世博会结束后,上海公安交警部门继续实行以有计划派勤、按需调整、梯次用警的派警体系以及领导干部带班巡岗和三级查勤的督导制度。

第二节　交警信息系统应用

1985 年起,市公安局交警部门积极配合“上海市公安图像监控系统”建设,不断实行技术改造、规模扩大和功能提升,由最初的 39 个点扩展到 1 100 多个点,从单机设备到系统联网,从交警部门单独建设到与市公安局、分(县)局和市政部门不同系统的联网,可共享监控网内 6 万多个监控点,技术性能也从模拟标清发展到数字高清。2004 年起,上海公安交警部门会同上海道路交通信息中心建成基本覆盖全市主要道路网的“上海道路交通信息采集与发布系统”,交通流数据采集主要通过 SCATS(悉尼自适应交通控制系统)交通信号控制系统间接采集,同时辅以出租车 GPS(全球定位系统)数据加以补充。

2005—2010 年,上海公安交通管理部门会同市城市建设设计研究院分两期建设完成快速路入口匝道控制及诱导系统,形成对快速路匝道系统、有效控制,实现交通流量、道路通行状态、交通事件等实时信息的提供与发布。该系统具备道路交通数据综合处理等功能,采集的道路范围主要有:地面道路,包括内环与中环之间双向四车道、单向二车道以上的地面道路;中环与外环之间连接郊区干线公路的 19 条射线主干道及其相关交叉路口;上海世博会管控区浦西主要出入路口;快速路,包括外环、中环、内环、延安高架路、南北高架路(含北延伸段)、逸仙高架路、沪闵高架路等;高速公路,包括上海市域范围内的高速公路和国省干线公路。

2006 年起,上海公安交通管理部门先后在与上海相邻的江苏省、浙江省的 41 个市境陆路道口(共 392 条车道)安装“上海公安道口机动车、驾驶人查控系统”,实现对过往机动车信息的实时抓拍、号牌识别、信息比对和关联布控报警等功能。市公安局指挥中心、市公安局有关业务部门、相关道口检查站民警可根据实战需要在系统内进行车辆布控。道口检查站民警可根据现场 LED 报警提示对嫌疑车辆进行拦截、查处。2006 年全年,各道口利用该系统共查获交通非法车辆 10.7 万余辆次,处罚各类交通非法行为 22.6 万余起,罚款总额 4 286 万元。

2006 年 8 月,市公安局交警部门开发推广路政设施报修平台,建立一套集设施损坏保修、反馈、审核、备案查询、责任追究等功能于一体的交通设施日常管理维护、保修机制。

2007 年,市公安局交警部门建设“交通事故办案信息管理系统”“危险品运输管理信息系统”

“非机动车计算机管理系统”“专业运输单位车辆、驾驶员违法信息管理系统”和“道路交通管理图像监控社会化联网”等多个基础应用系统，在交通管理和治安防范、刑事破案等方面发挥重要作用。

2008年11月，市公安局交警部门开始建设“交通指挥调度、事故应急处理智能化系统”，该系统整合交警业务系统、控制系统、视频图像等应用系统，集成数据应用；以综合信息门户的形式向用户提供及时、全面的交通管理信息服务，实现信息搜索、个性化定制、消息提醒和一站式登录等功能，达到信息找人的目的。系统在市公安局指挥中心、交警总队各业务部门和各交警支（大）队广泛应用，获2010年度上海市信息技术优秀应用成果奖。2010年，上海世博会期间，该系统为上海世博会交通安保指挥部及时掌握入沪车流信息，制定“大客流”“大车流”应急预案提供辅助决策依据。

2009年，市公安局交警部门开发的“综合信息门户”提供的分析研判主题，覆盖机动车、驾驶证、违法、事故、剧毒品、业务监管等方面的核心业务，反映大数据和应用集成的综合性，使各级交通管理部门能够及时掌握本地交通管理业务的发展态势、及时发现业务办理中可能存在的问题。2009年5月，全市公安交警部门推广应用道路施工安全管理信息系统。同年，建成“上海公安道路交通图像综合应用系统”和“世博会道路电视监控系统（交警部分）”2个信息系统，改建“上海市道路交通信息采集和发布系统”。“上海公安道路交通图像综合应用系统”提供路况展示、视频监控、车辆查询布控、车辆轨迹分析、交通OD（出行量）分析和交通集散分析功能，同时还具有综合信息查询、业务统计报表和专题应用分析等辅助决策功能。“世博会道路电视监控系统（交警部分）”，为全市交警指挥部门提供统一的实时图像信息调看和录像查询，使交通指挥人员能实时了解全市各路口、街面交通的实时路况信息，为上海的治安稳定和道路交通的通畅提供服务。改建的“上海市道路交通信息采集和发布系统”是一期工程的延伸和提升，从覆盖范围、采集的手段和内容、信息发布的载体和形式，以及对上海世博会交通的支持等诸方面扩展、提升、集约，初步实现交通流、道路通行状态、交通事件等实时信息的提供与发布，并具备道路交通数据综合处理等主要功能。2009年11月，上海公安交警部门为平安世博需要，结合公安交通指挥调度、事故应急处理智能化系统建设，建设车证协查系统，该系统加大涉事车辆以及驾驶人的协查力度，形成统一的协查驾驶人、机动车库，并作为外系统的比对数据源。

2009年，市公安局交警部门开始研制和建设图像综合应用系统，系统集成交警总队视频图像系统、视频事件检测系统、SCATS系统、地面道路采集与发布系统、车牌识别系统和入口匝道控制系统等。图像综合应用系统提供路况展示、视频监控、事件报警、车辆查询布控、车辆轨迹分析、交通OD分析和交通集散分析功能，同时还具有综合信息查询、业务统计报表和专题应用分析等辅助决策功能。通过一系列服务于不同道路交通业务的系统开发，有效提升工作的智能化、信息化水平和工作效能。

2009年，随着“金盾工程”和“一八五”项目的推进，市公安局开始建设符合公安部技术规范的统一接入平台，并开发移动警务通系统，2010年3月该平台开始试运行。其中，交警警务通作为市公安局警务通系统的一个嵌入模块，主要使用蓝鸟BIP5000型数据采集器，具备现场简易处罚、强制措施、违法通知书打印、违法拍照等交通管理功能，能够提供对公安相关业务数据如车驾管数据、交通违法数据、在逃人员数据、被盗抢数据等的实时查询。

2010年8月，市公安局交警部门开发推广“道路交通事故分析预警系统”。该系统是基于GIS（地理信息系统）地图系统开发的，主要用于辅助管理人员在除高速公路、城市快速路以外的地面道路范围内排摸筛选事故多发路段,并为治理整治工作提供决策依据的系统工具,开启交通事故防控工作“科学管理、信息集成、规范运作”的新模式。

第三节　交通管理辅助力量

改革开放后,全市交通管理工作日益繁忙,警力严重缺乏。1984 年初,市公安局交通处开始组织交通纠察,协助交通民警维护交通秩序,交通纠察承担义务性工作,不领取报酬,总数约 500 人,主要分布在黄浦、徐汇、长宁、卢湾四区。1986 年后,随着机动车和非机动车专用道的实施,纠察人数相应增加,除杨浦、普陀两区外,各区均组织交通纠察,总数达 1 000 人,其中黄浦区占 50%以上。1988 年,市建委把市政施工、管理纠察归入交通处管理。1994 年底,全市共有交通纠察 1 800 人。

2003 年 6 月,市公安局根据《上海市交通文明建设“十五”规划》《上海市文明示范标志区域交通文明创建标准》,以及市政府启动“万人就业项目”的要求,着手筹划、组建交通协管员队伍,由交警部门使用和管理;采取交警总队、支(大)队、中(大)队三级管理方式,以属地化为主。市公安局交警总队成立“交通协管办”负责全市交通协管员队伍的规划、组织、指导、协调,并对各支(大)队实施情况进行督导检查,各交警支(大)队均成立区(县)交通协管员办公室,也称为非正规就业性公益服务社,并确定法人,主要负责交通协管员的招聘、退工等劳动关系的事务性工作;发放交通协管员的工作报酬等;解决、处理、协调交通协管员队伍中存在的相关问题;接待和处理交通协管员使用之外的信访和投诉。同年 9 月 9 日,全市 4 808 名交通协管员正式着装上岗执勤。其中:男性 3 691 名、女性 1 117 名;高中以上学历 1 558 名,占 32.4%;中共党员 202 名,占 4.2%;平均年龄为 42.4 岁。主要分布在全市 20 个支(大)队所属的 120 个大(中)队,覆盖全市 1 429 个(条)路口(段),主要任务是协助一线执勤民警宣传交通法规,劝阻、纠正行人及非机动车交通违章,配合实施交通管制、维护道路施工现场交通秩序,抢救交通事故伤员、保护事故现场、寻找证人,维护交通秩序等。2004 年后,交通协管员人数相应增加,2009 年 11 月全市交通协管员人数达到 8 422 名,为交通协管员队伍创建期间最高。

交警文职制度自 2005 年全面推行,至 2010 年,市公安局交警总队共有文职人员 100 名,从事技术保障、辅助管理、行政事务等非执法类工作。市公安局交警总队先后制定《文职人员日常管理办法》《文职人员保密管理办法》《文职人员考核办法》《文职人员技能等级晋升》《文职人员奖励惩处办法》《文职人员职务聘任办法》等一系列规章制度,引导交警文职队伍向科学化、规范化发展,辅助做好各项公安交通管理工作。各交警支(大)队文职由各公安分(县)局统一招录安排。

2010 年上海世博会安保任务结束后,外省市大量增援警力撤回,为建立道口检查站安检查控常态长效机制,市公安局宝山、嘉定、松江、金山、青浦、崇明、海港交警支(大)队分批招募 1 000 余名道口保安员,辅助道口民警开展对过境车辆的安检查控;其间,逐步对道口保安员队伍的招募条件、岗位培训、服装装备、勤务管理、队伍纪律等方面作详细规定。

第四节　交通违法处理与整治

一、交通违法处理

20 世纪 70 年代,上海交通违章处罚主要依据公安部《城市交通规则》和《上海市城市交通规则实施办法》。1981 年 7 月 1 日起,《上海市处理交通违章试行规定》实行,对机动车、非机动车、行人、占用道路的违章行为处罚作出具体规定。1988 年,上海市制定《上海市道路交通安全处罚和奖励暂行办法》,明确对部分道路交通行为的处罚和奖励标准。1989 年 8 月 11 日,市政府发布《上海市道路交通管理处罚办法》,对违反交通管理行为的处罚定为警告、罚款、拘留、吊扣驾驶证或车辆牌证 12 个月以下、没收违章物资等 5 种,共列十三类 95 种违反交通管理行为。

20 世纪 90 年代起,上海市逐步完善道路交通管理地方立法,并制定一系列交通管理制度,推出道路交通管理巡察制度、违章抄告制度和处罚记分制度,建立电子警察执法制度,交通违法罚缴分离,完善事故处理程序,开启事故快处机制。1993 年 7 月 7 日,上海市第十届人民代表大会常务委员会第三次会议通过《上海市人民警察巡察条例》,规定市和区、县公安机关设立巡察部门,负责本辖区道路、广场上的巡察工作,对违规占道施工等危及道路、广场等场所公共安全的行为以及违章停车、闯红灯等违章的行为明确处罚标准,并对处罚执行、复议和诉讼等程序作出规定。之后,上海市结合实际,相继制定《上海市助动自行车管理暂行规定》(1993 年)、《上海市交通违章抄告暂行规定》(1994 年)、《上海市外地来沪机动车交通安全管理办法》(1996 年)等一系列规章制度,对道路交通管理的违法处罚、非机动车管理、外来车辆管理等进行细化明确。

1996 年 10 月 1 日,上海市实施《上海市行政处罚听证程序试行规定》,对听证的告知、组织、举行、权利义务等予以明确。1997 年 7 月,上海市人大常委会通过《上海市道路交通管理条例》,对上海市道路交通管理工作进行系统、全面的规定。2004 年 5 月 1 日,中国首部关于道路交通安全方面的法律《道路交通安全法》正式实施,上海市主要以《道路交通安全法》作为依据,组织开展交通管理各项工作。

1998 年开始,上海市开始建设交通违章电子监控设备(俗称“电子警察”)。1998 年第一批共建 113 套“电子警察”,采取交警总队负责安装和执法指导,各公安分局交警支(大)队具体使用的模式,主要对闯红灯、超速、违反标志标线 3 种道路交通违章进行查处。2002 年 1 月 31 日起,经市公安局同意,上海市“电子警察”违章取证系统的运行模式进行社会化管理改革,有关执法性工作统一由市公安局交巡警总队开展,其他日常性工作委托上海市保安服务总公司管理。之后,在市财政的大力支持下,全市电子警察不断发展壮大,逐步形成规模。至 2010 年,上海市在用的固定电子警察设备达到 1 355 套,分布在全市 17 个行政区(县)及上海市快速路、化工区、外高桥保税区等功能区域。

二、交通违法整治

1978 年起,随着上海市常住人口以及机动车、非机动车数量的增加,各类交通违法行为逐步增加。根据上海市交通违法以及事故特点,全市公安交警部门逐步开始采取专项整治的形式对各类影响道路交通安全、畅通以及城市形象的交通违法行为开展集中打击治理。20 世纪 90 年代,相继开展客运车、残疾人机动轮椅车、机动车违法鸣号、“规范走路、骑车行为”“反违章、压事故、保畅通”等交通专项整治行动。

进入 21 世纪,市公安局交警部门在总结以往组织开展交通秩序整治行动经验的基础上,针对上海市交通热点问题、大型活动、重点节假日等定期组织开展全市性交通秩序整治行动,逐渐形成一套交通整治机制。2001 年,全市开展集中治理严重超载违章专项行动。2002 年,全市开展摩托车专项整治行动。2003 年,全市组织开展“加强执法管理,从严纠处违章”交通整治活动,并根据

《关于鼓励社会民众举报交通违章的通告》,鼓励市民通过电话、网络、信件举报交通违章行为。公安机关对查证属实的违章行为将给予举报人一定奖励。2004年,全市开展"战高温、治乱点、保畅通"交通整治集中行动。2005年,全市开展"提高行人和骑车人守法率"的"双提高"交通宣传整治活动。2006—2007年,全市开展以"二乱、四车"(即"行人乱穿马路、非机动车乱骑行"和"人力板车、燃油助动车、残疾车、人力或电动三轮车突出交通违法行为")为重点的交通秩序整治宣传活动,推动创建60个交通文明示范路口、8条交通文明路段、10个交通文明示范区域。

2009—2010年,全市开展以"迎世博、保平安"打击整治攻坚战交通专项行动、"平安世博"打击整治攻坚战交通专项行动为核心的一系列集中整治行动,对各类交通顽症及严重交通违法行为开展长时间、大范围、高频率的严格执法整治。"酒后驾车"等严重违法行为得到有效遏制,道路交通秩序得到有效改善。其间,根据公安部"平和、理性、规范、文明"的执法要求,2009年市公安局下发《关于印发〈关于对上海市部分道路交通违法行为实行教育警告执法管理的规定〉及〈首批可处以书面警告的道路交通违法行为〉的通知》,对8种轻微交通违法行为、6种交通违法行为实行口头警告和书面警告。各区(县)交警部门梳理影响本辖区交通秩序的重点交通违法行为,并按照"一周一整"的频率,自行组织开展各类区域性集中、滚动整治行动。通过市、区(县)二级叠加整治行动,规范道路通行秩序,有效净化道路通行环境,提高市民群众的满意度。

第三章　车辆和驾驶人管理

第一节　机 动 车 管 理

一、机动车登记、检验、报废

机动车管理主要有机动车登记、检验、特种车辆管理等内容。中华人民共和国成立后全国没有统一的机动车登记规范，上海市机动车核发牌证及制定相应的规范工作主要由市公安局交警部门负责，机动车登记工作的主要内容是核发机动车牌照。1997 年机动车登记工作实现全国统一的规范。2001 年以公安部令的形式确立机动车登记制度。2004 年《中华人民共和国道路交通安全法》实施后，机动车登记制度实现法定化。至 2010 年，机动车登记主要分为注册登记、变更登记、转移登记、抵押登记和注销登记五类。根据 2004 年实施的《中华人民共和国道路交通安全法》规定，准予登记的机动车应当符合机动车国家安全技术标准。相关法律法规明确，机动车的安全技术检验实行社会化，任何单位不得要求机动车到指定的场所进行检验。

随着改革开放后机动车数量的大幅增加，管理任务日益繁重。1989 年公安部发布《机动车辆安全技术检测站管理办法》，把一部分车辆检验工作委托给具有检验设备和能力的单位进行，提高管理效率。2002 年，上海市率先在有资质的汽车品牌专卖店内设立机动车登记服务站，可为群众办理 9 座以下小型客车的注册登记和核发临时行驶车号牌业务。2007 年，公安部在推行的便民措施工作中，对上海市的机动车登记服务站工作进行肯定和规范。2009 年 10 月，上海市启动网上办事平台，市民在互联网上可受理“补换领号牌”“补换领行驶证”“变更机动车所有人联系方式”“互联网选号”等多项业务，还可通过电话、传真等方式申请办理“变更机动车所有人联系方式”业务。

1996 年上海市政府发布《上海市报废汽车回收管理实施办法》，加强对报废汽车的回收管理，整顿报废汽车回收渠道，防止报废车、拼装车、总成等进入市场。2000 年起上海市实施机动车阶段性排放标准，自 2000 年 7 月 1 日起轻型汽车注册登记开始实行国Ⅰ标准。随后重型汽车、摩托车、低速货车等都陆续实行了国Ⅰ标准，并于 2006 年开始发放机动车环保标志。至 2010 年，上海市注册登记的机动车都必须达到国Ⅲ标准。

二、机动车保有量

改革开放后，上海市机动车保有量呈快速增长态势。1977 年底，上海市机动车保有量为 6.3 万辆，1990 年为 21 万辆，到 2000 年已达 103 万辆，但其中主要是摩托车保有量的增长，1990 年为 4 万余辆，到 2000 年已达到 53 万余辆。此后，随着汽车工业的飞速发展以及城市道路交通建设日益完善，机动车保有量持续增长，至 2010 年底上海市机动车保有量达 2 487 744 辆。其中，小型客车保有量从 2000 年的 28.8 万辆飞速增长至 2010 年的 135.5 万辆。同时，由于上海市出台一系列的限制摩托车措施，上海市摩托车的保有量增幅缓慢，从 2007 年开始呈递减态势。

表 6-3-1 1978—2010 年上海市机动车数量统计

单位：辆

年 份	数 量	年 份	数 量	年 份	数 量
1978	69 133	1989	198 511	2000	1 037 673
1979	73 384	1990	212 143	2001	1 092 813
1980	79 041	1991	229 197	2002	1 410 683
1981	80 186	1992	266 360	2003	1 748 072
1982	82 224	1993	321 699	2004	2 015 701
1983	85 440	1994	372 326	2005	2 115 923
1984	90 304	1995	420 399	2006	2 130 128
1985	138 240	1996	464 815	2007	2 269 921
1986	157 702	1997	821 865	2008	2 343 672
1987	175 177	1998	836 615	2009	2 434 246
1988	181 941	1999	935 775	2010	2 487 744

资料来源：《上海公安志》(上海社会科学院出版社 1997 年版)、《上海市公安交通管理基础统计资料》。

第二节 非机动车管理

1978 年上海市非机动车约 170 万辆。1980 年 1 月 1 日起，上海非机动车牌证归属公安部门管理。1980 年 4 月 10 日起，市公安局开始正式换发非机动车牌证。2001 年，市人民政府制定《上海市非机动车管理办法》，对非机动车的注册登记、牌证发放、检验、转让过户、法律责任等方面作出规定。2004 年实施的《中华人民共和国道路交通安全法》对非机动车的登记、技术标准、行驶要求等作明确规定。至 2010 年底，上海市共有非机动车 1 360 万辆。

20 世纪 80 年代，上海非机动车管理主要是人工办理上牌等业务，随着计算机应用普及和实际管理需求，开始逐步使用推广计算机管理，但仅是单机管理模式。2005 年，市公安局交警总队车管所完成非机动车计算机管理系统升级、联网工作，非机动车管理实现全市联网管理。至 2010 年，上海非机动车实行两级管理模式，市公安局交警总队车管所负责非机动车管理业务的指导和监管工作，区(县)公安分局交警支(大)队车宣科负责办理非机动车注册登记、变更登记、转移登记、注销登记、备案登记等具体业务。

一、自行车和电动自行车

20 世纪 80 年代以后，上海的自行车数量不断激增。1983 年，上海自行车厂研制出品牌型号为永久 DX-130 的电动自行车，这是中国最早有电动自行车研制情况的记录。上海自 1997 年开始办理电动自行车上牌业务，之后，电动自行车需求较快增长。1999 年 5 月 28 日，国家质量技术监督局为规范电动自行车生产，发布国家标准《电动自行车通用技术条件》(GB17761—1999)。由于国家标准是推荐性生产标准，不是强制性标准，因此部分生产企业和销售商店利用国家标准中存在的漏洞和不足，生产销售超标电动自行车。

2003年,上海开始出现超标电动自行车,且套牌车辆越来越多,给道路交通秩序和安全造成一定影响。2006年4月,市公安局交警总队车管所为加强电动自行车源头管理,在加强电动自行车产品目录管理的同时,开展电动自行车上牌管理整治活动,取消360家电动自行车社会(商店)上牌点。上海市实行的非机动车产品目录管理制度,对可在上海办理牌证、通行的非机动车品牌型号定期进行评审、更新,市公安局交警总队车管所和市自行车行业协会、市自行车检测站负责评审工作。2006年6月,市公安局向行业主管部门建议改进电动自行车产品目录评审会,成立由市经委、市质监局、市工商局、市环保局和市公安局以及市自行车行业协会、市自行车检测站等相关部门人员组成的电动自行车产品目录评审组。2006年8月23日,市公安局交警总队车管所要求在办理业务时,需在执照反面打印产品目录中的车型照片。2007年4月,市公安局交警总队车管所为解决号牌较杂的问题,设计并启用蓝底白字号牌式样。通过不断整治,上海基本消除套牌电动自行车,但电动自行车“摩托车”化现象依然存在,由于无法套牌,悬挂外省市假牌证的电动自行车越来越多。2010年,上海市再次开展较大规模的电动自行车整治工作,市政府有关部门开始启动《上海市非机动车管理办法》的修订工作。

至2010年12月,上海市自行车登记数量约1 066.9万辆,电动自行车登记数量约260.9万辆。

二、残疾人机动轮椅车

1980年4月,市公安局开始换发残疾人专用车牌照。1987年10月,市公安局发布《残疾人乘用车管理暂行规定》,进一步明确残疾人专用车的有关管理措施。之后,上海公安交警部门基本上每年开展一次残疾人专用车查验工作,每3—4年换发残疾人专用车牌证。1990年12月,市公安局发布《关于换发残疾人专用车牌照的通告》,上海公安交警部门开展换发残疾人专用车牌证工作,专用车牌证分为机动、手摇、临时3种。

1995年4月,中国残疾人联合会、公安部、建设部、劳动部、民政部、国家工商行政管理局联合发布《关于加强对残疾人专用车运营管理的通知》,明确残疾人专用车原则上不应用于运营。1996年11月,市公安局交警总队印发《关于置换大功率残疾人专用车牌证的通知》,对残疾人专用车的发动机容积、电动机功率等进行限制,并置换大功率残疾人专用车近三千辆。1999年7月,《上海市道路交通管理条例》明确禁止“残疾人专用车搭乘人员”。2001年12月,市公安局交巡警总队、市残疾人联合会联合印发《关于查处擅自改装的残疾人专用车有关事项的通知》,制止残疾人专用车擅自改装、非法载客、载货等行为,巩固“三车”整治成果。2003年11月,市公安局发布《残疾人专用车管理暂行规定》,进一步完善残疾人专用车的有关管理规定。

2008年11月,为迎接上海世博会,市公安局、市残疾人联合会联合印发《关于进一步加强残疾人专用车执法管理的工作意见》,明确“属地为主、堵疏结合、信息互动、各方联动”的工作原则。

至2010年12月,上海市残疾人专用车登记数量约1.3万辆。

三、人力三轮车

人力三轮车因为常被市民小贩用来装载菜类等物品贩卖,特别是用来出摊卖海鲜,而海鲜中又以黄鱼居多,故上海人称三轮车为“黄鱼车”。中华人民共和国成立后,在相当长的一段时期内,三轮车仍是上海的主要交通运输工具。

上海有非营业性和营业性2种人力三轮车。非营业性人力三轮车无经营证,营业性人力三轮车可以开展经营活动。为减轻使用者的劳动强度,20世纪80年代允许人力三轮车加装电动助力装置,1987年9月,市公安局交通处印发《关于同意人力三轮车加装电动助力装置的通知》。1989年1月,为解决部分学龄前儿童和老年人求医治病出行困难等问题,上海市准许双座三轮自行车(即"母子车")办理牌证。至1999年,上海市有电动助力装置三轮车两千多辆。

随着道路市政建设的高速发展和机动车数量的快速增长,三轮"母子车"和电动助力装置三轮车给道路交通管理带来许多问题,1999年10月,市公安局交巡警总队和市陆上运输管理处联合印发《关于进一步加强货运机动三轮车管理工作的意见》,1999年11月,市公安局交巡警总队印发《关于取消核发三轮母子车上牌的通知》。之后,三轮"母子车"和电动助力装置三轮车停止办理牌证并禁止通行。

1998年,为控制人力三轮车增长,市公安局按照《上海市道路交通管理条例》"严格控制人力三轮车号牌"的规定和"总量控制、限额上牌"的管理政策,调整人力三轮车号牌核发审批权限,上海人力三轮车数量逐年下降。

至2010年12月,上海市人力三轮车登记数量约2.1万辆。

四、助动车

1993年,上海公安交警部门开始办理燃油助动车上牌业务。1993年11月1日,市公安局发布《上海市助动自行车管理暂行规定》,其中规定申领上海市助动车牌照,车主必须年满16周岁,具有上海市常住户籍,并提供购车发票等凭证。1999年,上海市燃油助动车达到49万多辆,另有无牌无证燃油助动车20万辆左右。根据市政府有关精神,市公安局开始控制和逐步淘汰燃油助动车,开展车辆查验和牌证换发工作。经过治理,符合规定的燃油助动车总量为35万多辆,淘汰近一半的燃油助动车。2002年11月,市经济委员会、市发展计划委员会、市公安局和市环境保护局联合发布《关于本市摩托车报废管理的规定》,明确助动车报废年限为8年。

1999年,为解决环境污染问题,市政府决定以使用清洁能源(环保型)的LPG(燃气)助动车替代燃油助动车,并提出"总量控制,严格管理,平稳过渡,逐步替代"的方针。2000年1月,市政府印发《上海市人民政府办公厅关于LPG助动车生产管理有关问题的通知》,要求5年内完成LPG(燃气)助动车替代燃油气助动车的目标。2002年1月,市公安局开展LPG燃气助动车替代燃油助动车试上牌工作,各区(县)交警支(大)队非机动车管理部门开始办理LPG(燃气)助动车上牌业务。

2005年12月21日,市公安局发布《上海市公安局关于强制报废燃油助动车的通告》,规定自2006年1月1日起,一律禁止燃油助动车上道路通行。燃油助动车置换LPG(燃气)助动车的办理时间截至2006年2月10日,逾期不再办理。至此,上海市完成LPG(燃气)助动车替代燃油助动车的工作,LPG(燃气)助动车上牌量近26.9万多辆。

上海公安交警部门每年开展LPG(燃气)助动车年度查验工作,并于2006年、2009年和2011年开展换发牌证工作。2009年1月12日,市经济信息化委、市公安局、市建设交通委、市质量技监局发布《关于本市液化石油气助动车钢瓶定期检验的通告》,对使用超过5年期限的钢瓶进行检验。2009年起,上海市最早办理牌证的LPG(燃气)助动车开始进入报废期,到2013年12月31日,全市所有LPG(燃气)助动车牌证全部达到8年以上,即所有LPG(燃气)助动车都进入报废期限。

至2010年12月,上海市LPG(燃气)助动车登记数量约27万辆。

表 6-3-2　1978—2010 上海市非机动车数量统计　　单位：辆

年　份	数　量	年　份	数　量	年　份	数　量
1978	1 700 000	1989	6 752 190	2000	4 376 725
1979	1 760 000	1990	5 542 560	2001	6 696 206
1980	1 830 884	1991	5 958 080	2002	8 153 149
1981	2 098 109	1992	6 447 678	2003	9 462 156
1982	2 422 290	1993	6 678 407	2004	10 491 662
1983	2 788 880	1994	4 925 027	2005	11 468 938
1984	3 244 536	1995	5 769 229	2006	12 271 372
1985	3 336 852	1996	6 443 889	2007	13 075 012
1986	4 376 585	1997	2 310 448	2008	13 309 347
1987	4 909 535	1998	3 497 068	2009	13 476 354
1988	5 783 008	1999	4 024 625	2010	13 600 764

资料来源：《上海公安志》(上海社会科学院出版社 1997 年版)以及《上海市公安交通管理基础统计资料》。

第三节　驾驶人(证)管理

一、驾驶员培训

改革开放前，上海市的机动车驾驶人在很长一段时期属于“单位人”，多数是从事运输行业的职业驾驶员。在计划经济条件下，驾驶员学习考试有一定限制。驾驶员考试为传统培训、考试的模式，驾驶员培训单位多是由国营运输单位和有车单位自行组织的培训班，这些培训单位必须向车辆管理机关办理登记，可自行组织结业考试，结业考试可视为通过公安交通管理部门初考。1978 年，上海市机动车驾驶员数量为 89 245 人。随着改革开放后汽车限制政策的放开，上海开始出现“学车热”。20 世纪 80 年代，上海市开始推行驾驶员考试社会化培训与传统考试相结合模式，由各企事业单位自行组织，在同一考点集中完成技能考试。之后，逐步推行机动车驾驶员培训社会化与教考合一的模式，至 2010 年全市有培训、考试合一功能的机动车驾驶员培训基地 29 家。1998 年，上海驾驶员保有量突破 100 万，达到 1 164 585 人。2000 年，上海的驾驶员保有量为 1 503 770 人，至 2010 年，保有量猛增至 4 502 607 人。

表 6-3-3　1978—2010 上海市机动车驾驶人数量统计　　单位：人

年　份	数　量	年　份	数　量	年　份	数　量
1978	89 245	1982	132 917	1986	172 603
1979	99 309	1983	130 538	1987	199 654
1980	109 102	1984	142 161	1988	223 077
1981	122 851	1985	152 971	1989	243 920

(续表)

年　份	数　量	年　份	数　量	年　份	数　量
1990	255 989	1997	996 455	2004	2 527 978
1991	273 761	1998	1 164 585	2005	2 762 889
1992	292 605	1999	1 316 617	2006	3 066 314
1993	320 745	2000	1 503 770	2007	3 390 969
1994	403 844	2001	1 682 795	2008	3 734 728
1995	561 236	2002	1 896 301	2009	4 113 443
1996	688 381	2003	2 225 871	2010	4 502 607

资料来源:《上海公安志》(上海社会科学院出版社 1997 年版)以及《上海市公安交通管理基础统计资料》。

二、驾驶员审验与记分制度

1960 年施行的《机动车管理办法》明确驾驶人审验的项目。1996 年 9 月 1 日起施行的《机动车驾驶证管理办法》规定,公安机关车辆管理部门应当对持证人根据持有准驾车型的不同,按不同期限对持证人进行审验。2004 年 5 月 1 日起施行的《道路交通安全法》规定,公安交通管理部门应当对机动车驾驶证进行审验,根据《机动车驾驶证申领和使用规定》对审验工作进行改进,明确审验项目为机动车驾驶人身体条件证明和累积记分。

20 世纪 90 年代,国家开始出台驾驶人累积记分制度。上海市于 1994 年 8 月 1 日起实施《上海市机动车驾驶员交通违章记分办法》,规定机动车驾驶员 1 年内违章记分累积满 10 分的,应参加由公安交通管理部门统一组织的交通法规及驾驶技术教育培训。1996 年 9 月 1 日实施的《中华人民共和国机动车驾驶证管理办法》明确对持证人发生交通事故或违章的,实行记分管理,对驾驶人超过记录分数规定的,依法分别进行交通法规教育、考试和处罚。1997 年 11 月 24 日,市公安局重新制定发布《上海市机动车驾驶员交通违章记分办法》,对相关违章行为记分分值作出明确规定,并对驾驶员的机动车驾驶证到达一定分值后的教育、注销等进行规定。公安部 2000 年 3 月 1 日起实施的《机动车驾驶员交通违章记分办法》,明确公安交通管理部门对机动车驾驶员实行交通违章记分管理,规定机动车驾驶员 1 年内违章记分累积满 12 分的,应参加由公安交通管理部门统一组织的驾驶员理论考试。同时,实行记分、考试、奖励等措施。2004 年 5 月 1 日起施行的《中华人民共和国道路交通安全法》是中国首次以法律形式对累积记分制度予以规定,随之颁布实行的《机动车驾驶证申领和使用规定》调整交通安全违法行为记分分值,逐步加大对交通安全危害程度高、驾驶人主观过错大的交通违法行为记分分值。累积记分制度对遏制交通违法行为,改善道路交通秩序,提高交通安全性发挥重要作用。2010 年 4 月,修订后的《机动车驾驶证申领和使用规定》新增换证时应当核查交通违法处理情况的规定。

第四章　交通安全宣传教育

第一节　交通安全宣传活动

20世纪80年代开始，上海公安交警部门为不断提高市民群众的生命意识、法制意识、安全意识和文明意识，通过动员社会各方面力量，进行道路交通安全宣传教育，普及交通安全知识。1987年，市公安局在人民广场和美丽园设置两幅大型电磁转屏，宣传交通安全用语18条，昼夜显示。

1991年，市公安局先后在南京路、北京路、延安路等路口设置交通安全宣传牌、灯箱200处。1994年，市公安局编制《小学生交通安全》读本2册，编写《小学生交通安全教育参考书》以及教学挂图、投影幻灯片等，并组织培训教学和观摩示范课，为全市小学生交通安全教学打下基础。1995年开始，市公安局联合市教委等单位，在全市范围内组织开展小学生交通安全书法美术作品评选活动，自此每年举行一届，广泛征集交通安全书法美术作品并进行评选和表彰，通过书法美术作品创作、巡展引导学生自觉遵守交通法规，安全、文明出行。1997年7月，市人大常委会颁布的《上海市道路交通管理条例》规定"每年5月5日为上海市无违章、无事故道路交通安全宣传日"，每年5月5日举行大型交通安全宣传活动，倡导市民自觉遵守交通安全法律法规，文明出行。

2001年，修正的《上海市道路交通管理条例》规定"每年5月25日为上海市道路交通安全宣传日"，每年上海市道路交通安全宣传日当天举行大型主题宣传活动。2004年起，上海公安机关开展以交通安全进农村、进社区、进单位、进学校、进家庭为主的"五进"宣传活动。同年，根据国务院要求，经市政府批复同意，市公安局牵头成立由全市19家单位和17个区、县人民政府组成的上海市道路交通安全工作联席会议。市道路交通安全工作联席会议办公室在市安全生产委员会及其办公室的统一组织下，开展市、区两级交通安全隐患道路排查、挂牌、治理工作，在全市定期开展道路交通安全工作"评优推先"活动，对各单位、各系统道路交通安全管理干部、驾驶员等个人和各类先进集体进行评选和表彰。各区县也成立相应联席会议制度。2005年，上海公安交警部门组织开展"'提高行人和骑车人守法率'交通宣传整治活动""文明行路系列宣传活动"以及"东方讲坛——'交警与您共筑平安畅通路'"活动，全年参与交通安全宣传活动的市级领导达56人次，全市71个示范路口、路段的非机动车、行人守法率达93.8%、96.5%。

2008年6月25日，交警向小学生讲解道路交通安全知识

2006年起，全市组织开展"文明交通行动"，社会发动力度、发动面、参加人数均在全国

排名前列。市公安局联合市文明办广泛动员党员干部、职工群众、社区居民、在校学生，组成交通志愿者队伍，通过组织开展路口劝导、志愿宣讲、志愿监督、公益广告等活动，推动“文明交通行动”深入开展，并组织500万市民参加《中华人民共和国道路交通安全法》普法考试。2007年，在全市组织开展交通安全宣传“三个一”(即举办一场交通安全现场咨询活动，开展一次交通安全宣讲，播放一部交通安全宣传片)活动，全年累计参加宣传活动市民300万人次。2008年开始，为迎接上海世博会，营造全民遵守交通法律法规的社会氛围，市公安局联合市文明办等单位每月25日举行全市性的交通安全主题宣传活动，年均举行12场。2009年，上海公安交警部门建立“支队、中队、专职宣传民警”三级宣传网络，不断夯实“五进”宣传基础。2010年，中央文明办、公安部组织开展“文明交通行动计划”，上海公安部门和市文明办建立联动机制，在活动初期成立市文明交通行动计划领导小组及其办公室，并印发《上海市文明交通行动计划实施方案》，召开全市范围的文明交通创建工作部署会、阶段推进会、现场交流会，推进“文明交通行动”持续开展。同年，组织开展文明交通宣传作品评选活动。

第二节　交通安全媒体宣传

20世纪70年代开始，上海公安交警部门为不断提高市民群众遵守交通法律法规的自觉性，通过社会媒体宣传、自办媒体宣传等形式，广泛深入开展宣传教育，普及交通安全知识，使广大交通参与者理解交通管理工作，支持并配合交警部门的执法管理。

一、报刊书籍宣传

1980年1月，市公安局交通处创办《上海交通安全报》，每月1期，后改为半月1期。1991年由半月刊改为周报。1988年12月，由上海交通安全报社主办《人与车》杂志，向社会发行，为双月刊，致力于普及交通安全知识和法规，每期发行量6万册。1991年1月1日起《人与车》改为周报，1993年从4开4版扩大为4开8版，1994年发行量达到30万份。

1985年，市公安局交警部门与有关单位合作，陆续编写出版《车祸与预防》《交通行为规则常识》《驾驶艺术丛书》《上海市道路交通安全管理手册》《小学生交通安全知识教育图片》《儿童交通安全画册》等书刊。

2001年1月1日，《上海交通安全报》并入《上海法治报》，更名为《上海法治报交通安全周刊》，由原来的4开8版改为对开4版。当年《上海法治报交通安全周刊》共发稿3 000余篇，150万字，年发行量约50万份。11月1日，《上海法治报交通安全周刊》电子版正式登录上海交通安全信息网。同年，《人与车》由原正16开改为大16开，由原40页增加到48页，由单一的道路交通安全宣传改为以宣传交通安全为主，适当增加趣味性、情节性、法制性并重的文字版面，增加图片的比重，每期发行5万余册。

2005年8月，《上海法治报交通安全周刊》举办发行第1000期暨创刊25周年庆典活动。至2010年，《上海法治报交通安全周刊》始终作为上海市道路交通安全宣传主阵地，部分稿件被其他各大新闻媒体转载和刊用。

二、广电与网络宣传

【广播电台宣传】

1986年，市公安局交警部门与上海人民广播电台合作设立《上海交通》专题节目，每月播出1

次。同年在上海电视台开辟每月1次的《上海交通》专栏，1994年改为《申城交通一月谈》专栏。

1991年9月30日，市公安局与上海人民广播电台合作开播《交通信息台》，每天连续广播12个小时，及时向市民、驾驶员播送市区主要道路的交通状况。1992年10月8日，该台运用直升机进行“空中1小时”俯视试播，为立体管理上海交通积累经验。1991年9月，上海市交通安全录像摄制宣教中心成立。同年，上海公安交警部门与上海电视台合作录制交通安全宣传电视片《交通病例》，先后播出9集。1998年市公安局交警总队成立新闻外宣室，负责对外媒体宣传工作，组织新闻发布和撰写新闻稿件，围绕交通管理各项中心工作，通过举行新闻通气会、组织记者随警采访、编发新闻通稿、开展专题访谈等形式，借助电视、广播、报纸、网络等新闻媒体，强化舆论引导，为交通管理创造良好的社会氛围。每年累计在各类新闻媒体刊登(播)交通管理新闻稿件1 600余篇次。

【电视宣传】

1985年，市公安局交警部门与有关单位合作，拍摄《儿童交通安全》《路海浪花》《被碾碎的心》《人口与交通》《血和泪》《追悔》《安全行车与装卸安全》《新的蓝图》《交通行为准则》《蓝盾101》《红绿黄洗礼》《马路将军》《交叉奇案》等科教电视片。

1994年，编辑制作3 000余条交通安全短片在电视台广泛宣传；在上海电视台新辟《申城交通一月谈》专栏；在上海有线电视台综合、信息频道开辟每周1辑的《上海交通素描》专栏。

1998年，上海公安交警部门与东方电视台合作，制作《路况报道》节目并在上海电视台新闻综合频道早新闻栏目中播出，该节目开创全国首次由值班警官主持的先例，坚持在每个工作日以及恶劣天气、节假日出行高峰等部分特殊的时间节点，收集道路事故情况、拥堵情况及施工情况等，通过上海电视台新闻综合频道《上海早晨》栏目以及上海广播电台、东方广播电台、交通广播电台进行路况的实时播报，为早间市民的出行提供翔实、准确的交通服务信息，同时加强警民互动与交流，更好地服务上海城市道路交通管理。每年通过电视广播完成直播、录播、转播形式播报1 600余次，发布各类交通信息超过1.3万余条。2002年1月4日，上海公安交警部门与上海文广新闻传媒集团合办的交通法制类栏目《第四焦点》正式在上视新闻综合频道开播。作为上海乃至全国唯一在电视新闻频道播出的交通法制类专题节目，《第四焦点》节目以案说法，点释法规，关注交通热点、焦点，向全社会传播交通安全知识、普及交通法规，成为一个具有较高知名度和影响力的品牌栏目。该栏目每周制作播出1期，重播4档，每期20分钟，至2010年12月底，累积制作播出434期。

【网络宣传】

2001年10月，上海交通安全信息网正式上线，作为全市公安交通管理权威政策解读和便民服务的平台，主要承载宣传、教育、服务多项功能，最大限度为广大市民群众及驾驶员提供权威、及时的道路交通信息及安全服务指南。该网站主要包括新闻宣传、交通安全周刊、网上下载、服务窗口、权威发布、仿真系统、办事指南、道路交通安全、友情链接等栏目。栏目除定期发布各类交通管理咨询及安全指南之外，还提供上海市电子警察违法查询以及驾驶证违法记分查询，方便市民群众及时掌握交通违法情况。至2010年，该网站每天的网民点击量超过40万次。

第五章 交通事故处理与防范

第一节 交通事故处理

改革开放以后，上海市道路交通日趋繁忙，交通事故连年上升。1981 年，市公安局根据《中华人民共和国刑法》《中华人民共和国刑事诉讼法》《中华人民共和国治安管理处罚条例》《城市交通规则》，制定《上海市处理交通事故试行办法》，对原有处理交通事故的有关规定作了较大修改和补充，主要有：一是对发生交通事故的责任划分，定为 5 种：全部责任、主要责任、同等责任、次要责任、无责任。二是对交通事故责任者的处分分为批评教育、记分、警告、扣证、扣车、罚款、注销驾驶证、行政拘留、补偿受害人经济损失，需要追究刑事责任的，移送人民检察院依法处理。三是交通事故中受伤人员实行由各单位统一填写市公安局规定的《验伤通知书》，医院签注诊断结论，供公安交通管理部门作处理依据。四是对交通伤亡事故经济补偿作具体规定。其后，根据国家相关规定，道路交通事故处理、违法处理的程序逐步规范。1995 年 2 月 6 日，市政府制定并发布《上海市道路交通事故处理若干规定》，对交通事故担保、交通事故责任认定等作原则规定，并对交通事故责任者吊扣机动车驾驶证、损害赔偿责任承担比例等作明确规定。1997 年，全市大力推广交通事故损害赔偿合议庭，并率先在浦东交警支队成立上海市第一个交通事故损害赔偿合议庭。此后，先后在普陀、宝山、静安、黄浦等条件成熟的区成立交通事故损害赔偿合议庭，推动事故处理工作的法制化、规范化建设。1998 年，道路交通事故损害赔偿合议庭扩展至全市各区、县。

进入 21 世纪，随着汽车保有量和驾驶员数量的增加，违章行为越来越成为引发事故的重要因素。2004 年 4 月 1 日起，上海在全国率先实现机动车辆第三者责任保险费率浮动机制，即将保费与机动车道路交通违法行为实施挂钩，利用经济杠杆督促驾驶人自觉遵守交通法律。同时，进一步优化事故处理流程，完善事软快处制度，减少事故对道路的影响。2005 年 2 月 24 日，市人大常委会通过《上海市机动车道路交通事故赔偿责任若干规定》，对机动车间、机动车与非机动车、行人间交通事故赔偿责任划分进行明确，市公安局配套制定《上海市公安局关于道路交通事故责任认定的若干规定》，对全部、无、主要、次要、同等责任认定的基本规则以及其他情形的责任认定进行规定，并对 4 项 26 条道路交通事故当事人严重过错行为认定和六类路口、八类路段以及八类其他常见道路交通事故的责任认定特别规则进行明确。2006 年 9 月 29 日，为确保城市道路交通的快捷、安全、畅通，把交通事故对道路交通的影响减少到最低限度，市公安局交警总队与上海保监局共同研究并制定《上海市机动车互碰物损交通事故自撤现场的赔偿处理办法(试行)》，明确在上海市购买强制保险的“无人伤、车能动”且物损未超过 3 万元的交通事故当事人应当快速撤离现场，自行向保险公司报案或在不影响交通的地点等待交警处置。2008 年，引入由社会企业自愿提供场所集查勘定损、保险理赔、责任认定等于一体的 5 家“交通事故保险快速理赔服务中心”，为发生事故的群众提供更加便捷的“一站式”服务。2009 年，市公安局、上海保监局联合印发《上海市机动车物损交通事故当事人自撤现场、自行协商处理办法》，并于 10 月 1 日启动第三批 7 个“交通事故保险快速理赔服务中心”，使得全市“交通事故保险快速理赔服务中心”总数达到 20 个。其后，不断调整完善《上海市机动车物损交通事故当事人自撤现场、自行协商处理办法》，取消交通事故机动车持外省市签发保单的不适用自撤现场、自行协商处理办法的限制，进一步提升适用覆盖面。同年，市公安局交警部门会同人民法院、司法行政部门在全市各交警支（大）队建立交警、调解员、法官调解相结合的交通事故损害赔偿调解联动机制，并下发《关于规范人民调解组织参与交通事故争议调解的若干意见》，进一步规范交通事故损害赔偿调解工作。

第二节　交通事故防范

1998 年，为防范道路交通事故，上海市推出事故“黑点图”“红点图”分析制度，组织力量对事故多发地段和成因进行研究，并推广、扩大酒精测试仪与测速枪使用范围，提高技防水平，防止同一地段、同一类型事故重复发生。此后，“事故黑点”排摸治理工作逐步机制化、常态化。2000 年起，根据公安部要求，全市持续深化创建“平安大道”工作，至 2001 年，共创建“平安大道”10 条，总里程达 292 千米。通过加强道路、设施改造和秩序管理，相关道路交通事故情况明显好转。2002 年起，上海市根据交通环境和交通事故发生的变化，确定“两降、两保”（即降事故、降违章，保畅通、保安全）的工作重心，推进道路交通事故“人防、物防、技防、社防、群防”为主要内容的“五防”机制，并逐步形成社会联动的事故防范群防机制。同时，以交通秩序乱点为治理重点，保障道路通行秩序，减少交通冲突，并大力宣传和提倡文明行路、文明驾车的行为。在市区排摸出的 100 多个交通乱点中，确立 60 个文明监测路口，由各辖区根据相关要求进行治理，并对治理效果进行评估。如沪青平公路拦路港大桥由于设计及道路环境等方面的缺陷，连续发生 2 起特大交通事故。通过对交通事故成因的分析，发现地面摩擦系数不够和缺乏防撞隔离是主因，上海公安交警部门立即协调相关部门进行改造，并取得较好的效果。

2004 年，市政府办公厅下发《上海市道路交通安全工作联系会议制度工作方案》，对联席会议的职能、成员单位、工作规则和工作要求进行明确。2005 年，实施新驾驶员交通事故责任倒查，重点对 3 年以下驾龄的新驾驶员，凡负事故半责以上的，一律倒查培训部的培训工作，18 名驾驶员所在的培训部被纳入“黑名单”并责令限期整改。2006 年起，依托市安全生产委员会，将交通安全控制指标列入市政府对各区、县政府安全生产控制指标的考核序列，改变以往事故控制指标只下达给公安交警支（大）队的做法，切实强化政府部门的源头管理责任。同年，根据公安部统一安排，积极参与“预防特大道路交通事故‘百日竞赛’专项活动”，成功经受住冰雾雨雪恶劣天气和春运保卫任务的考验。2010 年，为加强事故多发道路治理工作的有效性，市公安局交警部门推出“道路交通事故分析预警系统”，通过事故数据处理、空间展示、统计分析、黑点判别等方面的数据挖掘，分析事故“黑点”（市、区两级事故多发道路），由市公安局交警总队督促各交警支（大）队组织路政设施改造、电子警察安装部署、民警派勤、上门宣传等工作，各“黑点”死亡事故大幅下降。

第三节　道路交通事故(选录)

1979 年 10 月 15 日 23 时 40 分，南市区车站路菜场实习司机驾驶 2 吨货车，沿中山西路由南向北超速行驶，致使车辆撞倒栏杆，翻入苏州河，造成 3 人死亡、1 人重伤。

1981 年 6 月 18 日 14 时 15 分，嘉定县戬浜公社合作商店 1 辆载客 30 余人的货车，行驶至嘉戬公路 2 号桥时，强行超越同方向的手扶拖拉机，车辆倾斜，22 人被摔出车外，造成 5 人死亡、3 人重伤、14 人轻伤。

1985年10月28日7时,48路公共汽车由西向东进入新华路隧道,与对方向48路公共汽车相撞,造成5人死亡、11人重伤、27人轻伤。

1990年10月11日5时40分,上海公交三汽公司西区中心站大客车行驶至外青松公路转弯时与上海半导体器件六厂1辆五十铃面包车相撞,汽油溢出,车辆起火燃烧,造成3人死亡、6人重伤、20人轻伤、2车俱毁。

1991年7月25日13时40分,上海力群装卸运输队实习司机驾驶飞跃牌8吨半挂车在青屯公路居中行驶,避让不及,与迎面驶来的上海市公交总公司1辆大客车相撞,造成大客车内乘客5人死亡、6人重伤、5人轻伤。

1991年8月20日22时21分,川沙新陆预制品加工场1辆2吨货车沿漕宝路由东向西行驶,遇一小孩横穿马路,驾驶员慌忙中没有刹车,车辆失控,冲上南侧人行道,冲进路边房屋,造成4人死亡、2人重伤。

1992年6月4日6时15分,上海申华客运公司1辆大客车沿上川路行驶至马家浜桥时,遇前方2辆自行车并排占其车道,司机为避让自行车,客车直冲桥左侧,撞断扶栏,窜入河中,造成4人死亡。

1993年4月4日13时,环龙开发公司小客车雨天在沪闵路行驶中与杭州长途客运公司1辆大货车相撞,致小客车内5人死亡、6人受伤。

1993年4月27日16时20分,上海第三印刷机械厂大货车在真北路由南向北行驶中,与对方向驶来的1辆旅行客车相撞,造成客车内4人死亡。

1994年8月25日21时15分,上海南极服装厂1辆客货两用车和另一辆东风牌货车在浦东北路由北向南行驶中,与对方向驶来的湖北省武穴市粮食运输公司1辆黄河牌大货车会车时,黄河牌大货车左前轮与东风牌货车右前轮碰擦后再正面撞上客货两用车,造成客货两用车内7人全部死亡。

1996年9月25日5时32分,崇明县合作乡农机站小货车沿宝安公路由东向西行驶至界泾桥附近时,由于驾驶员疲劳驾车,导致车辆方向偏离,与迎面驶来的1辆集装箱大货车相撞,造成小货车上7人死亡、1人重伤。

1996年11月13日1时45分,安徽省六安市木厂客运车队1辆载有46人的大客车与上海仲义建设实业总公司基础工程部1辆载货大卡车在闵行区华星路星站路口相撞,大客车被撞入路旁河中,造成20人死亡、24人受伤。

1997年5月6日3时,浦东汽车运输服务公司大货车违章超载草莓及20多名乘客沿沪南公路由北向南行驶至龙阳路口时,刹车制动失灵,造成翻车,人货混载中的乘客4人死亡、6人重伤、4人轻伤。

1997年12月28日7时55分,江苏省滨沪集装箱货运公司大货车沿沪南公路由北向南行驶至航头镇北侧处,车辆失控,越过双黄中心线,冲入对方车道,与1辆由南向北正常行驶的桑塔纳小客车相撞,造成小客车内4人当场死亡、车辆严重损毁。

1998年8月3日20时30分,浙江省奉化市驾驶员林某驾驶大货车在闵行区沿七莘路由南向北行至吴中路口时方向失控,越过中心黄线撞上对方向两轮摩托车后又冲入非机动车道,撞倒2名骑车人,造成4人死亡。

1998年10月10日10时,江苏省兴化市驾驶员黄某驾驶大货车沿奉贤县沿叶大公路由西向东行驶至奉新公路口时,未注意避让横向右侧道路车辆,在路口与由南向北行驶的1辆大货车相撞,造成车内 4 人死亡、4 人重伤。

1998 年 12 月 26 日 22 时 10 分，机动车驾驶员何某驾驶 1 辆大货车沿沪宁高速公路由西往东行驶至嘉松立交上匝道口处，违章掉头，与 1 辆轿车相撞。大货车车厢起火，致使大货车内 4 人死亡。

1999 年 3 月 5 日上午 6 时 45 分许，浙江省江山市春光化工厂的解放牌 10 吨半挂大货车(限载 10 吨，实载 18 吨)沿亭枫公路由西向东行驶至兴塔路段时，因违章超越同方向行驶的 1 辆大货车，与沿亭枫公路由东向西行驶的上海锦山客运有限公司的中巴小客车(限载 19 人，实载 36 人)正面相撞，造成 13 人死亡、22 人受伤。

2000 年 3 月 8 日，驾驶员何某驾驶大客车由东向西行驶至沪杭高速公路 59.2 千米处，因操作失当，与停靠路旁的故障大货车发生刮擦，导致大客车上 6 名乘客死亡、1 人重伤、1 人轻伤。

2000 年 5 月 25 日 12 时 45 分，小客车驾驶员金某驾车至浦东金桥龙东路北 500 米处，违章超车时，与同向的大货车相擦，同时又越过双黄线再与对向车辆相撞，致使金某和小客车内的 4 名乘客当场死亡、3 人重伤、3 人轻伤。

2001 年 3 月 3 日 0 时 40 分，小客车驾驶员沈某驾车行至青浦区朱枫公路近长珠村处，因疲劳驾驶，追尾撞击前面 1 辆大货车，致使小客车上 4 人死亡。

2001 年 3 月 31 日 0 时 40 分，上海陆民针织服装厂驾驶员陆某酒后驾车，沿沈杜公路行驶至浦星路口，与沿浦星路由北向南行驶的面包车相撞，造成 4 人死亡、2 人重伤、2 人轻伤。

2003 年 7 月 4 日 4 时 56 分，河南省项城市威福汽车运输有限公司 1 辆集装箱大货车沿亭枫公路由西向东行驶至 58.3 千米处，遇河南省沈丘县申鸥集装箱有限公司集装箱大货车由东向西行驶，2 车正面相撞，造成 4 人死亡。

2004 年 11 月 8 日 6 时 30 分，驾驶员陈某驾驶 1 辆大货车沿 A30 高速公路由西向东行驶，因侵占对向车道，与由东向西行驶的 1 辆 2 吨小货车迎面相撞，造成 10 人死亡、15 人受伤。

2005 年 4 月 3 日 8 时 20 分，江苏省兴化市个体运输人员王某驾驶中型货车，沿招贤路由南向北行驶至嘉定区叶城路处，与上海巴士集团股份有限公司大客车相撞，致使大客车侧翻后起火燃烧，造成 4 人死亡、33 人受伤。

2006 年 7 月 19 日 18 时 35 分，上海阿尔莎长途客运有限公司的大客车，沿上海市沪杭高速公路由西向东行驶至下行 37.2 千米处，冲出右侧防撞护栏翻车，造成车内乘客 7 人死亡、22 人受伤，大客车及公路设施严重损毁。

2007 年 2 月 10 日 2 时 39 分，赵某醉酒驾驶 1 辆雪佛兰牌小客车，沿妙境路由北向南行驶至川周路向东左转过程中，因车速过快失控撞击川周路南侧边缘隔离墩后，穿过绿化带坠入虹桥港河中，造成包括驾驶员在内的车内 4 人全部死亡。

2008 年 6 月 22 日 0 时 23 分许，卢某驾驶重型半挂牵引车，沿外环线浦东段由北向南行驶至张杨北路下匝道 350 米处时，追尾撞击前方小客车，致该小客车前方 3 辆重型半挂牵引车连环相撞。事故造成小客车严重损毁，车内 4 人当场死亡。

2008 年 12 月 23 日 20 时 17 分，醉酒驾车的曹某驾驶小客车沿光泰路由东向西行驶至工业区在建道路时，与由西向东行驶的重型自卸货车相撞，造成小客车内 5 人当场死亡。

2009 年 11 月 9 日 16 时 10 分右，陈某驾驶大货车沿奉贤区 S4 高速公路由东向西行驶时，车辆失控横移撞击并穿越中心隔离设施，与由西向东行驶的多车相撞，造成 8 人死亡、7 人受伤。

2010 年 9 月 26 日 19 时 35 分许，郜某驾驶重型普通货车沿 G15 沈海高速公路外圈由北向南行驶至G2京沪高速公路下匝道处时，撞击顾某驾驶的小型客车，小型客车失控撞击匝道口隔离护栏后起火，造成车内5人(其中1人为婴儿)当场死亡、1人受伤。

2010年10月11日8时许，冯某驾驶依维柯小型客车沿沈砖公路由东向西行驶至近佘苑路时，车辆越过中心双黄线与对向行驶的重型专项作业车发生相撞，造成依维柯客车内乘员5人死亡、4人受伤。

表6-5-1 1978—2010年上海交通事故统计

年　份	事故起数	死亡人数	受伤人数	直接财产损失(元)
1978	11 229	392	10 333	938 343
1979	10 708	451	9 884	909 783
1980	10 989	445	10 107	958 081
1981	11 788	507	10 564	1 189 378
1982	8 316	434	7 708	984 087
1983	7 370	444	6 959	987 806
1984	7 314	503	7 525	1 229 686
1985	7 121	688	5 725	3 181 858
1986	8 417	678	6 159	5 757 953
1987	10 078	811	6 739	9 593 913
1988	8 397	707	5 645	11 174 754
1989	7 527	652	4 875	11 370 156
1990	7 624	608	4 712	13 452 678
1991	7 524	594	4 450	15 297 320
1992	4 517	591	3 568	20 285 864
1993	8 051	699	2 882	46 524 681
1994	12 635	722	3 306	83 368 316
1995	16 728	788	3 774	120 765 631
1996	20 054	783	4 379	134 615 059
1997	21 566	781	5 831	136 823 601
1998	23 996	781	6 509	151 860 581
1999	26 104	726	7 770	159 243 619
2000	41 262	1 492	16 119	203 915 933
2001	42 078	1 503	15 749	238 829 076
2002	47 088	1 400	15 690	300 516 475
2003	54 197	1 406	11 178	397 216 310
2004	27 136	1 543	11 304	191 486 304
2005	9 238	1 393	8 850	79 609 276

（续表）

年　份	事故起数	死亡人数	受伤人数	直接财产损失（元）
2006	6 584	1 231	6 662	32 920 210
2007	3 952	1 171	3 766	19 332 226
2008	2 745	1 100	2 553	14 768 575
2009	2 831	1 042	2 702	12 162 665
2010	2 176	1 011	1 863	9 583 154

资料来源：《上海公安志》（上海社会科学院出版社 1997 年版）以及《上海市公安交通管理基础统计资料》。

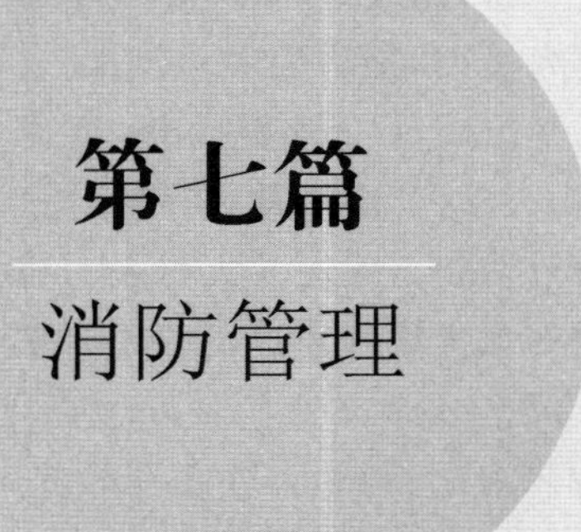

第七篇

消防管理

改革开放后，随着城市扩大、人口增长，生产生活形态出现多元，建筑、民宅、商场大量增加，城市火灾呈现多样化、复杂化。上海贯彻“预防为主、防消结合”的方针，把防火放在首位，落实各种措施，防止火灾发生。1984年，成立市防火安全委员会，负责全市消防工作的协商协调。1986年9月，市长江泽民强调“隐患险于明火，防范胜于救灾，责任重于泰山”，要求把消防工作纳入各级政府的重要议事日程。随后，市政府对消防工作投入大量人力、物力、财力，并把防火工作事项列为市政府年度实事项目。市人大、市政府加强法规建设，制定、修正有关消防工作的条例、办法、规定等，推动消防工作法制化、制度化。上海公安消防部门不断创新工作方式方法，做好社会化火灾预防工作，利用书刊图片、影视音像、文艺演出、119消防日等形式，宣传消防知识，培育全民消防意识，增强自我防护能力和社会参与度；做好大型城市消防工作，开展消防“源头”控制工作，对居民住宅、人员聚集场所、高层建筑物、地下防空建筑、厂房仓库、新型建材、危险化学品、爆炸物品以及消防产品等加强消防监督管理；加强消防栓建设与管理，不断完善公共消防站点布局，加强消防设施装备建设，进口一批国外先进消防装备设备，消防装备质量和数量有根本性改观；组织消防官兵进行常规、专项训练，开展高难险扑救模拟实战演练，组织大跨度钢结构、高层地下建筑、船舶、化工等火灾扑救和核生化事故处置理论和战术研讨，不断提升消防灭火救援能力和战斗力；加强常规检查和非常规检查，强化督促整改，消除隐患问题，有效维护上海大都市的消防安全，在城市安全运行和应急救援方面发挥重要作用。

第一章　消防组织与设施装备

上海重视加强公安消防队伍、专职消防队和志愿消防队建设，注重发挥专业性、群众性作用；强化消防设施建设，完善城市消防设施布局，合理平衡城乡消防公共设施；加大消防装备设备更新力度，提升消防装备总体水平，不断适应城市消防安全要求。

第一节　消防组织

上海消防组织由公安消防队伍、专职消防队和志愿消防队3支力量构成。公安消防队伍是消防力量主体，承担社会面的消防工作。专职消防队是消防力量的重要组成部分，承担企事业单位内部的消防职责，开展辖区消防预防、先期处置等工作。志愿消防队是消防力量的群众性组织体，开展居民小区范围的消防群众性自防自救工作。市公安局消防部门承担专职消防队、志愿消防队业务指导任务，并可调动指挥专职消防队参加火灾扑救工作。

1984年5月，第六届全国人大常委会批准、国务院公布的《中华人民共和国消防条例》，提出企业事业单位根据需要设立群众义务消防队或者义务消防员，负责防火和灭火工作。火灾危险性较大、距离当地公安消防队(站)较远的大、中型企业或者较大的事业单位，根据需要建立专职消防队，负责本单位的消防工作。1998年4月29日，第九届全国人大常委会通过的《中华人民共和国消防法》(简称《消防法》)，其中明确公安消防队、专职消防队、义务消防队的法律地位、责任和作用。2008年10月28日，第十一届全国人大常委会第五次会议修订《消防法》，其中将“义务消防队”修订为“志愿消防队”。

一、公安消防队伍

1974年1月，市公安局消防处(消防总队)建制恢复。1978年，全市有消防民警2 000余名。1983年1月，根据中共中央决定，消防民警全部实行义务兵役制，上海市消防总队列入武警部队序列，下辖6个消防大队、48个消防中队。1987年，消防大队升为消防支队，设6个支队；消防中队增至53个，消防官兵4 178人。1991年1月，市公安局消防处更名升格为市公安局消防局，并保留消防总队称号。1993年，市公安局消防总队下辖6个支队、1个大队、53个中队和1个教导大队。同年，铁路、海运、港务、民航、地铁、上海石化、宝钢等企业公安机关设立消防队，负责辖区消防和火灾扑救工作，业务受市消防总队指导。全市消防官兵5 100余名。2005年6月，上海市城区实行“防消合一”体制，将各分局单设的防火处并入消防局下设的消防支队；实行新编制，以区(县)、大型独立经济区域为单位设置消防支队，全市共设24个消防支队。2010年底，全市共设25个消防支队、117个消防中队，公安消防官兵8 800名。

二、专职消防队

“文化大革命”结束后，上海的工企专职消防队得到恢复。1978年，全市有工企专职消防队56

支、消防队员 950 名;1987 年增至 232 支、4 481 名;1990 年为 237 支、4 185 名;1994 年增至 388 支、近 5 000 名,配备消防车 491 辆,手抬泵 63 台。至 2010 年,减至 147 支、3 399 名。

2004 年 5 月,上海化学工业区赛科化工股份有限公司成立专职消防队,该队由企业出资、公安消防管理。配备执勤消防车 5 辆,人员招募、管理由公安消防部门负责,按照公安消防中队建设标准进行日常战备、训练和管理。这是组建多种形式消防队伍的新尝试。

三、志愿消防队

"文化大革命"结束后,群众义务消防队得到迅速恢复。1978 年,全市有义务消防队 4 600 余支、队员 22 000 余名;1990 年有 237 支、4 180 多名;1994 年达 13 717 支、384 980 多名,配有中小型消防车 177 辆,手抬泵 894 台。2008 年,全市义务消防队员达 40 多万人。1978—2010 年,全市 80%以上的一般火灾是由志愿消防队扑灭的;在预防火灾和扑灭刚发生的火灾方面,志愿消防队发挥重要作用。

第二节 消 防 设 施

一、指挥中心和消防站

1978 年,上海市消防指挥中心设在福州路 185 号。1994 年底,迁至位于河南中路 280 号新建成的消防通讯指挥综合大楼,楼高 9 层,建筑面积 7 564 平方米,具备受理火灾报警及调度指挥功能。2007 年 5 月,又迁至位于中山西路 229 号建成的消防指挥中心大楼,楼高 20 层,建筑面积 2.98 万平方米,由指挥中心大楼、长宁消防站和地下车库 3 个部分组成,屋顶设应急救援直升机停机坪,具备消防应急指挥、信息传播、便民服务等综合功能。

随着上海城市建设的发展和城区范围扩大,消防站也逐年增加。1966 年 9 月,全市有消防站 26 个;1979 年增至 48 个;1987 年为 53 个;2000 年增至 66 个。2006—2007 年,消防站建设连续两年列入市政府实事工程之一,市政府投入资金加大建设力度,至 2010 年底达 120 个(其中 4 个在建)。消防站可分为普通消防站和特勤消防站两类,其中,普通消防站按照消防车位数分为一级站、二级站。此外,还设水上消防站等。

表 7-1-1 2010 年 12 月上海市公共消防站点分布

所属区	站 名	位 置	站性质
浦东	高桥	大同路 1050 号	二级站
浦东	保税区	航津路 1060 号	一级站
浦东	东沟	东塘路 300 号	一级站
浦东	庆宁	浦东大道 2643 号	一级站
浦东	金桥	金桥路 2031 号	特勤站
浦东	铜山	铜山街 1 号	一级站
浦东	周渡	世博馆路 396 号	一级站

（续表）

所属区	站　名	位　　置	站性质
浦东	外高桥	随塘公路 5 445 弄 5 号	水陆两用站
浦东	川沙	华夏东路 2390 号	一级站
浦东	龙阳	杨高南路 1190 号	特勤站
浦东	张江	哈雷路 650 号	一级站
浦东	塘东	东绣路 499 号	一级站
浦东	永泰	浦三路 3481 号	二级站
浦东	曹路	金海路 4091 号	一级站
浦东	临沂	世博大道 176 号	水陆两用站
浦东	周浦	周浦镇上南路 6819 号	二级站
浦东	惠南	惠南镇城南路 251 号	一级站
浦东	申江	苗桥村 999 号	一级站
浦东	祝桥	川南奉公路 5580 号	一级站
浦东	航头	航头镇航鹤路 666 号	一级站
浦东	芦一	临港新城环湖西三路 365 号	一级站
浦东	仓库	老港镇拱极东路	二级站
浦东	芦二	飞舟路 8 号	一级站
黄浦	北京	北京西路 295 号	二级站
黄浦	车站	南车站路 500 号	一级站
黄浦	码头	白渡路 66 号	一级站
黄浦	河南	河南中路 280 号	二级站
黄浦	复兴	黄家阙路 2 号	一级站
卢湾	嵩山	淮海中路 193 号	二级站
※卢湾	打浦	局门路东、中山南一路北	一级站
徐汇	吴兴	吴兴路 221 号	一级站
徐汇	东安	东安路 281 号	一级站
徐汇	漕河泾	虹漕路 11 号	一级站
徐汇	梅陇	老沪闵路 707 号	二级站
徐汇	关港	银都路 218 号	一级站
长宁	天山	天山路 763 号	一级站
长宁	长宁	中山西路 207 号	一级站
长宁	新泾	金钟路 858 号	特勤站
静安	静安	愚园路 350 号	二级站

(续表)

所属区	站 名	位 置	站性质
普陀	宜昌	宜昌路216号	二级站
普陀	真如	兰溪路194号	一级站
普陀	真光	曹安路536号	一级站
※普陀	桃浦	祁连山路西、古浪路北	特勤站
闸北	闸北	共和新路1286号	二级站
闸北	彭浦	三泉路30号	特勤站
虹口	虹口	吴淞路560号	一级站
虹口	江湾	逸仙路462号	一级站
虹口	江杨	江杨南路119号	一级站
杨浦	杨浦	杨树浦路1307号	二级站
杨浦	大连	大连路1202号	一级站
杨浦	内江	内江路202号	一级站
杨浦	翔殷	翔殷路354号	一级站
杨浦	国定	国定路146号	二级站
杨浦	国和	世界路118号	二级站
杨浦	政和	政和路519号	一级站
奉贤	南桥	团南公路5800号	一级站
奉贤	奉城	新奉公路7157号	一级站
奉贤	星火	星火镇民乐路188号	一级站
奉贤	泰日	泰日社区光泰路2328号	一级站
奉贤	江海	南奉公路6815号	一级站
金山	直属	沪杭公路8848号	一级站
金山	纬三	卫三路173号	特勤站
金山	纬六	卫六路284号	一级站
金山	纬八	卫八西路38号	一级站
金山	纬九	卫九支路78号	一级站
金山	金山	朱泾镇亭枫公路3228号	一级站
金山	沪消1号	纬八西路8号	水域消防站
金山	亭林	南亭公路6297号	一级站
金山	枫泾	亭枫公路8219号	一级站
※金山	金山卫	金山第二工业区	一级站
化工	化一	化工区北河路118号	特勤站

（续表）

所属区	站　名	位　　置	站性质
化工	化二	化工区天华路 8 号	水陆两用站
化工	赛科	化工区西河路 38 号	一级站
化工	巴斯夫	化工区楚华路 8 号	一级站
化工	拜耳	化工区目华路 82 号	一级站
※化工	化四	化工区天华路东、北银河路北	一级站
嘉定	嘉定	嘉定区环城路 1788 号	特勤站
嘉定	南翔	惠亚路 19 号	一级站
嘉定	安亭	宝安公路 3573 号	一级站
嘉定	城南	阳川路 119 号	一级站
嘉定	江桥	金园八路 33 号	一级站
闵行	七宝	星中路 1000 号	一级站
闵行	闵行	碧江路 370 号	一级站
闵行	吴泾	放鹤路 66 号	一级站
闵行	杜行	三鲁路 2179 号	一级站
闵行	莘庄	莘松路 585 号	一级站
闵行	华漕	联友路 408 号	一级站
闵行	浦江	北江州路 528 号	一级站
闵行	新虹	申昆路 251 号	特勤站
松江	松江	松东路 378 号	一级站
松江	泖港	泖港镇中兴路 229 号	一级站
松江	佘山	佘天昆公路 2058 号	一级站
松江	松一	人民北路 3 450 弄 119 号	一级站
松江	仓桥	富永路 226 号	一级站
松江	新桥	新飞路 1651 号	一级站
松江	九亭	九新公路 302 弄 48 号	一级站
青浦	城北	胜利路 1828 号	一级站
青浦	青安	青安路 345 号	二级站
青浦	朱家角	朱家角镇酒龙路	二级站
青浦	徐泾	徐华公路 423 号	一级站
青浦	华新	华隆路 1599 号	一级站
青浦	练塘	泖甸路 119 号	一级站
青浦	白鹤	白石公路 519 号	特勤站

（续表）

所属区	站　名	位　　置	站性质
青浦	金泽	沪青平公路 8555 号	一级站
青浦	赵巷	赵巷镇镇中路 522 号	一级站
崇明	堡镇	堡镇中路 169 号	二级站
崇明	三星	宏海公路三星段 127 号	一级站
崇明	陈镇	陈家镇西首	一级站
崇明	城桥	城桥镇东门路 562 号	一级站
崇明	横沙	横沙镇锦辉路 280 号	一级站
崇明	长兴	潘园公路 2830 号	一级站
崇明	长兴二	潘园公路 1619 号	二级站
宝山	宝一	宝钢总厂化十路	一级站
宝山	宝二	月罗路 102 号	一级站
宝山	宝三	富锦路 1 号	一级站
宝山	大场	南大路 2 弄 1 号	一级站
宝山	罗店	月罗路 2449 号	二级站
宝山	吴淞	同济路 210 号	一级站
宝山	顾村	顾太路 768 号	一级站
宝山	罗泾	新川沙路 543 号	一级站

资料来源：上海市公安局消防总队《上海消防营房统计》。
说明：※栏表示该站 2010 年底在建中。

二、火灾报警设施

中华人民共和国成立初期，上海全市(市区范围)有报警瞭望台 5 座，24 小时派人值班瞭望，瞭望台与消防队装有对讲电话，各台交叉瞭望，目视可控市区范围。在消防处指挥中心安装火警电话“00”和“63070”，还设有电话总机和火铃线，直通各消防队、公安分局、自来水公司、救护大队。指挥中心接到报警，即按火警电铃；有关消防队接警铃后，消防车可在 1 分钟内出动。火警电话于 1956 年改为“09”，1975 年改为“119”。1979 年，更新全部无线电台，建立消防总队、大队、中队三级指挥系统的无线通信网络。1988 年，火警计算机辅助调度指挥系统经过 4 年研制建成，经公安部鉴定，在市公安消防局指挥中心安装投入使用。该系统通过高功能超级小型计算机，使接警、辨误、灭火方案、派车等实现自动化，提高接处警效率。1993 年，报警瞭望台增至 8 座，最高的 40 米，最低的 18 米。1994 年，上海市公安局消防通讯指挥综合大楼投入使用，火警计算机辅助调度指挥系统性能趋于成熟，报警瞭望台逐渐失去作用并被废弃。

2002 年，城市火灾自动报警信息系统，通过专家鉴定并正式开通。该系统运用现代网络技术，对建筑消防设施实施远程实时监控，实现火情判断智能化、信息传输网络化、状态监控实时化和性能分析定量化，达到早期发现和快速处置各类火灾隐患的目的。该系统由社会单位安装，与市公安局消防局指挥中心的火警计算机辅助调度指挥系统联网，一旦火情报警，会自动生成警情信息，通知火警计算机辅助调度指挥系统调派警力出警。2004 年，该系统联网单位 1 000 余家，成功预警火灾 20 多起。

2005 年，建成消防三级网络系统，消防中队接警设备升级，并在 85 辆装备齐全、性能好的甲车（主专车）上安装 GPS 车辆定位系统。初步建成网络视频监控系统，城市高空瞭望摄像头覆盖主要城区，实现对城市主要区域的消防高空监测。

2008 年，建成集有线无线通信、数字化地图、电子灭火预案和消防动态信息管理系统为一体的消防指挥备份中心和总值班室。推进城市火灾自动报警信息系统联网，联网单位 3 602 家，2010 年增至 4 600 余家，提高消防部门预警和接处警的信息化、自动化，以及社会抵御火灾的技防能力。

三、消防通信与信息网络

1979 年，因无线电台功率小、灵敏度差、距离近、不适应火场通讯指挥需要，上海公安消防部门着手建设消防总队、大队（支队）、中队三级指挥系统无线电台通讯网。1990 年，119 消防计算机通讯指挥系统开通第一批 14 个消防中队。该系统是一个集大容量、快速响应、实时控制和通讯处理为一体的综合性系统，在 35 秒内完成接警、辨误、灭火方案、派车灭火以及文件编辑、储存、传送、自动记录等。1999—2002 年，该系统多次升级、改造、输入数据，使报警电话接入时间缩短至 2 秒。随着信息技术的广泛运用，上海公安消防部门于 2001 年开通消防信息网，提高办公、办事效率。2003—2006 年，开展消防无线常规通信网建设，开通 800 兆消防无线集群网，火场通信质量明显提高。装备无线通信应急指挥车，在战备车辆安装 GPS 车辆定位系统等，解决地下空间消防通信问题。完成“三台合一”（110、119、122 合并集中于市公安局指挥中心）接处警，实现消防通信指挥平台迁移和指挥调度工作的无缝切换，提高消防接处警效率。其间，上海公安消防部门对消防信息网进行升级改造，2003 年改版该网，推出应用防火业务信息系统软件，开发网上便民服务程序。2005 年又研发火灾统计管理系统，并由公安部消防局向全国消防部门推广使用。2006 年建成消防三级网络系统，输入全市高层建筑、大型仓库、化工企业等灭火对象信息数据，定位重点单位 985 个、建筑物轮廓 50 850 条、建筑物区域 3 500 余条，初步实现对火警、灾害事故地点的 GIS 快速定位；并将“三合一”（宿舍、车间、仓库合而为一的厂房）整治、重大消防基础设施隐患排查 2 个专项模块并入消防安全检查信息系统，成为掌握社会面火灾防控基础信息和动态管理的信息网络平台。2007 年，市公安局消防局在战区（若干行政区域划为 1 个消防战区）指挥车、特勤消防车以及部分中队甲车安装车载电脑、灭火救援辅助决策系统和 GPS 电子导航仪。2008 年，架设 9 个无线基站，组建覆盖全市的通信信道。2010 年，消防信息中心、通信网络升级改造，一体化消防业务信息系统综合业务平台和消防监督管理软件建成，使消防工作逐步迈向信息化，提高通信指挥效率。

四、消火栓

随着城市扩展，新工业区、卫星城镇的增加，消火栓建设纳入市政建设规划。1977 年，上海有消火栓 6 345 只。1987 年，市政府制定《上海市消火栓管理办法》，消防栓建设步伐加快，达 8 058 只，其中市区 7 300 只、郊县 758 只。1994 年，上海公安消防部门在每个支队建立 1 个消火栓抢修班,每年维修消火栓300—700余只。1998年,全市开展灭火基础工作普查和消火栓整治,普查4 676条马路、26.61万余个企事业单位、2 338个居民新村、336个乡、2 266个村,修复无法正常供水消火栓218只。2000—2003年,为妥善解决市政工程沿线和部分居民小区消防水源不足的问题,加强消防水源管理,通过对缺水地区深入调研,跟踪检查施工道路消火栓建设情况,加强消火栓建设,全市消火栓从2000年的23 539只增至2003年的33 008只。其间,在部分路段使用消火栓夜光标志,以防夜间被车辆撞击。2007年,研发消火栓堵漏引水装置,解决消火栓出水口堵漏后无法连接消防车供水难题。2008—2009年,市、区两级政府投入4 676万余元,集中开展"迎世博"消防水源整治专项活动。2010年,全市消火栓增至46 950只,其中市区45 951只、郊县999只,完好率91.9%。

第三节 装备器材

一、消防车船

1963年,上海公安消防部门有各类消防车105辆,其中泵浦车60辆、摇梯车11辆、救险车1辆、云梯车4辆、泡沫车2辆、指挥车3辆。1978年后,随着经济的快速发展,消防车辆装备得到改善,除大量更新国产消防车外,还进口一些灭火急需而国家还不能生产的大功率、多用途的特种消防车,以适应现代化大都市消防需要,新增登高消防车、云梯车、干粉车、二氧化碳车、高喷车、油槽车、泵浦车、摇梯车、救险车、大型水罐车、水罐泡沫车、防化车、低平隧道灭火救援消防车、举高车、移动消防指挥车、90米云梯车、强臂破拆救援多功能车等。1997年,市公安局消防总队为金山消防支队水上中队配备"沪消001"号消防船。该船排水吨位6 000吨,航速15海里/小时;装配德国进口灭火系统,最大供水量3 000立方米/小时,水枪最大流量为2 000升/秒,最大射程130米。消防系统由智能化全自动控制。至2010年,全市公安消防部门有各类消防车547辆、消防船艇4艘。

表7-1-2 2010年上海公安消防部门各类消防车统计 单位:辆

车辆名称	数量	车辆名称	数量	车辆名称	数量	车辆名称	数量
水消防车	110	其他灭火消防车	7	水泡沫联用消防车	141	其他专勤消防车	21
泵浦消防车	27	照明消防车	15	二氧化碳消防车	2	登高平台消防车	8
器材消防车	19	防化洗消消防车	2	压缩空气泡沫消防车	91	举高喷射消防车	6
干粉消防车	5	云梯消防车	35	干粉水联用消防车	2	抢险救援消防车	24
供液消防车	9	排烟消防车	2	自装卸式消防车	1	通讯指挥消防车	7
涡喷消防车	1	核生化侦检车	1	其他后援消防车	7	化学事故抢险救援消防车	4

资料来源:《中国消防年鉴(2011)》《2010年公安消防部队消防车统计表》。

二、器材配备

20世纪80年代后,上海公安消防部门消防装备在数量、性能上有了根本改变。2000年,破拆、防护等装备更新配备速度加快,至2001年,全市消防系统更新和配备个人装备与防护装具49 170

套(件)。2002 年，配备气动破拆枪、生命呼救器、泄漏通讯导向绳、氧气复苏仪等。2004 年，引进生化物质检测仪、头戴式热成像仪等高端侦检器材。为金山、高桥石化地区消防支队配备 2 台陆虎 60 型灭火机器人。2005 年，引进具有国际先进水平的新型蛇眼生命探测仪、液压破拆工具、6.8 升空气呼吸器、声光报警呼救器等器材装备。2006 年，引进液压破拆工具组、可燃气体检测仪、热成像仪、漏电探测仪，水力自动摇摆炮、抽水泵等。生命呼救器、空气呼吸器、高性能灭火防护服三类个人防护装备普及率达 100%。2007 年，配置空气呼吸器 80 套和生命呼救器 480 只。全市空气呼吸器供应站增至 17 个，专为空气呼吸器加气。2010 年，上海石化、高桥石化、上海五格化工、赛科化工等 5 家化工企业，储备泡沫药剂用于危化品火灾扑救，第一时间可调用灭火泡沫量达 1 000 吨以上。

表 7－1－3　2010 年上海公安消防部门消防装备数量统计

品　种	数量	品　种	数量	品　种	数量	品　种	数量
方位灯	261	防高温手套	975	防静电服	1 009	消防Ⅰ、Ⅱ类安全吊带	155
消防头盔	10 512	消防防化服	4 370	防核防化服	56	佩戴式防爆照明灯	3 006
消防手套	14 649	重型防化服	251	消防员呼救器	5 294	消防员灭火防护服	14 551
消防腰斧	6 365	救生衣	896	消防安全腰带	18 090	消防过滤式综合防毒面具	1 048
防静电内衣	8 992	防化手套	1 667	内置纯棉手套	2 982	消防防坠落辅助部件	16 397
移动供气源	72	阻燃头套	4 409	抢险救援手套	4 611	手提式强光照明灯	6 655
防蜂服	143	潜水装具	38	抢险救援头盔	2 606	消防轻型安全绳	8 350
消防隔热服	2 479	抢险救援服	4 252	消防阻燃毛衣	659	消防Ⅲ类安全吊带	74
消防避火服	272	消防护目镜	2 377	消防员灭火防护靴	11 392	消防通用安全绳	7 404
氧气呼吸器	125	抢险救援靴	3 907	强制送风呼吸器	73	正压式消防空气呼吸器	6 040

资料来源：《中国消防年鉴(2011)》《2010 年公安消防部队特种个人防护装备统计表》。

第二章　火 灾 预 防

上海注重消防工作的法制与规划建设、社会化消防体制机制建设，把政府实事工程作为解决消防"欠账"问题的重要手段，利用各种宣传方式来普及消防知识、提高全民消防安全意识，深化社会化消防工作建设，推动火灾预防工作向法制化、制度化、社会化发展。

第一节　社会化消防建设

一、建立机制

1984年10月，市政府成立市防火安全委员会，由分管副市长任主任，市有关职能部门负责人参加，负责全市消防工作的协商协调。之后，各区、县以及市政府有关委、局也相继成立防火安全委员会或防火安全领导小组，统一领导、协调地区、系统的防火安全工作。1987年，根据市防火安全委员会的决定，全市134个街道、208个乡和26个镇成立防火安全委员会。1994年，全市实行企事业单位法定责任人为消防安全第一责任人制度，使消防安全责任落在基层，探索适应市场经济体制的消防社会化管理路子。1999年，根据公安部《消防监督检查规定》，上海公安机关实行公安消防总队、分(县)局防火监督处(科)和派出所(警察署)三级管理制度，明确派出所(警察署)实施消防监督检查的范围和处罚权限。1995年10月，市人大常委会公布《上海市消防条例》，1997年、2000年、2003年、2010年四度对其进行修改。1995年，市消防局会同有关部门编制《上海市消防发展"九五"计划和2010年规划》。2003年，编制《上海市消防规划(2003—2020)》。

2004年，上海公安消防部门构建以政府领导、法人管理、社区自治为基础，法律责任为核心的社会消防安全责任体系。制定《重大火灾隐患挂牌督办实施办法(试行)》，推行重大火灾隐患挂牌督办制度，规范挂牌督办工作，加大督改力度。2006年，建立市、区两级消防安全联席会议制度，加强部门之间的协调联动和信息共享，大力推行"安全自查、隐患自除、责任自负"的消防工作责任制，与25 765家人员密集场所等单位签订《消防安全保证书》，完善人员密集场所消防安全责任告知签约制度，形成齐抓共管消防工作的合力。

2007年，启动政府消防工作目标考核机制，基本形成"政府统一领导、部门依法监管、单位自主管理、群众广泛参与"的消防工作格局。2009年，上海公安机关将派出所消防监管纳入社区警务"大平台"，在市区派出所推广简易火灾调查，提升派出所消防专(兼)职民警、社区民警消防工作管事率。建立消防中队参与简易防火检查的防消联勤机制。

2010年，开展社会消防安全"防火墙"工程，全市公安消防部门与40万家单位签订"社会单位消防安全责任书"，共建社会化消防机制。市公安局消防局会同各区县政府、市财政局等部门开展调查研究，征求意见，编制上海市消防"十二五"规划，该规划被列为全市74个市级专项规划之一。

二、实施消防实事工程

1996—1997 年，市政府将为居民家庭配发灭火器列为实事工程，共为 130 万户市区居民家庭配发灭火器。

2003 年，市政府将全市 9 万户老式居民住宅楼住户安装消防设施列为实事工程。市公安局消防总队协调各区房管、水务、街道、派出所等单位推进实事工程，全年安装简易水喷淋装置 63 916 户、逃生装置 10 680 户，配发逃生绳 30 318 户，合计 104 914 户。2004 年，黄浦、卢湾、徐汇、静安等区政府投入巨额资金为老式居民楼安装简易水喷淋装置，在老式居民住宅数十起火灾中，发挥扑灭初起火灾作用，避免小火酿成大灾。

2010 年，市政府将新建、改建一批消防站和消防综合训练基地、加强全民消防安全演练和消防知识普及、整治居民小区消防安全问题列为实事工程。加强公共消防基础设施建设，启动城市火灾风险评估等软课题研究，打造“全民消防”“全警消防”，保障城市安全运行。

三、开展群众性消防工作

随着经济社会的发展，社会化消防已成为消防工作的重要内容。全市公安消防部门通过人员培训、知识竞赛、试点推广等工作，不断推进社会化消防工作建设。

1988 年，在区、县防火委员会的领导下，闸北、长宁、卢湾、徐汇、崇明 4 个区 1 个县成立消防联防大队，协助区、县消防部门开展防火宣传教育和消防业务训练，组织防火安全检查。

20 世纪 90 年代，市公安局消防总队组织居民区开展消防安全小区、楼、户活动，1992 年举行上海“太平杯”居民家庭消防知识大奖赛，历时 2 个月，7 200 多个家庭、1.7 万余人参加竞赛，普及消防安全知识，促进居民家庭消防工作。

1995 年，市公安局消防总队组织开展创建 119 安全规范小区活动。在浦东新区和普陀区选择 2 个类型不同、条件各异且具有代表性的小区进行 119 安全规范小区建设试点，确定小区居民、企事业单位防火安全标准，治理小区消防道路和水源，配备小区消防设备，训练小区居民和职工的消防灭火技能，提高小区消防自救能力。8 月，在浦东新区陆家嘴街道东园二村小区召开创建 119 安全规范小区现场观摩会，总结经验并介绍推广。年底，全市建成 20 个 119 安全规范小区。1997 年，上海市消防协会（1985 年 5 月成立，是上海消防科技和专业工作者的学术性群众团体）组织开展消防科普活动、青少年消防夏令营活动，至 2010 年参加的中小学生达 42 647 人。

2000 年，上海市消防协会组织召开经验交流会，推广普陀区宜川街道农林村居民小区利用社区科普画廊建立消防科普园地的经验。2003 年，市公安局消防总队在杨浦等六区开展社区消防建设试点，主要以社区为依托，建立健全社区消防组织网络和运作机制；加强社区消防基础设施建设，改善社区防火安全条件；建设各种形式的消防力量，提高社区预防、扑灭火灾的能力及居民自防自救能力；加强宣传教育，增强群众防火安全意识和法制观念。之后，社区消防建设在全市推广。2003 年，举办消防知识宣传讲座 87 期，17 990 余人次参加。2006 年，上海市消防协会编撰出版《消防 365》消防科普图书，向社会免费发放 2 万余册。

2008 年，上海首个社区消防站在长宁区新泾镇建成并投入使用。社区消防站是根据社区消防工作实际，整合街道（镇）、派出所、消防重点单位等资源，创新社区消防管理模式，延伸消防监管和服务职能。社区消防站负责制订本地区消防工作计划、建立社区消防工作制度、组织开展地区日常消防监督检查、开展消防宣传教育培训、处理信访举报等工作。2009年,上海市消防协会组织近万名单位职工、市民和中小学生参观上海消防博物馆。

2010年,上海公安消防部门依托街道(乡镇)治安、社保、安监等基层管理力量,采取小单位区域联防、居(村)民多户联防、街坊村庄网格化巡查和更换老化电气燃气设施、增设临时灭火点等措施,筑牢城乡消防安全防线。在上海世博会期间,全市招募消防平安志愿者29万人,投入社会面消防安全工作。

第二节 消防宣传教育

20世纪80年代起,上海公安消防部门利用各种媒体阵地和教育培训资源,加大消防宣传培训的力度,通过编印出版书刊图片、摄制电影音像、文艺演出、举行大型宣传活动、建立教育基地、开展培训、举办展览等形式,向社会普及消防知识,培育全民消防意识。

一、书刊图片

1980年,市公安局消防总队创办杂志《上海消防》(月刊)。1980年,承担公安部消防局组织的《防火检查手册》《灭火手册》的编写出版工作。《灭火手册》被列入中国第一批大型消防工具书。2001年,《上海消防》扩版,从48页增至144页,推出消防时政、专题火灾报道,消防人文、科技、世界之窗,消防时尚、服务、文艺副刊3个专版。在第六届全国公安系统"金盾文化工程"优秀作品评选中,获"中国金盾报刊奖"最佳期刊、最佳创意、最佳栏目、最佳装帧和最佳编校5项大奖。2002年,上海消防杂志社举办"第八届华东消防期刊年会""上海消防产业论坛",开通上海消防公众网,实现杂志和网络2个媒体的互动,扩大宣传面,发行量突破10万份。

1990—2010年,先后编印出版一批消防知识普及刊物、图片,《上海消防要览》(1991年)、《消防画报》《上海消防百年纪事》(1994年)、《职工防火须知》《工厂企业防火防爆挂图》《实用消防科普读本》(1999年)、《平安是福——居民防火与自救》(2000年)、《建(构)筑物消防员(五级/初级)》《消防管理员(四级/中级)》(2003年)等书籍、图片10余种,发行量上万册,推动消防知识普及。

二、电影、电视专题片

1980—2010年,市公安局消防总队与影视、广播部门合作,利用影视媒体,开展消防宣传。先后摄制《119与911》《看!这三次大火》《火从何来》《火警,南京路》《现代消防警示录》《这里也是战场》《法制小品》《消防与气象》《消防与经济》《夏季危险物品的保管与使用》《火树银花话安危》等6部电影、82部(集)电视片。与上海电视台《新闻透视》《法律与道德》栏目合作,每周播放防火检查、火险隐患、发生火灾等方面内容的新闻片和专题片;与《红茶坊》《老娘舅》等栏目联合创作播出《招财进福》《因福得祸》等消防教育喜剧片。与上海教育电视台联合制作播出《平安119》26期。与《解放日报》《劳动报》、上海电视台、市保险公司联合举办《消防知识竞赛》《消防棋》大奖赛,有100万余人参加。与上海东方广播电台合作开辟《119——祝您平安》专题节目50期。1994年,与华东五省一市合作举办《迎新春话消防——平安进万家》空中大联播活动。2000年,与东方广播电台联合推出《119——祝您平安》节目。2004年,与中央电视台《生活》栏目联合制作《紧急避险》逃生知识专题片。编排、巡演大型消防滑稽戏《吉祥坊风波》等。2008年，制作拍摄《平安杨浦》宣传片。

三、文艺演出

1979年，上海消防文工团组建，拥有音乐、戏剧、曲艺演员80余人，深入消防基层单位和厂矿、学校、里弄演出200多场。1992年，被公安部命名为“金盾艺术团”。1992—2002年，该团巡演数千场次，传播消防平安文化。1992年，赴京为公安部机关、公安大学、警官大学警官汇报演出。2000年，在苏、浙、沪等地巡回演出。2001年，参加纪念《消防法》颁布3周年专场文艺演出。2004年，与上海话剧艺术中心合作，以陈华文烈士英雄事迹为素材，创作大型话剧《浴火忠魂》。2008年，深入基层单位、社区，开展平安奥运消防文艺巡演100场，传播消防平安文化和消防安全知识。

四、消防日宣传活动

1984年10月15日，为宣传《中华人民共和国消防条例》颁布实施，全市举行宣传活动。市公安局和市有关部门负责人在全市88个宣传点接待群众咨询，同时出动73辆宣传车和2艘消防艇开展宣传。此后，上海每年举行防火安全互动日或防火安全活动周。1987年5月，在市防火安全委员会的统一部署下，举行全市范围内的群众性防火安全活动周，设立宣传点645个，出动宣传车221辆次，展出黑板报4.3万块、专栏4 600期，展出图片漫画近2万幅，组织群众收听录音、广播，观看电影、录像达300万人次。1988年，上海举行5次全市性防火安全宣传活动——1月的冬春防火部署工作、4月的防火先进集体个人表彰活动、6月的防火宣传活动、9月的安全大检查和11月的防火工作大会，发动组织近百万人次，张贴宣传标语和悬挂横幅10万余条，展出黑板报3.7万余块，播放消防电影录像3千余场次、观众达300万人次；在防火大检查中，组织2万余人检查单位53 500多家，发现并督促排除各类火险隐患2.2万余处。1991年，上海决定每年11月9日为119消防活动日，全市设宣传站335个，出动宣传车170辆，宣传人员1.4万余人，展出黑板报9 000块，张挂横幅8.5万余条，开展文艺演出和消防技能表演。

1992年，公安部决定将每年11月9日定为全国“消防宣传日”。此后，每年“消防宣传日”活动，上海宣传形式多样，有设宣传站向市民提供咨询、出动宣传车、展出黑板报、张挂横幅、发放宣传资料、文艺宣传演出和消防技能表演等，也推出新的宣传形式：2001年，全市23个消防安全宣传教育基地开放，让市民参与火场逃生和家庭火灾扑救体验；2003年，全市100多万手机用户和35万寻呼机用户收到消防公益短信群

2007年11月9日，上海公安消防金盾艺术团“119消防日”文艺宣传演出

呼;2004 年,以"整改火灾隐患,珍爱生命安全"为主题,市消防局和上海文广传媒集团联合主办"浦江平安情"文艺晚会并在东方电视台文艺频道播出。

五、宣传教育基地

2000 年,市公安局消防总队在车站消防站、天山消防站、龙阳消防站建立全市首批 3 个"消防宣传教育基地"。2001 年 9 月,莘庄等 20 个消防站建第二批基地。2002 年 11 月,徐泾等 10 个消防站建第三批基地。全市 33 个"消防宣传教育基地"建成并向社会公众开放。

2004 年 11 月 5 日,公安部消防局、中国科协科普部、中国消防协会联合举行"全国消防科普教育基地"命名大会,上海天山消防中队被命名为首批"全国消防科普教育基地"。天山消防中队利用已有消防教育设施,为近万名驻地群众宣传消防知识。

2007 年,上海消防博物馆建成。该馆借助多元化立体传媒,运用现代声光电、数字、模拟等高新科技,展示上海消防历史和文化,成为上海消防科普教育阵地。2010 年,在全国科普教育基地授牌仪式暨经验交流会上,被授予"2010—2014 年全国科普教育基地"称号。至 2010 年,共接待参观 26.9 万人次。

六、专业培训

1991 年,全市公安消防部门抽调业务骨干,帮助工企专职消防队学习消防知识,开展以健全组织、整顿作风、提高技能为重点的竞赛活动,313 支工企专职消防队、255 辆消防车、5 793 人次消防队员参加 16 个项目的比赛。1992 年,市公安局消防总队组织对来自全市 7 个系统 426 名工企专职消防干部的业务培训,8 511 人次的专职消防队员参加业务等级考试,78 支专职消防队参加市级 3 个综合项目考核,竞赛成绩接近公安消防队水平。

2002 年,上海消防学校以社区消防培训为重点,建立起与上海消防相适应的社会消防培训机制,共培训各类人员 44 756 人。同时,完成面向消防管理员、建筑物消防设施操作员、危险品保管员的《消防安全培训》《消防安全 200 问》等教材编写工作。2003 年,上海公安消防部门建立消防学校,对内培训部队官兵,对外培训社会人员。举办各类持证上岗培训班 402 期,培训各类岗位人员 4.17 万余人。2004 年,举办各类社会消防培训班 592 期,其中持证上岗培训班 419 期,培训人数 4.19 万余人;消防职业培训班 42 期,培训人数 2 658 人。组织开展消防特有工种职业技能培训。成立消防职业技能鉴定所,即国家第 188 鉴定所。鉴定考评消防管理员、建筑物消防设施操作员和危险化学品保管员 3 个职业 6 个等级。2008—2010 年,组织 3 万人参加培训并取得消防职业资格证书,取得建(构)筑物消防员职业资格证书 1.65 万人,取得消防管理员职业资格证书 1.35 万人,其中,高级消防管理员 499 人、消防管理技师 62 人。2010 年,组织 31.5 万人次接受消防安全专业培训。

第三章　消防训练

1978年后，上海公安消防部队训练走上正规化道路，以消防训练大纲为指南，按照《上海消防技术训练操作规程》(1988年)、《消防技术操作规程》(1990年)、《特勤训练教材》(2000年)、《消防技术操作规程》(2000年)、《消防技术项目操作规程》(2005年)，组织基础训练和战术技术训练，促进消防训练工作的正规化、规范化。针对城市火灾多样化、复杂化，为增强灭火效率，上海公安消防部队根据已有装备和火场灭火技术需要，开展各种模拟训练、实战演练演习、战技术研讨，提高消防实战技能和水平。

第一节　常规训练

1978年以来，市公安消防部门每年开展夏、冬季大练兵活动，组织竞技比赛，评选出训练标兵中队、业务训练优秀中队、特种抢险战斗员等级达标等，以提高消防部队的业务技术素质和战斗力。

20世纪80年代初，上海公安消防总队创办教导队，后发展为教导大队，并在武警上海总队指挥学校设消防(中专)班。教导大队主要对官兵进行消防专业知识培训，除政治、文化课外，开设有楼层、仓库、船舶、地下工程、人员集中场所等火灾扑救业务知识课，干部为必修，战士为选修。

1991年起，上海公安消防总队制定一、二、三级战斗员业务技能训练项目指标，在调研灭火对象的基础上，按照"先重点、后一般"的步骤，通过针对性训练和实地演练，实施考核，使消防战斗员分别达到一、二、三级标准。

1993—1996年，设置抢险专业人员训练项目，开展抢险专业人员戴氧气面具负重训练和引进装备操作技术训练等。针对地下室、船舱、密闭性建筑、化工企业等环境险恶场所情况，先后组织开展模拟实战训练。其间，举办3期干部学习班、2期班长集训班，对98名干部、104名班长进行专业培训。

1998年，开展夏季大练兵活动，组织4个集体项目、1个个人项目的竞赛，18个中队成为训练标兵中队，17个中队成为业务训练优秀中队，特种抢险战斗员等级达标率100%。

2000年，为适应兵役制改革和分层次提高技战术能力的要求，调整消防战斗员等级达标考核，将三级战斗员达标考核改为士官四级、士兵二级达标考核。281名基层指挥员参加消防业务理论考核，59名新任基层干部参加业务培训。

2001—2002年，设置指挥员实战练兵项目，对高层、地下建筑和化工、船舶等高难度灭火救援任务，对地下窨井救人、高架道路汽车火灾扑救和气体泄漏、防毒、防爆等近百个项目，组织开展战术研究和模拟实战练兵。

2004—2005年，完善以特勤大队为主体，各支(大)队特种抢险班、各中队抢险小组为补充的抢险救援三级组织体系，引进特种抢险车及其随车装备，形成防化、侦检、抢险、排爆等特殊攻坚任务所需的装备体系，开展复杂条件下心理攻防能力训练及堵漏、破拆、侦检、排爆、洗消等技战术训练，提高消防特勤队伍的处突攻坚能力。

2005年,组织消防官兵参加灭火救援和消防监督岗位资格考试,277人参加资格考试,合格220人,合格率为79.42%(全国合格率为64.65%)。2008年起,组织公安消防岗位资格考试,开展高层灭火救援专业队专项技战术、新配发车辆装备和特种装备应用能力等培训。

2009年,市公安局消防总队派出三批近20名业务骨干分赴法国马赛、中国香港等地进行初中级消防员交流培训。

2010年,公安消防岗位资格考试,422人参加考试,398人通过,合格率为94.31%。

第二节　演练与战术研讨

一、实战演练

随着城市火灾多样化、复杂化,为提高灭火效率,从20世纪80年代开始,上海公安消防部门每年开展常规性实战演练和针对性演练。

1989年,上海公安消防部门组织实战或模拟演习20多次。11月,在浦东新区庆宁寺"916"油库举行军警民联合、水陆空协同作战扑灭"油库特大火灾"模拟演习,南京军区后勤部第13分部、上海警备区、市公安局消防处、上海港务局消防大队、上海海监局等8个单位出动53辆消防车、13艘消防船艇和4架次飞机,800多人参加实战演习。解放军总后勤部、南京军区、公安部消防局、上海市委、市政府、上海警备区和市政府部委办、区县领导出席观看。

1991年,组织灭火演练28次,公安消防人员、工企专职消防人员近3 000人次、消防车260辆次参加。5月26日,在虹桥国际机场举行民航客机火灾灭火演习。1995年,在人民广场地下商场、地铁1号线人民广场站举行人员密集场所火灾扑救演练。1998年11月4日,在高桥石化公司联合举行5万吨级原油油罐灭火演习。

2007年,组织消防应急救援战区跨区域合成作战演练10次,举行华东地区实战联动演练。

2008—2010年,组织高层、地下、化工、船舶等类型火灾的扑救实战演练,以及核生化爆、重大自然灾害、建筑物倒塌等事故灾害的处置实战演练。逐一在全市3 500幢高层商务楼里进行救援实地演练。成立上海市典型灾害事故应急救援预案编制工作组,制定完善各类抢险救援和反恐排爆预案1 857个,建立3支安检排爆专业队,抽调200余名基层官兵分期开展"急难险重"攻坚组集训。其间,组成武警上海消防队赴俄罗斯参加联合救灾演练。

2007年8月28日,上海公安消防与海军驻上海某部举行联合灭火演习

二、战术研讨

1992 年，市公安局消防总队召开“上海市消防战训工作研讨会”，研讨总结战训工作经验教训，研讨加强部队训练、执勤战备和各项灭火准备等问题，制定战训工作“八・五”规划。

1998—1999 年，以大中型商场、老式居民楼火灾和石油液化气泄漏事故的处置为重点课题，举办 4 期业务理论学习班和灭火战术研讨班，基层新任警官和基层军政主官参加培训。

2000 年，制定《战训人员开展分类调研的工作意见》，各消防支队开展以船舶、高层建筑、地下建筑、石油化工等为重点对象的灭火战术调研，对全市高层建筑、大型仓库、化工企业等七大类消防重点单位开展专项调查摸底，对普查登记各类单位 17 832 家的 6.6 万余条消防安全信息进行整理，完善灭火救援预案。

2005—2006 年，组织大跨度钢结构密闭厂房火灾扑救理论研讨会，举办核生化事故处置、地铁火灾扑救等专题讲座，开展化工企业消防反恐专项调研。

2008—2009 年，组织高层、地下、化工、船舶等类型火灾的扑救战术研讨会，以及核生化爆、重大自然灾害、建筑物倒塌等事故的处置战术研讨会。开展以地铁、高层建筑、化学危险品场所等为重点的重大危险源火灾风险及危害评估调研。

2008 年 10 月，由公安部消防局主办、市消防局承办的全国公安消防部队高层建筑灭火救援工作研讨班在沪举办，全国 35 家单位战训部门专家参加。

2009 年，市公安局消防总队开展消防水源专项整治、轨道交通站点和大跨度厂房专项调研。2010 年，成立灭火救援、消防装备、火灾调查等专家组，研究解决上海世博会消防难题，制定措施，加强管控，实现上海世博会期间“园区零火灾，五大活动及焰火燃放消防绝对安全，社会面火灾形势平稳受控”的目标。

第四章　消防监督管理

1993 年，市政府制定《上海市消防监督若干规定》《上海市消防监督管理处罚办法》。上海公安消防部门将高层、超高层建筑、新型建材和社会单位、居民住宅、公共场所、地下建筑，以及危险化学品、爆炸物品、烟花爆竹等纳入监督管理之中，对存在问题和隐患，分阶段、有重点地开展消防安全检查和整治，督促消防安全管理落实到位。

第一节　建设工程消防审核验收

1978 年后，高层、超高层建筑和新型建材大量涌现，建筑防火审核任务日趋繁重，上海公安消防部门依据上海市高层建筑、内装修防火技术和验收规定，严格审查建设工程项目消防设计，把住在建项目检查和竣工验收关。

1992 年，市公安局消防总队将部分建筑设计防火审核权、危险物品管理使用审核权下放区、县公安消防部门。1999 年，在建设单位组织竣工验收合格的基础上，市公安局消防总队派员现场检查，对东方明珠广播电视塔作出验收合格的行政许可决定。受理审批上海浦东国际机场货运站及其他配套服务用房项目的消防设计审核。

2000 年，实行消防审批、验收分离。金茂大厦通过建设单位竣工验收合格后，市公安局消防总队派员现场检查，对金茂大厦作出验收合格的行政许可决定。2001 年，市公安局清理和改革消防行政审批制度，将审批项目从 19 项减少到 12 项。市公安局消防总队受理审批新建上海新国际博览中心 5 号馆等场馆项目的消防设计审核。

2005 年，市公安局消防总队推进消防验收工作社会化，对自动消防设施在验收工作中的技术核定，实行公安消防机构业务指导、消防协会行业管理、社会中介单位自我管理。2007 年，扩大消防简易审批验收范围，实施消防政务公开、网上办公，依托社会中介组织，拓展消防技术服务。2007 年，市政府制定《上海市建筑消防设施管理规定》。

2008 年，市公安局消防总队受理审批新建上海中心大厦项目的消防设计审核。2009 年 9 月，对上海世博会主题馆竣工作出验收合格的行政许可决定。2010 年，编制上海世博会场馆消防审核验收、临时建筑防火设计、参展者布展消防管理等 5 个消防技术标准，完成世博会场馆及配套设施消防审批 316 个。

上海公安消防部门审批建筑防火设计工程项目，由 1978 年的 800 多个增至 2010 年的 3 184 个。

第二节　单位民宅与建筑物监管

一、重点单位消防监管

按照"点面结合、突出重点"的原则，市公安局消防总队将关系国计民生的重要目标列为消防重点保卫单位，加强监督管理。

1981 年，确定市消防重点保卫目标标准：(1) 重要的工厂企业、基建工地、交通通信枢纽；(2) 粮、棉、百货等物资集中的仓库、堆栈；(3) 生产、储存化工、石油等易燃易爆物品的单位和部位；(4) 政府机关，重要的科学研究、事业单位；(5) 文物建筑、图书馆、陈列馆；(6) 易燃建筑密集区、经常聚集大量人员的场所。

1987 年，全市消防重点保卫单位 2 000 多家，140 个为市级管理，其余的下放区、县管理。采取检查、考核等方法，加强日常管理，督促消防重点保卫单位建档自查自纠，落实防火措施。

1990 年，按照公安部制定的标准，市公安局消防总队对市、区(县)两级 2 600 多家消防重点保卫单位进行检查验收，其中市管 134 家，达标 132 家；区(县)管 2 400 多家，达标率 90%以上。2010 年，开展消防安全大检查，对正大广场、第一八佰伴和瑞金宾馆等市级消防安全重点单位在消防安全责任落实、消防设施、疏散通道、重点部位、防排烟系统、用火用电等方面进行全面检查。

2010 年底，全市消防重点保卫单位由 1978 年的 1 300 余家增至 4 600 余家。

二、一般社会单位与民宅消防监管

【一般社会单位消防监管】

全市公安消防部门对一般社会单位的消防安全管理，除了加强日常管理外，主要采取分类型、有重点监管、什么问题突出就整治什么的方式。铁路、海运、港务、长航、民航、地铁等公安消防部门，结合行业特点，制定有关规章，强化对列车、船舶、飞机安全行驶和旅客聚集的楼厅、站台、码头进行消防监督管理。

20 世纪 80 年代中后期，上海的乡镇企业、农村仓库成为农村消防工作重点。根据“谁主管，谁负责”的原则，市公安局消防总队依靠有关部门健全落实各级消防责任制，对其消防监督管理。广泛组织群众制定防火公约，严守公约，推广行之有效的防火经验。在农业收获期和冬、春季及重大节日，开展消防安全教育和检查，防止重大火灾发生。1987 年，按照“乡镇企业消防安全六项标准”，开展全面检查验收，1 666 家符合标准，占全市乡镇企业 42%。

1991 年，全市公安消防部门对全市 2 509 个农村仓库开展消防安全专项检查，对发现的隐患，发出整改通知书，限期整改。1992 年，对全市储存物资价值达 120 多亿元的 2 295 个农村代管仓库，集中力量逐个检查、考评和验收。1993 年，对 1 770 家农村仓库开展专项治理，自查整改、培训管理人员。1994 年，根据马陆仓库等多起特大火灾事故教训，开展专项治理，经复查和验收，789 家仓库治理合格。

1996 年 5 月，市防火安全委员会要求全面开展建筑消防设施大检查，全市各系统、地区对建筑消防设施进行自查整改。各级公安消防部门组织 2 244 人次，抽查 500 余幢建筑物的消防设施，发现火险隐患 2 481 处，发出 341 份《消防检查意见书》、67 份《重大火险隐患整改通知书》。据对部分区、县检查结果统计，全市建筑消防设施合格率较低，其中星级宾馆及高层旅馆合格率为 28%，3 000 平方米以上大中型商场合格率为 26%。

1997 年底，全市成立由公安、劳动、工商、工会和农口系统等单位参加的领导小组，下发通知，分“调查摸底、自查自纠、监督整改和抽查验收”4 个阶段，对“三合一”厂房消防安全开展整治。经过普查，全市有“三合一”厂房的单位 1 831 家。在自查自纠的基础上，各区、县开展全面整治，逐一复查验收。其间，全市公安消防部门发出《防火检查意见书》1 581 份，《火险隐患整改通知书》164 份，罚款 11.71 万元，传唤法人代表 107 人次，停业整改 24 家，自动歇业 53 家，迁出人员 4 943 名。

2000年9月,市公安局会同有关委局在全市范围内集中开展以商场、市场、宾馆、饭店、医院、学校、候车(机)厅、公共娱乐场所等为重点的消防安全专项大检查。其间,检查单位18 031家,发现火灾隐患23 791个,发出《消防监督检查意见书》8 179份、《责令当场改正通知书》1 650份、《责令限期改正通知书》1 346份、《重大火灾隐患整改通知书》81份、《停产停业整改通知书》33份。

2002年,市公安局消防总队针对现代城市火灾防范的重点和消防安全的薄弱环节,会同计划、建设、商业、教育、卫生、文广、工商、民防、水务、安全生产、房地等部门和有关区政府,开展网吧、加油(气)站、小化工单位的消防安全专项集中行动,整治网吧3 354家,责令停业整改52家;整治加油(气)站998家,整改火灾隐患1 490余处;整治小化工企业1 238家,责令停产、停业26家。

2005年,针对闲置厂房火灾多发的情况,市公安局消防总队会同安监、国资委等16个职能部门,对全市所有闲置厂房梳理整顿,制定消防安全规定,推出督查责任制等10项措施,强力推进火灾隐患整治,48家市政府挂牌督办单位在年底全部整改完毕。2010年,市公安局消防总队排查社会单位58.7万家次,确定重大火灾隐患挂牌督办单位22家,监督整改火灾隐患32万余处,填发各类消防法律文书、告知单49.3万份,处罚单位9 633家、个人2 329人,其中行政拘留469人。

【居民住宅消防监管】

1954年,上海把改造棚户区列为市政建设的重要内容,在棚户区内增设消防水源,埋设下水道,设立公用电话,动员易燃易爆工厂作坊搬迁至郊区。组织居民防火队,改善烟囱炉灶,订立防火公约,分发《居民防火通知》,推行防火值班制度。

1983年6月,根据公安部《关于哈尔滨市连续发生特大火灾的通报》精神,市公安局组织力量对市内易燃简屋密集区调查摸底,查清全市易燃简屋450万平方米。

1996年11月27日,四川中路401号居民住宅特大火灾后,根据市委、市政府领导指示,全市公安消防部门联合房管、煤气、卫生、电力、街道等部门,对老式居民住宅进行防火普查,有老式居民住宅楼4 546幢,建筑面积612.7万平方米,涉及24.160 3万户居民,分布于20余条老街。针对老式民宅建筑结构简陋、违章搭建、通道狭窄,且消防设施缺乏,居民防火意识差,电器线路老化并超负荷使用现象严重等,上海公安消防部门发出《消防监督检查意见书》690份、《重大火险隐患整改通知书》7份,重点整治一批火险隐患突出居民楼,同时责令2家单位搬迁;督促各有关职能部门和单位,拆除违章建筑,清除走道杂物,保持通道畅通;规范燃气安装、使用,更换陈旧电器线路;动员居民配备家庭救生器具,消除火险隐患。

1997年,市公安局消防总队制定《上海市老式居民住宅消防安全整治方案》,集中清理老式居民楼公用部位杂物,创建"消防安全合格楼",采取"堵后门、防火患"举措,落实3层以上居民家庭配置1根安全绳、1只手电筒、1副简易防烟面具和1只灭火器等家庭防火安全用具。

2002年8月,市长办公会议专题研究老式居民楼专项治理工作,并将其列为2003年市政府实事工程。2003年,对3层以上的老式居民楼排摸,全市有3.26万余幢,并实施分类治理,对列入保护范围的,以安装简易喷淋、逃生缓降设备等硬件改造为主;对3年内不拆除的居民楼,采取硬件改造与软件管理相结合措施;对即将拆除的,以管理为主加强防范。

2010年11月,市公安局消防总队对黄浦、卢湾两区部分高层居民住宅楼进行消防安全检查,查看大楼内部消火栓、水带等维护情况,查出大楼内存在疏散楼梯堆物、防火门敞开、部分应急照明灯损坏等火灾隐患,督促物业管理单位整改。

三、建筑物消防监管

【地下建筑消防监管】

上海地下防空建筑是20世纪60年代末70年代初建造的战备工程。20世纪80年代后，在“人防建设要‘平战结合’，提高社会效益和经济效益”的指导思想下，大批地下防空建筑被利用，作为物资仓库、旅馆、文化场所、办公室、会议室、生产车间、商店、汽车库、医院、养殖场等，全市地下防空建筑利用面积达132万平方米，约有1.8万人在地下建筑内工作、居住，电线乱接、出入口少、装饰材料可燃、消防设施极差，发生火灾后，疏散抢救极为困难。

1987年，上海公安消防部门按照《上海市平时使用人防工程消防管理规定》，对地下人防建筑进行检查验收，对合格者换发使用证；发现重大火险隐患，向被检查单位发出《火险隐患整改通知书》，督促整改，排除隐患，保证安全。1990年，对地下人防建筑存在的火险隐患，制定全面整改规划，督促有关部门逐步落实整改。

1993年，市防火安全委员会制定《民防工程消防安全专项治理标准》。上海公安消防部门组织开展人防工程火险隐患专项治理，对5 916家人防工程单位开展以安全培训、自查整改为主要内容的专项治理，培训一批安全骨干，消除一批火险隐患。经整治，467家单位获消防安全许可证。

1995年，市政府将人防工程消防安全专项治理列为实事工程之一。市公安局消防总队在调研基础上制定有关标准和验收办法，各区、县人防工程单位按标准实施治理改造，全市拆除或停用人防工程122家，验收合格311家，需要整改131家。1996年，继续加强地下人防工程专项治理，消除一批火险隐患。

2000年，市公安局消防总队开展以地下建筑、船舶、高层、石油化工等为重点对象的消防调研，专项调查摸底，普查登记单位17 832家，完善灭火救援预案。2002年，会同建设、商业、教育、卫生、文广、工商、民防、水务、安全生产、房地等部门和有关区政府，集中开展消防安全专项整治，整治地下空间6 914家，责令停业129家。2010年，全市公安消防部门开展地下空间消防专项整治行动，消除隐患。

【高层建筑消防监管】

20世纪90年代开始，上海高层建筑大量增加，火灾隐患突出，扑救难度大。全市公安消防部门针对高层建筑存在的火险隐患，1990年制定3—5年的整改规划。1991年，对全市1 350幢高层建筑开展消防安全专项检查，对发现的隐患，发出整改通知书，要求限期整改。1992年，对高层宾馆、饭店进行消防安全检查。4—5月，组织力量对代表性的23幢高层建筑，从防火安全、员工岗位防火责任事故处理、大楼内部消防自卫设施等方面进行检查，找出存在问题，提出改进措施，督促整改。

2000年，全市公安消防部门在对高层建筑消防工作的调研基础上，完善灭火救援预案。2002年，开展对50米以上高层建筑、公众聚集场所的消防安全专项整治，整治高层建筑及公众聚集场所8 079家，处罚单位360家。2008年，将高层建筑列入火灾隐患专项治理范围，排查整治13 903幢。2010年，开展高层建筑消防专项整治行动。市公安局消防局会同其他行政管理部门出台《上海市高层建筑设计防火技术规定》《上海市高层建筑验收规定》。

四、公众聚集场所消防监管

影剧院、游乐场、文化宫、俱乐部、体育馆、图书馆、博物馆、展览馆、商场、集贸市场为人员集中聚集场所,历来火警较多、危害影响大,被公安消防部门列为消防重点监管范围。

1979 年,针对影剧院疏散通道堆放杂物、舞台电灯贴近幕布、安全门上锁、消防设备损坏等问题,市公安局与文化局等 5 个单位联合下发《关于加强文娱体育场所消防安全工作的通知》,并组织力量,开展全面检查,消除一批火险隐患。20 世纪 80 年代后期,针对公共聚集场所电器设备增加、用火情况增多、消防设施维修保养差等问题,全市 7 313 家公共聚集场所被列入市、区两级消防重点管理范围。

1993 年,市公安局消防总队检查全市商业街和大中型百货商场,发现先施公司、曼克顿广场等南京路改造工程中存在消防水源不足、消防通道被封堵等问题,提出整改建议。1995 年,全市公安消防部门对 1 222 家影剧院、歌舞厅、夜总会进行检查,发现占用消防通道、采用可燃物装饰、消防设施欠缺等问题,罚款 83 家,停业整改 41 家。1997 年,对 6 412 个公共聚集场所和 120 处重大活动场所检查,发现隐患 11 500 条,发出 3 495 份《消防监督检查意见书》、55 份《火险隐患整改通知书》,当场整改 7 628 条,限期整改 3 872 条,停业整改 6 家。2000 年,以商场、市场、宾馆、饭店、医院、学校、候车(机)厅、公共娱乐场所的安全疏散设施为重点,检查单位 1.8 万余家,发现隐患 2.37 万余条,发出 8 179 份《消防监督检查意见书》、2 996 份《责令改正通知书》、81 份《重大火灾隐患整改通知书》。

2001—2002 年,市公安局消防总队会同市教委、建委、商委、旅游委、安全办、民防办、文广影视局、工商局、监察局、卫生局等部门,联合开展公众聚集场所消防安全专项治理。上海这一做法,得到国务院专项督查组的肯定。2003 年,公安消防部门采用法律文书预先告知的形式,与 16 611 家公众聚集场所单位法定代表人签订《消防安全保证书》,落实公众聚集场所法定代表人的消防安全责任;开展执法稽查,促进社会单位消防安全主体责任的落实。2005 年,开展大型商场、市场消防安全专项治理,组织检查组 467 个,检查商场、市场 6 605 家次,发现火灾隐患 5 237 处,督促整改隐患 4 111 处。2007—2008 年,将人员密集场所、公共娱乐场所、闲置厂房、地下空间、“三合一”场所、“群租房”等列入火灾隐患专项治理范围,检查 11.18 万家次,处罚单位 5 974 家、个人 3 129 人,责令“三停”2 835 家。2010 年,全市公安消防部门与 40 万余家单位逐家签订“社会单位消防安全责任书”,并开展消防专项整治行动。

第三节　爆炸物、危化品与烟花爆竹消防监管

一、爆炸物品监管

1978 年,爆炸物品被市公安局消防总队列为重点监管对象,不断开展整治活动,并加强专业力量和专业装备建设。1995 年,在开展爆炸物品整治活动中,清理库存废旧船用信号弹等爆炸物品 2.5 万余枚(只),收缴废旧炮弹 80 余发。会同有关部门对社会上发生的 10 余起爆炸绑架案、邮件炸弹案、爆炸杀人案、可疑装置案进行有效处置,排除爆炸险情。1999 年 6 月,开展“强化爆炸物品管理严打涉爆犯罪”专项斗争,印制张贴公安部《通告》22 854 份,悬挂宣传标语横幅 4 495 条,设置

举报电话，召开全市涉爆单位会议。检查爆炸物品生产、储存、使用单位和进入市境道口及车站、码头、机场、小旅馆、集贸市场、外来人口集居地30万余家(个)次，收缴雷管9 058枚、枪弹35 243发、手榴弹48颗、废炮弹763枚、船用信号弹13 334枚。同年，市公安局印发《上海市民用信号弹安全管理规定》。上海公安消防部门排除爆炸物品或嫌疑爆炸物品20起，侦破涉爆案件10起。

2002年，市公安局消防总队建立三级消防特勤备勤机制，以特勤大队为主体，8个特种抢险班和56个抢险小组为补充，并引进一批国外先进的特种排爆装备器材。

2001—2010年，全市公安消防部门加大民用爆炸物品监管力度，处置爆炸物67起，收缴废旧弹药2 653个；处置可疑物458起，扬言爆炸搜爆162起，场所排爆安检260次，排爆驻防497次；处置爆炸装置80个、炸药53 362.2克、导火索133.88米、雷管298枚，收缴废旧炮弹10 480枚。

二、危险化学品消防监管

1980年后，上海化学工业发展很快，危险化学品被市公安局消防总队列为重点监管对象。1981年，全市有生产、储存、运输化学危险物品的单位9 794家，化学危险物品仓库面积32.6万平方米，贮存易燃液体的贮罐1 253只(其中贮存液化石油气1.67万余吨)，化学危险物品吞吐量1.3亿吨(其中进出口近50万吨)，还有年产煤气4.33亿立方米。1982年，市政府制定《上海市化学危险物品安全管理办法》。

1989年，上海公安机关对运输化学危险物品车辆进行大检查，在被检查的2 181辆车辆中，发现违章运输危险化学品车辆633辆，当场处罚430辆，扣证处理203辆。1994年5月，公安部发布《易燃易爆化学物品消防安全监督管理办法》，明确对生产、储存、经营和运输易燃易爆化学物品的单位和个人实施监管。1999年，全市公安消防部门对7 000多家液化石油气储配站、供应站及液化石油气使用、经营单位进行集中消防安全整治，取缔非法液化石油气经营点48个，发出监督检查法律文书2 500余份，罚款80万余元，要求限期整改997家，暂扣非法液化石油气钢瓶4 500多只，拘留责任人7人。1992年，市政府制定《上海市液化石油气管理办法》。

2000年，市政府制定《上海市化学危险物品生产安全监督管理办法》。2002年3月，国务院发布《危险化学品安全管理条例》，由安监部门负责危险化学品安全监督管理综合工作。5月，公安部发布第64号令，明确《易燃易爆化学物品消防安全监督管理办法》废止。

三、烟花爆竹管理

1978年，全市公安消防部门加强烟花爆竹安全管理，开展宣传教育，打击非法销售烟花爆竹活动。1981年1月，市政府发布《进一步加强爆炸物品管理的意见》，明确严禁私自生产、贮存、销售烟花爆竹。1983年11月，市政府规定，凡经营烟花爆竹等易爆易燃商品采购、批发的单位，须经市公安局核准，未经许可，工商管理部门不发营业执照；对烟花爆竹的销售，实行定点、限量贮存；外地烟花爆竹进入上海，均须持有市公安局签发的运输证；未经市公安局核准运入上海市的烟花爆竹，均予没收并处罚当事人。1988年12月，市政府颁布《上海市烟花爆竹安全管理规定》，禁止个人从事烟花爆竹的生产和销售，禁止在市中心区燃放烟花爆竹，禁止在托运、邮寄、寄存行李包裹、邮件中夹带烟花爆竹。

1992年春节前，全市公安消防部门接到群众举报信、举报电话70余件(次)，没收总价值计50

万余元的烟花爆竹。1994 年 10 月 20 日,市人大常委会公布《上海市烟花爆竹安全管理条例》,1995 年 1 月 1 日实施,在区县级以上党政机关驻地,市级以上文物保护单位或者场所,车站、码头、机场等重要场所,重要军事设施,存放易燃易爆物品场所,幼儿园、托儿所、医院、敬老院、疗养院、教学、科研单位等场所,禁止燃放烟花爆竹。1996 年,市公安局设置禁放标志牌 1 350 块,组织民警 9.5 万余人次上街巡逻、宣传和执法,在禁放区域(路段)劝阻燃放烟花爆竹。1997 年,市人大常委会对《上海市烟花爆竹安全管理条例》进行修改,明确内环线以内禁止燃放烟花爆竹。1999 年,市公安局组织 2 次集中查禁行动,共收缴、销毁非法烟花爆竹 2.76 万余箱,价值近 400 万元,取缔非法烟花爆竹销售点 1 000 余个,对违反烟花爆竹管理规定的单位和个人共罚款 34 万余元,拘留 48 人。

2000 年,市公安局消防总队责令关闭全市仅有的 3 家烟花爆竹生产厂,对全市 25 家烟花爆竹批发单位进行“过筛式”安全检查。2004 年,采取烟花爆竹数码防伪措施,收缴并销毁非法伪劣烟花爆竹 3.7 万余箱,价值 740 万余元。加强对国庆、上海旅游节等大型活动期间焰火燃放活动的安全检查。2010 年,重点做好上海世博会燃放烟火 40 余吨的安全检查和防范工作。

第四节　消防产品生产监管

1981 年,市公安局下发《关于加强本市消防器材生产管理的通知》,要求生产消防器材的企业,须经市公安局消防处审核同意,经市工商行政管理部门发给执照,方可生产。1983 年,市公安局、市标准计量管理局规定全市生产、维修、经销消防产品的单位,须接受公安消防部门监督管理。1988 年,市公安局、市经委联合召开整顿消防器材生产企业大会,公布合格生产厂家,未列入合格工厂的产品不准在市场销售。1989 年,市公安局、市技术监督局颁发《防火建筑产品和阻燃建筑内装修产品监督管理规定(试行)》,明确上海本地或批准在上海销售的外地单位,年底前,向公安消防部门换领新证;在上海使用的进口消防设备,包括电子产品等,经国家有关方面检验合格后,方能使用。

1995 年,全市公安消防部门到消防生产企业检查 1 000 余次,120 余家获生产、经营、销售证。1999 年,审核灭火器维修企业质保体系 53 家,检查消防产品生产单位 200 余家,查处假冒伪劣消防产品案件 27 起。2003 年,全国首家消防产业组织——上海市消防协会消防产业委员会成立,承担和协助政府主管部门开展消防产业管理和服务的功能,服务消防产业发展。2005 年,全市公安消防部门会同相关部门开展消防产品专项整治,通过联合执法、突击检查、公布举报电话、新闻曝光等手段,打击假冒伪劣消防产品。2007 年,开展消防产品普查整治。2008 年,开展北京奥运会上海赛区场馆消防产品排查整治。市公安局消防局制定《上海市消防产品监督管理暂行规定》,对生产、销售、安装、维修、使用消防产品的单位和个人,以及检查、判定、处罚作出明确规定。2009 年,市公安局消防局制定《世博园区消防产品管理规定》,明确上海世博园区建设单位或消防产品使用单位须选用检验合格的消防产品。

第五章　灭火与抢险救援

上海消防工作贯彻“预防为主，防消结合”的方针，把防火放在首位，同时做好火灾扑救准备，做到“发生火灾及时扑救、减少人员伤亡、财物损失”。市公安局消防总队统一组织和指挥火灾扑救工作，火灾现场指挥员由火灾发生区域的消防队长担任；在有几个消防中队同时参加灭火时，由消防大队长（支队长）或战训处长担任。接报警后，消防车在1分钟内出车奔赴火场。灭火战斗中，消防官兵始终把救人放在第一位，运用各种方法，最大限度地减少损失，保卫社会主义经济建设和人民群众生命财产安全。作为上海消防战线的先进典型——车站中队，在1999年被国务院、中央军委授予“模范消防中队”荣誉称号。

第一节　火灾扑救与处置

一、重大火灾扑救

1986年9月18日2时20分许，上海市第二轻工业局贸易中心大楼发生特大火灾。消防部门接警后，调集42辆各种消防车、670余名指战员参战，还调上海港1艘消防艇从黄浦江增援供水。面对火场高强度辐射热和坍塌风险，消防官兵冒着极大的危险营救出7人，并于翌日10时45分彻底将火扑灭。市长江泽民立即赶到火灾现场察看，并在当天召开全市消防工作会议。

1999年4月19日15时45分，沪太路3102号的工厂储罐区发生特大火灾。公安消防部门接警后，调派78辆消防车、近千名消防指战员前往扑救。扑救中，储罐先后发生多次爆炸，消防官兵采取先冷却后泡沫等灭火措施，经过15个小时奋力扑救，将火扑灭。

2007年8月14日16时35分许，在建上海环球金融中心大楼因电焊施工不慎引燃26层（112米）脚手架，随后火势迅速上下蔓延，最高至83层（357米）。消防部门接警后，调集10个消防中队的25辆消防车、200余名指战员赶赴现场扑救。疏散员工1 700余名，无一伤亡，并于17时46分扑灭火灾，创造全国扑救火灾高度之最。

2008年7月17日12时22分，奉贤区雷盛塑料包装（上海）有限公司半成品仓库发生火灾，过火面积4 100平方米，仓库内存放的物品基本烧毁，直接财产损失约1 300万元。灭火战斗中，消防官兵3人牺牲、1人受伤。

2009年8时12分，“11·28浦东机场飞机失事事故”发生时，浦东国际机场专职消防队18辆消防车第一时间赶赴现场救援，市公安消防部门派出14辆消防车处置，经过3个多小时的施救，营救出7名被困人员，及时搜寻到“黑匣子”。

2010年11月15日14时15分许，静安区胶州路728号公寓大楼在实施外墙节能综合改造时因施工人员违章操作电焊而引发特别重大火灾事故，造成58人死亡、71人受伤，直接经济损失1.58亿元。市公安消防部门接警后，调派47支消防中队的122辆消防车、1 152名消防指战员前往扑救。

1978—2010年，上海累计发生火灾93 075起，损失81 797.26万元，造成1 461人死亡、2 745人受伤。

表 7-5-1 1978—2010 年上海火灾伤亡损失统计

年 度	火灾次数(起)	火灾损失(万元)	死亡人数(人)	受伤人数(人)
1978	1 087	409.64	30	140
1979	1 112	303.17	42	140
1980	775	457.40	17	126
1981	862	201.86	33	81
1982	656	172.83	33	76
1983	573	533.40	24	67
1984	498	177.21	21	71
1985	536	373.85	30	74
1986	662	789.69	25	54
1987	646	575.26	51	56
1988	620	459.74	58	53
1989	342	393.90	30	30
1990	2 146	1 867.94	45	137
1991	1 661	936.79	38	112
1992	1 723	2 742.38	40	57
1993	1 418	2 552.49	73	128
1994	1 079	2 378.50	51	95
1995	1 114	2 100	47	86
1996	879	2 205	87	96
1997	7 350	2 639.10	51	138
1998	7 190	2 224.50	42	114
1999	6 551	1 478.30	43	90
2000	5 164	1 919.10	40	57
2001	3 164	966.20	31	65
2002	5 983	1 312.88	39	58
2003	5 781	1 723.52	47	85
2004	5 134	1 680.74	30	47
2005	4 310	1 816.78	54	90
2006	4 526	2 292.03	45	54
2007	4 233	2 650.04	50	45
2008	3 511	14 523.83	50	57
2009	6 086	3 989.96	63	41
2010	5 703	22 949.23	101	125

资料来源:《上海公安志》《上海公安年鉴》《上海火灾年报》。

二、火灾事故调查

上海公安消防部门在灭火的同时，事故调查工作也及时跟进，以便弄清起火原因、认定责任。2003年6月，为保证火灾事故调查的权威性、专业性，成立上海公安消防火灾事故调查专家委员会，有建筑、化工、车辆、港务等方面的专家共13人；并制定《上海市火灾事故调查规定》。2004年8月，各消防支队确定1—2名火灾事故调查专(兼)职人员。2008年3月，公安部发布《火灾事故调查规定修正案》；7月，市公安消防总队修订《上海市火灾事故调查规定》。2010年，市公安局制定《关于公安派出所对轻微火灾事故加强现场调查处置工作的意见》，明确11月1日起，全市派出所承担现场调查处置轻微火灾事故工作。

1996年11月27日凌晨1时许，黄浦区四川中路397－421号居民住宅楼401号单元发生特大火灾，造成36人死亡、19人受伤，直接经济损失178万元。火灾发生后，由消防总队、刑侦总队、黄浦分局组成联合调查组，公安部消防局派专家指导火灾事故调查。经调查询问、现场勘验及技术鉴定，认定起火部位为401号单元2楼走廊北端205室与厨房之间的走廊处，起火点为205室门前的地板处，起火原因为有人在205室门前走廊处用明火点燃地板上汽油引起火灾。

2005年4月29日凌晨3时47分许，黄浦区制造局路867弄7号宏达废旧物资回收站发生特大火灾，造成10人死亡、17人受伤。经调查询问、现场勘验及技术鉴定，认定起火部位为1楼通向2楼的转角平台处，起火原因为放火嫌疑。

2006年12月8日6时10分，普陀区宜川路451弄28号501、502室发生火灾，烧毁建筑面积约76.96平方米，屋内家用电器及生活用品基本烧毁，直接财产损失共计5万元，无人员伤亡。火灾发生后，市公安局普陀分局消防支队组织调查人员，多次勘查火场，查明火灾原因，明确火灾责任，为有关单位善后处理提供依据。

2008年12月7日18时22分，位于普陀区绥德路669号的施耐德电气(中国)投资有限公司上海分公司物流仓库发生火灾，过火面积约1万平方米，仓库建筑及内部储存货物、设备、设施受损，办公区部分受烟熏及水渍损失，火灾直接财产损失3.89亿元。火灾发生后，市消防局与市公安局普陀分局立即组织调查人员对起火原因开展调查。经现场勘验、调查访问、技术鉴定，并组织专家分析会，认定该起火灾起火部位为仓库西北角，起火点为仓库西北角NK货架西数第4格北侧走道处，起火原因为停电后恢复供电时的操作过电压，导致照明灯具发生电气故障，引燃可燃物并扩大成灾。

2009年5月28日14时43分，杨浦区平凉路1 365弄1号大楼南外墙搭建的脚手架发生火灾，过火面积近300平方米。火灾造成大楼南侧外墙面、部分脚手架、大楼内银行及21户居民家中不同程度受损。市公安局杨浦分局消防部门调查人员深入现场勘验、调查访问，认定起火部位为大楼南侧银行门口上方的脚手架平台处，并发现竹排上可燃杂物。

2010年11月15日14时，静安区胶州路728号1栋高层公寓大楼起火，形成大火，造成58人死亡、71人受伤。市公安局消防、治安、刑侦、经侦总队人员组成调查组，深入现场勘验、调查访问、技术鉴定，认定起火点位于第10—12层之间，主要由无证电焊工违章操作引起；且存在违规使用大量尼龙网、聚氨酯泡沫等易燃材料等事故诱因。此外，调查中还发现装修工程违法违规、层层多次分包，施工作业现场管理混乱、抢工期，以及有关部门安全监管不力等问题。

三、重特大火灾事故案例

1978 年 2 月 10 日 2 时 30 分,上海篷帆软垫厂发生火灾,烧毁 2 100 平方米的房屋和裁剪车、缝纫机等生产设备 93 台,经济损失 140 万余元。

1979 年 6 月 29 日 2 时许,上海电机厂七车间胶木件仓库发生火灾,烧毁 630 平方米的房屋及部分财物,经济损失 55 万元。

1980 年 10 月 30 日 15 时 44 分,上海船厂浦西分厂承修的"宜兴轮"因焊割火花遇易燃气体引起爆炸,发生特大火灾,烧毁冷藏舱、驾驶室、电报室、船员房间、餐厅、会议室等,造成 13 人受伤,经济损失 225 万元。

1981 年 1 月 24 日下午,停泊在上港六区的巴基斯坦"卡路杜"万吨货轮发生火灾,烧毁棉花包 3 583 件,水渍侵损 1 520 件,经济损失近 60 万元。

1981 年 12 月 13 日 3 时 35 分,高桥化工厂一车间发生爆炸,烧毁机房、设备、原料等,造成 18 人受伤,经济损失 30 万元。

1983 年 9 月 10 日 3 时 24 分,嘉定县桃浦二库露天堆垛因遭雷击起火,烧毁麻袋、菜籽饼、山芋干等大批物资,经济损失 250 万元。

1985 年 6 月 27 日 13 时许,上海造漆厂(位于陕西南路)发生大火,烧毁厂房 900 平方米、油漆 7.5 吨、硝化棉 2.7 吨、色浆 9 吨、稀料 5 吨,造成 8 人受伤,经济损失 8 万余元。

1987 年 2 月 7 日 8 时 40 分,上海大众汽车有限公司安亭临时仓库,因配电板电丝熔断发生火灾,烧毁大量汽车配件和 1 200 平方米的建筑物,经济损失 250 万元。

1988 年 10 月 22 日 1 时许,上海炼油厂小梁山球罐区,因工人违章操作,致使液化气外溢遇明火燃爆,烧毁 200 平方米的建筑物及部分电器设备,造成 25 人死亡、16 人受伤,经济损失 10 万元。

1990 年 4 月 8 日 15 时,建设中的国家重点建设工程——卫生部上海生物制品研究所血液制剂生产线二期工程,因工业设备安装工人违章焊割,引起火灾,烧毁 1 000 平方米的厂房、拌罐 13 只及冷冻机、空调机 23 台等设备,直接经济损失 636.84 万元,间接经济损失 6 000 万元。

1992 年 1 月 18 日 14 时 42 分,"大庆"62 号油轮在石洞口上游空船抛锚,轮机长违章电焊发生爆炸,导致特大火灾,船体破裂下沉搁浅,造成 4 人死亡、4 人受伤,经济损失 1 250 万元。

1992 年 7 月 25 日 4 时正,普陀区光复西路 555 弄 44 号因纵火引起火灾,烧毁 80 平方米的房屋及电视机、电冰箱、洗衣机、电风扇等一批家用电器,3 人窒息死亡。

1993 年 1 月 3 日 19 时 40 分,海底皇宫娱乐总汇(位于虹口区乍浦路 233 号地下室)改建施工时,用火不当,引起火灾,造成 11 人死亡、13 人受伤,经济损失 6 万余元。

1993 年 1 月 7 日 12 时 15 分,青浦县上海青浦打火机厂因拆卸气体打火机时泄漏气体遇明火引起爆炸,烧毁 98 平方米的房屋、打火机 3 万件,造成 17 人死亡、3 人受伤,经济损失 2.4 万元。

1993 年 7 月 13 日 14 时 10 分,上海铜带厂(位于宝山区泰和路 1100 号)"九四"2/4 辊递轧机车间,因轧机在高速运转中铜带撕裂,产生高温着火引起油雾燃烧,蔓延扩大成灾,烧毁机械设备等,经济损失 353.1 万余元。

1993 年 7 月 16 日 16 时 35 分,上海光通信器材公司(位于嘉定区环城路昌桥)的恒温车间 MCVD 气相沉积室内,日光灯在通电状态下聚热升温,引起可燃物燃烧扩大成灾,烧毁进口车床、检测仪器及 300 平方米建筑物,经济损失 201.6 万余元。

1994 年 2 月 19 日 3 时 50 分，浦东新区浦东大道仁和贸易商场发生特大火灾，烧毁建筑面积 1 600 平方米以及大量食品、服装、家用电器等商品，经济损失 178 万元。

1994 年 4 月 6 日 12 时 50 分，上海第十四化学纤维厂（位于静安区康定路）的聚纺车间，由于当班工人操作失误，发生喷料燃爆起火，造成 6 人死亡、7 人受伤，经济损失 21 万余元。

1994 年 4 月 12 日 11 时 10 分，上海联胜皮草制品有限公司（位于宝山区）的上浆车间烘箱因大量可燃气体散发，引发爆炸，炸毁 86 平方米的房屋，设备 4 台及草帽 5 400 只，造成 5 人死亡、1 人受伤，经济损失 12 万余元。

1994 年 5 月 4 日 11 时 50 分，位于虹口区欧阳路 289 号的上海无线电七厂发生特大火灾，烧毁 400 平方米的房屋及机械设备、仪器仪表，经济损失 190 万余元。

1994 年 7 月 12 日 17 时 50 分，大中华橡胶二厂（位于长宁区长宁路）的 4 车间 3 楼原成品仓库发生特大火灾，烧毁空调器 215 台，经济损失 130 万余元。

1997 年 2 月 28 日 12 时 59 分，立丰船厂希腊籍“米登阿甘”号 3 万吨级船因压载舱炉子生锈用火烘，而后火遇油引发火灾，造成 5 人死亡、4 人受伤。

1997 年 3 月 24 日 1 时 50 分，浦东新区崮山路 198 号面包房发生重大火灾，造成 7 人死亡。

1998 年 3 月 8 日 8 时 39 分，杨浦区扬州路 424 弄 30 号居民房发生重大火灾，过火面积 20 平方米，造成 3 人死亡。

1999 年 4 月 15 日 16 时 04 分，从上海飞往汉城的韩国 MD－11 运输机在莘南新村方向失事，随即爆炸，造成 4 人死亡、35 人受伤。

2000 年 12 月 22 日 2 时 58 分，黄浦区福佑路 453 号近河南南路居民房发生重大火灾，过火面积 100 平方米，造成 4 人死亡，9 人受伤。

2001 年 10 月 21 日 5 时 38 分，上海振东泡沫塑料厂（位于浦东新区东海镇盐朝路 765 号）发生重大火灾，过火面积 80 平方米，造成 5 人死亡、2 人受伤。

2002 年 5 月 27 日 23 时 12 分，现代装潢材料店（位于长宁区长宁路 1427 号）发生重大火灾，过火面积 20 平方米，造成 4 人死亡、1 人受伤。

2003 年 9 月 18 日 9 时，沪东集团东运船舶有限公司（位于浦东新区浦东北路 1079 号）的 6 万吨级集装箱货船“新南京”号发生火灾，在火灾扑救过程中，1 名消防战士牺牲，3 名战士受伤。

2004 年 7 月 14 日 19 时，立新船厂（位于浦东新区东塘路 330 号）的“大庆 254”号 5 万吨级油轮发生火灾，造成 1 人死亡、4 人受伤。

2006 年 4 月 3 日 3 时 01 分，静安区万春街 74 弄 36 支弄 44 号居民住宅，因居民在 1 楼卧室酒后吸烟留下火种引发火灾，过火面积 261 平方米，造成 3 人死亡、4 人受伤，直接财产损失 25.2 万元。

2007 年 5 月 26 日 17 时 27 分许，宝山区罗泾镇洋桥村 1 个无证木屑加工场发生粉尘爆炸而引发火灾，过火面积 447 平方米，其中 150 平方米因爆炸坍塌，造成 4 人死亡、5 人受伤，直接财产损失 2 万元。

2007 年 7 月 26 日 23 分许，松江区新桥镇新育路 140 弄 70 号住宅，因电动助动车充电时，连接充电器的移动接线板电源线短路，引燃周围可燃物发生火灾，过火面积 50 平方米，造成 6 人死亡，直接财产损失 5.2 万元。

2008 年 7 月 17 日 12 时 22 分，奉贤区雷盛塑料包装（上海）有限公司半成品仓库因不明原因发生火灾，过火面积 4 100 平方米，直接财产损失约 1 300 万元。在灭火战斗中，消防官兵 3 人牺牲、1

人受伤。

2008年11月14日6时12分,位于徐汇区中山西路2271号的上海商学院宿舍楼602室通电“热得快”放置床上,高温引燃可燃物引发火灾,造成4人死亡,直接财产损失3.62万元。

2008年12月29日15时02分,宝山区华灵路1225弄(华欣苑小区)89号居民别墅,因底层客厅东北角吊顶内电气故障引发火灾,造成3人死亡、1人受伤,直接财产损失2.15万元。

2009年8月13日23时56分,嘉定区马陆镇育绿路301弄16-A41、A42百货五金商行发生火灾,造成3人死亡,直接财产损失20.1万元。

2009年11月27日23时22分,浦东新区杨高南路2885号,因临时供电电缆短路发生火灾,过火面积520平方米,造成4人死亡,直接财产损失5万元。

2010年6月24日1时27分,青浦区练塘镇东风街148弄15号居民房发生火灾,造成3人死亡、2人受伤,直接财产损失25.4万元。

第二节 安检排爆与抢险救援

一、安检排爆

安检排爆工作由上海公安消防部门承担,主要负责扬言爆炸、可疑爆炸物、爆炸物等涉爆突发现场以及已爆现场的处置;废旧雷弹收缴销毁;重要活动场地安检和排爆备勤;参与反恐怖突发事件的应急处置任务;开展安检排爆科研;接受公安部派遣驰援外省市安检排爆工作等。

1979年5月30日,上海市公安局消防处在苏州吴县七子山销毁废炮弹,发生意外爆炸,消防处副处长卫淑海在内13名干部、战士以身殉职。1995年,上海某中外合资企业发生持爆炸装置勒索案件,公安消防排爆人员成功排除爆炸装置。该案件为上海首起有重大影响的持爆炸装置勒索案件。1996年2月,市公安局消防总队第五支队车站中队组建兼职排爆小组。1998年11月,全市第一支成建制安检排爆队伍——特勤大队漕河泾中队排爆班成立。2000年5月,撤销漕河泾中队排爆班,组建特勤大队龙阳中队排爆班。2008年7月,市公安局消防总队派出3名队员支援第二十九届奥运会北京赛区的安检排爆任务。11月,特勤支队下设安检排爆队,组建特勤支队新泾中队排爆班和彭浦中队排爆班。

上海公安消防部门参加1999—2010年历次重大活动排爆安检工作,向1999年财富论坛,2001年10月第九届APEC会议,2002年5月第三十五届亚行年会,2004年5月世界女子沙滩排球赛,2005年4月第二十八届世乒赛,2006年4月亚太经合组织反腐败研讨会,2007年9月女足世界杯,第二十九届特殊奥林匹克运动会,2008年7月第29届奥运会上海赛事,2009年5月中德足球友谊赛,2010年上海世博会等现场,派驻安检排爆部门,开展安检排爆工作。同期,上海公安消防部门还参与处置各类涉爆任务,1999年4月8日,处置持爆炸物劫持某银行案,排除爆炸装置1枚(含量黑火药300克);10月27日,排除某单位管子炸弹1枚(含量TNT炸药300克)。2001年8月14日,排除南汇县惠南镇某酒家爆炸装置(含量黑火药3 860克)。2003年8月10日,排除浦东新区顾高路某废品收购站内发现的特种废旧炮弹;12月29日,排除浦东新区某单位发现的爆炸装置。2004年3月8—11日,处置收缴嘉定区人民街240号1 001枚废旧炮弹;10月15日,排除在嘉定区环城路160弄43号602室查获的16枚投掷式爆炸装置、40千克氯酸钾、5千克升华硫。2007年5月27日,排除宝山区、闸北区“买买提红玫瑰”龙虾馆连锁店系列爆炸装置2枚。2008年3月3日,排除在崇明县大东路1号上海华润大东船务公司检修船舶底部藏匿海洛因的炮弹型挂体。

表7-5-2　2001—2010年上海公安消防安检排爆队伍出警统计

年度	场所安检	扬言爆炸搜爆	保卫任务驻防	爆炸物处置	可疑物处置	废旧弹药收缴	小计	处置爆炸装置（个）	处置炸药（克）	处置导火索（米）	处置雷管（枚）	收缴废旧炮弹（枚）
2001	4	15	9	7	46	0	81	6	8 773.70	1.11	12	0
2002	17	9	23	3	17	0	69	3	1 204	1.40	0	0
2003	12	7	26	10	33	285	373	13	3 980.60	3.30	62	606
2004	25	26	51	6	41	404	553	30	4 478.80	1.60	0	2 160
2005	23	23	48	5	38	425	562	3	5 608	8.52	4	1 145
2006	19	13	51	11	38	353	485	8	622.20	0.35	91	684
2007	24	11	56	9	29	350	479	5	346	0	109	1 023
2008	70	16	112	9	112	340	659	2	10 423	8.40	5	3 703
2009	35	10	60	4	44	281	434	10	0	0	0	700
2010	31	32	61	3	60	215	402	0	17 925.90	109.20	15	459
合计	260	162	497	67	458	2 653	4 097	80	53 362.20	133.88	298	10 480

资料来源：上海市消防局特勤支队统计表。

二、应急抢险救援

1982—1988年，上海公安消防部门开展抢险救灾382次。1988年3月24日，沪杭外环线匡巷站发生311次客车与208次客车相撞的特大事故。上海公安消防部门出动200多名指战员，与其他抢险队伍一起，连续奋战20个小时，将111名受伤旅客从侧翻列车车厢中抢救出来，并将已经死亡的28名旅客遗体(其中27名为日本籍)从掩埋体中挖出。

1990年9月10日19时38分，执行MU586航班飞行任务的东航2173号客机，从上海虹桥机场起飞后不久，因前起落架发生故障而紧急迫降。市公安局消防总队接警后，迅速调集35辆消防车和近400名消防指战员赶赴现场，采取泡沫覆盖跑道，车辆编组停靠水源，组织抢险队伍严阵以待等措施。飞机迫降后，数十辆消防车驶向飞机并喷水、喷泡沫，使飞机冷却，消除飞机发生火灾和爆炸的危险。同时，消防特种抢险人员快速登机协助疏散乘客、抢救伤员，保护旅客生命财产安全。公安部长贾春旺签署嘉奖令，给予参战官兵集体嘉奖。

2006年12月28日，为提高上海抗御地震灾害事故的整体能力，加强城市应急管理工作，市委、市政府隆重举行上海地震灾害紧急救援队成立大会，标志着以消防特勤队伍为主要力量的上海市地震灾害紧急救援队正式组建。

2008年，汶川"5·12"特大地震发生后，奉公安部之命，上海公安消防部门迅速调集431人和装备物资，飞赴灾区参加抢险救援。上海公安消防指战员，历时16个小时，徒步70余千米强行军，挺进映秀镇开展救援。救援期间，从地震废墟中营救出被埋群众358人，抢救伤员167人。在全国消防部队增援力量中，上海公安消防应急救援队最早抵达、最晚撤离映秀镇等重灾区，从废墟中救出第一个幸存者和被埋时间最长的最后一名幸存者。6月30日,中共中央总书记胡锦涛在接见参加全国抗震救灾先进基层党组织和优秀共产党员代表座谈会时,表扬上海消防部队抢险救灾工作。10月8日,在全国抗震救灾总结表彰大会上,上海市公安局消防局赴川抗震救灾大队,被中共中央、国务院、中央军委授予"抗震救灾英雄集体"称号,上海市消防局奉贤支队支队长姜亦山、特勤支队彭浦中队抢险班班长周庆阳被授予"全国抗震救灾模范"称号。

2000—2010年,上海开展抢险救援75 203次,出动车辆94 538辆次、出动人数829 673人次。2010年,为适应城市应急管理工作需要,经批准,上海市应急救援总队成立,并挂牌于市消防局;各区县、上海化学工业区相继成立应急救援支队,并挂牌于各消防支队。

表7-5-3 2000—2010年上海公安消防部门抢险救援统计

年 度	出动数量(次)	出动车辆(辆次)	出动人数(人次)
2000	1 354	1 703	14 938
2001	2 158	2 713	23 808
2002	2 010	2 527	22 176
2003	3 229	4 060	35 624
2004	5 265	6 619	58 086
2005	8 067	10 141	88 999
2006	8 058	10 659	96 095
2007	9 481	12 081	107 534
2008	11 152	13 704	120 424
2009	12 393	14 701	127 114
2010	12 036	15 630	134 875

资料来源:上海消防灭火救援指挥查询系统。

第八篇

出入境管理与边防检查

改革开放后，国家鼓励外国人到沪投资、考察、旅行，国外来沪设立常驻机构成倍增加，到沪探亲、观光旅游、经商就业的外国人逐年增多，由上海口岸出入境的中国公民也越来越多。

20世纪80年代后期，上海公安机关出入境管理部门按公安部规定逐步简化海峡两岸居民相关出入境手续。20世纪90年代开始，上海社会经济发展迅速，市公安局出入境管理部门日趋简化居民申请出境手续，出入境更为便利。出入境管理由以居留证管理外国人为主轴的管理模式，逐步演变为依据到华的停留时间、目的、事由签发相应的签证种类及出入境证件管理；逐步规范上海市外国人永久居留证件的管理工作，吸引更多高层次外籍人才入沪。随着改革开放进一步深入，偷渡等妨碍国（边）境管理案件和外国人非法入境、非法居留、非法就业案件快速上升，上海公安出入境管理部门联合外省市公安机关开展专项整治行动。上海公安出入境管理部门借鉴国际通行做法，立足国情，实施一系列新政和措施，维护国家安全稳定，树立文明国家窗口形象。

1952年1月4日，上海边防检查站成立，此后上海边防检查机关历经多次现役部队编制和地方公安编制变革。1980年，公安部成立边防保卫总局，上海边防检查站由上海市公安局和公安部边防保卫总局双重领导。1982年10月，上海市公安局边防局成立。1983年10月，上海市公安局边防局划归上海武警总队建制。1985年6月4日，恢复上海市公安局边防局对上海边防检查站的领导建制，属武警序列。1998年7月，上海边防检查机关实行职业制改革，中华人民共和国上海出入境边防检查总站成立。此后，上海边防检查机关运用现代化管理、信息化和高科技手段，不断提高口岸工作效率和进出口货物、出入境旅客通关速度，优化边防检查服务职能，工作重心逐渐从“管控”转向“服务”，不断提高执法服务水平，优化上海口岸通关环境。

第一章　中国公民出入境管理

第一节　公民因私事出国管理

1975年5月起，公安部正式启用1974年印制的护照，实行“入出境登记卡”制度，简化入出国人员的登记手续。1976年6月起，对申请自费出国留学者，只要本人在国外有亲友，具有高中毕业或同等学历的文化水平，国外亲友既能解决其入学问题，又能负担其在外的生活、学习费用，均可审批出国。批准后一律签发2年有效的一次出入境签证。留学时间在2年以上者，可向中国驻外使、领馆办理签证延期。

1980年3月1日，公安部对批准出国的公民核发护照和签发相应的签证，单程出国的，签发出境签证，出境后即注销其户口；短期出国的，签发出入境签证。5月，《中华人民共和国护照签证条例》施行，就颁发护照、签证机关，护照种类和颁发范围，签证类别，护照、签证的有效期、加注加签和护照的缴销，护照签证的费用，及惩处措施等作出规定。

1981年9月1日起，为切实掌握出国情况，因私出国人员一律凭护照、签证和出国回执出境。1982年5月1日起，获准因私出国的中国公民，其外国签证统一由中国旅行总社签证代办处代办。1985年1月起，公民因私事出国，凭有效护照、有效签证和外国的有效签证出境，废止出境回执。对回国要求恢复户口的上海居民，由分（县）局收缴其护照，出具恢复户口通知单准予入户。其间，教育部、公安部、外交部、劳动人事部等4个部门，对自费出国留学人员的管理、自费出国留学申请条件、手续、审批原则作了修订。

1986年2月1日，《中华人民共和国出境入境管理法》施行，其中规定中国公民入境无须办理签证，因私出境除按该法规定不准出境者外均可得到批准，体现放宽中国公民因私出国和保障中国公民出入境的正当权益。

1991年6月起，出国留学人员可将其在国外所生子女送回国内抚养，申报常住户口；7月起，持普通护照回国后如再次出国，无须再申请办理出境登记卡。1993年4月1日，全国启用新版护照。新版护照采用计算机写照、塑封等国际先进技术，便于保存、使用。5月，启用新版“A”和“B”字头出境登记卡。1996年11月，简化出国手续，出境登记卡登记事由除定居和组团旅游外，其他均为“短期出境”。

1990年8月，市民在市公安局出入境大厅换出境卡

2000年6月,上海在全国范围内率先签发1997版《中华人民共和国护照》。2002年9月1日,上海在全国率先实施公民按需申领护照。2004年2月1日,上海公安出入境管理部门启用2003版《中华人民共和国入出境通行证》,并对签发管理作出6项规定。

2007年5月,上海公安出入境管理部门开通各类出入境证件办证信息、证件到期手机提醒服务。启用"97-2"版护照,该版护照将护照有效期限延长至10年,取消原来护照延期,规定办证时限、对户籍入沪未满1年申请护照人员实施核查、曾持照号码加注等项目。2008年12月,上海市居民可在居住地的公安分局出入境管理部门办证窗口申领部分种类的出入境证件。2009年根据公安部的部署,上海公安出入境管理部门做好启用电子护照的筹备工作。2010年,上海公安出入境管理部门推行出入境证件数码相片采集检验系统;推出上海市居民跨区(县)申请出入境证件制度。

表8-1-1 1978—2010年上海批准因私出国人数统计 单位:人次

年份	人数	年份	人数
1978	1 759	1995	40 763
1979	4 404	1996	49 205
1980	5 101	1997	78 846
1981	3 948	1998	138 150
1982	2 322	1999	196 893
1983	3 093	2000	189 905
1984	4 113	2001	219 481
1985	6 550	2002	261 432
1986	10 067	2003	277 880
1987	20 261	2004	310 845
1988	64 066	2005	342 697
1989	49 513	2006	374 982
1990	33 657	2007	350 655
1991	30 302	2008	387 969
1992	38 706	2009	455 408
1993	32 230	2010	596 711
1994	31 112		

资料来源:上海公安出入境统计月报。

第二节 公民往来港澳台地区管理

一、公民因私事前往香港、澳门地区管理

1979年9月1日起,为控制赴香港地区居民的数量,内地居民赴港实行单程、双程管理办法。内地公民因私事前往港澳地区定居,实行定额审批;持《前往港澳通行证》《往来港澳通行证》去港澳

地区探亲、定居的，均可放行。市公安局外管处为提高办事效率，减少审批环节，对已办妥赴港通行证符合出境条件的申请人由三级审批改为二级审批，上海居民因夫妻团聚申请赴港探亲，扩大到有关旁系亲属，可放宽双程赴港条件。1994 年，全国实行内地公民赴港澳地区定居打分排队制。7 月，公安部下发《关于香港永久性居民在内地所生中国籍子女赴港定居有关问题的通知》，处理“香港永久性居民子女”赴港定居问题。

1997 年 7 月 1 日，中国政府对香港恢复行使主权，香港特别行政区成立。1999 年 12 月 20 日，中国政府恢复对澳门行使主权，澳门特别行政区成立。2002 年 5 月起，全国启用新版《往来港澳通行证》。6 月起，根据公安部规定，市公安局出入境管理局对申请赴港澳地区探亲、商务的，除明确受理范围、签注种类、申请材料、证明材料，还规定审批时限、审批权限、实施日期等程序。7 月 15 日起，公安部下发《关于配合香港实施新的〈输入内地人才计划〉及调整赴港澳地区审批事项的通知》，将审批事项作了调整，明确规范和相关流程。

2003 年 9 月 1 日，上海居民赴港澳地区旅游实施按需申领证件，开放个人赴港澳地区旅游。2004 年 7 月，公安部下发《关于印发〈内地居民从事劳务往来香港或者澳门特别行政区审批管理工作暂行办法〉的通知》，对申请和管理、材料、审批、签发、延期签注手续等 9 个方面进行解释。10 月，根据《中华人民共和国行政许可法》和公安部《内地居民赴港澳地区定居审批管理工作》的有关规定，市公安局出入境管理局制定《关于受理、审批赴港澳定居暂行办法》，对申请材料的审核、工作流程、制证及发证等方面提出具体要求，进一步规范上海市居民赴港澳地区定居的工作。

2007 年香港回归 10 周年庆典期间，上海公安出入境管理部门加强上海市居民赴港工作，严格办证、签注审核。2008 年 2 月，市公安局出入境管理局推出再次办理港澳商务类签注网上预约并当场取证的便民措施。2009 年，上海市居民可跨区申请办理个人港澳通行证；7 月，推出上海市居民通过网上预约办理再次赴港澳地区旅游可选择中国邮政快递上门取证，制作完毕后再上门送证的措施。

表 8-1-2　1978—2010 年上海批准因私赴香港、澳门人数统计　　单位：人次

年　份	人　数	年　份	人　数	年　份	人　数
1978	2 607	1989	10 320	2000	11 833
1979	2 634	1990	7 181	2001	70 205
1980	2 859	1991	7 186	2002	16 552
1981	2 987	1992	7 214	2003	308 782
1982	2 805	1993	9 497	2004	515 882
1983	3 035	1994	10 575	2005	502 813
1984	3 696	1995	9 577	2006	666 248
1985	3 241	1996	12 802	2007	790 622
1986	5 787	1997	10 373	2008	918 101
1987	7 403	1998	9 486	2009	1 958 744
1988	7 553	1999	10 461	2010	1 309 098

资料来源：上海公安出入境统计月报。

二、公民前往台湾地区管理

1979年1月1日,全国人民代表大会常务委员会发表《告台湾同胞书》,建议台湾和大陆之间尽快实现通航、通邮。1981年9月30日,全国人大常委会委员长叶剑英就台湾回归祖国、实现和平统一提出九条方针。大陆第一次明确"三通"的内容(增加"通商")。上海公安出入境管理部门对申请前往其他国与台湾亲属见面的上海市居民均批准出境,无名额限制。20世纪80年代后期,根据国务院规定,上海市政府对两岸人民往来实行一系列便利措施。台湾地区放宽两岸人民往来地限制。1987年11月,台湾地区允许一般民众到大陆探亲。1988年11月,允许大陆居民赴台探亲、奔丧。但两岸人民来往均须经香港、澳门地区或第三国转道。1992年11月起,上海公安出入境管理部门简化大陆居民应邀赴台审批发证程序,简化内部行文周转环节,简化审核项目,凡确定申请人不属于我明令不准出境的人员后,应即发证,并制定统一使用的《应邀赴台人员申请审批表》。1993年4月27—29日,在海峡两岸关系协会(简称"海协会")的倡议和推动下,"汪辜会谈"在新加坡举行。1996年8月1日起,大陆居民赴台湾地区启用《大陆居民往来台湾通行证》。7月31日以前签发的"经香港去台湾"的《往来港澳通行证》,在其签注有效期内可继续使用,过期的可换领《大陆居民往来台湾通行证》。1997年6月13日,海峡交流基金会(简称"海基会")与海协会签署海峡两岸关于大陆居民赴台湾旅游协议,大批上海市民签注通行证赴台旅游。1998年7月18日,台湾海峡两岸观光旅游协会、海峡两岸旅游交流协会(简称"小两会")共同建立两岸旅游定期磋商机制,双方在北京共同举办首次海峡两岸旅游交流圆桌会议。2004年1月10日起,上海、江苏、浙江、福建、广东、湖南公安厅、局启用2003年版《大陆居民往来台湾通行证》及贴纸签注。2004年4月1日起,全国全面实施2003年版《大陆居民往来台湾通行证》及贴纸签注,已签发的《大陆居民往来台湾通行证》在有效期内再次赴台时,可加贴"大陆居民前往台湾签注",不必加盖公章。2008年12月15日,台湾海峡北线空中双向直达航路正式开通启用。2010年,签发赴台签注数107 574人次,台湾到沪717 819人次。

表8-1-3　1988—2010年上海签发赴台签注统计　　单位:人次

年　份	上海签发赴台签注数	年　份	上海签发赴台签注数
1988	21	2000	4 129
1989	344	2001	4 042
1990	632	2002	5 167
1991	652	2003	5 546
1992	930	2004	5 839
1993	1 317	2005	6 994
1994	1 749	2006	8 128
1995	2 932	2007	8 310
1996	3 162	2008	17 139
1997	3 108	2009	78 285
1998	3 065	2010	107 574
1999	4 037		

资料来源:上海公安出入境统计月报。

三、香港、澳门地区居民入境管理

1979 年 7 月起，根据公安部颁发《港澳同胞回乡证》的通知，港澳同胞返回大陆时正式启用 3 年有效期的《港澳同胞回乡证》，入境时需向港澳中旅社及其代办点领取。8 月，公安部规定港澳同胞可通过港澳中旅社或广东省中旅社向广东省公安局申领《中华人民共和国护照》。

1980 年 1 月 17 日，公安部对《港澳同胞回乡证》发放规定作了修订。1981 年 12 月，启用 10 年有效《港澳同胞回乡证》。

1984 年 12 月 1 日，市公安局实行港澳同胞入境后申报临时户口，办理住宿登记手续制度。1985 年 6 月 5 日，市公安局、市政府侨务办公室联合下发港澳同胞回沪定居申报户口的通知。港澳同胞在沪定居及上海居民原单程去港澳，现返回要求恢复户口的申请，均由各区（县）侨务办公室受理，商请有关部门出具意见后，报市政府侨办审批，同意后出具《申报户口证明信》，派出所给予办理落户手续。上海居民赴港澳探亲后返沪，要求恢复户口，仍由公安部门办理。1987 年 2 月 1 日，市公安局修改港澳同胞申请定居事项，由公安分（县）局出入境管理部门受理后，移交区（县）侨办审理，再报市侨办审批，出入境管理部门凭市侨办出具的《申报户口证明书》，通知申请人到派出所办理落户手续。《港澳同胞回乡证》由区（县）公安局出入境管理部门收缴保管。

1999 年 1 月 15 日，启用新版《港澳居民来往内地通行证》。新证设置机读码，查验证件采用机器识别，成年人证件有效期 10 年，18 岁以下未成年人证件有效期 3 年。2002 年 4 月 1 日起，持用《港澳同胞回乡证》入出境旅客，实行录入、查控、人证对照无误后准许入出境，不再加盖验讫章。

2004 年 2 月起，市公安局实行《港澳居民申请来沪定居暂行规定》，对配偶为上海居民、需来沪照顾年龄均在 60 周岁以上且在内地无子女的父母的；未满 18 周岁、需投靠在上海定居的父母的；60 周岁以上、需投靠在上海定居的子女等情况均可申请在沪定居。

表 8－1－4　1986—2010 年香港、澳门居民到沪人数统计　　单位：人次

年　份	人　数	年　份	人　数
1986	106 307	1999	171 613
1987	109 811	2000	176 177
1988	104 008	2001	206 245
1989	87 999	2002	230 274
1990	100 519	2003	157 758
1991	118 108	2004	208 916
1992	158 182	2005	269 309
1993	163 929	2006	254 655
1994	155 488	2007	333 448
1995	155 147	2008	361 204
1996	128 946	2009	399 044
1997	163 388	2010	629 770
1998	167 600		

资料来源：上海公安出入境统计月报。

四、台湾地区居民入境管理

1978 年,为掌握台湾同胞入出境、旅行情况,市公安局制定“台胞签证规定”,在上海市华侨饭店设立入境签证处。随着台湾同胞回大陆定居人数日益增多,1981 年 5 月 28 日,公安部规定台湾同胞回大陆定居落户由各省、市、自治区批准执行,一般安置在原籍城市,所持原护照或其他证件,由户口登记机关收缴保存;再次申请出境的,按大陆居民申请出境规定审批。

1990 年 1 月 8 日,为方便台湾同胞在大陆投资设厂、购置房产或进行其他经贸活动,公安部、国务院台湾事务办公室下发《关于签发台湾同胞多次入出境证件问题的通知》。为台湾同胞核签一年多次有效的《中华人民共和国入出境通行证》,并可在特殊情况下签发一年以上多次有效入出境通行证。同年 2 月,市公安局外管处制定对台湾同胞的工作规范。在大陆期间丢失《台湾同胞旅行证明》的,原则上应在遗失地公安机关补办出境证明后,方可出境,对台湾同胞延期停留,可在其证件有效期内办理延期,最多只能延期两次,每次延一个月;对要求定居的台湾同胞,按有关规定,应从严掌握,对未批准定居而滞留不归的,由市公安局外管处负责会同公安分(县)局出入境管理部门出面动员离境。

1992 年 5 月 1 日,公安部出入境管理局规定台湾地区居民来大陆启用《台湾居民来往大陆通行证》,由外交部驻香港、澳门地区签证办事处和香港、澳门中旅社签发此证件。1998 年 5 月,公安部出入境管理局规定启用 1997 版《台湾居民来往大陆通行证》。1998 年 11 月,市公安局外管处对来上海经济建设作出贡献的 2 名台湾居民颁发长期暂住加注和多次入出境签证,并授予上海市荣誉市民。

2004 年 4 月,公安部出入境管理局再次简化台湾地区居民办理在大陆居留签注及多次入出境签注手续,为多次往返大陆的台湾居民提供便利。同年 11 月,公安部出入境管理局启用新版一次有效《台湾居民来往大陆通行证》《台湾居民来往大陆签注》《台湾居民居留签注》等证件。市公安局出入境管理局按公安部规定启用新版证件。

2007 年春节、中秋等节日,市公安局出入境管理部门为乘包机入境的台湾居民办理各类出入境证件 1 344 证次。2008 年 7 月 4 日实行两岸直航包机,共办理《台湾居民来往大陆通行证》6 854 证次;12 月,完成台湾居民申报口岸签注系统建设。2009 年,推出口岸台湾居民办证自助机便利措施。

表 8-1-5 1987—2010 年台湾居民到沪人数统计

单位:人次

年 份	台湾居民到沪人数	年 份	台湾居民到沪人数
1987	11 673	1994	129 852
1988	136 900	1995	111 912
1989	158 742	1996	108 837
1990	309 490	1997	137 830
1991	210 836	1998	133 302
1992	286 465	1999	149 903
1993	215 021	2000	198 858

（续表）

年　份	台湾居民到沪人数	年　份	台湾居民到沪人数
2001	319 913	2006	351 958
2002	335 572	2007	446 728
2003	186 836	2008	455 217
2004	237 878	2009	491 264
2005	329 792	2010	717 819

资料来源：上海公安出入境统计月报。

第三节　定居国外的中国公民入出境管理

1978 年 5 月，公安部、外交部、国务院侨务办公室联合下发《关于放宽和改进归侨、侨眷出境审批的意见》，对归侨、侨眷申请出境规定不予批准的 6 种情况，此外，均可批准。申请人虽属于规定的 6 种情况，但需要特别考虑的，经公安部、外交部、国务院侨办联合审批后，也可准予出境。归侨、侨眷已取得前往国入境证件，凡不属于不准出境的，均应批准。其中途经香港的，不受赴香港控制人数的限制。上海公安机关严格按此规定管理华侨入出境审批。

1985 年 6 月，市公安局外管处按照公安部、外交部、国务院侨务办公室的相关规定，严格把关，出具相关证明。旅居国外的华侨临时回国不必办理签证手续，华侨短期回国，凭有效护照或旅行证件入境，无需办理签证；华侨回国定居，报国务院侨办审批，由省、市公安厅（局）出具《华侨回国定居证》，凭此证办理落户手续。

2003 年 6 月，市公安局出入境管理局进一步规范定居国外人员申请在沪定居的相关情况，发布《关于进一步规范定居国外人员申请在沪定居的规定》。同年 12 月，市公安局出入境管理局下发《关于取消提交〈上海市港澳居民及华侨暂住证〉的通知》，华侨申请回国定居无须再提交《上海市港澳居民及华侨暂住证》以及健康证明。

2007 年，市公安局出入境管理局会同市政府侨办、市公安局治安总队、公安分（县）局出入境办公室等单位拟制签发《关于旅居国外中国公民申报户口的规定》。2010 年，市公安局发文《关于做好旅居国外以及取得中国国籍人员在沪定居户口申报工作的通知》，之后，又制定《关于受理审批旅居国外人员户口申报的若干规定》，对原具有上海市常住户口，因出国被注销户籍及其在国外出生年满 16 周岁，持中国护照或《中华人民共和国旅行证》入境的中国公民，或原具有上海市常住户口，迁入上海市或外地高校学生集体户口后，又因出国注销户口的，适用该规定。

表 8－1－6　1979—2010 年华侨临时到沪人数统计　单位：人次

年　份	人　数	年　份	人　数
1979	5 600	1983	22 805
1980	5 800	1984	12 084
1981	7 600	1985	7 589
1982	7 600	1986	11 787

（续表）

年　份	人　数	年　份	人　数
1987	11 399	1999	46 362
1988	11 186	2000	47 587
1989	11 342	2001	46 784
1990	18 845	2002	52 781
1991	22 526	2003	56 056
1992	27 085	2004	91 413
1993	16 624	2005	104 289
1994	16 775	2006	97 235
1995	27 777	2007	106 628
1996	39 253	2008	139 755
1997	52 361	2009	173 413
1998	50 696	2010	221 307

资料来源：上海公安出入境统计月报。

第二章 境外人员管理

第一节 外国人停居留证件管理

一、签证、居留许可

1974年5月，公安部对外国人入境、居留、旅行、出境的申请表、证件和印章作了统一修改。1978年6月，简化入境签证手续。持入境、过境签证的外国人入境后不再办理居留登记手续，只需申报户口。年底，市公安局在上海华侨饭店设入境签证处，办理团体签证。

1983年6月起，上海对到沪投资的中外合资、合作企业中的外方人员及其家属，在居留、旅行、出入境签证等方面提供便利。1984年9月，上海对到沪定居的外国专家(包括外籍华人)，延长居留期或给予永久居留权，并为其办理长期有效的多次出入境签证。11月，公安部推出放宽签证、证件延期、加签限制等措施，规定凡在沪居留半年至1年的，发放居留签证；超过1年的，发给居留证，最长不超过5年。其中需要多次出入境的，签发多次出入境签证。1985年11月22日，《中华人民共和国外国人入境出境管理法》颁布实施。上海对到沪进行投资或同中国企事业单位进行经济、科学、技术、文化合作及其他需要在上海长期居留的外国人，经批准给予长期居留或永久居留资格。允许持有居留证的外国人到对外国人开放的地区旅行。

1992年6月30日，市公安局外管处对境外人员在沪居留申领范围、提供材料和程序作了规定。1994年7月13日，国务院批准修订《中华人民共和国外国人入境出境管理法实施细则》，新增对到中国常住外国记者的签证等规定。1994年1月11日，国务院作出《关于进一步深化对外贸易体制改革的决定》后，来上海贸易投资的外国人越来越多。此外，文化教育科技交流的外国人不断增多。1998年9月，为规范上海市外国人长期、永久居留证件的管理工作，市公安局外管处在原办理1年期居留证件的基础上，制定办理2—5年期居留证件及永久居留的暂行规定。

2000年4月，市公安局根据公安部下发的新签证规范，推出一系列新举措，分别对中国公民的外籍配偶，或在沪购买房产、年满60周岁的外籍华人，顺延办理定居或长期签证手续。此外，为鼓励外商到沪投资，促进上海经济建设，推出其他外国人在沪居留的政策措施。如持F访问签证来沪进行商务活动的，1年内延期次数不限，也无须再去外经贸委等部门申请；对在沪工作的外籍人员，其家属办理居留证的范围扩大至父母亲。2000年10月，对外国人启用贴纸签证。

自2003年7月1日和9月1日起，中国政府分别对持普通护照短期来华的新加坡、文莱、日本等国公民实行15天免签待遇，并规定若停留期超过15天须向公安出入境管理部门申请签证。11月，为方便外国人在华投资或就业，市公安局出入境管理局推出《关于在沪外国人办理变更工作签证的规定》，对外国人在沪取得就业许可并提供相关证明；持L、F签证入境，取得就业许可的外国人；持X签证的留学生毕业后，有公司聘用并取得就业许可的外国人，上述三类在沪外国人均可申请变更工作签证。2004年12月20日，市公安局出入境管理局对外国人签证、居留证管理工作作了较大的变动，先后推出延长签证停留期限，放宽签证入境次数，《外国人居留许可》取代《外国人居留证》《外国人临时居留证》和相应的返回签证，实现“两证合一”，达到居留期限和出入境期限完全一致，简化操作办法、居留审批程序，明确口岸签证机关的职能。为适应虹桥国际机场与日韩两国间包机工作需求，2007年9月29日在虹桥国际机场恢复设立口岸签证室。2008年北京奥运会期间，上海外国人证件受理证次比2007年增加16%。

2009年10月，市公安局出入境管理局率先推出外国人签证、居留许可自助受理电子政务举措，方便在沪外国人网上办理再次申请旅游/探亲(L)签证业务。12月，下发《关于为本市外国籍高层次人才和投资者提供七项出入境便利措施的通知》，为获得上海市"荣誉市民"或"白玉兰荣誉奖"或"白玉兰纪念奖"的外籍人员、省(市)外籍高层次人才、特殊人才、知名人士、外籍学术科研带头人、外商投资者、高级管理人员、科研人员等提供多项出入境便利措施。

2010年3月，市公安局出入境管理局推出第一个双语版出入境证件网上受理系统，该系统受理界面、数据展示、提示信息、回执打印等均有双语，全程界面清晰可辨，操作便捷。业务范围包括外国人再次申请1年期居留许可、F、L签证，极大方便外籍人士直接在网上操作，自助受理量有明显提升。6月1日起，市公安局出入境管理局执行公安部规定，对置房类、寄养类、60岁以上夫妻团聚类申请人员，居留许可有效期可以直接申请至2年，再次扩大外国人居留许可签发对象范围。

二、永久居留

1983年9月，国务院颁布《关于引进国外人才工作的暂行规定》，对引进人才的范围、管理、对外联系、工作程序、经费、待遇、安全、出入境手续等方面作了具体规定。上海市根据规定，对来华工作1年以上的外籍专家，适当延长居留证有效期或给予永久居留权；对经常来华的专家，放宽条件，简化手续，提供便利。

1998年9月，市公安局外管处实施《办理外国人长期居留证件暂行规定》和《办理外国人永久居留证件暂行规定》，制定办理2—5年期及永久居留的暂行规定，进一步规范上海市外国人永久居留证件的管理工作。11月，市公安局外管处公布实施对到沪进行经济、科技、文化交流以及对上海经济建设作出贡献的常住外国商人办理长期居留证件手续和授予永久居留资格的规定，长期居留的有效期为2—5年；为上海新晃空调机有限公司董事、总经理日本人关长臣等6名外国人颁发外国人永久居留证、外国人长期居留证，并授予上海市荣誉市民。

2004年8月15日，经国务院批准，公安部、外交部颁布实施《外国人在中国永久居留审批管理办法》，规定外国人在中国永久居留的条件、手续及审批等相关事项，市公安局出入境管理局随即正式开始受理外国人在中国永久居留的申请。据统计，截至2010年9月10日，共受理符合申请条件的外国人30名。申请永久居留的人员大致分为团聚类人员、投资任职类人员及其家属。同时，开展首批永久居留证(5年期)证件换发工作。2010年11月，开展"千人计划"(国家引进高端、急需外籍人才)政策培训会，详解办理各类永久居留手续所需要的相关材料及注意事项，充分听取相关单位对外国人"绿卡"待遇提出的建议，及时解答相关单位提出的问题。为做好"千人计划"人员出入境证件服务工作，市公安局出入境管理局专辟绿色通道，提供预约办证服务，并设办证专窗，落实专人受理、审核。2010年10月，市公安局出入境管理局与苏、浙、皖出入境管理部门建立三省一市协作机制和信息合作平台，搭建口岸签证部门常态联络机制、口岸签证申请单位和人员信息确认机制等跨省合作信息渠道，提升区域间口岸签证服务效率，提高服务经济和企业发展的能力，形成长三角地区服务管理一体化格局。

第二节　境外人员到沪住宿登记管理

1974年，上海公安出入境管理部门执行公安部指示，对现行外国人入境、居留、旅行等入出境手续作了统一修改，尽可能给予便利。1980年6月，市公安局制定《关于来沪外籍人户口申报手续的规定》，要求持6个月以下签证的外籍人员来沪必须申报户口，申请入境、出境、旅行均由外事科办理；华侨、港澳同胞申报户口，申请入境、出境由区（县）公安分局和派出所受理；应在指定的旅馆住宿，旅馆填写《外国人临时住宿登记表》等。1982年3月11日，市公安局发布《关于加强对临时来沪的华侨和港澳台同胞户口管理》的通知，要求华侨、港澳台同胞抵沪后，24小时内向居住地派出所及时申报户口，本人必须亲笔填写《华侨、港、澳、台同胞暂时户口登记表》一式两份，户口登记机关应将其《回乡证》附页和《港、澳同胞回乡户口卡》暂为收存。在持证人要求离开暂住地或离境注销户口时，加盖户口专用章后，予以发还，不必再送派出所盖章。港澳同胞住宿登记簿登记后按时送市公安局备查。1984年11月，市公安局根据公安部有关改进港澳同胞申报临时户口手续的通知，于同年12月1日停止使用饭店、宾馆住宿专用章。1986年9月底，上海境外人员户口管理小组在华亭宾馆成立。1987年11月，规定台湾同胞来沪入住后24小时内应向住地公安派出所或居（村）民委员会治保会申报，履行暂住人口登记规定；离沪时，及时注销。1988年1月，台湾同胞住宿填写登记单，登记申报单须在24小时内上报市公安局外管处。

1998年1月起，全市公安派出所开始受理辖区内外国人、华侨、港澳台同胞临时住宿登记工作，并对违反住宿登记管理的行为进行查处。1999年1月起，境外人员到上海市静安区住宿，可自由选择宾馆、饭店，不受指定宾馆、饭店住宿限制。同年7月，市公安局印发《关于取消定点住宿后加强本市境外人员临时住宿登记管理的暂行规定》，正式取消涉外定点住宿的规定，通过备案管理，划分管理职责，并对违规行为进行处罚。

2006年9月19日，为进一步规范各派出所境外人员管理工作，市公安局印发《〈境外人员临时住宿登记单〉及"境外人员住宿登记专用印章"管理规范》的通知。派出所建立境外人员管理工作台账，对境外人员做到底数清、情况明。2007年，市公安局出入境管理局下发《关于进一步加强本市公安机关外国人管理工作的实施方案》，明确外国人管理工作的指导思想、目标任务，并在基层派出所设置1—2名外管专兼职民警，加强基层派出所外国人管理工作。2008年1月31日，市公安局制定《上海公安派出所境外人员住宿登记管理办法》。4月，市公安局印发《上海市公安局常住境外人员管理办法（试行）》，明确对常住境外人员管理工作的要求；制定《派出所境外人员住宿登记管理规范》，加强散居地区境外人员住宿登记管理。2009年7月，市公安局下发《上海公安机关对在沪永久居留外国人开展属地管理的暂行办法》，要求由各公安分（县）局做好在沪永久居留外国人动态管控工作。

2010年2月，市公安局下发《关于进一步规范和加强本市境外人员住宿登记管理工作的通知》，进一步明确住宿登记申报渠道；规范派出所窗口住宿登记管理工作；提高住宿登记信息录入质量；加大对恶意逃避住宿登记人员的处理力度。同年3月，市公安局出入境管理局下发《关于出入境管理部门执行〈关于为无有效身份证件境外人员入住旅馆业单位出具身份证明的工作规范〉若干问题的通知》，确保实现在沪外国人管理"底数清、动态明、信息灵、管得住、处置妥、服务好"。

表 8-2-1　1978—2010 年在沪常住外国人人数统计　　单位：人次

年　份	人　数	年　份	人　数
1978	257	1995	14 503
1979	710	1996	20 179
1980	618	1997	23 695
1981	788	1998	23 414
1982	769	1999	30 763
1983	1 510	2000	44 587
1984	2 074	2001	34 625
1985	2 786	2002	45 741
1986	3 065	2003	72 895
1987	4 253	2004	90 409
1988	4 370	2005	100 011
1989	4 208	2006	119 876
1990	4 282	2007	133 340
1991	4 905	2008	152 104
1992	4 332	2009	152 050
1993	6 982	2010	162 481
1994	10 732		

资料来源：上海公安出入境统计月报。

表 8-2-2　1978—2010 年境外人员临时到沪人数统计　　单位：人次

年　份	人　数	年　份	人　数
1978	76 127	1990	853 410
1979	132 163	1991	941 904
1980	192 400	1992	1 253 059
1981	244 618	1993	1 248 421
1982	257 914	1994	1 321 237
1983	443 427	1995	1 367 850
1984	532 170	1996	1 431 877
1985	602 289	1997	1 653 502
1986	536 520	1998	1 527 115
1987	767 713	1999	1 656 757
1988	916 392	2000	1 814 027
1989	655 779	2001	2 042 636

(续表)

年　　份	人　　数	年　　份	人　　数
2002	2 725 263	2007	5 200 981
2003	1 854 826	2008	5 090 287
2004	2 699 079	2009	5 099 307
2005	3 829 279	2010	7 100 473
2006	4 020 372		

说明：2003 年公安部规定，统计数据一律改用“境外人员”，不再使用“外国人”的称谓。
资料来源：上海公安出入境统计月报。

表 8-2-3　1987—2010 年临时到沪外国人国籍(所在洲)统计　　单位：人次

年　份	亚　洲	非　洲	欧　洲	美　洲	大洋洲	合　计
1987	345 350	1 419	133 666	138 124	16 231	634 790
1988	383 956	1 470	140 758	124 475	13 622	664 281
1989	210 414	788	82 775	64 243	7 305	365 525
1990	292 858	1 979	73 802	61 323	6 854	436 816
1991	395 862	1 642	105 031	79 923	7 916	590 374
1992	513 071	1 958	158 113	97 503	10 671	781 316
1993	573 460	2 918	170 438	105 911	13 638	866 365
1994	716 943	2 707	174 677	111 230	14 141	1 019 698
1995	762 043	3 053	177 717	112 132	16 765	1 071 710
1996	816 526	3 065	179 176	119 875	18 999	1 137 641
1997	895 885	3 806	212 968	150 405	32 618	1 295 682
1998	743 111	4 317	229 766	157 703	38 815	1 173 712
1999	814 773	5 232	242 660	151 103	35 484	1 249 252
2000	893 750	6 464	248 622	166 728	36 962	1 352 526
2001	947 281	6 832	263 556	177 799	37 575	1 433 043
2002	1 393 355	8 751	333 417	270 284	51 499	2 057 306
2003	805 681	5 968	167 543	168 412	34 291	1 181 895
2004	1 319 131	13 756	344 582	273 256	56 110	2 006 835
2005	1 845 611	22 664	722 620	432 850	101 537	3 125 282
2006	1 920 558	25 094	777 097	483 603	107 527	3 313 879
2007	2 415 455	35 512	1 043 377	670 949	147 268	4 312 561
2008	2 257 812	39 319	1 006 115	685 990	142 850	4 132 086
2009	2 258 266	41 909	936 207	654 577	137 623	4 028 582
2010	3 035 366	61 185	1 262 289	955 175	209 105	5 523 120

资料来源：上海公安出入境统计月报。

第三章　出入境管理违法犯罪行为查处

第一节　打击妨碍国(边)境管理犯罪

1986年2月1日起,《中华人民共和国公民出境入境管理法》施行,旨在维护中国公民出入中国国境的正当权益,促进国际交往。1989年起,上海口岸偷渡活动十分猖獗,伪造、变造出入境证件或编造情况骗取出国护照、蒙混出国,及以营利为目的,为急于出国但又不具备条件的人办理出国所需证明或签证的案件不断增加。6月,上海公安出入境管理部门在"鉴真"轮上查获持假证出境人员12人。9月8日,查获1起特大偷渡案,抓获组织者外籍华人季某菊、季某艺及43名偷渡人员。

20世纪90年代初期,以培训技术人员或劳务输出为名,持有效中国护照及证件出境,再持外国假护照、证件,转道赴第三国迂回偷渡的案件频发。其间,上海公安出入境管理部门查获数起朝鲜族公民持韩国假签证去韩国打工的案件;以及利用美国、日本、新加坡护照,于照片处加盖塑料薄膜而揭换照片的偷渡案件。1994年3月5日,全国人大常委会《关于严惩组织运送他人偷越国(边)境犯罪的补充规定》颁布后,市公安局出入境管理部门就偷渡犯罪势态等问题,与市检察院、市法院共商对策,加强打击力度,有效遏制偷越国境、伪造公文、印章等犯罪活动和各类非法移民中介活动。1997年,根据出入境违法犯罪活动跨地区作案的特点,沪、苏、浙、闽、粤四省一市建立反偷渡工作协作网络,制定联手打击出入境犯罪,加强信息交流等工作制度,共同维护出入境秩序。12月,在沪召开首届沪、苏、浙、闽、粤四省一市打击出入境犯罪工作会议,旨在进一步加强区域间协作。

1998年3月,中日两国警方合作,破获由日本黑社会组织成员参与及中国境内"蛇头"组织中国公民偷渡日本的案件,涉案人员20多人。涉案人员偷渡最终目的地主要为日本、韩国、加拿大、美国、西欧等发达国家和地区,偷渡者年龄在20—40岁之间。1999年4月,上海警方首次与美国洛杉矶移民局合作,破获"1・13"跨国组织偷渡案,境内"蛇头"企图组织、运送他人从虹桥国际机场偷渡出境,前往美国。偷渡活动主要手法是伪造、变造护照、签证;境内外相互勾结,组织偷渡"一条龙"服务,通过非法途径迁移户口、异地办证,持外交护照进行偷渡等。

2002年3月起,市公安局开展为期6个月代号为"捕蛇""秋风"反偷渡专项整治行动。其间,破获妨害国(边)境犯罪案件42起,抓获犯罪嫌疑人71人;查处偷渡行政案件338起,行政处罚427人,取缔非法中介机构2家;配合外省市公安部门破获偷渡案件2起,抓获犯罪嫌疑人5人。2004年,市公安局为提升上海口岸反偷渡工作的整体合力,强化与边检部门合作,建立区域办案协作机制。市公安局出入境管理局、市外办、市外经贸委、市教委、市劳动和社会保障局、市工商行政管理局、市旅游委根据公安部等7部、局文件精神,召开联席会议,成立专项行动领导小组,在全市范围内开展"春雷"专项整顿清理行动,查获各类非法出入境中介线索、案件,取缔非法中介机构,破获刑事案件。通过专项行动,探索建立长效管理机制,切实维护上海出入境中介市场的良好秩序。2006年4月,市公安局出入境管理局侦破"4・5"特大偷渡案,22名偷渡者在组织者的安排下通过集装箱运输偷渡至美国西雅图,抓获5名犯罪嫌疑人。2007年7月,市公安局出入境管理局以市公安局反偷渡工作领导协调小组办公室名义部署为期5个月的"迅雷"行动,侦破偷渡案件7起。

2008 年，市公安局出入境管理局查获偷渡案件 104 起，破获“1・10”特大组织偷渡案，加强侦破“7・11”组织偷渡案的国际警务合作。2009 年，破获“5・4”持用波兰签证系列组织他人偷越国(边)境案。2010 年 7 月，市公安局出入境管理局联手法国警方，与市公安局相关部门及单位，在上海、北京、巴黎三地破获 1 起特大组织偷渡案，抓获犯罪嫌疑人 9 人、偷渡人员 4 人。

第二节　打击外国人“三非”违法行为

20 世纪 70 年代末，根据公安部、外交部联合制定的规定，上海逐步简化外国人入境签证手续，增加外国人入境口岸的数量。外国人入境数量逐渐增加，在中国境内违反外国人入出境管理规定案件也逐渐上升。1985—1995 年，上海公安出入境管理部门查处违反外国人入出境管理法及实施细则的涉案人员 490 人、案件 4 353 起。

1996 年，针对外国人非法入境、非法居留、非法就业(简称“三非”)在上海蔓延之势，上海公安出入境管理部门采取管理与查处并举的措施，在全市开展打击“三非”专项整治活动，依法处罚“三非”人员 158 人，其中教育 10 人、罚款 87 人、行政警告 55 人、遣送出境 2 人、行政拘留 1 人、缩短停留期 1 人、列入不准入境名单 2 人，有效遏制“三非”增多的趋势。1998 年 6 月，查获 5 名巴基斯坦人在华非法居留案，处行政拘留 10 天，遣送出境。

2000 年以后，随着国内外形势的变化，越南、缅甸等毗邻国家成为非法入境人员的主要输入国；美、日、韩三国人员在沪非法居留位居违法数量前列，菲律宾、非洲等地人员恶意违法的数量也呈递增趋势。非法就业案件多样化，并向小微企业、个体经营扩展，数量持续上升。市公安局采取“点面兼顾，疏堵结合”的方式加强查处力度，上海市始终未出现“三非”外国人聚集区、聚居区。2000 年 10 月，市公安局出入境管理处查获 11 名在沪从事违法犯罪活动的巴基斯坦人，并将其从新疆乌鲁木齐口岸遣送出境。2002 年，上海公安出入境管理部门查处“三非”案件 1 643 起，比上年增加 5.5%。其中，外国人非法入境案件 44 起，非法居留案件 1 482 起，非法就业案件 117 起。2004 年 3 月，市公安局出入境管理局联合市外办、市教委等单位在全市开展为期 6 个月的打“三非”专项行动，各部门相互配合，形成合力，深挖线索，加强排查，取缔非法中介机构 18 家，行政处罚 2 家。2004 年 9 月，为加大查处“三非”的力度，上海与吉林、江苏、浙江、福建、广东五省出入境管理部门建立跨省、市长效协作办案机制，明确协作的内容、方式、要求，提高办案效能，加强对跨省、市外国人“三非”和出入境违法犯罪行为的查处和打击。

2006 年 5 月，市公安局出入境管理局对娱乐、餐饮场所、涉外教育机构等外国人聚集地加大检查力度。同时，在外国人办理签证业务时，及时发现可疑信息，查找可疑线索，查处非法就业 72 起 180 人。2007 年 10 月，全市开展清理“三非”外国人专项行动，查获“三非”外国人 742 人。2008 年，市公安局查处“三非”案件 3 736 起。2009 年 7 月，市公安局在全市开展为期 2 个月的外管专项排查整治工作，重点针对对境外人员聚居区、境外人员聚集区管理工作。全年，查处“三非”案件 4 016 起。2010 年 4—11 月，市公安局出入境管理局开展“平安世博”整治行动，对商务酒店、酒吧、演出等娱乐场所，文化演出、出入境中介等重点行业开展清查，查获“三非”外国人 3 757 人。

第四章　边 防 检 查

第一节　出入境人员边防检查

一、出入境旅客手续办理

1965 年 4 月 30 日,国务院颁布《中华人民共和国出境入境边防检查条例》,成为边防检查工作的基本行政法规依据,对旅客出入境手续办理原则作了明确规定。

1978 年,上海边防检查站参照外交部、公安部、交通部联合下发的《关于港澳同胞持用港英、澳葡当局颁发的护照、证件处理意见的通知》,明确对持用"香港英国护照"中国人的入境检查的程序和处置方法。10 月,根据公安部、外交部《关于改进入境审批和管理工作的意见》,上海边防检查站对外国人、华侨及中国血统的外籍人、港澳同胞、台湾同胞、来华旅行团的查验工作流程进行简化。1979 年 12 月,参照公安部、民航总局、外交部联合下发的《关于做好对出入境专机验证工作的通知》,上海虹桥边防检查站对专机的检查和监护工作的流程进行规范。

1980 年,参照公安部《关于加强边防检查工作意见》和国务院转批《港口口岸工作暂行条例的通知》,上海边防检查站海港口岸将船体检查由普遍检查改为重点检查。1981 年 10 月 15 日,公安部颁布对乘坐民航国内班机的中外籍旅客及其行李物品实行安全技术检查的通告。12 月 31 日,市公安局又进一步明确安全技术检查的目的和范围、禁运物品的处置和对嫌疑人进行处理等规定。1982 年 2 月,为适应上海旅游业迅猛发展需求,上海边防检查站组建旅客检查科,负责对旅游船和客班轮实施边防检查,办理零星旅客的出入境和船员的出入境、调动、住院手续,签发《台胞证明书》,以及新旧船舶交接时的边防检查和安全检查。

1985 年,市公安局边防局对港澳旅客的出入境手续实施改革,将"三证"(《港澳同胞回乡证》《香港回港证》和《身份证》)改为"一证"(《港澳同胞回乡证》),缩短出入境检查的时间。1986 年,《中华人民共和国公民出境入境管理法》和实施细则开始落实,市公安局边防局在上海虹桥边检站证件科出境组进行"验证工作规范化"试点,逐步实现验证工作规范化。同时,市公安局边防局大力加强验证工作,重点打击浙江、福建一带居民持伪造的签证出境案件。1987 年,市公安局边防局先后制定出台《验证工作细则》《优秀检查员标准》《执勤能手标准》及《奖惩规定》等,全面开展执勤规范化活动。1988 年,市公安局边防局把反偷渡工作作为边防检查的工作重点,加强口岸检查。鉴于入出境台胞大量增加的新情况,建立台胞接待小组,提前制定检查管理方案,开设台胞优先办证通道。1989 年,市公安局边防局把截堵外逃作为首要任务,把打击偷引渡作为重点工作,制发《关于我国公民出入境几种情况的处理办法》,进一步严格出入境人员检查。6 月,上海虹桥边检站加强一线验证力量,开始实行双人验证制度,对重点航线和旅客实施重点检查,确保人证对照、证件鉴别无误。

1990 年 1 月,市公安局边防局制定下发《台湾同胞入出境管理工作规范》。北京亚运会期间,市公安局边防局设立 8 个参与北京亚运会人员专用通道,设置北京亚运会咨询服务台,又增添 3 个入境检查台,提高通关效能。同年,市公安局边防局对我国公民从上海口岸出境途经 27 个国家须办理过境签证的规定作了细化。1991 年，中东海湾战争期间，上海市公安局边防局对美国西北航空公司、美国联合航空公司航班实施重点检查。1992 年，市公安局边防局制定改进边防业务工作措施，对台胞、公派人员出入境问题处理作出规定；以中日、中加等航线和福建、广东、浙江等地区旅客作为检查重点，严格查验前往国签证。同年 3 月 30 日，市公安局边防局出台《关于对台湾直飞大陆航班实施边防检查工作的意见》《关于对台湾客货轮直航大陆实施边防入出境检查管理的意见》，对台湾来沪班机直接称作边防检查、海关检查和卫生检疫检查等。同年，开始实行“随轮办证”制度，对入境的载客数量多的旅游船到达吴淞口后即派检查员登轮，利用船舶进港航行期间办理入境检查手续，缩短办证时间；对来浦东地区开发投资的海外人士开设专门通道，优先办理入出境手续。1994 年，针对查获的入出境旅客手续不符问题增多，外轮动态信息误报、漏检、失控时有发生的情况，市公安局边防局制定《国际航行船舶边防检查暂行办法》和《关于〈严惩组织、运送他人偷越国（边）境犯罪补充规定〉的实施办法》，改进入境旅游团体的验证方式，实行人证对照，有效促进边防检查工作。

1995 年，市公安局边防局以贯彻《中华人民共和国出境入境边防检查条例》《国际航行船舶进出中华人民共和国口岸检查办法》为重点，制定《国际航行船舶进出上海口岸边防检查实施办法》，下发《关于做好赴新、马、泰、菲探亲旅游人员边防检查工作的通知》，取消实施 40 余年的联检制度。1996 年，市公安局边防局制定《旅游船检查工作秩序》《驻船检查职责》《旅游船监护规则》，加强对出入境人员的证件检查，完成多起重大涉外任务。1997 年，市公安局边防局下发《关于贯彻部局〈关于加强香港回归前后边防检查工作的通知〉的通知》，香港回归前夕，实行出入境人员预查，针对涉港出入境有关证件变化的特点，重点做好对新证件的熟悉和查验工作；印制《关于香港回归后有关边防检查业务文件摘编》，严防不法分子蒙混出入境。

1998 年，上海边检总站调整各检查队业务职能，把原来的证检科、客检科合二为一，组建检查二队，并对外虹桥国际客运码头旅客检查流程进行调整。1998 年上海国际旅游节期间，上海边检总站采取提前录入旅客信息，提早从吴淞锚地登轮办理旅客入境手续，为重要旅客开设专用通道，加快旅客通关速度。1999 年，上海边检总站提出人、船、证三见面工作要求，规范船舶检查程序，对国际航行船舶推行“一般检查、正式检查、重点检查”三级检查制度，同时建立船舶出入境核查制度和具体的登轮核查工作措施。2000 年 1 月，上海空港口岸实行对部分国家的外国人在沪过境实施 48 小时免签制度，上海边检总站制定 48 小时过境免签实施办法，虹桥、浦东边检站开辟专用通道。

2001 年 8 月 1 日，浦东边检站在全国率先实行对入境的中外旅客分流检查，将入境大厅原有“护照查验通道”“团体旅客查验通道”“港澳居民来往内地通行证通道”改为“中国护照证件查验通道”和“外国护照证件查验通道”。2003 年，上海边检总站制定《铁路上海站临时客运口岸边防检查实施方案（试行）》《关于铁路上海站临时客运口岸边防检查工作有关问题的补充通知》等一系列规范性文件，进一步规范铁路客运口岸边检工作。2004 年，上海边检总站改进入境航班边防检查、持《往来港澳通行证》及《因公往来香港澳门特别行政区通行证》人员免填出入境登记卡、方便需扶助人员出入境等便民利民措施。浦东边检站专设过境旅客检查通道，简化在沪停留不超过 24 小时同一机场转机旅客的查验手续。

2005 年，上海边检总站进一步简化入境航班接机手续，规定除部分特殊情况外，原则上入境航班抵达机场后即可下客。2006 年，上海边检总站将大型国际会议、重要活动期间边检工作纳入常态管理机制。同时，对在浦东国际机场搭乘国际航班从境外过境内地前往第三国（地区）中国公民正式执行“同区域、同验证台办理过境、出境边检手续”。2007 年，上海边检总站取消中国公民填写入境登记卡规定。外高桥边检站利用旅游船检查名单对比软件提前开展预检，提高口岸通关效率。上海机场边检站对旅游团实行整团到达、分通道检查方法，缩短旅客排队等候时间。

2008年，上海边检总站制定《2008年北京奥运会安全保卫和边防检查工作方案》，对出入境边检和安保工作根据不同时段实行一、二、三级工作措施，进一步细化API(预检预查控)制度，制定《上海边检总站预检预录系统工作规范(试行)》。2009年，吴淞边检站改由检查队办理检查手续、监护队打印登陆证，给船员登陆提供便利。外高桥边检站在办证大厅设置自助申报平台，方便代理人员及时通过互联网对申报材料中的差错和缺漏进行现场补正，提高通关效率。2010年，上海边检总站在上海世博会开幕前对外推出6条服务上海世博会出入境新举措，进一步提高口岸通关能力。

二、海员、机组人员和乘务员检查

1978年，上海边防检查站参照外交部、公安部、交通部联合下发《关于港澳同胞持用港英、澳葡当局颁发的护照、证件处理意见的通知》，对此类出入境船员登陆手续办理进行详细规定。同年12月，根据交通部、公安部、外贸部、卫生部联合下发的《关于做好在港外国籍船舶、船员及随船人员管理工作的通知》，进一步简化联合检查手续。1979年11月，参照《关于应聘在外轮工作的我国船员出入境和上下船舶管理问题的通知》，根据“方便船员、内外有别、利于管理”的原则，对应聘在外轮工作的中国籍船员互相登轮问题明确处置办法。

1981年，上海边防检查站根据《关于我国外派船员出入境手续和实施边防管理问题的补充通知》，加强船员管理。1982年5月，上海边防检查站细化制定《外轮船员登陆注意事项》，进一步加强对外轮靠泊期间外籍船员登陆的边防检查管理工作。1984年，公安部下发《关于台湾海员登陆管理问题的通知》，统一并方便台湾海员登陆活动。

1986年2月1日起，上海边防检查站对登陆住宿的外国、港澳地区船员签发《船员住宿证》。同年，市公安局边防局制定《关于对英国皇家游艇及护舰实施边防检查的方案》。1987年，按照公安部下发的《关于做好来大陆探亲旅游台湾同胞的边防管理工作的通知》，上海边检机关对在外籍船舶上服务的台湾船员登陆管理进行细化。1989年9月，市公安局边防局制发《关于对外国军舰实施边防检查管理的办法(方案)》。

1994年1月，市公安局边防局根据公安部边防局《关于取消民航机组人员和国际列车乘务员出国(境)证明的通知》，对执行国际(地区)航班任务的机组人员在随其所服务的交通运输工具出国(境)，前往互免签证国家或根据有关协议免办签证的国家(地区)时，不再查验出国(境)证明，凭有效护照放行。1996年1月1日起，针对外籍船员超时返轮现象特别突出的情况，市公安局边防局制定执行《关于执行外轮船员及家属登陆(住宿)规定》，进一步明确外轮船员和家属办理登陆、住宿手续和登陆时间。

1998年，上海边检总站按照公安部规定，外国专机、包机的机组人员在24小时内不能够乘原机离境的，可在公安部授权的口岸签证机关申请办理G字签证，做好机组人员的出入境检查工作及相关服务。1999年3月，吴淞边检站在宝山、张华浜和军工路港务局等非客运码头设置边检专用通道，方便船员进出港区和出入境管理。

2000年3月，上海边检总站出台《关于贯彻部局〈出入境边防检查港口业务工作规范〉有关问题的通知》,对未持中国有效签证的美籍旅客和船员要求离船换乘其他交通工具(飞机、船舶)出境的,明确规定可允许其委托代理到上海市公安局申请签证,只要持有签证即可离船,边检站不再给予罚款处罚。2002 年 7 月,上海边检总站根据公安部出入境管理局要求,规定在香港、澳门地区航空公司工作的外籍永久性居民中的机组人员,入境时必须使用与其来华目的相同的签证。2003 年 8 月,与我国达成机组人员和外派乘务人员签证协议的国家增至 33 个。

2005 年,上海边检总站进一步简化我国公务航空飞机出入境航班和机组人员的出入境边防检查手续,并适度放宽外国和台湾地区船员登陆住宿限制。同年 7 月 1 日,上海边检总站制定实施《上海边检总站海港口岸出入境管理规定》。该规定成为规范海港口岸登轮管理、国际航行船舶代理管理、边检协管人员管理工作的基本依据。2006 年,上海边检总站进一步明确我国航空公司聘用的外籍机组人员持 Z 字签证出入境时有关查验问题的处置办法。

2007 年 6 月 5 日,上海边检总站下发《关于对简化船员家属登轮手续等海港边检业务问题的意见》,对年度内有登轮记录的船员家属再次申办登轮证件的手续问题进行简化。2008 年,浦东边检站启用“机组人员专用查验通道”,制定《机组人员边防检查工作规定》,明确对客、货飞机和机组人员的出入境边防检查规定,简化检查手续和流程。2010 年,上海边检总站对海员、军舰乘员换乘其他交通工具出境检查作了相应规范,规定海员、来访军舰乘员离船、舰入境必须办理签证(与我有互免签证协议的除外)。

三、专包机(船)人员检查

1978 年后,上海边检部门始终把重要外宾的出入境边防检查工作作为一项重要工作进行管理。1979 年 1 月,根据公安部、解放军总政治部《关于边防检查站不再担任出入国境专机监护任务的通知》,边防检查站不再担任出入国境专机监护任务,只承担对专机上的乘客、机组人员的护照、证件的查验工作。

1989 年 5 月 15—18 日,苏联最高苏维埃主席团主席、苏共中央总书记戈尔巴乔夫应邀对我国进行正式访问。访华专机群共有 17 架次飞机抵离上海。上海虹桥边防检查站挑选民警组成专机检查小组,并配备 50 余人的机动力量,完成对这 17 架次飞机的边防检查任务。其中,检查机员 107 人、旅客 228 人、中外记者 34 人。

1992 年,市公安局边防局结合《中国公民往来台湾地区管理办法》有关规定,对两岸直飞航班的入出境检查、入出境旅客证件检查、飞机监护问题提出处理意见,进一步规范两岸直飞航线管理。同年 9 月 30 日,市公安局边防局通过双人验证、一人复核的方法,完成韩国卢泰愚总统专机由上海出境回汉城边防检查任务。10 月 28 日,日本天皇明仁访华专机离沪回国,检查天皇、皇后及随员共 137 人。

1996 年 4 月 19—27 日,上海虹桥边防检查站完成俄罗斯、吉尔吉斯斯坦、哈萨克斯坦和塔吉克斯坦四国总统到上海参加国际会议的专机入出境边防检查工作,检查专机 17 架次、元首级专机 6 架次、其余 11 架次。1997 年,市公安局边防局采取先验证、后复查、再查控的工作程序,确保专机人员及时入出境,完成联合国秘书长、乌拉圭总统、马其顿总统、美国副总统、新加坡总理、伊拉克副总理等专机边检任务,共计飞机 16 架次、贵宾级专机随行人员 626 人。

1999 年 9 月 27—29 日,上海边检总站完成’99《财富》全球论坛・上海年会边检安保工作,检查全球企业 500 强总裁、各国政要、与会人员共 1 159 人、专机和包机 302 架次。2001 年 6 月 13—18 日,上海边检总站为参加上海合作组织峰会的五国元首 16 架专机、机组员工 270 人和与会人员 467

人办理入出境边检手续。APEC会议期间,虹桥边检站为5 552人次与会人员和96架次专包机办理入出境边检手续。

2003年春节,台商包机沪台间接直航,隔断53年的两岸空中直通正式恢复。1月26日—2月19日,上海边检总站共检查中华、复兴、长荣、立荣、华信、远东6家航空公司包机16班32架次(其中24架次经停澳门,8架次经停香港)、出入境旅客员工3 010人,完成春节台商包机入出境边防检查工作。2005年1月29日—2月17日,上海边检总站完成2 005年春节台商直航包机的出入境边防检查工作,共检查大陆的东方、上海和台湾的中华、复兴、长荣、立荣、华信、远东共8家航空公司20架包机40班次(大陆、台湾地区航空公司各10架20班次),检查旅客5 281人次、员工393人次。2005年5月3日,浦东边检站完成由国民党主席连战、国民党副主席吴伯雄等带领的赴大陆访问团出境边检工作。7月7日,上海边检站为来华参加"2005年东海联合搜救演习"的日本警备舰"萨摩"号、韩国警备舰"吉米5"号办理入出境边检手续。

2003年1月,春节台商包机首航现场

2006年6月11—16日,上海边检总站完成上海合作组织峰会专机保障任务。2007年11月2日,虹桥边检站顺利完成约旦国王专机出境边检任务,为约旦国王一行42人办理了出境边检礼遇手续。2008年3月11日,浦江边检站为载有美国前总统乔治·布什携夫人一行11人访问团的邮轮"银音"号提供入境边检礼遇。2010年8月11日,上海机场边检站为津巴布韦总统专机提供礼遇,为55名旅客、20名机组员工办理入境边检手续。9月28日,虹桥边检站为俄罗斯总统梅德维杰夫及其随行200多人、共5架专机提供出境边检礼遇。10月10日,虹桥边检站为白俄罗斯总统卢卡申科一行乘坐的专机提供入境边检礼遇。

四、遣返人员查验

1978—1984年,上海边检机关接收遣返人员数量并不多,对此,未有专门针对遣返人员查验的规定。1985年,市公安局边防局制定《关于对外籍船舶携带偷渡人员来我港口的处理规定》,明确船方或有关方面请求我国协助遣返偷渡人员的处理办法。

1990年9月,市公安局边防局严格落实海峡两岸红十字会组织代表在金门就"海上遣返"(即大陆与台湾双向遣返)事宜签订的协议要求,遣返工作以人道主义安全为原则,遣返对象是进入对方地区的居民(对不可抗力因素必须暂入对方地区者除外)、刑事嫌疑犯或刑事犯,遣返交接地点在"马尾—马祖"或"厦门—金门"。1991年5月,市公安局边防局参照公安部下发的《关于对非法入出境人员处理办法的通知》规定，对国外遣返人员进行处理。

1995年，上海边防口岸审理、处理被遣返人员多达15个省市，籍贯为福建、浙江、上海的人员位居前列，遣返国主要为日本、韩国和美国。以出境旅游为名前往旅游国家和地区，再持伪假证件偷渡第三国被查获的遣返人员明显增加。1997年，上海口岸接收审查国外遣返人员主要来自的籍贯和被遣返国分别新增黑龙江、辽宁、广东3个省份和新加坡。

2001年，公安部、外交部联合下发《公安部、外交部关于进一步做好核查遣返工作的通知》。2003年，上海边检总站根据公安部出入境管理局《关于加强查缉网上追逃人员的通知》精神，对遣返人员均实施查控和网上追逃。2006年，上海边检总站根据《出入境边防检查总站遣返审查所工作规范（试行）》，进一步规范遣返审查所工作，充分发挥遣返审查所的职能作用，严厉打击出入境违法犯罪活动。2008年，上海边检总站严格落实公安部《关于进一步做好外国人遣送出境工作有关问题的通知》。2010年，《上海边检总站遣返人员接收审理工作规范》出台，进一步规范接收、审理遣返人员的相关工作。

表8-4-1　1993—2010年上海边检总站接受遣返人员数统计　单位：人

年　份	遣返人员数	年　份	遣返人员数
1993	280	2002	2 744
1994	999	2003	5 177
1995	1 693	2004	4 185
1996	3 193	2005	4 235
1997	3 036	2006	3 802
1998	2 296	2007	3 581
1999	2 096	2008	6 415
2000	1 442	2009	5 623
2001	3 191	2010	4 781

资料来源：上海边防检查机关年度报告。

第二节　出入境交通运输工具边防检查监护

一、一般船舶检查监护

1979年，根据公安部《关于加强对外国船舶边防检查和管理工作的意见》，上海边防检查站根据当时的敌情和社会治安情况，对在长江水域锚地临时待泊的出入境外轮实行登轮驻船监护，并对外轮监护人员的职责和任务作了明确规定；同时，继续做好船舶边防检查工作。

1980年，根据公安部下发的《关于加强边防检查工作意见》《关于边防检查工作中若干问题的暂行规定》，海港口岸将船体检查由普遍检查改为重点检查。同年2月，根据公安部通知精神，明确如何处置在外国船舶上服务的中国船员的家属登轮团聚问题。1985年1月起，市公安局边防局改进海港口岸的监护检查制度，由锚地普遍监护改为重点监护，监护范围限于有特务、特殊或控制对象的船舶;带有偷渡犯的船舶;首次来沪的苏联、美国籍船舶。8月1日,作出进一步调整,范围仅限于上级部门通报的有重大情况的船舶。

1986年,市公安局边防局结合贯彻《关于进一步改革入出境船舶检查工作的通知》,简化国内轮船进出口手续,对进船厂修理的外轮、泊港时间短的外轮巡视检查等边防检查监护工作实行一系列改革。1988年,市公安局边防局出台《关于对台湾客货轮实施边防检查管理的意见》《关于对台湾客班轮实施边防检查管理的方案》,对台湾来沪的货、客班轮船的入出境检查,船舶停泊期间管理和边防勤务组织进行详细规定。1992年2月10日,市公安局边防局制定《关于对台湾客货轮直航大陆实施边防入出境检查管理的意见》,对台湾直通客货轮的入出境检查和监管采取既不同于外轮又不同于远洋国轮的入出境检查和监管方式,规定台湾船员申请陆地住宿,须向边防检查站申办住宿证;台湾船员在大陆的亲友要求登轮会亲的,参照外籍旅游船管理办法。

1993年1月29日,市公安局边防局按照公安部《关于改进港口边防检查工作的通知》,对我国航行国际航线船舶入境检查从宽、出境检查从严,对外国籍船舶入境检查从严、出境检查从宽的原则,改进边防检查工作。1994年,市公安局边防局进行船舶联检制度改革,对国际航行船舶入出境(港)实行靠泊后登轮办理边防检查手续;外国旅游船和中日航线客班轮入境时,根据旅客多少确定泊位检查和锚地登轮随船检查;对国际航行的中国船舶靠泊后除特殊情况外,不再登轮办理入境检查手续。1995年7月,市公安局边防局结合上海口岸实际情况,制定《国际航行船舶进出上海口岸边防检查实施办法》。1998年,上海边防检查职业化改革后,港口边检站的执勤人员普遍减少。上海边检总站出台《外轮监管改革工作方案》,6月22日开始对上海港口外轮监管模式进行重大调整和勤务改革。10月,制定出台《关于贯彻〈国际航行船舶监护管理办法(试行)〉的实施意见》,由原来单一梯口监护,调整为巡查为主、抽查与重点监护相结合的执勤模式,并根据上海港各码头的不同实际情况,制定出"梯口监护、巡视检查、厂方管理、设卡监管、船方自管"5种勤务模式,使之逐步与国际通行做法接轨。1998年8月,上海边检总站设立驻上海航运交易所临时办事处,采取试行方式派员进驻上海航运交易所报检中心,参与"一门式"检查,对进出上海口岸的国际航行船舶集中办理出入境边防检查预检手续。

表8-4-2　1998—2010年船舶入出境(进出港)边防检查监护巡查方式一览

序号	分类		内容
1	船舶入出境(进出港)检查	入境	船舶符合预先办理进口岸手续条件的或须靠泊后办理进口岸手续的,由报检中心受理;须登轮办理进口岸手续的,由有关边检站按现行规定办理。对在报检中心办理进口岸手续的船舶,值班人员应将有关情况放入边封,由代理将边封交该船舶的监护、巡查人员或厂方护船队。巡查人员不在场时,交该轮船长,巡查人员应及时向船长收取
		出境(出港)	船舶除由边检站登轮办理手续以外,均由报检中心办理。边封由代理交该轮监护、巡查人员或厂方护船队,巡查人员不在场时,交该轮船长,巡查人员应及时同船长收取
2	登轮检查		不靠岸的海上作业船
			载有旅客的、偷渡人员的或其他不准入境人员的船
			有严重违法记录的
			上级通知需登轮检查的

(续表)

<table>
<tr><th>序号</th><th colspan="2">分 类</th><th>内 容</th></tr>
<tr><td rowspan="2">3</td><td rowspan="2">船舶监护、巡查和抽查</td><td>对须实施梯口监护、设卡监管和巡视检查的船舶</td><td>监护队应在船舶抵达码头(浮筒)前到达现场,向代理收取边封,放置告示牌,同船长发放《通知书》、船员登陆证等。对巡视检查的船,出境时,巡查人员应提前到达现场,收取有关单证,并对船体进行巡查</td></tr>
<tr><td>对由厂方和船方管理的船舶</td><td>监护队通过抽查方式来实行管理,船舶入出境时必须组织人员抽查,其间抽查次数由监护队视情决定。《告船长通知书》《船员登陆证》等有关单证由抽查人员负责发放和收取</td></tr>
</table>

资料来源:上海边检总站年度工作报告。

1999年7月,上海边检总站落实公安部出入境管理局提出的“人、船、证”三见面的要求,制定《国际航行船舶出入境核查工作规范(试行)》《关于加强和改进国际航行船舶出入境边防检查的实施意见(试行)》,对国际航行船舶推行“一般核查、正式检查、重点检查”的检查制度,进一步加强对国际航行船舶进出上海口岸的边防检查。2000年,上海边检总站制定《上海港货船入出境边防检查实施办法》,与有关部门联合开发“国际航行船舶远程信息管理系统”,该系统增加船舶查控等功能,实现上海边检总站与各海港边检站之间船舶出入境数据资料共享,系统2001年5月1日正式投入使用。2001年5—8月,吴淞边检站对远洋国轮、全外派船舶实行船方自管改革试点,逐步推行“红黄绿”牌制度,并先后与中海、中远、锦江公司所属8艘船舶签订《中国国际航行船舶靠泊口岸自管责任书》。2003年8月,上海边检总站制定《国际航行船舶停泊期间自管责任书》,修改《国际航行船舶停泊期间码头所属单位(船厂、专用码头)协管责任书》,满足集装箱运输快速增长管理以及边检勤务制度改革的需要,进一步加强在港国际航行船舶管理工作。

2004年5月1日,上海边检总站撤销驻上海航运交易所临时办事处,其承担的业务工作交由船舶所在地辖区边检站办理。11月1日,上海边检总站在上海港正式开展国际航行船舶网上报检工作。2005年,上海边检总站编制《上海总站船体检查工作规范》。2006年5月1日,上海边检总站制定执行《关于调整国际航行船舶监管方式的通知》,实行巡查、监控、协管、梯口监护、驻船监护联动的船舶监管机制,把船舶登轮管理、离港检查、港区管理与防偷渡、防走私、反恐怖工作有机结合起来,保障船舶和港区安全。

2007年1月1日,上海边检总站开发启用“上海边检总站海港口岸综合信息管理系统”,为登轮管理工作搭建联动平台。9月17日,上海边检总站制定下发《关于建立中国籍和挂方便旗全外派国际航行船舶专项抽查制度的通知》,要求各海港边检站每月对辖区内中国籍和挂方便旗的全外派船舶抽查面应不低于30%,其中列入重点抽查范围的船舶每月抽查次数不少于1次。2008年,上海边检总站对国际航行船舶实行“电视监控+码头巡查”监管模式,根据实际情况对重点船舶实施登轮检查、人证对照和梯口监护。2009年,上海边检总站在海港口岸启用“船舶外档无线监控系统”,实现对船舶全方位的监控,完善海港对船舶的监管模式。

2010年,上海世博会期间,上海边检总站规定对于停泊上海港的外轮,执勤民警需要佩枪实施梯口监护、驻船监护,船舶从锚地移泊港内码头时实施随船监护;对停靠厂矿专用码头船舶,派出执勤小组实施驻点监管;对所有经过上海世博会园区水域的外轮,提前登轮随轮监管至相关码头,全力确保海港口岸安全。共实施外轮梯口监护8 699艘次、锚地监护234艘次,监护穿越上海世博会核心区水域的船舶197艘次。

二、邮轮边防检查监护

1973年9月13日,上海边防检查站检查来自日本的旅游船“巴西丸”号,开启邮轮检查监护业务。上海边防检查站对该轮247名旅客和随船海员的出入境检查总结出的8条相关经验,为之后开展邮轮检查监护工作提供了借鉴。

1988年9月,市公安局边防局制定《关于对台湾客班轮实施边防检查管理的方案》,对入出境人员检查由上海边防检查站在船舶抵港时派员赴铜沙或吴淞锚地登轮,实施随船验证、现场发证。船舶靠泊期间,边检机关派员实施监护。1989年,市公安局边防局制定《旅游船监护管理办法》,进一步明确规范旅游船监护管理和人员证件查验流程。

1998年8月,上海边检总站制定《中韩航线旅游客轮出入境边防检查暂行办法》,进一步加强对中国公民自费赴韩国旅游的出入境边防检查管理。2000年8月,上海边检总站制定《客班轮边防检查及管理工作规定》,对客班轮的入出境边防检查手续、客班轮在港期间的管理进行规范。

2003年4月,上海边检总站制定《旅游船出入境(港)检查管理实施办法(试行)》,规范旅游船出入境(港)边防检查和停泊期间的管理,便利随船旅客和船员的通行,确保旅游船在港安全。2004年4月,针对大型旅游船的检查情况,上海边检总站制定《境外随船检查工作规范》。

2006年,上海边检总站制定《上海出入境边防检查总站邮轮边防检查管理暂行办法》和改革草案。2008年,上海边检总站采取联系船运公司妥善安排客班轮与邮轮船期,派民警提前赴境外随邮轮入境实施检查,研发旅游船检查名单比对和登离轮人员管控软件,提高旅客通关速度和管理服务水平。

2009年,上海边检总站制定《直航台湾邮轮出入边防检查、监护工作方案》《直航台湾邮轮靠泊期间处置突发事件工作预案》《多艘邮轮同时靠泊边防检查工作方案》,确保邮轮检查工作安全有序。2010年,浦江边检站为确保上海世博会期间邮轮出入境边防检查工作安全有序,专门设计制作邮轮临时检查场所,对上下邮轮人员实施持原件人证对照检查,设置双向多条人证对照检查通道,并安装移动监控系统。

三、列车边防检查监护

2003年10月1日,根据铁道部、公安部、海关总署、国家质检总局四方会议纪要,铁路上海站客运口岸临时对外开放,铁路上海站临时客运口岸限定区域的警戒管理工作由公安边检机关承担。上海边检总站制定《铁路上海站临时客运口岸限定区域管理办法(试行)》,指导铁路部门在口岸建造隔离设施、设备,确定铁路上海站口岸有关单位工作人员进出限定区域通行证由边检机关签发,主要担负沪九直通列车出入境边防检查任务。2005年6月1日,根据公安部出入境管理局《关于上海边检总站有关机构问题的批复》,上海铁路边检站主要担负上海铁路口岸沪九直通车旅客、员工出入境边防检查与查控任务以及口岸限定区域管理、沪九列车出入境监护以及车体检查。

2005年5月25日,上海铁路边检站在办理K99次沪九直通旅客列车出境边检手续时查获1名持用伪南非普通护照的外籍人员。这是铁路临时口岸自开通以来首次查获的偷渡人员。2008年,上海铁路边检站加大入境列车监管力度,派出警力随车监管,并与沿线停靠的金华、株洲和广州东3个车站的铁路公安派出所建立协作机制,同香港红磡管制站建立联系机制,确保铁路临时口岸和沪港直通列车的安全。2003 年 10 月 1 日—2010 年 12 月 31 日，上海铁路边检站检查入出境列车 2 647 车次、出入境旅客 766 555 人次、入出境列车员工 74 659 人次。

第三节　口 岸 管 控

一、打击偷渡

上海边防检查站成立之初，上海地区的出入境口岸主要为上海港口。1978—1982 年，上海口岸偷渡活动明显上升，出现结伙偷渡、港区工人内外勾结偷渡等情况，偷渡活动发生时间也由集中在夏秋两季扩大为全年。偷渡活动涉及巴拿马、希腊、东德、比利时、南斯拉夫、科威特、日本等 7 个国家的船舶以及从事远洋运输的国轮。

1983 年，上海虹桥边防检查站查获该站第一起偷渡案，也是上海边检机关在空港查获的第一起偷渡案。2 月 11 日，上海虹桥边防检查站在办理 PA016 航班出境手续时，查获持新加坡护照的偷渡嫌疑人林某。1986 年，针对浙江、福建一带有些居民持伪造的前往国签证出境的情况屡有发生，市公安局边防局和上海虹桥边防检查站派员至浙江省、福建省公安机关，学习交流验证工作经验。上海虹桥边防检查站证检科出境组开展"验证工作规范化"试点。1987 年 3 月，市公安局边防局下发《关于加强边防验证工作严防偷引渡分子混出国境的通知》(偷引渡分子：非法出入境以及协助、引带他人偷渡出境的人员)，全年，查获偷渡分子 23 起 39 人次。1988 年，上海口岸频发利用仿造假证件企图蒙混出境现象。市公安局边防局把中加航班以及中法航线作为重点验证航班，对持有新加坡、港英护照和回乡证的旅客，将持证人的前往国签证和兄弟站的验讫章列为检查重点。全年，查获偷渡案件 28 起 40 人次。1989 年，上海虹桥边防检查站查获 1 起 45 人偷渡案件。9 月 8 日，虹桥边检站一举查获 43 名持伪造巴西签证的偷渡分子及 2 名持巴西护照的组织偷渡分子，收缴伪造的巴西签证，中国虹桥出境、中国北京入境验讫章等印模。

1990—1997 年，上海口岸偷引渡活动突出，迂回偷渡、调包偷渡、伪造证件、冒名顶替、内外勾结等偷渡手段多样。市公安局边防局每月对偷渡活动综合分析，研究偷渡活动规律特点。针对虹桥口岸"调包"偷渡(不同航班的旅客接受边防检查后，再调换登机牌的方法偷渡)手段多样、隐蔽性强的状况，加大登机口核查力度，并将情况通报给机场有关部门，形成反偷渡合力。海港边防检查站对航线复杂的出境船舶进行仔细的船体检查，防止有人藏匿在船上实施偷渡。1991 年，市公安局边防局查获偷引渡案件 86 起 159 人次。偷渡者主要来自福建、广东、浙江等地，以台湾同胞身份偷渡的案件明显增多。1994 年 3 月 15 日，市公安局边防局针对在上海口岸非法入出境的中外籍人员，从事组织、运送他人偷越国(边)境的违法分子以及载运非法出入境人员的中外交通运输工具，制定专门的处理处罚实施办法。1995 年，《出入境边防检查条例》开始实行，赋予边防检查站对非法出入境者实施行政拘留的权利。全年，上海口岸边防查获偷渡案 158 起 236 人次，查获"蛇头"(组织运送、协助他人偷渡的人)19 人次。1996 年，市公安局边防局全年查获偷渡案件 193 起 333 人次，偷渡者偷渡目的地主要是日本、美国、加拿大及西欧等发达国家和地区。1997 年 11 月 5 日，市公安局边防局制定出台《关于对违法人员实施行政处罚的规定》，明确处罚从事偷越国(边)境违法犯罪行为的法律适用范围、拘留批准权限和实施拘留办法等内容。

1998 年，上海边检总站建立反偷渡综合治理协作机制，成功破获多起偷渡、组织偷渡大案。1998 年 12 月，上海边检总站与上海电视台联合策划摄制的《国门岂能非法越过》反偷渡专题片在上海电视台《案件聚焦》栏目播放,展现上海边检空港口岸反偷渡工作情况。同年,首次查获1起16人持外交护照的偷渡案件。1999年1月23日,虹桥边检站在办理上海至洛杉矶的UA838航班和上海至香港的KA803航班出境边检手续时,查获由“蛇头”董某组织的“调包”偷渡重大案件。1999年4月,虹桥边检站与美国洛杉矶移民局合作,成功破获境内外犯罪分子勾结组织的“1・13”跨国偷引渡大案,抓获“蛇头”4人,美方抓获5名组织偷渡及偷渡者。2000年,上海边检总站组织编写《出入境边防检查工作指南》《反偷渡案例选编》和《边防检查常遇证件、签证真伪鉴别》等书,用以指导一线反偷渡工作。6月10日,浦东边检站查获建站以来的首起持整版伪造的新加坡护照,利用48小时过境上海免签证便利政策进行偷渡的案件。

2001年7月15日—9月15日,上海边检总站对口岸偷渡活动进行为期2个月的集中整治。上海边检总站在福建省公安厅配合下,破获巴拿马籍“联捷”轮和巴拿马籍“通星”轮集装箱群体偷渡案件,抓获中外“蛇头”13人、偷渡者29名,这是上海边检总站首次侦破利用集装箱实施偷渡的案件。2002年4月1日起,公安部在全国开展反偷渡“南方行动”。上海边检总站以“打团伙、挖蛇头”为重点,跨部门、跨口岸、跨地区打击偷渡活动,“南方行动”中查获、审理偷渡案件96起159人次,查获“蛇头”11人。2003年,上海边检总站有针对性地开展打击前往法国等国家的偷渡活动,建立反偷渡长效培训机制。2003年10月10日—2004年3月10日,上海边检总站开展以“破大案、抓蛇头、断线路”为主要内容的反偷渡专项行动,建立反偷渡专项行动简报制度。

2005年,上海边检总站落实公安部出入境管理局“防范和打击利用集装箱偷渡活动座谈会”关于进一步加强海港口岸边检工作的精神,建立完善情报调研机制、风险评估机制、协作配合机制、奖励惩罚机制、宣传教育机制、信息通报机制、科技强警机制,防范和打击海港口岸偷渡活动。上海有关港口的边检站全年共查获偷渡案件4起14人。2006年4月20日—9月20日,上海边检总站开展清理“三非”外国人专项整治行动,查获非法入出境案件46起59人次。2007年,上海边检总站共查获外国籍偷渡人员86人次,处理外国籍人员非法居留案件210起210人次。

2009年,上海边检总站加强反偷渡技能培训、强化反偷渡情报调研、加大口岸查堵力度、深化反偷渡协作机制。6月12日,吴淞边检站查获1名企图持用伪造《海员出境证明》办理出境手续的中国海员,这是上海边检总站首次查获此类案件。2010年4月20日,上海边检总站和市公安局出入境管理局共同召开外国人出入境管控及案件查办工作会议,部署上海世博会期间联合开展外国人入出境管控各项工作。

二、查控查堵

查控查堵是边检工作中的一项重要任务,旨在打击恐怖活动,防止特务间谍潜进潜出、敌对分子闯关和犯罪分子外逃,事关国家主权、安全和社会稳定。1984年8月28日,市公安局发出《关于建立上海边防查控工作的通知》。9月,上海边防检查站查控工作暂定由客检科负责,并配备3名专职查控人员。上海虹桥边防检查站组成10人查控小组,1984年11月改建为查控调研科。查控工作初始阶段,专人负责将各有关单位的边控对象汇编成册,每个验证台的查控检查员人手1册,对入境旅客逐个核查,先查后放。虹桥边防检查站制定《查控工作细则》和《查控检查员岗位责任制》,查控工作趋于制度化、规范化。

1985—1990年,市公安局边防局把反偷引渡、反内潜外逃作为边防工作的重点,严密查控制度,确保接控、布控、查控渠道的畅通,突出以反劫机、反劫船、反破坏为重点,严密勤务组织,落实安全保卫措施，制定应急方案，加强模拟训练。1986 年，市公安局边防局制发《查控工作实施规则》，对受理查控对象手续、查控的步骤和方法、不予查控或停止控制的情形作了明确。上海边防检查站实行电脑查控，上海虹桥边防检查站实行“人机”结合的办法，部分地实施电脑查控。1987 年，市公安局边防局在逐步理顺关系、统一交控渠道的基础上，对在控对象进行清理，规范交控期限，严密内部查控措施。1990 年，市公安局边防局实施《关于加强上海口岸边防查控工作的意见》，完善交控手续，健全边控制度，并开始将计算机运用于进行查控工作，先后查获诈骗人民币 168 万元的诈骗犯陈某某、国际刑警组织通缉的台湾籍犯罪嫌疑人杨某等一批重要在控对象。

1991 年，市公安局边防局把查控工作作为边防对敌斗争的一项重要内容，在交控手续上严格把关，对国际恐怖分子名单进行清理、补充，整理出 1 本入出境名册。1992 年，上海市公安局边防局在实施查控管理工作中积极完善局、站、科三级查控网络，落实接控审查制度、名单定期清理制度和请示报告制度。1993 年，市公安局边防局抓住接控、布控、处理 3 个环节，在交控手续上通过接控审查严格把关，在布控时做到迅速及时，在查控时坚持突出重点细查细验。1995 年，市公安局边防局制定《敏感期查控工作实施方案》，对接控、布控、查控、处理等环节作了明确的要求和规定，对在控名单进行全面清理。1997 年 5 月 1 日，市公安局边防局制发《查控工作规程》，全局所属 5 个检查站全部实行电脑查控，整个查控工作进一步制度化、规范化、程序化。

1998 年职业化改革后，上海边检总站成立查控工作领导小组，落实岗位责任制，确保查控工作规范落实到位。根据公安部边防局《查控工作规范》，制定《关于进一步加强查控工作的意见》，实现无错接、无错布、无漏查、无错处理的“四无”目标。1999 年，上海边检总站实行总站、站、队、检查员四级查控责任制，发出《关于贯彻〈出入境边防检查查控工作规范〉的通知》《关于进一步加强查控工作的通知》，要求各站结合实际，制定具体的《查控工作程序和人员职责》。2000 年，上海边检总站结合上海口岸的实际，制定《口岸边防检查查控工作规范实施细则》《空港口岸处置突发事件工作方案》，建立边控审核制度。全年，查获一批有影响的重大边控分子，如涉案 7.8 亿美元的全国最大骗汇案一号主犯萧某等。2001 年，上海边检总站实行各级主管负责制，制定《口岸查控工作实施细则》。上海边检总站开发船舶查控软件系统，加强船舶查控工作。2002 年，上海边检总站制发《关于启用“非在控人员名单”有关问题的通知》，建立边检查验系统非在控人员名单库和总站查控资料在控库管理系统，方便边控资料的存档、核查及调阅。

2003 年，上海铁路临时客运口岸开通，上海边检总站查验采用中小型口岸查验系统，现场采用单机查控设备和设立查控数据库，做到查得到、控得住，不发生错控、漏控。2004 年 3 月 1 日，上海边检总站网络布控系统试运行，5 月通过公安部边防局验收，查获一批重大边控对象，有涉嫌诈骗 980 万元人民币的燕某、涉嫌故意杀人犯罪的陈某、台湾黑社会“四海帮”副帮主杨某，在遣返人员中查获涉嫌经济诈骗 1 亿 750 万元人民币、在境外潜逃 8 年的在逃人员李某。

2005 年，上海边检总站制定实施《机要工作规范》《机要工作程序规定》《查控资料库使用管理规定》等制度，加大对偷渡、遣返人员的查控和网上追逃力度，加大对外国人借道中国偷渡他国和协助他人“调包”偷渡案件的打击力度，有效遏制这两类案件的发生。上海边检总站制定《上海出入境边防检查总站机关突发事件处置预案》《关于防范和处置口岸突发事件的工作预案》，以加强演练，提高实战技能。

2006 年，上海边检总站先后制定查控工作检查和临控对象发布等边检执勤工作规定、《总站梅沙系统应用规范》，规范新系统验放、查控等基本模块的操作流程。10 月 22 日，外高桥边检站在对大型旅游船“蓝宝石公主”号入境旅客名单进行查控时，查获 1 名由厦门市公安局交控的涉嫌偷税

1 127 万元人民币的重大嫌疑人员。这是上海边检总站首次在大型旅游船上查获的重要边控对象。2007 年,上海边检总站制定《上海总站关于总站(边防总队)间实施网络布控工作方案》。浦东边检站查获 1 名重大绑架杀人、负案在逃 5 年的犯罪嫌疑人陆某。

2008 年 6 月 14 日,浦东边检站查获 1 名持中国普通护照入境的重要涉恐人员。2009 年 2 月 25 日,浦东边检站在办理 MU552 航班入境边检手续时,查获 1 名持用非法获取的中国旅行证非法入境的在逃人员孙某。2010 年 2 月 12 日,浦东边检站从可疑人员行李物品中的 1 张购房收据入手,成功查获 1 名在境外潜逃 12 年之久的涉嫌信用卡诈骗的网上在逃人员,涉案价值达人民币 2 000 万元。4 月 5 日,浦东边检站在对持用法国难民证的华裔旅客进行常规检查时,在行李物品检查时发现线索,查获 1 名改换身份负案潜逃 10 余年、涉案金额达 400 万余元人民币的网上在逃人员汪某帆。8 月 4 日,上海机场边检站查获了 1 名假冒他人身份非法获取证件、越狱在逃 15 年的上海籍网上在逃人员。

第四节　边检服务

改革开放后,口岸管控是边防检查的中心工作。上海边检机关在巩固"助民劳动、体力共建"的基础上,逐步向智力共建、警民联防方向发展。1986 年,上海虹桥边防检查站制定落实《文明执勤措施十条》《执勤纪律十个做到、四个不准》。在安检现场设置意见簿,听取旅客的批评建议,并开展文明执勤流动红旗评比竞赛活动。上海边防检查站采取多种形式与驻地单位、港区、登轮单位开展警民共建,共同制定《警民共建文明公约》《警民共建文明实施细则》,每月召开 1 次共建联席会议,加强执勤和治安工作。1987 年,市公安局边防局通过"文明检查、礼貌待客"活动,开展警民共建活动,与有关单位部门相互走访、征求意见,并开展送教上门,普及登轮管理法规。同时,在工作中注意礼貌用语,不断提高文明执勤水平。

20 世纪 90 年代,随着出入境活动的日益频繁,出入境边防检查工作重心逐渐从"管控"转向"服务",出入境边防检查机关逐渐成为展示文明国家形象的重要窗口。1999 年 4 月,上海边检总站根据公安部出入境管理局广州会议精神,部署开展边防检查勤务规范化建设的工作,各边检站根据口岸实际,更新或设置公告牌、提示牌、引导牌等硬件设施,虹桥边检站在现场设立触摸式边防检查查询系统,制定《旅客检查规范实施细则》。

2001 年,上海边检总站配合口岸"大通关"制度(2001 年 10 月,国务院要求口岸查验单位和口岸管理部门等,通过运用现代化管理、信息化和高科技手段,提高口岸工作效率和进出口货物、出入境旅客通关速度)的实施,出台查验措施,在提高通关效率的同时,优化边检机关的服务职能。2003 年,上海边检总站根据公安部出台的 30 条便民措施,结合实际适时推出 5 项便民服务措施:确保验证通道全部开足;入境(出境)高峰时出境(入境)队调出部分警力支援;为老、弱、病、残旅客填写卡片等,提供细致入微服务;对境外旅游团先放后录,减少旅客待检时间;对个别因特殊原因时间紧急的旅客由航空公司工作人员带至边检待检区,予以优先办理边检手续。

2004 年,上海边检总站相继下发《空港边检执勤规范用语及工作忌语》,制定《巾帼文明示范岗位标准》《上海边检总站出入境口岸边检优检通道管理办法》,推出首问责任制,在出入境口岸边防检查现场设置各类优先、专用出入境边防检查通道,服务于外交礼遇人员和需扶助人员。同时,要求在设置"中国公民通道"的边检站,采取措施对中外旅客进行引导分流,优先保证中国公民办理边防检查手续。2 005 年 3 月,上海边检总站在浦东国际机场北国际联检区成功试行"蛇形排队"。

2006年，上海边检总站与上海航空公司签订《警民共建活动协议书》，加强优质服务建设；与航空公司携手推出"一站式"便民举措，为有特殊需要的旅客提供通关、行李查询、办票转机等全程陪同服务。6月，上海边检总站制定《上海出入境边防检查总站对外服务承诺》，并公布三级投诉电话，接受群众监督。7月，上海铁路边检站进一步完善《监护队文明执勤规范》《监护队执勤岗位职责》等制度，推进执勤规范化建设。

2007年3月14日，上海边检总站制定《提高边检服务水平工作三年规划(2007—2009)》，陆续制定出台《上海边检总站提高边检服务水平工作标准(试行)》《民警执法文明规范用语》《上海边检总站提高边检服务水平工作奖惩实施办法》等文件，进一步规范执勤服务工作，推出中国公民入境免填登记卡等一批便民利民措施。2008年，上海边检总站将狠抓执勤民警"养成"和"定式"作为提高边检服务水平工作重点。全年，上海边检总站举办各类业务培训班273期，树立服务之星和服务定式示范科队。2009年3月，上海边检总站完成《勤务岗位服务流程》，推出"迎世博6项服务承诺""服务警星亮牌上岗""迎世博200天电子倒计时"举措，开展"精彩世博，边检同行""左行右立"文明宣传活动，出入境现场旅客评价满意率达到99.92%。

2010年，上海世博会期间，上海边检总站全面展现边检文明国家窗口形象，紧盯全球机场旅客满意度(ACI)指标，围绕"护照检查""检查人员是否礼貌和乐于助人""护照检查的等候时间"3项涉及边检的内容，落实《边检标准化服务手册》要求，建立旅客测评——督察反馈——落实改进长效工作机制。先后推出"世博先锋岗""巾帼文明岗""百人外语志愿服务队"等优质服务品牌，赢得旅客广泛好评，并获得上海市"迎世博贡献奖"及上海四大门户"文明服务示范窗口"等荣誉。上海边检总站推出多项便民措施，各旅检站在执勤现场开足验证通道，开设上海世博会专用通道，机场口岸设立专包机检查室，组织民警提前到上一港口登轮随船，为入境(港)邮轮办理检查手续，组建"世博外语服务队"等。

第九篇

网络安全监督管理

20 世纪 80 年代末，中国计算机和网络发展迅速，计算机病毒时有爆发，信息网络安全问题日益突出，网络违法犯罪活动日益增多。为加强计算机信息的安全保护，市公安局于 1989 年 10 月设立计算机管理监察处，与科技处合署办公。2000 年 3 月，更名为上海市公安局公共信息网络安全监察处（简称信安处），并于 2001 年划出科技处，主要以网络基础管理、互联网信息监控为核心工作，具体负责互联网安全监控，依法查处非法侵入计算机信息系统、破坏计算机信息系统等违法犯罪，对有关公共信息网络安全的法律、法规的执法情况实施监督。随着网络安全形势的日趋复杂，先后扩充打击网络违法犯罪、电子数据检验鉴定、网络信息安全通报、重要信息系统等级保护等职能。2004 年，各公安分（县）局成立信安支队，形成市、区两级的信安工作架构。2009 年，上海公安公共信息网络安全监察部门统一更名为网络安全保卫部门。上海公安网安部门制定一系列案件侦办、网站管理等方面规范性文件，组织开展针对黑客以及涉网赌博、淫秽色情等专项打击行动，依法处置各类谣言和负面舆情，保障上海数十万家网站和重要信息系统平稳运行；在全国率先开展网络社会安全管理工作，构建统筹现实与网络社会资源的基础工作平台，确保数据安全、网络环境和谐。

第一章　网络信息安全管理

第一节　网络信息系统等级保护

1994 年 2 月，国务院颁布《中华人民共和国计算机信息系统安全保护条例》，首次提出“等级保护”的概念，规定计算机信息系统实行安全等级保护，安全等级的划分标准和安全等级保护的具体办法，由公安部会同有关部门制定。1999 年 9 月，公安部组织制定、国家质量监督局颁布《计算机信息系统安全保护等级划分准则》(GB 17859—1999)，并于 2001 年 1 月 1 日实施。该准则规定计算机系统安全保护能力的 5 个等级，即用户自主保护级、系统审计保护级、安全标记保护级、结构化保护级、访问验证保护级。2001 年，市公安局信安处成立，负责指导、协调、检查、监督全市重点单位的计算机信息网络安全保护工作和计算机病毒、计算机灾害事故的防范、处置工作。

2007 年，公安部、国家保密局、国家密码管理局、国务院信息化工作办公室联合出台《信息安全等级保护管理办法》，将信息系统分成 5 个等级。从一级到五级，保护级别依次提高，通过制定对应级别的信息安全等级保护管理规范和技术标准，组织对信息系统分等级实行安全保护，对等级保护工作的实施进行监督、管理；并从等级划分与保护、等级保护的实施与管理、涉及国家秘密信息系统的分级保护管理、信息安全等级保护的密码管理等方面对等级保护定级备案、等级测评等工作作出具体规定。8 月 29 日，上海市启动信息安全等级保护定级备案工作，按照《信息安全等级保护管理办法》的要求，由市公安局、市国家保密局、市国家密码管理委员会、市信息化委员会四部门联合下发《关于本市开展重要信息系统安全等级保护定级工作的通知》，在全市开展信息安全等级保护定级备案工作。

2008 年，上海市启动信息安全等级保护等级测评工作。8 月 6 日，国家发改委、公安部、国家保密局联合下发《关于加强国家电子政务工程建设项目信息安全风险评估工作的通知》，明确规定非涉密信息系统的风险评估应按照《信息安全等级保护管理办法》《信息安全等级保护定级指南》等有关要求，委托同一专业测评机构完成等级测评和风险评估工作，形成等级测评报告和风险评估报告，规定第三级信息系统应当每年至少进行 1 次等级测评，第四级信息系统应当每半年至少进行 1 次等级测评。为开展信息安全等级保护工作，至 2008 年底，市公安局信安部门对全市 198 家重要信息系统运营单位的 630 个系统开展定级备案工作，并对全市机关、银行、证券、能源等重点部门和行业的 2 000 余名技术人员开展专项技能培训。

2010 年 7 月，由市公安局、市国家保密局、市密码管理局、市经济和信息化委联合下发《关于印发〈上海市重要信息系统等级保护实施细则(试行)〉的通知》。上海世博会举办期间，市公安局网安部门对 26 家单位的 577 个信息系统的等级保护制度措施落实情况进行实地检查，发现安全隐患 571 个，开具整改通知书 73 份，并逐一跟踪整改情况。

第二节　网络信息安全监测通报

2006 年 4 月，上海市网络与信息安全信息通报中心(简称市通报中心)成立，挂靠市公安局信安处。根据《上海市网络与信息安全信息通报工作方案》规定,市通报中心与上海有关职能部门,建立网络与信息安全通报机制,启动全市网络与信息安全监测通报工作。市网络与信息安全通报机制成员单位包括市发改委、市教委、市新闻办、市文广局、市通管局、市财政局等26家部门,各成员单位负责对本部门网络与信息系统出现的安全事故进行汇总、分析、研判;通报中心具体负责上海网络与信息安全总体情况汇总、分析、研判、报告和通报。

2007年,市通报中心建立监测预警体系、协会协作体系和应急响应体系"三位一体"的信息安全信息通报体系。

至2010年,市通报中心共参与专项工作10余起,重点监测扫描30余次,发现安全隐患2 000余个、各类漏洞2万余个,发布各类通报63期。在上海世博会安保期间,对"参观者预约系统"等11个上海世博会核心网络与信息系统和"网上世博会"等3个上海世博会官方网站,组织专家开展网络系统安全评估工作和测试工作。会同市经信委、市通管局重点对涉及上海世博会网络与信息系统开展督导检查,发现、掌握系统安全漏洞2 411个,发出"点对点"书面通报123份,督促网络与信息系统主管和运营使用单位落实整改措施,消除安全隐患。会同有关部门对世博局员工和技术人员开展安全防范技术培训200余人次,发现并通报、查处失泄密隐患26起。

第三节　互联网监控巡查处置

2001年6月,市公安局信安处设立专门部门,负责开展互联网监控巡查处置工作,发现、搜集各类网络情报信息,处置网络有害信息。2002年,通过监控,市公安局信安处发现全市"法轮功"网上线索15条、"法轮功"有害信息网站线索150条、境外未封堵的"法轮功"网站1个;发现境内外有害信息831条。2003年5月,市公安局信安处针对某论坛上声称自己身患"非典"不敢就医的帖文《一个"非典"患者的苦恼》,快速核查处置,查实为上海市民安某在杨浦区一网吧发帖后,迅速通报杨浦区疾病控制中心,经检查安某身体健康,确定其为网络造谣行为。针对安某在防治"非典"时期制造散布谣言扰乱社会秩序的行为,上海公安机关依法对其处理。至年底,共处理和封堵境内外有害信息356条,查处传播各种谣言和不实信息的案件4起。全市各大主要网站根据网络安全工作要求,自行删除和封堵有害信息1 610余条。

2004年,各公安分(县)局相继成立信安队并设专门的监控机构,上海网安市、区两级互联网监控工作实战体系初步建成。同年,完成互联网有害手机短信息报警处置系统,共接受市民网上报警1 500余条。

2005年4月16日,因不满日本右翼势力全面否认侵华历史,上海部分学生和群众开展聚集、游行抗议活动。市公安局信安处依法开展对"4·16"涉日游行专项查处,通过网上监控、查控,发现手机网站、论坛内各类非法"涉日"活动线索295条,查证移交相关部门线索330条。会同有关部门及时查实、处置汤某等少数人员炮制、传播虚假游行路线图等重要线索。开展网上"拒绝游行签名"宣传活动,受众网民达16.6万人次,在阻止"5·1"非法游行的工作中发挥独特作用。同年12月,部分网络论坛中相继出现内容为"有人在闹市区用带有艾滋病病毒的针筒袭击行人"的帖文。上海公安机关信安部门立即通报有关部门查明此传言系谣言,迅速查实首发者系嘉定区市民吴某,并对涉嫌扰乱社会秩序的传谣者吴某依法予以治安处罚。全年共发现各类涉沪信息340条,处理有害信息3 354条。

2006年,根据公安部《公安机关互联网信息巡查处置责任制》有关规定,市公安局信安部门开展互联网公开管理工作和落实互联网监控处置“双负责制”，由市公安局信安处对全市基层信安部门落实监控处置“双负责制”工作开展检查指导，各公安分(县)局信安队具体负责网民报警的受理和重点网站人工巡察工作。市公安局信安处还将境内外重点网站、论坛落实到公安分(县)局信安队，实行24小时网上巡查制度，市公安局信安处以专题搜索、分析研判为主，各公安分(县)局信安队以人工巡察为主，初步形成全市互联网信息监控巡查市区两级分工协作体系。全年，共发现各类网上相关信息26 572条，其中敌情信息7 084条、政情信息7 612条、社情信息11 876条，处理各类有害信息21 165条。2007年，市公安局信安处组织参与、开展的各类专项行动达78次。尤其是在为期8个多月的全国打击网络淫秽色情专项行动中，共清理处置各类网上有害信息21万余条，会同有关部门依法处理各类违法违规网站、论坛1.2万家(个)。

2008年北京奥运会前期，境外“藏独”分子勾结西方反华势力离间欧洲一些国家与中国关系的阴谋活动激发国内众多网民强烈愤慨，部分不明真相的网民将矛头指向“家乐福”等欧洲国家驻华企业，意欲集聚闹事。上海公安机关信安部门及时发现、掌握“抵制家乐福群体性事件”的大量煽动性信息和背景舆情，并获取一批行动性、煽动性线索，及时搜集上报相关情报信息160余份。在“7·1杨佳袭警案”发生次日，网上出现一篇署名为“大胆刁民”的恶意造谣帖文《上海袭警事件内幕》，引发网上广泛传播和负面舆情。市公安局信安处迅速、查明发帖者系苏州人员郑某，并移交有关部门依法查处。全年共开展全市和全国性专项巡查处置96项，发现、处置专项巡查信息15.2万条。

2009年，市公安局信安处对新疆“7·5”事件、“奥巴马访华”“出租车罢运”“闵行楼房倒塌”等全国性、全市性的99个事项进行专项巡查。

2010年3月29日，境内有关媒体刊文报道市公安局发布的关于上海世博会期间刀具实施管控的措施，其中有关“买菜刀实名登记”内容引起部分市民的质疑。市公安局网安部门立足法律法规，结合刀具在现实社会中的危害性及现实案件，作出回应，得到广大网民的理解和支持。上海世博会安保期间，市公安局网安部门精细化组织网上监控巡查，会同有关单位制定信息网络安全应急处置预案，与社会技术资源合作建立应急处置工作组，及时响应处置“阳光谷异常灯光文字事件”及“新疆世博官网主页被黑”等85起网络安全事件。2010年，在整治网上治安问题和开展涉网案侦工作中，市公安局信安处全年处理各类有害信息100万条。

第二章 网络社会安全管理

第一节 治理机制

1994年，中国接入国际互联网后，计算机网络发展迅速。2009年，我国互联网普及率持续上升增至25.5%，超过全球平均水平；网民规模达3.2亿人，居世界第一；全国手机网民达1.6亿。上海拥有盛大网络、携程网、东方财富网、易趣网、宽带山等众多具有影响力的大型网站，电子商务、电子娱乐等发展迅速，网络社会的格局特色和发展态势不断显现。

2009年4月14日，市公安局制定下发《关于进一步加强全市公安机关网络社会管理工作的实施意见》等规范性文件，出台以虚拟人口管理、虚拟社区管理、虚拟行业管理等网络社会“三项管理”，以及网上专门能力建设、网上控制能力建设、网上和谐能力建设等网络社会“三项建设”为主体的实施意见，并细化制定重点推进项目96项，从加强顶层设计入手，规划全市公安机关网络社会管理的努力方向，明确牵头领导、责任单位、目标要求和推进时间节点，并形成市公安局、公安分（县）局上下一体的网络监督管理组织架构。

2009年12月，为改善网络诚信环境，推动网络社会诚信体系建设，上海公安机关联合市征信办在国内首创“网络社会征信网”（简称征信网），设立网民曝光、网站曝光、短信曝光、权威发布、诚信导航等平台服务栏目，通过政府评价、网民评议和专家打分“三位一体”的方式，为广大网民提供网络诚信服务。

2010年1月起，上海公安机关加强与其他管理部门合作，分别与市网宣、市通管局、市经信委、市工商、市新闻、市文化、市教育等部门建立联席会议制度，通过明确职责分工、理顺相互关系，制定联合执法检查、情况通报等工作机制，推动各司其职、共管共治的联动协作。

2010年，全市公安机关共召开全局性的网络社会管理工作部署会、推进会20余次，全面推进网上网下公安业务对接，通过发动全警、发动基层，将网络社会管理工作融入公安工作的各个环节。至2010年底，在全局范围建立一支全警化的网上工作队伍，使传统公安业务不断向互联网拓展延伸；落实“全警触网”“全警用网”，提高公安机关发现线索、侦察破案的能力；建设一系列和谐警民关系的网上工作平台，提升公安机关在互联网上的话语权和影响力。

第二节 动态管理处置

2009年4月，上海公安机关搭建以服务为先导的体系较完整的网上工作平台，在453家上海重点网站布设“网上报警岗亭”和虚拟警察“平平安安”，在全市302个地区派出所开通“派出所网上工作站”，加强网上报警受理、警情推送、网上办事、咨询服务、安全提示、宣传引导等工作，将传统警务服务项目向网上延伸，初步实现网络警察在网络社会中公开亮相、公开执法。5月，针对广大网民反映强烈的虚拟财产保护问题，开通由公安机关联动核查、网络运营商快速回复的“绿色通道”，提高虚拟财产被侵害案事件的发现和查处效能。7月，针对上海网络游戏企业较为集中、“私服”“外挂”等不法行为较为突出等特点，上海公安机关加大专项整治力度，在网络游戏企业集中地浦东分局42家派出所设立社区受理点，以“网安在线”为网上联络点，试行相关案(事)件处置绿色通道，有效保护相关企业的合法权益。

2009年12月，征信网主动曝光发布传播淫秽色情、造谣诽谤等有害信息的网民与网站，并将屡教不改者的不良记录纳入网上诚信档案，对相关人员的从业、经商、贷款等现实利益产生限制性影响。各公安分(县)局结合实际，也推出一系列来源于基层警务实践的网上为民服务新举措。闵行公安分局选择境外人员聚集区域开通“网上双语社区警务室”，选派具备一定外语水平的民警为境外人员提供专门的网上社区警务服务。奉贤公安分局开通“涉案财物认领网站”，把赃物认领工作延伸到网上，将追赃成果及时惠及百姓。

2010年5—10月，上海世博会期间，市公安局专门制定13份相关工作方案，并与市网信办、市经信委、市通管局等部门之间建立“互联网信息系统安全协作机制”，与市网宣办、新闻办等部门之间建立重要情况、重要案件联动处置工作机制，与市工商、市文化执法、市教育等部门之间建立“联合执法管理机制”。市公安局还加强网络社会管理的区域性网络社会警务合作，建立与苏、浙、皖公安机关的警务合作机制，推进长三角地区的警务一体化建设。其中，建立长三角省(市)厅(局)网络安全保卫联勤机制，由四地省(市)厅(局)网络安全保卫总队组成日常办公议事机构“苏、浙、皖、沪网络安全保卫联勤机制办公室”，具体负责四地厅(局)级公安网安部门以及市(区、县)公安机关网安部门两级网安警务联勤工作。

2010年5月，经市民政局批准，上海市信息网络安全管理协会(以下简称协会)成立。协会是由上海市公安局主管，由从事网络信息服务、数据服务和安全服务的管理机关、科研单位、研发厂商、服务厂商以及计算机网络用户、信息网络安全爱好者共同组成的非营利性社会团体。协会成立后，发挥桥梁作用，凝聚起社会各界关心支持构建和谐网络社会的力量，为全市广大网民提供防范电脑病毒、防范网络黑客入侵以及防范网络诈骗等相关知识咨询等服务；加强全市公安机关、信息网络应用单位和信息服务运营商之间的交流，探讨和研究构建和谐虚拟网络社会环境的安全保障工作，提高全市网络信息服务行业规范自律水平，以及在全市各大互联网运营服务企业、互联网信息服务单位、互联网接入服务单位以及重要信息系统使用单位内，推进全市信息网络安全员继续教育工作等等。

第三节 运营单位安全管理

一、互联网基础运营商和接入服务商管理

2001年，根据《计算机信息网络国际联网安全保护管理办法》的相关规定，市公安局信安部门依法对全市电信、联通、移动等基础运营商开展基础管理工作，对全市互联网入口严格管理，指导全市各大基础运营商依法落实各项信息安全管控措施，梳理、掌握全市各类互联网接入服务商及新增专线用户基本情况。同时，加强接入审核工作，保障全市互联网接入源头安全运行、依法管理。随着互联网接入服务单位数量增多，互联网接入服务运营平台出现管理良莠不齐、存在大量有害信息等问题。市公安局信安处指导、会同全市各大基础运营商组织开展清理整治工作，查处各类违法违规行为，为全市互联网有序运行奠定良好基础，实现与上海电信等主要运营商IP地址实时联网落地查询功能，充实完善全市联网单位备案信息库，使上海涉网案件线索落地查证速度达到3分钟以内，支撑案件线索查证工作。2005年7月，市公安局信安部门出台《互联网运营单位管理工作规

范》,对互联网接入服务单位依法开展管理工作,明确两级信安部门相关管理工作的内容、依据、管理对象和要求,统一行政处罚依据,具体包括:指导、督促互联网接入服务单位依法进行备案,履行社会责任;指导互联网接入服务单位加强接入用户的资质核验、用户信息保护以及对违规网站的清理工作;指导、督促互联网接入服务单位落实安全管理制度;指导、督促互联网接入服务单位落实安全保护技术措施,并为公安机关依法履行职责提供技术支持;指导互联网接入服务单位建立和完善计算机网络安全组织;指导上海互联网接入服务单位设立网安警务室;对互联网接入服务单位开展网络安全检查;依据法律法规对互联网接入服务单位的违法行为作出行政处罚。截至2010年,上海公安机关网安部门将全市122家互联网接入服务单位全部纳入日常管理,累计配合公安备案各类网站1 100余家,基本实现对全市互联网基础运营商和互联网接入服务单位全覆盖,信息通报无缝对接。

二、网站管理

上海互联网网站数量长期居于国内前列,并具有中小网站数量众多、大型知名网站较少、类型多样等特点。2002—2006年,市公安局信安处会同治安、法制等有关单位,结合各类安保任务,开展一系列打击淫秽色情网站和赌博网站专项行动,组织辖区内相关单位针对网上涉枪、涉爆、管制刀具、警用品、淫秽色情、网络赌博、涉毒等17类违法有害信息持续开展清理整治工作,发现、处置网站有害信息5万余条,依法关闭700余家网站。对辖区网站开展公安备案工作,集中查处安全管理制度未建立、安全保护措施未落实到位的互联网接入服务,数据中心、托管主机和虚拟空间服务,信息服务单位。2007年,市公安局信安部门将网站备案工作作为信安基础工作纳入年度考核项目,推动各公安分(县)局信安部门深入开展网站备案工作,同时,借鉴、学习传统社区警务模式,在全市互联网运营企业建立布设警务室,将传统治安社区警务工作模式应用于各类互联网运营企业,完善信安部门日常监管工作模式;借鉴、学习警务巡逻管控机制,在全市大型网站上布设"网上报警岗亭"和"虚拟警察",拓宽网民举报有害信息的渠道,实现网络警察在网络社会中公开亮相、公开执法。通过全面梳理排查,并按照"注册用户数量10万以上、有独立机房的互联网接入、有独立数据中心服务单位"3个条件,设立市级重点网站"网站警务室"21个;在全市网站布设"网上报警岗亭"和"虚拟警察"930余个,设立派出所"网上工作站"302个。全年,共受理网民报警信息24 800余条,接受网上咨询求助信息1 000余条,实现全市网络社会网格化管控体系,提高网上"见警率"和"管事率"。2008年,上海公安机关信安部门结合打击淫秽色情专项工作,全面清理网上淫秽色情等有害信息,集中清理整顿数据中心、托管主机和虚拟空间,整顿一批违法违规的互联网服务单位。全年,共清理处置有害信息102万余条,同比增长386%,及时查处关闭违法违规网站3 836家、栏目9 124个。2009年7月29日,为防止非法网站及其主办者异地变换接入,工业和信息化部与公安部等11个互联网管理部门制定并下发《关于建立境内违法互联网站黑名单管理制度的通知》,市公安局信安部门据此全面推行此项制度,进一步强化对网站开办者资质审核工作,结合各类专项打击整治行动,共处理违法信息127 197条,关闭网站栏目854个。2010年4月,为切实加强对全市网站的管理,规范全市各级网安部门对网站的日常管理和备案工作,市公安局出台《全市互联网信息服务相关单位管理工作的意见(试行)》。该试行意见进一步明确网站是按照办公所在地(或实际居住地)为原则,开展日常管理和备案工作,解决市区两级网站管辖问题,推动全市网站的备案工作、网站的安全检查和指导工作,落实安全保护管理制度和安全技术措施,重点是检查网页防篡改技术措施、安全审计技术措施和关键字过滤措施的落实情况，以及日志记录保存情况（60天以上）；加强网站内容的监管，健全网站有害信息发现、上报、处置机制；建立健全网站与公安机关日常应急联络机制。全年，上海公安机关网安部门大力督促“宽带山”“篱笆网”等全市重点网站（论坛），清理整顿各类有害信息，网站共自行发现处理有害信息7.5万条。截至年底，上海公安机关网安部门共受理全市网站备案2 400余家，基本覆盖全市主要的大中型网站。

三、互联网营业场所管理

20世纪90年代，网吧、电脑休闲室等向公众提供互联网上网服务的营业性场所数量不断增加。1997年12月16日，公安部颁布《计算机信息网络国际联网安全保护管理办法》，规定公安机关履行对全市互联网上网服务营业场所的管理工作。2001年，上海公安机关信安部门开始督促网吧实行实名身份制、落实安全保护技术措施、建立信息安全员培训制度，形成具有上海特色的网吧安全管理模式。全年，共对全市889家网吧开展安全检查1 039次，处理386家（其中取缔88家），发证742家。2002年，市公安局信安部门要求网吧严格按照规定配备足够的信息安全员人数，落实信息安全员持证上岗、在岗巡视等安全管理制度，按照警务综合管理平台的工作要求及时开展网吧场所、从业人员信息的录入与更新工作。全年，共检查各类网吧1 245家，取缔无证网吧227家，限期整改297家，责令关闭、撤销行政批准文件76家，暂扣电脑310台，教育和劝阻青少年进入网吧1 359次。2003年，市公安局信安部门先后2次组织全市性网吧等上网营业场所的执法大检查，共查处违规网吧39家。2004年，市公安局信安部门在原有网吧上网实名登记制度的基础上，在全市1 665家合法网吧中推广“网吧实名身份信息认证系统”，解决识别未成年人进入网吧的现实难题。全年，共检查各类网吧3 102家（次），查处“黑吧”216家（次），责令停业整顿并处罚款21家，从中查破违法犯罪案件37起，行政处罚64人。2005—2006年，全市问题网吧数量年均减少62%，其中责令限期整改数减少83%，抓捕在逃人员205人。2007年，为确保全市互联网上网服务营业场所各项安全管理制度的落实，市公安局信安处开展全市网吧经营单位安全合格证（新证）换领工作，共开展网吧安全检查11 191家（次），行政处罚363家（次），会同工商等部门取缔关闭“黑网吧”215家。2010年，为进一步落实全市信息系统联网使用单位、互联网服务单位计算机信息系统安全事件责任追究制，推进全市信息安全员培训工作，根据公安部关于“建立信息安全员持证上岗和合格证吊销、下岗制度，继续开展安全员定期培训工作”的相关要求，市公安局网安部门在全市全面推行信息安全员持证上岗工作制度，组织开展网吧安全检查3万余家（次），依法行政处罚问题网吧654家（次）。

四、非经营性公共上网服务场所管理

随着上海市移动互联网的快速发展，以政府机关、酒店宾馆、商务楼、休闲娱乐场所为主的大部分区域开始为客户提供免费无线和有线上网服务。2005年11月23日，公安部制定并下发《互联网安全技术措施规定》（公安部第82号令）。为加强和推动全市互联网公共上网服务场所安全管理工作，市公安局、市旅游事业管理委员会依据《互联网安全技术措施规定》相关要求，加强全市宾（旅）馆、酒店等“公共上网场所”信息安全管理和技术保护工作，正式建立宾旅馆、酒店安全管理和技术保护工作机制。2008年，市公安局信安部门逐步开始推广非经营性上网场所的排查和管理工作，推动“公共上网场所”落实备案制度、落实技术保护措施、落实自行管理制度、建立完善与公安机关的通报机制、建立健全网络安全事故应急处置和责任倒查追究制度。2009 年,上海公安信安部门全面加强检查和管理工作力度,对未按要求办理备案手续的"公共上网场所",及时督促其办理相关手续;对未按要求落实安全管理和技术保护措施的"公共上网场所",及时督促其整改,并通报其上级主管部门;对安全管理和技术保护措施不落实、不到位而引发重大网络安全事故的,根据《计算机信息网络国际联网安全保护管理办法》等依法依规予以处理。2010 年,针对无线上网具有流动性、隐蔽性等特点,以隐藏身份进行不法活动、逃避打击的问题日益突出,网上传播淫秽色情等不良信息、网络诈骗、网络赌博、窃取计算机系统信息资料等类型网络犯罪呈多发态势,市公安局网安部门会同市有关部门,逐步推广以用户手机短信注册方式进行登记上网的管理模式,落实信息安全管理制度,确保全市互联网管理工作无遗漏、无空隙。全年,共累计组织开展非经营性公共上网场所执法检查 2 000 余家(次),依法行政处罚问题场所 1 654 家(次)。

第三章 惩治网络犯罪

第一节 电子数据检查与鉴定

2001年，市公安局信安处负责发现、提取、固定与犯罪相关的电子数据。在涉网案件侦办过程中，电子数据经专业机构鉴定后，可作为证据使用。全年，共鉴定各类涉案电脑18台，出具鉴定意见书16份。2002年，鉴定各类涉案电脑40余台，同比增长122%，鉴定涉案光盘1 100余张。

2003年起，市公安局信安处负责电子数据鉴定工作，全年共鉴定各类电脑53台、光盘490余张、软盘60余张并出具鉴定书。

2004年，市公安局信安处着重信息化项目建设和规范化制度建设，提升电子数据鉴定能力。开展“计算机犯罪现场勘查箱”信息化项目建设，采购配备计算机犯罪现场勘查箱4套，各公安分(县)局信安队配备现场勘查箱2套，电子数据鉴定能力大幅提升。全年，共鉴定各类电脑142台，同比增加168%，硬盘24个、光盘2 733张、软盘3张，鉴定总量同比增加381%。

2005年，市公安局开展“信安计算机现场取证和鉴定分析工具项目”信息化项目建设，为上海公安信安部门添加“高速硬盘复制机等电子数据取证设备”，形成从现场取证到后期恢复、鉴定、分析的完整证据链取证工具。全年，共鉴定物证1 638件次，出具检查意见书262份。

2006年，开展“电子数据物证管理系统”信息化项目建设，对涉案电子物证及设备电子备案、科学管理。为确保现场勘验检查质量，保证鉴定结论的真实性和合法性，市公安局7月下发《现场勘查工作规范》，规范计算机犯罪现场勘验与电子证据鉴定工作，明确对涉及计算机或互联网的案件现场实施勘验检查的工作标准、要求及流程。9月，市公安局明确信安处鉴定机构作为“市公安局鉴定中心”的分中心，对出具的各类检验鉴定报告独立承担法律责任。全年，共勘查涉网案件现场45个，勘查鉴定各类电脑408台、各类存贮介质2 389件，出具电子数据检查意见书248份。

2007年，根据公安部《电子数据鉴定人资格和鉴定机构资质评定标准》中的有关要求，市公安局开展“电子物证鉴定系统”信息化项目建设，信安处加强电子数据鉴定实验室能力，全年共为办案部门勘查鉴定各类电脑443台，比上年增加8.6%，出具检查意见书189份。

2008年3月24日，公安部针对电子证据提取、固定中存在的问题，制定下发《数字化设备证据数据发现提取固定方法》(GA/T 756—2 008)。市公安局信安处开展“上海市公安局电子数据取证分析软件”信息化项目建设，开发一套完整的技术攻关取证工具。全年共为办案部门勘查鉴定各类电脑1 471台，同比增加232%，出具检查意见书210份。2009年10月15日，市公安局信安处制定下发《信安部门案件现场勘验与现场电子证物检查工作规范》，统一现场勘验流程及相关文书。全年，共为办案部门提供鉴定和勘察涉案计算机963台，出具检查意见书65份。

2010年，市公安局为网安总队增配现场勘查箱5套，全年共为办案部门提供鉴定和勘察各类电子设备757件，出具检查意见书259份，鉴定境内外有害IP域名、木马僵尸控制端共543个，处置涉网线索125条、查证人员13人。

第二节　打击网络违法犯罪

2002年12月4日,市公安局信安处负责对非法侵入计算机信息系统、破坏计算机信息系统等犯罪行为的侦查,配合其他公安机关开展网上定位追逃、案件侦查、现场勘查取证工作。全年,共侦破各类刑事案件44起,协助抓获违法犯罪嫌疑人26人。2003年,市公安局信安处会同市公安局刑侦总队、治安总队侦破各类刑事案件125起,同比增加184%,协助抓获违法犯罪嫌疑人60人。

2004年,网上银行等互联网金融普及,网络赌博高发,逐渐成为涉网犯罪活动的主要形式,有较大社会危害性。针对这一情况,上海公安信安部门会同市公安局有关部门持续开展打击网上赌球、打击网上赌博违法犯罪活动、集中整治网络赌博违法犯罪活动等一系列专项行动,并依法关闭相关赌博网站。同年,各公安分(县)局信安队相继成立,全市公安各级信安部门侦查打击工作体系正式形成。全年,侦办各类涉网案件200余起,抓获犯罪嫌疑人92人。2005年,基于互联网的信息系统漏洞频出,非法侵入计算机信息系统、破坏计算机信息系统案件不断增多,涉案金额巨大、社会影响广泛,严重威胁全市经济、金融、社会的正常运行,全市公安机关各级信安部门在全市范围内开展网络安全宣传、安全状况和计算机病毒疫情调查活动,指导全市重要信息系统单位及有关部门开展病毒、木马等自查自清工作,消除隐患。按照公安部统一部署,上海公安机关信安部门组织开展打击淫秽色情网站专项行动,查处、摧毁淫秽色情网站,关闭涉嫌为淫秽色情网站提供代收费业务的全网短信业务服务提供商。

2006—2007年,针对案件侦办管辖不明等问题,市公安局先后下发《关于上海市公安机关网上工作职责分工的若干规定》《全市公安机关办理涉网犯罪案件的暂行规定》等规范性文件,全面规范上海公安机关各警种、各部门对于网络犯罪案件管辖、受理和立案、现场勘查和电子证据鉴定等内容。针对命案侦破过程中电子数据勘验不规范的问题,市公安局信安处制定出台《信安部门关于进一步加强命案侦破工作的若干规定》,细化、完善对全市命案、重特大案件现场实施电子数据勘验检查的工作标准、要求。针对刑事、治安涉网案件数量快速增长的态势,制定出台《上海信安部门刑事、治安类配侦案件侦办工作暂行规定》《信安部门IP查询规范》《全市信安部门涉网案件排查工作规范》等配套性规范性文件。

2008年,利用电信、网络技术从事诈骗活动逐渐增多,出现违法犯罪嫌疑人利用新型"嵌入式"手法实施网络诈骗,利用"盛付通""益充"等盛大网络游戏点卡的网络支付平台"漏洞"骗取被害人钱财等违法犯罪活动。上海公安信安部门配合刑侦、经侦部门,持续开展对网络诈骗案件精确打击,全年共侦破案件2 317起,同比增加50%,抓获全国网上追逃对象986人。2009年,上海公安信安部门会同刑侦、治安等有关部门,牵头组织开展打击网络淫秽色情"09亮剑"、打击整治手机淫秽色情网站等一系列专项行动,对手机WAP淫秽网站开展全面排查,集中力量整治全市互联网上淫秽色情违法犯罪活动。上海公安信安部门建立与刑侦、治安等部门的协作制度,形成一套发现、控制、查处、打击和防范利用互联网与手机从事淫秽色情活动的长效机制。建立完善以公安信安部门及违法和不良信息举报中心上海分中心为主的网上犯罪举报受理机制,发动广大网民参与打击整治工作。全年,共侦破各类违法犯罪案件2 762起,抓捕犯罪嫌疑人2 467人,其中公安部网上追逃犯罪嫌疑人1 112人。

2010年,上海公安网安部门充分发挥网上技术和信息优势,开展集中整治网络赌博违法犯罪活动专项行动,保障上海世博会官方网站和网络系统、全市各级政府网站及其他大型综合网站等重点系统在上海世博会期间的正常运行，确保上海世博会期间全市未发生由互联网发端的影响社会政治稳定的重大事件，未发生影响世博会正常运行的重大信息系统安全事件，未发生给世博安保工作带来负面影响的网上负面舆情传播扩散事件。全年，共清除网上有害信息100万余条，侦破各类案件1 513起，抓捕犯罪嫌疑人1 677人。

第三节　重大涉网刑事案件(选录)

一、盗窃与赌博案例

【“11・19”网上盗划农业银行卡资金案】

2004年11月，上海农业银行发生多起用户信用卡内资金被人从网上银行盗划的案件。案发后，市公安局信安处派员会同经侦总队等组成的联合专案组并赴河北省石家庄市开展侦查。经查，发现全市农行有18名用户资金被盗，还有83名用户账号已被犯罪嫌疑人掌握并查询过。经专案组分析，锁定犯罪嫌疑人在石家庄的具体地址，其中一名叫韩某的用户可疑性最大。12月16日，专案组在韩住地楼下的网吧内将韩某抓获。经审讯，韩某交代通过对网上漏洞扫描，破解中国广告网的用户信息库，并用该库内所记录的用户信息、身份证和银行卡号多次在网上银行进行比对，密码破解后即在网上实施犯罪。此案系上海首例通过互联网盗用客户资金案。

【“太阳城”特大网络赌博案】

2006年11月，大批国内人员利用“太阳城”赌博网站(位于境外)进行网上赌博。该网站所属公司于2005年在菲律宾注册成立，总部设于菲律宾和中国澳门，全球拥有超过1 000万的注册账户。该案引起公安部高度重视，上海市公安局成立专案组，由市公安局信安处配合治安总队等单位对该案进行侦查，于2008年6月2日在上海、贵州两地，一举捣毁“太阳城”特大网上赌博案的境内犯罪组织，抓获该案主要组织者邹某、钱某等涉嫌组织、参与网络赌博人员32人，缴获、暂扣一批涉案电脑、赌资，涉案赌注金额高达人民币80余亿元。

二、淫秽传播与网络攻击案例

【“动听中国”制作传播淫秽音频电子信息案】

2009年2月，市公安局信安处根据举报“动听中国”网站存在淫秽内容的信访材料，对该网站进行仔细审阅，发现有17部953集音频文件属涉嫌淫秽电子信息，且点击数已达200万余次，下载数已达26万余次。2009年2月10日，市公安局信安处联手治安总队查处“动听中国”网站，抓获主要犯罪嫌疑人龚某等4人，扣押银行卡3张、各式电脑8台。

【“彩蛙网”特大手机WAP网站传播淫秽物品牟利案】

2009年5月，全国开展打击网络淫秽色情“09年亮剑”专项行动，市公安局信安处在对手机WAP淫秽网站开展全面排查中，发现数十个大型手机淫秽网站均与“搜蛙情涩网”“蛙涩网址之家”等网站互为链接，网站服务器位于上海市。2009年5月22日，专案组在上海市、安徽省合肥市和马鞍山市三地同时实施抓捕、取证工作，将组织、制作、传播系列手机WAP淫秽网站的犯罪嫌疑人盛某、程某等7人抓获,并缴获用于传播淫秽物品的服务器4台、作案用电脑10台,查扣各类银行卡25张及大批涉案物品。

【"7·18"私车额度拍卖系统网络攻击案】

2009年7月18日,上海私车额度拍卖系统遭到网络攻击,犯罪分子实施的拒绝服务攻击阻塞系统服务器,使拍卖活动被迫中止,引起全国媒体广泛关注,部分拍牌群众聚集闹访。案件发生后,市公安局信安处专案组历经12个省、市25个地区的侦查,分别于8月9日和8月11日在上海市和湖北省仙桃市抓获犯罪嫌疑人周某、王某。

第十篇

防暴处突与反恐怖

20 世纪 80 年代初期，随着上海市突发案(事)件逐渐增多，全市公安机关迫切需要一支可以直接调动、快速反应的机动武装力量。1989 年 2 月市公安局成立治安处巡警大队，作为处置突发性危害社会治安事件的力量。经过 20 多年的发展，上海公安防暴力量逐步建成一支能够整建制调动、拥有特殊装备、具有特种技能、能够快速反应并有效处置暴力恐怖事件、具有较强威慑力和战斗力的精锐队伍。2009 年，市公安局特警总队防暴突击支队被公安部确定为 10 支国家级反恐突击力量之一。

2001 年美国“9・11”事件后，世界各国进一步重视反恐怖工作。全国层面成立国家反恐怖工作协调小组。2001 年 11 月，上海市成立反恐怖工作协调小组，下设的办公室设在市公安局。2002 年 5 月，市编委同意市公安局指挥部情报处增挂“上海市反恐怖工作协调小组办公室”牌子。2009 年，市公安局和各区(县)公安机关增设反恐怖工作机构，分别为上海市公安局反恐怖工作总队和各区公安分局反恐怖工作支队、崇明县公安局反恐怖工作大队，对内统筹公安机关反恐怖工作，对外承担市、区(县)两级反恐怖工作协调小组办公室协调职能。2010 年 1 月，市公安局指挥部情报处不再增挂“上海市反恐怖工作协调小组办公室”牌子，职能划归反恐总队承担。此后，各级反恐怖机构逐步落实安全措施，加强反恐工作机制建设。上海公安反恐部门为全市反恐怖工作的牵头单位，履行反恐安全防范职责，组织反恐宣传，依靠各方力量，不断加强反恐基础建设。

第一章 防暴处突

第一节 防暴处突队伍

1989年，根据全市社会治安形势，市公安局着手建立一支能够快速反应、成建制拉动、处置各类骚乱事件的专门队伍，要求这支队伍具备指挥、教导、实战一体化作战能力。1989年2月成立的市公安局治安处巡警大队下设作战指挥科、教导训练科和4个中队。12个区公安分局和嘉定县公安局、上海县公安局、上海航运公安局、上海站地区公安分局的治安队，均改建为巡警队。巡警大队和巡警队的主要任务是：训练并掌握警械和武器的使用方法，常备不懈地随时处置骚乱、闹事事件，协同有关部门处置某些突发性危害社会治安的事件；步巡车巡结合，组织昼夜巡逻，管理控制社会面，处置突出治安问题；接受群众就地报警，及时发现、抓捕犯罪嫌疑人。

1991年组建的特警总队设直属队6个，各公安分(县)局设特警(大)队，全市共有特警1 325人。各公安分(县)局特警(大)队日常的教育、管理、使用以分(县)局为主，特警总队负责业务指导；发生重大突发事件时，各公安分(县)局特警(大)队服从特警总队的统一调动和指挥；全市特警的训练计划、要求，由特警总队统一规划、下达，各公安分(县)局特警(大)队具体组织实施。

1996年，市公安局巡警总队为应对各类严重暴力犯罪和其他突发事件，重新组建2个防暴大队，并成立女子特警大队，向社会公开招聘第一批女子特警队员。

1999年，巡警总队所属特警支队划入治安总队后，其职能进一步扩大，除承担处置暴力骚乱事件外，还参与打击涉黑组织犯罪、暴力恐怖犯罪等一系列严重暴力犯罪。为能承担起相应的打击任务，全市特警编制规模进一步扩充。治安总队下属的特警支队下设2个科和4个大队，分别是综合科、防暴指导科、防暴一大队、防暴二大队、机动大队和女警大队。各区公安机关治安支队设特警大队，下设2个机动中队和1个防暴中队；各县公安局特警队下设1个机动中队和1个防暴中队。全市共有特警826人，其中市公安局治安总队208人、各分(县)局618人。

2005年，市公安局成立的特警总队内设4个单位，分别是综合办公室、战训支队、防暴突击一支队、防暴突击二支队。其中，战训支队下设教导一、二、三大队，防暴突击一支队下设3个大队，其中1个大队为女警大队；防暴突击二支队下设4个大队，其中1个大队为水面空中突击队。2支防暴突击支队主要承担全市社会面应急处突，增援分(县)局特警支队处置各类急、难、险、重案(事)件。各分(县)局每个支(大)队按编制不少于20人(其中浦东不少于40人)共组建19个特警支(大)队。同年，各公安分局设特警支队，县公安局设特警大队。全市特警633人，其中总队直属特警213人，分(县)局420人。2007年4月，上海公安特警武装巡逻工作正式启动，全市特警按照市公安局指挥中心统一调配、统一指挥开展街面机动车巡，特警总队战训支队增设四大队，具体指导全市特警支(大)队开展武装巡逻工作，浦东、黄浦、卢湾、徐汇、长宁、静安、普陀、闸北、虹口、杨浦10个分局特警支队下设2个武装巡逻中队，机构为副科级。2010年3月，市公安局机场分局特警大队成立，警力27人。至2010年12月，全市20支特警支(大)队共有警力1 124人，其中市公安局236人、分(县)局888人。

第二节　防暴处突装备

上海公安特警成立之初,大部分武器、装备以部队制式装备为主,因与警用武器设计目的和适用环境不同,存在维护性、适用性、可靠性等方面限制。经过20多年的发展,越来越多的警用专用武器、装备进入上海公安特警列装序列。

一、武器与警械

20世纪80年代,上海公安特警成立之初主要配备54式手枪、64式手枪、77式手枪、79式轻型冲锋枪、82式微型冲锋枪、56式半自动步枪、56式冲锋枪、38毫米防暴枪以及催泪弹、橡皮弹等枪支、弹药;配备防弹头盔、防弹背心、盾牌防暴头盔、警棍等个人防护装备;配备阻车路障、夜视仪、破门工具、望远镜、防暴毯等特殊工具。

20世纪90年代,上海公安特警根据工作实际,不断增加新型装备。1992年,增加新型枪用防暴头盔、盾牌、橡皮警棍等装备;1993年,新增手掷式爆炸型和非爆炸型防暴弹等非致命性武器;1995年,在原有56式狙击步枪的基础上新增配发85式狙击步枪;1997年,市公安局为特警添置工作包、反光背心、停车示意牌等执勤装备,同时配发散打护具、攀登器材、沙袋、健身器材等一批训练装备。1999年,沈阳市公安局在公安部组织的处置突发事件的演练中使用97-1式18.4毫米防暴枪,该装备使用效果较好,2000年上海公安特警配备97-1式18.4毫米防暴枪。

2000—2010年,上海公安特警装备迅速加强,武器配备新增催泪手枪、18.4毫米防暴枪等非杀伤性武器,92式手枪、05式微声冲锋枪、88式狙击步枪等杀伤性武器,同时将防爆毯、照明灯、金属探测器、活动路障、简易破拆工具等特种装备纳入特警装备清单。2001年APEC会议期间,市公安局为特警量身打造第一款特警专用服装。2002年起上海公安特警统一配备特警黑色作战服、作战靴、迷彩作训服、迷彩汗衫等服装。同年,北京市举办首届“国际警用装备展览会”,上海公安特警采购79式冲锋枪用战术枪带、枪用红点瞄准具等一批新式枪用辅助装备,并购入双目微光夜视仪、手提激光夜视仪、多向光纤内窥镜等新型侦查装备。同年,为应对氢气球空飘宣传品,上海公安特警新配备气枪。2005年,市公安局将特警总队成立之时所需的92式手枪全部配备到位,同时配备包括反光背心、战斗靴、战斗服等2 070件单警装备;护目镜、战术背心、防割手套、警棍等警械装备;静音电钻、切割工具、头盔式夜视仪等集体装备,共计66种12 729件。2006年,由中央补助为上海公安特警配备92式手枪消音器、多功能警用匕首、数码跟踪仪等装备。同年,为落实公安部《公安特警队装备配备标准》有关要求,市公安局为上海公安特警购置95式班用机枪、95式自动步枪及子弹。2007年,市公安局给特警总队配发88式狙击步枪及子弹,后又采购92式枪灯、79式轻冲改装套件等枪支附件;锚钩发射器、防暴喷雾驱散器、约束杆、猫眼反窥镜等警械装备,防刺背心、防火保护服、救生衣等防护装备,红外热成像仪、远距离夜视观察仪、软管窥视系统、伸缩窥视系统等侦察装备。2008年,上海公安特警配备进口弩枪、88式狙击步枪微光夜视枪瞄仪等枪支及辅助装备,并采购配备法国液压破门器。2010年根据上海世博会公安特警重大装备建设项目的要求,上海公安特警配备05式微声冲锋枪,同时采购高精尖侦察类装备和抢险救援类装备。至2010年,市公安局特警总队配备六大类114种警用装备,其中包括单警警用装备四类20种,集体警用装备六类94种。所有装备的划分为防护类34种,辅助类17种,交通管理类8种,约束类3种,侦查勘察类33种,制服驱逐类19种。

二、车辆

20 世纪 80 年代上海公安特警成立之初，主要配备的车辆有自行车、二轮摩托车、三轮摩托车、上海牌轿车、昌河牌面包车、象牌中型面包车、砖石牌大型运兵车等车辆。1991—2004 年，市公安局为上海公安特警先后配备奔驰水炮车、格拉曼水炮车、桑塔纳轿车、依维柯面包车、航天牌面包车、昌河牌面包车、金杯牌面包车、解放牌面包车、飞翼牌运兵车、全顺新型运兵车等。

2005 年，市公安局一次性落实特警总队成立所需车辆，包括依维柯运兵车、三菱吉普车、帕萨特轿车、别克商务车等新车 81 辆。2006 年中央补助上海公安特警 1 辆快速升降突击车。2007 年根据公安部《公安特警队装备配备标准》要求，市公安局采购装备车、宣传照明车、布障车等特种车辆。2009 年，上海公安特警采购配备进口的 MAN 水炮车。2010 年，根据上海世博会安保工作要求，上海公安特警采购清障车、防弹运兵车、越野炊事车、宿营车、全地形摩托车等特种车辆。至 2010 年，市公安局特警总队共有各类运兵车 40 辆、特种车 4 辆，分(县)局特警支(大)队基本配置 1 辆指挥车和 2 辆运兵车。

三、通讯设备

上海公安特警成立之初，在市公安局福州路 185 号北部 9 楼选用 GX3000 型车载台作为基地总台之一，同时用设在联谊大厦上 SC425EGD 型车载台作为基地总台之二，各基地分台除较远的金山、崇明、青浦县公安局特警队采用 GX3000 型车载台外，其他队伍均使用 GX2000 型车载台。1992 年市公安局为上海公安特警添置摩托罗拉 700 型 800 兆手台和摩托罗拉红灯 400 型 400 兆手台，并配备无线寻呼机等一批通讯装备。1999 年市公安局为上海公安特警添置车载电台，并更新 350 兆手持电台。

2000 年，随着警务科技发展，上海公安特警开始全面配备 350 兆电台、800 兆电台和车载台等一系列新型通讯装备。2005 年，市公安局特警总队成立后，市公安局为特警配备包括 800 兆手台、800 兆基地台、新型 350 兆手台、350 兆基地台(车载台)、骨道式耳机、GPS 定位仪等一批新式通讯类装备。2006 年，中央补助上海公安特警一批无线电送受话器、车载电台、手持电台等通讯装备。

第三节 专 业 训 练

1989 年，市公安局巡警大队成立后，开展各类防暴、防骚乱训练与演练，逐步将散打、擒敌、射击等特警专业训练科目纳入日常训练大纲。1990 年 2 月，全市特警组织以制止驱散非法集会、游行示威以及处置犯罪分子制造骚乱事件为预案的集中演练，首次将无线通讯、机动车辆、各种防暴装备和非杀伤性武器投入到演练中。3 月 17 日，中共上海市委书记、市长朱镕基，武警总队司令员周玉书等党政军领导检阅公安、武警防暴演练。1991 年 9 月，特警总队在龙华机场举行防暴演练。同年，举办全市特警系统散打比赛，开展基层小教员的集中培训工作，促进全市特警的训练工作。1992 年 11 月，上海公安特警 14 名散打运动员参加上海武术散打比赛，取得 1 个冠军、3 个亚军、3 个季军。1993 年，全市特警坚持“立足防暴、平战结合”的方针，以致命性、非致命性武器的装备和使用为重点，增强防暴意识，提高反暴技能，加强擒敌术，抽调精干力量组成防暴突击大队，培养出一批能在50米内首发命中目标的狙击射手和攀登、擒敌能手。同年,特警总队与市公安局团委、前卫体协共同举办全市特警拳操比赛,并组队参加上海市散打比赛。

20世纪90年代中后期,上海市恶性暴力犯罪案件呈多发态势,上海公安特警的训练目标也从"防暴"向"防暴处突"多元化发展。长(冲锋枪)短(手枪)枪射击、狙击枪射击、特种装备车辆协同作战等训练科目越来越多地出现在特警的日常训练中,以适应现代化城市战斗。1994年,全市特警围绕处置中等规模群体性骚乱的工作要求,坚持全训大(分)队训练时间全年不少于900小时,执行平、战结合任务的大(分)队不少于240小时的目标,培养一批擒拿格斗能手、优秀射手、非杀伤性武器使用能手,有效优化基层实战单位的人员结构。3月24日,市公安局巡警总队组织演练,特警在10分钟内赶到指定集结地,执行封锁道路、分割人群、保卫重点目标的任务。1995年初,针对当时严重暴力犯罪案件以及群体性突发事件增多的特点,全市特警举行防暴处突汇报表演,接受公安部领导检阅。日常训练针对持枪抢劫、绑架人质、爆炸劫车等暴力性犯罪的特点,开展各类手枪、轻型冲锋枪、狙击步枪、防暴枪的射击训练。1996年,针对当时全国持枪抢劫、绑架人质、抢劫运钞车、爆炸杀人等严重暴力犯罪增多的趋势,全市特警围绕"处突"这一核心要求,不断提高队伍的快速反应能力,培养队员"一发必中""一招制敌""快速登高"的能力。4—10月,先后组织579名特警进行武装越野、小组战术、徒手攀登、治安与巡察业务、执勤英语等8个科目的比武竞赛活动。10月中旬,上海公安特警主办华东六省一市第四届防暴工作研讨(协作)会议,邀请华东地区六省一市7个单位的防暴支队和天津、无锡、宁波三市的防暴队参加,会议以处突防暴为主题,对防暴队伍的组织指挥、战略战术、各类装备、机构设置、协作方案、队伍建设等多方面的经验、做法进行探讨交流,各地特警协同开展反劫持运钞车、处置流氓群殴、处置爆炸油库、反劫持人质的对抗演练。1997年,上海公安特警修改完善队伍组建以来形成的各类防暴处突预案,并于4—7月组织全市特警开展防暴技能比武竞赛,选拔特警复合型人才。1998年3月,《擒敌与防卫》教材出版,标志着上海公安特警首次将训练工作由日常实践上升到理论层面,为日后形成具有队伍特点的训练体系奠定基础。4月8日,全市特警在上海浦东三甲港开展防暴枪、催泪弹实弹考核竞赛活动,进一步提高队伍应对群体性事件的能力。

2004年10月27日,上海公安特警参加反恐怖综合演练

进入21世纪,针对20世纪90年代末发生的"5·8"抗议我驻南联盟大使馆被炸示威游行事件、"6·13"残疾车主群体性事件以及"7·21""法轮功"练习者非法聚集事件的特点,上海公安特警加大群体性事件处置在训练工作中的比重,多次组织特警开展实战演练。2000年10月,上海公安特警参加全国公安巡警防暴警比武,取得团体总分第5名、理论考试第1名、85式狙击步枪团体第1名、100米着装游泳第3名的成绩;女子特警队员获 85 式狙击步枪个人第 2 名。2002 年 1 月，上海公安特警按照公安部制定的《公安防暴队训练大纲》，结合队伍所承担的防暴、处突、反恐职责及装备配备情况，制定上海公安特警训练大纲。大纲明确特警日常训练的五大科目（共同科目、技能科目、战术科目、预案演练科目、治安业务科目）以及考核标准。2003 年，上海公安特警以"立足实战，切实增强特警队员单兵和协调配合作战能力"为目标，开设新型训练科目，组成合成模拟演练，复合型能手占突击大队参训人员的 45%。2006 年，上海公安特警紧扣"三基"工程建设，提出"苦练基本功、全员训练、全员赛考"的训练工作目标，首次将战术冲房、近距离射击、城市运动技巧及克服障碍物训练方法、利用索降突入建筑物等一系列国际先进警务战术理念融入训练工作中，先后组织武装越野、手枪 SPPC 射击、狙击步枪射击、攀登索降等 9 项科目赛考活动，共有 1 577 人次参加赛考。上海公安特警根据勤务模式，建立专业集中轮训制度，由战训支队承担全市公安分（县）局特警队员的专业培训，全年共完成 6 期专业培训班，培训 360 名特警队员。同年，上海公安特警在第三届全国大城市警察体育三项（武装越野、游泳、手枪射击）比赛中，获得总团体第 5 名、男子团体第 5 名和女子团体第 8 名的成绩。2007 年，市公安局特警总队以实战需求为导向，推出以基础体能、技战术、拓宽视野三大板块为核心内容的特警训练体系，明确 17 个基础体能、35 个技能战术训练科目，对训练项目及时间进行板块牵引和具体量化，并在直属突击支队先行试点，将训练工作引向"基础体能上量、技能战术求质、课题研究有效"的层面。全年，先后组织全市各特警支（大）队 1 320 人次开展武装越野、92 式手枪及 79 式轻冲掩体战术射击、索降进窗、队列、控制与反抗赛考活动；组织开展初任特警培训和专业培训班 7 期、武装巡逻岗前业务培训班 4 期、小教员培训班 9 期、指挥员培训班 2 期，共培训特警学员 1 700 余人次。同年，上海公安特警率先在全国主编发行包括基础、技能、战术 3 个分册的《上海公安特警训练教材》，较为系统地总结归纳训练心理调适、要领掌握、战术运用、处置方法等方面内容。2008 年，上海公安特警突破以往内容相对固定的训练模式，通过落实集中赛考和飞行抽考机制，将训练模式转型，共 4 次采取分片和集中的方式对分（县）局特警支（大）队开展 8 项科目抽考，对总队直属支队开展 18 项科目抽考；组织开展特警专业培训 15 期、特警岗位初任培训 2 期，参训人员 882 人次；举办武装巡逻"三个能力"，徒手夺械，警棍攻防术，单警、小组战术动作，狙击步枪射击等科目的小教员培训班 16 期，形成分层施教的格局。2009 年，上海公安特警结合上海世博会安保工作要求，借鉴法国"黑豹"突击队、香港"飞虎队"、新疆反恐特侦队等国内外先进反恐专业队的战术理念，重点加强反恐处置训练，积极探索"红蓝对抗""反恐基本技能和基本战术"等训练科目，共组织开展特警专业培训 16 期、特警岗位初任培训 1 期，参训人员 886 人次，邀请法国"黑豹"突击队教官来沪进行战术和人质劫持处置要点授课培训，举办"短平快"的技战术小教员培训班等贴近实战、适应需求的 18 类 36 期培训班，参训人员 2 166 人次，初步实现特警 3 个层面的训练目标。同年，组织 48 天的赴新疆特侦队培训，全市各支、大队骨干队员完成反恐技能战术、战法及模拟演练的培训和理论学习，完善上海特警专业训练。同年，抽考特警 992 人次，组织开展处置"费太因"式恐怖袭击紧急拉动及展开、处置铁路骚乱事件、处置轿车内劫持人质等 5 次综合实战演练，完成"8・4""8・6"等市公安局演练和协助市公安局完成"民警处置群体性事件战术动作"教学片的拍摄工作。2010 年，全市特警开展反恐基本技能及战术训练，突出狙击枪手的培养，专门组建由兼具狙击、突击、特驾、索降、格斗、射击等技能的尖子队员组成的"尖刀队"。同年，建立"红蓝对抗"机制，定期与武警九支队开展训练协作和比学共练活动，并增强与上海公安高等专科学校的工作合力，加强在新警培训、师资建设、培训教材、场地资源、实战锻炼等方面联合互动，拓宽特警培训的业务面。

第四节 应急处突

一、预防与处置突发案(事)件

1989 年春夏之交,少数不法分子趁机扰乱上海社会治安,影响广大市民工作、学习和生活。市公安局治安处巡警大队及时出动,进行疏导、制止,4—6 月,共扭获不法分子骨干和现行破坏嫌疑人 93 人,全年处置突发事件 839 件。

1991 年 6 月,市公安局特警总队成立后,不断完善应急处突预案,掌握社会治安信息,闻警而动,将各种闹事苗子制止在萌芽状态。1992 年修订完成《处置严重暴力性犯罪预案》《处置非法集会、示威、游行预案》《处置一般暴力案件预案》,举办领导骨干培训班,使之能够熟悉各类预案,提高操作水平,并对全市 64.7%的特警进行防暴强化集中训练。全年,处置突发性事件 1 390 余起。1993 年,结合 110 报警台开通,特警总队将全市按自然区域分块划成相联的治安责任警区百余个,做到白天至晚上 22 点警区有 1 辆巡逻警车处于巡逻状态。下半年,上海公安特警在 15 个街区开展昼夜 24 小时机动巡逻。

1994—1998 年,市公安局特警总队改为巡警总队下属特警支队后,把预防、处置突发事件和暴力型犯罪放在首位,针对群体性闹事增多的情况,修订、制定防暴预案,组织实战演练,开展技能训练,加强待命、快速出击,稳妥处置各类突发事件。1994 年 5 月 8 日晚,浦东新区凌桥乡发生 1 起百余名民工妨碍民警执法,殴打处警民警并冲击凌桥派出所,欲焚烧警车的骚乱事件。上海公安特警出动 33 名特警赶赴现场,驱散围观群众,控制现场秩序,抓获 17 名带头打人、起哄闹事的嫌疑人,迅速平息骚乱。1995 年全年,市公安局巡警总队特警支队处置较大规模的群体性闹事 23 起。1996 年,市公安局巡警总队先后在人民广场、外滩、淮海路、吴泾热电厂等处单独或协助当地公安机关妥善处置各类规模较大的群体性突发事件。1998 年,市公安局巡警总队履行一警多能职责,组织全市巡警开展"巡警一号"专项整治行动,参加市公安局统一组织的"11·25"集中行动,在 3 天设卡检查中,处置暴力性犯罪 456 次。

1999—2005 年,市公安局巡警总队特警支队成建制划归治安总队后,根据防暴和处置突发事件的工作要求,积极参与处置各类突发事件。1999 年,参加值班备勤的警力 20 141 人次,先后参加维护"5·8"抗议中国驻南联盟大使馆被炸示威游行事件、处置残疾车主闹事、取缔"法轮功"等重大事件,参加国庆 50 周年和'99《财富》全球论坛·上海年会等警卫和安全保卫工作。2000 年,为预防和打击暴力恐怖活动,处置重特大突发事件,市公安局治安总队特警支队组建由 60 名特警队员组成的防暴突击大队。2001 年,美国发生"9·11"恐怖袭击事件,为保证亚太经合组织(APEC)峰会安全,市公安局治安总队特警支队在全局范围内精心挑选 45 名身体素质过硬、技战术优良的特警队员组成峰会安保突击队,承担重要外宾的安全警卫任务。2002 年亚洲开发银行年会期间,上海公安特警按照保卫工作要求,制定相应的工作方案,调整日常训练科目,有针对性地开展处突训练并进行合成演练。会议期间,实行双岗昼夜值勤,做好应急机动待命。

2005 年 12 月,市公安局特警总队成立后,制定下发《特警总队突发事件预案集》《特警总队关于重大突发事件红色警情应急预案》《特警总队严重暴力案件应急布控工作预案》等一系列规范性文件。2006 年 6 月,上海合作组织峰会暨成立 5 周年庆典活动在上海举行,全市特警共出动 2 000 余人次,根据峰会安保要求,完成峰会现场警戒封控、大型庆典活动保卫、随身警卫、应急处置待命等安保任务。2007 年，全市特警有效处置各类突发性事件 304 起，其中暴力性事件 55 起、群体性事件 129 起、精神病人肇事 77 起、扬言制造事端等 43 起。同年，市公安局特警总队制定上海公安特警武装巡逻实施方案，19 个公安分(县)局特警支(大)队先后启动推进全市特警武装巡逻工作，至 12 月底，抓获违法犯罪嫌疑人 1 508 人，查获被盗抢车辆 118 辆，处置突发案(事)件 93 起。同年 9 月 10—30 日，2007 年女足世界杯在上海举行，市公安局特警总队出动警力 360 人次，完成各支参赛球队在沪期间的训练、参赛、赛区移动等集体活动的随队护卫以及开、闭幕式的应急处置任务。2008 年，市公安局特警总队制定《关于构建特警应急反应机制实施意见(试行)》，至 11 月，全市特警成功处置各类突发性案(事)件 803 起，其中暴力性案件 218 起、群体性事件 206 起。同年 5 月 12 日，四川省汶川县发生特大地震。13 日，上海公安特警组建一支由特警总队和 9 个公安分局共 200 名特警组成的上海特警应急救援队，开赴四川省汶川县、都江堰市、绵竹市等地执行抗震救灾任务，得到灾区群众和公安部前指、当地公安机关的好评，并受到胡锦涛总书记的接见。2008 年北京奥运会期间，上海公安特警积极做好上海赛区保卫工作。其中，特警总队防暴突击一、二支队 28 名队员(含 4 名女警)组成的 7 个随卫团队做好各国参赛球队随卫任务，在高危球队的随队护卫工作中，采用单手持握枪支的姿势进行警戒，增强处置突发事件的快速反应能力。至 8 月 15 日，各随卫团队出动特警 496 人次，执行任务 45 次，护卫 825 人次。2009 年，全市公安特警开展拉动磨合演练、战机意识培养和武器装备使用训练，提升实战能力。全年成功处置各类突发性案(事)件 911 起，其中暴力性案件 411 起、群体性事件 148 起。2010 年上海世博会期间，上海公安特警兼顾世博园和社会面，配合完成要人警卫、便衣打击、援机场武装巡逻、世博展品和烟花押运等任务。全年，全市特警共出动武装巡逻车 31 255 辆次、特警 68 156 人次，抓获各类违法犯罪嫌疑人 4 823 人，查获仿真枪 46 支、管制刀具 897 把、毒品 20.3 克，完成各项社会面治安防控和反恐防暴任务。

二、处置突发案(事)件(选录)

1991 年 5 月 1 日，南汇县新场医院门口发生斗殴，当地派出所民警前往处置，其中一方 50 多人围攻当地乡政府及派出所。上海公安特警迅速出击、前往增援，将其中为首的 5 名闹事者依法收容审查，打击闹事者气焰，及时平息事态。

1994 年 3 月 16 日，崇明县跃进农场发现一盗窃团伙，盗窃财物后欲驾船逃跑，并持土枪相威胁。上海公安特警及时赶到现场，在各警种的协调配合下，调遣船只，迂回包剿，将船上 6 男 1 女全部捉拿归案。

1994 年 6 月 13 日，企图杀害公安民警的持枪在逃嫌疑人李某潜伏在崇明县城桥镇东门路“娟娟”发屋内。在强攻命令下达后，特警队员破窗而入，犯罪嫌疑人饮弹自尽，当场缴获仿 54 式手枪 1 支、小口径步枪子弹 2 粒、电警棍 1 根、匕首 2 把。

1997 年 10 月 13 日，上海公安特警出动 50 名警力赶赴浦东新区华浦大厦对面，成功处置外来民工聚众斗殴造成 1 死 2 伤后凭借大楼与警方对峙的暴力性突发案件，抓获涉案嫌疑人 12 人。

2002 年 5 月 10 日，浦东新区张江镇龙三路某室有人扬言爆炸，17 名参战特警使用冲房战术将因家庭纠纷扬言打开液化气钢瓶爆炸的嫌疑人当场控制，成功化解危机。

2005 年 2 月 24 日，普陀区某学校发生劫持人质案件，1 名歹徒因在附近小区盗窃被发现后翻墙窜入学校，并在教室内劫持 1 名小学生作为人质。经 2 个多小时的周旋，普陀分局特警支队把握恰当时机强行突入，成功处置上海首例校园劫持人质案件。

2007年6月6日,普陀区武宁路杨柳青路快餐店内1男子持刀劫持1名4岁女童。警方与歹徒进行近7个小时的谈判,未果。21时40分许,在歹徒情绪激动将要行凶时,市公安局特警总队特警队员果断开枪,一枪击毙歹徒,被劫女孩成功获救。

2008年2月13日,徐汇区龙川北路888号餐厅发生1起持刀劫持人质案件。上海公安特警快速反应,根据情况制定处置方案,把握时机,一招制服犯罪嫌疑人,成功解救人质。

2008年3月19日,青浦区中医医院发生1起绑架劫持人质案件。上海公安特警快速赶到现场,果断制敌,将由恋爱纠纷引发绑架恋爱对象的张某一举抓获,成功解救人质。

2008年6月20日,松江区天马山镇发生1起持刀劫持人质案件,1名有吸毒史的男子持刀劫持女友并将其反锁屋内。在谈判劝服未果后,上海公安特警在犯罪嫌疑人情绪失控、举刀刺向被害人的一刻,果断射击,当场击毙犯罪嫌疑人,成功解救人质。

2008年5月31日,奉贤区南桥镇江海社区1名妇女遭持刀劫持。领受强攻任务的上海公安特警,根据现场指挥部指令,在犯罪嫌疑人即将伤害人质的瞬间,突入射击,并准确命中,成功解救人质。

2008年8月13日,嘉定区1名犯罪嫌疑人手持装有不明液体的瓶子劫持1名女性被害人,并反锁房门。中午时分,上海公安特警抓住犯罪嫌疑人走出房门的时机,迅速将其控制,夺下手中装有不明液体的瓶子,成功解救人质。

2008年9月5日,沪宁高速公路近安亭花桥收费口发生1起持刀劫持人质案件。上海公安特警及时赶到现场,把握合适时机,成功制服犯罪嫌疑人,安全解救被劫男童。

2008年10月3日,青浦区庆华菜场内发生1起持刀劫持人质案件。市公安局特警总队警务谈判员综合运用应变策略和谈判技巧,成功劝服犯罪嫌疑人放下凶器,被劫人质安全获救。

2010年2月28日,长宁区江苏路发生1起持刀劫持女童案件。上海公安特警准确分析、合理选择瞄准射击部位,一枪击毙杀害被劫女童、砍伤路人的犯罪嫌疑人。

2010年10月22日,青浦区沪青平公路一公司发生持刀伤人事件,嫌疑人持刀闯入,并与前来处警的民警对峙。特警队员到达现场时,嫌疑人突然激动,持刀追刺特警队员,在鸣枪示警无效的情况下,特警队员开枪击中嫌疑人小腿,并抓获犯罪嫌疑人。

第二章　反恐怖工作

第一节　反恐怖防范

2001—2007年，全市开展反恐防范基础建设，经过梳理、筛选和评估，逐步确定市、区（县）两级反恐重要目标，制定不同的防范标准和防范要求，明确市、区（县）两级反恐协调机构和主管部门责任，围绕重要节点和重大活动，有针对性地开展反恐防范和检查督促工作。

2008年7月，为规范反恐怖安全防范督导检查中的工作要点，市反恐怖工作协调小组办公室印发《上海市反恐怖安全防范检查指导意见》，汇总反恐怖安全防范督导检查中的工作要点。同年，为加强上海市奥运安保反恐怖工作，上海市各区（县）和各有关系统、单位成立奥运安保反恐怖工作专项督导检查组，对本地区、本主管单位和行业严密防范恐怖袭击工作推进落实情况开展专项督导检查。2009年9月和10月，根据国家反恐怖工作协调小组办公室的部署要求，结合上海市实际，市反恐怖工作协调小组正式印发《上海市反恐防范督导检查工作暂行规定》《上海市反恐防范工作责任追究办法制定》，将部门责任、单位责任、领导责任和岗位责任层层分解，依托市、区（县）和行业三级督导检查机制，强化点线联动、明暗结合的督导检查措施，全面推动反恐怖防范措施落到实处。

2009—2010年，国家反恐办确定在上海市、河南省、浙江省杭州市、广东省深圳市开展反恐怖防范试点工作，重点探索建立反恐怖防范工作的机制、模式和具体措施。市反恐怖工作协调小组办公室以此为契机，在研究制定《上海市重点行业和目标反恐怖防范指导性意见》的基础上，先后制定下发《上海市重点行业和目标反恐防范总体指导性意见（试行）》，以及寄递行业，大型商场，旅游景点，轨道交通行业，公共供水行业，大型影剧院，国际会议中心，公共汽车、电车及省际客运行业，电力行业，燃气行业，核生化行业，爆炸物品，人群密集商圈，共15个反恐怖防范指导性意见，明确常态和非常态情况下各行业的反恐怖防范分级、分类标准和具体工作要求，加强基层基础反恐怖防范工作。

2010年，针对上海世博会可能面临的恐怖袭击风险和部分公众反恐防范意识较为淡薄的情况，全市按照市反恐怖工作协调小组办公室制定下发的《上海世博会反恐防范宣传培训工作方案》，以编制发放《公民反恐怖防范宣传手册》、摄制播放反恐防范宣传片等形式，全面启动实施反恐防范宣传教育和培训工作。以浦东、黄浦、卢湾三区开展的反恐防范宣传试点工作为样板，在全市推广社区反恐防范宣传教育工作，以便公民在面对可能发生的各类恐怖袭击活动时，采取正确措施规避危险，掌握紧急情况下自救和互救知识，将危害程度降到最低，切实提升全民反恐防恐意识。同年，上海市各级反恐部门以上海世博会安保工作和反恐怖防范试点工作为契机，组织反恐怖工作协调小组成员单位和相关单位联络员、各区（县）反恐怖工作协调小组办公室负责人、反恐重点目标单位安保负责人、反恐应急处置指挥人员等开展反恐防范专题培训48次，培训人数达5 000余人。同年，全市各级反恐部门采取多种方式，推动反恐宣传教育工作进学校、进社区、进重点单位和公共场所，切实增强广大人民群众防恐、自救能力，增强广大人民群众对防范恐怖袭击各项安全措施的理解、认可和接受，全面推广社区反恐防范宣传工作，先后发放宣传资料34万余份，组织社区4万余人次观看安全防范专题宣传片，组织2 700余名社区宣传员队伍开展防范宣传，制定《上海市反恐怖宣传工作实施办法》,全市反恐防范宣传工作不断深入。

2010 年,上海市反恐部门与周边省市反恐部门建立反恐怖区域协作机制,加强反恐怖工作的沟通协作。在国家反恐怖工作协调小组办公室牵头指导下,上海公安机关与江苏、浙江、安徽公安机关签订"苏浙皖沪三省一市公安反恐怖部门区域警务合作操作办法",进一步促进跨省市、跨部门、跨行业的反恐怖防范工作形成合力。

第二节 反恐怖应急处置

2001 年,上海市反恐怖工作机构成立之后,不断建立健全处置恐怖事件指挥体系和机制,完善反恐应急处置预案体系指导和规范各类恐怖袭击事件的处置工作,明确处置工作基本原则、职责分工、处置措施、工作保障等原则性规定。

2001 年 12 月 25 日,上海市反恐怖工作协调小组印发《上海市反恐怖工作总体预案(试行)》《上海市反恐怖工作协调小组工作规程(试行)》和《上海市反恐怖工作协调小组成员单位工作职责》,建立健全反恐怖机构日常运作规范,明确各成员单位的职责任务,细化处置爆炸类、劫持类、生化类、信息类恐怖事件的指挥关系、职责任务和处置流程等。

2004 年,上海市反恐怖工作协调小组办公室根据《上海市人民政府突发公共事件总体应急预案编制工作计划》,修订《上海市处置恐怖事件专项预案》,该预案纳入《上海市人民政府突发公共事件总体应急预案》。同年 10 月 27 日,市反恐怖工作协调小组办公室会同有关部门按照"练为战"的要求,举行上海首次反恐综合演练,市公安局特警总队等 21 个单位 400 余名应急力量按照反恐预案参加演练。演练假想恐怖分子在上海某化学品仓库实施爆炸,并在多处劫持人质。上海公安特警等警力迅速出动,完成事发地点的外围封控、人员施救任务,协同武警部队对"恐怖分子"实施抓捕,完成演练任务。

2005 年 9 月,上海市反恐怖工作协调小组办公室结合上海实际,制定《上海市处置恐怖袭击事件应急预案》,2006 年 1 月 26 日市政府办公厅正式印发执行。2005 年 11 月 27 日,市反恐怖工作协调小组办公室在轨交 2 号线龙阳路站组织反恐怖综合演练,以地铁车站发生爆炸为假想,设置紧急拉动、先期处置、现场搜索、应急增援 4 个科目。市公安局、卫生局等 16 家单位 400 余人参加演练,演练达到预期效果。

2006 年 4 月 26 日,为落实上海合作组织峰会各项安全保卫措施,上海市举行"浦江 2 号"反恐怖综合演练,武警、公安、卫生、民防、消防等单位 1 000 余人参加演练。演练假想上海市某轨道地面车站遭到恐怖爆炸袭击,市应急联动中心立即启动应急预案,调集各有关单位迅速开展综合处置。市公安局特警总队防暴突击一支队 40 余名队员成功完成处置劫持大客车内人质演练科目。

2007 年 2 月 4 日,经市反恐怖工作协调小组决定,由市反恐怖工作协调小组办公室组织实施"浦江 3 号"反恐怖应急指挥和紧急拉动演习。演习假想宝山区宝宸体育馆发生 1 起化学类恐怖袭击事件,市应急联动中心迅速调集各专业力量赶赴现场开展处置。演习分为"桌面推演"和"紧急拉动"2 个部分,分别检验现场指挥部快速组建、果断决策、有序处置的能力和专业队伍快速拉动、人装齐备、相互协调的能力。市公安局特警总队防暴突击二支队 36 名特警参加"紧急拉动"演习并完成任务。

2008 年 6 月 25 日,根据国家反恐怖工作协调小组办公室要求和奥运安保工作需要,按照上海市最有可能遭到恐怖袭击和最难处置的恐怖袭击事件类型,上海市在浦东源深体育中心组织"浦江

4 号”反恐综合演习。此次演习包括“处置爆炸恐怖袭击事件”“处置化学恐怖袭击事件”“处置劫持人质恐怖袭击事件”等内容，公安、武警、消防、医疗等 17 家单位 400 余人参加演习。市公安局特警总队派出应对特殊事件的攀高突击车，狙击手趴在车辆升起的铁架上，模拟狙击观察的实战情形，在下达强攻命令后，10 名特警分为 2 个突击小分队，投掷爆震弹，将 8 名假想恐怖分子擒获，25 名“人质”成功获救。

2009 年 5 月，市反恐怖工作协调小组办公室制定下发《上海市处置爆炸恐怖袭击事件预案》《上海市处置劫持人质恐怖袭击事件预案》《上海市处置核生化恐怖袭击事件预案》。同年 7 月，市反恐怖工作协调小组办公室制定下发《上海市反恐应急处置队伍最小作战单元设置及勤务规范（试行）》，整合市反恐成员单位、相关单位和 17 个区（县）的反恐应急处置资源，规范市反恐应急处置队伍设置和建设，明确应急处置工作中最小作战单元设置、处置力量组合规范、应急处置力量指挥调动、处置程序要点、备勤模式等。同年 9 月 2 日，举行“平安浦江”反恐演练，此次演练假想上海市多个地点同时发生“脏弹”、化学毒剂和劫持人质恐怖袭击事件，市应急联动中心迅速调动公安、武警、消防、卫生、环保等 20 余支反恐应急处置力量共 1 000 余人开展现场处置工作。市各反恐应急处置最小作战单元快速反应、人装齐备、多点拉动，演练达到预期目的。同年 12 月，市反恐怖工作协调小组印发《上海市处置多点连环恐怖袭击事件应急预案》。2009 年全年，市反恐怖工作协调小组办公室先后组织 4 次综合性的反恐怖紧急拉动演练和桌面推演。

2010 年 1 月，市反恐怖工作协调小组印发《上海市恐怖事件应急处置有关规定》，从总体上规范恐怖事件处置工作指挥部组成、指挥程序和处置核、生、化、爆、劫、多点连环六类恐怖袭击事件处置力量配置、处置程序和措施等。同年 2 月 8 日，市反恐怖工作协调小组办公室成功组织实施上海市“浦江 5 号”反恐怖综合演习。全年，市反恐怖工作协调小组办公室组织反恐怖演习、演练 7 次，涉及 5 个科目，共有 15 个部门参与，动用反恐专业力量 12 支，共 500 余人，市各层面应急处置现场指挥水平和协同作战能力得到进一步磨合和检验。

2010 年 2 月 8 日，上海市举行“浦江 5 号”反恐怖综合演习

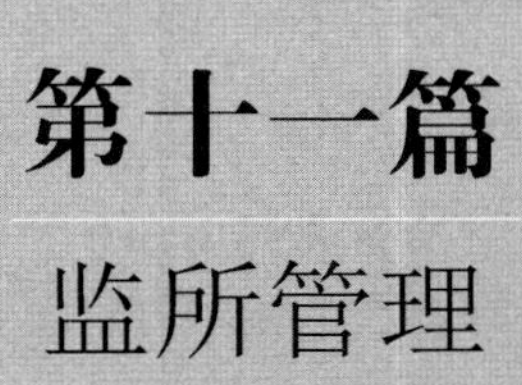

第十一篇

监所管理

1972 年 12 月,市公安局恢复预审处,主要负责审理全市反革命案件、涉外案件和重大刑事案件,并指导全市预审、看守工作。1976 年以后,全市预审部门结合开展复查平反冤假错案工作,不断整顿羁押场所秩序,深挖犯罪。

1998 年,根据公安部关于实行侦审一体化改革的总体部署,市公安局预审处更名为市公安局监所工作管理处(简称监管处),将市公安局所属具有限制人身自由的监管场所全部统一归口监管处管理,主要负责贯彻执行国家有关监所管理工作的方针政策和法律规章,规划上海市监所管理工作,制定落实执法管理规范,开展监所等级化管理和考评工作,承担监所经费预算、基建工程、技术装备的编报审核职能。原预审处承担的预审职能分别划归刑侦总队和有关业务部门。

至 2010 年,上海公安各级监管部门坚持依法管理、严格管理、科学管理和文明管理,保障刑事诉讼和行政执法活动顺利进行,维护被监管人员合法权益,确保监所安全稳定,成为上海公安机关展示国家人权保障和法治文明的重要窗口。

第一章 监管场所

第一节 看守所

20 世纪 70 年代末，上海有市级看守所 2 个：上海市第一看守所、上海市第二看守所。上海区、县看守所 20 个，包括黄浦、南市、卢湾、徐汇、长宁、闸北、静安、虹口、杨浦、普陀 10 个区看守所和上海、嘉定、宝山、川沙、南汇、奉贤、松江、金山、青浦、崇明 10 个县看守所。另外，还有铁路、石化、宝钢、港务 4 个行业公安局(处)看守所。

1981—2001 年，随着上海行政区划的调整，徐汇区部分与上海县部分合并设立闵行区、吴淞区与宝山县合并设立宝山区、上海县与闵行区合并建立新的闵行区、嘉定县撤县建区、撤销川沙县新设浦东新区；金山、松江、青浦、南汇、奉贤 5 个县相继撤县建区。上述地区的看守所相应撤销、更名。2000 年，南市区并入黄浦区，南市区看守所撤销。2009 年，南汇区并入浦东新区，原南汇区看守所更名为浦东新区看守所二所，原浦东新区看守所更名为浦东新区看守所一所。1997 年 7 月，上海石化公安局看守所随其机关撤销而撤销。2008 年 12 月，宝江分局看守所随其分局撤销而撤销。

2010 年底，全市共有看守所 24 个，分别是上海市看守所、上海市第二看守所、上海市第三看守所；浦东新区看守所一所、二所，黄浦区、卢湾区、徐汇区、长宁区、静安区、普陀区、闸北区、虹口区、杨浦区、宝山区、闵行区、嘉定区、金山区、松江区、青浦区、奉贤区看守所，崇明县看守所以及上海港公安局看守所、上海铁路公安处看守所。

一、上海市(第一)看守所

上海市第一看守所位于南车站路 192 号，1980 年门牌号变更为南车站路 152 号。1996 年 7 月 18 日，更名为上海市看守所。1996 年 10 月 4 日，上海市看守所迁入位于浦东新区沪南路 1760 号的新址，占地面积 2 361.59 平方米，主要羁押具有社会重大影响各类大要案涉案人员、外国籍涉案人员、市检察院自侦案件涉案人员以及市局业务单位承办的女性犯罪嫌疑人、被告人。

1996 年 10 月 4 日，上海市看守所迁入新址(沪南路 1760 号)

二、上海市第二看守所

上海市第二看守所位于思南路 99 号。1985 年 6 月 17 日撤销，在押人员移押上海市看守所。1996年7月18日,上海市第二看守所更名为上海市看守所分所。1999年10月,市公安局将上海市看守所分所临时迁至上海市看守所。2002年4月1日,恢复上海市第二看守所,并将所址迁至闸北区灵石路900号,主要收押市公安局各有关业务单位受理的被批准刑事拘留、逮捕和可能被判处无期徒刑以下的中国籍男性犯罪嫌疑人(女性犯罪嫌疑人仍羁押在上海市看守所)、外省市临时羁押的犯罪嫌疑人。

三、上海市第三看守所

上海市第三看守所位于青浦区庆丰路111号,2010年1月建立,5月14日正式启用。负责羁押一审被判处死刑且在上诉或复核阶段的被告人,以及患有艾滋病病毒感染、严重传染病的犯罪嫌疑人。

第二节　行政监管场所

一、上海地区拘留所

20世纪80年代,上海公安机关治安拘留所与看守所合设。1998年12月,市公安局撤销治安总队、刑侦总队、地铁分局、水上公安局治安拘留所,其职能划归监所工作管理处,成立上海市公安局拘留所,对被裁决治安拘留的被拘留人员,依法予以收押,地址位于国权北路70号。

2001年6月,上海市公安局拘留所、浦东新区拘留所和闵行区拘留所为单独设置的治安拘留所。2005年,上海市公安局拘留所更名为上海市拘留所。2006年6月起,金山区、黄浦区、卢湾区、宝山区、虹口区、长宁区、奉贤区、杨浦区、普陀区、嘉定区、南汇区(2009年,南汇区并入浦东新区,南汇区拘留所撤销)、松江区拘留所陆续从各区看守所内搬出,单独设置拘留所。

截至2010年,全市共有拘留所19个。其中,上海市拘留所,浦东新区、闵行区、金山区、黄浦区、卢湾区、宝山区、虹口区、长宁区、奉贤区、杨浦区、普陀区、嘉定区、松江区拘留所为单设所,徐汇区、静安区、闸北区、青浦区拘留所和崇明县拘留所为合设所。

二、上海市公安局收容教育所

1984年9月,市公安局、市民政局、市妇联共同筹建上海市妇女教养所(位于殷高路12号),隶属市公安局治安处,对各级公安机关查处的确实患有性病的卖淫女,依法收容教育,强制医疗。1987年9月,上海市妇女教养所更名为上海市第一收容教养所,市公安局同时在江苏省大丰市上海川东农场建立上海市第二收容教养所,对各级公安机关查处的确实患有性病的卖淫女和嫖娼者,依法收容教育,强制医疗。1998年12月,上海市第一、第二收容教养所统一划归市公安局监所工作管理处管理。2003年,上海市第一、第二收容教养所更名为上海市公安局收容教育所,依法对卖淫、嫖娼人员进行收容教育。

三、上海市公安局安康医院

上海市公安局安康医院位于殷高路2号,1985年5月,经市政府和市卫生局同意,市公安局设立上海市精神病人管治医院，隶属治安处，对严重扰乱社会治安的肇事肇祸精神病人，依法收容，监护治疗。1989 年，上海市精神病人管制医院更名为上海市公安局安康医院。1998 年 12 月，划归市公安局监所工作管理处管理。

四、上海市公安局强制戒毒所

1992 年，市公安局依托上海市公安局安康医院，建立上海市公安局戒毒康复中心，对各级公安机关查获的吸食、注射毒品成瘾的吸毒人员开展收戒工作。1995 年起，市戒毒康复中心脱离市公安局安康医院，隶属市公安局治安总队，迁址国权北路 70 号，独立开展戒毒工作。1998 年 12 月，划归市公安局监所工作管理处管理。2002 年，上海市戒毒康复中心正式更名为上海市公安局强制戒毒所，由事业单位转为行政机构。

第二章　依法羁押和深挖犯罪

第一节　看守所依法羁押

20 世纪 90 年代前，根据《中华人民共和国刑法》《中华人民共和国刑事诉讼法》等法律法规，全市看守所凭拘留证、逮捕证、提押票等法律文书，严格依法收押。1990 年 3 月 17 日，国务院颁布《中华人民共和国看守所条例》。全市各看守所依据该条例开展收押工作，对收押人员进行健康检查，对患有精神病或者急性传染病的、患有其他严重疾病在羁押中可能发生生命危险或者生活不能自理的、怀孕或者哺乳自己不满 1 周岁的婴儿的妇女，不予收押；但罪大恶极不羁押对社会有危害性的除外。

1994 年，市公安局下发《上海市公安局关于严格执行依法收押的通知》，全市看守所严格依法收押，避免一些身患严重疾病或者有生命危险的对象收押进所而发生意外事故。1997 年 7 月，为发挥违法犯罪人员指纹管理工作在协助侦查破案、打击违法犯罪中的积极作用，全市看守所负责对被刑事拘留、逮捕的犯罪嫌疑人及判处管制、拘役、有期徒刑的犯罪分子开展指纹捺印工作。

1998 年，根据最高人民检察院、最高人民法院、公安部联合下发的《关于严格执行刑事诉讼法关于对犯罪嫌疑人、被告人羁押期限的决定坚决纠正超期羁押问题的通知》，全市看守所依法整顿犯罪嫌疑人、被告人羁押超过法定期限羁押问题，对发生超期羁押情况的，报告人民检察院。1998 年 5 月，市公安局制定《关于对关押人员实行入所体表检查的规定》，健全完善入所体检制度，强化对看守工作的执法监督。1999 年 12 月，全市看守所贯彻落实最高人民检察院、最高人民法院、公安部联合下发的《关于羁押犯罪嫌疑人、被告人实行换押制度的通知》，对羁押的犯罪嫌疑人、被告人办理换押手续，对不符合手续的催请有关部门补办，不及时补办或者不符合规定的，不予提审。

2000 年 5 月 12 日，为防止对女性犯罪嫌疑人不当羁押，全市看守所开展对被羁押的女犯罪嫌疑人进行尿液检查工作，女性犯罪嫌疑人在被羁押后的 40—45 日内，由看守所负责对女性犯罪嫌疑人进行尿液检验，确认怀孕的及时通知办案单位变更强制措施，保障女性犯罪嫌疑人的基本权利。

2008 年 5 月 17 日，市公安局下发《关于进一步加强"涉艾"等五类特殊情况犯罪嫌疑人送押、收押工作的暂行规定》，规范"涉艾"、患有急性传染病、患有严重疾病、自伤自残、未成年人共五类特殊情况犯罪嫌疑人的送押、收押工作。8 月 17 日，市公安局制定《关于进一步规范新收犯罪嫌疑人、被告人和罪犯入所健康检查工作的若干规定》，规定全市看守所对新收犯罪嫌疑人、被告人和罪犯入所，必须由看守所医务人员进行健康检查，未经健康检查，不得收押入所。全市看守所依据相关文件规定，规范对新收犯罪嫌疑人、被告人和罪犯的入所健康检查工作。

第二节　行政监管场所依法羁押

20 世纪 80 年代，上海公安机关治安拘留所依法凭证接收被拘留人员，并参照看守所相关管理规定进行管理。1984 年 9 月，上海市妇女教养所负责对患有性病的卖淫女，依法收容教育，强制医疗。1985年,上海市精神病人管治医院负责对全市凡精神病人在发病期间不能辨认或不能控制自己行为的情况下,实施杀人、放火、投毒、强奸及其他严重扰乱社会治安的肇祸行为且不能追究刑事责任的,依法收容,监护治疗。1986年10月起,上海市精神病人管制医院依据《上海市监护治疗、管理肇事肇祸精神病人条例》,对有杀人、放火、爆炸、强奸、抢劫、投毒等行为或严重危害社会治安的肇祸精神病人,经鉴定确认是精神病人的,予以强制性监护治疗。1987年9月,由上海市第一收容教养所、上海市第二收容教养所,对患有性病的卖淫女和嫖娼者,依法收容教育,强制医疗。

1990年12月,市公安局戒毒康复中心对查获的吸食、注射毒品成瘾的吸毒人员开展收戒工作。1995年1月,上海市公安局戒毒康复中心通过行政措施对吸食、注射毒品成瘾人员进行强制治疗和教育,期限为3—6个月,对期满仍未戒除毒瘾的人员,经报批后可延长期限。

2000年起,上海市公安局收容教育所凭县级以上公安机关签发的《收容教育决定书》依法对卖淫、嫖娼人员进行收容教育。4月起,上海市戒毒康复中心依据公安部下发的《强制戒毒所管理办法》《强制戒毒所基础工作规范手册》等相关规定,凭县级以上公安机关《强制戒毒决定书》,接收戒毒人员。

2005年5月,上海公安机关治安拘留所按照《治安拘留所管理办法(试行)》和《公安机关办理行政案件程序规定》的有关规定,凭《公安行政处罚决定书》予以收押。

2006年6月起,全市各拘留所根据公安部监管局《拘留所、收容所基础规范手册》,按照属地原则收拘行政拘留人员和司法拘留人员。2007年4月起,全市拘留所根据《关于加强被行政拘留、司法拘留和拘留审查外国人管理工作的暂行规定》,凭执行拘留通知书、拘留决定书或拘留审查通知书、外国人基本情况等法律文书收拘违法外国人。

2008年6月起,上海市公安局强制戒毒所依据《中华人民共和国禁毒法》,对被公安机关作出强制隔离戒毒决定的吸毒成瘾人员,执行强制隔离戒毒。全市各行政监所对新收女性人员查验妊娠尿样检验报告,对办案单位未能提供妊娠尿样检验报告的,暂不予收押。

第三节　深挖犯罪

在市公安局监管处成立前,深挖犯罪工作主要由市公安局预审处开展,在审理案件的同时,发挥预审职能,深挖扩案。1999年7月,市公安局抽调专门力量,在全国率先成立深挖犯罪线索工作协调小组,并设立办公室,对全市监所开展深挖犯罪线索工作进行指导。2002年4月,市深挖犯罪线索工作协调小组办公室制定《关于试行〈上海市关押、收容场所深挖犯罪线索工作规范〉的通知》,进一步明确和规范公安局、检察院、法院等各部门在开展深挖犯罪工作中的职责、任务、要求。同年,市公安局下发《上海市公安局深挖犯罪工作实施细则》,落实专人负责深挖犯罪工作,制定具体的深挖犯罪奖励规定。

2004年2月,公安部监管局下发《公安部监管局关于公安监管部门深入开展深挖犯罪工作有关问题的通知》,要求建立健全深挖犯罪工作机制。同年,市公安局下发《关于印发〈深挖犯罪线索工作规则(试行)〉的通知》,规范线索的流转、查证、反馈工作。市公安局监管处设立深挖犯罪工作专项办,负责指导全市公安监管场所深挖工作。各公安分(县)局成立深挖犯罪工作专项办,负责犯罪线索的收集、传递、催办、归档等工作。全市检察院、法院、司法局等政法和民政部门也各司其职,加强协作,在全市关押场所开辟破案、追逃的第二战场。

2004年起,市公安局监管处陆续制定《上海看守所深挖配案工作评判标准》《关于进一步规范看守所深挖犯罪工作有关问题的通知》《本市看守所配侦工作暂行规定》等,结合公安部、市公安局组织开展的各类专项行动,履行监管职能和发挥阵地优势,加强看守所深挖犯罪工作。实践中,上海公安机关监管系统基本形成线索获取、部门协作、工作激励、队伍保障、政策兑现、情报研判、案件经营、指导监督、经费保障、正面宣传等10项深挖工作机制,全市深挖犯罪工作已经步入模式科学化、机制制度化、警务保障标准化、队伍力量专业化、工作台账规范化的发展轨道。

第三章　监所制度建设

第一节　刑事、行政监管场所分设

20 世纪 90 年代之前，闸北、静安、普陀、市公安局治安处 4 家单位有单独的治安拘留所；1994 年，闸北、静安、虹口、卢湾、市公安局治安处 5 家单位有单独的治安拘留所，由治安科领导；其余分(县)局和市公安局有关业务处均未单独设置治安拘留所，而是将治安拘留人员交收容审查所、看守所代为管理，实行分间关押，且隶属预审部门领导。治安拘留所只关押男性治安拘留人员，全市治安拘留的女性人员都是与女性收容审查人员、女未决犯混关在一起。2000 年底，全市单独设置治安拘留所的单位有 3 个，分别为上海市公安局治安拘留所、黄浦区治安拘留所、浦东新区治安拘留所。其余各区、县公安机关查处的治安拘留人员的关押，均在辖区看守所内执行。各看守所实行刑事羁押人员与治安拘留人员分开关押，在看守所内另设监区，对治安拘留人员执行处罚，在具体管理、教育内容和方法上，未体现出行政监管场所的属性。

2001 年，按照市公安局要求，各分(县)局根据月均拘留在所人数情况，逐步实行治安拘留所与看守所分设。2006 年 6 月，市公安局下发《关于印发〈拘留所等级评定工作实施细则(试行)〉的通知》，要求“拘留所与看守所合设的，必须单独设置拘留区，且必须设置在看守所警戒围墙以外。中型以上拘留所单独设置”。随后，金山、黄浦、卢湾、宝山、虹口、长宁、奉贤、杨浦、普陀、嘉定、南汇、松江区拘留所陆续从看守所内搬出，单独设置。至 2010 年 5 月，全市有徐汇、静安、闸北、青浦区和崇明县 5 个拘留所尚未搬出看守所警戒围墙以外。

第二节　分 管 分 押

20 世纪 90 年代，全市看守所根据在押人员的犯罪类型、诉讼阶段、健康状况等，实行分别关押和管理；各治安拘留所对男、女被拘留人员采取分舍拘禁，对被拘留的外国人和无国籍人单独设置拘舍。1995 年起，上海市公安局戒毒康复中心对戒毒人员按照性别实行分别管理。

进入 21 世纪，上海公安机关进一步强化和规范监所分别、分级、分区管理。上海市公安局收容教育所对被收容教育人员按性别、有无性病和是否成年等不同情况，实行分别管理；按过错程度、安全风险评估和悔改表现，实行严格管理、普通管理、宽松管理的分级管理和考核制度。上海市公安局强制戒毒所对戒毒人员按照性别、成年和未成年实行分别管理，并根据戒毒人员的戒毒情况，按生理脱毒、心理治疗、身体康复等实行分区管理。

2005 年 8 月，全市看守所实行新收过渡人员集中羁押，建立新收押人员过渡管理教育制度，预防“牢头狱霸”的滋生。

2006 年 3 月，全市各拘留所对被拘留人按性别、成年和未成年等实行分室或分区收拘管理。6 月，全市各拘留所根据被拘留人的违法性质和拘留期间的表现，实行普通管理和严格管理。

2007 年 4 月，市公安局下发《关于印发〈关于加强被行政拘留、司法拘留和拘留审查外国人管理工作的暂行规定〉的通知》，由市公安局指定的拘留所收拘违法外国人，被拘留审查的外国人与其他被拘留人员分别收拘。2008年2月,全市看守所根据公安部《看守所留所执行刑罚罪犯管理办法》,对罪犯实行分别关押和管理;看守所根据罪犯的改造表现,对罪犯实行宽严有别的分级处遇。上海市公安局安康医院对收治的男女精神病人分区管理,同时根据病人的精神状态和行为表现,实行分类管理。

2009年5月,全市看守所根据公安部监管局《关于对看守所女性在押人员实行集中关押管理的通知》,对女性在押人员集中关押,对特殊关押群体实行分押分管制度。

2010年3月,全市中型以上的拘留所和有条件的小型拘留所,均设置新收拘人员的过渡拘室,实行1—3天的过渡管理教育。5月,市公安局下发《关于印发〈上海市第三看守所收押"涉艾"犯罪嫌疑人、被告人暂行规定〉的通知》,明确由上海市第三看守所集中羁押"涉艾"犯罪嫌疑人、被告人,并依法做好收押和安全监管工作。

第三节　接 济 会 见

1980年10月,依据《中华人民共和国刑法》《中华人民共和国刑事诉讼法》等法律规定,从有利于教育改造在押人员考虑,经过批准,在押人员可以与亲属通信、会见。全市看守所的在押人员,每月可由家属接济衣物、牙膏、肥皂以及食品、书刊等物品1次;对生病的,还可允许接济营养品和药品。凡在押人员发收的信件,看守所根据办案机关的委托可予以检查,发现有碍侦查、起诉、审判工作的,均予以扣留,转交办案机关处理。案件起诉后,在押人员接到起诉书副本后,受委托的律师或人民法院指定的律师,可以与在押人员会见、通信。

1990年起,根据《治安拘留所管理办法(试行)》规定,全市治安拘留所被拘留人的近亲属和单位负责人,可以在规定的时间内凭身份证件到治安拘留所会见被拘留人。1995年起,根据《强制戒毒办法》,上海市公安局戒毒康复中心允许戒毒人员家属、监护人或者所在单位的有关人员、领导探访戒毒人员,并允许给戒毒人员送物品。

1996年12月,公安部下发《关于律师在侦查阶段参与刑事诉讼活动的规定》,明确"公安机关第一次讯问犯罪嫌疑人后或者对其采取强制措施之日起,犯罪嫌疑人有权聘请律师为其提供法律咨询、代理申诉、控告;犯罪嫌疑人已被逮捕的,聘请的律师可以为其申请取保候审"。全市看守所根据规定依法保障律师执业活动和公安机关侦查活动的顺利进行。

2000年,根据公安部《收容教育所管理办法》,上海市第一、第二收容教养所允许被收容教育人员的家属,按照有关规定在会见室或者指定地点进行探访。对捎带或者邮寄给被收容教育人员的物品,经检查、登记后交本人。

2001年4月,司法部、公安部下发《关于在刑事诉讼活动中开展法律援助工作的联合通知》,规定犯罪嫌疑人在押的可以通过公安机关向该公安机关所在地的法律援助机构申请法律援助,全市看守所规范开展刑事诉讼侦查阶段的法律援助工作,保护犯罪嫌疑人的诉讼权利。2005年9月,最高人民法院、最高人民检察院、公安部、司法部下发《关于刑事诉讼法律援助工作的规定》,全市看守所进一步加强和规范刑事诉讼法律援助工作。

2006年起,根据《拘留所收容教育所基础工作规范手册》《强制戒毒所基础工作规范手册》,市公安局收容教育所、强制戒毒所,凭律师所持的律师执业证、委托书、律师事务所介绍信和律师本人的身份证明,经审批后安排会见,并代收家属、律师送来的物品和交纳的现金费用。全市拘留所被拘留人可以与家属、亲友或同事和律师在规定的时间内,到拘留所内指定地点进行会见;对被拘留人亲友送来的财物经检查登记后，生活必需品交本人，现金由拘留所统一管理。

2007年4月，根据《关于印发〈关于加强被行政拘留、司法拘留和拘留审查外国人管理工作的暂行规定〉的通知》，对违法被拘留的外国人书面提出要求所属国驻华外交、领事官员和家属及聘请的律师探视、会见的申请，由拘留所转交市公安局出入境管理局，并由市公安局出入境管理局通知原拘留决定机关安排。

2008年10月，上海市公安局安康医院规定住院治疗精神病人的家属，凭有效身份证件，每周四下午在会客区会见住院病人。对病人家属送的病人生活必需品，经检查、登记后可带入病区。对病人家属寄(送)的现金代为保管。对病人提出额外购买日常生活用品的，按规定集中代购。

2010年10月，市公安局与市司法局联合下发《关于印发〈关于提讯、会见看守所在押犯罪嫌疑人、被告人、罪犯的若干规定〉的通知》，进一步规范全市看守所在押犯罪嫌疑人、被告人、罪犯的提讯、会见工作。

第四节 岗位执法规范与监督

20世纪80年代，根据《中华人民共和国刑法》《中华人民共和国刑事诉讼法》等法律法规，全市看守所规范开展收押提审、看守管理、教育改造、生活劳动、会见通信等工作。20世纪90年代起，全市治安拘留所根据《治安拘留所管理办法(试行)》，明确拘留所的性质、设置、人员配置及基础设施等，规范被拘留人员入所、管理、出所等环节。1990年3月，全市看守所根据《中华人民共和国看守所条例》，开展规范执法活动，并进一步细化工作要求。1993年，市公安局预审处制定《看守所各岗位工作规范》《在押人员行为规范》和《狱侦工作实施细则》。1996年，市公安局预审处制定《上海市看守所工作规范》。

1997年7月，全市看守所依据《看守所等级评定办法》，实行等级化管理。全市各监所在接待室设立执法监督电话、举报电话、投诉意见箱，公布监督、控告、申诉的程序和办法。在接待大厅、家属会见室等窗口部位公开办事制度、程序。建立所长、院长接待日制度。向办案单位、律师、在押人员及其家属征求意见，召开在押人员家属座谈会。聘请人大代表、政协委员担任执法监督员，扩大社会监督。

2000年11月，上海市公安局收容教育所、强制戒毒所根据《收容教育所等级评定办法》《强制戒毒所等级评定办法》，实行等级化管理。同时，聘请人大代表、政协委员担任执法监督员。2001年5月，市公安局监管处根据《关于印发〈治安拘留所达标办法〉的通知》，对全市治安拘留所开展达标考核评定。2002年4月，上海市公安局收容教育所、强制戒毒所根据《关于进一步做好收容教育所强制戒毒所等级评定工作的通知》，规范建立等级计划申报、等级初评、等级评定申报及总结报告等4个方面的制度。2003年，全市看守所在审讯室、受理室、会见室等窗口单位安装声像监控系统。11月，市公安局制定下发《关于印发〈上海市看守所等级评定办法实施细则〉的通知》。2004年5月，市公安局监管处制定《上海市看守所等级评定办法实施细则考评项目认定内容和评分标准》。2005年1月，根据《关于调整一级收容教育所等级评定标准的通知》，对市公安局收容教育所等级评定标准作出调整。

2006年，全市拘留所、市公安局收容教育所、市公安局强制戒毒所根据《拘留所收容教育所基础工作规范手册》《强制戒毒所基础工作规范手册》及《关于执行公安部〈拘留所工作规范〉若干问题的说明》《关于执行公安部〈收容教育所工作规范〉若干问题的说明》《关于执行公安部〈强制戒毒所工作规范〉若干问题的说明》,进一步规范工作流程、管理教育及生活卫生等工作。6月,根据《拘留所等级评定办法(试行)》,市公安局制定下发《拘留所等级评定工作实施细则(试行)》,对全市拘留所开始实行等级化管理。9月,市公安局制定下发《关于印发〈上海市公安局看守所巡视监控岗位管理监督规定(试行)〉〈上海市公安局看守所巡视监控岗位岗位规范(试行)〉和〈上海市公安局看守所巡视监控岗位工作规范(试行)〉的通知》及《关于印发〈上海市公安局看守所管教岗位管理监督规定(试行)〉〈上海市公安局看守所管教岗位岗位规范(试行)〉和〈上海市公安局看守所管教岗位工作规范(试行)〉的通知》。全市看守所、拘留所、上海市公安局安康医院设置警务公开栏、电子触摸屏等,印发警务公开手册、宣传单。

2008年10月,市公安局安康医院根据《上海市公安局安康医院基础工作规范手册》,进一步规范工作流程、收治、医疗护理、康复监护、出院及警务公开等工作。

2010年3月,市公安局监管处制定下发《关于推行本市拘留所管理教育新模式的若干意见》。根据《关于全面推开看守所对社会开放工作的通知》《关于全面深化拘留所收容教育所对社会开放工作的通知》,全市看守所、拘留所、上海市公安局收容教育所开展对社会开放活动,定期召开被监管人员家属或者律师座谈会,并集中安排被监管人员家属入所参观,主动邀请各级党委、人大、政府、政协、司法机关、学校、工会、共青团、妇联、律师协会等机关、社会团体、企事业单位人员和新闻媒体记者等来所视察及参观,接受社会各界的监督。

2008年5月,保障被监管人员选举投票权利

第四章　监所安全管控

第一节　安全检查与值班巡视

全市各看守所由人民武装警察部队担任警戒，公安民警负责看守。通过巡逻、观察、记录，严格警戒，保证监所安全，防止自杀、逃跑、行凶等各种事故的发生。1978年，各看守所实行定期搜查监房、重大节日前二次搜监，开展卫生大扫除，对监所设施安全检查等方式，及时消除不安全因素。1988年8月，各看守所开展以"五查"（一查民警有无麻痹轻敌思想，二查重点收押对象的思想动态有无专人掌握，三查对监所设施是否经常检查，四查各项规章制度是否落实，五查组织监所劳动生产指导思想是否端正）为中心的检查工作，确保看守所不发生重大事故。

20世纪90年代起，全市各公安行政监管场所（拘留所、收容教育所、强制戒毒所、安康医院）逐步实行24小时双人值班巡视制度，每月组织开展安全大检查。1993年7月20日，市公安局按照公安部《关于印发〈公安机关看守所安全大检查与值班巡视暂行规定〉的通知》，规定各看守所安全大检查每月不得少于2次，重大节日或者必要时应当随时检查；看守所根据监所布局和实际情况确定值班区域，每个区域安排2名以上民警值班，加强巡视和检查。

2006年7月，根据公安部关于看守所勤务模式改革工作部署，市公安局出台《本市看守所勤务模式改革实施方案》等，以长宁、嘉定区2个一级看守所为改革试点，逐步推进全市看守所勤务模式改革，在看守所值班巡视监区内设置监控室（分控室），并设2名民警交替从事巡视和监控工作，实行巡视、监控岗位"二岗合一"；完善管教包管监室制度和主、协管制度；建立健全监管动态信息主导勤务机制；完善和落实岗位责任制，设置二级管理单位并实行分监区管理，对在押人员实施全方位、全天候的监控巡视等。2008年底，全市看守所完成改革任务。2009年起，根据公安部相关工作要求，全市监所进一步完善勤务制度，推进监所勤务模式改革。

第二节　打击"牢头狱霸"

1978年，全市各看守所整顿监房秩序，对在监房里为非作歹的"牢头狱霸"坚决予以打击。1981年，对"牢头狱霸"的违法犯罪事实，按照诉讼程序，坚决及时予以打击。1983年，市公安局预审处召开全市看守所所长会议，传达最高人民检察院、最高人民法院、公安部联合下发的《关于严厉打击看守所在押人员于羁押期间进行犯罪活动的通知》，并交流严厉打击"牢头狱霸"的经验。1988年，市公安局根据最高人民检察院、最高人民法院、公安部联合下发的《关于坚决取缔"牢头狱霸"维护看守所秩序的通知》要求，对看守所是否存在在押人员管理在押人员的情况进行检查，分析原因；对管理混乱、问题突出的看守所限期整顿，并对在押人员进行法律教育。1992年，市公安局预审处在全市集中开展惩治"牢头狱霸"的专项治理活动，长宁、普陀、闸北、杨浦、南市和松江、奉贤、南汇等区（县）看守所、收审所，排出有"牢头狱霸"行为的对象296人，分别采取上铐约束、禁闭反省、责令具结悔过等措施予以惩治；对其中已构成犯罪的4人，移送检察院审查起诉，法院在监所公开宣判，从重处罚。2005年9月12日，全市看守所对有"牢头狱霸"行为的在押人员实施严管，在不违反法律规定、不侵害在押人员合法权益的前提下，坚持惩戒与教育相结合的原则，从严要求、从严管理，按规定设立严管监室，对具有“牢头狱霸”行为的在押人员实施专门关押、管理和教育，促使其遵守监规纪律，服从管理，坚决制止和严厉惩处“牢头狱霸”及具有“牢头狱霸”行为的在押人员，维护监管秩序。2009年，市公安局根据公安部监管局《关于印发〈看守所防范和打击“牢头狱霸”十条规定〉的通知》要求，将防范和打击“牢头狱霸”作为规范执法行为、确保看守所安全文明的重要工作，严格按照要求实行管教民警包监室管理制度、收押告知制度、新收押人员过渡管理制度、在押人员受虐报警制度、在押人员财物管理制度、在押人员体表定期检查制度、在押人员出所谈话和跟踪观察回访制度、惩治“牢头狱霸”制度、责任追究制度等，防范和严厉打击看守所“牢头狱霸”，保障在押人员合法权益，确保羁押监管安全。

第三节　预 案 演 练

1978年，市公安局预审处为应对突发事件、劫持、暴狱、自然灾害等的发生，结合实际制定处置突发性事件的工作预案，与驻所武警大队制定处置劫狱、暴狱、应付突发性自然灾害等工作预案，适时开展预案演练。1995年，市公安局根据公安部印发的《关于看守所事故、重大事件分类和报告制度暂行规定》的通知，及时区分事故和重大事件的性质与责任，加强看守所安全保卫工作。

2005年12月，市公安局下发《关于印发〈上海市公安监管场所处置暴乱、脱逃、劫持人质、冲击监所事件工作预案〉和〈上海市公安监管场所处置突发公共卫生事件、安全事故、自然灾害工作预案〉的通知》，明确范围、原则、组织、职责、程序等内容，提高公安监管场所处置各类重大突发事件的能力，有效预防和处置监所暴乱、脱逃、劫持人质和冲击监所事件，确保公安监管场所的安全。

2006年7月，市公安局监管处制定《市局监管处处置监所突发事件工作流程》，通过明确任务、责任，细化流程，强化处置公安监所突发事件快速反应能力。全市公安监所根据工作流程结合监所实际，均制定突发事件处置预案，并定期开展预案演练，不断健全完善各类安全制度和应急反应机制。

2008年1月，市公安局监管处制定《本市看守所安全分色预警方案(试行)》，看守所实行“安全分色预警”，安全等级从高到低依次为“绿色——黄色——红色”。并将分色预警预案与监所突发事件应急处置预案紧密结合、互为补充，切实增强监所安全防范能力，及时消除各类潜在的安全隐患，有效减少和预防监所责任事故(件)的发生。

第五章　教育与生活卫生

第一节　监所教育

一、管理教育工作

“文化大革命”结束后，全市看守所坚持“严密警戒看管与教育相结合”的方针，坚持依法管理，保障在押人员合法权益，特别对在押未成年人，采取教育、感化、挽救的方针，请法院、检察院有关人员运用宽严处置案例进行政策宣讲，由认罪服法好的在押人员现身说法，安排家属规劝，或由在押人员以书信方式向自己单位和社会汇报等形式，开展法制、道德、形势教育和劳动改造。全市各看守所都订阅报刊，有的还设立小图书馆或阅览室，每天早晚播放电台新闻。

20 世纪 80 年代，全市看守所的管教工作贯彻“向前、向后、向外”三延伸的精神，沟通大墙内外，充分调动社会、家庭等各种积极因素，参与教育，针对每个在押人员的具体情况，以及他们在入所、预审、起诉、审判各个不同阶段开展针对性教育，促使在押人员知法、懂法、守法，接受讯问，如实交代，改恶从善。

20 世纪 90 年代，针对在押人员的一般心理特点和在各个诉讼阶段的心理特征，全市看守所开展深化、细化和针对性的教育工作，部分看守所开辟过渡监室，对新入监人员进行集中入监教育，让他们了解监所规章和享有的合法权益；有些监所对在押人员教育注重突出教育的层次性，着重抓惯犯累犯、未成年人员、外省籍对象的专门教育。全市行政监所对被监管人员进行法律、道德、文化、卫生教育，组织开展有益的文化体育活动，并针对羁押人员特点开展教育，如，市戒毒康复中心开展毒品常识及其危害性教育、安全脱毒教育；市第一、第二收容教养所开展性病与艾滋病等卫生常识教育。市公安局安康医院通过生活学习行为康复训练、劳动技能训练等，在心理上、生理上以及社会活动能力方面，使住院治疗的精神病人得到最大限度的恢复；对处于非精神病发病期，意识较清晰、精神状态较稳定的住院病人，开展行为规范、法律、道德以及社会适应教育。1998 年，全市看守所根据公安部制定的《看守所在押人员行为规范》，全面规范在押人员行为，维护看守所正常监管秩序。

2001 年，各看守所利用监所电化教育设施对在押人员展开法制、形势、人生教育。

2010 年 2 月，全市各拘留所采取集体教育与个别教育、所内教育与所外帮教相结合等教育方式，对被拘留人开展知错、认错、改错教育，并邀请社会组织和单位共同参与对被拘留人的帮教工作。

二、新收过渡管理教育

2004 年 6 月，市公安局监管处制发《看守所新收押人员过渡教育大纲》，规定教育时间、场所、人员、形式、对象、内容、考核等，全市看守所制订具体的过渡教育实施计划，建立新收押人员过渡管理制度，认真做好新收押人员过渡教育工作。2005 年 8 月，市公安局监管处制定《看守所新收押人员过渡管理办法实施细则》。全市看守所严格按照要求对新收押人员进行过渡管理和教育，有条件的看守所根据新收押人员的性别、年龄、文化程度、初犯或累犯、罪错程度、案件性质及个性特点等制订不同的教育计划,开展有针对性的分类过渡管理和教育,并积极探索实行心理矫治等其他教育手段。

三、留所服刑罪犯管理教育

20世纪90年代,监所对留所服刑犯进行规范化管理,保障其会见、通讯、探亲的权利。2005年,市局监管处按照公安部《看守所组织在押人员劳动管理办法》,制定实施细则。全市看守所规范组织在押人员劳动,促使在押人员养成劳动习惯、学习劳动技能、增强身体素质。2008年2月,根据公安部《看守所留所执行刑罚罪犯管理办法》,全市看守所对被判处有期徒刑的罪犯在被交付执行前,剩余刑期在1年以下的,和被判处拘役的罪犯,执行刑罚,并且设置专门监区或者监室监管罪犯,实行分管分押。根据留所执行刑罚罪犯的改造表现,对罪犯实行宽严有别的分级处遇,并实行《本市看守所留所执行刑罚罪犯计分考核和分级处遇办法》;对罪犯适用分级处遇,按照有关规定,依据对罪犯改造表现的考核结果确定,并根据情况变化适时调整。对不同处遇等级的罪犯,在其活动范围、会见通讯、接收物品、文体活动、奖励等方面,分别实施相应的处遇,并且依法依规办理留所服刑罪犯减刑、假释、暂予监外执行,保障其在所期间会见、通讯的权利。

第二节 生 活 卫 生

一、经费保障

20世纪70—80年代,上海市看守所在押人员伙食由专人负责管理,伙食费标准多次调整,分别为每人每月7元6角5分、9元、11元、18元、24元、30元。

1985年,根据市公安局《关于收治肇祸精神病人若干规定的通知》等规定,上海市精神病人管治医院收取享受公费、劳保的住院精神病人的住院费用每人每天28元5角,自费病人的住院费用每人每天27元。上海市妇女教养所收容教养的卖淫妇女,需要交纳生活费用32元,有单位的由原单位按月拨付,无工作单位的由家属负担。

1987年11月,根据市公安局《关于建立市第二收容教养所若干问题的通知》,第二收容教养所被收容教养人员生活费用,参照市第一收容教养所规定执行。1988年4月,根据市公安局《关于调整教养人员、肇祸精神病员生活费标准的通知》,上海市第一、第二收容教养所的教养人员的伙食费从23元调整到29元;上海市精神病人管制医院享受公费劳保住院病员的生活费标准从25元9角调整到33元8角,自费住院病员的生活费标准从24元2角调整到30元9角。

1992年,根据《上海市公安局关于严禁吸食、注射毒品和对成瘾者强制戒除的暂行规定》,上海市戒毒康复中心收取吸毒成瘾者在强制戒除期间的体检、治疗、生活等费用。1994年,根据《上海市物价局、上海市财政局关于核定戒毒治疗收费标准的复函》,上海市戒毒康复中心对戒毒对象收取每人每次2 500元(含特级护理费)的戒毒治疗费。

1996年,根据公安部、财政部《关于看守所在押人员伙食实物量标准的通知》和《看守所经费开支范围和管理办法的规定》,全市看守所执行的在押人员伙食标准为:每人每月126元,并考虑到青少年和外籍在押人员及节日伙食补助等,实际下拨各看守所伙食实物量标准为每人每月128.5元。1997年,根据市公安局《关于调整在押人员及收教人员给养费的通知》,全市治安拘留所被拘留人员的给养费标准由120元5角调整为170元；上海市公安局安康医院向有工作单位的住院精神病员每月收取费用170元，无工作单位的由家属负担；第一、第二收容教养所向由工作单位的收教人员每月收取费用180元，无工作单位的由家属负担。2004年，市公安局后勤保障部下发《关于调整在押人员伙食费标准的通知》，将在押人员伙食标准调整至每人每月157元。

2006年，根据市公安局《关于调整在押人员医药费、水电费标准的通知》，全市监管场所在押人员的给养费标准，从201元调整到234元，其中医疗、水电费均为上调，伙食费、公杂费、宣教费等标准不变。2008年5月，根据市公安局《关于提高本市监管场所在押人员伙食费标准的通知》，全市监管场所在押人员的伙食费标准，增至每人每月197元。参加劳动的、生病的在押人员伙食标准略高，尊重少数民族和外籍的在押人员饮食习惯，逢年过节给予适当补助。2010年3月，市公安局监管部门核定拘留所、强制戒毒所被监管人员伙食金额标准，并纳入同级政府财政足额保障；核定被强制戒毒人员常见疾病医疗费用，并纳入政府财政足额保障；被强制戒毒人员的生理脱毒医疗费用由市公安局监管部门制定标准，并纳入财政预算。

二、医疗卫生

全市公安监管场所对患病的在押人员开展治疗，对患传染病的在押人员实施隔离，对患严重疾病的在押人员准予出所治疗。20世纪80年代，各区、县看守所配卫生员，与当地医院挂钩特约门诊或由医院指派医生定期到看守所诊治。定期给在押人员洗澡、理发，监室内外消毒。看守所有放风条件的，给予在押人员轮流放风；无放风条件的，给予监内活动。准许部分罪犯和未决犯参加一些劳动。1985年，根据《关于收治肇祸精神病人若干规定的通知》，上海市精神病人管治医院对住院精神病人实行药物治疗。

1993年9月，上海市第一、第二收容教养所根据国务院《卖淫嫖娼人员收容教育办法》和公安部《关于贯彻执行〈卖淫嫖娼人员收容教育办法〉的通知》，配备医务工作人员，设置劳动、医疗、文化活动等场所，对被收容教育人员开展性病检查和治疗，组织被收容教育人员开展文化体育活动，将被收容教育人员的劳动收入用于改善生活。1995年，上海市戒毒康复中心根据国务院《强制戒毒办法》，对戒毒人员采取药物治疗措施，建立治疗档案。1998年11月，上海市第一、第二收容教养所实行床位制。

2000年，上海市第一、第二收容教养所依据公安部《收容教育所管理办法》，单独设置被收容教育人员的食堂，对被收容教育的少数民族人员给予生活上的适当照顾。设置卫生所或者医务室，提供淋浴、理发和洗晒被服的设施、设备。定期开展室内外消毒，对被收容教育人员开展身体检查。上海市戒毒康复中心根据公安部《强制戒毒所管理办法》，设立戒毒治疗区、文体活动区，配备必要的医疗器械和健身器材，并单独设置戒毒人员食堂，提供沐浴、理发和洗晒被服的设施，定期对戒毒病室内外进行消毒。2006年，根据公安部监管局《拘留所收容教育所基础工作规范手册》，上海市拘留所、上海市公安局收容教育所建立医生值班巡诊制度。全市拘留所购买医疗设备，设置医疗室，每周制定食谱，定期开展拘室内外消毒。

2008年，上海市公安局安康医院根据《上海市公安局安康医院暂行管理办法》，为住院精神病人提供精神药物、心理及物理等治疗，定期对病人进行健康检查；实行分级护理，设立康复病区。2010年4月，全市拘留所开始实行床位制。7月，根据公安部监管局《收容教育所执法细则》，上海市公安局收容教育所建立被收容教育人员病历档案。

第六章　监所设施建设

第一节　基础设施建设

20 世纪 80 年代中期以前，全国监所建设没有统一的标准和明确的要求，全市大多数监所使用面积偏紧。20 世纪 80 年代中期以后，随着监所关押人数急剧上升，监所渐渐人满为患。上海市各级监所管理部门积极争取各级政府的支持，落实监所新建或改扩建工作。监所有关建设标准在 20 世纪末至 21 世纪初陆续出台，1998 年，公安部出台《收容教育所建设规范》，2005 年出台《强制戒毒所建设标准》，2010 年出台《收容教育所建设标准》。上海市开始按标准建设各监所。

一、看守所

1985 年 9 月，公安部与城乡建设环境保护部对看守所修建工作联合发文《公安部、城乡建设环境保护部关于看守所修建工作中有关问题的通知》，明确新建、迁建看守所必须纳入城市规划，合理布局，原则上不建在人口稠密的市中心；围墙外周围 5 米的警戒区内不能有任何建房、搭棚和堆放杂物。根据要求，市公安局对卢湾区、南市区、嘉定县、青浦县、上海港 5 个看守所进行新建和改扩建，至 1989 年底，5 个看守所总占地面积达 30 833 平方米，监室总面积达 2 925.88 平方米。

1990 年 4 月公安部监管局制定《看守所建筑标准（试行）》。根据《看守所建筑标准（试行）》，上海先后完成市看守所以及黄浦区、徐汇区、长宁区、普陀区、闸北区、虹口区、宝山区、闵行区、浦东新区、松江县、南汇县、奉贤县、水上、地铁、宝江、上海铁路等 17 个看守所的新改扩建，总占地面积达 48 403.2 平方米，监室总面积达 35 158.2 平方米。除闵行区、松江县 2 个看守所建筑格局是监室采用平房与放风场直接相连的结构模式外，其余 15 个看守所的建筑格局都是采用楼房双通道式回字结构，改善羁押环境。到 1993 年，全市共有 47 个监所，其中 37 个监所分别完成迁建、新建或原址新改扩建。

2002 年，《看守所建设标准》经国家建设部、国家发展计划委员会批准，正式发布施行。随着各级政府对监所管理工作重视程度的日益提高，特别是 2006 年公安机关“三基”工程建设以来，各级看守所共投入资金 6 亿余元，相继启动 11 个看守所新建、扩建、改建项目，全市看守所监室使用面积增至 40 047 平方米，人均使用面积达到 2.16 平方米。截至 2010 年，上海根据《看守所建设标准》相继对黄浦区、嘉定区、杨浦区、闵行区看守所、上海市第三看守所等 5 个监所进行新建改扩建，监室总使用面积增至 49 024.84 平方米，人均使用面积达到 3.16 平方米。

二、行政监管场所

【拘留所】

20 世纪 90 年代，上海市拘留所、浦东新区拘留所、闵行区拘留所设置有独立的治安拘留所，拘室面积 2 980 平方米。2006 年，根据公安部《关于印发拘留所等级评定办法（试行）》的通知及《关于切实解决拘留所与看守所合设混管问题的通知》文件规定："拘留所与看守所合设的，必须单独设置拘留区，且必须设置在看守所警戒围墙以外。"2008 年，根据建设部、国家发改委批准并正式发布的《拘留所建设标准》，上海在金山区、黄浦区、卢湾区、宝山区、虹口区、长宁区、奉贤区、杨浦区、普陀区、嘉定区、南汇区、松江区等区中型以上的拘留所，陆续从该区看守所内搬出单独设置，全市拘留所的拘室总使用面积增至 12 316.97 平方米，人均使用面积达到 5.7 平方米。

【其他监所】

上海市第一收容教育所于 1992 年 9 月新建启用，1997 年 12 月改扩建，收容室总使用面积 2 977 平方米。市强制戒毒所、市公安局安康医院于 2001 年 10 月均在原址重建并启用，戒毒室总使用面积 3 079 平方米(采用病室床位)，诊疗室总使用面积 1 716 平方米。2010 年，市收容教育、强制戒毒、安康医院等监所总使用面积增至 7 772 平方米，人均使用面积达到 4.9 平方米。

第二节　功能用房建设

1978 年至 20 世纪末，上海公安监所场所大多使用原民国政府遗留下来的监所，一般都是砖木结构，监房通风卫生条件差。针对监室"通风不好，汗臭味大"的问题，上海公安机关增装换气扇，增加监室内新鲜空气。为防止串供等现象，对监室、审讯室增装隔音设备。采用双电源供电，保障监所不停电。监所用房有监室、禁闭监室、收押在押人员检查室、在押人员财物保管室、管教室、医务室、在押人员浴室、审讯室、放风场、在押人员厨房等。有武警驻扎的看守所建有武警部队营区用房。

20 世纪末至 21 世纪初，监所建设除人均使用面积不断增加外，其他功能用房也不断完善。监室(拘室)每间内建有供在押人员使用的卫生间；监区(拘区)内建有防护设施固定的在押人员室外活动场所、物品储藏室、图书阅览室、医务室、浴室、伙房。看守所还建有留所服刑犯劳动改造所需的劳动用房，以及配套的原料及成品库房、盥洗室、值班管教室。看守所、拘留所均建有留所服刑犯、拘留人员集中进行文化和科技教育以及就餐需要设置的教室、餐厅、文体活动室、家属会见室等功能用房。根据监所工作的需要，还建有特殊业务用房，如讯问室(询问室)、律师会见室、通讯室、电教室、警械武器库、专业技术用房等。有武警驻扎的看守所配套建造武警部队营房、执勤用房。

第三节　技防与信息化建设

一、看守所技防设施

20 世纪 80 年代末，全市看守所只有极少量的技防设备，只安装在关押重要对象的监室，投入使用的数量较少，开机使用时间也较短，技防技术落后。1991—1997 年，市、区(县)两级财政共同投资，为全市 23 个看守所安装监控系统。2002 年 12 月，公安部下发《看守所所技术建设规范》，对看守所通讯指挥、周界控制等十二大系统提出明确的建设要求。市公安局通过总体规划、逐年投入、分步实施的方式，对全市各看守所加大技防设施建设。至 2010 年，全市看守所均建立通信指挥、监管信息、应急报警、周界控制、违禁物品检测、监区门禁、监控、在押人员报告、会见管理、电化教育、民警巡视、讯问指挥等十二大系统，并全部安装手机信息屏蔽系统。此外，全市看守所还对监控技术进行不断升级和完善,2003 年,监控每天开机 14 个小时,录像保存 15 天;2010 年监控 24 小时开机,录像保存 30 天。

二、监所信息化建设

1996 年,浦东新区、徐汇、普陀、卢湾、宝山等区看守所和市看守所着手开发在押人员信息管理系统软件。1997 年底,上海市看守所管理信息系统逐步投入使用。1998 年 1 月,浦东新区看守所建立包括 1 台服务器与 6 个用户终端的在押人员信息管理局域网。宝山区和闸北区看守所分别于 1999 年和 2000 年建立相对完善的计算机信息化网络,对在押人员实行计算机管理。

2001 年起,根据公安部“金盾工程”的总体要求,全市各级看守所大力推进违法犯罪人员信息系统开发,初步建立以市公安局监管处为中心,看守所为基本业务数据采集单位的全市公安监管信息网络系统。2004 年看守所首版在押人员信息系统全部建成并推广应用。2005 年,全市 20 个看守所实现应急报警系统与公安分(县)局指挥中心联网,14 个看守所的重点部位监控图像与分局指挥中心联网。2006 年,市公安局制定出台《上海公安监管信息化建设三年规划》,全市看守所根据规划要求,不断整合、升级现有的信息技术系统,提高应用能力,充分发挥信息技术在实战和管理中的作用。同年,在全国监管系统信息技术应用示范单位创建活动中,嘉定区看守所被授予“全国级示范单位”,长宁区看守所和上海市看守所被授予“上海市级示范单位”。

2010 年,市公安局监管处根据上海地区拘留所的特点,采用 B/S 架构、浏览器登录的形式,开发拘留所管理信息系统软件。为使看守所在押人员信息系统采集数据更加广泛和全面,开发看守所在押人员信息系统更新版,并在全市看守所推广应用;建立计算机局域网,并以光缆连接的方式接入公安网,相继配备 PC 机、服务器、数码照相机、数字人像采集以及各类网络连接设备。

第十二篇

专门领域保卫

“文化大革命”期间，上海公安机关的专门领域保卫工作遭到严重破坏。1974 年 1 月，上海市公安局名称恢复，市公安局设经济文化保卫处。中共十一届三中全会后，上海文教事业发展较快，文教保卫工作在维护市属文化单位的政治稳定和治安安定方面起到重要作用。同期，水域保卫部门根据职责与分工，整治所辖水域治安秩序，查处刑事、治安案件，指导、监督所辖单位的安全保卫工作。

20 世纪 80 年代，随着改革开放深入，机场、铁路等原有的内部保卫工作机制和方法已不能适应新的形势，专门领域保卫机构进行相应改革，推广人防、技防相结合，做好安全防范。1981 年 7 月，中共上海市委警卫处与市公安局外保处合并为市公安局警卫处，警卫工作加强领导、统一指挥，坚持“安全第一”原则，缜密制定警卫工作方案，改进警卫形式，确保内宾、外宾在沪期间的安全。20 世纪 90 年代，上海开始建设轨道交通，并大力发展地面公共交通，根据公共交通保卫工作需要，市公安局先后成立地铁分局、公交分局。

进入 21 世纪后，上海加快改革开放的步伐。市政府决定开发建设化学工业区，市公安局相应成立化工区分局；根据特大型城市管理需要，中共上海市委决定配置直升机进行城市管理，市公安局成立警务航空队；为适应司法劳教场所与农场“所场分离”体制调整后的公安管理工作要求，市公安局增设农场分局。

市公安局各专门领域保卫部门各司其职，在各管辖范围内对社会治安进行综合治理、处置突发事件、打击刑事犯罪，保卫全市安全，确保社会稳定、运行有序。

第一章　警　卫

上海公安警卫部队是担负在沪党和国家领导人，访沪重要外宾，在沪重要会议、重大活动以及重要警卫目标安全警卫工作的特殊武装力量。上海解放初期，敌特破坏活动频繁，形势复杂，上海建立专门警卫机构，确保中央领导在沪安全。“文化大革命”期间，上海警卫工作受到严重冲击。改革开放后，尤其进入21世纪以后，上海的警卫任务日趋繁重。公安警卫人员始终坚持“安全第一”的原则，不断推动完善“大警卫”工作格局，确保党和国家领导人、外国国家元首和政府首脑在沪安全，出色完成APEC会议、上海合作组织峰会、上海世博会等一系列重大安保警卫任务，为建设平安上海、服务保障经济社会发展作出重要贡献。

第一节　党和国家领导人警卫（选录）

改革开放以后，邓小平、陈云、江泽民、李鹏、朱镕基、胡锦涛、习近平等党和国家领导人多次到沪考察工作。1983年1月8日，陈云为市公安局公安史志研究室题写《上海公安志》书名。1992年1月18日，江泽民为市公安局警卫处题词“兢兢业业，默默奉献”。2004年7月，胡锦涛在沪考察时慰问市公安局浦东分局执勤民警。

党和国家领导人在沪期间，在市委、市政府统一领导下，按照中央警卫部门具体要求，市公安局成立安全警卫组，实现安全效果、政治效果和社会效果兼顾。

第二节　重要外宾警卫（选录）

改革开放后，访沪外宾中国家元首、政府首脑等高规格人员增多，呈现规模大、日程紧凑、活动透明度高等特点。在市委、市政府、公安部统一领导下，市公安局均成立安全警卫工作领导小组，认真做好各项准备工作，制定各类警卫方案、深化“大警卫”格局，切实落实现场警戒、安全检查等各项警卫措施，全体执勤人员坚守岗位、忠诚履职，确保外宾警卫对象在沪期间的绝对安全。

1986年10月15日，英国女王伊丽莎白二世偕丈夫爱丁堡公爵从北京抵沪访问，随同来访的有英国外交大臣和驻华大使等350余人。女王到沪前，英国皇家游艇“不列颠”号和担任护航任务的“约克”号驱逐舰于10月11日先期抵沪。女王抵沪后，出席市政府举行的欢迎宴会，在英国驻沪领事馆会见英侨，赴豫园游览。爱丁堡公爵访问上海耀华皮尔金顿玻璃公司，为浮法玻璃生产线成品车间土建工程竣工典礼剪彩，游览黄浦江。女王夫妇还在皇家游艇举行答谢宴会和招待会，国家主席李先念携夫人出席答谢宴会。16日上午，女王一行乘专机离沪赴西安。

1992年10月27日，日本天皇明仁和皇后一行250余人自西安抵沪访问，28日下午离沪回国。其间，参观上海交通大学海洋工程国家重点实验室，访问南汇县周浦乡，游览南浦大桥，乘车观赏南京路和外滩夜景。

1993年11月17—19日，德国总理赫尔穆特·科尔一行访沪，随同来访的有联邦科研部长、经济合作部长、联邦议院副主席、记者等182人。其间，参观大众汽车有限公司、同济大学，出席地铁1

号线电动车辆钥匙交接仪式,游览杨浦大桥、南浦大桥、豫园和黄浦江,观赏外滩夜景。

1995年12月3—5日,古巴共和国国务委员会主席兼部长会议主席菲德尔·卡斯特罗一行120人访沪。其间,参观东方明珠广播电视塔、金桥出口加工区、贝尔公司、豫园、上海证券交易所、宝钢(集团)公司,并浏览市容。这是中古建交以来卡斯特罗主席首次访华。2003年2月28日—3月1日,菲德尔·卡斯特罗一行约140人访沪。其间,江泽民陪同卡斯特罗参观上海科技馆、上海城市规划展示馆,游览黄浦江等。

1996年4月26—27日,俄罗斯总统鲍里斯·尼古拉耶维奇·叶利钦一行100人在沪出席五国元首签字仪式,参观南浦大桥、东方明珠广播电视塔、金桥出口加工区、贝尔公司,参加中俄企业家见面会。

1997年5月17—18日,法国总统雅克·希拉克一行300余人访沪,其间,出席上海市欢迎宴会和法国团体招待会,出席法国高科技博览会,在浦东新区汤臣大酒店发表演讲,参观浦东新区金桥出口加工区、陆家嘴金融贸易区和上海博物馆。2004年10月11—12日,希拉克一行260人访沪。其间,出席同济大学中法中心大楼奠基仪式并作演讲,出席中科院上海分院中法合作巴斯特研究所揭牌仪式,参加中法企业家见面会,参观上海博物馆的青铜馆和上海育碧游戏软件公司,乘坐轨道3号线轻轨列车并参加上海轨道公司与法国阿尔斯通公司签字仪式等。

1998年6月29日—7月2日,美国总统威廉·杰斐逊·克林顿一行1 500余人在沪访问,先后参观上海图书馆、上海博物馆、上海证券交易所、普罗国际网吧、上海人民广播电台,参加上海人民广播电台《市民与社会》栏目的直播活动、"21世纪的中国"圆桌会议,出席徐匡迪市长的招待会、晚宴,访问金汇花园居民新居并发表演讲,游览外滩、黄浦江、豫园。

1998年10月8—9日,英国首相托尼·布莱尔一行90人访沪。其间,参观斯派莎克工程有限公司厂址、上海证券交易所、浦东发展银行,出席上海市政府欢迎宴会,赴森茂大厦出席英国保险公司上海办事处开幕仪式,到梅龙镇广场参观英国现代艺术展。2003年7月22日,布莱尔一行96人在沪访问。其间,游览外滩,在金光外滩中心参加中国工商界人士研讨会,在威斯汀大饭店出席中英企业界人士见面会并发表演讲。

1999年11月2—4日,德国总理格哈特·施罗德访沪。其间,出席上海大众汽车有限公司技术中心揭牌仪式、在上海图书馆举行的"德国和中国——迈进共同的未来"研讨会及浦东新博览中心奠基仪式,参观摩西会堂旧址、豫园和西门子移动通信公司等。2001年11月2日,施罗德在沪出席浦东磁悬浮第一根轨道启运仪式以及在拜耳公司技术研发中心举行的拜耳漕泾化工项目动工仪式,参观上海克虏伯不锈钢有限公司、欧倍德金桥店等。2002年12月30—31日,施罗德在沪与中国国务院总理朱镕基共同参加上海磁浮列车通车典礼仪式、参观同济大学等。

2001年1月16—19日,朝鲜劳动党总书记金正日在沪访问。其间,参观上海城市规划展示馆、上海通用汽车公司、华虹NEC电子公司、浦东新区政府、金桥湾清水苑、贝尔公司、上海大剧院、上海证券交易所、陆家嘴中央绿地、东方明珠广播电视塔、宝钢(集团)公司、张江高科技园区、孙桥现代农业园区、南京路步行街、地铁2号线,并浏览市容等。

2001年6月14—15日,俄罗斯总统弗拉基米尔·弗拉基米洛维奇·普京在沪。其间,出席上海合作组织成员国元首会议及相关活动,与江泽民等领导人进行双边会见等。同年10月18—21日,普京再次到沪,出席亚太经合组织(APEC)第九次领导人非正式会议,并与江泽民以及其他部分国家领导人进行双边会见。2006年6月14—16日,普京在沪出席上海合作组织峰会及相关活动,与胡锦涛及蒙古、伊朗、巴基斯坦等国领导人进行双边会见等。

2006 年 5 月 22—23 日，德国总理安格拉·默克尔在沪访问，参观上海城市规划展示馆、磁浮龙阳路站，乘坐磁浮列车。

2007 年 11 月 27 日，法国总统尼古拉·萨科齐访沪。其间，参观上海城市规划展示馆，出席法国驻沪侨民见面会，与中方企业家座谈，出席上海申通公司与法国阿尔斯通公司、卡斯柯公司关于上海轨道交通 10 号线设备采购合同的签字仪式，并赴外滩散步。2010 年 4 月 30 日，萨科奇在沪出席上海世博会欢迎晚宴和开幕式，赴上海世博会园区参观法国馆。

2008 年 1 月 19—20 日，英国首相戈登·布朗一行近 90 人访沪。其间，与韩正共同见证《中国可持续发展生态城市项目设计、实施和融资谅解备忘录》的签署，互换 2010 年上海世博会参展文本，赴上海城市规划展示馆听取关于上海世博会参展项目和崇明岛东滩项目的介绍演示，参观上海博物馆、上海市残疾人体育运动中心，会见中英企业家。

2009 年 11 月 15—16 日，美国总统贝拉克·侯赛因·奥巴马一行 400 余人访沪。其间，出席上海市政府欢迎宴会，在住地与美国驻沪领馆工作人员及家属见面，赴上海科技馆与中国青年进行互动交流。

2010 年 9 月 27—28 日，俄罗斯联邦总统德米特里·阿纳托利耶维奇·梅德韦杰夫一行访沪，在习近平陪同下出席上海世博会俄罗斯馆日活动，参观上海世博会中国馆、俄罗斯馆。

第三节　重要会议和重大活动安保警卫

一、重要会议安保警卫

【中、俄、哈、吉、塔五国元首在沪签署信任协定安保警卫】

1996 年 4 月 26 日，中国、俄罗斯、哈萨克斯坦、吉尔吉斯斯坦、塔吉克斯坦五国《关于在边境地区加强军事领域信任协定》在上海正式签署。中国国家主席江泽民、俄罗斯总统叶利钦、哈萨克斯坦总统纳扎尔巴耶夫、吉尔吉斯斯坦总统阿卡耶夫、塔吉克斯坦总统拉赫莫诺夫等五国元首会聚上海参加签字仪式。市公安局成立安全警卫指挥部，形成统一有效的指挥网络，严密落实各项警卫措施，确保绝对安全。

【国际商会第三十二届世界大会安保警卫】

1997 年 4 月 7—10 日，由国际商会和国际商会中国国家委员会承办的国际商会第三十二届世界大会在上海举行，这是国际商会首次在中国举行大会，65 个国家和地区的 1 000 多名商会会长、银行家、企业家、经济专家、国际组织代表和高级官员出席。李鹏、李岚清、李铁映、黄菊、吴仪、徐匡迪等出席会议。会议代表分住 4 家宾馆，会议共组织 8 次全体会议、7 次集体活动。市公安局成立安全保卫组，按照“以条为主，统一指挥，条块结合，确保安全”的原则，制定各类保卫工作方案，投入警力 4 543 人次，严密工作措施，保证大会安全。

【’99《财富》全球论坛·上海年会安保警卫】

1999 年 9 月 27—29 日，由美国时代华纳集团主办、中国政府支持的’99《财富》全球论坛·上海年会在沪举行。江泽民、钱其琛、黄菊、曾庆红等党和国家领导人，中央有关部委及部分省市政府负责人以及香港特别行政区行政长官董建华，新加坡内阁资政李光耀、美国前国务卿基辛格等外国政府官员、知名人士、专家学者以及30多个国家和地区的商界巨头等800余人出席会议。境内外新闻媒体近600名记者与会采访报道。市公安局层面和各分(县)局成立安全保卫工作领导小组和工作班子,形成市和区县两级公安机关指挥体系。年会期间,上海公安机关全力以赴,出动警力4万余人次,以面保点,确保核心,顺利完成安全保卫任务。

【上海合作组织成员国元首会议安保警卫】

2001年6月14—15日,上海合作组织成员国元首会议在上海召开,中国、俄罗斯、哈萨克斯坦、吉尔吉斯斯坦、塔吉克斯坦、乌兹别克斯坦六国元首以及外交部长、国防部长等出席会议。上海公安机关出动警力3.3万人次,坚持以面保点,全力维护社会政治稳定,加大打击整治力度,全面开展安全检查,强化道路交通管理和治安管控措施,严密会场和活动现场警戒,完成各项安全保卫任务。

【2001年亚太经合组织(APEC)会议安保警卫】

2001年10月20—21日,亚太经合组织(APEC)第九次领导人非正式会议在上海举行。江泽民等20位各国领导人,13位领导人配偶,46位外交、外贸部长和近百名其他部级官员出席。除各类会议外,涉及领导人和双部长的双边会晤分别为55和38场次。领导人及其配偶外出活动分别为42和49场次。在此之前,从6月上旬起,APEC贸易部长会议、中小企业部长会议、外交外贸双部长会议、工商领导人峰会、工商咨询理事会会议等7个APEC框架内的系列会议在上海举行。2001年APEC会议是中华人民共和国成立以来盛况空前的一次国际性会议,层次高、重点经济体领导人相对集中,安全保卫工作面临前所未有的挑战。市公安局成立安全保卫工作领导小组,构建3个层面的指挥体系,并先后组织4次安全保卫工作合成实战演练。针对"9·11"事件发生后安全保卫工作面临的严峻形势,采取一系列强化警卫措施,确保会议安全和上海的社会治安稳定。10月23日,江泽民同志接见参加APEC会议安全保卫工作的上海公安机关、武警部队各单位主要负责同志。

【第三十五届亚行年会安保警卫】

2002年5月10—12日,由亚行主办、中国财政部承办、上海市政府协办的亚洲开发银行理事会第三十五届年会在上海举行。江泽民出席开幕式并致辞,60多个国家和地区的政府官员、主要金融组织和金融机构的负责人以及工商界、学术界知名人士、非政府组织代表及中外记者等共3 000余人参加会议。会议期间,中国国家主席出席各种研讨会、招待会达80余场次,贵宾配偶等参观游览朱家角。市公安局成立安全保卫领导小组,出动警力2.3万余人次,针对性加强安全防范措施,确保年会安全顺利。

【首届两岸民间菁英论坛安保警卫】

2005年9月14—16日,由中央台办和亲民党中央党部政策研究中心主办,海峡两岸关系研究中心和中华两岸关系发展协会承办,中共上海市委协办的第一届两岸民间菁英论坛(以下简称"论坛")在上海国际会议中心举行。全国政协主席贾庆林和亲民党主席宋楚瑜出席中央台办举行的欢迎晚宴和论坛开幕式,并发表演讲。中共上海市委主要领导、中央台办及其他部委领导出席论坛有关活动。在论坛安保工作中,各参战单位切实落实各项安全控制措施,注意执勤方法,做到既严密部署又保持适度宽松,得到上级领导和论坛主办方的肯定。

【上海合作组织峰会暨成立5周年庆典活动安保警卫】

2006年6月14—15日，上海合作组织峰会暨成立5周年庆典活动(以下简称“峰会”)在上海举行，出席会议的有成员国中国、俄罗斯、哈萨克斯坦、吉尔吉斯斯坦、塔吉克斯坦、乌兹别克斯坦，观察员国蒙古、巴基斯坦、伊朗领导人及印度石油和天然气部长，中国以主席国名义邀请阿富汗总统和东盟、独联体等国际组织负责人参加。峰会期间，各国元首和领导人等参加植树纪念、浦江游览、文艺演出等活动。市公安局成立峰会安全保卫工作领导小组。全市各级公安机关结合“平安建设”和“打黑除恶”专项斗争，做到以面保点、以面保线。会议期间，上海公安机关、武警执勤部队严密安全防范，圆满完成峰会安全保卫工作，公安部专门给予市公安局通令嘉奖。

【非行年会安保警卫】

2007年5月12—17日，非洲开发银行集团理事会年会在上海举行。温家宝出席中国政府欢迎晚宴和年会开幕式；卢旺达、佛得角、马达加斯加总统，毛里求斯副总理以及担任非行理事的77个成员国财政、经济、工业部长或中央银行行长，以及世界银行、国际货币基金组织、非政府组织的代表、观察员和记者等共2 500余人参加年会。年会期间，举办各类配套会议40余场次，与会代表配偶参观游览东方明珠广播电视塔、上海博物馆、上海城市规划展示馆、青浦朱家角、友谊商店等。市公安局与武警部队共同完成会议的各项安全保卫任务。

【第四届两岸经贸文化论坛安保警卫】

2008年12月20—21日，第四届两岸经贸文化论坛在上海香格里拉大酒店举行，贾庆林、俞正声等中央领导，中国国民党主席吴伯雄、荣誉主席连战以及亲民党副主席张昭雄、新党主席郁慕明、无党团结联盟主席林炳坤等出席论坛有关活动。论坛期间，吴伯雄、连战还分别在上海进行参访。市公安局加强会场警戒控制，严密安全检查等工作措施，确保论坛的安全顺利举行。

二、重大活动安保警卫

【国庆活动安保警卫】

1994年、1999年、2004年、2009年分别是中华人民共和国成立45、50、55和60周年。国庆活动项目多、涉及面广、内容新颖、时间集中，全市举办国庆招待会等，以及游园，彩车展示，市中心区、各繁华地段夜景灯光路线两侧开放彩灯，燃放焰火等活动，安全保卫工作任务繁重。各级公安机关大力整治社会治安，精心制定安全保卫方案和应急预案，加强重点活动场所安全保卫措施，有效维护交通和治安秩序，确保全市社会稳定。

【庆祝香港回归活动安保警卫】

1997年6月15日—7月5日，全市举办各项庆祝活动35项，其中6月30日晚在浦江两岸举行“百支歌队万人大合唱”及7月1日“焰火文艺晚会”大规模群众庆祝活动。市委、市人大、市政府、市政协领导和社会各界人士代表出席上述庆祝活动；两个晚上，前往观看的群众达300多万人次。上海各级公安机关按照市公安局统一部署，深入发动，严打严治，多管齐下，努力创造良好的社会治安环境，努力化解各种不安定因素，重点确保6月30日和7月1日晚的庆祝活动安全，完成香港回归庆祝活动安全保卫任务。

【第八届全国运动会安保警卫】

1997年10月12—24日,第八届全国运动会在沪举行。参加运动会的有各省,自治区,直辖市,港、澳、台地区和体育协会等46个体育代表团,运动员、裁判员、教练员、技术人员和官员1.8万余人,前来采访的中外记者1 500多人,涉及比赛和住宿的体育场馆、宾馆、饭店140家。党和国家领导人江泽民、李鹏、李铁映、张万年、迟浩田、黄菊和国际奥委会主席萨马兰奇及部分奥委会委员分别出席开幕式、闭幕式。全市各级公安机关和武警部队出动警力20万余人次,把八运会安全保卫工作作为政治任务,经过半个月的艰苦奋战,圆满完成各项保卫、警卫任务。

【汪辜会谈安保警卫】

1998年10月14—16日,台湾海峡交流基金会董事长辜振甫夫妇一行32人到沪与海峡两岸关系协会会长汪道涵会谈,并参观陆家嘴金融开发区、上海证券交易所、东方明珠广播电视塔、上海博物馆、豫园等,还出席京剧晚会。在市公安局的统一领导下,参加任务的各单位密切配合、协同作战,顺利完成警卫任务。

【第五届全国残疾人运动会安保警卫】

2000年5月6—14日,第五届全国残疾人运动会在上海举行。党和国家领导人李瑞环、黄菊、司马义·艾买提、万国权,国务院、国家有关部委,市委、市人大、市政府、市政协领导,国际残疾人机构官员和各界友好人士,全国各省、自治区、直辖市领导及观摩团6 000余人出席开幕式。全国各省、市、自治区和中央直属单位35个代表团的运动员、教练员、工作人员和上海市的志愿者共1.8万余人参加运动会,前往各场馆观看比赛的市民有51万余人次。市公安局针对参赛人员的特殊性,以“防火灾、防盗窃、防事故”为重点,坚持“措施到位、责任到人、严格管理、确保安全”,出动警力1.2万人次,确保党和国家领导人的绝对安全和各项赛事、活动的顺利举行。

【2007年世界夏季特殊奥林匹克运动会期间要人警卫】

2007年10月2日晚,10月11日晚,2007年世界夏季特殊奥林匹克运动会开幕式、闭幕式分别在上海体育场、江湾体育场举行。党和国家领导人胡锦涛、回良玉、陈至立,上海市领导,中国残联领导,澳门特首何厚铧以及菲律宾、冰岛总统,乌兹别克斯坦副总理、美国教育部长、美国加州州长、瑞士联邦前主席、日本前首相,国际特奥会主席及其他重要官员等贵宾出席。上海公安机关和武警执勤部队扎实做好前期调研、细致部署和检查各项安全措施落实情况,切实加强安全防范,圆满完成警卫任务。

【第二十九届夏季奥运会期间安保警卫】

2008年8月8—24日,第二十九届夏季奥运会在北京隆重举行。从5月中旬的奥运火炬接力跑到8月24日奥运会闭幕式,市公安局警卫部门承担较多的奥运安保警卫任务,先后组织实施奥运会火炬接力跑上海段点火、收火仪式现场警卫工作,奥运要人赴上海体育场观看奥运足球比赛的现场警卫工作,完成奥运要人警卫任务16批次,确保奥运会安全举办。

【中国2010年上海世界博览会安保警卫】

自2010年4月15日上海世博会试运行至10月31日闭幕,市公安局警卫部门共完成各类等级警卫任务 678 批次，执行住地警卫勤务 2 361 天、现场警卫勤务 9 113 场次。其中，党和国家领导人警卫任务 241 批次（含常委级 27 批次），外宾警卫任务 317 批次（含一级及一级加强 109 批次），港澳特首和台湾地区知名人士及其他专项警卫任务 61 批次，重大活动、重要会议警卫任务 59 批次，要人安全警卫工作持续时间之长、任务总量之多、工作压力之大前所未有。其间，共有 1 066 批次警卫对象赴上海世博会园区参观，涉及场馆 4 469 场次，胡锦涛、吴邦国、温家宝、贾庆林、李长春、习近平、李克强、贺国强等中央政治局常委均到沪参加相关活动。实现中外要人警卫安全，确保重大活动有序的既定目标。

第二章　文化领域保卫

1974年1月，市公安局设经济文化保卫处。1981年11月，市公安局经济文化保卫处分设为经济保卫处和文教保卫处。市公安局文化保卫部门历经改革，机构由文教保卫处先后调整为文化保卫总队、文化保卫处、文化保卫分局。截至2010年底，文化保卫分局管辖范围由1981年管辖的323个文化单位，经过逐步实行属地管辖，确定为管辖上海重点高校和市中心区域公办高校22所(46个校区)，以及81家市属文化单位，主要职责是维护市属文化单位(高校、社科、新闻、出版、文化、科研)的政治稳定和治安安定，整治所辖单位内部治安秩序，查处刑事、治安案件；对所辖范围内的特种行业、公共场所以及外来人口进行治安管理，对高校等管辖范围内的外国人进行管理，对所辖单位的安全保卫工作、保卫人员队伍建设进行指导、监督；对分(县)局文保工作进行指导、检查、监督，完成市局交办的其他事项等。

第一节　安全防范

一、综合治理

1980年1月，公安部召开全国经济文化保卫工作会议，研究新时期经济文化保卫工作的任务，提出“预防为主，确保重点，打击敌人，保障安全”的方针。20世纪80年代初期，市公安局文保机关在全市文教单位内部建立综合治理包干负责制。1983年，根据中共中央“综合治理”方针和市政府《关于加强安全防范工作的若干规定(试行)》，市公安局文保机关制定《大专院校、校领导、系处、科室、班组治安责任制》《贵稀金属保管》等制度，加强内部安全防范。1983年，市公安局文保机关组织高校保卫部门开展法制和道德教育，制作21块图文并茂的宣传板，在高校文化单位巡回展览。同时，选用发生在文化单位内部的20个典型案例编辑题为《警钟长鸣》的小册子，并制作录像在内部播放，受教育的学生和教职员工达43万多人次。1987年，上海高校试行“治安责任人”制度，落实分级管理责任到人。

1991年，市公安局文保机关重点抓“四防一确保”，即防破坏、防盗窃、防诈骗、防矛盾激化和突发事件，确保安全。4月，市公安局文保机关在高校文化单位开展“防范系列活动”，广泛运用广播、录像、黑板报、墙报、横幅、标语等宣传工具，采取上课、作报告、办模拟法庭和研讨会等多种形式，开展安全防范宣传教育活动。同时，指导监督全市高校科研文化单位修订完善《学生宿舍管理制度》《关于加强对临时工的聘用和管理工作的通知》等安全保卫制度263个，制定《社会治安综合治理工作规定》《各级领导及有关人员治安职责》等制度117个。1992年，市公安局文保机关与科研系统8个单位签订治安防范协议书。会同各高校党委确定高校治安责任人，健全保卫组织，配备专职或兼职保卫干部，对治安责任人进行业务培训；建立和健全治保会、护(校)卫队等群众性组织；充实警卫(门卫)力量，严格执行出入管理制度；建立义务消防队和配备消防干部，进行防火安全检查，消除火险隐患。1996年，根据中央综治委、公安部、国家教委联合通知的要求，市公安局文保机关开展高校校园治安和周边治安环境的专项整治工作，共出动警力453人次，清查整治内部场所和高校周边治安秩序，清查外来人口 12 759 人次。1999 年 7—9 月，根据市公安局和市卫生局《关于开展本市医院内部和周边治安专项整治的通知》，市公安局文保机关会同各区（县）公安文保队伍对全市医院医疗秩序和周边治安开展重点整治，共出动警力 3 019 人次，集中整治 350 次，初步实现市局“三个明显”（即医疗纠纷明显下降，医院内部和周边秩序明显好转，群众满意度明显提高）的工作目标。

2001 年 9 月，根据教育部、公安部《关于进一步加强学校安全保卫工作意见的紧急通知》《关于加强校园治安管理，严厉打击侵害学生人身和财产安全违法犯罪活动的紧急通知》精神，结合上海“严打整治”专项斗争实际，市公安局文保分局与属地公安、工商、税务、卫生等部门联手，对社会治安问题较为突出的复旦大学、华东师范大学等 9 所重点大学周边社会治安进行集中整治，取缔无证摊贩，遣送“三无”盲流人员，同时对高校内 71 家行业场所进行检查整顿，加强了内部管理。2002 年，市公安局文保分局先后 3 次共出动警力与保卫干部 1 030 人次，对全市高校 198 个重点要害部位、82 家宣传科研单位、99 家特种行业场所进行安全大检查。对打字、复印、旅馆等特种行业，枪支弹药仓库、危险物品仓库和财务部门等重点部位反复检查，发现隐患 3 135 处，发出书面整改通知书 12 份，对 2 家无证经营场所治安罚款 1 000 元。2002 年，市公安局文保分局制定《高校校园网络安全的岗位责任制》《高校防范设施技术标准》等规章制度，强化列管单位的治安管理，对高校科研文化单位内部的行业、场所、外来人口等情况开展基础调研，对已办理特种行业许可证的行业、场所基础工作逐个进行梳理和核对，基础数据存档。按照市公安局“一户一卡、一档一册”要求，建立、完善文保分局列管单位的基础资料。

2004 年，市公安局文保分局坚持“警力有限，民力无穷”的群众路线原则，建立“警民互动，群防群控”的管理模式，建立健全以防范、控制为主的应急预案工作机制和防控体系，加强与高校周边治安整治职能部门的沟通，建立有效工作机制，加入“上海市学校及周边治安综合治理工作领导小组办公室”，并作为副主任单位履行职责。同时，建立治安情况通报制度，对突出情况和存在问题通报市教委和高校。

2008 年 11 月，市公安局文保分局开展建设平安校园的活动，营造“学生安心、家长放心、教职员工满意”的良好教学环境。在上海师范大学举办“文保民警在你身边”的系列活动，引导学生提高自我防范意识。2009 年 9 月，市公安局文保分局从机关抽调业务骨干组成法制宣传小组，在市委宣传部及市公安局政治部的支持下，坚持开展“平安校园”活动，在全市 13 所高校围绕防范刑事诈骗、网络案件等内容，开设 4 个专题讲座，举办 18 场次报告会，听课者达到万余人，受到高校师生的好评。2009 年，市公安局文保分局制定《文保分局高校派出所 110 接处警工作规范》《关于进一步加强公安机关与高校合作维护安全稳定工作的意见》，建立高校派出所警

2010 年 2 月，民警在上海交通大学校园巡逻

务运行机制、警校合作机制、情况信息会商通报机制、高校维稳联动工作机制、案事件协同处置机制等系列规章制度,全力维护高校文化单位的内部治安安定。2010 年,市公安局文保分局开展“平安世博校园”集中整治,建立高校派出所、高校保卫处、校卫队、志愿者队伍等群防群治力量共同参与的高校校园巡控“一体化”运作体系和机关支援基层的等级勤务制度,开展安全检查 318 次,发现、督促整改安全隐患 355 处。

二、创建安全合格单位

1987—2005 年,市公安局文保机关针对文教科研单位开展“创建安全合格单位”活动。

1987 年,市公安局文保机关在上海高校推行“治安责任人”制度,依靠单位力量加强治安环境整治,并加大技防投入,增强防范的科技含量,保障高校文化单位内部安全。1989 年,市公安局文保机关针对文教单位财务室、实验室、电化室、集体宿舍、物资仓库、经营部等部位盗窃案件多发的现状,在全市 147 个高校科研文化单位内开展安全防范“六合格”活动。1989 年底,全市有 406 个文教科研单位落实单位治安责任人,单位内部有 548 个部门获得市公安局文保机关颁发的“安全合格证”。1990 年,市公安局文保机关深层次发展上海文化系统安全防范合格活动,在对前期取得“安全合格证”的部位进行复查后,继续为新达标的部门颁发“安全合格证”,当年市属文化单位达标部门达 794 个。

1995 年,市公安局文保机关贯彻“谁主管,谁负责”的原则,强化治安责任人的一、二、三级签约,即市公安局同高校、科研所、宣传三大口签约为一级,各院校、科研所、宣传口与所属的部、处、室签约为二级,各部、处、室与下面班组签约为三级。当年,市属文化单位治安防范一级签约率达到 100%,二级签约率为 86.7%。1998 年,市公安局文保机关全面创建“安全单位”。经验收,72 家单位获得“安全单位”证书。1999 年,深化“创建安全单位”活动,市公安局文保机关完成宣传系统、中科院上海分院系统、上海科学院系统和上海科协系统及独立单位的签约工作。

2002 年,市公安局文保分局以安全大检查为抓手,结合治安签约工作,继续推进“创安工程”,对上海 88 家高校、文化单位开展统一验收工作。当年,上海市属文化单位“创安”合格率达到 100%。2004—2005 年,市公安局文保分局在文化单位内部开展“安全合格单位(校区)”创建活动。两年中,“安全合格单位(校区)”覆盖率达到 70%以上,其中有 30 家文化单位经文保分局推荐被评为上海市级“安全合格单位(校区)”。

三、文保侦破案件(选录)

【戴厚英遇害案】

1996 年 8 月 25 日下午 4 时许,上海大学文学院副教授、著名作家戴厚英及其侄女在上海住所被不法分子杀害。市公安局文保机关成立专案组,经过 21 天的缜密侦查,在安徽省界首市抓获犯罪嫌疑人陶某。

【扬言爆炸复旦大学案】

2004 年 4 月 7 日,复旦大学收到 1 封电子邮件,要求公安部释放云南大学杀害 4 名同学的马加爵并支付给其 800 万元,威胁用高能量炸药爆炸复旦大学。4 月 8 日,市公安局文保分局在上海市浦东新区抓获犯罪嫌疑人郝某是。

【高校盗窃投影仪系列案】

2005 年 1—7 月，上海十余所高校连续发生多起投影仪被盗案件，总案值 60 万余元。市公安局文保分局成立专案组，在市公安局刑侦总队等单位指导协助下，历时 4 个月，抓获犯罪嫌疑人张某、石某，破获盗窃投影仪案件 13 起，查缴涉案投影仪 15 台，涉案总价值 40 万余元。该案的侦破工作在 2005 年度“刑警 803 破案奖”评比中获得“银奖”。

【华东师范大学“6・21”持刀抢劫案】

2005 年 6 月 21 日 18 时许，被害人徐某与女友苗某在华东师范大学共青场看台上约会时被 1 名男青年持刀劫走三星和桑达手机各一部。该案系上海重点高校内发生的首起持刀抢劫案。市公安局文保分局成立“6・21”专案组，以涉案手机为重点，对现场进行细致勘查并提取到犯罪嫌疑人的微量物证，对现场人员和被害人进行仔细询问，对学校及周边复杂场所展开彻查与排摸。6 月 26 日，抓获犯罪嫌疑人陈某，追回被劫财物。

【盗窃车内物品系列案】

2007 年 5 月，上海高校连续发生十余起通过破坏轿车车窗玻璃实施盗窃案件。案件发生后，文保分局缜密侦查布控，6 月 20 日，抓获李某、熊某和万某等 3 名犯罪嫌疑人，破获涉及 4 所高校盗窃车内物案件 18 起，涉案总值达人民币 6 万余元。另外，深挖扩破发生在上海闸北、宝山等地区的十余起盗窃车内物品的案件。

【“9・6”溜门盗窃系列案】

2009 年 9 月 16 日，华东理工大学、上海理工大学等高校学生宿舍连续发生十余起清晨溜门盗窃笔记本电脑、手机案件。文保分局经缜密侦查后确定是同一犯罪团伙作案，11 月 27 日，将尹某波等 5 名犯罪嫌疑人抓获。经审讯深挖，又破获发生在上海仁济医院等多家医院病房内的系列手机盗窃案。

第二节　专属文化保卫

一、重点单位保卫

1985 年，市公安局文保机关以“防火、防爆炸、防破坏、防盗窃”为重点，把广播电台、电视台播出中心、节目库、各机房、电视演播室、新闻中心、中心机房、发射塔、转播车等列为重点保卫目标加强防范和保卫，设置武装岗哨，确保广播电台、电视台的节目安全播出。1989 年，市公安局文保机构将上海党政机关以及解放日报社和图书馆、博物馆等掌握重要机密的单位列为重点单位加强安全防范。同时，在高校、科研重点单位，对储存、使用易燃易爆物品、菌种病毒、放射性同位素、剧毒物品和枪支弹药以及存放重要精密仪器设备的重要部门或要害部位实施安保措施。

1997 年，市公安局文保机关制定《中国科学院国家基因研究中心基因库保卫工作方案》，建立严格科学的规章制度，如基因库的存放、检查和使用制度，基因库储存环境的安全保障制度，基因库安全应急预案;实行专人值班巡逻,落实防盗和保密工作措施,保卫生命科学领域中的重大科研成果。2001年,市公安局文保分局对上海军工科研项目实行重点项目规范化管理,对保密小组的职责和保密材料、图纸、保密本的使用、借阅、印刷、复制、摘抄、传递、销毁都有严格规定。对涉密人员进行保密教育,严格控制知悉范围,安装红外线探视仪、烟雾、防盗报警设施、电子门锁等,保障国防尖端科研的安全。

2002年,为迎接中共十六大召开,市公安局文保分局会同市教委、市委宣传部等有关部门加强对上海重点文化单位的安全保卫。在前期各单位开展内部隐患自查的基础上,对上海交通大学、同济大学等十余所高校,以及农科院、文汇报大楼等22个文化单位进行检查,发现并限期整改重点单位隐患漏洞36处。

2006年,市公安局文保分局以贯彻落实《企业事业单位内部治安保卫条例》为契机,完善全市文化领域60家重点单位的保卫组织机构建设,建立文化单位系统联席会议制度,推进文化单位内部治安防范工作。当年,共组织安全检查6次,发现各类安全隐患130个,发放整改通知26次。

2008年,市公安局文保分局加强全市高校涉北京奥运会相关重点单位的安全保卫工作,对奥运火炬接力跑上海复旦、交大段,奥运足球赛同济、东华训练场地,周密制定警力部署工作方案,出动警力2 318人次、调派学校安保力量4 063人次,会同市公安局后保部、科技处重点加强同济、东华训练场的物防、技防设施系统建设,增设安保封闭围栏和联网报警装置,确保北京奥运会上海地区奥运会火炬接力跑、足球赛训练场地等重点单位的安全。

2010年,市公安局文保分局在各文化单位自查基础上,对全市20家文化单位(包括"中共一大会址"等6家重点反恐单位)进行安全检查,共发现各类隐患20余处,发放整改通知书3份,确保上海世博会期间全市文化单位内部安全稳定。

二、要害部位保卫

1981年起,市公安局文保机关根据"对国家安危和国计民生有重大影响的"标准,逐批确定在宣传、科研重点单位中"确保重点"中的要害,将引进重要技术设备的,储存、使用大量易燃、易爆、剧毒、菌种、放射性物质及枪支、弹药的,储存贵重文物的,掌握、保管重要政治、经济、技术等机密情报资料、档案等部位,专门设定为要害部位,加强安全防范和保密、保卫工作。1983年7月,市政府颁发《上海市内部安全防范工作的若干规定》,市公安局文保机关在上海交通大学、华东化工学院、同济大学、上海外国语大学等4所全国重点院校以实验室为重点开展要害部位调查,会同保卫部门结合实际制定财物保管、领发、使用制度,贵重金属材料和易燃易爆、剧毒物品的管理、使用制度,仪器设备的操作保养、维修制度,上下班检查水电、门窗、切断电源、水源、关窗锁门等制度。上海交通大学和华东化工学院实行"层层负责、责任到人、检查评比、有赏有罚"的管理制度,建立贵重金属材料、剧毒物品专人管理和领取、使用、保管制度,做到账、卡、物三相符,对仪器设备建立专人保管、使用、维修、保养制度。

1985年,市公安局文保机关以防破坏、防盗窃、防失密窃密、防火灾、防爆炸的"五防"为重点,从严控制进入重点要害部位,凡是参观活动须事先申请登记,要害部门发放参观证并由专人陪同参观,做到定接洽单位、定参观路线、定陪同人员。外人进入内部要害部位的,必须统一佩带证章,由专职警卫检查放行,严格落实要害部位现场保密保卫措施,确保要害部位安全。

1990年11月,根据全国科技安全保卫工作会议"加强对重点要害部位的保卫工作,保障重点科研项目的安全”的精神，市公安局文保机关会同上海科学院、中国科学院上海分院32个评审小组，对国家确定的高新技术发展、科技攻关、国防军工、基础研究、科研工程等重大科研项目，按照规范化的要求和确保科研重点的方针全面调查，对重大科研项目、重点要害部位、大型精密仪器进行复审调整。当年，上海科研单位评审149项重大科研项目、135个要害部位和42个贵重仪器设备。各单位对重点要害部位的工作人员按照“三清”(人员底数清、现实表现清、思想动态清)要求重新登记，严密安保制度。有的单位新安装技防设施，充实安保力量，确保安全。

2000年，根据国家广电总局下发的《关于防止广播电视设施被非法利用和破坏的紧急通知》精神，市公安局文保分局专门强化广播电视设施的安全保卫工作，对各电台、电视台的重点要害部位，特别是直播室、发射站、计算机等部位，会同单位保卫部门、技术部门开展针对性安全检查，对单位从业人员特别是非正式人员开展摸底分析和内部管理，同时落实防范措施，制定工作预案，严防广播电视设施被人利用和破坏。

2006年，市公安局文保分局在上海合作组织峰会期间，重点对全市高校的19所宾(旅)馆及文化单位内部危险品仓库、实验室、锅炉房、学生寝室等重点要害部位“防火、防爆、防灾害事故”进行专项安全检查，对27家文化单位内部发现的安全防范漏洞及薄弱环节发出3份整改通知书督促落实整改。

2008年，市公安局文保分局会同市教委在全市42所高校(包括19所民办高校)开展安全防范和安全隐患联合检查，围绕安全责任制落实情况、健全安全管理制度情况、安全技术防范情况、消防安全管理情况、危险化学品及特种设备使用管理情况、出租房和集体宿舍管理情况等方面，检查重点部位676处，发现安全隐患或漏洞98处，出具书面整改意见67份，口头整改意见31次。

2010年，市公安局文保分局在上海世博会期间，对所辖21所高校、81家文化单位进行全面清查，检查各类重点部位150余处，发现各类安全隐患30余个，发放整改通知书12张，将检查出的问题向相关高校和文化单位保卫部门进行通报。

三、中国科学院、中国工程院院士保卫

1990年全国科技保卫工作会议后，市公安局文保机关对上海15名著名科学家制定相关保卫制度，落实相关保卫措施，加强安全保卫工作。

1997年，根据公安部要求，市公安局文保机关会同中国科学院上海分院保卫处、上海科学院保卫处开展调研，将中国科学院、中国工程院“两院”在上海49名院士的安全保卫列为重点目标和安保重点。“两院”院士所在单位指定1名领导负责，建立以安全保卫部门为主、院士联络部门和联系人制度，形成包括院士所在实验室有关人员互相配合的专项安全保卫工作网络，制定院士安保工作常态化制度：包括落实院士集体活动的安全，所在单位特别是科研场所的安全，院士上下班途中安全，院士居住地安全，院士国内出差和疗休养过程的安全，出国(境)过程中的安全。

第三章　城市公共交通安全保卫

20 世纪 90 年代起，为适应城市公共交通的快速发展和安全保障需要，市公安局先后成立地铁分局（后更名为城市轨道交通分局，以下简称“轨道分局”）和公交分局（以下简称“公交分局”）。2011 年 1 月 12 日，2 个分局机构职能合并，上海市公安局城市轨道和公交总队（以下简称“轨道公交总队”）正式挂牌成立。轨道分局、公交分局及合并后成立的轨道公交总队充分履行公安行政管理职能，强化全市轨道交通区域的公共安全和防火监督管理，妥善处置轨道交通区域重特大治安灾害事故和突发事件，指导、检查全市运营状态的公交、长途客运和出租车辆的治安防范工作，依法打击辖区内扒窃等各类违法犯罪活动，大力整治社会治安突出问题，逐步构建形成以轨道交通“三道防线”（轨道交通车站、出入口、闸机）、公交车厢“三防建设”（人防、物防、技防）、长途客运“双向安检”（始发安检、到达安检）为主体的轨道公交公共安全防范体系，确保轨道和公交辖区治安持续稳定和安全有序。

第一节　轨道交通安全保卫

一、公共安全防范

【勤务制度】

1993 年 5 月 28 日，上海地铁 1 号线南段通车试运行，市公安局地铁分局实施以驻站式静态勤务管理模式。1 个车站配置 7—8 名执勤民警，定时定点在驻站车站巡逻，加强车站治安防范管理并承担地铁在建线路工地治安管理职责。1994 年，市公安局地铁分局将警力集中放在车站、车厢，加强一线治安力量。9 月，地铁分局成立巡警队，采用警务站民警和巡警联勤警务模式。1996 年，在各车站建立“报警服务台”。1998 年，地铁分局工作由打击为主转变为以“管理、防范、110 接处警”为重点，对派出所不再下达破案指标，保证车站执勤警力覆盖整个运营时间。同时，调整巡警勤务模式，以“提高综合执法能力和快速接处警”为目标，形成“点、线、面”结合，构建巡逻管控机制。

2001 年，围绕提高“应急反应，治安防控和打击犯罪”3 个能力，从 11 月起，在地铁 1 号线人民广场站派出所和徐家汇站派出所推行“一站一警”“任务到岗”和“责任到岗”机动备勤勤务模式。2002 年对机动备勤勤务模式作了调整，以大站为重点，科学安排执勤巡逻警力，确保早晚客流高峰时段各大站警力充足；设立责任民警，负责站区各类警务工作。

2004 年，随着轨道交通进入多线运营阶段，市公安局轨道分局将静态式驻站式勤务管理改为动态式巡逻防控，实行“18 小时运营时间全覆盖”和“地下轨道线路徒步巡逻与地面车站出入口车辆机动巡逻相结合”的日常勤务模式，形成以人民广场换乘枢纽车站为中心并向四周辐射的布警框架，确立以指挥长制度为核心的扁平化指挥调度体系，实行“指挥中心直接指挥车站巡逻民警”的一级指挥调度。同年，首批 382 名保安队员经培训后正式上岗，建立“民警＋保安”的“联勤、联巡、联防、联动”安保动态管控工作模式。2006 年，市公安局轨道分局实行以“重点车站驻防，一般车站巡防”的勤务模式，实现一线勤务警力全时空、有重点覆盖，构建“1＋2＋1”勤务主干框架（充实 1 支基层勤务警力，含220人的站区巡逻队、40人的车厢巡逻队；做强2支专业力量，含20人的刑侦便衣反扒队、30人的搜爆警犬队；组建1支应急力量，含40人的警训模式的应急特勤队）。5月，轨道分局新组建国内首支"地铁乘警队"，重点对地铁车厢开展治安管理，并与车站巡逻力量互补，形成"点线结合"的管控合力。

2007年，轨道分局在各派出所全面实施"单元制"勤务模式（将线路车站划分为若干单元，按统一标准配置民警和保安勤务力量，并以"责任区"方式规范单元内治安巡逻、日常管控、基础管理等职责任务），原则上以4—5座一般车站为区段，设定警务单元。客流密集且治安情况复杂的大型重点车站，以"一车站多单元（即一站多人管）"方式进行配置，客流较少且治安情况相对平稳的一般车站，以"多车站一单元（即一人管多站）"方式进行配置。2008年，为适应北京奥运会安保工作，警务格局由原先按"线路平均布警、线状响应"向"枢纽重点布警、放射响应"转变，以人民广场站、上海火车站站、中山公园站、世纪大道站等重点换乘枢纽车站为放射响应区间，实现有限警力资源的集约使用。2009年，将轨道交通"9线、172站"划分为15个警区、72个单元，实行早晚布岗执勤、双休错时调整、AB岗位互补的作息制度。同年，建立"以派出所为主导、运营车站参与共同管理、使用保安队伍"新模式，明确派出所、保安中队、车站值班站长的"四兼"（职能兼容、责任兼担、考核兼评、保障兼并）及"四个制度"（查勤工作制度、考核奖惩制度、工作例会制度、通报协商制度），强化公共安全防控和治安秩序管理责任。

2010年，上海世博会安保工作在单元制勤务模式基础上，依托市公安局增援民警、学警等警力，实现每站有警，警力全覆盖，建立职能部门支援派出所、联合开展车站执勤、联动处置突发事件、共同承担安全管控责任的"联动、联勤、联责"的"三联"工作机制。

【轨道交通安检】

1993年5月28日，上海地铁1号线（南段）徐家汇至锦江乐园段通车试运行。车站执勤民警对进站乘客携带物品实行人工开包检（抽）查，严禁各类易燃易爆危险品进入车站。至1994年7月，地铁1号线锦江乐园站警务站执勤民警通过人工开包检（抽）查36次，查获乘客违章携带油漆、汽油等易燃易爆危险品26件。

1995年，随着上海地铁各线路的增加，地铁分局在实践工作中，形成一套具有地铁公安特色的工作方法，通过车站执勤民警"三勤"（勤看、勤问、勤查），加大对易燃易爆各类危险品的查处力度，全年查获携带易燃易爆危险品进站和非法携带管制刀具等违禁品案件147起。1996年，查获香蕉水、油漆、汽油等100多千克、液化气钢瓶8件、管制刀具37把等各类易燃易爆危险品和违禁物。1997年7月—1999年，收缴各类易燃易爆危险品总计1 698件。

2001年，为确保APEC峰会期间轨道交通区域治安稳定，各车站加强对地铁乘客携带物品的安全检查。9月22日—10月19日，共查获收缴各类易燃易爆危险品335件。2004—2007年，查堵（收缴）各类易燃易爆危险品9 552件（3 197件）。

2006年，市公安局轨道分局组建国内首支地铁专业搜爆警犬队。2007年10月，第十二届世界夏季特殊奥林匹克运动会（以下简称"特奥会"）在上海举行，市公安局轨道分局警犬大队与市公安局消防局特勤大队、市公安局刑侦总队联手，对"特奥会"开（闭）幕式活动场地核心区主舞台、火炬台以及体育场馆等开展安全检查，查获焰火及可燃性胶水、乳胶漆、油漆、香蕉水、易燃液体等危险品130件（215千克）。2008年5月23—24日，北京奥运会火炬接力上海段传递活动期间，警犬大队作为市公安局专业应急力量，承担配合消防部门对火炬传递活动相关场馆的安检搜爆任务，轨道分局共出动警力 56 人次,嗅爆警犬 47 犬次,对奥运会火炬传递活动重点场馆开展搜爆安检工作 4 次,查获喷漆、胶水、液化气钢瓶等易燃易爆危险品 40 件。

2008 年,实施“人查、机检、犬嗅”相结合的安检方式。5 月,围绕奥运安保中心工作,在 161 座车站的 318 处进站闸机处开设人工安检专用通道。同时,在 15 座重点车站,配备 350 台金属探测器,6 台 X 线扫描仪,11 台便携式测爆、测毒气安检仪,实行人机相结合的安检。奥运安保期间,共查获易燃易爆危险品 22 931 件,劝阻携带危险品乘客进站 3 000 余人次。2009 年,轨道分局根据市公安局《关于本市公安机关宣传贯彻〈上海市人民政府关于严禁携带易燃易爆危险品乘坐公共交通工具的通告〉的意见》,采取多层次叠加式安检,在各车站进站闸机口安检同时,车站执勤民警、车站员工和保安队员加强巡逻、巡视,在线路换乘通道等重点区域进行安检抽检;警犬大队民警携警犬在重点车站、换乘枢纽车站开展安检。9 月 25 日起,在地铁人民广场站、中山公园站等 12 座重点车站的 30 个进站闸机口,配置 X 线检测仪和专职安检人员,开展安检试点。全年查处违法携带易燃易爆危险品进站案件 14 606 起、查堵危险品 24 925 件。

2010 年 9 月 30 日,民警在轨道交通站台内携犬巡逻

2010 年,围绕上海世博会安保重点任务,在全部车站安装安检设备,全面实施一站一安检。按照“大包必查、小包抽查、逢疑必查”安检标准,形成轨道交通“出入口查疑防控、闸机口进站安检、车站内网格巡防”的三道安保防线。轨道分局民警、保安队员和增援安保力量共计 1.5 万余人驻守轨道交通 271 座车站、746 个出入口和 519 个闸机处落实三道安保防线措施;加强武警、民警编组巡逻,民警携犬巡检和对可疑人员盘查工作。全年收缴各类危险违禁品 6.8 万余件,其中汽油、油漆、香蕉水等易燃液体 498 千克、鞭炮 3.1 万响、管制刀具 1 797 把、仿真枪 36 支、子弹 34 枚。

二、查获扒窃犯罪

1993—1994 年,上海地铁运行线路短、客流少,扒窃现象尚不突出。1995 年,随着地铁线路延长和客流增多,共发生扒窃案件 28 起,市公安局地铁分局以“反扒窃”为重点,打击扒窃犯罪活动,当年破案率 89%。

1996—2003 年,结合反扒专项斗争,市公安局轨道分局查获现行扒窃案件 661 起,捣毁 4 个扒窃犯罪团伙。2001 年 9 月 15—31 日和 2003 年夏季“反扒窃”专项整治中,轨道分局与公交分局、黄浦分局联手开展反扒集中行动,侦破现行扒窃案件 90 起,查获扒窃犯罪团伙 2 个。

2004—2006 年,轨道分局侦破现行扒窃案件 1 104 起,捣毁扒窃犯罪团伙 9 个。2005 年 3 月,在市公安局有关总队和宝山分局协助下，捣毁 2 个长期流窜在上海轨道交通区域实施扒窃作案的犯罪团伙，抓获扒窃犯罪嫌疑人 24 人，缴获手机 88 部、数码音乐播放器 4 部、数码相机 1 部及人民币 6 万余元等赃款赃物。2005 年 5 月 24 日，组织开展为期 1 周打击“盗窃非机动车和盗窃商场财物”犯罪专项斗争，侦破此类盗窃案件 11 起，抓获犯罪嫌疑人 8 人。2006 年 4 月 29 日，轨道分局在市公安局有关部门和普陀分局配合下，捣毁上海市桃浦地区 12 处出租房内专门在轨道交通 2 号线等车站实施扒窃活动的犯罪团伙，抓获扒窃犯罪嫌疑人 49 人。

2007—2009 年，市公安局轨道分局破获扒窃案件 1 237 起。2007 年 6 月 18 日和 19 日凌晨，先后在普陀、宝山、杨浦、虹口、嘉定等地区及轨道交通 2 号线中山公园站等重点区域，抓获 19 名扒窃团伙犯罪嫌疑人，缴获人民币 4 000 余元、手机 9 部等一批赃款赃物，案值 2.7 万元。2009 年 1 月 1 日—2 月 5 日，轨道分局组织开展为期 1 个月代号为“战斧”的反扒专项行动，侦破扒窃、诈骗等各类案件 78 起，抓获犯罪嫌疑人 75 人，缴获赃款赃物共计价值 8.69 万余元。2009 年 8 月 27—28 日，轨道交通 2 号线静安寺站连续发生 2 起扒窃案件。经侦查，发现多名扒窃嫌疑人以 3—4 人结伙形式在轨道交通静安寺站、人民广场站、徐家汇站及周边区域实施扒窃。9 月 27—28 日凌晨，民警先后在徐家汇商圈、上海火车站地区以及闸北交通路某宾馆、浦东新区等地，抓获魏某等扒窃团伙成员 12 人，缴获赃款赃物人民币近万元。

2010 年 6 月 24 日凌晨 3 时，在市公安局刑侦总队指导下，成功抓获以李某、马某为首的 22 名扒窃犯罪团伙嫌疑人，当场查获弹簧管制刀具 7 把、镊子钳 5 把，缴获赃款赃物价值 3 万余元。经查明，该团伙主要是分散作案，流窜在轨道交通上海火车站站以及虹口区、闸北区、普陀区等地区 10 多个菜场实施扒窃作案。9 月 20—24 日，市公安局轨道分局共破获扒窃案件 27 起，其中在人民广场站、上海火车站站、中山公园站、耀华路站等重点车站破获扒窃案件 10 起，抓获扒窃犯罪嫌疑人 9 人。

三、轨道交通辖区治安管理

1993 年，市公安局地铁分局对地铁辖区重点要害部门、地铁建设工地开展集中治安安全检查 28 次，先后对地铁系统 939 个单位、重点部位进行多次“地毯式”治安大检查，整改隐患、漏洞 1 143 个。1994 年 7 月，轨道分局在地铁 1 号线南段 5 个车站开展创建“治安安全车站”活动（以下简称“创安”活动）。成立以车站客运站长为组长、警务站长为副组长的创安领导小组，由车站执勤民警和车站职工参加治保小组、防火小组、治安联防队和业余消防队等群众性的治安组织。1995 年，对地铁辖区重点场所、部位，如娱乐场所、餐厅酒吧、旅馆、集贸市场和废旧收购站等 48 家（个）重点行业场所开展治安安全检查 136 次，整治消防、治安隐患 325 个，收缴易燃易爆危险品 200 多件，管制刀具、仿真手枪 48 件（把），取缔违章设摊 20 处。同年，地铁分局举行辖区治安场所（行业）治安责任书签约仪式，签约率 100%。1996 年，针对地铁车站出入口及周边两轮摩托车非法拉客和无证设摊等“四乱”“黑车”乱象，地铁分局组织实施 9 次集中清查整治行动，查扣非法运营残疾车、两轮摩托车 1 654 辆，取缔无证设摊 111 处。1997—1998 年，地铁分局开展各类治安整治 1 391 次。1999 年，轨道分局开展对地铁通道内无证设摊、兜售、贩卖非法出版物针对性整治活动，取缔无证设摊 700 处，收缴各类非法出版物和非法书刊音像制品 13 745 件、淫秽物品 1 408 件。

2000 年，轨道分局以车站出入口辖区娱乐服务场所为重点，查处卖淫嫖娼、传播淫秽物品等“六害案件”113 起，抓获违法人员 278 人，取缔车站出入口无证设摊 300 余次（处）。同年，结合开展反窃车专项治理,轨道分局查处偷窃自行车、助动车案件31起,抓获违法犯罪嫌疑人员37人,缴获赃车40辆(助动车7辆)。2001年,轨道分局对100余家重点场所单位进行治安检查,发现并整改治安隐患271处,发出《治安检查整改通知书》33份,查处违法违规经营单位36家;以公共娱乐服务场所、车站出入口为重点,集中查处"六害"案件164起,处理违法人员307人。2002年,轨道交通区域20家企业、12处重点部位、45个车站、26个商业网点获"创安"活动合格单位。同年,轨道分局工地"治安办"会同各地铁建设单位在68个工地开展创建"治安合格工地"活动,评出14家优胜单位、54家合格单位。同时,加强对在册2 777名外来务工人员管理。新进施工单位签订《治安防火管理要求交底书》《治安防范书》等达到98%以上。轨道分局集中对车站出入口、通道、列车车厢治安秩序开展集中整治,查扣非法运营车辆2 554辆,处理乱停乱放车辆12 666辆,取缔无证设摊2 394处。2003年,轨道分局开展地铁车站(车厢)内"强讨恶要""擅自设摊""非法散发广告""卖艺"等"四乱"违法违规现象集中整治,查处违法违规人员732名,其中行政拘留102人、行政罚款622人。2002—2003年,轨道分局共查获"六害"案件390起,收缴盗版、淫秽制品31 839件,查处违规经营单位3家。2004年,轨道分局处理各类巡察案件1 060起、查处违法(违规)人员1 060名。

2004—2006年,共有55家内保单位、44个重点部位、140个车站和59个商业网点"创安"活动达标。2006年,轨道分局组织"地风行动",先后开展集中整治行动7次,查处"四乱"等各类治安案件18 087起,处理各类违法人员18 591人。2006—2007年,轨道分局开展轨道交通车站、内部单位、商业场所、建设工地的治安检查,发出《治安检查整改通知书》94份、督促整改治安隐患837处。结合轨道交通实际,将社会治安综合治理工作与创建"平安工地"等活动相结合,2007年,轨道分局辖区内45家内保单位及商业网点、83名个人被评为轨道交通社会治安综合治理内保系统先进集体和个人;106个建设项目部被评为轨道交通建设"平安工地"活动优胜单位。2007年,整治轨道交通区域"四乱"现象被纳入上海市平安建设实事项目,轨道分局主动协调城管、文化、民政及地铁运营等部门,建立"轨道交通'四乱'整治综合执法工作站",有效整合各类执法管理资源,形成相互联动、联治。当年,轨道分局陆续开设4个综合执法工作站,共查处"四乱"违法违规人员6 683人。

2008年,轨道分局查处"四乱"人员7 066人,行政处罚1 713人,引导救助1 171人,移交城管等部门处理2 641人。2009年,对辖区内旅馆单位、娱乐休闲场所、各商业网点进行治安检查,消除各类治安隐患,并督促各派出所做好排摸、检查、宣传等日常管理工作,全年共收缴管制刀具80余件、各类盗版光碟4 000余张。2010年,轨道分局开展"查隐患、整秩序、严打击"专项行动。4月25—28日,轨道分局会同地区公安机关联合开展轨道交通车站及周边区域治安秩序集中整治,查处黑车及非法拉客两轮摩托车140余辆,取缔无证设摊42处,净化轨道交通区域治安环境。

四、轨道交通辖区消防管理

1992年地铁分局成立后,组织民警对地铁建设工地开展治安、消防安全检查,夜巡25次,检查23个单位,发现治安(火险)隐患305条,发出治安、消防整改通知书5份。

1993年,地铁分局采取"普查""复查"和"专项检查"等办法,会同地铁总公司进行防火安全检查9次,查出火险隐患漏洞1 629个,现场整改784个,限期整改845个,发出"消防监督检查意见书"4份。1994年,开展防火安全宣传教育,制作板报134期、张贴标语680余张、印发资料2 000余张、播放录像广播549场次。同时,对地铁区域内单位、场所开展防火安全检查125次,发现火险隐患1 056处,发出《消防监督检查意见通知书》34份。

1995 年 4 月，地铁分局会同地铁有关部门，先后组织 163 个检查小组，对地铁区域 840 个(次)单位进行防火安全检查，发现各类隐患 1 360 个(处)，现场帮助整改 1 028 个(处)，限期整改 338 个(处)，发出《火险隐患整改通知书》7 份、《消防监督检查意见通知书》64 份，依法处罚违反消防法规的 19 个单位和 6 名个人。1996 年，检查单位、商场 549 家，发出《火险通知书》2 份、《消防检查整改意见通知书》49 份，发现整改隐患 555 处。当年，地铁分局对地铁 1 号线车站和个别重点部位进行防火安全抽查，发现地下违章用电、用火和车站内吸烟等现象突出，对各类防火安全隐患要求限时整改。

1997 年 7 月，地铁分局开展“禁止携带易燃易爆化学物品违章乘车、禁止在车站列车上吸烟、禁止违章使用电加热设备和明火”的“三禁”活动。活动期间，累计发放各类宣传资料 8 万份，制作宣传板报 50 余块、横幅 40 余条，查获各类易燃易爆危险品 196 件。1998 年，开展防火安全检查 421 次，地铁分局发出《消防检查意见书》123 份、《隐患通知书》4 份，通过民警车站巡查、开包检查，发现收缴各类易燃易爆危险品 492 件。2000 年，轨道分局先后 3 次会同市消防局对地铁 2 号线全线开展防火安全检查。2001 年，根据消防工作“三级管理”要求，组织轨道分局各派出所专管民警开展消防安全专业培训，安排地铁运营公司相关人员接受消防知识培训，提高轨道分局派出所日常消防管理水平和地铁企业防火能力。当年，轨道分局共组织集中性防火、防爆安全检查 13 次，发现整改各类隐患 416 处，发出《消防监督检查意见书》《责令限期改正通知书》《重大火灾隐患限期整改通知书》216 份，处罚防火责任单位 35 家、个人 21 人，查获各类易燃易爆危险品 1 652 件。2001 年 APEC 峰会召开前期，轨道分局对涉及会议场馆的地铁 2 号线浦东段和 13 个车站、基地等设施设备进行多次消防安全检查，确保消防安全。2004 年，轨道分局督促整改各类治安、防火隐患 1 362 处，发出治安、防火整改意见书 382 份，处罚违规单位 19 家、违规人员 19 人。2005 年，轨道分局会同地铁运营相关部门，对轨道区域内 1 553 家商铺进行地毯式消防安全检查，整治各类火险隐患 978 处，商铺内乱拉乱接电线、擅自使用大功率照明灯具、灭火器过期失效以及个别商铺使用塑料垃圾桶和未装喷淋装置等问题得到有效整改。

2006—2009 年，轨道分局对车站、内保单位、车辆基地、商业场所、建设工地以及员工宿舍等开展防火安全检查 1 365 处，发出消防检查整改通知书 612 份，督促整改消防安全隐患 1 858 例。2010 年，轨道分局有序推进消防安全“防火墙”建设，不间断开展消防、治安安全隐患滚动排查 1.6 万余次，督促整改安全隐患和漏洞 780 余处。

第二节　地面公共交通安全保卫

中华人民共和国成立初期，上海有地面公交线路 44 条、运营车辆 934 辆，年客运量 2.37 亿人次，到 20 世纪 90 年代初期，上海拥有地面公交线路 408 条、运营车辆 6 562 辆，年客运量近 50 亿人次。随着客运量的增加，公交车厢内扒窃等违法犯罪明显增多，由于维护公交治安秩序警力相对薄弱，打击防范措施较滞后，车厢扒窃严重影响上海的城市形象和社会稳定。1998 年 10 月 28 日，上海市公安局公交分局成立。

一、公共交通营运车辆安全防范

1998 年，上海市发生出租汽车驾驶员被杀、被劫财及出租汽车被抢劫案件 427 起，其中抢劫出租汽车财物案 349 起，比 1997 年增长 30%。出租车驾驶员遭到伤害的情况较多，严重威胁出租汽车行业和从业人员的生命、财产安全。公交分局成立后，会同有关单位开展出租车安全防范大检查，检查出租车960辆，查获非法营运出租车203辆。1999年，公交分局与市公安局社防局联合编写《出租汽车驾驶员治安防范读本》，向出租车驾驶员发送安全防范宣传卡3.8万余张。全年开展检查33次，抽查2 000余辆出租车防劫防盗装置，查获非法营运出租车814辆。2000年，公交分局编写《出租车驾驶员防范小常识》，对3万名驾驶员进行安全防范培训。全年开展专项行动9次，查获非法营运车辆468辆。抢劫出租车驾驶员财物案件比1999年同期减少23.4%。2001年5月22—28日，公交分局对出租车行业查缉布控快速反应机制开展调研。9月25日，与强生、大众、锦江、巴士、农工商5家出租汽车公司签订治安联动防控协议。全年，共对2 640名新驾驶员进行岗前防劫教育培训，对600名改编入行的出租车驾驶员进行防范教育。2002年，公交分局进一步研究改进防劫报警装置，会同市公安局有关单位和专业生产厂家合作研制出新型出租车闪光报警灯。2003年1—6月，共协助行业管理部门开展集中整治非法客运车行动15次，查扣各类非法营运客车222辆。2003年7月，出租汽车行业治安防范划归市公安局交巡警总队承担。

2006年，公交分局增设六大队，负责指导、协调公交行业治安防范工作。2007年，公交分局会同公交行业管理部门和企业在部分公交车上安装警示牌近2万张，并在重特大盗窃案件易发的机场专线公交车上安装启用录像监控系统。2008年，公交分局治安防范办公室成立，与六大队合署办公。7月，公交分局先后与全市44家公交公司、176家出租公司和42家长途客运公司进行安全防范责任签约。年内，公交分局会同上海市交通运输和港口管理局等职能部门于“北京奥运会足球赛上海分赛场”举办前，对赛场周边68条线路、1 572辆公交车车厢安装图像监控设施，共出动警力5 200余人次，查获各类危险品240余件。治安防范办公室先后对180余条公交线路、500余辆公交车、20余个公交枢纽站的安全防范工作进行日常检查。2009年，公交分局会同上海市交通运输和港口管理局等单位制定公交车厢、省际长途安全防范工作方案，分批分层完成6万余名公交从业人员及400余名公交(长途)企业负责人、保卫干部的安全防范培训工作，发放宣传资料、张贴宣传画板共计10万余份。

2010年，在全市1.65万辆公交车的灭火器、逃生锤等物防设施配备完好的基础上，途经上海世博会园区及上海火车站、火车南站，吴淞、宝杨、石洞口客运码头，浦东、虹桥机场和虹桥枢纽站(以下简称“重点区域”)的4 100余辆公交车安装“逃生窗”，187条公交线路、4 100余辆公交车均按照“一车一人”标准配备安检员。在“重点区域”及内环线内的9 400余辆公交车上安装视频监控设施，1.2万余辆公交车安装车载移动卫星定位装置。上海世博会安保期间，全市35个长途客运站开设到达安检通道、安排驻点安检人员，其中30个长途客运站配备43条警犬开展巡逻工作，部署安保力量89 325人次，查获危险品780件、管制刀具2 925把、其他违禁品12 075件。全年，共出动警力1.8万余人次，巡检公交车辆6.3万余辆次，查获违反安全防范管理的违规长途车420余辆，开具《检查提示单》《治安防范督导通知书》共420份，责令限期整改安全隐患360余处，检查可疑箱包3.6万余件，收缴易燃易爆等危险品140余件，接受群众求助360余人次，对各区、县17万名驻点守护平安志愿者进行业务技能培训。

二、打击违法犯罪

【打击车厢内违法犯罪】

1998—1999年，上海市客运车辆上常有人强行向乘客索要钱财，并对司售人员进行威胁敲诈。

公交分局先后多次对沪太路长途汽车站等 7 个长途汽车站周边地区开展治安整治，查处“车匪路霸”67 人。1999 年 1—3 月，群众举报中长途客运汽车上出现诈骗犯罪的举报信、举报电话多达 200 多封(次)，涉及的公交线路有 50 多条。5 月，公交分局开展打击中长途客车内诈骗活动，捣毁诈骗团伙 21 个，抓获违法犯罪嫌疑人 125 人。全年，共抓获各类违法犯罪嫌疑人 4 210 人，捣毁犯罪团伙 375 个，追缴赃款、赃物折合人民币 400 万余元。据调查，84％的乘客对公交车厢治安状况表示满意或比较满意。

2000 年，上海市公交线路约 970 条、公交车辆 1.6 万辆，日均客流量达 600 万人次。公交分局受理各类车厢案件 3 339 起，其中扒窃占案件总数 94.03％，抓获车扒等违法犯罪嫌疑人 3 219 人，比 1999 年增加 9.77％。2001—2002 年，公交分局连续组织开展“民心”系列反扒集中行动，共抓获各类违法犯罪嫌疑人 5 994 人，破获刑事案件 1 281 起，查处治安案件 2 692 起，追缴赃款、赃物折合人民币 358 万余元。2003 年，上海市运营公交车辆达 1.8 万多辆，日均客流量达 735 万多人次。全年，受理车厢扒窃案件 5 905 起，共破案件 1 176 起，抓获违法犯罪嫌疑人 2 468 人，捣毁犯罪团伙 113 个、成员 417 人。

2004—2009 年，公交分局破获扒窃等各类案件 7 655 起，抓获违法犯罪嫌疑人 11 993 人。2010 年，公交分局抓获违法犯罪嫌疑人 1 040 人，捣毁车厢盗、抢团伙 33 个，抓获团伙成员 120 人。全年，接报车厢盗(扒)窃案件 10 499 起，立案 5 212 起、破案 466 起，分别比 2009 年同期减少 14.5％、30.8％、57.4％。

【专项行动】

1998—2003 年，公交分局开展代号为“飓风”“铁鹰”“秋冬战役”“公交银盾”等多个专项行动，在为期 2 年的严打整治工作中破获刑事案件 1 561 起，查处治安案件 2 617 起，抓获违法犯罪嫌疑人 4 355 人，先后破获“7・13”现金存款失窃案、“12・3”66 路公交车上价值百万余元扒窃案、“11・9”淞安线公交车抢劫案、“8・7”抗捕袭警伤害案等案件。

2004—2007 年，公交分局先后开展“区域性专项行动”“信访专项治理打击行动”“扒窃案件多发站点集中整治行动”“市郊公交线路专项反扒行动”“打击机场专线和长途客运线路扒窃犯罪”等专项整治行动。先后侦破“4・21”抢盗金饰品犯罪团伙案、“7・29”剪窃金项链案、“9・21”袭警案、“4・12”65 路抢劫案、“4・15”机场专线等盗窃案。2004 年，市公安局公交分局民警在工作中发现聋哑人扒窃违法犯罪团伙线索。经侦查，将该犯罪团伙立“1・20”专案侦查。2 月 7—8 日，在市公安局刑侦总队、浦东分局、黄浦分局等单位的协助下，公交分局组织 130 名警力对“1・20”专案犯罪团伙开展收捕行动，抓获犯罪团伙成员 55 人(女性 12 人，男性 43 人)，缴获赃物手机 31 部、赃款 3.9 万余元、银行存折 36 张，冻结涉案资金 60 万余元。

2005—2009 年，公交分局在交通枢纽集中区域、案件高发区域和重点路段开展打击整治，与地区公安机关开展全市性、区域性打击扒窃专项行动，先后侦破“1・29”长途车团伙抢劫案、“10・29”机场专线特大盗窃案等一批案件。2005 年 6 月 2 日，911 路公交车上发生 1 起盗窃案件，后失窃银行卡被恶意透支消费达 8 万余元。公交分局接报后即开展侦查，许某等 10 名团伙犯罪嫌疑人先后被抓获。经审讯，相继查证破获“4・13”“5・11”“6・14” 等盗窃乘客财物案件。

2009—2010 年，公交分局开展以上海世博会安保工作为中心的集中整治。2009 年 4—12 月，公交分局组织“迎世博、保平安”打击整治攻坚战，侦破各类案件 769 起，抓获违法犯罪嫌疑人 764 人，缴获赃物价值 9.9 万余元、手机 142 部。2010 年 5—6 月，组织“平安世博”系列打击整治扒窃违法犯罪集中行动,侦破各类案件44起,抓获违法犯罪嫌疑人86人,全市公交车厢扒窃案件接报数比2009年同期减少37.2%。2010年6月16日,乘客甫某某在乘坐43路公交车时,被多名男子抢夺金项链,经乘客与执勤民警围捕,当场抓获1人,另多人逃逸。犯罪嫌疑人供述,该犯罪团伙在公交车厢实施抢劫、抢夺金饰品犯罪多起。公交分局立即开展追捕。6月17日,在上海虹桥机场将正欲逃窜的该案犯罪嫌疑人翁某某抓获。经查,该犯罪团伙在上海市作案24起,涉案金项链24根。

表12-3-1　1998—2010年上海市公安局公交分局打击整治专项行动一览

年　份	专项行动名称及成效
1998	组织开展代号为"飓风"系列等专项行动3次,共抓获违法犯罪嫌疑人1 235人
1999	组织开展代号为"铁鹰"系列专项行动,共抓获违法犯罪嫌疑人2 400人
2000	组织开展以"反车扒、反盗抢、反诈骗"为重点的专项行动6次,共抓获违法犯罪嫌疑人1 524人
2001	组织开展代号为"秋冬战役""清明捕鼠""公交银盾"等专项行动7次,共抓获违法犯罪嫌疑人1 327人
2002	组织开展代号为"民心"系列等专项行动6次,共抓获违法犯罪嫌疑人1 472人
2003	组织开展以"反车扒、打团伙、抓流窜"为重点的专项行动7次,共抓获违法犯罪嫌疑人1 075人
2004	联合属地公安分局开展打击扒窃等专项行动8次,共抓获违法犯罪嫌疑人2 473人
2005	联合扒窃案件高发区域公安分局整治专项行动3次,共抓获违法犯罪嫌疑人1 022人
2006	组织开展打击盗抢金饰品违法犯罪活动等专项行动4次,共抓获违法犯罪嫌疑人718人
2007	组织开展打击盗抢金饰品、公交"两抢"和机场专线及长途客运线路扒窃、拎包违法犯罪为重点的专项行动5次,共抓获违法犯罪嫌疑人870人
2008	组织开展以奥运安保打击扒窃违法犯罪为重点的专项行动6次,共抓获违法犯罪嫌疑人712人
2009	组织开展"迎世博、保平安"打击整治攻坚战等专项行动6次,共抓获违法犯罪嫌疑人1 471人
2010	组织开展"平安世博"系列打击扒窃违法犯罪为重点的专项行动4次,共抓获违法犯罪嫌疑人350人

资料来源:上海市公安局公交分局年报。

第三节　事故事件处置

一、重大突发事件处置演练

1994年5月,地铁分局在地铁徐家汇车站和新闸路工地模拟开展突发事件处置演练。1995年,地铁分局会同地铁运营部门联合模拟开展火灾、大客流爆满、群体性上访事件等突发事件处置演练11次。

1996年,地铁分局组织实施防毒气、防火灾、防爆炸、大客流爆满及地铁乘客紧急疏散等课题演练12次。1996年1月26日晚10时15分,市公安局组织地铁分局、消防总队、交警总队、巡警总队、刑侦总队、黄浦分局和地铁总公司400余人,在人民广场站举行处置地铁毒气案件演练,现场处置阶段分为现场封锁、站区清场、疏散抢救乘客、侦察控制毒源、现场勘察、洗消和安全检查7项内容,整个演练时间持续1小时。

1997—1998年,地铁分局开展各类演练91次。1999年12月16日,轨道分局会同市消防局、地铁运营公司在地铁1号线、2号线人民广场站连接通道模拟举行处置地铁爆炸、火灾事件演练。演练分解为接处警、设置现场指挥所、警戒疏散乘客、敷设供电线路、开通有(无)线通讯、伤员定位包扎抢救、有毒气体侦测、现场刑侦勘查、处置可疑爆炸物和扑灭火灾等10个课目，演练成效明显。2000年11月29日，轨道分局在轻轨宜山路车站举行处置毒气泄漏事件专项演练科目。2002年，轨道分局以“防火灾、防爆炸、防毒气泄漏、防大客流爆满”等科目，组织“处突”演练2次、区域性演练74次。

2004年，轨道分局组织开展“火灾逃生”“警犬搜爆”“处置不安定因素”“处置大客流爆满”等合成演练13次。2004年2月27日，轨道分局会同市公安局刑侦总队刑科所警犬队在轨道交通1号线梅陇基地内举行以警犬搜寻易燃易爆危险品为科目的演练。

2008年8月3日，轨道分局会同地铁运营部门采取事先不通知方式，在“2、4、6号线世纪大道站”“8号线大世界站”“9号线漕河泾站”“3号线金沙江路站”“5号线颛桥站”“4号线海伦路站”等站连续开展以处置不明气体、爆炸物、火灾、劫持人质以及车站照明停止供电等为科目的6次实战演练，相关车站民警、保安队员和地铁工作人员接到指令后，快速反应，迅速到达现场，按照火灾、化学有毒气体、爆炸物、劫持人质、失电等处置预案要求，开展疏散乘客工作，对车站重点部位把手、抢修设备、落实各项先期处置措施。同时，按照“只出不进”原则在车站出入口劝离乘车人员改乘地面交通，演练过程井然有序。

2009年，14个地区公安分局及消防部门在轨道区域部分车站开展跑位演练14次，完善在突发事件处置中与车站属地公安机关的应急联动救援机制。2009年9月8日，公交分局会同市交通港口管理局、市消防局、上海久事公司等单位在闵行区漕宝路公交停车场组织开展上海公交车厢应急处突实战演练，内容以劝阻乘客携带易燃易爆危险品乘坐公交车、处置公交车厢遗留物和处置公交车爆燃事件为科目的实战演练，公安民警、消防官兵和公交从业人员150余人参加演练。

2010年，轨道分局与市消防局以及地区公安分局建立轨道交通突发事件应急处置机制，共开展各项处突演练16次。3月28日，轨道分局会同市消防局、申通地铁集团在10号线紫藤路站联合开展突发火灾事故处置综合演练，提高地面救援力量在轨道交通突发事件中的处置针对性。4月，轨道分局联合杨浦公安分局在轨道交通10号线新江湾城站开展以“疑似爆炸现场处置”为科目的上海世博会安保反恐怖应急处置演练。7月30日，轨道分局举行模拟嫌疑对象携带危害公共安全可疑包裹进入车站为科目的即时视频巡逻实战演练比武活动。

二、重大突发事故事件紧急处置(选录)

【处置轨道交通4号线在建工地坍塌事故】

2003年7月1日凌晨4时，正在建设中的轨道交通4号线突发险情，浦东南路至南浦大桥区间隧道浦西董家渡附近通道发现渗水，大量流沙涌入，引起隧道受损，周边地区地面大幅沉降，造成地面多栋楼房相继出现倾斜、倒塌。沿董家渡外马路段长约30米防汛墙逐步发生开裂和沉陷，黄浦江水一旦冲破开裂处的防汛墙，涌上堤岸，后果不堪设想。全市近万名公安民警和消防、武警官兵全力以赴，担负修筑围堰、隧道灌水、抽水排涝和物资运送以及现场安全警戒、现场执勤等，确保抢险工作有条不紊。经过10个昼夜的连续作战，最终战胜险情。其间，未发生刑事、治安案件和交通、火灾事故，无人员伤亡。

【处置轨道交通早高峰突发性大客流爆满事件】

2005年11月14日6时50分许,地铁1号线南段下行线上海南站站至锦江乐园站区间突发列车技术故障,故障列车立即清客后返回车库,导致1号线下行线运营到锦江乐园站暂时中断,运营部门采取应急运营模式。由于是早高峰,1号线莘庄站、莲花路站、锦江乐园站、漕宝路站等原本就是早高峰"客流结点"的重点车站人满为患。事件发生后,轨道分局按照预案,对1号线漕宝路站、锦江乐园站等重要"结点"车站采取广播宣传、客流疏导,减缓入口闸机速度、临时性暂停售票等"限客"措施,有效缓解大客流瞬时段冲击,保持区域车站秩序有序稳定。至8时45分,上述各站客流恢复正常。

【处置"12·22"地铁列车运营事故】

2009年12月22日5时50分,上海地铁1号线陕西南路站至人民广场站区间突发供电触网跳闸故障,造成该区间列车停驶。6时50分,在富锦路站至上海火车站站小交路折返段,中山北路站往上海火车站站下行的150号车以60.5千米的时速行驶近上海火车站站时,司机发现前方信号灯为红灯,立即采取紧急制动措施,随后系统才发出制动命令;由于当时制动距离已不足,6时54分,载有乘客的150号车以16.5千米的时速与正在折返的117号空车发生侧面冲撞,造成150号车驾驶室车头受损和第1节车厢的第2位转向架的轮对脱轨。由于速度较慢,事故未造成人员伤亡。事故发生后,轨道分局立即启动应急处置预案,采取宣传告知、稳定乘客情绪、有序疏导客流、将乘客撤离到安全区域等措施,同时协商地铁运营部门,实施车站乘客只出不进、关闭出入口、控制客流等措施,维持现场和出入口秩序,做好相关调查取证工作。

第四章　铁路安全保卫

上海地区的铁路安全保卫工作主要由上海铁路公安处负责。上海铁路公安处接受上海市公安局和上海铁路公安局双重领导，下设基层派出所和特警、乘警支队，负责上海市和江苏地区部分车站、线路及列车的安全保卫工作，主要任务是预防和制止危害铁路运输生产的一切破坏活动，维护政治、治安稳定，开展铁路地区反恐防范，依法打击敌对势力、敌对分子和各种刑事犯罪、危害国家安全的犯罪活动，维护“站、车、线”和铁路单位内部的治安秩序，协同属地公安机关、司法、国家安全机关在车站执行侦查、逮捕、押解犯罪嫌疑人，开展消防监督检查，负责内部安全保卫，做好军运、特运安全保卫工作，保卫首长、外宾等要人的乘车安全，保证铁路运输生产和旅客群众生命财产安全。

第一节　火车站、列车安全保卫

一、节假日、特殊天气治安管理

1950 年，上海火车北站（俗称老北站，位于上海市天目东路宝山路口）建成使用，承担上海铁路的主要客运功能。1984 年 9 月，在原上海东站（闸北区秣陵路 303 号）兴建铁路上海站（俗称新客站），1987 年 12 月 28 日建成启用，取代原老北站的客运功能，是全国特等客运站之一。20 世纪 80 年代末，上海站客流量持续上升，日均乘客 5 万人次左右，节假日高峰近 10 万人次，上海铁路公安机关根据客流实际情况，做好治安整治和秩序维护工作。

1994 年春运期间，客流大幅上升，务工流集中，部分列车严重超员。上海铁路公安处全力维护站车秩序，安全运输旅客 1 808 万余人次。2 月 5 日，上海站发生大规模停电，上海铁路公安处及时组织力量协同车站果断处置，确保停电期间站区近万名旅客秩序井然。1998 年春运期间，南方普降大雪，旅客大量积压，上海铁路公安处合理运用“分流、引导、卡口”等堵疏工作法，确保旅客乘降安全有序。

2000—2005 年春运期间，上海铁路公安处以“安全”为中心，根据客流特点，超前预测、早做准备，防止旅客滞留积压、挤死挤伤的情况发生，实现铁道部“确保安全、抓好重点、平稳有序、良好服务”的总体目标。上海铁路公安处针对春运客流高度集中，直通客流增幅较大，劳务、探亲、学生、旅游客流相互交织，持续时间长，任务繁重的情况，抓住重点充分备战，协助铁路部门安全运送旅客近亿人次。

2006 年，由铁道部、上海市政府合作建设的上海南站投入使用，旅客站台 6 座，日均发送旅客 4.5 万人次，是当时上海客流量第二大的火车站，开通后承担动车组列车的到发任务，直至 2010 年上海虹桥火车站开通运营。同年，成立上海南站派出所，民警编制 80 人，负责上海南站治安秩序管理、预防和制止违法犯罪活动、受理并调查旅客报警案件、查缉在逃人员，开展打击倒卖车票、打击犯罪、秩序维护等工作。同时，严格履行监督检查职能，督促车站严格安检查危措施，坚决堵住危险品、违禁物品带进站上车，全力为旅客出行创造良好治安环境。

2008 年，持续雨雪冰冻灾害天气造成列车大面积晚点迟发，旅客大量滞留（仅上海站、上海南站旅客滞留高峰日达5万余人),上海铁路公安处合理运用“分流、引导、卡口”堵疏等工作法,严防发生旅客挤死挤伤。

2009年春运期间,上海铁路公安处立足临时售票处“主战场”,采取“分区排队、分段购票、分口出入”等方法,引导旅客有序购票。针对节前客流大、部分时段客流集中等情况,协调车站和地方有关部门,采取措施缓解上海站旅客候车和进站压力,加强对晚点、超员列车旅客乘降秩序的维护,防止旅客挤伤等事故发生,安全输送旅客1 476万余人。

2010年7月1日,上海虹桥火车站启用,这是上海市第一大火车站和国内现代化程度最高的客运中心,占地面积超过130万平方米。上海虹桥站与上海站、上海南站明确功能划分,虹桥站主要承担高铁、动车的到发任务,站台30个(超过上海站与上海南站的站台总和),日均发送客流约10万,高峰可达20万余。当年7月,成立虹桥站派出所,民警定编100人,负责站区治安管理,协助车站做好客流秩序维护。随着客流的不断增加,虹桥站派出所调整警力部署,全力维护客流旅客购票和乘降秩序。以临时售票处等售票场所为重点,实行多种勤务模式交叉,科学利用三班制、四班制、常日班及错时工作制,提高见警率、管事率,有效维护旅客购票高峰秩序。同时,虹桥站派出所严格治安管理、加强刑事打击和巡逻防范,保卫重要人员在车站乘车的绝对安全,实现“大事不出,小事也不出”的目标。

二、安检和危险品查堵

20世纪80年代以前,铁路安检主要以人工抽查为主,危险品查堵效果不显著。1980年11月,根据公安部、铁道部、交通部等九部委《关于严格控制生产出售和严禁携带易燃易爆危险品乘坐车船飞机的紧急通知》,上海铁路公安机关配合车站进一步开展宣传和查堵。1988年春运期间,上海站组织410人的安检队伍,启用“6406”安全检查仪,改变人工检查为主的方式。1989年,管内各大中客站、旅客列车配备专职安全检查力量,严禁携带爆炸品、易燃品、腐蚀品进站上车。

1990年9月18日,上海站查获1名盗窃5枚手榴弹企图制造爆炸事件的犯罪嫌疑人。1995年,上海站充分发挥X光检查仪的作用,协破重特大案件66起,截获录像机、音响等赃物69台。1999年,上海站坚持人查、机查相结合,查获各类危险品14 863批。

2000年,上海铁路公安处以“打黄打非”专项工作为契机,重点打击利用铁路运输走私、贩运淫秽、非法印刷品等违法犯罪活动,通过安检共查获淫秽碟片29 615张、非法出版物1 644件;对423名违反危险物品管理规定的行为人予以治安处罚。2001年,上海铁路公安处重点加强对易燃、易爆等危险品运输的监督检查,查获危险品11 138批次。2006年,上海铁路公安处组织“爆炸物品、枪支弹药、管制刀具专项整治”,收缴各类枪支12把、管制刀具795把,查获各类危险品25 216批次。

2009—2010年,沪宁、沪杭高铁陆续开通,上海铁路公安机关全面严格高铁客站安检,查堵危险品,确保旅客生命财产和铁路运输安全。2010年,以上海世博会安保为工作核心,发挥铁路“滤网”作用,强化查堵危险品,做到行李物品件件过机,落实“三个百分百”的查危要求,筑牢“五道防线”,查获危险品4.2万余批次。

三、站车治安整治

1978—1983年,上海铁路公安机关根据上海站治安情况,开展清查、整顿站场秩序等行动,确保治安秩序平稳。1984 年，新客站投入使用后，在上海站私自收费为旅客搬运行李、招揽住宿的违法人员达千人以上，严重扰乱车站治安秩序，堵塞旅客出入口通道，诱发刑事案件和治安事件。上海铁路公安机关及时开展整治，抓获偷、摸、骗违法人员 140 人，处理打架纠纷 164 起。1985 年，对搬运人员进行整顿，发放盖有上海铁路治安联防队印章的临时搬运证，将 236 名自发搬运人员分为 21 个小组，定点、定时进行搬运，组织招揽住宿的举牌接客人员成立"一条龙"旅馆介绍处。

1985—1994 年，上海铁路公安机关持续开展治安整治活动，加大管控力度，依法对违法人员处以劳动教养 216 人、治安拘留 5 163 人、治安罚款 1.14 万人。1989 年 4 月，开展"打击团伙犯罪，整顿旅客列车治安"统一行动，在列车上建立由列车长、乘警、茶水员、检车员和旅客代表组成的联防队，8 月 5 日起在上海站地区开展两个月集中整治；会同有关部门成立旅馆管理小组，签发 700 张"接客证"，规定所有接客人员统一着装，佩戴贴有本人照片的"接客证"。1990 年，列车联防队员协助乘警抓获犯罪嫌疑人 188 人，调解旅客纠纷、制止打架斗殴事件 164 起。

1995—1999 年，上海铁路公安机关按照"什么问题突出就整治什么问题"的原则，对突出治安顽症主动出击，坚持"露头就打"，加大整治力度。针对车站治安和重点列车先后组织 58 次治安大清查和 15 次区段性集中整治行动，查处治安案件 41 410 起，查处各类违法人员 54 823 人；先后组织 2 次专项打击抢劫犯罪统一行动，破获抢劫案件 8 起，摧毁犯罪团伙 6 个；加强列车添乘护乘，严整列车霸座叫卖等突出问题。1997 年，以客车治安为重点，重点整治强买强卖、霸座卖座等违法活动，查处违法人员 1 320 人。1998 年先后组织 3 次"铁剑"行动，有效整治各类治安顽症和围站叫卖等违法活动，维护客车治安秩序。

2000 年，上海铁路公安机关先后组织"百警会战""打拐""打假"等专项斗争，整治突出治安问题，确保铁路第三次调图提速平稳。"百警会战"期间，查获各类犯罪嫌疑人 149 人，收容遣送"三无"盲流 917 人。"打拐"行动中破获拐卖(骗)案件 80 起，抓获犯罪嫌疑人 93 人，解救妇女儿童 100 余人。

2001—2005 年，上海铁路公安机关以"盲流滋扰、霸座卖座、围车叫卖"等严重影响铁路"窗口"形象的治安顽症为重点，结合"五一""十一"等重点时段，持续集中整治。2001 年，组织警力会同沿线铁路公安机关对案件多发、治安情况复杂的上海至北京 1462/1461 次列车组联合集中整治，破获现行盗窃旅客财物案件 6 起，抓获扒窃、拎包、割窃等犯罪嫌疑人 8 人，协破麻醉抢劫案件 1 起，清理遣返盲流人员 396 人，治安处罚 1 457 人，列车治安面貌明显改观。

2006—2009 年，上海铁路公安机关以上海站、上海南站为重点，树立"客站治安是脸面"的意识，先后开展"两打一整""蓝盾""百站百车"和"查处爆炸物品、枪支弹药、管制刀具"等一系列专项行动，季节性、多发性站车治安问题得到有效控制，确保站车治安稳定。2008 年，完成抗击雪灾、抗震救灾、"奥运"等重大安保任务，确保汶川抗震救灾物资运输安全的专项行动，抽调力量组成押运小分队加强货场治安管理，保障 2150 车救灾物资运输安全。

2010 年，上海铁路公安机关以上海世博会安保为契机，开展"平安世博"打击整治攻坚战和夏季治安"严打"整治行动，有效打击各类违法活动，整治倒卖车票、"黄牛"背包、非法接拉客等治安问题，全年抓获犯罪嫌疑人 1 252 人。

四、查处倒卖车票集中行动

1978—1984 年，上海铁路公安机关严格贯彻"治安管理从严"的方针，紧紧依靠群众，加强站车治安管理、严打倒卖车票等,有效维护治安秩序。1985 年后,上海站客流量持续上升,日均乘车旅客 5 万人次,高峰客流近 10 万,买票难矛盾突出,不法分子乘机从事伪造、倒卖车票的非法活动。1985 年 8 月,上海市公、检、法联合制定《关于处理伪造倒卖车船票案件的意见》,上海铁路公安机关对伪造、倒卖车票的非法活动进行多次集中打击。1986—1993 年,查处伪造、倒卖火车票的违法人员 47 055 人,没收车票 118 333 余张、非法所得 134.7 万余元。

1994—1998 年,上海铁路公安机关采取交叉打击、跟踪守候、"潜水"作业等战术打击票贩,确立"打团伙、打票霸、端窝点"、加大打击处理力度的指导思想,打掉一批贩票团伙,惩处一批票头、票霸。先后组织 20 次大规模倒卖车票打击整治行动,其间,抓获票贩 28 389 人,缴获车票 67 386 张,打掉倒票团伙 71 个。

1999—2003 年,上海铁路公安机关以票头、票霸和票贩为打击重点,查票源、端窝点,查获倒票违法人员 34 637 人,缴获车票 12 113 张、折合票款 66.98 万余元。1999 年 2 月,摧毁 1 个特大倒票团伙,抓获成员 5 人、缴获各类车票 681 张。2001 年,先后 8 次组织打击票贩集中行动,查处票贩 11 159 人,会同闸北分局、轨道分局,以集中拉网和分兵出击相结合的方式,对上海站地区非法兜售假发票行为开展 45 次集中整治。

2009 年 1 月,上海铁警向旅客宣传识别真假火车票

2004—2009 年,上海铁路公安机关开展"二清打""铁剑"等行动,不断打击倒卖车票违法行为;以春运等为重点,组织 10 余次专项集中行动和"雷霆一号"等专项行动,加大客票调查力度,查处倒票违法行为,共查获倒卖车票违法人员 10 253 人,缴获车票 22 770 张、折合票款高达 280.5 万元。

2010 年,针对上海站、上海南站、上海虹桥站等大客站倒卖车票、假发票、上海世博会纪念品等突出问题,组织"蓝盾"小分队开展异地交叉打击,加强重要节点集中清查和日常治安检查,组织多次专项整治行动。开展"平安世博"打击整治攻坚战,查获倒票人员 762 人,其中刑事拘留 30 人、治安拘留 410 人。

表 12-4-1 1986—2010 年上海铁路公安打击票贩数额统计

年 份	查处票贩(人)	缴获车票(张)	涉案价值(万元)
1986	327	452	0.78
1987	925	1 356	2.20
1988	8 877	22 540	22.70
1989	12 535	21 327	23.10
1990	6 107	7 881	15.40

（续表）

年　份	查处票贩(人)	缴获车票(张)	涉案价值(万元)
1991	2 854	13 258	19.80
1992	5 459	20 692	19.30
1993	9 971	30 827	31.50
1994	14 240	33 214	29
1995	3 218	11 270	24
1996	3 527	7 247	20.90
1997	1 803	5 227	21.40
1998	5 601	10 428	19
1999	5 442	1 679	7.48
2000	9 168	1 282	13.10
2001	11 159	1 831	7.10
2002	4 611	3 728	20.70
2003	4 257	3 593	18.60
2004	4 645	3 663	29.20
2005	2 114	3 420	19
2006	1 112	3 389	48
2007	976	6 200	97
2008	557	2 576	37.40
2009	849	3 522	49.90
2010	762	5 614	57.40

资料来源：上海铁路公安机关统计年报。

第二节　铁路线路安全保卫

一、铁路线路治安管理

1978—1980年，上海铁路公安机关贯彻公安部、铁道部《关于认真抓好当前铁路治安工作的通知》，大力整顿铁路治安秩序，加强群众性路社联防。1981年，铁路公安机关在铁路沿线推行治安分片包干责任制，会同地方公安部门分析铁路治安情况，明确铁路与地方职责，制定治安包干责任制。闸北区、长宁区、普陀区和上海县、松江县扩大联防块，相继成立工人纠察队、联防队、护路队等79个，队员4 100余人。1986年10月24日8时25分，3373次货车驶至武夷路道口时，第19—23节车厢突然脱轨翻车，撞倒路旁1栋3层居民楼，压死11人，伤10人，受灾居民18户。事发后，上海铁路公安机关调集大量警力赶赴现场，会同武警官兵维持秩序，抢救伤员，清理现场，核定死者身份,对事故原因进行技术鉴定。1987年5月,上海铁路公安机关开展"双无"(无路外伤亡、无车辆肇事)百日竞赛活动,加强与铁路运输、安监、工务、机务、车务等部门协作,与沿线地方政府和公安机关联防护路,开展地方与铁路共建文明道口活动。1987年4月18日4时16分,4952次单机(火车头)在途经沪杭线曹杨路道口时,因道口员刘某当班打瞌睡,未将道口栏木放下,致使单机与一辆63路公共汽车相撞,造成公共汽车内4人死亡、8人重伤、32人轻伤,公交车报废。事故发生后,铁路相关部门和公安机关迅速组织力量开展现场救援,恢复交通秩序。铁路公安机关吸取教训,采取相关措施,杜绝道口阻塞和道口险情。1988年3月24日14时20分,南京至杭州的311次客车与长沙至上海的208次客车在沪杭铁路外环线匡巷附近迎面相撞,死亡28人(其中日本游客27人)、伤99人。市公安局调集民警和武警官兵1 700余人赶赴现场维持秩序,抢救伤员,核定死者身份,对事故原因进行技术鉴定。1989年6月6日20时45分,161次列车在通过普陀区光新路铁路道口时将在另一道叉上堵截1辆机车头的9名社会闲杂人员撞到,造成6人死亡、3人受伤。列车被迫停驶后,一些歹徒和不明真相的围观人员将列车司机拖下车毒打,放火焚烧列车,致使9节车厢被毁(包括一节邮政车厢)、一节内燃机车被砸坏,还围攻前来救援的公安民警,致100余名民警被打伤,6辆公安摩托车被烧毁,直接经济损失800多万元人民币。公安机关当场抓获肇事人员4人。经侦查,事后抓获进行打、砸、烧的作案人员39人。1989年6月26日23时12分,杭州至上海的364次旅客列车行驶至松江县境内3号道口时,7号车厢厕所发生强烈爆炸,炸死旅客24人、伤39人。23时40分,铁路公安机关调集民警60余人赶往现场,会同铁路职工和属地民警共同开展抢救伤员、勘查现场、调查取证工作。经查,这是一起人为爆炸案件,犯罪嫌疑人周某志当场被炸死。1989年,圆满完成京沪线提速试验安保任务。

1994—1998年,上海铁路公安机关联手沿线地方政府和铁路部门整治外来盲流滋扰铁路治安的问题,对长期聚居于铁路沿线的外来人员进行整治,先后对沿线"三无"盲流人员开展10次大规模端窝拔点统一行动,会同地方开展20次联手行动,拆除聚居地17处、违章搭建2 391间。在沪宁线实行聘用保安人员巡逻线路,加强动态管理。1996年4月,结合沪宁线开行快速列车和京沪列车提速试验,加大线路治安管理力度,上海地区139处无人看守道口全部实现有人监护,减少肇事事故的发生。

1999—2004年,上海铁路公安机关逐步加强线路人防、物防、技防建设,完善线路安保模式,查处危及行车安全的各类治安事件,整治沿线"三无"盲流人员聚居地,拆除违章搭建。2001年,推进"平安铁道线"建设,落实治安综合治理,确保第4次调图提速平稳实施。坚持"打、防、管、整"多策并举,加大线路治安管理力度,重点整治南何支线外来人员偷扒焦炭违法行为。2004年,经市委政法委、综治委批准,成立上海市综治委铁路护路联防领导小组,下设护路办,按照"属地管理"原则,将护路联防纳入地方综治工作。

2006年9月,既有线路首开时速160千米动车,上海铁路公安机关不断健全线路治安联控联防机制,整治影响提速安全的线路治安问题。2007年2月,动车正式投入运营。2006—2008年,围绕2007年4月18日铁路第六次大提速,不断完善线路治安防护措施,管内提速线路全线安装铁蒺藜,加强线路防护栅栏管理,实现管内沪宁线全封闭管理。针对高速列车开行的新情况、新变化,树立"线路治安是生命线"的意识,改进方式方法,加强路外宣传,将宣传范围向沿线2.5千米以外延伸。2008年以后,随着高铁陆续开通,线路安保重心逐渐由普速线路向高铁线路转移。

2008年,京沪高速铁路开工建设,2012年6月开通运营,总里程1 318千米,上海铁路公安处管辖129.68千米,上海铁路公安处提前介入技防、物防基础建设,抓好沿线车站和重要行车设备场所的安全防范的指导、检查，定期召开协调会，全面掌握京沪高铁重要设施设备分布及沿线社会治安情况，会同地方有关部门严管严控，减少安全隐患。

2010年，为确保沪宁、沪杭高铁联调联试绝对安全，上海铁路公安处在管辖的沪宁、沪杭200.66千米区段沿线设置155个安保岗位，整改各类线路安全隐患236处，加高低路基区段护栏28.7千米，加密网片47.3千米，更换破损栅栏立柱2 370根，填发隐患整改通知书760份、经济处罚书12份。封堵高铁3米以下桥墩结构梁箱体1 015处，加高加密防护网94.7千米，加固高铁疏散通道48处，整改各类线路治安隐患2 909处，开展宣传教育700余场次，受众31.5万余人次。

至2010年，上海铁路公安处管辖既有铁路线路426.06千米，针对管内三线并存(已建高铁、既有线、在建京沪高铁线)出现的新情况，以“百日双无”(无路外伤亡、无车辆肇事)目标，开展线路治安专项整治，加强路外安全宣传，会同地方公安、城管等部门集中整治沿线违章建筑，确保安全畅通。

二、侦破刑事案件

20世纪70年代末，上海铁路公安机关落实公安部和铁道部部署要求，针对站车和沿线治安秩序比较混乱的情况，强化各项公安保卫措施，严查各类犯罪嫌疑人，严打金银物品走私和鸦片等传统毒品贩运，抓获一批重大通缉、劳改逃跑人员，保障运输生产安全。1978—1986年，上海铁路公安机关打击处理走私金银物品的违法犯罪嫌疑人1 600余人，查获黄金2 465克、金饰316件、银元7万余枚、杂银31.4万余克。20世纪80年代后，人财物流动逐渐频繁，携带财物乘车的旅客增多，旅客财物被盗现象突出。1981—1987年，上海铁路公安机关先后18次组织集中打击流窜犯罪统一行动，出动警力5 034人次，群众治安力量5 717人次，对流窜犯罪嫌疑人经常出没及落脚藏身处所进行全面清查，在治安复杂地段设卡守候伏击，抓获各类犯罪嫌疑人1 613人。

1988年始，一流窜来沪作案团伙在深夜行驶的旅客列车上割包掏钱或撬锁拆箱，偷窃、抢劫旅客钱财物品，当年发生刑事案件384件，其中旅客财物被盗案件324件，比上年增加12.9%。当年3月，上海铁路公安机关组织打击流窜犯罪活动，15天捕获犯罪嫌疑人22人，摧毁犯罪团伙4个。1989—1990年，上海铁路公安机关抓获流窜犯罪嫌疑人1 345人。1989年，一流窜作案团伙常在京广、京沪、浙赣、鹰厦等铁路干线列车上实施抢劫、盗窃。公安部批准成立“5·10”专案组，在有关省市公安部门配合下，经过8个多月侦查，上海铁路公安机关抓获团伙成员63人，破获涉及数十个铁路分局的盗窃、抢劫案件145起(重特大案件120起)，缴获赃款4.5万元。

1990年6—10月，上海铁路公安机关组织“铁路行动”，通过搜捕、堵截、清查，抓获犯罪嫌疑人217人，摧毁犯罪团伙6个，破获刑案36件。1991年8月，上海站到发旅客列车20天内发案14件，案值47.6万元，上海铁路公安机关成立“9·10”专案组，经4个多月侦查，捕获流窜作案团伙成员28人，查证案件107起，案值总计132万元。1995—1999年，上海铁路公安机关组织6次集中“严打”行动，抓获各类违法犯罪嫌疑人2 262人，摧毁团伙68个，破获刑案11 303起。

1998—1999年，针对K80次列车上毒品犯罪突出的情况，上海铁路公安处抽调查堵能手加大查缉力度，查获涉毒案件272起，缴获海洛因约27.5千克。1999年7月4日晚，犯罪嫌疑人李某将392.4克海洛因装在49只避孕套内吞入腹中，于7月5日乘上80次列车，乘警检查发现李某神色异常，便采取监控措施，迫使李某于7月6—8日3次从体内排出全部毒品，破获了1起利用人体运输毒品大案。

2001—2004年,上海铁路公安机关以客站客车为重点,连续组织"铁剑""天网"等专项行动,破获刑事案件3 094起,抓获犯罪嫌疑人2 306人,摧毁犯罪团伙35个,缴获赃款赃物价值206.57万元。2003年9月2日,上海站小件寄存处职工发现1个寄存旅行箱内有女性尸块,上海铁路公安处经过15个昼夜侦查,于9月17日、18日分别在海南省海口市、广西壮族自治区贺州市和云南省昆明市将6名犯罪嫌疑人抓获。经查,被害人系犯罪团伙成员,因体内带毒泄露致死,犯罪嫌疑人碎尸取毒后抛尸。

2005—2007年,上海铁路公安机关开展"打流窜、破大案、清盲流、促防范"、打击"两抢一盗""清仓行动"等专项行动,破获刑事案件2 077起,有效遏制盗窃旅客财物和铁路运输物资犯罪活动高发的势头。2006年,1月9日,沪杭线枫泾至嘉善区间电气化架空回流线被盗,上海铁路公安处组成专案组开展侦查。2月16日15时许,该区段电气化回流线再次被盗,专案组于当时16时许抓获犯罪嫌疑人梁某宏、吴某伟、吴某松,串并破获割盗沪杭线电气化架空回流案件3起。"'1·9'沪杭线割盗电气化架空回流线案"的破获被评为2006年全国铁路公安机关"十大优秀案例"。

2008—2009年,上海铁路公安机关坚持"严打强整"方针,破获2008年"3·15"杀人碎尸、抛尸案等重大案件。2010年,围绕"平安世博,万无一失"总体目标,上海铁路公安机关开展"平安世博"打击整治攻坚战、"打拆盗、破案件、严防范、强基础"专项行动,有效打击各类流窜犯罪活动,全年侦破刑事案件1 526起,抓获犯罪嫌疑人1 252人,实现上海世博会期间"大事不出、小事也不出"的目标。

第三节　铁路内部单位安全保卫

20世纪70年代末到80年代中期,上海铁路公安机关按照铁道部、公安部和铁路局部署要求,狠抓铁路内部整顿,对内部单位和职工开展排摸分析,稳定内部重点单位秩序,整顿内部治保队伍,充实保卫力量,加强内部重点站段、货场的安全防范,督促站段落实治安防范责任制,促使安全防范工作制度化、规范化。1988年,以铁道部下发《改革和强化内保工作的意见》为契机,不断强化内部单位安全保卫工作,巩固内部治安秩序,加大货场等重点单位的安全防范,确保铁路运输生产安全。1989年,开展防爆炸、保安全防范宣传教育53场次。

1992—1995年,上海铁路公安机关不断完善内部安全防范机制,开展以"无刑事案件、无职工犯罪、无治安灾害事故"为内容的"三无"百日安全竞赛活动。1992年,按照公安部关于加强重点人口管理的要求,对下属41家单位的重点人口进行全面重新排摸,按照标准重新确定重点人口320人,并逐人建卡立档,落实查证、帮教、疏导、控制、监督、考察措施。

1996年,上海铁路公安处敦促铁路运输企业投资104万元在所属站段的358个重点处所安装技防设施,初步形成人防、物防、技防紧密结合的内部安全防范网络。1998年,上海铁路公安处疏导化解内部矛盾9起,开展安全防范检查150次,检查要害部位4 700处。2000年,开展安全防范宣传396次,化解内部矛盾26起。

2001—2004年,上海铁路公安处围绕APEC会议、上海合作组织峰会等重要会议、重大活动安保工作,不断强化铁路内部单位安全保卫,落实查证、帮教、疏导等管控措施,加强内部保卫力量,加大重点单位安全防范,开展内部重点人员调查分析、落实重点人口管理控制,将职工内部矛盾和不安定因素及时化解在初期和单位内部,确保安保任务期间内部安全。2003年10月1日,上海至九龙直通列车实行新通关办法,在始发终到上海站临时口岸验关,实现旅客直通。面对"非典"疫情,上海铁路公安处配合铁路和卫生部门做好重点疫区到达列车接车任务，加强抗“非典”物资看护和运输安全。

2007年，上海铁路公安处以票据票款、行车要害部位、电气化路线等为重点，开展安全防范专项检查，检查重点要害部位2 223处，整改隐患388处，制发整改通知书20份。2008年，上海铁路公安处以北京奥运会安保为契机，全面加强内部排摸管理和人防、物防、技防建设，管辖铁路基层单位26个，其中运输站段12个、多经公司(非运输企业)7个、物资供应站1个、培训基地和疗养院各2个、疾控中心1个、办事处1个，共有职工34 000余人；有重点部位229处，要害54处，剧毒品使用单位5个。

2010年，上海铁路公安处以上海世博会安保为中心工作，开展内部不安定因素排查，疏导化解内部不安定因素36起，开展内部检查828次，发现隐患226处。上海世博会前夕，上海铁路公安处对19家重点单位和60处要害部位开展安全隐患排查并进行风险评估和督促整改。根据动车组列车停车场特殊性，上海铁路公安处专门制定安保措施，在重点部位设置信息钮，运用警车、警犬和视频巡逻相结合的办法开展巡逻检查，实行24小时监控。通过视频监控和民警勤务模式相结合，互联互控。

第五章　机场安全保卫

民航机场的安全保卫原由中国人民解放军空军保卫处直接管理。1980—1996 年，上海民航安全保卫工作由民航上海管理局统筹开展，保卫机构为民航上海管理局保卫处，1981 年 9 月变更为民航上海管理局公安处。1987 年中国民航管理体制改革后，上海民航安全保卫机构发展变更为上海虹桥国际机场公安处、民航华东管理局公安处、东方航空公司保卫处 3 个公安保卫机构，机场公安管理实际由上海虹桥国际机场公安处负责。1992 年 1 月，上海虹桥国际机场公安处更名为上海虹桥国际机场公安分局，业务范围有所扩展，具体负责虹桥机场区域内的公安管理。1996 年 8 月起，再更名为上海市公安局虹桥国际机场分局，列入上海市公安局序列，实行上海市公安局和上海虹桥国际机场双重领导，以上海市公安局领导为主的管理体制，有关航空安全保卫工作接受国家民航总局公安局的指导。1999 年 10 月，上海市公安局国际机场分局成立，对浦东国际机场直接进行公安管理，下设虹桥公安处对虹桥国际机场进行公安管理。上海市公安局国际机场分局负责上海机场地区的控制区通行证管理，空防安全管理，专(包)机要人警卫及国内安全保卫，消防安全管理，刑事、经济犯罪的打击及预审、劫机、炸机、暴恐等突发事件应急处置、治安案件查处、社会面治安管理、道路交通管理、交通事故及违章处理等公安业务工作。

第一节　机场空防安全保卫

1981 年前，上海虹桥机场空防工作由部队担任。1981 年 10 月，民航上海管理局公安处设空防科，负责华东地区航空安全保卫工作。1983 年 6 月，虹桥机场国内航班安全检查任务交由市公安局边防局虹桥机场安全检查站负责。1992 年 4 月，边防局虹桥机场检查站负责的国际、国内旅客行李、货物安全检查和飞机、隔离区监护等空防工作，移交机场管理。

1993 年，上海虹桥国际机场公安分局空防科重新成立后，开展对各级货运代理公司的行业管理和监督检查工作。年内，虹桥机场公安分局按章办理 60 家代理公司的登记手续，发现并督促整改各类隐患 8 起。同时，加强安检现场的公安执勤力量，抽调警力对国际、国内安检区域配备值勤民警，与民航安检人员同步上、下岗，业务监督和现场办案相结合，提高处置突发事件的速度，查处假冒身份证登机者 54 人，藏匿刀具、手铐、电击枪和催泪瓦斯的乘机人员 20 余人，没收剧毒易燃易爆物品 2 瓶。

1999 年，市公安局国际机场分局(以下简称“机场分局”)空防处成立后，严把售票、货运、登记“三关”，检查机票销售代理单位 504 家(次)，抽查机票购票单 44 069 张，取缔非法无证机票代售点 9 家，查处违规操作售票人员 48 人。开展消防安全大检查 6 次，消除火险隐患 145 处；查处妨害公共安全(携带违禁品)案件 400 起；查处飞行区违章 177 起、道路交通违章 7 853 起。2000 年，机场分局针对空防安全管理上存在的漏洞和隐患，以上海国际机场空防安全管理为中心，巩固机场控制区封闭设施、完善候机楼门禁系统，重新制作换发带有 HID 芯片的机场控制区通行证，建立完善各项空防安全管理制度，加大检查监督力度。2000 年，机场分局查处违反空防安全管理的事件 1 902 起；检查全市机票销售单位 614 家(次)，抽查机票订购单 8.2 万余张，取缔非法销售机票“黑点”7 家；开展货运区、维修区等重点部位检查 333 次，整改空防安全隐患 38 条。

2001—2002 年，机场分局以机场控制区、控制区通行证管理、航空货运安全、航空客票销售、机供品和航空食品安全管理为重点，在上海机场地区开展安全大检查和整顿。其间，组织空防安全检查 1 249 次，整改隐患 259 处。查处违反空防安全管理的事件 4 300 起，其中非法干扰航空器 100 起、航空器活动区交通违章 1 874 起、外来无证人员进入控制区 39 起、违反控制区通行证管理 131 起、违反航空客运安全管理 2 114 起、违反航空货运安全管理 42 起。

2003 年，机场分局立足空港口岸特点，以科技强警、集约高效为目标，初步建成“空港口岸查堵预警(客运部分)试点系统”，实现在乘机旅客中快速发现在逃犯罪嫌疑人并即时报警的功能。2003 年 8 月下旬—12 月下旬，该系统投入试运行后，共报警 81 次，抓获网上在逃犯罪嫌疑人 28 人，报警准确率 100%。2004 年，机场分局对空港口岸查堵报警系统的功能升级完善，制定相关工作制度，规范口岸查堵工作流程。当年，通过系统报警协助市局有关单位协查各类对象 13 人，布控航班 2 万余架次，抓获“网上追逃”犯罪嫌疑人 164 人。

2006 年，机场分局修订完善《上海机场控制区“通行证”管理办法》，建立控制区“通行证”分值管理制度，推行“控制区通行证”“机坪内场驾驶证”“专机警卫证”三证合一，优化“通行证”的识别和查验功能。2007 年 1 月起，机场分局以控制区通行证管理为抓手，严格实施控制区通行证分值管理。分值管理采用 20 分制，记分累计 5 分为黄色警告，通行证暂停使用 7 日；累计 10 分为橙色警告，通行证暂停使用 30 日；累计 20 分为红色告知，取消通行证使用权，列入“黑名单”资料库。

2007 年 5 月 13—25 日，民航总局对浦东、虹桥机场进行为期 12 天的航空保安审计，分别对两场 125 个审计项目进行评估。机场分局会同上海机场(集团)公司制定《航空安全保卫方案》，编制 2 万本《上海机场航空保安审计基础知识手册》发放给机场员工，参与开展前期的保安模拟审计。5 月 21 日，民航总局通报上海机场总体情况符合《国家民用航空安全保卫规划》的要求，通过航空安保审计。

2008 年，机场分局在浦东国际机场、虹桥国际机场落实候机楼的“三防”(防爆、防冲撞、防核生化)工作措施，对所有进入候机楼的人员和物品实施防爆、防核生化检测，在各候机楼新风系统通风口配置有毒有害气体检测箱、化学毒气报警器等设备，增强上海机场重点要害部位应对冲撞入侵和防范恐怖袭击的能力。同时，开展上海机场地区公安、武警联合武装巡逻和候机楼特警武装巡逻工作。2009 年，机场分局首次推出证件联络员制度，即相关证件业务由各驻场单位证件联络员负责联系，修改了驻场单位申办控制区通行证的流程，明确了联络员的工作要求。同时，建立信息情况及时传递的工作机制，确保能经常听取驻场单位的意见和建议，掌握各单位动态情况信息。至 2010 年 8 月，在建证件联络员队伍共涉及 111 个单位 164 个

2009 年 9 月 30 日，浦东候机楼派出所新址启用仪式

部门、368人。2010年,机场分局在“8·24”伊春坠机事件发生后,以控制区安全管理、货运区安全管理、重点要害部位内部安全防范、消防安全隐患排查治理以及航空器活动区道路安全隐患排查整治为重点,在上海机场地区组织开展为期15天的空防安全大检查,共组织空防安全大检查23次,消除各类安全隐患31项。

第二节　专机警卫(选录)

【美国总统克林顿访华专机警卫】

1998年6月,时任美国总统克林顿访华期间,虹桥国际机场分局根据公安部、市公安局的总体要求,结合民航机场警卫工作特点,成立由机场分局主要领导、市公安局警卫处及各有关业务处,分局警卫、空防、保卫部门联合组成的现场指挥部,实施24小时值班运作。其间,完成632名民航保障工作人员的审查及警卫区域、沿线28个制高点的调研工作,并协同民航华东管理局公安局、东航和上航保卫处等多家单位落实空管调度、机务维修、油料保障等安全工作。

【上海合作组织成员国元首会议和APEC会议专机警卫】

2001年6月14—15日、10月20—21日,上海合作组织成员国元首会议和APEC会议先后在沪召开。其间,先后有230架次专包机、公务机(其中上海合作组织成员国元首会议专机18架次)在上海空港起降。机场分局做好前期准备工作,对参加专机保障、接待、服务工作的人员进行严格审查,制定专机抵离上海的安全保卫工作方案和应急处置预案,顺利完成各国元首、各经济体领导人、部长、高官及代表团成员乘坐专机抵离上海空港的安全保卫任务。

【第三十五届亚洲开发银行理事会年会专机警卫】

2002年5月8—12日,第三十五届亚洲开发银行理事会年会在沪召开。5月4—14日,机场分局出动警力5 071人次,完成参加会议的我国国家领导人、亚行理事会主要成员、亚行57个成员体财政部长、中央银行行长及其他受邀代表团134批、499人次抵离上海机场的安全保卫任务。其间,机场分局落实现场警戒、专机监护、证件管理、治安面控制等各项职责,在机场和航空公司等单位密切配合下,完成各级专机(航班)警卫任务127架次。

【上海合作组织峰会暨成立5周年庆典活动专机警卫】

2006年6月14—15日,上海合作组织峰会暨成立5周年庆典活动在上海举行。机场分局制定应急处置预案、专机警卫和安全保卫工作总体方案,开展警卫培训和演练。配合监控图像系统建设,强化治安面控制和安全检查,做好口岸查控等工作,消除不安定因素。其间,出动警力3 144人次,完成与会国家、国际组织领导人、部长及代表团成员专机(航班)等抵离的警卫任务44架次。

【第十二届世界夏季特殊奥林匹克运动会专机警卫】

2007年10月2—11日,第十二届世界夏季特殊奥林匹克运动会在上海举行。机场分局与市公安局相关部门和机场、航空公司保障部门密切配合,严格履行专机警卫、通道保障、注册中心管理、口岸查控、治安面控制等各项职责,参与处置特奥会相关事件。其间,出动安全保卫力量21 619人次,完成参赛国家和地区代表团411批次、16 996人次乘坐246个航班抵离上海机场的安全保卫任务。

【北京奥运会和北京残奥会专机警卫】

2008年北京奥运会和北京残奥会期间，机场分局在武警部队、市公安局警卫局、机场和相关航空公司等单位密切配合下，严格落实上海机场专机警卫、治安面控制、口岸查控、反恐防爆、应急处置和情报信息等各项工作措施，确保国际贵宾、参赛运动员、境内外媒体记者等548批次、4 379人次抵离上海机场的安全保卫任务。

【2010年上海世博会专机警卫】

2010年上海世博会期间，机场分局自4月15日起全面实施一、二、三级安保等级响应措施，严格对照警卫规格落实现场警戒、专机监护、证件管理、交通管制、治安面管控、制高点管控等各项工作措施，并在市政府外办、市公安局、驻场武警部队及机场和航空公司等单位密切配合下，完成各级警卫任务940批，保障各类要客安全382批、21 000人次，各级警卫任务日均达4.5批。

第三节　机场工程建设安全保卫

2000年3月26日、5月28日，上海国际机场航班进行2次大规模东移，大量航班由虹桥国际机场移至浦东国际机场起降，浦东国际机场的航班由年初的日均起降60架次左右增至220余架次。机场分局在航班东移前进行安全大检查和安全问题预测，落实安全工作对策，并做好机场车流量大幅增长的交通疏导和大量出租车盲目涌入的管理引导工作，确保机场航班的顺利东移。2002年10月27日冬春季航班起，原在虹桥国际机场起降的国际、港澳航班全部转移至浦东国际机场起降。机场分局制定《保障航班东移准备工作方案》，按时间节点完成设置出租车蓄车道延伸段、调整候机楼前道路交通组织、制定虹桥机场航班备降保障方案、为转场保障单位办理证件等前期准备工作。航班东移当日，浦东国际机场航班、旅客、车流量明显上升，车流总量增加37.3%、出租车流量增加50%，机场分局重点加强候机楼及周边道路、出租车蓄车道和飞行区一线的管理，确保航班东移期间浦东国际机场的空防安全、治安稳定和交通有序。航班东移后，浦东国际机场日均起降航班达到372架次，较东移前增加27.6%，其中国际、港澳航班190架次，航班起降量占到上海机场航班总起降量的60%。

2002年4月，浦东机场二期工程建设启动。为保障二期工程建设安全，机场分局组建浦东机场二期工程建设公安保卫办公室，开展各项公安管理工作，维护正常施工秩序；主动提前介入各类涉及安全保卫、道路组织等设施建设的设计规划，先后参与二期施工运输通道方案的调研论证；对《二期飞行区及配套设施工程可行性研究报告》、“上海浦东国际机场第二跑道初步设计专家咨询会”中的监控系统、围界设施、报警系统等项目设计方案提出意见和建议。2005年3月，机场分局在浦东机场第二条跑道投入使用前，将涉及治安、消防、交通和空防管理的有关法规文件汇编成《二期工程建设公安保卫管理须知》，印发到各参建单位。对二期工程施工区域实行封闭式管理，推行安全责任制，组织区域治安联防力量，开展现场安全监督，对施工单位、外来人员和施工车辆进行严格管理。全年，为外来施工人员核发暂住证2 469张、车辆通行证749张，处理不安定因素和群体性事件6起，查处治安等案件102起。2005年12月22日，机场分局配合机场有关部门顺利保障浦东机场扩建工程开工仪式，第二跑道校飞、试飞和二期飞行区正式使用的安全。先后提出《关于对二期航站区CCTV门禁系统布点设计的意见》《关于对浦东机场二期安保系统规划的建议》《T2航站楼消防性能化评估》等意见和建议。

2006年,机场分局根据虹桥综合交通枢纽工程(简称“枢纽工程”)建设正式启动的情况,参与筹建“枢纽工程”治安管理办公室,调研制定“枢纽工程”建设期间公安管理方案,配合做好建设区域动拆迁中维护社会稳定的工作。推进社会治安综合治理,加强不停航施工空防安全管理,严格机供产品安全保护。做好道路交通安全管理,并积极参与虹桥机场T2航站楼交通组织、门禁系统布点、第三跑道系统消防救援等安全保卫配套项目的规划调研和方案论证,保障西货运区、T2航站楼等重大工程建设的顺利进行。

第四节　机场突发事件处置(选录)

【东航机库火情扑救】

1991年6月6日21时43分,中国东方航空公司维修工程部老机库因机库漏雨,电线长期潮湿,发生短路产生电火花,引燃附近纤维板吊板造成火灾。机场消防队接报后立即出动消防车5辆于21时45分到达火场。因当时火势较大,市公安局消防局调动28辆消防车近300名消防人员前来支援,经1个多小时的扑救,大火于22时50分被控制。

【“9·10”飞机紧急迫降救援】

1998年9月10日23时07分,东航1架注册号为B-2173的MD-11飞机执行上海飞往北京的航班在虹桥国际机场起飞后,因前起落架故障无法排除,在虹桥机场主跑道上紧急迫降。接到迫降指令后,机场分局为控制险情,并抢救、疏散机上乘客,紧急调集260余名警力、50余辆消防车投入救援工作,及时将机上的120名乘客和17名机组人员疏散到安全地带,随后又投入飞机搬移工作。整个救援工作历时10个小时。2000年,上海电影制片厂以该事件为原型拍摄故事影片《紧急迫降》。

【“4·15”坠机事故】

1999年4月15日16时许,大韩航空公司1架MD-11货机从虹桥国际机场起飞2分钟后,在闵行区莘西南路一建筑工地坠毁,3名机组人员全部罹难,造成地面5人死亡、37人受伤,撞毁一批建筑。机场分局积极配合民航总局工作组展开事故现场调查,通过访问目击者和现场摄录像取证掌握事故现场第一手资料。同时,在第一时间封存大韩航空公司有关该航班的原始单证,并对参与该航班机务、监护、货运装卸的24家单位、73名人员逐一调查,为排除人为破坏和货物载重失衡造成飞机失事及时提供依据。

【法航AF111航班滑出跑道】

2000年9月14日12时40分,法国航空公司AF111航班(机型A340)执行上海至巴黎飞行任务,在虹桥国际机场机坪南头滑行掉头过程中偏出跑道,飞机前轮陷入西一侧草坪,12时50分,机场暂行关闭。接市公安局救援指令后,机场分局虹桥公安处按照预案分工,出动警力103人、相关救援车辆16辆投入抢险救援工作。该航班191名旅客被迅速安全撤离,事故未造成人员伤亡。21时35分,飞机被拖离跑道。

【法航AF112飞机坠人事件】

2003年1月23日,法国航空公司AF112航班执行巴黎至上海飞行任务,于0时14分从法国巴黎戴高乐机场起飞，10 时 52 分，飞机在降落上海浦东国际机场途经上海市南汇区老港镇上空时，从飞机后右起落架舱中坠落 2 人，1 人击穿民宅房顶，另 1 人坠落在距该房屋约 20 米处，均死亡。市公安局接报后，立即派民警赶至现场调查，同时在机坪对 4 架进港航班飞机进行检查，并配合市公安局刑侦总队痕迹专家进一步勘查取证。经查，2 名坠机者为土耳其人，藏匿在法国航空公司 AF112 航班飞机起落架舱内，飞机打开起落架舱准备降落时，2 人从起落架舱中坠亡。

【“11·28”货机失事事故】

2009 年 11 月 28 日 8 时 12 分，津巴布韦 AVIENT 航空公司 SMJ324 航班执行上海至吉尔吉斯斯坦飞行任务，从浦东国际机场 1 号跑道起飞时，冲出跑道并解体起火燃烧。接浦东机场运行指挥中心通报后，机场分局迅速启动应急救援工作预案，组织公安、武警、消防等应急救援力量开展火灾扑救和人员搜救工作，同时做好事故现场外围封控工作。经现场救援，9 时许，事故明火被扑灭，11 时许，搜救工作结束。

第六章　警务航空安全保卫

2006年5月，中共上海市委常委会在听取市公安局、市发改委关于上海市直升机项目筹建工作和上海配置直升机进行城市管理有关情况汇报后，强调配置直升机进行城市管理对于上海加快现代化国际大都市建设和平安建设意义重大，要学习借鉴国外先进理念和国内军民航建设经验，高起点、高质量完成直升机项目建设任务，力争全方位参与到2010年上海世博会及其他重大活动的保障工作中去，努力使直升机应用成为上海城市综合管理的重要手段之一。2007年2月，市公安局设立警务航空队，主要职能是承担空中巡察与指挥调度，空中侦察和协助地面行动，反恐支援和空降突袭，快速运送人员和各种装备，城市高层消防救援，危重病人快速运送和医疗急救，自然灾害和沉船事件的空中巡察和抢险救灾，对非法排放污染物行为进行监视、取证和协助清除等任务。

第一节　警航装备与基地

2007年4月28日，市公安局与欧洲直升机公司签订3架直升机的采购合同，购置EC135机型直升机2架、EC155机型直升机1架。2008年5月、7月和12月，3架直升机先后交付列装。2009年2月，市公安局再次与欧洲直升机公司签订合同，购置EC120型直升机1架，12月该机交付列装。至2010年底，市公安局已有4架直升机列装。按照“警务、救援、运输、训练”四类任务定位，EC120机型定位于训练型，该机型可运载2名驾驶员、3名乘客；EC135机型定位于警务型，该机型可运载2名驾驶员、5—6名乘客；EC155机型定位于救援和运输型，该机型可运载2名驾驶员、10名乘客。根据任务定位，4架直升机分别配置救援绞车、货物吊挂、扩音器、强光搜索灯、前视红外观测与视频传输等机载设备，以满足空中观察与指挥、空中侦察与追捕、反恐支援和空降突袭，城市医疗急救、抢险救灾与环境保护、搜索营救，兵力或装备运送，飞行训练等任务需要。

2007年8月，市政府专题会议决定，市公安局警务航空队直升机基地选定于长宁区绥宁路以西、上航公司基地以北、虹桥机场场界以东、仙霞西路以南地块；总征用土地面积95亩，先期按40亩用地进行规划建设。2008年5月14日，市公安局警务航空队直升机基地奠基开工。2009年3月，直升机基地竣工，同时建成停机坪、联络道、机库、车库、充电工作房等辅助设施，并将原址上的已有建筑改造为综合办公楼和指挥值勤楼等。

第二节　警航专业队伍

警务航空队为航空专业运行单位，其专业人员主要分为飞行、空中任务、机务、航空指挥、航空通信、航空气象、航空卫生等。

2007年8月，市公安局通过军队干部转业、商调，特殊人才招录等方式，招录9名退出现役的军队直升机飞行员、8名机务人员。同年10月，按照飞行员的身体、心理、体能、英语等条件，市公安局在全市公安系统选拔6名年轻民警，送美国航空培训机构进行“零起点”培养飞行员，取得美国联邦航空局颁发的直升机商用驾驶执照。2008年1月，6名飞行学员在通过英语雅思考试和体验飞行后，赴美国比利斯图飞行学院进行初始培训，经3个月的理论学习、165小时（约7个月）的飞行技能的初始训练，于同年11月通过考核，均取得美国联邦航空局颁发的直升机商用驾驶执照。

2008年4月，在北京奥运会上海赛区安保工作中，为完成应急救援、防恐处突等警务任务，按照空中任务员的身体、心理、体能等选拔条件，市公安局在特警总队定向招录4名30岁以下的特警队员进入警务航空队，并担任空中任务员，负责操纵机载装（设）备，实施空中侦察、搜索救援。同年，市公安局从全市公安系统中选调曾经从事过航空指挥、航空通信、航空气象、航空卫生等工作的民警14人进入警务航空队。市公安局政治部发文确定警务航空专业岗位和等级：飞行员设为教员机长（一级、二级）、机长（一级、二级）、副驾驶（一级、二级）；空中任务员设为教员任务员、任务员；机务人员设为责任机械师、机械师、机械员，责任电子师、电子师、电子员；并确定各等级标准。

2009年2月4—18日，在公安部警用航空管理办公室的组织协调下，市公安局警务航空队2名空中任务员赴香港特区政府飞行服务队进行为期2周的救生、绞车操作培训，主要进行任务员理论学习、地面模拟训练、上机实践训练，并学习飞行前安全流程、救生员手号、绞车手口令等。2009年7月，由市公安局政治部人事处、教育训练处、公安高等专科学校、警务航空队组成招录小组，启动第二批"零起点"飞行学员和空中任务员的招录工作，经过身体体检及心理、体能、英语等专业测试，在上海公安高等专科学校第二专科25周岁以下学员中招录7名飞行学员（其中2名女飞行学员）；在全市公安系统30周岁以下民警中招录8名空中任务员。同时，以特殊人才招录方式，从地方通用航空公司招录7名机务人员。

2010年3月，7名新飞行学员到美国比利斯图学院参加直升机驾驶技术初始培训，至2011年2月完成培训任务（其中1名飞行员未完成培训），取得美国联邦航空局的直升机商用驾驶执照。同年，经市公安局政治部批准，在空警大队中设置空中交警中队，负责对上海道路交通状况进行空中观察，及时发现拥堵结点、突发事故，联系地面指挥部门协助排堵保畅。空中交警中队在交通管理业务上接受交警总队的指导。市公安局政治部从全市交警系统内选拔招录4名交警，进入警务航空队空中交警中队。

第三节　警务飞行训练

市公安局警务航空队通过恢复技术、实景训练、参加各种演练来不断提高退役飞行员的警务实战能力，并与市公安局特警总队的特警队员开展机降、索降协同实战训练，完成从部队飞行员到警务飞行员的转型。

2008年5月，市公安局警务航空队选派9名从部队招录的退役飞行员到广东省公安厅警务航空队进行为期25天的技术恢复性培训。回沪后，又在市公安局警务航空队虹桥基地、浦东国际机场和市公安局办公指挥大楼、华山医院住院部大楼进行本场起降、城市上空航线、楼顶平台起降等科目训练，初步积累在上海城市上空飞行的经验。9月，根据公安部警用航空管理办公室的安排，市公安局警务航空队又选派3名飞行员赴加拿大参加消防吊桶森林灭火技巧培训。

2008—2010年，市公安局警务航空队招录的6名"零起点"飞行学员，在美国完成初始培训回国后，市公安局警务航空队按照公安部警用航空管理办公室颁发的《警用航空训练与考核大纲》规定，先后组织新飞行员进行基础技术、应用技术和实战技术的逐级提纲训练，完成从飞行学员到警务飞行员的转变。2009年6月21日，市公安局警务航空队参加公安海警上海世博会海上安保演练，出动2架警用直升机协同公安边防舰艇实施对目标船的巡逻监视、威慑和低空攻击等演练科目，并参加海上分列式编队飞行。2009 年 6 月 23 日—7 月 18 日,上海与北京、广东等地 9 支警务航空队,参加公安部警用航空管理办公室统一部署组织的"警用直升机战训结合教范式综合训练"。演练在内蒙古自治区鄂尔多斯市红海子湖畔的开阔草场举行,分长途拉动转场、大纲教范式训练与实战条件下综合训练、转场归建等 3 个阶段进行。其间,市公安局警务航空队 28 名人员和 2 架警用直升机,参加机降、悬停上下人、绞车营救、编队飞行等 4 个科目的教范式演示训练和模拟实战背景下的机降、悬停上下人、绞车营救、编队飞行等 4 个战训课题的合成训练。7 月 25 日,市公安局警务航空队分地转梯队、空转梯队安全回沪归建。

2010 年 2 月 5 日,根据 2010 年上海世博会空中安保任务的需要,市公安局警务航空队又选派 4 名飞行员、4 名空中任务员到美国空中救援系统公司参加为期 3 个月的高级科目培训,进行巡逻和侦察、城市飞行、山区飞行、空中急救、楼顶起降、山区搜索营救、搜索营救风险控制、单撬单边与双撬双边上下人等飞行技术训练。2010 年 11 月 16—20 日,上海与北京、南京、郑州警务航空队参加公安部警用航空管理办公室统一部署组织的"警用直升机应急转场机动演练"。演练以中原某地发生突发事件为背景,公安部紧急调用警用直升机向事发地集结,采取应急转场机动、异地集中执行紧急任务的方式,在事发地域完成空中指挥、巡逻监视、索降特警队员、快速机降输送警力、营救人员等任务。演练分 4 个阶段:转场集结、实战科目演练、应急机动转场和转场归建。市公安局警务航空队派出 2 架直升机、26 名人员参加,于 11 月 20 日晚安全归建。

第四节　警航巡察救援

2008 年 11 月 30 日,市公安局警务航空队根据市公安局指挥中心指令,调派 1 架警用直升机于 7 时 55 分从浦东国际机场起飞,沿内环漕溪路立交—中环虹梅立交—梅陇镇—徐浦大桥—内环漕溪路立交航线,执行 2008"东丽杯"上海国际马拉松比赛的空中指挥、监视等安保任务,9 时 51 分完成任务,安全降落至浦东国际机场。

2009 年 5 月 13 日,虹桥国际机场东面边界上空飘停 1 只风筝,干扰民航航班飞机正常飞行。应民航华东地区管理局、上海机场集团的请求,市公安局指挥中心指令警务航空队调派 1 架在空训练的警用直升机返回虹桥国际机场查找风筝目标源。经机组飞行员空中巡察,在机场东侧跑道上空 400 米高度,发现 1 个形似"战斗机"形状、约 4 平方米大小的风筝,风筝线缠绕东方航空公司机库西侧灯柱,随即,通过无线电台通知地面人员前往处置,及时消除虹桥国际机场飞行安全隐患。

2010 年 4 月 3 日 8 时 50 分许,G15 高速公路上海朱家桥收费站 1.5 千米处发生交通拥堵,市公安局警务航空队接令,出动 1 架警用直升机对现场情况进行空中观察,发现 1 起油罐车、中巴车、小客车 3 车连环相撞事故,造成道路拥堵,即向市公安局指挥中心报告情况,并用机载喇叭喊话,要求事故车辆快速撤离、靠边等候处理。10 分钟后,牵引车将事故油罐车拖离现场,道路交通秩序恢复正常。

2010 年 6 月 7 日 15 时 50 分许,浦东新区陈行公路周宜路附近一废品回收站发生火灾。接市公安局指挥中心指令,警务航空队调动 1 架在空巡逻警用直升机前往观察,并将现场实时图像传回市公安局指挥中心。在市公安局指挥中心的消防指挥员通过实时图像,看到火灾现场外墙挡住消防队员视线,致使消防水不能直接喷洒到火源点,扑救效果不理想,即下令调整现场兵力部署,指令消防员架梯上围墙,对远处火点,采用水枪直流喷射;对近处火情,采用开花水流扑救。17 时 5 分,火灾扑灭。

2010年4月15日—11月15日(上海世博会试运行至撤馆止),市公安局警务航空队加入上海世博会空中安保工作,出动3架警用直升机,共飞行315架次、332小时,执行上海市境道口车流监控、园区周边交通监控、园区客流监控、查证"低慢小"(低空、慢速、小目标)等空中安保任务。4月30日—10月31日,上海世博会正式运行期间,警务航空队每天出动2—3架次警用直升机,实时空中巡逻监控上海世博会园区周边的治安、交通等情况。其间,每逢双休日,还对上海市金卫、枫泾、金泽、安亭、朱桥等陆路道口及高架道路的交通流量情况进行空中监控,并向市公安局世博安保指挥中心传输实时图像情况;出动警用直升机,对上海世博会园区首次出现的100万超大客流进行空中观察;协同空军直升机查证"低慢小"目标,配合市公安局边防总队开展舰机协同登船临检和舰机联合巡逻,配合市公安局治安总队对上海世博会重点电力设施进行空中巡察等。

2010年4月3日,民警空中巡逻

2010年9月27日11时20分许,上海市崇明县一公司员工不慎被钢板严重压伤,造成右胫腓骨上段粉碎性骨折。崇明县医疗急救分站请援,急需将伤员转送华山医院救治。警务航空队根据市公安局指挥中心指令,1架警用直升机迅速应急转进升空,飞行17分钟后,降落至崇明体育场,接上伤员后起飞,12时9分,降落在华山医院楼顶停机坪。伤员由华山医院医护人员接进急救室救治。

2010年11月15日15时37分,市公安局警务航空队接令,紧急调集1架在空训练的警用直升机"训转战",飞抵静安区胶州路728号高层公寓大楼火灾现场进行空中观察,并将现场实时图像传回市公安局指挥中心。15时47分,第2架警用直升机从虹桥基地起飞,飞抵失火公寓大楼顶,对楼顶人员施救。当警航任务员从直升机上索降穿过浓烟接近楼顶时,楼顶人员已经撤离。15时48分,第3架警用直升机从虹桥基地起飞,飞抵火灾现场上空,接力第1架警用直升机继续进行空中观察,发现临近的另一幢高楼楼顶堆放物品被着火大楼飘移的火苗点燃,立即将情况报告市公安局指挥中心。当时现场有122辆消防车、1 300多名官兵在进行扑救工作,市公安局指挥中心迅速指令现场消防队员组织扑救,楼顶火点很快被扑灭。

2010年11月26日15时30分许,市公安局警务航空队接令,1架警用直升机应急起飞,前往沪宁高速公路(近嘉松中路)进行交通事故紧急救援。当时,1辆载有18名游客的大客车与1辆突然变道的小轿车发生碰撞,大客车侧翻,造成3人死亡、17人受伤。警用直升机飞抵事故现场上空,在现场交警协助下,降落在事故现场的高速公路上,接上1名女性重伤员,转送至瑞金医院救治。

第七章　上海化学工业区安全保卫

根据中央和市政府关于在上海进行化工区开发建设的决策，2003 年 3 月，上海市公安局上海化学工业区分局（以下简称市公安局化工区分局）成立，以维护区内公共安全，向中外企业提供良好投资环境，保障项目建设顺利推进为主要任务，确定维护区内公共秩序，预防、惩治违法犯罪活动，处置各类重大治安灾害事故和突发事件，指导、监督业主单位的治保工作，负责区内道路交通管理和协助办理区内出入境业务等职责，起草、发布《上海化工区封闭式管理办法、工作方案》等相关管理规定，为开展化工区公安管理提供法律依据。2004 年 2 月 16 日，化工区应急响应中心试运行，市公安局化工区分局指挥中心于当日进驻应急响应中心，履行 110 接处警等工作。同年 8 月 14 日，市公安局化工区分局完成 110 接处警系统割接，正式与市局 110 接处警系统实现联网。

第一节　化工区封闭式管理

2003 年 6 月，鉴于上海化工区是以石油和天然气化工为重点，发展合成新材料、精细化工等石油深加工产品，系易燃、易爆、高温、高压危险物品集聚区域，市公安局、化工区管委会联合颁布实施《上海化学工业区封闭式管理办法》，以"分步实施、逐步到位，合理分工、各尽其责，安全高效、规范管理"为原则，实行化工区管委会统一领导下的分工负责制，对人员及机动车辆出入、货物出门、海关监管、证件有效期和处罚规定等具体内容作出明确规定，确定"先易后难、顺势推进，封而不死、封而可行"的封闭式管理原则。同年 7 月，市公安局化工分局负责具体实施封闭式管理，对中央河以南的Ⅰ期 10 平方千米区域（北至中央河、南至杭州湾、西至九二塘东侧边界、东至奉贤南竹港出海口）实施封闭式管理。在南银河路沿线，设置目华路、天华路和舒华路 3 个内卡口（进入化工区 10 平方千米核心区域的内部卡口），每天 20 时至次日 8 时，实行人员、车辆凭证通行的时间性封闭管理；在 13.4 平方千米区域沪杭公路沿线，设置目华路、天华路 2 个外卡口（进入化工区的外围卡口），实行 24 小时全天候管理，控制无关人员和车辆入内；封闭东、西泵站大门和中央河沿线的联合路、楚华路 4 处通道，对进出化工区的人员、车辆、物品实行凭证通行的制度。全年，共发放机动车年度《通行证》和《临时通行证》1 198 张。

2004 年，市公安局化工区分局根据实施《上海化学工业区封闭式管理办法》中发现的问题，不断完善管理模式。在目华路、天华路等 2 个外卡口与目华路、天华路、舒华路等 3 个内卡口设立检查点，派驻保安持证上岗，落实封闭式管理措施。区内单位的员工和施工人员凭化工区分局备案的有效证件、外来办事人员凭在入口处办理登记手续通行；区内单位机动车辆凭化工区分局统一办理的机动车辆出入证、外来办事人员车辆凭在入口处办理登记手续通行。同年 12 月，化工区管委会转发《上海化学工业区封闭式管理实施细则》，自 2005 年 1 月 1 日起实施，同时废止《上海化学工业区封闭式管理工作方案》。

2005 年 1 月，市公安局化工区分局对封闭式管理进行调整，在Ⅰ期 10 平方千米原先设置 3 个内卡口的基础上，增设化金路和东、西泵站 3 个内卡口，上述 6 个内卡口实行 24 小时全天候封闭式管理，人员、车辆凭证通行；在 13.4 平方千米原先设置的目华路、天华路 2 个外卡口的基础上，增设北银河路外卡口，上述3个外卡口实行时间性封闭式管理(每日8—20时，控制无关人员和车辆入内；每日20时至次日8时，人员车辆凭证通行)。化工区卡口总数由原来的6个增加到9个，并封闭友谊路和尧工路。同时，进一步严格机动车通行证审核发放，以及人员出入、物流管理凭证通行制度。对机动车通行证使用违反规定的，予以处罚；对转借或挪用通行证的，予以收缴通行证；违反治安管理或构成犯罪的，按照国家法律法规依法追究责任。

2006年，市公安局化工区分局完善封闭式管理，调整勤务布局，夜间巡逻由原来的3组增加到6组。巡逻线路由固定调整为变线，落实保安设卡、巡逻、盘查责任，提高工作效能。2007年，市公安局化工区分局增设北银河路卡口，夜间巡逻组由原来的6组增加至9组。同年9月，市公安局化工区分局完成具有区域特点的实时监控系统规划，制定6平方千米预留重化工项目地块和北银河路封闭式管理方案，并上报化工区管委会。2008年6月，市公安局化工区分局制定细化有27项内容的工作方案，组织完成卡口设施建设、交通组织调整、增设临时办证受理点等工作，进一步完善10平方千米区域范围封闭式管理。会同有关单位调查研究，向管委会上报区域界线缺口封补、图像监控和机动车号牌识别系统，以及道路交通组织等完善封闭式管理硬件建设方案，并通过管委会主任办公会议审议。同年12月，完成区域硬件隔离和11个监控设施建设。

2009年12月，市公安局化工区分局制定《关于进入上海化学工业区封闭区域人员管理的暂行规定》，自2010年1月1日起实行。2010年1月1日至6月底，经报化工区管委会同意，市公安局化工区分局调整2010年上海化学工业区机动车通行证换发办法，明确由交警部门负责通行证申领的资格审查、申领核准等工作，由保安公司负责通行证核发和保证金的收取、保管、发还等工作，实施《关于进入上海化学工业区封闭区域人员管理的暂行规定》，对进入10平方千米封闭区域的人员实施凭有效证件进入的管理措施。2010年7月起，市公安局化工区分局制定实施《化工区封闭式管理工作规范》，明确化工区机动车通行证申领和审批程序，以及通行管理、管理规范、押金管理、奖惩与赔偿等规定。同年，市公安局化工区分局在各封闭式管理卡口建造保安执勤岗亭、安装驻阻器及机动车号牌识别系统，在海堤两端与金山、奉贤区交界处设置铁门、栅栏进行物理隔离，在园区重点区域设立高空瞭望点2处、交通监控点10处、码头监控点4处，设立公共管廊监控点36处，进一步完善封闭式管理硬件设施。正式组建园区封闭式管理队伍，派驻144名保安人员在封闭式管理卡口24小时站岗值勤，加强夜间卡口盘查，进一步发挥卡口的“屏障”“滤网”作用。

至2010年12月，封闭式各卡口检查机动车辆227.96万辆次，检查过往人员50万余人次，制止无证车辆1.3万辆次，劝阻无关人员2万余人次；查获可疑物品33件，抓获违法犯罪嫌疑人152人。卡口检查查获盗窃案件18起，为确保化工区公共安全发挥作用。

第二节　化工区安全防范

一、重大工程保障与重大活动安保

2004年，国家重点工程上海赛科石化90万吨/年乙烯、高桥石化苯酚丙酮项目建设进入关键期。市公安局化工区分局加强园区公共部位治安秩序管控，联合市公安局金山分局、相关工商部门等单位开展联合治安整治，重点取缔工地周边、沪杭沿线无证废旧物品回收站；派出巡逻民警，进驻工地，指导企业安全、健康、环保建设，加强内部安全防范；由民警带领保安队员通宵巡逻，加强夜间治安防范，遏制案件上升势头，保证两大工程如期建成和试车。2005 年 6 月 29 日，赛科石化举办投入商业运行仪式活动，市公安局化工区分局根据运行仪式时间紧、活动点多、线路跨度大等特点，及时调整警卫线路，与市公安局金山分局、奉贤分局密切合作，确保活动顺利开展。

2008 年北京奥运会期间，市公安局化工区分局细化治安、交通、消防三大“攻坚战”方案和核生化等各类突发事件工作预案，制定实施封闭式管理、企业内部安全管理、危险(剧毒)化学品运输管理方案，逐级逐人签订安全保卫工作责任书，落实各项工作责任，并强化剧毒化学品和放射源的生产、储存、销售、运输、使用等环节的监管，确保园区安全稳定。

2009 年，市公安局化工区分局为保障上海漕泾电厂工程安全顺利建设，按照“警力下沉、警务前移”要求，调整职能设置，整合警力资源，在工程现场设立警务室，派驻民警开展“打、防、控”一体化工作；会同园区相关管理单位到现场提供服务，及时处理矛盾纠纷。同年 4—6 月，化工区赛科石化等 15 家企业 47 套装置集中检维修。市公安局化工区分局派员逐家签订安全责任书，到维修检修现场提供上门服务，强化治安、交通、消防安全监管；会同安监、质监等部门对维护检修人员进行安全培训，对维护检修工作开展专项检查，确保对维护检修项目各环节的监督全覆盖，确保化工园区大检修工作安全、顺利完成。

2010 年上海世博会期间，市公安局化工区分局报请化工区管委会启动实施上海世博会安保工作例会制度，制定实施《上海世博会化工区安全保卫工作总体方案》《上海世博会期间化工区反恐怖防范工作方案》《上海世博会期间上海化学区重点人员(外籍船员)跟控工作细则》《关于启动一、二级安保勤务等级的通知》、封闭式管理、企业内部安全管理、危险(剧毒)化学品运输管理等一系列方案，逐级逐人签订安全保卫工作责任书，落实各项工作措施。对水、电、煤、气等生产保障单位，危险化学品、放射性同位素生产、销售、储存、运输、使用等重点单位，开展安全教育培训和桌面推演，确保园区安全稳定。

二、企事业单位内部保卫

2003 年 12 月，市公安局化工区分局印发《关于加强企业内部安全防范工作的通知》，明确各企业单位的“一把手”是本单位安全防范的第一责任人，督导企业建立安全防范责任制，制定安全防范制度，落实相关工作措施，监督项目承(分)包商落实安全防范工作。2004 年 5 月，市公安局化工区分局印发《关于开展剧毒化学品和放射性同位素登记备案工作的通知》，对在化工区注册登记的所有企事业单位，开展剧毒化学品和放射性同位素登记备案工作。2005 年，市公安局化工区分局开展剧毒化学品专项整治活动，规范剧毒化学品购买、运输和放射性同位素存放管理工作流程，并建立管廊使用放射性同位素探伤备案制度。同年 12 月，化工区分局制定实施《上海化学工业区企业单位安全管理目标考核暂行办法》，由公安治安、交通、消防管理部门对企业单位实施量化评分考核，督促企业加强单位内部治安、交通及消防安全管理工作。

2009 年，市公安局化工区分局贯彻落实《企业事业单位内部治安保卫条例》，确定化工区重点单位 40 家、重点部位 9 个，并按照相关规定和工作要求，检查督导各企事业单位加强治安保卫组织建设，加大安全防范工程、入侵报警系统、视频监控系统、出入口控制系统建设力度，将人防、物防、技防措施落到实处。

至 2010 年 12 月，市公安局化工区分局办理易制毒品购买备案证 2 058 份、运输备案证 1 468 份、售后备案证 521 份，办理剧毒化学品购买证 407 份。

第三节　化工区道路交通安全管理

2003年,市公安局化工区分局报请管委会印发《关于对上海化学工业区道路施工掘路、占路进行管理的通知》,制定实施《上海化学工业区道路交通管理的若干意见》规划交通组织,结合化工区实际确定各类道路功能;完善交通设施,在6个主要路口设置交通信号灯,2个路口设置太阳能示警灯,设置各类交通标志279块,漆画交通标线64.65千米。同年9月,市公安局化工区分局制定实施《关于开展道路交通安全宣传和秩序整治的实施意见》,派驻民警深入化工区沙石料码头和运输单位宣传交通法规,开展为期1个月的化工区道路交通安全宣传、交通秩序整治工作。11月,市公安局化工区分局报请管委会制定实施《上海化学工业区道路施工期间文明施工和安全设施设置规则》,当年共审批及发放交通掘路、占路《许可证》33批次。市公安局化工区分局加强对超载、超速车辆的整治,强化现场管理和执法,多次联合奉贤区城市交通执法队、养路费征收稽查所开展"净化道路环境、整治非法营运车辆"专项行动。

2004年,市公安局化工区分局报请管委会实施舒华路禁止货运车通行和上海赛科石油化工有限责任公司周边道路禁止停放车辆措施,更新、更换交通标志454套,漆(复)划道路标线110.9千米。同年,市公安局化工区分局组织开展以"整顿秩序、纠正违章、减少事故"为专题的道路秩序专项整治活动,重点对机动车辆超载、超速,货运车辆运输工程渣土、砂石未安装密闭装置,车辆牌证不全等违章行为进行整治。其间,处理各类违章420起。

2005年,市公安局化工区分局配合完成天华路等3条道路拓宽交通设施设置配套工作,以及区内道路信号灯、标志标线设置和漆划、复划工作。同年,市公安局化工区分局创新工作机制,建立实施化工区各企事业单位交通安全联络员制度,实行交通事故现场会制度。2007年,市公安局化工区分局结合区域特点,开展自行车、助动车被盗问题专项整治集中行动。深化道路交通安全宣传工作,加强道路交通安全检查,发放宣传资料2万份。2008年,市公安局化工区分局对严重超载的交通违法行为,采取现场抄告、就地卸载当即整改、现场约谈法人代表,以及要求发货单位对承运危险化学品车辆实载质量核查等措施,消除事故隐患。2010年,市公安局化工区分局报请管委会制定《上海市化学工业区交通管理办法》并于2011年3月2日起正式实施。

2003—2010年,市公安局化工区分局共审批区内重要的道路工程施工及发放施工掘路、占路《许可证》50份;制作发放出入化工区的各类通行车证8万余张;检查危化品运输车辆2 000余辆次;审核发放剧毒化学品运输许可证1 431批次;完成重大交通警卫任务和其他重大活动保卫工作100余批次;处理交通违法行为3 437起;处理各类交通事故944起;发放宣传资料6.5万余份。

第四节　化工区消防安全管理

化工区是易燃、易爆、易泄漏物品集聚区域,市公安局化工区分局成立起始就非常重视消防安全管理工作,遵循日常监督管理和集中整治并重的原则,保持消防设施治理、火灾隐患整治,全面提升园区企业检查消除火灾隐患、组织扑救初起火灾、组织人员疏散逃生和消防宣传教育培训等"四个能力",确保园区消防安全形势稳定可控。

一、应急救援演练

2005年7月29日,市公安局化工区分局会同高桥石化公司在上海高桥分公司开展20万吨苯酚丙酮装置灭火演习。化工区公安、消防、医疗、环保、供水等部门及高桥石化公司,40辆应急救援车辆、200余人参加演练。同年11月8日,市公安局化工区分局在孚宝公司举行储罐区大型灭火演习。化工区公安、消防、医疗、环保等部门及孚宝公司的35辆应急救援车辆、150余人参加演练。

2006—2008年,市公安局化工区分局共组织举办11次大型消防应急救援演练。2006年6月1日,市公安局化工区分局会同化工区安委办在巴斯夫聚氨酯公司举办“2006年上海市安全生产月开幕式暨危险化学品事故应急处置综合演习”,假设生产装置发生泄漏爆炸事故,化工区应急联动单位启动应急预案进行先期处置,后协调调集全市公安、消防、医疗、安监、环保等专业力量进行全面处置,共60辆应急救援车辆、300余人参加演练。2008年5月30日,市公安局化工区分局会同化工区发展公司在化工区州工路和联合路口举行公共管廊丁烷管线泄漏应急处置综合演习。化工区公安、消防、医疗、安监、环保等部门,以及管廊公司、工业气体、巴斯夫化工等企业的40辆应急救援车辆、200余人参加演习。同年10月10日,市公安局化工区分局会同金山区应急办,在金山区漕泾物流园区,开展“2008金山区漕泾物流园区突发事件应急演练”。化工区公安、消防、医疗、环保,以及化工区金山分区公安、环保等部门的30辆应急救援车辆、120余人参加演练。

2009—2010年,市公安局化工区分局共组织举办6次大型消防应急救援演练。2009年6月1日,市公安局化工区分局会同化工区安委办,在化工区举行安全生产月开幕式暨模拟万吨级油罐火灾事故应急处置实战演习。化工区公安、消防、医疗、安监、环保等部门的40辆应急救援车辆、200余人参加演习。2010年1月14日,市公安局化工区分局协助市公安局在上海化学工业区举办“浦江5号”化学恐怖袭击综合应急演练。化工区公安、消防、医疗、民防、环保,以及市公安特警、消防特勤等应急力量,共55辆应急救援车辆、350余人参加应急演练。同年8月30日下午,市公安局化工区分局会同上海市消防局和化工区管委会,在上海赛科石油化工责任有限公司开展“乙烯装置冷区灾害事故应急救援综合演练”。化工区公安、消防、医疗、环保、防化、供水、供电、供气等部门及赛科公司的55辆应急救援车辆、300余人参加演练。

二、消防安全防控

2005年7月,市公安局化工区分局印发《关于深入开展易燃易爆化工生产企业消防安全专项整治的通知》,重点整治生产、储存、施工场所办理建审、验收环节中存在的问题,以及危险区域电气防爆、防雷、防静电设施不合格的情况。2006年5月,市公安局化工区分局制定实施《关于开展在建工地专项检查的实施意见》,加强在建工地消防安全和施工现场的防火安全管理。同年11月,制定实施《化工区集中开展火灾隐患普查整治工作的实施意见》,摸清存量底数,消除火灾隐患。2007年1月,市公安局化工区分局印发《上海化学工业区公安消防支队实施火灾隐患举报奖励制度的通告》。4月,市公安局化工区分局制定实施《关于深入开展火灾隐患排查整治专项行动的实施意见》,跟踪督改2006年火灾隐患普查整治工作中尚未整改完毕或整改不到位的火灾隐患,排查临时性建筑的火灾隐患。6月,市公安局化工区分局制定实施《化工区消防安全工作联席会议制度工作方案》,印发《关于对重点单位FAS系统联网准备情况进行检查指导的通知》,督导各单位FAS系统联网工作的推进。9月，化工区FAS报警中心投入运行；10月8日起，实现全区FAS系统的联网。

2008年2月，市公安局化工区分局印发《关于集中开展化工区高层建筑、船舶、码头消防安全专项行动的通知》。同年4月，市公安局化工区分局报请化工区管委会制定实施《上海化学工业区苇塘防火管理办法》，明确各单位在苇塘防火管理中的职责。同月，市公安局化工区分局制定实施《关于开展奥运消防安全保卫攻坚战的实施意见》，开展火灾隐患排查治理、灭火救援、消防宣传等专项行动，增强全民消防安全意识和自防自救能力。10月，市公安局化工区分局制定实施《关于开展消防设施和公共娱乐场所消防安全专项治理行动的实施意见》。

2009年3月，市公安局化工区分局制定实施《关于开展公众聚集场所、高层和地下建筑消防安全专项整治行动的实施意见》。同年4月，市公安局化工区分局以组织知识竞赛、媒体宣传、辅导培训、展板巡展等形式，开展为期1个月的学习贯彻《消防法》宣传月活动。5月，市公安局化工区分局发布《上海化学工业区消防工作手册》(第1卷)。该手册为化工区企业消防安全工作的预防、灾害事故的初期处置，以及大型化工灾害事故的科学处置提供指导性意见。8月，市公安局化工区分局印发《关于在本区人员密集场所和建设工程施工现场推行消防安全标准化管理工作的通知》。11月，市公安局化工区分局印发《关于集中开展消防控制室及消防设施标准化管理专项检查工作的通知》，开展为期半年的消防控制室专项检查，保障自动消防设施的完好有效。

2010年1月，市公安局化工区分局印发《关于化工区FAS系统运行及执勤电台点名情况实施月通报的通知》。同年7月，市公安局化工区分局印发《关于构筑化工区“防火墙”工程，提高社会单位“四个能力”建设的通知》。12月，市公安局化工区分局制定实施《易燃易爆单位消防安全“四个能力”建设要点(试行)》，规定化工区易燃易爆场所消防安全“四个能力”建设的具体标准和验收要求。

至2010年12月，市公安局化工区分局共开具防火监督检查意见书824份；开具责令限期改正通知书76份；行政处罚单位24家、个人33人，罚款近90万元。

2010年12月，民警设摊宣传化工区安全防范知识

第八章　域外农场安全保卫

历史上，上海市域外的海丰农场、黄山农场、练江农场曾隶属于市农垦局、市农场局、上海农工商集团等。上海农场、川东农场曾隶属于市垦管局、市公安局、市劳改局、市司法局。2006年，市政府成立光明食品（集团）有限公司，公司行使市农场管理局职能，海丰、黄山、练江3个农场划归光明集团旗下。2009年，司法劳教场所实行“所场分离”，上海、川东2个农场也划归光明集团。2009年9月16日，为适应司法劳教场所与农场“所场分离”体制调整后的公安管理工作要求，经市机构编制委员会批准，市公安局增设上海市公安局农场分局，主要职责是：负责5个上海域外农场的公安工作，负责维护辖区内的社会政治安定和治安稳定，维护辖区内的公共秩序；预防、制止和惩治违法犯罪活动；负责辖区内实有人口管理，参与社会治安综合治理，检查督促治安防范措施的落实，处置各类重、特大治安灾害事故和突发事件；对特种行业、危险物品进行管理；负责辖区内部单位治安保卫工作的指导、监督；负责辖区内防火安全宣传、检查、监督工作；负责辖区内的安全警卫工作和各类大型活动的安全保卫工作等。

第一节　域外农场社会治安管理

上海的域外农场相对封闭，在域外农场尚未开始社会化管理（2009年）前，在场人员多为各农场单位的“单位人”，流动人口较少，社会结构相对简单，社会治安工作总体由治安巡逻、打击破案、人口管理、交通和消防管理等公安业务构成。20世纪70年代，上海各域外农场辖区内的社会治安管理工作主要由企业保卫组织性质的农场内设机构承担，包括组织民兵、治安积极分子巡逻，维护社会治安，负责防台、防汛、抢险等任务。

20世纪80年代开始，上海各域外农场的社会治安管理工作模式逐渐与周边地区公安局接轨，出现巡逻、专门打击、联防等工作分工，上海、海丰等农场还陆续添置消防车。1981年，川东农场、上海农场成立车船安全管理小组，开展水运、陆运交通管理工作。1983年，海丰农场组织巡逻队进行不定期巡逻，对公共场所进行流动执勤，维护社会治安秩序。1984年，上海农场公安局建立4个治保会、33个治保小组、5个联防小组，成员232人。1988年，上海农场公安部门成功侦破重大流氓强奸案，该场电厂职工杨某钟1985—1988年间，以暴力胁迫手段强奸妇女9人，拦路或入室猥亵侮辱妇女90余人。1988年12月，上海市高、中级人民法院在农场召开公判大会，杨某钟因犯有强奸罪、流氓罪被依法判处死刑。1988年，根据市委、市政府文件，苏北、皖南4个农场人员户口划归上海市管理。1990年11月1日起，上海农场、川东农场户口划归上海市公安局宝山分局管辖，农场公安局内设市公安局宝山分局黄海派出所，行使上海郊县公安派出所管理户口的职权。

1991—2008年，上海农场公安局共接警3 793次，受理各类刑事案件203起，侦破149起，破案率73.4%；受理各类治安案件412起，查结383起，查结率93%。1995年，上海农场公安局为贯彻全国和市政法工作会议精神，巩固专项斗争的成果，在全场范围内开展“打现行、破积案、抓防范”“打流氓、扫六害”专项斗争。

2009年，上海市公安局农场分局（以下简称“农场分局”）成立后，根据市公安局总体工作部署及农场农业生产特点，针对历年来域外农场“秋收、秋耕、秋播”农忙期间案件、事故多发的情况，农场分局结合各域外农场实际，开展“护春忙”“保三夏”“保三秋”等专项行动，保持对各类违法犯罪活动的“严打”高压态势。同时，农场分局对辖区企业、流动人口聚居地等火灾隐患集中区域和部位，开展火灾隐患拉网式普查整治行动，消除各类安全隐患，积极开展安全防范宣传，严防群死群伤火灾事故的发生。2009 年，农场分局与大丰市公安局、黄山市黄山区公安分局、歙县公安局协商，由其负责农场辖区内交通事故的勘察、认定和处理工作。2009 年，农场分局通过整理户籍、人口档案，对辖区人口进行走访排摸，确定 5 个农场辖区内实有人口 10 919 人，其中沪籍人口 4 065 人。

2010 年，农场分局侦破刑事案件 25 起，打击查处各类违法犯罪人员 73 人，其中刑事拘留 13 人，逮捕起诉 15 人。先后查处川东农场“2 010・2・8”扰乱单位秩序案、海丰农场“2 010・4・3”偷运病死猪案等案件 3 起，查缴气枪、猎枪、枪支散件和气枪铅弹、猎枪子弹、火药、管制刀具等一批违禁品。2010 年上海“11・15”特大火灾发生后，农场分局加强对辖区加油站、液化气换气站等重点部位的消防安全管理，检查单位 60 余家，发现并整改火灾隐患 20 余处，开展消防演练 8 次，扑灭火灾 3 起。同年，农场分局与大丰市公安局、黄山市黄山区公安分局、歙县公安局协商，确定重大火情由当地公安机关协助开展灭火工作。结合域外农场实际情况，农场分局主动与上海宝山区教育局（上海、川东 2 个农场的教育工作由宝山区负责）、各农场党委沟通协商，快速落实各项安保措施，对农场辖区内 5 家中小学校、幼儿园加强安全保卫工作，采取民警定岗执勤，严格执行访客登记制度、加强“涉校”矛盾纠纷排查、与驻地武警联合巡逻等工作措施，维护校园平安。

2010 年上海世博会期间，农场分局按照市公安局统一部署，进一步加强域外农场农忙安保工作。根据域外农场供给世博园区农副食品的特殊性，为确保 11 家重点“涉博”企业的安全，严格按照“一点一图一方案”要求，每月定期开展安全检查，共检查“涉博”企业 297 家次，及时发现、整改安全隐患 32 处，确保上海世博会期间重点涉及上海世博会企业及其食品的安全。2010 年，农场分局完成辖区各项大型活动安保工作，累计出动警力 300 余人次，运用联勤联动工作机制，会同当地公安机关先后完成“上海农场建场 60 周年庆祝活动”“大丰市首届旅游节”“中国黄山汽车越野精英挑战赛”“全国定向越野冠军赛”等大型活动安保工作。

第二节　域外农场公安基础建设

上海各域外农场的公安工作经历由保卫科、企业派出所、司法公安局再到公安派出所的演变过程。改革开放后，上海、川东、海丰、黄山、练江 5 个农场的公安工作逐渐起步，由企业性质的内部安全保卫组织，逐步向具有侦查、打击、防范、管理等职能的公安实体单位转变。20 世纪 70 年代中期至 1995 年，海丰、黄山、练江农场的治安管理机构逐步转变为企业派出所，接受市公安局经文保处业务领导，并于 20 世纪 90 年代完成公安派出所的搭建。1995 年 1 月—1997 年 8 月，海丰、黄山、练江 3 个农场的治安管理工作由市公安局经保总队负责。1997 年 9 月—2009 年 8 月，海丰、黄山、练江 3 个农场的治安管理工作由市公安局静安分局负责。上海、川东 2 个农场内的公安工作一直由司法部门负责，并建立司法公安局。

进入 21 世纪，随着市政府对域外农场的管理愈加规范，农场内公安工作得到进一步发展，2009 年市公安局农场分局成立后，5 个农场内的公安工作正式纳入上海公安体系。2009 年，在市公安局后保部、科技处的大力支持下，为域外农场派出所配发录音笔、单警装备、笔记本电脑和无线上网设备，新配发 6 辆警务用车。逐步解决 5 个派出所与分局之间的公安网络互通问题，后又相继解决视频会议、

2010 年 12 月 18 日,上海农场派出所启用仪式

公安内部电话等建设工作。

2010 年,市公安局农场分局完成上海农场、川东农场派出所的改建工程。从 2012 年起,农场分局按照现代警务标准,加强派出所规范化建设,通过划定警务区,设置社区、治安、消防等岗位,不断细化派出所岗位设置,强化派出所的实战功能。农场分局联系市公安局治安总队、法制办、科技处等业务部门,加速推进网上办案行政案件分系统应用工作,并全面应用网上办案系统。

第九章　水域安全保卫

上海位于东海之滨，地处长江出海口，黄浦江、苏州河纵横流经市区，水系较为发达，可谓水网之都。水域安全保卫历来是上海市公安局保卫工作的重要组成部分，上海市公安局水上公安局（主管黄浦江、苏州河辖区水域）、上海港公安局（主管上海港口区域）、上海海事公安局（主管海事有关区域）、长江航运公安局上海分局（主管长江中央管理水域）、上海市公安局边防总队（主管上海边海防地区）等单位，按照各自不同的职责与分工，共同担负上海水域治安和交通运输的安全保卫任务。

第一节　水域治安管控

上海水域线长面广，水上航运单位多，来往船只流动分散。20世纪80年代初，上海水上公安部门有重点地整顿船只、码头、航线的治安秩序，重点整顿问题较多的吴淞客运码头、广信、龙华等码头，取缔各种非法活动；外滩水上派出所、杨浦水上派出所、曹家渡水上派出所和虹口港水上派出所在复杂码头建立值班岗，对船舶指定停泊，加强管理。20世纪80年代中后期，随着上海经济社会的发展，进出上海水域的船只大量增加，水上治安问题更加突出。1986年，上海航运公安局通过加强水上公共场所、客运码头和重点轮渡站以及郊县复杂水域的清查和管理，落实水上暂住人口登记管理，维护水上治安秩序。1989年，上海航运公安局将黄浦江两岸384个各单位专用码头（供本单位或租借给有关单位从事货运、储存和物资中转用）划分为全向社会开放、半开放、不对外开放等3种治安管理等级。通过分级治安管理，保障码头货物装卸进出的安全有序。

20世纪90年代初，根据全国第四次人口普查的要求，为避免重复和遗漏登记，上海航运公安局成立水上人口普查办公室，对上海水域的水上人口进行普查。1991年5—6月，在全市开展“打击水上盗窃、收赃销赃”专项斗争，针对一些水域来沪船只集中，沿岸乱搭窝棚，秩序混乱、治安问题较多的状况，上海水上公安机关与民政部门密切配合，在广泛宣传教育的基础上，采取加强巡查，划块停泊，打击收赃窝赃等措施严格管理。1994年11月1日，经国务院批准，农业部、公安部、交通部、国家工商行政管理局、海关总署联合发出《关于清理、取缔“三无”船舶的通告》（“三无”是指无船名船号、无船舶证书、无船籍港）。同年12月13日，市政府发布《上海市水上治安管理暂行规定》，维护水上治安秩序和水上运输安全。1997年6月26日，市公安局成立上海水上治安管理委员会，以进一步提升上海水上公安机关协同作战能力和整体作战水平。1999年，上海水上公安局大力加强“船管站”“安全停泊区”的建设，撤销部分已停止使用的船管站，创建88个有地理优势、人员配备齐全、硬件设施到位、运行操作规范的船管站。

2001年，上海水上公安局先后开展“打击江盗水匪”“江海行动”“整治‘三无’船只”专项整治工作，对水域、码头开展清查整治。2003年，市公安局水上公安局根据“提高薄弱时空的有警密度和有警时间，加强重点水域防控”的要求，探索实施水上巡察勤务机制，包括：在黄浦江复兴岛至关港水域分别设立4个巡察责任区，落实面上的治安防控；在上海海洋渔业公司、上海船厂、上钢三厂、三林油库等4处设立巡察“必到点”，并配置签到箱，将静态备勤变为动态值勤，加强内保单位以及重点码头水域的治安防控；与江南造船厂等单位开展警民共建，对重点水域共同防控，维护水域安宁和企业稳定。

2004年,为最大限度地阻断各种嫌疑船只和犯罪分子流窜逃跑的途径,市公安局水上公安局先后与浙江嘉兴、江苏苏州两市公安机关建立省市交界水域卡口拦截查堵机制,促进水上卡口堵截省际联动协作。2006年,市公安局水上公安局开始实行双休日巡察制度,有效填补巡察空白点,全年巡察1 079人次,检查各类船只2 210艘次。同年,围绕"上海合作组织峰会"安全保卫工作,市公安局水上公安局先后开展打击"两抢"、盗窃等违法犯罪活动以及水上口岸查控等一系列专项打击整治行动,集中打击水域各类违法犯罪活动。2007年,水上治安管理委员会牵头召开3次例会,组织相关单位建立以市公安局水上公安局和上海港公安局为主体的黄浦江治安联动防控机制,扩大水域治安防控面,提高打击防范能力。

2009年10月,水上公安艇在黄浦江上巡逻

2008年7月1日起,市公安局水上公安局正式启动水域治安巡逻机制,建立24小时常态布警巡逻工作模式,划分5个巡逻区,设置36个必到点,实现"一所、一艇、一码头"的水上公安警务装备体系。2009年,在现有公安艇巡逻保障的基础上,重点与上海世博会园区等37家沿江码头、单位建立无线通讯联动平台,提升水陆联动联防工作效能。2010年,市公安局水上公安局加强客运码头查控,在石洞口、宝杨路、吴淞3个客运码头及市区14个轮渡码头严密布警,开展安检工作,严防可疑人员、车辆和危险物品流入市区,确保上海世博会期间水上口岸的安全可控。设立吴淞、苏州河2个水上检查站(点),联手海事部门对进沪船舶实施"信息核查、逢疑必查、危品必查、管制告知"等安检措施,及时制止1起可能严重影响上海世博会开幕式涉水活动的重大治安事件。

第二节 水上航行安全管理

水上航行安全由海事部门负责。上海海事公安机关按照职能分工配合海事部门开展联合执法,保障水域航道畅通、船舶航行安全。20世纪80年代中期,随着海上交通运输和内河水运经济的发展,在长江口和吴淞水域内出现各种非正规小型船舶在航道内从事非法捕捞、非法挖沙、非法收废品作业,海事部门在处理过程中产生的矛盾激化事件不断发生。上海海事公安机关主动配合海事部门开展集中专项整治行动,取缔非法水上作业,确保水上航道的畅通与安全。

1990年2月,上海海上安全监督局公安处配合吴淞监督站在吴淞口外开展驱赶违规捕捞鳗鱼苗船、疏通航道的专项行动。1991年,配合海监部门开展保春运、水上秩序整顿、治理整顿非法捕捞鳗鱼苗、非法拉钩船、非法黄沙船、非法废钢船等专项整治行动。1993年,开展整顿滥捕鳗鱼苗船、拉钩划子,迎东亚运动会水上交通整治,疏港、保障杨浦大桥开通典礼等专项行动。

1994 年，为确保长江口水域船只通行安全，防止到长江口水域捕捞鳗苗的船民擅自在禁捕区和主要航道上布网、设置浮标，在有关区、县政府的支持下，成立由公安、渔政、海监等部门组成的联合办公室，统一协调捕苗船只管理。

1998—2000 年，上海海上安全监督局公安处共查破 7 起水上交通肇事案件。2000 年，上海海上安全监督局公安处更名为上海海事公安处，进一步明确服务海事主业的工作职责范围和具体措施。2001 年 10 月，围绕上海 APEC 会议安全保卫工作，上海海事公安处在黄浦江水域共排查整顿各类"三无"船舶 1 000 余艘。

2003 年 8 月，上海海事公安处破获"长阳"轮被撞导致 85 吨燃油泄漏的交通肇事案，该案致使黄浦江上游水厂取水口严重污染，直接经济损失 1 600 万元。2004 年 1 月，破获"沪盛旺 201"轮被撞导致 6 名交通艇船员死亡的交通肇事案。2005 年，配合上海海事局开展"船员持假证上船任职统一执法行动""3 000 总吨以上沿海散装货轮专项整治行动"及"打击船舶超载统一整治行动"。

2006 年，上海海事公安处更名为上海海事公安局，制定《上海海事公安局保障海事执法的十项具体措施》。2007 年，先后破获因交通事故致使 165 只集装箱落入长江口主航道的"生松 1"轮交通肇事案，以及因加油时疏忽，造成 45 吨燃料油泄露至黄浦江的"上电油 1221"轮重大责任事故案。2008 年 1 月，在外高桥水域破获 1 起因私渡船倾覆，造成 1 人死亡、10 人失踪的交通肇事案。同年，破获 1 起在长江口锚地因货轮走锚引发碰撞，致 1 艘万吨轮沉没，船上 15 人死亡、1 人失踪的交通肇事案。2007—2009 年，先后参加上海海事局组织的"零点"专项行动，整治"抛泥船"、非法载客船、非法采砂、"三无"船等专项行动 1 100 余次；协助上海海事局完成国际航行船舶保安检查、国内船舶保安排查 1 500 余艘次。

2010 年，围绕上海世博会安保工作，上海海事公安局组织开展各类集中专项整治 85 次，配合海事部门春运检查 12 次，检查各类船艇 8 821 艘，核对船员身份信息 3 745 人次，签发《迎世博安全教育告知单》近 7 000 份，保障上海世博会期间上海水域的安全畅通。

第三节　轮渡站客运码头治安管理

一、轮渡站治安管理

黄浦江上第一条轮渡航线自 1910 年开通以来，已走过百年历程。20 世纪 50—70 年代初期，轮渡几乎是黄浦江两岸唯一的通行方式，过江乘客和车辆数量不多，安全事故很少。1978 年，市轮渡公司拥有轮渡船舶 52 艘、客位 22 832 个、车渡车位 52 个。20 世纪 80 年代后，过江乘客和越江车辆急剧增加，轮渡码头、道口设施未能相应改进，码头秩序混乱，事故苗子不断发生。1987 年，为提高迷雾天的应对能力，市轮渡公司建立轮渡雾天导航系统，强化轮渡技防工作。同年 12 月 10 日，上海发生最为严重的轮渡踩踏事故。当天清晨，黄浦江上起大雾，黄浦江上所有航行的船只临时停航。9 时许，雾散复航，汇集在陆家嘴轮渡站的 3 万余名乘客蜂拥上船，自行车与行人混杂一起，造成 16 名乘客死亡、70 多名乘客受伤。抢险救助中，10 多名民警受伤，航运公安局民警曹宝根不幸牺牲。

1988 年，针对指挥特大客流量的乘客安全、及时过江问题，市轮渡公司启动陆家嘴电视监视、通讯集控系统建设。6 月 30 日，市公安局发布《车客渡过江车辆交通管理规定》和《关于处理车客渡过江车辆违章事故的暂行规定》，8 月 1 日起实施。同年 8 月，上海航运公安局设置交通组，管理过江车辆。12月28日,市人民政府发布《上海市渡口管理办法》,明确由公安部门负责渡口内外的治安和道路交通管理。水上公安部门会同市轮渡公司及有关公安分局,及早部署轮渡安全工作,改建与加固通道栏杆、限额门、护栏网,轮渡客运秩序得到明显改观,全年未发生重大伤亡事故。1988年底,市轮渡公司在东起吴淞口、西至米市渡沿江84千米的黄浦江水域共设客渡航线22条、车辆渡航线8条、交通艇航线7条。当年完成客运量3.83亿人次,车辆运量533万辆次,比1950年分别增长32倍和20倍。1989年7月,上海航运公安局建立市轮渡治安派出所和石洞口水上派出所。

20世纪90年代,上海城市建设的脚步加快,轮渡客流量始终在高位运行。尤其是随着浦东开发开放,东嫩、民丹、南陆、石闵等8个主要车辆渡的过江车辆剧增,1990年过江车辆达到541万辆次。为确保雾天过江乘客安全,上海航运公安局制定《关于恶劣气候加强轮渡管理,维护安全秩序工作的规定》,对全市22个轮渡线站的执勤力量进行登记和检查,落实分管单位和增援力量;重新制定工作预案,确保恶劣天气时,每个轮渡站都有民警值勤,重点线站及时得到增援力量。

1991—1994年,过江乘客每年平均3.64亿人次,机动车平均582.5万辆次。1992年3月10日,市公安局制定《关于恶劣天气群众过江安全保卫工作方案》。1993年12月,市轮渡安全指挥组制定《关于恶劣气候或突发事件时维护轮渡安全的工作预案》。1994年1月3日,市公安局对雾天安全工作预案作补充规定。1995年,上海水上公安局按照迷雾天出警预案,全年在全部和局部停航期间,共出警500人次,维护渡口秩序,确保人员和车辆过江安全。

1998年,市轮渡公司拥有轮渡船舶99艘、客位64 700个、车渡车位238个。在上海先后建成杨浦大桥、徐浦大桥和延安东路、大连路、复兴东路、翔殷路隧道等越江工程后,过江乘客和轮渡船舶逐年减少。2000年4月3日,经上海市公安局、上海市交通运输(集团)总公司研究决定,撤销上海水上公安局轮渡治安派出所。2007年,市轮渡公司制定迷雾天及恶劣气候安全管理应急预案,规定公司建立迷雾天安全管理指挥体系,成立公司迷雾天安全管理领导小组,同时对天气预报收听、停航、复航预案都作出明确规定。2008年8月,市轮渡公司投资180万元启动2010年上海世博会轮渡监控系统项目建设,为上海世博会期间船舶水上航行安全以及突发事件的信息汇聚提供保障。2009年,市轮渡公司投资建设的"轮渡综合监控系统"项目通过竣工验收。至2010年,市轮渡公司拥有轮渡船舶67艘、客位3 308个、车渡车位14个。9月10日,塘米线车渡停止运载车辆业务,调整为客渡航线。至此,黄浦江车辆渡航线全部退出运营。

二、客运码头治安管理

1961年5月13日,在原上港四区公安派驻所治安组基础上建立客运派驻所。1976年8月,客运站派出所和上港四区派出所合并为客运总站派出所。20世纪70年代后期,上海到温州的个别航线出现倒卖船票的情况。20世纪80年代初,随着客运码头旅客增多,多条航线的船票紧张,倒卖船票的活动愈益严重,旅客反映强烈。1982年,上海港公安局和上海航运公安局当场抓获倒卖船票者8 000余人次。1983年,交通部发出《关于维护正常售票秩序、打击黑市船票活动通知》。同年5月,市政府下达《坚决打击倒卖、伪造船票违法犯罪活动的处理意见》。1984年,上海港公安局、上海航运公安局以及客运码头所在地的南市、虹口等公安分局抽调民警,组成取缔倒卖船票的联合工作班子,协同客运部门,集中统一行动。1984年7月,客运总站派出所从退休职工中挑选32人组成一支治安联防队,由专职民警带领,协助客运广场、通道、商场、旅客、售票站、代客搬运、临时住宿的秩序管理,弥补警力不足。1985年12月,上海港公安局35名民警突击检查浦东小船浜一带私人旅馆，查获浙江温岭农民60余人贩卖船票团伙。1992年7月，客运总站派出所改称十六铺客运码头派出所。1994年，十六铺客运码头派出所有民警76人，下设所部、金陵东路、十六铺、大达货站4个警务区，担负金陵东路、十六铺站和公平路站当天船票售票处的治安秩序和29条航线旅客进出的安全保卫任务。

表12－9－1　1985—2004年上海港客运码头治安案件统计

年　　份	案件总数(件)	违法人数(人)
1985	3 460	3 703
1986	1 909	2 125
1987	2 015	2 362
1988	1 672	1 807
1989	732	842
1990	1 061	1 114
1991	838	950
1992	4 839	4 885
1993	8 942	8 990
1994	11 546	19 581
1995	2 929	2 607
1996	2 831	2 437
1997	1 547	1 357
1998	842	357
1999	557	425
2000	410	323
2001	—	—
2002	463	463
2003	281	281
2004	4	4

资料来源：上海港公安局统计年报。

随着经济发展，乘船旅客逐年增多，至1994年左右达到顶峰，客运码头治安案件也随之上升；后因公路、铁路发展，交通更为便捷，乘船旅客逐年减少，客运码头治安案件随之下降。2004年，大达货站、金陵东路售票处、十六铺客运站、公平路客运站陆续关闭。2005年9月，经市公安局同意，撤销十六铺客运码头派出所，相关业务由所在地公安分局管辖。

第四节　来沪船舶治安管理

1972年，上海恢复水上公安机构，对海帆船、拉钩船等采取管理措施。1975年，进入上海水域的来沪杂船有2 000余艘。1976年,市公安、民政等部门联合组成清理疏散杂船办公室。1980年2月,国务院批准公安部《关于加强对流散杂船管理意见的报告》。同年,市交通运输局和市公安局联合发出《关于整顿和加强内河农副业船舶管理的通知》。1979—1982年,清理、遣送流散杂船4 500余艘、2万多人次。1982—1983年,市郊各县公安局普遍建立水上派出所。1983年,全市清理杂船1 040艘,查处混在其中的违法犯罪分子266人。1984年,外滩水上派出所、杨浦水上派出所、曹家渡水上派出所、虹口港水上派出所在复杂码头建立值班岗,对船舶指定停泊、管理;在北新泾复杂水域试点成立船舶停泊治安管理站。

20世纪80年代中后期,进出上海水域的船只不断增多,水上公安部门加强来沪船舶登记管理,打击违法船运活动。1985年,北新泾船舶停泊治安管理站对船舶实行登记制度,昼夜值班看护。1987年9月,在吴淞公安码头设立台湾渔轮观察哨,瞭望、控制台轮闯关。1988年外地驶入上海水域的船只,比上年猛增1倍。许多比较偏僻的水域,来往船只也日渐增多。针对上述情况,上海航运公安局发动和依靠沿河地区的街道、工厂、企业,采取严密水上户口登记,增设船舶管理站,增加管理人员,签订"船民公约"或"治安责任人协议书"等措施,加强对来沪船舶的治安管理。1989年,上海航运公安局会同有关区、县公安机关,统一对停泊全市水域的外省市来沪的船只和人员进行普查,登记来沪船只1.4万艘、人员4.1万人。市区各水上派出所设置41个治安管理段,对来沪船只实行划段停泊管理。根据同年4月4日市公安局颁布的《关于加强来沪船舶治安管理的通告》,上海航运公安局组织一次大规模水上来沪人口普查,摸清当天来沪船只1 406条、41 059人。各水上派出所初步形成登记制卡、定点停泊、分类管理和遣返盲流等一套管理办法。

1990年,上海航运公安局成立水上人口普查办公室,对上海水域的水上人口进行普查。1994年,在市区水域开展创建安全停泊区活动,各区设置明显标志,按船只大小和所载货物进行分类停泊,严格船只登记、发证、管理工作,及时掌握船只动态,全年在市、区水域创建安全停泊区8个,月均停泊来沪船只5 000艘(只)。1999年,大力加强"船管站""安全停泊区"的建设,撤销部分已停止使用的船管站,创建88个有地理优势、人员配备齐全、硬件设施到位、运行操作规范的船管站。

2001年,上海水上公安局加强基础调研,摸清上海水域"三无"(无船名船号、无船舶证书、无船籍港)船只的情况,加强同海事、航务等水上执法部门的沟通和联系,坚持联合整治、合力出击。2003年,根据市政府办公厅转发的市港口管理局、市公安局《关于本市对"三无"居家船等船舶开展综合整治实施方案的通知》精神,从9月起至年底,水上公安局牵头组织全市区(县)水上派出所,配合各相关区(县)政府及部门对"三无"船只开展历时3个月的综合整治工作。2004年,为根治水上治安顽症,水上公安局对周边水域长期驻泊聚居的废品收购船、污油清舱船等复杂小船进行全面整治;为最大限度地阻断各种嫌疑船只和犯罪分子流窜逃跑的途径,实行省际联动,先后与浙江嘉兴、江苏苏州两市公安机关建立省市交界水域卡口拦截查堵机制,加强水上卡口堵截协作。同时,组织开展船舶、船员、船厂、码头、水上卡口、水闸等日常基础信息资料的采集、整理、登记工作,开发"水上码头、船舶、船员信息管理系统",促进信息资源共享,服务实战。2006年,初步建立外轮和外籍船员来沪基础信息网络处置系统,在142个重点要害部位安装386套电子监控系统。

2010年,市公安局水上公安局设立吴淞、苏州河水上检查站(点),联手海事部门对进沪船舶实施"信息核查、逢疑必查、危品必查、管制告知"等安检措施。成功拦截1艘企图擅闯禁航世博核心水域进行作秀的橡皮艇及2名嫌疑人,及时制止1起可能严重影响世博开幕式涉水活动的重大治安事件。

第五节　外轮治安管理

上海是全国最大的开放港口，每年有大量的外轮来沪停靠，随船来沪的外籍海员不断增多并带来一些涉外治安问题。1975 年 8 月 16 日，市公安局外轮船员签证室建立，负责管理外轮船员的入出境、过境旅行、居留等签证业务，并处理外轮海员的治安事件。

20 世纪 80 年代后，每年进入上海港的外轮平均为 1 800 航次左右。1981 年 1 月 20 日，停泊黄浦江卸货的巴基斯坦航运公司"卡路杜"号万吨轮起火，市公安局出动 16 辆消防车、2 艘消防艇，经 5 个小时施救将火扑灭，烧毁棉花等物资、设备，损失 60 万元。1982 年 1 月，上海航运公安局在来沪的 5 艘外轮中，从卸货仓中发现反动宣传品 500 多本。1983—1988 年，水上公安部门共查处违反治安管理的外籍海员 126 人，主要是调戏妇女和嫖宿活动。1985 年 5 月，市公安局外轮船员签证室撤销。1987 年 8 月 25 日，市公安局制定《对台湾渔轮实行治安管理工作细则》，对来上海港的台湾渔轮实行进出港检查验证、监护、分工管理等 10 条措施。1988 年 1 月，市公安局印发《来沪台湾渔民须知》。1988 年 5 月 9 日，停泊在吴淞锚地的巴拿马籍"好望"号油轮机长罗德里格・纳杜拉(男，54 岁，菲律宾人)凌晨在船上持枪行凶，纵火烧船。应船长请求，公安民警会同武警官兵上船制止，缉捕肇事者。纳杜拉在船员房间内自杀身亡。1988 年 12 月 20 日，市公安局发布《关于本市外轮进厂修理期间的治安管理暂行办法》，规定：公安局系上海市外轮进厂修理期间治安管理工作的主管部门；外轮修理厂应组织职工切实做好外轮修理期间的治安保卫工作，凡需登外轮的人员和外轮船员在厂区的活动要遵守有关制度，违者将视情依法追究法律责任。

1990 年 11 月 7 日，上海航运公安局查处 1 起国际海事重大诈骗案。根据公安部指令和市公安局指示，上海航运公安局扣押停泊在长江口外锚地的巴拿马籍"伟泰"轮，查清"伟泰"轮即是泰国警方查缉的"乔伊斯"轮，改道来华，企图变卖、侵吞财物的犯罪事实。1991 年 5 月 20—27 日，共遣返"伟泰"轮外籍船员 23 名(其中马来西亚籍 1 名、缅甸籍 22 名)。1994 年 2 月 3 日，上海水上公安局查处费・阿贝克非法携带枪支案。

2002 年，市公安局水上公安局成功处理巴哈马籍游轮"皇冠之星"因劳资纠纷引起的船员集体闹事事件。2004 年，破获攀爬远洋船舶偷越国(边)境案 1 起。2006 年，破获偷渡案件 1 起。2007 年，处置外籍海员群殴致人死亡事件 1 起，此类案件在上海尚属首例。经审判，3 名俄罗斯船员受到中国法律制裁，其中 1 名主犯被判 15 年有期徒刑。同年，一来沪邮轮多名外籍船员下地活动时被不法人员敲诈，影响极坏。接报后，市公安局水上公安局及时组织力量开展调查，抓获多名不法分子，并登轮向 5 名被敲诈海员退还钱款，挽回不良影响。2009 年，破获"6・12"境内外勾结有组织团伙偷渡案，抓获外籍"蛇头"2 人，国内"蛇头"3 人和偷渡人员 9 人。2010 年，成功化解 2 起"霸船"事件和"10・14"歌诗达"经典"号邮轮 44 名游客离船不归事件。

表 12-9-2　1987—2010 年来沪外轮及随轮船员情况、涉外案事件情况

年　份	外轮(艘次)	随轮船员(人次)	外籍船员(人次)	港台船员(人次)	外派船员(人次)	涉外案事件(起)
1987	1 783	56 969	47 284	—	—	—
1988	1 928	57 561	47 239	4 968	5 354	49
1989	2 102	50 650	39 879	3 732	7 039	41

(续表)

年　份	外轮(艘次)	随轮船员(人次)	外籍船员(人次)	港台船员(人次)	外派船员(人次)	涉外案事件(起)
1990	1 927	48 037	35 858	3 311	8 868	44
1991	2 196	54 262	40 162	3 001	11 099	11
1992	2 673	68 841	52 149	2 232	14 460	11
1993	3 886	96 847	70 628	2 277	23 942	28
1994	4 287	101 393	74 629	2 184	24 580	46
1995	4 680	109 425	78 769	2 030	28 626	35
1996	5 172	122 981	88 058	1 204	33 719	48
1997	5 076	115 700	84 200	1 066	30 500	68
1998	5 614	12 600	86 800	1 183	38 000	37
1999	6 459	151 982	103 374	1 599	47 009	42
2000	7 511	160 539	109 723	1 677	49 139	42
2001	8 559	198 278	135 297	1 613	61 368	25
2002	9 554	210 368	136 550	1 844	71 974	24
2003	11 051	228 835	156 719	2 343	69 773	12
2004	12 229	255 588	175 434	2 647	77 507	11
2005	13 569	282 337	198 279	2 655	81 403	15
2006	14 360	319 296	218 973	2 849	97 474	17
2007	14 748	322 387	213 770	3 128	105 489	16
2008	15 176	341 102	231 235	3 661	106 206	18
2009	14 254	323 521	219 439	4 630	99 452	19
2010	15 670	371 030	258 624	7 559	104 847	12

资料来源：上海市公安局水上公安局统计年报。

第六节　港区安保与治安管理

1954 年 3 月，上海港务管理局公安分处设治安科。1982 年，上海港公安局制定《上海港门卫制度》。1984 年，为加强港区内部安全保卫、落实防范责任，制定《上海港内部安全保卫责任制（试行）条例》。1985 年，上海港成立治保会，有治保员 2 442 名。1986 年 11 月，上海港务管理局公安分处治安科改称上海港公安局治安科，各码头派出所设治安民警队，全港治安民警 229 人。

1986 年，上海市公安局规定“凡是设在港区内部和结合部的商场、旅社均由海港公安局管理”。据此，上海港公安局制定《上海港旅馆业治安规定实施细则》《旅馆业管理奖惩办法》，采取白天检查与夜间抽查相结合的方法，依法对港区内商店旅社实施治安管理，在全港开展安全旅馆竞争活动，制定考评标准。1987 年，港区约有来沪人员 2 000 余人。1989 年上海港区登记发证旅社、招待所

14 家，餐馆等公共场所 14 家，商店等“三产”30 家。

1991 年，根据中央社会治安综合治理委员会的决定，认真组织实施全港范围的反盗窃斗争，坚持“严打”和“严防”结合，排查安全防范漏洞，落实各项安全防范措施。1991 年 9 月—1992 年 3 月，共破获盗窃刑事案件 93 起，抓获盗窃案犯 110 人，发还被盗物品价值 10 344 元，追回赃款赃物价值 11 万余元。1992 年收缴淫秽录像带 70 盘，其他淫秽物品 2 件，处理制作淫秽物品的团伙 2 个、36 人。

1993 年，全港公安场所 37 家、特种行业 24 家；港区来沪人员增至 6 642 人。同年，筹建上海港治安联防队，全港共建立治安联防队 21 个，基本覆盖上海港各治安复杂地区的港区、院校，形成警民昼夜联勤的治安联防网络。同年，上海港公安局制定《上海港外包工程队治安管理规定》《上海港来沪人员治安工作细则》以及上海港区暂、寄住人口管理规定，各基层建立各类管理登记簿册、申报暂住户表，办理临时出入证件。同时，针对外埠“毛毛船”以打捞黄浦江废弃物为名，频频侵害港区和停泊在港区码头的船舶，甚至采用暴力手段，偷盗、哄抢装卸运输的生铁的违法犯罪行为，上海港公安局贯彻“严打”方针，组织民警、联防队员，采取现场捕捉、围追堵截、伏击守候等多种方法，打击和处理一批违法犯罪分子。1995 年，上海港公安局对贩票活动开展集中整治。通过事先开展调查摸底，掌握贩票活动第一手材料，仅 6—8 月就查处相关案件 3 923 起。

1996 年，上海港公安局进一步完善 110 接处警机制，着力提高治安警综合执法和处置突发事件能力，强化治安面动态管控。全年，查获各类治安案件 623 起、刑事案件 59 起。1998 年，上海港公安局举办治安民警培训班，着力提高治安民警的巡逻盘查、检查业务水平。1999 年，上海港公安局在全港范围开展对“印刷业、按摩业、三车修理业，以及非法接收境外卫星电视”的 4 个专项清理整顿。取缔 4 家无证“三车”修理店，1 家无证经营的印刷业，2 家发廊，10 余家无证接收境外卫星电视的单位。

2000 年，上海港公安局利用覆盖港区的闭路监视系统，实时掌握港区的治安情况，重点加强集装箱运输物资的安全保卫，强化对外轮梯口、码头泊位巡逻检查等等。2001 年，上海港公安局制定《关于开展对来沪人员违法犯罪专项打击整治工作的实施意见》等一系列专项行动方案，对辖区内的“水果交易市场”“木材交易市场”“恒大水产市场”、塘桥煤炭公司的南栈码头等 100 余处公共复杂场所和来沪人员聚集地进行突击集中整治，共清查来沪人员 3 000 余人，当场查获刑事案件 8 起、治安案件 87 起，查处违法人员 107 人，处罚单位法人 2 家，取缔无证经营场所 1 家。同年，上海港公安局进一步规范现金防范工作，制定《保险箱安全防范检查表》，做到“一箱一表”，留档备案。

2003 年，上海港公安局切实做好防恐工作和辖区内来自中东有关国家人员的情况排摸和控制工作，有针对性地组织突击清查行动，同时开展对辖区内的重要部位、复杂场所、金融单位、租赁房屋、来沪人员的全面检查，督促落实各项安全防范措施。2005 年，上海港公安局制定下发《上海港港区大门出入口、库场、重点部位（要害部位）和限制区域安全保卫管理规定》，落实门卫、库场等重要工作岗位责任制度及各项安全防范措施，提高辖区治安防范能力。2008 年，上海港公安局成立“奥运治安保卫攻坚领导小组”，全年开展各项排查、整治行动，累计出动警力 8 012 人次，组织各类清查 909 次，排查各类人员 158 426 人次，检查危险品仓库和堆场 546 处次、重点目标 1 468 座次，设立治安检查必到点 2 327 处次。在各客运码头和东海大桥检查站共检查旅客（人员）505 540 人、车辆 99 052 台。

2009 年，围绕“迎世博和国庆 60 周年”等港口安保工作，上海港公安局成立“迎世博安保工作领导小组”，制定详细周密的打击整治攻坚战总体方案，确立 19 个专项整治重点，明确各单位行政主要领导为第一责任人，把各项任务和措施分解到每个岗位、落实到每个民警，确保各项安保措施贯彻落实。2010 年，结合上海世博会安保工作，在辖区滚动开展大排查、大清查，共检查辖区重点单位405个次,租赁、驻港单位5 385个次,在建工地646个次,重点部位2 125个次,发现各类治安防范问题479个,开具书面整改通知书361份并督促整改。全年通过视频监控发现并查获各类刑事案件14起、治安案件2起,抓获违法犯罪嫌疑人23名,缴获赃款赃物共计价值7.5万元;先后对辖区16家行业场所、16家公务用枪单位开展滚动检查;网上检查辖区联网旅馆600余家次,督促70家未正常上传的旅(宾)馆进行手动上传或检修设备,确保33 894条中外旅客信息正常上传和及时比对。同时,加大对枪支弹药及易燃、易爆、剧毒、放射性等危险物品的管理力度,与责任单位签订安全管理责任书,从严落实审批、监管等措施,有效防止危险物品被盗、丢失和重特大事故的发生。

第七节 外国军舰(船舶)访沪保卫

水上公安部门担负着外国军舰访沪的保卫工作,确保其进出港和停泊期间的安全。20世纪70年代中期,没有外国军舰来访。改革开放后,越来越多外国军舰(船舶)靠泊上海各港口。1978年法国“迪居安”号巡洋舰来沪访问。此后,外国军舰访沪日趋频繁。

1980年9月4—8日,英国皇家海军“安特雷姆”号巡洋舰、“考文垂”号驱逐舰、“阿拉克里蒂”号护卫舰来沪访问。1981年1月26—31日,法国“贞德”号直升机航空母舰、“福尔班”号护卫舰来沪访问。1981年9月1日,澳大利亚“天鹅”号护卫舰来沪访问。1982年1月24日,瑞典皇家海军训练舰“卡尔斯克鲁纳”号来沪访问。上海市公安局航运公安局均完成各国军舰进出港护航及停泊期间的水域安全警戒任务。

1986年10月12—18日,英国女王伊丽莎白二世偕丈夫爱丁堡公爵来中国进行国事访问。随行的皇家游艇“大不列颠”号和皇家海军护卫舰“约克”号在10月11—15日先期来沪访问。11日下午,英皇家游艇和护卫舰在3艘公安艇和5艘港监巡逻艇护卫下,由吴淞口进入黄浦江,停泊在扬子江码头。水上公安民警日夜警戒在码头和附近江面,公安艇与港监巡逻艇互相协作,在英舰前后游弋。先后发现和疏散将要靠近英舰的农船和运输船5艘;及时拖走机器失灵的船只,排除冲撞英舰的险情。15日23点50分,“大不列颠”号和“约克”号在公安艇和港监巡逻艇护卫下启航离开码头,16日凌晨顺利驶出吴淞口。

1989年5月19—22日,由美国海军第七舰队司令莫兹中将率领的“蓝岭”号两栖旗舰、“斯特雷特”号导弹巡洋舰、“戴维斯”号导弹护卫舰及官兵1 450人来沪访问。当美舰编队进港时,我7艘巡逻艇(公安部门3艘、港监部门4艘)护航,4艘巡逻艇在美舰航行经过的支流、汉港游弋警戒。美舰来沪4天停靠在外虹桥国际码头,4艘巡逻艇在美舰外档昼夜护卫警戒。

20世纪90年代以后,每年都有外舰军舰来沪访问。2001年,比利时、土耳其、英国、印度、澳大利亚等5国海军的军舰应邀对上海进行友好访问。其中,比利时和土耳其海军是第一次访华。市公安局水上公安局派出公安艇及警力,配合海军上海基地圆满完成外国军舰进出港护航及停泊期间的水域安全警戒任务。

表12-9-3 1978—2010年外国军舰(船舶)访沪一览

日 期	外国军舰(船舶)名称
1978年4月1—7日	法国“迪居安”号巡洋舰
1979年10月3—7日	意大利“阿尔梯尼”号驱逐舰、“鲁勃”号护卫舰

（续表）

日　　期	外国军舰（船舶）名称
1980 年 9 月 4—8 日	英国皇家海军“安特雷姆”号巡洋舰、“考文垂”号驱逐舰、“阿拉克里蒂”号护卫舰
1981 年 1 月 26—31 日	法国“贞德”号直升机航空母舰、“福尔班”号护卫舰
1981 年 9 月 1 日	澳大利亚“天鹅”号护卫舰
1982 年 1 月 24 日	瑞典皇家海军“卡尔斯克鲁纳”号训练舰
1983 年 4 月 13—18 日	巴基斯坦“塔兰克”号驱逐舰
1983 年 5 月 6—9 日	加拿大“特雷诺瓦”号、“加蒂诺”号、“雷斯蒂古什”号驱逐舰等
1983 年 10 月 9—13 日	哥伦比亚“格洛里亚”号训练舰
1983 年 12 月 1—6 日	葡萄牙“萨格雷斯”号训练舰
1984 年 5 月 5 日	法国海军“博里”号护卫舰
1984 年 9 月 5 日	澳大利亚海军特遣编队“斯图亚特”号、“雅拉”号护卫舰和“斯托沃特”号供应舰
1986 年 3 月 13—16 日	荷兰皇家海军特混舰队 5 艘军舰
1986 年 4 月 1—8 日	意大利“非洲热风”号、“东北风”号护卫舰
1986 年 10 月 12—18 日	英国皇家“大不列颠”号游艇、皇家海军“约克”号护卫舰
1987 年 7 月 8—16 日	西德海军“德意志”号训练舰
1989 年 5 月 19—22 日	美国“蓝岭”号两栖旗舰、“斯特雷特”号导弹巡洋舰、“戴维斯”号导弹护卫舰
1993 年 7 月 13—17 日	智利“埃斯梅拉达”号训练舰
1993 年 11 月 22—26 日	巴基斯坦“纳斯尔”号油船、“征服者”号驱逐舰
1994 年 5 月 6—8 日	泰国“马古·拉查古曼”号军舰
1995 年 9 月 6—9 日	荷兰皇家海军“范内斯”号导弹护卫舰
1999 年	新加坡、加拿大、泰国、澳大利亚和美国 5 国海军的 8 艘军舰
2000 年	英国、俄罗斯、澳大利亚 3 国海军的 4 艘军舰
2001 年 5 月 6—11 日	比利时“万德拉尔”号导弹护卫舰
2001 年 6 月 12—14 日	土耳其“图尔吉特雷斯”号护卫舰
2001 年 8 月 16—20 日	英国“康沃尔”号导弹护卫舰
2001 年 9 月 17—20 日	印度“德里”号驱逐舰、“科拉”号轻型护卫舰
2001 年 9 月 24—29 日	澳大利亚“步里斯班”号驱逐舰、“成功”号补给舰
2002 年 3 月 16—21 日	法国“贞德”号直升机航空母舰、“乔治·莱格”号反潜驱逐舰
2002 年 3 月 23—26 日	美国“蓝岭”号两栖登陆舰
2002 年 8 月 20—24 日	意大利“圣·朱斯托”号两栖登陆舰
2002 年 10 月 21—24 日	智利“埃斯美拉达”号训练舰
2002 年 10 月 25—29 日	韩国“乙支文德”号驱逐舰、“釜山”号护卫舰、“华川”号军需支援舰
2003 年 3 月 25—30 日	爱尔兰“尼亚姆”号近海巡逻舰

(续表)

日　期	外国军舰(船舶)名称
2003年6月22—26日	菲律宾“胡马邦”号驱逐舰、“里萨尔”号扫雷护卫舰
2003年7月25—29日	加拿大“渥太华”号护卫舰
2003年8月9—13日	马来西亚“因德拉普拉”号登陆舰
2003年8月27日—9月1日	墨西哥“夸乌特莫克”号训练舰
2003年9月24—28日	新加坡“刚毅”号登陆舰
2003年9月26—30日	泰国“纳腊萱”号护卫舰、“邦巴功”号护卫舰
2003年10月30日—11月4日	法国“牧月”号轻型护卫舰
2004年3月8—12日	西班牙“胡安・塞巴斯蒂安・德・埃尔卡诺”号训练舰
2004年5月24—28日	英国“利物浦”号驱逐舰、“灰色漂泊者”号补给舰
2004年10月18—21日	巴基斯坦“巴布尔”号驱逐舰、“纳斯尔”号综合补给舰
2004年11月10—14日	印度“兰吉特”号驱逐舰、“库利什”号轻型护卫舰、“乔蒂”号综合补给舰
2005年2月24—28日	美国“蓝岭”号两栖指挥舰
2005年5月10—15日	印度尼西亚“德瓦西”号训练舰
2005年6月11—15日	英国“埃克赛特”号导弹驱逐舰、“灰色漂泊者”号补给舰
2005年6月28日—7月2日	智利“埃斯梅拉达”号帆船训练舰
2005年7月6—9日	马来西亚“英得拉・萨克蒂”号多用途支援舰、“杰巴特”号护卫舰
2005年8月11—16日	泰国“达信”号护卫舰、“赛布里”号护卫舰
2005年8月17—20日	加拿大“里加纳”号护卫舰
2006年2月13—16日	秘鲁“莫言多”号训练舰
2006年6月27—30日	美国“兰岭”号两栖指挥舰
2006年8月15—20日	加拿大“里贾纳”号护卫舰
2006年10月18—23日	英国“威斯敏斯特”号护卫舰
2007年6月4—7日	巴基斯坦“巴布尔”号驱逐舰和“莫阿文”号补给舰
2007年8月1—3日	马来西亚“吉打”号驱逐舰
2007年8月10—16日	智利“埃斯梅拉达”号驱逐舰
2007年8月31日—9月3日	韩国“忠武公李舜臣”号驱逐舰和“华川”号补给舰
2007年9月24—29日	澳大利亚“帕拉马塔”号护卫舰和“佩思”号护卫舰
2007年10月11—16日	新西兰“特卡哈”号护卫舰
2007年11月18—23日	法国“葡月”号护卫舰
2008年2月23—26日	秘鲁“莫延多”号训练舰
2008年4月8—11日	美国“拉森”号驱逐舰
2008年4月16—21日	法国“西北风”号驱逐舰和“杜布雷”号驱逐舰
2008年5月26—31日	加拿大“渥太华”号护卫舰

（续表）

日　　期	外国军舰（船舶）名称
2008 年 7 月 21—25 日	阿根廷“自由”号训练舰
2008 年 8 月 25—29 日	新加坡“坚定”号护卫舰
2008 年 10 月 9—12 日	巴西“巴西”号训练舰
2008 年 10 月 16—20 日	南非“斯皮恩卡普”号护卫舰
2009 年 4 月 17—19 日	韩国“姜邯赞”号驱逐舰
2009 年 4 月 26—30 日	墨西哥“夸乌特莫克”号驱逐舰
2009 年 7 月 19—22 日	哥伦比亚“光荣”号训练舰
2010 年 3 月 8—12 日	新加坡“坚持”号登陆舰
2010 年 5 月 21—26 日	新西兰“特卡哈”号护卫舰
2010 年 8 月 18—23 日	葡萄牙“萨格雷斯”号训练舰

资料来源：上海市公安局水上公安局统计年报。

第八节　边海防安全保卫

1980 年，国务院、中央军委决定在公安部设立边防保卫总局，各省、自治区、直辖市公安厅（局）设立边防保卫局，统一领导边防检查站工作，又称人民边防武装警察总队。上海边检站受公安部边防保卫总局和上海市公安局双重领导。1983 年 10 月，上海市公安局边防保卫局撤销，并入武装警察部队上海市总队，总队设边防处。上海边检站隶属中国人民武装警察部队上海市总队领导。1984 年 7 月，为响应上海市反劫机领导小组的指示要求，虹桥边防检查站组织一次大规模的综合演练，并参与武警上海市总队的预演。1985 年 8 月，恢复上海市公安局边防局建制，受上海市公安局直接领导。1986 年 11 月 25 日，虹桥边防检查站举行反劫机综合演习，国际安检科、国内安检科、证检科、监护科、查控调研科、技术科参加综合演习。

1993 年 4 月 15 日—5 月 25 日，上海市公安局边防局成立首届东亚运动会边防安保领导小组，负责运动会期间的边防检查工作，完成运动会期间边防查控及相关安保工作。1993 年 8 月 27 日，上海市公安局边防局成立教导大队。1995 年 8 月 1 日，上海市公安局边防局成立边防分局和海警分局。海警担负的主要任务：在中国领海和毗连区内进行治安巡逻、检查，依法在海上实施船舶治安管理，查处海上违法犯罪活动，重点打击偷渡、抢劫、走私、贩枪、贩毒等犯罪活动，防范打击境外敌对势力、敌对分子和黑社会组织从海上对中国的渗透破坏活动，维护国家海洋权益。

1997 年 8 月，根据《国务院关于北京等九城市边防检查职业化改革试点方案的批复》精神，上海边检机关实行职业制改革。1998 年 7 月，中华人民共和国上海出入境边防检查总站成立，下辖 5 个边防检查站。同时，上海市公安局边防局改称武警上海市边防总队（又称上海市公安边防总队），受公安部边防局和上海市公安局双重领导，主要职责是在上海边海防地区对境内外敌对势力、走私、贩毒、等各种违法犯罪分子进行斗争，依法进行边防管理、维护国家主权和安全，维护边海防地区良好秩序。管辖区域北起崇明县，南至金山区，共 592.5 千米海岸线，辖区跨四区一县（浦东新区、奉贤区、金山区、宝山区、崇明县）。1997 年 12 月 31 日，正式启动“海上 110”，海警实施海上救助、打捞、警戒等。1998 年 10 月,上海第一个边防派出所——金山嘴边防派出所挂牌成立,边防派出所担负上海沿海一线地区边境管理和治安管理任务。

2001 年 3 月 30 日,中共中央组织部、中共中央政法委员会、中共公安部党委联合下发通知,决定对公安武警边防部队实行统一领导管理与分级指挥相结合的体制,由公安部边防管理局负责对公安武警边防部队的领导和指挥,地方公安机关主要负责相关公安业务指导和建设工作。2001 年 9—10 月,上海市公安边防总队完成亚太经合组织会议边防保卫工作,实施浦东国际机场外水域封航等措施,确保会议期间海上治安秩序稳定。2006 年 6—7 月,上海市公安边防总队完成上合峰会边防安全保卫工作,主要承担沿江沿海、浦东国际机场正面海域、黄浦江核心区两端警戒及周边辖区的安保任务。海警支队因在上合峰会边防安全保卫工作中成绩突出,被公安部记集体三等功 1 次。2007 年 5 月 28 日,上海市公安边防总队派出海警 1001 舰海警部队赴青岛参加公安海警奥运安保海上反恐执法演练。2007 年 8 月 22 日—10 月 12 日,上海市公安边防总队圆满完成第十二届世界夏季特殊奥林匹克运动会期间边防辖区安全保卫工作。2007 年 9 月 28 日,上海市公安边防总队参加上海市港口管理局在上海国际航运港口中心洋山深水港区举办的"中国政府履行 SOLAS 公约 2007 年港口设施保安演习"。

2008 年 4—9 月,上海市公安边防总队完成圆满完成青岛"奥帆赛"、金山"世界沙滩排球巡回赛""2008 年环崇明岛国际公路自行车赛""雪龙号"科考船凯旋欢迎仪式、"金山旅游文明在行动"启动仪式以及奥运会期间 40 个水上重点卡口、6 个重点场所、5 个海上重点目标的安全保卫任务。2009 年 3—6 月,上海市公安边防总队举行公安海警上海世博会海上安保演练。来自上海、辽宁、天津、山东、江苏、浙江、福建、广东、海南等 9 个沿海总队的 29 艘舰艇和来自上海警务航空队的 2 架警用直升机参与演练,参演官兵 1 300 余人。

2010 年 4—11 月,围绕上海世博会安保工作,上海市公安边防总队共投入警力 1 600 余人、舰艇 34 艘,主要担负上海近海海域、沿海一线边防辖区安全保卫和环沪边防辖区治安管理任务。在沿海一线尤其是 21 个重要卡点、5 个重点目标,通过车巡、步巡盘查、设卡检查、视频监控等方式,实施全天候巡控,切实做到"管理不间断,控制不疏漏"。其间,海上共出动舰艇 5 523 艘次,航程 200 851 海里,检查船舶 37 973 艘;陆上共出动警力 375 715 人次,走访群众 809 156 人次。

至 2010 年 12 月底,上海市公安边防总队为正师建制,设 3 个正团级单位(边防支队、海警支队、教导大队)和 1 个副团级单位(海警 1001 舰),管辖北起崇明县南至金山区辖区 592.59 千米海岸线及上海周边至毗连区海域,主要担负上海市沿海反走私、反偷渡、缉枪、缉毒以及出海渔船民管理、刑事案件办理和治安案件管理等任务。上海沿海共设边防派出所 15 个,累计处理治安案件 11 420 起、行政案件 12 040 起,调解矛盾纠纷 14 836 起,抓获网上追逃人员 25 人,破获毒品案件 5 起,缴获海洛因 3 786.25 克;破获走私案件 35 起,案值 4 880 万余元;破获偷渡案件 15 起,抓获偷渡人员 336 人、蛇头 22 人。

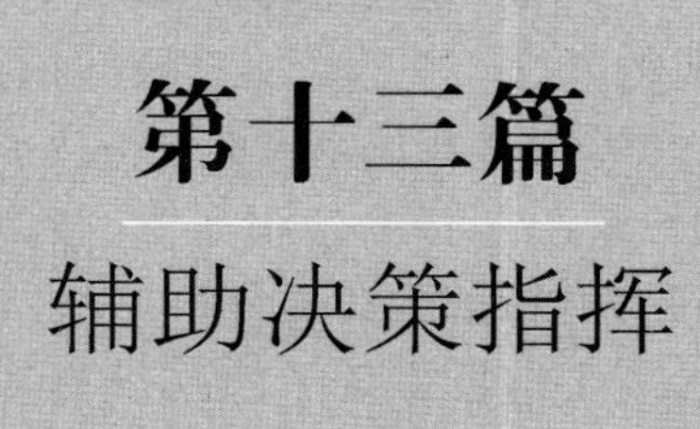

第十三篇

辅助决策指挥

20世纪70—80年代，市公安局办公室负责处理日常办公事务及警务指挥工作。进入20世纪90年代后，改革开放不断深入，全社会人、财、物大流动，影响公共安全和社会稳定的突发事件日趋增多，尤其是1993年110报警电话的开通，对上海公安警务指挥和管理水平提出更高的要求。1994年，市公安局成立指挥部，在公安指挥管理体系方面进行改革。进入21世纪后，市公安局指挥部在不断完善日常办公职能的同时，进一步提高情报研判、指挥调度、应急处突等方面的能力。2001年，市公安局档案处并入市公安局指挥部。2002年，市公安局指挥部增设情报处，并开始组建全局各级情报机构，逐步建成上海公安大情报体系。之后，为适应城市管理的需要，市公安局指挥部开始承担部分市级机构管理职能，2004年，上海市应急联动中心设在市公安局指挥部指挥中心，是市政府牵头、跨部门协作、整合相关力量和社会公共资源的多功能平台，负责应急联动处置全市范围内的突发公共事件。2007年，市公安局将承担全市公安机关办理跨国、跨境刑事案件指导协调职能的国际刑警组织中国国家中心局上海联络处由刑侦总队划归至指挥部。多年来，市公安局指挥部作为全局的指挥办公机构，主要承担指挥、参谋、协调、服务等职能。

第一章　警务指挥

20世纪70—80年代，上海市公安局办公室负责局内警务指挥协调工作。1994年8月，市公安局将办公室改建为市公安局指挥部，指挥部设指挥中心，下设综合科、一科、二科。2004年，市公安局在指挥部指挥中心内增设三科(应急联动科)。2004年，市公安局指挥部指挥中心实现110、119、122指挥台的“三台合一”。2005年，市公安局在指挥部指挥中心增设四科(110接警管理科)，对外称上海市公安局110报警服务台。至2010年，市公安局指挥部指挥中心实现了110、119、122指挥台的“三台合一”；通过上海市应急联动中心构筑全市应急联动平台；建成具有国际一流水平的指挥信息通信系统；确立指挥中心专职指挥长制和统一指挥制度；建立健全应急联动制度、机动备勤和应急调度制度、水陆空治安查堵制度、突发案(事)件处置制度等一系列制度规范。上海公安机关逐步形成指挥有力、反应灵敏、协调有序、运转高效的警务指挥机制。

第一节　指挥调度

20世纪70—80年代，市公安局办公室总值班室负责重大情况的应对，但其职责局限于上报情况、传达指示，少有预案，且没有专职指挥人员，也不负责具体警务指挥工作。20世纪90年代，全市各类突发案(事)件开始增多以及1993年110报警电话的开通，对上海公安的应急反应能力和警务指挥能力提出更高要求。1994年，市公安局成立专门的警务指挥机构——指挥部指挥中心，主要职责为：收集、掌握全市重大政治、治安动态，及时准确地上报下达；协助局领导组织、协调重大节日和大型活动的安全保卫工作；研究、制定各类突发事件的工作预案，并组织演练；负责110报警服务台工作和指挥处置突发事件；负责巡逻警车的指挥调度和监控查勤工作。

2002年，市公安局决定将指挥部指挥中心指挥长统一纳入领导职数设置范围，市公安局指挥部指挥中心、分(县)局指挥处(室)指挥中心各设指挥长4人。指挥长实行聘任制，每次聘任期为2年。2004年，市公安局指挥部指挥中心增设1名指挥长，另设5名副指挥长，并正式确立专职指挥长、指挥组制度，明确指挥长是指挥调度、处置突发事件和上报相关信息的第一责任人，享有先期处置权、警力调度权、装备调用权等相关职权，减少层层上报、请示的环节。专职指挥组承担对全市各类突发事件处置的指挥调度工作，实现由单一值班模式向专职值守、专职处置的转变。2006年，市公安局将指挥部指挥中心指挥长职务名称变更为总指挥长，副指挥长职务名称变更为指挥长。

2004年5月，为“联手协作、及时打击、震慑犯罪、减少成本”，苏、浙、沪相邻城市(区、县)公安机关指挥中心签订《苏、浙、沪相邻城市公安指挥中心应急指挥协作网络合作协议》，以“资源共享、互利多赢”为工作原则，实现信息化、规范化、程序化，提升公安指挥协作机制效能。协作内容包括区域应急协查、重要信息通报、紧急信息查询、跨区域实战演练等紧急警务活动，并建立起应急响应和反馈、联席会议等工作机制。

2004年8月，市公安局新建成的办公指挥大楼中的指挥中心正式启用，面积3 500平方米，分为首长室、指挥大厅、应急联动指挥室、接警室4个相对独立的区域。其中指挥大厅768平方米，共设首长、综合、消防、交通指挥区工位43个，另有备用工位46个；应急联动指挥室设置工位39个；

接警室3个,设置工位55个,最多可同时开启137个工位。市公安局指挥中心功能达到当时世界警用先进水平,包括接处警应用系统、大屏幕显示和视频直播系统、视频音响保障系统、信息网络传输系统等8个子系统。其中,计算机专网和GIS基础信息平台、预案数据库的运用,实现辅助决策的职能化。GIS平台一期规划有50个图层,可显示全市946辆GPS巡逻车、330辆GPS金融押运车的方位和行驶轨迹。电子记录存储系统将接处警电话、电台呼叫语音、重大任务期间的监控图像等信息全部存储备案。市公安局将原指挥中心进行必要的硬件改造,使之作为备用指挥平台,以备非常状态下启用。

至2010年,市公安局指挥部指挥中心设综合、交通、消防、特警指挥席,分别由市公安局指挥部指挥中心、交警总队、消防局、特警总队派员值守,受当值总指挥长统一指挥,平时按照各自职责开展处置工作,遇有重大突发案(事)件时,总指挥长根据预案调集各指挥台指挥员实施合成作战,协调市公安局有关部门及应急联动单位开展处置。市公安局指挥体系根据各区、县实际情况,推行直接指挥调度和分类指挥调度2种模式。直接指挥调度模式由各公安分(县)局指挥处指挥中心(室)直接指挥调度街面执勤警力,依托基层勤务的动态化管理,各公安分(县)局指挥处(室)指挥中心实时掌握街面执勤警力的工作状态,强化集权式指挥;分类指挥调度模式由各公安分(县)局指挥处(室)指挥中心通过电台、电话、网络通知派出所指挥调度民警,遇到重大、敏感警情时,各公安分(县)局指挥处(室)指挥中心及时跟进掌握,判断警情的性质、特点与发展趋势,必要时直接指挥调度,强化分类式指挥。道路交通指挥,原则上采取交通指挥台直接指挥调度模式。

第二节 110报警服务

1978年,群众有报案需求以拨打公安机关电话或到公安机关上门报警为主。1993年5月1日,上海市正式向社会开通110报警电话。110报警服务台主要受理属于公安机关管辖的刑事案件、治安案件、交通事故以及其他危及公共安全需要紧急处置的事件、自然灾害事故。110报警电话开通至当年年底,共收接报话201 259次,出动警力处置各种案件、事件16 460次,通过报警、处警,破获各类刑案376起,其中重大刑案133起,查处治安案件2 869起,抓获违法犯罪分子2 050人,为民排忧解难做好事1 151件。全市中心城区的公众紧急电话报警由市公安局指挥部指挥中心值守民警负责接听,接报后通过电话告知中心城区处警单位指挥中心,由各相关指挥中心调派警力至现场开展处置工作;郊县的公众紧急电话报警由各县局指挥中心值守民警负责接听,接报后直接调派警力至现场开展处置工作。1996年,市公安局升级110接处警模式,构建110接处警网络,接到电话报警后,通过电脑形成110接报警表单,表单通过处警网络发送。

2001年,由于110报警电话增多,市公安局招收一批特殊保安队员协助民警,参与中心城区报警电话接处。2005年7月,根据市公安局文职管理相关规定,原110报警服务台从事接警的167名特殊保安队员通过文职转岗考试,成为专职接警的文职人员。市公安局指挥部指挥中心制定《全市各级指挥中心文职人员工作规范(试行)》,并从社会上招聘文职。至2010年,文职额度为300人。

2002年下半年起,为方便外国人报警,110报警服务台接受外语报警,通过志愿服务形式由青年公安民警担任志愿外语翻译。2004年,受聘担任外语接警翻译有18名志愿者,其中英语、俄语各3人,德语、法语、朝鲜语各2人,日语4人,阿拉伯、西班牙语各1人。志愿者翻译的移动电话24小时开机,随时接听110报警台转接的外国人报警电话。2006年1月10日,市公安局指挥部指挥中心开通110短信报警服务,短信报警适用于聋哑人报警、遭人胁迫无法电话报警的情况以及举报电讯诈骗短信，当年共接到聋哑人短信报警71起。

市公安局在加强上海市公安局指挥中心建设的同时，也加快各分（县）局指挥中心的建设，保证两级指挥中心在常规功能、装备技术标准等方面的衔接。2004年开始，110接处警工作实行“一级接警、两级处警”的模式，即由市公安局110报警服务台统一受理公众紧急电话报警、求助和投诉，通过110接处警网络将接报警表单发送至各处警单位指挥中心（室），由各处警单位指挥中心（室）调派相关警力至现场开展处置工作。特殊情况下，市公安局指挥部指挥中心可以直接调派警力开展处置工作。

2004年11月22日，市公安局110报警服务台民警接警

2004年8月15日，市公安局指挥部指挥中心将原来设在相关总队指挥中心的119消防指挥台和122交通指挥台迁至市公安局指挥中心，实现110、119和122报警指挥台“三台合一”的接处警模式，全市公安机关初步形成信息灵敏、指挥有力的应急处置指挥体系。

2007年，市公安局下发《上海市公安局“110”接处警工作规则（试行）》《“110”接处警先期处置工作规范（修订稿）》《关于规范“110”接处警登记工作的通知》《关于规范民警到场未发现报警人或当事人的“110”警情处置流程的通知》，对110警情受理范围、工作原则、基本要求、警务保障、奖励与处罚等作出明确规定，进一步规范基层单位的110接处警工作。同年，为更快速、更高效的开展110接处警工作，全市各公安分（县）局指挥中心陆续开始三级接处警模式，在接到市公安局110报警服务台派发的110接处警表单后，通过处警网络直接将110接处警表单发送至各派出所指挥室，各派出所指挥室再调派警力至现场开展处置工作。在接处110警情的过程中，按照接报案（事）件的严重程度分为特大、重大和一般三类，分别用红色、黄色和白色来表示。接警员接报警情后，通过110接处警系统第一时间向各分（县）局、市公安局业务单位指挥中心（二级处警平台）下发处警表单，并提出警情升级的申请。警情升级后，系统自动将警情推送至指挥大厅综合指挥区，当值指挥员复听接警录音后开展跟踪反馈，了解掌握现场情况并上报。特大警情，总指挥长即时干预，通过电台、电话直接点对点与现场负责人沟通联系，关注事态发展，实现重大突发事件的扁平化指挥。

2009年底，市应急联动指挥信息系统完善工程竣工，工程建设主要项目为完善接处警系统，增加系统容灾备份设备，系统接警量由5万次升级至8万次。2010年，各公安分（县）局指挥中心建设110短信回访平台，对符合回访条件的所有报警手机进行短信回访，对群众不满意的警情逐一进行电话答复，充分听取群众对110接处警工作的意见，提高群众满意率。

至2010年，各公安分（县）局相继新建或改造指挥中心，建立集图像监控、有（无）线调度、GPS定位、110处警为一体的综合应用系统，在全市形成网络健全、功能强大、技术先进、上下贯通的公安应急指挥调度系统，能够满足复杂条件下处置各类突发案（事）件的指挥和实战需要。2010年，市公安局每日接报约3.6万起警情,处警约1.7万起,每日7—9时、17—19时为呼入高峰,0—4时为呼入低谷,高峰时段均配有加强接警力量。

表13-1-1　1993—2010年上海市110接处警数量统计　　单位:次

年　份	接报警数量	处警数量
1993	201 259	16 562
1994	324 142	26 231
1995	417 480	33 693
1996	484 923	77 153
1997	1 140 506	234 345
1998	1 816 256	432 575
1999	2 207 148	663 055
2000	3 211 685	897 840
2001	4 024 004	1 088 612
2002	4 697 506	1 238 681
2003	5 484 763	1 647 880
2004	7 490 575	2 206 626
2005	10 026 527	2 805 133
2006	10 902 230	3 499 510
2007	10 929 623	4 107 035
2008	11 398 360	4 264 922
2009	11 410 557	4 435 398
2010	12 114 839	4 795 454

资料来源:上海市公安局110接处警系统统计结果及《上海公安年鉴》。

第三节　应急联动

一、上海市应急联动中心

2003年11月11日,上海市决定建立上海市应急联动中心。市应急联动中心是在市委、市政府领导下,有效整合相关力量和社会公共资源,对全市范围内的突发事件和应急求助进行应急处置的职能机构和指挥平台。市应急联动中心与市公安局指挥中心合署办公,设置在上海市公安局办公指挥大楼指挥中心内,日常管理工作由上海市公安局负责,核定人员编制20名,所需编制在市公安局专项行政编制中调剂解决。上海市应急联动中心设有市领导专用办公室、首长室、参谋室和联动中心专用会议室,以及联动成员单位进驻使用办公室,指挥大厅开辟联动单位指挥区。

2004年2月,市应急联动中心完成《上海市突发公共事件应急联动处置暂行办法》的起草工作,明确和界定突发事件的分类、应急联动中心及联动单位的职责、应急处置的预案管理、突发事件处置流程等。上海市应急联动中心的主要职责为：受理全市范围内突发公共事件的报警；负责应急联动处置一般突发公共事件；负责组织联动单位对重、特大突发事件进行先期应急处置，并协助市政府组织实施紧急处置；负责对全市应急联动工作的指导；市政府授予的其他职责。

2004年8月15日，市应急联动中心开始试运转。9月30日，设于上海市公安局办公指挥大楼内的上海市应急联动中心正式启用，市公安局、上海海事局、市电力公司、市工商局、市卫生局、市市政工程管理局、市水务局、市司法局、市交通管理局、市民防办、市防汛指挥部、上海燃气(集团)有限公司、上海石油天然气有限公司、上海华谊(集团)公司、市化学工业区管理委员会、市地铁抢险救灾指挥部、市安全生产监督局17家单位，作为第一批联动单位实施联动。10月1日，上海市应急联动中心正式运作。市应急联动中心借用公务网非涉密区域建立上海市应急联动网站，以该网站为平台实现联动工作的信息发布、交流、电子预案、通则和办公管理等功能，申请并安装应急有线电话，配备800兆无线通信设备，以网络、有线、无线的形式实现全方位的互联互通。市应急联动中心正式运作起，通过110以及其他紧急救助电话号码，统一受理突发事件报警，指挥、调度、协调联动单位开展应急联动处置工作。接警后，市应急联动中心对需要应急联动处置的，立即启动相应的应急处置专项预案，向有关联动单位指挥机构下达指令，组织有关联动单位进行处置。联动单位接到市应急联动中心指令后，按照职责分工和应急预案的要求，迅速指挥、调度本单位应急处置队伍、专家队伍和装备、资源，相互协同、密切配合，快速高效处置突发事件。属于一般、较大突发事件的，由市应急联动中心直接指挥、调度、协调有关联动单位开展应急联动处置。属于重大、特别重大突发事件的，由市应急联动中心组织有关联动单位开展先期应急联动处置，并根据突发事件应急预案，由有关职能部门组织实施后续处置工作；必要时，成立市级专项指挥机构，统一组织开展处置工作。

2004—2010年，市应急联动中心有效整合社会和相关职能部门的组织资源、信息资源和各类物质资源，在处置全市各类重大突发公共事件中，实现全市各单位在统一指挥平台下，资源共享、协调运作、有序联动，形成处置合力，提高处置效率。2004年，市应急联动中心印发《上海市突发公共事件应急联动处置预案通则(试行)》《关于应急联动工作联系会议制度的暂行规定》《现场指挥部工作规范》《信息报送工作规范》等制度规范，建立应急联动工作机制，并在应急联动工作实践中不断加以调整、完善，初步形成全市应急联动体系。2004年10月27日，市应急联动中心与市反恐办联合举行首次反恐怖综合演练。2009年，市应急联动中心制定《关于进一步加强本市应急联动工作若干规定》，进一步明确应急联动工作的日常值守、信息沟通、响应时限、培训演练、责任追究等方面规范。2010年，市应急联动中心协调建立上海世博会期间全市建筑工地突发事件和因劳动纠纷引发的重大群体性突发事件应急处置联动机制；就长江口航道封航后对陆上交通可能产生的影响等问题建立信息互通机制。

2005—2010年，每年汛期来临之前，市应急联动中心会同市防汛办、市路政局等职能部门，对全市下立交基础数据进行全面细致梳理，细化完善“一点一预案”，将管理职能逐一落实到基层单位，制定的《保障防汛抢险物资运输和应急抢险车辆通行专项方案》，将全市城区道路划分为五大区域，以高架道路为基础分别确定交通保障线路。市应急联动中心加强与防汛、气象部门的信息共享和应急联动机制，当暴雨达到黄色预警级别，市气象局向市防汛指挥部发起进一步提升预警级别的应急会商的同时，提请其同步告知市公安局指挥中心，并提前做好提升响应等级、应对处置的充分准备；同时密切高度关注某一时段内110警情情况，在第一时间调度部署警力，精准指挥处置。

二、应急联动案例(选录)

2005年8月4—7日,第九号台风“麦莎(MATSA)”正面袭击上海,且台风、暴雨和天文大潮交汇,形成洪、涝、风、潮的严峻防汛形势。4日夜,市委、市政府召开防御“麦莎”台风紧急会议。市公安局指令各级公安机关迅速行动,交警部门加强对高架、高速公路和越江桥隧的交通管理,在各主要路口、路段增派警力疏导车流,安排牵引车辆及时处置各类交通突发事件;消防部门加强对易燃易爆重点单位的安全检查,并组织力量随时准备投入应急灭火、排水等抢险救灾行动;治安部门加强对供水、供电、供气、通信、军工等涉及国计民生单位和党政机关、电台、电视台、金融、电信等重点要害部位的安全检查,指导落实各项安全防范措施;轨道分局、机场分局和水上公安局等单位加强对城市轨道、机场、内河区域的安全检查,并落实各项防范措施。派出所组织民警深入社区,做好部分地区人员撤离的准备工作。8月5—7日,市应急联动中心将原来每班45个接警工位增开至60个,并将实时信息通报各联动单位。其间,市公安局共出动警力达6万余人次,消防官兵9 940余人次,消防车辆1 067辆次,抢险救灾1 400余起。5日晚,金山区3名渔民在驾船驶往金汇港避风过程中,搁浅在离港口1 800米处的海滩上,奉贤公安分局海湾边防派出所立即出警前往营救,通过8小时的努力,成功将渔民全部营救上岸。8月5日12时—7日24时,市应急联动中心共接报各类灾害事故警情12 507起,其中指挥应急联动单位处警6 858起。

2009年6月27日5时40分,闵行区罗阳路599弄在建的莲花河畔景苑小区工地1幢13层高楼房向南整体倾倒。市应急联动中心即指令闵行公安分局、消防局派员前往处置,并通知市民防办、安监局、建交委及市卫生局派员到场。经工作,莲花河畔景苑倒楼事件得到妥善处置。

2009年11月28日8时23分,浦东国际机场1架型号为MD-11、航班号SMJ324的货运飞机在浦东机场1号跑道滑行起飞时突然起火燃烧,并冲出跑道。市应急联动中心接报后即指令机场公安分局、消防局派员前往处置,并通知市卫生局派员到场,指令浦东公安分局、交警总队做好周边道路交通畅通保障。经工作,货运飞机起火燃烧事件得到妥善处置。

2010年2月21日16时13分,青浦区华新镇嘉松中路4490弄400-418号上海月胜废品收购有限公司发生爆燃安全生产事故。市应急联动中心即指令青浦公安分局、消防局、刑侦总队派员前往处置,并通知市卫生局、市安监局派员到场。经工作,爆燃事故得到妥善处置。

2010年3月20日11时8分,徐汇区船厂路52号建筑工地内施工电梯井坍塌,有人被压。市应急联动中心即指令徐汇公安分局、消防局派员前往处置,并通知市卫生局、市安监局派员到场。经工作,坍塌事故得到妥善处置。

第四节 大型群众性活动安保

20世纪80年代初,上海市每年举行群众性大型社会活动500余场。随着改革开放的不断深入和经济社会的快速发展,至20世纪90年代,全市每年举行各类重大活动1 000余场。

1998年1月1日实施的《上海市特种行业和公共场所治安管理条例》明确公安机关所指的大型活动是大型公众性临时活动,主要有:在公园、文化馆(站、宫)、俱乐部举办的室内3 000人,室外有5 000人参加的各种联欢活动;在露天广场或街道举办的有30个以上摊位的商品展销会或交流会;在南京路、淮海路、四川路、豫园商场、十六铺、静安寺、上海火车站、徐家汇等繁华地段和商业中心举办的紧销商品展销活动；规模较大的国际、国内体育比赛；外国文艺团体和外省市著名演员到沪的演出活动；每天有5 000人次观摩的各种展览会和其他重要展览。申办单位应在举行活动预定日的15日前向所在地公安分(县)局治安支(大)队提出申请；涉外文艺、体育、展览展销活动，全国性、埠际性、跨区、县活动，需向市公局治安总队提出申请。需占用马路的，在向市公安局交巡警总队申报同意后，再向治安总队提出申请。

1999年3月3日，市公安局印发《上海市特种行业和公共场所治安管理工作责任制实施办法(试行)》，规定市公安局治安总队负责审核、审批举办跨区(县)的大型公众性临时活动。各公安分(县)局治安支(大)队和有关处(局)治安部门负责受理辖区内大型公众性临时活动的开(举)办申请及初审工作。

1999年11月18日，公安部颁布实施《群众性文化体育活动治安管理办法》，明确在公园、风景游览区、游乐园、广场、体育场(馆)、展览馆、俱乐部、公共道路、居民生活区等公共场所举办群众性文化体育活动，以及在影剧场(院)举办其经营范围之外的活动适用该管理办法；群众性文化体育活动的参加人数在200人以上3 000人以下的由县级公安机关许可，人数在3 000人以上的由地(市)级公安机关许可，跨地区的群众性文化体育活动由共同的上一级公安机关许可。

进入21世纪，在上海举行的经济、文化、体育、旅游、教育等各个领域大型群众性活动数量日益增多，而且形式复杂多样，平均每年举行3 800余场。其中，上海旅游节、购物节等活动时间跨度长达1个月；新年倒计时、上海国际汽车展、旅游节花车大巡游等活动吸引几十万人次观众；F1中国大奖赛、上海ATP网球大师赛、上海国际马拉松赛、上海国际电影节等活动具有较大的国际、国内影响，吸引社会各界广泛参与和媒体高度关注。2005年，市公安局在总结多年安全管理工作实践经验的基础上，制定《大型公众性临时活动安全管理暂行规定》，进一步细化大型群众性活动安全管理工作要求和安全检查标准。

2007年10月1日，国务院正式颁布《大型群众性活动安全管理条例》(以下简称《条例》)。《条例》是新中国历史上第一部系统规范大型群众性活动安全管理的国务院行政法规，将大型群众性活动安全管理工作纳入正规化、法制化的轨道。对大型群众性活动的范围、承办者、场所管理者的安全责任和公安机关的职责，安全许可的条件、程序、时限，安全管理措施以及法律责任等予以明确规定。根据《条例》，上海市大型群众性活动安全管理遵循承办者负责、政府监管的原则；市公安局和各区(县)公安部门负责大型群众性活动的安全管理工作；全市县级以上人民政府其他有关主管部门按照各自的职责，负责大型群众性活动的有关安全工作。全市公安机关对大型群众性活动实施安全许可制度，其中，对预计参加人数在1 000人以上5 000人以下的大型群众性活动，由活动所在地公安分(县)部门实施安全许可；对预计参加人数在5 000人以上的大型群众性活动，由市公安局实施安全许可；跨区、县举办的大型群众性活动，由市公安局实施安全许可。

至2010年，市公安局指挥部指挥中心负责市级大型群众性活动的安全许可和安全监管工作，指导、协调全市各类大型群众性活动安全保卫工作。市公安局指挥部指挥中心牵头市公安局治安、交警、消防、出入境等部门及相关分(县)局开展工作和处置突发情况，采取现场待命、就近屯兵、常态备勤等方式，确保高效处置大型活动中的突发事件。同时，市公安局以《大型群众性活动安全管理条例》为基础，协调政府有关职能部门，明确各方安全职责和监管责任，对政府举办的大型活动与商业活动的范围进行界定，进一步规范安全许可和监督管理工作流程、要求。市公安局会同市经信委、市商务委、市文广局、市体育局、市旅游局、市外办等单位，建立上海市大型活动审批事先会商机制，明确由政府主管部门审批或自行主办大型活动应事先征求公安机关对于安全的意见，对于公安机关评估不符合安全要求的活动,由政府主管部门要求承办者缩小活动规模、延期举行或取消活动,实现市政府主管职能部门、公安机关共同管理活动安全,并做到许可审核关口前移。在活动举办前,市公安局对活动进行安全风险评估,分析可能影响活动安全的各类隐患,按照"效果服从安全"的原则,提出调整方案、完善安全管理等工作意见,并有针对性地研究制定安保工作方案和应急处置预案。其间,上海公安机关先后完成1999年《财富》全球论坛、2001年亚太经济合作组织会议、2003年全球行政总裁会议、2004年世界工程师大会、2005年世界法律大会、2006年上海合作组织峰会、2007年非洲开发银行集团理事会年会、2007年世界夏季特殊奥林匹克运动会、2008年北京奥运会上海赛区比赛、2010年上海世博会等重大活动的安全保卫工作。

第二章 公安信访

中华人民共和国成立后，市公安局逐步建立专职信访机构，出台并不断完善领导批阅来信和亲自接访、目标管理考评、过错责任追究等工作制度，并根据国务院1996年《信访条例》和2005年修订的《信访条例》，不断构建信访长效工作机制，完成2005年全国各级公安机关开展组织集中处理群众信访问题工作；2007年开展集中排查化解涉法涉诉进京非正常访案件工作和“重信重访、越级去京上访、非正常上访”等专项活动，使信访工作成为公安机关联系群众、接受监督的桥梁和纽带。

2006年3月，市公安局决定在市公安局指挥部信访处增设政府信息公开科，负责政府信息公开工作和公安门户网站的策划、管理、运行和维护，督促有关业务部门保管、维护、更新、流转、移交公安政府信息，汇总、指导市公安局政府信息公开工作，“公安热线”“在线咨询”栏目的管理工作，网上办事推进工作以及法律、法规、规章规定的其他职责。

第一节 信访制度

1978年，市公安局出台《关于信访工作的情况和今后意见》，明确领导干部要亲自加强信访工作。1980年5月，市公安局制定《处理人民来信来访暂行细则(草案)》明确公安机关处理人民来信和接待群众的工作范围，以及信访干部的职责和处理信访的原则、方法等。1982年5月，市公安局党组开会专门研究信访工作，重点研究上访老户问题，市公安局领导亲自批阅群众来信，亲自接待、亲自处理重要疑难信访。1984年，市公安局办公室信访科将原来每周4天接访接待改为6天全天接待，并制定“接待守则”和“来访须知”，公布在群众来访接待室。1986年，市公安局出台《关于贯彻全国公安信访电话会议精神的意见》，明确要加强对信访工作的领导，把信访工作列入议事日程，建立必要的接待制度和信访会议制度，着重解决重要、疑难信访案件。

1991年4月，市公安局党组建立局领导定期接待来访群众日制度，开始每周四1次，后改为每两周1次，由市公安局领导轮流接待，听取群众意见，帮助解决群众困难。1992年，各级公安机关持续加强对信访工作领导，主要领导亲自阅批信件，市公安局部分单位也建立领导接待日制度，领导直接处理群众来访。1994年，市公安局绝大多数单位领导把信访工作纳入重要议事日程，实行“三抓”，即第一把手亲自抓、分管领导具体抓、其他领导配合抓。同年，市公安局要求各级公安机关把加强基层信访工作作为重要环节来抓，建立完善目标管理岗位责任制，定期通报信访办结情况，促进基层信访工作，使集体访、进京访、重信重访率全面下降。同年，市公安局为推动公安信访工作的制度化、规范化建设，制定《上海市公安局信访工作目标管理和考评规定(试行)》，对领导重视、制度健全、控制进京上访、完成上级交办件、加强基层工作和提供信息等规定量化目标，建立统一的考评标准。1998年，为贯彻公安部“苏州会议”提出的把派出所工作重心转移到管理和防范上的有关精神，市公安局进一步修订完善《上海市公安局信访工作目标管理和考评规定》，理顺派出所(警署)信访工作关系，完善基层信访工作网络，健全机制、强化责任制，要求基层认真处理好人民群众第一次来信和第一次来访，努力减少重信重访、集体上访和越级上访，并加强对基层信访干部的培训，提高信访干部运用政策、法律水平和处理信访问题能力。1999年1月1日起，市公安局领导原两周1次接待群众改为每周四上午接待群众,各分(县)局与市公安局同时同步实行每周四上午接待群众,基本形成全局上下联动、共同参与、认真高效处理群众信访的工作网络。

2000年,市公安局为推动信访工作重心下移,进一步健全公安信访网络,以派出所、警署为依托,明确所长、署长为信访工作第一责任人,做到纵向到底、横向到边,建立热点问题排查制度和重点对象动态信息反馈制度,加强基层信访预警机制建设,增强基层就地化解矛盾的能力,努力把问题解决在基层,解决在萌芽状态。2005年,市公安局为巩固和深化当年开展集中处理群众信访问题(即"大接访")工作成果,加强信访事项办理、工作责任落实和过错责任追究等方面的制度建设,下发《上海市公安局信访工作过错责任追究暂行规定》,对11种工作过错明确规定行政处分结果。同年,为建立信访突出矛盾排查调处工作机制,推行每月滚动排摸、每月上报数据制度,并定期报告工作进度。2005年,市公安局制定《上海市公安局领导干部信访工作制度》,要求市公安局党委成员和各分(县)局党委成员认真执行接待信访群众、处理信访问题、研究指导信访工作等工作要求,并明确各级公安机关每周安排半天时间研究处理信访工作、每周四上午安排领导干部接待信访群众,并将领导干部信访工作制度执行情况纳入目标管理考评和干部绩效考核范围。

2006年,市公安局成立由党委副书记、副局长任组长的信访工作领导小组;下设办公室(设在市公安局指挥部信访处),由市公安局指挥部分管信访工作的领导任办公室主任。同年,市公安局制定出台《关于建立健全本市全市公安机关信访工作长效机制的实施意见(试行)》,明确成立市、区两级公安机关信访工作领导小组及办公室,出台《本市公安机关信访事项办理程序》,对信访事项的受理、转达、办理、答复、复查复核等工作流程和主体责任作出细致规定,并建立领导干部信访工作责任体系和信访问题预警、重大疑难事项"会诊"、回访反馈、责任倒查和责任追究等一系列配套机制,为全市公安信访工作的规范化、制度化建设指明方向。2007年,市公安局下发《上海市公安机关各级领导"包案"处理信访突出问题实施方案》和《关于进一步落实分(县)局局长和市公安局相关职能部门领导信访接待日制度的通知》,明确实行领导"包案"处理信访突出问题工作制度,精心组织落实好领导干部信访接待日制度,确保责任落实。同年,市公安局下发《关于进一步加强和规范上海市公安信访突出矛盾日常排查及情况反馈工作的通知》,明确排查范围为八类信访突出矛盾,并对排查上报和矛盾化解作出具体规定。2008年,市公安局制定出台《上海市公安局社情民意报送办理工作暂行规定》,要求各级公安机关按照"日排查、周分析、月汇总"的要求,对通过书信、电子邮件、传真、电话、走访等形式反映集中、反响强烈、愿望迫切,影响公众安全感和满意度的,涉及公安的各类情况、建议、意见和投诉请求,应纳入社情民意收集、报送范围。同年,市公安局成立市公安局信访工作督导组,加强涉法涉诉进京非正常访案件排查化解工作督导。2009年,市公安局制定《关于进一步加强和改进本市公安信访工作的实施意见》,重申公安信访工作的职责定位,要求从矛盾纠纷滚动排查处置、加大依法调解力度等方面开展源头治理,从实行分类处理、改进信访交办件办理、加强信访案件终结、探索信访救助资金制度等方面提高信访工作效能,从深化领导接访下访、发挥社区警务室作用、强化网上信访工作等方面畅通信访渠道,并对《实施意见》涉及的26项信访工作制定分工意见,逐一明确牵头单位和组织实施单位。同年,市公安局出台《上海市公安局信访工作"三督"联动暂行办法》,明确在市公安局信访工作领导小组办公室牵头下,由市公安局指挥部信访处、市公安局督察总队和市公安局信访工作督导组对全市公安信访工作联动开展督促、检查、指导,其中市公安指挥部局信访处侧重于督促、协调重要信访案件的办理,市公安局督察总队侧重于检查信访工作措施的落实情况,市公安局信访工作督导组侧重于指导重要信访案件的化解,并建立联席会议制度,通过明察暗访、听取汇报、调阅案卷、审查报告、下访回访等形式,对上级交办、重点、疑难复杂信访案件共同进行化解，不断推动全市公安信访工作良性发展。2010年，市公安局制定下发《上海市公安局信访事项终结工作暂行办法》，成立上海市公安局信访事项终结评审委员会，负责审查信访事项终结工作，建立公安信访事项依法终结和有序退出机制，明确信访事项终结的范围、信访事项终结程序和信访事项终结后续工作要求，进一步推动公安信访工作走向良性循环。2008年，市公安局领导共接待来访群众95批136人。2009年，共接待来访群众126批170人。2010年，共接待来访群众169批224人。

2010年9月7日，民警在市公安局信访接待室接待群众

第二节　信访类别与信访专项工作

1978—1979年，涉及上海公安的来信来访大量增加，主要反映四类问题：一是要求复查平反、纠正冤假错案；二是对被定位“四类”分子监督改造不服，要求落实政策；三是对被处以劳动教养或解教以后没有适当安置提出申诉；四是关于户口、通行证问题。信访数量的不断增加，是人民群众对党和政府信任的表现，反映粉碎“四人帮”以后，广大人民群众要求正确解决干扰破坏造成的问题。

1982年，上海公安各级信访部门继续配合复查平反纠正冤假错案，并贯彻落实中央“两个决定”（全国人大常委会《关于严惩严重破坏经济的犯罪的决定》和中共中央、国务院《关于打击经济领域中严重犯罪活动的决定》），认真受理各类检举严重破坏经济犯罪活动的来信来访。1983—1986年，全市各级公安信访部门通过信访渠道复查各类申诉案件17 793件，平反纠正冤假错案15 184件，为群众解决户口、处理善后等实际问题8 800余件，发现违法犯罪线索19 055件，调查民警不正之风、违法乱纪的信件3 924件，处理违法违纪民警373人，收到群众表扬民警的来信4 980件。

1990年，市公安局将处置“热点”、配合“严打”、预防集体上访等作为全年工作重点，并开展“假如我是信访者”的专题讨论，加强信访队伍建设，树立公安机关良好形象。1992年，市公安局受理来信来访总量减少，呈现“三多一少”的特点，即反映治安问题增多、对交通事故处理不服增多、要求调查死因增多、各类申诉减少。1994年，市公安局高度重视异常信访情况，主动为专项治理和专项斗争服务，认真做好进京上访案件办理，完善目标管理岗位责任制，加强信访基础调研，工作成效得到公安部的高度肯定，并在12月全国公安信访工作会议上作交流发言。1995年，全市公安信访呈现“三少三多”特点，即举报各类违法犯罪、对各类处罚不服、要求解决各类问题的信访同比减少，要求解决户口、对交通事故处理不服和表扬民警的信访同比增加。同年，市公安局为贯彻实施公安部《公安机关受理控告申诉暂行规定》，出台《上海市公安局关于执行〈公安机关受理控告申诉暂行规定〉的具体办法(试行)》,明确各级公安机关的信访部门是受理控告、申诉的专门机构,负责控告、申诉的日常工作,接受、转送、交办或者直接调查来信来访提出的控告和申诉,并对控告、申诉工作进行检查、督促和指导。市公安局选择黄浦、长宁 2 个公安分局作为试点单位,举办由各单位办公室分管主任和信访干部参加的《暂行规定》培训班,确保《暂行规定》实施工作在较短时间内走上正轨,被公安部指定在全国公安信访工作座谈会上作专门发言。

1996 年,市公安局认真贯彻落实国务院《信访条例》,规范基层信访工作,不断优化“窗口”建设,及时、妥善地处置一批社会不安定因素。1999 年,全市公安信访呈现 4 个特点,即检举类信访大幅度上升,求决类信访增多,控告申诉类信访有所下降,批评类信访明显减少。同年,市公安局实行特邀警风警纪监督员参与市公安局信访处的信访接待,当年共有 16 位特邀监督员参与接待上访群众 81 人次。2000 年,市公安局在各分(县)局全面推行警风警纪监督员参与信访接待工作制度,并列入信访工作目标管理考核。1999 年,市公安局“110 信箱”正式开通,全年共受理群众投寄“110 信箱”的信件 3 424 件,其中属于“110 信箱”受理范围的信件 1 754 件,占总数的 51.2%。此后“110 信箱”始终是公安信访的重要渠道,至 2005 年“110 信箱”群众举报线索的核查工作由指挥部信访处移转至指挥部情报处。

2000 年,全市公安来信来访总量呈现下降态势。具体类别中,要求解决户口、对死因结论不服、交通事故等问题总量较大,占全部信访总数的 63.5%,此外报案、检举违法犯罪活动的也占到 14.1%。同年,市公安局开展重点信访问题专项治理工作,通过成立专项治理工作领导小组,严格执行领导亲自包查案件、亲自接待上访群众、亲自召开协调会等工作制度,制定下发专项治理实施意见,开展阶段性检查督寻等方式,切实帮助群众解决实际困难,取得实效。公安部交办和市公安局、各分(县)局自行排查的 458 件重点信访问题全部办结,办结率为 100%,其中宝山公安分局和南汇县公安局在专项治理中被评为公安部先进集体。

2001—2004 年,全市信访总量保持稳中有升态势,其中来信量升幅较大,来访量有所减少,信访类别仍以要求解决户口、交通事故等问题为主,此外报案、检举违法犯罪活动的比例也均超过 10%。2003 年,市公安局党委决定将市公安局指挥部信访处、政治部、纪委、督察处、法制办接待窗口合并,归口市公安局指挥部信访处来访接待室,初步建立市公安局“大信访”格局工作机制,对市公安局各单位信访工作进行归口统一管理,理顺工作关系,规范工作程序。2003—2004 年,市公安局开展信访举报积压件和重点信访举报件集中清理工作,认真落实信访工作领导干部逐级负责制和民警岗位责任制,以公安部明确的七类信访问题和市公安局确定的四类信访问题为排查清理重点,其中七类问题主要是:一是群众反复来信来访,反映公安机关和公安民警对案件查处不及时、不公正或者对人命关天等涉及群众切身利益的问题熟视无睹、长期不予解决的;二是反映公安民警刑讯逼供、打骂群众,造成伤亡或者其他恶劣影响的;三是反映公安机关和公安民警执法不公、徇私枉法、乱扣滥罚,严重侵犯人民群众利益的;四是反映公安机关和公安民警滥用强制措施,限制、剥夺公民人身自由的;五是反映公安机关和公安民警越权办案,插手经济纠纷,扣人扣款扣物的;六是反映公安机关和公安民警违反“五条禁令”、顶风违纪的;七是其他涉及群众切身利益的重大信访举报积压件。市公安局全力清理化解信访举报积压件和重点信访举报件,209 件重点信访举报件全部办结,帮助群众解决实际问题 76 个,促使信访老户停访息诉 66 人。

2005 年 5 月 18 日起,全国各级公安机关开展组织集中处理群众信访问题工作(即“大接访”工作),市公安局专门成立“大接访”工作领导小组和专项工作组,举办信访法规制度的专题辅导讲座和培训班,全面梳理排摸突出信访问题并建立疑难信访人员数据库,通过举行市公安局长网上接访咨询活动、市公安局领导深入基层主动约访等形式，由各级公安机关领导“面对面、零距离”接待来访群众，并坚持领导亲自牵头、实行挂牌督办等要求，着力推进信访事项办理、工作责任落实、过错责任追究等制度建设，确保“件件有答复、事事有落实”。专项工作期间，市公安局领导共接待来访群众 1 023 起，办结 950 起，办结率达 92.9%；各公安分(县)局共接待来访群众 2 133 起，办结 2 103 起，办结率 98.6%。

2005 年新修订的《信访条例》实施后，全市信访总量持续上升，同比升幅达 12%，要求解决问题的占比 53.34%，其中以要求解决户口的最多，占求决类的 54.15%。2006—2008 年，全市公安来信来访总量保持稳定，其中初信初访呈逐年下降态势。2009—2010 年，全市公安来信来访总量呈逐年下降态势。

2006 年 9 月，市公安局在“中国上海”门户网站公安分网站设置“局长信箱”“在线咨询”等栏目，方便人民群众行使公众监督权，及时提出控告、申诉和批评建议，成为公安机关密切联系群众的重要途径之一。局长信箱开通后，邮件数量逐年上升，2007 年收到 5 659 件，2008 年收到 10 174 件，2009 年收到 11 652 件，2010 年收到 12 558 件。

2007 年底，上海市“网上信访”受理(投诉)中心网站工作平台正式在互联网上线运行，信访人可在互联网登录网站后进行注册，就有关事项进行举报投诉，市公安局各部门根据《信访条例》有关规定，参照信访事项办理流程对群众投诉进行受理、办理、答复告知等。同年，市公安局开展集中排查化解涉法涉诉进京非正常访案件工作和“三访”(重信重访、越级去京上访、非正常上访)集中整治活动，通过严格落实领导接访、包案、下访等制度，将各单位“一把手”接访以及所辖地区信访人非正常上访情况纳入目标管理考核范畴，切实发挥考核的杠杆作用，加大排查化解力度，确保实现“案结事了、停访息诉”的工作目标。全年共化解涉法涉诉进京非正常访案件 131 起，其中，中央政法委、公安部和市委政法委交办案件 15 起，化解率均超过预期目标。2008 年，市公安局组织开展公安机关联合“消化信访存量”专项工作。对群众重信重访、越级去京上访和非正常上访情况进行全面排查，摸清存量底数、确定交办名单，集中时间、集中力量研究解决信访人反映的问题，做到以消化存量、控制增量、提高质量来减少总量。

2009 年，市公安局下发《关于进一步加强群众以各种形式致市公安局局长信访件办理工作的通知》，要求各单位进一步规范分类处理机制，加大办理工作力度，加强评查和通报工作，确保将局长信箱办成体现上海公安良好综合素质的窗口。2010 年，市公安局开展“平安世博”信访专项工作，通过认真抓好动员部署、狠抓工作责任落实、加大积案化解力度、落实疏导稳控措施、强化日常信访办理以及实行上海世博会期间每日开门接访制度等，进一步提高初信初访办理质量，降低重信重访率，化解一批疑难复杂信访积案，及时排查一批重点信访人员，依法打击处理一批以上访为名扰乱社会秩序的违法犯罪人员。同年，“市委领导信箱”和“市长信箱”在“中国上海”门户网站上线运行，包括公安机关在内的各单位网上信访办理情况全面公开，接受社会监督。

表 13-2-1　1978—2010 年上海公安信访数统计

年　份	来信数(件)	来访数(批)
1978	30 166	3 668
1979	135 541	139 184
1980	81 187	132 766

(续表)

年　份	来信数(件)	来访数(批)
1981	62 005	81 719
1982	73 257	95 639
1983	60 938	93 723
1984	49 093	81 895
1985	44 837	83 988
1986	53 908	83 145
1987	46 248	84 116
1988	39 305	96 867
1989	45 042	96 730
1990	39 986	103 152
1991	35 252	118 708
1992	28 341	123 555
1993	28 000	101 862
1994	30 212	97 933
1995	32 387	63 511
1996	33 697	44 875
1997	32 835	33 445
1998	—	—
1999	48 635	51 453
2000	28 896	43 605
2001	34 367	45 632
2002	49 159	38 474
2003	51 896	28 861
2004	52 942	31 700
2005	60 103	34 701
2006	57 363	31 918
2007	61 368	29 974
2008	60 378	22 384
2009	52 895	23 595
2010	51 986	22 524

资料来源:《上海公安志》(上海社会科学院出版社 1997 年版)以及《上海公安年鉴》。

第三章 警务合作交流

改革开放后，公安机关对外交流逐渐增多。1985 年 2 月，市公安局成立接待办公室，隶属市公安局办公室，负责外事接待工作。1991 年 9 月，更名为市公安局办公室外事办公室。1994 年 8 月，改为市公安局指挥部外事处，负责国外团组来访的接待工作；统筹安排市公安局领导参加的外事活动，归口管理上海公安机关的对外邀请、联络；办理因公出访人员的审核、报批和审办护照签证及护照的集中管理。1999 年 1 月，外事处增挂上海市公安局接待办公室牌子，负责公安部及外省市公安厅、局领导到沪和外事接待工作。2008 年，市公安局将指挥部外事处更名为指挥部国际合作处。

第一节 友 好 往 来

一、来访

1978 年后，随着国际交往的发展，到沪访问和进行业务交流的警方代表团逐渐增多。1979 年 5 月 26—28 日，以泰国警察总监蒙猜・攀空春上将为团长的泰国警察访华团首次来访，成为改革开放后第一个到沪访问的外国警察代表团。

20 世纪 80 年代后，上海公安机关先后接待美国、联邦德国、法国、朝鲜、日本、荷兰、俄罗斯、奥地利等国家代表团，与国外警察系统进行技术、业务交流，涉及刑侦、边防、出入境管理、消防、治安等方面，还与美国国际人民交流协会和日本消防协会等民间组织进行交流。

20 世纪 90 年代，上海公安机关先后接待俄罗斯、意大利、奥地利、意大利、泰国、古巴、荷兰等国家，以及国际刑警组织、联合国禁毒署等国际组织代表团，就反恐怖、反偷渡、交通、治安、缉毒等业务进行交流。1991—1999 年，共接待国外来访代表团 314 批次，2 315 人次。

21 世纪后，市公安局外事部门继续巩固、发展与荷兰鹿特丹市警察局、韩国釜山地方警察厅、德国慕尼黑市警察局、汉堡消防局等已建立交往关系的国外警方的交流与合作，还有针对地选择美国旧金山市警察局、洛杉矶郡警察厅、俄罗斯圣彼得堡市和列宁格勒州内务总局、土耳其伊斯坦布尔市警察局、越南河内市公安局、瑞士联邦警察局等与上海有共同特点的国外警察机构作为对象有序地开展对外交往工作。注重发展与国外地方执法部门的友好交往关系，加强与各国驻沪领事机构的交流与合作。2000 年，市公安局改革外事接待工作，规范工作机制，修改、制定《上海市公安局关于因公出国(境)管理工作的暂行规定》《上海市公安局关于内宾接待及局领导国内公出送迎的规定》《上海市公安局关于外宾接待工作的暂行规定》。2000—2010 年，上海公安机关先后接待外国来访代表团 609 批次，5 768 人次。

二、出访

“文化大革命”期间，上海公安机关停止出访交流。1980 年 10 月，市公安局副局长林德明等 4 人参加上海市城市交通管理考察团，首次赴日本横滨考察车辆运行及交通设施，参观东京、京都等城市交通管理情况。1985年,市公安局开始正式组团出访。1988年3月23—30日,市公安局刑事侦察处长端木宏峪随公安部组团赴法国出席国际刑警组织召开的国际诈骗案件研讨会。

20世纪80年代,市公安局代表团出国访问以考察、学习为主。进入20世纪90年代,市公安局出访代表团有针对性地与国外警方就警务指挥、警务通讯、治安防控、交通管理、刑侦技术等进行交流,特别是开始洽谈、采购世界先进的警务装备。1996年11月,上海公安代表团赴日本访问,访问期间与西科姆公司商谈在沪合作建立公共安全防范系统;与NEC公司商谈引进自动指纹识别系统技术;与本田公司商谈在沪合作建立上海驾驶员安全教育中心项目。1991—1999年,上海公安机关因公出国(境)团组共1 117批次,2 703人次。

进入21世纪,上海公安机关进一步加强有针对性的警务出访活动。2000年2月,市公安局代表团应美国、墨西哥两国警察部门的邀请,重点考察特大城市犯罪率下降的成因,以及全方位、多层面应急指挥体系等。同年4月,市公安局应瑞士、德国、法国三国警察部门的邀请,考察国外警方的防暴控制系统,高科技金融犯罪的预防、打击,警方法制化建设等。2001年4月,上海公安代表团赴美国、加拿大考察访问,重点考察警察体制、警务运作机制,要人安全保卫和重大活动安全保卫工作,打击和预防犯罪的成功经验,以及警务管理和技术装备等情况。同年3月,上海公安代表团赴英国、德国、瑞士考察访问,重点考察警察体制、警务信息化建设、国际互联网监察、信用卡犯罪、洗钱犯罪、银行抢劫案防控、警察教育培训等方面情况。2002年6月,上海公安代表团赴瑞典、英国考察,重点考察大型港口城市警务管理、警务培训,预防、打击有组织刑事犯罪,毒品侦缉等。通过考察,学习国外的警务运作机制、先进的警务科技和良好的教育培训制度。2000—2010年,上海公安机关共组织安排各类因公出国(境)团组1 851批次,4 381人次。

表13-3-1 1987—2010年上海市公安局来访数、出访数统计

年份	来访		出访	
	批次	人次	批次	人次
1987	43	293	20	71
1988	29	264	—	111
1989	34	191	—	106
1990	—	—	—	—
1991	31	191	49	102
1992	29	337	28	168
1993	52	313	105	214
1994	57	427	105	232
1995	48	299	141	364
1996	27	244	155	427
1997	36	222	184	453
1998	21	112	159	393
1999	13	170	191	350
2000	41	329	149	381

（续表）

年份	来　访		出　访	
	批　次	人　次	批　次	人　次
2001	41	329	173	432
2002	99	680	157	421
2003	43	297	151	367
2004	62	931	207	481
2005	70	492	211	496
2006	61	689	217	368
2007	49	469	212	521
2008	41	518	161	363
2009	40	382	157	363
2010	62	652	56	188

资料来源：《上海公安志》(上海社会科学院出版社1997年版)、《上海公安年鉴》。

第二节　警务合作

一、执法合作

从20世纪90年代破获“锦鲤鱼”贩毒案开始，上海公安机关不断探索打击跨国跨境犯罪、开展国际执法合作的机制和方法。1995年，经公安部批准，上海市公安局成立国际刑警组织中国国家中心局上海联络处(以下简称“上海联络处”)，上海联络处是全市公安机关办理跨国刑事案件的指导协调机构，业务上受中国国家中心局领导，日常工作由上海市公安局领导，办公机构设于市公安局刑侦总队，日常工作由市公安局刑侦总队三支队国际刑警探组负责，有工作人员5名。

1997年，上海联络处共核查中国国家中心局交办案件及线索84起，先后接待10个外国警方代表团，在沪筹备中国国家中心局交办的国际刑警专业培训班，并组织中国警方代表团赴日本、澳大利亚进行警务考察。在打击跨国(境)犯罪方面，开展涉外案件侦查21起。1998年，上海联络处共核查国家中心局交办案件及线索64件，先后接待国际刑警组织官员和外国警方代表团19批(次)。在加强打击跨国、跨境犯罪协作工作中，全市共查破涉外刑事案件64起，其中查破入境犯罪作案27起，查破入境人员遭侵害的案件37起。同年6月上海市公安局印发《关于明确沪、港(澳)警方联络渠道的规定》，明确凡是需要香港(澳门)警方协助调查的刑事案件及各类线索，首先要上报上海联络处，由联络处请示国家中心局通过国际刑警渠道进行联络，再由上海联络处负责把反馈信息、核查结果函告上报单位。

1999年，市公安局经过2年侦查，在沪抓获日本第一号有组织盗窃案主犯吴某。1997年，国际刑警组织中国国家中心局转来日本警方通过国际刑警组织发送的紧急函件，要求协查吴某在沪下落，日本驻沪总领事馆多次请求帮助侦破此案。吴某于1988年赴日本自费留学，后与日本黑社会组织相勾结，物色拉拢在日中国人共同盗窃作案6起，窃得财物1.13亿元日元(折合人民币850多万元)。1999年,上海联络处共核查国家中心局交办案件及线索44件,先后接待国际刑警组织官员和外国警方代表团23批。全市共查破涉外刑事案件90起,其中查破入境犯罪作案18起,查破入境人员受侵害案件72起。

2000年1月18日,市公安局接陆某华报案,其弟陆某伟、弟媳徐某英在荷兰鹿特丹市遭绑架,绑匪打电话要陆某华在沪交出人民币50万元赎人。市公安局刑侦总队在国际刑警组织中国国家中心局的指导下,与荷兰鹿特丹莱茵河口警察局联手,经过10天侦查,荷兰警方在当地抓获绑匪3名,缴获手枪1支,人质安全获救。破案后,莱茵河口警察局致电上海警方表示敬佩和感谢。

2002年8月20日,上海市居民唐某峰在加拿大多伦多市遇害。市公安局经30多小时侦查,在北京将上海籍犯罪嫌疑人吴某抓获。吴某交代2002年8月19日晚与唐某峰在加拿大多伦多市发生口角,恼羞成怒后用刀将唐某峰杀死,用车抛尸后逃离现场。

2003年,为加强境内外警方在刑事侦查、缉毒、经济犯罪侦查等方面的直接联络合作工作,经公安部批准,6月11日和7月9日,市公安局分别与香港、澳门警方签署《上海市公安局与香港警务处合作第一次会晤纪要》《上海市公安局与澳门警方合作第一次工作会晤纪要》。同年,经公安部批准,市公安局成立上海市公安局港澳刑侦合作联络办公室,机构常设于市公安局刑侦总队,负责办理全市公安机关涉及刑事、经济犯罪案件需要与港澳警方联络的各类请求,开展情报信息交流,研究跨境犯罪对策,进行办案协作和调查取证,并与港澳警方指定的合作部门联络,设立24小时的联络热线。

2003—2005年,上海联络处根据国家中心局的指示,完成各类国外警方案件协查请求72起,回复率100%,配合日本、新加坡、加拿大、澳大利亚等国警官小组或驻华警务联络官在沪调查取证5次。上海联络处为全市各级公安机关发出案件协查请求14份,涉及美国、日本、加拿大、柬埔寨、法国、新加坡、澳大利亚、印尼、马来西亚等9个国家。为进一步规范与境外警方开展执法合作的工作,市公安局相继下发《关于国际刑警上海联络处职责及办理跨国、跨境刑事案件工作程序的暂行规定》《上海市公安局与香港、澳门警方开展刑侦合作工作规定》,明确全市公安机关开展国际执法合作的工作流程和归口部门。2006年,市公安局分别于3月、8月、11月协助公安部在沪承办"2006年中国知识产权刑事保护论坛""首届海峡两岸及港澳警学研讨会"及"2006年亚洲地区犯罪情报主任工作组会议"。

2007年,市公安局将承担上海市公安机关办理跨国、跨境刑事案件指导协调职能的国际刑警组织中国国家中心局上海联络处和全市公安组织协调开展境外追逃的工作由刑侦总队划归至指挥部外事处。

2007—2010年,上海联络处在国家中心局的指导下,完成各类协查请求93起,回复率达100%;向外方提出协查请求42起,提请对全市外逃犯罪嫌疑人发布国际刑警红色通报23份;安排跨国调查取证、案件会晤磋商27场次。2008年12月,在公安部的指导和帮助下,上海联络处正式开通国际刑警组织I-24/7系统,并投入使用。2009年,根据公安部部署在上海世博会安保工作指挥部框架内成立上海世博会安保国际警联部(警联中心),并根据公安部要求开展境外人员的有关工作。2010年上海世博会期间,上海世博会安保国际警联部先后举办7期上海世博会参展方警务联络官(安全官)信息通报会,发挥重要的联络协调职能作用。2009年,在公安部国际合作局指导下,先后于9月25日和11月12日在沪向日本警方移交日本籍犯罪嫌疑人平田正幸和藤江少雄。2010年8月,根据公安部部署,市公安局就浦山健二(日本籍)电信诈骗案与日本警方开展合作,将浦山健二等5名日本籍犯罪嫌疑人遣送回国。

二、警务双边协作

1985年起，市公安局开始在与友好城市框架下开展警务交流合作。上海公安先后同联邦德国汉堡市、朝鲜咸兴市、日本横滨市、荷兰鹿特丹市、日本大阪府、俄罗斯圣彼得堡市等与上海结为友好城市的警察、消防部门建立定期和不定期合作交流渠道，并根据双方议定的项目，开展互访活动。

1990年10月26日—11月1日，根据上海市—大阪府促进友好交流有关议项，大阪府立消防防灾专家代表团抵沪访问，同市公安局消防处就消防组织概况、消防教育、训练、高层建筑消防对策、城市灾害预防和救灾措施等课题进行交流。1997年1月18—22日，以警察署长杰·威廉·布林克曼为团长的荷兰鹿特丹市高级警官代表团在沪访问，双方举行业务会谈并签署两城市警察活动友好协议。

2002年3月26日，市公安局长吴志明会见来访的美国旧金山市警察局长刘百安。根据上海市与美国旧金山市共同签署的《上海—旧金山友好互利交流项目备忘录》中关于法律事务交流的合作意向，市公安局长吴志明与来访的美国旧金山市警察局长刘百安签订《中华人民共和国上海市公安局与美利坚合众国旧金山市警察局社区警务交流培训项目合作意向书》。双方商定，以派遣团组互访的形式，对犯罪预防、警察教育、执法程序、社区警务以及警务科技运用等方面内容进行交流和培训。同年11月20日，根据上海市与荷兰鹿特丹市于2001年9月签署的关于交流项目的谅解备忘录，市公安局长吴志明与来访的荷兰鹿特丹—莱茵河口地区警察局长梅杰伯姆签订《中华人民共和国上海市公安局和荷兰王国鹿特丹—莱茵河口地区警察局合作谅解备忘录》和《中华人民共和国上海市公安局和荷兰王国鹿特丹—莱茵河口地区警察局合作意向书》。双方将以派遣团组互访的形式，对打击有组织犯罪、上海港和鹿特丹港安全、管理信息和通信系统以及警务培训等方面进行交流与合作。

三、警务培训

1996年11月，市公安局组织20名中青年干部赴美国芝加哥伊利诺伊大学“国际司法与管理交流中心”接受为期1个月的培训，研修公安管理，取得良好的效果。1997年11月，由市公安局组织各分(县)局和市公安局业务处的22名中青年干部赴美国纽约市约翰杰伊刑事司法学院接受培训，并对一些城市的警察局、警察学院和警察训练基地和地方法院、检察院进行考察访问，历时1个月。1999年10月，市公安局教育训练代表团一行32人赴美国瑞杭德学院进行为期52天的培训，通过《警务行政管理制度》《警务工作与媒体交流》《警务培训的组织、管理和教学技能》等9门课程的学习并进行参观考察。

2000年10月，市公安局刑事技术培训团一行22人赴美国，进行为期1个月的刑事技术研修培训。培训团分别在康州纽海文大学、康州警政厅刑事实验室以及纽约、洛杉矶等市的警察部门进行理论知识与实践参与相结合的学习、考察，重点学习毒品、毒物化验、DNA基因检验、痕迹物证、计算机网络等课程，汲取美国警方先进的技术方法和管理经验。同年12月，市公安局党委副书记周国雄以代表团副团长的身份随公安部组团赴澳大利亚，参加为期1个月的全国公安厅、局长“警务指挥与领导决策”培训班。同月，经上海市引进国外智力领导小组办公室专门立项，并报公安部批准，市公安局保安服务系统培训团一行20人赴澳大利亚国际保安培训学院(简称ISTA)，进行为期

20天的保安服务专项培训。培训团参加ISTA保安二级培训课程，并实地考察澳洲保安行业的运作管理。

2005年10月2—22日，市公安局警官培训团一行20人赴英国英格兰和威尔士警察培训和发展中心下属BRAMSHILL高级警官培训学校国际部，进行为期21天的国际领导课程与协作关系培训。11月13日—12月3日，市公安局教官培训团一行20人赴英国北爱尔兰警官学院，进行为期21天的警务培训，包括训练方法以及社区警务和动态管理等课程。

2008年，公安部在上海公安高等专科学校设立“外警培训基地”。根据相关安排，上海市公安局承办公安部外警培训，培训领域覆盖高级警官执法研修、大型活动安保等，课程设置充分体现实战、实训的教学理念，使各国学员从各个角度了解中国警方工作情况，取得对中方的价值认同。同年11月30日—12月11日，应公安部邀请，缅甸警方到沪培训，上海市公安局为缅甸内政警察部门20人组成的“大城市治安管控培训班”进行警务培训。2009年10月21日—11月6日，应公安部邀请，越南公安部高级干部研修班10人到沪培训；11月25日—12月5日，应公安部邀请，缅甸内政警察部门组成的缅甸“大城市治安管控培训”高级警官研修班20人到沪培训。2010年9月6—20日，应公安部邀请，越南公安部高级公安干部研修班10人到沪培训。使东盟各国学员从各个角度了解中国警方工作情况。

2009年6月17日—7月28日，法国“黑豹”突击队专家小组到沪，为市公安局特警总队提供2期为期2周的专业培训。

根据公安部统一安排，2009年11月2—10日，香港警察第46期赴内地研修课程班到沪培训。2010年7月12—20日、9月6—14日，香港警察第50期、第51期赴内地研修课程班到沪培训。

四、派遣

根据公安部要求，上海市公安局孔宪明同志作为公安部首任驻外缉毒联络官，于1998年6月—2003年3月赴美国，担任驻美使馆一等秘书，负责缉毒、法律等事务。

党中央、国务院决定派遣维和警察参加联合国维和任务后，上海市公安局按照公安部安排，从全局范围内选派人员，通过联合国考试，参加公安部派遣的国际维和警察队伍。2001年10月10日—2002年10月10日，公安部决定派遣上海市公安局陈军、陈挺、沈与辛3人赴东帝汶执行国际维和任务。2002年1月15日—2003年1月15日，公安部决定派遣上海市公安局叶成伟赴波黑执行联合国维和民事警察任务。2002年10月—2003年10月，公安部决定派遣上海市公安局夏念东赴东帝汶执行国际维和任务。2004年4月26日—2005年4月26日，公安部决定派遣上海市公安局杨炯赴科索沃执行国际维和任务。2004年6月30日—2005年6月30日，公安部决定派遣上海市公安局叶成伟赴东帝汶执行国际维和任务。

2004年9月—2005年9月，公安部组织125名警务人员赴海地执行国际维和任务，其中，有上海市公安局19名同志：吴捷、许峰、丁弦、韩琪、顾群欢、黄庆君、白炜明、金慧敏(女)、钟灵(女)、肖俞根、金峻、顾元成、周炜、吴雷鸣、乐怡、浦庆峰、龚冬明、龚林华、乘冬琳(女)。

2005—2007年，上海市公安局按照公安部安排，每年选派警务人员参加公安部派遣的国际维和警察队伍。2005年6月24日—2006年6月24日，公安部决定派遣上海市公安局朱英华赴科索沃执行维和任务。2005年10月—2006年10月，公安部决定于10月中旬派遣上海市公安局阙鸣赴苏丹执行维和任务。2006年7月30日—2007年7月29日，公安部决定派遣上海市公安局陈军、陆丽君 2 人赴利比里亚执行国际维和任务。2007 年 3 月 20 日—2008 年 3 月 20 日，公安部决定派遣上海市公安局郑啸赴东帝汶执行维和任务。

2008 年，为进一步加强维和警察管理工作，实施精兵战略，公安部委托省级公安机关单独组建维和警察警队赴联合国任务区执行任务。根据公安部要求，上海市公安局首次单独组建的国际民事维和警队一行 18 人，经严格选拔分两批赴海地执行维和任务。2008 年 7 月—2009 年 7 月，派出第一批一行 12 人：李功勋、李勇、吴锐（女）、臧俊峰、严勇、程亮、钟岳、夏念东、顾斌宏、闵国涛、茅健、朱华（女）。2008 年 9 月—2009 年 9 月，派出第二批一行 6 人：朱俊如、方晔（女）、李芳（女）、徐泳、汤晓青、沈奕骏。

第四章　档案管理与史志编研

“文化大革命”期间，上海市公检法实行军管，市公检法军管委员会下设档案组、清档组。1974年1月，市公安局恢复档案处机构。1984年4月，市公安局精简机构，档案处缩编为档案科，隶属局办公室，下设接待保管组、文书组、业务指导组、编研组。1992年1月，市公安局恢复档案处机构，下设办公室、协办室和3个科。2000年11月，市公安局档案处并入市公安局指挥部，下设保管利用科、业务指导科、档案科技科、公安史志科。2010年，市、区、县公安档案机构为53个，除市公安局指挥部档案处外，在市公安局业务单位和公安分(县)局下设52个档案室，具体负责对隶属部门档案工作的业务指导和协调监督，以及本单位档案的保存和管理。全市各公安派出所负责本所档案、资料的收集、保存和管理。至2010年，全市公安机关形成完整的三级档案管理体系，共配备专兼职档案人员180人，其中，专职档案人员130人。

1982年11月，市公安局成立公安史资料征集研究领导小组，1983年3月，成立公安史资料征集研究领导小组办公室作为领导小组的工作机构。上海市第一轮修志工作启动后，把《上海公安志》列入专志项目，1991年，市公安局根据修志工作需要成立史志合一的“上海市公安局公安史志编纂委员会”，由市公安局党委书记、局长任主任，撤销原“上海市公安局公安史资料征集研究领导小组”。原“上海市公安局公安史资料征集研究领导小组办公室”易名“上海市公安局公安史志研究室”。1998年，市公安局决定将市公安局公安史志研究室列入档案处，对内称公安史志科，对外保留上海市公安局公安史志研究室名称。

第一节　档案收集与整理

一、立卷、归档

“文化大革命”结束后，市公安局对公安档案管理工作进行拨乱反正，总结实践经验，对公安档案的规章制度进行全面修订。1980年4月，市公安局消防处制定建立重大火灾档案制度。同年11月，市公安局批准交通处、档案处《关于交通事故案件材料立卷归档的几点意见》。1981年，根据全国公安档案工作座谈会精神和上海的实际情况，市公安局先后修订和印发《上海市公安局政治侦察业务文件材料立卷归档管理细则》《上海市公安局刑事侦察业务文件材料立卷归档管理细则》《上海市公安派出所档案材料管理细则》《保卫处、科档案材料管理试行办法》等一系列重要公安业务档案的管理制度。1984年，印发《上海市公安局机关档案工作实施细则》，修订《上海市公安局文书立卷归档工作试行办法》。1985年，印发《关于区、县公安局文书材料立卷归档工作(试行办法)》《声像材料整理、归档、管理试行办法》《关于收容审查业务文件材料立卷、归档工作的暂行规定》。1986年2月，市公安局印发《关于预审案卷装订顺序和要求的规定》。1987年，市公安局印发《关于治安案件材料整理立卷保管的暂行规定》。1988年4月，市公安局发布《关于劳动教养案件材料立卷、归档管理办法》。1989年，印发《上海市公安局科学技术档案工作试行办法》《上海市公安局关于收容教养案件材料立卷、归档的规定》。1991年11月，印发《上海市公安机关会计档案管理试行办法》。

1993 年 11 月，制定《关于治安、收审、劳教、收教案件材料立卷归档要求》《关于行政诉讼应诉文件材料单独归档的通知》。1994 年 5 月，市公安局印发《预审材料立卷归档的规定》。1998 年，制定《上海市公安局机关文书立卷归档工作办法》。同年，根据公安部侦审合一的改革措施，按照 1997 年修订的《中华人民共和国刑法》要求，制定《预审案卷卷内文件排列顺序表》。2000 年 3 月，市公安局档案处印发《关于更改劳动教养呈报审批材料立卷方法的意见》，实行由一人一卷立卷方法更改为 20 人立一个卷，编一个案卷号，每 100 个案卷号编制一本目录。同年，印发《公安督察材料立卷归档规定》《刑事侦审材料立卷归档暂行办法》《上海市公安机关声像档案管理办法（试行）的通知》《看守所在押人员材料、收容教育人员管教材料、强制戒毒人员材料、拘留人员管教材料立卷归档暂行办法》。2001 年，印发《上海市公安派出所（警察署）档案管理实施办法》《公安行政复议材料、公安行政应诉材料、国家赔偿材料立卷归档暂行办法》，健全、完善、丰富上海公安档案收集门类。2004 年 2 月，为适应公安机关办公自动化需要，简化文件整理环节，印发《上海市公安局归档文件整理暂行办法》。2008 年 1 月，根据国家档案局第 8 号令，修订《上海市公安局文件材料归档范围和文书档案保管期限表》，将干部任免、聘任的文件材料，民警、职工录用、转正、定级、复转、调配、调资、福利、辞退职、退休、病残、抚恤、死亡等文件材料以及授予民警警衔的文件材料的保管期限从长期升级为永久。

“文化大革命”前夕，全市公安档案部门接收保管文书档案 20.3 万卷，公安业务档案 24.91 万卷。1978 年以来，在认真做好对积存文件清理、立卷、归档工作的基础上，严格按照文书、专业、科技、会计、声像、荣誉六大门类开展收集、整理、归档和移交工作。经过公安档案干部不懈努力，上海公安档案库藏档案结构日渐丰富和优化，公安档案管理制度日趋完善，公安档案管理工作日臻完备。全市公安档案部门不仅做好文书档案立卷工作，还重点加强专业档案、科技档案、会计档案、声像档案的收集，对未破案件材料、实物档案、电子档案等管理制度进行积极探索。为顺应公安工作发展要求，及时收集公安各项活动中形成的各门类档案，将上海世博会安保办、世界特殊奥林匹克运动会安保办等临时机构纳入立卷归档指导范围。截至 2010 年，全市各级公安机关库藏档案总量为 6 545 031 卷（件），其中，文书档案 453 143 卷 668 577 件，专业档案 5 166 000 卷，科技档案 10 759 卷，会计档案 220 751 卷，死亡干部档案 1 776 卷，声像档案 21 295 卷，实物档案 2 730 卷。

二、档号改革

1980 年 12 月，市公安局档案处对机关的文书档案全宗、目录编排进行改革，将历年形成的全部文书档案编为一个全宗，按年度——组织机构——问题分类。1990 年 12 月，将上述改革推广到公安业务档案，并从公安档案数量大、门类多的实际出发，将档案编号由三节号改为四节号，在目录号、案卷号之间增加一个分类号，作为文书档案的机构代号、业务档案的案卷种类。

2004 年 2 月，根据国家档案局《归档文件整理规则》和《电子公文归档管理暂行办法》等规定，市公安局制定《上海市公安局归档文件整理暂行办法》，全面实施“以件归档”的立卷改革，以件为单位对文件进行有序化装订、分类、排列、编号、编目、装盒，采用年度＋机构＋保管期限分类法，档号由全宗号、年度、机构号、保管期限号、室编件号、馆编件号六部分组成。2008 年，市公安局指挥部档案处被市档案局授予上海市“市级机关文件材料归档质量优秀单位”称号。

三、案卷管理

根据公安部批示和国务院办公厅有关指示精神,市公安局向中央档案馆、中国第二历史档案馆和上海市档案馆等单位移交多批档案。其中,1981 年 2 月,指派专人将中国共产党早期领导人陈独秀的历史档案 90 册护送至中央档案馆。1984 年 8 月,陆续向中国第二历史档案馆和上海市档案馆移交国民党统治时期上海党、团、军、警、宪、特、社团机构及租界时期等中外文档案、资料 14.4 万卷(册),指纹档案卡片 83 万份,有关人物索引卡 72.55 万张。

1997 年,市公安局档案处为切实加强案卷管理工作,对 77 157 册劳教审批卷开展更换业务卷壳、加盖业务档号、重新排列等工作,将 8 万余张劳教审批卷卡片并入业务卡片中,实行统一管理。1998 年,市公安局档案处将破损、老化的预审档案旧卷壳进行更换,并逐一检查核对,完成 12 481 卷 41 214 册案卷更换卷壳的任务。1999 年,市公安局档案处更换破损、老化、档号模糊不清的预审卷卷壳 18 405 卷。2000 年,市公安局档案处调换预审案卷卷盒共计 1 823 卷 4 115 册;整理装订文书案卷目录 86 本;完成原治安处(1977 年 12 月—1984 年 5 月)形成的治安处罚档案鉴定材料共计 4 398 册;对库存资料开展首次清理工作,完成 14 278 卷 21 168 册资料的分类、上架。同年,做好三航公安处、海运公安局、梅山分局和宝江分局等企业公安机关移交档案的清理工作。

四、档案鉴定

1978 年 8 月,上海公安档案管理工作恢复并整顿,对"文化大革命"前形成的市公安局机关 2.82 万卷文书档案,重新清理鉴定。通过鉴定,认定属于永久保存的 3 029 卷,属于长期保存的 4 879 卷,拆并或作资料的 1 123 卷,列为销毁的 1.91 万卷。1996 年,上海公安档案部门全面完成拟销毁材料的复验工作。2000 年,上海公安档案部门开始对预审案卷中的人事档案开展鉴定工作。2002 年,市公安局出台《上海公安档案鉴定工作规定(试行)》,这是全国第一部公安档案鉴定方面的规章制度,并进行公安专业档案和短期文书档案鉴定试点工作。上海公安档案部门先后组织开展对期满 15 年的收容审查档案和治安管理处罚档案两类公安业务档案,以及 1949—1987 年到期的短期文书档案的鉴定工作,共鉴定收审、治安业务档案 48 万卷册,短期文书档案 9 800 卷册。同时,在各分(县)局开展收审档案、治安处罚档案的鉴定工作的基础上,市公安局档案处完成对分(县)局 3 272 卷 3 844 册收审档案的鉴定任务。2003 年公安部调整公安专业档案保管期限,将治安和收审档案保管期从短期调整为长期,且待销毁材料一直无法处理,鉴定工作实际上处于半停滞状态。

第二节　档案保管与利用

一、库房管理

1958 年,市公安局在福州路 185 号将东部共 6 层 720 平方米设为档案库房。1966 年,因战备需要,市公安局在安徽省太平县境内建造 1 500 平方米库房(后库),存放市公安局文书、业务及旧政权等档案 9.33 万卷,至 1983 年撤销。市公安局档案处为加强对库房管理,于 1979 年成立科技组,添置去湿机、空调机、吸尘器,并在市档案局协助下安装温湿度自动控制仪,安装密封库房,悬挂呢帘，防尘、防潮、减少阳光对档案的侵害。1990 年 7 月，建成库房防火、防盗自动报警工程。1991 年 12 月，因库藏量继续增加，经市公安局与市档案局协议，租借市档案馆 1 层楼面 1 500 平方米，作为公安档案库房，并将数十万卷档案、百万余张卡片安全搬迁至上海市档案馆库房存放。2004 年 8 月，市公安局建成档案库房，相关档案和卡片全部迁回。2010 年，全市 53 个档案部门（1 个处级建制，52 个档案室），共建有档案库房面积 9 948.06 平方米，其中市公安局指挥部档案处库房面积为 2 248 平方米（防磁库房 12 平方米），共配备计算机 217 台，空调 140 台，去湿机 99 台，扫描仪 54 台，防磁柜 34 个，档案消毒设备 1 套。根据《上海市公安局分（县）局“档案库管理装备”配备标准》，市公安局要求所有档案库房安装防火防盗门窗、监控探头、防爆灯，配备消防灭火设施，库房内无电闸和电源开关，夜间保持库房零电源，并实行每日库房温湿度和安全检查制度，建立台账记录。

20 世纪 90 年代，上海市公安局档案库房

二、档案装具

为确保库藏档案安全，从 20 世纪 80 年代起，陆续以专用铁制品文件档案箱代替自制铁皮档案箱。1993 年 10 月，上海公安档案部门为加强档案库房现代化建设，充分提高库房利用率，购置 4 链 10 列密集架，开创全市公安系统档案库房安装密集架的先例，之后，各单位逐年引进密集架。至 2010 年，除崇明公安县局因库房楼层承重原因仍使用 5 层档案战备箱外，其他公安机关均已安装档案密集架。其间，根据公安部和市档案局要求，规范全市公安系统档案装具规格、标准，统一印制各类档案装具。

三、卡片中心和目录中心

上海公安档案部门于 20 世纪 50 年代开始建立编制卡片和目录的制度，规定在逮捕后 3 日内（后改为 7 日）承办单位必须向档案处填报嫌疑人卡片，然后用四角号码加以编排。1993 年 7 月，改革报卡制度，改为案件办结后，向档案处填报人犯卡。1998 年起，市公安局加快档案工作现代化管理步伐，利用 3 年时间初步实现档案业务卡片信息利用计算机存贮和检索，2001 年 1 月，市公安局档案处取消各单位报送档案业务卡片制度，各单位档案部门在利用计算机输入卡片信息的同时，除本部门自留 1 份原始卡片以供凭证依据和手工检索外，不再另行向档案处报送。

市公安局档案处在接收市公安局各业务单位、各分（县）局卡片的同时，对原有的卡片开展清理工作。截至 1995 年，共向计算机输入卡片 18 万余张，接收各类卡片 56 106 张，完成 50 701 张卡片编、排、插工作。1996年,全面完成业务卡片清理工作,接收业务处、分(县)局报来各类卡片280 607张(业务卡280 001张、文书卡606张),以及出入境管理部门移交的3万余张出入境卡,完成56 520张卡片编、排、插工作。1997年3月,用铁制卡片箱对原来的木质卡片箱进行全面更新,共更新卡片箱240只,把8万余张劳教审批卡片并入业务卡片中,调整清理卡片10.5万张。2000年,完成30 714张业务卡片编、排、插工作。

四、档案查阅

1979年6月,根据中共上海市委组织部《关于调查证明材料的规定》,市公安局规定市公安局各业务处、各分(县)局、派出所、劳改队可凭本单位介绍信进行调查(包括查阅公安业务档案及有关档案)。1986年7月,对上海市非公安部门借用公安业务案卷,规定须持党委或相当于县团级单位领导亲笔签名的正式公函,并经公安档案部门主管领导同意,方可借阅。2007年,市公安局进一步完善档案窗口接待工作制度、流程,修改《档案查阅制度》《档案借阅制度》《档案接待利用掌握口径》《查档复印制度》;落实窗口接待工作规范,包括仪表、用语、物品摆放等,开展"三心"(热心、细心、耐心)、"三声"(来有问声、问有答声、走有送声)活动。2008年北京奥运会和2010年上海世博会期间,启动查档应急"绿色通道",设立查档接待专窗,提供定题档案服务。

1978—2010年,全市公安档案部门接待外调人员137万人次,调取各类案卷222万卷次,外借10万余卷次,在公安实战、平反冤假错案、落实党的政策以及编写党史、地方志和社会科学研究等方面发挥重要作用。

第三节 档案信息化

20世纪80年代中期,市公安局开始公安档案信息化建设。1986年,市公安局着手将计算机运用到档案管理工作中,先后落实计算机机房,编制《计算机文书档案应用管理系统任务书》《文件卡片作者代码表》《公安文书档案检索分类表(暂定稿)》。1989年,市公安局开发上海市公安局文书档案文件著录卡数据管理系统、公安业务档案著录卡片系统。

1994年,市公安局编制《公安档案主题词范畴类目录索引表》《文书档案检索分类表》,制定公安系统的专用词表和著录规则,并于1995年通过专家鉴定。

1995年12月,市公安局自行研制开发公安专业档案著录卡管理系统,并通过技术鉴定。该系统采用"可调用RDO子程序"实现按任意条件模糊检索,检索速度快、准确,并解决手工管理中的"死卡"问题。档案处经过5年的实际运行,录入18万张卡片数据,与古北路档案处接待室和嘉定公安分局档案室实施远程终端机联网。

1998年,市公安局研制开发公安业务档案管理系统,2001年对该系统进行升级改造,研发基于文书立卷改革工作的文书档案管理系统。

1999年,市公安局为解决公安档案信息管理系统中信息不全的问题,委托外单位输入库藏的全部业务卡片323 535张,解决新老数据转换问题,确保业务档案管理系统在全市公安工作中推广运用。至2000年,全市各公安分(县)局全部使用该系统。

2002年,上海公安档案部门研制开发文书档案信息管理系统、声像档案信息管理系统,并对公安业务档案信息管理系统进行二期开发改造,对1992—2000年度的出入境人员案卷进行清理,并将 556 225 条信息输入计算机进行有序管理和利用。至 2003 年，公安业务档案管理系统已存储 270 万条违法犯罪人员信息，形成检索利用的规模效益。向全市公安系统实行 24 小时开机服务，日均点击率超 30 000 次；实行双机异地同步录入，实现公安业务档案信息即时采集、即时共享。同时开展对劳动教养决定书的图像扫描工作。

2004 年 2 月，市公安局为适应公安机关办公自动化需要，简化文件整理环节，印发《上海市公安局归档文件整理暂行办法》，开始利用计算机对文件全文或目录实施管理。

2007 年建设公安数字档案系统和公安声像系统，形成覆盖全局档案工作，统一规划、统一组织、统一投资开发的规范体系。公安档案的非密级信息可以实现在线采集、归档和检索，为全市 4 万多名民警提供各类信息化应用服务，在全国公安系统中处于领先地位。特别是国家秘密级以上档案信息亦可通过同版本的单机实现规范的系统管理和全库检索。至 2010 年，公安业务档案管理系统日平均查询量达 4 000 余人次，日最高查询量 7 000 余人次。

2008 年，市公安局指挥部档案处建立档案数据处理中心，有计划、有步骤地将各门类、各载体的公安档案进行数字化采集，逐步实现档案的存储、查询及利用网络化和管理现代化。为确保系统数据的完整和准确率，用 3 年时间组织人员专门开展数据库校验工作，校验总量达 200 万条，补录身份证号 1 090 516 条。结合日常工作进一步强化档案质量与信息质量的检查、督促，并上网公布检查结果，保障档案、数据的完整、准确。至 2010 年，通过各档案系统进行在线归档或集中录入的各类违法犯罪人员信息 402 万多条、因私出境人员信息近 170 万条、法律文书图像 88 万多份，公安文书档案数据案卷级目录 9 万多条，文件级目录 117 万多条、电子文件 24 万多条。此外，还对库藏纸质档案数字化图像加工处理 400 万页，并统一转换为 PDF 格式，数据容量约 500G（千兆字节）左右；开展历史声像档案的数字化工作，及时抢救恢复照片、录音、录像、光盘等各类声像档案 320G 容量。

第四节　史 志 编 研

一、党史编研

1982 年，市公安局史志编研机构成立之后，开始对新民主主义时期，尤其是国民党统治时期中国共产党领导的地下斗争史开展研究，在此基础上编写《中共上海警察系统地下党斗争史料》，主要收录帝国主义巡捕房和国民党警察局内中共地下党组织进行斗争的史料，于 1991 年编印成书，作为革命历史和优良传统教育材料下发。1988 年，市公安局会同山东、安徽、江苏、浙江、福建省公安厅，历时 2 年多，编写完成公安部交办的原中共中央华东局社会部大事记、组织机构概况和 17 个专题的史料初稿约 30 万字，供公安部公安史领导小组办公室编写《公安史资料——华东社会部历史资料专辑》。

1985 年 8 月开始，按照市委组织史编纂委员会要求，由市公安局政治部、办公室、公安史办公室联合组成班子，编纂市公安局的组织史。1999 年，完成《上海市公安局党政组织史资料(1949—1998)》。

1988 年，市公安局史志编研机构完成《上海公安英烈》的编写工作，将上海解放以后至 1988 年牺牲的 46 名公安烈士事迹整理成文。同年，完成 3 万余字《当代中国》上海卷政法工作章的编写任务。

1989 年，市公安局向市委党史征集办公室选送接管国民党上海市警察局、取缔上海证券交易所等5个专题资料,被收录进《上海解放四十周年纪念文集》。1992年,完成《人民政权的坚盾利剑》《解放初期上海镇压反革命的斗争》等专题材料,共3万多字,以及上海党史研究室交办的“上海党史回顾展”有关史料和版面设计、展出工作。

1993年,市公安局为纪念毛泽东同志诞辰100周年,从公安实际出发,组织警卫处部分老同志座谈,撰写上海警卫、接待人员怀念毛泽东《他永远留在我们记忆中》的纪念文章,在《上海党史研究》1993年第5期刊登。

从2002年7月起,市党史系统实行党史大事双月记、当年编制度,市公安局按照要求双月报送党史大事记,主要记录发生在上海地区、本部门的改革开放和现代化建设实践中的重要事件、工作成绩和经验教训。

二、志书编纂

1987年5月,上海市地方志编纂委员会正式成立,全市修志工作全面开展,并把《上海公安志》列入上海市专志项目。市公安局从1988年起着手编纂《上海公安志》,经过广泛深入地开展资料收集工作,于1990年3月形成《〈上海公安志〉篇目初稿》。根据全市修志工作需要,市公安局于1991年成立公安史志编纂委员会,市公安局各单位、各公安处(局)、武警总队分别组成修志小组,先后搜集资料3 000多万字,翻译上海租界巡捕房和汪伪警察局英、法、日文档案、资料515万字,对篇目设置进行十余次调整。1993年,市公安局组织3次研讨,在广泛听取意见的基础上作修改补充,并听取市地方志办公室的意见,确定《上海公安志》篇目结构。1995年12月1日召开《上海公安志》专家、学者评稿会,1996年8月底完成110万字的《上海公安志》送审稿,9月初上报市公安局和市地方志审定委员会,经过1个月的审阅,《上海公安志》通过验收,于1997年3月送上海社会科学院出版社出版。《上海公安志》于1997年12月24日出版,共印刷6 000册。12月27日,市公安局召开《上海公安志》首发式。《上海公安志》是上海有史以来第一部专门记述警察历史的专志,按照历史轨迹,记述旧上海近百年帝国主义、封建主义和官僚资本主义的巡捕房、警察局的状况,按照详今略古的原则,全面、翔实地记述上海解放后公安战线的工作历程和经验教训,也记述警种建立和装备发展的情况。

在编写《上海公安志》的基础上,市公安局按照全市修志工作要求,于1995年开始编写《上海通志》《上海政府志》相关章节,1997年完成。

三、公安年鉴编纂

20世纪80年代,市公安局史志编研机构开始编写《上海公安工作大事记》,1987年完成《上海公安大事记(1949—1987)》,全书共25万字,通过大事记的形式反映上海解放以后上海公安工作的主线,突出重大事件和重大问题,体现历史脉络,透视历史经验。

1988年开始编写《上海公安年鉴》,与《上海公安工作大事记》衔接,在公安保卫部门内部发行。1988年版共44万字,由上海社会科学院出版社出版,印刷1.5万本。此后,每年编写《上海公安年鉴》,字数50万字左右,印刷发行1万册左右。2001年版年鉴为增强实用性,新增加有关公安处、局和全市公安系统内群众团体的工作内容,并在“公安咨询”栏目收录刑事侦查、技术防范、出入境、道路交通、消防管理和公安法制方面的内容。2010版《上海公安年鉴》共62万字,印刷发行6 600册。

四、公安业务史料编研和利用

在征集编写公安史志过程中，市公安局公安史办公室和各单位利用历史资料编写出一部分反映公安工作的文献。1988年，公安史办公室编写《上海解放初期改造妓女史料》、刑事侦察处编写《禁毒史料》，上海铁路公安局编写《危险物品管理》，长宁分局编写《武夷路爆炸事件始末》，虹口分局编写《刘湛恩烈士被害真相》。1993年，配合反腐倡廉斗争，公安史志研究室组织力量，根据上海解放初禁毒运动和惩治内部腐败分子欧震案的历史资料，撰写《上海解放初的禁烟禁毒》《新上海惩腐第一案》专题文章，分别在《上海党史信息报》和《上海公安报》刊载。1994年，公安史志研究室为配合扫黄专项斗争，撰写《当前上海妇女卖淫情况》等4篇文章，先后被《上海社会治安报》《上海法讯》《上海公安报》刊用。

1989年，为纪念上海解放和公安局成立40周年，市公安局筹建"上海公安陈列室"，在6月2日上海市公安局成立40周年之际建成试展，10月起向全市公安、武警和保卫部门正式开放。"上海公安陈列室"设在上海公安专科学校，共300平方米，陈列1 000余张历史照片和近千件实物，反应上海公安40年来战斗历程和发展概貌。1992年，市公安局决定将"上海公安陈列室"搬到建国西路394号小礼堂，进行调整充实后重新展出。1993年，市公安局党委决定将建国西路75号大礼堂辟作公安陈列室，要求在9月底对公安机关内部开放，作为华东公安史志研讨会一项活动内容。

公安史志研究室列入档案处后，结合阶段性重点工作，继续开展各项编研工作。2003—2010年，从全市公安系统各单位档案部门日常工作中挖掘典型实例，编纂《兰台回声——公安档案利用实例汇编》4册，通过典型案例反映市公安局档案利用成效和发展变化。2008年，编纂完成《继承与发展——上海公安机关基层所队"三基"工程建设纵横》，对20世纪90年代以后上海公安基层所队基础工作建设历史进行客观回顾。2006年编纂完成《面对险情——上海公安机关处置重大突发公共事件案例选编》，记述1982—2005年上海公安机关处置自然灾害、事故灾难等重大突发事件的30个成功案例及专家点评，为处置突发事件积累经验。2009年，编纂完成《为了城市的精彩——上海公安机关重大国际活动安全保卫工作实录》，通过记述、图片、实例，归纳提炼上海公安机关在APEC会议、上海合作组织峰会、非行年会、特奥会、奥运会等重要国际性会议、重大国际赛事安全保卫工作中的成功经验和科学理念。

第五章　公安情报与统计

20 世纪 70—80 年代，上海公安机关情报工作由各业务条线单位自行开展。1997 年，上海市公安局提出建立境内外连成一体，各领域互为融通的情报工作架构。2001 年，市公安局开始组建全局统一的综合情报工作机构，制定情报工作管理规范，搭建情报管理平台，逐步建立起情报共享、运作顺畅、辅助决策和服务实战的三级综合情报管理体系，统筹管理全局情报工作。2001 年 11 月，经市委常委会研究决定，成立上海市反恐怖工作协调小组，下设办公室，设在市公安局。2002 年 5 月，市编委同意市公安局指挥部内设情报处（对外称上海市公安局情报处），增挂“上海市反恐怖工作协调小组办公室”牌子。2003 年起，指挥部情报处承担公安系统公众安全感暨公安工作满意度调查等调查统计工作职责，为领导决策和公安实战提供参考，指导和推动打击、防范、管理等业务工作和队伍建设。2010 年 1 月，市公安局决定指挥部情报处不再增挂“上海市反恐怖工作协调小组办公室”牌子，不再承担上海市反恐怖工作协调小组办公室的日常工作，职能划归市公安局反恐总队。

第一节　综 合 情 报

2001 年，市公安局组建全局统一的情报机构，在各级指挥部门设置情报机构，由指挥部负责全局情报指导、研析工作，指挥部下设情报处，情报处下设 3 个科。情报处负责归口研析、处理全市公安系统的各类情报信息，对跨部门、跨地区流转的情报信息处理、反馈情况进行协调和监督，及时上报重要情况，综合研析情报信息，为领导部署提供参谋意见。2001 年 7 月 31 日，市公安局制定下发《上海公安情报工作体系建设总体方案》，提出公安情报工作体系建设须置于优先发展的战略位置，明确情报体系架构、情报工作操作流程和情报采集、报送、管理要求，正式组建公安情报机构，构建上海公安情报工作体系。

2002 年 9 月，市公安局明确上海公安各级情报机构的主要职责。市公安局情报机构主要负责统筹谋划全局情报工作，综合分析全局情报信息和情报资料，研究预测社会治安的规律特点及发展趋势，汇总、编报全局重要情报信息供领导决策和指导警务工作。市公安局刑侦总队、经侦总队下设刑事犯罪情报信息支队、经济犯罪情报中心。市公安局治安总队指挥处下设情报科。市公安局文保分局、交巡警总队、网安总队、监管总队等单位在本部门指定专门人员负责本系统、本单位情报工作，主要负责本系统相关部门采集、处理情报信息和情报资料，综合分析某一类情报，研究预测某一类敌情、社情动态和犯罪活动的规律特点及发展趋势。分（县）局指挥处（室）下设情报科，主要负责指导本单位情报部门和相关单位采集、处理情报信息和情报资料工作，综合分析本单位情报信息和情报资料，研究预测辖区内敌情、社情动态和社会治安的规律特点及发展趋势，管理本单位公安业务统计工作，汇总、上报、分析公安业务统计数据。上海市公安局指挥部情报处挂“上海市公安局统计信息中心”牌子，负责管理公安业务统计工作，汇总、上报、分析公安业务统计数据。

2002—2005 年，市公安局围绕构建上海现代警务机制的总体要求，将公安情报工作置于优先发展的战略位置。2002 年，市公安局全面推进情报工作体系建设，明确情报信息采集、传递、处理和利用各个环节的工作规范，研发情报综合系统，初步显现情报工作服务公安实战的作用。同年，市公安局下发《关于加强上海公安情报工作的若干意见》,要求全市各级公安机关树立"情报主导""情报投资"和"情报研判"观念,构建全警采集、运行顺畅、信息共享、研判高效和集约经营的综合性、多功能的公安大情报工作体系,做到情报的"大采集"和"大流通",构筑"大平台"和"大系统"。2003 年,上海公安情报工作进一步完善情报信息工作操作规程和管理系统,实现情报信息共享、体系运作顺畅、辅助决策和服务实战高效的目标。同年,市公安局制定下发《上海公安情报工作规程(试行)》,明确情报采集、传递、处理、利用、分析的评估、考核工作规范,要求各级情报机构遵照统一规范,按照职责分工,分类、分级处理情报信息,管理情报工作;制定下发《公安情报经费管理暂行规定》,明确情报经费构成和统筹管理办法,规范公安情报经费的管理和使用,确保公安情报经费的投入和情报工作效益相适应;制定下发《上海公安等级情报评定管理办法》,明确情报分类、等级以及情报等级评定标准、评定流程以及奖励办法等。2004 年,市公安局正式启用"线索型情报信息系统",形成各级情报机构集中研判、分类分发的情报处理机制,初步实现情报信息的统一采集、存储、研判、共享。

2006 年 4 月 1 日起,市公安局在全市范围全面启动社会治安分级(分色)预警机制,出台《上海市公安局社会治安分级(分色)预警暂行办法》,重点围绕可防性、多发性的违法犯罪案件和可能影响社会治安稳定的突出情况展开预警监控;由情报部门定期分析高发违法犯罪案件等社会治安突出情况,根据紧急和严重程度发布不同颜色等级的情报预警,各单位根据预警等级和严重程度采取针对性防范、打击和控制措施。社会治安分级(分色)预警机制的建立,为准确分析、把握社会治安突出动向,动态、科学地调整工作和警力部署,增强各级公安机关维护社会治安的主动性、针对性和有效性起到重要作用。同年,4 月 27 日,市公安局出台《关于在各公安分、县局建立治安要情通报会制度的暂行意见》,9 月 28 日,出台《关于〈当前社会治安突出动向情报通报〉和市公安局治安要情通报会的实施办法(试行)》,建立市公安局、分(县)局治安要情通报会制度。

2007—2010 年,全市公安机关围绕女足世界杯、北京奥运会、美国总统奥巴马访沪、上海世博会等一系列重要活动,加强情报信息工作,强化情报信息搜集研判、侦查控制等工作,为各级党委、政府决策提供参考依据。市公安局建立并依托部、省、市三级情报平台联动应用工作机制,开展重点人员动态管控,不断优化重点人员预警、发现、查控机制。2010 年上海世博会期间,会同有关部门对全市 10 万余名在册精神病人逐一开展风险评估,对 1 316 名重性精神病人分类落实相关措施。

第二节 "110 信箱"

1999 年 1 月 28 日,市公安局"110 信箱"正式开通。"110 信箱"专门处理群众反映社会治安问题、举报违法犯罪线索的来信,建立上海公安机关受理群众举报违法犯罪线索的新机制。全年,市公安局信访处共受理群众投寄"110 信箱"的信件 3 424 件,通过"110 信箱"查破案件 890 起,打击处理违法犯罪嫌疑人员 4 794 人次。

2000—2004 年,市公安局不断在全市范围设置"110 信箱"并发放信笺,供市民举报违法犯罪线索,举报信件由市公安局专门部门统一接收、处理,将其中的违法犯罪活动线索根据管辖权限指定相关单位核查处置,并根据核查结果对举报人发放奖金奖励。2000 年,市公安局印发《关于"110"信箱信件督办工作的实施意见》,市公安局督察队介入"110 信箱"工作。

2005 年,"110 信箱"群众举报线索的核查工作由市公安局指挥部信访处移转至指挥部情报处,8 月 26 日,市公安局召开建立"110 信箱"工作新机制动员部署会议,之后"110 信箱"工作以"服务公安实战、回应群众呼声”为导向,整合群众举报渠道,完善举报件处置工作机制,强化线索查核查处工作,查破一大批案件,为配合开展各项专项整治行动、净化社会治安环境发挥积极作用。2006年,市公安局制定下发《上海市公安局“110信箱”工作暂行规定》,新装专用信笺箱2 993个,全市信箱设置点达到4 796个,在“上海公安”门户网站、“东方网”和上海7家高校8个校园网站上开通“110信箱”电子版。同年8月23日,市公安局召开新闻发布会,向新华社、《解放日报》《文汇报》《新民晚报》、上海电视台等近20家中央驻沪及上海媒体通报市公安局“110信箱”工作机制运行情况,承诺对发挥作用的来信举报人给予物质奖励。根据《上海市公安局信息员工作管理办法(试行)》,将信息员作为特殊举报群众纳入“110信箱”工作平台。2007年,市公安局在轨道交通站点增设100个信笺箱,安放信笺箱达到4 896个,进一步方便市民取用信笺。9月5日,召开“110信箱”工作新闻发布会,新华社上海分社和上海本地19家主流报社、电台、电视台记者受邀参加;中央电视台《东方时空》栏目记者专程到沪制作并播出上海公安机关“110信箱”工作专题节目。

2008年,为维护北京奥运会期间上海社会治安环境,迅速、有效、规范处理涉奥运会重大举报线索,市公安局制定《上海市公安局奥运期间群众重大举报线索工作规定》,以即时处理、高度负责、紧密配合、查证见底为原则,加强涉奥运会重大举报线索的受理、流转、查证和反馈等各项工作,对涉奥运重大举报线索进行全程跟进督办,明确要求查核责任单位仔细查证线索涉及内容,并采取针对性的措施,同时将查证结果、进展情况和相关防范与处置工作建议上报市公安局。相关业务单位和各公安分(县)局围绕奥运赛场、训练场馆、住地周边以及重点、复杂场所较为集中的区域和路段,细致梳理群众举报线索,在对举报线索逐条查核基础上,进一步开展针对性的综合整治。针对全市范围内群众多次举报且查证不实的举报线索查核情况,“110信箱”启动督察复核程序,由督察部门对涉及19个公安分(县)局的19条举报线索查核反馈情况分别进行督查暗访,通过进一步工作,落实长效工作措施。

2009年,市公安局修订“110信箱”工作制度规范,制定《上海市公安局处理群众举报重大违法犯罪线索工作规定》,进一步归口群众举报资源,整合110电话接报警、来信来访中的举报信息,形成“110信箱”纸质来信、电子邮件和电话举报3条举报主渠道。此外,市公安局在全市新增766个专用信笺领取点,补充、投放信笺114万余张,进一步方便群众取用信笺。上海公安机关以建设“上海网警网上咨询工作室”为契机,在互联网主流网站内新增400余个“110电子信箱”链接点,在高校校园网上新增8个链接点,扩大“网上”举报知晓面。2009年9月22日,向社会发布《上海市公安局奖励群众举报违法犯罪通告》,明确于当日起至2010年12月31日,凡群众举报涉及危害国家安全、公共安全,破坏社会主义市场经济秩序,侵犯公民人身权利、民主权利,侵犯财产、妨害社会管理秩序的违法犯罪活动,经查证属实的,都将给予特别奖励。其中,涉及恐怖活动、严重暴力犯罪、有组织犯罪、重大经济犯罪的重大线索,最高可获奖励30万元。市公安局以夹送形式向位于全市案(事)件接报相对密集区域的35万家《新民晚报》征订客户集中派送“110信箱”专用信笺和《通告》。组织各分(县)局和市公安局文保、水上、轨道、公交、机场等部门在社区、学校、站点(码头)、网吧等人流繁杂的公共场所张贴1万份宣传海报,印发3万封“110信箱”贺年明信片,寄送给表现突出的地区治保积极分子、居委会工作人员、治安信息员以及其他关心社区警务和举报工作的群众。

2010年,为服务世博安保工作,市公安局梳理调整全市“110信箱”专用信笺领取点,调整后设置领取点共5 178个。整合举报资源,将“局长信箱”“上海公安热线”中涉及的违法犯罪举报件统一纳入“110信箱”处理平台。此外,制定《“110信箱”群众举报件内部操作手册》,统一举报件合法核发处理标准,规范线索转递操作流程,使举报件处理更趋规范化、标准化。全年受理回复“局长信箱”举报件 830 人次，各单位向举报人回复查核工作情况 1 156 人次。专门设计以倡导市民配合世博安检、掌握安全防范常识为主题的“110 信箱”专用信笺，制作、派发环保袋、鼠标垫、圆珠笔等宣传品，提升“110 信箱”知晓率。2006—2010 年，“110 信箱”为打击破案和治安管理提供大量线索，共收到群众举报 56 571 封，通过群众来信共生成线索 15 241 条，共破获、查处各类案件 5 088 起，抓获涉案人员 18 106 人。

表 13-5-1　2006—2010 年上海市公安局“110 信箱”举报信查处成效统计

年　份	收到举报信(件)	生成线索(条)	破获案件(起)	抓获人员(人)
2006	5 743	950	588	2 490
2007	10 989	2 601	935	3 345
2008	9 797	2 496	945	3 451
2009	12 930	4 114	1 462	4 425
2010	17 112	5 407	1 158	4 395

资料来源：2006—2010 年上海市公安局“110 信箱”年度工作报告。

第三节　公众安全感暨公安工作满意度调查

20 世纪 90 年代中期，市公安局指挥部和纪委分别从业务管理和队伍管理需要出发，按照问政于民、问需于民、问计于民的指导思想，运用统计抽样调查的方法，了解掌握市民群众对上海社会治安状况和公安部门行风的评价。后市公安局对指挥部和纪委的 2 项调查进行合并，统一由市公安局指挥部负责，委托市统计局城市社会经济调查队在全市范围内组织开展。

2003 年起，市公安局会同市综治办，联合委托上海零点市场调查有限公司开展公众安全感暨公安工作满意度调查。安全感、满意度调查是市民群众对社会治安状况的直接感受和综合反映、对公安执法管理情况和队伍建设状况的主观评价，其中安全感部分为联合委托调查项目，满意度部分为市公安局委托调查项目。这一阶段，安全感、满意度调查成果作为内部研究分析资料，并被应用于各单位、各地区工作评估和考核。经过为期 1 年的试点探索，于 2004 年正式启用百分比评价模式，形成较为固定的调查模式和评价指标。

2006 年起，安全感、满意度调查样本的投放实现对所有街道(乡、镇、园区)和派出所的全覆盖。2007 年 10 月 27 日，市公安局制定下发《上海市公安局公众安全感暨公安工作满意度调查实施办法》，明确调查的工作原则、调查方式、样本选择条件、执行方式以及成果利用等方面内容，全面规范上海公安系统有关公众安全感暨公安工作满意度调查的组织与实施，充分保障调查成果的客观、公正、有效及合理利用。

至 2010 年，安全感、满意度调查采用入户调查方式进行，每年 9—11 月组织开展调查，调查对象为在上海住满 6 个月的 16 岁以上、70 岁以下常住人员，执行有效样本基本按照上海实有人口千分之一的比例进行配置，并根据人口增长和资金预算情况逐步增加。入户调查执行有效样本覆盖全市所有区、县，主要通过随机抽样方式确定调查地区及入户范围，由调查公司安排访员至实地开展面对面调查，解决研究分析资料收集问题。市公安局会同市社会治安综合治理办公室、上海零点公司根据历年中央综治办、公安部相关调查内容，邀请部分高等院校、研究机构专家学者提出意见、建议,不断完善安全感、满意度调查问卷内容。安全感调查内容主要包括 8 个方面:一是总体评价。主要测量受访者对上海整体社会治安环境的评价以及对上海整体治安情况与上年相比的变化评价。二是居住环境安全感。主要测量受访者对其居住小区治安环境的评价,并收集影响评价的相关因素;调查受访者与邻居交往情况、对小区安全感受以及对小区防范措施的评价等。三是公共场所安全感。主要收集受访者经常出入的公共场所类型,测量其对这些场所的安全评价以及对不同公共场所的安全感受。四是单位和学校所在地安全感。测量受访者对单位和学校所在地治安环境及其变化的评价,收集相关原因。五是市民安全防范意识与态度。通过设定不同场景,如是否志愿参加小区治安联防巡逻、是否敢于制止不法侵害等,了解受访者对不法事件的反应和对地区安全的责任感。六是平安建设情况。测量受访者对上海平安建设实事项目建设效果的评价。七是市民安全感关注度。通过收集受访者关注的社会问题来测量市民对安全感的关注程度。八是其他情况调查。主要根据需要,围绕同年综治或公安工作重点设置针对性调查内容。满意度调查主要从 4 个方面展开:一是总体评价。主要测量受访者对当地公安机关及民警的工作状况评价。二是民警工作表现满意度。测量受访者对民警警容警貌、业务能力、责任感、工作纪律、办事效率、服务态度、警民沟通、执法规范等方面的评价。三是警种满意度。测量受访者对社区、交通、巡逻、消防、刑侦民警的评价。四是 110 接处警工作满意度。测量受访者对 110 出警速度、处理方式、服务态度、处理结果的评价。

表 13-5-2　2004—2010 年上海公众安全感、公安工作满意度调查结果统计

年　份	样本数(份)	公众安全感指数	公安工作满意度指数
2004	15 215	73.20	71.90
2005	15 151	72.01	70.40
2006	20 540	69.93	73.97
2007	22 904	72.45	73.51
2008	20 171	74.95	73.98
2009	19 960	72.67	72.96
2010	20 860	84.06	88.74

资料来源:2004—2010 年上海公众安全感、公安工作满意度调查统计资料。

第六章　调查研究

“文化大革命”后，市公安局不断关注社会治安发展变化情况，开展各种专题调研，为宏观决策提供依据。1991年，《上海公安研究》创刊。1993年12月，上海市警察学会成立，着重对公安工作的重大理论与实践课题进行调查研究。1998年7月，市公安局设研究室，负责开展全局性中长期战略课题、专题调研；开展公安应用理论研究活动。此后，市公安局根据上海国际化大都市的发展实际，持续开展业务调研和理论调研，先后建立基层调研联系点、特约研究员、调研成果“精品文章”评选、基层调研信息员队伍等工作制度，对WTO与上海公安工作、建立上海现代警务机制、“三基”工程建设、和谐社会与公安工作等重大课题开展调研，为上海公安工作提供理论支撑。

第一节　业务调研

1977年，市公安局向市委、市政府提交《本市户籍、治安、交通、刑事民警调查情况报告》。1984年，市公安局撰写《打击刑事犯罪活动情况的调查材料》《关于经济体制改革的企业保卫机构情况的调查报告》。1987年，市公安局承担全国社会科学“七五”规划重点研究课题——“中国现阶段犯罪问题研究”上海部分的专题研究。1988年，在公安部的统一安排下，市公安局完成专题调查资料85篇和九类刑事案件800个案例、6个派出所刑案立案情况的调查分析；并在此基础上，编写论文《上海市现阶段犯罪状况、特点和规律》，提交公安部9月召开的全国“现阶段犯罪问题研究”专题研讨会讨论。

1990年10月，中国青少年犯罪研究学会召开全国青少年犯罪研究10年优秀成果评审会，市公安局杨星华撰写的论文《上海青少年犯罪的趋势和控制战略》被评为中国青少年犯罪研究10年优秀成果一等奖。

1998年10月，建市公安局研究室（正处级），挂靠市公安局指挥部。

1999年，“上海市机动车停车管理对策”研究课题经上海市社会科学界联合会批准立项，被列为1999年上海社联“九五”滚动课题，上海市道路交通安全协会和上海市刑事侦查学会组成的联合课题组研究完成。同年，“上海社会治安环境建设三年规划（1999—2001年）”课题被列为市公安局科委立项研究项目，市公安局指挥部课题组研究完成。

进入21世纪，上海公安机关将构建上海现代警务机制作为一个重大课题。2001年，市公安局研究制定《关于建立上海现代警务机制的实施方案》。此后，通过调研和实践，逐步明确上海现代警务机制的内涵及建设重点。2003年，《关于构建上海现代警务机制的探索和实践》获中国警察学会“贯彻十六大，全面建小康，公安怎么办”理论研讨会论文一等奖。文中明确，构建上海现代警务机制要夯实公安工作基础，完成包括教育培训机制、社区警务工作机制、科技保障机制在内的基础工程建设；要寻求和把握新的增长点，构建公安情报机制、街面“网格化”治安巡逻机制，有效控制社会治安；要发挥集约效应，完善应急反应机制、交通管理机制，提高警务技能；要实现公安工作的规范化、制度化、法制化，使公安工作有章可循、有章必循。2005年，市公安局研究制定《上海现代警务机制（2005—2007年）建设规划》。2006年，市公安局研究室着手编写《上海现代警务机制探索·实践》一书,全面、系统地总结上海现代警务机制建设情况。2007年1月,《上海现代警务机制探索·实践》一书由中国人民公安大学出版社出版发行。

2002年,市公安局探索管段民警、治安民警和巡逻民警"三警合一"的社区警务模式,开展大量调研工作并形成《关于进一步加强社区警务的若干意见》《社区警务建设试点工作方案》等工作规范。

2003年,市公安局《关于构建公安大情报工作体系的思考》获中国警察学会"贯彻十六大,全面建小康,公安怎么办"理论研讨会二等奖。文章阐明,在动态、开放的社会格局下,公安工作对情报的依赖和需求日益凸显,只有积极构建公安情报工作体系,着力探索公安情报工作的新机制,才能牢牢掌握斗争主动权,不断增强公安工作的发展后劲。

2004年,市公安局对上海市应急联动中心建设进行调研,形成《上海市应急联动中心建设情况》,为上海市应急联动中心在10月正式运作作好准备。同年,市公安局完成《关于停止试行交巡警合署办公统一执法深化交巡警体制改革的报告》,为2005年2月交巡警停止合署办公提供决策依据。

2005年,在"全国公安机关公安工作与和谐社会"征文中,市公安局《非传统安全事件预警和处置的理论与实践思考》获一等奖;《和谐社会与公安工作理论》获二等奖;《以构建和谐社会的战略思想指导探索公安管理改革》获三等奖。同年,市公安局研究完成"加强和改进公安特警队伍建设"等调研课题,为市公安局特警总队成立等工作提供决策依据。

2006年,市公安局建立基层调研联系点制度,确定9个基层所、队为研究室第一批基层调研联系点,并制定《市局研究室基层调研联系点工作规则》,形成定期召开座谈会、开展调研业务培训、定期报送交流调研成果、适时组织基层调研联系点民警赴兄弟省(市)考察等多项制度和做法。

2007年,根据公安部沈阳会议精神,市公安局从上海公安工作实际出发,开展有针对性的调查研究,制定《2007年上海公安机关"三基"工程建设实施意见》,从中确定10项实事项目和46项具体措施,并下发《关于上海公安机关实施社区和农村警务战略的工作方案》《上海公安派出所警务室规范化建设标准》等一系列指导性文件。

2007年6月,市公安局研究室为整合全市公安机关调研工作资源,加强对新形势下公安重大理论和实践问题的研究,从各分(县)局和各业务单位中聘任15名热爱公安调研事业、熟悉公安工作情况、具有扎实理论功底、较强研究能力和文字表达水平的民警担任市局研究室首批特约研究员。同年,《关于切实加强"社会人"管理的调查与思考》获得2007年度公安部研究室特约研究员专题调研论文二等奖。

2007年,上海公安机关建立调研成果"精品文章"评选制度。每年由市公安局研究室牵头组织专家、评委,按照创新要素、理论要素、操作要素、文字要素等评选标准,从各单位报送的年度调研文章中评选出"精品文章"金奖、银奖、铜奖各10篇,并对获奖作者给予一定的奖励。至2010年,共评选出"精品文章"金奖、银奖、铜奖各40篇。详见下表。

表13-6-1　2007—2010年上海市公安系统调研成果"精品文章"金奖作品一览

年份	文章题名	作者
2007	加强以流动人口为重点的人口综合管理和服务工作的实践与思考	指挥部综合处、治安总队调研组
	关于进一步提高上海公安机关合成作战能力的调查与思考	研究室、公安高等专科学校课题组
	上海公安民警岗位责任制建设的探索与实践	政治部课题组
	深刻认识和把握当前社会治安的主要矛盾,以科学发展观为指导实现公安打击工作的新突破	刑侦总队郭建新

（续表）

年份	文章题名	作者
2007	对建构公安执法岗位核心能力教学训练模式的思考与探索	公安高等专科学校课题组
	关于新历史条件下公安基层工作的思考	浦东分局张俭、尹金初
	宽严相济的刑事司法政策指导公安执法实践初探	浦东分局潘义
	对公安管理与公安服务主体能力建设的思考	虹口分局课题组
	加强"城中村"来沪人员管理的调研报告	闵行分局课题组
	从分县局角度看加强和推进现代警务机制建设	宝山分局龚罡
2008	关于本市实有人口服务与管理的调研报告	人口办调研组
	社会治安管理视野下的社会自组织调研与对策	治安总队周正
	深化社区(农村)警务战略、提升公安机关管理和服务水平绕不开的"三道坎"	奉贤分局肖卫国
	践行科学发展观，谋求上海公安教育训练工作新突破、新发展	公安高等专科学校课题组
	构建公安对外新闻宣传传播链的思考与实践	黄浦分局王贞
	关于优化公安派出所警力配置的若干思考	浦东分局陆东
	论社会治安前端管理	闸北分局童永正
	论基层公安机关控制力的实现	普陀分局韩力鸣
	关于建立基层公安机关合成作战模式的若干思考	浦东分局潘义
	回应民警需求、拉动激励内需	徐汇分局杭邦瑞、杜明
2009	动态社会条件下浦东社会治安管控突破路径探析	浦东分局陶金、王永兵
	金融危机下上海经济犯罪形势及经侦工作对策研究	经侦总队龚施善、曾珑、沈安俊
	关于建立城市管理和维稳力量整合联动新机制的调研报告	闵行分局课题组
	公安外部执法环境变化及其原因探析	法制办调研组
	和谐社会视域下关于严格执法和热情服务若干理论与实践问题的探析	黄浦分局李德全
	关于渐进式推进居住社区警社合作的思考	普陀分局韩力鸣
	论道路交通管理法规冲突	交警总队桑志刚
	提升民警组织认同感的探索与实践	嘉定分局季平
	刍议"平安世博"背景下的公安队伍建设	金山分局杨杰
	深度警银合作有利于根治电信诈骗犯罪	普陀分局叶俊、周治国
2010	关于"世博后"上海郊区社会治安管控工作的思考	奉贤分局吴培根
	和谐警民关系视野下的"公民警校"建设与发展	公安高等专科学校课题组
	依托"大联动"机制、实现社会管理创新	闵行分局胡世民
	海峡两岸共同打击犯罪之警务合作机制探索	普陀分局韩力鸣、傅翔
	公安语境下的民力与借用民力	黄浦分局李德全、蒋旭峰

(续表)

年份	文 章 题 名	作 者
2010	世博交通安保工作经验做法和完善“世博后”公安交通管理长效机制的设想	交警总队陈志康
	监管网络舆情危机管理研究	监管处陈华
	公共网络安全视野下的虚拟社会管理研究	闸北分局冯斌元
	从“四流”技战法看新形势下发票犯罪打击策略	经侦总队程一平
	关于九亭地区社会治安和公安工作情况的调研报告	松江分局课题组

2008年,市公安局为充分吸纳和运用社会智力资源,借用“外脑”开展决策咨询和专题调研活动,加强对公安重大理论和实践问题的研究,提高市公安局的整体调研水平和为领导决策服务的水平,市公安局研究室建立特约顾问制度,从全市党政系统、政法系统有关领导和社会知名专家学者中聘请10名特约顾问。同年,市公安局完成市委、市政府交办的“防范和打击公共交通工具上性骚扰行为”“关于进一步加强犬类管理与服务”“长江隧桥通车后公安遇到的新课题及应对思路”“关于本市部分派出所用犬维护社会治安的情况调研”等专题的调研报告。

2009年,市公安局建立由一线民警组成的基层调研信息员队伍,发现、培育调研后备力量,及时捕捉基层公安工作的热点、难点和亮点。

2010年,市公安局特约研究员新聘8名特约研究员,续聘12名特约研究员。同年,市公安局会同有关部门开展“新社会组织管理”“上海社会稳定问题研究”“上海人口布局及发展趋势”等专题调研,调研并撰写《依托“大联动”机制实现社会管理创新》,为增强上海市社会管理能力、加强专项整治及防范等工作提供依据。同年,市公安局为深入推进“三项管理”工作,编写《加强三项管理 完善现代警务机制——上海公安机关社会管理创新的实践探索》一书,由同济大学出版社出版发行。

第二节 理 论 研 究

1991年12月28日,市公安局召开首届上海公安理论研讨会。市公安局长和各分(县)局、业务处的部分领导人及论文作者120人出席会议。公安部政治部、办公厅和公共安全研究所派代表参加会议。研讨会收到论文85篇,论文选题广泛,既有理论基础,又紧密结合实际,具有较强的可操作性。

1991年,以公安理论研究为主的刊物《上海公安研究》创刊,初为季刊。1993年上海市警察学会成立后,《上海公安研究》作为市警察学(协)会会刊,2001年起改为双月刊,由上海市公安局、上海市警察学(协)会主办。改版后会刊体现上海公安特点,以特大城市社会治安和公安工作为研究重点,以发表具有学术价值或现实指导意义的理论文章为主,体现刊物的学术特点。设有“宏观论坛”“决策咨询”“热点调研”“理论与方法”“探索与争鸣”“业务工作”“政工与队伍管理”“区域警务”“群防群治”“外警研究”等栏目。至2010年底,《上海公安研究》共出刊120期。

1993年12月16日,上海市警察学会成立,为中国警察学会、上海市哲学科学联合会团体会员,在上海市公安局指导下,组织协调全市公安科学理论研究的群众性学术团体,其宗旨是团结全市公安民警、武警官兵以及社会各界有志于公安科学理论研究的专家、学者,对公安工作的重大理论与实践课题进行深入的调查研究，探索公安工作的特点和规律，为公安决策提供科学依据。学会选出第一届理事会理事 68 人，名誉会长：扬帆、王鉴、杨堤、朱达人，会长：易庆瑶。

1993—2010 年，市警察学(协)会根据调研工作需要，共联合举行 11 次理论研讨会。在研讨会召开之前，市警察学(协)会与市公安局联合下发通知明确公安理论研讨的参考题目和范围，引导广大民警，结合公安工作实际，提出问题和解决问题的对策和方法。在收到调研论文后，先由初选评委评出入围论文，然后经评选委员会评选，确定获奖论文。部分获奖论文在上海市警察学(协)会会刊《上海公安研究》杂志上发表，有的载入论文选编中。

1995 年 7 月 23—26 日，浦东新区公安局与上海市警察学会举办经济特区、浦东新区公安理论研讨会。深圳、珠海、汕头、厦门、海南 5 个经济特区和浦东新区公安机关的有关领导、粤沪警察学会代表、有关专家、论文作者 30 人参加会议。中国警察学会有关负责人出席会议。

1999 年 5 月 10 日，上海市警察学会召开第二届第二次会员代表大会，160 名会员代表参加会议。大会修改《上海市警察学会章程》，审议并确认历次常务理事会通过的理事会增补成员名单，选出学会第二届理事会理事。在随即召开的理事会第一次全体会议上，选举产生学会领导班子，会长吴志明。上海市警察学会设学术委员会、公安学基础理论专业委员会、《上海公安研究》编辑委员会。学术委员会负责规划、指导课题研究和组织学术交流活动；公安学基础理论专业委员会负责规划、组织、开展带有基础性、覆盖面广、尚未被清楚认识的公安基础理论课题的研究探讨活动；《上海公安研究》编辑委员会负责编辑、出版、发行上海市警察学会会刊《上海公安研究》。1999 年有会员 476 人。

1999 年 6 月 15—17 日，上海市警察学会与中国会党史研究会在上海师范大学联合召开首届“帮会的历史、现状与当代黑社会学术研讨会”。北京、上海、江苏、浙江、广东、广西、四川、湖南等地 40 余名专家、学者参加会议。会议就“帮会的历史、现状与当代黑社会”的主题开展讨论。同年 12 月 10 日，上海市警察学会和上海市现代管理研究中心联合主办“上海市 21 世纪社区安全管理研讨会”，市公安局领导和有关专家、学者、论文作者 60 余人出席会议，就社区安全管理如何与世界接轨，21 世纪社区安全管理的模式和发展方向等进行专题讨论。

2000 年 2 月 25—27 日，上海警察学会公安基础理论专业委员会召开“面向 21 世纪若干警务问题研究”和“新形势下公安队伍建设长效机制”2 个课题研讨会议。同年 5 月 24—26 日，上海警察学会会同市公安局交巡警总队前往黄浦、普陀、宝山、奉贤、浦东、嘉定、松江、青浦公安分(县)局等单位就“交巡警合署办公以来的利弊得失”课题开展调查研究。

2000—2003 年，经上海市新闻出版局批准，上海市警察学会与人民警察杂志社合作，每年编辑出版 1 期《人民警察》理论增刊，为上海公安民警或上海市警察学会会员发表优秀论文和调研文章提供平台。

2001 年，上海警察学会把中国加入 WTO 作为 2001 年理论研究工作的重点。3 月确定以“WTO 与上海公安工作”为课题开展研究，下有 9 个分课题，6 月底完成。《WTO 与上海公安工作》被市委政法委《工作研究》摘要转发，交巡警总队分课题组撰写的《入世对上海公安道路交通管理的影响及应对之策》被公安部转发。上海出入境边防检查总站课题组撰写的《我国加入 WTO 对出入境边防检查工作的影响及对策》、市公安局出入境管理处分课题组撰写的《我国加入 WTO 对出入境管理的影响和对策》分别被公安部边检局、公安部出入境管理局转发。同年 5 月 15—17 日，第六次十五城市警察学会理论研讨及工作经验交流会在上海召开，北京、天津、上海、重庆、广州等 14 个城市的警察学会会长、秘书长和学会专职干部 40 余人参加会议。会议交流就中国加入 WTO 以后可能给公安工作带来的新情况、新问题及对策进行讨论。同年8月,上海警察学会推荐的《试论加入WTO对公安工作的影响及其对策》《关于改革和加强刑侦工作的思考》《21世纪公安工作机遇与挑战》分别荣获2000年“金盾文化工程”金盾文章奖一、二、三等奖。

2002年,在中国警察学会第二届第三次理事会暨“我国加入WTO后公安工作面临的机遇与挑战”理论研讨会上,上海市警察学会与中国警察学会上海办事处联合课题组撰写的论文《WTO与经济中心城市治安管理》获一等奖,政治部分课题组撰写的论文《加入WTO与上海公安人才战略》、法制办公室分课题组撰写的论文《WTO对公安法制工作的影响及相应对策》分获二、三等奖。同年,上海市警察学会编辑出版上海公安理论研究丛书《社会治安及警务工作研究论文选集(1995年—2000年)》,该书收录1995—2000年期间发表在《上海公安研究》中的部分优秀文章。

2002—2010年,京、津、沪、渝开展警学理论研讨,共举办九届研讨会,主办单位轮流担任,中国警察学会领导出席会议。研讨会就公安队伍建设、警察教育、警务机制改革等问题进行交流。

2002—2004年,上海市警察学会参加华东政法学院与英国英中文化协会联合举办的“中英少年司法保释研讨会”。

2003年下半年,上海市警察学会参与中国警察学会“贯彻十六大,全面建小康,公安怎么办”理论研讨活动。

2003—2004年,上海市警察学会承担并完成由市委宣传部组织、上海市法学会承担的“上海社会稳定若干重要问题研究总课题”研究,学会负责“当前上海社会治安状况新特点和新趋向研究”分课题,着重对“近年来本市未成年人违法犯罪的特点、存在问题及对策”“外来流动人口的犯罪现状与控制方略”“创新社区治安防控机制增强基础预防功能”等进行研究,经专家组论证,课题报告报市法学会。

2004年9月,上海市警察学会邀请市公安局政治部、研究室、出入境管理局、公安高等专科学校、静安分局、虹口分局、南汇分局等单位的部分代表召开“警察公共关系理论研讨会”,围绕建设警察公共关系的重要意义、如何理解警察公共关系的涵义等警察公共关系相关问题进行深入研讨。

2005年10月,上海公安理论研究丛书《社会治安及警务工作研究论文选集(2001年—2004年)》《犯罪与犯罪预防研究》出版发行。同年12月,上海市警察学会派员随上海法学会代表团赴台湾参加第八届两岸经贸法律理论与实务研讨会、第八届台沪经贸法律理论与实务研讨会。

2005年,上海市警察学会启动“和谐社会与公安工作”课题分类研究,形成阶段性研究成果;2006年,组织总课题研究,并经申报被列为公安部A级课题;2007年,完成总课题报告和11个子课题报告,共计39万余字,上报公安部结题。该课题报告由中国人民公安大学出版社出版,并于2009年10月获公安部颁发的第十届“金盾文化工程”金盾图书奖。

2006年5—8月,上海市警察学会组织开展关于“三基”调研工作,围绕维权、派出所工作、警察公共关系、“三基”宏观认知等四方面重点内容,以及部分分局特色工作开展调研。

2006年7月24日,上海市警察学会召开第三届第四次会员代表大会暨上海市警察协会第一届第一次会员代表大会,上海市警察学会更名为上海市警察协会。市公安局各单位和分(县)局代表116人参加。协会选出第一届理事会理事,会长程九龙。协会从过去学术性的社团组织扩展为具有社会性、民间性、行业性、学术性和公益性的社团组织,协会职能范围和工作方向发生变化。

2006—2010年,海峡两岸暨香港、澳门警学研讨会共举办5届,主办单位轮流担任,上海市警察协会派员参加历届研讨会。2006年8月7日,由中国警察协会主办、上海市警察协会协办的第一届海峡两岸暨香港、澳门警学研讨会在上海召开。中国警察协会主席、部分理事、部分省(市)警察协

(学)会负责人,警察院校、中国社会科学院、厦门大学等有关专家学者,以及台湾、香港、澳门地区警察社团相关人员共90余人出席会议。国务院台湾事务办公室和国务院港澳办有关负责人应邀出席开幕式。与会专家学者在警务发展、服务与管理、犯罪防治、合作打击犯罪等方面进行研讨。

2008年10月30—31日,上海市警察协会召开上海公安发展30年学术座谈会暨2009年市警察协会工作征询会。

2009年3—10月,上海市警察协会分别围绕和谐警民关系建设、规范执法、网上维稳策略研究、公安信息化建设等主题,召开专题学术座谈会或咨询会,开展学术座谈研讨,形成共识性观点和对策建议提交市公安局领导参考。

2010年6月,上海市警察协会召开第二届第一次会员代表大会,132名代表参加大会。大会修改《上海市警察协会章程》,选出第二届理事会理事,会长程九龙。同年,上海市警察协会按照中国警察协会关于以基层基础建设为主题的调研工作要求,组织发动会员调查研究,破解难题,关于网上工作的调研课题报经中国警察协会"中国警务论坛"评审,获一等奖。

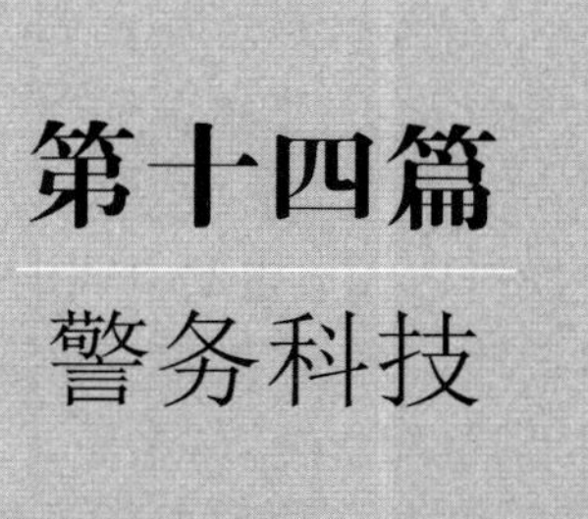

第十四篇

警务科技

20 世纪 70 年代，上海公安的通信设备主要是上海解放初期接管的有线、无线、报警设备，以及广播电台和警用信鸽等。指挥调度和信息联络主要使用有线电话。中共十一届三中全会以后公安科技装备逐步走向现代化。1983 年，中共中央“要迅速加强公安队伍技术装备现代化建设”的指示精神下达后，公安部、市委、市政府十分关心上海公安通信技术装备现代化的建设。20 世纪 90 年代，上海公安机关以数字程控电话交换机取代人工共电式电话总机，建成上海市 110 报警服务台，先后投入使用无线寻呼系统、模拟常规通信系统、模拟集群通信系统，大幅提升上海公安的指挥调度和快速反应能力。进入 21 世纪，特别是随着全国“金盾工程”(即全国公安信息化工程)建设，上海公安二、三级通信网络全面建成：800 兆数字集群通信系统投入使用；图像监控从相对独立的区域性建设转变为城市图像监控体系建设；电子警察、交通路况信息实时传播等系统投入应用。2005 年，上海市被公安部、科技部第一批授予“科技强警示范城市”称号。围绕上海世博会安全保卫工作，上海公安机关启动以“一八五”项目(具体见后)为主体的世博安保科技保障项目，至 2010 年基本实现单警装备数字化、交通管理智能化、治安防控可视化、实战指挥扁平化、警务运作规范化，为完善符合特大型城市特点的现代警务机制提供有力的科技支撑。

第一章 科技管理

第一节 科技规划

1991年，市公安局为加强对上海公安科技发展的规划，制定上海公安“八五”科技工作规划，促进公安科技在维护社会治安、侦查破案中的作用，“向科技要警力”“向科技要破案率”逐步成为各级领导和广大公安民警的共识。

1996年，市公安局制定上海公安科技发展“九五”规划，作为上海公安科技迈向21世纪的指南。确定到2000年的规划目标为：针对各类社会治安问题、犯罪尤其是高技术犯罪活动，充分运用计算机技术、通信技术和系统工程等高新技术，重点发展具有公安工作特点的指挥和信息技术、技术侦查和刑事侦查技术、消防管理和交通管理技术，健全和完善公安技术手段和科学研究及管理体系，力争到2000年使上海公安科技水平达到20世纪90年代初期国际先进水平，部分关键技术达到同期国际水平。同年11月，市公安局印发《上海公安计算机网络建设及信息综合应用总体方案》，明确“组建高、中速骨干网、实现公安信息综合应用”建网目标和通信方案。

2001年，市公安局制定上海公安科技发展“十五”规划。同年7月，全国“金盾工程”（即全国公安信息化工程）经国务院同意、国家计委批准正式立项。上海公安机关根据国家计委、公安部要求和全国“金盾工程”总体安排，结合上海公安工作实际形成《上海“金盾工程”总体方案框架》，明确上海“金盾工程”建设总体目标、建设任务和进度安排，并列入上海国民经济和社会发展“十五”规划。计划从2002年起实施，3年完成。上海“金盾工程”由二、三级通信网络“三网融合”建设、无线通信系统建设、图像监控系统建设、信息应用系统建设、公共信息网络安全监控系统、网络和信息安全保障系统建设6个分项目组成。

2006年，市公安局为深入实施“科技强警”战略，研究制定上海公安科技工作“十一五”规划，要求重点把握继续加大科技投入、加快促进科技转化、真正做到有序发展、着眼增强发展后劲等工作原则，力争实现“一个确保，五个突破”（“一个确保”即确保率先基本实现公安工作信息化，显著增强信息技术对现代警务机制的支撑和保障作用；“五个突破”即在深化科技应用、创新工作机制、利用信息资源、加强集约管理、提高全警素质五个方面取得新突破）的工作目标。为确保规划任务推进，9月5日，市公安局印发《今后几年上海公安科技和信息化工作重点》和《今后几年上海公安科技和信息化建设任务推进表》，明确指挥调度通信技术、情报信息技术、反恐排爆技术等6个方面共40项具体建设项目。同年12月18日，公安部在南京召开全国“金盾工程”建设工作会议，全面总结“金盾工程”一期建设情况，部署二期建设有关工作。上海市公安局制定《关于进一步推进本市公安信息化建设的总体方案》，明确上海“金盾二期工程”及之后3年的上海公安信息化建设任务，确定以视频IP（互联网协议）网络、SDH（同步数字体系）网络传输平台等6个项目组成的网络基础设施建设，以身份认证与访问控制管理系统等2个项目组成的安全技术设施建设，以“中国上海”门户网站公安分网站系统改建为信息中心技术系统建设，以大情报信息应用平台、警用地理信息平台、公安网与政务网接入平台组成的“三大平台”建设；以派出所综合管理系统（2010年5月更名为上海市公安局警务信息综合应用平台）、实有人口信息系统等10个项目组成的应用系统建设任务。同年，市公安局印发《上海公安实时图像监控系统建设规划(2006—2008)》,提出“自建监控点数达到1万个左右、大量接入社会图像资源”的工作目标与具体措施。

2009年,上海公安机关围绕世博安保工作需求,开展“一八五”项目为主体的世博安保科技保障项目建设,基本实现单警装备数字化、交通管理智能化、治安防控可视化、实战指挥扁平化、信息研判精确化、警务运作规范化的既定目标。“一八五”项目为“一个基础、八大平台、五大系统”的简称。“一个基础”主要是为各公安信息系统的应用提供互联互通的信息“高速公路”,包括:1个机房,即“指挥网、公安网公共机房改造”项目;2条光缆,即世博安保3根越江光缆和崇明越江光缆;3个网络,即公安信息网优化改造、视频IP信息网建设、SDH网络传输平台升级。“八大平台”整合60余个独立的业务系统,建成情报信息应用、警用地理信息应用、实有人口信息应用、派出所综合信息应用、“网上办案”“网上办事”“网上办公”、跨部门关联共享8个平台。“五大系统”包括:应急联动指挥信息系统;公安交通指挥调度、事故应急处理智能化系统;重点目标图像监控系统;移动警务接入平台及应用系统;350兆数字集群系统。上述系统建成后,图像监控、350兆电台、移动警务PDA的应用迅速推广,成为单警装备的“千里眼、顺风耳、掌中宝”。

第二节 项 目 管 理

一、建设项目管理

随着公安科技的发展,对公安信息化建设过程中立项管理、预算管理、方案论证、实施规范、奖惩制度等方面的管理工作提出更高要求。1996年12月,市公安局科学技术管理委员会制定下发《上海市公安局科技建设项目管理规定(试行)》,首次对科技建设项目的原则、各部门职责、项目建设过程各阶段管理模式、建设成果的考核和奖励等方面作出具体规定,使全局的科技建设有章可循。这是市公安局第一部关于规范科技建设项目实施的规定,标志着全局科技建设项目的实施和管理纳入规范化管理的轨道。1997年是该《规定》试行第一年,有9个科技建设项目按《规定》组织立项论证。

1997年7月,市公安局制定《关于加强科技建设项目文件材料管理的意见》。2000年,制定《上海市公安局信息化建设项目管理暂行规定》《上海市公安局信息化建设方案论证、评审管理暂行规定》《上海市公安局业务数据信息共享管理暂行规定》等规章、规定。2003年,市公安局科技信息化部门在总结前期信息化建设项目管理经验的基础上,正式制定《上海市公安局信息化建设项目管理规定》,进一步确定信息化建设项目内容、遵循原则、建设依据、工作流程等内容,明确信息化项目建设经费原则上应当列入年度预算;其中,申报预算在50万元以上的项目必须先进行充分的可行性论证,申报需跨年度分期实施的项目必须先制定项目的总体方案和实施计划。同年,为加强建设项目文件材料的管理,市公安局制定《上海市公安机关科技建设项目文件归档暂行办法》,明确建设项目在立项、实施、验收3个阶段的归档范围和整理立卷、档号编制、档案移交相关规定,要求所有文件材料在项目竣工验收3个月内归档,获得市、部级以上奖励或累计投资2 000万元以上的项目档案保管期限为永久,获得局级奖励或累计投资200万元以上的项目档案保管期限为长期。2004年,市公安局制定《上海市公安局科技暨信息化建设项目验收规范(试行)》,对应验收的项目范围、项目验收程序和验收需提交的资料等作出具体规定,使上海市公安局科技暨信息化建设项目的管理形成完整体系。2006年7月,市公安局制定《上海市公安局信息化建设项目效益评估暂行办法》,遵从独立、客观和公开、公平、公正的原则，按照规定的程序、办法和标准，对信息化项目建成后的应用环境条件、应用情况和应用水平进行科学、规范的调查分析和综合评判，并将效益评估结论作为项目改进完善、奖励、推广、后续建设和经费投入的依据之一。

2009 年，市公安局修订完善《上海市公安局信息化建设项目管理规定》《上海市公安局科技暨信息化项目验收规范》等 4 个规范性文件。其中，新的《上海市公安局信息化建设项目管理规定》明确各分(县)局、市公安局各单位申报信息化项目必须填写《上海市公安局信息化项目立项申请表》，建设预算在 100 万元以上的重大信息化项目应当组建专门工作班子，项目完工正式上线投入使用前还应对系统性能、系统兼容、安全防护、需求满足等方面进行充分测试，进一步适应上海公安信息化工作发展对项目管理的要求。

二、运维项目管理

2000 年以前，项目改建、更新、升级是市公安局信息系统运维管理的主要手段。进入 21 世纪后，随着信息化建设规模的扩大，仅仅通过系统改建、升级已难以满足信息系统与设备运维管理的需要，项目运维所需经费越来越多，专业化的运维管理逐步提上议事日程。市公安局开始尝试运维项目管理，以保障已有信息系统软件、硬件正常使用所需的计算机和网络硬件设备维护更新、通信服务、软件维护、信息安全服务等。运维项目管理则参照建设项目管理规范开展，并重点对运维服务内容、运维经费落实与使用等方面进行管理。

2007 年，市公安局开始在年度信息化预算中设立专项运维经费，用以解决全局信息通信系统软、硬件运行维护问题。同年，派出所综合信息管理系统维护服务项目、机动车登记系统和机动车驾驶证管理系统维护项目等一批运维项目顺利完成。此后，市公安局每年安排的运维经费总额呈逐年递增趋势，其中，2007 年维护费总额 415.58 万元，2008 年维护费总额 860.09 万元，2009 年维护费总额 917.73 万元。2010 年，市公安局信息办在组织各单位申报下年度信息化预算经费时，又专门向市经信委申报上海市公安局地面采集系统(运维)、公安网络传输基础设施(运维)、公安业务数据存储系统(运维)等信息化专项运维项目 12 个，申请年度运维经费 1 456.39 万元，进一步确保相关运维工作的正常进行。

三、科研项目管理

1987 年市公安局科委成立后，不断推动科技项目管理工作开展。1986—1996 年，国家、部、市、局级科技三项项目共 113 项，获得国家、市、部、局各级科技进步奖 81 项。1996 年 12 月，市公安局印发《科研立项项目管理办法(试行)》，对科研项目的立项项目级别和申报方法、立项申报时间、立项经费等作出规定。

2002 年 4 月，市公安局为调动和激励广大科技民警从事计算机应用软件研究开发的积极性和创造性，下发《关于鼓励自行研发计算机应用软件的实施办法(试行)》，对科技民警自行成功研发符合公安工作需要的应用软件，并通过验收后，在投入实际应用中取得良好效益的，视情予以表彰奖励。

2004 年，公安部、科技部将上海市等 21 个城市确定为全国首批科技强警示范建设城市。市公安局不断加强对各项工作的督促协调。2005 年 12 月 29 日，经公安部、科技部组织专家验收，上海市被授予“科技强警示范城市”称号。

2005年,市公安局为进一步加强科研项目的规范化管理,加大科研资助经费的管理力度,制定《上海市公安局科研项目资助经费管理办法(暂行)》,明确科研项目资助经费来源、用途、使用方式等内容。

2006年1月,市公安局为深入实施"科技强警"战略,制定《上海市公安局科研项目管理办法》,进一步规范上海公安科研立项项目管理,强化公安科研计划管理的责任机制,提高科研项目管理的规范化、制度化。科研项目管理主要包括科研项目的申报管理、经费管理、过程管理、项目验收(鉴定)等内容,相关日常工作由上海市公安局科学技术管理委员会办公室负责。上海公安科研项目分为部级、市级、局级,申报部级或市级项目的,由市公安局科学技术管理委员会办公室组织专家对申报项目进行评议,根据评议结论分别上报市科学技术委员会或公安部科学技术委员会审批或不予申报;申报局级项目的,由市公安局科学技术管理委员会办公室审批。2006年全年,全局共有22项科研项目获准部、市、局级立项,共获项目资助经费220万元。其中,交警总队承担"道路交通事故损害赔偿体系的研究"部级应用创新计划项目和部级软科学项目8项,刑技中心承担"高通量毒品、毒物快速检测系统——生物芯片的研究"等市级重点项目3项,科技处承担"基层民警动态信息数据无线传输及警力分布管理系统研究"等市级一般项目3项,局管基金重点项目6项,局管基金一般项目2项。

2007年,全局共有28项科研项目获准部、市、局级立项,共获项目资助经费508.5万元。其中,刑技中心承担部级重点攻关项目3项,分别为"现场勘查和潜在痕迹物质提取关键技术研究""组合型常见毒品现场快速检测技术研究""法医毒物分析中芯片检验关键技术研究",消防科学研究所承担"建立基于气相色谱/质谱的助燃剂识别数据库的研究"等部级应用创新计划项目5项,上海公安高等专科学校承担"我国城市应急联动运行机制研究"等部级软科学研究项目9项,刑技中心承担"重特大案事件中疑难检材DNA检验的研究"、交警总队承担"世博会道路交通组织管理实施方案和管理系统研究"市级重点项目2项,消防局承担"2010年上海世博会防爆安检规划研究"等世博科研项目2项,局管基金重点项目2项,局管基金一般项目5项。

2008年,全局共有17项科研项目获准部、市、局级立项,共获项目资助经费592.5万元。其中,刑技中心承担"影响尸温下降因素的分级与系数研究"等部级应用创新计划项目5项,指挥部指挥中心承担"城市公共安全监控决策支持系统研究"等市级重点项目4项,局管基金重点项目5项,局管基金一般项目3项。

2009年,全局共有25项科研项目获准部、市、局级立项,共获项目资助经费866.5万元。其中,消防局承担"超高层建筑火灾扑救压缩空气泡沫灭火剂供给应用技术研究"等部级重点项目2项,刑技中心承担"人毛发中常见毒品的LC—MS/MS分析方法的研究"等部级应用创新计划项目4项,上海公安高等专科学校承担"公安行政处罚自由裁量问题研究"等部级软科学项目4项,消防局承担"超高层建筑火灾扑救灭火剂供给应用技术研究"等市级重点项目4项,局管基金重点项目5项,局管基金一般项目6项。

2010年,全局获准部、市、局级立项的科研项目共16项,资助项目经费551.5万元。其中,人口办承担"地域性违法犯罪高危人群的预警和GIS定位"等部级应用创新计划项目3项,上海公安高等专科学校承担"基层公安机关绩效考核评估体系研究"部级软科学研究项目1项,交警总队承担"虹桥综合交通枢纽快速集散道路标志系统设计研究"等市级重点项目4项,市级保密专项5项,局管基金项目3项。

2003—2010年,市公安局共有470个科技项目立项,并有8个项目获得上海市科技进步奖,9个项目获得公安部科学技术奖,11个项目获得公安部基层技术革新奖。

表 14-1-1　1998—2010 年上海市公安局部分科研项目一览

立项年度	项　目　名　称	经费拨管	研究承担单位
1998	洁净气体灭火剂应用技术研究	市拨市管	消科所
1998	上海市交通路况信息实时传播系统	市拨局管	交警总队
1998	上海市机动车驾驶员安全教育培训信息管理系统	市拨局管	交警总队
1999	上海公安快速应用处置综合研究	市拨市管	科技处
1999	道路运行车辆违章监测记录系统	市拨局管	交警总队
1999	油漆表面潜在指印的光学显现	局拨局管	刑科所
2000	哈龙替代物七氟丙烷灭火系统工程化研究	市拨市管	消科所
2000	毒品及易制毒化学品的系统分析研究	市拨市管	刑科所
2000	上海道路交通管理路政设施信息系统	市拨局管	交警总队
2001	地面道路机动车交通信息采集处理发布综合系统	市科委	交警总队
2001	计算机安全监察——特定对象网络访问监视系统	市拨市管	信安处
2001	公安特种车辆实时定位系统	市拨市管	科技处
2001	消防侦察机器人信息集成及处理技术研究	市拨市管	消科所
2001	上海公安 800 M 数字集群移动通信系统研究	公安部	科技处
2001	计算机辅助决策系统	市拨局管	指挥部
2001	化学灾害事故现场堵漏技术的研究	市拨局管	消科所
2002	上海公安 800 M 无线移动数传系统研究	市拨市管	科技处
2002	江浙沪刑侦协作网系统	市拨局管	刑侦总队
2002	上海市城市道路交通流量和车速数据采集、分析、发布系统	市拨局管	交警总队
2003	上海市区域火灾风险评估方法与技术研究	市拨市管	消科所
2003	汗液潜在指印的 DNA 分型在法医学应用上的初步研究	市拨局管	刑科所
2003	防火业务信息系统	公安部	消防局
2004	便携式炸药(毒品)探测仪	市拨局管	刑科所
2004	上海市机动车辆信息联合平台(保险部分)	市拨局管	交警总队
2005	长三角地区道口公安查控技术的应用研究	市拨市管	科技处
2005	数字技术运用于交通事故现场取证及事故再现的研究	市拨市管	交警总队
2006	高通量毒品、毒物快速检测系统——生物芯片的研究	市拨市管	刑技中心
2007	重特大案事件中疑难检材 DNA 检验的研究	市拨市管	刑技中心
2007	世博会道路交通组织管理实施方案和管理系统研究	市拨市管	交警总队
2007	Windows 取证分析技术研究和工具实现	市拨局管	信安处
2007	系列案件时空分析研究	市拨局管	刑侦总队
2007	现场勘查和潜在痕迹物质提取关键技术研究	公安部国家“十一五”	刑技中心

(续表)

立项年度	项　目　名　称	经费拨管	研究承担单位
2007	组合型常见毒品现场快速检测技术研究	公安部国家“十一五”	刑技中心
2008	城市公共安全监控决策支持系统研究	市拨市管	指挥中心
2008	车牌号牌数据应用关键技术研究和工程示范	市拨市管	交警总队
2008	上海市天然气主干管网系统消防安全关键技术研究	市拨市管	消防局
2008	毒物分析中样品处理关键技术研究	市拨市管	刑技中心
2008	司法数码影像防伪信息技术研究	市拨局管	刑技中心
2008	基于测控技术的世博场馆消防救援人员定位技术研究	公安部	消防总队
2009	超高层建筑火灾扑救灭火剂供给应用技术研究	市拨市管	消防局
2009	电气防火关键技术研究及其应用	市拨市管	消防局
2009	快速个体识别系统研究	市拨市管	刑技中心
2009	面向集约交通的滤波控制和信号优先的集成技术研发及工程示范	市拨市管	交警总队
2009	三维 GIS 展现应用系统	市拨局管	科技处
2009	紫外激光物证显现仪的研究与应用	市拨局管	刑技中心
2009	社会治安智能视频网络监控系统预研	市拨局管	公安部三所
2009	超高层建筑火灾扑救压缩空气泡沫灭火剂供给应用技术研究	公安部	消防局
2010	法庭科学毒物分析平台关键技术研究	市拨市管	刑技中心
2010	具有异常感知功能的智能图像监控前端系统的设计及应用	市拨市管	科技处
2010	公安信息通信运行监测研究	市拨局管	科技处
2010	公共交通工具消防安全研究	市拨局管	消防局
2010	智能 TD 视频监控系统研制	市拨局管	公安部三所

说明：表中立项项目均为完成项目。

第二章 科技应用

第一节 通信技术应用

一、有线通信技术

【内线话网】

上海解放初期,市公安局在福州路185号配有400门共电式人工交换机。1980年,在建国西路75号新配1座200门电话交换机。1984年,福州路185号汇接中心电话交换机更新为1 000门纵横制自动电话交换机,市公安局业务处和分(县)局开始更新为小容量纵横制自动电话交换机。至1985年,形成一个以市公安局为中心、连接公安分(县)局及其隶属派出所的辐射式专线电话网络。

1989年,市公安局通过光缆技术实现公安有线网双汇接中心电话交换机与建国西路394号、中山北一路803号电话交换机的联通,从而使福州路185号、建国西路75号和上述两处,形成可同时传输120路数字电话和两路彩色电视的上海公安专用综合光纤通信系统;并使三级专用内线有线模拟电话网总容量达8 000门。

1990—1991年,市公安局有线网双汇接中心电话交换机与中山北一路803号、交通处电话交换机更新为3 000门MD110型市话长话合一的数字程控电话交换机,并对双汇接中心电话交换机间连接的光纤进行增容和改造,用PCM电缆连接福州路185号和市公安局交通处,形成市公安局三级公安专用数字模拟混合有线电话网。2001年,上海公安有线通信系统全面实现程控交换机通信和数字网络系统建设,在全局范围内建成以建国中路30号为中心、以公安各分(县)局为汇聚节点、下联科所队的程控交换机通信网络系统。

至2010年,市公安局实装内线电话7 000门,直线电话1 600门,全面保障公安业务有线通信的需要。

【长途话网】

1980年,在建国西路394号配置1台50门7202型共电人工电话交换机,通过邮电局专用线缆,联通公安部和华东各省公安厅的长话交换机。1982年,更新为1台200门的JT-11型复式人工长途电话交换机,且与分(县)局电话交换机联通。1985年,长话电路从年初的8条增至11条,使上海公安长途台成为上通公安部、横连七省公安厅的汇接中心。1991年,新建建国中路30号上海市公安局指挥通信大楼时,配置先进的电话交换机,改进原光纤,联成上海公安长话市话合一的数字程控有线通信网。1994年,完成与公安部和江苏、福建、江西、浙江、安徽、山东、辽宁、广东、湖北等省公安厅有线交换机全自动汇接。至2010年,市公安局共安装长途和市内电话合一的程控交换机7套。

【保密话网】

20世纪50年代开始,市公安局配置磁石式保密电话交换机,并联上海市党政机关专线话网。

20 世纪 80 年代，公安保密电话接入市话局保密话网，撤销建国西路的保密电话交换机。保密电话安装管理由市委办公厅审批、市话局维护。1993 年上半年，根据公安部部署，加密传真开通使用，改变公安部到上海市公安局无加密传真的情况。至 2010 年，根据公安工作需求，先后为市公安局领导、各业务单位和分(县)局领导办公室申请安装保密电话约 120 门。

【IP 可视电话】

2000 年起，随着 IP 电话(网络电话)的兴起，市公安局开始在全局范围内进行 IP 电话应用测试，并分别在市公安局和分(县)局开展 IP－PBX(用户级交换机)、IP 中继、SIP(多媒体通信协议)分机、SIP 中继等基于 IP 技术的电话通信测试。2009 年，市公安局把可视电话定位于集 IP 可视电话和传统模拟电话于一体的新型智能电话终端。2010 年上海世博会安保期间，在上海世博会事务协调局安保部、世博园区指挥中心、9 个安保责任区以及各园区安检出入口安装 IP 可视电话系统终端 34 门。至 2010 年底，市公安局共安装 IP 电话网关 2 套、IP 电话用户 250 个。

二、无线通信技术

【无线模拟电台】

20 世纪 70 年代，市公安局开始用 160 MHz 调频无线电台在治安、交通、航运等单位进行指挥调度和业务管理的试点应用。1979 年，市公安局为建立覆盖上海全市的公安专用无线电通信网，在黄浦、南市、嘉定分局等单位用公安部 1129 研究所生产的 74 系列 160 MHz 无线电台进行组网试点。1981 年底，市区 12 个分局和 3 个县局都有覆盖本区域的无线通信网，治安处建成覆盖上海全区范围的无线通信网。1982 年，市公安局消防处等单位建成 160 MHz 异频双工无线通信网。1983 年，建成分(县)局和有关业务处各自的无线通信网，采用引进组装的 80 系列 160 MHz 和 400 MHz 同频单工无线电台装备市公安局机关和各业务处。同年，组建市公安局无线电通信总台，完成一、二级无线电通信组网任务，并为市区 102 个派出所、12 个分(县)局的水上派出所巡逻艇和 6 个边界道口检查站装备无线电台。1984 年 4 月，上海公安专用无线电通信网开始工作，交通、消防、刑侦、治安、航运、预审、武警、边防、警卫各自的专用无线电通信网相继建成；各分(县)局的第三级无线电网也基本完成组网任务。同年 10 月，对无线电通信网调整改造，用 80 系列机更新 74 系列机。1985 年，全部完成换装和三级组网任务，每个分(县)局平均装备车载台 60 台、手持台 18 台左右，市区每个派出所平均有手持台 6 台，郊县平均有手持台 4 台。

1988 年 10 月，由市公安局科技处承接的“上海公安无线通信系统设计方案与试验”通过评审鉴定。该课题完成异频转接器的研制和 800 MHz 模拟集群无线通信试验。异频转接器转信清晰可靠，有利于新老设备兼容，功能达到国际同类系统的先进水平。该系统改变上海公安无线通信系统仍使用同频单工的落后状况，大大提高无线通信指挥调度和快速反应能力。至 1989 年底，上海公安系统有各种无线电通信机 7 000 余台。

1992 年，800 MHz 模拟集群通信系统建设完成，主要用于上海市公安局一级指挥网。该系统由 4 个基站组成，系统配置用户数 1 500 个，主要用户涉及公安机关、政法单位以及保安押运公司。1993 年，市公安局建设的 350 MHz 模拟常规通信系统，其转信台信号基本能覆盖各区、县，成为各分、县局最基本、最重要的无线通信手段。1994 年，350 MHz 模拟集群通信系统建成并投入使用，此通讯系统主要用于市公安局、各业务总队及个别分局，共建有 8 个基站，信号覆盖市区及部分郊区。截至 2002 年,该系统用户数约 5 000 个。1996 年,800 MHz 模拟集群系统开通 GPS(全球定位系统)定位功能,并提供街面巡逻、武装押运车辆使用。

2001 年,市公安局着手发展新一代 350 MHz 常规 GPS 定位系统,架设 9 个 350 MHz GPS 基站。2001 年 APEC 会议(亚太经合组织会议)安保期间,为确保 19 路与会国家(地区)领导人车队准时按顺序抵达,在 35 辆开道车上安装 GPS 系统,保证 GPS 开道车每隔 2 秒在监控屏幕上显示一次实时位置,定位误差在 10 米以内。2002 年,市公安局在 400 辆巡逻车上安装 GPS 装置,并为巡逻车所属分局安装 GPS 分控管理终端,明确 GPS 系统的用户群。

【无线寻呼系统】

随着无线寻呼系统的出现,1985 年市公安局着手建立呼叫器系统,并于同年投入试用。1986 年,市公安局主要业务单位配备袖珍铃 350 只,经过实际使用,达到预期效果。1987 年,再次为部分业务单位、分(县)局、派出所配备袖珍铃 378 只,上半年袖珍铃呼叫平均每天 50—60 次,下半年达到 100 次左右。同年,完成 160 MHz 与 400 MHz 音频转接设备技术方案的论证,并委托有关单位进行样机试制工作。1992 年 5 月 1 日,160 MHz 数字无线寻呼系统(因系统位于岳阳路,后简称"岳阳台")开通使用。在松江、金山、南汇、崇明、奉贤建立 5 个分场,在上海(市中心城区)、闵行、宝山建立转发台,首批开设用户 5 000 个。1994 年 6 月 1 日,建设开通数字、中文兼容的无线寻呼台——福州台(市区福州路),进一步满足无线寻呼系统发展需要。岳阳台和福州台共有发射基站 41 个,拥有各类无线寻呼发射机 41 台。无线寻呼系统在当时的历史条件下,对警务通信发挥重要作用。

【机动无线通信车】

2003 年,市公安局机动无线通信车交付使用。该车主要用于重大突发事件、重大保卫活动及自然灾害抢险救灾现场的指挥通信调度,解决野外现场通信组网调度、通信盲区无线信号覆盖以及与上海市公安局指挥中心无线通信联络等问题,是公安应急通信的重要手段之一。该车具有以下特点:一是自动化程度较高,可通过车载无线遥控器实施支撑脚收放、发电机开关、电动杆升降、定向天线转动等;二是机动灵活,架设展开工作时间小于 5 分钟,天线伸展高度达 9 米,可抗 8 级大风;三是装备齐全,车内配备 350 MHz 无线调度台、800 MHz 数字集群电台、GSM 移动电话和 GPS 终端,同时还装备无线移动数据传输设备,可及时查询市公安局多个业务数据库。

2007 年 6 月,将 800 MHz 数字集群移动基站无线链路研究成果应用到市公安局机动无线通信车上,在车上加装 800 MHz 数字集群移动基站设备,实现"车子开到哪,就可以在哪架设临时基站"的应急通信保障。

【无线数字电台】

2002 年,上海公安 800 MHz 无线数字集群通信系统初步建成并投入试运行。上海公安无线 800 MHz TETRA(泛欧集群无线电)数字集群系统分两期建设:一期工程建设基站 7 个,信号覆盖内环线以内和浦东、虹桥 2 个机场至市中心的道路沿线,一期工程终端用户达 600 个;二期工程再建基站 11 个,信号覆盖全市范围的 95%,用户容量达 5 700 个。系统建成后,显著提高上海公安无线通信的信号覆盖率和通话质量,而且能实现移动数据和短消息传输、通话保密等功能及终端手持台小型化。

2009年9月,上海公安350 MHz数字集群通信系统建设启动,2010年4月完成包括75个基站在内的系统整体建设。该系统采用的是TETRA数字集群系统最前沿技术的摩托罗拉Dimetra IP(摩托罗拉公司的TETRA系统称为Dimetra)系统平台,具备组呼、单呼(私密呼叫)、紧急呼叫、通播组呼叫、电话互联呼叫等基本功能和优先呼叫(优先级排队)、自动重发、迟后加入、限时通话、呼叫提示、讲话方识别显示、呼叫限制(呼出和呼入)、双音多频拨号、遇忙排队和回叫等扩展功能,可以提供语音调度、移动电话、短信息、分组数据、单警定位等综合业务。系统建成后,上海境内各区县均达到95%的室外地区覆盖信号场强不低于-95 dBm(分贝毫瓦),达到预期目标。该系统作为上海公安一线民警无线通信的主要手段,实现民警个人通信装备的数字化,为实战指挥扁平化提供重要技术支撑。至2010年,全市各公安分(县)局共配置350 MHz数字电台3.6万部,平均日呼叫量近23万次。

至2010年11月,市公安局无线通信覆盖率已经达到100%,共有各类无线通信电台4.62万部,电台总体配备比率达103%,公安350 MHz无线通信基础网络覆盖率达95%。其中,区、县城区行政面积覆盖97%;高速公路、国道覆盖里程率达到95.2%;市道覆盖里程率达到96.2%。

【无线警用数据传输系统】

2004年2月,市公安局在上海公安800 MHz数字集群通信系统基础上开发无线警用数据传输应用系统。它通过Dimetra无线网络提供民警无线上网,实现数据库查询、短消息传输、文件传输等数据传输功能和系统管理功能,解决民警在巡逻、侦查办案、设卡盘查工作中的信息查询、数据传输问题,做到现场及时处警、提高办案效率。

2005年3月,市公安局科技处完成“800 MHz数字集群移动基站无线链路研究”,并通过市科委组织的技术鉴定。其无线传输数据链路,运用MDS(多维标度分析)数据压缩技术,达到128 Kbps(比特率)传输速率,研制专用的协议转换设备,解决800 MHz数字集群移动基站X.21与RS530之间的协议转换问题,实现基站与中心系统的数据交换,大大增加用户量,较好地解决无线通信覆盖盲区问题。

2006年11月,市公安局完成“基于TETRA数字集群平台开发的消防车辆调度管理系统”的研制,并通过市科学技术委员会组织的专家验收,项目组完成上海公安800 MHz TETRA数字集群无线系统平台的GPS车辆定位系统软硬件产品的开发工作,将消防车辆日常管理、火场情况车辆实时定位显示跟踪、车辆信息、火场信息、指挥调度辅助决策与GPS系统融为一体,实现消防车辆管理的实时调度和实时监控。

三、基础网络技术

1984年10月,市公安局开始筹建光纤通信工程。该工程是语音、图像、数据传输综合通信工程,经规划,该项工程分为A段(建国中路30号至福州路185号的8芯光纤)和B段(福州路185号至中山北一路803号的6芯光纤)两部分组成。工程选用国产的光端机、PCM(脉冲编码调制)电端机、PEM(光弹性调制器)图像光端机,开发应用用户型信令接口设备,使用双窗口进行图像、语音传输,设计合理。经1988年4月和11月两次测试,光缆传输特性优良,性能稳定,语音质量良好,传输图像清晰,数据传输正确。12月16日,该工程经市公安局科学技术管理委员会审批,通过验收鉴定。

1988年,市公安局完成A段工程后,继续承担B段工程设计工作,并于1989年11月开通工程

B段。B段线路全长7.4千米，光缆为架空敷设，话音方面设计容量为120路电路，实际安装用户型接口电路60路，PCM一次群通路60路，实际使用电路51路。该系统完成后，经实际使用，设备运行稳定可靠，通话清晰，各项指标均达到有关部颁标准，为公安部下达的“二・七”工程计算机联网(计算机“二・七”系统是公安部全国计算机一级网，上海作为华东汇接站)提供高速率数据传输信道，也为建设话音、数据、图像传输、市郊电话等提供电路需要。1990年4月6日，由市公安局科技管理委员会组织通过验收鉴定。

至1998年，上海公安计算机网络已联通13个公安分(县)局和浦东新区公安局及市公安局主要业务单位，市公安局信息中心至各单位的计算机网络信道除个别单位外，均采用2 M光纤电路，支持TCP/IP(网络通信协议)、DECNET(数字设备公司推出并支持的一组协议集合协议)、IPX(互联网数据包交换协议)等网络协议。上海公安内部的Intranet(内部网)正式启用，各上网单位通过网络传输有关公安信息。上海公安的异地查询/查证系统完成开发，可提供查询的公安业务信息有交警总队的车管信息、驾驶员信息，刑侦总队的全国被盗抢机动车信息，以及治安总队的人口信息等8个分布在各单位和公安部的业务数据库信息；还开通公安内部的电子邮件系统。同年12月21日，“上海科技网公安局大用户节点”通过市科委验收。该节点建成后，为公安机关提供与Internet(因特网，即国际互联网)连接的高速通信通道，可为公安机关提供数据传送；并能向社会提供公安有关政策、法规的信息服务。

至1999年，市公安局累计敷设二级网[即上海市公安局到各业务单位、公安分(县)局的网络]光缆共352千米，全局大部分单位均光缆到位并实现联网。黄浦、卢湾、杨浦、长宁、宝山等部分公安分局建成三级网[即公安分(县)局到下属部门、派出所的网络]，敷设三级网光缆233千米。市公安局一些业务部门和大部分公安分(县)局也建立本单位的计算机通信局域网。2009年，依托上海市政工程——“沪崇隧桥工程”，敷设1根144芯的公安专用光缆，将崇明县公安局接入上海市公安局网络，网络带宽提升至千兆，彻底解决崇明县公安局有线、无线、网络、图像等各类通信问题。同年，开展上海公安信息网全网优化升级，更新二级网设备近20台，指导各公安分(县)局更新三级网设备共近3 000台，对二级网的6个核心层节点使用POS技术，带宽达到2.5 GB，其余二、三级网全网带宽达到千兆。

2000年，市公安局组织实施上海公安通信网络数据、IP(网协)语音、视频会议图像“三网融合”工程，制定下发《上海市公安局三级通信网组网总体方案》。根据公安部“金盾工程”和市政府实施“市民保障卡实事工程”的要求，市公安局加快二、三级通信网建设步伐，至2001年，上海公安二、三级通信网络建设取得实质性进展，特别是处于国内领先技术的高速宽带公安信息通信IP网络开始建设，实现数据、语音、视频图像“三网融合”。网络主干网达千兆，百兆连接至派出所(警察署)、十兆连接至桌面，年内开通二级网视频会议系统。19个公安分(县)局中有18个完成三级网光缆敷设，全市90%的派出所(警察署)、18个出入市境的道口检查站与分局光缆联网，有7个分局基本建成三级网的“三网融合”。至年底，上海公安信息通信专网敷设光缆达2 385千米。2002年，崇明县公安局完成三级网建设，标志着上海公安二、三级通信网络的全面建成。同年，市公安局二级通信网和11个分(县)局三级通信网“三网融合”工程通过验收；并对二级网进行扩容和优化，解决传输信道的瓶颈问题。同年，将网络延伸到水上公安局、轨道、公交等分局的下属派出机构，实现与边防局、边检总站和海运、长航、海事、航务等4个企业公安机关的光缆联网，为大规模开展公安信息化应用打下基础。

2003年，市公安局建成SDH(同步数字传输)网络。SDH网络作为一种将复接、线路传输及交换功能融为一体、并由统一网管系统操作的综合信息传送网络,具有路由自动选择能力,维护、控制、管理功能强,标准统一,便于传输更高速率的业务等优点,可以大幅提高网络资源利用率、降低管理及维护费用,很好地适应通信网飞速发展的需要。该网络是上海公安信息通信基础平台之一,由1个骨干环和4个接入环组成,连接全市所有公安分(县)局、市公安局主要业务单位。其中,骨干环带宽达到2.5 GB(千兆字节),各接入环带宽为622 MB(兆字节)。该网络是基于光纤的高可用性和高可靠性的传输网络,它能提供实时、同步、透明和无阻塞的传输通道,能够形成自愈保护,具有较强的网络管理能力。该网络为全市公安机关的语音通信提供互联支持,为无线通信的各个基站提供地面链路支持,为数字图像通信提供实时透明的传输通道。SDH传输网络的建成,使上海公安机关的信息通信能力达到新高度。"金盾工程"二期建设期间,为适应上海世博会对指挥系统的更高要求,对原有SDH网络升级至ASON(自动交换光网络),网络最高带宽由2.5 GB升级至10 GB,接入带宽由34 MB升级至155 MB,实现公安传输网全网优化。

2008年,为满足日益增加的图像监控资源共享需要,市公安局建设一套覆盖全市所有公安科、所、队的视频信息IP网络。该网络采用万兆以太网技术,6个核心层路由器之间带宽为1万兆,其余所有节点网络带宽均达到千兆。整个网络覆盖13个上海市公安局单位、18个公安分(县)局以及近300个派出所,将全市4万余个监控探头的视频资源实现联网,专门用于解决分(县)局与市公安局之间图像监控信息的传送和共享。

2009—2010年,市公安局完成公安信息网二级网优化项目,二级主干网带宽由1 000 MB升至2 500 MB;完成万兆数字图像网建设;完成上海世博园区3根越江光缆和崇明越江光缆建设;建成公安信息网与互联网、政务外网之间的跨部门关联共享平台,为各公安信息系统的应用提供互联互通的信息"高速公路"。

四、图像通信技术

1985年,市公安局根据交通管理和重大活动安保工作需要,在一些重点目标、警卫对象驻地、出入上海市境道口先后安装130多个监控点。至2004年,全市公安实时监控图像达到2 500余路,但仍以区域性、相对独立的监控系统建设为主。同年,市公安局制定下发《上海公安派出所实时图像监控系统建设指导意见》,从系统功能、建设原则、技术思路、相关标准等方面对公安派出所实时图像监控系统建设提出指导性意见。

2005年11月,上海"金盾工程"分项目实时图像监控系统通过验收。该项目主要包括建设出入上海市境道口、边防卡口图像监控点;新建、改建公安分局及有关单位图像监控系统;全面实现上海公安图像监控系统的数字化联网;完善市公安局图像监控中心系统等内容。经上海科学技术情报研究所检索,该系统联网工程达到国际先进水平。

2006年,市公安局组织开展城市图像监控系统(一期)建设,主要项目:完善重要场所、道路、水域和出入市境道口的监控点设施,新建、更新前端监控点865个,配备容量为2T可录像7—14天的硬盘录像机;完成市公安局图像交换中心系统3套视频矩阵扩容和19个公安分(县)局及6个市公安局业务单位图像交换系统的升级改造,将市公安局流媒体系统20路图像传输升级为64路;全市重点场所、交通要点的社会图像监控系统联网或复接建设。本次城市图像监控系统(一期)建设,共联网接入社会单位35个、公安单位8个,建立无线图像传输系统,实行"统一平台,专业共享"运行模式;同时满足反恐、突发事件处置、社会治安面控制、道路交通监控、刑事案件侦破等工作需要。

2007年，市公安局科技部门继续加快图像监控系统建设，主要内容：结合全市平安建设工作，完成40个派出所社区图像监控系统建设，新增摄像头1 200个；扩大受理室、候问室、审讯室等区域声像监控系统覆盖面并开展联网工作，研发上海市公安局声像监控统一流媒体平台，实现对3 000余个前端监控点的实时调看和资料回放；完成上海公安“金盾工程”视频会议系统扩容，视音频矩阵交换能力达到32路；完成无人值守道口监控设备防盗报警系统的研发，可对4个公安分局的48个无人值守道口监控设备进行管控；开展实时图像监控系统（三期）建设，在普陀区曹杨地区试点新型监控模式，安装固定摄像头71个，单向呼叫器8个，并支持1帧/秒的图像抓拍功能；在全局21个看守所建设监管场所出入口视频监控系统。

2008年起，市公安局启动上海公安图像监控网络体系建设，主要由基层派出所图像监控系统建设、前端监控设备采购与安装调试、一级二级监控平台扩容、视频直播应用存储系统建设、公安视频IP专网系统及配套设备建设、网络安全认证系统建设和视频信息安全共享建设七部分内容组成。该项目为全市公安派出所建成图像监控室，公安自建监控点达1.4万个左右，基于IP视频专网的数字视频应用及共享水平也得到提升。2010年，重点目标图像监控系统建成后，全市投入使用的图像监控探头已达6万余个。

【道口检查站监视摄像记录查询系统】

2000年，上海市公安道口检查站监视摄像记录查询系统投入使用，该系统按照“技术先进，设备可靠，配制简单，操作方便”的原则，采用数码彩色摄像机和多路彩色图像记录仪，配备于各公安道口检查站出境车道，全天候地拍摄通过车辆并记录所拍图像。图像可通过回放软件查询，改变以往检查站出入境车辆登记采用手工作业、工作量大、速度慢、容易出错的情况，更好地承担道路交通管理和协助查控各类违法犯罪案件、对象的作用。2010年，按照上海世博会安保要求，在全市23个道口安检区及复检区建设148台监控摄像机及对应的存储设备，实现安检区及复检区图像监控的全覆盖，为道口检查工作现场管理及事后取证工作提供有力的技术支撑。

【图像转播车】

2000年5月，市公安局机动图像转播车到位，建立卫星、微波机动图像转播系统。机动图像转播系统采用国际先进的技术体制，采用卫星和微波相结合方式传送实时图像信息，具有机动灵活、可靠、有效、实时的特点，进一步提高公安机关指挥作战、快速反应的能力。2010年，作为上海世博会安保重大装备项目之一的“动中通”（“动中不间断卫星通信系统”）卫星通信车项目完成建设、上牌、测试及验收工作，投入使用。“动中通”卫星通信车基于小型越野车辆底盘改装，车载卫星系统以及通信、音视频系统，可以实现在现场及行进过程中的视频、数据和话音业务。“动中通”卫星通信车在重大安保、要人警卫等工作中能快速提供卫星通信保障，即可以单独使用，也可以配合其他通信设备使用，能够提供更多的现场图像、语音、数据等通信保障服务。

【视频会议系统】

2001年，市公安局开始建设视频会议系统，主要用于支持上海市公安局开至各业务单位、公安分（县）局的视频会议需求。2008年，市公安局开始建设上海公安专线电视会议系统项目，为上海市公安局各单位和分（县）局开通视频会议SDH专用链路，与原有视频会议IP链路形成主、备链路，具有更高的稳定性及更为丰富的功能，进一步确保视频会议的正常召开。

【视频指挥系统】

2010 年,市公安局新建上海市公安局视频指挥系统,该系统运行于公安 SDH 电路专网,覆盖全市 18 个公安分(县)局和 18 个市公安局业务单位,可以快速简便地实现市公安局指挥中心与市公安局相关业务单位及分(县)局指挥中心之间 24 小时不间断视音频指挥调度功能。上海世博会安保期间,该系统投入每日点名及讲评应用。

【无线移动图像传输系统】

2006 年,市公安局开始研发建设无线移动图像传输系统。该系统组网采用 TDMA(时分多址)数字编码技术,解决在无线 340 M 频段内,利用 8 MB 带宽能够同时传输 4 路移动图像的设备。系统采用多路信号判选技术,解决多基站接收信号问题。至 2009 年初,该系统共建 9 个接收基站,主要覆盖中心城区。系统凭借其机动灵活、快速反应强等诸多优势,在上海合作组织六国峰会、世界夏季特殊奥林匹克运动会、北京奥林匹克运动会等重大活动安保以及多次反恐演练中发挥重要的通信保障作用。2009 年,市公安局为确保上海世博会期间警卫开道、警用直升机等移动图像传输,以及突发事件处置等应急图像传输工作的顺利开展,开始进行上海公安移动图像传输系统基站扩容项目建设,增建 3 个移动图像接收基站,主要覆盖世博园周边地区,解决全市各主要道路、各区域的道口及重点场所的移动图像传输问题。

【监控图像应用系统】

2008 年,市公安局完成基于 GIS(地理信息系统)平台的监控图像应用系统项目建设,试运行后顺利通过验收。该系统实现对全局公安自建图像监控点和社会监控资源的有效整合;并与 GIS 地图组合应用,所有公安自建图像监控点位均在地图上进行标注,成为图像监控应用工具。2010 年 7—8 月,全市公安机关应用图像监控系统共抓获各类违法犯罪嫌疑人 1 780 人,实现上海世博会期间社会治安防控的可视化。

【图像监控勤务管理】

2010 年,市公安局下发《上海公安派出所图像监控室勤务管理运作规范》,创建派出所图像监控室 24 小时由民警带领辅助人员开展“视频巡逻”的工作模式。派出所图像监控室以“四班三运转”的模式翻班运作。即分为 4 个运行班组,按照编排的顺序,依次轮流上班,保证 24 小时有人。每班次均有 2 名值守人员值守,用主动出击式的值守取代以往案后回放被动式的模式,成为公安机关打击预防街面违法犯罪活动的利器。同年第三季度起,市公安局结合上海世博会安保工作推进图像监控室规范化建设,作为将上海世博会安保工作措施常态化运作机制之一的“实兵”与“视频”相结合的街面巡逻防控模式得到初步固化和完善。2010 年,全市共有 325 个派出所建成图像监控室,全市公安派出所运用图像监控系统查处违法犯罪嫌疑人 7 317 人。

第二节 警务信息技术

一、信息安全保障

2003 年,根据公安部加强公安信息安全访问控制的要求,市公安局开展“上海市公安局应用支撑平台 CA(电子签证机关)安全认证及信息访问控制系统”试点建设和应用工作。系统基于 PKI(公钥基础设施)基础设施平台及 PMI(授权管理基础设施)技术进行开发,初步实现全局范围内的网上身份鉴别及权限控制功能,可以有效地防止内部人员越权访问或恶意篡改公安业务信息,使用户能安全可靠地接入公安信息网。该系统在公安综合信息查询系统、线索型情报系统、指挥调度系统中实现安全认证功能。同年,市公安局颁布“上海市公安局令 6 号令”,明令禁止“一机两用”(公安业务用计算机连接互联网或外单位网络)现象,在各单位联网计算机上安装监测软件用于发现“一机两用”等违规现象。上海公安信息系统公钥基础设施与授权管理体系应用工程(PKI/PMI 体系,即上海市公安局应用支撑平台 CA 安全认证及信息访问控制系统,代号 1203 工程)是市公安局信息网络安全体系建设的重要组成部分。该系统由 CA 认证中心(PKI)、密钥管理中心(KMC)、授权管理中心(PMI)以及数字证书目录服务系统和属性证书目录服务系统组成。它能实现统一的身份认证、访问控制、数字签名等功能,确保信息的保密性、完整性等,形成统一的授权策略,实现信息安全前提下的信息共享。为确保工程建设质量,上海市公安局专门成立 1203 工程领导小组和实施小组,研究制定系统建设方案。上海市公安局首批完成 6 个系统的应用改造,通过与公安部、试点省(厅)之间的系统联调,实现相互认证、授权和访问,完成所有公安分(县)局和市公安局有关单位的电子身份证书制作、发放工作。通过配发身份证书,可以对上网民警身份进行合法性验证,并根据民警的身份授予不同级别的访问权限,实现跨地区、跨部门的信息共享,不但提高公安信息系统的安全性,而且初步解决应用中对用户管理的难题。

2006 年,市公安局开始建设上海公安信息网络安全保障体系,2007 年 7 月通过验收并正式投入运行。主要建设内容:包括在市公安局二级网节点单位内部局域网中配置防火墙、入侵检测设备和数据库审计系统;在一级网边界配置防火墙、入侵检测设备和网络审计系统;在其他边界配置防火墙、防病毒网关和入侵检测设备;在 4 个业务部门配置防垃圾邮件系统。该系统建成后,解决上海公安信息网络中的安全问题,确保网络和信息系统安全可靠运行。

2007 年 4 月,根据公安部信息中心要求,上海市公安局科技处成立专门安全管理机构——信息安全管理科。同年,完成指挥网与公安网交换平台的安装,并对信息交换网络平台进行试验。2009 年,在前期工作基础上,组织开展跨部门关联共享平台建设,为公安网与指挥网、互联网、政务网的数据交换提供平台,在实现跨网信息交换的同时确保信息安全。至 2010 年上半年,跨部门关联共享平台基本建设完成,为 20 余个信息系统提供数据交换服务,日交换数据量约为 12 GB。

2010 年,为进一步方便民警网上查询各类信息,实现单点登录、全网漫游,不断加快已有 PKI/PMI 系统平台的升级扩容,将上海二级根 CA 证书延期至 2024 年,完成 PKI/PMI 核心软件升级、目录服务软件升级、新增证书在线更新子系统、证书驱动升级子系统建设,进一步完善系统软件,并提供用户证书到期提示及自动升级等有关功能。民警通过数字身份证书即可访问、查询相关业务信息,为公安机关侦查破案、治安管理提供便捷条件。全局累计发放数字证书 48 127 个,发放率 99.04%,在用数字证书 44 578 个,已改造系统 35 个,每天平均访问量达 2.5 万余人次。

二、警务信息系统

【指挥决策信息系统】

1987 年 11 月,市公安局科技处和燕山计算机应用研究中心联合研制成功“上海市公安局指挥室辅助指挥地图显示系统”。该系统主要采用模块化结构和拼接技术,设计灵活,各项功能互相渗透,能及时显示案发区域的地形和目标动态位置,供指挥员迅速实施警力部署,随时查询和检索所需的图形与文字资料,操作简便,调图迅速,直感较强。

1989年10月,市公安局着手建设"上海公安指挥系统一期工程"。工程是在原有的无线总台、文字计算机、地图显示系统的基础上,增建110接警台、指挥调度台,改进地图显示系统,设置多路图像信息选一切换的大屏幕显示系统,把原市公安局的总值班室改建成一个现代化技术设施的初级指挥室,使之更具备公安指挥系统要求的收集信息广泛、及时,决策快速准确,指挥调度灵活畅通等功能。市公安局指挥系统一期工程为建设正规化的上海公安指挥室提供可行的模式与经验。1990年10月25日,通过市科委验收。

1993年5月1日,上海市110报警服务台正式开通。该项目是当年上海市政府实事工程之一。110接警信息系统是110报警服务台的关键组成部分。该系统是在VAX/6310机上开发的一个实时大型软件系统,在VAX/VMS(虚拟地址扩展/虚拟内存)操作系统及ORACLE(甲骨文公司的数据库系统)关系数据库环境下用VAXC、PROC、VAX/MACRO等编程语言开发完成的。该系统先进的查询方法解决查询速度受数据容量限制的障碍,几百万用户数据记录能在1秒钟之内得到快速响应,保证110接警的实时性。它能根据报警电话号码迅速显示主叫号码、地址、行政区划等信息,提高接警指挥人员的处警速度,填补中国没有统一的、较为完善的110接警系统的空白,居于国内领先地位,接近国际先进水平。1994年6月29日,通过市科委技术鉴定。

2004年9月30日,上海市应急联动中心正式启用,实现市公安局与市民防办、市地铁抢险救灾指挥部、上海海事局等17家应急联动单位和19个区、县人民政府联动。市应急联动中心建成一套功能齐全,技术先进,安全可靠,能够基本满足受理群众报警求助、处置各类突发事件、实施重大保卫任务需要,实现统一指挥、快速反应、协同作战目标的现代化信息通信系统——上海市应急联动中心信息通信系统(一期)。该系统(一期)由接处警信息处理系统、计算机辅助决策指挥系统、有线(无线)通信调度系统、实时图像监控系统、电子记录存储系统、大屏幕显示系统、视频音响保障系统和信息网络传输系统8个子系统组成,可统一接处110、119、交通及其他紧急事件报警,对于重大警情可以发起多方通话或呼入转移,使相关指挥员和联动单位在第一时间内掌握警情并作出反应,基本实现"统一接警、分类处警、综合指挥、社会联动"功能。

2006年,市应急联动备用指挥中心信息通信系统建成。该系统以应急、备份为原则,参照市应急联动中心的工作模式,适当压缩建设规模,以确保最低限度的电话接处警功能要求;在备份方式上实现异地备份和数据实时同步功能。建成并已通过验收的备用指挥中心,平时作为上海公安热线,提供非应急的警务咨询服务。一旦市应急联动中心因突发事件无法正常使用时,备用指挥中心将承担起市应急联动中心的全部工作。

2010年,完善应急联动指挥信息系统项目建设完成,升级、加固市公安局及各公安分(县)局应急联动指挥信息系统。110接警台接警工位总数达到137个。上海世博会期间,全市110日均接警量约3.39万起,日均处警量为1.33万余起,其中,单日接警量最高为4.36万起,单日处警量最高为1.93万起;上海世博会期间系统未发生故障,为各级公安机关的日常指挥调度提供可靠的运行平台。

【案件侦查信息系统】

1989年9月,为替代传统的人工管理指纹档案,市公安局"指纹识别中文信息子系统"获市科委批准立项,在全国公安行业首次使用VAX-4300通用计算机建立指纹档案罪犯前科查询数据库系统；同时引入条形码技术，提高输入的可靠性。1995 年 11 月，由市公安局和北京大学共同承担的国家“八五”科技重点攻关指纹自动识别系统专题项目顺利通过验收鉴定。该专题研制的指纹自动识别系统充分考虑中国指纹捺印现状和实际工作要求，在指纹图像预处理算法、人机交互功能、比对准确率等方面均达到国际先进水平。1999 年 11 月，市公安局引进日本 NEC 指纹自动识别系统，设计库容量为 100 万人十指纹和 5 万枚现场指纹，比对速度为每秒 3 万枚。之后，指纹自动识别系统分别于 2004 年、2009 年进行升级扩容建设，为侦查破案提供有力的基础支撑。

1991 年 1 月 8 日，由市公安局办公室、科技处共同承担完成的“上海市公安局重大刑案分析系统”通过市公安局科学技术管理委员会技术鉴定。该系统具有破案卡片的检索、维护和重大刑案统计与报表生成等功能。系统在 IBM－PC/XT 台式机硬件环境下开发，采用数据压缩技术和空间回收技术，大大缩小数据的存贮空间，并提高数据检索速度；系统采用密码盘加强保密措施。

1991 年 1 月 22 日，由市公安局科技处和嘉定县公安局共同研制的“刑事犯罪分子、刑事犯罪嫌疑分子卡片微机管理系统”通过市公安局科学技术管理委员会技术鉴定。该系统在 IBM－PC/XT 微机 CCDOS4.0 和 DBASEⅢ关系数据库支持下实现，具有资料检索（包括单、多关键字，模糊，多种逻辑组合检索）、增加卡片、删除和修改卡片、汉字——代码转换、字典库维护、数据排字、打印等功能。最大特点是检索速度快，实用性强，单项关键字检索响应时间为 3 秒，多项检索响应时间为 1 分 40 秒。卡片栏目符合公安部刑事信息规范，并为侦破大案提供线索，取得明显效果。

2002 年起，市公安局推广使用案（事）件信息管理系统，建立统一的刑事、治安案（事）件管理流程，实现全市案（事）件信息的统一存储、管理和信息资源共享，并与其他公安应用系统关联，有效提高办案效率，实现有效管理和监督，有利于纠正统计不实和立案不实的现象。

2005 年，市公安局建设“工作对象综合信息系统”。该系统以人口基本信息为基础，通过对“违法犯罪人员信息系统”等近 20 个信息系统的人员数据的录入和抽取，对有违法犯罪前科人员、有违法犯罪嫌疑人员、其他与违法犯罪有关的人员等工作对象采用病历卡式的管理方式，实现对工作对象现实状态和历史记录的全面掌握。

【交通管理信息系统】

1989 年 2 月，市公安局科技处、行政处合作研制开发的“上海市公安系统机动车辆管理软件”，通过市公安局科技管理委员会的技术鉴定。该软件具有全屏幕编辑功能，采用代码输入，输入速度快，操作简便。按车牌号码查询检索，可立即响应，根据实际工作需要，可生成三大类十分类的百余张统计报表，产生每种每张统计报表仅需 2 分钟。该系统建成伊始已存入全市公安系统 4 000 多辆机动车基本资料。1990 年初，公安部在南京召开计划装备会议时，该系统迅速准确地第一个向会议提供机动车辆各类统计报表，受到公安部好评。

2006 年起，市公安局开始建设“上海公安道口机动车、驾驶人查控系统”，并不断完善、扩充系统的交通管理和治安防范功能，实现对过往机动车信息的实时抓拍、号牌识别、信息比对和关联布控报警等功能。

2010 年 4 月 2 日，由交警总队开发的“交通指挥调度、事故应急处理智能化系统”以“信息门户”方式向全市交警开放试用。该系统以实现信息智能共享、交通随需畅通的“世博数字交通”为总体目标，使交通管理模式逐步向精细化交通管理模式转变，促使上海的交通管理工作在指挥协调能力、单兵作战能力、智能诱导能力、专业管理能力、辅助决策能力等方面尽快得到提升。系统启用后，为做好上海世博会安全保卫工作提供有力的信息和技术支撑。2010 年 11 月 9 日，该项目荣获

2010年度上海市信息技术优秀应用成果奖。

【治安和人口管理信息系统】

1989年,市公安局经保处在上海起重运输机械厂的参与和上海南洋电机厂的协助下,开始研制开发"上海市企事业单位保卫信息微机管理系统"。该项目开发职工基本情况、职工违法犯罪情况、外来人员情况、案件发破查处情况、治安事故情况和职工违纪情况六大项目,其功能基本覆盖企事业单位保卫资料基础管理工作的主要内容,可以具体反映职工个人和每个事件的基本要素,具有较强的实用性。该系统具有密码口令及密钥盘安全措施,符合保卫信息的保密要求,1992年1月7日,通过市公安局科技管理委员会技术鉴定。

1991年4月24日,由市公安局研制开发的"上海公安派出所信息电脑管理示范工程"通过市科委的技术鉴定。该系统分为"人口管理"和"治安管理"2个子系统。系统数据结构及信息规范均采用国标和部标,且存储数据经代码化后减少冗余,便于推广应用,检索功能齐全,灵活迅速,单项及多项组合检索面广,能适应多种需求,为公安派出所管理和破案提供有效手段。同年6月21日,由市公安局开发的"旧卡信息光盘存储计算机检索系统"通过市公安局科技管理委员会的技术鉴定。旧卡信息是指上海解放前国民党政府1946—1949年颁发的"上海市国民身份证申请书",约465万张。这批历史户籍资料,在历次政治运动和涉外公证、户籍证明及为群众寻找亲友等起到一定作用。该系统在研制过程中成功地运用图文并存一次扫描混合编码的高压缩技术,是户籍管理方面的一项重大的技术突破,也为解决居民身份证的管理现代化开出一条新路,具有良好的实用意义和推广应用价值。

1991年,市公安局为适应人口管理特殊需要,对汉字系统进行较大修改,扩充近8 000个冷僻汉字,使得可用汉字总量达1.5万个以上。随着计算机的广泛应用,冷僻汉字在计算机里的存储、显示、打印成为迫切需要解决的问题。中华人民共和国成立后,上海公安户政部门在管理居民姓名工作中积累的冷僻字有7 445个,全市约有27万的居民姓名中有冷僻字,无法用计算机处理,只能用手工书写和计算机打印相结合的办法,给居民社会活动带来一定麻烦。为解决这一难题,市公安局户政部门在市科委的支持下,在市公安局科技处和福建实达电脑有限公司的协作下,于1993年7月开始联合研制"XENIX操作系统下的汉字库扩充"这一多用户实用系统。该系统在国标一、二级汉字库的基础上,把已收集到的7 445个冷僻字固化在实达500A终端EPSON上形成新字库。在系统应用中具有很强的冷僻字处理能力和完善的造字功能以及很高的运行效率和良好的兼容性。冷僻字覆盖率达到98%以上,基本满足公安户政管理业务的需要,经黄浦公安分局北京东路派出所和广东路派出所人口信息系统的试运行受到好评。该系统不仅在全市公安户政部门和派出所推广应用,还在教育卫生、计划生育、社会福利、人身保险、税收管理、车辆管理、经济管理等部门推广应用。1994年10月28日,该系统通过市公安局科技管理委员会技术鉴定。

1993年,为加强派出所人口信息管理,市公安局在市科委立项支持下,启动"上海市派出所人口信息微机管理的方案与实施"课题。该方案是在XENIX(Microsoft公司推出的操作系统)环境下开发的一个综合信息管理系统,具有多种功能,检索灵活迅速,安全可靠,且有严格保密措施,数据结构及信息规范均采月国标和部标。所建立的汉字冷僻字库,可使汉字库总容量由原一、二级字库的6 763个汉字增加到1.3万个以上。1993年内已有122个派出所建立该系统,并投入使用。同年,市公安局嘉定分局与华东计算机系统工程公司共同研制"县公安局人口信息光盘存储计算机管理示范工程"。这一示范工程为各公安分(县)局级的人口信息计算机管理系统的建设提供范例,该成果首先在20多个派出所推广应用。人口信息光盘存储计算机管理示范工程，在技术上实现人口信息文字系统与相片显示的连接、复位时分割的技术，做到文字信息与相片同屏显示，并开设多个窗口实现相片的上下、左右平滑漫游，摄像头摄入相片信息每张照片平均存储量小于10 KB(千字节)，综合查询身份证底卡数据显示所需时间小于1秒，照片查询时间在光盘中显示小于5秒，硬盘中小于1秒，并能打印出14种人口信息表格。

1998年，市公安局“人口信息系统”建库工作完成，全市1 300多万人口的文字信息及1 000多万人口的身份证照片信息入库。数据库服务器采用IBM RS/6000 S70双机双磁盘阵列系统、ORACLE数据库平台。市公安局信息中心和治安总队各放1台数据库服务器，人口信息异地复存，两地采用155MB ATM联网。信息中心配置Web(全球广域网)服务器。数据库服务器提供给全国及上海公安各业务部门查询。

截至1999年，市公安局建成全市1 300万常住人口信息库，逐步形成三级信息实时更新体系，基本完成重点人口信息库系统开发研制，并与有关部门联手制定管理全市260多万流动人员信息系统建设的总体规划。市公安局信息中心先后向刑侦等业务部门开放人口信息系统共享查询，并向市政府实事工程社会保障卡系统的建设提供必要的基础信息。同年，“上海市社会保障卡系统公安分系统”建设工作按计划进行试点。市社会保障卡系统建设是1999年市政府实事项目之一，由市政府信息办公室牵头，市公安局、市医疗保险局、市民政局、市劳动和社会保障局、上海公积金管理中心等7个职能部门组成。市公安局分系统提供持卡人的人口基本信息、护照信息、驾驶证信息等，并与其他分系统联网。

2002年，市公安局完成治安管理信息系统(一期)建设，包括常住人口信息、暂住人口信息、出租房屋信息、旅馆业管理信息、工作对象信息、案(事)件信息和派出所其他业务信息等子系统。一期工程的建成，为实现全市范围内主要治安业务的网上操作打下基础，如网上户口迁移、网上住宿登记、人口信息比对等，逐步达到治安管理信息全面、关联的汇集和综合利用、分析。

2009年，市公安局完成实有人口信息管理系统(一期)建设。该系统以公安网为依托，以常住户籍人口、居住证登记人员、境外登记人员信息为基础，整合公安网中已有的治安、刑侦、交通等与人相关的数据，建立包含人口基础信息、前科劣迹、交通信息等9类人口属性信息的实有人口综合信息资源库，并在此基础上完成综合查询、GIS(地理信息系统)分析、决策分析、系统管理等业务功能模块。该系统采用数据挖掘技术，建立大型实时动态的人口数据仓库和以“人”为核心的信息体系和业务逻辑体系，具有全面覆盖上海实有人口和房屋管理工作的数据采集与应用功能。2009年全市“实有人口、实有房屋全覆盖管理工作”中，通过该系统共录入门弄牌信息255万余条，登记房屋信息1 142万余条，登记实有人口2 081万余人；其中户籍人员1 397万余人，来沪人员659万余人，境外人员25万余人。同时，通过该系统，还为各部门提供人口信息查询11万余条，制作“二代证”46万余张，抓获在逃嫌疑人400余人。

【水上管理信息系统】

从20世纪50年代起，市公安局水上公安局已积累各种信息卡片15万张。改革开放后，卡片日益增多，手工翻卡已不适应形势的需要。1991年3月，水上公安局与驻沪的公安部第三研究所开始共同研制开发“境外船员计算机登记查控系统”。该系统采用多种文件结构和代码词典技术，压缩数据的存储空间，提高查询速度。采用中间文件技术，既能自动生成船舶资料文件，又能提高统计报表处理速度(3秒内完成)。1992年11月4日，该系统通过市公安局科技管理委员会技术鉴定。

1993 年 11 月,水上公安局与公安部第三研究所在市科委的支持下,合作开发"水上公安指挥计算机管理系统",在全国水上公安部门为首家研制。该系统存储水上公安局的辖区全图,图中标注有关上海水域道路、桥梁、灯标、浮筒、轮渡线等一系列指挥调度所必需的内容,提供对该图形放大、缩小、平移、分层显示、编辑、修改等一系列灵活方便的图形处理功能。系统通过大屏幕投影设备显示图文,改变过去人脑记忆、卡片记载的人工管理方式,具有很大的实用性。

2004 年,市公安局水上公安局充分利用覆盖全市的三级公安网络平台,开发"水上码头、船舶、船员信息管理系统",对船舶、船员、船厂、码头、水上卡口、水闸日常基础信息资料进行采集、整理、登记,实现信息资源共享,发挥实战作用。

2010 年,市公安局水上公安局根据上海世博会水上安保工作总体部署,完成水上安保指挥中心、吴淞江及苏州河水上检查站(点)图像监控系统、新建公安指挥艇无线图像传输系统、上海世博会水上安保信息报送系统、有线无线调度指挥系统等信息化项目建设工作;并协调相关单位在黄浦江沿线新建图像监控站 10 个,共享沿江涉水图像监控数据 200 余路,确保重点水域、目标"全覆盖、无死角"。

【出入境管理信息系统】

1995 年 6 月 6 日,市公安局科委组织并主持通过"港、澳、台出入境信息管理系统"的技术鉴定。"港、澳、台出入境信息管理系统"是市公安局出入境管理处根据公安部下达的任务要求开发的出入境业务系统,该系统改变原来人工管理的工作模式,把计算机融合到管理工作过程中,提高工作效率和管理服务水准,能利用现有公共电话网,通过点对网通信实现与中国旅行社的旅游信息资源共享。

1995 年 6 月 30 日,市科委组织并主持通过"境外人员临时来沪住宿登记管理系统"技术鉴定。该系统是市公安局出入境管理处在市科委的立项资助下,与市公安局科技处共同开发的。该系统采用小型机 VAX4 100A、ALPHA2 100 和 2 台原有的小型机与全市各宾馆通过市话线组成双机热备份网络系统,具有前台录入、后台监控、查询、统计、维护等功能。系统安全可靠,一旦主机发生故障时,能自动引导群机工作,保障系统的正常运行。该系统在技术上有所突破和创新,在全国公安涉外信息管理系统中处于领先地位。

1995 年 10 月 27 日,市科委组织并主持通过"声讯图文信息咨询系统"技术鉴定。因境外来沪人员和因私出境公民逐年上升,管理部门迫切需要将原传统的人工接受咨询变为计算机自动接受和回答咨询。在市科委的立项支持下,市公安局出入境管理处与美国肯纳国际贸易(上海)有限公司共同研制开发"声讯图文信息咨询系统"。该系统将现代电脑语音技术与现有的公共电话网络相结合,充分利用计算机的特点,保证用户能准确、方便、快捷地得到所需的信息,满足社会各界的要求。系统具有传真图文信息及公共信箱的特点,提高咨询工作效率和工作质量,在全国公安系统中处领先水平,有较高的实用价值和社会效益,具有推广意义。

1995 年 11 月 27 日,由市公安局科委组织并主持通过"出境组团旅游实时办证系统"技术鉴定。为便于公安出入境管理部门与旅行社通过计算机网络通信及时了解出境组团旅游人员的情况,方便申请人实时办证和打印护照,市公安局出入境管理处于 1994 年开始自行研制开发"出境组团旅游实时办证系统"。该系统的前台计算机软件用 FO - XPRO 编写,后台计算机软件用 C 语言及 SOL 编写;对用户均设置口令,以防止非法进入,确保系统安全。该系统使办照工作流程计算机化,易学易用,实时性强,实用性好。

2002年，市公安局对“中国公民因私出境管理系统”进行改造，形成一个全面的出入境业务管理信息系统，处理能力达每日数千人次。系统投入使用后，上海市民只要凭户口簿、身份证或社保卡，就可申请办理护照，进一步提高上海出入境管理的水平。

上海边检总站在2005年12月铁路口岸启用梅沙系统的基础上，于2006年1月10日、3月1日在海港口岸、空港口岸逐步推开。出入境边防检查信息系统（梅沙系统）是边防检查工作的核心软件，是“金盾工程”一期一类应用项目。该系统是集查验、处理、监管、指挥为一体的综合业务平台，它依托各级公安信息网络、将各口岸查验系统相互连接、在部局—省级单位—检查站分别建有业务模块的全国性应用系统，实现三级边防检查机关业务应用系统的互通、互联。

2008年10月，市公安局出入境管理局建成外国人动态管控信息系统。该系统在全市出入境管理部门中运用，实现与市公安局案（事）件、工作对象、交通事故、新版派出所综合信息管理系统、宾（旅）馆、公安部出入境等信息系统的联网，具有查询、比对、查控、统计分析和数据交换五大基本功能。

2010年3月1日，市公安局出入境管理局推出英文版外国人签证居留许可自助受理系统。外国人只需输入原有签证号码就能自助办理居留许可、L签证和F签证再次申请业务，且办证时限由5个工作日缩短为4个工作日，受到在沪外籍人士欢迎。

2010年7月3日，市公安局出入境管理局启动中国公民出入境证件受理、审批人像比对核查系统。该系统能自动将申请人照片与人口库内的照片进行比对，并且根据相似程度进行提示，防范弄虚作假骗取证件。

【人事管理信息系统】

1992年，市公安局政治部干部处在中共上海市委组织部推出的“组织人事信息管理系统”的基础上，紧密结合公安人事信息管理的实际和特点，研制开发“上海市公安人事信息管理系统”。该系统适用于具有DOS操作系统和FOX－BASE数据库的各种档次的PC微机。人机界面友好，代码采用分级查询的技术，大大方便操作人员，结果采用数字、线条和图输出，直观、形象，维护方便。该系统的投入运行，加快信息流通，及时反映上海市公安队伍的警力分布、年龄、文化、职级结构和干部考评等队伍状况，为领导决策和有关部门的工作提供基础信息；同时，又显著减轻基层组织人事部门用于报表统计的劳动强度，提高工作效率和工作质量。

1993年9月—1994年7月，为适应工资改革测算方案的需要，市公安局政治部受市人事局的委托，开发研制“上海市机关事业单位工资制度改革计算机支持系统”。该系统是在微机中文DOS操作系统和FOXBASE数据库环境下运行的一个软件系统，适用于286以上的各种微机。利用该系统可在短时间内测算出不同方案的工资套改情况，如1小时内即可完成10万人的新工资套改，并随即打印出该方案运行结果的50多张分析表；2小时内即可产生全市机关事业单位工改增资情况汇总表及各系统、各行业的分析表300多张。该系统为选择切实可行的工改方案提供重要依据和辅助决策信息，可与市委组织部的“组织人事信息管理系统”接轨，指标互相吻合通用，数据可以互相转换，可推广到具有ZRXG信息的计算机系统。

2001年，市公安局根据市委组织部要求，建立并完善处级以上领导干部信息系统和因公出国（境）公安人员计算机管理系统和基层党组织、党员信息系统。

2003年，市公安局对局内人事信息管理系统进行升级，建立局内人力资源信息管理系统，为公安人力资源管理提供科学、快捷、高效的信息。

2008年,市公安局以公安人力资源管理系统为主要资源库,设计“上海市公安局基层党建管理系统”,并建设基层领导干部履职考评系统、干部日常管理信息系统。

【移动警务信息系统】

2007年,随着“金盾工程”建设的整体推进,市公安局开始对警务移动接入及应用系统进行调研,着手建设警务信息移动接入应用。市公安局移动警务接入平台及应用系统,以移动通信网络为依托,将已有的公安网内部信息资源实时便捷地提供给一线执勤民警,为其处理各项业务提供及时准确的依据,使其能在现场快速辨别是否在逃人员、重点人口、假机动车牌证、假驾驶证、盗抢机动车、非法拼装机动车、记分是否超过12分等;最大限度地遏制和打击各种违法行为,提高警务管理水平。该系统设计有信息查询、业务处理和数据采集等功能,对终端支持具有广泛性,安全体系符合公安部的要求。2009年10月14日,市公安局“公安信息移动接入平台及应用系统——移动警务应用系统——移动终端应用开发”项目建设正式启动。经过需求调研、软件开发、系统测试、系统完善等过程,2010年2月,该项目建设顺利完成。同年3月15日,上海公安移动警务系统投入试运行,同期配发的PDA终端约3.4万套,包括宇龙酷派公司的酷派6168 h终端和韩国蓝鸟公司的BIP5000终端,以及北京思创公司研制的蓝牙二代证读卡器和上海济强公司开发的ULT1131蓝牙热敏打印机。建成后的上海公安移动警务系统包括综合查询、治安管理、交通管理、道口比对四大功能模块。其中,综合查询模块提供19个综合查询模块的业务方案、10个核查模块的业务方案、36个业务查询模块的业务方案、3个比对模块业务方案;治安模块实现包括网上核查,精神病人、失踪人员的回访,行业场所的治安检查,情况信息、图像信息、行业场所从业人员等的采集,以及消息提醒等功能;交通管理模块实现路面处罚、违法通知书开具、违停车辆拍照上传、道路施工监管等功能;道口比对模块实现在道口安检过程中对在逃犯罪嫌疑人、精神病人、刑嫌人员、涉枪涉爆人员等各类重点人员的实时比对。二代证读卡器批量比对功能进一步提升工作效率。上海公安移动警务系统投入运行当年,平均每月综合查询量达338.5万次。其中,平均每月道口安检查验量145.4万次,交警PDA平均每月处罚量4.75万次;累计查获网上在逃犯罪嫌疑人478人,查获被盗抢机动车70多辆,应用成效显著。

【其他信息系统】

1991年2月1日,由市公安局研制开发的“上海市公安局劳教对象信息管理系统”通过市科委的技术鉴定。该项目1989年由市科委立为上海市青年科学基金项目。该系统在IBM-PC/XT微机CCDOS 2.13E汉字操作系统和Level Ⅱ COBOL语言编译系统支持下实现,具有卡片检索(包括单、多关键字,模糊,多种逻辑组合)、增加、删除、修改、统计和打印卡片等功能。卡片栏目符合市劳教信息规范(兼容国标和部标)。该系统的投入应用,大大提高工作效率和工作质量,能有效地辅助市公安局劳教审批部门对劳教信息的现代化管理,为领导和有关部门在宏观管理、微观分析、制定政策等方面提供高效服务。

1995年12月26日,市公安局科委组织并主持通过“文保重要信息微机管理系统”技术鉴定。市公安局在全国公安系统首例开发成功“文保重要信息微机管理系统”,该系统是在386/33微机上采用DBASEⅢ数据库和采用FOXBASE语言编程。系统具有多项安全性和容错性设计,使系统使用安全、可靠。系统采用合适的开发平台、软件工程结构化的设计方法,使系统结构合理,运行性能良好。该系统的应用能提高文保重要信息的管理和分析能力,为处置突发事件,维护内部稳定和统计、查询、分析、预测工作提供快速正确的信息。

1999年，市公安局为进一步推进科技强警战略，逐步实现公安业务信息共享、综合利用，提高上海公安机关统一指挥、快速反应、协同作战的能力，组织开发“上海公安分(县)局综合信息系统”，具有业务数据查询、办公自动化系统、公共信息查询3个部分功能，并投入运行。2000年1月3日，市公安局在普陀分局召开“上海公安分(县)局综合信息系统现场推广会”。

2001年，上海公安机关着手开发上海市公安局辅助决策系统、案(事)件管理系统、情报信息综合管理系统、治安管理信息系统等几个规模较大的全局性项目，实现业务信息系统的共享查询和综合利用。建设上海公安综合数据库，对已有的人口、交通、出入境管理等主要业务信息系统中的数据进行整合，使处于不同信息系统中的相关信息能够“单点查询、关联显示”，提高信息共享水平，为实战单位和一线民警提供更快捷的信息服务。2002年，市公安局计算机辅助决策系统(一期)建成并投入使用。该系统包括市公安局办公管理系统、处置突发事件预案系统、案(事)件时空分析系统和公安动态信息管理系统4个子项目，主要用于网上公文流转和处理、辅助领导指挥决策和警力调度，辅助对治安形势的宏观分析和刑事案件的发案规律分析，网上收集、筛选、处理各类动态信息，初步实现办公自动化、指挥决策智能化、信息应用网络化，进一步提高公安机关的快速反应能力和接处警能力。

2001年9月，“上海公安”网站正式开通。该网站作为“中国上海”门户网站的一个分支，主要内容包括公安要闻、政务公开、公示公告、网上办事、监督投诉等项目。网站以“依法规范、热情为民、公开流程、接受监督、科技支撑、提高效率”为宗旨，以警务公开、为民服务、及时发布各类公安信息等为主要内容，辅以一些与社会有密切关系的业务部门(治安总队、交巡警总队、出入境管理处、法制办、市公安局纪委等)的网上咨询，向市民群众提供与公安警务有关的非紧急性求助服务，也方便市民群众积极提供违法犯罪线索。“上海公安”网站开设接受网民监督投诉的电子邮件信箱，分设6个类别(治安、交巡警、消防、纪检监察、法制和“110信箱”)，从而增加公安工作的透明度。网站的开通，标志着上海警方为民服务开始借助高科技手段进入全天候、全方位的新阶段，有利于公安机关主动接受市民群众的监督，更好地为人民服务，密切新时期的警民关系。

2006年10月，市公安局建成存储系统(一期)。该系统采用SAN(存储区域网络)设备，构建在线、近线、离线3层架构，初定容量34.4Tb(百万兆字节)。系统具有容灾、备份、抽取、监控等功能。实现全局重要系统的容灾备份、主要信息系统的数据抽取汇集，以及重要应用资源的监控管理。该系统建成后，能保证市公安局各重要系统业务数据的安全性，也可为打击犯罪提供大量信息支持和比对分析服务。

2008年3月，市公安局成立上海公安信息系统整合专门工作班子，研究制定全局主要信息系统总体规划及具体整合方案，按照“绝大部分利用、部分转接改造、部分予以淘汰”的思路，整合改造已有信息系统，以实现“网上办案、网上办公、网上办事”应用工作目标。年内，梳理、评估191个信息系统，建设“网上办案”平台相关系统，落实“网上办公”平台和“网上办事”平台建设的前期准备工作。2009年建成“网上办案”平台，上海公安机关突破传统执法办案手工模式，开发案(事)件接报、行政办案、刑事办案等5个分系统，2010年2月在全局推广使用。该系统具有案件“网上”受理、笔录制作、审批、签名、文书打印功能，平台用户覆盖全局有关部门。“网上办案”平台建设和应用，规范执法办案流程，提升执法办案效率和执法监督能力，实现全部案件均通过平台办理的目标。2010年，市公安局建成“网上办事”平台，该平台采用“外网(窗口)接受、内网办理、外网反馈”模式，建成集信息公开、咨询服务、“网上”审批、效能监察于一体的电子政务应用平台(二期)，平台依托互联网

“上海公安”政府网站设立的“网上办事大厅”和公安内网“网上办事工作平台”，建立“网上”办事标准化，基本形成公安机关“一门式服务”专栏布局和申办项目一次办结合理流程。当年在互联网“上海公安”政府网站“网上办事大厅”公开 243 项服务事项，开通办理船民证和船舶户牌、自编预选车牌号、申办护照和港澳通行证等十类 89 项在线办理服务业务。同年，市公安局“网上办公”平台项目投入试运行。该平台依托涉密网，建立市公安局机密级以下电子公文交换平台和涉密电子公文传递安全保障系统，开发非涉密公文交换系统，实现市公安局与下属各单位之间的“网上”协同办公。平台兼具市公安局与各分(县)局、市公安局各单位之间纵、横向传输功能，提升市公安局公文处理和全流程管理的智能化程度。

三、信息通信运行监测与维护

20 世纪 80 年代末，全国公安系统内应用 VAX-11/750 计算机相当普遍，但维修条件较差，常因不能及时排除故障而影响公安业务正常需要。市公安局于 1988 年 10 月研制成一台 IMB、MOS 存储器模板测试仪，专门解决公安系统内应用 VAX-11/750 等计算机所需的备件和维修测试设备。该测试仪结构简单，查找故障迅速、方便、正确。不仅可为 VAX-11/750 计算机内存模板维修，还能应用到 VAX-11/730、PDP-11/70 等机器的内存模板的维修，大大节约维修时间和资金。1989 年 9 月 1 日，通过市公安局科学技术管理委员会技术鉴定。

1999 年，为应对“千年虫”问题，市公安局成立解决计算机 2000 年问题领导小组，各公安分(县)局、市公安局有关业务单位成立工作机构。市公安局科技处为各公安分(县)局、浦东新区公安局及各业务单位举办上海公安系统解决微机和小型机 2000 年问题培训班，并于 9 月底完成全局小型机、微机系统，有、无线通信系统，无线寻呼系统，GPS 车辆定位系统的升版修补工作，对全局已有的应用信息系统进行升级更新，顺利实现全局计算机等电子设备在 2000 年 1 月 1 日的平稳过渡。

2000 年，为确保公安信息通信网络设备正常运转，保证网络畅通，市公安局制定《上海市公安局计算机网络运行管理暂行规定》，并于 2006 年 8 月修订完善为《上海公安信息通信网络运行维护管理规定》，对全局公安信息通信网络运行管理工作进行进一步规范。该规定明确：公安信息网中的一级网(公安部信息中心负责建设、管理)由市公安局信息中心参与维护管理；二级网由市公安局信息中心负责建设、管理，各公安分(县)局和市公安局有关单位参与维护管理；三级网由分(县)局信息中心负责建设、管理，同时对值班管理、机房管理、设备及配置管理、网络性能管理、安全管理等方面提出具体要求。

2001 年，按照公安部关于组织开展全国公安信息通信运行管理质量年活动的要求，市公安局成立“质量年活动”办公室，组织开展上海公安信息通信运行管理“质量年活动”。在“质量年活动”中，市公安局推行 5 项制度，即“一日工作制”“网上公示制”“首问责任制”“故障报告制”和“机房值班制”；开设“质量年活动”网站，将有关情况及时上网公布；成立“质量年活动”工作小组，每月对有关单位开展“质量年活动”情况进行检查、督促和考评。通过开展“质量年活动”，市公安局各信息通信部门逐步建立和加强工作规范、服务规范，确保各项信息通信保障措施的落实。

2003 年，市公安局组织开展全局信息通信民警岗位业务技能大练兵、大比武活动，按照有线通信机务操作岗位、网络管理岗位、两级网视频会议系统操作岗位和计算机应用与维护岗位分别展开，共有 86 人次参加。通过活动，信息通信民警的岗位业务技能、规范操作程序和信息通信运行维护的管理水平都得到提高。

2005 年，市公安局信息中心开始建设上海公安业务数据存储系统。通过公安业务数据的大集中，实现集中存储、异地备份、数据恢复、综合应用，提高公安业务信息系统的容灾容错能力。同年，市公安局信息中心建成上海市公安局科技处信息运行管理系统，通过电子机台账、日通告、月通告、故障报告、设备巡检等各个功能模块的设定，对设备、故障、巡检等运行管理工作进行规范化管理。

2006 年，市公安局科技处以“三基”（抓基层、打基础、苦练基本功）工作为契机，结合建设规范化公安局和构建上海现代警务机制工作，先后制定颁发《上海市公安局分县局派出所信息通信设备管理规定（试行）》《上海市公安局信息通信设备管理规定（试行）》，要求各单位按照规定标准进一步加强基层所、队信息化设备的配备工作。本次，全局共制作数字身份证书 38 178 张，发放率达 89.14%，平均使用率达 47.66%；注册登记计算机 22 169 台，联网计算机注册率达 99.99%，平均每百名民警拥有联网计算机达 54.22 台，全年违规外联发生率 0.004 5%；开通电子邮箱 39 251 只，开通率达到 91.28%。同年，市公安局还制定《上海市公安局、分县局信息中心运行管理规定》《公安无线通信管理规定》《上海公安图像监控系统管理规定（试行）》《上海公安信息和网络安全管理规定》等信息化管理文件，从制度上规范全局运行管理工作，有效提升运维管理工作水平。

2007 年，为进一步做强、做实信息中心，实现信息中心的实体化，市公安局信息中心开通公安信息服务台，各公安分（县）局也各自建立并上报信息服务台，为一线民警提供 7×24 h 人工服务。

2009 年底，运维管理在各项信息化工作中的作用日益突出，市公安局科技处专门成立信息通信运行监测科，牵头组织运行管理工作，并承担市公安局信息中心服务台职能；专门招聘 9 名技术岗位文职，全天候、全方位、全过程开展运行管理，即时掌握全局网络和系统运行状态。市公安局科技处整合值班资源，改部门分别值班为混合值班，将全处值班力量分成信息中心和通信保障 2 个技术值班组，将常见故障处置编制成预案。

2010 年，为扎实做好上海世博会期间信息通信保障工作，市公安局科技处组织专门力量对全局重要网络和系统进行定期测试和巡检，全年共开展机房实地巡检 1 200 余次、各类系统和网络人工定时测试 2 万余次，通过巡检和监测共发现各类隐患和故障 500 余起，其中近 80%先于用户发现，做到主动发现、抢前处置，提高故障处置速度，把故障对应用的影响降到最低。

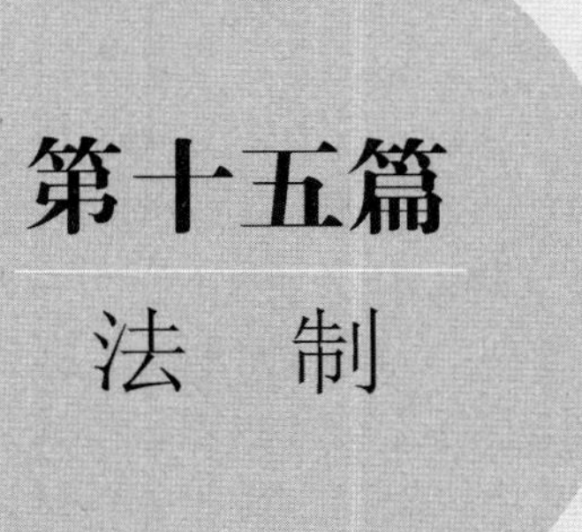

第十五篇

法　制

1978 年后，上海公安法制工作积极适应社会主义民主和法治建设需要，在依法治国的背景下，坚持为中心工作服务、为领导决策服务、为执法工作服务的原则，持续推进“规范执法行为、促进执法公正”“社会主义法治理念教育”等活动，充分发挥职能作用，确保执法管理和执法监督体制化、制度化，参与制定涉及治安、交通、消防等多领域的地方性法规和政府规章，为全局行政复议、行政诉讼、劳动教养等案件办理提供重要支撑。1985 年，大部分分(县)局和市公安局有关业务处先后建立法制组，并配备专职法制民警。1999 年 1 月，原隶属于市公安局指挥部的法制处改为市公安局法制办公室，成为市公安局直属机构，上海公安法制建设迈入规范化建设的快速发展阶段。至 2010 年，18 个分(县)局均设法制办公室，市公安局主要业务单位设置法制处(科)，法制部门民警的专业水平大幅提升，人员结构逐步优化，持续深入推进严格、公正、文明、高效执法，切实维护人民群众的合法权益。

第一章　参与制定地方性公安法规规章

第一节　参与制定地方性法规

中共十一届三中全会后，上海公安立法工作逐步恢复和发展。上海公安机关围绕改革开放和治理整顿，针对社会治安方面出现的新情况、新问题，把参与地方公安立法工作作为加强公安机关法制建设的重要任务来抓。1978—2010年，上海公安机关共参与起草地方人大法规12件，涉及消防、交警、治安等多个领域。

1996年，由市公安局起草并参与前期调研、市第十届人大常委会颁布的《上海市消防条例》实施。1997年、2000年、2003年市公安局根据实际情况，参与《上海市消防条例》修正工作，十届、十一届、十二届市人大常委会会议先后3次进行修正，于2010年全面修订完善。新修订的《上海市消防条例》对预防和减少火灾危害，保护人民生命财产安全，维护公共安全发挥积极作用。上海形成以《中华人民共和国消防法》为统领，《上海市消防条例》为主干，7部政府规章和15部技术标准规范为补充的消防法律法规体系，为上海消防安全提供重要的法治保障；通过《上海市消防条例》中对政府、部门、行业、单位等主体消防安全责任的明确，织密政府、行业、基层3张网，构筑"网格化"社会消防工作格局；通过细化和完善行政审批、行政强制以及行政处罚等执法手段，为稳控全市火灾形势提供有力支撑，保障城市经济社会平稳有序发展。

1997年，由市公安局研究起草、上海市第十届人大常委会通过的《上海市道路交通管理条例》颁布后，基本建立健全上海道路交通安全管理的主要制度，明确行人和乘车人、车辆、车辆驾驶人员、车辆通行、道路和停车、交通安全宣传教育、交通事故处理和法律责任等八大方面的管理规定，为开展道路交通安全管理工作提供明确依据。

1997年，由市公安局研究起草、上海市第十届人大常委会通过的《上海市特种行业和公共场所治安管理条例》颁布后，经过2000年、2003年2次修改，对公安机关加强特种行业和公共场所的管理，有效维护本市特种行业和公共场所的健康、有序、规范发展起到重要作用，切实保障公民、法人和其他组织的合法权益。

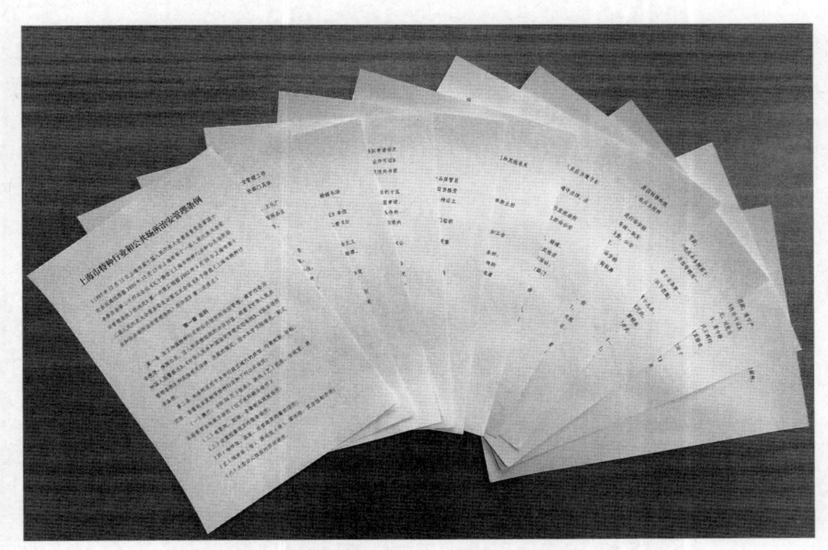

上海公安机关参与制定的地方性法规

表 15-1-1 1978—2010 年上海公安机关参与制定地方性法规一览

法规名称	参与制定、修正及废止地方性法规情况
《上海市严禁赌博条例》	1985 年 2 月 28 日上海市第八届人民代表大会常务委员会第十三次会议批准;1989 年 1 月 28 日上海市第九届人民代表大会常务委员会第六次会议修正;2000 年 7 月 13 日经上海市第十一届人民代表大会常务委员会第二十次会议予以废止。市公安局参与起草、制定、修正
《上海市监护治疗管理肇事肇祸精神病人条例》	1986 年 8 月 29 日市八届人大常委会第二十三次会议通过。市公安局参与起草、制定
《上海市实施〈中华人民共和国集会游行示威法〉办法》	1990 年 1 月 9 日上海市第九届人民代表大会常务委员会第十四次会议通过。市公安局参与起草、制定
《上海市收容遣送管理条例》	1991 年 12 月 19 日上海市第九届人民代表大会常务委员会第三十次会议通过;2003 年 8 月 5 日经上海市第十二届人民代表大会常务委员会审议,决定废止。市公安局参与起草、制定
《上海市社会治安防范责任条例》	1992 年 4 月 11 日上海市第九届人民代表大会常务委员会第三十三次会议通过;2010 年 11 月 11 日上海市第十三届人民代表大会常务委员会第二十二次会议予以废止。市公安局参与起草、制定
《上海市烟花爆竹安全管理条例》	1994 年 10 月 20 日上海市第十届人民代表大会常务委员会第十三次会议通过;1997 年 5 月 27 日上海市第十届人民代表大会常务委员会第三十六次会议修正;2015 年 12 月 30 日经上海市第十四届人民代表大会常务委员会第二十六次会议修订。市公安局参与起草、制定、修正
《上海市消防条例》	1995 年 10 月 27 日上海市第十届人民代表大会常务委员会第二十二次会议通过;1997 年 10 月 17 日上海市第十届人民代表大会常务委员会第三十九次会议第一次修正;2000 年 1 月 25 日上海市第十一届人民代表大会常务委员会第十六次会议第二次修正;2003 年 6 月 26 日上海市第十二届人民代表大会常务委员会第五次会议《关于修改〈上海市消防条例〉的决定》第三次修正;2010 年 1 月 13 日上海市第十三届人民代表大会常务委员会第十六次会议修订。市公安局参与起草、研讨、制定、修正、修订
《上海市道路交通管理条例》	1997 年 7 月 10 日上海市第十届人大常委会第三十七次会议通过;1997 年 7 月 12 日上海市第十一届人大常委会第十一次会议第一次修正;2000 年 4 月 10 日上海市第十一届人大常委会第十七次会议第二次修正;2001 年 5 月 24 日上海市第十一届人大常委会第二十八次会议第三次修正;2016 年 12 月 29 日上海市第十四届人民代表大会常务委员会第三十四次会议修订。市公安局参与起草、研讨、制定、修正
《上海市特种行业和公共场所治安管理条例》	1997 年 12 月 11 日上海市第十届人民代表大会常务委员会第四十次会议通过;2000 年 12 月 15 日上海市第十一届人民代表大会常务委员会第二十四次会议第一次修正;2003 年 6 月 26 日上海市第十二届人民代表大会常务委员会第五次会议第二次修正。市公安局参与起草、研讨、制定、修正
《上海市地名管理条例》	1998 年 9 月 22 日上海市第十一届人民代表大会常务委员会第五次会议通过;2010 年 9 月 17 日上海市第十三届人民代表大会常务委员会第二十一次会议修正;2011 年 12 月 22 日上海市第十三届人民代表大会常务委员会第三十一次会议修正;2015 年 7 月 23 日上海市第十四届人民代表大会常务委员会第二十二次会议修正。市公安局参与起草、研讨、制定、修正

（续表）

法 规 名 称	参与制定、修正及废止地方性法规情况
《上海市轨道交通管理条例》	2002 年 5 月 21 日上海市第十一届人民代表大会常务委员会第三十九次会议通过；2006 年 6 月 22 日上海市第十二届人民代表大会常务委员会第二十八次会议修正；2010 年 9 月 17 日上海市十三届人大常委会第二十一次会议修正；2013 年 11 月 21 日上海市十四届人大常委会第九次会议修正。市公安局参与起草、研讨、制定、修正
《上海市机动车道路交通事故赔偿责任若干规定》	2005 年 2 月 24 日上海市第十二届人民代表大会常务委员会第十八次会议通过。市公安局参与起草、研讨、制定

资料来源：《上海市地方性法规汇编》年报。

第二节　参与制定政府规章

1978—2010 年，市公安局法制部门参与制定 39 部政府规章，涉及治安、交通、消防、出入境、水上、边防、化工等多个领域，为公安机关的执法法律依据，为一线实战部门提供执法保障。

表 15 - 1 - 2　1984—2010 年上海市公安局法制部门参与制定的政府规章一览

规 章 名 称	参与制定、修正及废止规章情况
《上海市露天仓库消防安全管理规定》	1984 年 7 月 19 日上海市人民政府发布；根据 2010 年 12 月 20 日上海市人民政府第九十二次常务会议修正。市公安局参与起草、制定、修正
《上海市水上消防工作暂行办法》	1987 年 9 月 22 日上海市人民政府发布；1995 年 2 月 1 日上海市人民政府沪府发〔1994〕65 号予以废止。市公安局参与起草、制定
《上海市临时占用道路管理办法》	1988 年 1 月 1 日上海市人民政府发布；1995 年 10 月 1 日上海市人民政府令第 13 号予以废止。市公安局参与起草、制定
《上海市道路交通安全处罚和奖励暂行办法》	1988 年 5 月 16 日上海市人民政府发布；2007 年 11 月 30 日上海市人民政府令第 75 号予以废止。市公安局参与起草、制定
《上海市暂住人口管理规定》	1988 年 6 月 17 日上海市人民政府发布；1997 年 9 月 23 日上海市人民政府令第 48 号予以废止。市公安局参与起草、制定
《上海市道路交通管理实施办法》	1989 年 8 月 4 日上海市人民政府发布；2010 年 12 月 20 日上海市人民政府令第 53 号予以废止。市公安局参与起草、制定
《上海市道路交通管理处罚办法》	1989 年 8 月 11 日上海市人民政府令第 15 号发布；1997 年 12 月 19 日上海市人民政府令第 54 号修正；2007 年 11 月 30 日上海市人民政府令第 75 号予以废止。市公安局参与起草、制定、修正
《上海市仓库防火管理规定》	1989 年 8 月 23 日上海市人民政府发布；2010 年 12 月 20 日上海市人民政府令第 52 号修正。市公安局参与起草、制定、修正
《上海市废旧金属管理办法》	1990 年 1 月 18 日上海市人民政府发布。市公安局参与起草、制定
《上海市旅馆业治安管理实施细则》	1990 年 7 月 3 日上海市人民政府发布；2002 年 11 月 18 日上海市人民政府令第 128 号修正；2010 年 12 月 20 日上海市人民政府令第 52 号修正；2011 年 3 月 30 日上海市人民政府令第 62 号修正。市公安局参与起草、制定、修正
《上海市外高桥保税区人员和车辆入出管理办法》	1992 年 2 月 29 日上海市人民政府令第 12 号发布。市公安局参与起草、制定

(续表)

规章名称	参与制定、修正及废止规章情况
《上海市人民警察巡察暂行规定》	1992年10月18日上海市人民政府令第26号发布。市公安局参与起草、制定
《上海市消防监督管理若干规定》	1993年8月13日上海市人民政府令第43号发布;2002年4月1日上海市人民政府令第119号修正;2007年11月30日上海市人民政府令第75号予以废止。市公安局参与起草、制定、修正
《上海市消防监督管理处罚办法》	1993年8月14日上海市人民政府令第44号发布;1997年9月23日上海市人民政府令第44号予以废止。市公安局参与起草、制定
《上海市公共场所治安管理办法》	1994年12月7日上海市人民政府沪府发〔1994〕57号发布;2001年1月9日上海市人民政府令第95号予以废止。市公安局参与起草、制定
《上海市水上治安管理暂行规定》	1994年12月13日上海市人民政府发布;2010年12月20日上海市人民政府令第52号修正。市公安局参与起草、制定
《上海市水上消防监督管理办法》	1994年12月29日上海市人民政府沪府发〔1994〕65号发布;2010年12月20日上海市人民政府令第52号修正。市公安局参与起草、制定、修正
《上海市道路交通事故处理若干规定》	1995年2月6日上海市人民政府沪府发〔1995〕10号发布;2007年11月30日上海市人民政府令第75号予以废止。市公安局参与起草、制定
《上海市临时占用城市道路管理办法》	1995年8月28日上海市人民政府令第13号发布;1997年12月14日上海市人民政府令第53号修正;2016年6月21日上海市人民政府令第42号修正并重新公布。市公安局参与起草、制定、修正
《上海市港澳居民及华侨暂住证管理办法》	1996年8月16日上海市人民政府沪府发〔1996〕42号发布;2010年12月20日上海市人民政府令第52号修正。市公安局参与起草、制定
《上海市外地来沪机动车交通安全管理办法》	1996年8月21日上海市人民政府令第33号发布;2001年10月23日上海市人民政府令第33号第一次修正;2002年7月24日上海市人民政府令第124号第二次修正;2010年12月20日上海市人民政府令第53号予以废止。市公安局参与起草、制定
《上海市非机动车营业性货物运输管理办法》	1994年11月2日市政府令第79号发布;1997年12月14日上海市人民政府令第53号第一次修正;2002年11月18日上海市人民政府令第128号第二次修正;2010年12月20日上海市人民政府令第53号予以废止。市公安局参与起草、制定、修正
《上海市印章刻制业治安管理办法》	1998年6月8日上海市人民政府令第57号发布;2018年1月4日上海市人民政府令第62号修正。市公安局参与起草、制定
《上海市外来流动人员租赁房屋治安管理办法》	1998年9月17日上海市人民政府令第60号发布;2002年11月18日上海市人民政府令第128号修正;2010年12月20日上海市人民政府令第53号予以废止。市公安局参与起草、制定、修正
《上海市沿海边防治安管理办法》	1999年12月29日上海市人民政府令第78号发布;2001年1月9日上海市人民政府令第97号修正;2012年11月20日上海市人民政府令第92号修正。市公安局参与起草、制定、修正
《上海市社会公共安全技术防范管理办法》	2001年1月9日上海市人民政府令第93号公布;2002年11月18日上海市人民政府令第128号修正;2010年12月20日上海市人民政府令第52号修正。市公安局参与起草、制定、修正
《上海市非机动车管理办法》	2001年9月19日上海市人民政府令第108号发布;2013年10月20日上海市人民政府令第9号修正。市公安局参与起草、制定

（续表）

规 章 名 称	参与制定、修正及废止规章情况
《引进人才实行〈上海市居住证〉制度暂行规定》	2002 年 4 月 30 日上海市人民政府令第 122 号发布。市公安局参与起草、制定
《上海市居住证暂行规定》	2004 年 8 月 30 日上海市人民政府令第 32 号发布；2017 年 11 月 27 日上海市人民政府令第 58 号修正。市公安局参与起草、制定
《上海市废旧金属收购管理规定》	2005 年 10 月 17 日上海市人民政府令第 52 号发布。市公安局参与起草、制定
《上海市危险化学品安全管理办法》	2006 年 2 月 16 日上海市人民政府令第 56 号发布；2010 年 12 月 20 日上海市人民政府令第 52 号修正。市公安局参与起草、制定、修正
《上海市查处车辆非法客运规定》	2006 年 6 月 7 日上海市人民政府令第 60 号发布；2011 年 1 月 1 日上海市人民政府令第 49 号予以废止。市公安局参与起草、制定
《上海市人民政府关于本市烟花爆竹安全管理相关行政许可权和行政处罚权实施工作的决定》	2007 年 1 月 11 日上海市人民政府令第 66 号发布。市公安局参与起草、制定
《上海市建筑消防设施管理规定》	2007 年 5 月 5 日上海市人民政府令第 70 号发布；2011 年 12 月 28 日上海市人民政府令第 80 号予以废止。市公安局参与起草、制定
《上海市旅馆业管理办法》	2009 年 3 月 20 日上海市人民政府令第 10 号发布。市公安局参与起草、制定
《上海市门弄号管理办法》	2009 年 4 月 17 日上海市人民政府令第 12 号发布。市公安局参与起草、制定
《上海市消火栓管理办法》	2009 年 12 月 9 日上海市人民政府令第 21 号发布。市公安局参与起草、制定
《上海市放射性污染防治若干规定》	2009 年 12 月 9 日上海市人民政府令第 23 号发布；2015 年 5 月 22 日上海市人民政府令第 30 号修正。市公安局参与起草、制定
《上海市地下空间安全使用管理办法》	2009 年 12 月 9 日上海市人民政府令第 24 号发布。市公安局参与起草、制定

资料来源：上海市人民政府门户网站。

第二章 执法管理

第一节 执法监督管理制度

1994年5月，全国人大常委会修订的《中华人民共和国治安管理处罚条例》公布后，市公安局黄浦、卢湾等分局法制部门，针对具体执法中出现的法律文书格式不规范问题开展检查，设计、制作《调解协议书》等法律文书，指导基层开展执法活动。

1999年6月2日，公安部下发《公安机关内部执法监督工作规定》《公安机关人民警察执法过错责任追究规定》。同年9月10日，市公安局发布关于加强涉案财物管理的相关规定，在全国公安机关中率先对涉案财物管理提出标准化要求。同年9月23日，市公安局制定执法责任制和执法过错责任追究的相关规定，规范执法监督的范围、方式、程序，明确责任追究的方式，进一步完善上海公安机关执法责任追究机制。

2000年，市公安局下发关于发生重大执法过错案件汇报检讨的规定，针对重大执法过错施行严格追责。2003年前，上海公检双方主要借助检察机关发布的各类纠违文书实现执法监督信息共享。2003年，市公安局与市检察院联合下发上海检察机关向公安机关提供部分执法办案数据的相关工作意见，建立长效执法反馈机制，促进公检双方的执法监督合作。

2004年，市公安局与市检察院共同开展狱内服刑人员被扣押物品申诉的清理；在此基础上，初步建立检察机关反馈执法信息、公安机关内部倒查的工作机制。同年10月12日，市公安局下发加强涉案财物管理工作的相关通知，进一步明确涉案财物监督管理工作要求。同年，市公安局形成2项长效性工作机制：一是联合开展专项检查工作，包括法制部门与督察部门共同开展盘问、继续盘问管理工作专项检查；审计、督察、法制联合开展办案扣押财物和保证金的专项审计；市公安局法制、纪委牵头组织业务总队开展涉案财物和行政许可法专项检查。二是部分分（县）局以执法考评工作为纽带开始试行内部执法监督工作联席会议制度。

2006年，市公安局建立起以法制、督察、纠风、信访、政工等部门联合专项检查为主要平台的内部监督协作机制，共同实施针对性的专项执法检查。同年，市公安局制定民警个人执法质量考核评议的工作规定，正式推行对基层领导干部和执法民警的个人考评制度，完善全局范围内的三级考评体系，落实执法责任制，为评价民警个人执法水平提供依据。

2007年，市公安局构建由业务部门负责日常监督、法制部门重点监督的工作机制，发挥职能部门对执法办案工作的指导监督作用。同年11月13日，公安部下发通知要求报送全国公安机关“三考”备考单位和执法示范单位有关情况，进一步推动公安机关执法示范单位培养评选工作。

2008年3月14日，市公安局制定执法质量考评实施方案，进一步明确执法质量考评的步骤与要求。在考评标准上，市公安局致力于建立健全考评标准体系，制定涉案财物管理正规化建设专项整改的考评标准，明确涉案财物考评的具体标准，为涉案物品管理提供可供量化的参考依据，下发刑事、治安案件执法质量考评标准，严重执法过错和执法违法情况考评标准，相关工作制度推进情况考评标准以及消防、监管工作考评标准，统一全局执法办案和监督考评的依据，促进考评工作的标准化。市公安局在坚持“年度考评与日常考评相结合、以日常考评为主”的同时，努力探索多种举措，增强考评的随机性、科学性和公正性：一是制定下发执法办案卷宗抽取规则，并在实践操作中形成利用档案系统、案事件和对象信息系统以及检察机关反馈案件名单等进行抽卷的方式。二是进一步完善和规范“检查考评——听取申辩意见——集体讨论评分——反馈考评结果——跟踪整改和责任追究”的考评程序，特别强化以书面形式向被考评单位反馈考评结果的环节，促使各单位重视办案质量和整改执法问题。三是明确对市公安局抽查发现的问题，各单位已自查自纠发现的减半扣分，自查自纠发现并已整改、落实责任追究的不予扣分，最大限度地激发各单位主动抓办案质量的积极性。

2009 年，市公安局刑侦、治安、经侦、监管、消防等 9 个业务部门独立开展对本条线的执法质量考评，考评结果纳入市公安局对各单位的执法质量考评总成绩，并通过设置扣分的增、减机制，加强各单位的问题整改和责任追究工作；同时，建立信访发现执法问题的移送机制。市公安局信访办公室定期向市公安局法制办提供市公安局办理的领导批示案件等基本情况、逐案核查其中的执法问题，并纳入执法质量考评。同年 8 月 12 日，市公安局印发执法规范化建设示范单位评选方案，进一步明确评选、推荐执法规范化建设示范单位的评选方法、基本要求、申报条件、评选步骤。市检察院、市公安局会签加强监督配合机制的相关意见，在此框架下，进一步建立完善公安机关与检察机关的情况定期通报、适时介入和捕前协商等一系列工作机制。检察机关定期向公安机关提供数据；市公安局法制办牵头对检察监督情况逐案开展核查，将核查结果作为考评和监督的组成部分，同时将核查情况反馈市检察院。

2010 年，市公安局法制办尝试在基层执法部门建立案件质量三级审核制度，由警长（值班长）、分管部门领导、部门主要领导层层审核；对于疑难案件由法制部门提前介入，加强即时的指导监督；设计随案的案件质量跟踪表，对于在审核、审批环节发现的办案差错即时记录，最终反馈到法制部门，纳入对执法部门、民警的考评结果。同年 5 月 5 日，市公安局制定涉案车辆管理相关规定。同年 11 月 4 日，公安部印发《公安机关涉案财物管理若干规定》，标志着涉案财物管理步入体系化阶段。市公安局先后与市检察院会签开展对公安派出所监督和开展刑事立案监督的工作意见，由检察机关对公安机关的刑事立案、刑事侦查、刑罚执行等执法活动开展监督，从外部监督的角度有力提升公安机关执法规范化的水平。

第二节　执法质量考评检查

1983 年，全国开展“严打”斗争后，市公安局统一组织力量，下基层检查逮捕、拘留、劳动教养政策的执行情况：发现不够逮捕、劳教处理的人员予以解除；对应捕不捕、应劳教不劳教的情况采取措施予以纠正。1986 年，市公安局先后对《中华人民共和国消防条例》《中华人民共和国治安管理处罚条例》《中华人民共和国行政诉讼法》《上海市严禁赌博条例》《上海市实施〈中华人民共和国集会游行示威法〉办法》《上海市人民警察巡察条例》《上海市犬类管理办法》《上海市道路交通管理实施办法》等 30 余件公安法规和规章的执行情况进行检查评估，强化干警的法制观念，提高民警积极学法、自觉守法、严格执法的自觉性。1987 年，市公安局组织开展全市性的执法检查，各分（县）局在区县人大和政府的直接领导下，分别对《刑事诉讼法》规定的办案期限和《治安管理处罚法》执法情况进行检查，在检查中发现极少数单位存在超期羁押、越权审批等问题。这些问题均通过法制部门上报领导，并提出整改意见，使问题都得到较好的解决。

1993 年 12 月、1994 年 8 月，市公安局先后 2 次进行以反腐败为重点的公安执法检查，检查干警在各项执法活动中的办案质量和廉政情况。

2001 年 10 月 10 日,公安部下发《公安机关执法质量考核评议规定》,为公安执法质量考评体系建设奠定基础。2002 年 4 月 8 日,市公安局下发执法质量考核评议实施细则,明确上海公安机关执法质量考评的具体实施办法,包含执法质量考评的具体内容、评分标准,以及各单位评分考核的标准和考评实施要求。2003 年起,市公安局逐步建立健全各部门共同参与的内部联合考评工作机制,由法制部门牵头与政工、纪检、督察、信访等部门开展联合考评,逐渐形成可量化的考评机制,进一步实现执法质量考评的科学化、体系化。2003 年起,市公安局法制办每年对上海公安机关各分(县)局的执法质量情况进行评定。2003—2010 年,市公安局各单位优秀率从 36.8%上升到 62.5%。2004 年,市公安局在坚持以日常执法检查为主的基础上,施行年度集中考评相结合的考评方式:一是采用不定期、随机抽查评阅案卷方法,检查案件情况,行政复议案件、信访及领导交办的个案监督案件作为必查案件;二是对执法过错情况进行认定,并对执法过错的整改情况进行跟踪考查;三是确定对盘问和继续盘问管理、涉案财物管理、行政许可法贯彻落实等 5 项内容开展专项检查;四是不定时考查各单位对所属执法部门、所属执法部门对民警开展考评的情况,将考查结果纳入各单位年度考评总成绩。2004 年,《中华人民共和国行政许可法》正式实施,市公安局将考评范围逐步向公安管理领域延伸,并明确要求各单位开展对执法民警考评的试点工作。

2005 年,市公安局将原来的 3 个指标融合为"行政办案质量指数""刑事办案质量指数""专项执法检查指数"3 个指标形式,进一步丰富指标内涵,加大刑事、行政办案质量考评的权重,重点加强对办理案件的考评力度。同年 10 月 18 日,市公安局消防部门对全市 24 个消防支队开展消防行政执法质量考核,主要采取听取汇报、案卷检查、调查询问、实地检查以及汇总反馈等方式进行。针对检查中发现各支队执法水平发展不平衡,执法力度有差异等问题,分析原因,并就有关问题落实整改方案,促进消防管理工作的进一步规范。

2006 年,市公安局针对突出执法问题和重点执法环节,进一步加强专项执法检查;组织局内各业务部门,会同检察机关,开展 2005 年度逮捕工作专项检查;由市公安局组织各职能部门共同开展"规范执法行为"专项检查,重点内容包括社区治安管理、消防管理工作、监所管理工作、重点执法制度落实和"纠风工作"等五方面 18 项;针对"涉案财物管理""涉外案(事)件办理"等传统重点执法环节,开展专项执法检查。2006 年,根据公安部"建立宽严相济刑事政策、促进和谐稳定的办案质量考评制度和奖惩机制,改进执法办案考核考评指标体系,完善错案认定标准和错案追究机制"的要求,市公安局调整执法质量考评指标:一是市公安局把群众安全感、满意度纳入考评,考评结果对辖区公安机关评优具有一票否决的效力;二是以"问题管理"为核心,充分考量不同区域治安形势的差异,增加自主性指标的权重,使考评更加贴近地区工作实际;三是把执法规范化建设情况纳入考评指标中。同时,将考评结果逐步与民警晋级、晋职和奖惩紧密结合,以充分发挥考评奖优罚劣、促进执法的作用,有效整合执法质量考核体系与民警个人考核机制:一是探索建立以执法工作为主体的基层领导干部考核机制,将对基层领导干部的个人执法质量考评结果作为领导干部履职考核的重要内容;二是探索建立以民警个人执法质量考评为主体的民警个人履职考核机制,做到将个人执法质量考评结果作为评判工作绩效、落实奖惩、教育培训、干部任免的重要依据。2006 年,市公安局以逮捕工作专项检查为契机,进一步完善执法数据反馈机制的内容与方式,对检察院追加逮捕、不批准逮捕、不决定起诉、立案监督等,进行针对性的倒查,作为刑事案件监督重点。2007 年 2 月 5 日,公安部命名的第一批全国公安机关执法示范单位中,上海市公安局黄浦分局、静安分局、南汇分局 3 家单位被评为示范单位。

2008 年，市公安局调整考评重心，进一步向行政、刑事办案倾斜，将该 2 项考评内容的权重提高至总分的 70%；加大对易出现执法问题类型案件的检查力度，重点检查刑事不捕（不捕不诉）、追捕（追捕追诉）、取保候审案件和治安调解案件。同年，市公安局法制办牵头经侦、刑侦、治安总队，共同负责刑事、行政案件的检查和考评。市公安局法制办作为内部执法监督工作的主管部门，统抓全局执法考评工作；各业务部门是业务条线执法监督的第一责任人，负责本条线执法考评和监督，结果纳入执法考评成绩。

2009 年，市公安局对重点执法情况进行评估，形成 2009 年 1—6 月上海公安机关立案监督、不捕不诉、追捕追诉案件的情况分析，并将之作为执法指导。根据市政府法制办公室的要求，市公安局法制办会同市消防局组织开展《上海市建筑消防管理实施办法》实施情况的执法检查。市公安局法制办会同监管处对全市监管场所的执法安全工作进行全面检查，分析原因，提出工作建议，促进监所管理工作的进一步规范。2009 年，各分（县）局法制部门建立执法问题登记制度、执法问题反馈通报制度、执法问题整改通知制度、建议制发纠错文书制度等监督工作措施，强化整改和责任追究。2009—2010 年，各级公安机关法制部门制发《执法过错建议书》等监督文书 180 余份，有效履行内部执法监督职能。

2010 年 4 月，由市公安局法制办会同科技部门开发的执法监督信息系统建成并推广应用，有效实现执法活动网上监督、执法质量网上考核的要求。市公安局法制办通过网上抽卷等形式对全市各公安分（县）局的 110 接报、涉外案件、检察院监督的刑事案件、涉案车辆管理进行检查，对出现的问题进行集中通报。相比传统的实体化阅卷，网上抽取案卷能够通过办案单位、承办人员、案由、处理结果、立案时间等案件要素进行组合或快速查询，提升了案件信息检索的效率。网上执法监督分系统植入执法档案功能，为执法办案情况查询提供更强大的数据支撑。借助执法监督分系统开展执法检查，克服传统案件抽查中存在的偶然性等问题。借助实时监督系统，执法监督改变以往事后监督为主的方式，逐步实现执法问题的源头治理，推动执法监督工作进一步发展。此外，市公安局法制办牵头治安、经侦、刑侦、交通、出入境、消防、监管、人口等条线对各单位的基本执法情况进行考评，会同各业务条线制定下发各条线执法质量考评的具体内容和标准，并指导各条线开展工作。同年，公安部命名决定的上海市公安局执法示范单位数量增加为 9 家，其中分（县）局执法示范单位有 3 家，分别是：黄浦分局、静安分局、金山分局；基层科所队执法示范单位有：浦东分局经侦支队、普陀分局交警支队、杨浦分局大桥派出所、闵行分局梅陇派出所、嘉定分局刑侦支队等。

第三节　执法规范化建设

2008 年 10 月，公安部部署开展执法规范化建设后，2009—2012 年期间，市公安局先后召开 5 次全局执法规范化建设专题动员部署会、推进会，并先后制定开展执法规范化建设工作的指导意见、执法规范化建设总体安排、“迎世博，树规范”行动方案暨执法规范化建设第一阶段任务推进表、执法规范化建设任务书、2011—2012 年上海公安机关推进执法规范化建设行动方案等纲领性文件，在全市开展执法主体、执法场所、执法制度、执法信息化建设。2010 年，上海市公安局黄浦、静安、金山分局以及浦东分局经侦一支队等 9 家单位被命名为“全国公安机关执法示范单位”。2012 年 12 月，上海公安机关在全国范围内率先通过公安部的执法规范化建设阶段性检查验收。

一、执法主体建设

2006年,根据公安部要求,市公安局抽调骨干法制民警组成24支执法服务队,分三批入驻24个基层所队,开展近6个月的基层执法质量服务工作。其间,服务队共参与办理各类案件590起,直接参加接处警531次,讯问156人次,询问481人次,调解118人次,其他调查取证活动223次,研究案件258次,开办讲座38场,答疑579人次,上网信息96条。

2008年,市公安局成立奥运安保执法服务队,入驻奥运安保一线所队和场馆开展执法服务。同年5月,市公安局开展法律法规运用"一口清"活动,要求民警学习熟记法律法规及题库试题,准确运用法律法规。同年6—8月,市公安局法制办组织涉及北京奥运会政策培训。同时,在法制信息网开通"法制在线""执法问答"等法律规范适用解答栏目,面向全市基层民警开展网上法律咨询活动,确保《中华人民共和国治安管理处罚法》《公安机关办理行政案件程序规定》等新法新规的顺利实施,全年解答各类执法问题达数千余条。

2009年,市公安局组织上海世博会安保执法培训,先后举办"世博安检搜爆教官培训班""要人警卫培训班"等上海世博会安保培训班,培训总人数超过15万人次。同年,编发世博园区安保民警执勤手册、民用爆炸物品常识与安全管理、世博安保基础勤务手册、公安民警执法应知应会系列丛书等手册教材,提升民警实战能力和水平。

2010年,市公安局组建世博园区安保法制机构及世博安保执法服务队,参与处理违法人员1 118人次,办理涉博疑难案件150余起,为基层执法提供法律咨询、释法说理600次,并进一步加强民警执法执勤技能培训,保障世博安保工作顺利完成。同年,市公安局对《中华人民共和国国家赔偿法》《公安机关执法细则》《关于办理死刑案件审查判断证据若干问题的规定》《关于办理刑事案件排除非法证据若干问题的规定》等新法新规组织学习培训。2010年9月,公安部下发《公安机关人民警察执法资格等级考试办法》,市公安局按规定组织全体在编在职民警参加公安部统一组织的考试,并将考试结果纳入人民警察档案。

二、执法制度建设

2004—2007年,市公安局先后印发合同诈骗罪、扒窃案件、妨害国(边)境管理犯罪逮捕证据相关参考标准、公安机关办理伤害案件规定实施细则以及重大故意杀人、故意伤害、抢劫和毒品犯罪案件基本证据及其规格的意见等文件,统一多发性刑事案件取证流程和标准。

2008年,市公安局制定《规范刑事案件移送、指定管辖的有关问题》《规范经济犯罪案件并串议事规则》《规范提讯、会见犯罪嫌疑人、被告人的有关问题》《规范看守所械具使用管理的有关问题》《规范看守所羁押"涉艾"人员、自伤自残及患有严重疾病犯罪嫌疑人工作的有关问题》等法律规范性文件。同年,市公安局上报市政府备案相关规范性文件11件。

2009年,市公安局制定常见110警情处置、当场盘问、检查工作以及公安笔录制作、涉警舆情处置、新闻发布等相关工作的文件,重点规范与群众接触最密切、最容易发生问题的执法行为。在刑事强制措施适用、案件定性、证据标准等方面,形成加强经济犯罪案件情况通报及监督协商的意见以及刑事案件适时介入、捕前协商工作的相关意见。2010年,市公安局印发治安管理处罚裁量标准和上海市第三看守所收押工作规范、提讯、会见看守所在押犯罪嫌疑人、被告人、罪犯的有关规定，规范基层执法最常见、最重要的执法环节。2010年，市公安局废止116个公安规范性文件，涉及户政、特种行业管理等多个领域，如《关于本市高、中等院校上海生源在校生户口提前办理迁移手续的通知》《来沪投资企业申报本市常住户口实施细则》《关于贯彻〈上海市旧货业治安管理办法〉的实施意见》等，提高上海公安机关执法依据的准确性和有效性，推动执法规范化建设持续开展。

三、执法办案场所改造

2007年4月起，市公安局开展公安派出所执法办案场所规范化建设，制定上海公安派出所内部布局和设施建设标准，将派出所用房按办公用房和业务用房划分，要求接待大厅、候问室、询（讯）问室、信息采集室、指挥（图像）监控室、物证保管室、档案室、民警工作室等按统一标准建设。

2010年10月，按照公安部制发的公安机关执法办案场所设置规范要求，市公安局决定由18家分（县）局各自建设一个样板派出所，供后续大规模开工改建学习参照。2011年1月，市公安局制定执法办案场所设置规范实施细则，明确将执法办案场所分隔为接待区、办公区、办案区、生活区4个区域，并采用电子门禁系统，对办案区实施物理隔离。在接待区及办案区新增监控探头和拾音器，确保声像监控全覆盖，并与市公安局视频督查系统实现对接。

四、执法信息化建设

2005年起，市公安局为上海市一线执法民警配发录音笔，启动一线执法民警配备执法过程记录装备的工作，确保规范民警现场执法行为，保护民警合法权益。

2009年初，市公安局着手建设“网上办案”平台及其案事件接报、行政办案、刑事办案、涉案财物管理和执法监督5个分系统。2010年7月，“网上办案”平台基本建成并全面投入使用，实现执法信息网上录入、执法流程网上管理、执法办案网上监督、执法质量网上考核，基本实现执法档案电子化。同月，市公安局着手建设联网实时监督系统的两级平台，对18个分（县）局、11个市局单位执法办案场所的接待区、办案区、警械武器室以及监管场所全部联网监督，建立全程、动态、实时监控体系和网上视频巡查机制。

第四节 公安行政审批制度改革

2000年10月起，市公安局按照市政府提出的“行政效率最高、行政透明度最高、行政收费最少”的目标，启动公安机关行政审批制度改革，优化行政管理，改进工作作风，创新管理方式。

2000—2004年，市公安局逐步取消“酒吧、咖啡馆公共场所治安许可证”等审批事项64项，占公安行政审批项目总数的36%；调整12项，占6.8%。2002年起，针对户口审批等部分事项在审批依据上存在冲突的问题，市公安局开始对公安行政审批相关文件进行清理，并形成定期清理的工作制度。2003年，市公安局根据上海市行政审批制度改革工作领导小组办公室的要求，成立由市公安局分管领导（分管法制工作）任组长，市公安局法制办主任为副组长，治安总队、交警总队、消防局、出入境管理局、法制办为成员的市局行政审批改革工作领导小组。领导小组办公室设在市公安局法制办，负责市公安局行政审批制度改革的规划、组织、协调等工作。

2004—2006年，为落实《中华人民共和国行政许可法》的相关规定，市公安局进一步深化行政审批改革工作,共取消“租赁房屋治安许可证”等7个行政许可事项。

2005年,市公安局出台主要涉及经侦、治安、刑侦、消防、交通、出入境等6个主要对外服务窗口接待群众办证、办照、报案、求助、咨询的“窗口服务规范流程”,并汇编成册,发至每个接待窗口,要求每位窗口民警牢记熟知,进一步规范公安机关服务行为。同时,市公安局制定统一本市公安机关办证办照窗口接待受理时间的通知,根据不同地区群众的实际需求,相应设定市局以及中心城区、郊区公安机关的窗口接待受理时间;实行窗口岗位责任制,落实民警专人负责,避免出现空岗或由非警务人员替代的情况。截至2006年底,先后废止、修订公安行政审批领域相关规范性文件共172件。

2008年,市公安局根据市政府“收费最少”的要求,集中开展两批行政事业性收费清理,共取消“验伤通知单手续费”等行政事业性收费13项,停止执行“边防检查证件工本费”等12项行政事业性收费项目。同时,定期对收费取消或停止征收后的执行情况开展有针对性的检查、整改,确保清理工作落实到位。同年,市公安局根据法律法规立、改、废以及行政审批事项取消或调整情况,集中开展行政审批要素清理工作,对公安行政审批事项的设定依据、审批条件、申请材料、审批流程(环节)、收费及年检情况以及进入审批过程的行业协会、中介组织、专业协会、社会团体、咨询公司等情况进行清理,明确具体的操作规程和审批要素,确保公安行政审批工作符合相关法律法规规定。当年,市公安局制定治安管理员(旅馆业)岗位和旅馆业治安管理工作监督规定、公安消防监督执法岗位管理监督规定、证照管理员(中国公民出国、境证件受理)岗位管理监督规定等一系列岗位管理监督规范,通过加强执法质量考评等方式提高审批工作人员素质。

2009年,市公安局根据市政府《关于公布本市第四批取消和调整行政审批事项的通知》,取消“客运机动车进港通行证”“建筑工程消防初步设计审核”等10项公安行政审批项目,调整“办理机动车临时号牌手续”“办理临时移动证手续”等16项公安行政审批项目。同年,市公安局推进并联(同步)审批工作,将旅馆业的特种行业审批纳入内资企业设立并联审批范围,由工商部门统一接收、转送申请材料,市公安局及其他相关部门同步审批,分别作出审批决定;参与建设工程并联审批改革,改革后的建设工程审批管理流程,精简为土地使用权取得和核定规划条件、设计方案审核、设计文件审查、竣工验收4个并联审批,缩短审批程序、审批环节和审批时限,特别是社会投资项目(招拍挂用地)建设工程,从原来的9道主要程序、35个审批环节、150个工作日,简化为4道主要程序、6个审批环节、97个工作日。

2010年,市公安局根据国务院《关于第五批取消和下放管理层级行政审批项目的决定》,取消“邮政局(所)安全防范设施设计审核工程验收”“剧毒化学品准购证的核发”等4项公安行政审批项目。同年,市公安局根据《保安服务管理条例》以及《上海市消火栓管理办法》相关规定,增加“核发《保安服务许可证》”“核发《保安培训许可证》”等4项公安行政审批项目,取消1项公安行政审批项目,即“申请消火栓迁移、升高、拆除”。2010年,上海在全国率先提出并推行行政审批标准化管理,发布《行政审批业务手册编制指引》和《行政审批办事指南编制指引》等地方标准规范。市公安局根据上述规范,制定公安机关的行政审批业务手册和办事指南,建立标准化的审批流程,明确相关审批要素和审批行为,解决审批标准不一和程序模糊的问题,方便群众办事。同年,市公安局根据市委、市政府“2010年底前实现90%行政许可、行政审批事项在线办理”的要求,建设完成公安网上办事系统,建立“外网(窗口)接受、内网办理和监察、外网(窗口等)反馈”的网上办事流程。申请人可以通过系统在线提交办事申请,并通过网络、手机短信、电话语音查询等方式获知办理事项的审批结果、补交材料通知、办理过程中的办理意见等,缩短和减少申请人的办理时间和往返次数,提高一次办结率。

第三章 行政复议诉讼

市公安局的行政复议、诉讼工作，始于1987年《中华人民共和国治安管理处罚条例》施行。按照规定，被裁决受治安管理处罚的人或者被侵害人不服裁决，可以向上一级公安机关提起申诉；对上一级公安机关裁决不服的，可以向当地人民法院提起诉讼。1990年后，随着《中华人民共和国行政复议条例》《中华人民共和国行政复议法》《中华人民共和国行政诉讼法》《中华人民共和国行政诉讼法若干问题的解释》等法律法规的相继施行，市公安局先后成立上海市公安局政策法律研究处、上海市公安局法制办公室，代表市公安局受理公民、法人和其他组织向上海市公安局提出的行政复议、行政诉讼案件；并对上海公安机关的行政复议、行政诉讼工作进行业务指导。

1987年1月—2010年12月，市公安局累计办理行政复议案件18 159起，复议维持率(包含维持、终止)为81.1%，年均办理行政复议案件约756起；累计应诉行政诉讼案件6 126起，胜诉率(包含维持、撤诉)为85.2%，年均应诉行政诉讼案件约255起。

第一节 行 政 复 议

1990年12月，国务院颁布《中华人民共和国行政复议条例》后，市公安局于1992年1月10日成立上海市公安局政策法律研究处，专门负责全局的行政复议应诉工作。1999年，全国人民代表大会通过《中华人民共和国行政复议法》。该法的实施进一步规范行政复议程序，将公安机关的多种行政处罚措施和行政强制措施均纳入复议范围，并规定对公民要求公安机关保护人身权、财产权，公安机关没有依法履行职责的，亦可以向上一级公安机关申请复议。

2001年，市公安局法制办按照“依法行政、规范执法”的要求，将刑事不予立案，刑事确认、申诉案件，国家赔偿案件等纳入复议范围，通过法律途径保护当事人的合法权益，给予法律救济权。2003年，市公安局法制办通过“上海公安”门户网站开通网上行政复议受理渠道，引导公民通过复议途径维护自身的合法权益，为当事人申请行政复议提供便捷途径。2001—2003年，为增加行政复议工作的透明度、充分听取当事人的申辩意见，市公安局法制办推行听证制度，并先后对“石泉典当行不服(公安)嘉定分局确认追吊赃物行为合法案”和“上海银莎工贸有限公司不服(公安)普陀分局扣划存款案”等2起申诉案件进行示范听证。在利用复议调解、和解等手段办理案件的过程中，市公安局法制办不断强化听证工作在行政复议案件审理中的作用，主动增加听证案件的比例，充分听取申请人与被申请人的意见，更利于案件的定纷止争，实现法律效果与社会效果的统一。

2004年，为规范行政复议工作，市公安局法制办针对复议过程中容易出现问题的重点环节制定主承办员制、案件集体讨论制和补充答复制等制度。主承办员由业务精通、工作能力强的骨干力量担任，其职责主要是对一般承办员办理的拟变更、撤销及其他疑难案件，组织小组讨论，并在日常办案过程中进行指导，发挥业务骨干在工作中的“传、帮、带”作用。案件集体讨论制则可将一些拟撤销、变更及疑难案件在报领导审核前进行集体甄别，确保案件的质量，同时也让每位承办员在讨论过程中增加学习和积累的机会，提升整体执法水平。补充答复制度，则是复议机关在办案时发现案件中存在可能影响案件最终处理结果的瑕疵，在经过讨论和审批后，向原承办单位下发《补充答复意见书》,要求其对相关问题作出补充解释或说明,原承办单位无法作出合法合理的补充答复,则予以变更或撤销,保证复议决定的准确性和权威性。

2005 年,市公安局法制办梳理全局各类行政复议、行政诉讼工作制度,正式编撰形成复议诉讼工作规范,收录行政复议听证、和解、调解制度以及行政诉讼研商、诉讼代理人异地应诉、执法部门科所队长出庭制度等工作规范,配以详实的办案流程图和台账报表。市公安局法制办以此为依托,健全完善执法突出问题整改长效工作机制,针对行政复议、行政诉讼案件中发现的执法顽症,通过制发《执法问题提示单》《行政复议意见书》的方式,对基层办案部门进行个案指导,及时纠正不当行政行为,落实整改措施,监督各级公安机关依法行使职权。

2007 年 4 月 30 日,公安部下发《关于进一步加强和改进行政复议应诉工作的通知》。5 月,国务院发布《中华人民共和国行政复议法实施条例》,并于 8 月 1 日起正式实施。条例要求各级公安复议机关依法履行行政复议职责,改进案件审查方式,强化监督指导力度,加强与相关部门的沟通联系,加强行政复议应诉队伍建设,市公安局法制办因此制定和下发上海公安行政复议工作相关规定及法律文书。

2008 年,市公安局法制办探索听证、和解、调解的复议工作新模式。在办理 1 起不服不予入户的复议案中,复议机关约见当事人了解相关情况后,考虑到申请人已年过八旬、身患多种疾病,且身边无子女照顾的实际困难,派专人与被申请单位积极协调沟通,最终促成双方达成和解,申请人撤回复议申请。

2010 年,市公安局根据《中华人民共和国行政复议调解工作规范》,制定规范行政复议和解及撤回案件的相关规定,鼓励和规范复议案件当事人撤回复议申请,实行复议撤回案件结果追踪制度,充分利用行政复议平台化解行政争议,避免引发不安定因素。2010 年上海举办世博会期间,贩卖上海世博会门票、贩卖上海世博会场馆预约券、贩卖假冒上海世博会特许商品以及盗窃、诈骗等案件在上海世博会园区及周边地区多发,市公安局法制办共办结行政复议案件 315 起;其中,维持 298 起,撤销 17 起,既牢固树立公安机关的执法权威,又有效防止执法问题损害公安执法公信力。

表 15-3-1　2001—2010 年全市公安行政复议案件统计

年份	新受理案件数(件)	复议结果(件)								
		维持	撤销	变更	限期履行	申请撤回	调解	驳回申请	其他	小计
2001	906	510	146	2	0	58	0	0	0	716
2002	604	470	89	1	0	40	0	0	0	600
2003	690	518	43	0	0	103	0	0	0	644
2004	845	655	49	3	4	144	0	0	0	855
2005	912	684	89	0	1	139	0	0	0	913
2006	997	826	70	1	1	113	0	0	0	1 011
2007	934	725	44	0	0	140	0	0	0	909
2008	817	569	11	0	1	154	0	14	0	749
2009	1 329	836	56	3	0	188	0	0	0	1 083
2010	1 045	815	80	0	0	447	0	0	0	1 342

资料来源:上海市公安局行政复议统计年报。

第二节　行政诉讼

1987年1月，上海公安机关首起治安诉讼案件在杨浦区人民法院公开审理，市公安局绝大多数诉讼代理人旁听法庭审理。杨浦区公民李某生因殴打他人，被市公安局杨浦分局处以治安拘留。李不服，向上一级公安机关提起申诉，市公安局治安处经过复查，确认李某生的违法事实，维持原裁决。李不服，向杨浦区人民法院提起诉讼。市公安局政策法律研究室专门派员参与诉讼。由于准备充分，事实清楚，最后区法院作出维持原判的裁决。1987年12月，徐汇区公民曹某明因扰乱公共场所秩序被市公安局徐汇分局处以治安拘留。曹不服，向上一级公安机关提起申诉。市公安局治安处维持原裁决。曹不服，向徐汇区人民法院提起诉讼，法院以事实不清为由，作出撤销原裁决的判决。此为上海市公安局第1起败诉案件。

1990年10月1日起，《中华人民共和国行政诉讼法》施行。1991年7月11日，《最高人民法院关于贯彻执行〈中华人民共和国行政诉讼法〉若干问题的意见(试行)》施行。为做好《中华人民共和国行政诉讼法》施行前的准备工作，市公安局专门成立办公室，对公安行政诉讼的受案范围进行系统摸排，整理出148项事项；对与《行政诉讼法》密切相关的公安行政法规、规章进行清理；印发1万余份《行政诉讼法》单行本，供广大民警学习使用；对100余名分(县)局和业务处的法制科长、专职诉讼代理人及行政复议骨干进行培训。

1991年，菲律宾人安琪利托因涉嫌嫖娼被市公安局黄浦分局处以警告并罚款4 000元人民币，安琪利托不服该处罚决定向上海市公安局申请行政复议，但复议机关迟迟未作出复议决定，安琪利托遂将上海市公安局诉至法院。案件审理期间，被告作出行政复议决定，认定市公安局黄浦分局对安琪利托嫖娼行为的定性欠妥，撤销原处罚决定。原告安琪利托表示接受，并撤回起诉。这是上海市首例外国人提起的行政诉讼案。1996年，杨某磊诉上海铁路公安局限制人身自由决定案，认为原告上海铁路公安局不应仅凭1名已捕偷渡者的口头指认，即指控原告杨某磊涉嫌偷渡并实施羁押，后该决定被法院判决撤销，并责令赔礼道歉、消除影响，赔偿经济损失共计5 021.79元人民币。1998年，陈某英等诉市公安局静安分局行政赔偿案，陈某英之子王某明在被被告关押期间哮喘病复发，但因被告上海市公安局静安分局未采取有效治疗措施致王死亡，后法院判决被告赔偿原告共计9万元人民币。

2000年，上海市公安局改进案件登记、统计工作，落实专人将各类案件信息输入电脑并制成电子表格，便于进行各类数据计算和分析。2003年起，市公安局法制办实行“谁承办、谁负责”“谁复议、谁诉讼”的复议诉讼办案联动制度，使复议案件的承办员能够从行政诉讼的角度来审查复议案件，充分运用司法标准审查案件证据和程序，达到提高复议案件办理质量的目的。

2005年，市公安局法制办制定诉讼工作规范，将诉讼过程中与受案法院的沟通工作纳入其中，健全与法院的沟通协调机制，及时解决公安执法中具有普遍性的执法问题和疑难案件。就刑事案件转为行政案件办理后的证据转换、《最高人民法院关于审理行政案件适用法律规范问题的座谈会纪要》出台后劳动教养案件适用法律依据，以及国家赔偿中确认刑事拘留违法等问题与市高级人民法院交换意见，对历史老案是否适用《国家赔偿法》向市高级人民法院发函征求意见，通过协调统一，确保司法审查对公安执法的支持，取得较好的效果。

2006年，市公安局法制办结合社会主义法治理念教育活动，督促领导干部旁听法院庭审制度的落实工作。上海公安机关有87名分局副局长以上领导干部参加旁听326起案件的庭审，促使领

民警出庭应诉

导干部和办案民警及时主动查找执法差距,树立严格依法办案意识,提高办案水平。2007年初,根据市公安局法制工作会议上“培养出庭支持行政诉讼的能手”的精神,市公安局法制办提出“利用三年时间打造一支业务精、能力强、讲得过的高素质的诉讼人才队伍”的工作目标,并通过问卷调查、旁听诉讼、召开诉讼代理人座谈会等方式,对全局诉讼代理人队伍进行全面调研和测评,制定全局诉讼代理人出庭应诉工作规范。2007年,市公安局劳教行政诉讼保持较高维持率,应诉水平也得到众多法院认可。

2008年,市公安局法制系统在全局范围内开展优秀诉讼案件和诉讼代理人的评选工作,并探索建立利用劳教诉讼案件带教分(县)局诉讼代理人的工作机制。同年,长宁、静安、青浦、闸北、奉贤等公安分局的局领导亲自出庭应诉案件,进一步推行领导干部出庭应诉制度。市公安局法制办依托信息化手段拓展法律培训途径,充分利用法制网站信息平台,更新“执法依据”“执法问答”“法制大讲堂”等栏目,实时为基层提供最新执法依据,有效解决一大批基层执法困惑和问题。通过劳教审批、复议诉讼“案例点评”栏目,直接对市公安局基层执法典型案例进行法理剖析,受到基层单位的欢迎。2009年,市公安局法制办对劳教异地诉讼案件探索性地引入邀请外省市法院来沪开庭制度,有效减少高频率、多人次派员异地往返的人力与经费投入。

2010年,上海公安机关全面推行“网上办案”,部分分局通过电脑打印生成笔录,出现制作笔录时大量复制粘贴的问题。上海市及外地部分法院曾多次向上海市公安局诉讼代理人提出,简单的复制粘贴笔录容易在取证上遭受质疑,影响证据效力,为此,市公安局法制办开展对笔录简单复制粘贴问题的专项整治工作,促进笔录制作的流程规范化。

表15-3-2　2001—2010年全市公安行政诉讼应诉案件统计

年份	新发生诉讼案件数(起)	诉讼结果(起)								
		维持	撤销	变更	判决履行	确认合法	确认违法	原告撤诉	自改原具体行政行为	小计
2001	56	24	3	1	0	0	0	4	0	32
2002	58	38	5	2	0	0	0	6	0	51
2003	294	173	9	0	13	0	0	98	0	293
2004	329	294	19	1	2	0	0	78	0	394
2005	345	238	14	1	1	0	0	90	0	344

（续表）

年份	新发生诉讼案件数（起）	诉讼结果（起）								
		维持	撤销	变更	判决履行	确认合法	确认违法	原告撤诉	自改原具体行政行为	小计
2006	435	278	43	0	0	0	0	96	0	417
2007	436	241	72	1	0	0	0	116	0	430
2008	511	322	57	1	0	0	2	103	0	485
2009	658	354	132	1	0	0	0	158	0	645
2010	553	251	99	0	0	0	0	178	0	528

资料来源：上海市公安局行政诉讼统计年报。

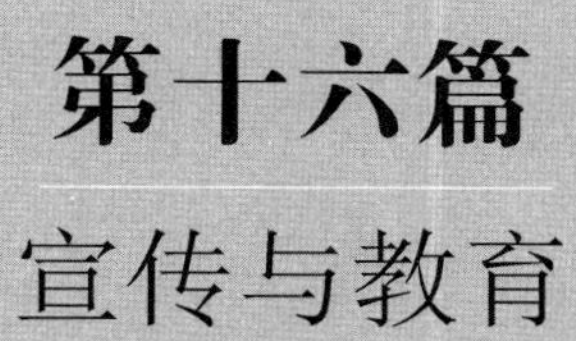

第十六篇

宣传与教育

1978年后，上海公安宣传工作得到恢复，并逐步发展。上海公安宣传部门坚持“服从和服务于经济建设为中心”这一指导思想，从公安工作大局出发，以正面宣传为主，运用报刊、图书、广播、电视和展览等多种传播媒介手段，全面宣传公安工作的方针、政策，普及法律知识，实时发布“严打”等专项工作情况、成果，及时通报重大案件、突发事件情况，公布公安机关便民利民措施，密切警民关系，使人民群众了解、理解和支持、配合公安工作，推进社会治安综合治理，共同维护上海社会治安稳定。进入21世纪，上海公安宣传工作在坚持传统经验的基础上，注重制度建设、机制建设和科技手段、新型媒体的运用，推动公安工作吸纳社情民意，促进警民共同营造良好社会治安环境的新格局。

1978年后，上海公安教育训练工作得到恢复，并逐步发展。上海市公安局在着手恢复和新建学校的同时，加大提高民警文化程度的工作力度，从文化补习和中等学历教育入手，运用学校教育、自学考试、岗位培训等方式，不断提高民警文化素养和工作能力。1983年后，随着上海公安专科学校，上海市第一、第二人民警察学校的学历教育和培训体系的建立，上海公安教育训练工作逐步从中专向大专、本科学历教育发展，民警教育训练工作开始向正规化、规范化发展。1996年，上海市第一、第二人民警察学校并入上海公安高等专科学校。进入21世纪，市公安局党委提出公安教育训练工作的“三个重心转移”（公安教育的工作重心从职前教育向职后教育转移，职后教育的工作重心从学历教育向专业培训转移，专业培训的工作重心从注重理论学习向注重技能训练转移），在全国公安系统首创“轮训轮值”教育训练体制、教官制以及第二专科学历教育，形成上海公安教育训练新格局。

第一章　公安宣传

1978—2010年，上海公安宣传工作，围绕公安中心工作，结合公安专项斗争，组织各种形式的宣传活动，配合公安业务部门开展打击各类违法犯罪活动；弘扬公安队伍中的先进人物和先进事迹，引导民警学先进、赶先进，形成积极向上的良好氛围。面向群众，广泛开展安全防范、交通管理、消防安全等宣传，提高群众自防自救的能力，共同维护上海治安秩序。1984年，市公安局设立法制宣传处负责内外宣传工作。1999年，市公安局恢复新闻发言人制度，市公安局党委副书记、副局长担任新闻发言人，由指挥部和政治部共同组建新闻发言人工作班子。实行新闻记者通气会制度，双周召开1次新闻通气会，介绍重大案件侦破、重大措施出台、先进典型等情况，正确引导舆论。同年召开25次记者会，涉及交巡警统一执法、侦破重大贩毒案、侦破诈骗大案、网上通缉在逃犯罪嫌疑人、打击盗窃自行车和助动车专项整治和深化警务督察工作等。2000年，市公安局制定《建立新闻曝光事件追查制度》《加强公安新闻报道管理》《加强重特大刑事案件新闻报道管理》等规定。2005年，制定《上海市公安局新闻管理工作若干规定》，对公安机关形象危机舆情收集、分析、处置，重特大案（事）件发布原则和权限，重特大突发案（事）件新闻发布与记者管理，公安机关接受媒体采访的审批规定以及公安新闻评估作了明确规定。2010年，上海公安机关刊发各类新闻稿1.3万余篇，举行新闻发布会和记者采访活动70余次。

第一节　宣传内容

一、公安中心工作

1982年4月13日，中共中央、国务院发出《关于打击经济领域中严重犯罪活动的决定》。根据市委、市政府部署，市公安局散发、张贴10万份《决定》，编写《宣传提纲》，广泛开展宣传，直接受教育群众达1 000多万人次。至5月底，接到群众检举揭发材料6 707份，有经济违法犯罪行为向公安机关和本单位保卫部门坦白交代的1 707人。

1983年，市公安局宣传部门通过报刊、广播、电视等新闻媒介向社会报道公众关注的突发事件，公布“严打”战果，介绍公安工作情况等，为公安机关组织开展整治行动营造良好社会和舆论氛围。拍摄5集电视专题片，在人民公园、中山公园、工人文化宫播放，数百万群众观看。1985年12月—1986年1月，“严打”第三战役第一仗以查禁赌博专项斗争为重点，市公安局印发禁赌宣传提纲2万余份，报刊刊载、电台电视台播放禁赌消息、评论文章60余篇，5.56万余名参赌人员到公安机关和保卫部门登记悔过。

1987年，在全市查禁收缴淫秽物品专项斗争中，市公安局宣传部门向全市各新闻单位提供有关通讯、评论文章85篇。1988—1989年，在全市公安机关开展除“六害”、打击经济犯罪活动、破案会战等各项斗争中以及公众舆论关注的突发事件、重大案件情况，市公安局宣传部门运用各种宣传形式，阐述方针、介绍情况、公布战果、宣扬先进，动员社会各界和人民群众关心、支持公安机关开展工作。

1990 年,全市公安宣传部门在公安机关开展"打击现行,深挖团伙"集中统一行动中运用各种方式,开展宣传工作,采写新闻稿、拍摄录像片,在报纸和电台发稿 92 篇,在电视台播出新闻片和专题片 49 部(条),印发宣传资料数万份、传图片 5 000 套,制作墙报、宣传廊报、黑板报 10 万余块。1991 年,在报刊、电台、电视台上刊发、播发反盗窃专项斗争的新闻、通讯、评论、特写等 377 篇(条),制作发放录像带 600 余盘、宣传图片 8 200 余套。1992 年,在反盗窃专项斗争中,向报刊、电台发稿 35 篇,在电视台播发新闻 23 条、电视专题片 2 部、电视宣传小品 10 集。

1993 年,在上海公安机关迎"东亚运"专项治理行动中,公安宣传部门在市新闻媒体上刊发新闻稿 151 篇;公安消防部门向群众发放防火宣传资料 27 万份,在电台上播发消防信息 20 余篇,组织"金盾情系东亚运"大型文艺义演;公安交通管理部门在上海电视台播出 4 场《迎东亚运交通安全宣传特别节目》,并制作电视公益宣传片、专题片、新闻片 40 余集。

1994 年,在"严打"斗争中,为探索新形势下"党委领导下专门工作与群众路线相结合"的新途径,经市委宣传部同意,上海公安机关在《新民晚报》上公开通缉 136 名重要在逃人员。年底,有 33 名通缉在逃人员自首归案,11 名在逃人员经群众检举、由公安机关捕获。

1997—1998 年,根据专项斗争和安全保卫任务部署,上海公安机关开展社会治安防范宣传,对治安防范基础建设中的"灯光工程""铁门工程""车棚工程""保险箱工程"和创建安全小区、安全街区等工作进行专题报道,报道群众见义勇为的新闻 118 篇。1999 年,在开展"严打"专项斗争、"经打"斗争、整治"三车"活动、"追逃"战役、防范街头诈骗等专项行动中,公安宣传部门组织专题报道,对"'99《财富》全球论坛·上海年会"安保工作进行宣传报道。

2000 年,公安宣传部门围绕"严打""打拐""打黄赌毒""打假""打黑除恶"和整治公共娱乐服务场所治安秩序等战役,组织专项工作宣传报道。2001 年,围绕 APEC 会议安保工作,编发《迎 APEC 会议,展公安风采》专辑 5 期,播发新闻 184 篇次;在"中国上海"门户网站公安分网站上编发"公安要闻"138 篇;在电视《中国警务报道》栏目中播发新闻 123 篇。

2002—2007 年,市公安局宣传部门围绕现代警务机制建设,集中宣传上海公安机关在探索警务布局、科技强警、教育培训方面的成果,在中央和地方主流媒体上报道上海公安机关推行现代警务运作机制所取得的成绩,宣传上海公安机关的各项改革举措。

2008 年,"5·12"汶川大地震发生后,市公安局派出 5 批宣传工作小组赴灾区,宣传报道上海公安特警和消防官兵驰援灾区、公安民警支援都江堰灾后重建等工作情况及其先进典型和感人事迹。在北京奥运会安保工作中,市公安局宣传部门采取各种手段,提高奥运安全保卫宣传的覆盖面。

2009—2010 年,在开展"迎世博、保平安"的宣传工作中,市公安局向媒体通报上海警方开展"迎世博、保平安"打击整治攻坚战的有关情况。全市公安宣传部门累计在各类媒体刊发新闻稿 8 500 余篇。

二、法律法规

1988 年 7 月,市公安局交通处在全市开展以贯彻《中华人民共和国道路交通管理条例》(简称《条例》)为主要内容的交通法规宣传月活动。全市公安交通管理部门出动宣传车 500 辆次,设立交通法规咨询站(点)70 多个,制作《条例》图解、咨询卡、招贴画等 30 多种宣传品 180 万套(份),组织交通安全文艺专场演出,播放交通常识录像片 100 多场、观看群众达 22 万余人次,播发专题新闻稿件 200 多篇。市公安局交通处和市安全行车委员会联合编印《上海市机动车驾驶员管理工作手册》

《安全行车干部管理教材》10 000多册。

1998年8月，市公安局开展全市性《中华人民共和国消防法》(简称《消防法》)宣传周活动，以学习、宣传、贯彻《消防法》为主题，举行大型消防晚会，运用彩车宣传《消防法》，消防文工团演出丰富多彩的文艺节目，向市民发放《消防法》宣传资料。全市各区(县)公安机关因地制宜，开展形式多样的《消防法》宣传活动。

2004年4月，上海公安交通管理部门广泛开展《中华人民共和国道路交通安全法》宣传活动，制播各类电视节目29次，发布相关信息2 300余条，印发各类宣传资料580万份，组织举行大型的社会宣传及法律咨询活动7次，各区(县)设立宣传点1 290个，参与人数960万人次。

2008年4月，市公安局出入境管理局在办证窗口开展外国人出入境法律法规、政策咨询主题宣传活动，向办证申请人发放宣传品和宣传资料。联合边检部门在浦东、虹桥2个国际机场口岸开展外国人出入境法律法规、政策宣传和入境后相关提示活动，发放宣传品。

2008—2010年，上海公安出入境管理部门在世博园区开展法制宣传活动6次。在上海世博会筹办期间，市公安局强化执法规范化建设，先后向社会发布世博安保法规规章和行政规范性文件29件。

三、先进典型

1980年，市公安局开展向公安一级英模叶志三学习的活动。1989年12月，市委组织部决定开展向盛铃发学习的活动。由共青团市委和市公安局联合组织的盛铃发事迹报告团，在市内外的机关、学校、部队、工厂、街道、农村、农场等单位作报告106场，直接听众10万余人。

1997年，市公安局开展“远学邱娥国，近学陈瑜”的活动，公安宣传部门在全市新闻媒体上进行宣传报道，播发通讯、专题、短评56篇，举行学习邱娥国、陈瑜先进事迹报告会。同年，在全市新闻媒体上宣传卢湾分局交通民警颜申午帮助邻居擒获歹徒而身负重伤的英模事迹和崇明县局民警陆卫涛执行公务中以身殉职的英模事迹。

2002年，市公安局开展学习肖玉泉先进事迹的活动，举行宣讲专场报告会50余场。由市公安局、上海文广新闻传媒集团联合主办，上海话剧艺术中心创作演出肖玉泉先进事迹的话剧《十一朵玫瑰》在上海公演60场，观众达6.5万人次，并应邀进京演出。10月，市公安局组织朗诵方阵队和民警观众队、金盾艺术团乐队，参加市委宣传部、市委政法委举行的“学习肖玉泉・迎接十六大”大型诗歌朗诵会。市公安局编写《肖玉泉的故事》，并由群众出版社出版。

2003年，市公安局开展学习宣传陈卫国、季心开英雄事迹的活动。陈卫国、季心开是浦东分局金杨新村派出所民警，2003年2月8日，在执行110处警任务中，陈卫国英勇牺牲，季心开身负重伤。3月23日，中共中央总书记、国家主席胡锦涛作了重要批示。4月，新华社、《人民日报》、中央电视台、《法制日报》、中央人民广播电台、《光明日报》《中国青年报》《人民公安报》刊发专题和通讯183篇，摄影作品49件，广播节目65条。4月9日，中央宣传部、公安部、上海市委在北京人民大会堂联合举行陈卫国先进事迹报告会。6月，市公安局编写《英雄陈卫国》《城市英雄》等书介绍陈卫国事迹。

2004年，市公安局摄制执法为民先进典型系列专题片、举行报告会，组织开展向费兴耀、孙华虎、何玮、潘景才等先进典型学习的宣传活动。

2008年，“5・12”汶川大地震发生后，市公安局共派出5批宣传工作小组赴灾区随警作战，宣传上海公安特警和消防官兵驰援灾区、公安民警支援都江堰灾后重建等工作情况以及涌现出来的先进典型和事迹。通过中央电视台、凤凰卫视、上海电视台及上海各大报刊媒体的集中报道,宣传上海公安抗震救灾工作。

2009—2010年,市公安局开展向一级英模蔡立群、全国“我最喜爱的十大人民警察”陈峥、全国特级优秀人民警察“最帅交警”陈栋、全国五一劳动奖章获得者沈亚龙及市公安局赴都江堰市对口支援警队、市公安局赴海地联合国任务区维和警队、市公安局援疆警队、“我最喜爱的社区民警”等先进个人和集体学习的宣传活动。

第二节 宣传阵地

一、报刊与图书

【《人民警察》】

1949年7月创刊,上海解放后第一任市长陈毅题写刊名。该刊为综合性月刊,定为上海公安机关内部刊物。1951—1982年间,4次停刊、复刊。1986年,该刊向社会公开发行,版面48页。1994年,在华东地区期刊评选中获“优秀期刊”。1996年,获公安部“金盾报刊奖”。1997年,获华东地区最佳期刊奖。2002年,被国家新闻出版总署评为“双效期刊”和第二届“国家期刊奖百种重点”期刊。2004年,改为内部刊物。1987—2004年,《人民警察》杂志月发行量在20万—40万份,至2010年底出刊621期。

【《上海消防》】

原名为《消防宣传资料》,1978年5月,由市公安局消防处创办,1980年7月更名《上海消防》。该刊为月刊,面向全国公安消防指战员、工矿企业消防人员以及消防管理和科研人员发行。1993年,该刊从32页增至48页,发行量6.5万份。2004年1月,改为内部刊物;至2007年1月出刊336期。同年,更名为《东方消防》,改为公开发行,人民日报社主办,上海市消防局、上海市消防协会协办;至2010年12月出刊48期。

【《上海交通安全》】

1980年1月创刊。1987年起,向社会公开发行。该报是1份宣传交通法规、交通安全知识的专业性报纸,为半月报,1991年1月1日起改为周报。1993年由4版扩为8版。至2010年底出刊1 276期,每期发行量在12万—26万份。

【《东方剑》】

原名《剑与盾》,1985年3月创刊,月刊。它以文学杂志方式宣传公安法制。1987年,月发行量90多万份,是全国畅销的法制文学杂志之一。1990年7月,与《人民警察》合并。1992年7月,与《人民警察》分开,更名《东方剑》。1993年1月,重新出版发行。1995年,著名文学家、“人民作家”巴金书写“把心交给读者”题词,寄语《东方剑》。2000年8月起,由文艺出版社同市公安局合办,刊号划归文艺出版社。1993—2010年底,出刊216期,月发行量达12万册。

【《人与车》】

1988 年 12 月创刊，上海交通安全报社主办，向社会公开发行，双月刊。该刊旨在普及交通安全知识和法规。2005 年，更名为《都市圈道路交通管理》，改为季刊。2009 年恢复《人与车》原名，改为双月刊，2010 年 7 月停刊。1988—2010 年，出刊 130 期，每期发行量 6 万—11 万份。

【《上海治保报》】

1987 年 6 月创刊，由市公安局户政处、治安处、经保处、文保处、航运公安局、政治部秘书处联合主办，是 1 份面向广大基层治保干部阅读的业务报纸。1991 年改月报为半月报。1994 年 1 月更名为《上海社会治安报》，5 月改由市公安局和市社会治安综合治理委员会办公室联合主办，4 开 4 版，每期发行 7 万份。1995 年改为旬报。1999 年底停刊，共出版 323 期。

1978—2010 年，上海市公安局组织编写、交出版社出版各类图书 200 余种，其中有《上海公安年鉴》《上海消防要览》《上海消防百年纪事》《上海公安志》《公民因私出境必读》《小学生交通安全知识教育图片》《面向新世纪的上海交通管理——“九五”上海交通管理规划》《平安世博纪念册》等专业图书和《从 V 字底端向上的人》《间谍之圈》《舞会皇后的悲剧》《在毒枭枪口下》《警界雄风》《1949 上海公安记忆》《激扬世博》《引领》《回眸》等图书。

二、电视、广播与电影

【电视】

上海公安电视在 20 世纪 80 年代兴起后，发展很快。1985—2010 年，市公安局摄制的公安电视新闻、公安电视专题片、公安题材电视剧，在中央电视台、上海电视台和上海有线电视台播放。同时，与上海电视台、东方电视台合作在电视节目中开设固定栏目。

电视新闻。1985—2010 年，上海公安机关摄制的电视新闻在中央电视台、上海电视台、东方电视台及上海有线电视台、区县电视台播出。其中，1989 年，市公安局摄录的《上海光新路道口火车被烧事件》《上海 8・15 民航飞机失事》两条新闻，分获 1989 年 10 月首届全国公安系统优秀电视新闻特别奖和一等奖。1995 年，市公安局治安总队摄制的《莫道桑榆晚》《都市‘大清扫’》两片，在第三届全国综合治理好新闻评选中分获二、三等奖。2004 年，电视新闻《百姓英雄，如今可安好》获 2003 年全国法制好新闻三等奖。

电视专题片。1985—1994 年，市公安局拍摄制作各类宣传专题片，其中，拍摄公安法制宣传片《黑与白的搏斗》《被悬赏的头颅》等；交通安全宣传片《被碾碎的心》《交通病例》等；消防专题片《火警，南京路》《火树银花话安危》等；英模专题片《金盾在危难中闪光》《大侦探端木宏峪》《人去人留》等。1995 年，市公安局消防局制作消防专题片《公共娱乐场所消防安全》《忠诚》。1996 年，市公安局与上海电视台联合制作专题片《今日马天民》。1997 年 3 月，公安部宣传局、上海市公安局和东方电视台联合举办的第三届全国公安电视专题片展评活动在京举行，全国 26 个省、市公安厅(局)的 72 部专题片参评，上海摄制的《较量——上海警方破获“大哥大”案纪实》《引爆》分获一、二等奖。2001 年，市公安局制作的对外宣传片《迈向 21 世纪的上海公安》(中英文)，获上海市对外宣传片“银鸽奖”。2001 年，市公安局摄制的电视专题片《失重的钢铁》在全国社会治安综合治理好新闻奖评选中获一等奖。2001 年，制作的电视专题片《罪孽》获第六届全国公安系统“金盾文化工程”的金盾新闻一等奖。2008 年，与中央电视台联合拍摄制作专题片《坚实的脚步——上海现代警务机制建设纪实》,并在中央电视台《天网》栏目播出。市公安局制作的专题电视短片《上海公安现代警务机制》,在北京展览馆举行的"辉煌六十年——中华人民共和国成立 60 周年成就展"上播出。2009—2010 年,与上海文广新闻传媒集团拍摄制作专题片《上海公安信息化》《社区警务》《实有人口管理》。

电视剧。1985—1994 年,市公安局与有关影视机构联合摄制《越狱》《蓝盾 101》《大都会擒魔》等一批公安题材电视剧。其中,1985 年摄制的《法盲的悲剧——花钱买官司吃》电视纪实片,在 1987 年首届全国法制电视专题节目评比中获二等奖。1986 年摄制的 4 集反特电视剧《金蔷薇》于 1987 年在中央电视台播出。1987 年摄制的 4 集电视剧《她从异乡来》,先后在中央电视台和 29 个省级电视台播出。以消防题材为内容的 4 集电视剧《这里也是战场》在 1989 年 3 月捷克布拉格举行的第三届国际消防电影节上获奖。1995 年,市公安局消防局制作电视剧《扬起生命的风帆》。1996 年,市公安局与东方电视台联合摄制电视剧《刑警 803》。1995 年,市公安局出入境管理处与上海教育电视台联合摄制电视剧《捕蛇行动》。1996 年,市公安局巡警总队与祥龙影业公司摄制电视剧《都市巡警》;市公安局与求索电视制作公司摄制电视剧《今天我离休》。1997 年,市公安局与上海金盾影视制作有限公司摄制电视剧《缉毒警察》;与上海电影制片厂联合摄制电视剧《派出所的故事》《AK 行动》《剑盾生涯》。2001 年,与东方电视台联合摄制电视剧《黑冰》。

电视台固定栏目。1986 年,在上海电视台开辟每月 1 次的《上海交通》专栏(1994 年改为《申城交通一月谈》专栏)和《消防情况发布专栏》。1992 年,在上海市有线电视台开设《警坛纵横》专栏。1993 年 1 月,在东方电视台开辟《东方 110》专栏,每周 1 次,每次 20 分钟。1997 年 1 月起,每周增为 2 次,重播增至 6 次,全年播出 96 期。2000 年,再次改版,以"警方要闻""警方调查""警方提示"3 个板块构成,融新闻、专题、信息和动态于一体。《东方 110》电视栏目至 2004 年 12 月 23 日播出达 1 000 期。为此,公安部在上海举行影视研讨会暨《东方 110》播出 1 000 期专题研讨会。至 2010 年底,《东方 110》电视栏目共播出 1 585 期,收视率在全市法制类节目中名列前茅。

【广播】

1978—2010 年,市公安局在上海人民广播电台(简称"上广")播发公安新闻稿,并在电台开设固定栏目。1986 年起,市公安局在上广开设《上海交通》《治安一月谈》《上海消防情况发布专栏》等固定节目。1987,与上广文艺台联合编录播出《王小毛禁赌记》(10 集),1988 年《王小毛反盗窃》(10 集),1989 年《"滑稽王小毛"——王小毛与公安》(10 集),1990—1991 年《"滑稽王小毛"——干戈玉帛人和篇》(6 集),其间播出《王小毛》法制小品 60 集。1990 年 8 月 10 日,市公安局与上广文艺台联合创作的系列广播剧《刑警 803》102 集开播。开播后,各省、市广播电台纷纷转播。著名文学家、"人民作家"巴金赞扬《刑警 803》是个好节目。1991 年 9 月 30 日,上广开播全国首家《交通信息台》,每天连续广播 12 个小时,成为广大驾驶员的"耳目"。1994 年 11 月,市公安局同上广新闻台开设《法庭内外》专栏节目。1996 年 7 月 20 日,公安部宣传局和刑侦局领导在北京、云南,上海刑警在云南德宏地区,市公安局领导在上广直播室,与电台节目主持人通过电话,直播侦破"11·23"案的内容。这是广播电台首次进行三地直播公安节目。2000 年 12 月 16 日,由上广和市公安局联合录制的大型系列广播剧《刑警 803》(新版)开播,至 2001 年 12 月 9 日,共播出 21 部 104 期,收听率超过 7%。该剧获中共中央宣传部组织的"五个一工程"奖。2001 年,市公安局报送的广播专题《八万司机一道墙》在全国社会治安综合治理好新闻奖评选中获一等奖。2006 年,《法庭内外》更名为《法眼看天下》,直播改为录播。2008 年,报道奥运道路交通安全、治安保卫、消防等攻坚战实施情况,通过广播加强对市民的教育。2009 年,针对电信诈骗案件高发的情况,在上广专栏播出专题报道、防范宣传公益广告，并滚动播放。2010 年，联合市委宣传部、市总工会开展争创“平安世博·平安卫士”主题实践活动，制作电台访谈节目，宣传弘扬先进典型事迹。

【电影】

“文化大革命”后，市公安局同电影制片厂合拍交通、消防题材的故事片有《红绿灯下》《119 与 911》等 8 部。1987 年，市公安局交通处和科学技术电影制片厂联合摄制科教电影《儿童交通安全》。1995 年，市公安局消防局制作消防教育影片《生命之门》。1997 年，编写、摄制电影科教片《人、交通、规范》。2003 年，市公安局拍摄制作电影宣传片《上海警察》，在东方电视台和东方卫视滚动播出。

三、展览

1981—1994 年，市公安局举办和协办 6 个全市性展览会，以配合打击刑事犯罪、经济犯罪和推进社会治安综合治理工作开展。1986 年 9 月，市公安局举办《上海市打击经济犯罪展览会》，展出 60 多个严重经济犯罪案件，照片 1 000 多幅，观众 100 万人次。1992 年 9 月，市公安局在上海沪西工人文化宫举办“廉洁为民严肃执纪图片展”，分“殷切期望篇”“英雄模范篇”“廉洁为民篇”“严肃执纪篇”4 个部分和灯箱专版“上海公安队伍在改革开放中前进”，106 块展板。展览历时 1 个月，26 918 名民警参观。

1995 年起，市公安局举办展览的数量不断增加，并呈系列性。1995 年，市公安局举办首届上海国际消防保安技术设备展览会，来自中国以及美国、德国、英国等国家的 300 余家中外消防厂商参展，展示研制和生产的最新技术设备。其间，韩国、英国、美国和新加坡等国的消防专家作国际消防前沿技术讲座。该展览每 2 年举办 1 次，至 2010 年共举办八届。

1996 年 7 月，市公安局和东方广播电台在上海展览中心举办“上海公安‘严打’成果展览”，向广大观众展示“严打”斗争中上海公安机关破大案、追逃犯、打团伙等战役的重大战果和促进安全防范建设的重要内容，观众逾 30 万人次。展览在部分区、县巡回展出。

1999 年 9 月 11 日，上海公安博物馆建成开馆，是国内首座公安专业博物馆。博物馆坐落在瑞金南路 518 号，建筑面积 8 050 平方米，展厅面积 3 000 平方米，内设公安史、刑事侦查、治安、交通、消防、装备、监所、英烈和警务交流等 9 个陈列馆，收藏晚清以来各种警务藏品 50 000 余件（其中国家一级文物 49 件）。被市委宣传部、共青团市委列为青少年爱国主义教育基地。2003 年，该馆举办“公安英模肖玉泉、陈卫国先进事迹展览”。2007 年举办“上海公安收藏鉴赏展”“军魂颂”。2008 年举办“永不放弃——上海公安抗震救灾纪实展”。2009 年举办“追授蔡立群同志全国公安系统一级英雄模范暨先进事迹展”。2010 年举办“世博安保工作纪实展”。

四、文艺

上海公安机关组织公安业余艺术团、文艺小分队开展法制、消防、交通宣传，依靠上海文艺团体举办曲艺、故事、评弹等各类公安法制专场演出，以文艺形式宣传公安工作。

1988—1989 年，市公安局拍摄并在上海电视台播出法制文艺专题节目《我们大学生》，举办“迎新春消防安全文艺演出专场”，创作消防滑稽戏《幸福可乐滑稽歌舞晚会》，演出 200 多场。

1991—1992年,市公安局交通处与上海滑稽剧团编排的大型滑稽戏《马路・情人・钱》,在区县巡回演出100余场,观众10万余人。举办题为"为了上海城市的明天"的群众性文艺会演活动,180多个基层单位参加演出。

1993年,市公安局消防总队金盾艺术团与上海青艺滑稽剧团联合演出《119>118》180场。"东亚运"期间举行《金盾情系东亚运》义演。1995年,结合《人民警察法》正式颁布,武警上海总队军乐团和上海消防金盾艺术团2次到外滩陈毅广场向社会作专场文艺宣传演出。

1999年5月,市公安局举行纪念上海解放暨公安局成立50周年文艺晚会。上海公安系统老前辈和先进模范代表800余人参加晚会。

2002年,市公安局举办上海公安系统文艺汇演,39个节目参加汇演和评奖,其中新创作歌曲、舞蹈、小品、曲艺、器乐等节目22个,28个节目在东方电视台播出。抽调文艺骨干、一线民警和消防文工团140名演职人员,排演18个音乐、舞蹈、曲艺等节目,于11月18日参加全国公安系统文艺汇演,上海市公安局获金奖5个、银奖6个、铜奖5个、鼓励奖1个,并获组织工作奖第1名。

2004年,举办首届上海公安文化艺术节。1月,举办上海公安文化艺术作品展。上海警官合唱团举办迎春专场音乐会。6月,举行"阳光・金盾"民警歌手大赛。8月,上海警官合唱团参加上海市庆祝中华人民共和国成立55周年文艺汇演。

2006年7月,举行"光荣之歌"——上海公安系统主题文艺汇演。来自39个分(县)局和市公安局部门的38首反腐倡廉曲目和29个综艺类节目参加演出。9月,上海警官合唱团赴德国交流演出。

2008年"5・12"汶川大地震灾后重建工作中,市公安局组织文艺轻骑队赴都江堰举行慰问演出,慰问赴川抢险救灾的上海公安民警和当地民警。

2009年,市公安局主创、上海警官合唱团和上海消防文工团联合出演的大型组歌《飞扬的生命》,赴京参加"为祖国放歌——2009年全国公安系统文艺汇演",获专场演出特别奖等多个奖项。2010年,市公安局举行"光荣使命——上海公安2010平安世博表彰典礼"大型庆典晚会。

五、网络

2000年,市公安局分别在上海"美亚在线"和东方网站新闻频道开设"警方在线"。2001年,成立网络宣传工作室。2002年1月1日,市公安局门户网站开通。2003年12月,"中国上海"门户网站公安分网站编辑室与《上海公安报》电子版编辑室合并,成立市公安局政治部宣传处网络宣传科。2004年1月起,"中国上海"门户网站公安分网站开通"警务信息"栏目,《上海公安报》以电子版形式登陆公安分网站。年内,公安分网站开展"网上警民交流服务周"活动,组织"公安局长与市民网上面对面"聊天活动和"总队长在线"咨询活动。上海公安分网站和《上海公安报》电子版发布各类稿件4 410篇,答复市民在线咨询提问19 443条。

2006年3月,市公安局成立政府信息公开办公室(设在指挥部信访处),承担市公安局门户网站相关工作。2009年11月,"网上办事大厅"和18个分(县)局门户网站开通。2010年10月,"上海公安热线"咨询求助平台升级开通。2010年,市公安局建立信息互通和网络舆论引导互动机制。

第二章　教育训练

1978年后，恢复上海市公安学校，并新建上海市人民警察学校承担新民警和在职民警培训。20世纪80年代，上海公安教育训练工作加快发展，1983年，上海市公安学校改名为上海公安专科学校，承担普通高等专科教育。同年，成立上海市第一人民警察学校，承担全日制中等专业教育。1984年，上海市人民警察学校改名为上海市第二人民警察学校，负责成人中等专业教育。同时，运用文化补习、短期轮训和岗位培训等方式，提高民警文化程度和工作能力。20世纪90年代，上海公安教育训练工作深入发展，建立健全专科学历教育体系、试办全日制本科教育及注重民警职业教育，组织开展在职培训、警衔晋升、轮训轮值、岗位练兵等业务培训，进而增强民警的专业技能和业务水平，推动上海民警队伍整体素质提高。

进入21世纪，上海公安教育由普通高等教育向职业教育、职业培训转变，停止全日制本科招生，在全国公安院校中首创第二专科学历教育，并实行按岗位招录、分岗位施训、定岗位使用的“订单式”培养模式。公安培训工作逐步形成初任、晋升、岗位专业知识和知识更新四大培训体系；按照“分级培训、分工负责”的原则，充分发挥各警种、各分(县)局的培训工作主体性作用。在培训工作中，优化公安师资队伍结构，推行教官制，建立市公安局“轮训轮值”和分(县)局警训队的培训机制，既解决实战和训练脱节问题，又解决应急处突警力问题。“轮训轮值”制度被写入2003年《中共中央关于改革和加强公安工作的决定》，并于2008年起在全国县级以上公安机关全面推行。2010年，上海公安教育训练工作以“强化管理、夯实基础、优化质量”为主线，深化公安职业教育改革，推动公安教育训练工作进一步发展。

第一节　上海公安高等专科学校

1974年5月，上海市公安学校改建为上海市公安局“五七”干校，校址设在哈密路1330号。1978年3月，恢复上海市公安学校，承担全日制中专学历教育和新民警培训、在职民警轮训。1978—1981年，先后开设政治保卫、刑事侦察、经济文化保卫、预审、治安户政5个专业。

1983年5月，更名为上海市人民警官学校，11月更名为上海公安专科学校，承担全日制专科学历教育。学校实行市公安局和市高教局双重领导，参加高校统一招生，招收普通专科生和干部专修科生。1986年，原9个教学部门调整为侦察系、治安系、公安管理系和基础部4个教学部门。

1992年5月，经国家教委批复同意，校名改为上海公安高等专科学校，是全国第一批批准的65所普通高等专科学校之一，承担全日制专科学历教育。学校被公安部政治部评为全国公安高等专科学校A等。1996年4月，经市政府批复同意，上海市第一、二人民警察学校并入上海公安高等专科学校。1996年1月，国家教委同意上海公安高等专科学校试办侦察本科专业，专业修业年限为4年。这是在全国省属公安院校中率先试办的本科教育。同时，原上海公安高等专科学校所在校区被定为“第一学区”，为学校本部，亦称哈密路校区；原第一人民警察学校(校址浦东新沙泥滩115号)所在校区被定为“第二学区”，亦称三岔港校区；原第二人民警察学校(校址真南路170弄101号)所在校区被定为“成人教育部”，亦称真南路校区(1998年4月搬迁)。

1983 年,上海公安专科学校成立大会暨首届学生开学典礼

2002 年,上海公安高等专科学校停止试办侦察本科专业教育。8 月,经国家教育部批准,同意上海公安高等专科学校试点举办治安管理专业第二专科教育,招收大专以上毕业生进行公安专业的专科教育,学制为全日制一年半。同时,停止普通高校全日制专科招生。2003 年,第二专科开始招生,实行"订单式"培养模式。2005 年,浦东北艾路培训基地和莘庄教育培训基地并入上海公安高等专科学校。2007 年 11 月,上海公安高等专科学校本部从哈密路校区搬迁至三岔港校区(2009 年 7 月校址路名由新沙泥滩 115 号改为崇景路 100 号)。2010 年,学校以第二专科教育和民警培训为主要任务,设有岗位业务教研部、基础教研部、警训部、培训一至五部等 8 个教学部门。

一、教育设施

1978 年 3 月,上海市公安学校增设中专班后,改扩建教学行政楼、教学楼、学生宿舍等。1980 年,扩建办公大楼、教学楼等,增设刑事化验、痕迹、文检等实验室。1983 年 11 月,学校升格为专科学校后,新建扩建图书馆楼、实验中心楼、电教室、靶场、警体馆、泅渡池、攀登楼等。1996 年 4 月,三校合并后,三岔港校区扩建。2005 年,三岔港校区再次改扩建。2007 年 11 月,校本部从哈密路校区迁入三岔港校区后,哈密路校区整体移交市公安局。2008 年,教育部、财政部批准上海公安高等专科学校为国家示范性高职院校建设单位,投入资金建设学校。2010 年 7 月,学校通过教育部、财政部对国家示范性高职院校创建项目的验收。学校建有警察实战训练中心、资料中心和心理训练中心,以及综合射击馆、泅渡训练馆、模拟派出所、模拟街区、查缉战术训练楼、控制反抗训练馆、障碍训练场、警务特种驾驶训练场等教学场所和设施。

二、师资管理

1978 年复校时,上海市公安学校仅有教师 14 人。此后,学校招收大学毕业生和优秀中学教师来校担任教师,从市公安局调配一批干部来校任专业教师。1981 年,学校成立"教师职务评审委员会",开展教师技术职称评审工作。1983 年,全校有专职教师 98 人,其中讲师 10 人。1986 年,成立教师高级任职资格评审小组,实行教师聘任制度,评审与聘任相结合,与 131 名教师签约聘任。2000 年,全校教师 166 人,其中教授 1 人、副教授 27 人、讲师 98 人、助理讲师 17 人、教员 23 人。

2002 年,学校建立教学质量监控和教师教学能力考核系统,推动教学人员由单一的"业务传授者"向"三者合一"(德育辅导者、业务传授者、实战带领者)转变。

2008—2010 年,学校组织教学人员 55 人次赴公安基层实战单位挂职锻炼、轮岗锻炼和专项调研，通过教师兼任辅导员、“学管干部”兼课进行“三者合一”培养学校人才队伍。学校的警察指挥和战术（特警方向）专业教学团队被评为“国家级教学团队”，交通管理专业教学团队被评为“上海市级教学团队”“国家级教学团队”，警训部被评为“上海市教育系统先进集体”；3名教师分获“上海市高校教学名师”“上海市模范教师”“上海高校特聘教授（东方学者）”称号。2010年底，专任教师189人，其中副教授36人、讲师93人、助教32人、教员28人。

三、教学科研

1985年1月，学校成立学术委员会。1987年6月，成立高等教育研究室。1991年7月，设立科研科，隶属教务处。1987年12月，《上海公安专科学校学报》创刊，向全国县级以上公安机关、兄弟公安院校和企事业单位保卫部门发行。1992年1月更名为《公安理论与实践》。1998年更名为《上海公安高等专科学校学报（公安理论与实践）》。被评为“全国优秀社科学报”“上海市最佳学报”，获“2004年上海市社会科学期刊编校质量优良奖”。

1983—1991年，学校组织教育科研活动，举办“全国公安学学术研讨会”“公安教育特色研讨会”“优化教学计划研讨会”。教职员发表论文428篇，撰写专著26种，编写教材80本，编制教学大纲77种，制作教学录像片25部，通过国家、省部级验收的“微机报警网络系统”“SMF－1型系列法医学教学模型”“银盾牌JEG5 020XYG型运钞车”等科技项目8项。1990年，“581例非正常死亡尸体直肠温度与死亡时间关系的研究”获国家科技进步三等奖。1991年，受公安部委托，学校与辽宁省警官专科学校一起完成《公安专科学校评估方案》。还完成“法医学系列教学模型”等鉴定项目。

1992年，学校参加公安部组织的《刑法学教程》《刑事诉讼法教程》《犯罪现场勘查》《法学基础理论》等26种教材编写工作，其中主编的《刑法学教程》《刑事诉讼法教程》被评为公安系统优秀教材。1997年，《上海城区社会治安管理新模式研究》通过市科委和市公安局科委专家评审。1999年，《上海市暴力犯罪侦查战略探索》项目通过市教委立项鉴定。2001年，《治安防范》入选上海市普通高校“九五”重点教材。2005年，“公安执法岗位核心能力教学训练模式”入选市教委重点科研项目。2006年，“职业化的公安教育训练体系”“公安机关指挥中心建设方略研究”列为公安部理论研究项目。“城市轨道交通突发案（事）件应急处置与指挥”“公安民警心理危机干预机制研究”“警务危机谈判的理论和机制研究”列为公安部公安理论及软科学研究计划项目。2007年，“我国城市应急联动机制研究”列为公安部理论研究项目。

2004年，以案例教学研究为基础，以案例教程为重点，以情景训练科目为主线，以公安实务与实战程序为内容，学校组织编写教材40本、讲义15本。2005年，组织教官、教师和市公安局业务部门专家成立调研小组，深入基层一线，完成交通、巡逻、治安和管段4个岗位核心能力调研，建立新的教学训练模式，并调整、充实38门新老课程，编写岗位核心能力教材27本。

2007年，公安部和市公安局在学校分别建立“全国公安民警心理训练上海实验中心”和“上海公安民警心理健康服务中心”，启动民警心理测评、训练、咨询、危机干预、理论研究等工作，举办心理健康知识培训班30余期，受训3 000余人次；对相关民警的心理危机开展干预。2008年，学校心理训练中心被公安部评为全国公安民警心理健康工作先进单位。

2008年，学校“第二专科人才培养模式”获国家教学成果二等奖。“公安执法岗位核心能力教学训练模式”课题获“上海市第九届教育科学研究成果（教育改革实验奖）”二等奖。2009年，“公安高等职业教育人才培养模式研究”等5项科研项目，分列为市教育科学研究项目、公安部公安理论研究项目。1992—2010年,学校有5门课程被评为国家级精品课程,7门课程被评为省部级精品课程。

四、学生(员)管理

1978年,上海市公安学校实行半军事化管理,由校长直接领导,军体教师和班(队)干部负责组织实施。师生一律着制式警服。除节假日外,学生一律留校集体住宿,夜间校、班(队)干部和教师轮流值班。学生(员)执行一日生活规范、警容风纪、内务卫生、值班站岗、巡逻等规定。

1983年,上海公安专科学校根据公安部《公安院校军事化管理条令》规定,实行军事化管理,实行校、队两级管理。1989年,实行校、系、队三级管理。2003年,学校根据公安部《公安院校警务化管理规定》,制定《民警学员警务化管理规定》《第二专科学员警务化管理规定》等制度,实行班(队)每日查、大队每周查、学员管理处不定期查的管理制度。2010年,按照《公安机关人民警察纪律条令》,健全完善学员管理制度。

第二节 学历教育

1978年,上海公安机关24 491名在职民警中,具有大学学历的804名、中学学历的21 152名、小学学历的2 535名。1982年,市公安局根据民警文化程度偏低的状况,在系统内开展各种形式的文化补课,加快提高民警的文化程度。1983—1985年,采取进入公安院校学习和自学等形式,在全市民警中进行初中文化补课,完成11 660余名民警的补课任务,并开展中等专业教育。1983年起,公安院校教育开始从中等专业教育转向普通高等教育,在上海公安高等专科学校相继开设公安专业专科教育、侦察专业本科教育和公安专业第二专科教育,培养大批学历层次较高的人民警察后备人员,并鼓励、帮助在职民警接受高等学历教育,通过合作办学、推荐报考、委托培养等形式,培养具有公共管理硕士、法律硕士的中高级警务管理人才,改善公安队伍人才梯次结构,公安民警的文化水平大幅提高。至2010年,全体民警中,有博士、硕士学历的占2%,有本科以上学历的占66.7%,有专科以上学历的达84.2%。

一、全日制学历教育

【中等专业教育】

1978年4月,上海市公安学校设中专班,学制2年,为全日制中等专业教育,列入上海市中专招生计划,招收应届高中毕业生和高中文化程度的青年,毕业后由公安机关负责分配。至1981年,先后开设政治侦察、刑事侦察、经济文化保卫、预审、治安户政5个专业,设置政治理论、公安业务基础、公安专业、法律、语文、外语、军体、劳动等课程。教材为统编教材和自编教材或讲义。教学采取课堂讲授、实验(现场勘查、痕迹检验、文字检验、指纹比对、刑事照相等)和实习等形式。1978—1983年,共招收学生1 586人,至1984年共毕业6届学生1 575人,结业3人。

1983年1月,上海市第一人民警察学校成立,接替上海市公安学校的全日制中等专业教育,开设公安专业,招收高中毕业生,学制2年。设置政治理论、法律、公安业务、文化及军体等22门课程。1985年,增设文书档案班。1988年,增设交通专业班。1990年,增设外语专门化教学班。1992年,开设4年制公安专业,招收初中毕业生。设置基础课程和公安业务课程,共50多门。1995年,增设计算机、行政管理、侦察、治安等专门化教学班。2年制的巡警、特警专业,实行第一学年理论知识,第二学年实习的教学模式。1983—1995年，共招收学生5 398人，至1999年共毕业15届学生5 235人。

【专科教育】

1984年7月，上海公安专科学校开办全日制大学专科教育，参加上海市高等学校统一招生，实行提前招生。1988年起增招自费生。设刑事侦察和政治侦察(政治保卫)专业。1985年，增设预审、治安户政2个专业，学制均为3年。设政治理论、语文、外语、法律、公安专业和体育等课程。1989年起，增加3周综合性训练，让学生参加从立案开始，到侦查破案和结案移送全过程实战训练。1992年，将课程调整为公共课、专业基础课、专业课3个方面，压缩理论课时，单列实验课并纳入教学计划。1984—2001年共招收大专生5 716人，至2003年毕业18届学生5 408人。毕业时，由学校统一分配到上海公安机关。1989年后，改为学校推荐，用人单位考核录用。1991年起，自费生毕业分配由学校联系或自找接收单位。

【本科教育】

1996年1月，国家教委批复同意，上海公安高等专科学校试办全日制侦察专业本科，学制4年。招收年龄不超过25周岁、未婚的应(历)届高中毕业生。考生的语文、数学、外语3门会考成绩必须分别达到市教育考试院规定的报考选送生的报名资格线以及3B的最低分数线。课程除公共课、专业基础课外，增加侦察技能和侦察破案综合训练，增开专业前沿课程讲座。公共课采用本科院校统编教材，专业基础课和专业课选用中国人民公安大学、中国刑事警察学院教材和由学校编写的补充教材。1996—1999年，招收学生537人，至2003年毕业4届学生528人。2000年，停止招收全日制本科学生。同年，经市学位委员会同意，学校委托华东政法学院对2000—2003届本科毕业生的学士学位授予进行审查并授予学士学位。毕业生经公务员考试合格后，由学校统筹分配。

【第二专科学历教育】

2002年8月，教育部批准上海公安高等专科学校实施全日制第二专科教育。第二专科教育就是面向社会招收全日制大专(高职)及以上学历的应(历)届毕业生，实行"招生与招警"并轨，以专科毕业生起点标准、公务员招考标准和人民警察录用标准，实行入学考试、国家公务员考试和招警测试同步进行；学员入学后接受一年半的公安专业教育，毕业后取得第二专科学历证书，并由市公安局统一分配工作。2003年，第二专科招生。由学校与市公安局、各分(县)局根据人才需求和进人计划联合制订招生计划。第二专科教育开始设1个公安专业，后陆续增设社区警务、公共安全管理(巡逻警务方向)、交通管理、监所管理、监所管理(人民法院法警方向)、警察指挥与战术(特警方向)专业。2004年后，以案例研究为基础、案例教程为重点、情景训练科目为主线，公安实务与实战程序为内容开展教学，并建立交通、巡逻、治安和管段4个岗位核心能力的新教学训练模式。2008年，推行"实地、实兵、实景"的考核方式，组织学生在派出所、看守所、行业场所和街面路口等岗位，开展岗位核心能力考核。2003—2010年，共招收7 065人，至2010年毕业6届学生4 056人。

二、成人学历教育

【干部专修科】

1984年，上海公安专科学校招收2年制干部专修科学生，纳入市高等成人教育的招生计划；年龄不超过40周岁、工龄5年以上的在职民警,参加全国统一考试,由市招生办公室会同市委组织部、市人事局、市公安局及学校招生办公室,按照德、智、体全面衡量,择优录取。1984—1989年,连续招生6年。1990—1991年,暂停招生。1992年恢复招生。1993年,停止招生。至1995年,共培养民警专修生652人。干部专修科设公安管理专业,课程为公安业务、法律、政治理论、语文和军事体育五大类课程,必修课17门,选修课6门。以课堂教学为主,增设专题调查研究。

1984年,上海市第二人民警察学校开设成人中专教育,招收45周岁以下、初中文化程度民警和地方保卫干部。开设2年制全科中专学历班、中专全科班、中专业余全科班、中专自学考试等形式的成人中专教育。设置政治理论、民警职业道德、法律常识、刑法、公安概论、民法、社会心理学、人口社会学、刑事侦察、预审学、治安管理、户口管理、犯罪心理学、询问和调查、巡警必备知识、交通管理应用心理学、公安文书、公安后勤管理、统计原理、会计原理以及军体等课程。采取校内与校外、脱产与业余、面授与自学考试相结合的方式组织教学。至1996年,2年制全科中专学历班毕业954人,其余形式的中专全科毕业学员3 126人(含自学考试2 111人)。

【大专自学考试】

1988年,市高教局自学考试委员会决定,上海公安专科学校设公安管理专业(专科)自学考试,由学校和华东政法学院联合主考。学校承担公安学概论、治安管理学、保卫学3门必考课程和刑事侦察技术学、预审学、公安文书、城市交通道路管理学4门选考课程的主考。1988—1992年,大专公安管理专业自学考试毕业209人。1992年,全国公安管理专业自学考试全部纳入公安部的统一计划,由中国人民公安大学主考。

【大专专业证书班】

1988年,上海公安专科学校举办公安管理专业等大专专业证书班,至1990年底,共举办9个班,毕业374人。1991年,经市高教局复查确认全部合格。1997年,根据公安部《关于举办公安管理专业和刑事侦察专业大专专业证书班的通知》,上海公安高等专科学校举办专业证书班2期,毕业4 402人,专业证书由公安部统一印制和颁发。

【夜大学】

1992年,上海公安高等专科学开办夜大学(专科),设置治安(保卫)、刑事侦察2个专业,学制3年。1993年招生,招收具有高中、中专毕业文化程度或相同学历,身体健康,能坚持业余学习的在职公安民警和企事业单位的保卫干部,经全国成人招生考试并达到录取分数线的,择优录取。至2010年,夜大学专科共毕业2 083人。

第三节　业 务 培 训

1978年后,上海公安机关在组织学历教育的同时,也注重民警的培训工作,开展短期轮训和岗位培训。至20世纪90年代,市公安局提出"两条腿"走路,把以学历教育为主转变为学历教育与在职民警训练相结合,不断加强新警培训、业务培训、领导干部培训以及岗位练兵,逐步构建起初任、晋升、岗位专业知识和知识更新四大培训系列,按照"分级培训、分工负责"的原则,形成市公安局、业务总队、分(县)局三级培训网络,在全市公安系统建成29个教育培训中心。

2000—2004 年，在市公安局党委提出公安教育训练工作“三个重心转移”的思想指导下，市公安局教育训练部门以警衔晋升为抓手，调整上海公安高等专科学校和培训机构设置、管理机制、训练模式等，建立起上海公安高等专科学校与市公安局政治部一起参加的教育训练管理共同体，集管理、规划、教育、训练职能于一体，形成上海公安大教育的管理格局。市公安局将治安总队北艾路训练基地、交警总队莘庄训练基地纳入学校体系，上海公安高等专科学校开始承担大规模的在职警察培训工作，实行统一领导、管理，实施“轮训轮值”的战训合一的新培训模式，建立教官制度，开展“五会”(会射击、会查缉、会驾驶、会电脑、会外语)科目培训，建立公安执法岗位(交通、巡逻、治安、社区、监管)核心能力教学训练方式，保持培训内容与实战要求同步。

2005 年，市公安局建立警种专业岗位培训体系，实施警衔晋升培训专业化改革，突破原有的培训模式，以警衔晋升培训的方式，组织开展各警种专业岗位培训，先后推行相关警种民警初任培训、专业提高培训与“轮训轮值”相结合，专业提高培训与警衔晋升培训相结合的分警种、专业化培训模式，警种专业岗位培训体系初步建立。

2008 年，上海公安高等专科学校首次为境外警察机构举办高规格、高层次、高标准、高要求的专业培训班，并挂牌为公安部外警培训基地。2009 年，公安部在上海公安高等专科学校设立“全国公安师资培训基地”和“公安部国内安全保卫教育训练上海基地”。

一、在职培训

1978—2010 年，上海公安机关根据各个时期公安重点工作组织开展培训，从新民警培训、岗位培训、领导干部培训 3 个层面开展，培训范围不断扩大，培训内容不断深化，培训方法不断更新。

【新民警培训】

1978 年，市公安局招收户籍、治安、刑事、交通等新民警 2 200 名，集中进行政治、业务培训。接收小组负责培训工作，并会同上海市公安学校，市公安局治保处、交通处组织政治和业务培训，学习党的路线方针政策、公安工作和作风纪律、业务基础知识，为时 5 个月。1980—1984 年，培训新民警 3 672 人。1987 年，对从社会上直接招收的 526 名户籍民警、350 名交通民警组织 6 个月的上岗前培训。上海市第一人民警察学校为招录新民警组织培训，1983—1995 年，举办训练班 15 期，培训 9 463 人。上海市第二人民警察学校对市公安局各部门分配到的普通院校大学毕业生以及从其他单位商调来的新民警组织培训，1989—1995 年，举办培训班 20 期，培训 2 260 人。

1994 年，按照公安部关于公安机关新进人员必须先培训后上岗的要求，市公安局教育训练部门组织对年内新招收的交警、巡警、地方院校毕业的大中专生、商调人员、后勤职工、转干人员、军队转业干部 2 974 人，分别开展岗前培训。1996—1997 年，举办新民警初任培训班 11 期，培训 1 250 人；军转干部初任培训班 3 期，培训 265 人。1999 年，举办新任刑警培训班 5 期，培训 946 人。

2000 年，市公安局教育训练部门组织培训军队转业干部 210 名、新录用大学生 147 名、商调干部 9 名、政法系统商调民警 81 名、高校派出所新录用民警 268 名、邮电电信系统保卫处新录用民警 20 名。2005—2007 年，举办新民警初任培训班 2 期 335 人，军队转业干部和商调人员岗前培训班 1 期 451 人，初任刑侦、经侦、出入境民警培训班 12 期 691 人。

【岗位培训】

1980—1984年,根据第四次全国公安政治工作会议精神,市公安局采取分级负责、分工包干的办法,对各警种民警进行短期轮训。参加轮训民警1万余人,占民警总数的56.5%。其中,举办政工、刑侦、预审、航运、交通,经保、户籍、治安等各种专业训练班,轮训民警6 672人。

1983—1995年,市公安局在上海市第一人民警察学校举办派出所长岗位培训班。1986—1992年,举办公安专业短期培训班9期,学员316人。1988—1992年,举办保卫干部等短期培训班5期,学员263人。

1986年,市公安局组织全市民警开展普及法律常识教育活动,学习宪法、刑法、刑事诉讼法、民事诉讼法、婚姻法、继承法、经济合同法、森林法、兵役法、治安管理处罚条例和户口登记条例、城市交通规则、公民出入境管理法、外国人入境出境管理法、消防条例等。

1987—1996年,市公安局在上海市第二人民警察学校举办培训班57期,培训保卫干部1 968人;各类公安专业培训班85期,培训3 040人。

1989—1993年,市公安局按警种组织民警岗位知识培训,培训民警5 600余人次。举办各业务警种培训班6期。1993年5月1日110报警服务台开通前,组织1.5万名民警参加110接处警业务培训。举办人口信息计算机培训班5期,行政诉讼复议培训班3期。

1995年,市公安局组织3万名民警参加国家公务员培训考试。1996年,举办学习“两法”(行政处罚法、刑事诉讼法)培训班13期,民警4.97万人次参加考试。

1998年,市公安局举办下基层民警转岗培训班,710人通过强化训练走上新岗位。1999年,为新任刑警举办5期培训班,946人参加。2006年,对初任刑侦、经侦、出入境等岗位民警举办专业培训班12期,受训691人。

1999年,按照“分级培训、分级管理”的原则,市公安局和业务总队、分(县)局相继设立教育训练中心,并组织开展各类培训工作。上海公安高等专科学校等单位组织培训,6 000余人次参加。市公安局业务总队和分(县)局培训中心组织各类培训,3万余人次参加。

2000年,市公安局举办刑事技术人员、计算机安全监察民警、治安派出所民警、交巡警路政设施民警等业务岗位培训班29期,1 908人次参加。

2006年,为解决民警业务能力上存在的突出问题和薄弱环节,各分(县)局、市公安局各业务总队采取“以会代训”、短期办班、网络视频教学等形式,举办主题集中、贴近实战的“短平快”培训,推动基层培训、练兵与地区警务工作需求适应。2007年,市公安局举办下派督导组成员培训班、警容警姿专项训练小教员培训班等短训班124期,8 300余人次参训。各分(县)局举办“短平快”培训班1 192期,10.9万余人次参加。

2007—2008年,市公安局开展奥运安全保卫基础知识技能培训,办班73期,4 522人参训;开展反恐怖力量、开道车安保、涉外案(事)件处置等奥运安保专业培训,办班56期;组织5万余名民警、武警参加反恐怖知识培训。

2009—2010年,围绕上海世博会安保必须掌握的勤务内容、处置原则、程序规范等,以市公安局编写的《中国2010年上海世博会安保工作系列培训教材》为教范,依托“三级培训体系”,以远程教学、“短平快”“四随”(随时、随地、随人、随事)等培训形式,举办要人警卫、警犬搜爆安检技术、民用爆炸物品管理、世博外语、应急防卫技能、执法执勤礼仪规范等专业培训,对9个分局2 500余名入园参战民警开展强化集训,组织5 000余人次民警参加世博安保工作等专项考试,对在世博会园区、轨道站点、市境道口等安保岗位的民警开展培训2.2万余人次。

【领导干部培训】

1980 年 6 月—1981 年 8 月，市公安局在上海市人民警察学校举办党员干部轮训班 3 期，政工干部学习班 2 期，共 5 期 350 人。1980—1984 年，市公安局轮训县局长以上干部 30 名、科股所队领导干部 700 人。

1983 年，市公安局在上海市第一人民警察学校举办公安系统科所队长轮训班，至 1994 年共 25 期，培训 1 554 人。1987 年，市公安局举办科股所队长法律培训班 2 期。1988 年，在上海市第二人民警察学校举办政工干部岗位培训班，至 1996 年共 11 期，培训 406 人。

1989 年，市公安局举办培训班，培训处长、分(县)局长 48 人，派出所长 165 人。1990—1993 年，举办处长、分(县)局长、派出所长、科队长、政工干部培训班 12 期，培训 600 余人次。

1997—1999 年，市公安局选送 318 名局、处级领导干部，参加各级党校和公安部的各类培训学习。

2000 年，市公安局举办领导干部计算机应用能力培训班 3 期，市公安局领导班子成员、市公安局各部门、分(县)局的第一负责人，共 44 人参加培训。

二、岗位练兵

20 世纪 90 年代，根据公安部开展岗位练兵活动的要求，上海市公安局按照岗位练兵大纲要求，分警种、按岗位职责，组织编写警种岗位规范，拍摄警种业务教学片，组织开展岗位练兵活动。1992—1994 年，市公安局刑侦、治安、户籍、预审、看守、交通、巡警、特警、内保等警种，按岗位职责，组织竞赛、考核、评比等形式多样的岗位练兵活动，2 万余名民警参加。1996 年，市公安局政治部会同治安总队、预审处等单位开展岗位练兵活动，参加民警近 1 万人次。

2003 年，全市公安机关开展大练兵、大比武活动，12.1 万余人次民警分别参加警用手枪射击、盘查缉捕战术、警务车辆驾驶、计算机应用、警务外语会话 5 项警务技能比武和刑侦办案、刑侦技术、治安、巡逻执勤、交通执勤、经侦、监管、特警等 10 个重点岗位练兵活动。其中，参加 5 项警务技能比武的民警 9.3 万余人次，参加 10 个重点岗位练兵的民警 2.5 万余人次，参加其他岗位练兵的民警 3 000 余人次。经筛选，选拔出 460 余名选手，参加市公安局统一组织的警务技能 5 项全能和 10 个重点岗位的大比武活动，从中评选产生 110 名业务标兵，即警务技能 5 项全能业务标兵 10 人、10 个重点岗位业务标兵 100 人。

2004—2005 年，按照公安部大练兵活动的统一部署，上海公安机关组织开展政治理论、法律知识、基本技能、基本体能、岗位专业知识技能、行为规范六大方面的练兵活动。2004 年，市公安局重点开展“五会”练兵达标活动，以“四随”理念，鼓励各单位、各部门根据本地区、本条线、本部门实际，针对民警业务技能的薄弱环节，开展灵活多样的岗位练兵活动，推动大练兵活动的日常化、常态化、制度化。参加“全国公安民警大练兵大考场”考试 4.2 万余人次，平均成绩 81.95 分，列全国第二。2005 年 11 月，公安部大练兵考核组来沪考核并反馈考核情况：抽考浦东、宝山 2 个分局 200 名民警的大练兵基本知识、体能、技能、战术等情况，查验宝山、浦东、静安、金山 4 个分局大练兵基础台账和“三队三所”民警练兵情况。经考核，基本知识成绩均在 90 分以上，总平均分达 99.68 分；基本体能、技能、战术考核总平均分达 85.1 分。

2006 年，上海公安机关各业务部门按照“五会”练兵内容、标准，根据各警种岗位工作实际，制定专业练兵方案，编写练兵手册，细化考核办法，开展警种岗位专业练兵和比武竞赛活动，公务用枪理论考试28场,实弹射击考核110场2.6万余人次,体能测试18场1.1万余人次,警务英语考试6场6 000余人次,民警普通话水平测试25场1.7万余人次。

2007年,市公安局制定《上海公安机关2007年苦练基本功工作考核评估标准》,对“五会”内容、标准进行调整。组织民警公务用枪理论考试18场、实弹射击考核138场,2.6万余人次参加;体能测试140余场,2.7万余人次参加;警务英语考试6场,4 452人次参加;民警普通话水平测试32场,3.3万余人次参加。

2008年,上海公安机关开展民警公务用枪培训考核143场,3.2万余人通过考核;开展第二轮汉字输入培训考核,按年龄、岗位设定新的标准,组织4.5万余人次参加,3.7万余人通过。市公安局组织领导干部体能测试5次,2 468人参加,2 398人通过。2009—2010年,上海世博会安保工作期间,上海公安机关开展系列练兵活动。

三、警衔晋升培训与“轮训轮值”

【警衔晋升培训】

根据公安部《公安机关人民警察培训规定》《关于做好公安机关人民警察警衔晋升培训工作的通知》,1995年6月—1996年8月,市公安局对1992年首次授予一级警司、一级警督并符合晋升条件的人员进行培训,培训课程为政治理论、实用法学、公安管理学、队列、射击和防卫术。

1996年,按照公安部制定的《警司晋升警督培训教学计划》,市公安局委托上海市第二人民警察学校举办警衔晋升培训班5期,受训人员496人,有47名干部参加公安部晋升警监警衔培训班。

1996年,上海市第一、第二人民警察学校并入上海公安高等专科学校,由上海公安高等专科学校承担全市公安民警警衔晋升培训任务。培训课程为政治理论、实用法学、公安管理、公安讲座和警体训练五大类。1998—2010年,学校举办警衔晋升培训班228期,培训3.5万余人次。

2000年,市公安局下发《关于进一步完善警衔晋升培训制度的实施办法》,明确“每晋升一级警衔都要进行培训”的要求,规定授现衔级时间已满晋升期限的二级警督及其以下的民警,必须参加统一组织的警衔晋升培训,时间4周,采取全封闭集训方式,对民警警务技能和体能素质开展培训。

2003年,警衔晋升分警种、分层次、分级别培训,根据每期不同培训对象、要求和时间来确定课程设置和教学方法。

2008年,市公安局试行各分(县)局承办社区、治安、巡逻、交通4个警种警衔晋升培训。经过对培训基地设施条件和警衔晋升培训方案审核,全市19个分(县)局培训基地取得承办资格。市公安局通过“视频督导、实地查看、随堂听课、问卷调查”等方式,对警衔晋升试办班的培训质量进行跟踪检查、指导。

【“轮训轮值”】

“轮训轮值”是警衔晋升培训的一种特殊形式,是市公安局于2000年在全国公安系统率先实施的“轮训轮值、战训合一”教育训练模式。市公安局规定,凡是二级警司及以下衔级的治安、派出所民警和交巡警,警衔晋升前必须在培训基地参加警务实战技能、增强身体素质的全封闭培训,为期2个月。培训期间,参培民警作为市公安局机动力量参加值班备勤、突击整治和处突防暴等任务。市公安局设立3个培训基地:在交巡警总队培训中心(沁春路178号)设立“上海公安教育培训中心莘庄基地”,承担全局交巡警的“轮训轮值”任务;在治安总队特警支队营地(北艾路1400号)设立“上海公安教育培训中心北艾路基地”，承担全局治安、派出所民警的“轮训轮值”任务。在上海公安高等专科学校一学区（哈密路1330号）设立“上海公安教育培训中心哈密路基地”，承担除交巡警和治安、派出所民警“轮训轮值”以外人员的警衔晋升培训任务。至2001年底，北艾路、莘庄基地先后进驻12批学员，轮训人数达2 400名。按照2个基地每天备勤200人计算，相当于拥有一支1 000人左右的常备机动力量。2001年，2个基地共出动警力3 560人次，值班备勤10万余人次，较好地完成处置突发事件、集中清查整治、APEC会议保卫工作等重要任务。同年，市公安局杨浦分局率先建立警训队，承担本单位民警的“轮训轮值”任务。此后，浦东、普陀、卢湾、宝山、青浦、奉贤、嘉定7个分局相继建立警训队。市公安局职能部门在开展调研的基础上，制定相关标准，推进分局警训队正规化建设。至2007年，全市19个分（县）局和轨道分局均建立警训队，成为分（县）局层面集中培训平台和值班备勤、应急处置的机动力量，实现“战训合一”。

2002年，根据培训民警在年龄、警种分布上的情况，以及“轮训轮值”需求量的问题，市公安局将“轮训轮值”的培训周期由8周调整为10周，使2个基地始终有400名民警处于“轮训轮值”状态。

2005年，隶属于市公安局治安总队的北艾路培训基地和隶属于交警总队的莘庄培训基地并入上海公安高等专科学校，同时将北艾路“轮值轮训”基地整体搬迁至上海公安高等专科学校的一学区。全局师资、场地、设施等教育资源得到有效整合，实现优化配置和高效使用。根据实战需要，调整“轮训轮值”的规模、周期和人员，将培训周期又调整为8周，将参训学员由治安、派出所、交通和巡逻4个警种民警，逐步扩大到各警种二级警司以下全体民警，同时健全“轮值出警”工作预案，加强实战演练，提升“轮训轮值”队伍应急反应和处突防暴能力。至2010年底，市公安局共举办轮训班108期，轮训民警2万余人次，“轮训轮值”队伍应急处警2 300余次、18.7万余人次，先后参加上海合作组织峰会、北京奥运会上海赛区、上海世博会等重大安保任务，以及街面巡逻、治安整治、道口检查等实战处警任务。

第四节　教 官 制

2001年，市公安局为贯彻落实“科教强警”的战略，改革和加强公安教育训练工作，决定在全局公安教育培训工作中推行教官制度，由教官承担公安教育培训莘庄基地、北艾路基地的新警和在职民警培训任务。制定《上海市公安局教官聘任办法（试行）》，将教官分为“初级、中级、高级、特级”4个等级，专职、兼职两类。明确聘任条件，程序，续聘期限，教官的职责、权利和待遇，以及组织管理。通过公布需求、个人申报、单位审查、专家评审等程序，首批聘任23名专职、168名兼职教官，初步建立实践经验丰富、结构合理、精干高效的教官队伍。

2002年，市公安局教育训练部门制定《教官任教登记制度》《教官考核办法》《加强专职教官管理的若干意见》等制度，对189名专、兼职教官进行以公安教育形势、教学教法、教育心理学和现代教学手段为主要内容的岗前培训，对专职教官实行试用期考核，23名专职教官通过审核教案、试教评审、个人述教和组织鉴定4个环节的考核，全部合格转正。同年，又评聘48名专职教官和295名兼职教官。6月，市公安局政治部下发《关于实行教官任教登记的通知》《上海市公安局教官考核办法》，实行《教官任教手册》和《教官任教情况反馈表》来考核、检查教官任教情况。2003年，专、兼职教官队伍达451名，教学课目基本涵盖公安工作的各岗位。

2004年，市公安局改“一年一聘制”为“随需随聘制”，通过局内人才市场、教官招聘网页发布招聘信息,建立教官评审制度,保证聘任工作客观、公正、高效。加大聘任力度,优化教官结构;把专职教官划转上海公安高等专科学校统一领导和管理,形成一支由84名专职教官和239名兼职教官组成的、涉及18个公安业务大类、206个科目的教官队伍,教官成为在职民警培训授课任教的主力军。2006年,实行长聘制专职教官、基层专职教官。2007年,邀请10名境内外警务专家授课,选派教官参加公安部相关培训和深入基层参加实战锻炼。

2008年,市公安局改进教官聘任方法,改进考评内容和方法,并通过出境培训、赴外省市支教等方式,增强教官的带教能力。2010年,市公安局组织教官赴美国、新加坡等10个国家和地区培训、进修。教官制优化公安师资队伍结构,改变公安业务教学滞后于实战的状况。至年底,市公安局有专职教官58人、兼职教官207人;基层专职教官35人、兼职教官527人。

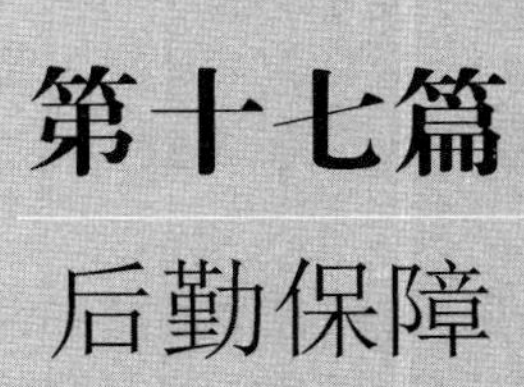

第十七篇

后勤保障

改革开放前，在计划经济体制下，上海公安后勤工作实行的是供给制、福利型、小而全、封闭式的管理模式。改革开放后，按照中央关于后勤体制深化改革和加快“服务社会化”进程的总体要求，上海公安后勤保障工作逐步发展进入一个新阶段，公安基础设施建设有新发展，装备建设提质上档，经费保障增效提能，服务公安工作实战能力、服务社会能力不断提升，为公安民警执勤执法活动提供更好保障。

20世纪90年代后，全市各级公安机关得到各级政府在经费上的大力支持，通过加强财务管理，提高资金、资产使用效益，公安队伍和业务建设得到有力保障。1994年，市公安局将行政处和计划装备处合并，组建后勤保障部，统筹管理全局的装备车辆、后勤服务、资产管理、基础建设等工作。1998年后，市公安局深入探索“后勤服务社会化”改革，不断优化整合公安内部后勤资源，不断提升服务保障工作的专业化、集约化程度。2000年后，公安基本建设投入大幅增加，公安后勤建设和保障工作进入一个快速发展的时期，为各项公安业务顺利开展和队伍建设提供坚实的后勤保障。

第一章　基础设施

第一节　基础项目建设

改革开放后，随着公安机关维护稳定，打击犯罪的工作任务越来越繁重，原有的建筑、场地、设施已难以满足警务运作需要。为确保公安各项工作的顺利运行，市公安局筹建并实施多项重大工程，全局基础设施得到改善。

20世纪80年代，市公安局的项目计划投资额逐年增加，1980年、1981年、1982年，市计委逐年批准投资额分别为342万元、400万元、1 157万元。1988年2月，坐落于建国中路30号的市公安局通讯指挥大楼正式施工，大楼主楼15层，塔楼4层，总高度110米，建筑面积15 685.95平方米，其中，办公用房面积5 518.94平方米。大楼于1991年10月竣工启用。

20世纪90年代后期，市公安局加强业务单位办公用房的改建和新建。1997年，市公安局交警大厦竣工交付使用（楼高19层、建筑面积16 355平方米）；上海市第一收容教育所（殷高路妇教所）扩建工程竣工交付使用（楼高6层，建筑面积2 950平方米）。1998年6月，坐落于思南路99号、建筑面积29 690平方米的公安业务大楼正式竣工，市公安局政保、文保等单位入驻。

21世纪后，市公安局基本建设加快，建设项目数量和资金投放呈现增长态势。2000年8月，市公安局筹建集指挥信息化、办公自动化、管理智能化、设备现代化水平为一体的办公指挥大楼项目获立项选址批复。2001年8月20日，举行奠基仪式，2004年7月竣工并投入使用。新落成的市公安局办公指挥大楼位于静安区武宁南路128号，占地面积34 890平方米，总建筑面积78 395平方米，总投资6.42亿元，由主楼建筑群和辅楼单体建筑构成，是上海公安标志性建筑之一，具有5A级智能化系统管理水平，先后获得市安装行业协会“申安杯”奖、市建筑施工行业协会“白玉兰”奖、中国施工企业管理协会“国家优质工程银质奖”。

2003年，上海公安高等专科学校征地、交巡警莘庄培训基地射击馆、轨道分局办公用房等17项工程的规划、审核和协调工作启动。2005年，为加强重大工程项目筹建工作，市公安局分别成立上海公安高等专科学校扩建工程（浦东新区高桥镇、外环线外侧）、市公安局刑事侦查技术大楼（中山北一路1101号，后地址改为中山北一路803号）和市第三看守所（北丰路86号）工程筹建办公室。10月，历时3年工程建设的市公安局出入境管理局（民生路1500号）办公大楼竣工投用。2006年，思南路99号大院修缮工程启动，华东警用装备物资仓库工程立项批复。3月，市公安局成立以市公安局后勤保障部为主，纪检、审计、科技等部门共同参与的基本建设管理领导小组及办公室，负责指导和管理市局基本建设项目的总体规划和新建项目的组织实施，逐步实现全局基本建设工作统筹监督、协调管理。

2007年，市公安局刑事侦查技术大楼主体工程建设基本完成，上海公安高等专科学校（三岔港校区）改扩建工程竣工投入使用，市第三看守所建设工程正式开工建设。2008年、2009年，上海公安交通管理服务中心项目完成前期征地规划，警用直升机基地机库、总体基本竣工，华东警用装备物资仓库完成建设前各项协议、许可证等申报工作。2010年，经协调各方，完成水上公安局江西中路121号装修工程、思南路99号大修工程、交警总队西区办证点修缮工程和警务直升机起降（训练)点新建工程。

2010 年,按照国家建设部和发改委颁布实施的《公安机关业务技术用房建设标准》和公安部装财局有关要求,编制《上海市公安机关 2011—2013 年基础设施建设规划》。

第二节 派 出 所

一、基础设施建设

20 世纪末,派出所普遍存在办公用房紧张、内部布局不合理、办公条件差等情况。针对上述问题,2003 年,市公安局制定下发《上海公安派出所建设用房基本标准》,对派出所用地选址、建筑面积、内部布局等提出规范和要求。据统计,20 世纪 90 年代至 2007 年,共新建派出所办公用房 233 处,占全市派出所总数的 62.3%。

2005 年,根据公安部关于开展"抓基层、打基础、苦练基本功"的"三基"工程建设的总体部署,市公安局将派出所基础设施建设作为"三基"工程建设的重点,提出力争通过 3 年左右的时间使全市派出所基础设施实现根本性的改变。2006 年,市委、市政府成立"上海公安派出所基础设施建设协调推进领导小组",在市公安局设立推进办公室,统筹推进全市公安派出所基础设施建设。11 月 17 日,市委召开常委会,专题研究公安派出所基础设施建设问题,要求各级党委、政府和有关部门,全力支持公安机关"三基"工程建设工作。年底,全市新建、改扩建 52 个派出所的办公用房,资金投入约 2.56 亿元,用房面积增加约 7.6 万平方米,全市有 55%的派出所面积达到人均 30 平方米以上。

2007 年,市政府专门成立由副秘书长牵头,市公安局和各区、县政府分管领导参加的派出所基础设施建设工作协调推进小组。7 月,经与市建交委沟通协商,市公安局重新修订 2003 年制定的《上海公安派出所建设用房基本标准》,并以市建交委名义下发各区、县执行。7 月 23 日,市政府召开上海市公安派出所基础设施集中建设工作推进大会,作出将市公安局历年结余资金用于补贴派出所集中建设的决定,并决定用 2 年时间,对存在安全隐患、无底层用房、人均面积狭小、办公用房挤占业务用房、"一所多址"等问题的 107 个派出所进行集中建设。2008 年 3 月,全市新增 10 个区、县的 15 个计划外派出所纳入集中建设项目。市公安局在先期拨付 2.14 亿元历年结余资金的基础上,又追加 3 000 万元资金作为专项补贴资金。

2009—2010 年,市公安局加大对市局直属单位派出所的建设力度,对 11 个派出所进行全面修缮和改建,十七类功能用房一应俱全,缓解市局直属单位派出所办公条件差、功能用房缺失等问题。至 2010 年底,全市纳入集中建设范围的 122 个派出所全部立项,竣工 119 个,其余 3 个正在建设中。此次集中建设,各级政府共投资建设资金 14.02 亿元(其中区、县政府共投资 11.58 亿元,市公安局投资 2.44 亿元)。据统计,纳入此次集中建设的派出所总体面积从建设前的 13.9 万平方米增加到建设后的 34.9 万平方米,达到国家发改委和建设部制定的人均建筑面积 32 平方米的标准;派出所地理位置也得到优化。派出所人均面积狭小、办公用房挤占业务用房、"一所多址"等情况均得到明显改观,基本实现"基层民警满意、人民群众满意、党委政府满意"的建设目标。

二、统一外观标识

2003 年,由市公安局指挥部牵头、治安总队配合,对全市公安派出所外观标识进行统一化、规范化建设。根据2005年4月公安部颁布的《公安派出所统一建筑外观形象设计规范》要求，市公安局将推进派出所外观标识建设作为全局“三基”工程建设的重要抓手，各级后勤部门有序开展统一公安派出所建筑外观形象工作。至年底，全局在建或改建的基层科所队10万元以上基建项目共130余个。

2007年6月，市公安局党委决定由后勤保障部牵头，负责全面抓好全市派出所外观标识建设工作。经调研，全市共有354个派出所用房符合外观改造要求，其中252个派出所办公用房被列入2007年改造计划，其余102个结合新建和改扩建工程于2008年底完成。6月13日，市公安局后勤保障部下发《关于做好派出所外观标识建设工作的通知》，要求10月底前全面完成派出所外观标识建设工作。8月3日，市公安局召开现场会，对派出所外观标识建设工作进行部署。根据公安部和市公安局相关建设规范，市公安局后勤保障部制作《公安派出所外观标识建设运用指导手册》，并开展针对性培训，为工程建设提供标准和依据。同时，后勤保障部组织专门班子，深入派出所实地进行指导，严格审核验收。至2008年底，全市确定的252个应建派出所中，已有251个建设完成并通过公安部审核，通过率达99.6%。

第二章 装备与管理

第一节 武器装备

20 世纪 50 年代前期，上海公安民警使用的枪支还是接管国民党政权警察局的枪支。它们基本上是 20 世纪 30 年代国外生产的马牌、勃朗宁等杂旧手枪，性能较差，部分弹药已失效。20 世纪 50 年代后期，开始配发 7.65 毫米公安式手枪和 7.62 毫米 54 式手枪。20 世纪 70 年代，上海公安机关配发国产 7.62 毫米 56 式半自动步枪、冲锋枪、轻机枪等武器。

1980 年，购买较新式的国产 7.62 毫米 64 式手枪 3 300 支及一批弹药、警械、警笛等装备。1985 年，配备一批便于携带、威慑力大的国产 79 式、82 式轻型冲锋枪。80 年代后期，增加 7.62 毫米 77 式国产手枪。通过逐年更新，上海公安系统枪支基本实现统一的国产系列化制式，弹药实现标准化规格。1989 年，市公安局相继制定下发《非致命武器的分配方案》《非致命武器装备管理的使用规定》《上海市公安局枪支管理办法》《关于拇指铐使用管理规定》等文件，加强技术装备管理的制度化、规范化。1989 年，为特警队配发轻型冲锋枪、狙击步枪、38 毫米防暴枪。

1990 年，市公安局组织 3 次全局范围的枪支、弹药、警械安全管理检查，重点抽查 29 个基层派出所，并及时纠正发现的问题。1991 年，购置公安特警队专用防暴器材 4 957 支(套)，为一线单位配备下发枪支 3 012 支(件)、警械装备 40 余种、弹药 23 万余发。下发《关于进一步加强枪械管理的通知》，并先后 4 次对 63 个科、所、队的枪支、弹药、警械安全管理工作进行重点抽查。1993—1994 年，为全市各派出所配发 1 只新型防盗报警专用枪箱，以加强枪支保管。1994 年，落实公安部要求，上海建成并启用华东地区公安武器、枪支弹药中转站。

1997 年 6 月 10 日，市公安局召开警械武器管理工作会议，并下发《警械武器装备管理“四会、四无”标准》《基层警械武器装备管理制度》《警械武器管理人员职责》等规章制度。全年，为新组建的市公安局警务督察队配发警械武器装备十三大类，总计 1 118 件(套、顶)，为全局民警实弹射击训练提供训练弹 23 万发，为各单位购置价值百万余元的各类警械器材 4 500 余套(件、顶)。1999 年，对 7 个公安分(县)局、交巡警总队、19 个道口检查站警械武器安全设施进行检查，警用枪支弹药无丢失率达 100%，无损坏、无生锈率达 99%以上，附件完整率达 95%以上。验收合格后，对一线单位配发手枪、微型冲锋枪、防暴枪、64 式枪弹和 51 式枪弹、防暴弹等。截至年底，全局各配枪单位全部使用专用枪库。

为满足自 2001 年 4 月起开始的为期一年半的“严打”整治斗争工作需要，加强责任区刑侦队规范化建设，2002 年，市公安局筹措资金 46.2 万元，完成全局 690 只新型枪柜的配发工作。2002 年 12 月 24 日—2003 年 1 月 22 日，市公安局在全局范围内开展枪支弹药和武器库的安全检查，检查结果情况良好。2003—2005 年，共购置各类枪支 4 200 余支、弹药 528 万多发。2005 年，完成特警总队装备采购、“三岛合一”(崇明岛、长兴岛、横沙岛)和华东四省消防部队警械武器移交等工作。

市公安局注重加强武器装备的规范管理和检查通报，2007 年 11 月 13—19 日，对市公安局 8 个单位、19 个分(县)局以及市保安公司下辖约 50 个部门的警械装备及防暴弹进行检查通报。2008—2009 年，市公安局完成 5 次共 72 吨武器调拨任务。2010 年，集中销毁公安部、市公安局相关武器仓库内共 12 种 2 174 支报废枪支；9 月，会同治安、督察总队对各单位基层科所队公务用枪规章制度落实、技防设施、维护保养等情况开展联合检查和问题整改。

第二节　警械和警用器材装备

改革开放前，上海公安民警使用的警棍为木质警棍。1979 年，配发高强度的尼龙警棍。20 世纪 80 年代，加大公安装备建设经费投入。1980 年，全局装备各类电警棍 8 000 余根，及电击手套、新型手铐、约束带等。1981 年，购置照相器材、检验设备、分析仪器、红外夜视仪、录音录像设备共 1 600 余件，价值 219.6 万元。其中，从国外进口的器材 600 多件，价值 148 万元。配发警棍 2 560 根，价值 37 万元。1984 年，购置防暴器材。1985 年，全年用于技术装备建设的经费达 2 200 万余元，在通信设备、计算机方面，开支 985 万元。

20 世纪 90 年代，上海公安机关装备的品种、数量以及性能均逐年提升。1990 年，市公安局各业务处、公安分（县）局和有关公安处（局）增配手铐 1 778 副，电警棍 279 根；市公安局刑侦处建立 DNA 个体识别技术；100 个派出所配备简易勘察器材；市公安局防暴队配备所需装备器材 14 882 件（套）；普陀、卢湾、南市、静安、嘉定、崇明 6 个分（县）局作为试点单位各配备 1 套 402 红外分析仪。1991 年，进口 1 套 VAX4 300 型计算机用于刑侦处指纹识别工作；72 个基层派出所配备刑事勘察箱、痕迹吸浮仪、照相机等器材；为特警队进口手台 600 只、车台 30 台。1993 年，各分（县）局刑侦队配备 50 台假币识别仪。1994 年，全市基层派出所装备防刺衣。1995 年 3 月，制定《上海公安派出所装备标准》。1997 年，制定《警械武器装备管理“四会、四无”标准》《基层警械武器装备管理制度》《警械武器管理人员职责》等规章制度。1998 年，市公安局组织研制、开发 1 000 套手持式催泪喷射器，国庆节前下发到 21 个业务单位；水上公安局配备 2 艘 13 米长巡逻艇。

2001 年，围绕上海合作组织成员国元首会议、APEC 会议等重要安保活动，市公安局装备尼龙警绳、伸缩型四节警棍、伪装面具、防刺背心、防割手套、防水电筒、新型保险枪柜等十余种新型警用装备，为相关任务单位配发各类警械装备 89 339 件（套）。2002 年，为配合反恐工作，购置配发各种反恐防暴装备，共计价值 692.2 万元。

2003 年，为提升公安装备的实战效能，市公安局重视加强新型装备研发试用工作，组织研制开发新型“破拆”工具，开展警用漆皮鞋、三角外腰带、巡逻民警外腰带的研发及试用工作，为 12 个单位的 1 671 名交通协管员研制并配发各类被装 27 万余件（套）。2004 年，组织研发新型警用外腰带及附属装备（将手枪、弹夹、警棍、电筒、催泪器、手铐、手台和工作包 8 件装备整合于一体）配发给全局约 1.3 万名交警、巡逻民警，并为武警、消防和特警的反恐小分队装备通讯指挥车、驱暴车、装甲车、搜查镜、夜视仪等反恐防爆装备，提高突发事件处置能力。2005 年，组织研发防暴枪专用枪柜、警械保管柜和超小型等离子切割破门工具等新型装备，研制并配发 1 万余支交巡警专用录音笔在全局范围推广使用。2006 年，组织研发“发光指挥棒”“发光路锥标志”以及特警 T 恤、贝雷帽、皮靴、战斗服等装备。普陀分局组织研发功能集约的刑侦现场勘查车。

为加强公安装备标准化建设，公安部装备财务局先后制定《公安装备配备标准的编制规定》《公安装备配备标准的体系》。市公安局后勤保障部会同各业务单位并结合上海实际，大力推进公安装备标准化建设。2006 年，市公安局立足一线实战需求，制定下发《上海市公安局装备规范化建设管理暂行规定》《上海公安“两所四队”及基层民警个人警械防护装备配备标准》等规范性文件，对装备统一规范管理、基层装备配置标准作了具体规定。

2007 年,各分(县)局特警 GPS 武装巡逻车配置装备 24 种 8 400 余件。特警、刑侦总队等业务单位配备 12 套总价值 324 万元的“远距离爆炸物与毒品探测仪”,并邀请英国专家进行专门培训。市公安局组织研发特警狙击步枪(冲锋枪)专用枪柜,改进警用录音笔 USB 接口插槽和液晶显示屏。为全面落实公安部《公安单警配备标准》,2007 年 11 月 20 日,市公安局制定下发《上海公安机关单警装备配备工作的实施意见》,明确单警装备配备标准。

2008 年,结合上海世博会安保工作需求,制定《上海公安装备建设三年规划(2009—2011)》,重点突出“五五项目”:即公安指挥、交通管理综合信息通信系统建设(简称“五大系统”)以及上海世博会安保公安重大装备建设(简称“五大系列”)两大内容,统筹考虑公安分(县)局装备建设,突出警种装备专业特点,研究分(县)局业务支(大)队集体及个人基本装备配备内容,提升基层装备配备水平。至 2009 年底,市发改委共批复市公安局建设资金达 6.78 亿元,其中信息化 2.47 亿元、重大装备 4.31 亿元。为确保按期完成项目采购建设任务,市公安局后勤保障部专门成立“五五项目”采管办,负责上海世博会公安信息化和重大装备项目建设推进落实;会同交警总队、科技处、水上公安局等部门,研究制定道口装备需求方案和《上海世博会公安市境陆路道口安检装备配备标准》,并提出相关配置意见;会同交警总队选取 10 个基层单位对“发光指挥棒、发光指挥台、警用录音笔、警用取证仪”4 种新型装备进行先期试用,并反馈生产厂家,使之根据试用意见加以改进。

根据中共中央办公厅、国务院办公厅《关于加强政法经费保障工作的意见》和财政部《关于制定政法部门装备配备标准的通知》要求,2009 年 11 月—2010 年 1 月,后勤保障部会同市财政局、市公安局各业务单位,开展公安业务装备配备实施标准调研,并于 2010 年 2 月制定完成《上海公安业务装备配备实施标准》。2010 年下半年,根据市财政局要求,组织市局 18 个业务条线单位对其中涉及的 60 个子标准 197 类 3 384 种装备的名称、类型、数量进行核对和确认,按“必配”“选配”的分类办法对“现有”和“缺额”数量、经费等进行核定,获得市财政部门认可。同年,编制《上海公安“十二五”装备建设规划》。

第三节　警用车辆

改革开放前,上海公安机关使用的警用车辆,主要是国民党政权警察局遗留的旧车辆和从苏联、波兰、联邦德国进口的轿车。1973 年,开始装备国产车辆,将跃进牌货车改为大囚车,北京吉普车改为囚车、勘察车。至 1979 年,全局有各类汽车 294 辆、摩托车 797 辆。

20 世纪 80 年代,市公安局逐年添置一批进口轿车、客车、面包车和摩托车,从数量到质量都发生根本变化。轿车、吉普车、摩托车等车辆主要配发市公安局各业务处和各公安分(县)局,客三轮、自行车主要配发派出所,缓解基层公安机关交通工具紧缺的矛盾。各公安分(县)局设置汽车队(组),市公安局设立车管科和汽车队进行调度使用。市公安局主要业务处还配备专用车辆。1985 年,全局 414 个派出所均配备机动车。1987 年开始,市区每个派出所配备 1 辆微型面包车、1 辆三轮摩托车、1 辆两轮摩托车,郊县派出所则按“四所一辆”标准配备微型面包车,每个派出所配备 1 辆三轮摩托车、1 辆两轮摩托车,看守所、拘留所、收容审查所配备新型囚车,各公安分(县)局、市公安局业务部门配备处置突发事件的指挥车、大型运兵车,基层派出所配备微型车,巡警配备巡逻车、查勤车,特警配备防暴车,刑侦部门配备照明车,内保系统配备跟踪车,各职业据点配备货运车,各公安分(县)局、市公安局业务部门和派出所装备一批两轮、三轮摩托车,上海公安车辆配置逐步走向系列化、标准化。1988 年,市区 85%、郊县 30%的派出所装备汽车,市区和南汇县、川沙县派出所全部配备两轮摩托车，其余县50%的派出所配备两轮摩托车。全市各派出所均配齐三轮摩托车。

20世纪90年代，市公安局机动车更新和新增数量逐年提升。1990年，全局新增、更新各类机动车433辆、自行车1 000辆，全局共有各类汽车2 649辆、摩托车3 502辆。1993年，各公安分(县)局、市公安局业务部门装备30辆新型越野吉普指挥车。1994年，全局公安牌照机动车辆共5 038辆，其中，汽车2 108辆、两轮摩托车1 550辆、三轮摩托车1 380辆。1995年上半年，组织研制警用两轮摩托车，并于9月下旬将400辆“幸福60”警用两轮摩托车配发到各分(县)局和市局有关业务单位，投入国庆安保工作。9月1日，全市公安系统机动车启动“沪O”专段民用牌照，取代原“GA”牌照。1997年3—11月，在全市公安机关开展“牌照管理好，无外借外流；遵章守纪好，无违章行驶；安全行驶好，无交通事故”的车辆管理竞赛活动。1999年，会同市局纪委制定《上海市公安局加强非公务车管理规定》《上海市公安局机动车辆配置标准》。至年底，全局共有汽车、摩托车1.9万辆，专(兼)职驾驶员2.35万人。

21世纪，市公安局着力加强警务用车配置标准化、使用制度化、管理规范化建设。2000年3月起，市公安局后勤保障部会同纪委、督察队、交巡警总队对上海市外借、外流的“沪警”“沪O”车辆和号牌进行核查、清理，将81副警用车号牌收回。6月起，先后报废奥托、长安、昌河等质量差的车辆，从严控制新增车辆，全市公安系统的车辆数首次出现负增长，其中市公安局机关(不含交巡警总队、保安公司)车辆数减少9%。10月，率先在后勤保障部试行公务用车改革试点，对车辆实施集中管理，减少车辆数38.5%。全年开展全局车辆驾驶员“双百日”安全行车竞赛活动，并落实“禁酒令”、驾驶员复训考核、严刹公车私用等措施。2001年，落实一批市公安局车辆定点修理单位，定期上门检查、测试车辆技术状况和排除车辆故障，全年验车550台，维修1 654台。全年，发生重大道路交通事故7起、死亡7人，比上年各下降50%。2002年，市公安局制定《上海市公安局警务用车编制标准》，全年更新全局警务车辆630辆，“沪O”改“沪警”车辆419辆，统一喷涂车辆684辆。2003年4月，市公安局成立警务用车改革专题调研组，对全市公安机关的机动车辆使用与管理现状进行专题调查。11月4日，市公安局召开警务用车改革工作专题电视电话会议，要求全市各级公安机关从“定编、定标、换牌、严管”4个方面，根据“严机关、宽基层、向一线倾斜”的指导思想，按照统一标准配置、经费保障、号牌审批、油料供应、维修标准，落实车辆配置、调整、管理、指导、执行及监督等各项工作。年底，全市公安机关已将“沪O”号牌全部更换成“沪警”或民用号牌，警车全部实行统一颜色和标识；全市公安机关根据定编要求减少车辆2 000余辆，占2002年底车辆总数的23%。2004年，市公安局有计划地淘汰汽车排量在1 000 cc以下的低档次车辆，装备43辆别克商务车和别克君威车作为指挥和侦查用车，同时调拨95辆整修一新的旧车支援基层。10月，市公安局办公指挥大楼试点引入上海强生出租车有限公司实施集中车辆托管。2005年，19个公安分(县)局和市公安局11个大院全部实施大院车辆集中管理，初步形成集中管理集约化效应，仅市公安局7个托管大院就精简车辆54辆、更换16辆。2006年5月，下发《上海公安机关警务用车选型及列装的意见(试行)》。10月，市公安局召开“深化警务用车管理工作”会议，要求2007年底，各公安分(县)局及基层科所队的警用车辆全面实现社会化集中管理。2007年12月，市公安局制定《上海市公安局警务车辆社会化集中管理模式及标准(试行)》，明确车辆社会化集中管理的定义、管理模式及管理标准等事项，进一步优化基层所队用车比例配置。经测算，调整后各公安分(县)局派出所共增加汽车编制504辆，人车比例由0.13(大约为7—8人/车)上升到0.15。2008年，将维修管理模式由“分散、按需”改为“定点、定额”，加强车辆油耗动态监管及问题通报，提高车辆成本核算的科学性、规范性。2009年，制定《2009年分、县局警务用车编制调整方案》，使平均人车比例系数从0.17提高至0.20

(即从 6 人/车变为 5 人/车)。2009 年 11 月 19 日,上海弘展自行车部件有限公司向市公安局赠送 1 700 辆公务自行车,发放到基层一线使用。2010 年,根据公安部的统一要求,市公安局后勤保障部会同纪委、督察、交警部门在全市公安机关开展警车和涉案车辆违规问题专项治理,先后 4 次对市公安局 15 个机关大院集中管理的警务用车(共计 800 余辆次)的技术状况、警车标识、车容车貌和车辆使用等情况进行检查,开展突击检查和道路抽查 2 次,查处、纠正民警违规驾车 50 余起,在公安部明察暗访组对上海公安机关专项治理考核验收中取得满分。

第四节　被 装 管 理

改革开放后,人民警察制式服装经过多次调整,有七八式、八三式、八九式和九九式。人民警察的着装范围,历经从部分着装到全部着装的历史转变。根据公安部规定,原不着装的治安、户政、信访民警,从 1980 年起列入着装范围,使全市民警服装供应人数达 30 110 人(其中非公安局编制 4 889 人)。根据公安工作需要,1981 年,经市政府批准,着装范围扩大至全体民警,民航、铁路、航运公安部门的民警也列入着装范围,部分工厂企业和高等院校新建的公安处、派出所民警也都统一着装。

1990 年,完成全市 4.4 万余名公安民警(包括企事业公安民警)八九式冬服换装和全年正常被装供应,共计发出服装 181 617 件(套)、帽子 54 841 顶、鞋 10 598 双及其他被装物资 95 万件(付)。1991 年,落实被装申请计划,筹集进库服装 42.17 万余套,完成全市人民警察、经济民警夏冬服发放和被装供应,共计发出各种被装物资 48 万余件(套、只)。1991 年 5 月,召开全市公安系统被装工作会议,传达贯彻公安部召开的全国公安被装会议精神,部署进一步整治警服"三乱"(乱生产、乱销售、乱着装)工作。1992 年,完成棉皮鞋、金属棉背心的研制和发放工作,并提前为上海近 5 万名民警(包括代供单位)发放八九式绒大衣,为交通警配发 4 000 根反光武装带。为黄浦、静安、徐汇三区首批巡警配发夏冬服、手套等,确保巡警于 1992 年 11 月 1 日按时开展综合执法。1993 年,组织研发分解式雨衣、反光分解式雨衣,改善巡警、特警、交警等一线民警的雨具性能。随着经济建设的发展,公安警服质量得到很大改善。1994 年,新警每人配齐服装的费用为:普通民警服装标准为 1 300 元左右,特警服装标准 1 600 元左右,外事警服装标准 2 000 元左右,交通警和巡警服装标准 2 800 元左右。

1997 年,上海率先实行公安制服"量体裁衣"试点工作,成立调研小组,制定"量体裁衣"5 个阶段 16 个步骤的工作流程图,选用驻港部队制服面料(哔叽 45/55)为"量体裁衣"面料,在确定生产厂家后,分别对长宁公安分局和市公安局巡警总队 3 000 余名民警逐一量体,取得上海公安民警体型特征的 130 种数据(男民警 80 种、女民警 50 种),又对 24 个单位近 4 000 名民警实行"单量单裁"。1998 年,在全局范围开展"量体裁衣"工作,为 3.6 万余名民警每人量制新型面料的夏裤,并对库存各类被装进行清点、核价、处理。1999 年,完成警服量体裁衣、提高面料档次、调整供应标准、转变管理职能等被服装具改革项目。配合九九式警服换装工作,为全市公安机关及企业公安机关近 5 万名民警进行量体裁衣,并以公平、公开、公正的招标方式确定警服生产厂家;建立全市公安机关被装供应管理系统,对被装管理实行电脑化管理。2000 年,按照公安部要求,采用"量体套裁"的方法和高新面料,按时完成全市 5 万余名民警(含代供单位)九九式新警服的常服、值勤服的首期配发、换装工作,实现民警着装"轻、挺、薄"的要求。

2001 年,完成全局及代供单位 5 万余名民警九九式长、短袖衬衣以及九九式警用单(棉)皮鞋、雨衣的发放工作，并为“严打”斗争、“网格化”巡逻、APEC 会议安全保卫等提供新式反光背心、白色大檐帽、警用防护头盔、白针织手套、领带夹、警用雨披、雨衣等总计 3.4 万余件被服装具。2002 年，组织研发软质防刺衣、交巡警工作包等适合基层工作需要的各类新品，并定制保暖背心、凉皮鞋、衬衣等 24 个品种 706 203 件(套)。2003 年，为全局近 4 万名民警配发与警服相配套的内穿羊毛衫 1 件，为交巡警、道口民警增配羊毛裤 11 200 条和羽绒裤 300 多条。

围绕民警执勤执法工作需要，市公安局后勤保障部组织开展各类被服装具研发工作。2004 年 4 月 1 日，全市交巡警统一换上纳米帽套、反光背心和牛漆皮单鞋。2005 年，改进雨衣、皮鞋等面料，开展新式值勤服生产、试穿。2006 年，完成全局各单位 33 种 20 万余套(件)被服装具发放，为 30 个单位 8 000 名民警进行警服量体和数据修改。2007 年，会同有关专家多次对九九式新执勤服的版型、工艺、加放长度进行研究，组织完成 100 万余枚丝织胸徽、警号和近 17 万余件制式衬衣的生产、发放工作，确保全局民警在 10 月 2—11 日于上海举办的 2007 年世界夏季特殊奥林匹克运动会前按时换装。根据实战需要，组织研发交巡警保暖羊毛裤、武装巡逻特警大斗雨衣、丝光棉 T 恤等被装新品。

2008 年 7 月，公安部装财局召开“全国公安机关提高警服面料标准暨技术培训会议”，确定警服的新面料和新标准，全面提高警服四大类 42 个品种的标准，其中交巡警的首配经费从原来的 3 500 元/人提高到 5 818 元/人，普通民警从原来的 2 934 元/人提高到 5 137 元/人。根据公安部会议精神，市公安局所有被装物品全部采用公安部新标准，向财政部门争取资金推进冬执勤服和半高领羊毛衫配发工作。2009 年 1 月 9 日，完成全局 4.5 万余名民警的冬执勤服和半高领羊毛衫共 9 万余套(件)的采购、制作和发放任务，上海公安民警在全国率先启用新面料的冬执勤服。

2010 年，围绕上海世博会安保工作，市公安局后勤保障部超常规完成全局 36 万余件夏季被装物品及 8 000 余名外省(市)、退休增援安保警力相关装备和被装用品配发工作，为全局 2.6 万名民警配发雨靴，为近 5 000 名基层民警增配衬衣、单裤和太阳眼镜，并做好全局民警冬季被装物品和 6 批近 2 400 名新增民警共计 33 万余套被装用品配发工作。同时，针对被装供应管理中存在“发放分类过粗、配发‘一刀切’、与实际需求脱节”等问题，开展被装供应模式优化改革调研，即在公安被装供应管理主体、分类管理模式和经费保障方式保持不变基础上，建立一套“基本配置标准与个性化需求相结合”的被装供应模式，并于 11 月向公安部装财局上报“上海公安机关被装供应模式改革方案”。

第五节　应急装备

着眼公安在应急处置各类社会矛盾引发的各类突发事件、群体性事件，以及防汛防台、低温雨雪等恶劣天气和各类突发公共安全事件中的工作，市公安局后勤保障部制定完善各类应急保障方案，细化应急处置流程，加强各类应急装备物资的供应保障，确保一线安保实战工作需要。

1987 年，市公安局行政处以“提高应付突发事件公安后勤保障能力”为题，2 次修改应急方案；建立通信联络网，以便及时联系有关保障人员；准备急用物品的战备箱，可随时携带出发。到 20 世纪 90 年代，一切从维护社会稳定出发，以公安中心工作为重点，始终按照“急需急供，特需特供”的原则，全力做好各项重大活动安保的应急装备物资的配备储备工作。1995 年初，根据市公安局安保保障工作需要，迅速落实各类应急装备物资共 18 个品种 1 000 余件。

21 世纪，各级公安后勤部门根据实战需要不断修订完善公安后勤应急保障工作预案，增加应急装备物资储备的品种、数量,定期进行应急保障工作实战演练,强化应急装备物资储备调运机制建设。2003 年,市公安局后勤保障部设立应急仓库和应急专用车,确保在应急保障演练中将应急物资按时送达指定地点,为公安应急处置各项工作提供保障。据统计,在整个"非典"防控期间,全市各级公安后勤部门共调度资金约 574 万元,采购防护服 1 万余件(套)、纱布口罩 30 万余只、过氧乙酸 1.1 万余组等物资。同年 7 月,上海市轨道 4 号线事故发生以后,为参加抢险的一线民警紧急调运防汛物资、警用装备和生活用品等三类 2 500 余件,还为黄浦分局参战民警提前发放制式夏单裤和短袖衬衣,保证现场民警抢险需要。

2006 年,全市公安后勤部门按照应急装备标准,共投入应急仓库改扩建经费 77.5 万元,改扩建面积达 921 平方米,建立市公安局、公安分(县)局应急装备物资仓库 26 个,完善市区两级应急装备物资仓储机制。同时,购置应急警械物资装备经费达 816 万元,其中,市公安局配备应急装备 19 种 3 451 件(只),各公安分(县)局配备应急装备 31 种 52 687 件(只),并不定期组织实战演练,形成应急装备物资储备调拨长效机制,并在上海合作组织成员国元首理事会第六次会议安保等重大保卫活动中发挥积极作用。根据市公安局对加强重特大恶性案件、突发事件后勤保障工作有关要求,后勤保障部组织相关研发工作,仅用 15 天完成 17 种 2 091 件的专用特殊装备研发并配备到位。2008 年 7 月,开展全局应急装备实战演练,参战的 24 个单位,按群体性事件、劫持人质案件和灾害性天气等科目要求,携带规定的警械、被装物资等装备按指定的警车车型送至紧急集结地,完成演练目标。

经过 2008 年北京奥运会和 2010 年上海世博会期间的集中建设,2010 年底,市公安局已建立七大类 48 项涉及 35 家社会单位的应急物资调运供应网络及物资清单目录,并按照"分级储备、应急启动、保障重点、统筹调拨"的要求,全面加强应急装备仓库管理,共储备应急警械、被装五大类 74 种 9 万余件,在"4·28"血友病人闹事事件、"涉日"群体性事件预警处置以及世博园区安保工作部装备应急调拨工作中发挥作用。

第三章　财　　务

第一节　经 费 保 障

1978年后，全市公安经费投入持续增加。根据整治社会治安、实施“两法”等工作需要，1980年，市公安局各项经费开支共达2 907.2万元，比1979年增长44.4%。1981年，各项经费的实际开支总数为2 937.9万元，比上年增长1.06%。1985年，市公安局的各项经费预算6 559.6万元。

20世纪90年代，上海公安保障经费不断提升。1995年，为开展春季攻势、“追逃”、夏季战役、“双保”和秋冬战役等重大维稳工作，提供及时、充足的经费保障。1996年，市公安局落实“依法严厉打击刑事犯罪分子活动”专项经费400万元，上海市看守所搬迁(含开办、监控设备等)专项经费300万元。

21世纪，上海公安保障经费增速加快。2001年，全市公安预算经费比上年增加6%。2002年，公安机关全面实施部门预算制度，公安预算经费35.41亿元，比上年增加9.98%，保障网格化巡逻机制、责任区刑侦队建设、治安管理信息化建设等警务机制运作有序推进。2003年，全市公安预算经费比上年增长25.7%。在经费的使用上，注意集中有限资金重点投向社区警务、警用装备及网络建设、基础设施建设、教育培训、从优待警等方面。2004年，全市公安预算经费比上年增加6%，大幅度削减行政办公经费、书报费等项目开支，把节省下来的经费重点投向高科技装备、教育培训、基础设施建设、福利待遇和情报信息专项工作等方面。

根据《中共中央关于进一步加强和改进公安工作的决定》以及公安部、财政部联合印发的《关于制定县级公安机关公用经费保障标准的意见》，经协商，2005年5月，市公安局与市财政局共同出台《关于建立上海市区县公安机关经费保障机制的意见》，为上海市区县公安机关经费保障提供强有力的制度保障。在各级党委和政府部门的支持下，全年全市公安预算经费比上年增长约19%。2006年，全市公安预算经费比上年增长约10%，其中静安、南汇、嘉定、松江、奉贤、卢湾、徐汇、金山等分局的预算经费增长都在15%以上，全市19个公安分(县)局公用经费全部达到市财政局、市公安局规定的一类标准。市公安局分别补助金山分局、崇明县局业务经费80万元和100万元，支援有关分(县)局车辆65辆，并把上海市看守所的犯人给养费标准从每人每月201元调整为234元，缓解看守所费用紧张情况。

2007年，以“三基”工程建设为契机，上海公安后勤保障部门争取各级党委、政府增加公安经费投入，全市公安经费预算总额比上年增长6%，其中松江、南汇、金山、奉贤、浦东、卢湾、闸北、嘉定等分局以及崇明县局的预算经费增长达到18%以上。12月，市公安局会同市财政局制定出台《关于修订上海市区、县公安机关公用经费保障标准的意见》，明确以编制内实际人数为计算单位，确定上海区、县公安机关公用经费综合定额的两类标准，规定区、县公安机关必须在3年内达到上海市限定最低保障标准，为各区、县公安机关公用经费保障提供标准和依据，其中黄浦分局率先实行公安机关公用经费综合定额标准。同时，市公安局加大对专项重点业务工作的经费保障力度，并加强对金山、崇明等经费保障相对较弱的分(县)局业务经费落实工作。全年，累计下拨中央政法补助津贴990万元、分(县)局业务费1 175万元，各区、县监所经费等1 500万余元。

2008年,全市公安预算经费总额比上年增长约7.09%。其中,南汇分局、闸北分局同比2007年分别增长27.51%和19.1%,增长幅度较大。先后落实上海世博会安保专项资金2亿元、公共安全体系建设资金1亿元等专项资金。2009年,全市公安机关提前实现公用经费综合定额标准“三年任务两年完成”的目标。2010年,共争取到上海世博会安保重大建设项目经费、安保工作部日常运行经费以及各类奖励补贴等专项建设和保障资金,为上海世博会安保工作提供强有力的经费保障。

第二节 经费管理

为确保有限的公安经费取得最大的使用效益,上海公安机关加强部门预算经费执行情况的指导、检查督促,对发现的问题及时纠正、整改。

1985年1月,根据公安部、财政部下发的《关于公安业务费开支范围和管理办法的暂行规定》要求,市公安局制定《上海市公安局公安业务费开支范围和管理办法》,明确自1986年1月起,按规定使用和管理公安业务经费。1988年,市公安局进一步增收节支、加强行政经费控制,贯彻财政经费由“一个部门”管理、经费要由“一支笔”审批,万元以上设备均要建立使用效益跟踪反馈等制度。同年,根据国务院、市政府关于开展清理整顿行政事业收费工作要求,市公安局对全市公安机关收费项目进行清理,清理出经中央部委、市政府、市物价财政部门、区县政府批准的,市公安局决定和市公安局业务处、公安分(县)局及科、所、队自定的收费项目,共116项,市清理整顿收费办公室将其分解为234项。按市清理整顿收费办公室要求,保留135项、取消99项。

20世纪90年代后期,市公安局不断加大财务规范管理力度。根据党中央、市委、市政府有关文件精神,1998年,市公安局后勤保障部会同市公安局纪检监察部门,对全市公安机关行政事业性收费、罚没收入实行“收支两条线”管理,制定下发《上海市公安系统行政事业性收费暂行规定》《公安系统其他资金使用审批权限》等文件,经年终检查,各分(县)局及市局各单位下属的科、所、队一律取消银行账户,所有收费收入全部归口后勤保障部门统一管理。

2000年5月,市公安局在经侦总队进行会计委派制试点,同时结合公安业务工作和落实“收支两条线”规定,完善罚缴分离工作,并配合市有关部门开展“收支两条线”检查和物价专项检查。2001年,对政治部书刊社、公交分局实行会计委派;开展“小金库”和银行账户清理,市公安局原有150个银行账户压缩到136个;各部门所属科、所、队自行保管的奖金、扣款、废品收入等三类外的资金全部上缴各单位财务部门统一管理。

2002年,市公安局全面实施部门预算制度,对7个财务独立单位实施财务会计主管委派制度,强化预算管理,提高预算编制的科学性、合理性。2003年,对全局重大投资项目实行专家评审论证制度,经费预算重点投向公安业务工作。2004年,整合财务部门内部职能,建立重大项目建设专家论证、评审机制,以提高决策的科学性和规划性。2005年,将经费重点投向高科技装备、基础设施建设、组建特警总队以及“排堵保畅”等重点工作和专项行动。2005年10月27日,市公安局下发《关于向市局单位统一委派会计组的通知》,从体制上改变原有的财务管理模式。2006年,市公安局统一向各部门委派会计组,各项经费归口市公安局后勤保障部计划财务处管理,及时做好账务接收、账户清理、银行存款及库存资金盘点等后续工作,完善经费内控制度、经费收支银行动态预警机制,实时监控资金使用情况,公安经费逐步由分散管理走向集中统一管理的规范化轨道。

随着年度预算经费逐年递增,市公安局采取措施加大预算监督和资金管理力度。2007年,结合市审计局对市公安局进行财务审计检查和整改工作,完善财务各项操作流程和管理措施,强化国资管理的制度化、规范化。2008 年，要求各部门在编制年度预算时对 50 万元以上重大项目实行论证制度，并建立项目评估机制；对停止征收的 148 项事业性收费进行全面检查，重点加强对库存现金、银行票据、出纳和会计工作交接等环节的检查。

2009 年，根据市财政关于做好年度部门预算工作的要求，市公安局进一步完善预算执行、跟踪、监督机制，进一步提高预算执行率。同时，根据中央、市委、市政府关于开展“小金库”专项治理工作的总体部署，组织全局各单位开展“小金库”专项治理工作，切实加强“收支两条线”规范管理。有序推进国库单一账户核销体系建设，完成国库单一账户相关设备购置、安装以及市局 8 个会计组单一、专用账户的开设、资金划转等工作，确保财政拨款及时到账。2010 年 5 月、7 月、9 月，市公安局先后召开 3 次预算工作会议，全面强化预算管理及编报工作。至 12 月底，市公安局各部门财政预算资金执行率达 99.19%。

第三节　资 产 管 理

改革开放后，随着社会经济发展水平不断提升，上海公安机关管理的办公设备、业务装备等固定资产种类、数量也逐年有所提升，国有资产采购和管理工作的重要性日益凸显，市公安局逐渐加强对国有资产的规范化管理，建立完善制度规范，防止固定资产流失，确保国有资产保值、增值。1996 年，制定《上海市公安局固定资产管理暂行规定》。1997 年，成立市公安局国有资产管理办公室，并制定出台《上海市公安局固定资产管理规定》。1998 年，根据中央关于“政法机关不再从事经商活动”的决定，市公安局纪委会同后勤保障部、审计室对上海公安系统 299 户企业进行调查分析，完成移交、解除挂靠、撤销和保留企业的工作，并于 12 月向市政府有关委办、区县政府移交 81 家企业。1999 年，市公安局出台《上海市公安局固定资产管理规定》，建立健全市局国资办、物资专职管理和使用单位三级管理网络，对市公安局各部门进行清产核资，摸清家底，并对固定资产实现计算机联网管理，提高管理效率。

2000 年，市公安局实施国有资产委托监管，与市有关部门确定市公安局今后 3 年行政事业性国有资产的保全保值和企业国有资产每年 6%的保值增值率，完善国有资产管理制度，并做好市公安局国有资产产权登记、清产核资等工作，市公安局被市国资办、市统计局评为先进单位。

2001 年 6 月，为规范全局政府采购工作，市公安局成立政府采购领导小组（办事机构设在后勤保障部计财处），作为市公安局采购工作政策协调机构。制定下发《市局政府采购管理实施细则》，并组织政府采购人员的业务培训。同时，根据公安专用设备和专项建设的特殊性，加强与市政府采购部门的协调联系，完成 1.7 亿元设备物资的采购任务，做好固定资产的日常统计、产权登记、财产处置审核等经常性管理工作，对市公安局上年国有资产保值增值情况进行分析，建立绩效评价体系，确保国有资产保值增值。

2002 年，市公安局对一批闲置固定资产报废或调剂使用。全局全年列入政府采购计划的项目有 423 个，总金额达 3.5 亿元。2003 年，对部分工作用房进行调整处置，对入驻市公安局办公指挥新大楼的业务部门的固定资产进行清查登记，完成市公安局 37 家行政、企业单位的产权年审工作。全市公安后勤部门完成市、区两级采购金额约 2.8 亿元。2004—2005 年，全市公安后勤部门完成市、区两级政府采购项目合计 2 000 多项，总金额近 9.7 亿元。

2006 年 12 月，为强化全局国有资产管理工作，市公安局召开国资管理工作会议，初步建立固定资产评估处置机制，严格监督管理，盘活资产利用。全年，全局各级后勤部门启动政府采购约 7.57

亿元。2007—2008年,组织全市各级公安后勤部门全面开展国有资产清查,为摸清资产底数、盘活国有资产存量以及提升资产价值奠定基础。2008年,启动政府采购实施项目326项,并通过市政府采购专项检查小组对市公安局2006年、2007年政府采购项目执行情况的检查。

2009年,市公安局政府采购管理工作办公室通过成立专门班子、倒排时间表、加强督办、提前申请等方式,推进2010年上海世博会安保采购任务。至11月底,年度预算内的290个政府采购项目完成280个,完成率达到96.6%。2010年,协调市财政对公安常规性采购项目落实“一次招标、三年享用”的政策,降低采购成本,提高采购效率。2010年预算内经费采购项目850余个,项目执行率达99%,节约资金4 800万余元。

第四章　审　　计

第一节　经济责任审计

1997 年，上海市公安局试行对领导干部经济责任审计。1999 年，市公安局制定《上海市公安局领导干部经济责任审计暂行规定》，正式实施领导干部经济责任审计制度，对全局各单位负有经济责任的各级领导干部进行任中、离任经济责任审计，提高各级领导干部的经济责任意识和内部管理意识。至 2010 年底，公安审计部门共开展各类经济责任审计 1 908 项，提出审计意见、建议 2 825 条。通过审计，纠正一些部门存在的预算执行不规范、涉案财物管理不到位、内控制度不落实以及遵守财经法规制度和纪律不严格等突出问题。

表 17－4－1　1997—2010 年上海市公安局领导干部经济责任审计统计

年份＼类别	经济责任审计（项）	提出意见、建议（条）	年份＼类别	经济责任审计（项）	提出意见、建议（条）
1997	37	—	2004	207	450
1998	19	—	2005	173	398
1999	37	21	2006	156	362
2000	55	—	2007	176	—
2001	143	286	2008	155	—
2002	216	409	2009	209	411
2003	230	295	2010	95	193

第二节　警务保障审计

1985 年 10 月，市公安局对部门的财务收支、财产管理情况进行审计，并注重建立规章制度。1992 年，制定《上海市公安系统审计工作暂行办法》。1995 年制定《上海市公安系统固定资产投资项目审计暂行规定》，开始在上海公安系统对投资项目实施内部审计监督。2002 年，制定《上海市公安局重大建设工程审计暂行办法》，对总投资额在 500 万元以上的建设项目实施全过程审计监督。2003 年，制定《上海市公安局经济合同审计暂行办法》，开始对 20 万元以上的设备物资采购、工程建设项目以及技术、服务等合同实施审计。2005 年，根据公安部《公安内部审计工作规定》和《上海市公安机关内部审计工作规定》，市公安局制定《上海市公安局内部审计运行保障机制规范》。2006 年，制定《货币资金管理审计检查实施办法》，对各级公安机关及所属单位会计部门的现金和银行账户管理检查工作进行了规范。2009 年，制定《上海市公安局世博安保项目建设廉政工作暂行规定》，以确保世博安保重大工程建设做到"工程优质、资金安全、干部廉洁"。

1986—2010 年，上海公安审计部门开展财务收支审计 991 项，审计金额 1 739 770. 53 万元，发现和纠正违规金额24 101.73万元。通过审计,及时堵漏建制,确保资金安全与合规合理使用。

1994—2010年,上海公安审计部门开展工程项目审计5 272项,审计金额343 685.37万元,核减金额20 917.42万元。通过审计监督,为实现"工程项目优质,无人违法违纪"的目标打下扎实基础。

2003—2010年,上海公安审计部门共完成各类经济合同审计5 426项,审计金额376 182.35万元,核减金额1 903.21万元。通过审计,维护公安机关的合法权益,最大限度地防范合同风险,促进和规范公安机关内部管理工作。

表17-4-2 1986—2010年上海市公安局财务收支审计统计

类别 年份	财务收支审计(项)	审计金额(万元)	发现和纠正违规金额(万元)	类别 年份	财务收支审计(项)	审计金额(万元)	发现和纠正违规金额(万元)
1986	3	590.60	—	1999	168	11 765.88	3 533.30
1987	6	946	1.80	2000	92	161 128.61	340.14
1988	4	562	—	2001	68	198 800	985.27
1989	14	9 967.50	67.70	2002	48	146 800	554.55
1990	13	3 268.80	12.10	2003	64	88 300	829.70
1991	10	8 965.80	46.55	2004	45	77 600	564.07
1992	20	9 845.59	362.71	2005	41	126 900	99.01
1993	22	6 010.86	368.83	2006	32	427 000	926.53
1994	18	4 853.08	207.70	2007	44	101 200	2 845.78
1995	20	6 355.01	714.84	2008	45	81 700	577.98
1996	55	37 277.97	3 513.59	2009	51	164 600	2 014.65
1997	51	22 471.46	1 049.78	2010	43	139 271.13	4 274.03
1998	57	42 861.37	4 485.15				

表17-4-3 1994—2010年上海市公安局工程项目审计统计

类别 年份	工程项目审计(项)	审计金额(万元)	核减金额(万元)	类别 年份	工程项目审计(项)	审计金额(万元)	核减金额(万元)
1994	4	312.30	41.71	2003	329	10 500	1 295.29
1995	24	1 078.20	108.84	2004	235	14 093.23	913.04
1996	38	833.69	300.55	2005	427	17 000	1 701.91
1997	5	2 239.69	297.91	2006	306	13 228.35	1 407.44
1998	46	10 307.22	801	2007	435	14 502.99	1 333.45
1999	199	8 249.80	1 290.68	2008	693	170 900	2 719.45
2000	245	9 561.11	1 336.49	2009	823	23 622.16	2 793.93
2001	277	13 509.30	1 781.58	2010	833	24 883.82	1 735.23
2002	353	8 863.51	1 058.92				

表 17-4-4　2003—2010 年上海市公安局经济合同审计统计

年份＼类别	经济合同审计(项)	审计金额(万元)	核减和节约金额(万元)	年份＼类别	经济合同审计(项)	审计金额(万元)	核减和节约金额(万元)
2003	22	—	—	2007	639	—	146.83
2004	174	20 300.88	274.41	2008	880	—	—
2005	314	52 401.42	181.76	2009	1 424	194 609.28	441.87
2006	401	—	402.90	2010	1 572	108 870.77	455.44

第三节　专 项 审 计

一、“收支两条线”审计

1991—1997 年、1999—2001 年，上海公安审计部门开展预算外资金、各项收费和罚没款等专项审计，审计金额 87 801.18 万元，查出违纪违规资金金额 427.75 万元，发现少数基层单位存在违反规定变相扩大收费范围、提高收费标准、不及时足额上缴等问题，并提出相关审计建议，帮助相关职能部门建立健全各项规章制度。

二、禁毒经费审计

1998 年、2003 年、2005 年、2008 年，市公安局审计室开展禁毒方面经费专项审计。2003 年，发现部分单位涉毒案件扣押款未纳入本单位财务管理等问题。2005 年，对 6 个公安分局缉毒罚没收入和禁毒专款补助使用管理情况进行专项调查，涉及金额 1 062.45 万元，发现部分单位存在毒资、毒品上缴不及时等问题。2008 年，对市公安局毒品违法犯罪举报奖励基金使用情况进行审计，发现存在使用管理不规范等问题。

三、“小金库”审计

2001 年，上海公安审计部门开展“小金库”专项审计，发现账外资金、“小金库”250 多万元。2009—2010 年，对 10 个公安分局和市公安局所属 20 个基层单位、6 家企业、2 个协会审计，发现并追回个别单位“小金库”资金 90 万余元。

四、涉案财物审计

2003—2008 年，上海公安审计部门开展办案扣押款物和保证金、交通执法过程中扣留车辆及无主车辆等涉案财物管理专项审计，发现和纠正执法过程及管理中存在个别单位票据登记不规范、涉案物品处理不及时等问题，发现违规资金金额 214.16 万元及部分外币，提出加强和规范涉案财物管理意见和建议 39 条。

第五章　后勤服务

第一节　后勤服务社会化改革

改革开放后，市公安局完善、发展公安后勤服务保障工作。20世纪90年代后期，市公安局后勤保障部着手探索“后勤服务社会化”改革。1998年，对所属部分机关大楼实施“半物业化管理”，撤销市公安局幼儿园。1999年，引进社会化管理机制，租用社会车辆，先后开辟11条班车路线，解决市公安局机关部分民警、职工上下班的交通问题。与锦江集团合作开设洗衣房，在市公安局部门增设16处收衣点，方便民警、职工就近洗衣。大沪饭店和“景苑”全年接待宾客5.12万人，其中公安系统1.93万人。“751”基地为参加交巡警总队等单位举办业务培训班的万余人次提供服务保障。

2000年4月，根据中央精神，市委、市政府制定下发《上海市人民政府机构改革方案》《关于深化上海市机关后勤体制改革的意见》，对机关后勤进行体制改革提出明确要求。5月、9月，市公安局党委先后2次召开党委会讨论后勤体制改革工作，并成立后勤体制改革领导小组。10月，市公安局政治部按照“精简、统一、效能”等原则，制定《关于上海市公安局后勤体制改革实施方案》，将后勤行政管理职能和服务职能分开，将财务、资产、被装、装备、车辆、物资采购、安全生产、环保、房屋、基本建设、医疗卫生、后勤规划和监督等工作确定为管理职能，将保障机关运转和为民警生活提供劳务、技术服务的项目，包括机关物业、餐饮、招待所、小卖部等工作确定为服务职能。

2001年2月，市公安局组建机关服务中心，按照“三定”方案，调整后勤部门的内设机构和人员编制，为推行后勤服务社会化改革打下基础。2002年4月，市公安局机关服务中心召开“后勤服务社会化改革动员大会”，通报建国中路30号市公安局大楼社会化物业管理改革方案。随后，与上海华仕物业管理有限公司签约，完成引进社会化服务机构的先行试点工作。

2002年，市公安局各部门在完成后勤机构撤并、职能划转、岗位设置的基础上，建立保障服务新机制，完成管理与服务职能分离工作。市公安局机关服务中心在市公安局刑侦总队、监管处等单位设立分中心，对经侦总队后勤服务工作实行托管，建国中路30号大楼实行物业管理社会化工作试点。各公安分(县)局后勤体制改革工作进展顺利，19个公安分(县)局后保处(科)机构精简工作全部完成。黄浦、杨浦分局成立机关服务中心，挂靠保安公司，卢湾、徐汇、普陀、嘉定、南汇等分局落实服务中心建制，浦东、闵行、闸北等分局服务项目由物业管理公司承包。2002年5月，市公安局机关服务中心引进华仕物业管理有限公司承接建国中路30号市局指挥大楼的物业管理，将门卫、绿化、保洁等项目承包给物业公司，并提出市公安局机关大院的后勤服务标准，实行新的用工管理模式和分配机制。

2003年，市公安局通过招投标、专家评审等程序，引入上海陆家嘴物业管理公司和上海腾隆变配电有限公司，于12月承接市公安局办公指挥大楼(武宁南路128号)的设备保养维修、保安、保洁和变配电等物业管理项目。2004年8月，市公安局办公指挥大楼启用。为适应5A级综合性现代化智能大楼的保障需要，市公安局全方位引入社会物业、餐饮、绿化和汽车服务公司等社会化服务。轨道分局、公交分局、出入境管理局等部门相继结合新办公大楼的搬迁启用，推行社会化的物业管理服务。浦东、卢湾、闸北、闵行等分局机关大楼的物业管理相继全部或部分实行社会化，实施车辆集中管理的单位引入社会汽车服务公司进行委托管理。

2006年9月，市公安局制定下发《上海市公安机关引进社会服务管理暂行规定》《上海市公安局后勤服务社会化管理规定》《上海市公安局办公指挥大楼管理规定》，并完成市公安局刑侦、交警大院物业管理的社会化工作。卢湾、闵行分局将保洁、餐饮等服务延伸到基层所队，杨浦、青浦、嘉定、松江、奉贤、金山等分局探索与社会合作提供民警私车停放服务，解决民警后顾之忧。至2007年，市公安局除福州路185号、特警总队本部、监管处下属各大院的后勤服务由市公安局机关服务中心负责外，其余17个市公安局所属独立或综合性的大院已全部实行后勤服务社会化。各级公安后勤保障部门通过加强对物业企业的监管，确保后勤服务质量。

2008年，市公安局制定《关于加快推进后勤服务社会化向基层延伸的指导意见》《社会企业服务质量监督管理办法》《内部社会服务人员招募管理规定》等规章制度，着力提高社会化服务水平。2008年，市公安局办公指挥大楼获得建设部命名的“全国物业示范大厦”称号，市公安局武宁南路128号大院食堂获得ISO9001质量体系认证和食品卫生A级单位。

2009年，市公安局制定《上海公安后勤社会服务质量管理暂行办法》，进一步加大对全局后勤社会化购置的指导、监管力度。长宁、普陀分局分别实现餐饮、保洁服务全社会化管理；松江、浦东、黄浦、徐汇、虹口、杨浦、闵行、金山、青浦等分局也由点及面、逐步推进公安基层后勤服务社会化管理工作。

2010年，市公安局机关大院通过与社会物业服务企业签订“保障责任承诺书”等形式把每一项服务内容和保障责任落实到岗到人，并通过定期开展满意度测评和不定期抽检相结合，加强对社会企业服务质量的监管。长宁分局继续推进后勤服务社会化向基层延伸，实现机关与外驻单位餐饮、物业、车辆集管社会化服务的全覆盖。

第二节　突发与重大专项任务的后勤服务

改革开放初期，公安后勤保障安保任务主要以处置社会矛盾激化引起的突发性事件和重大自然灾害事故为主，根据一线需要，做好运送警力、物资供应以及现场供应等各项服务工作。20世纪80年代，公安工作从维护社会治安向维护社会稳定转变，以完成重大专项任务的事前保障为主。市公安局后勤保障部门在原有处置突发事件为主的基础上增加对重大专项任务的后勤保障服务。

1989年春夏之交，上海公安后勤部门在56天中为第一线民警外送客饭、点心109 515份，出动汽车2 774辆次，提供防暴器材1 802件，提供取证用的望远镜、照相机、雨衣等物资约1万件次，派出医务人员巡诊40余次、诊治2 900人次，并及时备齐应付困难局面的大批物资。1997年，迎接香港回归安全保卫工作，提供就餐保障6 100余人次、重要会议服务保障9次。1998年，在支援抗洪救灾中，仅用30余小时即为黑龙江、吉林省公安厅置办30吨各类救灾物资和100万元救灾款，迅速送往救灾前线。1999年，在“5・8”轰炸南联盟使馆示威游行事件以及“7・21”处置“法轮功”事件中，及时提供塑料雨披2 600件及护栏30只、喊话器9个、运送客饭7 500余份。2001年，紧紧围绕“严打”斗争、上海合作组织成员国元首会议保卫、APEC会议保卫等项工作，切实加强后勤经费、装备及各项综合保障工作。2003年4—7月，在整个“非典”防控期间，全市各级公安后勤部门共调度资金570万余元，采购防护服1万余件(套)、纱布口罩30万余只、过氧乙酸1.1万余组等项物资。

2004 年,全市各级公安后勤部门根据实战需要,建立应对防汛防台、突发性大面积停电等自然灾害和重特大恶性案件、突发事件的应急保障工作预案,建立应急装备物资储备调拨机制,装备应急物资保障车,定期进行应急保障工作演练,应急保障能力不断提高。2005 年 4 月 1 日至 5 月初,在处置上海市群体性“涉日”活动中,全市各级公安后勤部门出警 6 500 余人次,出动警务车辆 2 540 余次,增配各类警械装备 2.8 万余件,提供客饭、点心 13.5 万余份,保障处置工作需要。

在 2006 年上海合作组织峰会和 2007 年世界夏季特殊奥林匹克运动会安保期间,据不完全统计,全市各级公安后勤部门出警 7 000 余人次,出车 4 330 余辆次,配置各类装备物资近 31.2 万件(套),提供客饭、点心 11.5 万余份,完成各项后勤保障任务。2008 年北京奥运会安保期间,全市各级公安后勤部门出警 3 500 多人次,出动车辆 4 000 多辆次,配置警械、防护、安检、排险等装备 1.05 万余件(套),为近 30 个单位的现场安保工作人员提供客饭 6.5 万多人次、矿泉水 6 000 多箱、盐汽水 2 500 多箱、一次性雨衣 1 400 多件、防暑降温用品 8 000 多份、医疗服务 120 多人次。

2006 年上海合作组织峰会安保期间,为屯兵点提供综合服务保障

2008 年“5 · 12”汶川特大地震后,市公安局后勤保障部迅速启动应急保障预案,成立驻川应急保障小组,顺利完成各类物资调运,并协助市局党委分别向四川、甘肃省公安厅提供 100 万元、50 万元赈灾款。灾后,迅速落实对口支援,派专人驻扎都江堰,仅用半个月时间建设完成都江堰市公安局机关和 8 个基层所队、总建筑面积 4 780 平方米的临时办公用房,援助 19 辆警务用车,帮助恢复都江堰市公安局指挥系统。

2010 年上海世博会安保期间,市公安局后勤保障部专门研究制定各类保障方案、预案 30 余个,建立社会车辆租赁、应急物资调拨、应急医疗救治等战时保障机制;采取紧急购置、租赁、借用等方式,为安保任务单位增加运兵车、接待车等各类保障用车共 159 辆,帮助各单位联系社会服务单位租用大客车 480 辆次,累计运送兵力近 2.4 万人次;提供各类餐饮服务保障 171 408 人次、会务保障 13 229 人次、车辆停放管理 1 194 416 车次,防暑降温饮品 28 188 份;与市第一人民医院,瑞金、华东、华山医院签约成立“上海公安世博安保因公负伤民警应急救治医疗专家组”,为上海世博会安保一线及因公负伤、突发重症疾病民警提供快捷优质的医疗卫生服务。

第三节　医 疗 服 务

20 世纪 70 年代,上海公安机关有序、规范组织民警健康体检,落实各项医疗保障措施,做好医疗保险日常管理。

1981 年 3 月,上海市公安局康复医院成立,设有传染科、外伤科、内科,开始接收病员,举办有老干部及先进工作者参加的第一期疗养班。全年,市公安局后勤部门组织民警进行心血管病、妇科、肾脏病的普查，受检人数 2 636 人次，查出各种指数不正常者 622 人，分别转送有关医院作进一步检查治疗。

1982 年，发动民警进行 3 次卫生突击活动，开展以消灭“2 号病”（副霍乱）、减少其他传染病为中心的防病工作。各门诊所、医院间开展评比检查，康复医院收治病员 505 人次，出院 365 人次，其中治愈和好转率占 93.3%。开办 10 期老干部疗养班，371 人次参加疗养。

1997 年，组织市公安局 801 名副科长以上干部体检疗养和 2 000 名民警健康体检，逐一建立民警健康档案。1998 年，组织市公安局 445 名副科长以上干部体检疗养，1 300 名民警、职工健康体检，1 000 名女民警、女职工妇科健康普查工作。

2000 年，组织全局处（局）以上领导、部分单位民警、离退休老同志等 9 660 余人次进行健康体检。市公安局后勤保障部门坚持服务基层，赴水上公安局、刑侦总队、交巡警总队、轨道分局下属有关偏远所队送医送药 500 人次。改革传统献血方式，推出赴“景苑”实地采血、休养合一的方法。2001 年，组织民警 5 025 人次体检、460 人献血和疗休养，开展各类医疗保障 1.4 万人次，并配合医保改革，发放 3 000 余张医保卡，举办有关知识培训班，承接医保费用报销、办证、补证、纠错等 1 500 余人次。

2002 年，全局组织开展各级领导、公安英模以及普通民警的健康体检。其中，市公安局部门体检 5 723 人次，占市公安局机关民警总数的 86.15%；分（县）局体检 23 768 人次，占分（县）局民警总数的 72.75%。全年，开展医疗保健 1 000 多人次。2003 年，安排民警体检 26 265 人次，其中市公安局 4 792 人次，各分（县）局 21 473 人次，对被查出患有疾病的民警及时跟踪治疗。

2004 年，建立完善民警伤残抚恤、医疗互助、帮困基金、团体补充医疗保险等制度，同时开展艾滋病“职业暴露”预防专题调研，与市卫生局联合制定实施方案，配发有关防护装备。全年，组织民警体检 32 226 人次，受检率达 80%，其中，市公安局完成 7 293 人次，受检率达 82%。2005 年，全局约有近 3.8 万名民警参加健康体检，体检率约 82%，并做好民警门急诊医疗费用报销工作，累计报销 2 509 人次 229 万余元。2006 年，全局共组织民警体检近 4.5 万人次，其中，市公安局民警体检近 7 893 人次，各分（县）局民警体检近 3.5 万人次。2007 年 1 月，制定《上海市公安局民警健康体检工作管理办法（试行）》，逐步规范全局民警体检工作。全年，全局共组织民警健康体检近 4 万余人次，平均受检率 80%以上。

2008 年，市公安局分批组织市公安局领导及业务总队、分（县）局主要领导，全市公安在职劳模、市公安局普通民警的健康体检，合计 11 512 人次，受检率达到 90.7%。同时，组织医学专家到市公安局机关，开展“健康面对面”巡诊、咨询活动。2009 年，组织 10 批次市公安局民警、文职、职工共 9 123 人次体检，受检率达 94.1%，较历年有较大幅

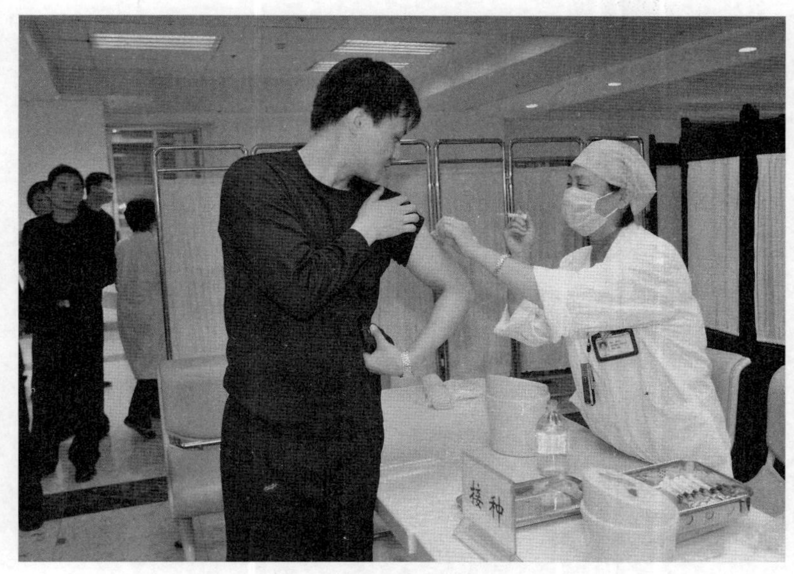

2009 年，为民警接种甲型 H1N1 流感疫苗

度提高。结合体检反馈工作,组织开展“健康面对面”医学专家健康咨询活动。根据市防控甲型H1N1流感疫情的工作要求,及时制定相关防控预案,筹备各类防护用(药)品,广泛宣传防控知识,并按照“知情同意,自愿接种”的原则,组织全局各部门分批对民警、职工、文职等进行甲型H1N1流感疫苗接种工作。2010年,上海世博会安保期间,组织采购30万余元约4 500份防暑清凉药(用)品,分装发放到世博园区、道口检查站、学警驻地等处,组织编印《世博安保“四防”手册》1万册发放到一线民警手中,并专门组建2支医疗小分队深入基层一线,为参与一线安保任务的民警开展医疗巡诊、送医送药活动。邀请上海37位医学专家到市公安局开展“健康与世博同行”健康咨询系列活动。扩大医疗卫生服务范围,协调市疾病防控中心为3万多名公安、边检、消防人员接种甲流疫苗。

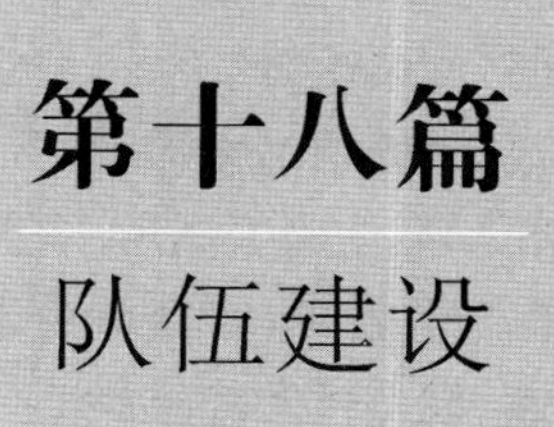

第十八篇

队伍建设

“文化大革命”结束后，上海公安队伍得到恢复和加强。

20世纪80—90年代，上海公安机关组织开展“三讲”“三项教育”和社会主义法治理念教育活动，坚定政治意识，树牢宗旨意识。贯彻“从严治警”方针，注重干部队伍和民警队伍管理与建设，注重干部使用和人才培养，全面提高公安队伍的政治素质、业务素质和文化素质。开展各项政治工作和立功创模活动，健全完善人事管理制度，强化民警岗位责任制。开展职业道德教育和纪律作风教育，加强廉政建设，强化监督监察，纠正不正之风，实施政务公开，开展警示教育，严肃查处违纪案件，提高公安队伍执法的公正性、公平性、规范性和廉洁性。

进入21世纪初期，上海公安队伍建设坚持政治建警、依法治警、科教强警、文化育警，以人为本、规范管理和持续发展的理念，不断提高队伍管理效能，增强队伍凝聚力。围绕现代警务机制建设，不断深化警力资源的集约高效，提升队伍战斗力。加强公安作风建设、解决队伍突出问题，建立和健全内外监督管理制度，探索队伍管理长效机制。

第一章 政治工作

上海公安机关始终坚持开展思想政治教育，贯彻“从严治警”方针，加强全体公安民警牢记全心全意为人民服务的宗旨教育，认真履行党和国家赋予公安机关的各项职责。加强干部队伍管理和建设，注重干部使用和干部后备人才培养。加强民警队伍管理，规范民警招录，强化民警目标管理和岗位责任制，做好专业技术人员管理工作，建立完善文职人员管理制度。组织立功创模和先进评选活动，增强民警的荣誉感和归属感。做好老干部的关怀关心工作。充分发挥政治工作作用，为公安工作提供有力的思想、组织、队伍保障。

第一节 思想政治教育

1978—1979 年，上海公安机关组织开展学习 1978 年《中华人民共和国宪法》活动，在民警中开展法纪教育和警容风纪整顿。

1980—1982 年，上海公安机关按照公安部“调查研究、实事求是；发扬民主、依法办案；廉洁奉公、遵纪爱民；立场坚定、敌我分明；机智勇敢、团结战斗”的要求，组织开展树立和发扬公安队伍优良作风教育活动，编写 5 个专题教材并发至基层所队。结合“五讲四美三热爱”和职业道德纪律教育，在民警中开展文明办案、文明执勤、文明用语、礼貌待人活动，开展评选“文明单位”“文明干警”活动。

1983—1985 年，围绕“严打”斗争，上海公安机关开展思想政治工作，教育广大民警把思想统一到党中央的决定上来，深刻领会依法“从重、从快，一网打尽”的方针和政策，消除思想顾虑、增强信心，投入到“严打”斗争中去。

1986—1991 年，开展以坚持四项基本原则为主要内容的思想教育，组织民警学习党的十三届三至七中全会精神，学习邓小平等老一辈无产阶级革命家有关重要指示和江泽民总书记国庆 40 周年讲话，用党的路线、方针、政策来统一队伍的思想。开展宗旨、传统和纪律教育活动。

1992—1996 年，组织民警学习邓小平关于建设有中国特色的社会主义理论，提高对形势的认识，使队伍的思想适应改革开放新形势，增强做好公安保卫工作的责任感、光荣感。开展“正警容、严警纪、树警风”活动，抓职业道德教育工作，推进队伍的规范化管理。学习、宣传、贯彻《人民警察法》，增强全体民警依法行政意识和群众观念。

1997—1998 年，组织全体民警学习邓小平理论和江泽民同志系列重要讲话，提高开展公安工作重要性的思想认识。开展“为人民服务、树公安新风”活动，以先进典型为引导，坚持正面教育，加强“窗口”建设，解决为民服务中存在的“热点”“难点”问题，提高群众的满意率。

1999—2000 年，开展“三讲”（讲学习、讲政治、讲正气）教育活动、“三项教育”（实事求是的思想路线教育、全心全意为人民服务的宗旨教育和严格公正文明执法的法制教育）活动，促进队伍正规化建设，增强民警综合素质和整体战斗力，树立与上海地位相适应的公安民警新形象。

2001—2004 年，开展学习“三个代表”重要思想教育活动；开展以理想信念、党史国情、公安礼仪等为主要内容的思想政治教育活动；开展大学习、大讨论活动以及“让人民高兴、让党放心”的教育活动;不断增强政治建警意识、为民服务宗旨意识。

2005—2007年,开展社会主义法治理念教育活动,在民警队伍中组织开展“规范执法行为,促进执法公正”专项整改活动。围绕依法治国、执法为民、公平正义、服务大局、党的领导5个方面组织专题教育,组织民警通读《社会主义法治理念教育读本》,收听收看专题报告讲座,参加法律知识考试,端正执法思想,并落实到工作实际中去。

2008—2010年,开展科学发展观的学习实践活动,通过专题报告、学习讨论、践行实践等形式,把科学发展观融汇到公安工作实际中,增强公安工作在群众中的满意度。世博会期间,市公安局党委制定一系列加强思想政治工作的举措,把思想政治工作落到世博安保行动中。围绕“人民警察核心价值观”主题,开展主题教育、座谈讨论等活动。

第二节 干 部 管 理

一、任免权限

1975年4月,市公安局党委规定:市公安局所属处、室、局、校负责人的任免、调动,由市公安局党委报市委组织部门审批;科或相当于科级负责人的任免、调动,由市公安局党委审批,科级副职和基层所队的正职由市公安局政治部审批。

1984年5月,按照中央组织部改革干部管理体制的“管少、管好、管活”精神,确定上海市公安局正局级干部由市委任免,副局级由市委政法委任免;正副处级由市公安局党组任免,正科长级由市公安局政治部任免,副科长级由处级单位任免。

1993年12月,市委批转市委组织部、市委政法委《关于加强区公安分局和县公安局干部管理的若干意见的请示》,明确区公安分局长的任免,由市公安局党委提出人选,征求区委意见,报市委批准后,由区长提名,区人大常委会决定任免;区公安分局副局长、县公安局长的任免,由市公安局党委提出人选,征求区委或市农村工作党委、县委意见,报市委政法委员会批准后,区公安分局副局长由区长任免,县公安局长由县长提名、县人大常委会决定任免。

2004年2月,根据市委办公厅《中共上海市委关于贯彻〈中共中央关于进一步加强和改进公安工作的决定〉的实施意见》,分(县)局领导成员、内设机构和派出所领导,由市公安局直接管理,即区、县委常委兼任分(县)局长的人选,由市公安局党委征求所在区、县党委意见后,按干部审批程序报批。分(县)局党委书记、副书记、委员以及政治委员、副政治委员、副局长的任免,由市公安局党委提出人选,征求所在区、县党委等的意见后,按照干部管理权限,由市委或市公安局党委审批,并由市公安局党委办理有关手续。分(县)局内设机构、派出所的处级领导干部和非领导职务干部的任免,由分(县)局党委提出人选报市公安局审批;分(县)局的科级领导干部和非领导职务干部,由分(县)局党委任免,报市公安局政治部备案。

二、配备与培养

20世纪80年代,针对上海公安队伍领导班子成员年龄偏大情况,开展培养选拔优秀中青年干部的工作。1980年,市公安局机关提任科级干部160人,中青年占40%。1984—1985年,提拔分局长、县公安局长、正副处长133人。在职正副处长89人,平均年龄50.8岁,比调整前下降6.5岁。

在职正副分局长 61 人，平均年龄 49 岁，比调整前下降 5 岁。在职正副县公安局长 52 人，平均年龄 46.5 岁，比调整前下降 3.9 岁。1988 年，通过担任处(局)长助理的方法，加强对后备干部的培养、锻炼、考核。1989 年，按照干部“四化”(革命化、年轻化、知识化、专业化)方针，调整和充实各级领导班子，年龄偏大、健康偏差的领导退出现职岗位。

1993 年，为解决部分干部职级偏低的问题，市公安局报市人事局批准，提任正处级干部、副处级干部 456 人。1994 年，市公安局按照公安体制机构改革方案，对各单位领导班子进行调整与配备。8—9 月，经市委和市委农村工作委员会批准，分局长、县公安局长被任命为所在地的区委常委、县委常委。

1995 年，市公安局对正副处(局)长进行跨区、跨部门交流和上下交流，制定《关于培养选拔优秀年轻干部三年(1995—1997)规划及实施意见》，经过选拔，35 岁以下、大学毕业的 52 名优秀青年干部被安排到科、所、队长领导岗位上；25 岁左右、有 3—5 年公安工作经历的优秀大学毕业生，列入各单位科级后备干部名单。

1996 年，市公安局为各总队和分局配备政委。1997 年，市公安局安排 100 名优秀大学毕业生到基层公安机关培养锻炼。1998 年，对 116 名处级后备干部进行岗位轮换；对招收进公安机关的 50 名优秀大学毕业生，由领导亲自带教、到基层和一线单位锻炼等方式进行重点培养，其中，首批招收的优秀大学毕业生被提拔到科级领导岗位上。

1999 年，市公安局安排后备干部到市公安局纪委、信访处和基层单位锻炼，参加市委组织部组织的赴部队、农村锻炼。通过实际锻炼和考核后，提拔到处级领导岗位。

2000 年，上海公安机关组织近百名后备干部，参加“三讲”教育、“三项教育”巡视组、市公安局纪委和督察队、市公安局指挥部信访处和市公安局“严打”整治防范蹲点组的工作，进行轮岗锻炼。8 月，市公安局政治部在宝山分局大场派出所建立上海公安机关第一个青年民警锻炼基地，23 名青年民警进入基地学习、锻炼。

2001 年，市公安局政治部制定《关于进一步加强培养选拔优秀年轻干部工作的实施意见》和《关于建立上海公安青年民警锻炼基地的实施意见》。各分(县)局建立青年民警锻炼基地 21 个，120 余名年轻后备干部和优秀民警到基地进行锻炼。为进一步拓宽青年干部轮岗锻炼渠道，选送 16 名年轻干部到基层挂职锻炼，组织 160 名青年民警到市公安局指挥中心、纠风办、信访处、交巡警总队参加专题调研工作。2003—2005 年，市公安局制定《后备干部暂行规定》，提拔 40 岁以下的年轻干部担任处以上领导职务。组织 280 名后备干部参加多层次、跨部门、全方位的轮岗锻炼。选送干部参加各类轮岗、挂职锻炼和培训。

2006 年，按照“素质优良、数量充足、结构合理”的总体要求，市公安局对局级、处科级后备干部进行调整充实，至 2007 年，局级后备干部达 40 余人，处科级后备干部达 2 000 余人。2008—2009 年，在全局范围开展处科级后备干部的补充调整工作，处级、科级后备干部分别为 1 810 人、790 人；遴选其中 231 人参加各层面的挂职、轮岗锻炼，92 人分 21 个工作组开展为期 3 个月的“攻坚性、调研性工作”，在 18 个分(县)局蹲点督导，推动专项工作开展。

2010 年，市公安局制定《关于开展干部选拔任用工作“一报告两评议”的意见》，实施干部选拔任用工作“一报告两评议”，并实行拟提任干部个人重大事项申报。推进各层面干部的公开选拔，根据市委组织部统一部署，在全市范围开展公开选拔轨道公交总队副总队长、法制办副主任、机关服务中心副主任、政治部宣传处副处长。

第三节 民警管理

一、招收和配置

“文化大革命”结束时,户籍、治安、刑事、交通民警严重不足。1978年3月,经市委批准,市公安局从复员退伍军人、郊县城镇插队知青、市属农场知青中,招录2 200人。经过培训,充实到各分(县)局,分配至户籍、治安、刑事、交通工作岗位。至1979年10月,从复员退伍军人、回沪知青中,又招录2 115人。1979年,根据《上海城市市容卫生管理试行规定》,在市区的115个派出所和郊县城镇的34个派出所各设管理市容卫生民警2人。为此,在中学毕业生中招警298人,经培训后上岗。

1980—1981年,经市政府同意,市公安局在复员退伍军人、回沪知青中选调和向企业、机关商调,招录民警4 800余人。1984年,鉴于郊县治安任务繁重,公安机关警力不足,经市政府批准,开始在郊县乡镇招聘地方民警。地方民警着警服,与属地公安派出所的国家行政编制民警同样使用,为合同制,聘期3年;聘用经费由乡镇财政列支。至1989年底,共招聘合同制民警1 149人。

20世纪80年代中期,随着市区区域范围的扩大、加强治安管理的需要,及一大批民警离退休,市政府增拨公安编制,从1985年开始,市公安局除每年接收公安院校和国家分配的大中专毕业生以及军队转业干部外,主要面向社会公开考试招录民警。1985年,从企事业职工、待业青年、应届高中毕业生中公开招考,录用民警2 809人。

1987年,为解决市郊边缘地区派出所及市区交通民警警力不足的问题,经市政府批准,向社会公开招收户籍民警526人、交通民警350人。1988年,为适应市郊农村经济迅速发展出于整顿治理郊县交通秩序的需要,招收郊县交通民警358人。

1989年,为充实和加强市局、分(县)局的巡警警力,经市政府批准,从武警部队退伍战士、企事业单位职工中招考录用民警198人。同时,接收分配公安和地方院校大中专毕业生505人,接收安置军转干部16人。

1991年,报请市政府批准,两次在市区、郊县城镇企事业单位在职职工、复员退伍军人、公安机关合同制民警中招考录用民警1 860人。11月,从武警、边防、消防总队战士中增招民警167人。接收分配公安和地方院校大中专毕业生545人,接收安置军转干部18人。同年,根据公安部关于停止招收录用合同制民警的通知精神,市公安局停止招聘合同制民警。

1992年6月,根据市第九届人大常委会关于在上海市部分地区试行人民警察综合执法的决定,在黄浦、静安、徐汇三区组建巡警队伍。至9月,向社会公开招录巡警459人。

1995年,根据中央组织部、人事部、公安部《关于从全国高等学校选拔部分优秀应届毕业生到基层公安机关锻炼培养的通知》,市公安局选拔招录高校优秀应届毕业生34人。

20世纪90年代中期,市公安局招录民警开始以大中专毕业生为主、其他人员为补充。1996年,接收分配公安和地方院校大中专毕业生1 012人,向社会公开招收录用民警150人。

1997年,根据公安部、人事部《关于在企业事业单位公安机构体制改革中录用人民警察问题的通知》精神,市公安局组织宝钢公安分局等9家企业公安民警进行录用考试,录取779人。2000年,市公安局又对全市17所高校公安派出所民警进行录用考试,录取290人。

2002 年，经教育部批准，上海公安高等专科学校试办全日制第二专科教育，面向社会招收全日制大专（高职）及以上学历的应（历）届毕业生，实行“招生与招警”并轨。同年，市公安局制定《关于建立局内人才市场的意见》，并在刑侦总队、出入境管理处、信安处 3 个部门的 34 个岗位进行试点，形成人才在公安系统内调剂使用的机制。

2003 年，上海公安高等专科学校第二专科教育开始招生，招录学员 1 010 人。同年，建立局内人力资源信息管理系统，为公安人力资源管理提供科学、快捷、高效的信息。在该系统公布全局 22 个部门 69 个职位 202 个空缺岗位信息，通过局内人才调剂机制，46 人办理调动手续。此外，7 个市公安局部门和 18 个分（县）局在内部建立人才市场。市、区两级局内人才市场（上海公安民警选调交流平台）在增强人岗适配工作上发挥了作用。

2008 年，依托上海公安民警选调交流平台，市公安局政治部采取组织调控、梯度转移的方式，推进民警跨区交流，引导民警有序流动，有 150 余名民警通过双向选择交流到警力紧缺的城郊派出所、郊区公安分局，优化了警力布局，改善了队伍结构，提高了警力配置的科学合理性。

2010 年，针对世博安保警力需求大的情况，通过增加警力编制，招录新警 3 132 人，其中，1 081 人专向配置给市公安局轨道公交总队，以满足城市公共交通和城市轨道治安管理需要。

二、目标管理、岗位责任制

1986 年，根据市委组织部、市人事局和公安部的要求，全市公安机关试行目标管理、岗位责任制。1987 年，市公安局按照“先点后面、先易后难、先基层所队后机关科室”的原则，在全局 90％的科所队室试行目标管理、岗位责任制。1988 年，深化目标管理、岗位责任制工作，由基层所队向机关科室延伸，从岗位责任制向目标责任制发展，并由市公安局各业务处制定警种岗位目标责任制。

1990 年，市公安局调整目标管理内容及考核标准，将目标责任分解至刑侦、治安、交通、预审、看守、户籍、消防、内保等系统。分（县）局根据市公安局总体目标，结合辖区实际情况，确立主要业务目标，将目标分解到科所队并落实责任到人。

1992 年，根据市公安局的总体目标和控制措施，各业务部门将目标列出、分解、下达，并确定具体指标，其中有户政系统的“人口熟悉率”、刑侦系统的“破案率”、内保部门的“安全合格率”、预审处的“案件审结率”、交通系统的“万车死亡率”等，促进公安业务工作发展。

1995 年，市公安局结合机构“三定”（定岗、定职、定编）工作，以公务员考核要求，规范目标管理，成立由指挥部、政治部、后勤保障部负责人组成“上海市公安局目标管理领导小组”，年终对所有单位考评考核。

1996 年，市公安局对目标完成情况进行定期检查和随机检查，将考核评比与对单位和个人奖惩相结合，实行目标管理考核结果与干部聘任、民警聘用、先进评比、公务员考核、奖金等级挂钩。同时，在目标完成情况检查的基础上，对发现的难点问题开展调研和攻坚。

1997 年，为进一步规范公安目标管理工作，市公安局制定《关于进一步加强公安目标管理工作的意见》，对目标管理的组织领导、目标制定分解、监督控制、考核奖惩等提出规范性要求。

2000 年，市公安局下发《公安分局、县公安局工作评估方案（试行）》，建立分（县）局工作评估体系，将目标管理体系覆盖到全市公安机关。

2003 年，市公安局精简目标管理考评指标，将指令性指标由 56 个减少到 37 个，并将市公安局统一下达的部分考评项目改为各分(县)局联系地区实际进行申报。同时,召开座谈会,由各分(县)局与市公安局有关部门,面对面对考评指标、标准逐项论证,使考评指标、标准设置更趋合理。

2004 年,在全市公安机关的 340 个部门开展岗位责任制试点,涉及民警 1.5 万余名,覆盖各类岗位。市公安局课题研究小组对民警岗位分类评价项目调研,形成民警岗位分类和岗位评价的框架性意见。各试点单位做好宣传发动和岗位调查等工作。

2006 年,市公安局结合民警岗位责任制建设的实践和公安队伍的特点,重点对民警岗位分类管理进行探索。在各部门共同努力下,形成 17 个标杆岗位的民警岗位规范和工作规范、练兵纲要、履职考评指导意见等规范性文本,为民警岗位竞聘、培训、考核、激励等提供依据。制定《上海市公安局民警岗位分类管理暂行规定》,使警力配置、教育培训、履职考评、岗位津贴的发放等工作更具有针对性和操作性,为实现队伍规范化、标准化、信息化管理提供基础性保障。

2007 年后,市公安局先后制定《公安分局岗位设置规范》《上海市公安局民警岗位评价试行办法》《上海市公安局民警岗位履职考评试行办法》《上海市公安局派出所领导岗位规范(试行)》以及 20 个民警岗位规范和工作规范等一系列配套文件,初步建成民警分类管理体系。

2009 年,按照市公安局党委关于改革分(县)局考评工作的总体要求,为突出综合考评的导向作用,市公安局政治部开展攻坚调研,在广泛听取分(县)局意见和建议的基础上,对 2010 年分(县)局考评的框架体系、运作程序等作出全方位、大幅度的调整,并出台配套制度规定,推动基层单位根据本单位、本地区实际情况自主开展工作。

三、评授警衔

1992 年,根据《中华人民共和国人民警察条例》《公安部关于评定授予人民警察警衔实施办法》,市公安局开始执行人民警察警衔制度。同年,上海公安机关被授予一级警监 2 人、二级警监 5 人、三级警监 40 人,一级警督 1 831 人、二级警督 3 122 人、三级警督 5 533 人,一、二、三级警司 11 649 人,一、二级警员 1 014 人。12 月 12 日,国务院在北京举行授衔仪式,上海被授予一、二级警监的 7 人参加授衔。12 月 26 日,市政府举行授衔仪式,市公安局被授予三级警监的 40 人和部分被授予警督的干部参加授衔仪式。

1993 年 4 月 1 日,市公安局举行事业单位人民警察授衔仪式,对 3 所学校、2 所医院的民警,授予三级警监 14 人,一、二、三级警督 491 人,一、二、三级警司 277 人,一、二级警员 24 人。至年底,全市已授衔民警 27 036 人。

1995 年,市公安局重新评定专业技术警衔 363 人,其中警监 19 人、警督 222 人、警司 111 人、警员 11 人。

1997 年,在企业公安转制工作中,授衔 828 人,其中警督 395 人、警司 379 人、警员 54 人。武警晋升大校警衔 7 人、上校警衔 29 人、中校警衔 21 人、少校警衔 13 人。

2003 年,市公安局组织实施提前晋升警衔工作,制定《关于上海市公安局提前晋升警衔的实施意见(试行)》,得到公安部的肯定和支持。

2004 年,根据公安部警衔管理的补充规定,警衔报批由原来每年 2 次调整为每年 4 次。

2010 年 7 月 28 日,市公安局举行"上海公安机关三级警监警衔授衔仪式",公安部党委委员、政治部主任蔡安季,市长助理、市公安局党委书记、局长张学兵等领导为 79 名免训晋升同志颁发警衔命令。同年，上海公安机关选升警监 73 人，提前晋升警督 7 人，授予和晋升警督 6 999 人，授予和晋升警司 3 212 人。

四、辞职退职

【辞职】

20 世纪 80 年代，在“出国热”“经商热”的影响下，一部分青年民警辞去公职。1988 年，全局批准辞职 108 人，其中 35 岁以下的占辞职总人数的 96.3%，参加工作不到 5 年的占 72.2%。市公安局政治部制定《关于公安干警申请自费出国辞去公职的补充规定》：凡参加公安工作时间不满 5 年的公安民警，一般不得申请自费出国留学或辞去公职从事其他职业；辞去公职或调离公安机关的一般民警 3 年内，业务骨干（副科、中级职称以上）和掌握重要公安机密者 5 年内，原则上不予批准自费出国留学；辞去公职的公安民警必须全部上交公安装备、在职期间的培训费用和公安部门分配的住房。1988—2010 年，批准辞职 1 271 人（详见下表）。

表 18－1－1　1988—2010 年上海公安机关批准辞职人员统计　　单位：人

年度	1988	1989	1990	1991	1992	1993	1994	1995	1996	1997	1998	1999
辞职	108	28	14	31	47	0	0	48	61	68	88	94
年度	2000	2001	2002	2003	2004	2005	2006	2007	2008	2009	2010	
辞职	79	105	78	68	50	46	56	48	67	43	44	

【辞退】

1988 年 5 月，市政府批复市公安局《关于同意处理不适合做公安工作的人员问题的通知》，对劳改、解除劳教人员、严重违法乱纪而屡教不改的人，以及虽无严重错误，但工作不负责任，文化素质、业务素质、纪律素质较差，经半年以上教育训练并无收效的人，坚决予以辞退，自谋出路。1988—2010 年，辞退 645 人（详见下表）。

表 18－1－2　1988—2010 年上海公安机关辞退不具备民警素质人员统计　　单位：人

年度	1988	1989	1990	1991	1992	1993	1994	1995	1996	1997	1998	1999
辞退	33	41	28	4	7	114	41	31	32	28	31	29
年度	2000	2001	2002	2003	2004	2005	2006	2007	2008	2009	2010	
辞退	30	42	37	32	23	12	23	16	5	3	3	

五、专业技术人员管理

1994 年，上海公安民警队伍中专业技术人员 2 289 人，占总数 6.2%，其中，在专业技术岗位上工作、评定技术职务的 1 916 人，在专业技术岗位上工作、尚未评定技术职务的 373 人（详见下表）。

表 18－1－3　1994 年上海市公安局专业技术人员统计

单位：人

专业系列	合计	正高级	人数	副高级	人数	中级	人数	初级	人数	员级	人数
高教	132	教授	3	副教授	11	讲师	73	助教	45		
职教	143			高级讲师	17	讲师	67	助理讲师	59		
工程	1 032			高级工程师	57	工程师	405	助理工程师	445	技术员	125
法医	56			副主任法医师	6	主检法医师	29	法医师	21		
翻译	66			副译审	1	翻译	46	助理翻译	19		
卫生	127	主任医师	1	副主任医师	4	主治医师	53	医师	58	医士	11
卫生	78					主管护师	13	护师	35	护士	30
卫生	11					主管药师	2	药师	9		
卫生	9					主管技师	3	技师	6		
卫生	1							中医师	1		
新闻出版	35			副编审	5	编辑	17	助理编辑	13		
会计	106			高级会计师	2	会计师	30	助理会计师	50	会计员	24
统计	18			高级统计师	1	统计师	9	助理统计师	7	统计员	1
图书档案	77					馆员	26	助理馆员	34	管理员	17
经济	4					经济师	2	助理经济师	1	经济员	1
社科	4			副研究员	1	助理研究员	2	研究实习员	1		
幼教	16					一级教师	2	二级教师	14		
审计	1					审计师	1				
总计	1 916		4		105		780		818		209

2010 年，上海公安民警队伍中专业技术人员 1 558 人，占总数 3.8%。有工程、刑事科学技术两大系列 4 个任职资格评审委员会，其中高、中级评审委员会各 2 个。

表 18－1－4　2010 年上海市公安局专业技术人员统计

单位：人

专业系列	合计	正高级	人数	副高级	人数	中级	人数	初级	人数	员级	人数
高教	78	教授	2	副教授	16	讲师	51	助教	9		
法医	99	主任法医师	13	副主任法医师	28	主检法医师	43	法医师	15		
鉴定	376			高级工程师	73	工程师	174	助理工程师	116	技术员	13
技侦	258			高级工程师	16	工程师	110	助理工程师	132		
工程	627	教授级高级工程师	2	高级工程师	51	工程师	127	助理工程师	414	技术员	33

（续表）

专业系列	合计	正高级	人数	副高级	人数	中级	人数	初级	人数	员级	人数
翻译	47					翻译	22	助理翻译	25		
卫生	18			副主任医师	3	主治医师	15				
卫生	26			副主任护师	1	主管护师	12	护师	10	护士	3
卫生	1					主管药师	1				
卫生	2					主管技师	2				
卫生	3					主管检验师	2	检验士	1		
新闻出版	13			副编审	5	编辑	5	助理编辑	3		
图书档案	7					馆员	5	助理馆员	2		
社科	3	研究员	2	副研究员	1						
总计	1 558		19		194		569		727		49

第四节　文职人员管理

20 世纪初，上海公安机关为降低行政管理成本，缓解基层警力不足的矛盾，开始探索实施文职制度，主要是将民警承担的技术保障、辅助管理和行政事务方面的一些工作交由文职人员承担。文职人员不具有人民警察身份，不占用公安专项编制，不挤占公安机关经费，由地方政府专项预算保障。2004 年，市公安局浦东分局率先试行文职制度，制定文职岗位设置、文职人员薪酬发放等规定，招录文职人员 157 人上岗，替代民警转出的岗位工作，108 名民警则转到基层一线执法岗位工作。2005 年，市公安局制定文职人员的招聘、考核、薪酬福利、日常管理、民警转岗等制度，招录文职人员 1 086 人，分配至 11 个市公安局部门、8 个分局。

2006 年，市公安局进一步规范各单位文职岗位设置，加强文职工作的规范化和制度化建设，开发“文职人员工作日志”系统，开展“文职岗位示范员”评选活动。同年，招聘文职人员 1 260 人，1 600 余名民警从原事务性岗位转出至执法岗位。

2007 年，市公安局对文职人员的基本工资标准进行调整，提高文职人员的薪酬待遇，落实文职人员疗休养和体检制度，出台个人事项报告制度和职位交流制度。在市公安局指挥部、浦东分局试点推行文职技能等级晋升、评优等措施。

2008 年，组织实施文职人员技能等级晋升工作和辅助管理岗位资格考试，399 名文职人员晋升技能等级。建立按本市职工年度平均工资调整机制。制定《文职人员日常管理办法》《文职人员职务设置和聘任办法》。同年，根据空缺岗位增补文职人员 287 人，并进行窗口服务文职人员和高级文职人员的岗位试点。2009 年，716 名文职人员晋升技能等级。同年，招聘文职人员 1 000 人，置换岗位民警 604 人。

2010 年，针对上海世博会安保警力需求大的情况，招录文职人员 622 人。至年底，共招录文职人员 3 500 余人，置换岗位民警 2 200 人。

公安机关文职岗位分为技术保障、辅助管理和行政事务三大类 35 个岗位。

表 18-1-5　2010 年上海市公安局文职岗位分类

类　别	岗位名称	说　　明
技术保障	医务	从事医疗保健、卫生防疫、常见病的治疗等工作
	心理咨询	组织心理训练、开展心理咨询服务、配合进行心理健康宣传等
	影视制作	从事影视拍摄和编辑、制作等工作
	编辑	对新闻稿件及报刊进行审定、选材和编排工作
	翻译	从事外国语、少数民族语言文字、特种语言的翻译工作,提供口、笔译服务
	文博	从事和文化、博物事业有关的专业工作
	计算机维护	负责计算机设备的日常维护、硬件设施保养和维修;防范和查杀计算机病毒等
	计算机网络维护	负责计算机网络信息系统的日常维护,保证网络正常运作,解决网络技术问题,提供网络技术服务和指导等
	通信设备维护	从事有线、无线通信设备的管理、维护和技术服务工作
	会计	负责财务经费收支核算、账目管理、协助制定经费使用规划等工作
	船艇轮机	负责公安特种船艇机械电子设备的操作、检查、维修和保养
辅助管理	文职(助理)主管	协助对文职人员实施管理、指导、监督等工作
	行政助理	从事人事、教育、宣传等方面的行政辅助管理工作
	文书助理	从事材料、情况的汇总与编写;报表整理与统计;文件收发;各类材料的传递、整理、归档等辅助性工作
	实验助理	协助专业技术民警从事实验室的辅助性工作
	后勤助理	从事装备、总务、车辆等方面的后勤辅助管理工作
行政事务	咨询服务	为居民提供咨询服务,按照程序接收、核对居民申报的证照材料等
	出纳	按照财务管理要求协助开展工资发放、罚没款收缴、经费收支结算、票据登记、报销等工作
	船艇驾驶	驾驶公安特种船艇
	专职驾驶	从事车辆驾驶、保养和维护工作
	交通	从事对文件、资料、信函、装备、物品等进行传递、分发和运送工作
	110 接线	负责接听 110 报警求助电话,做好接线记录,提供内部信息查询等(仅限于市公安局指挥中心)
	信息查询	从事相关信息的查询、反馈和记录等工作
	信息录入	从事相关信息、输入等工作
	档案资料整理	按规定对归档材料进行整理,从事编目、卡片制作和保管修复工作
	文印	负责材料、文稿的打印、装订、复印、登记和文印设备的维护、管理
	话务	从事有线电话总机的接听、查询、转接工作
	后勤事务	在基层所队从事后勤服务方面的事务类工作
	设备操作	负责对特殊及专用机器、仪器等设备的使用、维护
	物料保管	负责登记、保管物品、器材、涉案赃物等
	图像监控	在监管、看守部门监控图像设备

第五节　立 功 创 模

一、获中共中央、国务院、中央军委、公安部、市政府表彰

【获中共中央、国务院、中央军委表彰】

1997年11月26日，市公安局黄浦分局南京东路警署，被国务院授予“南京路上好警署”荣誉称号。

1999年10月4日，上海市公安局消防总队第五支队车站中队，被国务院、中央军委授予“模范消防中队”荣誉称号。

2008年10月7日，上海市公安消防总队赴四川抗震救灾救援大队，被中共中央、国务院和中央军委授予“全国抗震救灾英雄集体”荣誉称号。

2010年，上海公安机关有36个集体、57名个人获中共中央、国务院的上海世博会先进集体、先进个人表彰。

1978—2010年，上海公安系统有8人获“全国先进工作者”荣誉称号，5人获全国五一劳动奖章。

【获公安部表彰】

1984年5月，公安部决定将表彰先进工作者和立功创模活动统一为立功创模活动，规定：个人立功，评记为一、二、三等功、嘉奖和一、二级“全国公安战线英雄模范”称号；单位或集体立功，评记为集体一、二、三等功、嘉奖。

1988年，公安部开展评选全国优秀公安局长活动，至2007年，上海公安系统有3人被评选为全国优秀公安局长。

1989年，公安部开展评选全国优秀科所队长活动，上海公安系统有8人被评选为全国优秀科所队长。

1992年，公安部开展评选全国优秀县(市)公安局活动，1995年起称全国优秀公安局，从2001年起，2年评选1次，至2010年，上海公安系统33个(次)分(县)局被评选为全国优秀公安局。

1994年，公安部开展评选全国(特级)优秀人民警察活动，至2010年，上海公安系统有21人获“全国特级优秀人民警察”称号，301人获“全国优秀人民警察”称号。

1995年，公安部、人事部表彰“全国公安系统先进集体、英雄模范”，上海公安系统有4个集体被授予“全国公安系统先进集体”称号，5人被授予“全国公安系统英雄模范”称号。

1978—2010年，上海公安系统5人获一级英雄模范称号，18人获二级英雄模范称号，114名民警被记个人一等功，76个集体被记集体一等功。

【获市政府表彰】

1979—2010年，上海公安系统82人次获“上海市劳模(先进工作者)”称号，31个集体获“上海市先进(劳模)集体”称号。

二、上海公安系统先进评选活动

“文化大革命”结束后，上海公安机关重新开展评选先进活动，先进层次分两级：市公安局级和分(县)局、市公安局业务处级。1978年后，上海公安机关除进行评功授奖外，还开展专项工作表彰。

【“文明户籍室”】

1989年,市公安局组织开展创建派出所文明户籍室活动,至1993年,命名95个派出所为“文明户籍室”。至1996年,又命名92个派出所为“文明户籍室”。1999年,授予20个派出所(警察署)“文明户籍室”称号。

【廉洁为民】

1995—1998年,上海公安机关为加强廉政建设,激励广大民警廉洁自律、勤政为民,开展廉洁为民表彰活动,表彰廉洁为民先进集体147个次,先进个人717人次。

【“争创人民满意活动”】

1999年,市公安局开展“争创人民满意活动”。2001年,表彰“争创人民满意活动”先进窗口96个、先进个人96人、“窗口”民警100人、社区民警100人。2002—2006年,市公安局在业务部门开展“争创人民满意活动”先进单位评选,刑事侦查总队、科技处、治安总队、城市轨道交通分局、公交分局、经济犯罪侦查总队等单位获“争创人民满意活动”先进单位称号。2007年,市公安局评出“争创人民满意活动”先进集体97个、先进个人295人。2008年,评出“迎世博争创人民满意”活动先进集体113个、先进个人356人。

第六节　离退休人员管理

20世纪80年代,上海公安机关一大批在中华人民共和国成立前和中华人民共和国成立之初参加工作的民警开始退出岗位,办理离退休手续。1984年,市公安局政治部设立老干部处,专门负责离休干部的工作。1987年6月,成立上海市公安局机关退休民警管理委员会,实行分级管理。按照人事隶属关系,分(县)局离退休民警由原所属单位政工部门管理。年底,离休人员775人,退休人员2 134人。

1990年,市公安局建立定期向离退休老干部通报工作、听取意见的制度,定期开展体检和参观活动,关心离退休人员生活。

1991年,市公安局政治部组织离退休老干部下基层宣讲革命传统5场。1992年,市公安局向离退休民警颁发“人民警察荣誉章”。1993年起,组织离退休干部赴外地疗养5批115人,为80多名离休干部改善住房条件。1996年,将高龄、孤老、重病及有特殊困难的246名离退休老同志列入帮困名单,开展帮困工作。至1998年,为高龄、特困的480多人建立卡册,落实帮困措施。1999年10月,建立市公安局老干部活动室。

2000年,部分离退休老同志受市公安局党委委派加入巡视组,对“三讲教育”“三项教育”活动工作进行巡视、指导。2001年,市公安局和部门领导分别走访540位离退休老同志家庭。

2002—2003年,市公安局为4 185位退休人员办理市医疗互助保险基金。与社区签订390位离休干部社区养老协议,为高龄、患重病的离休干部配备家庭医生。2004年,对高龄、重病、孤老、一老养一老等特困老同志实行定人、定时、定内容的个性化服务。2006年,制定《上海公安离退休干部管理服务工作规范》,明确老干部工作岗位的职责任务、办事程序、工作标准等。2008年,对生活有特殊困难的老干部发放护理费、护工费补贴。2009年6月2日,在上海公安博物馆举行上海公安老干部纪念建局60周年暨《1949年上海公安记忆》首发式。2010年,组织部分退休民警参与上海世博会安保工作,分赴轨道、公交、水上安保岗位,其中492人在轨道交通车站出入口执勤。

第二章 纪检监察

改革开放以来,为适应新形势下的公安纪检监督工作,上海公安机关注重对公安工作和民警的监察,注重纪律作风建设,从反腐倡廉、政务公开、纠正不正之风、警示教育、查处违纪案件和整顿纪律作风、建规立制等方面着手,不断加强廉政建设,不断强化监察力度,提高公安队伍执法的公正性、公平性、规范性和廉洁性,建设一支秉公执法、清正廉明的公安队伍。

第一节 廉政建设

一、反腐倡廉

1980—1981 年,上海公安机关结合"五讲四美三热爱"和职业道德纪律教育,开展文明办案、文明执勤、文明用语、礼貌待人活动。

1983—1984 年,上海公安机关按照中央领导在"上海农场打死打伤劳教人员"和"上海少数交通民警以权谋私"等报告上的重要批示,开展专项整纪教育,使队伍逐步树立起学法制、讲政策、守纪律的风气。

1990 年,市公安局党委对各级领导干部廉洁自律提出新的、更高的要求。1993 年 8 月—1994 年 9 月,根据中共中央以及市委、公安部党委关于开展反腐败斗争的部署,围绕领导干部廉洁自律、查处大要案件、纠正行业不正之风 3 项任务,制定《关于贯彻落实近期反腐败工作部署的实施意见》《上海公安系统 1994 年反腐败工作安排》《处以上领导干部廉洁自律的十项规定》等,成立市公安局反腐败斗争领导小组,组织开展治理乱收费、清理"三产"等工作。1993 年,全市公安机关开展"正警容、严警纪、壮警威"活动,深化争创廉洁为民活动。市公安局处以上领导干部退回礼品、礼金 232 人次。年底,市委、市政府党风调查组对上海公安系统反腐败斗争作出"贯彻及时,组织落实,领导有力,取得了较显著的成效"的评估。1994 年,全市公安机关处以上领导干部对照上级规定,在党内民主生活会和组织生活会上,自查自纠,纠正在请客送礼、收受礼品、涉足股市、乘坐进口豪华轿车等方面的问题。

1995 年,市公安局落实领导干部党风廉政"三抓责任制"(主要领导亲自抓、分管领导具体抓、其他领导结合分管业务积极抓),召开案例分析会,6 个发生腐败问题单位的主要领导在会上剖析案由。

1998 年,按照中纪委、市纪委的部署,市公安局突出抓好通信工具、会议费招待费及制止公款吃喝玩乐 3 项工作,解决机关经商办企业问题,在罚没收入、行政事业性收费上实行收支两条线。

2001 年,市公安局开展"三项规范性规定"(领导干部健身活动一律不准接受与其行使职权有关系的单位和个人以及外商、私营企业主提供的各种奖励和赞助的规定,领导干部出国访问不得接受国内企业以及境外中资企业的赞助或邀请的规定,规范领导干部离职和退离休后从业行为的规定)及"四项清理"(因各种原因未向组织申报本人持有因私护照,收受现金和有价证券,副处以上干部配偶、子女从业"两不准"的情况,单位私设"小金库"和银行账户)检查。

2003年,上海公安机关开展领导干部述职述廉工作,领导干部向组织报告个人重大事项(包括配偶、子女的从业情况,以及买卖、置换和出租房屋等情况)。

2006年,市公安局要求各级领导带头执行"四大纪律八项要求""五个不许",并提出加强对"一把手"监督的"四项要求"。全年,4 399名领导干部报告个人重大事项,5 526名领导干部述职述廉;359名民警上交礼品礼金。

2010年4月,市公安局制定《廉洁、勤俭办博六不准》规定,中纪委《党风廉政建设》、市纪委《清风》杂志、市纪委"浦江清风论坛"等刊物和论坛介绍市公安局有关做法。

二、纠正不正之风

1990年11月,市公安局党委作出《关于开展争创廉洁为民先进集体、先进个人活动的决定》,召开千人干部大会,部署全市公安机关开展廉洁为民活动,成立开展廉洁为民活动、纠正不正之风办公室。

1991年,针对公安机关存在的"吃、拿、要"和办"人情案、人情证"等不正之风,全市公安机关开展"全心全意为人民服务,密切警民关系"的宗旨教育、"遵纪守法、拒腐防变"的传统教育和专项整治。

1992年,全市公安机关以户政、交通、治安、外管、边防、消防等部门和警种为重点,开展解决以权谋私、办事不负责任、态度粗暴等问题的治理工作,3 858人次受到查处。

1993年,市公安局对公安279项行政事业性收费进行清理,停止未经批准的收费72项,纠正超标准收费16项。

1994年上半年,市公安局开展"严禁刑讯逼供"专项治理活动。下半年,开展对以权谋私等腐败现象为重点的执法检查,检查材料7万余份,发现、查处执法管理中存在违反法律程序、定性不准、处理不当等问题503件(人次)。

1995年上半年,全市公安机关以派出所、交警、巡警、治安等单位为重点,开展"反特权,治四难"专项整治活动和执法执纪大检查。下半年,开展以"公正执法,正确执法"为主要内容的执法执纪大检查,发现执法管理腐败现象、不正之风问题310件,业务工作违反法规问题875件,违反工作制度问题3 633件。

1996年,上海市组织社会各界人士代表对全市公安系统进行行风评议,检查14个分局的28个警察署、派出所,676名民警因办事拖拉推诿、态度粗暴或"吃、拿、卡、要、报"等问题受到批评教育、纪律处分。清理回收外借外流的公安车辆专用号牌"沪O"号牌122副。

1997年,市公安局开展"巩固行风评议成果回头看"活动,查出涉及不正之风的人和事654起,受到批评教育、纪律处分571人。落实"两不准"规定,遏制公款吃、喝、玩、乐歪风。查处违反"两不准"规定36人,其中行政处分3人、通报批评33人。

1999年,市公安局开展治理"三乱"(乱收费、乱罚款、乱摊派)专题检查11次,暗访公安办证办照收费"窗口"348个,走访办事群众1 224人次,发放问卷调查14 069份。通过检查监督、明察暗访,公安行风建设明显加强,群众满意率月平均为86.6%。2000年,市公安局组织对公安"窗口"单位明察暗访6次,暗访单位172个、走访群众934人次,群众满意率达94.1%。上海开始对行政执法单位进行政风测评,全市公安系统政风测评总分79.94。此后,每年开展这一测评工作(详见下表)。

表 18-2-1　2000—2010 年上海市公安局政风测评结果

年　度	总　分	年　度	总　分	年　度	总　分	年　度	总　分
2000	79.94	2003	87.50	2006	85.66	2009	85.90
2001	81.97	2004	89.75	2007	78.53	2010	88.74
2002	84.07	2005	85.33	2008	83.59		

2001 年，市公安局开展“三项治理”（严禁刑讯逼供、严禁滥用枪支警械、严禁滥用强制措施）工作，修订《上海市公安机关留置室管理规定》，将关押场所体表检查制度向全市派出所（警察署）留置室延伸。

2003 年，上海公安机关相关部门自查贯彻行政检查、行政强制、行政处罚执行“三告知”情况，走访执法相对人 520 人，查阅案卷 1 145 卷。市公安局组织专项评估检查，抽查案卷 500 余卷，询问执法相对人 300 余人。

2004 年，市公安局对“两个违规”（违反规定收取、挪用取保候审保证金，违反规定扣押、没收、挪用机动车）专项治理，收到涉及“两个违规”信访投诉 44 件。对执法中存在的管理服务不到位、态度粗暴冷漠、办事拖拉推诿等问题，开展执法监察。

2005 年，市公安局开展对保外就医、涉外案（事）件办理、涉案财物管理等工作检查和以严禁刑讯逼供为重点的专项治理。

2006 年，针对少数民警办事拖拉推诿、态度简单粗暴、管理服务不到位等政风突出问题，市公安局开展“规范执法行为，促进执法公正”专项整改活动。

2007 年，为解决群众反映突出的政风问题和热点问题，市公安局开展专项检查和整治活动。

2008 年，市公安局开展以整顿违反规定办理取保候审为主要内容的专项治理活动，对 3 402 件取保候审案件进行全面梳理排查。

2010 年，开展警车和涉案车辆专项治理。市公安局成立专项治理工作领导小组，采取每月一考评、一通报、一例会、一座谈等形式，分析、梳理专项治理推进过程中存在的问题和薄弱环节。

三、政务公开与监督

1984 年，针对派出所部分民警在接待群众中出现的“四难”（门难进、人难找、脸难看、事难办）问题，市公安局要求民警端正服务态度，改进工作作风。

1988 年，上海公安机关广泛开展公开办事制度、廉洁为民活动。各分（县）局和市公安局交通处、外管处等部门，从群众最关心、反映最大的事情入手，把凡能公开的政策规定、管理权限、手续程序和审批期限等办事制度，向社会公布，接受群众监督。黄浦分局广东路派出所作为上海市的试点单位，率先实施“两公开”（公开办事制度和公开办事结果）。市公安局业务部门，聘请各界人士做警风监督员，增加社会了解公安、理解公安的渠道。全市公安机关聘请警风监督员 2 775 人。

1991 年，市公安局推广“两公开一监督”（公开办事制度、公开办事结果，接受群众监督）措施，发调查问卷近 2 万份，向社会各界征询意见，通过新闻媒体向社会公布市、区（县）两级公安机关的警风监督电话。1992 年，全市公安机关聘请警风监督员 5 565 人，设立警民联系箱 4 013 个，向社会公开监督电话 54 个。

1997年,市公安局成立政务公开领导小组,推动上海公安机关政务公开,在原有的"两公开一监督"制度基础上,将车辆、驾驶员管理,路政设施管理,交通事故、违章处理,治安、户政、外来人口管理,防火监督、出入境管理,羁押场所会见及纪律等32大类201项内容列入政务公开范围,公开办事条件、程序、期限、投诉渠道等。10月,市公安局对全市88个办事"窗口"政务公开落实情况进行检查。1998年,市公安局聘请特邀警风警纪监督员100人,设立举报监督电话135个、信箱229个;分(县)局和市公安局总队(处)聘请警风警纪监督员1 104人。年底,市公安局收到特邀警风警纪监督员来访来信来电58件。1999年,市公安局组织特邀警风警纪监督员对290个公安"窗口"进行暗访检查。1997—2002年,市公安局对"窗口"单位进行明察暗访3 261个次,走访群众12 491人次,通报批评"窗口"单位168个。

2000年,建立市公安局监督员与分(县)局监督员工作网络,促进外部监督,并邀请52名特邀监督员参加市公安局信访接待。2001—2002年,组织市公安局和分(县)局特邀监督员到基层暗访,参加市公安局的信访接待,参与交通事故公开调解听证,参加"当一天民警"活动。

2003年,市公安局制定《本市部分公安"窗口"单位试行"免于检查、建议、表扬、重点检查"制度的意见》,修订"窗口"服务规范的标准。2004年,市公安局向51个工作规范、服务热情的"窗口"单位发放"表扬建议书",通报批评18个"窗口"单位,责令22个"窗口"单位整改,查处79名民警。同年,行政执法"三告知"和交通、出入境管理等警务公开项目延伸到监管场所和居、村委。在行政审批接待大厅设置触摸屏电脑,公开行政许可内容,接受社会和群众监督行政许可的政务公开。

2005—2007年,市公安局规范经侦、治安、刑侦、交警、消防和出入境管理部门"窗口"服务流程以及派出所出具证明材料等工作,统一办证办照"窗口"的接待受理时间,扩大警务公开范围,落实便民措施。

2008—2010年,市公安局开展以"迎世博、正警风、强服务、树形象"为主题的"窗口"服务实践活动,围绕"端正执法理念、优化执法模式、提升服务形象"目标,建立和完善"窗口"规范服务的长效机制。同时,全市公安机关充分发挥社会监督作用,主动求计问策、走访听取意见,邀请特邀监督员和市民巡访团成员深入公安"窗口"、一线执法服务岗位及上海世博会园区周边地区等开展监督检查。

第二节 警示教育

1983—1984年,针对"严打"行动中有极少数民警违法乱纪的情况,上海公安机关组织民警学习《政法公安人员守则》,加强队伍整顿和教育,增强民警的纪律观念、法制观念、政策观念和保密观念。1985年,上海公安机关从严治警,选择41起民警违纪事例,以发通报、印发案例材料、违纪人员现身说法等形式,剖析原因,举一反三,教育广大民警。

1986—1989年,上海公安纪检部门编发案例通报,摄制法制纪律录像片,举办"廉洁为民严肃执纪"图片展览;选编典型案例事例,编印成《镜子篇》《警戒篇》《警钟篇》《廉洁篇》等小册子,在民警中开展"拒腐蚀、正党风、树形象"的教育活动。

1990—1992年,市公安局选择10起典型案例,汇编成《警钟篇》小册子下发基层。开展全市公安系统党纪政纪条规教育,组织报告会307场次、演讲会80场次、学习班233期,举办"上海市公安局廉洁为民严肃执纪"大型图片展览。

1996年,市公安局在"撤所建署""严打"等工作中,加强民警纪律作风建设,全市民警拒礼拒贿2 676人次、上交礼品869人次。

1997—1998 年，市公安局制定《上海市公安局党风廉政工作责任制的规定》，开展纪律条规主题教育活动，组织 2.5 万多名民警参加测试。编发上海公安民警违法违纪案例小册子《惩腐篇》，组织科、所、队民警学习。

1999 年，市公安局选择典型案例，拍摄《少数民警违法违纪典型案例》《警钟长鸣》教育片，以案例分析、以案论纪、以案说法，至 2010 年，拍摄 13 部，年播放 250—420 余场，观看民警达 37 600—45 700 人次。

2002—2004 年，市公安局开展“三项治理”和“坚持艰苦奋斗、反对享乐主义”专项教育。开展处以上领导干部“廉洁从政、执法为民”主题教育。组织领导干部和全体党员认真学习《中国共产党党内监督条例(试行)》《中国共产党纪律处分条例》。2004 年，市公安局编写《公安民警违法违纪省悟选编》系列读本，至 2010 年共编写 6 册，发至全市公安机关每个基层单位。

2005—2006 年，组织民警观看《塌方后的反思》《贪婪人生不归路》《嫌疑人消失的背后》等警示片，学习典型案例通报和《严禁刑讯逼供》《忏悔——公安民警违法违纪省悟选编》等警示材料。

2007 年，市公安局对因违法违纪被清理出公安队伍的人员进行回访，编印警示教育读本《颤声》。开设廉政网站，设廉政教育专栏、提供 10 部廉政教育片，由民警上网点播，并进行违法违纪情况网上“友情提示”。至 2010 年，上海公安纪检监察信息网上共发稿 31 篇，以一案一评的形式发布友情提示。

2008 年，市公安局开展以“迎接奥运盛会，树立良好警风，规范执法言行”为主要内容的专项教育整改活动。组织全体民警讨论违纪案例通报，观看《窗口之声》专题教育片。

2009—2010 年，市公安局在民警中开展了解、提醒和诫勉谈话工作，滚动排查违纪违规苗子。开展《公安机关人民警察纪律条令》宣传教育活动，组织民警参加知识竞赛、博客征文、廉政短信征集等活动。

第三节 建规立制

1978 年后，上海公安机关在开展教育广大民警遵纪守法工作的同时，还注重制度建设，建立一系列规章制度，依法依规治警，教育民警遵纪守法。

1989 年 8 月，市公安局制定《关于公安干警在公务活动中所受礼品上交处理的规定》。1991 年，向社会公布“交通民警纠正违章先敬礼”和“关于公安派出所 24 小时受理户口的若干规定”。

1993 年，制定《上海市公安局处以上领导干部廉洁自律的十项规定》《上海市公安局关于禁止机关办企业和干警从事经营活动的规定》。经过清理，全局“三产”经济实体停办 24 家、转让 11 家。

1998 年，出台《上海市公安局关于对有轻微违纪行为民警实行警诫的规定》《上海市公安局关于对在押人员实行入所体表检查的规定》《上海市公安局关于加强外单位对公安奖励、捐赠款物管理的若干规定》等 10 多项规章制度。

1999 年 4 月，制定《上海市公安局人民警察违反公安纪律的处理规定》。2002 年 6 月、2006 年 11 月 2 次进行修改，共 100 条。

2001 年，制定《人民警察违反车辆管理规定的处理办法》《关于内部接待保持廉洁的若干规定》《领导干部经济责任审计实施细则》《审计室审计工作规范》以及《关于信访反映本市公安机关领导干部问题适用谈话方式处理的规定》。

2002 年 10 月 1 日起，市公安局对具有行政执法管理职能的治安、交巡警、出入境、消防等警种，试行“行政检查、行政强制、行政处罚”告知制度,对关押(留置)人员入所(室)实行体表检查反馈制度,从源头上遏制办案不文明情况的发生。

2003年,制定《关于贯彻执行公安部“五条禁令”的实施办法》《警务公开工作范围》《关于在开展争创人民满意活动中实行整改制度的暂行规定》《人民警察礼品礼金收交登记规定》《监察领导干部委派制实施细则》《上海市公安局人民警察违反公安机动车辆管理规定的处理办法(试行)》《人民警察自备和借用机动车辆管理规定(试行)》等14项制度。全市公安机关实行“纪委负责人同下级党政负责人谈话制度”“任前廉政谈话制度”和“诫勉谈话制度”。

2004年,制定《关于在本市部分公安“窗口”单位试行“免于检查、建议表扬、重点检查”制度的意见》《关于公安民警在执法中不文明用语的处理规定》《关于进一步加强和规范本市公安机关内部明察暗访的实施意见》《关于进一步规范本市公安机关“一次告知”制度的通知》《关于在出国出境对外公务活动中严格执行外事纪律的通知》等10项规章制度。

2005年,制定《信访工作过错责任追究暂行规定》《上海市公安纪检监察机关加强办信查案工作领导责任制的规定》《关于处分违反党纪的党员批准权限的规定》《关于处分违反政纪的干部批准权限的规定》《关于本市道路(街面)执勤交、巡警配置、使用录音笔的规定》《公安监所被监管人员大账物品集中代购管理规定》等9项制度。

2006年,制定《上海公安机关重点岗位管理监督工作暂行办法》,对缉毒、经济侦查、治安侦查、中国公民出国(境)证件受理、机动车管理、监所管教、基本建设管理和干部考察等16个重点岗位确立管理监督规定和工作规范,推进源头治腐工作,为预防民警职务性违法违纪提供制度保证。

2007年,制定《上海市公安局内部声像监控系统使用和监督管理规定(试行)》,强化监督效能,提高对民警执法管理不规范、不文明、不到位等问题的发现率和纠正率。

2008年,建立特邀(纪检)案件检查员制度、特邀(纪检)案件检查顾问制度。

2009年,为预防民警在公共娱乐服务场所治安管理工作中发生失职、渎职行为,市公安局制定《关于对公共娱乐服务场所治安管理工作失职渎职行为实施责任追究的意见(试行)》,同时发布“七条戒令”(严禁打听案情、通风报信或泄露公安内部信息;严禁办人情证、人情案、通路说情或为违法犯罪活动提供其他方便条件;严禁违规插手工程招标、政府采购、产品销售或利用职务影响参与、插手为他人讨债、抢生意、争地盘等活动;严禁接受可能影响公正执行公务的宴请、财物或变相收受财物;严禁与案件当事人及其亲友、管理相对人、工作关系人等进行非正常交往;严禁在公共娱乐服务场所进行营利性陪侍、色情陪侍性质的消费娱乐活动;严禁利用职务影响入股、变相入股参与经营或介绍亲友到公共娱乐服务场所工作)。

2010年,制定《关于对世博安保工作失职渎职行为的责任追究办法》《2010年世博安保期间表彰奖励和问责追究暂行规定》。

第四节　查处违法违纪案件及违反“五条禁令”

【查处违法违纪案件】

1978年,市公安局纪检、监察部门,克服“三难”(发现线索难、调查取证难、定性处理难),坚持“四个不放过”(坚持发现违法违纪线索不放过,坚持问题不查清不放过,坚持违纪问题不处理不放过,坚持查处后不总结教训、举一反三不放过),对因严重违法乱纪或严重政治问题、不适宜继续担任民警工作的140余人进行查处,并将其调离公安机关。

1982—1994 年，上海公安机关查处利用特权贪污受贿、徇私枉法、敲诈勒索、刑讯逼供、奸污妇女等违法违纪案件，查处违法违纪民警 2 238 人。1995—2000 年，查处民警违法违纪案件 760 起 915 人。

2000 年，全市公安纪检、监察部门坚持“抓早、抓小”方针，定期开展违法违纪苗子排摸，发现问题及时查处，防微杜渐，并结合信访发现违法违纪线索。查处民警违法违纪案件 140 起 172 人。在查处案件中，道德类、失渎职类案件升幅度较大；经济类、侵权类、刑讯逼供案件明显下降。

2001—2005 年，查处民警违法违纪案件 557 起 628 人。从案情看，失渎职类呈明显上升趋势，经济类、侵权类呈明显下降趋势。2006—2010 年，查处民警违法违纪案件 329 起 358 人。从案情看，失渎职类占 38.44%，呈明显上升；道德类占 11.42%，呈明显下降。

表 18－2－2　1982—2010 年上海公安民警违法违纪统计

年度	1982	1983	1984	1985	1986	1987	1988	1989	1990	1991
起数	255	197	105	143	149	170	125	200	209	155
人数	270	205	114	151	155	189	147	218	246	166
年度	1992	1993	1994	1995	1996	1997	1998	1999	2000	2001
起数	99	93	136	114	142	111	120	133	140	125
人数	111	112	154	139	164	134	144	162	172	145
年度	2002	2003	2004	2005	2006	2007	2008	2009	2010	
起数	136	117	90	89	69	72	51	71	66	
人数	150	132	100	101	77	80	54	79	68	

资料来源：《上海公安志》（上海社会科学院出版社 1997 年版）《上海公安年鉴》（1996—2011 年）。

【查处违反“五条禁令”】

2003 年公安部发布“五条禁令”（一、严禁违反枪支管理使用规定，违者予以纪律处分，造成严重后果的，予以辞退或者开除；二、严禁携带枪支饮酒，违者予以辞退；造成严重后果的，予以开除；三、严禁酒后驾驶机动车，违者予以辞退；造成严重后果的，予以开除；四、严禁在工作期间饮酒，违者予以纪律处分；造成严重后果的，予以辞退或者开除；五、严禁参与赌博，违者予以辞退；情节严重的，予以开除）后，市公安局制定贯彻执行公安部“五条禁令”实施办法，全市各级公安机关召开动员会 425 次，印发“五条禁令”卡片 47 840 张，发放《致全市公安民警家属的公开信》38 628 封。市公安纪检部门召开“新闻通气会”，向新闻媒体通报和介绍情况，通过广播电台与听众交流，形成社会、家庭、群众和舆论共同监督民警执行“五条禁令”的氛围。市公安局抽调机关干部成立 20 个工作组，到基层单位检查、指导和监督。梳理和排摸出重点单位 119 个次、重点班子 37 个次、重点人员 3 644 人次、重点问题 1 690 个次，并落实整改措施。全市公安机关查处违令案件 18 起，涉案民警 21 人，其中 15 人被清理出公安队伍，6 人受到纪律处分；追究 24 名领导的责任，其中 7 人受到处分，1 人被免职。2005 年，市公安纪检部门组织全市各级公安机关建立“五条禁令”动态签约机制，并开展加强养成教育、管理监督和节日检查等工作。全年，查处违令案件 8 起，涉案民警 10 人（酒后驾车 4 起 4 人、赌博 4 起 6 人），其中 3 人被开除，7 人被辞退；追究领导责任 5 人（行政记过 1 人、行政警告 4 人）。至 2010 年，共查处违反“五条禁令”69 起、民警 76 人。

第三章 督　　察

1997 年 9 月，市公安局警务督察队成立。按照公安部和市公安局的部署，全市公安警务督察部门围绕重大活动安保工作、内部管理、警务部署等工作，明察暗访、专项督察、现场督察、随警督察等方式，对各级公安机关及其民警在依法履职、行使职权、遵守纪律等方面情况开展督察，并维护公安民警正当执法权益，保证公安机关正规化、法治化建设，健全完善公安机关的督察监督工作机制。

第一节　安 保 工 作

1998—2000 年，市公安局警务督察部门开展对克林顿访沪、上海“两会”、’99《财富》全球论坛・上海年会和国庆等重大安全保卫工作落实情况现场督察，督察民警执勤、履职和警容风纪等情况，查纠民警违纪违规行为 100 余人次，提出督察建议 30 余条。

2001—2003 年，围绕 APEC 贸易部长会议、亚行年会、全国以及上海“两会”安保工作，全市公安警务督察部门开展现场督察，对涉及 APEC 贸易部长会议的交通管制区域和高架沿线区域的安保工作以及重点单位的备勤力量，对涉及亚行会议中心区域安保工作、16 个宾馆周边 1 000 米范围内的治安防控工作、6 个重点区域的屯兵点等情况开展现场督察，发现治安问题 57 个，提出督察建议。

2004—2005 年，全市公安警务督察部门对全国和上海“两会”、重大节日以及 ESCAP 年会、世界银行全球扶贫大会、2004 上海国际汽车街道赛、F1 摩托艇世界锦标赛上海站比赛等安保工作现场督察，检查警力到岗、民警履职、参战单位装备配备、屯兵点备勤等情况。

2006—2007 年，全市公安警务督察部门对上海合作组织峰会、特奥会、非行年会和女足世界杯等重大安保工作开展专项督察，检查会场、周边区域的警力到岗、民警履职及工作状态、参战单位装备配备、屯兵点备勤等情况，并形成督察专报，提出督察建议，帮助有关单位落实整改措施。

2008—2010 年，全市公安警务督察部门围绕北京奥运会、上海世博会等重大安保活动，采取专项督察、随警督察和明察暗访等方式，出动警力 10 159 人次，开展专项督察 1 987 次，检查单位 13 911 个次，检查民警 42 849 人次，发现问题 4 002 个，提出督察建议 4 236 条，帮助有关单位落实整改措施 1 090 项，开具《督察通知书》《督察建议书》300 余份，发督察专报、情况 1 597 期，督促各单位落实重要安保工作措施。

第二节　内 部 管 理

一、车辆

1998 年，市公安局警务督察队制定《对本市公安机动车辆违章停放开展现场督察的处理办法》，对公安以至政法系统的车辆违章行驶、停放等问题，开展多次现场督察。检查“沪 0”“沪警”号牌机动车辆 1 959 辆，查纠 533 辆，暂扣违反规定使用警车 10 辆、警灯 20 只、警用标志 30 块，收回外流“沪 0”牌照 5 块，张贴《告知单》35 张，开具《督察意见(通知)书》45 份。2000 年，对政法系统车辆管理工作开展现场督察。对公安民警酒后驾车和公车私用问题开展专项督察 30 余次。2001 年，全市公安警务督察部门对警用车辆管理实施常态化督察。2003 年，开展警用摩托车整治验收。2010 年，专项治理警车和涉案车辆违规问题，查纠警车违规问题 1 500 余起(次)，收回外借警车 19 辆、警用号牌 8 副。

二、枪支

1999 年，上海公安一线民警实行配枪执勤后，全市公安警务督察部门开展检查，对夜间治安巡逻配枪执勤民警开展现场督察，纠正配枪执勤不规范行为，消除隐患问题。2001 年，公务用枪督察工作常态化。2003 年，检查枪柜使用和管理情况。2006—2010 年，开展公务用枪管理工作的常态督察。

三、窗口

2000 年，市公安局警务督察队会同纠风办，对 19 个区县的公安交巡警部门及 3 个机动车驾驶员考验场的办证办照窗口、治安系统“一条龙”服务窗口和 40 个派出所(警察署)的户籍治安窗口、外来人口服务站等，执行警务公开制度、规范服务等情况进行明察暗访，走访办事群众 175 人，对少数单位存在的问题提出整改意见。2001 年，全市公安警务督察部门将“窗口建设”作为警务督察日常工作来抓。2006 年，每月会同治安、交警、后保等部门对分(县)局“窗口”受理单位、“窗口”声像监控系统和交、巡警使用录音笔情况等开展现场督察。2009 年，对执行“五条禁令”“五个严禁”“七条戒令”及公安内部管理、窗口服务进行常态督察。

四、监所

2001 年，全市公安警务督察部门将监所管理纳入警务督察日常工作。2002 年，对全市公安机关监所管理工作开展专项督察。2003 年，市公安局警务督察部门对全市公安机关留置室改审讯室、收容遣送工作进行督察。2004 年，对留置、盘问工作情况开展现场督察。2005 年，对全市公安机关治安拘留所的硬件设施、规章制度等方面情况开展专项督察。2007 年，会同市公安局法制办和监管处，成立联合检查组，对全市 22 个看守所和 10 个行政监所，进行执法检查和专项评估检查，并着重对超期羁押催告、械具使用、监所出入口视频监控系统进行专项督察。

第三节　警 务 部 署

1998—2000 年，全市公安警务督察部门通过明察、暗访等方式对开展的“春季”“夏季”和“秋冬”三大战役的“严打”斗争进行专项督察。1999 年，市公安局警务督察队组织 20 个分(县)局、4 个业务总队的警务督察队，对全市 44 个治安问题突出区域的整治工作开展现场督察。2000 年，全市公安警务督察部门对集中整治长途汽车站治安秩序、打击“飞车抢劫、抢夺”犯罪专项行动开展现场督察。

2001 年，全市公安警务督察部门对市、区(县)级 62 个治安秩序混乱地区、25 个突出治安问题整治情况，公安部 A 级通缉令的落实布控情况开展督察。2002 年，对“打黑除恶”、打击“两抢一盗”、禁毒专项行动、追逃等工作部署和执行情况开展督察。2003 年,对 68 个派出所(警察署),刑侦、治安、交巡警支(大)队和 103 个卡点,在“打团伙、挖窝点、追逃犯、破大案”集中统一行动中的工作情况开展督察。

2007 年 4 月 24 日,警务督察部门现场督察交通整治工作

2004—2007 年,全市公安警务督察部门对打击“两抢一盗”、排摸整治治安复杂地区工作、打击街面犯罪百日竞赛活动、打击抢夺车内财物犯罪活动和打击涉嫌黑恶势力违法犯罪活动等工作开展专项督察。2008 年,重点督察打击“两抢”犯罪、打黑除恶、禁毒专项斗争、命案侦破“四大战役”,“三基”工程建设落实情况,着力解决个别单位(民警)存在的执行上级命令、决定不坚决,工作责任不落实,作风松垮等问题。

2009—2010 年,全市公安警务督察部门对“迎世博、保平安”打击整治攻坚战开展现场督察,对“冬季行动”“严打整治”等专项整治工作进行全程随警督察,明察暗访,检查单位 1 800 余个,提出督察建议 412 条,发现并督促整改问题 165 个。

第四节 维护民警执法权益

2000 年 2 月,上海市公安局人民警察正当执法权益保护委员会成立。8 月,各分(县)局人民警察正当执法权益保护办公室(简称“保护办”)成立。年底,市公安局和分(县)局共受理涉及侵害民警权益案件 130 件,查明实情,为 186 名民警恢复名誉,对 21 名受严重侵害并在执行公务中保持理性、文明的民警表示慰问。

2006 年 5 月,上海市公安局人民警察正当执法权益保护委员会更名为上海市公安局维护公安民警执法权益委员会(简称“市公安局维权委”),下设办公室(简称“市公安局维权办”);各分(县)局成立维护公安民警执法权益委员会,下设办公室[简称分(县)局“维权办”]。市公安局、分(县)局维权办由挂靠政工部门调整至各级警务督察部门并增挂“维权办”牌子。同年,市公安局制定《关于办理袭警案件的若干规定》,市公安局维权委制定《关于进一步加强维护公安民警执法权益工作意见》,加强现场维权保护和民警精神不受伤害的保护。

2007 年,市公安局维权委下发《关于进一步健全维护公安民警执法权益机构,切实加强维护公安民警执法权益工作的通知》,开展民警在处置酒后滋事中防范遭袭击的专题调研,发布典型案例分析报告和维权信息,强化民警防范意识和维权意识。同年,发生不法侵害民警执法权益案件 548 起。市公安局慰问因公受伤民警 120 人。

2001—2010 年,发生不法侵害民警执法权益案件 10 221 起。

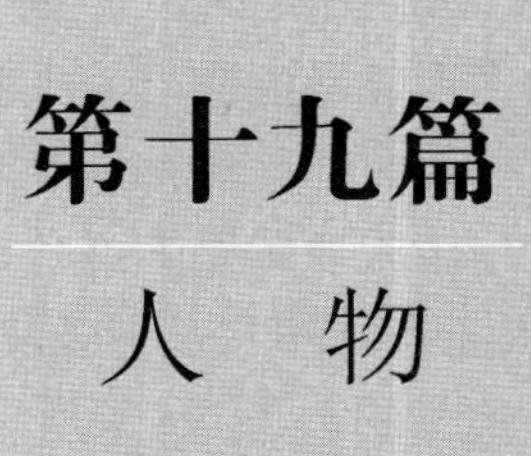

第十九篇

人　物

本篇分人物传略、人物简介、烈士表、先进集体和个人表(部分)共4章。人物传略和人物简介记述本轮修志断限内获得过全国先进工作者、公安部一级英雄模范等荣誉称号和为上海公安工作作出重要贡献的民警,担任过市公安局主要领导的同志。人物传略依卒年为序排列,人物简介按照市公安局主要领导担任时间、荣誉称号授予时间先后排列,烈士表依卒年为序排列。前志已收录的人物,本篇人物传略不再收录。在追捕违法犯罪嫌疑人、执行公务、抢救国家财产、保护人民群众时光荣牺牲的民警;以及被评为全国、市级先进集体和被国务院、中央军委,公安部、市政府授予“英雄模范”“劳动模范”“先进工作者”“人民满意的公务员”等称号的个人(涉密集体和个人除外)列表收录。

第一章　人物传略

周正祥(1932—1992)

江苏建湖人,中共党员。1951年1月进入上海市公安局交通处工作,任炊事员。1954年8月任邑庙分局交通队民警。1959年调黄浦分局交通队四中队。1985年调上海激光技术研究所。1955—1958年先后获得全国民警治保一级模范、保卫社会主义建设积极分子、市级青年积极分子,市公安局优秀青年民警等荣誉。1992年7月25日病逝。

在工作中,注意改进交通管理的薄弱环节,保证车辆安全通行;并以进课堂、办展板等方式开展宣传教育。在执行安全保卫任务中,不顾危险,用身体保护被踩踏群众。

张成奎(1927—1993)

安徽休宁人,中共党员。1937—1940年在安徽休宁、屯溪一些店铺当学徒。1951年2月进上海市公安学校学习,4月毕业后进真如分局工作。1956年先后担任派出所副所长、副指导员。1955年获全国民警治保一级模范称号,并出席全国功模大会。1956年被评为保卫社会主义建设积极分子。1958年、1959年被评为普陀分局先进工作者。1993年1月29日病逝。

在中曹路派出所工作期间,深入辖区,走街串巷,发动群众积极分子,查获各类犯罪分子40余人,为改善地区治安面貌作出贡献。

王　伟(1974—1995)

江苏盐城人,共青团员。1993年12月参加公安工作,任长宁分局巡警大队四分队民警。1995年3月15日在执行巡察任务、维护治安交通秩序时,被犯罪分子故意伤害,光荣牺牲。3月被市公安局追记一等功,被共青团上海市委追授"市新长征突击手"称号,5月被市政府批准为革命烈士。5月11日市公安局召开王伟同志革命烈士命名大会,市委副书记王力平出席并讲话。市公安局党委作出《关于开展向王伟同志学习活动的决定》,号召全局民警学习王伟的光荣事迹。

在1年多的巡警工作中,严以律己,恪尽职守,在与其他巡警一起值勤中,处理各类事故、案件1 646起,抓获违法犯罪嫌疑人16人。《解放日报》《新民晚报》等报道其先进事迹。

端木宏峪(1927—1995)

江苏苏州人,中共党员。幼年入私塾念书,12岁时,父亲病故,辍学外出打工。1942年误入汪伪政府南京宪兵部队。1946年5月投奔中国人民解放军华东野战军,后任中共中央华东局社会部武工队文书。1947年10月加入中国共产党。1948年济南解放后,转入济南市公安局刑警队。1949年5月27日上海解放,奉命随济南市公安局长李士英南下接管国民政府上海市警察局。6月2日上海市人民政府公安局成立，先后任刑侦处二科盗案股副股长，治安处刑一队长、刑事侦察处长等职。1995年9月3日病逝。

在几十年刑侦生涯中，率领刑侦民警侦破无数起大案要案，被誉为“江南名探”。1992年，市公安局拍摄电视专题片《大侦探——端木宏峪》。1998年，刑事侦察总队在本部大院为端木宏峪竖半身铜像，纪念其对上海刑侦工作作出的杰出贡献。

陆卫涛(1961—1996)

上海崇明人。1992年2月参加公安工作，崇明县公安局建设镇派出所民警。1996年6月18日在执行任务中英勇牺牲。1997年3月被市政府批准为革命烈士。市公安局党委和崇明县委联合召开陆卫涛革命烈士命名大会。被市公安局政治部追记一等功，被共青团上海市委追授“市新长征突击手”称号，崇明县号召全县人民“学习陆卫涛烈士的拼搏精神，努力建设新海岛”。

从事公安工作4年多，2次获县公安局嘉奖，先后参与侦破、查处刑事案件40多起、治安案件60多起，查获违法犯罪嫌疑人150多人。

扬　帆(1912—1999)

原名石蕴华，曾用名殷扬，江苏常熟人，中共党员。1932—1936年，在北京大学读书期间，先后加入北京民族解放先锋队、北京左翼作家联盟、北京新兴语文运动联盟、北京大学救国会，并参加“一二·九”学生爱国抗日运动。1936年，在南京任地下各界救国会训练部长。1937年8月加入中国共产党，在上海任文化界救国会组织股长。1939年率领演剧团赴皖南慰问新四军代表团，任临时党支部书记、演剧团副团长。后留新四军军部，任文化队指导员，司令部秘书，军法处科长、处长。1944年10月—1947年8月任中共中央华中局敌区工作部长、联络部长。1947年9月—1949年5月任中共中央华东局社会部副部长、中共华中工作委员会情报部长、上海市军事管制委员会公安部副部长。1949年6月2日任上海市人民政府公安局副局长，1950年6月任局长。1951年12月任华东军政委员会公安部副部长，1952年6月兼任上海市公安局副局长。1955年因“潘汉年、扬帆反革命集团”冤案被捕，前后关押26年。1980年4月公安部为其平反，并恢复党籍。1983年8月给予彻底平反，恢复名誉，任上海市政协常委。1984年6月经中共中央组织部批准予以副市级待遇。1985年12月离休。1999年2月20日病逝。

上海解放初期，按照市委部署，组织开展肃反工作、打击特务破坏活动，为上海恢复生产和社会秩序奠定基础。在镇反运动中，坚持对敌斗争方针政策，讲究策略。在肃清毒品工作中，组织领导全市范围的集中统一搜捕，为肃清毒品工作作出贡献。

李士英(1912—2001)

河南内黄人，中共党员。1927年参加农民运动，同年秋加入共产主义青年团，1929年转为中共党员，任中共清丰县委委员、共青团县委书记。1930年任中共直南特委巡视员、中共北方局交通员。同年底在中共中央特科三科工作。1932年5月在与叛徒斗争中被捕。1937年8月趁乱逃出

监狱，即赴延安。1938 年 2 月到中央敌后工作委员会工作。1939 年 9 月受党组织委派护送周恩来去苏联治病，后留苏联，在共产国际开办的中国党校参加学习。1944 年春回到延安。1946—1948 年任中共华中分局社会部副部长，苏皖边区政府公安总局副局长、局长，中共中央华东局社会部副部长。1948 年 6 月任山东昌潍特区保安司令部司令员兼政委。1948 年 9 月济南解放，任中共济南特别市市委常委、市公安局长、山东省公安总局长。1949 年 5 月 27 日上海解放，任中共上海市委委员、上海市军事管制委员会公安部副部长、上海市人民政府公安局长。1950 年 1 月任中共中央华东局委员、华东军政委员会公安部长。1951—1955 年任山东省公安厅长、省人民政府副主席、中共中央山东分局组织部长、纪律检查委员会第二书记、山东省委副书记。1955—1960 年任最高人民检察院党组成员、副检察长。1961—1966 年任江苏省委书记处书记、常务副省长。“文化大革命”期间，遭受迫害，蒙冤 10 年。1978 年 12 月复查平反，任最高人民检察院党组成员、副检察长、中共中央纪律检查委员会常委。1983 年退居二线，任最高人民检察院顾问、咨询委员会主任，国家安全部特邀顾问。2001 年 8 月 15 日病逝。

长期从事保卫等工作，具有丰富的经验，在上海刚解放时兼任市公安局主要领导，按照市军管会的部署，接管市、区旧警察机关，改造旧警察队伍，建立人民公安机关，肃清国民党残渣余孽，打击特务破坏活动，维护社会治安秩序，使人民群众迅速恢复生产。

肖玉泉(1963—2002)

安徽巢湖人，中共党员。1994 年参加公安工作，杨浦分局交巡警支队五中队民警。2002 年 2 月 15 日病逝。

立足本职岗位为群众排忧解难，在家境贫寒的情况下，尽己所能，对困难群众予以帮助。其数年如一日帮助一对素昧平生的残疾母女排忧解难的事迹，被评为 1999 年度市公安系统精神文明十佳好事。曾先后 3 次获得嘉奖，1 次被评为优秀共产党员。在 2001 年 APEC 会议安保工作前，参加开道车手培训期间，忍着病痛的折磨，以超人的毅力和优异的成绩完成训练任务，立个人三等功。2002 年 4 月被公安部追授为全国公安系统一级英雄模范称号。中共中央政治局委员、书记处书记、中央政法委书记、国务委员罗干会见肖玉泉的妻子张美丽及其女儿，高度称赞肖玉泉的事迹和崇高精神。市委、公安部先后发出向肖玉泉学习的《决定》和《通知》。

陆 政(1917—2002)

江苏吴江人，中共党员。1936 年 2 月参加中共地下党领导的上海职业界“救国会”“同乐歌咏社”等组织。1938 年 5 月加入中国共产党，7 月参加新四军，任新四军教导五队学员、军部军法处巡视员、苏北挺进纵队军法处审讯股长。1940—1949 年任江苏省泰兴县人民政府保安科长、苏中第三专员公署公安局长、苏中第三地委靖江县委书记兼独立团政委、苏中军区政治部保卫部长、华中十一纵队政治部保卫部长、第十兵团政治部保卫部长。1949—1952 年任江苏省苏州市军事管制委员会公安部长、福建省福州市军事管制委员会公安部副部长、福建军区十兵团政治部保卫部长。1952—1965 年任军委空军政治部保卫部长，并授予大校军衔。1965—

1966年任上海市公安局党组副书记、副局长。“文化大革命”期间，遭受迫害，后安排工作，任市公安局党委常委。“文化大革命”结束后，任市公安局党组副书记、副局长。1981—1985年任市政府副秘书长。1985年任市城市建设规划委员会顾问。1996年2月按副市长级待遇离职休养。2002年5月4日病逝。

“文化大革命”结束后，恢复担任市公安局主要领导，在拨乱反正的工作中，负责“揭批查”(揭发、批判“四人帮”罪行，清查其帮派)运动，解决干部队伍中各种遗留问题，注意考察和选拔领导干部，开展上海公安机关队伍建设、组织建设工作。

陈卫国(1958—2003)

上海人，中共党员。1977年参军，在海军东海舰队厦门水警区服役。1981年复员回上海，参加公安工作，任浦东分局金杨派出所民警。2003年2月8日，与民警季心开在辖区查处1起群众举报卖淫案件时，突遭隐藏在暗处的3名歹徒袭击，被刺成重伤，但仍以顽强的毅力与犯罪嫌疑人进行殊死搏斗，经送医院抢救无效，于2月12日牺牲。

从警20年，在与违法犯罪分子的斗争中，多次冒着生命危险抓捕犯罪嫌疑人。2次被评为优秀公务员，1次获嘉奖，2002年立个人三等功。2003年2月被公安部追授为全国公安系统一级英雄模范，被上海市政府批准为革命烈士。市委、公安部先后发出向陈卫国学习的《通知》和《决定》。3月23日，中共中央总书记、国家主席胡锦涛作出重要批示：“要大力宣传陈卫国同志勇斗歹徒，不幸以身殉职的英雄事迹和一心为公，忠于职守的崇高精神，树立公安干警的良好社会形象。”

徐庆友(1927—2004)

安徽六安人，中共党员。1945年在上海利泰印花厂当学徒。1950年参加上海公安消防工作。历任消防队长、指导员，区队副队长，战训科副科长，消防处副处长、处长，武警上海消防总队总队长，市公安局巡视员等职。2004年5月26日病逝。

为20世纪50年代上海公安消防队伍中业务技术过硬、战斗作风顽强的先进典型之一。1953年任市公安局消防处第一区队虹镇分队副队长时，因防火和灭火事迹，立一等功。1956年被评为一级英雄模范，出席全国民警治保功臣模范代表大会，受到毛泽东等党和国家领导人的接见。1959年被评为上海公检法先进工作者。“文化大革命”期间，受到冲击。1982年被评为市公安局先进工作者。

易庆瑶(1939—2004)

江苏盐城人，生于江西省南丰县，中共党员。1957年9月考入复旦大学法律系，1958年9月转入上海社会科学院政法系学习。1961年9月大学毕业分配至市公安局工作。“文化大革命”期间，受到迫害，下放市劳改局劳动玻璃厂劳动。1975年4月平反调回市公安局工作。1975年4月—1984年1月先后在市公安局治安处、办公室工作。1984年10月任副局长。1990年10月任市公安局党委副书记、副局长。1998年4月任市政府副秘书长。2000年2月当选第九届上海市政协常委、社会和法制委员会副主任。2004年8月19日病逝。

长期从事公安工作，具有丰富的经验。担任市公安局领导后，注重公安业务、基层基础和民警队伍"三项建设"等工作，组织领导"严打""严防""扫黄""除六害"等专项斗争，整顿社会治安秩序，为改革开放和经济社会发展创造良好治安环境。

严德海(1962—2005)

河北乐亭人，中共党员。1981 年 8 月进入上海自行车公司汽车队当工人。1985 年 12 月在上海体育运动技术学院当运动员。1988 年 12 月进入市公安局杨浦分局巡警支队工作。历任巡特警大队副大队长、大队长。立个人三等功 2 次，获得嘉奖多次。

从警期间，在与违法犯罪分子斗争中，冲锋在前，不怕牺牲，多次与歹徒斗智斗勇。担任领导干部后，严格训练队伍，率队参加多项比赛并取得好成绩。2005 年 6 月 21 日晚，杨浦区发生 1 起放火案件，他带领民警赶到现场，见 1 名中年男子在家中浇洒汽油扬言放火，在点火紧急关头，置生死于度外，破门而入将中年男子制服，避免火势的大面积蔓延，保护周边居民的生命财产安全。因其身体大面积严重烧伤，经抢救无效于 7 月 1 日牺牲。被市政府批准为烈士，被市公安局追记个人一等功。市委政法委、杨浦区委、市公安局党委先后作出向严德海学习的《通知》和《决定》。

蔡立群(1954—2009)

福建厦门人，中共党员。1970 年 12 月参加中国人民解放军。1978 年 5 月参加公安工作，担任上海市公安局治安处、刑侦处民警，先后任刑侦处政治处副主任、主任，刑侦处二队指导员，刑侦总队二支队、十支队政委，十支队、四支队支队长，浦东分局刑侦支队支队长。2009 年 3 月病逝。曾立个人三等功 4 次，受嘉奖 12 次，获公安部"全国优秀人民警察"称号 1 次。2009 年 3 月被公安部授予一级英雄模范称号。

长期从事公安刑侦工作，带领民警侦破大量案件，担任浦东分局刑侦支队支队长期间，总是在第一时间赶赴案发现场，指挥案件侦破工作，浦东分局刑侦支队涌现出一批优秀侦察员和岗位能手，多次立集体二等功，取得队伍建设、业务建设双丰收。

张　浩(1972—2011)

浙江金华人，中共党员。1993 年 7 月参加公安工作。先后任上海市公安局刑侦总队五支队侦察员、探长、挂职副支队长。2008 年被评为上海刑侦十佳业务能手、市公安局"迎世博争创人民满意"活动先进个人。2009 年 1 月立个人三等功。2010 年 8 月获上海市"服务世博奉献世博"立功竞赛嘉奖，10 月被评为世博安保先锋，11 月获公安部一级英雄模范称号。2011 年 6 月 24 日病逝。

在追逃工作中，利用现代警务机制建设成果，运用信息化开展追逃工作，提出的信息化追逃"技战法"在全市推广运用，在世博安保工作中发挥积极作用。

赵文卿(1918—2011)

山东益都人，中共党员。1938 年 11 月参加革命工作，并加入中国共产党。1939 年 10 月任益寿县委社会部科长、渤海区委社会部干事。1941 年 3 月任山东寿光县公安局科长、股长，渤海行署公安局副科长，临淄县公安局长。1947 年底进华东建设大学学习。1948 年 5 月任兖州市公安局科长、新海连市公安局副局长。1949 年 3 月调中共中央华东局社会部，随军南下，参与接管国民政府上海市提篮桥警察分局工作，任接管专员。1949 年 5 月任市人民政府公安局提篮桥分局长，后任市公安局治安处科长，嵩山、普陀公安分局长。1957 年任普陀区委副书记、副区长、书记兼区长。1981 年 9 月任市公安局党组副书记、常务副局长。1984 年 1 月任市公安局顾问、党组成员。1986 年 2 月任市公安局咨询委员会主任。1989 年 3 月离职休养。2011 年 6 月 27 日病逝。

重返公安战线工作，殚精竭虑，兢兢业业，在“严打”斗争、维护社会治安、综合治理和处置突发事件中，同局领导班子成员一起，坚决贯彻中央、市委的方针和部署，缜密筹划、精心组织、果敢实施并身体力行，指挥、战斗在第一线。

叶志三(1931—2012)

江苏宿迁人，中共党员。1950 年 11 月参加公安工作，任普陀分局一股、二股及刑侦队民警。1973 年 2 月任普陀区房地局材料公司运输队负责人。1977 年 2 月回普陀分局刑侦队，先后任副队长、队长。1980 年被推选出席全国公安保卫战线先进表彰大会，并被公安部授予一级英雄称号。1983 年 2 月任市劳改局上海农场劳教三大队党支部副书记、副大队长。1985 年 1 月起在市公安局刑侦处办公室工作，先后任刑侦五队侦察员、队长。1992 年 6 月退休。2012 年病逝。

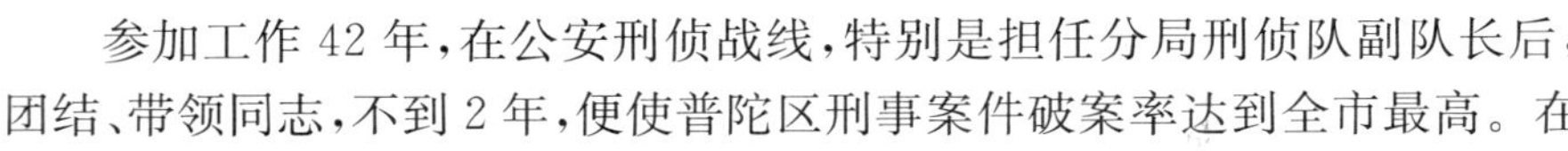

参加工作 42 年，在公安刑侦战线，特别是担任分局刑侦队副队长后，团结、带领同志，不到 2 年，便使普陀区刑事案件破案率达到全市最高。在任何岗位都始终保持工作热情，具有顽强的工作作风和刻苦钻研的精神，曾 6 次被共青团市委、区委授予“青年积极分子”“青年突击手”等称号，9 次被评为普陀区公安保卫战线先进工作者，2 次被评为上海市公安保卫先进工作者。

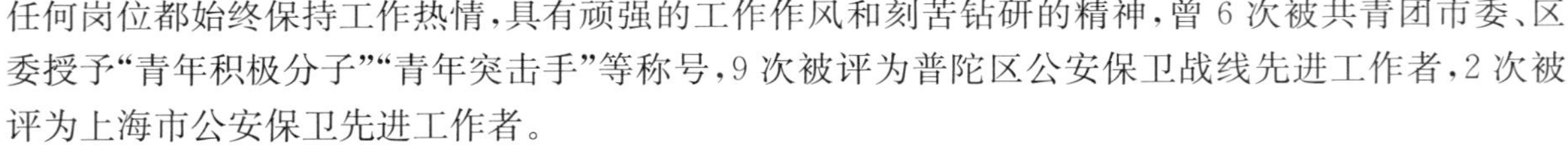

胡瑞邦(1934—2012)

上海人，中共党员。1951 年 1 月参加中国人民解放军海军。1952 年 5 月为海军吕梁山舰航海兵。1954 年 3 月进海军指挥学校学习。1960 年 8 月先后任海军 22 支队实习航海长、航海长，海军某潜艇副艇长、艇长。1969 年 12 月进海军东海舰队巢湖“五七”干校学习。1970 年 10 月任海军 22 支队艇长。1973 年 7 月任海军 23 支队教导队长。1976 年 8 月任海军 22 支队司令部军务科长。1982 年 1 月转业至上海市黄浦区粮食局，8 月任黄浦区粮食局副局长、党委委员。1983 年 8 月任黄浦区委书记。1990 年 10 月调任市公安局党委副书记兼政治部主任。1992 年 12 月任市高级人民法院党组书记。1993 年 2 月任市高级人民法院院长、党组书记。1998 年 1 月—1998 年 2 月任市高级人民法院院长。2004 年 4 月退休。2012 年 7 月 16 日病逝。

在任市公安局党委副书记兼政治部主任期间，贯彻执行党关于公安工作的方针政策，按照市公安局党委的工作指导思想，从政治理论素养、思想作风建设和业务技能培训等方面，全面加强公安队伍建设，提出加强公安工作政治思想建设的指导性意见，为加强上海公安队伍建设发挥重要作用。

石祝三(1929—2013)

浙江鄞县人,中共党员。1946 年 6 月参加革命工作并加入中国共产党。1949 年 10 月先后任上海市公安局科长、办公室主任、市公安局副局长、党组副书记,市委常委、政法委员会书记,市人民检察院检察长、党组书记,中国人民政治协商会议上海市第八届委员会副主席,上海市检察学会名誉会长。2013 年 5 月 8 日病逝。

长期从事公安工作,有强烈的革命事业心和政治责任感,立场坚定,旗帜鲜明。"文化大革命"中受到迫害。1984 年出任市公安局副局长、党组副书记后,努力贯彻党中央关于"严打"工作的一系列方针政策,狠抓刑事侦查工作,推进社会治安防范,落实综合治理各项措施。

黄　石(1924—2014)

江苏武进人,中共党员。1947 年 10 月加入中国共产党。1948 年 11 月在华中大学学习。1949 年 4 月任中国人民解放军海军一纵队秘书,6 月任市公安局刑侦处办公室科员。1952 年 9 月任市公安局治安处办公室副科长。1956 年 1 月起任市公安局刑侦处、治安处办公室副科长。"文化大革命"期间遭迫害。1973 年 5 月任市公安局治保处办公室干部、办公室主任,市公安局办公室副主任等职。1985 年 12 月离休,享局级待遇。2014 年 10 月 14 日病逝。

数十年来潜心研究刑事侦查理论,被聘为中国刑警学院客座教授。作为副主编参与公安部统编教材《刑事侦查总论》的编写工作,撰写并发表近 100 篇理论文章。

林道生(1917—2014)

湖北黄冈人,中共党员。1936 年 4 月参加革命,同年加入中国共产党。1936 年 4 月—1937 年 11 月在红军第二十八军便衣队工作。1937 年 11 月—1943 年 9 月先后任新四军四支队司令部政治部文书、科员、总支书记,江北指挥部军法处科员,二师六旅政治部股长、副科长、科长。1943 年 9 月任淮南、路东专署公安局长。1948 年 7 月先后任中共中央华东局社会部干部组长、山东济南华东警官学校教育长、上海警务学校副校长。1950 年 2 月任华东军政委员会公安部人事、治安处长。1952 年 9 月先后任上海市公安局治安处长,副局长兼政治部主任。1954 年 3 月任市检察院副检察长、检察长。"文化大革命"期间遭迫害。1973 年 9 月任市公安局党委常委、副书记。1978 年 8 月任市公安局党组副书记、副局长。1981 年 9 月任市公安局顾问。1985 年 12 月离休。2014 年 11 月 15 日病逝。

长期从事公安工作。上海解放初期,为巩固新生的人民政权呕心沥血,日夜操劳,表现出较高的组织领导能力;在复杂的对敌斗争中,处变不惊,沉着应战。"文化大革命"中,遭到林彪、"四人帮"反革命集团的政治迫害。1973 年重返公安战线后,兢兢业业,尽心尽职,积极投入揭批"四人帮"的斗争,为维护上海治安秩序努力工作。

杨　堤(1924—2017)

江苏青浦(今上海市青浦区)人,中共党员。1938 年在新四军教导总队青年队学习,后任排长,

新四军政治部组织部科员、军法处科员。1939年5月加入中国共产党。1941—1946年,先后任淮安县委、建阳县委社会部长兼保安科长、盐城县委社会部长兼县公安局长。解放战争期间,任苏北盐阜专署公安局科长、盐城县委敌工部长兼区委书记,华中公安处科长,苏南行署公安局科长。1949年8月任无锡市公安局副局长、局长。1952—1960年任上海市公安局处长、市委政法工作部办公室主任。1960—1976年任市对外贸易局党委副书记。"文化大革命"期间遭受迫害。1981年9月—1983年3月任副市长兼市公安局长、党组书记,1983年3月—1989年8月先后任市委书记(当时设有第一、第二书记)、副书记,当选中共第十二届中央委员会委员,第七、第八届全国政协常委。2017年10月6日病逝。

长期从事公安保卫等工作,具有丰富的工作经验,兼任市公安局主要领导后,高度重视全市大局稳定工作,按照中央、市委决策部署,狠抓社会治安秩序,果断处置重大政治事件和突发事件,组织领导全市范围的"严打"斗争,将一批严重影响社会治安的犯罪分子绳之以法,使上海社会治安状况有根本好转。

王　鉴(1917—2018)

曾用名王作全、王增明,山东蓬莱人,中共党员。1937年11月参加革命。1938年8月加入中国共产党。抗战期间,任山东民主联军鲁南第五旅中队长,山东纵队二支队连指导员。1940年调延安学习培训,后在中共中央社会部工作。1945年10月先后任沈阳市公安局科长、中共中央东北局社会部科长、长春市公安局科长。中华人民共和国成立后任东北人民政府公安部处长、东北行政委员会公安局副局长。1954年9月任公安部副局长、局长。1958年任上海市公安局副局长、党组副书记。"文化大革命"期间遭受迫害。1975年10月任市公安局副局长。1977年先后任市革命委员会政法办公室主任、市公安局党委书记、市委常委兼市公安局党委书记、市革命委员会副主任。1978年8月兼任市公安局党组书记、局长。1979年12月市革命委员会改为市人民政府,即改任副市长兼市公安局党组书记、局长。1981年9月任市委政法领导小组副组长、市委政法委书记。1985年7月—1988年5月任市人大常委会副主任、党组副书记。2018年8月13日病逝。

在任市公安局主要领导期间,为反敌特斗争、社会稳定呕心沥血。粉碎"四人帮"后,恢复原职,投入到拨乱反正的工作中去,大力恢复上海公安机关思想建设、组织建设、业务建设,开展社会治安管理和整顿,维护上海政治大局稳定和治安秩序。

第二章 人物简介

张泰运 1929年9月生，广东揭阳人，中共党员，大专学历，高级工程师。1971年参加公安工作，任职于上海市公安局，从事法医工作30多年，勤奋刻苦，勇于实践，科学严谨，从点滴痕迹和尸检事实入手，参与侦破多起大案要案，编写《法医病理学》等著作，撰写论文十余篇，多次立功受奖，1987年被评为上海市劳动模范、市公安局优秀共产党员，1989年被国务院授予“全国先进工作者”称号。

李晓航 1932年11月生，辽宁海城人，中共党员，大学本科学历。1961年10月加入中国共产党。1957年9月任国防部第五研究院一分院四室研究实习员。1958年10月起，历任国防部第五研究院一分院第二研究室工程组长、副主任、主任。1965年5月任上海第二机电工业局第20研究所研究室主任。1975年5月任上海第二机电工业局(航天局)第22研究所研究室主任。1978年5月起，历任上海第二机电工业局(航天局)科研处长、副局长、导弹研制生产总指挥。1984年4月起，历任市政府国防科技办公室主任、市经委副主任。1986年1月任市公安局长、党组书记，市委政法委副书记，武警上海市总队第一政委、党委书记。1991年2月—1996年8月任市经济委员会副主任(1993年4月—1997年4月任上海市政协常委)。

马人俊 1935年8月生，浙江余杭人，中共党员，大专学历。1950年10月参加公安工作，任上海市公安局闸北分局芷江庙派出所户籍民警。1955年2月被评为全国第一届青年社会主义建设积极分子。1955年5月获“上海市劳动模范”奖章。1956年9月被公安部授予“全国公安系统一级英雄模范”称号。马人俊是20世纪60年代初风靡全国的电影《今天我休息》中民警马天明的原型。

朱达人 1936年9月生，江苏常州人，中共党员，大专学历。1960年3月加入中国共产党。1951年7月参加中国人民解放军，历任军委三部二局三处三科科员，总参谋部三部二局四处科员、参谋，二局政治部干事，山西省忻县军分区政治部宣传科干事。1975年5月起，历任上海压缩机厂动力车间工人、设备动力科党支部副书记，政治部办公室主任、宣传科长，政治部副主任。1979年12月起，历任上海通用机械公司办公室主任，市机电一局纪委副书记、书记，市纪委常委、副书记。1990年10月任市公安局党委书记。1991年2月起，历任市公安局长、党委书记兼上海武警总队第一政委，市委常委、市委政法委副书记。1998年2月—2003年2月任上海市政协第九届委员会副主席。

徐福鑫 1945年10月生，上海人，中共党员，中专学历。1969年4月参加公安工作，曾任上海市公安局治安处民警、公交分局民警。22年如一日，奋战在反扒工作一线，战果累累，先后被授予“全国特级优秀人民警察”“上海市劳动模范”等称号，多次立功受奖，1992年获全国五一劳动奖章，1995年被国务院授予“全国先进工作者”称号。

刘云耕 1947年7月生，浙江舟山人，中共党员，大专学历，副研究员。1973年3月加入中国共产党。1968年8月任上海电机厂工人，技术员。1973年8月在上海市“五七”干校劳动，后任干校理论教研室教员、党支部副书记。1978年12月起，历任市团校副教育长、《上海团讯》杂志主编、共青团上海市委宣传部副部长。1983年9月任市犯罪改造研究所长、《大墙内外》杂志主编。1986年7月起，历任上海市劳改局局长助理、办公室主任，上海监狱监狱长，市劳改局副局长，市司法局副局长、党组副书记兼市劳改局长。1993年6月任市委副秘书长、市政府副秘书长。1995年12月兼任市委信访办(市政府信访办)主任。1997年3月起,历任市委副秘书长、市政府副秘书长兼市委信访办(市政府信访办)主任,市公安局党委书记、局长、上海公安高等专科学校校长。1997年12月起,历任市委常委、政法委副书记,市公安局党委书记、局长,上海公安高等专科学校校长,市政法党校校长,市委常委、政法委书记。2000年4月起,历任上海市委副书记、政法委书记、市委党校校长、市委常务副书记。2007年2月起,历任上海市委副书记,市第十二届人大常委会副主任、党组书记,市第十二届人大常委会副主任、党组书记。2008年1月—2013年1月任市第十三届人大常委会主任、党组书记。

吴志明 1952年2月生,江苏扬州人,中共党员,在职研究生学历,管理学硕士。1986年3月加入中国共产党。1968年9月在辽宁省复县时乡插队务农。1972年3月在安徽省滁县沙河集东圩村插队务农。1975年3月起,历任上海铁路公安局蚌埠铁路公安分处蚌埠站派出所民警,蚌埠东站派出所民警、干事。1987年7月任上海铁路公安局蚌埠铁路公安分局刑事侦察科干事、副科长。1990年9月任蚌埠铁路公安处处长助理。1991年12月起,历任上海铁路公安局南京铁路公安处副处长、代处长、处长、党委副书记。1995年7月任上海铁路公安局长、党委副书记。1998年8月任上海市公安局党委副书记、副局长。2000年4月任市公安局党委书记、局长;8月兼任上海公安高等专科学校校长,武警上海市总队第一政委。2001年10月任市委常委,兼前余职。2002年6月任市委常委、市委政法委书记,市政法党校校长,兼前余职。2008年2月任市委常委、政法委书记。2012年1月任市政协副主席、党组副书记。2013年1月—2018年1月任市政协主席、党组书记。

程九龙 1953年9月生,江苏淮安人,中共党员,大学本科学历。1979年5月加入中国共产党。1970年5月任云南省景洪县勐养农场职工。1975年7月任长宁区周家桥街道集体事业组工人。1976年5月起,历任市公安局长宁分局新华路派出所民警、副指导员、副所长、所长。1984年4月任长宁分局治安科长。1984年7月任长宁分局副局长。1994年9月任长宁分局党委副书记、副局长。1995年12月任长宁分局党委书记、局长。1997年11月任市公安局指挥部党委书记。1997年12月任市公安局党委委员,指挥部党委书记、主任。1998年8月任市公安局副局长、党委委员兼指挥部主任。2001年4月任市公安局党委副书记、副局长兼指挥部主任。2002年2月任市公安局党委副书记、副局长。2003年1月—2014年3月任市委政法委委员、市公安局党委副书记、副局长。

阎建军 1953年9月生,山东诸城人,中共党员,大学本科学历,主任法医师,一级法医官。1982年参加公安工作,曾任上海市公安局刑事侦查总队刑事科学技术研究所法医室主任,现为上海市公安高等专科学校特聘特级教官,上海市人身伤害司法鉴定专家委员会委员、上海市医学会医疗事故技术鉴定专家库成员、中国法医学会法医临床学术专业委员会委员、上海市法医学会理事。在公安刑技一线30余年,从蛛丝马迹中还原事实真相,为重大凶杀案件侦破工作作出贡献。曾获"上海市优秀党员"称号,连续两年获上海市"东方卫士"称号,多次立功受奖,1999年享受国务院政府特殊津贴,2004年被评为上海市劳动模范,2007年获全国五一劳动奖章,2010年被国务院授予"全国先进工作者"称号。

钱龙根 1953年12月生,江苏泰州人,中共党员,大专学历。1976年4月参加公安工作,任上海市公安局杨浦分局交警支队民警。30余年间,潜心钻研公安交通管理业务,结合岗段道路交通的实际情况,根据车流规律,总结形成排堵保畅的"钱龙根工作法",指挥果敢、调动路口交通有方,被称为十字路口的"指挥家"。先后于1995年2月、1996年2月、1997年4月、2002年6月获"全国特级优秀人民警察”称号、“全国优秀人民警察”称号，1998 年 4 月被评为上海市劳动模范，2000 年被国务院授予“全国先进工作者”称号。

张学兵　1955 年 3 月生，山东齐河人，中共党员，工学博士。1979 年 6 月加入中国共产党。1972 年 11 月起，历任上海乒乓球拍厂工人、团支部书记、工会代理主席、党支部副书记。1981 年 9 月起，历任市文教用品工业公司团委副书记（主持工作）、团委书记、党委委员、工会主席、党委副书记。1985 年 1 月任共青团上海市委副书记。1992 年 12 月任浦东新区社会发展局局长、党组书记。1995 年 7 月起，历任卢湾区委副书记、副区长、区长，区委书记、区人大常委会主任。2003 年 2 月任市委副秘书长。2004 年 4 月任市委副秘书长、浦东新区区委副书记。2004 年 5 月任浦东新区区委副书记、副区长、区长。2008 年 2 月任市长助理、市政府党组成员、市公安局党委副书记、局长；9 月兼任上海公安高等专科学校校长；11 月任市长助理、市政府党组成员兼市公安局党委书记、局长、上海公安高等专科学校校长。2009 年 2 月兼任武警上海市总队第一政委、党委第一书记。2011 年 1 月—2013 年 1 月任上海市副市长，兼市公安局党委书记、局长，武警上海市总队第一政委、党委第一书记。2013 年 6 月任上海机场集团党委书记。

周国雄　1957 年 3 月生，浙江绍兴人，中共党员，研究生学历。1979 年 3 月加入中国共产党。1975 年 3 月任市公安局黄浦分局行政科职工。1980 年 8 月起，历任黄浦分局东昌路派出所民警、副所长，龙门路派出所副所长。1986 年 7 月任黄浦分局办公室主任。1987 年 4 月任黄浦分局副局长。1989 年 10 月任黄浦分局党组副书记、副局长、纪委书记。1992 年 3 月任黄浦分局党委书记、副局长。1994 年 8 月任黄浦分局党委书记、局长、区委常委、区委政法委副书记。1998 年 4 月任市公安局党委副书记。2001 年 3 月任市委“610 办公室”主任、市公安局副局长。2003 年 1 月任中共普陀区委书记。

陈　瑜　1957 年 11 月生，浙江绍兴人，中共党员，大学本科学历。1982 年 10 月参加公安工作，曾任上海市公安局静安分局南京西路派出所民警。始终以“群众的需要就是我的职责，群众的愿望就是我的追求”为宗旨，在日常工作中主动热情地为群众排忧解难，“有难处，找陈瑜”在居民中广泛流传。先后于 1994 年 1 月、1996 年 2 月、1997 年 1 月和 2000 年 4 月获“全国特级优秀人民警察”称号、“全国优秀人民警察”称号，获评上海市劳动模范、上海市十大杰出青年、上海市优秀共产党员、上海市政法系统先进个人、上海市“东方卫士”。1997 年 1 月被公安部授予“全国公安系统二级英雄模范”称号，1999 年 4 月获全国五一劳动奖章，2000 年被国务院授予“全国先进工作者”称号。

费兴耀　1961 年 10 月生，浙江慈溪人，中共党员，大专学历。1992 年 1 月参加公安工作，任上海市公安局长宁分局新华路派出所民警，现为市人大常务委员会信访办公室常务副主任。在新华路街道从事社区警务工作期间，创立“上门联系法、簿册梳理法、分类管理法、提前介入法”等实有人口管理工作法，被公安部在全国推广；腰间 2 部 BP 机、“有呼必回，有求必应”的承诺，给辖区居民留下深刻印象。先后获“全国特级优秀人民警察”“全国优秀人民警察”“上海十大平安英雄”等称号，多次立功受奖，2003 年被评为上海市劳动模范，2005 年被国务院授予“全国先进工作者”称号。

雷树森　1961 年 11 月生，山东聊城人，中共党员，大专学历。1993 年参加公安工作，任上海市公安局徐汇分局交警支队民警。在平凡岗位上践行“信任来自你我，携手共铸安全”的工作理念，坚持文明执勤、规范执法、严格管理，逐步总结摸索出纠处非机动车、行人交通违法行为的“明、勤、严、理、忍”五字工作法。2005 年公安部号召全国公安交警学习雷树森同志的先进经验。先后获“上海市劳动模范”“全国优秀人民警察”“全国交警系统执法标兵”等称号，多次立功受奖，2010 年 4 月被公安部授予“全国公安系统二级英雄模范”称号,并被国务院授予“全国先进工作者”称号。

曹慰根 1963年8月生,上海人,中共党员,大学本科学历。1982年10月参加公安工作,任上海市公安局金山分局交巡警支队枫泾检查站长,现为金山分局政治处民警。1999—2006年,带领枫泾检查站全体民警恪尽职守、日夜奋战,累计抓获全国通缉逃犯46名,其中包括在外潜逃十余年的故意杀人案犯罪嫌疑人,还查获大量管制刀具、枪械、毒品、假烟、假酒等物品。2003年6月被评为上海市优秀共产党员,2004年4月被评为上海市劳动模范,2005年被国务院授予“全国先进工作者”称号。

第三章　烈 士 表

表 19－3－1　1978—2010 年上海公安系统烈士

姓　名	性别	出生年份	籍贯	参加工作年月	政治身份	生前职务	牺牲时间、原因
郁昌飞	男	1960	上海崇明	1978 年 3 月	群众	消防总队民警	1978 年 6 月 1 日在消防业务训练中从高梯摔下牺牲
陆松涛	男	1958	上海市	1976 年 1 月	共青团员	松江县局消防队战士	1978 年 6 月 9 日在松江消防训练中溺水牺牲
程来安	男	1954	江苏盐城	1974 年 12 月	共青团员	消防总队高桥消防中队民警	1978 年 7 月 6 日在高桥扑救火灾中牺牲
卫淑海	男	1924	山西洪洞	1938 年 7 月	中共党员	消防处副处长	1979 年 5 月 30 日在七子山销毁废弹药时牺牲
蔡　煜	男	1929	江苏无锡	1951 年 6 月	中共党员	消防处副科长	1979 年 5 月 30 日在七子山销毁废弹药时牺牲
顾龙发	男	1950	上海嘉定	1971 年 3 月	中共党员	消防总队副中队长	1979 年 5 月 30 日在七子山销毁废弹药时牺牲
魏可可	男	1959	山东宁津	1977 年 3 月	共青团员	消防总队副班长	1979 年 5 月 30 日在七子山销毁废弹药时牺牲
袁福良	男	1956	上海川沙	1975 年 1 月	中共党员	消防总队班长	1979 年 5 月 30 日在七子山销毁废弹药时牺牲
周其林	男	1959	上海宝山	1977 年 3 月	共青团员	消防总队战士	1979 年 5 月 30 日在七子山销毁废弹药时牺牲
李文富	男	1958	江苏江都	1976 年 1 月	共青团员	消防总队东安消防中队班长	1979 年 5 月 30 日在七子山销毁废弹药时牺牲
陈　钢	男	1958	上海崇明	1976 年 1 月	共青团员	消防总队东安消防中队战士	1979 年 5 月 30 日在七子山销毁废弹药时牺牲
俞耀亮	男	1959	上海南汇	1979 年 1 月	共青团员	消防总队东安消防中队战士	1979 年 5 月 30 日在七子山销毁废弹药时牺牲
黄生林	男	1959	江苏盐城	1977 年 3 月	共青团员	消防总队战士	1979 年 5 月 30 日在七子山销毁废弹药时牺牲
唐永根	男	1959	上海青浦	1977 年 3 月	共青团员	消防总队战士	1979 年 5 月 30 日在七子山销毁废弹药时牺牲
崔荣连	男	1959	上海县	1979 年 1 月	群众	消防总队战士	1979 年 5 月 30 日在七子山销毁废弹药时牺牲
孙建明	男	1956	上海县	1979 年 1 月	中共党员	消防总队战士	1979 年 5 月 30 日在七子山销毁废弹药时牺牲
方云雷	男	1928	安徽望江	1949 年 5 月	群众	南市分局交通民警	1980 年 4 月 19 日在陆家浜路上岗途中因车祸牺牲

(续表)

姓 名	性别	出生年份	籍贯	参加工作年月	政治身份	生前职务	牺牲时间、原因
盛铃发	男	1944	上海市	1962年8月	中共党员	刑侦处副队长	1989年7月28日在南国酒家追捕刑事犯罪分子时牺牲
孙立志	男	1929	山东蒙阴	1947年2月	中共党员	警卫处正处级干部	1990年1月18日在警卫工作中因火灾牺牲
沙兴康	男	1955	上海市	1982年11月	中共党员	宝山分局长兴派出所副所长	1993年8月24日在长兴岛与歹徒搏斗中牺牲
朱建明	男	1974	浙江绍兴	1991年12月	共青团员	消防总队松江中队战士	1994年3月6日在扑救火灾途中因车祸牺牲
李 宁	男	1969	上海宝山	1988年12月	共青团员	上海港公安局水上消防支队班长	1994年5月23日在扑救长征号客货轮火灾中牺牲
冉隆泽	男	1971	四川黔江	1993年7月	共青团员	上海港公安局水上消防支队民警	1994年5月23日在扑救长征号客货轮火灾中牺牲
王 伟	男	1974	江苏盐城	1993年12月	共青团员	长宁分局巡警大队四分队民警	1995年3月15日在维护治安交通秩序中遭无牌无照残疾车撞击牺牲
陆卫涛	男	1961	上海崇明	1992年2月	群众	崇明县局建设镇派出所民警	1996年6月18日在拦截犯罪分子车辆时牺牲
倪梦海	男	1971	上海奉贤	1990年12月	中共党员	消防局四支队吴淞中队少尉排长	1996年8月15日在扑救居民火灾中受伤,8月22日抢救无效牺牲
杨 波	男	1976	山东胶南	1994年12月	共青团员	消防局一支队高桥中队战士	1996年11月21日在扑救东沟船厂火灾中牺牲
姒元正	男	1938	浙江绍兴	1959年3月	群众	长宁分局交警支队民警	1997年9月27日在岗值班时被犯罪分子杀害
周理红	男	1976	江苏苏州	1996年12月	共青团员	消防局一支队惠南中队战士	1998年8月10日在扑救居民火灾中牺牲
卓蓓驰	男	1975	浙江嘉善	1999年2月	共青团员	上海铁路公安处巡警队民警	2001年4月27日在抓捕犯罪嫌疑人的搏斗中牺牲
陈卫国	男	1958	上海市	1977年1月	中共党员	浦东分局金杨新村派出所民警	2003年2月8日在查处案件时遭歹徒袭击受伤,2月12日牺牲
陈华文	男	1978	安徽长丰	1997年12月	中共党员	消防总队特勤大队金桥中队士官	2003年9月18日在扑救沪东造船厂火灾中牺牲
严德海	男	1962	河北乐亭	1981年8月	中共党员	杨浦分局巡特警大队大队长	2005年6月21日在制止歹徒燃火时牺牲
龚惠东	男	1960	上海崇明	1977年4月	中共党员	崇明县局堡镇派出所民警	2008年1月18日在执行押解任务中遭犯罪嫌疑人袭击牺牲

（续表）

姓 名	性别	出生年份	籍贯	参加工作年月	政治身份	生前职务	牺牲时间、原因
陈刚	男	1979	上海崇明	2003 年 2 月	中共党员	崇明县局汲浜派出所民警	2008 年 7 月 1 日在执行缉捕任务中受伤，7 月 2 日牺牲
方福新	男	1958	上海宝山	1976 年 1 月	中共党员	闸北分局治安支队民警	2008 年 7 月 1 日在工作中遭歹徒突然袭击牺牲
李 珂	男	1959	江苏徐州	1993 年 8 月	中共党员	闸北分局科技科民警	2008 年 7 月 1 日在工作中遭歹徒突然袭击牺牲
倪景荣	男	1961	浙江绍兴	1979 年 11 月	中共党员	闸北分局后勤保障处机关服务中心主任	2008 年 7 月 1 日在工作中遭歹徒突然袭击牺牲
徐维亚	男	1960	江苏建湖	1993 年 8 月	中共党员	闸北分局民警	2008 年 7 月 1 日在工作中遭歹徒突然袭击牺牲
张建平	男	1961	江苏常熟	1979 年 12 月	中共党员	闸北分局民警	2008 年 7 月 1 日在工作中遭歹徒突然袭击牺牲
张义阶	男	1952	湖北黄陂	1969 年 3 月	中共党员	闸北分局特警大队教导员	2008 年 7 月 1 日在工作中遭歹徒突然袭击牺牲
陈鑫犇	男	1988	上海奉贤	2007 年 1 月	中共党员	奉贤区金汇镇泰日消防中队三班代理副班长	2008 年 4 月 5 日在扑救华环热能试验厂火灾中牺牲
史建华	男	1977	江苏丹阳	1997 年 12 月	中共党员	消防总队化工区支队化一中队四班班长	2008 年 7 月 17 日在扑救雷盛德奎上海有限公司火灾中牺牲
余海	男	1981	江苏南京	2000 年 12 月	中共党员	消防总队奉贤支队南桥中队排长	2008 年 7 月 17 日在扑救雷盛德奎上海有限公司火灾中牺牲
姚磊	男	1988	上海南汇	2007 年 12 月	中共党员	消防总队奉贤支队南桥中队战士	2008 年 7 月 17 日在扑救雷盛德奎上海有限公司火灾中牺牲

第四章　先进集体和个人表(部分)

表 19－4－1　1987—2010 年上海公安机关先进集体

年　度	单位(集体)	荣誉称号	授予机关
1987	徐汇分局经文保科	上海市先进(劳模)集体	市政府
1987	闸北分局刑侦队五组	上海市先进(劳模)集体	市政府
1987	南市分局刑侦队经济组	上海市先进(劳模)集体	市政府
1987	金山县局漕泾派出所	上海市先进(劳模)集体	市政府
1990	南市分局小东门派出所	上海市先进(劳模)集体	市政府
1990	普陀分局刑侦队	上海市先进(劳模)集体	市政府
1992	黄浦分局南京东路派出所	上海市先进(劳模)集体	市政府
1992	松江县局中山派出所	上海市先进(劳模)集体	市政府
1992	黄浦分局	全国优秀县(市)公安局	公安部
1992	上海县局	全国优秀县(市)公安局	公安部
1992	闸北分局	全国优秀县(市)公安局	公安部
1993	上海县局	全国优秀县(市)公安局	公安部
1993	闸北分局	全国优秀县(市)公安局	公安部
1993	卢湾分局	全国优秀县(市)公安局	公安部
1994	刑侦总队四队	上海市先进(劳模)集体	市政府
1994	南市分局豫园派出所	上海市先进(劳模)集体	市政府
1994	浦东新区公安局张桥派出所	上海市先进(劳模)集体	市政府
1994	黄浦分局	全国优秀县(市)公安局	公安部
1994	松江县局	全国优秀县(市)公安局	公安部
1994	南市分局	全国优秀县(市)公安局	公安部
1995	南市分局豫园派出所	全国公安系统先进集体	公安部、人事部
1995	市公安局监察室	全国公安系统先进集体	公安部、人事部
1995	黄浦分局	全国优秀公安局	公安部
1995	南市分局	全国优秀公安局	公安部
1995	松江县局	全国优秀公安局	公安部
1996	静安分局交警支队延安华山路岗组	上海市先进(劳模)集体	市政府
1996	黄浦分局南京东路派出所	上海市先进(劳模)集体	市政府
1996	黄浦分局	全国优秀公安局	公安部

（续表）

年　度	单位(集体)	荣誉称号	授予机关
1996	青浦县局	全国优秀公安局	公安部
1996	闸北分局	全国优秀公安局	公安部
1997	黄浦分局南京东路警署	南京路上好警署	国务院
1997	黄浦分局	全国优秀公安局	公安部
1997	闸北分局	全国优秀公安局	公安部
1997	青浦县局	全国优秀公安局	公安部
1998	静安分局巡警支队二中队	上海市先进(劳模)集体	市政府
1998	刑侦总队刑科所法医室	上海市先进(劳模)集体	市政府
1998	长宁分局新华路派出所	上海市先进(劳模)集体	市政府
1998	青浦县局	全国优秀公安局	公安部
1998	卢湾分局	全国优秀公安局	公安部
1998	徐汇分局	全国优秀公安局	公安部
1999	消防总队第五支队车站中队	模范消防中队	国务院、中央军委
1999	黄浦分局	全国优秀公安局	公安部
1999	静安分局	全国优秀公安局	公安部
1999	奉贤县局	全国优秀公安局	公安部
2000	虹口分局	全国优秀公安局	公安部
2000	静安分局	全国优秀公安局	公安部
2000	黄浦分局	全国优秀公安局	公安部
2001	治安总队“广场办”	上海市先进(劳模)集体	市政府
2001	宝山分局洋桥检查站	上海市先进(劳模)集体	市政府
2001	浦东分局江镇警察署	上海市先进(劳模)集体	市政府
2001	虹口分局	全国优秀公安局	公安部
2001	嘉定分局	全国优秀公安局	公安部
2001	黄浦分局	全国优秀公安局	公安部
2003	虹口分局	全国优秀公安局	公安部
2004	治安总队“广场办”	上海市先进(劳模)集体	市政府
2004	静安分局南京西路派出所	上海市先进(劳模)集体	市政府
2004	嘉定分局交巡警支队高速大队	上海市先进(劳模)集体	市政府
2005	静安分局	全国优秀公安局	公安部
2006	刑侦总队一支队	全国五一劳动奖章	全国总工会
2007	交警总队高架支队三大队	上海市先进(劳模)集体	市政府
2007	黄浦分局人民广场治安派出所	上海市先进(劳模)集体	市政府

(续表)

年 度	单位(集体)	荣誉称号	授予机关
2007	南汇分局法制办	上海市先进(劳模)集体	市政府
2007	黄浦分局	全国优秀公安局	公安部
2008	消防总队赴四川抗震救灾救援大队	全国抗震救灾英雄集体	党中央、国务院、中央军委
2010	特警总队二支队	上海市先进(劳模)集体	市政府
2010	闵行分局交警支队一中队	上海市先进(劳模)集体	市政府
2010	嘉定分局叶城派出所	上海市先进(劳模)集体	市政府

表 19-4-2 1978—2010 年被公安部评为集体一等功单位

年 度	单位(集体)
1983	市公安局“一六六”案侦破组、静安分局延安中路派出所、静安分局康定路派出所、杨浦分局平凉路派出所、川沙县局洋泾镇派出所、市公安局“七二〇”专案组
1984	市公安局“八三七”工作组、市公安局“八四〇二”专案组
1985	黄浦分局延安东路河南路交通岗、刑侦处二队交办组
1986	市公安局“六·一六”案侦破组
1987	市公安局“4·22”案件联合侦破组
1988	市公安局“三·九”重大国际贩毒案专案组
1989	市公安局“三二三”专案组、市公安局一处制止动乱战斗组、市公安局十二处制止动乱战斗组、黄浦分局制止动乱指挥部
1990	市公安局“5·10”专案组、市公安局“7·28”专案组
1991	市公安局一处侦察破案工作组
1992	闸北分局侦破特大走私倒卖黄金集团案专案组
1993	市公安局“12·22”案件侦办组、交警总队东亚运动会交通指挥部、虹口分局东亚运动会安全保卫指挥部
1994	虹口分局“10·06”特大系列杀人抢劫案专案组、浦东新区公安局上川路特大液化气泄漏事件抢险战斗组
1995	市公安局“94·6·6”专案组、闸北分局特大盗窃轿车系列案侦破组
1996	市公安局“2·25”专案组、市公安局“11·23”专案组、市公安局“8·25”专案组
1997	经保总队“12·9”专案组、徐汇分局“11·30”侦破组、市公安局侦破“杨浦、宝山地区重大抢劫伤害系列案”专案组、市公安局八运会安全保卫工作指挥部、徐汇分局八运会安全保卫工作指挥部、市公安局“3·22”专案组
1998	上海公安机关克林顿访华安全保卫工作组、刑侦总队“305”专案组、虹口分局“5·20”特大贩毒团伙案侦破组、市公安局政治部宣传处影视科
1999	普陀分局特大盗车案侦破组、市公安局“1·13”专案组、市公安局“9801”专案组
2000	市公安局 610 工作组、市公安局“3·31”投毒敲诈案专案组
2001	上海“4·27”杀人案联合专案组、市公安局 2001 年 APEC 会议安全保卫战斗集体、嘉定分局交巡警支队沪宁高速大队

（续表）

年　度	单位(集体)
2003	文保分局侦破《辞海》盗版案件专案组
2004	市公安局“5·13”特大钻石盗窃案侦破组、杨浦分局警务督察队
2006	市公安局、刑侦总队三支队
2008	市公安局、上海特警赴四川灾区应急救援队、消防总队
2009	上海公安机关侦破“11·16”制售假发票案专案组、上海公安机关侦破“2·18”特大组织偷渡案专案组、市公安局“5·22”枪击案专案组
2010	市公安局、市公安局“深入行动”办公室、世博安保指挥部园区安保工作部便衣行动突击队、世博安保指挥部园区安保工作部出入口管理组、经侦总队四支队、市公安局“7·30”特大制售假电子客票案专案组、市局侦破“8·06”案件专案组、市公安局侦破“5·12”案件专案组、刑侦总队涉枪涉爆线索查证办公室、市公安局“9·8”持械抢劫案专案组、特警总队世博园区随卫工作组、上海援疆公安特警队、市公安局“7·18私车车牌拍卖系统网络攻击案”专案组、市公安局“5·25”持刀劫持人质案件处置组、市公安局“5·22”危害公共安全案专案组

表19-4-3　1978—2010年获全国公安系统英雄模范荣誉称号人员

姓　名	单　位	荣誉称号	授予时间
叶志三	普陀分局	全国公安系统一级英雄模范	1980年
陶祥林	宝山县局	全国公安系统二级英雄模范	1980年
汪寿佺	杨浦分局	全国公安系统二级英雄模范	1983年
盛铃发	刑侦处	全国公安系统二级英雄模范	1989年
沙兴康	宝山分局	全国公安系统二级英雄模范	1993年
潘金根	黄浦分局	全国公安系统英雄模范	1995年
刘德生	交警总队	全国公安系统英雄模范	1995年
翟剑锋	杨浦分局	全国公安系统英雄模范	1995年
季宗棠	闸北分局	全国公安系统英雄模范	1995年
王录江	武警上海市总队	全国公安系统英雄模范	1995年
陈　瑜	静安分局	全国公安系统二级英雄模范	1996年
颜申午	卢湾分局	全国公安系统二级英雄模范	1997年
肖玉泉	杨浦分局	全国公安系统一级英雄模范	2002年
张玉荣	刑侦总队	全国公安系统二级英雄模范	2002年
黄佩荣	市公安局	全国公安系统二级英雄模范	2003年
陈卫国	浦东分局	全国公安系统一级英雄模范	2003年
胡顺康	市公安局	全国公安系统二级英雄模范	2008年
陈　峥	公交分局	全国公安系统二级英雄模范	2009年
蔡立群	浦东分局	全国公安系统一级英雄模范	2009年
张　浩	刑侦总队	全国公安系统一级英雄模范	2010年

(续表)

姓　名	单　位	荣誉称号	授予时间
姚志荣	市公安局	全国公安系统二级英雄模范	2010年
倪瑞平	黄浦分局	全国公安系统二级英雄模范	2010年
乔明德	杨浦分局	全国公安系统二级英雄模范	2010年
阎建军	刑侦总队	全国公安系统二级英雄模范	2010年
张　俭	浦东分局	全国公安系统二级英雄模范	2010年
杨鹤云	卢湾分局	全国公安系统二级英雄模范	2010年
陈　纲	闵行分局	全国公安系统二级英雄模范	2010年
雷树森	徐汇分局	全国公安系统二级英雄模范	2010年

表19-4-4　1994—2010年获全国(特级)优秀人民警察称号人员

姓　名	工作单位、职务	荣誉称号	批准时间	批准单位
徐福鑫	刑侦总队四队　民警	全国特级优秀人民警察	1994年	人事部、公安部
刘德生	交警总队静安支队　民警	全国特级优秀人民警察	1994年	人事部、公安部
潘金根	黄浦分局外滩治安派出所　所长	全国特级优秀人民警察	1994年	人事部、公安部
龚洪昌	黄浦分局金陵东路派出所　副所长	全国优秀人民警察	1994年	公安部
胡积领	南市分局十六铺治安派出所　副所长	全国优秀人民警察	1994年	公安部
蒋惠国	卢湾分局看守所　所长	全国优秀人民警察	1994年	公安部
张盛祥	徐汇分局斜土路派出所　民警	全国优秀人民警察	1994年	公安部
王耀和	长宁分局新华路派出所　民警	全国优秀人民警察	1994年	公安部
董彬南	静安分局江宁路派出所　所长	全国优秀人民警察	1994年	公安部
康昌兴	消防总队车站中队　中队长	全国优秀人民警察	1994年	公安部
陈　瑜	静安分局延安中路派出所　民警	全国优秀人民警察	1994年	公安部
左志新	普陀分局交警大队　民警	全国优秀人民警察	1994年	公安部
秦晦韬	闸北分局交警大队　民警	全国优秀人民警察	1994年	公安部
季宗棠	闸北分局预审科　科长	全国优秀人民警察	1994年	公安部
翟剑锋	杨浦分局宁国路派出所　民警	全国优秀人民警察	1994年	公安部
陈国兴	闵行分局马桥派出所　所长	全国优秀人民警察	1994年	公安部
王文泉	边防总队上海边防检查站一中队　指导员	全国优秀人民警察	1994年	公安部
马惠忠	浦东新区公安局金桥派出所　指导员	全国优秀人民警察	1994年	公安部
夏振国	奉贤县局奉城镇派出所　所长	全国优秀人民警察	1994年	公安部
刘志成	松江县局茸城分局　教导员	全国优秀人民警察	1994年	公安部
俞正亮	金山县局交通队　民警	全国优秀人民警察	1994年	公安部
李宝庆	青浦县局朱家角镇派出所　所长	全国优秀人民警察	1994年	公安部

（续表）

姓　名	工作单位、职务	荣 誉 称 号	批准时间	批准单位
张建军	崇明县局刑侦队　副队长	全国优秀人民警察	1994 年	公安部
杨烈毅	治安总队　副科长	全国优秀人民警察	1994 年	公安部
周德辉	经保处刑侦队　副队长	全国优秀人民警察	1994 年	公安部
张伟球	水上公安局漕河泾水上派出所　民警	全国优秀人民警察	1994 年	公安部
杨奇林	外管处三科　翻译	全国优秀人民警察	1994 年	公安部
顾振宇	预审处二科　民警	全国优秀人民警察	1994 年	公安部
陈建新	黄浦分局南京东路派出所　指导员	全国优秀人民警察	1995 年	公安部
赵卫红（女）	南市分局半淞园路派出所　民警	全国优秀人民警察	1995 年	公安部
蒋惠国	卢湾分局看守所　所长	全国优秀人民警察	1995 年	公安部
张盛祥	徐汇分局斜土路派出所　民警	全国优秀人民警察	1995 年	公安部
赵连扣	长宁分局治安科　法医	全国优秀人民警察	1995 年	公安部
董彬南	静安分局江宁路派出所　所长	全国优秀人民警察	1995 年	公安部
马荣根	普陀公安分局交警大队　民警	全国优秀人民警察	1995 年	公安部
何　斌	闸北分局青云路派出所　所长	全国优秀人民警察	1995 年	公安部
邵锦华	虹口分局交警大队　大队长	全国优秀人民警察	1995 年	公安部
钱龙根	杨浦分局交警大队　民警	全国优秀人民警察	1995 年	公安部
褚新华	宝山分局泗塘新村派出所　民警	全国优秀人民警察	1995 年	公安部
陆卫星	嘉定分局马陆派出所　所长	全国优秀人民警察	1995 年	公安部
祝永棋	闵行分局刑侦队　指导员	全国优秀人民警察	1995 年	公安部
田黎达	浦东新区公安局上钢新村派出所　民警	全国优秀人民警察	1995 年	公安部
严衍辉	奉贤县局南桥镇派出所　所长	全国优秀人民警察	1995 年	公安部
张延鸣	松江县局岳阳派出所　所长	全国优秀人民警察	1995 年	公安部
吴锦生	金山县局刑警队　侦察员	全国优秀人民警察	1995 年	公安部
杨祥德	青浦县局刑警队　侦察员	全国优秀人民警察	1995 年	公安部
胡诚斌	南汇县局特警大队　分队长	全国优秀人民警察	1995 年	公安部
方　俊	崇明县局政治处　民警	全国优秀人民警察	1995 年	公安部
沈光明	水上公安局曹家渡派出所　民警	全国优秀人民警察	1995 年	公安部
陈光焰	预审处三科　民警	全国优秀人民警察	1995 年	公安部
江志华	公安专科学校基础部　副主任	全国优秀人民警察	1995 年	公安部
倪锦忠	治安总队查禁处　副科长	全国优秀人民警察	1995 年	公安部
程留忠	巡警总队特警支队　大队长	全国优秀人民警察	1995 年	公安部
崔　璇	交警总队徐汇支队　民警	全国优秀人民警察	1995 年	公安部
朱秀华	刑侦总队九支队　民警	全国优秀人民警察	1995 年	公安部

(续表)

姓　名	工作单位、职务	荣誉称号	批准时间	批准单位
丁克富	消防总队五支队　参谋长	全国优秀人民警察	1995年	公安部
潘金根	黄浦分局外滩治安派出所　所长	全国优秀人民警察	1996年	公安部
陈文表	南市分局政保科　民警	全国优秀人民警察	1996年	公安部
杨泽强	卢湾分局刑侦支队　支队长	全国优秀人民警察	1996年	公安部
张盛祥	徐汇分局斜土路派出所　警长	全国优秀人民警察	1996年	公安部
刘顺新	长宁分局交警支队一中队　指导员	全国优秀人民警察	1996年	公安部
陈　瑜	静安分局延安中路派出所　民警	全国优秀人民警察	1996年	公安部
卞长忠	普陀分局刑侦支队　支队长	全国优秀人民警察	1996年	公安部
丁国荣	巡警总队特警支队二大队　(代理)副大队长	全国优秀人民警察	1996年	公安部
陈元稿	闸北分局交警支队　支队长	全国优秀人民警察	1996年	公安部
郭建新	虹口分局刑侦支队　支队长	全国优秀人民警察	1996年	公安部
钱龙根	杨浦分局交警支队　民警	全国优秀人民警察	1996年	公安部
诸新华	宝山分局泗塘新村派出所　警长	全国优秀人民警察	1996年	公安部
何秀高	闵行分局七宝派出所　副所长	全国优秀人民警察	1996年	公安部
颜建忠	浦东新区公安局交警支队一大队二中队中队长	全国优秀人民警察	1996年	公安部
周　锋	嘉定分局刑侦支队　副支队长	全国优秀人民警察	1996年	公安部
奚才标	南汇县局刑侦大队技术探组　探长	全国优秀人民警察	1996年	公安部
夏卫东	奉贤县局南桥派出所　警长	全国优秀人民警察	1996年	公安部
张陆平	松江县局佘山派出所　所长	全国优秀人民警察	1996年	公安部
姚成秀	青浦县局政治处　副主任	全国优秀人民警察	1996年	公安部
周秉文	金山县局朱泾镇派出所　民警	全国优秀人民警察	1996年	公安部
宣志高	后勤保障部基建处房建科　科长	全国优秀人民警察	1996年	公安部
顾震宇	预审处　民警	全国优秀人民警察	1996年	公安部
周德新	出入境管理处　副科长	全国优秀人民警察	1996年	公安部
徐永飞	消防总队防火监督部危险品管理处　正营职参谋	全国优秀人民警察	1996年	公安部
崔　璇	交警总队徐汇支队　民警	全国优秀人民警察	1996年	公安部
俞国庆	治安总队广场办　副主任	全国优秀人民警察	1996年	公安部
何锦舫	刑侦总队二支队　探长	全国优秀人民警察	1996年	公安部
卞长忠	普陀分局刑侦支队　支队长	全国特级优秀人民警察	1997年	人事部、公安部
钱龙根	杨浦分局交警支队　民警	全国特级优秀人民警察	1997年	人事部、公安部
田黎达	浦东新区公安局上钢新村警察署治安队副队长	全国特级优秀人民警察	1997年	人事部、公安部

（续表）

姓 名	工作单位、职务	荣誉称号	批准时间	批准单位
潘金根	黄浦分局人民广场警察署 署长	全国优秀人民警察	1997 年	公安部
赵卫红(女)	南市分局半淞园派出所 民警	全国优秀人民警察	1997 年	公安部
蒋惠国	卢湾分局看守所 所长	全国优秀人民警察	1997 年	公安部
张盛祥	徐汇分局斜土路派出所 警长	全国优秀人民警察	1997 年	公安部
陈 斌	长宁分局交警支队 民警	全国优秀人民警察	1997 年	公安部
沈发根	闸北分局刑侦支队 支队长	全国优秀人民警察	1997 年	公安部
陆建民	虹口分局巡警支队二中队 中队长	全国优秀人民警察	1997 年	公安部
张明德	宝山分局交警支队泰和中队 中队长	全国优秀人民警察	1997 年	公安部
姜海林	刑侦总队九支队 探长	全国优秀人民警察	1997 年	公安部
张喜英	闵行分局刑侦支队 副支队长	全国优秀人民警察	1997 年	公安部
李国强	嘉定分局新成路派出所 所长	全国优秀人民警察	1997 年	公安部
乔引官	南汇县局老港派出所 科员	全国优秀人民警察	1997 年	公安部
徐文斌	奉贤县局预审科 民警	全国优秀人民警察	1997 年	公安部
陆明忠	金山县局刑侦大队技术室 主任	全国优秀人民警察	1997 年	公安部
阮冬弟	松江县局刑侦大队 民警	全国优秀人民警察	1997 年	公安部
邵海根	青浦县局赵巷派出所 所长	全国优秀人民警察	1997 年	公安部
沈汉生	崇明县局新村派出所 所长	全国优秀人民警察	1997 年	公安部
金 清	经保总队经侦支队 副支队长	全国优秀人民警察	1997 年	公安部
周德辉	巡警总队车巡支队 中队长	全国优秀人民警察	1997 年	公安部
周宝财	水上公安局杨浦水上派出所 民警	全国优秀人民警察	1997 年	公安部
奚嘉荣	预审处 民警	全国优秀人民警察	1997 年	公安部
陈金元	文保总队四支队 民警	全国优秀人民警察	1997 年	公安部
谢福根	消防总队防火监督部火查处 处长	全国优秀人民警察	1997 年	公安部
王 斌	交警总队 警长	全国优秀人民警察	1997 年	公安部
许 东	黄浦分局巡警支队二中队 民警	全国优秀人民警察	1998 年	公安部
谭晓麒	南市分局豫园警察署治安队 民警	全国优秀人民警察	1998 年	公安部
徐惠秋	卢湾分局交警支队一中队 中队长	全国优秀人民警察	1998 年	公安部
蒋明康	徐汇分局刑侦支队 探长	全国优秀人民警察	1998 年	公安部
董建纲	长宁分局江苏路派出所 警长	全国优秀人民警察	1998 年	公安部
陈 瑜	静安分局南京西路警察署 民警	全国优秀人民警察	1998 年	公安部
黄家忠	普陀分局出入境管理办公室 民警	全国优秀人民警察	1998 年	公安部
丁善敏	闸北分局经保支队 支队长	全国优秀人民警察	1998 年	公安部
范海云	虹口分局曲阳警察署 民警	全国优秀人民警察	1998 年	公安部
程杜鹃(女)	杨浦分局五角场派出所 民警	全国优秀人民警察	1998 年	公安部

（续表）

姓　名	工作单位、职务	荣誉称号	批准时间	批准单位
张明德	宝山分局交警支队泰和中队　中队长	全国优秀人民警察	1998年	公安部
陈国兴	闵行分局巡警支队　支队长	全国优秀人民警察	1998年	公安部
李国强	嘉定分局新成路派出所　所长	全国优秀人民警察	1998年	公安部
朱建华	金山分局看守所　民警	全国优秀人民警察	1998年	公安部
吴建平	南汇县公安局治安大队　民警	全国优秀人民警察	1998年	公安部
王永飞	奉贤县公安局庄行派出所　所长	全国优秀人民警察	1998年	公安部
周冠仁	松江县公安局治安大队　法医	全国优秀人民警察	1998年	公安部
邵海根	青浦县公安局赵巷派出所　所长	全国优秀人民警察	1998年	公安部
陈　悦	崇明县公安局新河镇派出所　民警	全国优秀人民警察	1998年	公安部
姜海林	刑侦总队九支队　探长	全国优秀人民警察	1998年	公安部
马国瑛(女)	治安总队户政管理处　民警	全国优秀人民警察	1998年	公安部
王　斌	静安分局交警支队一中队　民警	全国优秀人民警察	1998年	公安部
陈伟忠	巡警总队特警支队机动大队一中队　中队长	全国优秀人民警察	1998年	公安部
陈金伟	消防总队第五支队车站中队　中队长	全国优秀人民警察	1998年	公安部
蔡　田	经保总队经侦支队　副支队长	全国优秀人民警察	1998年	公安部
陈金元	文保总队四支队　民警	全国优秀人民警察	1998年	公安部
朱宏亮	上海市看守所　所长	全国优秀人民警察	1998年	公安部
田黎达	浦东新区公安局上钢新村警察署治安队副队长	全国优秀人民警察	1998年	公安部
邢铁军	刑侦总队九支队　政委	全国优秀人民警察	1999年	公安部
唐永革	消防总队二支队中队　指导员	全国优秀人民警察	1999年	公安部
刘克立	经保总队指挥室法制科　副科长	全国优秀人民警察	1999年	公安部
陈金元	文保总队四支队　民警	全国优秀人民警察	1999年	公安部
徐旭升	巡警总队特警支队中队　副指导员	全国优秀人民警察	1999年	公安部
肖　琳	水上公安局外滩水上派出所　民警	全国优秀人民警察	1999年	公安部
田黎达	浦东新区公安局上钢新村警察署治安队副队长	全国优秀人民警察	1999年	公安部
陈九弟	黄浦分局外滩警察署　民警	全国优秀人民警察	1999年	公安部
王建超	南市分局小东门警察署　民警	全国优秀人民警察	1999年	公安部
高为民	卢湾分局瑞金二路警察署　民警	全国优秀人民警察	1999年	公安部
王　斌	静安分局交警支队　民警	全国优秀人民警察	1999年	公安部
张丽萍(女)	普陀分局中山北路派出所　民警	全国优秀人民警察	1999年	公安部
朱幼芬(女)	虹口分局乍浦路警察署　民警	全国优秀人民警察	1999年	公安部
冯斌元	闸北分局巡警支队　支队长	全国优秀人民警察	1999年	公安部

（续表）

姓　名	工作单位、职务	荣 誉 称 号	批准时间	批准单位
张　伟(女)	徐汇分局湖南路警察署　民警	全国优秀人民警察	1999 年	公安部
陈智骏	长宁分局华阳路警察署　民警	全国优秀人民警察	1999 年	公安部
钱龙根	杨浦分局交警支队　民警	全国优秀人民警察	1999 年	公安部
汤建平	闵行分局刑侦支队　副支队长	全国优秀人民警察	1999 年	公安部
马建国	宝山分局吴淞警察署　民警	全国优秀人民警察	1999 年	公安部
李国强	嘉定分局新成路派出所　所长	全国优秀人民警察	1999 年	公安部
李建中	松江分局华阳派出所　所长	全国优秀人民警察	1999 年	公安部
高九弟	金山分局新农派出所　民警	全国优秀人民警察	1999 年	公安部
邵海根	青浦县局朱家角镇派出所　所长	全国优秀人民警察	1999 年	公安部
胡金花(女)	奉贤县局南桥镇派出所　民警	全国优秀人民警察	1999 年	公安部
黄　辉	南汇县局刑侦大队　民警	全国优秀人民警察	1999 年	公安部
张国栋	崇明县局合兴派出所　所长	全国优秀人民警察	1999 年	公安部
陈　瑜	静安分局南京西路警察署　民警	全国特级优秀人民警察	2000 年	人事部、公安部
韩丽华	黄浦分局南京东路警察署　民警	全国特级优秀人民警察	2000 年	人事部、公安部
卢鹤鸣	杨浦分局交巡警支队　政委	全国特级优秀人民警察	2000 年	人事部、公安部
苏正喜	南市分局董家渡警察署　民警	全国优秀人民警察	2000 年	公安部
荆书和	卢湾分局治安支队查禁中队　队长	全国优秀人民警察	2000 年	公安部
包晓军	徐汇分局刑支队重案队　队长	全国优秀人民警察	2000 年	公安部
赵建国	长宁分局交巡警支队　民警	全国优秀人民警察	2000 年	公安部
李锦富	静安分局江宁路警察署　民警	全国优秀人民警察	2000 年	公安部
曹光毅	普陀分局中山北路派出所　所长	全国优秀人民警察	2000 年	公安部
许相国	闸北分局宝山路警察署　民警	全国优秀人民警察	2000 年	公安部
李建中	虹口分局嘉兴路警察署　民警	全国优秀人民警察	2000 年	公安部
纪雪萍(女)	宝山分局双城派出所　民警	全国优秀人民警察	2000 年	公安部
杨金麟	闵行分局交巡警支队二中队　队长	全国优秀人民警察	2000 年	公安部
李国强	嘉定分局新成路派出所　所长	全国优秀人民警察	2000 年	公安部
宋菊生	金山分局金山卫镇派出所　所长	全国优秀人民警察	2000 年	公安部
居国庆	松江分局刑侦支队　支队长	全国优秀人民警察	2000 年	公安部
赵文越	浦东分局交巡警支队　民警	全国优秀人民警察	2000 年	公安部
黄　辉	南汇县局新场责任区刑侦队　队长	全国优秀人民警察	2000 年	公安部
胡金花(女)	奉贤县局南桥镇派出所　民警	全国优秀人民警察	2000 年	公安部
孙雪林	青浦分局刑侦大队　副大队长	全国优秀人民警察	2000 年	公安部
张振平	崇明县局新河镇派出所　所长	全国优秀人民警察	2000 年	公安部
陈伟忠	治安总队特警支队机动大队　中队长	全国优秀人民警察	2000 年	公安部

(续表)

姓　名	工作单位、职务	荣 誉 称 号	批准时间	批准单位
张学明	经侦总队四支队　组长	全国优秀人民警察	2000 年	公安部
蔡立群	刑侦总队十支队　支队长	全国优秀人民警察	2000 年	公安部
许　峰	交巡警总队枫泾检查站　民警	全国优秀人民警察	2000 年	公安部
寿永平	消防总队车站中队　中队长	全国优秀人民警察	2000 年	公安部
李贤平	警卫局重大活动警卫处　处长	全国优秀人民警察	2000 年	公安部
杨烈毅	治安总队查禁支队　支队长	全国优秀人民警察	2001 年	公安部
陈申东	刑侦总队一支队　副支队长	全国优秀人民警察	2001 年	公安部
周德宝	交巡警总队高架道路支队　支队长	全国优秀人民警察	2001 年	公安部
万　军	边防局芦潮港边防工作站　正连职参谋	全国优秀人民警察	2001 年	公安部
卢　云	消防局特勤大队　正连职参谋	全国优秀人民警察	2001 年	公安部
罗银生	外管处出入境案件侦查科　科长	全国优秀人民警察	2001 年	公安部
肖伟明	监管处市看守所管教组　组长	全国优秀人民警察	2001 年	公安部
李海宁	公交分局五支队　副支队长	全国优秀人民警察	2001 年	公安部
赵文越	浦东分局交巡警支队二大队　民警	全国优秀人民警察	2001 年	公安部
韩丽华(女)	黄浦分局南京东路警察署　民警	全国优秀人民警察	2001 年	公安部
张　伟	卢湾分局刑侦支队反扒队　队长	全国优秀人民警察	2001 年	公安部
包晓军	徐汇分局刑侦支队反黑缉毒队　队长	全国优秀人民警察	2001 年	公安部
费兴耀	长宁分局新华路派出所　民警	全国优秀人民警察	2001 年	公安部
黄志明	静安分局静安寺警察署　署长	全国优秀人民警察	2001 年	公安部
曹光毅	普陀分局政治处　副主任	全国优秀人民警察	2001 年	公安部
吴　斌	闸北分局共和新路派出所　民警	全国优秀人民警察	2001 年	公安部
朱幼芬(女)	虹口分局乍浦路警察署　民警	全国优秀人民警察	2001 年	公安部
沈　谦	杨浦分局交巡警支队六中队　民警	全国优秀人民警察	2001 年	公安部
杨　俭	闵行分局治安支队治安管理中队　中队长	全国优秀人民警察	2001 年	公安部
何　东	宝山分局洋桥检查站　站长	全国优秀人民警察	2001 年	公安部
蔡卫东	嘉定分局交巡警支队四中队　中队长	全国优秀人民警察	2001 年	公安部
顾联星	松江分局经侦支队　副支队长	全国优秀人民警察	2001 年	公安部
龚桂兴	金山分局亭林镇派出所　所长	全国优秀人民警察	2001 年	公安部
辛建平	青浦分局交巡警支队　支队长	全国优秀人民警察	2001 年	公安部
胡金花(女)	奉贤县局南桥镇派出所　民警	全国优秀人民警察	2001 年	公安部
秦连福	南汇县局三灶镇派出所　民警	全国优秀人民警察	2001 年	公安部
陈耀坤	崇明县局裕安派出所　所长	全国优秀人民警察	2001 年	公安部
王　斌	静安分局交巡警支队　民警	全国特级优秀人民警察	2003 年	人事部、公安部

（续表）

姓　名	工作单位、职务	荣誉称号	批准时间	批准单位
费兴耀	长宁分局新华路派出所　民警	全国特级优秀人民警察	2003 年	人事部、公安部
姚　华	普陀分局刑侦支队　支队长	全国特级优秀人民警察	2003 年	人事部、公安部
卢　云	消防总队特勤大队　大队长	全国特级优秀人民警察	2003 年	人事部、公安部
徐长华	刑侦总队一支队　支队长	全国优秀人民警察	2003 年	公安部
王梅根	交巡警总队机动支队　支队长	全国优秀人民警察	2003 年	公安部
居大弟	市局消防总队第五支队车站中队　指导员	全国优秀人民警察	2003 年	公安部
熊平安	监所工作管理处　民警	全国优秀人民警察	2003 年	公安部
翁海光	科技处计算机应用科　民警	全国优秀人民警察	2003 年	公安部
严　勇	水上分局巡警大队　民警	全国优秀人民警察	2003 年	公安部
赵文越	浦东分局交巡警支队二大队东方明珠中队　民警	全国优秀人民警察	2003 年	公安部
单巧斌	黄浦分局交巡警支队外滩中队　民警	全国优秀人民警察	2003 年	公安部
徐国荣	卢湾分局交巡警支队　民警	全国优秀人民警察	2003 年	公安部
张　华	徐汇分局长桥新村派出所　民警	全国优秀人民警察	2003 年	公安部
赵建国	长宁分局交巡警支队　民警	全国优秀人民警察	2003 年	公安部
张德宝	静安分局曹家渡警察署　民警	全国优秀人民警察	2003 年	公安部
严伟娟	闸北分局监察室　主任	全国优秀人民警察	2003 年	公安部
叶新华	普陀分局宜川新村派出所　教导员	全国优秀人民警察	2003 年	公安部
范海云	虹口分局曲阳路警察署　民警	全国优秀人民警察	2003 年	公安部
钱龙根	杨浦分局交巡警支队三中队　民警	全国优秀人民警察	2003 年	公安部
沈关弟	闵行分局田园新村派出所　民警	全国优秀人民警察	2003 年	公安部
曹致红	宝山分局泗塘新村派出所　民警	全国优秀人民警察	2003 年	公安部
王健彪	嘉定分局叶城派出所　所长	全国优秀人民警察	2003 年	公安部
邱惠云	松江分局岳阳警察署　署长	全国优秀人民警察	2003 年	公安部
褚海峰	金山分局刑侦支队　支队长助理	全国优秀人民警察	2003 年	公安部
孙雪林	青浦分局刑侦支队　副支队长	全国优秀人民警察	2003 年	公安部
董福明	奉贤分局刑侦支队　副支队长	全国优秀人民警察	2003 年	公安部
丛中笑	南汇分局周浦警察署　民警	全国优秀人民警察	2003 年	公安部
施山舟	崇明县局新村派出所　所长	全国优秀人民警察	2003 年	公安部
林　峰	经侦总队一支队　见习副支队长	全国优秀人民警察	2005 年	公安部
葛　颂	治安总队户政管理处　民警	全国优秀人民警察	2005 年	公安部
王永道	交警总队车辆管理所　民警	全国优秀人民警察	2005 年	公安部
顾晓燕（女）	科技处网络管理科　科长	全国优秀人民警察	2005 年	公安部

(续表)

姓　名	工作单位、职务	荣誉称号	批准时间	批准单位
戴启松	水上公安局石洞口水上派出所　民警	全国优秀人民警察	2005年	公安部
胡永平	公交分局七大队　大队长	全国优秀人民警察	2005年	公安部
傅　刚	浦东分局刑侦支队　民警	全国优秀人民警察	2005年	公安部
单巧斌	黄浦分局交巡警支队　民警	全国优秀人民警察	2005年	公安部
陆明华	宝江分局交巡警支队　民警	全国优秀人民警察	2005年	公安部
方超伦	卢湾分局五里桥派出所　民警	全国优秀人民警察	2005年	公安部
张德宝	静安分局曹家渡派出所　民警	全国优秀人民警察	2005年	公安部
赵学锋	普陀分局长寿路派出所　民警	全国优秀人民警察	2005年	公安部
孙剑毅	闸北分局刑侦支队一队　队长	全国优秀人民警察	2005年	公安部
孙华虎	虹口分局交巡警支队　民警	全国优秀人民警察	2005年	公安部
沈　谦	杨浦分局交巡警支队　民警	全国优秀人民警察	2005年	公安部
潘燕良	闵行分局刑侦支队技术室　主任	全国优秀人民警察	2005年	公安部
郁　羚(女)	宝山分局信访办　主任	全国优秀人民警察	2005年	公安部
殷志伟	嘉定区看守所　所长	全国优秀人民警察	2005年	公安部
唐祖玉	松江分局九亭派出所　所长	全国优秀人民警察	2005年	公安部
吴玉根	金山分局刑侦支队　民警	全国优秀人民警察	2005年	公安部
顾　劲	青浦分局刑侦支队技术室　主任	全国优秀人民警察	2005年	公安部
夏卫东	奉贤分局江海派出所　所长	全国优秀人民警察	2005年	公安部
顾钢铭	南汇分局坦直派出所　民警	全国优秀人民警察	2005年	公安部
黄伟军	崇明县局长征派出所　所长	全国优秀人民警察	2005年	公安部
姚　华	黄浦分局　副局长	全国特级优秀人民警察	2006年	人事部、公安部
费兴耀	长宁分局新华路派出所　民警	全国特级优秀人民警察	2006年	人事部、公安部
陆志军	消防总队特勤支队龙阳中队　班长	全国特级优秀人民警察	2007年	人事部、公安部
张翼飞	轨道分局刑侦大队　副大队长	全国特级优秀人民警察	2007年	人事部、公安部
孙华虎	虹口分局交警支队　民警	全国特级优秀人民警察	2007年	人事部、公安部
郁　羚	宝山分局信访办　主任	全国特级优秀人民警察	2007年	人事部、公安部
张宇兰(女)	经侦总队四支队　民警	全国优秀人民警察	2007年	公安部
刘　平	治安总队广场办　主任	全国优秀人民警察	2007年	公安部
徐　俊	出入境管理局外国人管理处　副处长	全国优秀人民警察	2007年	公安部
刘祝伟	交警总队机动支队　大队长	全国优秀人民警察	2007年	公安部
孟卫东	警卫局办公室　副主任	全国优秀人民警察	2007年	公安部
奚　敏	文保分局文化领域网络侦察科　科长	全国优秀人民警察	2007年	公安部
朱启明	公交分局五大队　民警	全国优秀人民警察	2007年	公安部

（续表）

姓　名	工作单位、职务	荣誉称号	批准时间	批准单位
唐和兆	黄浦分局老西门派出所　所长	全国优秀人民警察	2007年	公安部
蒋荣芳	卢湾分局出入境管理办公室　主任	全国优秀人民警察	2007年	公安部
雷树森	徐汇分局交警支队　民警	全国优秀人民警察	2007年	公安部
邵　炯	长宁分局交警支队　民警	全国优秀人民警察	2007年	公安部
张德宝	静安分局曹家渡派出所　民警	全国优秀人民警察	2007年	公安部
鲁健伟	普陀分局刑侦支队刑科所　所长	全国优秀人民警察	2007年	公安部
龙伟生	闸北分局大宁路派出所　所长	全国优秀人民警察	2007年	公安部
曲钢超	杨浦分局四平路派出所　所长	全国优秀人民警察	2007年	公安部
沈　谦	杨浦分局交警支队三中队　中队长	全国优秀人民警察	2007年	公安部
叶　枫	闵行分局华漕派出所　所长	全国优秀人民警察	2007年	公安部
沈志荣	宝山分局交警支队三中队　中队长	全国优秀人民警察	2007年	公安部
徐建通	嘉定分局嘉城派出所　所长	全国优秀人民警察	2007年	公安部
阎东向	松江分局刑侦支队一队　队长	全国优秀人民警察	2007年	公安部
封叶军	金山分局山阳派出所　教导员	全国优秀人民警察	2007年	公安部
陶　清	奉贤分局奉城派出所　所长	全国优秀人民警察	2007年	公安部
金　骏	南汇分局黄路派出所　所长	全国优秀人民警察	2007年	公安部
顾奇峰	南汇分局康桥派出所　副所长	全国优秀人民警察	2007年	公安部
张　冲	崇明县局城桥派出所　所长	全国优秀人民警察	2007年	公安部
陈　栋	静安分局交警支队　民警	全国特级优秀人民警察	2009年	人力资源和社会保障部、公安部
周庆阳	消防总队特勤支队彭浦中队抢险班　班长	全国特级优秀人民警察	2009年	人力资源和社会保障部、公安部

表19－4－5　1988—2007年上海公安系统获全国优秀公安局长、科所队长称号人员

姓　名	单位、职务	称　号	年　度
唐志明	静安分局　局长	全国优秀公安局长	1988
郁豪英	宝山县局　局长	全国优秀公安局长	1988
陆定芳	金山分局　政委	全国优秀公安局长	2007
施鹤鸣	航运公安局刑侦队　队长	全国优秀科所队长	1989
黄禹生	交通处静安交通队　队长	全国优秀科所队长	1989
孙根发	徐汇分局经文保科　科长	全国优秀科所队长	1989
施尚孝	黄浦分局人民广场派出所　所长	全国优秀科所队长	1989
卢鹤鸣	杨浦分局凤城新村派出所　所长	全国优秀科所队长	1989
王茂昌	上海港公安局客运码头派出所　所长	全国优秀科所队长	1989

(续表)

姓　名	单位、职务	称　　号	年　度
庞玉明	南汇县局惠南派出所　所长	全国优秀科所队长	1989
胡祖山	闸北分局　科长	全国优秀科所队长	1989

表 19-4-6　1979—2010 年上海公安系统获先进工作者称号人员

姓　名	单位、职务	表彰称号	年　度	授予机关
常文龙	公安部上海 822 厂　工程师	市劳模(先进工作者)	1979	市政府
高晋松	虹口分局　交通民警	市劳模(先进工作者)	1979	市政府
吴怀琛	公安部 876 研究所　技术员	市劳模(先进工作者)	1979	市政府
程九龙	长宁分局新华路派出所　副政治指导员	市劳模(先进工作者)	1979	市政府
成文英(女)	长宁分局治安科　科员	市劳模(先进工作者)	1979	市政府
钱荷芬(女)	闸北分局宝山路派出所　民警	市劳模(先进工作者)	1979	市政府
迟宗融	上海消防器材四厂　副厂长	市劳模(先进工作者)	1981	市政府
姚启明	卢湾分局预审科　预审员	市劳模(先进工作者)	1981	市政府
陈行恒	交通处徐汇交通队　民警	市劳模(先进工作者)	1981	市政府
高桢林	静安分局威海路派出所　民警	市劳模(先进工作者)	1981	市政府
李兴海	杨浦分局刑侦队　侦察员	市劳模(先进工作者)	1981	市政府
潘隐麟	松江县局岳阳派出所　民警	市劳模(先进工作者)	1981	市政府
周冬宝	上海铁路公安处上海站派出所　副所长	市劳模(先进工作者)	1981	市政府
姚启明	卢湾分局预审科　预审员	市劳模(先进工作者)	1983	市政府
吴长春	静安分局治安科　民警	市劳模(先进工作者)	1983	市政府
陆红子	南市分局蓬莱路派出所　副所长	市劳模(先进工作者)	1983	市政府
官　宝	交通处静安交通队　副分队长	市劳模(先进工作者)	1983	市政府
刘立军	宝山县局长兴岛派出所　民警	市劳模(先进工作者)	1983	市政府
卢有林	刑事侦察处　指纹工程师	市劳模(先进工作者)	1985	市政府
张伟国	交通处静安交通队　民警	市劳模(先进工作者)	1985	市政府
胡长枝(女)	闸北分局彭浦新村派出所　民警	市劳模(先进工作者)	1985	市政府
顾进才	南汇县局周浦镇派出所　副所长	市劳模(先进工作者)	1985	市政府
钱定标	虹口分局经文保科　科长	市劳模(先进工作者)	1985	市政府
张春和	黄浦分局南京东路派出所　民警	市劳模(先进工作者)	1985	市政府
赵荣胜	上海铁路公安分局乘警队　干事	市劳模(先进工作者)	1985	市政府
朱杏春	黄浦分局广东路派出所　民警	市劳模(先进工作者)	1988	市政府
刘立中	卢湾分局交通队　民警	市劳模(先进工作者)	1988	市政府
张泰运	刑侦处　法医	市劳模(先进工作者)	1988	市政府

（续表）

姓　名	单位、职务	表 彰 称 号	年　度	授予机关
江德明	预审处第一看守所　副所长	市劳模(先进工作者)	1988	市政府
张泰运	刑侦处刑科所　民警	全国先进工作者	1989	国务院
黄文博	黄浦分局交通队　民警	市劳模(先进工作者)	1990	市政府
张维贤	长宁分局治安科　科长	市劳模(先进工作者)	1990	市政府
姚志良	杨浦分局五角场派出所　民警	市劳模(先进工作者)	1990	市政府
孙根发	徐汇分局经文保科　科长	市劳模(先进工作者)	1990	市政府
刘德生	交通处静安交通队　民警	市劳模(先进工作者)	1992	市政府
徐福鑫	刑侦处　民警	市劳模(先进工作者)	1992	市政府
吴良华	闸北分局天目西路派出所　民警	市劳模(先进工作者)	1992	市政府
蒋惠国	卢湾分局看守所　所长	市劳模(先进工作者)	1992	市政府
秦晦韬	闸北分局交通队　民警	市劳模(先进工作者)	1994	市政府
潘金根	黄浦分局外滩治安派出所　所长	市劳模(先进工作者)	1994	市政府
翟剑锋	杨浦分局宁国路派出所　民警	市劳模(先进工作者)	1994	市政府
郭雪萍	奉贤县局南桥镇派出所　指导员	市劳模(先进工作者)	1994	市政府
王启龙	消防总队消防器材总厂　高级工程师	市劳模(先进工作者)	1994	市政府
徐福鑫	刑侦总队四队　民警	全国先进工作者	1995	国务院
杨奇林	出入境管理局　翻译	市劳模(先进工作者)	1996	市政府
俞国庆	治安总队广场办　副主任	市劳模(先进工作者)	1996	市政府
杨泽强	卢湾分局刑侦支队　支队长	市劳模(先进工作者)	1996	市政府
赵卫红	南市分局半淞园路派出所　民警	市劳模(先进工作者)	1996	市政府
田黎达	浦东新区公安局上钢新村警察署　民警	市劳模(先进工作者)	1996	市政府
陈九弟	黄浦分局外滩警察署　民警	市劳模(先进工作者)	1998	市政府
卞长忠	普陀分局刑侦支队　支队长	市劳模(先进工作者)	1998	市政府
钱龙根	杨浦分局交警支队　民警	市劳模(先进工作者)	1998	市政府
陆建民	虹口分局巡警支队二中队　中队长	市劳模(先进工作者)	1998	市政府
陈　瑜	静安分局南京西路警察署　民警	市劳模(先进工作者)	1998	市政府
田黎达	浦东新区公安局上钢新村警察署治安队副队长	市劳模(先进工作者)	1998	市政府
陈　瑜	静安分局南京西路警察署　民警	全国先进工作者	2000	国务院
钱龙根	杨浦分局交警支队　民警	全国先进工作者	2000	国务院
姚建达	经侦总队四支队　支队长	全国“人民满意的公务员”	2001	中组部、宣传部、中央文明办、人事部
姚建达	经侦总队二支队　副支队长	市劳模(先进工作者)	2001	市政府

(续表)

姓　名	单位、职务	表彰称号	年　度	授予机关
张玉荣	刑侦总队刑科所　副所长	市劳模(先进工作者)	2001	市政府
顾　立	交巡警总队科研所　副所长	市劳模(先进工作者)	2001	市政府
邱惠华	嘉定分局马陆镇派出所　所长	市劳模(先进工作者)	2001	市政府
张国平	浦东分局洋泾警察署　民警	市劳模(先进工作者)	2001	市政府
卢鹤鸣	杨浦分局交巡警支队　政委	市劳模(先进工作者)	2001	市政府
范海云	虹口分局曲阳路警察署　民警	市劳模(先进工作者)	2001	市政府
张玉荣	刑侦总队刑科所　副所长	全国五一劳动奖章	2002	全国总工会
顾立	交巡警总队科研所　副所长	全国五一劳动奖章	2003	全国总工会
葛国勇	治安总队治安管理处　民警	市劳模(先进工作者)	2004	市政府
阎建军	刑侦总队刑科所法医室　主任	市劳模(先进工作者)	2004	市政府
王永道	交巡警总队车管所　民警	市劳模(先进工作者)	2004	市政府
费兴耀	长宁分局新华路派出所　民警	市劳模(先进工作者)	2004	市政府
张德宝	静安分局曹家渡警察署　民警	市劳模(先进工作者)	2004	市政府
姚　华	普陀分局刑侦支队　支队长	市劳模(先进工作者)	2004	市政府
曹慰根	金山分局交警支队枫泾检查站　站长	市劳模(先进工作者)	2004	市政府
张安明	南汇分局交警支队枫泾检查站　站长	市劳模(先进工作者)	2004	市政府
费兴耀	长宁分局新华路派出所　民警	全国先进工作者	2005	国务院
曹慰根	金山分局交警支队枫泾检查站　站长	全国先进工作者	2005	国务院
温建华	经侦总队一支队　政委	市劳模(先进工作者)	2007	市政府
沈亚龙	治安总队治安管理处　处长	市劳模(先进工作者)	2007	市政府
雷树森	徐汇分局交警支队　民警	市劳模(先进工作者)	2007	市政府
鲁健伟	普陀分局刑侦支队刑科所　所长	市劳模(先进工作者)	2007	市政府
沈与辛	闸北分局临汾路派出所　所长	市劳模(先进工作者)	2007	市政府
董立程	虹口分局广中路派出所　民警	市劳模(先进工作者)	2007	市政府
阙　鸣	闵行分局　民警	市劳模(先进工作者)	2007	市政府
阎建军	刑侦总队刑科所法医室　主任	全国五一劳动奖章	2007	全国总工会
杨　勇	徐汇分局指挥处　副处长	全国五一劳动奖章	2008	全国总工会
姜亦山	消防总队特勤支队　支队长	全国抗震救灾英雄模范	2008	中共中央、国务院、中央军委
周庆阳	消防总队特勤支队彭浦中队抢险班　班长	全国抗震救灾英雄模范	2008	中共中央、国务院、中央军委
沈亚龙	治安总队治安管理处　处长	全国五一劳动奖章	2009	全国总工会
雷树森	徐汇分局交警支队　民警	全国先进工作者	2010	国务院

（续表）

姓　名	单位、职务	表彰称号	年　度	授予机关
阎建军	刑侦总队刑技中心　民警	全国先进工作者	2010	国务院
胡国利	机场分局空防处　民警	市劳模(先进工作者)	2010	市政府
杜月明	浦东分局刑侦一支队重案队　大队长	市劳模(先进工作者)	2010	市政府
徐志刚	普陀分局白丽路派出所　民警	市劳模(先进工作者)	2010	市政府
朱　斌	闸北分局交警支队　民警	市劳模(先进工作者)	2010	市政府
李　捷	杨浦分局定海路派出所　所长	市劳模(先进工作者)	2010	市政府
金　晨	金山分局科技科　科长	市劳模(先进工作者)	2010	市政府

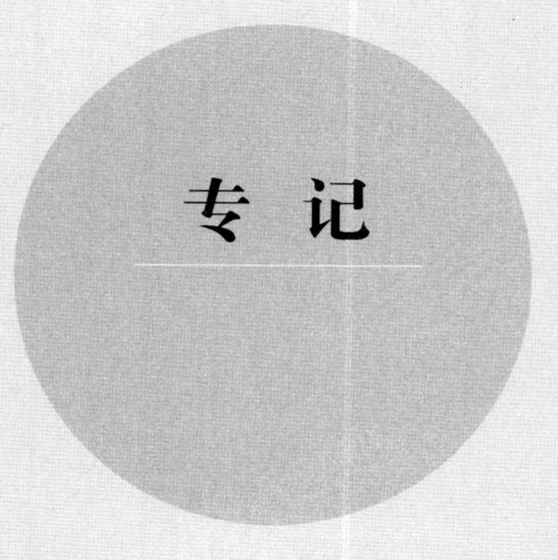

专 记

一、建设上海现代警务机制

上海现代警务机制，是上海公安机关为主动适应经济社会发展、切实增强驾驭社会治安局势能力而建立的一系列有效联系各警务系统组成部分、准确体现公安工作内在规律的科学规范的警务制度和集约高效的运作模式。

构建上海现代警务机制，是跨入21世纪以来上海公安机关重点探索和实践的重大课题，是上海公安机关在重要战略机遇期应对新形势、新挑战所作的战略抉择，也是上海公安机关贯彻胡锦涛总书记关于公安机关切实提高"四个能力"的要求、中共中央《关于进一步加强和改进公安工作的决定》和第二十次全国公安会议精神的战略安排。其提出背景与构想由来顺应时代对公安工作的两大需要。首先是公安机关切实担负新时期、新阶段历史责任的客观需要。对于上海公安机关来讲，在全面建设小康社会、率先基本实现现代化的进程中，已经或必将面临3个方面的挑战：一是由于经济发展不平衡而诱发犯罪带来的挑战。上海的人均GDP已达到5 000美元，远高于全国平均水平，在社会治安上则表现为侵财类犯罪多发和外来人口犯罪比例较高，这是相当长时间内影响上海城市治安的重要因素。二是影响社会稳定和城市安全的不确定因素先期凸显带来的挑战。要率先基本实现现代化，上海的改革开放步伐必须继续走在全国的前列，上海公安工作也会更早地面临各种影响社会稳定和城市安全的新矛盾、新问题，处理不当，负面影响甚大。三是城市发展关键时期出现的"经济发展——犯罪高发"现象带来的挑战。发达国家大城市在经济快速发展阶段普遍出现的犯罪大幅度上升现象，在上海已初露端倪，因此必须吸取经验教训，积极主动应对，发挥后发优势，将犯罪控制在社会可承受的范围内，尽可能地降低城市发展的代价。其次是公安工作和公安队伍建设自身发展的主观需要。肩负历史重任，反观工作现状，上海公安在体制机制、实战能力、队伍建设、物质保障等方面都存在比较明显的不适应。特别是在计划经济条件下形成的以户籍管理为核心、以企事业单位等组织管理为依托、以一簿（户口簿）一证（工作证）为主要手段的治安控制方式，以早八晚六为主要作息时间的机关化的勤务运作方式，依赖值班报告、缺乏专职指挥人员和工作预案的应急指挥方式，重学历教育轻职后培训、重理论轻实战的公安教育训练方式，没有专职机构、难以形成共享的情报研判方式等，这些在相当程度上照搬苏联模式，带有明显计划经济色彩的警务运作模式，已难以应对市场经济条件下日益复杂的社会治安问题和各种突发状况。因此，自觉、有意识地将市场经济的理念、方式、规律运用于公安管理，通过对全局警务机制的全面调整和系统创新，盘活用好现有警务资源，实现公安工作的低耗高产，成为上海公安工作谋求自身发展的必然选择。

2001年底，上海市公安局党委在探索"三特"（中国特色、时代特征、上海特点）公安发展新路的实践基础上，围绕实现"三个率先"（率先建设一支高素质的公安队伍、率先走上科教强警之道、率先建立现代警务机制）奋斗目标，以提高应急反应、治安防控、打击犯罪三大能力为切入点，提出建设上海现代警务机制的战略构想。

上海现代警务机制包括三大板块和12项关键机制。三大板块是决策、实战、保障，其中：决策是关键，其核心内容是推进公安决策的科学化，保证政令、警令畅通，直接决定实战和保障的运行方向及功能发挥；实战是核心，其核心内容是提高公安机关的应急反应、治安防控和打击犯罪能力，按照决策指挥要求,依靠警务保障支撑,实现警务工作的总体和阶段目标;保障是基础,其核心内容是通过理顺各类警务关系,优化警务资源配置,提高综合保障效能,为决策、实战的正常运作提供必要条件。围绕决策、实战、保障这三大互为贯通的基本板块的,是作为整个警务机制龙骨和基础的上海现代警务机制基本框架,由重大警务事项决策机制、综合评估机制、情报工作机制、应急反应机制、治安防控机制、犯罪侦查机制、维稳工作机制、行政执法机制、信息化工作机制、警力资源开发与管理机制、监督制约机制和后勤保障机制等12个关键机制构成。建设上海现代警务机制是一项全新的系统工程,没有现成的经验和模式,经反复调研论证和不断调整丰富,确定“两步走”的总体规划:一是从2002—2004年,用3年时间,基本建成上海现代警务机制基本框架及框架的主要项目;二是从2005—2007年,再用3年左右时间,在基本框架基础上稳步推进并逐渐完善各项警务制度和运作模式,全面提升警务运作的系统效应、警务活动的规范效应、警务资源的集约效应、警务发展的创新效应,初步建成与社会主义市场经济体制相匹配的,系统严密、警务规范、资源集约、运转高效、适应实战、面向未来的上海现代警务机制。

2002年,市局和全市各级公安机关将构建上海现代警务机制作为公安工作的主线,锲而不舍,一以贯之,各级领导干部和全体民警逐步形成共识:一是随着社会主义市场经济和上海经济社会的快速发展,公安机关必须建立一套先进的警务机制与之相适应;二是上海现代警务机制是在遵循公安工作内在规律的前提下,全方位、系统性的改革创新,而非规章、制度上的“立改废”,更不是机构、警力上的“加减法”;三是实践已经证明,在建设过程中尽管遇到这样或那样的问题,但上海现代警务机制建设确实能从根本上铲除制约公安工作发展的障碍,或提供解决此类问题的思路。

2004年已初步建成以决策、实战、保障三大板块为基础,以12个关键项目和48个项目内容为主体的上海现代警务机制基本框架,基本框架所确定的事关上海公安长远发展的基础性、关键性、战略性机制项目,绝大部分已初步建成并投入运行,为第二步战略目标的顺利实施提供基础和保障。

上海现代警务机制建设推动上海公安工作不断有所突破。通过优先探索和建立公安教育训练制度、社区警务工作制度等基础性项目,保障上海现代警务机制的全面推开和深入推进,促进“固本强体”和“科教强警”两大战略的实施,进一步夯实公安工作的基础。通过推行公安情报工作制度和街面“网格化”巡逻制度等创新性项目,从一定程度上找到高度信息化、社会化、动态化环境下公安机关有效控制社会治安局势的手段,掌握社会治安的主动权。通过建立健全统一指挥、水陆空治安查堵、应急联动等一系列制度,将现有的警务资源乃至可利用的社会资源优化配置、整合集约,增强警务效能,保障公安机关在应急状态下快速出警、快速处置,提高紧急应变和整体作战能力。通过建立重大警务事项决策程序规定及刑事侦查办案、行政执法规程体系等规范性制度,使公安队伍和各项业务建设初步步入良性运行状态,基本达到规范化、制度化、程序化要求。其中:应急反应方面,成立市应急联动中心,研究开发案(事)件时空分析系统、预案指挥调度系统,强化统一指挥、预案贮备和全方位查堵,一旦发生重大情况可迅速部署近千名警力,构筑3道查堵防线,15分钟内关闭全市41个出入市境的道口。情报工作方面,组建综合性的情报部门,加强情报网络和情报工作操作规程建设,初步实现情报信息的统一采集、存储、研判、共享。网格巡逻方面,通过屯兵街面、统一指挥、快速反应、互相策应,加大民警与犯罪分子的碰撞概率,实施网格巡逻后,全市街面抢劫、抢夺、诈骗、盗窃案平均下降30%左右,在破获的街面“两抢”案件中,30%以上是通过市局或分局的指挥中心调度巡逻民警现行抓获。警力使用方面,开展“三定”(定职能、机构、编制和领导职数),规范警力配置,建立两级局内人才市场,建立健全领导干部选拔、任用、管理、培养的一系列制度规定,

2004年3月1日首批157名文职人员在浦东分局上岗，将108名民警置换出来投入一线，文职制度的实施，改变过去单一的用人模式，进一步降低公安机关的用人成本。教育训练方面，提出职前教育向职后教育、学历教育向业务培训、理论学习向技能训练转移的3个“重心转移”，实行逢晋必训、不训不升、轮训轮值、战训合一，强化民警体能、技能，推行、完善教官制度，开展第二专科教育试点，以往队伍中存在的“说不过、跑不过、打不过”状况有所改观。科技保障方面，以信息化建设为先导，加大公安科技投入，全局已初步实现光缆联网，建成实时图像监控、GPS巡逻车调度和110接处警三位一体的指挥系统以及目前国内容量最大的指纹自动识别系统、DNA实验室、毒化检验系统、物证检验系统，为公安现实斗争提供强有力的技术支撑。

上海现代警务机制建设得到市委、市政府、公安部的高度重视和充分肯定，市第八次党代会将其写入工作报告，公安部也多次以各种形式予以肯定和推介。随着上海现代警务机制建设的不断推进和逐步深化，在促进上海公安工作始终保持改革动力和发展活力的同时，上海的公众安全感和公安工作满意率也多年在全国名列前茅。

二、上海公安机关开展“三基”工程建设

从2006—2008年，上海公安机关根据市委、市政府、公安部关于“三基”（抓基层、打基础、苦练基本功）工程建设的部署要求，结合上海实际，认真规划部署“三基”工程建设总体目标任务和年度实施意见，共推进重点措施172项，并重点突出“做强基层所、队，做实社区和农村警务工作，做硬公安信息化建设和应用”3项重点内容，落实“领导干部抓‘三基’工程建设责任制，加强‘三基’工程建设典型推广和社会宣传”2项保障措施，完成“三基”工程建设3年为期的阶段性任务目标。

2006年，市公安局多次召开党委专题学习会、研讨会、调研会，组织全市公安机关对公安部领导的一系列重要指示和下发的文件进行深入学习。成立由市公安局党委副书记、副局长程九龙任组长的“三基”工程建设领导小组，下设办公室（以下简称“三基办”），抽调2名副局级领导、3名处级干部兼职和8名科级干部专职开展工作。建立党委成员“三基”工程建设联系点制度，每位党委成员联系2个基层所、队，各分（县）局和市局有关单位也相应建立领导联系点制度，包干扶持，以点带面。市局“三基办”会同市局相关部门围绕基层所、队基础建设，警力配置，勤务模式等13个课题开展深入调研。从加强基层所、队建设，加强基础工作，苦练基本功3个方面分别研究制定工作方案和意见，制定下发《上海公安机关加强基层所、队建设的总体意见》，围绕做实、做强“三所五队”（派出所、车管所、看守所、责任区刑侦队、巡逻队、交警队、特警队、消防队），提出十一类35个方面的目标和要求，研究制定涉及基层所、队建设的35项保障措施。在加强基础工作方面，市局“三基办”以人口管理、阵地控制、信息化应用为重点，梳理确定全市公安机关加强基础工作的27项重点项目。在苦练基本功方面，由市局政治部（练兵办）制定《上海公安机关进一步深化大练兵、苦练基本功的工作意见》，明确全市公安机关当前和今后一段时期深化大练兵、苦练基本功的任务和要求。

各分（县）局基层一线警力已达到分（县）局总警力的94.6%，派出所实有警力占分（县）局总警力的48.8%。建立由便衣刑警组成的街面犯罪侦查队，与街面公开警力形成“公密结合、优势互补”的打防工作格局。各分（县）局业务经费及特别业务经费全部达到三类以上标准，其中达到一类标准的有14个，民警个人防护装备配备率已达到90%，完成和正在新建、改建、扩建基层所、队工作用房45个；警衔晋升培训专业课比例从原来的30%提高到75%，11个分局建立“警训队”。全市新招录的1 600余名新警除个别补充到专门技术岗位外，全部充实到基层一线岗位。同时，新招录1 260名文职人员，并按1∶1的标准将置换出的民警全部投入基层一线岗位。选派136名年轻干部在基层所、队与机关之间挂职、轮岗锻炼。基层所、队每百名民警拥有计算机50.5台；基层所、队联入公安专网计算机16 599台，有670个基层所、队接入公安主干网，覆盖率为100%。结合上海合作组织峰会安全保卫工作，完成上海城市图像监控系统（一期）建设。建成工作对象综合信息系统并开展试点工作，并完成对违法犯罪人员等近20个系统违法人员基本信息的整合，实现与案（事）件信息管理系统、信息比对系统等近10个系统的关联。在出入上海市的16个一、二级道口安装上海公安道口机动车、驾驶人查控系统，实现对进出上海市道口机动车识别和驾驶人脸像记录，共处罚违法车辆19.4万余辆，抓获“网上”在逃人员73人，追缴被盗车辆72辆。协助市相关部门开展53个街道（镇）的居住证扩大试点工作，共发放《上海市临时居住证》426 111张、《上海市居住证》168 147张。按照市委政法委推进预防犯罪工作体系建设的要求，进一步细化落实公安派出所配合做好社

区矫正、吸毒人员管控等工作，协助管理社区服刑人员 5 438 人、强制戒毒 8 760 人、委托禁毒社工尿检 4 577 次。制定实施《上海市公安机关刑事阵地控制工作暂行规定》，并在重点地区、行业、场所、集贸市场、医院建立治安信息员队伍，在娱乐场所推行派驻保安制度，并将全市 678 家通宵浴场（室）、83 家公寓式酒店纳入旅馆业治安管理，及时消除住宿登记空白。

2007 年，市公安局领导带队分批赴辽宁、河南、山东、湖北、江苏、浙江、广东、福建等地公安机关“三基”工程建设先进典型单位进行实地学习考察，学习他人之长，查找自身不足，明确工作方向和改进措施。制定 2007 年深入推进“三基”工程建设的“46＋10＋1”的工作思路，即 2007 年总体上要完成 46 项工作任务，全面部署、整体推进；重点推进 10 项实事项目，集中力量、重点攻坚；重中之重的任务是加强派出所等基层所、队建设，力争形成聚焦、取得突破。根据市局确定的 10 项实事项目，由吴志明在 2007 年上海公安工作会议上与 5 名市局分管局领导签约，再由市局分管局领导与市局相关单位一把手签约，逐级明确推进目标、节点要求和各自责任。将 107 个派出所列入 2007 年、2008 年两年集中建设范围，在各区、县落实土地、资金的基础上，由市公安局投入 2.14 亿元历年积余资金用于专项补贴。同时，由市政府投资近 2 亿元，用于全市 198 个派出所监控室内部核心设备的配置，以及部分分（县）局和市局业务单位二级指挥平台的扩容。有 10 家监所列入新建和扩、改建计划，投入资金 5.8 亿元。各分（县）局实行特警武装巡逻工作，进一步完善全时空、全覆盖的治安防控和应急处突网络。

分（县）局基层一线警力占分（县）局总警力的 93.3%，派出所实有警力占分（县）局总警力的 48.6%，全局文职人员达到 2 300 人。纳入集中建设的 107 个派出所，年内已立项 67 个、开工 15 个；完成 9 个监所新建、改建、扩建工程；各分（县）局派出所、看守所、交警队、特警队、刑警队、巡警队警械武器装备配备率达到 100%，为“三所三队”新增汽车 1 037 辆，新增计算机 4 369 台，百名民警计算机拥有率达到 49.5%；数字证书发放率达 100%。建立警务室 1 580 个，配备社区民警 1 759 人；各分（县）局全部建立“警训队”，全市有 67 612 人次民警参加过 15 天以上的集中学习培训。2007 年，上海市公众安全感调查总体评价指数为 72.45，比 2006 年的 69.93 上升 2.52；市民群众对公安工作满意度评价指数为 73.51，与 2006 年基本持平。

2008 年，市公安局建立“三基”工程建设推进情况信息管理系统和重点项目基础数据通报制度，对各单位工作进展情况进行实时检查和通报。先后组织 4 次“三基”工程建设专项调研督导，及时发现整改问题。按照“每年一评估，三年一大考”的思路，每年组织开展对分（县）局“三基”工程建设评估工作，作为评选“三基”工程建设先进单位的主要依据。开展典型引路工作，组织开展派出所民警“十佳”工作法评选活动，实施社区和农村警务战略，全市警务室（工作点）统一外观标识、内部布局、基础台账，全市社区民警统一执行定期接待、刑事案件回访、警情通报、民警述职等工作制度，确保每个警务室（工作点）“有室、有警、有制度、有成效”。推广新版派出所综合信息系统，依托“金盾工程”，搭建一线执勤民警信息查询平台、应用信息批量比对系统、完善“网上核查”功能。建立社会治安突出问题发现机制，完善以分（县）局为主体的“110 信箱”信件核查、反馈制度等措施，拓展社会治安突出问题的线索来源。建立社会治安分级（分色）预警机制，重点围绕街面“两抢”、寻衅滋事、敲诈勒索、扒窃等与人民群众安全感密切相关的突出治安警情实施预警发布，并及时采取对应等级的打防措施。建立市局和各分（县）局治安要情通报会、社会治安突出动向情况通报等制度，进一步提高各级公安机关掌控社会治安的主动性、针对性和实效性。建立完善案件主办警官、案件审核审批、执法民警和领导干部个人执法档案、执法质量考评等制度，进一步规范领导干部和民警的执法办案工作。通过建立案（事）件接报信息语音查询系统，推广虹口分局派出所“窗口”服务系统，为一线执勤、巡逻、处警等民警配备录音笔，在公安机关受理室、候问室、审讯室等区域安装声像监控装置等措施，充分运用信息化手段规范民警执法执勤行为。

分(县)局基层一线警力占分(县)总警力的94.3%，派出所实有警力占分(县)局总警力的50.2%，全局文职人员达到2 300人。纳入集中建设的107个派出所，已立项105个、竣工28个。新建、改建、扩建26个公安监所，新增关押容量8 212人，对已建的30个派出所图像监控室进行完善，使全市公安派出所全部按统一标准建立图像监控室。为基层一线民警全部配备新的单警装备，“三所三队”新增汽车1 388辆，新增计算机3 050台。购置各类消防专用车211辆、各类消防器材10万余件，各类特警专用车170辆、各类特警装备3万余件。自建1万余个实时图像监控点，联网及复接9 000个社会图像监控探头，基本形成市局、分(县)局和部分派出所图像监控系统三级联网架构。划分警务区3 780个，建立警务室、社区民警工作点3 964个，配备社区民警4 302人。共完成29 788扇楼寓对讲电控防盗门的安装工作，在全市2 102个封闭型居民小区中全部安装视频安防监控系统、楼寓对讲系统和周界报警系统。向纳入派驻范围的1 480家娱乐场所和303家沐浴场所分别派驻保安人员3 688人和850人。成立上海市公安局警务航空队，投入5.6亿元，购置2架3吨级轻型直升机和1架5吨级中型直升机，并建立占地100亩的直升机基地。形成市局以强化岗位核心能力培训为主、分(县)局以警训队培训为主、基层所(队)以“四随”练兵为主的分层练兵模式，参加过15天以上集中培训的民警有10.2万人次。

三、开展“大走访”爱民实践活动

2008年底，按照公安部部署，上海公安机关围绕市委提出的“保增长、保民生、保稳定、保世博”的工作大局，以“进百家门、暖万众心，共铸平安世博”为主题，深入开展了“大走访”爱民实践活动。

【构建和谐警民关系】

主动把工作中的难点、难处告诉群众，在走访沟通中释放善意。“大走访”活动启动当日，张学兵局长即率队到普陀区长寿街道普雄居委走访，就小区群租、破墙开店、养犬扰民、社区安保、电信诈骗等社会热点问题听取居民意见，共同研究解决办法。2009年春节前后，又连续召开3次社会各界代表意见征求会，听取对上海公安机关加强警民沟通、警社合作、构建和谐警民关系的意见和建议。在全市派出所开展“千警进万户”活动，组织民警深入社区、农村、企业、学校，听民声、访民意、察民情、排民忧，以实际行动赢得社会各界对公安工作的理解和支持。

拓宽与群众沟通渠道，研究推出“局长网络互动交流”常态化机制。依托互联网，定期、主动向社会求策问计。至2009年5月底，市公安局已组织6次“局长网络互动交流”活动，受到市民群众热烈欢迎和广泛关注。4月23日，张学兵局长应邀做客人民网《强国论坛》，参加由公安部、人民日报社、人民网共同举办的“公安厅局长面对面”系列在线访谈活动，与全国网友进行深入坦诚的交流，市公安局还在人民网首页对未及时回答的问题作了刊载回复，获得网友的广泛好评。

始终瞄准群众现实关切，推出便民利民措施。2009年市局推出的8项便民利民措施已部分落实，其中，浦东分局出入境接待大厅试运行以及在全市1 372家自助银行安装实体防护装置2项措施经媒体报道后引起良好的社会反响。

【全力维护社会和谐稳定】

从为企业排忧解难和为群众雪中送炭入手，着力帮助解决实际困难和问题。张学兵局长率队与20家金融、电信部门负责人进行座谈交流，共同对上海金融环境、金融安全作了研判，并就建立公安机关与金融、电信部门常态化合作机制提出具体建议。全市广大公安民警深入走访企业工厂，千方百计地为企业排忧解难。同时，结合元旦、春节、“两会”等重要节点，深入开展矛盾纠纷大排查、大调处工作，全力把矛盾纠纷化解在基层，把隐患消除在萌芽状态。

从提升人民群众安全感满意度入手，严厉打击、防范电信诈骗和盗窃“三车”等违法犯罪活动。2009年1—4月，侦破利用虚拟电话实施的诈骗案件300余起，实现此类案件受理数、立案数的逐月下降；破获盗窃“三车”案件3 973起，该类案件接报数同比减少16.7%。协调上海移动、联通、电信公司于春节前向1 175万上海市手机用户发送公益性预警防范短信，上海电信公司从2008年12月起在全市538万个人固定电话用户账单中增加相关预警防范提示内容。

从增强群众法制意识和安全防范常识入手，借助“东方讲坛”开展系列宣讲活动。围绕“大走访”活动主题，市公安局推出“东方讲坛·公安派出所长讲防范”专题宣讲活动，全市近千名公安派出所长走上讲坛，通过典型案例剖析和防范技巧提示，把安全防范知识送到百姓身边。新华社播发专稿《桃红李白皆是景——上海东方讲坛万场讲座惠泽百姓》,介绍市公安局东方讲坛宣讲活动的显著成效。

【创新做群众工作的方式方法】

全面启动上海世博会社会动员和群防群治工作。积极协调党、政、军、行业、社区等各方力量,全面加强世博会社会动员和群防群治工作,着力构筑军、警、民社会联防的坚强防线。通过走访,得到各区县党委、政府的积极回应,调动各方参与的热情,实现"平安世博"活动进农村、进社区。

开展新一轮社区和农村警务建设,着力推进社区警务"两个做实、建设四个机制"。"两个做实",即把实有人口服务和管理工作做实、把社区警务工作信息化做实;"建设四个机制",即建立责任区警种联动机制、警民沟通机制、警社合作机制和社区警务科学考核机制。社区警务管理工作正在逐步取得成效。市局联合市网宣办推出"社区警务网上行——公安领导与网友面对面"系列访谈活动,并于5月22日在东方网举行首场活动。

会同职能部门联手推进实有人口、实有房屋管理工作。从2008年底至2009年初,市公安局会同市住房保障和房屋管理局、虹口区人民政府,在虹口区凉城新村、江湾镇街道开展实有人口和实有房屋全覆盖管理试点工作,初步实现实有人口、实有房屋全覆盖管理和"以房找人""查人知房"双向互联的目标,基本解决实有人口底数不清、情况不明的"瓶颈"问题。市公安局在总结评估试点工作的基础上,逐步扩大试点范围,在全市进行动员部署,切实做到在世博会举办前实现"两个实有全覆盖"管理。

【打造一支有魂、有力、有激情的公安队伍】

从一线带队的基层领导抓起,增强基层公安机关做群众工作的能力。2009年,市公安局先后举办全市公安派出所长培训班和公安政工干部培训班,培训力度之大、参训人员之多,都是历年少有。培训班上,参训干部围绕"实有人口管理""社区警务建设""情报信息建设""虚拟社会管理""抓班子、带队伍"等热点、难点问题展开专题讨论,拓宽视野,开阔思路,增长知识,提高"维护一方平安、确保一方平安"的能力。

从群众接触最多、感受最深的公安执法活动抓起,提升上海公安队伍整体素质和形象。市局大力推进执法规范化建设,在全市交警系统开展"推广陈栋作业法、创建示范标准岗"活动,陆续推出118个"示范标准岗",得到社会各界和广大人民群众的广泛赞誉。中共中央政治局委员、上海市委书记俞正声作出重要批示,高度评价上海交警为城市和谐和世博筹办作出的贡献。公安部交管局以现场会形式,介绍推广市局的经验做法。2009年5月25日,市局公开向社会承诺,在全市交警所有一线执勤岗位全部推行"示范标准岗"工作要求和工作标准。

从树立民警身边的典型抓起,强化广大公安民警为民服务、为民执法的意识。2009年,市公安局先后树立蔡立群、陈峥等先进典型,4月9日和5月22日,市委宣传部、市公安局联合举办"陈峥同志先进事迹报告会"和"忠诚之歌——蔡立群同志先进事迹展",新华社、《人民日报》《解放日报》《文汇报》等主流媒体作集中报道,激励全市广大公安民警的斗志和士气,在全市乃至全国进一步树立上海公安机关的良好形象。

四、中国2010年上海世界博览会安全保卫工作

中国2010年上海世界博览会(以下简称“上海世博会”)是由中国政府主办、上海市承办的一届综合性世界博览会,于2010年5月1日—10月31日在上海举办。胡锦涛总书记来沪视察世博会工作,对安保工作提出“确保万无一失”的总要求。安全保卫工作成为举办一届“成功、精彩、难忘”的世博会的第一要素。

上海世博会历时6个月184天,安保等级勤务为4月15日—11月15日,长达214天,并经历梅雨、高温、台风、雷暴等恶劣气候。其间,世博安保工作要面对客流量大且难以预测、世博园区位于中心城区且横跨黄浦江两岸、园区内参展国多且文化习俗差异大等困难。世博园区每日9—24时开园,运行15小时,园区安保工作覆盖全天24小时,安保队伍处于长时间超负荷运作状态。世博安保工作既要确保安全,又要保证正常生产生活秩序;既要严格执行安保措施,又要体现“快乐、宽松、和谐”的理念;既要确保园区“点”上的安全,又要确保全市“面”上的稳定。

面对严峻考验,上海各级安保部门坚持“突出重点、以面保点”的指导原则,超前谋划、精心准备,周密部署、有序实施,全面落实各项安全保卫工作。全市公安民警、军队和武警任务部队官兵、外省(市)公安警察院校增援学员和各系统、各部门、各地区干部职工、保安人员、平安志愿者、机关干部等安保力量,恪尽职守、团结协作、顽强拼搏、连续奋战,圆满完成各项安全保卫任务,维护全市社会面稳定。

【世博安保指挥体系】

2005年1月7日,上海市公安局成立世博会安保工作调研组。2006年12月20日,市公安局成立上海世博会安保工作领导小组及其办公室。2007年4月25日,上海世博局成立安保部(市公安局派员)。

2009年2月6日,上海市世博会筹办工作领导小组成立,下设安保组,由市公安局、上海警备区、上海武警总队等10多家单位组成。

2009年4月11日,由公安部牵头上海市和10多家中央部委组成的上海世博会安全保卫工作协调小组成立,作为中央层面的世博安保指挥系统。其中,公安部负责组织全国公安机关开展社会面上的世博会安保工作,组织开展上海周边治安防控工作,协调指导上海市公安机关做好安保工作等。

2010年3月10日,上海市世博会筹办工作领导小组更名为上海世博会工作领导小组,下设安保指挥部,作为上海市的世博安保指挥系统。中共中央政治局委员、上海市委书记、上海世博会执委会主任俞正声任总指挥。安保指挥部制定《关于世博安保指挥部增设工作机构的通知》《中国2010年上海世界博览会安全保卫工作总体方案》,明确安保指挥部、指挥部办公室、指挥部成员单位、指挥部下设机构及工作职责。安保指挥部下设一个指挥中心和13个部,其中,指挥中心成员单位有市公安局、市政府应急办、应急联动中心、上海世博局等,负责实施运行期间全市安全保卫工作的指挥调度,制定处置各类重特大突发事件应急预案,处置各类重特大突发事件的应急指挥;舆论

宣传工作部成员单位有市委宣传部、市政府新闻办等,负责上海世博会安全保卫舆论宣传工作;社会面防控工作部成员单位有市公安局、市安全局、市委信访办、市民族宗教委、市综治办、市委宣传部、市卫生局、市质量技监局、市安全监管局、市民政局、市邮政管理局、上海警备区等,负责全市群防群治,社区、街面和单位内部治安防控,维护社会稳定工作;要人安全警卫工作部成员单位有市公安局、市政府外办、上海世博局、武警上海市总队等,负责世博会运行期间要人安全警卫工作;水上安保工作部成员单位有公安局、上海海事局、上海边检总站、市建设交通委等,负责黄浦江水域的安全保卫和水上各类突发事件的应急处置;口岸管理工作部成员单位有市公安局、市安全局、市建设交通委、市交通港口局、市安全监管局、上海机场集团、上海海关、上海铁路局、上海出入境检验检疫局、上海出入境边防检查总站等,负责上海市机场、火车站、港口码头、长途汽车站和出入市境道路等国边境和市境口岸查控查堵工作,配合公安部协调周边省市公安机关实施"环沪护城河"工程;道路交通安保工作部成员单位有市公安局、市建设交通委、市交通港口局、市安全监管局、上海世博局、市卫生局、市保监局等,负责全市道路交通组织指挥、管理,事故处置,市境陆路道口安检和交通管理,世博交保警卫工作;涉外安保工作部成员单位有市公安局、市政府外办、市民族宗教委、市安全局、市委台办、市委宣传部、市民政局、市卫生局、上海世博局、上海边检总站、上海出入境检验检疫局、上海警备区等,负责指导相关单位正确执行涉外安保政策规范,协调组织在沪境外人员管理、涉外案(事)件处置、涉外重点机构场所安全防范;国际警联部(国际警联中心)设在市公安局出入境管理局,负责与外国警务联络机构开展合作,做好外国参展方安全管理工作,协调国际警务相关部门协助开展世博安保工作;后勤保障工作部成员单位有市公安局、市财政局、市经济信息化委、市通信管理局、市气象局等单位,负责世博安保工作经费、装备、技术、通讯、物资等保障工作;人力资源培训工作部成员单位有市公安局、上海世博局、上海警备区、武警上海市总队等,负责测算世博安保需求力量,盘活现有人力资源,协调外省市公安院校提供警力支援,统筹做好安保力量组织调配工作,统筹组织开展安保力量教育培训工作,开展安保队伍教育动员,做好队伍思想政治工作;军队工作部成员单位有海军东海舰队、南京军区空军、第1集团军、上海警备区等单位,负责世博会运行期间海域、空中安全保卫,世博园区重要场馆、设施的核生化监测、防护和应急救援,部分搜爆安检、水下爆炸物探测和处置,负责军队任务部队参与世博园区安全保卫工作,会同公安边防等部门加强海岸防卫工作,协调驻沪单位参加世博有关安全保卫任务;武警工作部设在武警上海市总队,负责武警任务部队参与世博园区安保工作,要人住地、专机警卫和开(闭)幕式等重大活动现场警卫,社会面武装巡逻、市境道口设卡堵截、重要民生目标守卫,反恐怖、反劫机和处突机动备勤任务;园区安保工作部设在上海世博局,负责实施世博园区筹办、运行期间安全保卫工作。

2010年4月1—14日,安保指挥部各级指挥机构试运转。4月15日,上海世博会安保指挥部各级指挥机构正式投入运作。各级指挥机构建立以安保指挥中心为核心,由世博园区两级指挥机构,18个区县安保指挥机构,轨道、水上等专项指挥机构和军队、武警指挥机构共同组成的世博安保指挥体系。各级指挥机构加强公安、军队、武警三方对接,建立逐级对应、协调顺畅的军地联合指挥机制,并在公安部的指导协调下建立苏、浙、沪警务联勤指挥机制。

【世博园区安全保卫】

2007年4月,上海世博局成立安保部后,针对世博园区建设期间安全保卫工作特点,将"防爆炸、防火灾、防破坏、防偷盗"作为重点。建立园区临时安保指挥中心,并逐步增配安保力量,不断修建周界围栏和重点场馆封闭围栏,安装临时图像监控、防入侵报警等技防设施。安保力量重点开展人员、车辆证件管理等工作，并在出入口分阶段实施证件查验和安检工作；落实车辆载物和在建场馆搜爆安检工作；强化建设单位内部安全管理，先后与533家建设总包单位签订安保责任书和消防承诺书，不断开展园区治安整治、消防安全检查等工作。按期完成两道陆路围栏及"八大安防控制系统"建设和各类安检设备、安保装备安装、配备任务，完成开园前21万份证件制发等工作。

2009年4月10日，世博园区实施整园封闭。园区安保部门将世博会园区划分为陆路、水域、轨道区域共9个安保责任区，由9个分局和市局业务单位"分工包干"，直接派驻指挥班子、执勤警力并与军队、武警、保安等力量融合。建成园区安保指挥部和园区安保指挥中心、责任区安保指挥室两级指挥机构，并将园区安保指挥中心与世博局运行指挥中心置于同一平台运作。在各安保责任区建立"三方三联"(公安、武警、片区；联管、联防、联控)工作机制，并在园区安保工作部组建7个专门工作机构，使园区安保工作形成"立体型布局、扁平化指挥、规范化运作、军警民合成作战"的格局。

2010年5月1日—10月31日，园区安保部门加强出入口安保工作，将近七成安保力量部署在14个出入口区域，并与周边公安分局联手，构筑起外围"过滤"、预检、候检、安检"四道防线"，确保"严格安检"和"高效入园"的有机统一。加强广播图像显示系统安全控制、大型活动安全审查等措施。共完成189场国家馆日、21场国际组织荣誉日、1 429场省(区、市)活动周、34场城市特别日、14场企业特别日、32场论坛、890场欢乐盛装游和22 041场文化演出等活动安保工作。园区安保部门针对客流分布特点，在园区预检口采取"提前开放、波次放行"措施，并增派警力加强客流疏导。在园区热门场馆排队区域安装9万余米硬质隔离护栏，组织2 700余名市、区两级安保志愿者协助维护秩序，并采取"直行自由排队、分块波次排队、蛇形绕行排队"相结合的管理办法，确保排队人流安全有序。开展对园内各类违法犯罪活动的打击整治行动。优化园内道路交通组织，强化现场交通指挥疏导和交通秩序专项整治力度。加强消防安全管理，落实日常防火巡查、火灾隐患排查整改、消防安全宣传教育和初期火情处置等各项措施，实现园区"零火灾"。完善各类应急处置预案，落实机动增援、武装处突等应急力量，及时发现和成功处置园内各类突发事件。运行期间，园区每日投入安保力量近3万人，严密落实各项安保措施，确保园区各项活动安全有序。

【道路交通管理】

2009年初，市公安局交警总队启动世博道口安检筹备工作。此后，公安交警部门制定世博交通安保总体方案和具体方案，由公安部、交通运输部及世博安保协调小组向全国印发。

2010年3月，安保指挥部专门成立道路交通安保工作部，市公安局交警总队与世博交通组调度中心、市交通信息中心等单位在世博安保指挥中心设立道路交通指挥组，以各级公安指挥中心交通指挥台为依托，实行专人全天候指挥。市公安局交警部门利用"公安道路图像综合应用系统""重点目标图像交警监控系统"和"交通指挥调度、事故应急处理智能化系统"等科技信息系统平台，健全交通信息共享和沟通协作机制，强化道路交通实时监控。针对开园后可能出现的"大客流"情况，世博道路交通安保部门提前制定道路交通预警及应对方案，建立黄色、橙色、红色三级世博"大客流"预警应对机制，在园区周边警力投入、岗位布设、管控分流、排堵疏导等方面制定应对措施，园区13个出入口"一口一方案"，确保园区周边人流、车流的安全有序。

2010年上海世博会开园前，上海市开展"平安世博"打击整治攻坚战交通专项行动、道路交通安全集中整治、文明交通示范公路创建等大型整治行动。2010年4月15日—11月15日世博安保期间，全市公安交警共查处各类交通违法行为430.8万余起，其中机动车交通违法行为302.6万余起,非机动车交通违法行为103.5万余起,行人交通违法行为24.7万余起。公安交警部门根据全市道路和“涉博”车流特点,划分交通引导区、缓冲区、管控区,实施差别化管理和“柔性”管控措施,确保道路交通安全畅通;根据轨道车站地理位置和换乘功能,分类采取客流疏导和安全管控措施;对公交起讫、枢纽站点和“涉博”线路、途经重点区域的公交车辆加强安检和驻点守护,确保全市公共交通安全。将全市从空间上由外向内依次划分为交通引导区、缓冲区、管控区3个圈层,在各圈层实施相应的管控措施。2010年10月15—24日,世博园区连续出现单日60万人次以上的“大客流”,其中10月16日世博园区出现103.28万人次的超大规模客流。全市公安交警迅速组织机动警力增援一线,在市区部署约850个岗位、1 000名警力,确保警力投入最大化,加强指挥疏导。公安交警部门利用高架和地面立体联动布警模式,加强对高架上下匝道及周边地面衔接路段的疏导,确保高架“主动脉”有效通行;郊区警力向交通引导区主要通道及市中心区陆路道口周边道路倾斜。交警部门加强事故、抛锚“快处”,实行110接警告知,通知当事人立即撤离现场,并在全市高架、桥隧、环线等城市快速路设置61处泊车点,配备61辆牵引车随时准备清障施救。

【社会面安全管理】

2009年,上海公安机关开展“迎世博、保平安”打击整治攻坚战。2010年,按照“什么犯罪突出就打击什么犯罪”“什么地方治安问题突出就重点整治哪里”的原则,集中打击一批违法犯罪分子,摧毁一批违法犯罪团伙,消除一批突出治安乱点,查处一批藏污纳垢场所,整改一批突出安全隐患,确保世博会期间上海社会治安的稳定。2010年,上海公安机关共侦破经济犯罪案件6 079起,涉案总值21.25亿元,挽回经济损失15.74亿元,抓获犯罪嫌疑人3 519人;共查处各类治安案件566 607起,查处违法人员101 020人;开展各类警民互动和防范宣传活动8 700余场次,受众人数62万余人次,发放各类宣传资料3 000万余份;破获各类刑事案件44 731起,侦破命案239起,抓获各类犯罪嫌疑人5.3万余人。

2010年,上海公安机关在110、119、122“三台联动”的基础上,进一步完善一级接警、两级指挥、三级处警模式,实现扁平化、点对点指挥。布建街面、社区、单位内部、特定区域、网络“虚拟社会”5张防控网。在街面,实现“视频巡逻”“实兵巡逻”2种模式的人机互动。在社区,实施实有人口、实有房屋“两个实有”全覆盖管理模式,做到对全市实有人口底数清、情况明、服务好、管得住。市境道口、高架道路匝道、园区周边等区域,建立由外至内、层层过滤控制的“五道防线”,为世博园区安全构筑坚固屏障。通过优化信息化基础设施和整合信息资源,构建地理信息等“8个平台”,完善应急联动指挥信息系统。完成全市23个道口公安检查站、24个水上检查站点安检用房等基础设施和配套系统建设。完成44个世博安保驻屯点建设,落实安保交通、饮食、医疗等各项后勤保障体系。

2010年,在世博会安保指挥部社会面防控工作部的牵头下,上海市成立由市综治办、武警上海市总队、上海警备区、市公安局等单位组成的上海世博会期间社会面巡逻工作联席会议,联席会议办公室设在市公安局治安总队,具体负责上海世博会期间社会面巡逻的组织实施、协调沟通和检查督导等。4月15日—10月31日世博会试运行、运行期间,民警、武警、社区保安队员、平安志愿者等力量日均出动5万余人进行治安巡逻。其间,全市报警类案件110处警数同比下降9.3%,刑事案件立案数同比下降10.6%。对2 453家重点单位落实人防、物防、技防措施,加强企事业单位内部治安保卫工作。对留宿场所(旅馆业单位)、休闲娱乐服务场所分类实施寄存物品实名登记、开包检查、住宿(访客)实名登记和特别安全检查措施。对全市10.6万名在册精神病人逐一开展风险评估,对重性精神病人分类落实入院收治、社区“三方”监护等措施,防止肇事肇祸。推进社会消防安全"防火墙"工程，督促整改火灾隐患，签订世博消防安全承诺书。对烟花爆竹、易制爆、剧毒化学品实行实名登记购买制度，对烟花爆竹、爆炸、剧毒、放射性化学品采取指定线路运输、保安押运等措施，对危险性刀具实行定点销售、实名登记购买等制度，确保危险物品始终处于严密管控状态。

【"环沪护城河"和口岸控制】

2009年，公安部组织指挥江苏、浙江、安徽、江西、山东、福建等8个省公安机关开展"环沪护城河"工程，包括口岸查控机制、治安整治机制、信息共享机制、联勤指挥机制等。全面加强陆路、水路治安查堵力量和科技手段建设，加强对进沪车辆、船舶、航班、列车和人员、物品的安全检查。上海周边的江苏苏州、无锡、南通，浙江嘉兴、湖州等地在此行动中担负重要的保卫职责，发挥治安隐患"过滤器"和"桥头堡"的作用。上海公安、交通部门协调江苏、浙江等周边省市有关部门，按照"安全与畅通兼顾"的原则，对市境道口安检和《进沪车辆通行证》审核发放等方案进行论证，确定34个市境道口的安检分工，建立跨区域指挥、协作、联动机制。

2009年9月26日，世博会安保指挥部口岸管理工作部要求通过全面落实民用机场、铁路站点、客(货)运码头、长途客运汽车站点、出入市境公路道口、水路卡口等国边境和市境口岸的安检、查控等工作措施，充分发挥口岸"滤网"和"屏障"作用。世博安保部门制定上海世博会市境陆路道口检查站安检装备、科技和办公设备配备标准，明确上海市23个道口公安检查站、24个水上检查站点安检用房等基础设施和配套系统建设任务，合理设置导流车道、安检车道和安检大棚，安装双向视频监控、道口通行证管理信息系统。建成"上海世博会市境陆路道口安检工作科技保障系统"项目，确保世博会期间对出入上海人员、车辆的安检需要。

2010年3月，公安部、交通运输部联合下发《上海世博会期间陆路进沪车辆安检工作方案》，要求按照"统一标准、分区负责、逐车验证、重点抽查、分类管控、强化疏导"的原则，加强世博会期间陆路进沪车辆的安检。4月，世博会安保指挥部道路交通安保工作部下发世博会期间上海道口公安检查站陆路进沪车辆安检工作的实施意见，明确要求将安全检查、排堵疏导、事故处理、交通保卫、规范勤务、服务宣传、信息收集等工作有机结合。

2010年4月1日，全国18个省区市的直属检验检疫局在上海共同签署上海世博会联动保障机制，以共同加强口岸查验，全力保障上海世博会检验检疫的顺利开展。

2010年世博会期间，口岸控制和"环沪护城河"工作由世博会安保指挥部口岸管理工作部牵头负责，道路交通安保工作部、水上安保工作部及相关成员单位配合。世博安保部门对上海市境陆路道口、水路卡口、民用机场、铁路车站、客货运码头、长途客运汽车站等进沪口岸实施特别安全检查；加强口岸防范，对民用机场、铁路车站、客货运码头、长途客运汽车站等配备必要的安防设施，加强巡逻守护，落实各项内部安全防范，及时发现并消除各类安全隐患，确保口岸安全；协调各省市公安、交通、民航、铁路等部门，加强对进沪航班、车辆、船舶、人员、物品的源头控制，协同做好出入上海市境陆路道口、水路卡口的查控。世博会期间通过口岸查控，共查获各类嫌疑人员1.8万余人(其中在逃人员700余人)，违法车辆4 164辆，"问题"船舶3 684艘次，违禁物品22万余件。

2010年世博会期间，在全国范围内审核发放通行证297.7万张。通过对进沪车辆实行通行证管理措施，对有进沪需求的车主和驾驶人提前进行安全审查、信息录入并核发《进沪车辆通行证》，道口安检时依据信息系统对车辆号牌自动识别和通行证信息后台比对，实现对持证车辆的"不停车安检"。上海市日均投入道口安检力量2 800余名，对进沪车辆实施"逐车验证、无证必查、重点抽查、逢疑必查"，并协调军队、武警部门落实"军车军检"措施。世博会期间上海全市各道口进沪车辆共 3 448 万辆次(日均 17 万辆次),同比增长 44.1%,其中持证车辆比例为 63.7%,道口交通状况基本正常;安检中共查获各类嫌疑人员 12 411 人(其中在逃人员 421 人)、违法车辆 4 164 辆、毒品 22.7 千克、管制刀具 6 287 件。

2010 年世博会期间,机场、铁路、长途客运等口岸查控中,上海公安机关协调各省市加强入沪航线始发安检。在虹桥、浦东机场航站楼对进站乘客和物品实施特别安检措施,并组建 8 支武装巡逻队加强机场重点区域巡逻管控。协调安徽、江苏、浙江等地相关部门在上海周边铁路站点、线路设立铁路"环沪护城河"3 道防线,在铁路上海站、上海南站对进站、出站乘客及其携带物品分别实施逐一安检和"逢疑必查"措施。协调各省市落实长途客运驾乘人员信息登记,加强途中管控和安全检查,在上海全市 35 个长途客运站点实施"始发必查、到达查堵"措施。世博会期间上述口岸日均投入安保力量 4 500 名,共查获各类嫌疑人员 5 567 人(其中在逃人员 336 人)、违禁物品 21.1 万件(其中管制刀具 5 361 件)。

2010 年世博会期间,上海市组织群防群治力量加强全市 113 个陆路无名道口和 136 个水路支流河口的驻点守控和巡逻管控。

2010 年 10 月 31 日,上海世博会闭幕。11 月 16 日 0 时起,上海世博会三级安保勤务等级结束,世博安保指挥中心、水上安保指挥中心、轨道交通安保指挥中心、口岸查控指挥协调组、各区县世博安保指挥中心等世博会运行期间设立的上海市各级世博安保指挥机构,结束世博安保任务,停止运作并撤销;军队、武警参谋室停止运作;江苏、浙江两省联勤指挥席值守人员撤回原单位,世博安保指挥中心与空中行动指挥所互派的指挥人员撤回原单位。

五、“实有人口、实有房屋”全覆盖管理

20世纪80年代前，公安机关管理人口主要是按照一簿一证（户口簿、工作证）开展人口管理工作。20世纪80年代末至2004年8月，市公安局依据“暂住证管理制度”和“房屋租赁许可制度”，加强对全市“流动人口”（即现时的“来沪人员”）的管理。其间，以无身份证、无暂居证、无用工证明“三无流动人口”的收容遣送为配合的强制手段。2003年，国务院取消《收容遣送管理办法》，同年6月20日公布《城市生活无着的流浪乞讨人员救助管理办法》。2003年5月，市政府整合原市人口与计划生育工作领导小组、市控制人口机械增长联席会议和市外来流动人口管理领导小组，成立市人口综合调控领导小组。2004年，市人口综合协调领导小组在市发改委下设办公室，简称“市人口办”，实行“市人口办”牵头下的多家并行管理模式。2004年，市政府下发《关于完善本市外来人口管理体制的若干意见》，各区、县根据文件精神相继成立人口办，基本形成市、区（县）两级人口办机构框架。2004年6月，随着国家行政许可法的实施，上海公安派出所停止办理《房屋租赁治安许可证》。由此，相应配套的“证件管理制度”“房屋租赁管理制度”的实施也发生变化。2004年初，市公安局提出“以房管人”的思路，建议在2003年全市人口管理工作体制调整的基础上，抓住房屋租赁管理环节，进一步明确管理主体，建立专业队伍，形成“政府引导、部门参与、立足社区、专门管理”的租赁房屋管理新机制，管住、管好外来流动人员的“落脚点”。2004年8月，市政府先后发布《上海市〈居住证〉暂行规定》以及《上海市居住房屋租赁管理实施办法》，明确“以房管人”和“以证管人”相结合的工作思路，探索建立以居住证制度为核心，就业、社会保障、房屋租赁、教育、卫生、计生等相互配套的人口综合管理和服务体系，实行属地化的人口管理模式。

由于社会快速发展，人口问题关系到上海经济、社会、资源、环境可持续发展。市委、市政府在多次会议及文件中强调“人口管理是社会管理的核心任务”，是一项综合性、系统性很强的工作。政府多个领域、多个部门的工作都与人口管理密不可分，必须整合资源，综合施策。2007年7月，市委、市政府明确按照“人口统一管理，政策统一实施，资源统一整合，信息统一平台”的要求，由人口综合调控调整为人口综合服务和管理，由多口并行管理调整为公安为主一口管理。2008年4月，经市委批准，原“市人口综合调控领导小组”正式更名为“市人口综合服务和管理领导小组”。领导小组办公室（市人口办）由市发改委改设在市公安局。之后，各区（县）成立人口综合服务和管理领导小组，办公室设在各公安分（县）局，与公安分（县）局人口管理办公室合署办公。2008年，为加强上海市实有人口管理，确保“平安世博”，市公安局根据市政府要求，把握“房”与“人”的基本要素，通过全面采集、核对、关联房屋、人口信息，达到“以房找人，以人找房；查房知人，查人知住”的要求，实现实有人口、实有房屋“两个实有”全覆盖管理。

2008年10月30日，市公安局、市住房保障和房屋管理局、虹口区政府联合部署在虹口区凉城新村、江湾镇街道开展实有人口和实有房屋全覆盖管理试点工作，制定《关于在虹口区凉城新村街道、江湾镇街道开展实有人口、实有房屋全覆盖管理试点工作的意见》，启动“两个实有”全覆盖管理试点工作。试点内容主要是围绕“房”“人”2个基本要素，验证“以房找人，以人找房；查房知人，查人知住”的实现方法和步骤：对包括违法建筑在内的所有建筑物信息和门弄（楼）号牌，在纸质地图上进行定位采集；在“上海市房屋（人口）基础信息采集系统”中，录入GIS（地理信息系统）地图门弄

(楼)号牌信息;对房屋信息进行核对、补缺并录入系统;对人口信息进行核对、采集。11 月起,虹口区凉城新村、江湾镇街道各挑选 2 个具有代表性的居委先行试点。在完成 4 个试点居委房屋和人员信息的采集、核对、录入工作的基础上,再启动试点街道其余 53 个居委的房屋门弄(楼)号牌图上标注工作和房屋编号录入工作。

2009 年 1 月 28 日,中共上海市委要求市公安局"务必在上海世博会召开前完成'两个实有'全覆盖"。3 月 7 日、4 月 20 日,市政府先后召开会议,明确提出要将开展实有人口、实有房屋全覆盖管理,作为"平安办博"的一项重要基础性工作。市公安局印发《关于开展实有人口、实有房屋"两个实有"全覆盖管理扩大试点工作方案》。3 月起,扩大试点工作在虹口全区 10 个街道和全市 18 个区(县)35 个街道(乡镇)展开。同月,市公安局人口办制定《公安机关管理、使用社区综合协管队规定》,发挥社区综合协管队伍在人口信息采集工作中的作用。截至 5 月底,各扩大试点街道(乡镇)基本完成辖区建筑物信息、门弄(楼)号牌纸质地图定位采集,GIS 地图门弄(楼)号牌信息录入,居住房屋信息核对、补缺和系统录入,人与房信息关联,实有人口信息核对、采集等。此项工作取得初步成效,实有人口信息质量得到提升。6 月,上海市十三届人大常委会第十二次会议审议市公安局关于加强实有人口管理,维护社会稳定的专项工作报告。7 月,市政府办公厅颁布《关于在全市范围内组织开展实有人口、实有房屋全覆盖管理工作的实施意见》。8 月 31 日,市政府召开全市实有人口、实有房屋全覆盖管理工作推进会,"两个实有"全覆盖管理工作在全市范围内全面推开。9 月 30 日,市政府颁布《上海市实有人口服务和管理若干规定(暂行)》,规定市和区(县)人民政府设立人口综合服务和管理领导小组,负责协调、指导、督促有关部门开展实有人口服务和管理工作。人口综合服务和管理领导小组办公室设在市和区(县)公安部门,负责实有人口服务和管理工作的具体实施。发改、公安、人力资源社会保障、住房保障房屋管理、人口计划生育、经济信息化、卫生、教育、税务、民政、工商行政管理等部门按照各自职责,做好实有人口服务和管理的相关工作。明确"社区综合协管队伍"的法律地位和职责,实有人口信息采集工作的方式以及"实有人口服务和管理信息系统"的建设、维护和共享等事项。统筹公安、卫生、计生、人保等政策资源,明确关于居住证件持有人享有公安证照办理、计划生育、公共卫生、子女教育等服务和待遇。规定用人单位、职业中介服务机构、商品交易市场、超市的经营管理者和房地产中介服务机构在登记来沪人员信息方面的义务。规定房屋出租人查验承租人身份信息的义务。同时,规定违法行为应当承担的法律后果。形成人口工作体系化保障,树立公安人口管理部门在人口工作中依法履职的法定地位;定位全市各职能部门、单位、社会组织和个人在人口工作中法律义务。公安和全市各职能部门按上述规定开展工作,确保"两个实有"全覆盖管理基本无遗漏,落到实处。10 月 16 日,市公安局人口办在虹口区四川北路公园以"服务市民、惠及民生"为主题,举行"上海市人口综合服务和管理集中宣传活动"。同年,市公安局建立重大案(事)件及在押对象信息登记情况核查、倒查工作制度:市局下发的重大案(事)件倒查,由分(县)局人口办对其中涉案相关人员进行核查;分(县)局指挥中心获取辖区每日发生的各类重大案(事)件和火灾、煤气中毒等涉及人员伤亡的安全事故,主动将涉及的相关人员、房屋信息组织开展核查,并对所在区(县)监所在押、需要"倒查"的对象进行筛选并核查居住信息。此外,配套执行实有人口信息质量问题"告知书、整改建议书、问责书"制度,进一步促进人口信息质量的全面、准确。截至 2009 年底,上海市房屋(人口)基础信息采集系统已录入门弄(楼)号牌信息 255 万余条,登记房屋信息 1 142 万余条,户籍人员信息 1 397 万余条("人在户不在"人员信息 419 万余条),来沪人员信息 659 万余条,境外人员信息 25 万余条。

2010 年 4 月,市公安局人口办制定《实有人口、实有房屋重点"挂牌、摘牌"整治制度》,对市局、分(县)局人口办认为有突出问题需要整治的及公安派出所在日常滚动排查工作中发现实有人口管理薄弱需要落实整治的重点房屋、重点区域进行挂牌整治，采取针对性措施开展整治，验收合格后，予以摘牌。形成适应不同类型重点房屋和重点区域的整治工作或规范管理模式，树立工作典型和样板。9 月 2 日，市公安局人口办、卢湾区政府主办的“和谐同乐，安居上海”2010 年上海市人口综合服务和管理集中宣传活动在卢湾区青少年活动中心举行。当年，市公安局根据公安部《公安机关办理行政案件程序规定》，制定《公安机关办理违反〈上海市实有人口服务和管理若干规定(暂行)〉案件程序规定》，对案件受理、调查取证、处罚和归档等办案程序作了规定，促进对违反居住登记行为处罚的常态化。至年底，全市已处罚此类案件 3 087 起(处罚单位 1 737 家，个人 1 350 人)，逐步完成从“集中查处”向“常态管理”的转变。

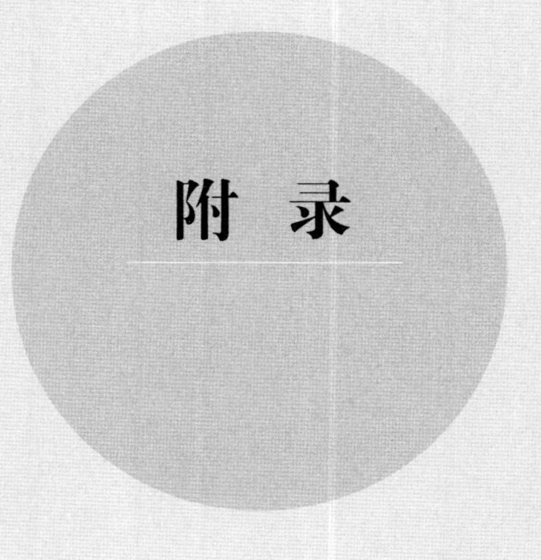

附 录

一、《上海市严禁赌博条例》

（1985 年 2 月 28 日上海市第八届人民代表大会常务委员会第十三次会议批准　1989 年 1 月 28 日上海市第九届人民代表大会常务委员会第六次会议第一次修正）

第一条　为了严禁赌博活动，惩罚赌博犯罪行为，维护社会治安秩序，根据《中华人民共和国刑法》《中华人民共和国治安管理处罚条例》的规定，结合本市情况，制定本条例。

第二条　赌博是违法、犯罪行为，应坚决取缔，并依法予以处罚。

任何公民均有权对赌博活动进行劝阻、制止和检举、揭发。

第三条　赌资、赌具和赌博赢进的财物，一律由公安、司法机关没收、追缴。因赌博输欠的赌债，或在赌博场所向其他参与赌博者借欠的赌债，一律废除。

第四条　有下列行为之一，情节较轻的，给予十五日以下拘留，可以单处或并处三千元以下罚款：

（一）赌博或者为赌博提供条件的；

（二）在公共场所设摊赌博或者用其他方式进行变相赌博活动的。

第五条　有下列行为之一，尚不够刑事处分的，依照规定予以劳动教养：

（一）赌博或者为赌博提供条件从中获利，数额较大的；

（二）以营利为目的，聚众赌博，情节较轻的；

（三）在赌博场所抢夺赌资或其他财物，情节较轻的；

（四）利用各种赌具多次进行诈骗，数额不大的；

（五）在公共场所设摊赌博，扰乱公共秩序，屡教不改的；

（六）因赌博多次受到治安管理处罚屡教不改，或者因赌博被判刑、劳教，刑满释放、解除劳教后又进行赌博的。

第六条　以营利为目的，聚众赌博或者以赌博为业的；在赌博活动中有其他犯罪行为的，分别依照《中华人民共和国刑法》的有关规定追究刑事责任。

第七条　教唆或者胁迫、诱骗他人赌博，按其所教唆、胁迫、诱骗的赌博行为处罚。教唆、胁迫、诱骗不满十八岁的人赌博的，从重处罚。

第八条　拒绝、阻碍国家治安管理工作人员依法执行取缔赌博的职务，未使用暴力、威胁方法的，按照《中华人民共和国治安管理处罚条例》予以处罚；情节较重，未构成犯罪的，按照规定予以劳动教养；使用暴力、威胁方法，构成犯罪的，依法追究其刑事责任。

第九条　本市一切国家机关、社会团体、企业事业组织的负责人，均应教育干部、职工遵守本条例的规定，并采取措施防止、制止本单位干部、职工赌博。

对赌博活动严重的单位，由公安机关提出整改通知书，限期整改；对放任、纵容赌博活动的单位负责人，由其上级主管部门给予行政处分。

第十条　对于检举、揭发赌博违法犯罪行为的公民，公安、司法机关应给予表彰、奖励。

第十一条　对检举、揭发赌博违法犯罪行为的公民进行报复的，依法从严惩处。

对主动交代违法犯罪事实,停止赌博活动,检举揭发他人赌博违法犯罪活动者,从宽处理或免予处罚。

第十二条　本条例经上海市人民代表大会常务委员会修正,自公布之日起施行。本市过去有关规定与本条例相抵触的,以本条例为准。

二、《上海市社会治安防范责任条例》

（1992年4月11日上海市第九届人民代表大会常务委员会第三十三次会议通过）

第一章　总　　则

第一条　为了明确社会治安防范责任，加强防范工作，维护社会稳定，保障社会主义经济建设和改革开放的顺利进行，根据《中华人民共和国宪法》和全国人大常委会《关于加强社会治安综合治理的决定》以及法律、法规的有关规定，结合本市实际情况，制定本条例。

第二条　本条例所称的社会治安防范责任，是指各级人民政府及其派出机关，各系统主管部门，各机关、团体、企业、事业单位，在本辖区或者管理范围内防止发生刑事、治安案件和治安灾害事故的责任。

第三条　凡在本市的公民、法人和其他组织均应当执行本条例，但法律、法规另有规定的除外。

第四条　社会治安防范工作应当坚持下列原则：

（一）政府分级管理与系统主管部门管理相结合，以政府分级管理为主的原则；

（二）专门机关与群众防范相结合的原则；

（三）谁主管谁负责的原则。

第五条　各级人民政府及其派出机关领导本辖区的社会治安防范工作。

各级公安机关在同级人民政府领导下，主管本条例的具体实施，并履行本条例规定的职责。

各级人民法院、人民检察院应当结合本身业务工作，参与社会治安防范。

第六条　各级人民政府和街道办事处、系统主管部门及机关、团体、企业、事业单位都应当确定治安责任人，负责本辖区或者管理范围内的社会治安防范工作。

第二章　领导与主管

第七条　市人民政府领导制定全市的社会治安防范规划，组织开展法制宣传教育工作，检查、考核、协调各区、县人民政府和市级管理的系统、单位的社会治安防范工作。

第八条　区、县人民政府的职责：

（一）领导制定本辖区的社会治安防范规划；

（二）组织开展法制宣传教育工作；

（三）检查、考核、协调各街道办事处、乡、镇人民政府和区、县级管理的系统、单位的社会治安防范工作；

（四）定期分析本辖区的社会治安情况，改进防范措施；

（五）监督辖区内市级管理的单位的社会治安防范工作；

（六）领导本辖区暂（寄）住人口的管理工作。

第九条　街道办事处和乡、镇人民政府的职责：

（一）实施区、县人民政府的社会治安防范规划；

(二) 开展法制宣传教育工作;

(三) 检查、考核管理范围内各单位的社会治安防范工作;

(四) 监督辖区内区、县级管理的单位的社会治安防范工作;

(五) 指导居(村)民委员会的社会治安防范和民间纠纷调解工作;

(六) 落实辖区内刑满释放人员和解除劳动教养人员的帮教措施;

(七) 监督、协调辖区内暂(寄)住人口的管理工作。

第十条　市、区、县公安机关的职责:

(一) 根据同级人民政府的社会治安防范规划,制定实施方案;

(二) 在同级人民政府领导下,检查、监督、考核社会治安防范工作;

(三) 指导管理范围内机关、团体、企业、事业单位的社会治安防范工作;

(四) 预防、制止和侦查各类违法犯罪活动;

(五) 及时处置激化状态的治安事件;

(六) 负责公共场所和旅馆、废旧回收、印铸刻字以及其他特种行业的治安管理;

(七) 保护国家、集体、公民的财产安全和公民的人身安全。

第十一条　公安派出所除履行第十条规定的有关职责外,还应当履行下列职责:

(一) 负责辖区内的户口管理和暂(寄)住人口的治安管理;

(二) 指导治安联防组织和治安保卫委员会的工作;

(三) 监督、考察被判处管制、剥夺政治权利、宣告缓刑、假释和监外执行的罪犯,教育轻微违法犯罪人员;

(四) 做好刑满释放人员和解除劳动教养人员的帮教工作;

(五) 调解处理涉及治安管理的民间纠纷。

第十二条　公安机关在社会治安防范工作中,受同级人民政府和上级公安机关的检查、监督、考核。

第十三条　系统主管部门的职责:

(一) 制定本系统的社会治安防范规划;

(二) 组织开展法制宣传教育工作;

(三) 检查、考核、协调下属单位的社会治安防范工作;

(四) 定期分析本系统的治安情况,改进防范措施;

(五) 督促下属单位按照有关规定参与所在地的社会治安防范工作。

第三章　社 会 防 范

第十四条　机关、团体、企业、事业单位的职责:

(一) 根据所在地人民政府或者系统主管部门的社会治安防范规划,建立内部社会治安防范目标管理责任制度;

(二) 健全治安保卫组织,配备专职或者兼职的保卫人员;

(三) 落实内部社会治安防范措施,定期检查,及时消除治安隐患;

(四) 对本单位职工和暂(寄)住人口进行法制教育和管理;

(五) 调解职工纠纷;

(六) 按照有关规定,参与所在地的社会治安防范工作。

第十五条　机关、团体、企业、事业单位的保卫组织是本单位内部社会治安防范工作的职能部门，在治安责任人的领导下，履行下列职责：

（一）提出本单位各部门的社会治安防范目标建议；

（二）检查、监督各部门的社会治安防范目标落实情况；

（三）加强治安管理，保障内部安全；

（四）协助公安、司法机关调查涉及本单位的案件；

（五）协助公安、司法机关监督、考察在本单位的被判处管制、剥夺政治权利、宣告缓刑、假释、监外执行的罪犯；

（六）完成治安责任人交办的其他社会治安防范工作。

第十六条　居（村）民委员会在街道办事处或者乡、镇人民政府指导下开展下列工作：

（一）协助街道办事处、乡、镇人民政府开展以防盗、防破坏、防治安灾害事故为主要内容的社会治安防范工作；

（二）调解民间纠纷；

（三）向所在地人民政府、街道办事处或者公安机关反映社会治安情况和居（村）民的意见，提出社会治安防范工作建议。

第十七条　公民应当加强自身和家庭的安全防范，参加群众性治安防范活动，检举、制止违法犯罪行为。

对正在实行犯罪或者被追捕、通缉的人犯公民有权扭送公安机关。

公民检举、制止违法犯罪行为受法律保护。

第四章　治安责任人

第十八条　各级人民政府和街道办事处、系统主管社会治安防范工作的负责人为本辖区、本系统的治安责任人。

机关、团体、企业、事业单位的法定代表人或者主管社会治安防范工作的负责人为本单位的治安责任人。

法定代表人不是治安责任人的，对其所管范围内的社会治安防范工作负有领导责任。

第十九条　各级人民政府和街道办事处、系统的治安责任人的职责：

（一）主管本辖区、本系统的社会治安防范工作；

（二）领导制定本辖区、本系统的社会治安防范规划；

（三）向上级人民政府如实反映本辖区、本系统的社会治安情况；

（四）检查、考核本辖区或者管理范围内的社会治安防范工作，提出奖惩建议。

第二十条　机关、团体、企业、事业单位的治安责任人的职责：

（一）主管本单位的社会治安防范工作；

（二）审定本单位各部门的社会治安防范目标；

（三）检查单位内部的社会治安防范工作，提出奖惩建议；

（四）向系统主管部门、有关公安机关如实反映本单位的社会治安情况；

（五）对发现的治安隐患，负责落实整改措施。

治安责任人履行前款职责，人身自由、安全或者其他合法权益受到侵害的，公安机关应当依法保护。

第二十一条　社会治安防范工作应当纳入治安责任人的任期目标,进行考核。

第五章　奖励与处罚

第二十二条　符合下列条件之一的地区、系统、单位的治安责任人、法定代表人和公民,由人民政府或者系统主管部门给予奖励:

(一)切实履行职责,成绩显著的;

(二)开展法制宣传教育,帮教违法犯罪人员,成绩显著的;

(三)预防或者制止重大刑事、治安案件和重大治安灾害事故发生的;

(四)扭获现行犯罪分子,检举、揭发犯罪行为或者协助破案有功的;

(五)社会治安防范工作中有其他显著成绩的。

第二十三条　由于治安责任人或者法定代表人的故意或者过失行为,发生下列情形之一的,由人民政府或者系统主管部门依法追究其行政责任;构成犯罪的,依法追究其刑事责任:

(一)治安责任人或者法定代表人工作不负责任,发生特大案件或者恶性治安灾害事故,造成严重损失或者恶劣影响的;

(二)管理不善、防范措施不落实,发生刑事案件或者治安灾害事故,使国家、集体财产遭受损失,又不认真查处、改进工作的;

(三)对公安和司法机关的整改通知书、检察建议书、司法建议书以及上级主管部门所指出的重大治安隐患,不采取有效措施的;

(四)内部社会治安防范目标管理责任制不落实,本单位职工或者暂(寄)住人口中违法犯罪情况严重的;

(五)发生重大刑事、治安案件和治安灾害事故,隐瞒不报或者作虚假报告的。

不服前款处理的,可以依法申诉。

第二十四条　有第二十三条第一款所列情形之一的单位,经区、县以上人民政府决定,不得被评为先进、文明单位。

第六章　附　　则

第二十五条　本条例下列用语的含义:

市级管理的系统、单位是指社会治安防范工作由市人民政府和市公安局直接指导、检查、考核的系统、单位。

区、县级管理的系统、单位是指社会治安防范工作由区、县人民政府和区、县公安机关直接指导、检查、考核的系统、单位。

治安灾害事故是指由于人们的故意、过失行为,造成损失严重、具有社会治安危害性和灾害性的事故。

第二十六条　市人民政府可以根据本条例制定有关实施办法。

第二十七条　本条例的具体应用问题,由市公安局负责解释。

第二十八条　本条例自1992年10月1日起施行。

三、《上海市烟花爆竹安全管理条例(修正)》

(1994 年 10 月 20 日上海市第十届人民代表大会常务委员会第十三次会议通过　根据 1997 年 5 月 27 日上海市第十届人民代表大会常务委员会第三十六次会议《关于修改上海市烟花爆竹安全管理条例的决定》修正)

第一条　为了保障人民生命和公私财产的安全,维护社会秩序,根据《中华人民共和国民用爆炸物品管理条例》以及其他有关法律、法规的规定,结合本市实际情况,制定本条例。

第二条　在本市行政区域内生产、采购、批发、运输、储存、销售和燃放烟花爆竹的单位、个体工商户或者个人,必须遵守本条例。

第三条　本条例所称的烟花爆竹,是指能产生烟光、声响的烟花、鞭炮、高升、礼花弹等。

第四条　市和区、县人民政府组织本条例的实施。

公安机关主管烟花爆竹安全管理工作。

交通、财贸、工商、环保、环卫等行政管理部门应当按照各自的职责,做好烟花爆竹的安全管理工作。

第五条　下列场所严禁燃放烟花爆竹:

(一) 区、县级以上党政机关驻地;

(二) 市级以上文物保护单位或者场所;

(三) 车站、码头、机场等重要场所;

(四) 重要军事设施;

(五) 存放易燃、易爆物品的场所;

(六) 幼儿园、托儿所、医院、敬老院、疗养院、教学、科研单位等场所。

内环线以内禁止燃放烟花爆竹。

其他需要禁止燃放烟花爆竹的区域,由所在地的区、县人民政府划定。

市和区、县人民政府应当在禁止燃放烟花爆竹区域或者场所的周边,设置明显的标志。

第六条　重大庆典活动和节日期间,经市人民政府批准,允许在规定的区域内和时间内燃放烟花爆竹,具体由市人民政府的主管机关规定并以通告形式发布。

第七条　燃放烟花爆竹必须按照燃放说明正确、安全地燃放。禁止向行人、车辆、建筑物投掷点燃的烟花爆竹。燃放烟花爆竹不得影响交通秩序。

单位或者个体工商户在燃放烟花爆竹后,应当及时清除燃放残留物。

第八条　在禁止燃放烟花爆竹的区域内,任何单位不准生产、储存、销售烟花爆竹。

在禁止燃放烟花爆竹的区域外生产、运输、储存、销售烟花爆竹的,须经市公安消防监督机构批准。

禁止个人和个体工商户从事烟花爆竹的生产、采购、运输、储存和销售活动。

第九条　市人民政府应当指定一个单位统一负责烟花爆竹的采购和批发。采购时应当严格按照国家有关技术标准进行质量检测。

市公安消防监督机构负责对烟花爆竹进货品种、规格和数量进行监督与控制。

第十条 单位需从事烟花爆竹销售业务的，应当向市公安消防监督机构申请，符合条件的，市公安消防监督机构发给《烟花爆竹销售许可证》。

准许销售烟花爆竹的单位，应当向市人民政府指定的单位进货，并应当在销售许可证规定的地点由专人销售。禁止擅自采购或者销售市公安消防监督机构禁止销售的烟花爆竹品种。

准许销售烟花爆竹的单位应当将销售许可证悬挂在明显的地方。未取得销售许可证的，禁止销售烟花爆竹。

第十一条 违反本条例燃放烟花爆竹的，公安机关视情节轻重，对单位或者个体工商户可以处二千元以上五万元以下罚款。

单位或者个体工商户在燃放烟花爆竹后未清除燃放残留物的，由公安机关责令其清除并处以一千元以下罚款。

第十二条 未经准许生产、运输、储存烟花爆竹的，公安机关没收其非法财物，对单位或者个体工商户并可以处五千元以上五万元以下罚款。

第十三条 准许销售烟花爆竹的单位擅自采购烟花爆竹或者销售市公安消防监督机构禁止销售的烟花爆竹品种的，公安机关吊销其销售许可证，没收其非法财物，并可以处进货总值一倍以上五倍以下罚款。

未经准许销售烟花爆竹的，公安机关没收其非法财物，对单位或者个体工商户并可以处进货总值一倍以上五倍以下罚款。

第十四条 违反本条例规定的个人或者单位的直接责任人，由公安机关按照有关法律、法规的规定处以警告、罚款或者拘留。

第十五条 生产、运输、储存、销售烟花爆竹，违反交通、财贸、工商、环保、环卫等法律、法规规定的，由有关行政管理部门依法处理。

第十六条 依据本条例作出行政处罚时，应当出具行政处罚决定书。

没收非法财物，应当出具市财政局统一印制的罚没财物收据。

没收的烟花爆竹由市公安消防监督机构统一处理。罚没的其他财物按规定上缴国库。

第十七条 违反本条例规定，造成人身伤害或者国家、集体和他人财产损失的，依法承担经济赔偿责任；构成犯罪的，依法追究刑事责任。

第十八条 单位、个体工商户或者个人均有权对违反本条例生产、采购、批发、运输、储存、销售、燃放烟花爆竹的单位、个体工商户或者个人进行举报。

第十九条 单位、个体工商户或者个人对行政机关依照本条例作出的具体行政行为不服的，可以按照《中华人民共和国行政诉讼法》《行政复议条例》的规定，申请复议或者提起诉讼。

第二十条 行政机关执法人员执行本条例时，应当严格遵守法律、法规的纪律，秉公执法，不得徇私舞弊，不得枉法裁决。违反的给予行政处分；构成犯罪的，依法追究刑事责任。

第二十一条 本条例具体应用问题由市公安局负责解释。

第二十二条 本条例自 1995 年 1 月 1 日起施行。以前本市制定的有关规定与本条例相抵触的，以本条例为准。

四、《上海市消防条例》

上海市人民代表大会常务委员会公告第十九号

(1995 年 10 月 27 日上海市第十届人民代表大会常务委员会第二十二次会议通过 根据 1997 年 10 月 17 日上海市第十届人民代表大会常务委员会第三十九次会议《关于修改〈上海市消防条例〉的决定》第一次修正 根据 2000 年 1 月 25 日上海市第十一届人民代表大会常务委员会第十六次会议《关于修改〈上海市消防条例〉的决定》第二次修正 根据 2003 年 6 月 26 日上海市第十二届人民代表大会常务委员会第五次会议《关于修改〈上海市消防条例〉的决定》第三次修正 2010 年 1 月 13 日上海市第十三届人民代表大会常务委员会第十六次会议修订)

第一章　总　　则

第一条　为了预防和减少火灾危害,加强应急救援工作,保护人身、财产安全,维护公共安全,根据《中华人民共和国消防法》和有关法律、行政法规的规定,结合本市实际,制定本条例。

第二条　本市行政区域内的消防工作以及相关应急救援工作,适用本条例。

第三条　本市各级人民政府负责本行政区域内的消防工作。市和区、县人民政府应当将消防工作纳入国民经济和社会发展规划并组织实施,保障消防工作与经济建设和社会发展相适应。

第四条　市和区、县人民政府公安机关对本行政区域内的消防工作实施监督管理,并由本级人民政府公安机关消防机构负责实施。

第五条　维护消防安全是全社会的共同责任。本市机关、团体、企业、事业等单位(以下统称单位)和个人都有保护消防设施、预防火灾、报告火警的义务。

第六条　本市各级人民政府及其有关部门应当组织开展经常性的消防宣传教育。

公安机关及其消防机构应当加强消防法律、法规的宣传,并督促、指导、协助有关单位做好消防宣传教育工作。

单位应当加强对本单位人员的消防宣传教育。

教育、人力资源等部门和学校、有关职业培训机构应当将消防知识纳入教育、教学、培训的内容。

广播、电视、报刊、网站等传播媒体应当积极开设消防安全教育栏目,开展公益性消防宣传教育。

工会、共产主义青年团、妇女联合会等团体应当结合各自工作对象的特点,采取各种形式做好消防宣传教育工作。

居、村民委员会应当协助人民政府以及公安机关等部门加强消防宣传教育。

第七条　本市对在防火、灭火和应急救援等工作中作出重大贡献或者对举报违反消防安全行为有功的单位和个人,予以表彰、奖励。

第八条　每年 11 月 9 日为本市消防活动日。

第二章　消防安全责任

第九条　本市各级人民政府应当依法落实消防工作责任制。

上级人民政府应当与下一级人民政府签订年度消防工作责任书,确定消防工作责任目标,并对完成情况进行考核。

第十条　市和区、县人民政府应当履行下列消防工作职责:

(一)建立消防工作联席会议制度,研究并协调解决消防工作重大问题;

(二)对本级政府有关部门履行消防安全职责的情况进行监督检查;

(三)组织政府有关部门开展有针对性的消防安全检查;

(四)将公共消防设施建设和消防工作经费纳入本级财政预算,保障资金投入;

(五)法律、法规规定的其他消防工作职责。

第十一条　乡、镇人民政府和街道办事处应当组织、指导、督促本区域内的单位和个人做好消防工作,指导、支持、帮助居、村民委员会开展群众性消防工作,组织做好火灾事故善后处理工作。

第十二条　发展改革、建设交通、规划国土资源、财政等部门在规划制定、调整和实施工作中,应当按照本条例有关规定履行相关职责。

质量技监、工商等部门应当按照各自职责加强对消防产品质量和消防产品生产、销售单位的监督。

安全监管部门负责易燃易爆危险化学品相关的安全监督管理工作,组织编制和实施易燃易爆危险化学品事故应急救援预案。

教育、卫生、文广影视、旅游、经济信息化、商务、民政、民防、住房保障房屋管理等部门应当根据本系统、本行业的特点,有针对性地开展消防安全检查,及时督促整改火灾隐患。

第十三条　居、村民委员会应当确定消防安全管理人,组织居、村民制定防火安全公约,宣传家庭防火和应急逃生知识,进行防火安全检查。

第十四条　公安机关消防机构履行下列职责:

(一)贯彻、执行消防法律法规,依法开展消防监督检查工作,督促整改火灾隐患;

(二)负责建设工程消防设计的审核、备案,建设工程竣工后的消防验收、备案,公众聚集场所投入使用、营业前的消防安全检查;

(三)开展消防法律法规宣传,组织消防安全专门培训,管理或者指导消防队伍的建设和训练,根据需要指导单位开展消防演练;

(四)负责消防产品使用环节的监督检查;

(五)组织、指挥、承担火灾扑救工作,负责调查火灾原因,统计火灾损失;

(六)参加政府统一领导的应急救援工作;

(七)推广消防科学技术研究成果;

(八)上级主管部门认为应当由公安机关消防机构履行的其他职责。

公安派出所根据上级公安机关的要求实施日常消防监督检查,进行消防宣传教育,保护火灾现场,协助调查火灾原因。

第十五条　单位应当履行下列消防安全责任:

(一)实行消防安全责任制,制定并落实消防安全制度、消防安全操作规程;

(二)按照国家和本市有关规定配置消防设施和器材、设置消防安全标志,并定期组织检验、维修，确保消防设施和器材完好、有效；

（三）保障疏散通道、安全出口、消防车通道畅通，保证防火防烟分区、防火间距符合消防技术标准；

（四）改善防火条件，组织防火检查，及时消除火灾隐患；

（五）针对本单位的特点对员工进行消防宣传教育，制定灭火和应急疏散预案，定期组织消防演练；

（六）组织火灾自救，保护火灾现场，协助调查火灾原因。

单位的主要负责人是本单位的消防安全责任人。

同一建筑物由两个以上单位管理或者使用的，应当由建筑物的管理、使用各方共同协商，在签订的协议中明确各自消防安全工作的权利、义务和违约责任。

第十六条　依法确定的消防安全重点单位除应当履行本条例第十五条规定的责任外，还应当履行下列消防安全责任：

（一）确定消防安全管理人，组织实施本单位的消防安全管理工作；

（二）建立消防档案，确定消防安全重点部位，设置防火标志，实行严格管理；

（三）实行每日防火巡查，并建立巡查记录；

（四）对员工进行消防安全培训，管理本单位的专职消防队、志愿消防队。

第十七条　物业服务企业应当履行管理区域内的消防安全责任，提供消防安全防范服务。

物业服务企业承接物业管理时，应当查验共用消防设施的完好状况，做好查验、交接记录，并告知业主委员会，未成立业主委员会的，应当及时告知全体业主。

物业服务企业应当加强消防安全巡查，发现火灾隐患及时采取相应措施；做好管理区域内共用消防设施的日常维护保养工作，对需要动用专项维修资金进行维修、更新和改造的，应当及时提出相应方案并向业主委员会报告，未成立业主委员会的，应当及时向全体业主报告，由全体业主依法作出决定。发生危及房屋安全等紧急情况，需要立即动用专项维修资金对共用消防设施进行维修、更新和改造的，按照国家有关住宅专项维修资金管理的规定办理。

第十八条　任何个人都应当遵守消防法律、法规，学习必要的消防知识，懂得安全用火用电用气、燃放烟花爆竹和其他防火、灭火常识及逃生技能，增强自防自救能力。

监护人应当对被监护人进行火灾预防教育。

第三章　火 灾 预 防

第十九条　市公安机关消防机构应当会同市发展改革、建设交通、规划国土资源等部门按照统筹兼顾、科学合理、与经济和社会发展相适应的原则，组织编制市消防规划。

市消防规划应当包括消防安全布局、消防站、消防供水、消防通信、消防车通道、消防装备等内容。

市消防规划经市人民政府批准后纳入城乡规划，由有关部门按照各自职责具体实施。

第二十条　城乡消防安全布局不符合消防安全要求的，应当及时调整、完善。

对下列情形，区、县人民政府应当组织有关部门按照市消防规划，制定方案予以解决：

（一）耐火等级低的建筑密集区；

（二）严重影响城乡消防安全的工厂、仓库、码头及其他重大危险源。

第二十一条　纳入规划的公共消防设施建设用地，任何单位和个人不得侵占或者擅自改变使用性质。

第二十二条　公共消防设施应当纳入市政设施基本建设计划。市和区、县人民政府应当组织有关部门依照消防规划和技术标准，建设、配置和维护消防站、消防车通道、消防通信、消火栓等公共消防设施。

公共消防设施、消防装备不足或者不适应实际需要的，公安机关应当书面报告本级人民政府。接到报告的人民政府应当及时核实情况，组织有关部门增建、改建、配置或者进行技术改造。

第二十三条　建设工程消防设计应当符合国家消防技术标准。没有国家标准的，应当符合本市消防技术标准。国家和本市消防技术标准没有规定的，或者拟采用特殊消防技术标准的，应当按照国家有关规定办理。

承接建设工程消防设计的单位，应当具有相应资质，配备消防设计审核人员并建立消防设计自审制度。

第二十四条　大型人员密集场所和其他特殊建设工程的建设单位应当按照国家和本市有关规定，将消防设计文件报送公安机关消防机构审核。未经依法审核或者审核不合格的，负责审批该工程施工许可的部门不得给予施工许可，建设单位、施工单位不得施工。

除前款规定外的其他需要进行消防设计的建设工程，建设单位应当按照国家和本市有关规定，在取得施工许可之日起七个工作日内将消防设计文件报公安机关消防机构备案。公安机关消防机构应当对备案的建设工程消防设计进行抽查，经依法抽查不合格的，应当停止施工。

按照国家和本市有关规定，建设单位委托的负责审查建设工程设计文件的技术服务机构，应当对建设工程消防设计进行严格审查。

第二十五条　经公安机关消防机构审核同意的消防设计，未经原审核机构批准，任何单位和个人不得更改；经公安机关消防机构备案的消防设计需要更改的，建设单位应当将更改后的消防设计文件重新备案。

第二十六条　施工单位应当依照经公安机关消防机构审核同意或者备案的消防设计进行施工。

建设工程施工现场的消防安全由施工单位负责。实行施工总承包的，由总承包单位负责。建筑物进行局部改建、扩建和内装修时，建设单位应当与施工单位在订立的合同中明确各方对施工现场的消防安全责任。

施工单位应当指定专人负责施工现场的消防工作，落实消防安全管理制度，配备必要的灭火器具。建筑物施工高度超过二十四米时，施工单位应当随施工进度落实消防水源。

第二十七条　需要进行消防设计的建设工程竣工，依照下列规定进行消防验收、备案：

（一）经公安机关消防机构审核的建设工程，建设单位应当向公安机关消防机构申请消防验收，未经验收或者验收不合格的，禁止投入使用；

（二）其他建设工程，建设单位在验收后应当报公安机关消防机构备案，公安机关消防机构应当进行抽查，经抽查不合格的，应当停止使用。

前款规定的建设工程中，设有火灾自动报警系统、固定灭火系统、防排烟系统的，建设单位在申请验收、备案时，应当提交由符合国家规定条件的检测机构出具的对相关系统的检测报告。

第二十八条　公安机关消防机构对建设工程被其责令停止施工、使用和建设工程经消防设计、竣工验收抽查不合格等情形，应当及时函告同级建设行政主管部门。

同级建设行政主管部门接到函告后，应当依法查处。

第二十九条　搭建临时建筑物、构筑物或者改变建筑物用途，应当符合消防安全要求。

第三十条　公众聚集场所在投入使用或者营业前，建设单位或者使用单位应当向当地公安机关消防机构申报，经消防安全检查合格后，方可投入使用或者营业。

第三十一条　建筑构件、建筑材料、建筑保温材料和室内装修、装饰材料的防火性能应当符合国家标准；没有国家标准的，应当符合行业标准。

第三十二条　消防产品应当符合国家标准；没有国家标准的，应当符合行业标准。

从事生产、销售、维修消防产品的单位，应当严格执行产品质量和标识的技术标准或者有关规定。

第三十三条　火灾自动报警系统、固定灭火系统和防排烟系统等技术性能较高的消防设施，应当由有资质的单位安装，并由符合国家规定条件的单位定期检测。

配置火灾自动报警系统的单位，应当与城市火灾自动报警信息系统联网。

第三十四条　居民聚居区、大型商业区、党政机关、学校、铁路干线、名胜古迹、风景游览区以及其他重要场所周边，在国家规定的距离范围内不得新建、改建、扩建易燃易爆危险物品的生产设施或者储存场所。已经建成的易燃易爆危险物品的生产设施或者储存场所周边，在国家规定的距离范围内不得建造居民聚居区、大型商业区。

第三十五条　生产、储存、销售、运输、携带、使用或者销毁易燃易爆危险物品的，应当遵守国家和本市有关易燃易爆危险物品的安全管理规定。

禁止非法携带易燃易爆危险物品进入公共场所或者乘坐公共交通工具。

禁止邮寄或者在邮品中夹带易燃易爆危险物品。

禁止擅自携带火种进入生产、储存、装卸易燃易爆危险物品的场所。

居民存放少量易燃易爆危险物品的，应当选择合适的容器，存放在安全的地方，配置必要的灭火器具。

第三十六条　禁止在具有火灾、爆炸危险的场所擅自动用明火或者吸烟。需要动用明火作业的，应当事先按规定办理本单位内部的审批手续，作业人员应当遵守安全规定，并采取严密的消防安全措施。

进行电焊、气焊等具有火灾危险作业的人员和自动消防系统的操作人员，应当持证上岗；在进行电焊、气焊、气割、砂轮切割以及其他具有火灾、爆炸危险作业时，应当严格遵守消防安全操作规程。

人员密集场所禁止在营业、使用期间进行电焊、气焊、气割、砂轮切割、油漆等具有火灾危险的施工、维修作业。

第三十七条　电器产品、燃气用具的安装、使用及其线路、管路的设计、敷设、维护保养、检测，应当符合国家和本市的消防技术标准和管理规定。

第三十八条　公共汽车、电车、出租车、轨道列车、渡轮等公共交通工具应当配备必要的消防器材，保持完好、有效，并设置明显标识和使用说明。

公共交通运营单位应当加强对工作人员的消防安全培训，使其能够熟练使用消防器材，并在火灾等突发事件发生时引导、协助乘客及时疏散。

公共交通运营单位应当通过广播、电视、宣传手册等形式，向乘客宣传防火措施、消防器材的使用方法和避难、逃生方式等消防安全知识。

第三十九条　人民防空工程、普通地下建筑物、地铁、地下通道等地下空间的产权人、物业管理单位或者使用人应当遵守国家和本市有关地下空间消防安全的管理规定。

第四十条　生产、储存、经营易燃易爆危险物品的场所不得与居住场所设置在同一建筑物内，并应当与居住场所保持安全距离。

生产、储存、经营其他物品的场所与居住场所设置在同一建筑物内的，应当符合国家和本市有关消防安全规定。

建筑物的所有人、管理人发现违法设置上述场所的，应当及时劝阻，并向公安机关消防机构报告。

第四十一条　单位和个人应当做好消防设施的保护工作，禁止下列行为：

(一) 损坏、挪用或者擅自拆除、停用消防设施、器材；

(二) 埋压、圈占、遮挡消火栓；

(三) 占用防火间距，破坏防火防烟分区；

(四) 占用、堵塞、封闭疏散通道、安全出口、消防车通道。

人员密集场所的门窗不得设置影响逃生和灭火救援的障碍物。禁止指使、强令他人从事违反消防安全规定的生产和作业。

第四十二条　本市易燃易爆危险物品生产、储存、运输、销售企业和公众聚集场所经营单位按照国家的有关规定投保火灾公众责任险。

第四十三条　下列人员应当接受消防安全培训：

(一) 消防安全管理人员；

(二) 消防工程的设计、施工、监理、维修人员，消防产品的检验维修人员和自动消防设施的操作人员；

(三) 易燃易爆危险物品的作业人员；

(四) 消防技术服务机构的执业人员。

消防安全重点单位的消防安全管理人、自动消防设施的操作人员、易燃易爆危险物品仓库保管人员应当持有相应的上岗证书。

第四十四条　单位应当按照本单位灭火和应急疏散预案及国家有关规定，定期组织消防演练。消防安全重点单位应当每年进行至少两次消防演练。

物业服务企业和人员密集场所的经营、管理单位，应当组织员工开展有针对性的消防演练，培训员工在火灾发生时组织、引导在场人员有序疏散的技能。

托儿所、幼儿园、学校、敬老院、养老院、福利院、医院等单位的灭火和应急疏散预案，应当包含在火灾发生时保护婴幼儿、学生、老人、残疾人、病人的相应措施。

第四十五条　符合国家规定条件的消防技术服务机构可以提供消防产品质量认证、消防设施检测、消防安全监测、消防技术咨询、消防安全评估、火灾损失核定等方面的技术服务，并对所提供的服务承担相应的法律责任。公安机关消防机构及其他有关部门应当对其进行监督。

第四十六条　公安机关消防机构在消防监督检查中发现有火灾隐患的，应当通知有关单位或者个人立即采取措施消除隐患；接到通知的单位或者个人，应当采取有效措施，及时整改。

第四十七条　公安机关消防机构在消防监督检查中发现以下情形，不及时消除可能严重威胁公共安全的，应当依照规定对危险部位或者场所采取临时查封措施：

(一) 可燃物资仓库和生产、储存、装卸、使用易燃易爆危险物品的场所存在重大火灾隐患的；

(二) 生产、储存、经营易燃易爆危险物品的场所与居住场所设置在同一建筑物内的；

(三) 人员密集场所违反消防技术标准和管理规定，储存、经营、使用易燃易爆危险物品的；

（四）人员密集场所损坏或者擅自拆除、停用消防设施，堵塞疏散通道、安全出口的；

（五）其他不及时消除可能严重威胁公共安全的情形。

未经采取临时查封措施的公安机关消防机构同意，不得拆封或者使用被查封的场所、部位。

第四章 消 防 组 织

第四十八条　市和区、县人民政府依照国家有关规定和市消防规划建立公安消防队、专职消防队，建设固定营房，配备消防车辆和器材装备。

乡、镇人民政府应当根据当地经济发展和消防工作的需要建立专职消防队、志愿消防队。

第四十九条　下列单位应当建立单位专职消防队，承担本单位的火灾扑救工作：

（一）大型火力发电厂、民用机场、港口、易燃易爆危险物品装卸专业码头、大型修造船厂、城市轨道交通综合维修基地；

（二）生产、储存易燃易爆危险物品的大型企业；

（三）储备可燃的重要物资的大型仓库、基地；

（四）火灾危险性较大，且与最近的公安消防队、政府专职消防队相距超过五公里的其他大型企业。

第五十条　专职消防队应当按照国家和本市有关规定建设固定营房，配备消防人员、消防车辆和器材装备，并经市公安机关消防机构验收。

未经市公安机关消防机构同意，不得撤销专职消防队。

第五十一条　公安消防队、专职消防队承担火灾扑救工作，并依照国家规定承担重大灾害事故和其他以抢救人员生命为主的应急救援工作。

第五十二条　单位以及居、村民委员会根据需要，建立志愿消防队等多种形式的消防组织，开展群众性自防自救工作。

第五十三条　公安消防队、专职消防队应当制定、实施业务训练计划，维护、保养装备器材，并严格执行执勤制度。

专职消防队的执勤、业务训练、火灾扑救、应急救援，按照公安消防队有关规定执行。专职消防队员应当接受培训，取得相应的消防职业等级证书。

志愿消防队应当根据实际情况开展有针对性的业务训练，提高扑救火灾的技能。

公安机关消防机构应当对专职消防队、志愿消防队等消防组织进行业务指导。

第五十四条　专职消防队的组建单位应当与消防队员依法签订劳动或者聘用合同，在合同期间按照规定为其办理各项社会保险，并提供相应的福利待遇。

单位应当保障专职消防队的建设经费和消防业务经费。

第五十五条　公安消防队和专职消防队的消防车、消防艇，应当设置专用标志、安装示警设备，并纳入特种车辆、船艇管理，在执行火灾扑救和应急救援等任务时免缴道路、航道通行费。

第五十六条　依法建立的消防协会在市公安机关消防机构及其他有关部门的指导和监督下，依照协会章程开展消防学术交流和消防宣传教育，推广先进消防技术，进行消防行业自律管理。

第五章 灭 火 救 援

第五十七条　任何个人发现火灾都应当迅速报警；任何单位和个人都应当为报警无偿提供便利。不得谎报火警，制造混乱。

任何单位和个人都有为扑救火灾提供帮助的义务。在消防队未到达火灾现场前,有关单位应当迅速组织力量扑救,减少火灾损失。

禁止组织未成年人参加火灾扑救。

人员密集场所发生火灾时,该场所的现场工作人员有组织、引导在场人员疏散的义务。

第五十八条　公安消防队、专职消防队接到出警命令后应当在六十秒内出动消防车,赶赴火灾现场。

消防车、消防艇前往执行火灾扑救或者应急救援任务,在确保安全的前提下,不受行驶速度、行驶路线、行驶方向和指挥信号的限制,其他车辆、船舶以及行人应当让行,不得穿插超越。交通管理指挥人员应当保证消防车、消防艇迅速通行。

第五十九条　公安机关消防机构统一组织和指挥火灾现场扑救,应当优先保障遇险人员的生命安全。

公安消防队、专职消防队参加火灾以外的其他重大灾害事故的应急救援工作,由市或者区、县人民政府统一领导。

第六十条　公安机关消防机构有权调动专职消防队和交通、供水、供电、供气、通信、医疗救护等有关部门进行火灾扑救,投入灭火抢险。参加火灾扑救的单位和个人应当服从火场总指挥员的统一指挥。

为阻止火灾蔓延,避免重大损失,火场总指挥员有权决定使用各种水源,划定警戒区,在火场周围实施交通管制,截断电力、可燃气体和可燃液体的输送,限制用火用电,利用临近建筑物和有关设施,拆除或者破损毗邻建筑物、构筑物或者设施等。

市或者区、县、乡、镇人民政府应当根据扑救火灾的紧急需要,组织人员、调集所需物资支援灭火。

第六十一条　公安机关消防机构有权根据需要封闭火灾现场。任何单位和个人都不得扰乱火灾现场秩序,不得妨碍火灾原因调查,未经公安机关消防机构同意,不得进入火灾现场,禁止擅自清理火灾事故现场。

第六十二条　火灾扑灭后,由公安机关消防机构负责调查火灾原因,统计火灾损失。

发生火灾的单位和相关人员应当按照公安机关消防机构的要求保护现场,接受事故调查,如实提供与火灾有关的情况。

公安机关消防机构根据火灾现场勘验、调查情况和有关的检验、鉴定意见,及时制作火灾事故认定书,作为处理火灾事故的证据。

第六十三条　外单位的专职消防队、志愿消防队参加扑救火灾所损耗的燃料、灭火剂和器材装备,由火灾发生地的人民政府补偿。火灾发生单位参加的保险中含有施救费用的,保险公司支付的施救费用应当优先用于补偿外单位专职消防队、志愿消防队的损耗。

参加应急救援造成的损耗补偿,参照前款规定执行。

第六章　法 律 责 任

第六十四条　违反本条例规定的行为,法律、行政法规有处理规定的,依照有关法律、行政法规的规定处理。

第六十五条　违反本条例规定生产、储存、运输、经营、携带、使用、销毁易燃易爆危险物品的,由公安机关消防机构责令停止违法行为,可以对易燃易爆危险物品采取查封、扣押等强制措施。

对不符合消防安全技术规定，可能造成重大危害的易燃易爆危险物品及其容器，公安机关消防机构可以予以收缴销毁。

第六十六条　人员密集场所在营业、使用期间进行电焊、气焊、气割、砂轮切割、油漆等具有火灾危险的施工、维修作业的，由公安机关消防机构处五千元以上五万元以下罚款。

第六十七条　违反本条例规定，有下列行为之一的，由公安机关消防机构处警告或者二千元以上二万元以下罚款；情节严重的，处二万元以上二十万元以下罚款：

（一）搭建临时建筑物、构筑物或者改变建筑物用途不符合消防安全要求的；

（二）建筑物施工高度超过二十四米，施工单位没有随施工进度落实消防水源的；

（三）组织未成年人参加火灾扑救的。

第六十八条　单位违反本条例第十五条、第十六条、第十七条、第三十六条第二款的规定，由公安机关消防机构责令限期改正；逾期不改正的，对其直接负责的主管人员和其他直接责任人员给予警告或者由有关部门依法给予处分。

第六十九条　当事人逾期不履行停产停业、停止使用、停止施工决定的，由作出处罚决定的公安机关消防机构强制执行。对经济和社会生活影响较大、执行确有困难的，由公安机关消防机构提出意见，并由公安机关报请本级人民政府依法决定。本级人民政府组织公安机关等部门实施。

被责令停止施工、停止使用、停产停业的，应当在整改后向公安机关消防机构报告，申请施工、使用、生产、经营，经检查合格，方可恢复。

公安机关消防机构应当自收到书面申请之日起三个工作日内进行检查，自检查之日起三个工作日内作出决定，送达当事人。

第七十条　公安机关消防机构的工作人员执行职务，应当自觉接受社会监督。任何单位和个人都有权对公安机关消防机构的工作人员在执法中的违法行为进行检举、控告。收到检举、控告的机关，应当按照职责及时查处。

公安机关消防机构的工作人员在消防工作中滥用职权、玩忽职守、徇私舞弊，有下列行为之一，尚不构成犯罪的，依法给予行政处分：

（一）对不符合消防安全要求的消防设计文件、建设工程、场所准予审核合格、消防验收合格、消防安全检查合格的；

（二）无故拖延消防设计审核、消防验收、消防安全检查，不在法定期限内履行职责的；

（三）发现火灾隐患不及时通知有关单位或者个人改正的；

（四）利用消防设计审核、消防验收和消防安全检查谋取利益的；

（五）利用职务为用户、建设单位指定或者变相指定消防产品的品牌、销售单位或者消防技术服务机构、消防设施施工单位的；

（六）将消防车、消防艇以及消防器材、装备和设施用于与消防和应急救援无关的事项的；

（七）其他滥用职权、玩忽职守、徇私舞弊的行为。

第七章　附　　则

第七十一条　本条例自 2010 年 4 月 1 日起施行。

五、《上海市道路交通管理条例》(第三次修正)

(1997年7月10日上海市第十届人民代表大会常务委员会第三十七次会议通过　根据1999年7月12日上海市第十一届人民代表大会常务委员会第十一次会议《关于修改〈上海市道路交通管理条例〉的决定》第一次修正　根据2000年4月10日上海市第十一届人民代表大会常务委员会第十七次会议《关于修改〈上海市道路交通管理条例〉的决定》第二次修正　根据2001年5月24日上海市第十一届人民代表大会常务委员会第二十八次会议《关于修改〈上海市道路交通管理条例〉的决定》第三次修正)

第一章　总　　则

第一条　为了加强道路交通管理,维护交通秩序,保障道路交通安全和畅通,根据《中华人民共和国人民警察法》《中华人民共和国道路交通管理条例》等有关法律、法规规定,结合本市实际情况,制定本条例。

第二条　本条例适用于本市行政区域内的道路交通活动及其管理。

第三条　市公安局是本市道路交通管理的主管部门。市和区、县公安交通管理部门,按照各自职责具体负责辖区内的道路交通管理工作。

市和区、县人民政府的有关行政管理部门应当按照各自职责共同做好道路交通管理工作。

第四条　本市实行以减少交通违章、预防交通事故为目的的交通安全责任制。

各机关、部队、学校、社会团体、企业事业单位(以下统称单位)应当落实交通安全责任制,加强对所属人员的交通安全教育和车辆的管理工作。

第五条　交通管理装备、交通安全设施的建设、维修、更新经费和交通安全宣传经费应当纳入市和区、县人民政府财政预算。

第六条　任何单位和个人均应当遵守交通法规。

公安交通管理部门及其交通警察应当忠于职守,公正执法,严格执法,文明执法。

第七条　每年5月25日为本市无违章、无事故道路交通安全宣传日。

第二章　行人和乘车人

第八条　行人应当在下列道路上行走:

(一)步行街;

(二)人行道;

(三)人行过街天桥或者人行过街地道。

行人在无人行道或者人行道有障碍物无法行走时,可以在距道路边缘或者障碍物边缘一米宽度内行走。

行人横过车行道,应当走人行横道,并遵守交通信号;设有隔离设施的,行人不得跨越。

第九条　在车行道上推行摩托车或者非机动车的,应当遵守下列规定:

（一）紧靠右侧边缘顺向推行，设有交通指示标志的，按照交通指示标志所示推行；

（二）横过车行道时，按照行人通行规则推行；

（三）不得并排推行。

第十条　行人禁止进入高速公路、高架道路以及其他不得进入的道路。

行人不得擅自进入交通管制区域。

第十一条　乘车人应当遵守下列规定：

（一）不得在车行道上候车；

（二）不得向车外抛撒杂物；

（三）不得在机动车行驶中干扰驾驶员的操作；

（四）在车行道上，不得从车辆左侧车门上、下车；

（五）机动车未停稳时不得上、下车。

第三章　车　　辆

第十二条　公安交通管理部门应当对车辆进行检验。

车辆经公安交通管理部门检验合格、注册登记，并取得号牌、行驶证或者行车执照后方准上道路行驶。

第十三条　本市对车辆号牌的发放实行总量调控。

机动车号牌额度年发放量和发放办法由市计划委员会会同市公安交通管理部门和其他有关部门提出，报市人民政府批准后实施。

本市严格控制核发人力三轮车号牌；停止核发燃油助动自行车市区号牌。

第十四条　符合申领车辆号牌条件的单位或者个人，凭车辆的有效凭证，按照国家和本市的规定，向公安交通管理部门申领车辆号牌、行驶证或者行车执照。

第十五条　申领本市车辆号牌、行驶证或者行车执照的，国产车辆应当是列入国家和本市公布的国产车辆产品目录的车辆，进口车辆应当符合国家有关规定。

第十六条　本市按照国家规定实行机动车第三者责任保险，倡导非机动车第三者责任保险。

第十七条　公安交通管理部门应当对车辆进行定期检验。

车辆未经公安交通管理部门定期检验或者检验不合格的，不得上道路行驶。

机动车有下列情形之一的，应当接受公安交通管理部门的专项检验，未经专项检验或者专项检验不合格的，不得上道路行驶：

（一）变更车身装置、颜色或者车辆主要技术参数的；

（二）车况不符合国家有关机动车运行安全技术条件的；

（三）因重大、特大交通事故受损经修复的。

机动车辆被张贴道路交通违章停放通知单或者被告知道路交通监控系统记录有违章情形，该机动车的驾驶人员逾期未接受处理的，公安交通管理部门应当在违章行为处理后，再办理车辆定期检验手续。

第十八条　需要改装机动车的，应当向市公安交通管理部门提出申请并提供有关技术资料，经审核同意后方可改装。

市公安交通管理部门应当参与本市研制的新车种、新车型的安全技术论证和性能鉴定。

第十九条　准许利用机动车车身设置广告的，应当符合广告法规的规定，并应当按照市公安交通管理部门规定的方式、位置设置。

第二十条　机动车需要过户、转籍、报废、更新、变更、停驶或者复驶的,应当符合国家和本市的有关规定,并到市公安交通管理部门及其他有关部门办理相关手续。

第二十一条　本市应当对车种构成、车辆性能、车用燃料采取优化措施。

机动车行驶年限、行驶里程、损坏程度或者能耗、排污符合报废标准的,予以强制报废。

报废的机动车由市人民政府指定的单位统一回收和解体处理。

第二十二条　禁止下列行为:

(一)非机动车加装动力装置;

(二)拼装车辆;

(三)擅自更换车辆发动机、车架或者底盘总成;

(四)擅自使用国家规定的特种车辆标志。

第四章　车辆驾驶人员

第二十三条　驾驶机动车的人员应当持有中华人民共和国机动车驾驶证(以下简称驾驶证)。

驾驶有动力装置的残疾人专用车或者助动自行车的人员,应当持有上海市残疾人专用车操作证或者上海市助动自行车操作证(以下统称操作证)。

第二十四条　申领机动车学习驾驶证的,应当符合下列条件:

(一)具有本市的居住证明;

(二)符合国家规定许可学习驾驶的年龄;

(三)驾驶适应性检测合格。

符合前款规定,经市公安交通管理部门交通法规知识考核合格的,市公安交通管理部门应当自收到机动车驾驶申请表等有关凭证之日起十五日内核发机动车学习驾驶证。

第二十五条　在道路上学习驾驶机动车的,应当在市公安交通管理部门规定的道路和时间内进行。

第二十六条　申领机动车教练员证的,应当符合下列条件:

(一)从事驾驶工作五年以上;

(二)三年内未发生有责任重大交通事故或者负主要责任以上一般交通事故。

符合前款规定,经市公安交通管理部门考试合格的,市公安交通管理部门应当自考试合格之日起十五日内核发与准驾车型相符的机动车教练员证。

未取得机动车教练员证的,不得从事机动车教练工作。

第二十七条　申领机动车驾驶证的,应当经市公安交通管理部门考试。考试合格的,公安交通管理部门应当自考试合格之日起十五日内核发驾驶证。

第二十八条　按照国家规定需要实习的机动车驾驶人员,在驾驶实习期内,驾驶的车辆应当悬挂实习车示意牌。

第二十九条　申领操作证的,应当符合下列条件:

(一)具有本市常住户籍;

(二)年满十六周岁。

符合前款规定,经区、县公安交通管理部门考试合格的,区、县公安交通管理部门应当自考试合格之日起十五日内核发操作证。

非下肢残疾人员不得申领残疾人专用车操作证；肢体残缺影响驾驶的人员不得申领助动自行车操作证。

第三十条　本市实行机动车驾驶人员交通违章记分制度。

公安交通管理部门对违反交通法规的机动车驾驶人员应当在依法予以处罚的同时，按照有关规定予以记分。

机动车驾驶人员一年内交通违章记分累计达到规定分值的，应当参加交通法规与相关知识和道路驾驶、场地驾驶的考试。

第三十一条　驾驶人员应当增强交通法制观念，接受以交通法规、安全驾驶技能和驾驶职业道德为内容的交通安全教育。

各级交通安全教育学校应当健全规章制度，落实教育计划，提高教育质量。

第三十二条　机动车驾驶人员有下列情形之一的，应当重新接受驾驶适应性检测：

（一）发生有责任重大交通事故或者负主要责任以上一般交通事故的；

（二）需从事公共客运的。

机动车驾驶人员有下列情形之一的，应当定期接受驾驶适应性检测：

（一）从事危险品运输的；

（二）年满六十周岁需要继续从事机动车驾驶的。

机动车驾驶人员适应性检测部分评定不合格的，不得从事公共客运、危险品运输的机动车驾驶；综合评定不合格的，不得从事机动车驾驶。

第三十三条　公安交通管理部门应当定期对驾驶人员的驾驶证进行审验。

驾驶人员的驾驶证未在规定期限内接受审验或者审验不合格的，不得继续驾驶机动车。

第三十四条　禁止下列行为：

（一）伪造、冒领或者买卖机动车通行凭证；

（二）伪造、涂改操作证或者使用伪造、涂改的操作证或者冒用他人操作证；

（三）驾驶证、操作证被依法吊扣、注销后继续驾驶车辆；

（四）驾驶证、操作证被暂扣后，超出暂扣凭证有效期限继续驾驶车辆；

（五）驾驶人员在驾驶车辆时使用移动电话；

（六）非下肢残疾人驾驶残疾人专用车；

（七）残疾人专用车搭乘人员；

（八）严重违反机动车装载规定，足以危害人身、财产安全；

（九）在交通主干道路的路口违反交通信号指示，驾驶机动车强行越过停车线行驶，危及交通安全。

第五章　车 辆 通 行

第三十五条　车辆应当各行其道。遇有障碍物必须借道通行时，应当让在其本道内行驶的车辆优先通行。

第三十六条　公安交通管理部门根据必要、合理和有利交通畅通的原则，可以采取均衡交通流量、分隔车辆通行时间、划定限制通行区域和核发机动车通行凭证等交通管理措施。

公安交通管理部门可以根据道路交通状况和临时停车需要，按照有关法规规定设置或者调整车辆临时停放点。车辆临时停放点的设置应当严格控制，不得阻塞交通。

公安交通管理部门采取封闭主干道路、组织区域性单向交通网络、步行街等重大交通管理措施时,应当报经市人民政府批准并于实施十日前公告。但特殊、紧急情况除外。

第三十七条　禁止下列车辆在道路上行驶:

(一) 畜力车、独轮车、黄包车;

(二) 履带式机动车;

(三) 后三轮摩托车;

(四) 拖带全挂车的机动车;

(五) 市人民政府规定的其他车辆。

郊县号牌的燃油助动自行车禁止在市中心区域内行驶。

拖拉机不得在市中心区域内和市公安交通管理部门规定禁止通行的时间、路段内行驶。

第三十八条　公安交通管理部门必须按照公交先行、方便市民和有序安全的原则核定行驶路线及站点,并应当自收到行驶路线及站点申请材料之日起三十日内予以答复。

公共汽车、电车、专线车、长途客运班车、通勤车应当按照核定的路线、站点行驶或者停靠。

运输建筑垃圾、工程渣土的车辆应当按照核定的路线、时间行驶。

第三十九条　机动车行驶中遇到前方路段交通受阻时,应当依次行驶;需要停车等候通行时,不得将车辆停在人行横道、道路禁止停车线内。

第四十条　在设有机动车道与非机动车道隔离设施的道路上,禁止非机动车在机动车道上行驶。

在划有机动车道与非机动车道分道线的道路上,禁止非机动车驶入机动车道。但遇非机动车道上有机动车临时停车、障碍物或者路面损坏等必须借道行驶的除外。

在划有分道线、停止线的交叉路口,禁止非机动车越线停车。

禁止车辆在人行道上行驶或者任意停放。

第四十一条　高架道路为机动车专用道路并禁止下列车辆通行:

(一) 非机动车;

(二) 轻便摩托车、二轮摩托车;

(三) 电瓶车、轮式专用机械车;

(四) 拖拉机;

(五) 悬挂试车号牌、教练车号牌的车辆;

(六) 拖挂施工机具的车辆;

(七) 绞接式客车、带挂车的汽车和载重量在八吨以上的货运车辆;

(八) 设计最高时速低于六十公里的机动车辆;

(九) 市人民政府规定的其他机动车辆。

第四十二条　高架道路车道分为快速车道和慢速车道。在道路畅通状况下,车辆应当按车道所示速度标记行驶。

第四十三条　高架道路上行驶的车辆不得任意变换车道。

高架道路上行驶的车辆需要变换车道的,不得一次连续变换两条车道,不得影响其他车辆的正常行驶。

第四十四条　在高架道路上行驶的车辆应当保持车况完好,不得发生因缺电、缺水、缺油造成的抛锚,不得任意停车。因故障不能继续行驶的,应当将车辆移至路面右侧,按照规定设置警告标志并及时报告。

第六章 道路和停车

第四十五条 城市道路发展规划和建设应当适应道路交通的发展需求，提高道路通行能力。市和区、县人民政府应当组织市政工程、城市规划、公安交通等部门根据城市总体规划，编制城市道路发展规划和建设计划，并组织实施。

道路的详细规划应当征求市公安交通管理部门的意见，意见不一致时，应当报市人民政府决定。

第四十六条 道路建设单位在进行道路设计时，应当考虑道路交通和管理的需要，其中交通组织方案和交通安全设施、路口渠化的设计等，应当经公安交通管理部门审核同意。道路建设竣工后，公安交通管理部门应当参加验收。

第四十七条 设置横跨道路的管道、横幅等物体的，物体下沿距地面不得小于五百二十厘米；在沿街建筑物上向人行道延伸物体的，物体下沿距地面不得小于二百五十厘米，物体边缘距车行道不得小于二十厘米。

第四十八条 禁止下列占用道路危害交通安全或者扰乱交通秩序的行为：

（一）倾倒建筑垃圾、工程渣土；

（二）设点擦洗或者维修机动车辆；

（三）擅自设置含有交通指示内容标志、标牌。

第四十九条 公安交通管理部门应当根据道路交通管理的需要和方便识别的要求，依法设置交通信号灯、交通标志和交通标线；对损坏、残缺的，应当及时修复、更换。

第五十条 新建、改建、扩建的火车站、码头、航空港等交通集散地和地铁、轻轨等客流量大的站点以及新建的公共建筑、住宅楼，建设单位必须按照规定配建或者增建停车场(库)。改建、扩建的公共建筑、住宅楼，也应当按照规定配建或者增建停车场(库)，建设单位确有困难不能按照规定配足停车车位的，应当经有关管理部门和公安交通管理部门批准，并缴纳停车场(库)建设差额费。

停车场(库)应当与主体工程同时设计、同时施工、同时使用。

第五十一条 停车场(库)的交通设计应当符合国家和本市的停车场(库)设置标准，其停车车位数、出入口位置、交通标志和标线设置，应当经公安交通管理部门审核同意。

停车场(库)建设竣工后，停车车位数、出入口位置、交通标志和标线的设置，建设单位应当向原审核同意的公安交通管理部门申请验收；经验收合格的，方可交付使用；未经验收或者验收不合格的，不得交付使用。

社会停车场(库)和公共建筑配建的停车场(库)应当向社会车辆开放。

第五十二条 改变停车场(库)使用性质的，应当经市规划、建设等管理部门批准和征得公安交通管理部门同意，并按占用的车位数补建或者缴纳占用车位数的建设差额费的百分之一百三十。

停车场(库)建设差额费由市建设管理部门收取，专项用于社会停车场(库)建设，不得挪作他用。

第五十三条 公安交通管理部门有权对下列情形之一的机动车实施强制牵引：

（一）违章停放的；

（二）发生交通事故不能行驶的；

（三）发生故障不能行驶，影响道路畅通的。

第七章　交通安全宣传教育

第五十四条　公安交通管理部门在同级人民政府领导下实施交通安全宣传教育,履行下列职责:

(一)制定和实施交通安全责任目标考核和奖惩办法;

(二)指导、监督各单位落实交通安全责任制;

(三)组织交通安全竞赛、评比活动;

(四)开展其他形式的交通安全宣传教育活动。

第五十五条　专业运输单位、机动车辆较多的非专业运输单位,应当明确专职人员负责交通安全工作,并履行下列职责:

(一)组织制定本单位的交通安全制度,落实交通安全责任目标;

(二)定期进行车辆安全检查,及时排除车辆故障,保障车辆安全性能,制止不符合运行安全技术条件的车辆上道路行驶;

(三)加强车辆营运安全管理和营运场所秩序管理;

(四)按照交通法规有关安全行车的规定安排驾驶人员驾驶车辆;

(五)交通法规规定的其他交通安全职责。

前款规定外的其他拥有机动车辆的单位,应当明确兼职人员负责交通安全工作,并履行前款第(三)项以外的职责。

第五十六条　单位应当开展职工交通安全宣传教育活动。

中、小学校应当以交通安全知识为内容,开展交通安全专题教育活动。

第五十七条　新闻出版、广播电影电视、文化、教育等部门和工会、妇联、共青团等群众团体应当采取各种形式,配合公安交通管理部门做好交通安全宣传工作。

第八章　交通事故处理

第五十八条　交通事故发生后,当事人应当保护现场,抢救伤者和财产,并立即报告公安交通管理部门。

公安交通管理部门接到交通事故报警后,应当立即派员赶赴现场,迅速处置,及时恢复交通。

交通事故处理应当贯彻以责论处、按责赔偿的原则。

第五十九条　公安交通管理部门在确定道路交通事故等级前,应当对车辆、物品、设施等财产损失组织评估。物损评估可以由公安交通管理部门委托的专业部门或者专业人员进行。

对物损评估有异议的,可以向市公安交通管理部门申请重新评估。市公安交通管理部门应当自接到申请之日起三十日内作出重新评估意见。

第六十条　交通事故导致受损的车辆、物品、设施,由交通事故的当事人协商决定修理单位。任何单位或者个人不得指定受损车辆、物品、设施的修理单位。

第六十一条　无本市常住户籍或者无合法有效身份证明的交通肇事嫌疑人,必须提供有效担保;必要时公安交通管理部门可以暂扣肇事车辆及其他有关物品直至结案。

第六十二条　因道路、道路上各种管线的检查井、箱盖或者道路附属设施缺损,养护维修单位未及时采取安全措施,或者检修后检查井、箱盖未及时恢复原状而导致交通事故的,养护维修或者检修单位应当承担相应的交通事故责任。

第六十三条　本市设立交通事故伤亡援助金，用于因交通事故遭受伤害后无力支付医疗费用或者生活困难需要援助的人员。交通事故伤亡援助金的筹集、使用和管理办法，由市人民政府另行规定。

第九章　法律责任

第六十四条　公安交通管理部门对违反本条例规定的行人、非机动车或者机动车驾驶人员，应当责令改正、依法处罚并予以教育，对情节轻微又愿意接受协助维护交通秩序教育措施的，可以从轻、减轻或者免予处罚。

第六十五条　违反本条例规定的行为，由公安交通管理部门依照下列规定处罚：

（一）违反本条例第八条、第十一条第（一）（五）项、第十七条第二款、第二十三条第一款、第二十五条、第三十三条第二款或者第四十条规定的，按照《中华人民共和国道路交通管理条例》的规定处罚；

（二）违反本条例第九条、第十条、第十一条第（二）（三）（四）项、第二十三条第二款、第二十八条或者第三十四条第（五）项规定的，处警告或者十元以上五十元以下罚款；

（三）违反本条例第十二条第二款规定的，对不能提供来源合法凭证的车辆，可以暂扣或者没收；能提供车辆来源合法凭证，但未取得号牌、行车执照的，对助动自行车驾驶人员，处一百元以上五百元以下罚款，对有动力装置的残疾人专用车和其他有动力装置的三轮车，可以暂扣或者予以折价处理，对符合号牌、行车执照或者行驶证申领条件的车辆，责令拥有车辆的单位或者个人按照规定申领号牌、行车执照或者行驶证，对不符合申领条件的其他车辆，符合报废条件的，予以报废；

（四）违反本条例第十七条第三款、第十八条第一款、第二十条、第二十二条、第三十四条第（七）项、第三十七条或者第三十八条第二款、第三款规定的，责令改正，对驾驶人员处五十元以上二百元以下罚款，对拥有机动车的单位或者个人处五百元以上二千元以下罚款，可以并处吊扣机动车驾驶证一个月以上三个月以下，其中对违反第二十条规定的，可以并处暂扣车辆至暂扣原因消失，违反第二十二条规定的，并处没收非法财物；

（五）违反本条例第十九条规定的，对拥有机动车的单位或者个人按每辆车处五百元以上二千元以下罚款；

（六）违反本条例第二十六条第三款、第四十七条或者第四十八条规定的，对个人处二百元以上一千元以下罚款，对单位或者个体工商户处二千元以上一万元以下罚款，其中违反第四十八条第（一）项规定的，可以并处吊扣驾驶证一个月以上六个月以下；

（七）违反本条例第三十四条第（一）项规定的，没收违法所得和非法证件，可以并处二百元以上二千元以下罚款或者违法所得一至三倍的罚款；

（八）违反本条例第三十四条第（二）（三）（四）（六）项、第三十九条、第四十一条、第四十二条、第四十三条或者第四十四条规定的，对车辆驾驶人员处五十元以上二百元以下罚款，可以并处吊扣驾驶证一个月以上三个月以下，其中违反第三十四条第（二）项规定的，并处没收非法证件；

（九）违反本条例第三十四条第（八）（九）项规定的，对车辆驾驶人员处五十元以上二百元以下罚款，可以并处吊扣驾驶证一个月以下；

（十）违反本条例第五十一条第一款、第二款规定的，责令改正，可以处一万元以上五万元以下罚款。

（十一）违反本条例第五十五条第一款规定的，责令限期改正；造成重大交通事故的，处二千元以上一万元以下罚款;造成特大交通事故的,处一万元以上十万元以下罚款,可以并处责令停业整顿,对负责交通安全工作的专职人员和其他直接责任人员,处警告或者二百元以上一千元以下罚款。

机动车辆被张贴道路交通违章停放通知单或者被告知道路交通监控系统记录有违章情形,该机动车的拥有单位或者个人不协助公安交通管理部门确认违章驾驶人员的,公安交通管理部门可以对其处五十元以上二百元以下罚款。

对违反本条例规定的车辆驾驶人员,经公安交通管理部门书面通知或者公告后,三个月内无正当理由未到指定地点接受处理或者参加考试的,撤销其驾驶证或者操作证。

第六十六条　违反本条例规定应当给予行政处罚的,公安交通管理部门应当按照《中华人民共和国行政处罚法》规定的处罚原则、处罚程序和本条例的规定,实施处罚。

当事人对公安交通管理部门的具体行政行为不服的,可以按照《行政复议条例》和《中华人民共和国行政诉讼法》的规定,申请行政复议或者提起行政诉讼。

第六十七条　交通警察不得玩忽职守、滥用职权、徇私舞弊,违反规定的,由其所在单位或者上级主管部门给予行政处分。

第六十八条　公安交通管理部门及其交通警察违法行使职权侵犯单位和个人的合法权益造成损害的,应当依法赔偿。

第六十九条　违反本条例规定构成犯罪的,依法追究刑事责任。

第十章　附　　则

第七十条　本条例下列用语的含义为:

(一) 道路,是指有路名牌的街道、公路、高速公路、高架道路、隧道、车行立交桥、与道路相连接的桥梁以及过街天桥、过街地道、公共广场、公共停车场(库)等供车辆、行人通行的地方;

(二) 车辆,是指机动车和非机动车;

(三) 通勤车,是指经公安交通管理部门核准的专供职工上、下班使用的机动车辆;

(四) 停放,是指车辆停车后驾驶员离开车辆的行为;

(五) 公共建筑,是指旅馆、饭店、办公楼、商业场所、体育场馆、影剧院、展览馆、图书馆、医院、游览场所等对社会开放的建筑。

第七十一条　本条例的具体应用问题由市公安局负责解释。

第七十二条　本条例自 1997 年 12 月 1 日起施行。

六、《上海市居住证暂行规定》

上海市人民政府令第32号

第一章　总　　则

第一条　（目的和依据）

为了保障来沪人员的合法权益，规范本市人口管理，促进人口信息化建设，提高政府服务水平，根据有关法律、法规的规定，结合本市实际情况，制定本规定。

第二条　（适用范围）

本规定适用于《上海市居住证》（以下简称《居住证》）的申领、发放、使用以及相关管理活动。

境内来沪人员应当根据国家有关规定办理居住登记，符合本规定要求的可以申领《居住证》。

第三条　（载明内容）

《居住证》的载明内容，主要包括姓名、性别、公民身份证件号码、户籍所在地、签发日期、签发机关和证件编号等基本信息。

第四条　（有效期）

《居住证》的有效期分为1年、3年和5年。

第五条　（居住证的功能）

《居住证》具有下列主要功能：

（一）作为持有人在本市居住的证明；

（二）用于办理或者查询卫生防疫、人口和计划生育、接受教育、就业和社会保险等方面的个人相关事务和信息；

（三）记录持有人基本情况、居住地变动情况等人口管理所需的相关信息。

第六条　（信息系统）

《居住证》的信息系统应当实现市、区（县）两级政府及其政府部门间的互联互通和信息资源共享。

《居住证》信息系统规划建设、运行维护、安全保障等的具体办法，由市信息化委员会另行制定。

第七条　（管理部门）

市发展和改革委员会负责本规定实施的综合协调工作。

各区（县）人民政府负责本规定在其行政区域内的具体组织实施工作。

公安部门负责居住证件的发放及其相关管理。人事、劳动和社会保障、工商、信息、房地、人口和计划生育、卫生、教育等部门按照各自职责，负责做好与本规定相关的管理工作。

街道办事处、镇（乡）人民政府设立的社区事务受理中心受相关行政管理部门的委托，具体承办居住证件的受理和发放工作。

第二章　申领和发放

第八条　（受理机构）

申领《居住证》的人员，应当到现居住地的社区事务受理中心办理申领手续。

第九条 (申领居住证的材料)

申领《居住证》的人员除按照有关规定提供居住登记证明、婚育状况证明和健康状况证明外,还应当根据情况分别提供下列材料:

(一)就业的,提供综合保险证明、稳定就业证明或者投资、开业等相关证明;

(二)作为人才引进的,提供学历证明、专业技术证书、能力业绩证明、稳定就业证明或者投资、开业等相关证明;

(三)投靠亲友、就读、进修等需长期居住的,提供相应证明。

第十条 (受理)

社区事务受理中心收到申领《居住证》的材料后,对材料齐全的,应当予以受理,出具受理凭证,同时将有关材料移送相关行政管理部门核定。

对材料不齐全的,应当当场告知申领人,要求补齐材料。

第十一条 (居住证的发放)

相关行政管理部门应当自社区事务受理中心出具受理凭证后20个工作日内,完成材料核定和制证工作。

对符合申领要求的,经公安部门签发后,由社区事务受理中心发给《居住证》;对不符合申领要求的,社区事务受理中心应当书面告知申领人。

《居住证》由上海市社会保障和市民服务信息中心统一制作。

第十二条 (信息的登记和采集)

《居住证》的基本信息由社区事务受理中心负责登记;相关行政管理部门可以根据法律、法规和规章的规定,在基本信息的基础上增加采集与其管理职能相关的其他信息。

第十三条 (工本费)

《居住证》工本费的标准,由市财政部门、市价格行政主管部门核定。

第三章 相关待遇

第十四条 (子女就读)

《居住证》的持有人可以在《居住证》有效期限内,为其子女申请在本市接受义务教育,由居住地的区(县)教育行政管理部门按规定安排就读。

第十五条 (计划生育)

《居住证》的持有人可以免费享受国家规定的基本项目的计划生育技术服务。

第十六条 (卫生防疫)

《居住证》的持有人随行的十六周岁以下子女,或者十六周岁以下的《居住证》的持有人,可以按规定享受本市计划免疫等传染病防治服务。

第十七条 (社会保险)

《居住证》的持有人按照本市有关规定参加综合保险或者其他社会保险的,享受相关待遇。

第十八条 (证照办理)

《居住证》的持有人可以按照国家和本市有关规定,在本市申领机动车驾驶证、办理机动车注册登记手续。

第十九条 (科技申报)

《居住证》的持有人在本市实施其发明创造专利的,可以申报上海市发明创造专利奖;可以按规定申请认定高新技术成果转化项目，参与科技项目招标投标，申请科技人才计划资助或者科技项目资助，申报科技奖励。

第十六条　(行政机关聘用)

《居住证》的持有人经本市有管理权限的部门批准，可以以短期聘用、项目聘用等方式，接受行政机关聘用。

第二十条　(资格评定、考试和鉴定)

《居住证》的持有人可以按规定参加本市专业技术职务的任职资格评定或者考试、职业(执业)资格考试、职业(执业)资格登记；可以按规定参加各类非学历教育、职业技能培训和国家职业资格鉴定。

第十八条　(因私出国)

《居住证》的持有人可以按照公安部有关规定，办理因私商务出境手续；在本市工作并居住1年以上的，可以办理因私商务出国手续。

第二十一条　(参加评选)

《居住证》的持有人可以参加本市劳动模范、三八红旗手等的评选，并享受相应待遇。

第二十一条　(社会保险)

《居住证》的持有人可以按照本市相关规定参加社会保险，并享受相关待遇。

第二十二条　(其他待遇)

《居住证》的持有人可以享受国家和本市规定的其他待遇。

第四章　相关管理

第二十三条　(信息变更)

《居住证》的持有人在申领《居住证》时提供的信息发生变化的，持有人应当及时到社区事务受理中心办理信息变更手续。

第二十四条　(续签)

《居住证》有效期满，持有人需要续签的，应当在有效期届满前10日之内，到社区事务受理中心申请办理续签手续。

第二十五条　(挂失、补办)

《居住证》遗失的，持有人应当及时到社区事务受理中心办理挂失和补办手续。

第二十六条　(注销)

有下列情形之一的，经有关部门认定后，由公安部门注销《居住证》：

(一) 持有人情况发生变更且不符合《居住证》申领要求的；

(二) 持有人未按规定缴纳综合保险费的；

(三) 持有人在申领时提供虚假材料取得《居住证》的。

第二十七条　(转办常住户口)

《居住证》的持有人符合一定条件的，可以申请转办本市常住户口。

转办本市常住户口的具体条件，由市人民政府另行规定。

第二十八条　(服务)

各相关行政管理部门和社区事务受理中心应当依据各自职责，对境内来沪人员申领《居住证》、查询相关信息、享受相关待遇等提供服务和方便，不得推诿、拖延。

第二十九条　(法律责任)

单位或者个人违反就业和社会保险、房屋租赁、人口和计划生育、卫生防疫、治安管理等规定的,按照有关法律、法规和规章的规定予以处罚;构成犯罪的,依法追究其刑事责任。

第五章　附　　则

第三十条　(与其他相关规定的衔接)

按照《引进人才实行〈上海市居住证〉制度暂行规定》申领的《居住证》,在原有效期内仍然有效。

本规定实施后,境内引进人才申领、续签《居住证》的,按照本规定执行。境内引进人才除享受本规定的相关待遇外,还享受《引进人才实行〈上海市居住证〉制度暂行规定》规定的其他待遇。

第三十一条　(居住登记的办理)

在本市办理居住登记的人员,应当持有效身份证明、在本市的住所证明(包括居住房屋租赁合同登记备案证明等相关材料),到现居住地的社区事务受理中心办理登记手续。

第三十二条　(实施细则)

市人民政府有关部门可以根据本规定,制定相应的实施细则。

第三十三条　(施行日期)

本规定自 2004 年 10 月 1 日起施行。

索　引

一、主题索引

0～9（数字）

A～Z(英文)

A

B

E～F

H

J

K

L

M

Q

R

S

T

X

Y

Z

二、图 表 索 引

1

2

B～D

G～H

J～M

P

S

X

编 后 记

2010年，市政府、市地方志编纂委员会分别下发《上海市第二轮新编地方志书编纂规划》和《〈上海市志(1978—2010)编纂实施方案〉》，明确在全市第二轮修志工作中市公安局独立承编《上海市志·公安司法分志·公安卷(1978—2010)》(以下简称“《公安卷》”)。市公安局领导高度重视第二轮修志工作，在2011年9月市公安局党委会上专题研究落实《公安卷》编纂工作，指出这是一项为公安著史、为后人修志、惠及长远的重要工作，意义重大、影响深远。在市公安局第二轮修志工作领导小组暨《公安卷》编纂委员会的领导下，全局各参编单位共同努力，历时6年，经历5个阶段，终于完成《公安卷》编纂工作。

一是组织动员阶段。2013年底，《公安卷》的编纂工作正式启动，11月，市公安局印发《〈上海市志·公安司法分志·公安卷(1978—2010)〉编纂实施方案》，明确修志工作的工作目标、职责分工和时间节点。为稳步推进《公安卷》编纂工作，市公安局主要领导亲自挂帅，成立工作机构，为《公安卷》编纂工作提供强有力的组织保证。市局层面，成立市局主要领导任组长、市局各单位主要领导为组员的第二轮修志工作领导小组暨《公安卷》编纂委员会，统筹规划、组织协调市公安局第二轮修志工作，研究决定《公安卷》编纂和出版工作中的重大事项。为便于日常工作推进，成立市局第二轮修志工作领导小组办公室暨《公安卷》编纂委员会办公室(简称“市局编纂办”)，作为市局第二轮修志工作的日常办事机构。市局各单位层面，也组建相应的工作专班，明确分管领导、责任人和联络员，并积极协调解决编纂人员、办公设备、场所等保障问题，根据编纂节点和工作安排，扎实有效地开展本单位、本部门的编纂工作。

二是确定篇目框架阶段。在编纂工作启动初期，重点抓好篇目框架制定。科学、系统、客观、全面的《公安卷》篇目框架是下一步编纂工作的基础。市局编纂办通过召开列纲座谈会和上门征询意见的方式，听取所有参编单位关于《公安卷》篇目框架的意见和建议，形成较为科学、系统、客观、全面的《公安卷》篇目框架，确保《公安卷》涵盖公安工作方方面面，突出上海公安工作的重点和特色，体现上海公安工作的发展脉络。在此基础上，市公安局于2014年7月印发《关于进一步做好上海市第二轮修志相关工作的通知》，明确《公安卷》的篇目框架、编纂进度和具体工作要求，为资料收集和资料长编制作指明工作方向。

三是制作资料长编阶段。为确保资料收集符合志书编纂要求，不出现遗漏、差错，2014年开始，市局编纂办先后建立联络员制度、例会制度、培训制度、座谈会和走访制度等一系列规范制度。2015年，召开“市公安局第二轮修志工作培训暨推进会”，以及10多场分组培训会。至2015年底，基本完成《公安卷》资料收集、资料长编编纂工作。其间，通过查找库存档案、历年总结、重大工作情况报告、专项斗争简报等历史文件以及老同志的口述实录，整理出有价值的档案材料12 000余件、音像资料180余件、图照1 600余件，共制作资料卡片7 824张，合计318.8万字。全面、准确的资料收集为顺利开展分纂工作打下坚实的基础。

四是分纂、总纂阶段。从2016年初开始，市局编纂办与各参编单位根据志书篇目和责任分工开展志稿撰写工作。其中，市局编纂办负责卷首照、概述、大事记、专记、编后记、附录以及志稿总纂统稿工作，各参编单位根据前期完成的资料卡片和资料长编，分纂《公安卷》各篇、章、节志稿，于2016年6月底之前报市局编纂办。为了确保各单位志稿的质量，从2016年7月开始，市局编纂办邀请各参编单位退休领导对本单位编纂的分纂稿进行内部评审，全年共召开评审会40余场，收集大量有价值的意见和建议。2017年开始，市局编纂办内部形成总纂班子，组织专人逐篇进行总纂统稿，于2017年6月首次形成符合志书体例和文字要求的《公安卷(初稿)》(第一稿)。9—12月，分五大专题(打击、防控、安保、队伍、综合)召开5场评审会，从志书体例、框架结构、主要内容、语言文字等方面对《公安卷》各篇章初稿进行第二次评审。综合各方意见后于2018年3月完成《公安卷(初稿)》(第二稿)。随后，又聘请志书专家、公安业务专家重点从志书体例和业务工作两方面逐篇对志稿进行审核把关。6月，打磨完成《公安卷(初稿)》(第三稿)，并下发给各参编单位征求意见，从史实内容、文字数据、涉密及公开属性等方面进行审核、确认，并于9月形成《公安卷(初稿)》(第四稿)。

五是评审验收阶段。2018年10月，市局编纂办将《公安卷(初稿)》报送市公安局保密办、公开办进行保密、公开属性审查，并根据其意见进行调整完善。之后，又提请《公安卷》编纂委员会对《公安卷》进行最后的内部评审，并于2019年2月24日完成市公安局内部评审工作，形成评审意见，并报送市地方志办公室。4月和9月，市地方志办公室分别组织专家召开了《公安卷》评议会和审定会，市局编纂办组织各参编单位针对专家组提出的意见和建议对《公安卷》做进一步修改和完善，并报市地方志办公室。《公安卷》最终于2020年1月通过市地方志办公室的验收，交付印刷出版。

第二轮修志工作得到市公安局领导高度重视。市局历任局长先后担任编纂委员会主任、第二轮修志工作领导小组组长。《公安卷》编纂过程中得到市地方志办公室的大力支持。从修志工作启动初期，市地方志办公室就多次派员至市公安局开展专题培训，之后数次组织编纂人员参加各类业务培训班。在篇目框架制定、资料卡片制作、志稿纂写和修改中，市方志办都及时提供指导和帮助，使市公安局的第二轮修志工作顺利推进，史志工作水平上了一个新台阶。各参编单位对修志工作也高度重视，在明确各自职责的基础上，分工负责，积极参与资料收集、资料长编编写、志稿试写等工作。各参编单位自觉克服公安工作重大行动多、日常工作量大等不利因素的影响，从大局出发，加班加点，确保进度。市公安局编纂办(以指挥部档案处史志科为班底)认真负责，切实将修志工作作为首要任务，克服编纂人员变化大且人员不足的困难，严把志书编纂的史实关、文字关、保密关，既指导好各参编单位又出色完成自身承担的编纂任务，即确保质量又兼顾进度。通过全局上下近6年的努力，成功完成《公安卷》编纂任务。此次二轮修志过程中，1997年出版的《上海公安志》以及每年的《上海公安年鉴》成为重要的资料来源。通过二轮修志，全局上下对公安史志工作的认识水平和应用水平有大幅提高，在市公安局内部培养各级史志工作人才，对公安史志工作的发展和传承起到积极的作用。

1978—2010年，上海公安工作的发展日新月异，涉及打击犯罪和社会管理的各个方面，内容繁杂。《公安志》编纂工程浩大，我们尽管作了很大努力，但由于个别资料缺失，加之编纂水平有限，难免有疏漏和不足之处，敬请读者批评指正。

《上海市志·公安司法分志·公安卷(1978—2010)》编纂委员会办公室

2020年11月

图书在版编目(CIP)数据

上海市志. 公安司法分志. 公安卷：1978—2010 /
上海市地方志编纂委员会编. —上海：上海人民出版社，
2020
ISBN 978-7-208-16487-1
Ⅰ.①上… Ⅱ.①上… Ⅲ.①上海-地方志②公安-
工作-概况-上海-1978-2010 Ⅳ.①K295.1②D631
中国版本图书馆 CIP 数据核字(2020)第 089453 号

责任编辑 黄玉婷 邱 迪
封面设计 严克勤

上海市志·公安司法分志·公安卷(1978—2010)
上海市地方志编纂委员会 编

出　　版 上海人民出版社
(200001 上海福建中路 193 号)
发　　行 上海人民出版社发行中心
印　　刷 上海中华商务联合印刷有限公司
开　　本 889×1194 1/16
印　　张 47.25
插　　页 25
字　　数 1,190,000
版　　次 2021 年 1 月第 1 版
印　　次 2021 年 1 月第 1 次印刷
ISBN 978-7-208-16487-1/K·2961
定　　价 300.00 元